CS 리더스관리사

Win-Q 단기합격

SD에듀
(주)시대고시기획

리더스관리사

Win-Q 단기합격

합격에
Win-Q 시리즈

합격에 최적화된 도서와 최고의 동영상강의를 통해
여러분의 전문자격증 취득에 함께합니다!

Always with you

사람의 인연은 길에서 우연하게 만나거나 함께 살아가는 것만을 의미하지는 않습니다.
책을 펴내는 출판사와 그 책을 읽는 독자의 만남도 소중한 인연입니다.
SD에듀는 항상 독자의 마음을 헤아리기 위해 노력하고 있습니다. 늘 독자와 함께하겠습니다.

머리말

정보산업의 발달과 함께 국제화시대를 맞은 오늘날, 급변하는 기업 경영 환경과 더불어 고객들의 요구와 니즈가 다양해졌습니다. 이러한 고객의 요구를 만족시키기 위해 고객만족 교육과 운영의 중요성이 더욱 부각되고 있습니다. 고객만족을 위한 기업 경영은 해외 직접투자가 성장함에 따라 국내 경쟁에서 글로벌 경쟁으로까지 그 범위가 확대되어, 결국 초일류 기업만이 살아남는 상황에 직면하게 된 것입니다.

이와 같이 중요한 고객만족경영은 고객이 고령화, 편협화됨에 따라 더 많은 수요를 갖게 되었습니다. 고객만족이 재무, 마케팅, 인사 등과 같은 기업 경영의 기능으로 자리 잡는 현 추세에 비추어 볼 때, 고객만족에 대한 전문성을 가진 경영인과 체계적인 교육이 절대적으로 필요할 것입니다.

CS Leaders(CS 리더스관리사)는 다양한 고객의 입장에서 고품질 서비스의 필요성과 역할에 부합되도록 직무를 정의하고, 비즈니스 경쟁력 향상을 위한 서비스체계 구축기반 마련에 기여함으로써 고객중심의 산업화 시대에 부응하는 고객만족 서비스의 기반이 될 것입니다.

이에 CS리더스관리연구소는 보다 효율적이고 확실한 효과가 있는 학습을 위하여 본서를 출간하게 되었습니다. 이 책의 특징은 다음과 같습니다.

도서의 특징

첫 째, 시험 준비에 앞서 반드시 익히고 있어야 할 키워드를 분석하여 '빨리보는 간단한 키워드'를 수록하였습니다.

둘 째, 매번 반복되어 출제되는 단골 개념을 바탕으로 핵심이론과 핵심예제를 수록하였습니다.

셋 째, 최근 5개년(2018~2022) 실제기출문제를 모아 총 12회분의 기출복원문제를 수록하였습니다.

SD에듀는 독자 여러분의 합격을 진심으로 기원합니다.

편집자 씀

시험 안내

CS 리더스관리사(CS Leaders)란?

고객의 입장에서 고품질 서비스의 필요성과 역할에 부합되도록 직무를 정의하고, 비즈니스 경쟁력 향상을 위한 서비스 체계 기반 마련에 기여할 수 있는 인재를 위한 자격증이다. 고객만족 서비스의 전문지식을 바탕으로 실제 생활과 비즈니스(Business)의 효율성과 실용성을 달성하기 위해 CS 기획, 고객응대, 고객감동을 극대화시킬 수 있는 실무적 지식능력을 평가하며, 고객 컴플레인 발생 시 상황 분석능력 및 해결책 제시능력에 관한 업무를 얼마나 신속하고 정확하게 수행할 수 있는가에 대한 능력을 평가한다.

검정방법 : 필기시험(객관식 90문항/90분/5지선다형)

시행처 : (사) 한국정보평가협회(www.kie.or.kr)

응시대상 : 제한없음

2023년 시험일정

회 차	접수기간	시험일	합격자 발표
1회	22.12.19~22.12.23	23.01.15(일)	23.01.20(금)
2회	23.01.30~23.02.03	23.02.12(일)	23.02.17(금)
3회	23.02.20~23.02.24	23.03.12(일)	23.03.17(금)
4회	23.03.20~23.03.24	23.04.09(일)	23.04.14(금)
5회	23.04.17~23.04.21	23.05.14(일)	23.05.19(금)
6회	23.05.22~23.05.26	23.06.11(일)	23.06.16(금)
7회	23.06.19~23.06.23	23.07.15(토)	23.07.21(금)
8회	23.07.24~23.07.28	23.08.13(일)	23.08.18(금)
9회	23.08.21~23.08.25	23.09.10(일)	23.09.15(금)
10회	23.09.18~23.09.22	23.10.15(일)	23.10.20(금)
11회	23.10.23~23.10.27	23.11.12(일)	23.11.17(금)
12회	23.11.20~23.11.24	23.12.10(일)	23.12.15(금)
24년 1회	23.12.18~23.12.22	24.01.14(일)	24.01.19(금)

※ 시험일정 및 장소는 협회의 사정에 따라 변경될 수 있습니다. 시험 전 반드시 시행처 홈페이지(www.kie.or.kr)를 방문하여 확인하시기 바랍니다.

합격결정기준

- 합격 : 전 과목 평균 100점 만점에 60점 이상
- 불합격 : 전 과목 평균 100점 만점에 60점 미만
- 과락으로 인한 불합격 : 3과목 중 단일 과목 획득 점수 40점 미만

정답 개수별 환산 점수

정답 개수	점 수	환산 점수	정답 개수	점 수	환산 점수	정답 개수	점 수	환산 점수
1	1.11	1	31	34.41	34	61	67.71	68
2	2.22	2	32	35.52	36	62	68.82	69
3	3.33	3	33	36.63	37	63	69.93	70
4	4.44	4	34	37.74	38	64	71.04	71
5	5.55	5	35	38.85	39	65	72.15	72
6	6.66	6	36	39.96	40	66	73.26	73
7	7.77	7	37	41.07	41	67	74.37	74
8	8.88	8	38	42.18	42	68	75.48	75
9	9.99	9	39	43.29	43	69	76.59	77
10	11.10	10	40	44.40	44	70	77.70	78
11	12.21	11	41	45.51	46	71	78.81	79
12	13.32	12	42	46.62	47	72	79.92	80
13	14.43	13	43	47.73	48	73	81.03	81
14	15.54	16	44	48.84	49	74	82.14	82
15	16.65	17	45	49.95	50	75	83.25	83
16	17.76	18	46	51.06	51	76	84.36	84
17	18.87	19	47	52.17	52	77	85.47	85
18	19.98	20	48	53.28	53	78	86.58	87
19	21.09	21	49	54.39	54	79	87.69	88
20	22.20	22	50	55.50	56	80	88.80	89
21	23.31	23	51	56.61	57	81	89.91	90
22	24.42	24	52	57.72	58	82	91.02	91
23	25.53	26	53	58.83	59	83	92.13	92
24	26.64	27	54	59.94	60	84	93.24	93
25	27.75	28	55	61.05	61	85	94.35	94
26	28.86	29	56	62.16	62	86	95.46	95
27	29.97	30	57	63.27	63	87	96.57	97
28	31.08	31	58	64.38	64	88	97.68	98
29	32.19	32	59	65.49	65	89	98.79	99
30	33.30	33	60	66.60	67	90	99.90	100

※ 정답의 개수가 54개 이상일 시, 합격입니다.

1과목 CS 개론(30문항)

주요과목(배점비율)	세부항목	내용
고객만족(60%)	CS 관리개론	• CS 관리의 개념 • CS 관리의 역사 • CS 관리의 프로세스 구조
	CS 경영	• CS 경영 기본 개념 • CS 경영 사례 연구 • CS 경영 발전 가능성
	CS 의식	• 고객의 정의 • 고객의 범주 • 고객의 특성 • 고객의 성격유형(MBTI) • 고객관점 • 고객지향성
	고객관계관리	• 고객관계관리 개념 • 인간관계 개선 기술 • CRM 성공 분석 • CRM 실패 분석 • 교류분석
서비스 이론(40%)	서비스 정의	• 서비스의 어원과 정의 • 서비스의 3단계 • 서비스의 특징 • 관광(여행 · 항공 · 호텔 · 외식) 서비스
	서비스 리더십	• 서비스 리더십의 핵심 요소 • 서비스 리더십의 유형 • 서비스 리더의 역할 • 서비스 경영 패러다임에 따른 경쟁전략

2과목 CS 전략론(30문항)

주요과목(배점비율)	세부항목	내 용
서비스 분야(50%)	서비스 기법	• 서비스 청사진 • 서비스 모니터링 • MOT 사이클 차트
	서비스 차별화	• 서비스 마케팅 전략 • 서비스 패러독스 • 서비스 회복 • After-Sales Service의 중요성
	서비스 차별화 사례연구	• 고객인지 프로그램 • 서비스 수익 체인 • 토털 서비스 • 고객위주의 제품 차별화 • 미래 지향적 서비스 • 항공여객운송서비스 • 병원 안내 서비스 관리
	서비스 품질	• 서비스 품질의 개념 • 서비스 품질 결정요인 • 서비스 품질 향상방안 • 서비스 품질과 종사원
CS 활용(50%)	CS 평가 조사	• 고객 만족도 측정방법 • CS 평가시스템 구축 • CS 평가결과의 활용 • 고객 충성도 향상 전략
	CS 컨설팅	• 서비스 품질관리 컨설팅 • CS 트렌드 • CS 플래닝 • CS 우수사례 벤치마킹
	CS 혁신전략	• 고객 분석 및 기획 • 고객 경험 이해 및 관리 • 고객 가치 대인 전략 • 서비스 유통관리 • 서비스 세일즈의 개념과 전략 분석 • CS 성과관리

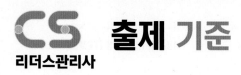

3과목 **고객관리 실무론(30문항)**

주요과목(배점비율)	세부항목	내 용
CS 실무(50%)	전화서비스	• 상황별 전화응대 • 바람직한 경어 사용법 • 콜센터 조직 및 운영 사이클 • 매뉴얼 작성 체계 • TMR 성과 관리
	고객 상담	• 상황별 응대기법 • 접객 · 안내 · 환송 • 클레임과 컴플레인 분석 및 응대 • Power Coaching
	예절과 에티켓	• 이미지 컨설팅 • 표정 연출법 • 인사 매너 • 패션이미지 연출법 • 전통예절
	비즈니스 응대	• 비즈니스 매너 • 다른 문화 이해 • 국제 비즈니스 매너 • 비즈니스 응대 모범 사례 • 컨벤션 기획
고객관리(30%)	고객 감동	• 소비자기본법에 따른 고객지원 • 소비자기본법에 따른 고객필요 정보 제공 • 소비자 피해 구제 사례
	고객 만족	• 개인정보보호법에 따른 고객데이터 수집 • 개인정보보호법에 따른 고객데이터 관리
	고품위 서비스	• 보고업무 · 회의 · 의전 실무 • 사무행정 실무
컴퓨터 활용(20%)	프레젠테이션	• 강의 기법 • 스피치와 호흡기법 • 기초 파워포인트 사용법
	인터넷 활용	• e-비즈니스 • 통신판매

제1과목 CS 개론

관광서비스의 정의　# 러브록 다차원적 서비스 분류　# 서번트 리더십　# 적응전략
커트 라이만 서비스 리더십　# 거래 전 서비스　# 라스멜 서비스의 정의　# 교류분석
얼굴 부딪히기 기법　# 대인지각 왜곡 유형　# 머튼 아노미 이론　# e - CRM 고객접근 전략
성공적인 CRM 구현 단계　# 고객데이터 수집원천　# 협업 CRM　# MBTI　# 기업 및 제품 선택에서 위험을
줄이기 위한 소비자의 행동　# 제품 구매나 사용 시 소비자가 지각하는 위험요인　# 고객충성도 사다리 모델
구전과 구매 행동의 관계　# 노드스트롬 기본 경영원칙　# 생산성 향상 운동(3S)　# 고객만족경영 도입 배경
의 중요성　# QFD의 발전 과정　# 대기관리의 기본 원칙　# 서비스 프로세스 매트릭스　# 공정성 이론
올리버 고객만족(CS) 개념　# 그레고리 스톤 고객유형　# 고객 트렌드 유형

제2과목 CS 전략론

가격책정 전략　# 서비스 청사진 구성도　# 디드로 효과　# 서비스 품질 결정요인　# 품질 구성 요소
SERVQUAL의 5가지 품질에 따른 차원별 설문 내용　# 고객가치의 특성　# SERVQUAL GAP 4
고객 충성도의 유형　# 고객경험관리의 특징　# RFM 기법　# 성과관리　# 관찰법
탐험조사　# 순 추천고객지수　# 휘게(Hygge) 라이프　# 서비스 패러독스　# 서비스 포지셔닝
의료기관의 특징　# 내구성과 유형성 및 용도에 따른 소비재 분류　# 고객화 위주의 서비스 전달 시스템
헤스캣 전략적 서비스 비전　# 리츠칼튼 호텔의 서비스 활용 사례　# 애프터서비스(A/S)의 품질 차원
서비스 표준안 작성 시 고려사항　# 미스터리 쇼핑　# 서비스 실패　# 권한위임
서비스 품질의 문제 발생 원인　# 트렌드(Trend) 개념과 특징

제3과목 고객관리 실무론

사회적 이미지　# 메라비언 언어적인 요소　# 정중례를 해야 될 경우　# 절하는 방법　# 개방형 질문
비즈니스 용무 방문 시 매너　# 컴플레인 처리 시 유의사항　# 인적 상황에 대한 고객불만　# 코치의 역할
전화응대의 구성요소　# 보고의 일반 원칙　# 인바운드 콜 서비스 활용 사례　# 스크립트 작성 원칙
직무 스트레스 대처법　# 콜센터 모니터링 방법　# 차량 상석/말석　# 전자우편 네티켓　# 국제 비즈니스 매너
의전의 5R(원칙)　# MICE 산업의 분류　# 이마무라 세이와 소비자의 정의　# 소비자의 능력 향상
공정거래위원회 소비자정책에 관한 기본계획　# 위해정보의 수집 및 처리　# 소비자단체소송 대상
와이블 개인정보 유형　# 정보주체의 권리　# 손해배상책임　# 성인학습의 원리와 특성　# 슬라이드 디자인 원리

모든 서비스 분야의 자격증이 그렇듯 CS Leaders(CS 리더스관리사) 역시, 보기에는 쉬워 보이나 막상 공부에 돌입하면 난감하고 어려운 문제가 꽤 있습니다. 특히 이 시험의 경우, 반복하여 출제되는 문제와 함께 매번 새로운 유형의 문제가 추가됩니다. 때문에 문제를 통째로 외우기보다는 이론을 이해하고 기출문제를 통해 응용하는 방법을 터득하여야 합니다.

그러나 마냥 두려워할 필요는 없습니다. 여러분들이 준비하는 자격증 시험은 반드시 100점을 받아야 합격하는 시험이 아닙니다. 과목별 40점 이상, 전 과목 평균 60점 이상이면 자격을 취득할 수 있습니다. 자만하지 않되, 자신감을 가지고 SD에듀의 전략적이고 효율적인 학습법을 성실하게 따라한다면, 좋은 결과 또한 뒤따를 것이라고 생각합니다.

아래의 보기처럼 지엽적으로 단어를 교체하여 출제하는 경우가 종종 있으므로, 정답만 확인하지 마시고 오답인 이유까지 꼼꼼하게 확인해보는 것이 좋습니다.

─ 보기 ─

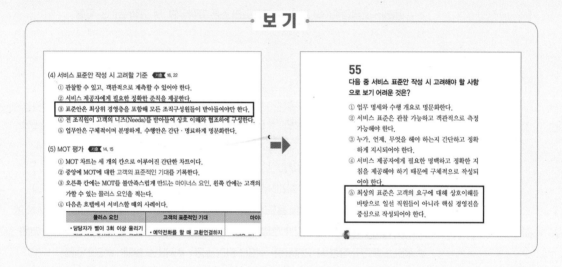

과목별 학습전략

1과목 CS 개론 (난이도 : ★★★☆☆)

1과목 CS 개론은 주로 개념, 정의, 특성, 시기·단계별 흐름과 같은 이론 부분이 많이 출제됩니다. 같은 개념에서 출제하더라도 정의, 종류, 유의사항, 장·단점 등으로 변형하여 출제가 가능한 과목이므로 문제를 맞혔더라도 빠르게 넘어가지 마시고, 관련된 내용이 어떤 것이 있는지 다시 한번 생각해본다면 효율적으로 학습할 수 있습니다. 1회독을 한 후, 기출문제로 실력을 점검하고 자주 틀리는 이론을 마인드맵처럼 요약·정리하여 학습하시는 것을 추천합니다.

2과목 **CS 전략론** (난이도 : ★★★★☆)

2과목 CS 전략론은 수험생들이 가장 부담을 느끼는 과목으로, 다른 과목보다 집중하여 공부하는 것이 필요합니다. 본인의 스타일에 따라 맨 앞 혹은 뒤로 순서를 변경하여 문제를 풀어나가는 전략을 짜는 것도 좋습니다. 단순하게 외우는 것만으로는 한계가 있기 때문에 개념을 여러 번 읽어 과락을 면하여야 합니다. 새로운 트렌드, 소비자 심리의 용어를 묻는 문제가 1문제씩 출제되니, 출제된 용어를 검색하여 이와 유사하거나 반대되는 단어를 한 번씩 읽어보는 것을 추천합니다.

3과목 **고객관리 실무론** (난이도 : ★★☆☆☆)

3과목 고객관리 실무론은 앞의 1·2과목에 비해 우리에게 익숙한 내용이 등장하며, 평이한 수준으로 전체적인 평균을 올려 합격에 다가갈 수 있는 좋은 기회가 되는 과목입니다. 소비자기본법이나 개인정보보호법과 같은 법령은 출제된 조항을 위주로 살펴보되, 법제처(www.moleg.go.kr)에서 전체적으로 어떠한 조항이 있는지 확인해보는 것이 좋습니다. 특별하게 주의해야 할 사항은 시험 시행일 당일 시행되고 있는 법령을 기준으로 문제를 출제하기 때문에, 본인이 선택한 시험 일자를 잘 확인하여 개정된 법령을 정리해보는 것을 추천합니다.

[소비자기본법] [시행 2021.12.30.] [법률 제17799호, 2020.12.29. 타법개정]
[소비자기본법 시행령] [시행 2022. 12. 27.] [대통령령 제33141호, 2022. 12. 27. 일부개정]
[개인정보보호법] [시행 2023.9.15.] [법률 제19234호, 2023.3.14. 일부개정]
[개인정보보호법 시행령] [시행 2022.10.20.] [대통령령 제32813호, 2022.7.19. 일부개정]

※ 시험을 준비하는 수험생은 개정된 법령을 반드시 확인하시고 준비하시기 바랍니다.

CS 리더스관리사 이 책의 목차

빨간키

머리를 빨갛게

간단한

키아니

당신의 시험에 **빨간불**이 들어왔다면!
최다빈출키워드만 모아놓은 합격비법 핵심 요약집 **빨간키**와 함께하세요!
그대의 합격을 기원합니다.

제1과목 CS 개론

■ **고객만족 관리의 개념**

CS(Customer Satisfaction) 관리란 공급자가 고객에게 제품이나 서비스를 제공하고 고객의 기대를 충족시켜 그 제품(서비스)에 대한 선호도가 지속되도록 하는 관리

■ **고객만족의 3요소**

- **하드웨어적 요소** : 기업의 이미지, 브랜드 파워, 매장의 편의시설, 고객지원센터, 분위기 연출 등
- **소프트웨어적 요소** : 기업의 상품, 서비스 프로그램, A/S와 고객 관리 시스템, 부가서비스체계 등
- **휴먼웨어 요소** : 기업에서 근무하는 사람들의 서비스 마인드, 매너, 조직문화 등

■ **고객만족의 핵심요소**

- **제품(직접 요소)**
  - 하드적 가치 : 품질, 기능, 가격 등
  - 소프트적 가치 : 디자인, 용도, 용이성, 배려 등
- **서비스(직접 요소)** : 점포의 분위기, 접객 등
- **기업이미지(간접 요소)** : 사회공헌 활동, 환경보호 활동 등

■ **기대 불일치 이론**

- **긍정적 불일치** : 지각된 제품 성과 > 기대 → 고객만족 증가(고객 감동)
- **부정적 불일치** : 지각된 제품 성과 < 기대 → 고객 불만족
- **단순 일치** : 지각된 제품 성과 = 기대 → 고객만족

■ **기대 불일치 이론에 근거한 연구**

인지적 불협화 이론, 대조이론, 동화 – 대조이론, 비교수준 이론, 일반화된 부정성 이론

■ **공정성의 분류**

도출결과의 공정성, 절차상의 공정성, 상호작용의 공정성

■ **워너(1980)의 귀인이론 범주화 체계**

- 인과성의 위치 : 서비스 실패의 원인이 행위자 자신에게 있는지, 상대방이나 상황에 있는지 추론하는 것
- 안정성 : 어떤 원인이 일시적인지 또는 영원한 것인지, 실수에 의한 것인지 또는 반복적인 것인지를 추론하는 것
- 통제성 : 어떤 원인이 의도적인 것인지, 비의도적인 것인지 추론하는 것

■ **비즈니스 프로세스의 분류**

경쟁 프로세스, 변혁 프로세스, 기반 프로세스, 지원 프로세스

■ **슈메너(Schmenner)의 서비스 프로세스 매트릭스**

구 분		고객과의 상호작용/개별화	
		높 음	낮 음
노동 집약도	높 음	전문 서비스 (변호사, 의사, 컨설턴트, 건축가 등)	대중 서비스 (소매금융업, 학교, 도매업 등)
	낮 음	서비스 숍 (병원, 수리 센터, 기타 정비 회사 등)	서비스 팩토리 (항공사, 운송업, 호텔, 리조트 등)

■ **린 쇼스택(Lynn Shostack)의 서비스 프로세스 설계 시 고려해야 할 사항**

- 서비스 프로세스의 모든 과정을 고객에게 집중하여 고객 관점에서 제품과 서비스를 계획해야 함
- 서비스 프로세스는 목적론이며 실제적인 과업 성과를 중시해야 함
- 서비스 프로세스는 전체론이며 각각의 개별 활동은 하나의 시각에서 인식되어야 함
- 서비스는 생산과 소비가 동시에 일어나고 접점 종업원과 고객 간의 상호작용을 수반하므로 설계 과정에서 종업원과 고객 모두를 고려해야 함
- 서비스 프로세스의 규율은 창의성을 억제하기보다는 성과와 효율성을 제고할 수 있는 자율적인 성격을 가져야 함

■ 데이비드 마이스터(David Maister)의 대기 시간에 영향을 미치는 요인

기업의 완전 통제 요인	• 대기 시간의 공정함 • 편안한 대기 시간 • 확실하게 인지된 대기 시간 • 대기 시간이 서비스의 자연스러운 발생순서
기업의 부분 통제 요인	• 점유 혹은 무점유의 대기 시간 • 불안 혹은 편안함의 대기 시간
고객의 통제 요인	• 대기 시간에 혼자 혹은 단체인지의 유무 • 대기 시간을 기다릴 서비스의 가치 목적 유무 • 대기 시간에 대한 현재 고객의 태도 유무

■ 대기 열의 종류

- 단일 대기 열
  - 고객들이 한 줄로 서서 순서대로 서비스를 기다림
  - 오는 순서대로 서비스를 제공받기 때문에 형평성·공정성이 보장됨
  - 어느 줄에서 대기해야 할지 고민하지 않아도 됨
- 다중 대기 열
  - 고객들이 여러 줄로 서서 각 창구의 서비스를 기다림
- 복합 대기 열
  - 단일 대기 열과 다중 대기 열의 방식을 상황에 따라 복합적으로 사용

■ 피시본 다이어그램(Fishbone Diagram)

현상과 결과에 대한 근본 원인과 이유를 물고기 뼈 모양과 같이 시각적으로 분석하여 정리하는 기법으로, 어떤 결과가 나오기 위하여 원인이 어떻게 작용하고 어떤 영향을 미치는가를 볼 수 있음. '인과관계도표', '이시카와 다이어그램'이라고도 불림

■ 품질기능전개(QFD)의 장점

- 고객의 요구에 대한 이해를 도움
- 제품 및 서비스에 대한 품질 목표와 사업 목표 설정에 도움을 줌
- 제안된 신제품 및 신서비스 우선순위 결정을 위한 체계적인 도구임
- 제품 및 서비스에 대한 팀의 공통된 의견을 도출할 수 있는 체계적 시스템을 제공함
- 품질의 집(HOQ)을 사용하여 프로젝트의 모든 과정 및 결정 사항을 문서화할 수 있음
- 고객의 요구와 기술적 속성 사이의 명확한 상관관계를 도출할 수 있음

- **마이네트(Minet)의 고객만족경영 도입 배경의 중요성**
  - 글로벌 경쟁 시대
  - 공급 과잉으로 인해 소비자가 주요 요소로 부각됨
  - 시장의 성숙화로 더 우수한 제품과 서비스 개발 필요
  - 소비자 욕구의 다양화와 빠른 변화
  - 소프트웨어적 요소의 중요성 증가
  - 정보사회 도래로 인한 소비자 주권 의식 확산

- **구전(口傳)과 구매행동의 관계**
  - 소비자 간의 구전은 일반적으로 매우 신뢰성이 높은 정보의 원천임
  - 소비자는 실제 제품 구매를 결정할 경우 상업적 정보보다 자신의 주변 사람들로부터 듣는 비상업적 정보를 신뢰하는 경향이 있음
  - 일방적이 아니라 쌍방적 의사소통이 이루어지는 특징이 있음
  - 소비자는 구매와 관련된 위험을 줄이고 제품 구매, 가격 등에 대한 정보를 얻기 위해 구전을 활용
  - 소비자는 기업이 자사 제품에 대해 제공하는 긍정적 정보를 제품 판매를 위한 꾸며진 정보로 간주하고 신뢰하지 않는 경향이 있음
  - 소비자는 기업의 상업적 정보보다 가족, 친구, 이웃, 동료와 같은 자신의 주변 사람들로부터 듣는 비상업적 정보를 진실하고 신뢰성이 높다고 인식함

- **노드스트롬(Nordstrom)의 경영 원칙**

  Exceptional Service(최고의 서비스), Quality(품질), Value(가치), Selection(구색)

- **3현(現)주의**

  현장(現場), 현물(現物), 현실(現實)

- **소비자의 지각된 위험**

  심리적 위험(Psychological Risk), 신체적 위험(Physical Risk), 경제적 위험(Financial Risk), 사회적 위험(Social Risk), 성능 위험(Performance Risk)

- **솔로몬(Solomon)과 구트만(Gutman)의 서비스 접점의 특징**
  - 서비스 공급자와 고객이 양쪽 모두가 참여한 양자관계일 때 성립됨
  - 서비스 공급자와 고객 사이의 커뮤니케이션은 상호작용이 되어야 함
  - 접점에서는 고객의 목표와 욕구에 맞춘 목표지향적인 역할이 수행되어야 함
  - 서비스 공급자와 고객 사이 간 서비스 정보를 교환하는 것이 서비스 접점의 목적이 됨
  - 제공되는 서비스의 내용과 특징에 따라 서비스 접점의 범위가 제한됨

- **CRM(Customer Relation Management) 전략 수립 단계**

  환경 분석 → 고객 분석 → CRM 전략 방향 설정 → 고객에 대한 마케팅 제안 결정(Offer 결정) → 개인화 설계 → 커뮤니케이션 설계

- **대인지각 왜곡유형**
  - **최근효과(신근성 효과)** : 시간적으로 나중에 제시된 정보에 의해서 영향을 받는 효과
  - **초두효과** : 최초의 인상이 중심이 되어 전체 인상이 형성되는 효과
  - **대조효과** : 최근에 주어진 정보와 비교하여 판단하는 효과
  - **빈발효과** : 첫인상이 좋지 않아도, 그 후 반복해서 하는 행동이나 태도가 첫인상과는 달리, 진지하고 솔직하면 점차 좋은 인상으로 바뀌는 효과
  - **후광효과** : 외모나 지명도 또는 학력과 같이 어떤 사람이 갖고 있는 장점이나 매력 때문에 관찰하기 어려운 성격적인 특성도 좋게 평가되는 효과
  - **악마효과** : 싫은 사람이라는 인상이 형성되면 그 사람의 다른 측면까지 부정적으로 평가되는 효과
  - **방사효과** : 매력 있는 사람과 함께 있을 때 사회적 지위나 자존심이 고양되는 효과
  - **대비효과** : 너무 매력적인 상대와 함께 있으면 그 사람과 비교되어 평가절하되는 효과

- **심리학적 용어**
  - **베르테르 효과** : 유명인이나 평소 존경 · 선망하던 인물이 자살할 경우, 그 인물과 자신을 동일시하여 자살을 시도하는 현상을 말함
  - **로젠탈 효과** : 누군가에 대한 사람들의 믿음이나 기대, 예측이 그 대상에게 그대로 실현되는 경향을 말하며 피그말리온 효과라고도 함
  - **플라시보 효과** : 의사가 제안한 효과 없는 가짜 약이나 치료법이 환자의 믿음과 긍정적인 소망으로 인해 병세가 호전되는 현상
  - **스티그마 효과** : 집단에서 부정적으로 낙인찍히면 그 대상이 점점 더 부정적인 행태를 보이며, 대상에 대한 부정적인 인식이 지속되고 강화되는 현상

■ **고객 트렌드 유형**

- 메타슈머 : 메타(Meta)와 컨슈머(Consumer)의 합성어로, 구매한 기존의 제품을 변형하여 업그레이드시키는 소비자
- 트윈슈머 : 트윈(Twin)과 컨슈머(Consumer)의 합성어로, 타인의 사용 후기나 소비 경험을 참고하여 물건을 구매하는 소비자
- 프로슈머 : 프로듀서(Producer)와 컨슈머(Consumer)의 합성어로, 소비뿐만 아니라 생산과 판매에도 직접 관여하는 소비자
- 모디슈머 : 모디파이(Modify)와 컨슈머(Consumer)의 합성어로, 제조업체가 제공한 방법을 따르지 않고 자신이 재창조한 방법으로 제품을 즐기는 소비자
- 슬로비족 : 천천히 그러나 더 훌륭하게 일하는 사람(Slow But Better Working People)의 줄임말로, 현대사회의 변화 속도에 맞추기보다는 천천히 살자고 주장하는 소비자
- 웹시족 : 웹(Web)과 미시(Missy)의 합성어로, 인터넷을 통해 정보를 얻거나 쇼핑을 하는 젊은 주부층 소비자
- 보보스족 : 부르주아(Bourgeois)와 보헤미안(Bohemian)의 합성어로, 물질적 실리와 정신적 자유를 동시에 추구하는 미국의 신(新)상류계급 소비자
- 엠니스족 : 맨(Man)과 니스(Ness)의 합성어로, 남성의 전유물이라 여겨지던 힘 · 명예의 특성에 여성의 전유물이라 여겨지던 양육 · 소통 등을 조화시킨 남성상
- 모루밍족 : 모바일(Mobile)과 쇼루밍(Showrooming)의 합성어로, 오프라인 매장에서 제품을 살핀 후 실제 구매는 모바일을 이용하는 소비자
- 메트로섹슈얼 : 외모나 패션에 관심이 많은 남성 소비자
- 액티브 시니어 : 은퇴 이후에도 하고 싶은 일을 찾아 도전하는 50 ~ 60대를 일컫는 말로, 자신에 대한 투자를 아끼지 않는 소비자
- 호모 에코노미쿠스 : 합리적인 소비를 추구하여 공산품은 최저가 상품을 구매하지만, 식품 · 유아용품 등은 친환경 · 유기농 제품을 선호하는 소비자

■ **협상 기법**

- 살라미 기법 : 협상 당사자 사이에 요구 수준의 차이가 심하고 협상안이 단기간 타결되기 어려운 경우, 순차적으로 목표를 달성해 나가는 협상 기법
- 낮은 공 기법 : 매력적이나 불완전한 정보를 먼저 제시하여 동의를 얻은 후에 완전한 정보를 알려주는 협상 기법
- 얼굴 부딪히기 기법 : 상대방이 들어줄 수 없을 만한 요청을 하고, 상대가 거절할 때 요구의 규모를 줄여가는 협상 기법(상대의 죄책감을 이용)
- 한발 들여놓기 기법 : 상대방이 들어줄 수 있을 만한 요청을 한 후 수용을 하면 조금씩 요구를 늘려가는 협상 기법

■ 마이어스 – 브릭스 유형 지표(MBTI ; Myers – Briggs Type Indicator)

- 외향형과 내향형

선호지표	외향형(Extraversion)	내향형(Introversion)
설 명	폭넓은 대인관계를 유지하고 사교적이며, 정열적이고 활동적임	깊이 있는 대인관계를 유지하고, 조용하고 신중하며, 이해한 다음에 경험함
대표적 표현	• 자기외부에 주의집중 • 외부활동과 적극성 • 정열적, 활동적 • 말로 표현 • 경험한 다음에 이해 • 쉽게 알려짐	• 자기내부에 주의집중 • 내부활동과 집중력 • 조용하고 신중 • 글로 표현 • 이해한 다음에 경험 • 서서히 일려짐

- 감각형과 직관형

선호지표	감각형(Sensing)	직관형(iNtuition)
설 명	오감에 의존하여 실제의 경험을 중시하며, 지금, 현재에 초점을 맞추고, 정확하고 철저히 일 처리함	육감 내지 영감에 의존하며, 미래지향적이고 가능성과 의미를 추구하며, 신속하고 비약적으로 일 처리함
대표적 표현	• 지금, 현재에 초점 • 실제의 경험 • 정확, 철저한 일 처리 • 사실적 사건묘사 • 나무를 보려는 경향 • 가꾸고 추수함	• 미래 가능성에 초점 • 아이디어 • 신속, 비약적인 일 처리 • 비유적 · 암시적 묘사 • 숲을 보려는 경향 • 씨뿌림

- 사고형과 감정형

선호지표	사고형(Thinking)	감정형(Feeling)
설 명	진실과 사실에 큰 관심을 갖고, 논리적이고 분석적이며, 객관적으로 판단함	사람과 관계에 큰 관심을 갖고, 상황적이며, 정상을 참작한 설명을 함
대표적 표현	• 진실, 사실에 큰 관심 • 원리와 원칙 • 논리적, 분석적 • 맞다, 틀리다 • 규범, 기준중시 • 지적 논평	• 사람, 관계에 큰 관심 • 의미와 영향 • 상황적, 포괄적 • 좋다, 나쁘다 • 나에게 주는 의미 중시 • 우호적 협조

- 판단형과 인식형

선호지표	판단형(Judging)	인식형(Perceiving)
설 명	분명한 목적과 방향이 있으며, 기한을 엄수하고 철저히 사전계획하며 체계적임	목적과 방향은 변화 가능하고, 상황에 따라 일정이 달라지며, 자율적이고 융통성이 있음
대표적 표현	• 정리정돈과 계획 • 의지적 추진 • 신속한 결론 • 통제와 조정 • 분명한 목적의식과 방향감각 • 뚜렷한 기준과 자기의사	• 상황에 맞추는 개방성 • 이해로 수용 • 유유자적한 과정 • 융통과 적응 • 목적과 방향은 변화할 수 있다는 개방성 • 재량에 따라 처리될 수 있는 포용성

■ 부적응적 인간관계의 유형

- 인간관계 회피형(고립형) : 경시형, 불안형
- 인간관계 피상형 : 실리형, 유희형
- 인간관계 미숙형 : 소외형, 반목형
- 인간관계 탐닉형 : 의존형, 지배형

■ 조하리(Johari)의 창

구 분	내가 알고 있는 정보	내가 모르는 정보
타인이 알고 있는 정보	공개된 영역(개방형) • 넓은 인간관계 • 주책스럽고 경박해 보일 수 있음	맹목의 영역(자기주장형) • 거침없이 이야기함 • 타인의 말을 들을 필요 있음
타인이 모르는 정보	숨겨진 영역(신중형) • 실수하는 일이 적음 • 계산적, 실리적, 뛰어난 적응력	미지의 영역(고립형) • 소극적, 많은 고민 • 긍정적인 태도를 가질 필요 있음

■ 크리스토퍼(Christopher)의 서비스 3단계

- 거래 전 서비스 : 기술적 서비스, 명시된 회사의 정책, 회사에 대한 고객의 평가 등
- 거래 시 서비스(현장 서비스) : 재고 품질 수준, 주문의 편리성, 제품 대체성 등
- 거래 후 서비스 : 설치 · 보증, A/S, 불만 처리, 포장 등

■ 관광서비스의 특징

무형성, 동시성, 이질성, 소멸성, 연계성, 인적 의존성, 계절성, 고급성, 상호보완성

■ 알더퍼(Alderfer)의 ERG 이론

존재 욕구 (E ; Existence)	• 의식주 같은 모든 형태의 생리적 · 물질적 욕구들을 의미함 • 조직에서는 임금이나 쾌적한 물리적 작업조건에 대한 욕구 • 매슬로의 욕구단계이론에서 생리적 욕구, 안전의 욕구에 해당함 예 생리적 욕구, 물리적 욕구, 굶주림, 갈증, 임금
관계 욕구 (R ; Relatedness)	• 인간의 사회생활과 관련된 욕구로, 조직에서 타인과의 인간관계(대인관계)와 관련된 것들을 포함 • 매슬로의 욕구단계이론에서 사랑과 소속감에 대한 욕구. 존경 욕구에 해당(사회적 욕구, 안전 욕구 포함) 예 타인과 관련된 사회생활 욕구, 가족, 친구, 동료
성장 욕구 (G ; Growth)	• 창조적 개인의 성장을 위한 개인의 노력과 관련된 욕구를 말함 • 매슬로의 욕구단계이론의 자아실현의 욕구에 해당 예 자아실현에 관련된 욕구, 잠재된 능력

■ 고객관계관리(CRM)의 장점

- 특정 고객의 요구에 초점을 맞춤으로써 표적화가 용이하다.
- 고객이 창출하는 부가가치에 따라 마케팅 비용을 사용하는 것이 가능하다.
- 고객 채널의 이용률을 개선함으로써 개별 고객과의 접촉을 최대한 활용할 수 있다.
- 제품 개발과 출시 과정에 소요되는 시간을 절약할 수 있다.
- 가격이 아닌 서비스를 통해 구매 환경을 개선할 수 있다.
- 고객이 창출하는 부가가치에 따라 마케팅 비용을 사용하는 것이 가능하다.
- 특정 캠페인의 효과 측정이 용이하다.
- 광고비를 절감하는 데 도움이 된다.
- 가격이 아닌 서비스를 통해 기업경쟁력을 확보할 수 있다.

■ 러브록(Lovelock)의 다차원적 서비스 분류의 5가지 기준

- 서비스 행위의 특성이 무엇인가?
- 서비스 조직과 고객 간의 관계가 어떠한 형태를 취하고 있는가?
- 서비스에 대한 수요와 공급의 성격은 어떠한가?
- 서비스가 어떻게 전달되는가?
- 서비스 상품의 특징에 따른 분류

■ 에릭 번(Eric Berne)의 교류분석

- 상보교류(의사소통의 제1패턴) : 자극이 지향하는 그 자아상태로부터 반응이 나오며, 자극을 보냈던 그 자아상태로 반응이 다시 보내지는 교류
- 교차교류(의사소통의 제2패턴) : 의사소통의 방향이 서로 어긋날 때, 즉 교차될 때 이루어지는 교류
- 이면교류(의사소통의 제3패턴) : 의사소통에 관계된 자아 중 겉으로 직접 나타나는 사회적 자아와 실제로 기능하는 심리적 자아가 서로 다른 교류

■ 휴스턴(Huston)과 레빙거(Levinger)의 인간관계 형성단계

- 면식의 단계(첫인상 형성 단계) : 직접적인 교류가 일어나기 전의 단계로, 두 사람이 직접적인 접촉 없이 관찰을 통해 서로 아는 단계
- 형식적·피상적 접촉의 단계(피상적 역할 단계) : 두 사람 사이에 직접적인 교류가 일어나는 단계로, 접촉이 피상적 수준에 머무르거나 업무를 위해 접촉이 일어나는 형식적인 관계
- 상호의존의 단계(친밀한 사적 단계) : 두 사람 사이에 크고 작은 상호의존이 나타나는 단계로, 두 사람 사이의 교류가 증진되고 심화되어 공유된 경험의 영역이 확대되는 관계

■ 에드워드 홀(Edward T. Hall)의 공간 행동학

- 친밀한 거리 : 가족이나 연인 사이에 주로 형성되는 거리로 가족이나 연인 이외의 사람이 이 거리 안으로 들어오게 되면 매우 불쾌감을 느끼게 됨
- 개인적 거리 : 어느 정도의 친밀함이 전제되어야 하며, 일상적 대화에서 가장 무난하게 사용할 수 있는 거리
- 사회적 거리 : 사무적인 대화가 많이 이루어지며, 대화 내용과 행동에 격식이 요구됨
- 공적 거리 : 연설이나 강의와 같은 특수한 경우에 한정

■ 서비스의 4대 특징

무형성, 이질성, 비분리성, 소멸성

■ 프로세스적 관점에서 본 고객의 분류

- 내부고객 : 가치생산에 직접 참여하는 고객(종업원)
- 중간고객 : 기업과 최종 고객이 되는 소비자 사이에서 그 가치를 전달하는 고객(도매상, 소매상, 중간상)
- 외부고객 : 기업이 생산한 가치를 사용하는 고객(구매자, 소비자)

■ **서비스 기업과 일반 제조기업의 차이**

- 상대적으로 낮은 진입 장벽
- 규모의 경제 실현의 어려움
- 심한 수요의 변동
- 고객 충성도 확보의 중요성
- 내부 고객의 만족도

■ **시간의 구조화 영역**

- **폐쇄** : 자기를 타인으로부터 멀리 하고 대부분의 시간을 공상이나 상상으로 보내며, 자기에게 스트로크를 주려고 하는 자기애적인 것
- **의식/의례** : 일상적인 인사에서부터 복잡한 결혼식이나 종교적 의식에 이르기까지 전통이나 습관에 따름으로써 간신히 스트로크를 유지하는 것
- **잡담 또는 소일** : 직업, 취미, 스포츠, 육아 등의 무난한 화제를 대상으로 특별히 깊이 들어가지 않고 즐거운 스트로크의 교환을 하는 것
- **활동** : 어떤 '목적'을 달성하기 위해 스트로크를 주고받는 것으로, 어떤 결과를 얻기 위해 에너지를 투자하는 것
- **게임** : 저의가 깔린 이면적 교류. 다시 말해서 사회적 수준, 즉 겉으로 보기에는 정보의 교환을 하는 것 같지만 심리적 수준으로는 또 다른 의도가 깔려 있는 교류
- **친밀** : 두 사람이 서로 신뢰하며 상대방에 대하여 순수한 배려를 하는 진실한 교류. 저의 없는 진정한 감정을 표현

■ **생산성 향상 운동 – 3S**

단순화(Simplification), 표준화(Standardization), 전문화(Specialization)

■ **마이클 해머(Michael Hammer)의 3C**

Customer(고객), Change(변화), Competition(경쟁)

제2과목 CS 전략론

■ 서비스 청사진의 구성 요소

- **고객의 행동** : 병원 선택, 예약전화하기, 주차 등의 활동 등
- **일선 종업원의 행동** : 주차관리인의 주차안내, 안내원의 상담 등
- **후방 종업원의 행동** : 상품배송, 주문 등
- **지원 프로세스** : 서비스 직원의 교육담당자 등

■ 서비스 모니터링 구성 요소

대표성, 객관성, 차별성, 신뢰성, 타당성, 유용성

■ MOT 사이클 차트 분석 5단계

- **1단계** : 서비스 접점 진단
- **2단계** : 서비스 접점 설계
- **3단계** : 고객접점 사이클 세분화
- **4단계** : 고객접점 시나리오 만들기
- **5단계** : 구체적인 서비스 표준안으로 행동

■ SWOT 분석

- **S－O 전략** : 시장의 기회를 활용하기 위해 강점을 사용하는 전략을 선택
- **S－T 전략** : 시장의 위협을 회피하기 위해 강점을 사용하는 전략을 선택
- **W－O 전략** : 시장의 약점을 극복함으로써 시장의 기회를 활용하는 전략을 선택
- **W－T 전략** : 시장의 위협을 회피하고 약점을 최소화하는 전략을 선택

■ 7Ps

4P + 3P를 추가한 마케팅 믹스 전략

- 4P
  - 제품(Product)
  - 가격(Price)
  - 유통(Place)
  - 판매촉진(Promotion)
- 3P
  - 과정(Process)
  - 물리적 근거(Physical Evidence)
  - 사람(People)

■ 틈새시장

경쟁이 심한 산업분야나 남이 미처 알지 못하는 시장 또는 알고 있더라도 아직 공략이 제대로 되지 않는 시장에서 시장 세분화를 거쳐 틈새를 공략하는 것

■ 브래디(Brady)와 크로닌(Cronin)의 애프터서비스 품질차원

상호작용 품질	• 직원의 태도와 행동 　- 고객 도움 의지 　- 수리직원의 친절도 　- 접수직원의 친절도 　- 직원의 믿음(말, 행동) • 처리시간
물리적 환경 품질	• 정 책 • 편의성
결과 품질	• 전문성과 기술

■ 마이어스(Myers)가 제시한 양질의 의료서비스 조건

적정성, 조정성, 효율성, 접근성, 지속성, 포괄성, 품질(Quality)

■ 내부 마케팅 권한위임

장 점	• 고객의 요구와 문제 발생에 대해 유연하고 신속하게 대응 • 고객 접촉 시 열정적 · 우호적인 분위기 • 역할 분담이나 모호성의 감소로 충성 고객 창출 • 종업원의 직무 만족 증대와 동기부여로 생산성 증진 및 서비스 개선
비 용	• 교육훈련과 채용에 비용이 많이 듦 • 책임감 있는 정규직 채용으로 인건비 상승 초래 • 서비스 제공이 더 느리고 서비스의 일관성이 낮아질 수 있음 • 회사가 감당하기 힘든 무리한 의사결정을 할 수 있음

■ ACSI(American Customer Satisfaction Index)

미국의 고객만족지수 측정 모형으로 고객화, 신뢰평가도, 전반적 품질 등의 3가지 요소로 평가한 지표

■ 마케팅 조사 시 정성 · 정량조사 기법을 적용해야 하는 경우

• 정성조사

- 예비적 정보의 수집
- 양적 조사의 사전 단계
- 사전 지식이 부족한 경우
- 소비자를 깊이 이해하려는 시도

• 정량조사

- 각 상표의 포지셔닝 파악
- 시장 세분화 및 목표시장 선정
- 소비자의 특성별 니즈 구조와 차이
- 시장 경쟁상황 및 소비자 태도와 행동 파악

■ 소비자 심리

• 언더독 효과 : 사람들이 약자라고 믿는 주체의 성공을 기원하게 되는 현상이나 약자로 연출된 주체에게 부여하는 심리적 애착을 의미함
• 스놉 효과 : 스놉(Snob)은 잘난 체하는 속물을 의미하며, 스놉 효과는 어떤 상품에 대한 사람들의 소비가 증가하면 오히려 그 상품의 수요가 줄어드는 효과를 말함
• 베블런 효과 : 상품의 가격이 오르는 데도 일부 계층의 허영심과 과시욕 등으로 인해 수요가 증가하는 현상
• 스티그마 효과 : 집단에서 부정적으로 낙인찍히면 그 대상이 점점 더 부정적인 행태를 보이며, 대상에 대한 부정적인 인식이 지속되고 강화되는 현상
• 플라시보 효과 : 의사가 제안한 효과 없는 가짜 약이나 치료법이 환자의 믿음과 긍정적인 소망으로 인해 병세가 호전되는 현상

- 디드로 효과 : 하나의 물건을 구입한 후 그 물건과 어울리는 다른 제품들을 계속 구매하는 현상
- 톱니 효과 : 일단 어떤 상태에 도달하고 나면, 다시 원상태로 되돌리기 어렵다는 특성을 지칭하는 말. 불가역성(不可逆性) 또는 역진불가(逆進不可)라고도 부름
- 분수 효과 : 저소득층의 소득 증대가 총수요 진작 및 경기 활성화로 이어져 궁극적으로 고소득층의 소득도 높이게 되는 효과를 가리키는 용어
- 바넘 효과 : 보편적으로 적용되는 성격 특성을 자신의 성격과 일치한다고 믿으려는 현상
- 유인 효과(Attraction Effect) : 기업에서 키우고자 하는 주력 브랜드가 있을 경우, 상대적으로 열등한 자사의 신규 브랜드를 출시하여 소비자에게 주력 브랜드의 선택 확률을 높이는 효과
- 부분적 리스트 제시 효과(Part – list Cunning Effect) : 사람들은 1위만 기억하고 2, 3위는 기억하지 못하기 때문에 1, 2위의 맞대결을 벌이겠다는 메시지를 전달함
- 타협 효과(Compromise Effect) : 여러 가격대의 제품을 출시할 경우 주력 브랜드를 중간 정도에 내놓는 것이 안전함

■ 고객경험관리(CEM)의 특징
- 고객과의 경험프로세스를 전략적으로 관리하는 고객지향적인 경영전략
- 고객 상호작용의 순간, 즉 접점에서부터 시작
- 고객이 기업에 대해 생각하고 느끼는 것을 파악함
- 기업에 대한 고객 경험을 향상시키기 위해 시스템과 기술 및 단순화된 프로세스를 활용
- 고객의 기대와 경험 간의 차이가 있는 곳에 제품이나 서비스를 위치시켜 판매하는 선행적 성격이 강함

■ 고객 피드백의 가치를 훼손하는 요소
- 비능률적 · 중복적 자료수집
- 자료 분류의 비일관성
- 오래된 자료 분류
- 결론이 서로 다른 다양한 분석 결과
- 우선순위를 표기하지 않은 분석
- 행동이 수반되지 않는 분석
- 보고체계 오류로 인한 자료 상실
- VOC 관리로 실행한 개선효과 점검 미비

■ 아커(Aaker)와 샨비(Shanby)의 포지셔닝 전략 수행절차 6단계
- 1단계 : 경쟁자의 실체 파악 및 확인
- 2단계 : 경쟁자 인식 및 평가 분석, 경쟁업체의 인지 및 평가 분석
- 3단계 : 경쟁 기업과 제품 시장에서의 포지셔닝 결정, 경쟁 기업의 포지셔닝 파악
- 4단계 : 소비자 분석 수행, 고객에 대한 분석 수행
- 5단계 : 포지셔닝 의사결정
- 6단계 : 모니터링으로 감시 단계 설정

■ 'SERVQUAL'의 5가지 GAP 모델
- GAP 1 : 고객의 기대가 무엇인지 모를 때 발생
- GAP 2 : 적당한 서비스 설계의 표준을 찾지 못했을 때 발생
- GAP 3 : 서비스 표준을 제대로 제공하지 못할 때 발생
- GAP 4 : 외부 커뮤니케이션과 서비스 전달의 차이가 있을 때 발생
- GAP 5 : 고객이 기대한 서비스와 인식된 서비스가 일치하지 않을 때 발생

■ 트렌드 유형
- 메타 트렌드(Meta Trend) : 자연의 법칙이나 영원성을 지닌 진화의 법칙. 사회적으로 일어나는 현상들로써 문화 전반을 아우르는 광범위하고 보편적인 트렌드(자연의 법칙, 진화의 법칙)
- 메가 트렌드(Mega Trend) : 사회 문화적 환경의 변화와 함께 트렌드가 모여 사회의 거대한 조류를 형성하는 현상(세계화)
- 사회적 트렌드 : 삶에 대한 사람들의 감정, 동경, 문화적 갈증
- 소비자 트렌드 : 5 ~ 10년 동안 지속되어 소비세계의 새로운 변화를 이끌어 내는 소비문화로부터 소비의 표층 영역까지를 광범위하게 나타나는 현상
- 사회문화적 트렌드(Social Cultural Trend) : 트렌드(Trend) 유형 중 사람들의 삶에 대한 감정과 동경, 문화적 갈증 등의 내용에 가장 부합하는 트렌드 유형

■ 고관여도 관점
- 소비자는 정보탐색자이다.
- 소비자는 목표지향적인 정보처리자이다.
- 소비자는 구매 전에 상표를 먼저 평가한다.
- 소비자는 능동적 수신자이기 때문에 태도 변경을 위한 광고의 효과는 약하다.
- 소비자는 기대 만족을 극대화하려고 노력하며 최선의 선택을 위해 다수의 속성을 검토한다.
- 제품이 소비자의 자아 이미지에 중요하며, 라이프스타일이 소비자 행동에 많은 영향을 미친다.
- 집단의 규범과 가치는 제품 구매에 중요하다.

- **수잔 키비니(Susan Keaveney)의 서비스 전환 유형**

  핵심가치 제공 실패(44.3%) > 불친절한 고객 응대(34.1%) > 가격(29.9%) > 이용불편(20.7%) > 불만 처리 미흡(17.3%) > 경쟁사의 유인(10.2%) > 기업의 비윤리적 행위(7.5%) > 불가피한 상황(6.2%)

- **레이나르츠와 쿠머의 충성도 전략**

구 분		장기거래 고객	단기거래 고객
높은 수익		True Friends	Butterflies
		• 기업의 제공 서비스와 소비자의 욕구 간 적합도가 높고, 큰 잠재이익 보유 • 태도적, 행동적 충성도 구축과 지속적인 고객관계 유지가 필요	• 기업의 제공 서비스와 소비자의 욕구 간 적합도가 높고, 큰 잠재이익 보유 • 거래의 만족을 달성하도록 노력해야 함
낮은 수익		Barnacles	Strangers
		• 기업의 제공 서비스와 소비자의 욕구 간 적합도가 제한되고 낮은 잠재이익 보유 • 지갑점유율을 측정하여 낮으면 교체 구매 유도	• 기업의 제공 서비스와 소비자의 욕구 간의 적합도가 낮음 • 관계유지를 위한 더 이상의 투자 불필요 • 모든 거래에서 이익 창출 필요

- **벤치마킹**

  동종업계나 다른 업종에서 최고라고 인정되는 선두기업의 제품이나 서비스, 작업과정, 조직운영, 프로세서 등을 비교 검토하여 우수한 측면을 체계적으로 모방하여 자기회사의 경영과 생산에 합법적으로 응용하는 것

- **마케팅 관리의 개념변화**
  - 생산개념 : 시중에서 쉽게 얻을 수 있는 값싼 제품을 소비자가 선호할 것이라고 믿는 개념
  - 제품개념 : 소비자가 최고의 품질, 성능, 혁신적인 특성을 제공하는 제품을 선호할 것이라고 믿는 개념
  - 판매개념 : 조직이 기본적으로 고객을 그냥 두면 그들이 자발적으로 제품을 충분히 구매하지 않을 것이므로, 공격적인 판매와 촉진 노력을 수행해야 한다고 보는 개념
  - 마케팅 개념 : 조직의 목표를 달성하기 위해서 선정된 목표시장에 우수한 고객가치를 창출 · 전달 · 의사소통하는 데 있어 경쟁기업보다 더 제품 중심적으로 만들어서 파는 철학이 아니라 고객 중심적으로 느끼고 반응하는 철학

■ 가빈(Garvin)의 8가지 품질차원

범 주	개 념
성과(성능)	• 제품이 가지는 운영적 특징 • 의도된 기능을 수행하는 능력
특 징	• 제품의 부가적 특성, 특정 제품이 가지고 있는 경쟁적 차별성
신뢰성	• 실패하거나 잘못될 가능성의 정도 • 제품이 의도된 기능을 일정기간 동안 수행하는 능력
적합성	• 고객의 세분화된 요구를 충족시킬 수 있는 능력
지속성(내구성)	• 고객에게 지속적으로 가치를 제공할 수 있는 기간
서비스(제공)능력	• 기업이 고객에게 제공할 수 있는 속도, 친절, 경쟁력, 문제해결 능력
심미성	• 외관의 미적 기능 • 사용자 감각에 흥미를 일으킬 수 있는 내용을 의미 • 사용자 감각, 즉 외관, 느낌, 냄새, 맛 등 개인적, 주관적 판단 · 선택
인지된 품질(지각 품질)	• 기업 혹은 브랜드 명성

■ KS-SQI 구성차원

영 역	구성요인	내 용
성과 영역	본질적 서비스	소비자가 서비스로 얻고자 하는 기본적인 욕구 충족
	부가서비스	소비자에게 경쟁사와 다른 혜택과 부가적인 서비스를 제공
과정 영역	신뢰성	소비자가 서비스 제공자에게 느끼는 신뢰감(종업원의 진실, 정직, 기술과 지식을 갖춘 서비스 수행)
	친절성	소비자를 대하는 예의바르고 친절한 태도
	지원성	소비자의 요구에 신속한 서비스를 제공하려는 의지
	접근성	서비스를 제공하는 시간과 장소의 편리성
	물리적 환경	서비스 평가를 위한 외형적인 단서

■ 자료수집 기법

관찰법, 서베이법, 심층면접법, 문헌연구법, 표적집단면접법(Focus Group Interview), CLT, HUT, ZMET, 델파이 기법 등

■ VOC(고객의 소리)의 장점

- 고객의 요구와 기대의 변화를 파악할 수 있음
- VOC를 통해 예상 밖의 아이디어를 얻을 수 있음
- 표준화된 서비스 응대로 고객의 기대를 충족시킬 수 있음
- 고객과의 커뮤니케이션을 통해 CRM의 한계를 극복하여 데이터를 통한 분석이 아닌, 고객의 실제 성향 파악을 가능하게 함
- 시장의 요구와 기대의 변화를 파악할 수 있음
- 고객의 결정적인 순간을 이해할 수 있음
- 서비스 프로세스의 문제를 알 수 있음
- 경영혁신의 기초 자료로서 예상 밖의 아이디어를 얻을 수 있음
- 고객과의 관계유지를 더욱 돈독하게 할 수 있음
- 고객접점에서 고객의 욕구에 근거한 표준화된 대응 서비스가 가능

■ AIO 분석 기법

Activities (활동)	• 쇼핑, 상품에 대한 대화 등으로 관찰될 수 있지만 그 이유를 측정하기 어렵다.
Interests (관심)	• 어떤 사물과 사건, 화제 등에 대하여 특별하고 계속적인 주의를 부여하는 정도를 의미한다.
Opinions (의견)	• 어떤 질문이 제기된 상황에 대하여 개인이 제시하는 반응으로 예측, 신뢰, 평가, 해석, 기대 등을 의미한다. • 어떤 질문이 제기되는 상황에 대하여 개인이 제공하는 응답을 조사하는 것으로 자기 자신, 사회적 문제, 정치, 경제, 교육, 미래, 문화 등과 관련된 자신의 견해를 질문한다.

제3과목 고객관리 실무론

■ **첫인상의 특징**

일회성, 신속성, 일방성, 초두효과

■ **올바른 인사의 시기와 방법**

- 일반적으로 30보 이내에서 준비하는 것이 좋음
- 상대방과 방향을 마주할 경우 6 ~ 8보가 가장 좋은 시기
- 상대방의 인사에 응답하는 것보다 내가 먼저 반갑게 인사하는 것을 생활화하여야 함
- 측방에서 상대를 갑자기 만났을 경우에는 상대를 확인하는 즉시 인사를 하는 것이 좋음
- 상사를 외부인과 함께 복도에서 만났을 때는 멈추어 서서 인사하는 것이 좋음
- 복도에서 상사와 만났을 때는 걸음을 멈추지 않고, 한쪽 옆으로 비키며 가볍게 인사함

■ **데이(Day)와 랜던(Landon)의 불평 행동 유형**

- **무행동** : 아무 행동도 취하지 않고, 미래 구매에 영향을 미치지 않는 유형
- **공적행동** : 기업, 정부에 해결을 요구하거나 법적인 대응을 하는 적극적인 유형
- **사적행동** : 구매를 중지하거나, 주변인들에게 부정적 구전을 하는 등 개인적인 수준에서 불만을 해소하는 유형

■ **전화 응대 시 요령**

- 명령형이나 지시형보다는 의뢰형이나 권유형으로 말하는 것이 좋음
- 음량을 조절하여 고객의 목소리보다 조금 낮은 목소리로 통화하는 것이 좋음
- 강조할 부분, 쉬어야 할 부분을 구별해 또박또박 말하도록 함
- 고객이 말하는 속도에 맞추어서 일치감을 형성하는 것이 좋음
- 부정적인 말은 우회하여 표현하는 것이 좋음
- 고객의 욕구를 충족시키지 못했을 경우 차선책 또는 대안을 제시할 수 있도록 함

■ 경어 사용법

- 존경어 : 말하는 상대, 즉 듣는 사람이나 또는 화제 중에 등장하는 인물에 대한 경의를 나타내는 말이며, 그 사람의 소지품이나 행동에 대해서 사용

  예 ○○ 씨 / ○○ 여사 / 귀하 / 어느 분 / 사장님께서

- 겸양어 : 말하는 사람의 입장을 낮추고, 상대방이나 화제에 등장하는 사람에게 경의를 나타내는 말

  예 여쭙다 / 뵙다 / 저희 / 드리다

- 공손어 : 상대방에게 공손한 마음을 표현할 때 또는 말하는 사람의 자기품위를 위하여 쓰는 경우를 의미함

  예 보고 드립니다 / 말씀해 주십시오

- 간접높임 : 높여야 할 대상의 신체 부분, 성품, 심리, 소유물과 같이 주어와 밀접한 관계를 맺고 있는 대상을 통하여 주어를 간접적으로 높이는 방법

  예 부장님 말씀이 타당하십니다 / 장모님께서는 머리가 하얗게 세셨습니다

■ 업무 보고 요령

- 보고할 내용이 긴 경우, 결론부터 말하고 경과 · 절차 등의 내용을 간결하게 보고
- 보고할 내용이 몇 가지 겹쳐졌을 경우, 전체 사항을 먼저 보고하고 하나씩 나누어서 보고
- 지시받은 사항에 대해 완료되는 즉시 보고
- 필요한 경우 반드시 중간보고를 함
- 지시한 사람에게 직접 보고하는 것이 원칙
- 사실을 토대로 보고
- 필요 시 대안을 마련하여 보고
- 의사결정에 도움이 되도록 모든 자료를 빠뜨리지 않고 준비

■ 스크립트 작성 원칙

- 끊어읽기 등을 활용하여 대화 흐름이 유연하고 자연스럽도록 함
- 고객이 납득할 수 있도록 논리적으로 작성되어야 함
- 장황한 설명이나 전문용어는 피하고 쉽게 작성해야 함
- 고객에게 이익이 될 수 있는 사항을 안내해서 고객이 신뢰와 확신을 가질 수 있도록 해야 함
- 텔레마케팅 목표는 상황에 따라 달라질 수 있기 때문에 처음부터 활용 목적을 명확하게 정해야 함

■ 콜센터 모니터링의 종류

- 동료 모니터링(Peer – monitoring) : 정해진 동료의 상담내용을 듣고, 피드백한 뒤 벤치마킹하게 하는 방법
- 셀프 모니터링(Self – monitoring) : 직접 자신의 상담 내용을 듣고 정해진 평가표에 따라 스스로를 평가하고 개선하는 방법
- 리얼 모니터링(Real – monitoring) : 상담원이 모니터링 여부를 모르게 무작위로 추출한 내용을 듣고 정해진 평가표에 따라 평가하는 방법
- Silent 모니터링 : 상담원과 약간 떨어진 곳에서 관리자 혹은 QAA가 실시간으로 상담원의 콜을 모니터링하는 방법
- Side – by – side 모니터링 : 관리자가 상담원 근처에서 상담내용과 업무처리과정, 행동을 직접 관찰하고 즉각적으로 피드백을 하는 방법
- 콜 리코딩(Call Recording) 또는 콜 테이핑(Call Taping) : 콜 샘플을 녹음한 후 평가자가 무작위로 콜을 선택해 모니터링 하는 방법
- 미스터리 콜(Mystery Call) : 지정된 미스터리 쇼퍼가 콜센터에 전화를 해서 상담사의 기능을 모니터하는 방법

■ 명함 교환 예절

- 주로 많이 사용되는 명함 사이즈는 '90mm×50mm'
- 대화 중 상대방의 이름을 잊었다고 해서 주머니에 집어넣은 명함을 꺼내어 보는 것은 결례임
- 명함을 건넬 때와 마찬가지로 받을 때도 일어선 채로 두 손으로 받아야 함
- 목례를 하며 가슴선과 허리선 사이에서 건네야 함
- 대화를 나누는 동안 상대방의 명함을 테이블 위에 놓고 상대방을 지칭하는 데 도움이 되도록 하는 것이 좋음

■ 테이블 매너

- 식사 중에는 담배를 피우지 않고, 담배는 가급적 식사 후에 상대방의 양해를 구하고 피우는 것이 예의
- 음식이 담긴 식기에 직접 입을 대고 먹지 않음
- 다른 손님들에게 방해가 될 수 있기 때문에 종업원을 부를 때는 크게 소리 내지 않고 손만 가만히 들어 부름
- 식사 중에 손으로 머리나 귀, 코 등을 만질 경우 손으로 빵을 먹을 때 비위생적일 수 있기 때문에 가급적 자제
- 규모가 큰 레스토랑을 이용할 경우 사전에 미리 예약을 하는 것이 일반적
- 중요한 비즈니스와 관계된 경우 옷차림에 격식을 갖추어 참석하는 것이 예의
- 테이블의 상석을 정할 때 연령이 어리지만 직위가 높을 경우에는 직위를 우선하고, 같은 조건이면 여성을 우선함

- 서양의 경우 부부가 함께 동반했을 때는 사각 테이블을 기준으로 서로 마주보고 앉는 것이 일반적
- 식사 주문 시 메뉴판에 모르는 음식이 있을 경우 음식에 대해 웨이터에게 물어보는 것은 크게 예의에 어긋나지 않음

■ **MICE 산업**

Meeting(회의), Incentive Tour(포상여행), Convention(컨벤션), Exhibition(전시/이벤트)

■ **프레젠테이션 자료 제작 시 유의해야 할 점**

내용은 최대한 적게 넣고, 슬라이드 화면의 여백을 살려서 제작한다.

■ **메라비언의 커뮤니케이션**

면대면 커뮤니케이션 전달 정도 : 언어적인 요소(7%) < 청각적인 요소(38%) < 시각적인 요소(55%)

■ **전통적인 공수법**

- 평상시 : 남자는 왼손이 위이고, 여자는 오른손이 위
- 흉사시 : 남자는 오른손이 위이고, 여자는 왼손이 위
- 초상집, 영결식에서 인사하거나 상중인 사람에게 인사할 때는 흉사의 공수를 함

■ **화법의 명칭**

- 보상 화법 : 지적한 약점이 오히려 더 좋은 강점을 만들어낸다는 것을 강조하는 화법
- 신뢰 화법 : 상대방에게 신뢰감을 줄 수 있는 말을 사용하는 화법
- 맞장구 표현법 : 일단 고객의 말에 동의하며 긍정의 맞장구를 치고 반대의견을 제시하는 화법
- 쿠션 화법 : '죄송합니다만', '수고스러우시겠지만' 등의 말을 적절하게 활용한 화법
- 후광 화법 : 유명 연예인의 사용 기록이나 매출자료를 제시하여 고객의 반대 저항을 감소시켜 나가는 화법
- 레이어드 화법 : 반발심이나 거부감이 들 수 있는 명령조를 질문 형식으로 바꾸어 완곡하게 표현하는 화법
- 산울림 화법 : 고객이 한 말을 반복하여 이해와 공감을 얻고, 고객이 거절하는 말을 솔직하게 받아주는 데 포인트가 있는 화법
- 아론슨 화법 : 부정과 긍정의 내용을 혼합해야 할 경우 가능하면 부정적 내용을 먼저 말한 후 긍정적 내용으로 끝마치는 화법
- 역전 화법 : 긍정법, 간접부정법. 일단 고객의 의견에 동의하고 반대의견을 말하는 화법
- 부메랑 화법 : 고객이 제품에 대해 부정적인 이야기를 할 때, 사실 그 부정적인 부분이 제품의 장점 또는 특징이라고 설득하는 화법
- 샌드위치 화법 : 충고를 칭찬과 격려 사이에 넣어 상대방이 충고를 거부감 없이 받아들이게 하는 화법

■ **악수예절**

- 악수는 원칙적으로 오른손으로 하는 것이 좋음
- 마주 잡은 손을 상하로 흔들 때, 과도하게 높이 올리지 않는 것이 좋음
- 상대방의 손을 너무 세거나 약하지 않게 잡는 것이 중요함
- 우리나라의 경우 악수는 연장자가 연소자에게 먼저 권하는 것이 보편적

■ **악수의 5대 원칙**

미소(Smile), 눈 맞춤(Eye – contact), 적당한 거리(Distance), 리듬(Rhythm), 적당한 힘(Power)

■ **국가별 문화 특징**

- 일본 : 자신의 밥그릇이나 국그릇을 들어서 음식을 먹는 습관이 있음
- 중국 : 자신의 젓가락을 이용해 상대방에게 음식을 집어주는 습관이 있음
- 홍콩 : 시계를 죽음의 상징으로 여기기 때문에 선물을 하지 않는 것이 좋음
- 인도네시아 : 대부분의 인구가 이슬람교도이기 때문에 일반적으로 돼지고기나 술을 먹지 않음. 또한 남에게 물건을 건네거나 받을 때 오른손을 사용하므로 주의해야 함
- 태국, 말레이시아 : 사람의 머리를 신성시하기 때문에 상대방의 머리를 함부로 만져서는 안 됨

■ **교육훈련 종류**

OJT	Off – JT	OJL	Off – JL
• 직무교육훈련 • 직무순환 • 코 칭 • 멘토링	• 강의법 • 토의법 • 사례연구법 • 역할연기법 • 시 범	• 자기학습 • 실천학습	• 독 서 • 자기계발활동

■ **칼 알브레히트(Karl Albrecht)의 고객을 화나게 하는 칠거지악**

무관심(Apathy), 무시(Brush – off), 냉담(Coldness), 건방떨기/생색(Condescension), 로봇화(Robotism), 규정 핑계(Rule Apology), 뺑뺑이 돌리기(Run around)

■ **소비자의 8대 권리**

- 물품 또는 용역(이하 '물품 등'이라 한다)으로 인한 생명 · 신체 또는 재산에 대한 위해로부터 보호받을 권리
- 물품 등을 선택함에 있어서 필요한 지식 및 정보를 제공받을 권리
- 물품 등을 사용함에 있어서 거래상대방 · 구입 장소 · 가격 및 거래조건 등을 자유로이 선택할 권리
- 소비생활에 영향을 주는 국가 및 지방자치단체의 정책과 사업자의 사업 활동 등에 대하여 의견을 반영시킬 권리
- 물품 등의 사용으로 인하여 입은 피해에 대하여 신속 · 공정한 절차에 따라 적절한 보상을 받을 권리
- 합리적인 소비생활을 위하여 필요한 교육을 받을 권리
- 소비자 스스로의 권익을 증진하기 위하여 단체를 조직하고 이를 통하여 활동할 수 있는 권리
- 안전하고 쾌적한 소비생활 환경에서 소비할 권리

■ **도날슨(Donaldson)과 스캐널(Scannel)의 성인학습의 기본 원리**

- 학습 속도는 사람마다 다름
- 학습은 끊임없이 지속되는 과정
- 훈련 시간이 적절해야 함
- 자극(Stimulation)에서 시작해서 감각(Sense)로 끝남
- '전체 – 부분 – 전체'의 순서를 따를 때 학습 효과가 발생
- 긍정적 강화는 학습을 강화시킴
- 지지적인 학습 환경일 때 효율성이 높아짐
- 학습은 스스로의 활동
- 최선의 학습은 '해 봄(Doing)'을 통해 획득

■ **국가 및 지방자치단체의 책무(소비자기본법 제6조)**

- 관계 법령 및 조례의 제정 및 개정 · 폐지
- 필요한 행정조직의 정비 및 운영 개선
- 필요한 시책의 수립 및 실시
- 소비자의 건전하고 자주적인 조직 활동의 지원 · 육성

■ **정보주체의 권리(개인정보보호법 제4조)**

- 개인정보의 처리에 관한 정보를 제공받을 권리
- 개인정보의 처리에 관한 동의 여부, 동의 범위 등을 선택하고 결정할 권리
- 개인정보의 처리 여부를 확인하고 개인정보에 대하여 열람(사본 발급을 포함)을 요구할 권리
- 개인정보의 처리 정지, 정정ㆍ삭제 및 파기를 요구할 권리
- 개인정보의 처리로 인하여 발생한 피해를 신속하고 공정한 절차에 따라 구제받을 권리

※ 2023년 9월 15일 이후 시험을 응시하는 수험생은 아래 법령을 참고하시기 바랍니다.

정보주체의 권리(개인정보보호법 제4조)

- 개인정보의 처리에 관한 정보를 제공받을 권리
- 개인정보의 처리에 관한 동의 여부, 동의 범위 등을 선택하고 결정할 권리
- 개인정보의 처리 여부를 확인하고 개인정보에 대한 열람(사본 발급 포함) 및 전송을 요구할 권리
- 개인정보의 처리 정지, 정정ㆍ삭제 및 파기를 요구할 권리
- 개인정보의 처리로 인하여 발생한 피해를 신속하고 공정한 절차에 따라 구제받을 권리
- 완전히 자동화된 개인정보 처리에 따른 결정을 거부하거나 그에 대한 설명 등을 요구할 권리

행운이란 100%의 노력 뒤에 남는 것이다.

– 랭스턴 콜먼 –

제 1 편

핵심 이론

＋

핵심 예제

Win- Q

CS리더스관리사

핵심이론 01 고객만족(CS)의 정의와 특징

① 정 의
 ㉠ 고객만족(CS)의 일반적인 정의
  • 고객이 제품 또는 서비스에 대해 원하는 것을 기대 이상으로 충족·감동시킴으로써 고객의 재구매율을 높이고 고객의 선호가 지속되도록 하는 것이다.
  • 기대에 대한 실제 서비스가 만족을 느낄 만큼의 수준에 이르렀을 때 고객이 받는 감정 상태를 말한다.
 ㉡ 학자들의 고객만족(CS)에 대한 정의
  • 뉴먼과 웨스트브룩(Newman & Westbrook) : 상품이나 서비스를 구매, 비교, 평가, 선택하는 과정에서 고객이 경험하는 호의적이거나 비호의적인 감정을 고객만족과 불만족으로 구분하여 설명하였다.
  • 올리버(Oliver) : 만족을 소비자의 성취 반응으로 판단하여, 만족을 상품과 서비스의 특성과 그 자체가 제공하는 소비자의 욕구충족 이행 수준에 관한 소비자의 판단으로 해석하였다.
  • 앤더슨(Anderson) : 상품 이용 고객의 포괄적인 감정을 하나의 과정으로 이해하여 고객만족을 설명하였다.
  • 굿맨(Goodman) : 비즈니스와 기대에 부응한 결과로서 상품, 서비스의 재구입이 이루어지고 아울러 고객의 신뢰감이 연속되는 상태라고 정의하였다.
  • 코틀러(Kotler) : 사람들의 기대치와 그 제품에 대해 자각하고 있는 성능과 비교해 나타나는 즐거움이나 실망감이라고 정의하였다.

② 특 징
 ㉠ 태도로서의 만족
  • 올슨(Olson)과 도버(Dover) : 기대를 속성 발생에 대한 확률이라고 가정할 때, 신념은 태도 형성의 기초를 형성하는 것일 뿐 아니라 만족의 결정에 대한 적용 수준의 역할도 한다.
  • 올리버(Oliver) : 만족은 구매 후 태도에 선행하고 거기에 영향을 주며 불확인을 중심으로 하는 뜻밖의 일과 생각지 못한 변수를 포함하지만, 태도에는 불확인의 개념은 포함되지 않는다.
 ㉡ 품질평가로서의 만족
  • 올스하브스키(Olshavsky) : 지각 품질은 몇 가지 점에 대한 제품의 전체적인 태도와 유사한 개념이며, 일시적이 아닌 더 종합적이고 영속적인 의미가 있다.
  • 파라수라만(Parasuraman), 자이다믈(Zeithaml), 베리(Berry) : 서비스의 지각 품질은 기업의 전체적인 우수함 혹은 탁월함에 대한 소비자의 판단으로 만족은 구매 또는 소비 후 지각 품질에 선행하고 서비스 지각 품질에 영향을 준다.
 ㉢ 감정적 반응으로서의 만족
  • 웨스트브룩(Westbrook) : 감정적 처리 과정은 인간 행동에 동기를 주는 원천이며, 정보처리와 선택에 영향을 주는 요인이다.
  • 테스트(Test)와 윌턴(Wilton) : 소비자의 사전 기대와 소비 후 지각된 제품과의 실제 성과 간의 차이에서 생기는 반응이 만족이다.
  • 웨스트브룩(Westbrook)과 라일리(Reilly) : 고객만족은 구매한 제품·서비스, 구매행동, 소매점, 쇼핑 및 시장에서 발생하는 전반적인 행동과 관련된 경험에 의한 정서적 반응이다.

고객만족(CS)과 관련해 〈보기〉의 (   ) 안에 들어갈 내용으로 알맞은 것은?

[2019년]

보기

올리버는 만족의 개념에 대하여 '만족이란 소비자의 (   )으로 판단된다.'고 제시하였다.

① 가치 반응
② 상호 반응
③ 의식 반응
④ 성취 반응
⑤ 신뢰 반응

|해설|

올리버(Oliver)는 만족을 소비자의 성취 반응(Fulfillment Response)으로 정의하며, 제품이나 서비스의 특성과 그것들이 소비자에게 제공하는 욕구 충족 이행 수준에 관한 소비자의 판단이라고 하였다.

정답 ④

① 개 념

ⓐ CS(Customer Satisfaction)관리란 공급자가 고객에게 제품이나 서비스를 제공하고 고객의 기대를 충족시켜 그 제품(서비스)에 대한 선호도가 지속되도록 하는 관리를 말한다.

ⓑ 공급이 수요를 초과하는 현대의 대량생산 시대에서 고객만족관리의 중요성은 더욱 크다.

ⓒ 신 고객을 창출하는 비용이 기존 고객을 유지하는 비용보다 4 ～ 5배에 이르는 것을 생각하면 고객만족관리는 기업의 생존과 직결되는 문제이다.

② 역 사

ⓐ 무관심단계(1990년대 이전)

- 기업 중심의 경영 단계로 고객만족 개념이 도입되기 전의 단계이다.
- 1970년대 미국의 소비자주의가 성숙기에 접어들면서 고객만족경영이 대두되었다.
- 1977년 미국 리서치 회사인 JD파워(J. D. POWER)가 고객만족을 평가기준으로 자동차 부분 기업 순위를 발표한 것이 시초가 되었다.
- 1981년 세계적인 스칸디나비아 항공의 젊은 사장 얀 칼슨이 '진실의 순간(MOT ; Moment of Truth)' 개념을 도입하면서 전 세계로 널리 확산되었다.
- 1980년대 후반 엔고 가치 급등으로 신음하던 일본 경제계에서 도요타가 경제위기의 타개책으로 '고객만족경영'을 도입하였다.

더 알아보기

- 미국 농산부에서 측정한 농산품에 대한 소비자만족지수 발표(1972년)
- 고객들의 정서적 불안 요소를 정량적으로 지수화하여 발표한 '굿맨 이론' 등장(1972년)
- 일본 SONY사(社)의 고객만족경영 도입(1980년대)
- 고객만족을 최우선으로 앞세운 '잭 웰치'의 GE사(社) 최고경영자 등극(1981년)
- 스칸디나비아 항공사의 '진실의 순간(MOT)' 도입(1981년)

ⓛ CS 도입기 및 침체기(1990 ~ 2000년대 이전)
- 고객중심경영 단계로 고객만족경영이 도입된 후 부침을 겪던 시기이다.
- 우리나라
  - 국내 최초로 LG그룹이 고객가치창조 기업 이념 도입(1992년)
  - 삼성그룹의 신(新)경영 선포(1993년)
  - 현대자동차의 품질보증제도 도입(1999년)
- 2000년대 이후 업종을 불문하고 대부분의 기업에 CS경영이 도입되었다.

핵심예제

고객만족(CS)관리의 역사와 관련해 1980년대의 주요 내용에 해당하는 것은?

[2021년]

① 1983년 삼성그룹의 신(新)경영 선포
② 1989년 현대자동차의 품질보증제도 도입
③ 1980년대 일본 SONY사(社)의 고객만족경영 도입
④ 1980년대 후반 업종을 불문한 고객만족경영 도입
⑤ 1982년 국내 최초 LG그룹의 고객가치창조 기업 이념 도입

|해설|

① 삼성그룹의 신(新)경영 선포 : 1993년
② 현대자동차의 품질보증제도 도입 : 1999년
④ 업종을 불문한 고객만족경영 도입 : 2000년대
⑤ 국내 최초 LG그룹의 고객가치창조 기업 이념 도입 : 1992년

정답 ③

핵심이론 03 고객만족(CS)의 3요소와 실천 과제

① 고객만족(CS)의 3요소
  ㉠ 하드웨어(Hardware)적 요소 : 기업의 이미지, 브랜드 파워, 매장의 편의 시설, 고객지원센터, 인테리어, 분위기 연출 등
  ㉡ 소프트웨어(Software)적 요소 : 기업의 상품, 서비스 프로그램, A/S와 고객 관리 시스템, 부가서비스 체계 등
  ㉢ 휴먼웨어(Humanware) 요소 : 기업에서 근무하는 사람들의 서비스 마인드와 접객서비스 활동, 매너, 조직 문화 등

② 실천 과제
  ㉠ 고객만족 지향적 기업 문화를 구축해야 한다.
  ㉡ 고객을 가장 중요시하는 역피라미드 조직 구조가 필요하다.
  ㉢ 고객만족 성과의 명확한 측정과 철저한 보상을 위한 평가 시스템의 운영이 필요하다.
  ㉣ 최고 경영자는 고객만족을 경영 목표로 하는 패러다임을 받아들이고, 이를 달성하기 위해 기업 내부 조직 구성원과 함께 공유해야 한다.
  ㉤ 외부 고객을 만족시키기 위해서는 먼저 내부 고객인 종업원을 만족시켜야 한다.

더 알아보기

고객(Customer)의 일반적 개념
- 여러 번의 구매와 상호작용을 통해 형성된다.
- 습관적으로 자사의 물품을 구매하거나 서비스를 이용하는 사람을 의미한다.
- 단골 고객은 높은 친밀감과 비용 가치가 있으나 로열티 고객과는 다른 개념이라 할 수 있다.
- 일정 기간 상호 접촉과 커뮤니케이션을 통해 반복 구매나 고객생애가치 수익을 창출해 줄 수 있는 사람을 의미한다.
- 반복 구매 또는 접촉이 없는 사람은 고객이 아니라 구매자에 불과하다.

고객만족(CS)의 3요소 중 하드웨어에 해당하는 내용을 다음 〈보기〉에서 찾아 모두 선택한 것은? [2020년]

보기
가. 제품의 기능이 우수하다.
나. 고객의 요구나 불만에 신속하게 응답한다.
다. 다양한 상품이 구비되어 선택의 폭이 넓다.
라. 제품에 대한 질문에 직원이 상세하게 설명해준다.

① 가, 나, 다
② 가, 나, 다, 라
③ 가, 다
④ 가, 다, 라
⑤ 다, 라

|해설|
나 · 라. 휴먼웨어 요소

정답 ③

핵심이론 04 고객만족(CS)의 핵심요소와 결정 요소

① 핵심요소
  ㉠ 제품(직접요소)
    • 상품의 하드적인 가치로서의 품질, 기능, 가격 등이다.
    • 상품의 소프트적 가치로서의 디자인, 사용용도, 사용의 용이성, 배려 등이 있다.
  ㉡ 서비스(직접요소)
    • 점포의 분위기, 판매원의 접객 등이 있다.
    • 쾌적한 판매방법을 택하지 않으면 고객이 만족하지 않게 되었다.
    • 상품 측면에서는 그다지 차이가 없게 되었기 때문에 판매시점의 서비스의 차이가 기업의 우열을 결정하게 되었다.
    • 고객만족의 비중이 상품에서 서비스로 이행하고 있다.
  ㉢ 기업이미지(간접요소)
    • 사회공헌 활동 및 환경보호 활동 등이다.
    • 상품 및 서비스가 우수하다 하더라도 사회 및 환경 문제에 진심으로 관계하지 않는 기업은 평가가 하락하고, 고객의 만족도가 낮아진다.

② 결정 요소
  ㉠ 제품/서비스의 특징
    • 제품이나 서비스의 특징에 대한 고객의 평가를 받는다.
    • 가격 수준, 품질, 개인적 친분, 고객화 수준 간의 상관관계가 있다.
  ㉡ 고객 감정 : 서비스 이전의 감정과 서비스 이후 체험을 통한 긍정적 · 부정적 감정은 서비스의 지각에 영향을 미친다.
  ㉢ 서비스의 성공과 실패의 원인 귀인 : 서비스에 대한 만족이나 불만족이 발생하였을 때 고객은 그 원인에 대해 분석하고 평가한다.
  ㉣ 공평성의 지각 : 다른 고객과 비교하여 공평하게 서비스를 받았는가는 고객만족에 영향을 미친다.
  ㉤ 가족 구성원, 동료, 친구, 다른 고객 : 고객만족은 구전에 의한 영향을 받는다.

다음 고객만족 결정의 5가지 요소 중 제공된 서비스에 만족 또는 불만족하였을 경우 그 이유를 분석하는 것에 해당하는 내용은?

[2018년]

① 다른 고객, 가족 구성원, 동료
② 서비스의 성공 및 실패의 원인에 대한 귀인
③ 고객 감정
④ 공평성의 지각
⑤ 제품 또는 서비스의 특징

|해설|

서비스의 성공 및 실패의 원인에 대한 귀인
서비스에 대한 만족이나 불만족이 발생하였을 때 고객은 그 원인에 대해 분석하고 평가한다.

정답 ②

핵심이론 05 고객만족(CS) 관련 이론

① 기대 – 불일치 이론

　㉠ 올리버(1981)가 제시한 이론으로 기대와 성과 간의 차이, 지각된 제품 성과, 기대의 요소를 통해 만족과 불만족의 형성 과정을 설명한다.

　㉡ 성과가 기대보다 높아 긍정적인 불일치가 발생하면 만족하고, 반대로 성과가 기대보다 낮아 부정적 불일치가 발생하면 불만족을 가져 온다는 이론이다.

　　• 긍정적 불일치 : 소비자가 구매한 제품의 성과가 기대보다 나은 경우를 지칭한다.
　　　[지각된 제품 성과 > 기대 → 고객만족 증가(고객 감동)]

　　• 부정적 불일치 : 소비자가 구매한 제품의 성과가 기대보다 못한 경우를 지칭한다.
　　　[지각된 제품 성과 < 기대 → 고객불만족]

　　• 단순 일치 : 소비자가 구매한 제품의 성과와 기대가 같은 경우를 지칭한다.
　　　[지각된 제품 성과 = 기대 → 고객만족]

　㉢ 기대 – 불일치 이론에 근거한 연구로는 인지적 불협화 이론, 대조이론, 동화 – 대조이론, 비교수준 이론, 일반화된 부정성 이론 등이 있다.

② 인지 부조화 이론

　㉠ 개인의 신념과 태도 간에 불일치 상태가 발생하면 불편함이 생기게 되고, 이를 해소하기 위해 신념이나 태도를 바꿈으로써 불편함을 해소하게 된다는 이론이다.

　㉡ 페스팅거(Festinger)의 인지 부조화 이론

　　• 사람이 두 가지 모순되는 인지 요소를 가질 때 나타나는 인지적 불균형 상태를 말한다.

　　• 인지적 불균형 상태는 심리적 긴장을 유발하므로, 사람들은 이를 해소하여 심리적 안정을 찾고자 한다.

다음 〈보기〉의 이야기에 가장 부합하는 이론은? [2019년]

> ┤ 보기 ├
> 더운 어느 날 여우가 길을 걷고 있었습니다. 한참 길을 걷
> 다 보니 탐스러운 포도송이가 높은 나무 위에 주렁주렁 매
> 달려 있지 뭐예요? 포도를 먹기 위해 여우는 발버둥을 쳐
> 보지만 결국 실패하고 말았어요. 여우는 날이 더우니 포도
> 가 시고 맛이 없을 거라고 투덜대며 결국 포기하고 가던
> 길을 재촉하였답니다.

① 교환 이론
② 귀인 이론
③ 순응 수준 이론
④ 기대 – 불일치 이론
⑤ 인지 부조화 이론

┤ 해설 ├

⑤ 개인의 신념과 태도 간에 불일치 상태가 발생하면 불편함이
생기게 되고, 이를 해소하기 위해 신념이나 태도를 바꾸게
된다는 이론이다.

① 기업이 소비자에게 제품을 주는 대가로 돈을 받고, 소비자는
자신의 욕구 충족을 위해 제품을 고른 대가로 돈을 내는 것
과 같이, 개인이나 사회적 관계에서 일어나는 행동과 그에
따른 보상을 말한다.

② 행동의 원인을 찾아내기 위해 추론하는 과정을 설명하는 이
론이다.

③ 생체에 주어진 과거 및 현재의 모든 자극을 평균적으로 대표
하는 자극치와 똑같다고 하고, 그것과의 관계상 생체의 행동
을 예측하는 이론이다.

④ 기대와 성과 간의 차이, 지각된 제품 성과, 기대의 요소를 통
해 만족과 불만족의 형성 과정을 설명하는 이론이다.

정답 ⑤

고객만족(CS) 관련 이론
– 공정성 이론(Equity Theory)

① 의 의
   ㉠ 1960년대 초 애덤스(1965)에 의해 이론화되었다.
   ㉡ 개인은 도출결과, 절차, 상호작용상에서 본인이 투입
   한 만큼 공정한 결과를 받기를 기대하며, 자신들의 성
   과를 최대로 할 수 있다고 지각하고 있다는 것이다.
   ㉢ 고객만족의 성과는 물리적인 제품의 성과뿐만 아니라
   비물리적(심리적) 요인도 있기 때문에, 공정성이라는
   것이 성과 판단에 중요한 기준이 된다.
   ㉣ 애덤스의 공정성 이론은 미국의 페스팅거(Festinger)
   의 인지 부조화 이론과 호만스(Homans)의 교환 이론
   을 기초로 한다.

② 공정성의 분류
   ㉠ 도출 결과의 공정성
   • 투입과 도출 사이의 상호 관계 원칙과 같이 어떤 인
   식된 원칙에 따라 도출 결과를 할당하는 것이다.
   • 투입과 도출 사이의 관계의 평가가 가장 중요한 기
   준이 되어 평등성(Equality), 요구(Needs), 기여
   (Contribution) 등의 요소로 제시된다.
   • 최종적으로 지급되는 임금, 승진, 조직 내 인정 등
   이 있다.
   ㉡ 절차상의 공정성
   • 도출 결과에 영향을 미치는 영향력과 정보의 공유
   정도를 의미한다.
   • 객관적이고 소비자를 대표할 수 있는 정보의 수집,
   의사결정자의 정보사용, 사람들의 의사결정에 영향
   력을 가지고 있다고 믿는 신념의 정도를 말한다.
   • 절차나 규칙에 관한 것, 일관성, 편견 배제, 정확
   성, 윤리성 등이 있다.
   ㉢ 상호작용의 공정성
   • 인간적인 측면과 비인간적인 측면까지 의사결정을
   수행하는 스타일과 관련된 것이다.
   • 관리자와 수용자 간의 예의, 정직, 존경, 흥미, 편
   견, 우호성, 의사소통의 방법 등이 있다.

공정성 이론(Equity Theory)과 관련해 절차상의 공정성을 설명한 내용으로 가장 올바른 것은? [2022년]

① 기여, 요구, 평등성 등의 요소로 제시된다.

② 의사소통 방식, 우호적인 정도, 흥미, 존경, 정직, 예의 등으로 구성되어 있다.

③ 투입과 도출 사이의 상호관계에서 투입과 도출에 대한 평가가 우선시되는 기준이다.

④ 인간적인 측면과 비인간적인 측면까지 포함하여 의사결정을 수행하는 스타일과 관련된 것을 말한다.

⑤ 객관적이고 소비자를 대표할 수 있는 정보의 수집, 의사결정자의 정보사용, 의사결정 영향력에 대한 신념의 정도로 분류된다.

|해설|

절차상의 공정성

도출 결과에 영향을 미치는 절차나 규칙에 관한 영향력과 정보의 공유 정도를 의미한다. 의사결정에서의 일관성, 편견배제, 정확한 정보의 사용, 윤리성, 의사결정권자의 의사결정과 관련한 신뢰의 정도 등을 통하여 영향을 받는다.

정답 ⑤

핵심이론 07 고객만족(CS) 관련 이론
– 귀인 이론(Attribution Theory)

① 의 의

　㉠ 하이더(1958)가 처음 제기하였으며, 켈리(1967)가 분석한 후 실질적으로 시작되었다.

　㉡ 개인의 행동을 관찰(또는 판단)할 때 그 행동의 원인이 내부적 요인에 의한 것인지 아니면 외부적 원인에 의한 것인지를 규명해 볼 수 있게 설명한 이론이다.

　㉢ 사람들이 왜 특정한 행동을 했는가에 대해 이해하고 설명하는 데 적절한 이론이다.

　㉣ 사람은 어떠한 행동 뒤에 숨겨진 원인을 규명하고, 신념에 따라 행동하며, 자신이 경험한 현상의 원인을 규명하려고 하고, 부가적인 정보를 찾기도 한다는 것을 전제로 한다.

　㉤ 제품이나 서비스의 성공과 실패에 대한 원인과 불평 행동을 설명하는 데 사용한다.

② 귀인 이론의 범주화 체계[워너(1980)]

　㉠ 인과성의 위치 : 서비스 실패의 원인이 행위자 자신에게 있는지, 상대방이나 상황에 있는지를 추론하는 것이다.

　㉡ 안정성 : 어떤 원인이 일시적인지 또는 영원한 것인지, 실수에 의한 것인지 또는 반복적인 것인지를 추론하는 것이다.

　㉢ 통제성 : 어떤 원인이 의도적인 것인지, 비의도적인 것인지를 추론하는 것이다.

③ 귀인의 3대 결정 요인

　㉠ 차별성 : 개개인의 행동이 서로 다른 여러 상황에서 나오는지, 특정 상황에서만 나오는지, 즉 어떤 행동이 흔히 볼 수 없는 행동인지 아닌지를 가리킨다.

　㉡ 합의성 : 똑같은 상황에 맞닥뜨린 사람들이 똑같은 형식으로 반응하는지를 가리킨다.

　㉢ 일관성 : 개개인이 똑같은 상황에 맞닥뜨렸을 때 똑같은 형식으로 장시간 똑같은 반응을 나타내는지를 가리킨다.

켈리(Kelly)의 공변이론 요소
- 일관성 : 시간 및 상황의 변화에 관계없이 특정 자극에 대해 항상 동일한 결과를 보이는지의 여부
- 합일성 : 특정 원인과 결과와의 관계를 다른 관찰자들도 동일하게 지각하는지에 대한 여부
- 특이성 : 어떤 결과가 특정 원인이 있을 때 발생하는지의 여부

핵심예제

워너(Weiner)가 제시한 귀인 이론의 범주화 체계 중 다음 〈보기〉의 ( ) 안에 들어갈 내용으로 가장 올바른 것은?

[2021년]

보기

(   )(이)란 어떤 원인이 일시적인지, 영원한 것인지, 실수에 의한 것인지 또는 반복적인 것인지 그 원인을 추론하는 것을 의미한다.

① 안정성
② 통제성
③ 교환성
④ 집중도
⑤ 인과성의 위치

|해설|

귀인 이론의 범주화 체계
- 인과성의 위치 : 서비스 실패의 원인이 행위자 자신에게 있는지, 상대방이나 상황에 있는지를 추론하는 것이다.
- 안정성 : 어떤 원인이 일시적인지 또는 영원한 것인지, 실수에 의한 것인지 또는 반복적인 것인지를 추론하는 것이다.
- 통제성 : 어떤 원인이 의도적인 것인지, 비의도적인 것인지를 추론하는 것이다.

정답 ①

핵심이론 08 비즈니스 프로세스의 분류

① 경쟁 프로세스
- ㉠ 경쟁자보다 우수한 고객 가치를 제공하는 프로세스이다.
- ㉡ 고객의 니즈를 만족시키는 데 초점을 맞추므로, 고객의 기대 수준과 대비하여 판단할 수 있다.
  - 예 고객이 요구하는 가치가 고객 각각의 취향에 맞도록 하는 제품의 다양화(Diversity)라면 기업의 경쟁 프로세스는 개별화(Customization) 프로세스이다. 만약, 경쟁자와 가격에 의한 경쟁을 하고 있다면 조직의 경쟁 프로세스는 경쟁자보다 낮은 가격으로 생산하는 프로세스가 된다.

② 변혁 프로세스
- ㉠ 급속히 변화하는 환경 속에서도 조직의 지속적인 경쟁 우위 확보를 위한 프로세스를 의미한다.
- ㉡ 사람, 기술, 프로세스를 결합해 조직의 미래 경쟁력을 구축해 나가는 과정이다.
  - 예 신제품 개발, 새로운 지식의 습득을 위한 학습 조직 구축 프로세스 등

③ 기반 프로세스
- ㉠ 핵심 프로세스는 아니지만 프로세스의 결과물이 고객에게 가치가 있다고 파악되는 프로세스이다.
- ㉡ 경쟁자와 경쟁 여부를 떠나 고객에게 필요한 최소한의 가치만 제공하면 되는 프로세스이다.
  - 예 초기에는 제품의 품질이 주요 경쟁 요소였지만, 품질이 평준화되어 품질은 기본적인 요소가 되고 디자인, 가격 등이 주요 경쟁 요소가 된다면 이때 품질은 기반 프로세스로 분류된다.

④ 지원 프로세스
- ㉠ 위의 세 가지 프로세스가 제대로 진행되도록 지원하는 프로세스를 의미한다.
- ㉡ 고객에게 직접적으로 가치를 전달하는 프로세스는 아니며, 프로세스라기보다는 오히려 과거의 기능적 활동으로 파악되는 경우가 많다.
  - 예 인적자원 관리, 재무회계, 교육 훈련 등

비즈니스 프로세스의 분류 중 '기반 프로세스'에 대한 설명으로 가장 올바른 것은? [2019년]

① 경쟁자보다 뛰어나지는 않더라도 고객에게 최소한의 가치를 제공하기만 하면 되는 프로세스를 의미한다.

② 미래의 산업 전략이 성공할 수 있도록 사람, 기술, 프로세스를 결합하여 조직의 역량을 구축해 나가는 과정을 의미한다.

③ 조직이 영위하는 사업 영역에서 경쟁자보다 뛰어나게 고객 가치를 제공하는 프로세스를 의미한다.

④ 변화하는 고객의 니즈와 기술적 변화에 맞추어 조직의 지속적인 경쟁 우위 확보를 위해 역량을 개발하는 프로세스를 말한다.

⑤ 프로세스의 초점이 고객만족에 있으며 고객의 기대 수준과 대비하여 판단이 가능하다.

|해설|

②·④ 변혁 프로세스, ③·⑤ 경쟁 프로세스에 대한 설명이다.

정답 ①

핵심이론 09 서비스 프로세스의 의의와 중요성

① 의 의

　㉠ 기업 측면 : 기업 내의 원재료, 정보, 사람 등을 투입(In - Put)하여 행하는 기업의 활동과 이로 인한 서비스 등의 산출물(Out - Put)로의 변환과정을 표시한 것이다.

　㉡ 고객 측면 : 고객을 위한 결과물 또는 고객을 위해 가치를 창출하는 모든 관련 활동들의 집합을 말한다.

　㉢ 프로세스는 궁극적으로 과업성과를 제고할 수 있어야 한다.

　㉣ 프로세스에서의 규율은 통제하기 위한 규율이 아니라, 창의성과 효율성 제고를 위한 규율이어야 한다.

　㉤ 프로세스는 목적론적, 전체론적 입장에서 모든 기업 활동이 고객만족을 위하여 진행될 때 기업이 추구하는 목적을 성취할 수 있다.

② 중요성

　㉠ 고객이 체험하는 서비스 전달 시스템은 고객이 서비스를 판단하는 중요한 증거가 된다.

　㉡ 서비스 프로세스는 상품 자체임과 동시에 서비스 전달 시스템 유통의 성격을 지닌다.

　㉢ 서비스 프로세스의 단계와 서비스 전달자의 처리 능력이 고객에게 가시적으로 드러나는 것이 고객 불만의 원인이 된다.

　㉣ 서비스 제공 프로세스에 따라 서비스 제공 절차가 복잡하기 때문에 고객에게 복잡하고 포괄적인 행동이 요구되기도 한다.

　㉤ 직원과의 상호작용 과정에서 발생되는 적절한 전달 프로세스가 고객의 태도에 영향을 주고 향후 거래 여부를 결정하는 중요한 변수로 작용한다.

다음 중 서비스 프로세스의 중요성에 대한 설명으로 가장 거리가 먼 것은?

[2020년]

① 고객이 체험하는 서비스 전달 시스템은 고객이 서비스를 판단하는 중요한 증거가 된다.
② 서비스 프로세스의 단계와 서비스 전달자의 처리 능력은 고객에게 가시적으로 드러나지 않는다.
③ 서비스 프로세스는 상품 자체임과 동시에 서비스 전달 시스템 유통의 성격을 가진다.
④ 서비스 프로세스에 따라 서비스의 제공 절차가 복잡하여 고객에게 복잡하고 포괄적인 행동이 요구되기도 한다.
⑤ 직원과 상호작용 과정에서 적절한 전달 프로세스가 고객의 태도에 영향을 주고, 향후 거래 여부를 결정하는 중요한 변수로 작용한다.

|해설|

서비스 프로세스의 단계와 서비스 전달자의 처리 능력이 고객에게 가시적으로 드러나는 것이 고객 불만의 원인이 된다.

정답 ②

① 서비스 프로세스의 표준화·개별화
　㉠ 서비스 표준화 : 미국 사우스웨스트 항공사는 타 항공사와의 연계운영, 중심기지 시스템보다는 공항기점간 시스템, 소규모 공항, 저렴한 요금으로 단거리운행, 음료·식사제공 프로세스 생략, 지정좌석제 폐지 등으로 프로세스의 표준화 전략에 성공하였다.
　㉡ 서비스 개별화 : 싱가포르 항공사는 고객의 취향에 맞는 서비스, 직원에게 권한부여, 다소 높은 가격으로 고품위 서비스 제공 등의 개별화 전략을 적용하여 성공하였다.
② 분 류
　㉠ 서비스 프로세스는 노동집약도, 고객과의 상호작용, 개별화를 기준으로 4가지로 구분할 수 있는데, 이를 서비스 프로세스 매트릭스라고 한다.
　　• 노동집약도 : 서비스 전달에 필요한 장치나 설비 등 '자본에 대한 의존도'와 사람에 의존하는 정도인 '노동에 대한 의존도'의 상대적인 비율을 말한다.
　　• 고객과의 상호작용 : 고객이 서비스 프로세스와 상호작용하는 정도를 말한다.
　　• 개별화 : 서비스가 고객에 의해 개별화되는 정도를 말한다.
　㉡ 슈메너의 서비스 프로세스 매트릭스

구 분		고객과의 상호작용/개별화	
		높 음	낮 음
노동 집약도	높 음	전문 서비스 (변호사, 의사, 컨설턴트, 건축가 등)	대중 서비스 (소매금융업, 학교, 도매업 등)
	낮 음	서비스 숍 (병원, 수리 센터, 기타 정비 회사 등)	서비스 팩토리 (항공사, 운송업, 호텔, 리조트 등)

'슈메너'의 서비스 프로세스 매트릭스와 관련해 다음 〈보기〉의 그림에서 (나)에 해당하는 업종으로 가장 올바른 것은? [2021년]

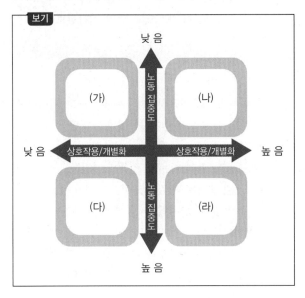

① 항 공   ② 병 원
③ 학 교   ④ 호 텔
⑤ 도소매

|해설|

(나)에 해당하는 것은 서비스 숍(병원, 수리 센터, 기타 정보 회사 등)이다.

정답 ②

핵심이론 11 서비스 프로세스 설계

① 서비스 프로세스 설계의 기본 원칙
- ㉠ 고객은 기대 대비 성과를 평가한다.
- ㉡ 고객의 기대를 관리하는 것이 중요하다.
- ㉢ 모든 의사결정 시 고객을 고려해야 한다.
- ㉣ 평가는 고객이 한다.
- ㉤ 평가는 절대적이 아니라 상대적이다.
- ㉥ 고객의 개별 요구(니즈)에 적응해야 한다.
- ㉦ 개별적인 요구에 적응하는 효율적인 방법은 일선 직원의 서비스와 지원 시스템이다.
- ㉧ 서비스는 무형성을 고려한 객관성, 정확성에 근거한 구체적인 방법론을 제시한다.

② 서비스 프로세스 설계 시 고려해야 할 사항[린 쇼스택(Lynn Shostack)]
- ㉠ 서비스 프로세스의 모든 과정을 고객에게 집중하여 고객 관점에서 제품과 서비스를 계획해야 한다.
- ㉡ 서비스 프로세스는 목적론이며 실제적인 과업 성과를 중시해야 한다.
- ㉢ 서비스 프로세스는 전체론이며 각각의 개별 활동은 하나의 시각에서 인식되어야 한다.
- ㉣ 서비스는 생산과 소비가 동시에 일어나고 접점 종업원과 고객 간의 상호작용을 수반하므로 설계 과정에서 종업원과 고객 모두를 고려해야 한다.
- ㉤ 서비스 프로세스의 규율은 창의성을 억제하기보다는 성과와 효율성을 제고할 수 있는 자율적인 성격을 가져야 한다.

③ 서비스 설계 시의 위험[린 쇼스택(Lynn Shostack)]
- ㉠ 지나친 간소화(Oversimplification)
- ㉡ 미완성(Incompleteness)
- ㉢ 개인적인 체험에 의해 왜곡될 수 있는 주관성(Subjectivity)
- ㉣ 편향된 해석(Biased Interpretation)

핵심예제

다음 중 '린 쇼스택'이 제시한 서비스 프로세스를 설계할 때 고려해야 할 사항으로 가장 거리가 먼 것은? [2018년]

① 서비스는 생산과 소비가 동시에 일어나고 접점 종업원과 고객 간의 상호작용을 수반한다.

② 서비스 프로세스는 전체론이며 각각의 개별 활동들은 하나의 시각에서 인식되어야 한다.

③ 서비스 프로세스는 목적론이며 실제적인 과업 성과를 중시해야 한다.

④ 서비스 프로세스의 규율은 창의성을 억제하기보다는 성과와 효율성을 제고할 수 있는 자율적인 성격을 가져야 한다.

⑤ 구조화되고 정의된 절차를 따르면서 최대한 관료적으로 설계하여 안정성을 추구해야 한다.

|해설|

관료적으로 설계하여 안정성을 추구하면 창의성을 억제하여 성과의 효율성을 제고할 수 있는 자율적인 성격을 갖기 어렵다.

정답 ⑤

핵심이론 12 대기(Wait) 관리

① 대기 관리의 기본 원칙 8가지[데이비드 마이스터(David Maister)]

㉠ 아무 일도 안 할 때 대기가 더 길게 느껴진다(프로세스 이전의 기다림이 프로세스 내의 기다림보다 길게 느껴진다).

㉡ 구매 전 대기가 더 길게 느껴진다.

㉢ 근심은 대기를 더 길게 느껴지게 한다.

㉣ 언제 서비스를 받을지 모른 채 무턱대고 기다리면 대기는 더 길게 느껴진다(불확실한 기다림이 더 길게 느껴진다).

㉤ 원인을 모르는 대기는 더 길게 느껴진다.

㉥ 불공정한 대기는 더 길게 느껴진다(대기 장소에서 명확한 규칙 없이 서비스를 제공하면, 고객은 불공정성이 발생한다고 느끼며 대기 시간이 더 길다고 생각한다).

㉦ 대기는 가치가 적을수록 더 길게 느껴진다(높은 가치의 서비스를 기다리는 고객은 긴 기다림을 감수하고 오랫동안 기다린다).

㉧ 대기는 혼자 기다리면 더 길게 느껴진다.

② 대기 시간에 영향을 미치는 요인[데이비드 마이스터(David Maister)]

기업의 완전 통제 요인	• 대기 시간의 공정함 • 편안한 대기 시간 • 확실하게 인지된 대기 시간 • 대기 시간이 서비스의 자연스러운 발생 순서
기업의 부분 통제 요인	• 점유 혹은 무점유의 대기 시간 • 불안 혹은 편안함의 대기 시간
고객의 통제 요인	• 대기 시간에 혼자 혹은 단체인지의 유무 • 대기 시간을 기다릴 서비스의 가치 목적 유무 • 대기 시간에 대한 현재 고객의 태도 유무

③ 대기(Wait)의 수용 가능성에 영향을 미치는 요인

㉠ 대기 환경

㉡ 안정성

㉢ 기회비용

㉣ 통제 가능성

㉤ 지각된 대기 시간

㉥ 기대 불일치

㉦ 거래 중요도

다음 중 데이비드 마이스터(David Maister)가 제시한 대기 관리의 기본 원칙에 관한 내용으로 올바르지 않은 것은?

[2021년]

① 불확실한 기다림이 더 길게 느껴진다.
② 공정한 대기 시간이 더 길게 느껴진다.
③ 혼자 기다리는 것이 더 길게 느껴진다.
④ 원인이 설명되지 않은 대기 시간이 더 길게 느껴진다.
⑤ 프로세스 이전의 기다림이 프로세스 내의 기다림보다 길게 느껴진다.

|해설|

불공정한 대기는 더 길게 느껴진다. 대기 장소에서 명확한 규칙 없이 서비스를 제공하면, 고객은 불공정성이 발생한다고 느끼며 대기 시간이 더 길다고 생각한다.

정답 ②

① 대기 열의 종류
   ㉠ 단일 대기 열 : 고객들이 한 줄로 서서 순서대로 서비스를 기다린다.
      • 오는 순서대로 서비스를 받기 때문에 형평성이나 공정성이 보장된다.
      • 어느 줄에서 대기해야 할지를 고민하지 않아도 된다.
      • 단일 입구이기 때문에 끼어들기 문제를 해소할 수 있다.
      • 줄이 길어지는 경우에는 고객 이탈 문제가 발생할 수 있다.
      • 짧은 용무 중 특별 고객 대응이 어렵다.
      • 평균 대기 시간이 줄어든다.
   ㉡ 다중 대기 열 : 고객들이 여러 줄로 서서 각 창구의 서비스를 기다린다.
   ㉢ 복합 대기 열 : 단일 대기 열과 다중 대기 열의 방식을 상황에 따라 복합적으로 사용한다.
② 대기 시스템의 유형
   ㉠ 단일경로 단일단계 대기 시스템 : 고객들이 한 줄로 서서 단일 창구에서 한 단계의 서비스를 받는 경우
   ㉡ 단일경로 복수단계 대기 시스템 : 고객들이 한 줄로 서서 여러 단계의 서비스를 받는 경우
   ㉢ 복수경로 단일단계 대기 시스템 : 고객들이 여러 창구에서 한 단계의 서비스를 받는 경우
   ㉣ 복수경로 복수단계 대기 시스템 : 고객들이 여러 줄로 서서 여러 단계의 서비스를 받는 경우
   ㉤ 혼합경로 연속단계 대기 시스템 : 여러 시스템들을 상황에 따라 복합적으로 사용한 대기 시스템

'대기(Wait) 관리 방안'과 관련해 다음 〈보기〉의 내용에 해당하는 대기 시스템의 유형은?   [2019년]

> **보기**
>
> 고객이 서비스 시설에 도착하여 어느 대기 열에서 기다려야 하는지 또는 다른 대기 열이 짧아질 경우 옮겨야 하는지 여부를 결정해야 한다.

① 집단 대기 열
② 맞춤 대기 열
③ 복합 대기 열
④ 단일 대기 열
⑤ 다중 대기 열

|해설|

다중 대기 열
고객들이 여러 줄로 서서 각 창구의 서비스를 기다린다.

정답 ⑤

---

① 유 형
  ㉠ 원격 접점 유형
    • 인적 접촉 없이 서비스 기업과 접촉하는 방식
    • 은행의 ATM, 자동티켓발매기, 인터넷 쇼핑 주문, 기업이 발송하는 정보성 우편 등
  ㉡ 전화 접점 유형
    • 전화로 고객과 만나는 유형
    • 다른 유형과 다르게 상호작용에서 직원의 목소리, 지식, 효율적인 처리 능력 등이 잠재적 가변성으로 작용
    • 기업 콜센터, 고객 센터 등
  ㉢ 대면 접점 유형
    • 서비스 공급자와 고객이 직접 대면 만남을 하며 상호작용을 하는 유형
    • 서비스 품질을 파악하고 판단하기가 가장 복잡한 유형
    • 서비스의 유형적 단서, 고객 스스로의 행동 모두가 서비스 품질에 영향을 미침
② 솔로몬과 구트만의 서비스 접점의 특징
  ㉠ 서비스 제공자와 고객의 양자 관계 : 서비스 제공자와 고객이 모두 참여할 때 성립한다.
  ㉡ 인간적인 상호작용 : 서비스 제공자와 고객 간의 커뮤니케이션은 상호작용적이다.
  ㉢ 목표 지향적인 역할 수행 : 서비스 제공자는 특정 상황에 맞는 직무 훈련을 통해 목표를 성취할 수 있도록 역할을 수행해야 한다.
  ㉣ 서비스 접점의 목표는 정보 교환 : 서비스 제공자와 고객은 서로 정보를 교환하는 커뮤니케이션을 한다.
  ㉤ 제공되는 서비스에 따른 제한성 : 서비스의 내용과 특성에 따라 접점 범위가 제한된다.

서비스 접점의 유형 중 서비스 품질을 파악하고 판단하기가 가장 복잡한 유형에 해당하는 것은? [2019년]

① 원격 접점
② 전화 접점
③ 대면 접점
④ 물적 서비스 접점
⑤ 시스템적 서비스 접점

|해설|

대면 접점 유형

서비스 공급자와 고객이 직접 대면 만남을 하며 상호작용을 하는 유형으로, 서비스 품질을 파악하고 판단하기가 가장 복잡한 유형이다. 서비스의 유형적 단서, 고객 스스로의 행동 모두가 서비스 품질에 영향을 미친다.

정답 ③

피시본 다이어그램(Fishbone Diagram)

① 의 의

㉠ 피시본 다이어그램은 어떤 결과가 나오기 위하여 원인이 어떻게 작용하고 어떤 영향을 미치는가를 볼 수 있도록 생선뼈와 같은 그림을 이용하여 이러한 원인이나 결과를 체계적으로 종합한 것을 말한다.

㉡ 현상과 결과에 대한 근본적인 원인과 이유를 물고기의 뼈 모양과 같이 시각적으로 분석·정리하는 기법이다.

㉢ 생각을 방사형으로 정리하는 '마인드 매핑'과 자유로운 아이디어를 핵심만 기록하는 '브레인라이팅'의 장점을 혼합한 것으로 '인과관계도표'라고도 한다.

㉣ 기업이 고객의 불만을 직접 추적하는 데 도움을 주며 품질 문제를 일으킨다고 의심되는 요인과 그에 관계되는 부수적인 요소들을 함께 검토할 수 있다.

㉤ 기업에서는 고객들이 필요로 하는 서비스 품질 요소들을 명확하게 나타내지 못하기 때문에 프로세스 설계의 문제점을 만족시키기 위해 고안한 방법이다.

㉥ 일본의 품질 관리 통계학자인 '이시카와 가오루'에 의해 개발되어 일명 '이시카와 다이어그램'이라 불린다.

② 원인분석 요인(Branch)

㉠ 환경(Environment)
㉡ 운영(Management)
㉢ 자원(Materials)
㉣ 장비(Equipment)

③ 단계별 흐름

    ㉠ 1단계 : 문제의 명확한 정의

    ㉡ 2단계 : 문제의 주요 원인 범주화

    ㉢ 3단계 : 잠재 원인 브레인스토밍 실시

    ㉣ 4단계 : 주요 원인 범주의 세부 사항 검토

    ㉤ 5단계 : 근본 원인 확인

④ 피시본 다이어그램의 사용

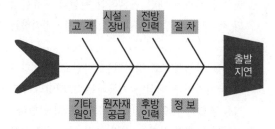

[항공기 출발 지연 분석을 위한 인과관계도표]

    ㉠ 절차 : 체크인 절차 지연, 좌석 선택의 혼란 등

    ㉡ 전방 인력 : 출구 관리인의 신속하지 못한 처리, 관리인 숫자 부족 등

    ㉢ 시설 · 장비 : 항공기의 출구 진입 지연, 도착 지연 등

    ㉣ 고객 : 고객 개인

    ㉤ 정보 : 출발 방송의 부실

    ㉥ 후방 인력 : 기내 청소 지연

    ㉦ 원자재 공급 : 기내식 서비스 지연, 수하물 탑재 지연, 연료 공급 지연

    ㉧ 기타 원인 : 날씨, 항공 교통

핵심예제

다음 중 '피시본 다이어그램'에 대한 설명으로 가장 거리가 먼 것은?

[2022년]

① 일본의 품질 관리 통계학자인 '이시카와 가오루'에 의해 개발되어 일명 '이시카와 다이어그램'이라 불린다.

② 현상과 결과에 대한 근본적인 원인과 이유를 물고기의 뼈 모양과 같이 시각적으로 분석 · 정리하는 기법이다.

③ 기업이 고객의 불만을 직접 추적하는 데 도움을 주며 품질 문제를 일으킨다고 의심되는 요인과 그에 관계되는 부수적인 요소들을 함께 검토할 수 있다.

④ 기업에서는 고객들이 필요로 하는 서비스 품질 요소들을 명확하게 나타내지 못하기 때문에 프로세스 설계의 문제점을 만족시키기 위해 고안한 방법이다.

⑤ 기존 자료의 부족으로 인해 참고할 만한 자료가 없거나 미래의 불확실한 상황을 예측하고자 할 경우 도입하는 분석 기법 중 하나로 전문가합의법이라고도 한다.

|해설|

⑤ 델파이 기법에 대한 설명이다.

정답 ⑤

품질기능전개(QFD) 및 시장 매력도의 평가 기준

① 품질기능전개(QFD)

　㉠ 의 의

　　• 신제품의 개발 기간을 단축하고 동시에 제품의 품질을 향상시키는 것이 목적이며, 이런 목적을 달성하기 위하여 신상품 개발의 초기 단계부터 마케팅 부서, 기술부서 및 생산부서가 서로 밀접하게 협력하는 것을 말한다.

　　• 고객이 요구하는 서비스 품질을 서비스 제공자가 이행할 수 있게 도와준다.

　　• 서비스의 개발 초기 단계부터 고객을 참여시켜 고객 니즈에 맞게 설계를 하는 것이다. 즉, 고객의 요구를 기업의 생산물에 반영시켜 고객만족을 극대화하는 품질경영의 방법론 중 하나이다.

　㉡ 적용 목적

　　• 마켓쉐어 확대

　　• 개발기간 단축

　　• 초기 품질 트러블 절감

　　• 설계 품질 및 기획 품질 설정

　㉢ 장 점

　　• 고객의 요구에 대한 이해를 돕는다.

　　• 제품 및 서비스에 대한 품질 목표와 사업 목표 설정에 도움을 준다.

　　• 제안된 신제품 및 신서비스 우선순위 결정을 위한 체계적인 도구이다.

　　• 제품 및 서비스에 대한 팀의 공통된 의견을 도출할 수 있는 체계적 시스템을 제공한다.

　　• 품질의 집(HOQ)을 사용하여 프로젝트의 모든 과정 및 결정 사항을 문서화할 수 있다.

　　• 고객의 요구와 기술적 속성 사이의 명확한 상관관계를 도출할 수 있다.

　　• 동시공학에 입각한 기법으로 개발 단계 중간에 새로운 제품 특성이 도출되면, 이를 품질의 집에 적용시켜 설계 초기에 고려해야 하는 여러 방안을 수정하여 반복 적용할 수 있다.

　　• 제품 개발 기간을 단축시킬 수 있다.

　㉣ 품질의 집(House of Quality)의 의의와 구성요소

　　• 의 의

　　　– QFD를 분석할 때 사용하는 핵심 도구이다.

　　　– 시장조사에서 밝혀진 고객의 요구를 기술의 세계에 있는 생산 기술자들에게 효율적으로 전달하기 위하여 매트릭스 형태로 배치한 것이다.

　　• 구성 요소

　　　– 설계 특성 간 상관관계(상호작용)

　　　– 설계 특성(품질 특성)

　　　– 고객의 요구 품질

　　　– 상관관계

　　　– 계획 품질(경쟁사 비교)

　　　– 설계 품질

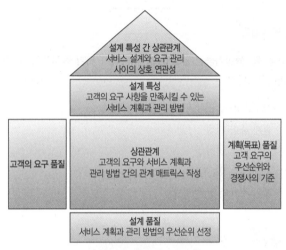

[품질의 집(HOQ) 구조도]

② 시장 매력도의 평가 기준

요 인	세부 항목
외형적 요인	• 현재 시장 규모 • 시장 잠재력 • 성장률 • 판매(매출)의 주기성(순환성) 또는 계절성 • 현재의 수익성
구조적 요인	• 잠재적 진입자로부터의 위협 • 구매자와 교섭력으로부터의 위협 • 대체품으로부터의 위협 • 현재 시장 내에서의 경쟁
환경적 요인	• 인구통계적 환경 • 경제적 환경 • 사회적 환경 • 기술적 환경 • 법률적 환경

─[핵심예제]─

다음 중 '품질기능전개(QFD)'을 적용하기 위한 목적으로 보기 어려운 것은?
[2021년]

① 마켓쉐어 확대
② 설계 품질 설정
③ 기획 품질 설정
④ 시장품질 정보 축척
⑤ 직원 정보의 상류 전달

|해설|

품질기능전개(QFD)의 적용 목적
• 개발기간 단축
• 설계 품질 및 기획 품질 설정
• 제품의 품질 향상
• 초기 품질 트러블 절감
• 마켓쉐어 확대

정답⑤

핵심이론 **17** 고객만족경영(CSM)

① 고객만족경영 도입 배경의 중요성(마이네트)
   ㉠ 시장의 성숙화로 경쟁사보다 더 우수한 제품과 서비스를 개발하여 고객의 욕구를 충족시켜야 한다.
   ㉡ 소비자의 욕구가 다양해지고 빠르게 변화하고 있다.
   ㉢ 소비자가 직접 소비자 문제에 적극적으로 참여하여 대응하려는 소비자 주권 의식이 확산되었다.
   ㉣ 소수의 과점 시장으로부터 다원적 경쟁 시장으로 시장 구조가 변화하면서 글로벌 경쟁 시대가 도래되었다.
   ㉤ 소비 행위의 변화로 인해 하드웨어적인 요소보다 소프트웨어적인 요소가 중요한 요인으로 작용되고 있다.
   ㉥ 공급 과잉으로 인해 소비자가 주요 요소로 부각되었다.
② 고객만족경영(CSM)의 발전
   ㉠ 초기(1990년대 초)
     • 고객과 직원이 만나는 고객접점 중심의 친절서비스가 주가 되었다.
     • 기업은 경쟁적으로 고객만족팀을 구축하고, 이 팀을 중심으로 서비스 개선을 전개하였다.
   ㉡ 1990년대 초 ~ 2000년대 : 고객니즈를 파악하고, 고객만족 업무 프로세스나 제도시스템을 개선하는 고객만족경영으로 발전하였다.
   ㉢ 2000년대 이후 : 총체적 고객만족경영(TCS ; Total Customer Satisfaction) 혁신이 강조되고 있다.
③ 고객만족경영(CSM)의 중요성(이유재 교수)
   ㉠ 고객만족경영은 만족한 고객을 반복적 · 지속적으로 창출해 나가는 것이다. 기업 경영의 중요한 요소는 더 새롭고 가치 있는 상품과 서비스를 제공함으로써, 고객만족을 극대화시키는 것이다.
   ㉡ 고객이 그 기업의 상품과 서비스에 만족하면 그 기업의 고정 고객이 된다. 한 연구 조사에 따르면, 신규 고객을 창출하는 비용이 기존 고객을 유지하는 비용의 4배에 이른다고 한다. 기업 경쟁력에서 가장 중요한 부분은 기존 고객을 잃지 않는 것이다.
   ㉢ 만족한 고객들은 반복적 구매뿐만 아니라 긍정적인 구전을 통해 신규 고객을 창출하는 효과를 가져와 광고 효과를 기대할 수 있으며, 고객의 기호 변화를 예

측하여 기업의 불필요한 투자를 미리 방지할 수 있고, 마케팅 효율성을 제고해 준다.

② 고객만족은 가격 우위 효과가 있으므로, 장기적으로 기업의 궁극적 목적인 높은 이윤을 창출하고, 기업 경쟁력을 한층 강화시켜 준다.

⑩ 소비자의 주권 의식의 확산은 고객만족경영을 도입하는 배경이 되었다.

④ 고객만족경영(CSM) 패러다임의 변화

㉠ 시장의 성숙함, 국제화, 개방화, 인터넷의 발달, 무한 경쟁 시대의 도래로 인해 기업 환경이 변화되었다.

㉡ 생산자 위주의 공급 시장에서 소비자 위주의 소비 시장으로 변화되었다.

㉢ 생존 차원의 필수적 소비에서 선택적 소비 형태로 변화되었다.

㉣ 기성세대와 차별되는 소비 형태, 가치관을 지닌 새로운 세대가 등장하였다.

㉤ 기업이 목표시장의 니즈를 파악하고 고객의 니즈와 기대를 만족시키려는 시장 지향성 기업경영이 요구되고 있다.

⑤ 고객만족경영 혁신의 성공 요인과 실패 요인

㉠ 고객만족경영 혁신의 성공 요인
• 리더십 : 리더의 혁신에 대한 적극적인 태도, 긍정적인 마인드
• 조직 문화 : 혁신을 행하는 조직의 문화, 혁신 담당자, 조직 구조
• 고객과 시장 : 고객을 중시하는 구성원들의 마인드와 시장 지향적인 마인드를 갖는 것을 의미
• 자원 지원 : 물리적·심리적 보상을 의미
• 프로세스 기법 : 서비스 기업에 요구되는 경영 혁신 프로세스 기법

㉡ 고객만족경영 혁신의 실패 요인
• 전사적으로 합의점 도출을 실패하고 변화에 저항하는 세력이 존재
• 혁신(변화)에 필요한 물적·인적 자원의 부족
• 기회 포착 실패
• 고객 지향보다는 기업의 입장에서 지나친 비용 절감만을 강조

핵심예제

다음 중 '마이네트'가 제시한 고객만족경영 도입 배경의 중요성에 대한 설명으로 올바르지 않은 것은?   [2019년]

① 소비자가 직접 소비자 문제에 적극적으로 참여하여 대응하려는 소비자 주권 의식이 확산되었다.

② 시장의 성숙화로 경쟁사보다 더 우수한 제품과 서비스를 개발하여 고객의 욕구를 충족시켜야 한다.

③ 소수의 과점 시장으로부터 다원적 경쟁 시장으로 시장 구조가 변화하면서 글로벌 경쟁 시대가 도래되었다.

④ 소비자의 욕구가 지나치게 획일화되고 변화의 속도가 둔화되고 있다.

⑤ 소비 행위의 변화로 인해 하드웨어적인 요소보다 소프트웨어적인 요소가 중요한 요인으로 작용되고 있다.

|해설|

소비자의 욕구가 다양화되고 급속도로 변화한다.

정답 ④

① 개 념

ㄱ 구전은 입소문 마케팅, 바이럴 마케팅, Word of Mouth라고도 말할 수 있다.

ㄴ 사람들의 입에서 입으로 전해지는 형태의 비공식 전달 과정이다.

ㄷ 개인들의 경험에 기초한 대면 커뮤니케이션이다.

ㄹ 구전은 언어적 커뮤니케이션에 제한된 것이 아니다.

ㅁ 영향력의 특성과 관련된 개인 혹은 집단 간의 영향력을 말한다.

ㅂ 특정 주제에 관하여 고객이 스스로의 이해관계를 떠나서 개인적인 직·간접적인 경험에 대해 긍정적 혹은 부정적인 내용의 정보를 비공식적으로 교환하는 의사소통이다.

ㅅ 구전에 의해 전파되는 구전 정보는 광고와 같은 상업 정보와 견주어 보다 높은 신뢰성을 갖는 것으로 알려져 있다.

ㅇ 일반 상업 정보와 달리 소집단 커뮤니케이션 형태를 띠고 있어 수신자에게 미치는 영향력이 크다.

② 특 성

ㄱ 신뢰감 형성 : 상품이나 서비스에 대해 기업의 의도로 형성되지 않고, 개인의 경험에 기인한 정보이므로, 고객들이 더 신뢰할 수 있다.

ㄴ 급속한 전파 : 상품에 대한 불만은 구매자들에 한정되지만, 구전은 많은 사람들에 의해 빠르게 전파되어 기업의 매출에 큰 손실을 줄 수 있다.

ㄷ 큰 파급 효과 : 구전은 개인 간의 상호작용이므로 문서, 자료, 기타 매체보다 더 효과가 좋다.

ㄹ 정확한 정보 제공 : 제품과 서비스에 대한 개인의 경험에 기인하므로, 확실한 정보를 제공한다.

ㅁ 제품 추천 : 고객의 준거집단에서 서로의 구전에 의한 추천으로 재방문, 재구매 등이 이루어져 기업의 인지도와 브랜드 선호도가 증가한다.

③ 중요성

ㄱ 일반적으로 많은 사람에게 빠른 속도로 전파되는 특성을 가지고 있다.

ㄴ 생생한 경험적 요소에 기초를 두고 있기 때문에 확실한 정보를 얻게 해준다.

ㄷ 일대일 커뮤니케이션으로 문서 자료나 타 매체에 비해 더욱 큰 효과를 가지고 있다.

ㄹ 고객 준거집단에서의 추천 의도는 고객의 재방문으로 확산되는 과정에서 구전 커뮤니케이션으로 작용할 수 있다.

ㅁ 상품이나 서비스에 대해 기업의 의도로 형성되지 않고, 개인의 경험에 기인한 정보이므로, 고객들이 더 신뢰할 수 있다.

④ **구전(口傳)과 구매 행동과의 관계**

ㄱ 소비자 간의 구전은 일반적으로 매우 신뢰성이 높은 정보의 원천이다.

ㄴ 소비자는 실제 제품 구매를 결정할 경우 상업적 정보보다 자신의 주변 사람들로부터 듣는 비상업적 정보를 신뢰하는 경향이 있다.

ㄷ 일방적이 아니라 쌍방적 의사소통이 이루어지는 특징이 있다.

ㄹ 소비자는 구매와 관련된 위험을 줄이고 제품 구매, 가격 등에 대한 정보를 얻기 위해 구전을 활용한다.

ㅁ 소비자는 기업이 자사 제품에 대해 제공하는 긍정적 정보를 제품 판매를 위한 꾸며진 정보로 간주하고 신뢰하지 않는 경향이 있다.

다음 중 구전과 구매 행동과의 관계에 대한 설명으로 가장 거리가 먼 것은? [2020년]

① 소비자 간의 구전은 일반적으로 매우 신뢰성이 높은 정보의 원천이다.

② 소비자는 구매와 관련된 위험을 줄이고 제품 구매, 가격 등에 대한 정보를 얻기 위해 구전을 활용한다.

③ 일방적인 것이 아니라 쌍방적 의사소통이 이루어지는 특징이 있다.

④ 소비자는 실제 제품 구매를 결정할 경우 비상업적 정보보다 자신의 주변 사람들로부터 듣는 상업적 정보를 절대적으로 신뢰하는 경향이 있다.

⑤ 소비자는 기업이 자사 제품에 대해 제공하는 긍정적 정보를 제품 판매를 위한 것으로 간주하고 신뢰하지 않는 경향도 있다.

|해설|

소비자는 실제 제품 구매를 결정할 경우 상업적 정보보다 자신의 주변 사람들로부터 듣는 비상업적 정보를 신뢰하는 경향을 보이며, 주변 사람들로부터 얻는 비상업적 정보원의 신뢰성이 더 높다고 인식한다.

정답 ④

① 노드스트롬의 기본 경영 원칙

  ㉠ Exceptional Service(최고의 서비스)

  ㉡ Quality(품질)

  ㉢ Value(가치)

  ㉣ Selection(구색)

② 가족경영 기업문화

  ㉠ 경쟁업체에 비해 노드스트롬의 최고의 강점은 회사가 노드스트롬 일가에 의해 지금까지 관리·운영되어 왔다는 점이다.

  ㉡ 노드스트롬은 이미 4대에 이르고 있는데, 가족경영은 회사 연혁에 대한 이해와 변함없는 메시지, 장기 계획의 안정성을 가져온다.

  ㉢ 노드스트롬을 떠받치는 문화와 철학인 "고객에게 최상의 서비스를 제공하라"는 다음 세대에도 꾸준히 이어질 것이다.

③ 역피라미드 조직

  ㉠ 노드스트롬의 조직구도는 역피라미드 형식이다.

  ㉡ 고객이 맨 상단에 있으며, 그 다음에는 판매사원 및 판매지원사원이 있다.

  ㉢ 그 밑에 매장 지배인, 상점 지배인이 있고 그 밑에는 구매 담당자, 머천다이징 매니저, 지역 지배인, 총 지배인이 있으며 맨 아래에 이사회가 있다.

  ㉣ 이는 현장에서 고객 서비스 제일주의를 달성할 수 있는 모든 조치를 강구하는 것이다.

④ 3현(現)주의

  ㉠ 일본 혼다자동차의 창업자 혼다 소이치로가 회사의 기본 이념으로, 현장에서 현물을 관찰하고 현실을 인식한 후에 문제 해결 방안을 찾아야 한다는 경영 원칙이다.

  ㉡ 3현(現)은 현장(現場), 현물(現物), 현실(現實)을 가리킨다.

   • 현장(現場) : 현장에 간다.

   • 현물(現物) : 현물을 관찰한다.

   • 현실(現實) : 현실을 직시한다.

다음 〈보기〉 중 '3현(現)주의'에 대한 내용을 찾아 모두 선택한
것은?   [2018년]

보기

가. 현장에 간다.
나. 현실을 직시한다.
다. 현상을 분석한다.
라. 현물을 관찰한다.
마. 현대적 트렌드에 관심을 가진다.

① 가, 나, 다   ② 가, 나, 라
③ 가, 다, 라   ④ 가, 다, 마
⑤ 가, 라, 마

|해설|

3현(現)주의
일본 혼다자동차의 창업자 혼다 소이치로가 회사의 기본 이념
으로, 현장에서 현물을 관찰하고 현실을 인식한 후에 문제 해결
방안을 찾아야 한다는 경영 원칙이다.

정답 ②

핵심이론 **20** 노드스트롬(Nordstrom)의 고객 만족을
위한 정책

① 내부 고객의 만족을 위한 정책
  ㉠ 종업원 선발 : 인재 선발에 있어 학력과 경력 같은 피
    상적인 조건을 내세우지 않는다.
  ㉡ 인사관리 : 관리자 선발의 경우 외부에서 영입하지 않
    고 내부 승진 원칙을 고수한다.
  ㉢ 동기부여와 인센티브 : 미국 소매업계 최초로 판매 수
    수료 제도를 도입하였다.
  ㉣ 권한 위임 : 현장에서 고객과 접점에 있는 직원들이
    진심 어린 고객 서비스를 실천할 수 있도록 하기 위해 직
    원의 인격을 먼저 존중해 준다.

더 알아보기

노드스트롬(Nordstrom)을 성공으로 이끈 원칙
• 높은 동기를 지닌 사원들은 영웅적인 일, 곧 월등한 고객
  서비스를 행한다.
• 판매 사원을 상대로 쇼핑하는 것은 자영업자를 대하는 것
  과 같다.
• 사원들에게 의사결정의 자유와 권한을 주며 기꺼이 그들
  의 결정을 존중한다.
• 일선 사원들이 주도성을 가지고 창조적인 생각을 하기를
  기대하고 격려하며 설득하고 요구한다.
※ 노드스트롬은 각 매장별로 1년간 순매출액 목표를 달성
  하거나 초과하는 판매 사원을 'Pace Setter'로 선정하고
  자사 매장의 제품에 대해 연간 33%가 할인되는 신용카
  드를 발급해 주고 있습니다.

② 외부 고객의 만족을 위한 정책
  ㉠ 어떠한 경우에도 고객에게 NO라고 하지 않음 : 판매
    사원들은 "고객은 항상 옳다"라는 명제 아래 고객에게
    최선의 서비스를 펼친다.
  ㉡ 100% 반품 100% 고객만족 : 고객의 실수로 물건에
    하자가 생겼을 때에도 주저 없이 반품을 해준다. 이
    반품 정책은 하나의 광고가 되어 노드스트롬의 최고
    의 서비스 정책을 알리고 있다.
  ㉢ 개인별 고객 수첩 활용 : 고객의 이름, 주소, 전화번
    호, 사이즈, 체형, 선호 브랜드, 선호 색상, 선호 스타
    일 등을 적어 두고 고객 관리에 활용한다.

ⓔ 다양한 제품 구색 : 다른 백화점들에 비해 다양한 제품들을 갖추어 고객이 노드스트롬을 방문해 찾을 수 없는 제품은 다른 백화점에도 없다고 생각할 수 있도록 노력한다.
ⓜ 특별한 가격 정책 : 제품 가치에 따른 가장 합리적인 가격을 제시한다.
ⓗ 매력적인 쇼핑 환경 제공 : 매장 내 충분한 휴식 공간을 제공한다.
③ 백화점의 기본 경영원칙
  ㉠ 최고의 서비스(Exceptional Service)
  ㉡ 구색(Selection)
  ㉢ 품질(Quality)
  ㉣ 가치(Value)
  ㉤ 서비스(Service)

핵심예제

다음 중 노드스트롬(Nordstrom) 백화점의 기본 경영원칙으로 가장 거리가 먼 것은?   [2022년]

① Value
② Quality
③ Service
④ Elegant
⑤ Selection

|해설|

노드스트롬의 경영철학은 최고의 서비스(Exceptional Service), 구색(Selection), 품질(Quality) 및 가치(Value)였다. 철저한 고객 봉사주의를 기초로 한 것이다.

정답 ④

핵심이론 21 경영혁명과 경쟁패러다임(3C)

① 경영혁명
  ㉠ 피터 드러커
    • 자본주의 시대의 거대한 변혁을 3단계로 구분하였다.
      – 제1단계 : 19세기의 산업혁명
      – 제2단계 : 20세기의 생산성 혁명
      – 제3단계 : 현재의 경영혁명
    • 21세기 기업에는 고객중심전략 이외에 경영혁명이 요구되고 있다고 하였다.
  ㉡ 경영혁명은 품질경영, 지식경영, 창조경영 등을 말한다.
② 21세기 새로운 경쟁패러다임 3C
  ㉠ 미래학자 마이클 해머는 21세기를 3C의 시대로 표현하였다.
  ㉡ 3C의 내용
    • Customer(고객) : 21세기는 고객의 시대, 즉 고객을 만족시키고 감동을 주지 못하면 기업 경영이 제대로 생존하고 성장하기 어렵다.
    • Change(변화) : 기존의 기업 마인드를 바꾸고, 글로벌 시장에 맞는 합리적인 조직으로 변화해야 한다. 고객, 인간, 고객가치창조 중심으로 변화해야 하며, 변화에 효과적으로 대응하기 위해서는 내부의 의견을 들을 수 있어야 하고, 기업 문화로 정착돼야 한다. 결국, 유연한 조직 문화가 기업을 변화시킬 수 있는 것이다.
    • Competition(경쟁) : 21세기는 무한 경쟁 시대이다. 종전의 기업가 중심에서 소비자 중심으로 헤게모니가 넘어가면서 기업이 무한 경쟁에서 살아남기 위해서는 고객중심 경영전략을 구사하여야 한다.
  ㉢ 고객을 얼마나 존중하는가에 따라, 변화를 읽고 대처하는 능력에 따라, 선점과 핵심역량을 길러 경쟁력을 어떻게 강화하는가에 따라, 조직이나 개인의 성공 여부가 결정된다는 말이다.

마이클 해머(Michael Hammer) 교수가 제시한 3C의 내용 중 다음 〈보기〉의 설명에 해당하는 것은?   [2020년]

> **보기**
>
> 글로벌 경쟁 체제의 경쟁 심화와 더불어 공급자 중심에서 수요자 중심으로 시장 주도권이 이양되면서 고객은 과거에 비해 막강한 힘을 갖게 되었다.

① Change
② Competition
③ Conduct
④ Confidence
⑤ Comprise

|해설|

21세기 새로운 경쟁패러다임 3C
- 미래학자 마이클 해머는 21세기를 3C의 시대로 표현하였다.
- 3C란 Customer(고객), Change(변화), Competition(경쟁)을 의미한다.

정답 ②

---

① 아날로그형 경영에서 디지털형 경영으로 변화
   잭 웰치 회장은 인터넷의 중요성을 강조하여 "기존사업을 폐기하라(Destroy Your Business)"라고 주장하였다.
② 5대 경쟁세력(Five Force)[마이클 포터(M. Porter)]
   ㉠ 산업경쟁을 촉진하는 5대 경쟁세력을 제시하였다.
   - 경쟁자(기존기업 간 경쟁)
     - 시장의 성장성이나 제품의 차별성, 생산능력, 브랜드력 등을 비교하는 유형이다.
     - 제품의 차별성이나 브랜드력, 구매량, 구매 비중, 교체 비용 등에 대하여 분석한다.
   - 공급자
     - 공급선 변경에 의한 높은 전환 비용, 소수 기업의 독·과점식 공급 구조를 파악한다.
     - 원자재를 공급하는 공급자로부터 끌려 다녀서는 안 되고 교섭력이 요구된다.
   - 신규 진입자(신규 진출 기업)
     - 진입장벽을 쳐야 한다.
     - 산업이 매력적이고 성장 중임을 의미한다.
     - 마케팅 비용을 상승시키거나 수익성 하락을 의미하기도 한다.
     - 신규 진입을 위한 초기 투자, 대체 비용, 정부의 규제, 기술 장벽 등의 어려움이 있다.
   - 구매자
     - 구매자의 세력에 끌려가서는 안 된다.
     - 가격 인하, 서비스 개선 요구 등을 파악해야 한다.
   - 대체자
     - 가장 신경써야 할 경쟁세력이다.
     - 산업에 대한 장기적이고 폭넓은 분석과 예측을 해야 한다.
   ㉡ 적어도 이 중 하나 이상에서 우위를 차지하여야 경쟁에서 살아남을 수 있다고 하였다.

생산성 향상 운동 – 3S 운동
- 단순화(Simplification) : 현재 제품 계열에서 이익이 적거나 적자를 내는 제품을 축소해 나가는 것, 즉 생산성 향상을 목적으로 제품 라인을 줄이거나 유리한 라인만을 집약하는 것을 말한다.
- 표준화(Standardization) : 선택된 상품 라인의 형식·품질·기능·부품 등에 일정한 규준을 설정하는 것을 말한다.
- 전문화(Specialization) : 직장이나 노동의 전문화를 말한다.

핵심예제

'마이클 포터' 교수가 제시한 산업 경쟁을 촉진하는 '5대 세력 (Five Force)' 중 다음 〈보기〉의 내용에 가장 부합하는 것은?

[2019년]

보기

초기 투자, 대체 비용, 정부의 규제, 기술 장벽 등에 대하여 검토한다.

① 공급자 ② 대체자
③ 신규 진입자 ④ 경쟁자
⑤ 구매자

|해설|

산업이 매력적이고 성장 중임을 의미하는 것으로, 마케팅 비용을 상승시키거나 수익성 하락을 의미하기도 한다. 신규 진입을 위한 초기 투자, 대체 비용, 정부의 규제, 기술 장벽 등의 어려움이 있다.

정답 ③

핵심이론 23 총체적 고객만족경영(TCS ; Total Customer Satisfaction) 혁신

① 의 의
　㉠ 고객만족경영이 일반화된 시점에서 한 차원 높은 고객만족경영 추진을 통한 경영효율성 제고와 차별화된 경쟁우위를 창출하자는 총체적 혁신방법이 제시되었다.
　㉡ KMAC(한국능률협회)에서 '총체적 고객만족경영 (TCS ; Total Customer Satisfaction) 혁신'을 제안하였다.

② 요 소
　㉠ 내부 핵심 역량 강화
　　• 요소 : 지식, 인사 조직, 정보 기술, 프로세스
　　• 방법 : 비전 전략 공유, 임직원(HR) 역량 극대화, 프로세스 혁신, 전략적 성과관리, 변화관리, 시설 환경관리 등의 혁신활동
　　• 성과 : 비용 절감, 경영효율 제고
　㉡ 시장 경쟁력 강화
　　• 요소 : 상품력, 가격 경쟁력, 브랜드, 이미지, 고객관리
　　• 방법 : 브랜드 관리, 영업력 향상, 신상품 개발, 서비스품질 혁신, 고객관계관리(CRM ; Customer Relation Management)
　　• 성과 : 고객만족, 시장성과 창출

③ 추진단계
　㉠ 제1단계 : 내부 핵심 역량과 시장경쟁 요인을 객관적으로 진단하는 것이 필요하다.
　㉡ 제2단계 : 혁신의 전략방향을 설계한다. 즉, 내부역량 강화 방안과 시장경쟁력 강화 방안을 마련하는 단계이다.
　㉢ 제3단계 : 전사 공유 혁신교육을 실시한다. 과제 풀을 개발하고, CS 클리닉·워크아웃 퀵윈·액션러닝·6 시그마 등을 적절하게 활용한다.

④ 결 과

  ㉠ 고객의 기대수준에 부합하는 상품과 서비스를 제공할 수 있다.

  ㉡ 잠재된 고객의 니즈까지 발굴해 고객에게 새로운 가치를 제공한다.

  ㉢ 고객에게 직접 영향을 주는 자원과 업무를 혁신할 수 있다.

  ㉣ 기업의 브랜드파워를 높이고 영업력을 강화함으로써, 시장에서의 차별화를 확보하고 매출을 극대화할 수 있다.

─ 핵심예제 ─

다음 '총체적 고객만족경영(TCS)'의 혁신 요소 중 시장 경쟁력 강화를 위한 혁신 활동으로 보기 어려운 것은? [2019년]

① 이미지
② 프로세스
③ 고객 관리
④ 가격 경쟁력
⑤ 상품력

|해설|

프로세스는 내부 핵심 역량의 강화 요소이다.

정답 ②

① 고객 행동결과에 따른 분류

  ㉠ 구매용의자 : 자사의 상품을 구매할 능력이 있는 모든 사람이다.

  ㉡ 구매가능자
    • 자사의 상품을 필요로 할 수 있으며 구매능력이 있는 사람이다.
    • 이미 자사의 제품에 대한 정보가 있다.

  ㉢ 비자격 잠재자 : 구매가능자 중에서 경쟁회사의 임직원처럼 자사 상품에 대한 필요성을 느끼지 않거나, 구매 능력이 없다고 확실하게 판단되는 소비자는 목표고객에서 제외시킨다.

  ㉣ 최초구매자 : 자사의 상품을 1번 구매한 소비자로서, 자사의 고객이 될 수도 있고 경쟁사의 고객이 될 수도 있다.

  ㉤ 반복구매자 : 자사의 상품을 적어도 2번 이상 구매한 소비자이다.

  ㉥ 단골 고객
    • 자사와 지속적인 유대관계를 지니고 있는 소비자
    • 경쟁사의 전략에 쉽게 동요되지 않는다.

  ㉦ 옹호 고객
    • 단골 고객 중 자사 상품에 대해 다른 이들에게 적극적으로 구전활동을 하는 소비자이다.
    • 고객 충성도 사다리 모델에서 상품의 지속적인 구매를 넘어 주변 사람들에게 자사 제품을 적극적으로 권유하는 고객 유형에 해당하는 고객이다.

  ㉧ 비활동 고객 : 자사의 고객이었던 사람 중에서 정기적인 구매를 할 시기가 지났는데도 더 이상 구매하지 않는 사람이다.

② 프로세스적 관점에서 본 고객의 분류

  ㉠ 내부 고객
    • 가치생산에 직접 참여하는 고객(종업원)
    • 동료, 부하 직원, 상사 등 본인이 하는 일의 결과를 사용하는 사람

ⓒ 중간 고객
  • 기업과 최종 고객이 되는 소비자 사이에서 그 가치를 전달하는 고객
  • 도매상, 소매상, 중간상 등
ⓒ 외부 고객
  • 기업이 생산한 가치를 사용(소비)하는 고객
  • 최종 제품의 구매자, 소비자
③ 가치 체계를 기준으로 한 고객
  ㉠ 사내 고객, 가치 생산 고객
    • 상사와 부하 직원
    • 부서와 부서
    • 공정과 공정
    • 동료와 동료
  ㉡ 중간 고객, 가치 전달 고객
    • 기업과 협력업체
    • 기업과 대리점
    • 기업과 유통업체
  ㉢ 최종 고객, 가치 구매 고객
    • 기업과 최종 고객
    • End User
    • 구매자와 사용자
④ 기타 소비자 유형
  ㉠ 웹시족 : 웹(Web)과 미시(Missy)의 합성어로서 인터넷을 활용해 생활 정보를 얻거나 여가를 즐기는 주부
  ㉡ 메타슈머 : 기존의 제품을 변형하여 사용하는 소비자
  ㉢ 트윈슈머 : 인터넷의 사용 후기를 참고하여 물건을 구매하는 소비자
  ㉣ 프로슈머 : 생산에 참여하는 소비자
  ㉤ 체리 피커 : 자신의 실속만 차리는 소비자

핵심예제

다음 〈보기〉의 모집 광고를 통해 유추해 볼 수 있는 소비자 유형으로 가장 올바른 것은? [2018년]

보기

KIE 제과 주부 모니터 모집	
모집 대상	서울 및 수도권에 거주하는 자녀가 있는 만 27 ~ 49세의 전업 주부
선발 과정	서류 심사와 면접(매년 선발)
모집 인원	30명
활동 기간	5개월
활동 내용	제품 품평, 아이디어 수집, 시장조사 및 설문 조사 등
모 임	월 1회 정기 모임

① 웹시족   ② 메타슈머
③ 트윈슈머   ④ 프로슈머
⑤ 체리 피커

|해설|

프로슈머는 생산에 참여하는 소비자로, 직접적 혹은 간접적으로 제품 개발의 과정에 참여하게 된다.

정답 ④

① 직접 고객(1차 고객) : 제공자로부터 제품 또는 서비스를 구입하는 사람

② 간접 고객(개인 또는 집단) : 최종 소비자 또는 2차 소비자

③ 공급자 집단 : 제품과 서비스를 제공하고 반대급부로 돈을 지급받는 자

④ 내부 고객 : 회사 내부의 종업원 및 그 가족과 주주

⑤ 의사 결정 고객 : 직접 고객(1차 고객)의 선택에 커다란 영향을 미치는 개인 또는 집단으로서, 직접적으로 구입을 하거나 돈을 지불하지 않는 고객

⑥ 의견 선도 고객 : 제품이나 서비스의 구매보다는 제품의 평판, 심사, 모니터링 등에 영향을 미치는 집단(소비자보호단체, 기자, 평론가, 전문가 등)

⑦ 법률 규제자 : 소비자보호나 관련 조직의 운영에 적용되는 법률을 만드는 의회나 정부

⑧ 경쟁자 : 전략이나 고객 관리 등에 중요한 인식을 심어 주는 고객

⑨ 단골 고객
　　㉠ 기업의 제품이나 서비스를 반복적 · 지속적으로 애용하지만, 고객을 추천할 정도의 로열티는 없는 고객
　　㉡ 자사의 제품이나 서비스를 반복적 · 지속적으로 구매하되 다른 사람들에게 적극적으로 추천하지 않는 고객

⑩ 옹호 고객 : 단골 고객이면서 고객을 추천할 정도의 로열티가 있는 고객

⑪ 한계 고객 : 기업의 이익 실현에 해가 되므로 디마케팅의 대상이 되는 고객으로, 고객 명단에서 제외하거나 해약 유도 등을 통해 고객의 활동이나 가치를 중지시켜야 하는 유형

⑫ 체리 피커(Cherry Picker)
　　㉠ '신포도 대신 체리만 골라 먹는다'고 해서 붙여진 명칭으로 특별이벤트 기간에 가입해 혜택은 다 누리고, 그 이후부터는 찾지 않는 고객
　　㉡ 실제 상품 구매, 서비스 이용 실적은 좋지 않으면서 기업의 서비스 체계, 유통 구조 등에 있는 허점을 찾아내어 자신의 실속을 챙기는 소비자

⑬ 얼리 어답터(Early Adopter) : 제품이 출시될 때 가장 먼저 구입을 하여 평가를 내린 뒤, 주위에 제품의 정보를 알려 주는 성향을 가진 고객

※ 블랙 컨슈머(Black Consumer) : 구매한 상품의 하자를 문제 삼아 기업을 상대로 과도한 피해 보상금을 요구하거나, 거짓으로 피해를 본 것처럼 꾸며 보상을 요구하는 소비자를 말합니다.

핵심예제

참여 관점에 따른 고객의 분류 중에서 '한계 고객'에 대한 설명으로 올바른 것은?　　　　　　　　　　　　　　[2019년]

① 전략이나 고객 관리 등에 중요한 인식을 심어 주는 고객 유형이다.

② 자사의 제품이나 서비스를 반복적 또는 지속적으로 애용하는 고객을 말한다.

③ 제품이나 서비스를 구매하기보다 평판, 심사, 모니터링 등에 영향을 미치는 집단을 의미한다.

④ 직접적으로 제품이나 서비스를 구입하거나 돈을 지불하지는 않지만, 1차 고객이 선택하는 데 커다란 영향을 미치는 개인 또는 집단을 말한다.

⑤ 자사의 이익 실현에 마이너스를 초래하는 고객으로 고객 명단에서 제외하거나 해약 유도를 통해 고객의 활동을 중지시켜야 하는 유형을 말한다.

|해설|

한계 고객
기업의 이익 실현에 해가 되므로 디마케팅의 대상이 되는 고객으로, 고객 명단에서 제외하거나 해약 유도 등을 통해 고객의 활동이나 가치를 중지시킨다.

정답 ⑤

① 의 의

　㉠ 1954년 그레고리 스톤(Gregory Stone)은 의료기관 조직 또는 동일조직이라 하더라도 수행하는 관점에 따라서 다양한 성격의 고객으로 분류하였다.

　㉡ 이는 고객의 속성을 파악하고 적절한 마케팅 대책을 수립한다면 고객만족을 극대화할 수 있다는 것을 의미한다.

② 고객 분류

　㉠ 경제적 고객(절약형 고객)

　　• 고객 가치를 극대화하려는 고객을 말한다.

　　• 투자한 시간, 돈, 노력에 대하여 최대한의 효용을 얻으려는 고객이다.

　　• 여러 서비스 기업의 경제적 강점을 검증하고 가치를 면밀히 조사하는 요구가 많으며, 때로는 변덕스러운 고객이다.

　　• 이러한 고객의 상실은 잠재적 경쟁 위험에 대한 초기 경보 신호라 할 수 있다.

　㉡ 윤리적 고객(도덕적 고객)

　　• 윤리적인 기업의 고객이 되는 것을 고객의 책무라고 생각한다.

　　• 기업의 사회적 이미지가 깨끗하고 윤리적이어야 고객을 유지할 수 있다.

　㉢ 개인적 고객(개별화 추구 고객)

　　• 개인 간의 교류를 선호하는 고객을 말한다.

　　• 형식적인 서비스보다 자기를 인정하는 서비스를 원하는 고객이다.

　　• 최근 개인화되어 가는 경향으로 인해 고객 정보를 잘 활용할 경우 가능한 마케팅이다.

　㉣ 편의적 고객

　　• 자신이 서비스를 받는 데 있어서 편의성을 중요시하는 고객이다.

　　• 편의를 위해서라면 추가 비용을 지불할 수 있는 고객이다.

핵심예제

다음 〈보기〉 중 '그레고리 스톤(Gregory Stone)'의 고객 분류에 해당하는 내용을 모두 찾아 선택한 것은? [2018년]

보기
　가. 편의적 고객　　　　나. 윤리적 고객
　다. 신뢰적 고객　　　　라. 감정적 고객
　마. 개인적 고객

① 가, 나　　　　　　② 가, 나, 마
③ 나, 다, 라　　　　④ 나, 다, 라, 마
⑤ 가, 나, 다, 라, 마

|해설|

가. 자신이 서비스를 받는 데 있어서 편의성을 중요시하는 고객이다.

나. 윤리적인 기업의 고객이 되는 것을 고객의 책무라고 생각한다.

마. 개인 간의 교류를 선호하는 고객이다.

정답 ②

① 문화적 · 사회적 · 개인적 요인
  ㉠ 문화적 요인 : 가치관, 선호성, 지각 행동 등
  ㉡ 사회적 요인 : 준거집단, 가족, 사회적 역할과 지위 등
  ㉢ 개인적 요인 : 나이, 직업, 라이프스타일, 개성 등

> **더 알아보기**
>
> **문화의 특징**
> - 포괄적 개념으로 개인의 사고 과정과 행동에 영향을 주는 모든 것을 포함한다.
> - 문화는 획득되는 것이다(학습성).
> - 문화는 가치, 규범, 처벌을 아우른다(규범성).
> - 문화는 공유된다(공유성).
> - 문화는 지속적이면서 변화된다(동태성).

② 사회적 요인 중 준거집단의 개념 및 그 영향 유형
  ㉠ 준거집단의 개념
    - 개인의 태도와 행동에 직 · 간접적으로 영향을 미치는 집단이다.
    - 개인에게 행동의 지침을 제공하는 집단이다.
    - 1차 준거집단의 대표적인 사례로 친구, 이웃, 가족, 친지 등을 들 수 있다.
  ㉡ 준거집단 영향의 유형
    - 규범적 영향/실용적 영향
      - 소비자가 준거집단의 규범 · 가치 · 기대에 순응해 행동과 신념을 바꾸게 하는 영향력이다.
      - 순응하는 경우 사회적 인정이나 자부심을 느끼고, 반대의 경우 심리적 부담감을 느끼기 때문에 행동에 영향을 미친다.
      - 실용적 영향은 소비자가 보상을 기대하거나 처벌을 회피하기 위해 다른 사람의 기대에 순응할 경우 발생한다.
    - 정보적 영향
      - 소비자 스스로 제품을 직접 평가할 수 없을 때 준거집단의 의견을 구하려고 한다.
      - 이때 준거집단은 정보 제공의 역할을 수행하며 이에 따라 정보적 영향이 일어난다.
      - 정보원의 신뢰성에 따라 그 영향력이 달라진다.
    - 가치 표현적 영향
      - 개인은 특정 집단에 소속된 것을 나타내고 싶거나 그 집단에 소속되고 싶을 때 그 집단 구성원들의 규범, 가치, 행동 등을 따른다.
      - 단순히 어떤 보상을 얻을 목적으로 타인의 영향을 수용하는 순응과 달리 동일시는 타인과 동질성을 추구하려 하기 때문에 타인의 영향을 보다 적극적으로 수용하는 상태이다.
    - 비교 기준적 영향
      - 자신과 준거집단의 태도, 신념 등의 일치 여부에 따라 준거집단과 연관 또는 분리시키고자 하는 것이다.
      - 광고 모델로 일반인이 나올 경우 신뢰감과 호감을 더 느끼는 경우가 이에 해당한다.

③ 고객 행동의 영향 요인 중 문화의 특성
  ㉠ 사람의 일상적인 생활은 규범에 의해 생리적, 사회적, 개인적 욕구 해결의 방향 및 지침이 되고 아울러 외부 사회 집단의 압력에 의한 연대성을 갖게 된다.
  ㉡ 문화는 태어날 때부터 타고나거나 본능적인 것이 아니라 삶의 초기에 학습을 통해 형성되는 것이다.
  ㉢ 문화는 점진적으로 변화하는 동태성을 갖는다.
  ㉣ 사회 구성원들에 의하여 공유된 관습은 유지되기를 바라고 다음 세대로 계승되기를 바란다.
  ㉤ 신념이나 가치 또는 관습이 문화적 특성으로 인정받기 위해서는 영향력 있는 일부 사회 지도층의 권위 있는 검증이 필요한 것이 아니라 대다수의 일반 구성원들에게 공감을 받으며 공유되는 것이 가장 중요하다.

고객 행동의 영향 요인 중 문화의 특성에 대한 설명으로 가장 거리가 먼 것은?

[2019년]

① 사람의 일상적인 생활은 규범에 의해 생리적, 사회적, 개인적 욕구 해결의 방향 및 지침이 되고 아울러 외부 사회 집단의 압력에 의한 연대성을 갖게 된다.

② 문화는 태어날 때부터 타고나거나 본능적인 것이 아니라 삶의 초기에 학습을 통해 형성되는 것이다.

③ 신념이나 가치 또는 관습이 문화적 특성으로 인정받기 위해서는 영향력을 가진 사회 지도층의 권위 있는 검증이 가장 중요하다.

④ 문화는 점진적으로 변화하는 동태성을 갖는다.

⑤ 사회 구성원들에 의하여 공유된 관습은 유지되기를 바라고 다음 세대로 계승되기를 바란다.

|해설|

신념이나 가치 또는 관습이 문화적 특성으로 인정받기 위해서는 영향력 있는 일부 사회 지도층의 권위 있는 검증이 필요한 것이 아니라 대다수의 일반 구성원들에게 공감을 받으며 공유되는 것이 가장 중요하다.

정답 ③

핵심이론 28 소비자의 구매 행동

① 구매 행동에 영향을 미치는 상황적 요인 3가지

　㉠ 소비 상황 요인 : 제품을 사용하는 과정에서 영향을 미치는 사회적, 물리적 요인들이나 갑작스러운 추위와 같은 예측하지 못한 소비 상황

　㉡ 구매 상황 요인

　　• 제품을 구매하는 과정에서 영향을 미치는 환경 요인이나 점포 내 환경, 구매 목적, 구매 시점에서의 소비자의 기분 상태 등

　　• 인적 요인, 시간적 요인, 물리적 요인, 소비자의 경제적 요인 등

　㉢ 커뮤니케이션 상황 요인 : 소비자들이 인적·비인적인 매체를 통해 제품 정보에 노출되는 상황

② 위험을 줄이기 위한 소비자의 행동

　㉠ 신뢰할 수 있는 사람 등에게 더 많은 정보를 탐색한다.

　㉡ 강한 상품 보증이나 보증 기간이 긴 브랜드를 구매한다.

　㉢ 과거에 만족했거나 수용할 만한 것으로 기억하고 있는 브랜드를 구매한다.

　㉣ 유명한 브랜드를 찾거나 자신이 신뢰할 수 있는 사람에게 정보를 구한다.

　㉤ 제품 선택에 있어 위험을 줄이기 위해 소량 구매 후 대량 구매를 한다.

③ 소비자의 지각된 위험

　㉠ 심리적 위험(Psychological Risk)

　　• 구매한 제품이 자아 이미지와 어울리지 않을 가능성에 따라 소비자가 지각하는 위험

　　• 제품 구매나 사용 시 소비자가 지각하는 위험 요인 중 구매한 상품이 자아 이미지에 부정적 영향을 미칠 수 있는 위험

　㉡ 신체적 위험(Physical Risk) : 구매한 제품이 안전성을 결여하여 신체적 위해를 야기할 가능성에 따라 소비자가 지각하는 위험

　㉢ 경제적 위험(Financial Risk) : 구매한 제품이 제 성능을 발휘하지 못하여 발생하는 경제적 손실에 따라 소비자가 지각하는 위험

ⓔ 사회적 위험(Social Risk) : 특정한 상품을 구매하여 다른 사람들이 자신에게 가질 평가에 따라 소비자가 지각하는 위험

ⓜ 성능 위험(Performance Risk)
- 구매한 제품이 기능이 발휘가 되지 않을 가능성에 따라 소비자가 지각하는 위험
- 제품 구매나 사용 시 구매 상품이 기대한 만큼 성능을 발휘하지 못하는 경우에 해당

④ 불만족에 대한 소비자의 공적 반응과 불평 행동 유형[데이(Day)와 랜던(Landon)]

㉠ 불만족에 대한 소비자의 공적 반응
- 교 환
- 소 송
- 환불 조치 요구
- 소비자단체 고발

㉡ 불평 행동 유형
- 무행동 : 아무 행동도 취하지 않고, 미래 구매에 영향을 미치지 않음
- 사적 행동 : 구매를 중지(구매 회피)한다거나, 주변인들에게 구전을 하는 등 개인 수준에서 불만을 해소
- 공적 행동 : 기업, 정부에 해결을 요구하거나 법적인 대응을 하는 매우 적극적인 유형

핵심예제

다음 중 기업 및 제품 선택에 있어 위험을 줄이기 위한 소비자의 행동으로 가장 거리가 먼 것은? [2022년]

① 더 많은 정보를 탐색한다.
② 소량 구매 후 대량 구매를 한다.
③ 강한 상품보증이나 보증기간이 긴 브랜드를 구매한다.
④ 유명한 브랜드를 찾거나 자신이 신뢰할 수 있는 사람에게 정보를 구한다.
⑤ 과거에 만족했거나 수용할 만한 것으로 기억하고 있는 브랜드는 가급적 제외한다.

|해설|

구매과정이나 구매를 통하여 만족한 고객들은 기업 및 제품에 대한 좋은 이미지를 가지게 되어, 같은 종류의 제품을 다시 구매해야 할 경우 전에 구매할 때 만족했던 제품을 다시 구매한다.

정답 ⑤

① 개 념

　　㉠ 인간의 욕구는 타고난 것이며 인간의 욕구체계는 매우 복잡하다.

　　㉡ 욕구를 강도와 중요성에 따라 5단계로 분류할 수 있다고 가정한다.

　　㉢ 인간행동을 유발할 수 있는 욕구가 계층을 형성한다는 이론으로 인간에게 동기부여할 수 있는 욕구는 단계적으로 나타난다.

　　㉣ 어느 한 단계의 욕구가 만족되고 나면 그 이전 단계의 욕구는 동기부여의 요인으로 더는 작용할 수 없다.

　　㉤ 하위수준의 욕구보다는 상위수준의 욕구에 보다 많은 충족방법이 있다.

　　㉥ 하위수준의 욕구가 충족될수록 상위수준의 욕구에 대한 욕망이 커진다.

　　㉦ 두 가지 이상의 욕구가 개인에게 동시에 작용할 수 없음을 가정한다.

　　㉧ 자아실현 욕구와 나머지 4개 욕구를 구분하여 전자를 성장 욕구, 후자를 결핍 욕구라 하고 성장 욕구를 특히 강조하였다.

② 인간 욕구 5단계

1단계	생리적 욕구	• 의식주 등 생존하기 위한 기본 욕구
2단계	안전 욕구	• 근본적으로 신체적 및 감정적인 위험으로부터 보호되고 안전해지기를 바라는 욕구
3단계	소속감과 애정 욕구	• 인간은 사회적인 존재이므로 조직에 소속되거나 동료와 친교를 나누고 싶어 하고 또 이성 간의 교제나 결혼을 갈구하게 되는 욕구
4단계	존경 욕구	• 내적으로 자존·자율을 성취하려는 욕구(내적 존경 욕구) 및 외적으로 타인으로부터 인정을 받으며, 집단 내에서 어떤 지위를 확보하려는 욕구(외적 존경 욕구)
5단계	자아실현 욕구	• 계속적인 자기 발전을 통하여 성장하고, 자신의 잠재력을 극대화하여 자아를 완성시키려는 욕구 • 자기 발전을 이루고 자신의 잠재력을 끌어내어 극대화하려는 단계

다음 중 '매슬로'의 욕구 5단계를 순서대로 바르게 나열한 것은?

[2019년]

구 분	1단계	2단계	3단계	4단계	5단계
①	생리적 욕구	존경 욕구	사랑과 소속감에 대한 욕구	안전의 욕구	자아실현 욕구
②	생리적 욕구	사랑과 소속감에 대한 욕구	안전의 욕구	존경 욕구	자아실현 욕구
③	생리적 욕구	안전의 욕구	자아실현 욕구	존경 욕구	사랑과 소속감에 대한 욕구
④	생리적 욕구	안전의 욕구	사랑과 소속감에 대한 욕구	존경 욕구	자아실현 욕구
⑤	생리적 욕구	안전의 욕구	사랑과 소속감에 대한 욕구	자아실현 욕구	존경 욕구

|해설|

'매슬로'의 욕구 5단계

• 욕구 충족의 과정은 하위단계에서 상위단계로 진행된다.

• 생리적 욕구 → 안전의 욕구 → 사랑과 소속감에 대한 욕구 → 존경 욕구 → 자아실현 욕구

정답 ④

① 개 념
　㉠ 매슬로의 5가지 욕구단계이론에 대하여 실증적 검증이 부족하다는 비판을 하면서 이를 3가지 욕구로 줄여 변형된 욕구단계이론(Modified Needs Hierarchy)을 제시하였다.
　㉡ 개인의 욕구를 존재(Existence) → 관계(Relatedness) → 성장(Growth)의 욕구라는 3가지로 제시하였고, 각 욕구는 첫 글자를 따서 ERG이론이라고 하였다.
　㉢ 매슬로의 욕구단계이론에 대한 문제점을 극복하기 위해 제시된 이론으로, 매슬로의 이론보다 덜 경직되어 있고 욕구란 조정될 수 있음을 제시하였다.

② 3가지 욕구단계

존재 욕구 (E ; Existence)	• 의식주 같은 모든 형태의 생리적 · 물질적 욕구들을 의미한다. • 조직에서는 임금이나 쾌적한 물리적 작업조건에 대한 욕구이다. • 매슬로의 욕구단계이론에서 생리적 욕구, 안전의 욕구에 해당한다. 예 생리적 욕구, 물리적 욕구, 굶주림, 갈증, 임금
관계 욕구 (R ; Relatedness)	• 인간의 사회생활과 관련된 욕구로, 조직에서 타인과의 인간관계(대인관계)와 관련된 것들을 포함한다. • 매슬로의 욕구단계이론에서 사랑과 소속감에 대한 욕구, 존경 욕구에 해당한다(사회적 욕구, 안전의 욕구 포함). 예 타인과 관련된 사회생활 욕구, 가족, 친구, 동료
성장 욕구 (G ; Growth)	• 창조적 개인의 성장을 위한 개인의 노력과 관련된 욕구를 말한다. • 매슬로의 욕구단계이론에서 존경욕구 일부와 자아실현의 욕구에 해당한다. 예 자아실현에 관련된 욕구, 잠재된 능력

③ 매슬로의 욕구단계이론과의 공통점
　㉠ 욕구 충족의 과정은 하위단계에서 상위단계로 진행된다. 즉, 존재 욕구 → 관계 욕구 → 성장 욕구의 단계를 밟는다.
　㉡ 하위욕구가 충족될수록 상위욕구에 대한 바람은 더욱 커진다.

④ 매슬로의 욕구단계이론과의 차이점
　㉠ 두 가지 이상의 욕구가 동시에 작용할 수 있다.
　㉡ 욕구는 위로만 향하는 것이 아니라 아래로도 향한다는 것을 강조함으로써 욕구의 신축성을 제시하였다.
　㉢ 사람에 따라 존재 욕구가 충족되지 않았음에도 관계 욕구나 성장 욕구를 충족하는 쪽으로 행동할 수도 있음을 주장하였다.
　㉣ 욕구 충족에서 존재 욕구, 관계 욕구, 성장 욕구의 개별적인 충족보다는 통합적인 욕구의 자극을 강조한다.
　㉤ 알더퍼의 ERG이론은 매슬로의 욕구단계보다 신축적이고 탄력적이며, 욕구 구조에 있어서 개인적인 차이가 있음을 인정하였다.

핵심예제

'알더퍼'가 제시한 ERG 이론 중 개인의 자아실현과 관련된 욕구로 매슬로의 욕구 5단계의 존경 욕구와 자아실현 욕구에 해당하는 것은?　　　　　　　　　　　[2018년]

① 완성 욕구　　　　　② 태도 욕구
③ 관계 욕구　　　　　④ 존재 욕구
⑤ 성장 욕구

| 해설 |

성장 욕구(G ; Growth)
• 창조적 개인의 성장을 위한 개인의 노력과 관련된 욕구를 말한다.
• 매슬로의 존경욕구 일부와 자아실현의 욕구와 비슷하다.
예 자아실현에 관련된 욕구, 잠재된 능력

정답 ⑤

① 개 념

　㉠ 직원들의 인간관을 X이론과 Y이론적 인간관으로 구분하고 그 유형에 따라 적절한 동기부여 및 관리전략을 수립하여야 한다고 하였다.

　㉡ 맥그리거는 전통적 관리이론에서의 인간관을 X이론이라 하였고, 전통적 인간관과 대비되는 현대적 인간관을 Y이론이라고 하여 이론을 전개하였다.

② 인간관

　㉠ X이론적 인간관의 특징

　　• 자기중심적이고 수동적 행동을 한다.

　　• 야망이 없고 주로 안정과 경제적 만족을 추구한다.

　　• 선천적으로 일하기를 싫어한다.

　　• 조직문제 해결에 창의력을 발휘하기 싫어한다.

　　• 이기적이고 조직의 목적에 무관심하다.

　　• 지휘나 통제 받기를 좋아한다.

　　• 사람은 엄격히 통제되어야 하고 조직목표 달성을 위해서는 강제되어야 한다.

　　• 동기유발은 생리적 욕구나 안전 욕구의 단계에서만 가능하다.

　　• 인간은 강제적으로 동기화한다.

　㉡ Y이론적 인간관의 특징

　　• 인간은 본질적으로 선하며 인간의 본성은 협동적이다.

　　• 인간은 능동적이며 책임질 줄 아는 존재이다.

　　• 인간은 인본주의에 따라 행동한다.

　　• 인간은 본질적으로 일을 하고 싶어 한다. 즉, 적절히 동기유발이 되면 자율적이고 창의적으로 일을 한다.

　　• 인간은 부지런하고 책임과 자율성 및 창의성을 발휘하기를 원한다.

　　• 인간은 조직 목적에 적극 참여하여 자아실현을 추구한다.

　　• 인간은 자신을 스스로 통제할 수 있는 능력이 있다.

　　• 일은 작업조건만 잘 부여해 두면 놀이나 쉬는 것과 같이 지극히 자연스러운 것이다.

　　• 인간은 자기규제능력이 있고 조직목표를 달성하는 데는 자기통제가 필요하다.

　　• 동기유발은 모든 욕구단계에서 가능하다.

핵심예제

맥그리거(McGregor)가 제시한 X · Y 이론 중 X이론에 대한 설명으로 가장 올바른 것은? [2020년]

① 인간은 본질적으로 선하다.

② 인간의 본성은 협동적이다.

③ 인간은 강제적으로 동기화한다.

④ 인간은 인본주의에 따라 행동한다.

⑤ 인간은 본질적으로 일을 하고 싶어 한다.

|해설|

맥그리거(McGregor)는 인간을 낮은 단계 수준의 욕구와 관련된 인간관과 그 전략(X이론), 높은 수준의 욕구와 관련된 인간관과 그 전략(Y이론)으로 이분화하여 설명하였다.

정답 ③

핵심이론 32 고객 DNA(특성 정보)와 정보원천

① 고객 DNA(특성 정보)
  ㉠ 고객 DNA란 넓은 범위의 고객정보를 말한다.
  ㉡ 고객 DNA는 크게 세 가지로 구분할 수 있다.

인구 통계적 정보	• **고객 프로필 정보** 이름, 주소(우편, 이메일), 전화번호(집, 사무실, H/P, FAX), 직장명, 부서명, 직위(최종 승진일), 출신 학교, 기념일(생일, 결혼 기념일, 창립 기념일) 등 • **관계 정보** 가족 관계(배우자/자녀 프로필 정보 : 고객 프로필 정보와 동일), 친한 친구, 가입 커뮤니티(커뮤니티 멤버와 주요 프로필), 고객 소개 정보(소개해 준 고객 수 및 주요 프로필) 등
고객 가치 정보	• **고객 분류 등급** 자신의 고객 분류 기준(5등급으로 분류 시 : S, A, B, C, D) • **계약 정보** 구(가)입 상품명/시기, 구(가)입 빈도 및 횟수, 금액, 고객평생가치(CLV ; Customer Lifetime Value), 고객 지갑 점유율, 매출 채권 관련 • **구매력 정보** 소득 수준, 소득 원천, 소득 변화 추이, 재산 상태, 기타
고객 니즈, 성향 정보	• **고객 니즈 정보** 상품에 대한 니즈(선호하는 브랜드나 상품, 디자인, 색상 등) • **고객 선호, 성향 정보** 취미, 특기(수준ㆍ취미 생활을 즐기는 방법/가입 동호회), 기호(술ㆍ담배ㆍ음식ㆍ의상), 성격, 커뮤니케이션 스타일, 의사결정 스타일, 문화ㆍ예술적 소양 등 • **가장 중요한 정보**

  ㉢ 고객 DNA의 파악 및 관리
    • 고객을 자신의 고객으로 만들기 위해서는 여러 차례 만나고, 만날 때마다 고객 DNA 정보를 수집해야 한다.
    • 이를 실행하기 위해서는 먼저, 고객 DNA 정보 파일을 만들어야 하는데, 대표적인 것이 노드스트롬의 '개인별 고객수첩'이다.

    • 고객을 만날 때마다 파악해야 할 DNA 정보 리스트를 작성하고, 매일 하루도 빠지지 않고 지속적으로 업데이트해야 한다.
    • 이같은 노력은 기존 고객들에 대해서도 똑같이 적용해야 한다.

② 정보원천
  ㉠ 정보원천의 영향력은 고객의 특성에 따라 다르게 나타난다.
  ㉡ 정보 탐색은 위험을 줄이는 방법으로 구매의사결정에 영향을 미친다.
  ㉢ 고객은 서비스를 구입할 때 인적 정보원에 보다 많이 의존하는 경향을 보인다.
  ㉣ 욕구를 인식하면 욕구를 충족시킬 수 있는 제품ㆍ서비스에 대한 정보를 탐색하게 된다.
  ㉤ 정보원천의 분류

인적 정보원	가족, 친구, 전문가
비인적 정보원	대중매체, 인터넷, 광고, 포장
개인적 원천	가족, 친구, 이웃, 친지
상업적 원천	광고, 판매원, 포장, 웹사이트
공공적 원천	대중매체, 영향력 있는 소비자단체
경험적 원천	제품 사용, 조사

다음 〈보기〉의 고객 특성 파악을 위한 인구 통계적 정보 중 고객 프로필 정보에 해당하는 내용을 찾아 모두 선택한 것은?

[2018년]

보기

가. 이 름   나. 직장명
다. 소득 수준   라. 전화번호
마. 고객평생가치

① 가, 라
② 가, 나, 다
③ 가, 나, 라
④ 가, 나, 다, 라
⑤ 가, 나, 다, 라, 마

|해설|

고객 프로필 정보
이름, 주소(우편, 이메일), 전화번호(집, 사무실, H/P, FAX), 직장명, 부서명, 직위(최종 승진일), 출신 학교, 기념일(생일, 결혼 기념일, 창립 기념일) 등

정답 ③

---

① 의 의

  ㉠ 마이어스 – 브릭스 유형 지표(MBTI ; Myers – Briggs Type Indicator)는 캐서린 쿡 브릭스(Kath arine C. Briggs)와 그의 딸 이사벨 브릭스 마이어스(Isabel B. Myers)가 칼 융(Carl Jung)의 성격유형 이론을 근거로 개발한 자기보고식 성격유형 선호지표이다.

  ㉡ 마이어스 – 브릭스 성격 진단 또는 성격유형지표라고도 불린다.

  ㉢ '칼 융'의 심리유형론을 근거로 하는 심리 검사이다.
    • 인간행동이 그 다양성으로 인해 종잡을 수 없는 것 같이 보여도, 사실은 아주 질서정연하고 일관된 경향이 있다는 데서 출발하였다.
    • 인간행동의 다양성은 개인이 인식하고 판단하는 특징이 다르기 때문이라고 보았다.
    • 인식과 판단에 대한 융의 심리적 기능이론, 그리고 인식과 판단의 향방을 결정짓는 융의 태도이론을 바탕으로 하여 제작되었다.

  ㉣ 개인이 쉽게 응답할 수 있는 자기 보고문항을 통하여 인식하고 판단할 때 각자 선호하는 경향을 찾고, 이러한 선호 경향들이 하나 하나 또는 여러 개가 합해져서 인간의 행동에 어떠한 영향을 미치는가를 파악하여 실생활에 응용할 수 있도록 제작된 심리 검사이다.

  ㉤ 주로 장점 위주로 성격을 구분하여 분석한다는 점이 가장 큰 특징이다.

  ㉥ 16개의 성격 유형과 4가지 분리된 선호 경향으로 구성된다.

  ㉦ 선호 경향은 교육이나 환경의 영향을 받기 이전에 잠재된 선천적 심리 경향을 말한다.

② 목 적

  ㉠ MBTI 성격테스트 결과는 자신이 어떤 사람임을 단정 짓는 것이 아니라, 자신의 성격 특성을 이해하고, 자신이 선호하는 성격 특성을 알아봄으로써 인간관계, 일 처리 방식에 대한 이해를 더해서 도움을 주고자 하는 것이다.

ⓛ 성격이 좋고 나쁜 것이 아니라, 우리는 서로 다르다는 것을 인정한다.

ⓒ 변명이나 합리화를 위한 것이 아니라, 성장하기 위함이다.

ⓔ 창조의 공평성에 의해 누구에게나 장점이나 단점이 있음을 인정한다.

ⓜ 비판과 편 가름이 아니라, 이해하고 받아들이기 위함이다.

ⓗ 자신의 성격 특성을 이해하고, 자신이 선호하는 특성을 통해 인간관계 및 일 처리 방식에 대한 이해를 갖고자 하는 것이다.

─┤ 핵심예제 ├─

다음 중 '마이어스 – 브릭스 유형 지표(MBTI)'에 대한 설명으로 가장 올바르지 않은 것은? [2019년]

① '브릭스'와 '마이어스' 모녀에 의해 개발되었으며, 마이어스 – 브릭스 성격 진단 또는 성격유형지표라고도 불린다.

② '칼 융'의 심리유형론을 근거로 하는 심리 검사이다.

③ 장점과 단점을 명확히 구분하여 분석이 가능하기 때문에 매우 정확도가 높은 심리 테스트라 할 수 있다.

④ 16개의 성격 유형과 4가지 분리된 선호 경향으로 구성된다.

⑤ 선호 경향은 교육이나 환경의 영향을 받기 이전에 잠재되어 있는 선천적 심리 경향을 말한다.

|해설|

MBTI(Myers – Briggs Type Indicator)는 주로 장점을 위주로 성격을 구분하여 분석한다는 점이 가장 큰 특징이다.

정답 ③

핵심이론 **34** MBTI의 4가지 선호 경향

① 외향형과 내향형

ⓐ 외향형(Extraversion)

- 폭넓은 대인관계를 유지하고 사교적이며, 정열적이고 활동적이다.
- 외부 세계의 사람이나 사물에 대하여 에너지를 사용한다.
- 대표적 표현 : 자기외부에 주의집중, 외부활동과 적극성, 정열적 · 활동적, 말로 표현, 경험한 다음에 이해, 쉽게 알려짐

ⓑ 내향형(Introversion)

- 깊이 있는 대인 관계를 유지하며 조용하고 신중하며 이해한 다음에 경험한다.
- 내부 세계의 개념이나 아이디어에 에너지를 사용한다.
- 대표적 표현 : 자기내부에 주의집중, 내부 활동과 집중력, 조용하고 신중, 글로 표현, 이해한 다음에 경험, 서서히 알려짐

② 감각형과 직관형

ⓐ 감각형(Sensing)

- 오감(五感)에 의존하여 실제의 경험을 중시하며 지금 현재에 초점을 맞추고 정확하고 철저히 일을 한다.
- 대표적 표현 : 지금 · 현재에 초점, 실제의 경험, 정확, 철저한 일 처리, 사실적 사건묘사, 나무를 보려는 경향, 가꾸고 추수함

ⓑ 직관형(iNtuition)

- 육감 내지 영감에 의존하며 미래 지향적이고 가능성과 의미를 추구하며 신속, 비약적으로 일을 처리한다.
- 대표적 표현 : 미래 가능성에 초점, 아이디어, 신속 · 비약적인 일 처리, 비유적 · 암시적 묘사, 숲을 보려는 경향, 씨 뿌림

③ 사고형과 감정형

　㉠ 사고형(Thinking)
　　• 진실과 사실에 큰 관심을 갖고 논리적이고 분석적이며 객관적으로 판단한다.
　　• 대표적 표현 : 진실ㆍ사실에 큰 관심, 원리와 원칙, 논리적ㆍ분석적, 맞다ㆍ틀리다, 규범ㆍ기준 중시, 지적 논평

　㉡ 감정형(Feeling)
　　• 사람과 관계에 관심이 많고 상황적이며 정상을 참작한 설명을 한다.
　　• 개인적ㆍ사회적 가치를 바탕으로 한 감정을 근거로 판단한다.
　　• 대표적 표현 : 사람ㆍ관계에 큰 관심, 의미와 영향, 상황적ㆍ포괄적, 좋다ㆍ나쁘다, 나에게 주는 의미 중시, 우호적 협조

④ 판단형과 인식형

　㉠ 판단형(Judging)
　　• 분명한 목적과 방향이 있으며, 기한을 엄수하고 철저히 사전 계획하며 체계적이다.
　　• 대표적 표현 : 정리정돈과 계획, 의지적 추진, 신속한 결론, 통제와 조정, 분명한 목적의식과 방향감각, 뚜렷한 기준과 자기의사

　㉡ 인식형(Perceiving)
　　• 목적과 방향은 변화 가능하고 상황에 따라 일정이 달라지며 자율적이고 융통성이 있다.
　　• 정보 자체에 관심이 많고 새로운 변화에 잘 적응한다.
　　• 대표적 표현 : 상황에 맞추는 개방성, 이해로 수용, 유유자적한 과정, 융통과 적응, 목적과 방향은 변화할 수 있다는 개방성, 재량에 따라 처리될 수 있는 포용성

핵심예제

성격유형지표(MBTI)를 통해 예측할 수 있는 고객의 성격유형별 구매행동 특성 중 다음 〈보기〉의 내용에 해당하는 것은?

[2021년]

보기

쇼핑 시 판매자의 관심으로부터 부담감을 느껴 혼자서 상품을 선택하는 것을 선호하며, 만족한 제품은 재구매로 이어질 확률이 높으며 상표 충성도가 비교적 높다.

① 인식형
② 감각형
③ 사고형
④ 감정형
⑤ 내향형

|해설|

'내향형'은 깊이 있는 대인관계를 유지하며, 조용하고 신중하며, 이해한 다음에 경험한다.

정답 ⑤

① 등장 배경

ㄱ 고객의 변화 : 생활 방식의 변화

ㄴ 시장의 변화

- 시장의 세분화
- 대중 마케팅(Mass Marketing)의 비효율성 증대
- 고객 확보 경쟁의 증가
- 시장의 규제 완화

ㄷ IT의 발전

ㄹ 매출 중심에서 수익 중심으로 기업 패러다임의 변화

ㅁ 마케팅 커뮤니케이션의 변화

② 특 징

ㄱ 고객 지향적

- 고객에게 필요한 상품과 서비스, 차별화된 보상 등 적절한 혜택을 제공한다.
- 고객 지향적이기 때문에 고객에게 필요한 상품, 서비스는 물론 차별화된 보상 등 적절한 혜택을 제공해 고객과의 관계 관리에 기업의 초점을 맞추는 고객 중심적인 경영 방식이다.

ㄴ 동적인 경영 방식

- 고객의 전 생애에 걸쳐 장기적인 이윤을 추구한다.
- 기본적으로 개별 고객의 생애에 걸쳐 거래를 유지하거나 늘려나가고자 한다.

ㄷ 쌍방향 관계

- 고객과 기업 사이의 상호적인 혜택과 신뢰를 구축한다.
- 고객과의 직접적인 접촉을 통해 쌍방향 커뮤니케이션을 지속한다.
- 신뢰를 바탕으로 고객과 쌍방향 관계를 형성하고 지속적으로 발전시키는 것을 의미한다.

ㄹ 정보 기술의 효율적 활용 요구

- 정보 기술에 기초를 둔 과학적인 제반 환경의 효율적 활용을 요구한다.
- 고객 데이터, ROI 분석 등 가시적인 경영 개선에 초점을 맞춘다.

ㅁ 고객과의 직접적인 접촉

- 일관성 있는 메시지와 커뮤니케이션으로 고객과의 관계를 강화한다.
- 고객의 생애 전체에 걸쳐 관계를 구축하고 강화시켜 장기적인 이윤을 추구하는 경영 방식이다.

ㅂ 기업 내부 프로세스의 통합 요구

- 기업 업무 프로세스의 통합과 혁신을 요구한다.
- 관계 관리에 필요한 모든 부분인 표준화된 업무 프로세스, 조직의 역량이나 훈련, 기술적 하부 구조 등 균형 잡힌 향상을 꾀하는 경영 방식이다.
- 단순히 마케팅에만 역점을 두는 것이 아니라 기업의 모든 내부 프로세스의 통합을 요구한다.
- 차별적 타깃 마케팅을 추진하여 전반적인 마케팅 활동에 통합적 효율성을 제고한다.

③ 사이클(순환과정)

신규고객 획득 → 우수고객 유지 → 고객가치 증진 → 잠재고객 활성화 → 평생 고객화

④ 목적 달성을 위한 활동

ㄱ 고객 단가 증대 : 교차 판매, 추가 판매, 재판매

ㄴ 고객 수 증대 : 이벤트 외부 업체와의 제휴, 기존 고객 유지 활동, 기존 고객의 추천을 통한 신규 고객 창출

ㄷ 구매 빈도 증대 : 다양한 사용 방법 개발

더 알아보기

고객평생가치(CLV) 제고를 위한 핵심 활동

- 교차판매(Cross - selling) : 기존 구매품목 외의 새로운 상품을 구매하도록 유도하는 활동
- 추가판매(Up - selling)
  - 고객이 기존에 구매하던 상품과 같은 종류의 업그레이드된 상품을 권유하여 판매하는 유형
  - 특정 카테고리 내에서 상품의 구매액을 늘리도록 유도하는 활동
  - 설비의 마모 혹은 재공급이 필요할 때 업그레이드를 권유하여 판매하는 전략

다음 중 고객관계관리(CRM)의 특징에 대한 설명으로 가장 올바르지 않은 것은? [2020년]

① 정보기술에 기초를 둔 과학적인 제반 환경이 효율적 활용을 요구한다.

② 고객과의 직접적인 접촉을 통해 쌍방향 커뮤니케이션을 지속한다.

③ 단순히 마케팅에만 역점을 두는 것이 아니라 기업의 모든 내부 프로세스의 통합을 요구한다.

④ 개별 고객의 소비력에 따라 특정 생애 주기를 구분하여 거래를 유지하고자 한다.

⑤ 고객 지향적이기 때문에 고객에게 필요한 상품, 서비스는 물론 차별화된 보상 등 적절한 혜택을 제공하여 고객과의 관계관리에 기업의 초점을 맞추는 고객중심적인 경영 방식이다.

|해설|

고객의 생애 전체에 걸쳐 관계를 구축하고 강화하는 경영방식으로 장기적인 이윤을 추구한다.

정답 ④

핵심이론 36 고객관계관리(CRM) 시스템 구축 전제조건과 구축 5단계

① CRM 시스템 구축을 위한 전제조건

　㉠ 고객 통합 데이터베이스의 구축
- 기업이 보유하고 있는 고객, 상품, 거래 등에 관련된 데이터를 데이터웨어하우스 관점에 기초하여 통합한다.
- 즉, CRM을 위해서는 고객과 관련된 전사적인 정보의 공유체제가 확립되어야 한다.

　㉡ 고객 특성을 분석하기 위한 마이닝 도구 : 구축된 고객 통합 데이터베이스를 대상으로 마이닝 작업을 통해 고객의 특성을 분석한다.

　㉢ 마케팅 활동을 대비하기 위한 캠페인 관리용 도구 : 분류된 고객 개개인에 대한 특성을 바탕으로 해당 고객에 대한 적절한 캠페인 전략을 지원·관리하는 도구가 애플리케이션, OLAP, Web 등의 다양한 형식으로 관련 부서 및 사용자의 목적에 따라 이용될 수 있다.

② CRM 시스템 구축 5단계

　㉠ 1단계 기업의 특성에 맞는 고객 전략 수립 : 고객의 입장에서 전략을 수립

　㉡ 2단계 인프라 구축 : 데이터웨어하우스, 백오피스, 프론트오피스 시스템, 전자상거래 채널 확립

　㉢ 3단계 데이터마이닝을 통한 고객 분석과 마케팅 : 데이터의 패턴을 파악함으로써 고객의 성향을 분석하여 구매를 창출하고 잠재고객층과 충성고객층 등 다양한 고객층의 차별화 마케팅을 시도

　㉣ 4단계 고객 분석 결과를 실질적으로 판매 과정에서 활용 : 교차 판매, 추가 판매, 고객의 재구매 등을 통해 고객생애가치의 극대화를 추구

　㉤ 5단계 고객 유지를 위한 서비스와 피드백 관리 : 고객과의 유대관계를 강화하고 차별화된 서비스를 제공하여 이탈 고객을 감소하고, 기존 고객을 우수고객으로 전환시킴

의미 없는 데이터베이스 자료

- 평생 단 한 번 구입하는 제품
- 상표에 대한 충성심을 거의 보이지 않는 제품
- 단위당 판매가 작은 경우
- 정보 수집에 비용이 많이 드는 경우
- 장기적으로 타산이 맞지 않는 경우

핵심예제

고객관계관리(CRM) 시스템 구축 5단계 중 다음 〈보기〉의 내용에 해당하는 것은?

[2022년]

> **보기**
>
> 데이터웨어하우스, 백오피스와 프론트오피스 시스템, 전자상거래 등 새로운 커뮤니케이션 채널을 확립한다.

① 인프라 구축
② 기업의 특성에 맞는 고객 전략 수립
③ 고객 유지를 위한 서비스와 피드백 관리
④ 데이터마이닝을 통한 고객 분석과 마케팅 실시
⑤ 고객 분석 결과를 실질적으로 판매 과정에서 활용

|해설|

2단계 인프라 구축
데이터웨어하우스, 백오피스, 프론트오피스 시스템, 전자상거래 채널 확립

정답 ①

핵심이론 **37** 고객관계관리(CRM)의 개념 정립과 전략 수립 6단계

① 개념 정립

　㉠ CRM 전략 수립에서 가장 중요한 것은 CRM이 무엇인가에 대해 회사 내부의 컨센서스를 확보하는 것이다.

　㉡ 마케팅팀이 생각하는 CRM과 영업팀, IT팀이 생각하는 CRM이 각각 다르다면 이는 심각한 문제인데 실제로는 다른 경우가 많다.

　㉢ CRM에 대해 워낙 다양한 견해들이 있기 때문이다.

　㉣ CRM에 대한 다양한 견해를 정리해서 자사만의 CRM 개념을 정립히는 노력이 반드시 필요하다.

② 고객관계관리(CRM) 전략 수립 6단계

　㉠ 1단계 환경 분석 : CRM 구축 전 CRM을 통해 얻고자 하는 정확한 목표를 설계하는 것이다.

　㉡ 2단계 고객 분석 : 자사의 현재 고객을 다각적으로 분석하는 것이다.

　㉢ 3단계 CRM 전략 방향 설정 : 기업이 CRM 전개를 통해 궁극적으로 목적하는 것을 얻기 위하여 방향성을 설정하는 것이다.

　㉣ 4단계 고객에 대한 오퍼(Offer) 결정 : 고객의 회원 정보, 고객과 회사의 다양한 접촉, 거래 이력을 바탕으로 상품이나 관심 분야, 소득 수준, 거래 빈도, 평균 구매 단가 등의 고객 특성의 변수에 따른 마케팅 오퍼를 결정하는 것이다.

　㉤ 5단계 개인화 설계

- 결정된 제안에 대하여 고객에게 어떤 적합한 형태로 전달할 것인가를 결정하는 방법이다.
- 개인 정보, 구매 상품 유형, 구매 주기 등에 따른 콘텐츠 관심 정보 등을 총체적으로 분석하여 개인화 규칙을 설계한다.
- 고객의 성별, 연령, 직업, 소득 등의 개인 정보와 구매상품 유형, 구매 가격, 구매 주기 등을 총체적으로 분석하여 결정된 제안을 전달할 방법을 설계해야 한다.

ⓗ 6단계 커뮤니케이션 설계
- 고객에게 제공될 것이 결정된 경우, 어떻게 제공할 것인지에 대한 전달 방법을 설계한다.
- 설계 방법에 따라 이메일 등의 인터넷을 이용하는 방법과 우편이나 전화와 같은 전통적인 방법이 있다.

더 알아보기

고객관계관리(CRM)의 고객 평가 방법
- 위험성 점수(Risk Score) : 특정 고객이 기업에 얼마나 나쁜 영향을 주는지 나타내는 점수를 의미한다.
- 수익성 점수(Profitability Score) : 특정 고객의 매출액, 순이익, 거래 기간 등을 고려하여 기업에 얼마나 수익을 주는지 점수를 매겨 보는 것을 의미한다.
- RFM 점수 : Recency(최근), Frequency(빈도), Monetary(금액)와 같은 3가지 요소를 기준으로 고객을 구분하는 평가 방법이다.
- 커버리지 점수(Coverage Score) : 자사의 상품 중에서 얼마나 많은 종류의 상품을 구매했는가를 평가한다.

핵심예제

고객관계관리(CRM) 전략 수립 6단계 중 고객에 대한 마케팅 제안(Offer) 결정과 관련하여 '사후적 보상'에 해당되는 사례로 가장 적절한 것은?
[2019년]

① 할인 쿠폰 지급을 통한 구매 유인
② 항공사 마일리지에 따른 무료 항공권 제공
③ 유통업체에서 활용하는 저가 상품의 구매 전 무료 제공
④ 고객에 따라 동일 상품에 대한 가격의 개별적인 적용
⑤ 미리 만들어진 상품 중 고객에게 적합한 상품을 파악하여 권유

|해설|

고객의 회원 정보, 고객과 회사의 다양한 접촉, 거래 이력을 바탕으로 상품이나 관심 분야, 소득 수준, 거래 빈도, 평균 구매 단가 등의 고객 특성의 변수에 따른 마케팅 오퍼를 결정하는 것이다.

정답 ②

핵심이론 38 메타그룹의 고객관계관리(CRM) 분류

① 분석 CRM
- ㉠ 수익성과 시장 점유율 제고를 목적으로 고객 데이터를 추출·분석하여 영업, 마케팅, 서비스 측면으로 활용하는 전 과정을 의미한다.
- ㉡ 고객 프로파일링, 고객 세분화, 캠페인 관리, 이벤트 계획 등에 필요한 아이디어를 도출할 수 있다.
- ㉢ CRM 초기에 여러 형태의 고객 정보를 보유했던 대기업에서 타깃 마케팅 등을 계획하기 위해 대용량의 고객 정보를 활용하여 필요한 정보를 획득하는 것을 목적으로 사용했다.
- ㉣ 데이터웨어하우스, 데이터마이닝, OLAP, ODS 등의 시스템을 사용한다.
- ㉤ 분석 CRM에서 사용되는 대표적인 분석도구
  - Data Mining
  - Data Warehouse
  - ODS(Operation Data Store)
  - OLAP(On - Line Analytical Processing)

② 운영 CRM
- ㉠ 고객 정보의 획득과 활용을 통한 운영비용 절감을 목적으로 영업, 마케팅, 고객 서비스의 프론트 오피스를 연계한 거래 이력 업무 지원과 백 오피스 통합 서비스 프로세스의 자동화를 의미
- ㉡ 오피스와 CRM 통합
- ㉢ 동화된 비즈니스 프로세스를 의미
- ㉣ 프론트 오피스 고객 접점을 연계한 업무 지원
- ㉤ 대표적인 예 : EMS, 웹 로그 솔루션

③ 협업 CRM
- ㉠ 커뮤니케이션과 프로세스의 효율성 향상, 고객과의 관계 증진을 목적으로 기업 내부의 조직 공급망이 고객과 지속적으로 협력하고 커뮤니케이션을 통해 정보를 나누어 주는 모델을 말한다.
- ㉡ 콜센터, e - mail, 비디오, 팩스, FOD(Fax On Demand), 우편 등이 솔루션으로 적용된다.

메타그룹에서 제시한 고객관계관리(CRM)의 분류 중 분석 CRM에서 사용되는 대표적인 분석도구로 보기 어려운 것은?

[2020년]

① Data Mining
② Data Warehouse
③ FOD(Fax On Demand)
④ ODS(Operation Data Store)
⑤ OLAP(On − Line Analytical Processing)

|해설|

FOD(Fax On Demand)는 협업 CRM의 도구이다.

정답 ③

핵심이론 39 고객관계관리(CRM)의 장점과 발전 방향

① 장 점
　㉠ 특정 고객의 요구에 초점을 맞춤으로써 표적화가 용이하다.
　㉡ 고객이 창출하는 부가가치에 따라 마케팅 비용을 사용하는 것이 가능하다.
　㉢ 고객 채널의 이용률을 개선함으로써 개별 고객과의 접촉을 최대한 활용할 수 있다.
　㉣ 제품 개발과 출시 과정에 소요되는 시간을 절약할 수 있다.
　㉤ 가격이 아닌 서비스를 통해 구매 환경을 개선할 수 있다.
　㉥ 고객이 창출하는 부가가치에 따라 마케팅 비용을 사용하는 것이 가능하다.
　㉦ 특정 캠페인의 효과 측정이 용이하다.
　㉧ 광고비를 절감하는 데 도움이 된다.
　㉨ 가격이 아닌 서비스를 통해 기업경쟁력을 확보할 수 있다.
　※ 고객관계관리(CRM)는 고객에게 필요한 상품 및 서비스는 물론이고 차별화된 보상과 같은 혜택을 제공하는 방식으로 고객관계관리에 기업의 초점을 맞추는 고객중심적인 경영방식입니다.

② 발전 방향
　㉠ 고객과의 대화를 통해 고객의 변화를 예측할 수 있는 기업으로 변화해야 한다.
　㉡ 기업은 고객의 지식에 초점을 맞추고 고객의 가치 상승에 따라 기업이 획득하고 활용할 지식의 원천으로서 고객의 의미를 새롭게 인식해야 한다.
　㉢ 자사의 발전에 영향을 미칠 수 있는 상품, 기술, 고객관계와 관련된 지식을 획득하고 이를 활용할 수 있도록 지식중심의 CRM을 지향해야 한다.
　㉣ 단순하게 불평, 불만을 해결하는 고객지원센터가 아니라 고객의 지식을 획득하고 이를 활용할 수 있는 고객주도형 창구로 업무를 개편해야 한다.
　㉤ CRM의 핵심은 고객이므로 고객과의 원활한 상호작용을 통해 기업이 발전해 나갈 수 있다.

CRM(고객관계관리) 도입의 실패 요인
- 명확한 전략 부재 및 무계획
- 방대한 양의 고객 정보 데이터 무시
- 고객 중심이 아닌 기업 중심의 CRM
- 기술 숙련도에 대한 충분한 고려 미흡

핵심예제

다음 중 '고객관계관리(CRM)'의 장점에 대한 설명으로 가장 올바르지 않은 것은?

[2018년]

① 특정 고객의 요구에 초점을 맞춤으로써 표적화가 용이하다.
② 고객이 창출하는 부가가치에 따라 마케팅 비용을 사용하는 것이 가능하다.
③ 고객 채널의 이용률을 개선함으로써 개별 고객과의 접촉을 최대한 활용할 수 있다.
④ 서비스가 아닌 가격을 통해 구매 환경을 개선할 수 있다.
⑤ 제품 개발과 출시 과정에 소요되는 시간을 절약할 수 있다.

|해설|

가격이 아닌 서비스를 통해 구매 환경을 개선할 수 있다.

정답 ④

핵심이론 40 e - CRM의 개념과 특징 및 목적

① 개 념
ㄱ e - CRM은 온라인에서 수집한 고객데이터를 저장, 분석하여 가치 있는 고객을 선별하고 회사가 보유하고 있는 한정된 역량을 가치 있는 고객을 획득, 유지하는 일에 우선적으로 투자하는 프로세스를 말한다.
ㄴ 커뮤니케이션, 마케팅의 다양성을 중시하여 적극적인 고객화를 통한 장기적인 수익 실현을 목적으로 한다.
ㄷ 구매 이력 이외에 방문 횟수, 관심 횟수, 광고 관심 횟수, 게시판 사용 횟수 등 고객의 행위를 표현하는 다양한 정보를 사용할 수 있다.
ㄹ 웹 로그 데이터, 이메일 반응, 웹 콜센터 등 인터넷을 통한 단일 통합 채널의 구축이 가능하다.
ㅁ 고객 요청 시 언제든지 온라인에 접속하여 처리할 수 있기 때문에 단순한 절차와 실시간 처리가 가능하다.
ㅂ 초기 기반 시설에 대한 설치비용이 높은 반면 유지 관리 비용이 거의 0(Zero)에 가깝다.

② 특 징
ㄱ 채널 간 잡음으로 인한 고객 정보 관리의 오류 발생 가능성을 감소시킬 수 있다.
ㄴ e - CRM 모델 구축 시 초기의 대규모 투자가 요구된다.
ㄷ 신규 고객의 진입과 관리에 소요되는 비용이 거의 발생되지 않는다.
ㄹ e - mail, 음성 서비스, 동영상 등의 멀티미디어 수단을 통합할 수 있다.
ㅁ 고객 접촉에 있어 복수로 분산 관리되던 채널을 통합하여 인터넷이라는 하나의 채널로 단일화하여 불필요한 관리 비용을 절감할 수 있다.

③ 목 적
ㄱ 인터넷을 통한 고객의 요구에 신속히 대응
ㄴ 고객행동에 대한 예측성 제고, 고객만족도(충성도) 상승
ㄷ 궁극적으로 기업의 수익 증대

다음 중 'e - CRM'에 대한 설명으로 가장 올바르지 않은 것은?

[2018년]

① 커뮤니케이션, 마케팅의 다양성을 중시하여 적극적인 고객화를 통한 장기적인 수익 실현을 목적으로 한다.

② 구매 이력 이외에 방문 횟수, 관심 횟수, 광고 관심 횟수, 게시판 사용 횟수 등 고객의 행위를 표현하는 다양한 정보를 사용할 수 있다.

③ 웹 로그 데이터, 이메일 반응, 웹 콜센터 등 인터넷을 통한 단일 통합 채널의 구축이 가능하다.

④ 고객 요청 시 언제든지 온라인에 접속하여 처리할 수 있기 때문에 단순한 절차와 실시간 처리가 가능하다.

⑤ 초기 기반 시설에 대한 설치 비용이 낮은 반면 유지 관리 비용이 상대적으로 높다.

|해설|

초기 기반 시설에 대한 설치 비용이 높은 반면, 유지 관리 비용이 거의 0(Zero)에 가깝다.

정답 ⑤

---

① 전략 수립

㉠ 고객접근 전략

- 기업이 고객의 자발적 허락을 요구하는 마케팅을 지향한다.
- 고객의 허락(Permission)은 장기적으로 기업의 이윤을 창출하기 때문이다.
- 이 전략으로는 퍼미션 마케팅, 옵트 인 메일 서비스 등이 있다.
- ※ 옵트 인 메일 : 네티즌이 사전에 받기로 선택한 광고성 이메일을 가리키며, 웹사이트 회원으로 가입할 때 광고 수신 여부와 필요로 하는 정보를 등록함으로써 허가받은 사람에게만 이메일을 발송하는 서비스입니다.

더 알아보기

정크 메일(Junk mail)
- 불특정 다수에게 일방적으로 전달되는 대량의 광고성 메일로, 스팸 메일이라고도 한다.
- 무작위로 추출한 e - mail 주소를 이용해 고객이 수신을 허락하지 않는 메일을 불특정 다수에게 일방적으로 전달하는 것을 의미한다.

㉡ 고객유지 전략 : 기업은 일대일 마케팅을 통해 고객 정보를 데이터베이스화하고, 고객맞춤 서비스와 제품을 제공함으로써, 상호신뢰감을 형성하고 기업경쟁력을 높일 수 있다.

㉢ 고객만족 전략

- 고객이 제품 및 서비스 구입 시 만족감을 주고, 브랜드 신뢰도를 쌓아 제품의 재구매율을 높이려는 목적으로 모든 조직 관리를 고객의 입장에서 전개하는 전략이다.
- 고객구매상담 서비스, FAQ, 고객로열티 마케팅, 서스펜션 서비스, 고객맞춤 서비스, 리마인드 서비스 등이 있다.
- ※ 서스펜션 서비스(Suspension Service) : 관심 품목 및 찜 상품 기능 등을 추가하여 고객이 상품정보를 개인 홈페이지에 기록할 수 있는 서비스입니다.

② 고객창출 전략
- 구전이나 이벤트 등의 서비스 제공으로 고객에게 기업의 이미지와 제품 등을 알리고, 이를 통해 새로운 고객을 확보하여 수익을 창출해야 하는 전략이다.
- 이용자들이 상호간 정보 교환을 위해 게시판 기능(커뮤니티 서비스), 인비테이션 서비스 등을 활용한다.

② 구성 요소

e – Marketing	• 인터넷을 이용하여 마케팅 기능 및 개념을 구현하는 전략
e – Sales	• 인터넷상에서 검색 단계부터 상품 및 서비스의 전 구매과정 • 인터넷상에서 상품이나 서비스를 온라인으로 판매하기 위한 활동이나 여기에 필요한 수단을 의미
e – Service	• 인터넷에서 고객서비스 및 지원서비스 관리를 위한 활동
e – Community	• 인터넷상의 가상소통 공간으로서, 개인이나 기업 사이의 신뢰형성의 결과로 공유목적, 가치, 경험의 개발 등을 나눔
e – Security	• 컴퓨터나 인터넷의 전자보안 서비스

핵심예제

e – CRM의 구성 요소 중 인터넷상에서 상품이나 서비스를 온라인으로 판매하기 위한 활동이나 여기에 필요한 수단을 의미하는 것은?   [2020년]

① e – Service
② e – Sales
③ e – Marketing
④ e – Community
⑤ e – Security

|해설|

e – Sales
• 인터넷상에서의 검색 단계부터 상품 및 서비스의 전 구매과정을 의미한다.
• 인터넷상에서 상품이나 서비스를 온라인으로 판매하기 위한 활동이나 여기에 필요한 수단을 의미한다.

정답 ②

핵심이론 42 인간관계

① 호손실험
ㄱ 1920년대 후반, 엘튼 메이요(Elton Mayo)가 근로자들의 작업 환경과 생산성에 미치는 효과를 연구하였다.
ㄴ 호손실험을 통한 연구 결과
- 생산성은 종업원의 태도나 감정에 크게 의존한다.
- 공식적 조직 내에 존재하는 자생적, 비공식적 조직이 만들어 낸 규범에 의해 인간 행동이 통제된다.
- 조직의 생산성 향상을 위해 인간의 정서적 요인에 초점을 맞춘 관리 기술을 제시하였다.

② 인간관계 심화 요인(3R)[넬슨 존슨(Nelson Johnson)]
ㄱ 보상성(Reward)
- 인간은 누구나 행복과 만족을 추구하기 때문에 만족감과 행복감을 제공하는 보상에 의해서 인간관계가 심화된다는 것이다.
- 인간관계에서 추구하는 보상에는 정서적 지지와 공감, 즐거운 체험, 현실적 도움을 포함한 따뜻한 보살핌, 친밀감, 신체적 접촉, 물리적 선물 등 다양한 요인이 있다.
ㄴ 상호성(Reciprocality)
- 인간관계에서 보상적 효과가 서로 균형 있게 교류됨을 의미한다.
- 인간관계에 소속된 사람들 모두가 보상을 서로 균형 있고 공정하게 주고받을 때 그런 인간관계는 깊어진다.
ㄷ 규칙(Rule)
- 인간관계에서 서로의 역할과 행동에 대해 명료하게 설정된 기대나 지침을 규칙이라 하는데, 분명한 교류 규칙을 설정하면 인간관계는 심화된다.
- 인간관계는 서로 다른 성장 배경을 지니고 서로 다른 사고방식과 행동 양식을 지닌 사람들 간의 교류이기 때문에 상대방에 대한 애정과 보상을 표현하는 방식에 차이가 있을 수 있는데, 이 경우 분명한 교류규칙을 설정하면 인간관계는 심화된다.

③ 인간관계 형성단계[휴스턴(Huston)과 레빙거(Levinger)]
　㉠ 인간관계의 친밀성은 두 사람 사이의 상호의존성 정도
　　에 따라 결정된다.
　㉡ 인간관계가 발전하는 세 가지 단계
　　• 면식의 단계(첫인상 형성 단계)
　　　- 직접적인 교류가 일어나기 전의 단계이다.
　　　- 두 사람이 직접적으로 접촉 없이 관찰을 통해
　　　　서로 아는 단계이다.
　　　- 타인의 표정, 복장, 언어, 동작 등으로부터 인상
　　　　이 형성된다.
　　　- 상대방에 대한 관심과 호기심을 지니고 있는 상
　　　　태이다.
　　• 형식적 · 피상적 접촉의 단계(피상적 역할 단계)
　　　- 두 사람 사이에 직접적인 교류가 일어나는 단계
　　　- 접촉이 피상적인 수준에 머무르거나 업무와 관
　　　　련된 역할수행을 위해서 접촉이 일어나는 형식
　　　　적인 관계에 머무른다.
　　　- 상대방을 독특한 인격적 존재로 대하기보다는
　　　　상황이나 제도가 부여한 역할을 수행하는 역할
　　　　수행자로서 상호작용을 하게 된다.
　　　- 상대방의 인격적인 특성보다 역할이 중시되므
　　　　로 친밀감이나 상호의존성이 증진되기 힘들다.
　　　- 상호작용하는 두 사람 사이에는 교류의 공정성과
　　　　호혜성이 관계를 유지하는 주요한 요인이 된다.
　　　- 역할과 지나치게 동일시하거나 반대로 특정 역할
　　　　에 피상적으로 개입하는 위험에 빠지기도 한다.
　　　- 내적 고독감을 가지기도 한다.
　　• 상호의존의 단계(친밀한 사적 단계)
　　　- 두 사람 사이에 크고 작은 상호의존이 나타나는
　　　　단계이다.
　　　- 두 사람 사이의 교류가 증진되고 심화되어 공유
　　　　된 경험의 영역이 확대된다.
　　　- 상호교류가 개인적인 측면의 수준까지 발전하
　　　　는 사적인 관계로 진전된다.
　　　- 서로의 깊은 내면의 세계(상대방의 성격 · 가치
　　　　관 · 고민 등)를 공유함으로써 상호의존의 깊이
　　　　가 서로 깊어지고 영역이 넓어진다.

　　　- 두 사람 사이에 나타나는 상호작용에서 호혜성
　　　　의 원칙이 초월된다.

핵심예제

다음 〈보기〉의 내용 중 '넬슨 존슨'이 제시한 인간관계 심화 요
인을 찾아 모두 선택한 것은?　　　　　　　　　　[2019년]

> **보기**
>
> 가. 규 칙　　　나. 관 심　　　다. 동 기
> 라. 상호성　　마. 보상성

① 가, 나, 다　　　　　　② 가, 나, 라
③ 가, 나, 마　　　　　　④ 가, 다, 마
⑤ 가, 라, 마

|해설|

넬슨 존슨의 인간관계 심화 요인(3R)
• 보상성(Reward) : 인간은 누구나 행복과 만족을 추구하기 때
　문에 만족감과 행복감을 제공하는 보상에 의해서 인간관계가
　심화된다는 것이다.
• 상호성(Reciprocality) : 인간관계에서 보상적 효과가 서로
　균형 있게 교류됨을 의미한다.
• 규칙(Rule) : 인간관계에서 서로의 역할과 행동에 대해 명료
　하게 설정된 기대나 지침을 말한다.

정답 ⑤

① 일차적 인간관계와 이차적 인간관계
  ㉠ 일차적 인간관계 : 부모, 형제자매, 친척, 고향친구, 동문 등 혈연, 지연, 학연 등에 의해 형성되는 인간관계
  ㉡ 이차적 인간관계 : 개인적인 매력, 직업적 이해관계, 가치의 공유에 의해 형성되는 인간관계

② 애정중심적 인간관계와 업무중심적 인간관계
  ㉠ 애정중심적 인간관계
    • 상대인물에 대한 매력이나 인격 때문에 관계를 형성하고 상대로부터 긍정적인 감정, 즉 사랑, 우정, 인정을 주고받는 것이 중요한 요인이 되는 관계
    • 상대방이 어떤 사람이며 서로간의 애정교환의 만족도에 의해 관계가 유지되는 사람 중심적 관계
  ㉡ 업무중심적 인간관계
    • 어떤 사람이든 상관없이 그와 함께 하는 작업이나 업무의 내용과 속성 때문에 관계가 형성되고 유지되는 일 중심적 인간관계
    • 상호작용을 통해 얻게 되는 이득과 성과가 주요 목적임

③ 공유적 인간관계와 교환적 인간관계
  ㉠ 공유적 인간관계
    • 가족과 연인, 아주 친밀한 친구사이에서 나타나는 인간관계의 유형
    • 타인의 행복이 나의 행복이고, 타인에게 주는 것이 나에게 주는 것이 되는 관계로서 호혜성이 무시되는 관계
    • 상대방과 자신이 하나라고 지각하는 관계로 가족이나 친구들 사이에서 주로 나타남
  ㉡ 교환적 인간관계
    • 거래와 교환의 공정성, 즉 이득과 손실의 균형이 무엇보다 중요한 관계
    • 주는 만큼 받고, 받는 만큼 주어야 한다는 호혜성의 원칙이 요구되는 관계

④ 종적 관계와 횡적 관계
  ㉠ 종적 관계 : 사회적 지위나 위치가 서로 다른 사람끼리의 상호작용이며, 형식적이고 수단적임
  ㉡ 횡적 관계 : 사회적 지위나 위치가 서로 유사한 사람끼리의 상호작용이며, 자발적인 속성을 가짐

핵심예제

인간관계 유형과 관련해 다음 〈보기〉의 ( ) 안에 들어갈 내용으로 가장 올바른 것은?   [2020년]

보기
( )란 사회적 지위나 위치가 서로 유사한 사람들 사이의 상호작용이며 자발적인 속성을 가진다.

① 종적 관계
② 횡적 관계
③ 교환적 관계
④ 선택적 관계
⑤ 공유적 관계

|해설|

종적 관계와 횡적 관계
• 종적 관계 : 사회적 지위나 위치가 서로 다른 사람끼리의 상호작용이며, 형식적이고 수단적이다.
• 횡적 관계 : 사회적 지위나 위치가 서로 유사한 사람끼리의 상호작용이며, 자발적인 속성을 가진다.

정답 ②

① 수직적 인간관계와 수평적 인간관계의 의사소통

수직적 의사 소통 (종적 의사소통)	상향적 의사 소통	계층의 하부에서 상부로 의사와 정보가 전달되는 것 예 제안제도, 의견 조사, 면접	• 종적관계, 불평등관계 • 부모자녀관계, 사제관계, 선·후배관계, 직장상사와 부하의 관계 등 • 상급자의 통솔력, 지도력, 책임감, 보살핌이 필요하며, 동시에 하급자의 순종, 존경이 필요함 • 지위나 위치가 다른 사람끼리의 상호작용이며, 형식적·수단적 성격이 강함
	하향적 의사 소통	명령계통에 따라 상급자가 하급자에게 전달하는 것 예 편람, 게시, 기관지, 구내방송, 강연, 뉴스레터	
수평적 의사소통 (횡적 의사소통)		동일한 계층 간의 의사소통 예 사전심사제도, 회의, 위원회, 회람, 통보	• 횡적관계, 평등관계 • 사회적 지위나 위치가 서로 비슷한 사람끼리의 상호작용이며, 자발적인 속성을 가짐

※ 하향적 의사소통 시 발생되는 문제
- 상사에 대한 거부감이 있을 경우 의사소통에 왜곡이나 오해가 발생될 가능성이 있습니다.
- 일방적·획일적이기 때문에 피명령자의 의견이나 요구를 참작하기 어려운 경우가 많습니다.

② 이상적인 의사소통 상태를 특징짓는 준거[하버마스(Habermas)]
- ㉠ 이해가능성(Comprehensibility) : 발언이 모호하지 않고 의도를 분명히 해야 한다. 전문용어 사용으로 일반 대중을 소외시키지 말아야 한다.
- ㉡ 진지성(Sincerity) : 발언에 속임수가 있으면 안 된다.
- ㉢ 타당성(Rightness or Legitimacy) : 발언이 맥락에 맞아야 한다.
- ㉣ 진리성(Truth) : 교환되는 메시지가 진실해야 한다.

③ 의사소통 장애 요인
- ㉠ 준거의 틀
- ㉡ 정보원의 신뢰도
- ㉢ 개인의 특성
- ㉣ 선택적 청취(지각)/지각상의 장애
- ㉤ 가치판단
- ㉥ 감정상태
- ㉦ 가치관
- ㉧ 위신관계
- ㉨ 공간적 거리
- ㉩ 여 과
- ㉪ 집단의 응집력
- ㉫ 지나치게 많은 정보

> **더 알아보기**
>
> **가치판단**
> 수신자들이 전체 메시지를 수신하기 전에 미리 형성하고 있는 고정관념을 근거로 판단하는 경향을 의미한다.
>
> **투 사**
> - 의사소통 요소에서 발생하는 지각적 장애 요인 중 하나이다.
> - 개인이 용납할 수 없는 사고, 감정, 행동 등을 다른 사람이나 환경에 귀인하는 과정을 의미한다.
> - 자신의 잘못이나 결함을 객관적인 평가나 분석 없이 타인이나 환경에 적용하려 하는 것이다.

④ 포도넝쿨 의사소통 유형
- ㉠ 비공식 채널로 공식적 채널에 비해 정보가 빠르게 전달된다.
- ㉡ 전달 속도가 빠르다.
- ㉢ 하급자들 스스로 스트레스를 해소해 준다.
- ㉣ 공식적인 의사소통이 전달하지 못하는 유익한 정보를 제공한다.
- ㉤ 하급자의 태도나 성과, 아이디어 등 가치 있는 정보를 제공한다.
- ㉥ 유익한 정보와 아이디어를 얻을 수 있지만 전달 과정에서 정보가 왜곡될 가능성이 있다.

⑤ 얼굴 부딪히기 기법 : 효과적인 부탁 기술 중 하나로 자신이 원하는 것보다 훨씬 큰 것을 상대방에게 요청하고 이를 거절하면 요구의 규모를 조금씩 축소하면서 결국 자신이 원하는 것을 얻어내는 방법이다.

⑥ 한 발 들여놓기 기법 : 상대방이 충분히 들어줄 수 있는 작은 요청을 한 후에 일단 수용이 되면 조금씩 요청을 증가시켜 나감으로써 자신이 원하는 도움을 얻어 내는 방법이다.

핵심예제

다음 중 포도넝쿨 의사소통 유형의 장점에 해당하지 않는 것은?

[2019년]

① 전달 속도가 빠르다.

② 하급자들 스스로 스트레스를 해소해 준다.

③ 공식적인 의사소통이 전달하지 못하는 유익한 정보를 제공한다.

④ 하급자의 태도나 성과, 아이디어 등 가치 있는 정보를 제공한다.

⑤ 정보가 전달 과정에서 왜곡되어 전달될 가능성이 현저히 낮다.

|해설|

포도넝쿨 의사소통 유형은 비공식 채널로 공식적 채널에 비해 정보가 빠르게 전달되며 하급자들의 스트레스를 해소하고, 유익한 정보와 아이디어를 얻을 수 있지만 전달 과정에서 정보가 왜곡될 가능성이 있다.

정답 ⑤

핵심이론 45 조하리(Johari)의 창

① 개 념

㉠ 인간관계에서 나 자신을 다른 사람에게 내보이는 일은 매우 중요한데, 이를 자기공개(Self - Disclosure)라고 하며 인간관계를 심화시키는 중요한 요인으로 알려져 있다.

㉡ 자신을 다른 사람에게 나타내 보이는 점에 있어서 사람마다 차이가 있다.

㉢ 인간관계에서 다른 사람들이 나에 대해 어떻게 느끼는지를 잘 아는 일 역시 중요하다.

㉣ 타인은 나를 비추는 사회적 거울(Social Mirror)이라는 말이 있듯이, 다른 사람의 반응 속에서 나의 모습을 비춰보는 일이 중요하다.

㉤ 다른 사람을 통해 자신에 대한 피드백(Feedback)을 얻음으로써 자기이해가 깊어지고 자신의 행동에 대한 조절능력이 커진다.

㉥ 자기공개와 피드백의 측면에서 인간관계를 진단해볼 수 있는 방법이 조하리의 '마음의 창(Johari's Window of Mind)'이다.

㉦ 조하리의 창은 심리학자인 Joseph Luft와 Harry Ingham이 개발했다.

㉧ 두 사람의 이름을 합성하여 조하리(Joe + Harry = Johari)의 창이라고 명명되었다.

② 조하리(Johari)의 창의 영역

구 분	내가 알고 있는 정보	내가 모르는 정보
타인이 알고 있는 정보	공개된 영역(개방형) • 넓은 인간관계 • 주책스럽고 경박해 보일 수 있음	맹목의 영역(자기주장형) • 거침없이 이야기함 • 타인의 말을 들을 필요 있음
타인이 모르는 정보	숨겨진 영역(신중형) • 실수하는 일이 적음 • 계산적, 실리적, 뛰어난 적응력	미지의 영역(고립형) • 소극적, 많은 고민 • 긍정적인 태도를 가질 필요 있음

㉠ 공개된 영역(개방형)
- 공개적 영역이 가장 넓으며 대체로 인간관계가 원만한 사람들이다.
- 이들은 적절하게 자기표현을 잘 할 뿐만 아니라 다른 사람의 말도 잘 경청할 줄 아는 사람들이다.
- 다른 사람에게 호감과 친밀감을 주게 되어 인기가 있다.
- 지나치게 공개적 영역이 넓은 사람은 말이 많고 주책맞은 경박한 사람으로 비춰질 수도 있다.

㉡ 맹목의 영역(자기주장형)
- 맹목의 영역이 가장 넓은 사람이다.
- 이들은 자신의 기분이나 의견을 잘 표현하며 거침없이 이야기하고 나름대로의 자신감을 지닌, 솔직하고 시원시원한 사람일 수 있다.
- 이들은 다른 사람의 반응에 무관심하거나 둔감하여, 때로는 독단적이며 독선적인 모습으로 비칠 수 있다.
- 자기주장형은 다른 사람의 말에 좀 더 진지하게 귀를 기울이는 노력이 필요하다.

㉢ 숨겨진 영역(신중형)
- 숨겨진 영역이 가장 넓은 사람이다.
- 이들은 다른 사람에 대해서 수용적이며 속이 깊고 신중한 사람들이다.
- 다른 사람의 이야기는 잘 경청지만, 자신의 이야기는 잘 하지 않는 사람들이다.
- 이들 중에는 자신의 속마음을 잘 드러내지 않는 크렘린형의 사람이 많으며, 계산적이고 실리적인 경향이 있다.
- 신중형은 잘 적응하지만 내면적으로 고독감을 느끼는 경우가 많다.
- 현대인에게 가장 많은 유형으로 알려져 있다.
- 신중형은 자기개방을 통해 다른 사람과 좀 더 넓고 깊이 있는 교류가 필요하다.

㉣ 미지의 영역(고립형)
- 미지의 영역이 가장 넓은 사람이다.
- 소극적이고 고민이 많으며 음성 증상이 있다.
- 이들은 인간관계에 소극적이며 혼자 있는 것을 좋아하는 사람들이다.
- 다른 사람과 접촉하는 것을 불편해 하거나 무관심하여 고립된 생활을 하는 경우가 많다.
- 이런 유형 중에는 고집이 세고 주관이 지나치게 강한 사람도 있으나, 대체로 심리적인 고민이 많으며 부적응적인 삶을 살아가는 사람들도 많다.
- 인간관계에 좀 더 적극적이고 긍정적인 태도를 가질 필요가 있다.
- 인간관계의 개선을 위해서는 일반적으로 미지의 영역을 줄이고 공개적 영역을 넓히는 것이 바람직하다.

㉤ 조하리의 창에서는 활발하고 원활한 인간관계가 이루어지는 개방형을 가장 바람직한 것으로 본다.

핵심예제

자아의식 모델인 '조하리(Johari)의 창'에서 다음 〈보기〉의 설명에 해당하는 영역은?   [2018년]

보기
- 자기주장형이며 거침없이 이야기를 한다.
- 타인의 말에 귀를 기울일 줄 알아야 한다.

① 미지 영역   ② 맹목 영역
③ 안전 영역   ④ 공개된 영역
⑤ 숨겨진 영역

|해설|

맹목 영역(자기주장형)
- 거침없이 이야기함
- 타인의 말을 들을 필요 있음

정답 ②

① 인간관계의 부적응을 판단하는 기준
　㉠ 인간관계에서 주관적인 불편함을 과도하게 느끼는지 여부
　㉡ 사회문화적 규범으로부터의 일탈 여부
　㉢ 사회 적응에 역기능적인 결과를 낳게 되는 관계인지 여부 **예** 조직에서 팀워크를 깨는 행동
　㉣ 사회에서 인정하는 문화적 목표와 제도적 수단에 따르지 않는 행동방식인지의 여부

② 머튼(Merton)의 아노미 이론(인간관계의 부적응 유형)

동조형	문화적 목표와 제도적 수단을 모두 수용하는 유형(부적응자에서 제외)
혁신형	문화적 목표는 수용하지만 제도적 수단은 거부하는 유형(횡령, 탈세, 사기범)
의례형	문화적 목표는 거부하지만 제도적 수단은 수용하는 유형(공무원의 복지부동)
패배형	문화적 목표와 제도적 수단을 모두 거부하는 유형(약물중독, 은둔자, 부랑자)
반역형	문화적 목표와 제도적 수단을 모두 거부하고 기존의 것을 변혁시키려는 유형(혁명가, 히피, 해방운동가)

③ 부적응적 인간관계의 유형
　㉠ 인간관계 회피형(고립형) : 인간관계 폭이 극히 제한
　　• 경시형 : 인간관계를 무시하고 고독을 즐기는 유형
　　• 불안형 : 인간관계를 무시하지는 않으나, 낮은 자존감으로 사람들과 관계맺기를 두려워하는 유형
　㉡ 인간관계 피상형 : 인간관계 폭은 넓으나 깊이는 낮은 형
　　• 실리형 : 오로지 현실적인 이득이 있을 때만 관계를 맺는 업무중심적 관계형
　　• 유희형 : 그저 재미있게 즐기면 그만이라 생각하고 진지한 주제는 꺼리는 형
　㉢ 인간관계 미숙형 : 대인관계에 관심은 많으나 대인관계기술이 부족한 형
　　• 소외형
　　　- 대인관계에 능동적이고 적극적이지만, 부적절한 행동이나 외모로 인해 사람들로부터 따돌림당하고 소외당하는 유형
　　　- 부적응 문제의 양상에 따라 미숙한 대인 관계

기술로 인해 다른 사람들로부터 따돌림을 당하지만 인간관계에 있어 적극적이고 능동적인 유형이다.
　　• 반목형 : 대인관계에서 사람들과 자주 다투고 갈등을 빚는 유형
　㉣ 인간관계 탐닉형 : 다른 사람과의 관계를 강박적으로 추구하는 유형
　　• 의존형 : 대인관계에서 누군가에게 전폭적으로 의지하려는 유형
　　• 지배형
　　　- 주변에 누군가를 추종세력으로 거느리고, 주도적인 역할을 하지 않으면 만족하지 못하는 유형
　　　- 다른 사람에게 주도적인 역할을 하려고 하며 자신을 중심으로 세력과 집단을 만들려고 하는 유형

> **더 알아보기**
>
> **접촉경계혼란의 원인 중 자의식(Egotism)**
> • 개체가 자신에 대해 지나치게 의식하고 관찰하는 현상을 말한다.
> • 자신의 행동에 대한 타인의 반응을 지나치게 의식하기 때문에 발생된다.
> • 편안한 마음으로 타인과 접촉하지 못하고 항상 자신을 병적으로 관찰하면서 긴장상태에서 살게 된다.
> • 타인에게 존경받고 싶고, 관심을 끌고 싶지만 거부당할까 두려워 행동을 드러내놓고 하지 못한다.
> • 자의식을 통하여 모든 것이 지나치게 계산되고 의식화될 때, 개체의 행동은 자연스러움이 없어지고 인위적이 된다.
> • 자의식을 극복하는 방법으로 명상법을 사용하기도 하는데, 이를 통해 자의식에서 벗어나 무한한 세계로 자신이 확대되며 자아로부터 해방되는 것을 체험한다.

'머튼(Merton)'이 제시한 인간관계의 부적응 유형 중 문화적 목표는 수용하지만 제도적 수단은 포기하는 유형은? [2019년]

① 혁신형 ② 반역형

③ 동조형 ④ 의례주의형

⑤ 패배주의형

| 해설 |

혁신형은 문화적 목표는 수용하지만 제도적 수단은 거부하는 유형으로 횡령 · 탈세 · 사기범 등이 이에 해당된다.

정답 ①

핵심이론 47 대인지각과 대인지각의 왜곡유형

① 대인지각

㉠ 본인이 다른 사람에 관한 정보로부터 그 사람의 성격, 감정, 의도, 욕구, 능력 등 내면에 있는 특성과 심리과정을 추론하는 것이다.

㉡ 타인에 관한 정보는 첫인상이나 타인이 자신에게 행동과 외모나 복장과 같은 외형적인 것과 연령, 직업, 취미, 출신지 등 다양한 정보들이 대인지각에 영향을 준다.

② 대인지각의 왜곡유형

㉠ 최근효과, 초두효과 및 대조효과, 빈발효과

• 최근효과(신근성 효과) : 시간적으로 나중에 제시된 정보에 의해서 영향을 받는 효과

• 초두효과

– 최초의 인상이 중심이 되어 전체 인상이 형성되는 효과

– 대부분 먼저 제시된 정보가 나중에 제시된 정보보다 인상 형성에 더욱 강력한 영향을 미치는 현상을 의미함

• 대조효과 : 최근에 주어진 정보와 비교하여 판단하는 효과

• 빈발효과 : 첫인상이 좋지 않아도, 그 후 반복해서 하는 행동이나 태도가 첫인상과는 달리 진지하고 솔직하면 점차 좋은 인상으로 바뀌는 효과

㉡ 후광효과와 악마효과

• 후광효과

– 외모나 지명도 또는 학력과 같이 어떤 사람이 갖고 있는 장점이나 매력 때문에 관찰하기 어려운 성격적인 특성도 좋게 평가되는 효과

– 개인이 가진 지능, 사교성, 용모 등의 특성 중 하나에 기초하여 상대방에 대한 일반적인 인상을 형상화하는 현상

• 악마효과 : 싫은 사람이라는 인상이 형성되면 그 사람의 다른 측면까지 부정적으로 평가되는 효과

ⓒ 방사효과와 대비효과
- 방사효과 : 매력 있는 사람과 함께 있을 때 사회적 지위나 자존심이 고양되는 효과
- 대비효과 : 너무 매력적인 상대와 함께 있으면 그 사람과 비교되어 평가절하되는 효과

ⓔ 관대화 경향 : 인간은 행복 추구 본능 때문에 타인을 다소 긍정적으로 평가하는 경향이 있다.

ⓜ 중심화 경향 : 타인을 평가할 때 어느 극단에 치우쳐 오류를 발생시키는 대신, 적당히 평가하여 오류를 줄이려는 경향이 있다.

ⓗ 투영효과 : 판단을 함에 있어서 자신과 비교하여 남을 평가하는 효과이다.

ⓢ 범주화와 고정관념
- 사람을 파악하는 데 있어 그 사람이 갖고 있는 어투, 생김새, 종교, 인종, 국적, 성별 등에 의해서 사람들을 분류하고(범주화), 같은 범주에 속해 있는 사람들은 비슷한 특성들을 공유하고 있는 것으로 여긴다.
- 이런 식으로 범주의 특성을 그 성원들의 특성으로 일반화시키는 경향성을 고정관념이라고 한다.

ⓞ 스테레오 타입(Stereo Type)
- 어떤 특정한 대상이나 집단에 대하여 많은 사람들이 공통으로 가지는 비교적 고정된 견해와 사고를 뜻하며, 집단 특성에 근거하여 판단하려는 경향을 의미한다.
- 고정관념을 형성하는 여러 가지 선입관 중 특별한 경우를 일컬을 때 사용하는 용어이다.
- 한두 가지 사례를 보고 대상집단 전체를 평가해버리는 경우를 말한다.
  예 금발에 눈이 파란 미국인 한 사람을 보고 모든 미국인은 금발에 눈이 파랗다고 단정하는 경우

ⓩ 최소량의 법칙
- 그 사람에 대한 평가는 그 사람이 가진 장점보다는 그 사람이 가진 단점에 의해 제어된다는 법칙이다.
- 예컨대, 많은 장점이 있음에도 성실하지 못하다면 바로 그 '성실성'이 그 사람을 평가하는 척도로 사용된다.

ⓩ 현저한 정보의 과다한 영향력
- 사람들은 상대방이 제시하는 모든 정보들에 공평하게 주의를 기울이기보다는 현저하게 부각되는 면에 의지해서 인상을 형성하는 것을 말한다.
- 전경·배경의 원리
  - 시야에는 수많은 대상이 널려 있는데, 인간은 동시에 그 모든 대상에 주의를 기울일 수 없도록 만들어져 있다.
  - 때문에 순간순간의 조건에 따라 많은 대상 중 특정 대상만을 선택하여 그 선택된 대상만을 관찰할 수 밖에 없다.
  - 다행히도 인간은 특정대상과 그 배후의 대상을 분리할 수 있는 경향성이 있다.
  - 선택된 대상은 전경으로 하고, 배후의 대상은 배경으로 구분하는 이러한 경향성을 형태주의 심리학자들은 전경·배경 분리라고 한다.

핵심예제

대인지각 왜곡유형 중 다음 〈보기〉의 설명에 해당하는 것은?

[2019년]

> **보기**
>
> 매력적인 짝과 함께 있는 사람의 사회적인 지위나 가치가 높게 평가되어 자존심이 고양되는 현상을 의미한다.

① 방사효과 ② 대조효과
③ 보증효과 ④ 환기효과
⑤ 투영효과

|해설|

방사효과
매력 있는 사람과 함께 있을 때 사회적 지위나 자존심이 고양되는 것이 방사효과이다. 이와 반대로 너무 매력적인 상대와 함께 있으면 그 사람과 비교되어 평가절하되는 대비효과도 있다.

정답 ①

① **친밀한 거리**

  ㉠ 가족이나 연인처럼 친밀한 유대 관계가 전제되어야 한다.

  ㉡ 가족이나 연인 사이에 주로 형성되는 거리로 가족이나 연인 이외의 사람이 이 거리 안으로 들어오게 되면 매우 불쾌감을 느끼게 된다.

② **개인적 거리**

  ㉠ 어느 정도의 친밀함이 전제되는 거리를 의미한다.

  ㉡ 일상 대화에서 무난하게 사용 가능한 거리를 의미한다.

  ㉢ 친한 친구, 동료 등 신뢰감을 가지고 편안하게 대화할 수 있는 대상이나 오랜 기간 친근한 관계를 맺어 온 고객 사이에 형성되는 적당한 간격을 의미한다.

③ **사회적 거리**

  ㉠ 사무적인 대화가 많이 이루어지며, 대화 내용과 행동에 격식이 요구된다.

  ㉡ 별다른 제약 없이 제3자의 개입을 허용하고 대화 도중 참여와 이탈이 자유로운 편이다.

  ㉢ 낯선 사람, 잘 모르는 사람을 대하는 경우 혹은 일반적인 사업 거래와 비즈니스 상황에서 적당한 거리이다.

④ **공적 거리** : 연설이나 강의와 같은 특수한 경우에 한정된다.

핵심예제

에드워드 홀(Edward Hall)이 제시한 공간 행동학과 관련해 '사회적 거리'에 대한 설명으로 가장 올바른 것은? [2021년]

① 개인적으로 누군가와 대화하거나 설득하는 것은 거의 불가능한 거리이다.

② 전혀 모르는 타인과의 거리 혹은 연설이나 강의와 같이 특수한 경우에 한정된다.

③ 가족이나 연인 이외의 사람이 이 거리 안으로 들어오게 되면 매우 불쾌감을 느끼게 된다.

④ 이 거리의 대화는 별다른 계약 없이 제3자의 개입이 허용되며, 대화 도중 개입과 이탈이 자유롭다.

⑤ 친한 친구, 동료 등 신뢰감을 가지고 편안하게 대화할 수 있는 대상이나 오랜 기간 친근한 관계를 맺어온 고객 사이에 형성되는 적당한 간격을 의미한다.

|해설|

사회적 거리는 별다른 제약 없이 제3자의 개입을 허용하고, 대화 도중 참여와 이탈이 자유로운 편이다.

정답 ④

① 의의

   ㉠ 미국의 정신과 의사인 에릭 번(Eric Berne)이 창안한 이론이다.

   ㉡ 임상심리학에 기초를 둔 인간 행동에 관한 분석 체계 또는 이론 체계로서 '정신분석학의 안티테제' 혹은 '정신분석학의 구어판'이라고 불린다.

   ㉢ 상호 반응하고 있는 인간 사이에서 이루어지고 있는 교류를 분석하는 방법을 의미한다.

   ㉣ 개인의 성장과 변화를 위한 체계적인 심리 치료법이며 성격 이론이다.

   ㉤ 초기에는 집단 치료에 이용되었으나 점차 개인 상담이나 개인 치료로 확대되었다.

② 3대 개념

   ㉠ 사람은 누구나 3개의 '나'(자아상태)를 가지고 있다.

   ㉡ 남과 과거는 변하지 않으며, 남을 변화시키기보다는 자신을 변화시키는 것이 훨씬 생산적이다.

   ㉢ 우리는 자신의 감정, 생각, 행동의 총책임자이다.

③ 3대 목적

   ㉠ 자각성 : 자신에 대해 깊이 자각함으로써 자기 통제 능력을 극대화시킨다.

   ㉡ 자율성 : 자신의 느낌, 생각, 행동에 대한 책임이 자신에게 있다는 자각을 통하여 삶을 자율적으로 운영하도록 함으로써 진정으로 삶의 책임자가 되도록 하는 것이다.

   ㉢ 친밀성 : 인간관계에서 비현실적인 상상의 관계가 아니라, 현실성에 입각한 투명하고 친밀한 관계를 맺도록 하는 데 그 궁극적인 목적이 있다.

④ 교류패턴분석(대화분석)

구 분	의 의	사 례
상보교류 (의사소통의 제1패턴)	• 자극이 지향하는 그 자아상태로부터 반응이 나오며, 자극을 보냈던 그 자아상태로 반응이 다시 보내지는 교류 • 평행적 교류로, '무갈등교류'라고도 하며 대화가 중단되지 않고 계속될 수 있는 교류	아내 : "날씨 참 좋네요. 산책이나 할까요?" 남편 : "그렇군요. 산책하기 참 좋은 날씨예요."
교차교류 (의사소통의 제2패턴)	• 의사소통의 방향이 서로 어긋날 때, 즉 교차될 때 이루어지는 교류로, '갈등교류'라고도 하는 교류 • 타인의 어떤 반응을 기대하기 시작한 교류에 예상 외의 반응이 되돌아오는 것으로서, 의사소통이 단절되거나 화제가 바뀌게 되는 교류	대리 : "과장님, 이번에 새로 온 상무님은 너무 권위적이죠." 과장 : "상사에 대해서 그런 말 하면 못써."
이면교류 (의사소통의 제3패턴)	• 의사소통에 관계된 자아 중 겉으로 직접 나타나는 사회적 자아와 실제로 기능하는 심리적 자아가 서로 다른 교류 • 두 가지 수준의 교류가 동시 발생	교사 : "등교시간이 몇 시까지지?"(너 또 지각이구나.) 학생 : "예, 8시입니다."(죄송합니다.)

핵심예제

교류패턴분석과 관련해 다음 〈보기〉의 대화에 해당하는 교류 유형은?

[2020년]

> **보기**
> • 아내 : 여보, 미안한데 지금 설거지 중이라 아이 온라인 학습 과제 좀 봐 주세요.
> • 남편 : 그래, 바쁘면 당연히 내가 도와줘야지. 어디 한 번 볼까?

① 상보교류

② 이면교류

③ 교차교류

④ 향상교류

⑤ 기술교류

|해설|

아내의 자극과 남편의 반응이 평행적 교류를 이루는 상보교류 유형에 해당한다.

정답 ①

① 스트로크(Stroke)

㉠ 사람의 존재를 인정하기 위한 하나의 단위로서 긍정적, 부정적 스트로크가 있다.

㉡ 상대방의 어깨를 토닥거리거나 수긍하는 뜻으로 가볍게 고개를 끄덕이는 것 역시 스트로크의 행위에 해당한다.

㉢ 모든 인간의 타고난 기본적인 욕구는 자극을 갈망하는 욕구이며, 이러한 자극 갈망을 스트로크를 통해 채울 수 있다.

㉣ 스트로크는 친밀한 신체적 접촉을 의미하는 용어이지만, 그 의미가 확대되어 타인에 의한 존재의 인정을 뜻하는 모든 행위를 포함한다.

② 시간의 구조화 영역

㉠ 폐쇄(Withdrawal)

• 자기를 타인으로부터 멀리 하고 대부분의 시간을 공상이나 상상으로 보내며 자기에게 스트로크를 주려고 하는 자기애적인 것이다.

• 몸은 다른 사람과 함께 있어도 마음은 딴 곳에 가 있는 상태가 되어, 스트레스를 받는 타인과의 커뮤니케이션을 피할 수 있다.

• 사람들은 혼자 있거나, 휴식하거나, 자신만의 생각을 정리하거나, 자신을 반성할 시간과 개인의 인간성을 회복할 시간을 필요로 하므로 공상의 나래를 펴는 폐쇄조차도 종종 적당한 시간의 구조화가 될 수 있다.

• 대표적인 것은 백일몽이나 공상에 젖는 것이다.

㉡ 의식/의례(Rituals)

• 일상적인 인사에서부터 복잡한 결혼식이나 종교적 의식에 이르기까지 전통이나 습관에 따름으로써 간신히 스트로크를 유지하는 것이다.

• 상호간의 존재를 인정하면서도 누구와도 특별히 친하게 지냄이 없이 일정한 시간을 보내게 되므로, '의식'적인 시간의 구조화라고 말한다.

• 전통이나 관습적인 행사에 참여함으로써 최소한의 스트로크를 유지하는 것으로 결과의 예측이 가능하고 안전한 시간 구조의 유형이다.

㉢ 잡담 또는 소일(Pastime) : 직업, 취미, 스포츠, 육아 등의 무난한 화제를 대상으로 특별히 깊이 들어가지 않고 즐거운 스트로크의 교환을 하는 것으로 사교라고도 말할 수 있다.

㉣ 활동(Activity) : 어떤 '목적'을 달성하기 위해 스트로크를 주고받는 것으로 어떤 결과를 얻기 위해 에너지를 투자하는 것이기 때문에 소일이나 잡담과는 차이가 있다.

㉤ 게임(Game)

• 저의가 깔린 이면적 교류이다. 다시 말해서 사회적 수준, 즉 겉으로 보기에는 정보의 교환을 하는 것 같지만 심리적 수준으로는 또 다른 의도가 깔려 있는 교류이다.

• 게임을 하는 사람은 어릴 때 부모와 자식 간의 교류에서 어딘가 원활하지 못한 데가 있기 때문에 순순히 스트로크를 얻을 수 없었던 사람이 많다.

• 이러한 사람들은 응석이나 애교를 부리고 싶어도 할 수 없으므로, 부정적 스트로크를 교환하고 있는 것이다.

㉥ 친밀(Intimacy) : 두 사람이 서로 신뢰하며 상대방에 대하여 순수한 배려를 하는 진실한 교류, 저의 없이, 서로 진정한 감정을 표현한다.

③ 기본적 인생태도

㉠ 어릴 때 부모와 주고받은 스트로크를 기초로 형성된 자기나 다른 사람 또는 세상에 대한 기본적인 태도를 말한다.

㉡ 여기에는 다음과 같은 4가지 생활자세가 규정된다.

• 자기부정 – 타인부정(I'm not OK – You're not OK)

• 자기부정 – 타인긍정(I'm not OK – You're OK)

• 자기긍정 – 타인부정(I'm OK – You're not OK)

• 자기긍정 – 타인긍정(I'm OK – You're OK)

'에릭 번'이 제시한 시간의 구조화 영역 중 타인을 멀리하고 대부분의 시간을 공상이나 상상으로 보내며 자기 스스로의 방법으로 스트로크를 주려고 하는 자기애적인 교류 형태에 해당하는 유형은? [2019년]

① 활 동
② 폐 쇄
③ 의 식
④ 잡 담
⑤ 게 임

|해설|

폐쇄의 대표적인 것은 백일몽이나 공상에 젖는 것으로 몸은 다른 사람과 함께 있어도 마음은 딴 곳에 가 있는 상태가 되어, 스트레스를 받는 타인과의 커뮤니케이션을 피할 수 있다. 사람들은 혼자 있거나, 휴식하거나, 자신만의 생각을 정리하거나, 자신을 반성할 시간과 개인의 인간성을 회복할 시간을 필요로 하므로 공상의 나래를 펴는 폐쇄조차도 종종 적당한 시간의 구조화가 될 수 있다.

정답 ②

핵심이론 51 기타 심리학적 용어 및 사회 현상 용어

① 기타 심리학적 용어

㉠ 베르테르 효과 : 유명인이나 평소 존경·선망하던 인물이 자살할 경우, 그 인물과 자신을 동일시하여 자살을 시도하는 현상을 말한다.

㉡ 로젠탈 효과 : 누군가에 대한 사람들의 믿음이나 기대, 예측이 그 대상에게 그대로 실현되는 경향을 말하며 피그말리온 효과라고도 한다.

㉢ 플라시보 효과 : 의사가 제안한 효과 없는 가짜 약이나 치료법이 환자의 믿음과 긍정적인 소망으로 인해 병세가 호전되는 현상이다.

㉣ 스티그마 효과 : 집단에서 부정적으로 낙인찍히면 그 대상이 점점 더 부정적인 행태를 보이며, 대상에 대한 부정적인 인식이 지속되고 강화되는 현상이다.

② 사회 현상 용어

㉠ 프리터족

• Free(프리) + Arbeit(아르바이트)를 줄인 말이다.

• 90년대 초반 일본에서 경제 불황으로 인해 직장 없이 갖가지 아르바이트로 생활하는 청년층에게 붙여진 신조어이다.

㉡ 애플족

• 'Active, Pride, Peace, Luxury, Economy'의 첫 글자를 따서 만들어진 용어이다.

• 활동적이며 자신의 삶에 자부심을 갖고, 안정적으로 고급 문화를 즐길 수 있는 경제력을 갖춘 노인을 일컫는 용어이다.

㉢ 듀크족

• 'Dual Employed With Kids'의 머리글자를 딴 'DEWK'에서 나온 용어이다.

• 미국 경제의 호황으로 맞벌이 부부들이 이제 아이를 낳고도 잘 살 수 있다는 자신감이 생기면서 변화된 가족생활을 나타내는 용어이다.

㉣ 오팔족

• 'Old People with Active Life'의 머리글자를 딴 'OPAL'에서 나온 용어이다.

- 조용히 시간을 보내며 현재에 만족하는 삶을 사는 것이 아니라 적극적이고 활동적으로 자신의 삶을 아름답게 가꾸어 가며 사는 노인들을 일컫는 용어이다.
  - ⑩ 히키코모리
    - 히키코모리는 '틀어박히다'는 뜻의 일본어 '히키코모루'의 명사형이다.
    - 사회생활에 적응하지 못하고 집 안에만 틀어박혀 사는 사람들을 일컫는 용어이다.

─ 핵심예제 ─

다음 〈보기〉의 ( ) 안에 들어갈 용어로 알맞은 것은? [2018년]

> **보기**
>
> ( )란 유명인이나 자신이 모델로 삼고 있던 사람 등이 자살할 경우 그 사람과 동일시하여 자살 시도가 늘어나는 사회적 현상을 말한다. 최근 유명 아이돌 그룹 멤버의 사망으로 인해 전문가들은 주변 지인을 비롯하여 팬들의 ( )를 우려하고 있다.

① 로젠탈 효과   ② 베르테르 효과

③ 플라시보 효과   ④ 스티그마 효과

⑤ 피그말리온 효과

|해설|

베르테르 효과
유명인이나 평소 존경·선망하던 인물이 자살할 경우, 그 인물과 자신을 동일시하여 자살을 시도하는 현상을 말한다.

정답 ②

핵심이론 52 서비스의 정의

① 학자들의 정의

- ㉠ 레티넨(Lehtinen) : 고객만족을 제공하려는 고객접촉 인력이나 장비의 상호작용 결과 일어나는 활동 또는 일련의 활동으로 소비자에게 만족을 제공하는 것이다.
- ㉡ 코틀러(Kotler) : 서비스는 어떤 사람이 상대방에게 제공할 수 있는 활동이나 혜택으로 무형적이며 소유될 수 없는 것으로 물리적 생산물과 결부될 수도 있고, 그렇지 않을 수도 있다.
- ㉢ 베솜(Bessom) : 자신이 수행할 수 없거나 하지 않는 활동, 만족 그리고 혜택으로서 판매될 수 있는 것을 말한다.
- ㉣ 베리(Berry) : 제품은 형체가 있고 객관적인 실체인 반면, 서비스는 형체가 없는 활동이나 노력이므로, 구매하는 것의 본질 유무의 여부로 판단해야 한다.
- ㉤ 라스멜(Rathmell) : 서비스의 특성과 관련하여 서비스란 시장에서 판매되는 무형의 제품으로 정의를 내리며, 손으로 만질 수 있는지 없는지에 따라 유형의 상품, 무형의 상품으로 구분하였다.
- ㉥ 세이(Say)
  - 비물질적인 것은 보존이 쉽지 않으므로 부가 아니라고 주장하는 아담 스미스의 견해를 부인하였다.
  - 부의 본질은 효용이며 생산이란 물질의 창조가 아니라 효용의 창조라고 주장하였다.
- ㉦ 마샬(Marshall)
  - '인간은 물질적 물체를 창조할 수 없다'고 주장하였다.
  - 물질적인 물체를 만들었다고 해도 실은 단지 효용을 만든 것에 불과하고, 원래 물질의 형태와 구조를 변화시켜 욕구 충족에 적합하게 만든 것뿐이라고 하였다.
  - 모든 경제활동은 욕구를 만족시키기 위한 것이라고 주장하였다.
- ㉧ 블루아(Blois) : '한 재화의 형태에서 물리적 변화가 없이 편익과 만족을 낳는 판매에 제공되는 활동'이라고 하였다.

ⓐ 자이다믈(Zeithaml) : "서비스는 행위, 과정 그리고 결과이다."라고 주장하였다.

② 경제학적 정의

   ㉠ 경제학에서는 서비스를 '용역'으로 이해해 유형재인 '재화'와 구분하고 있다.

   ㉡ 고전경제학자인 아담 스미스는 '비생산적인 노동'이라고 하였고, 세이는 '비물질적인 부'라고 정의하였다.

   ㉢ 결국 경제학적 관점에서 서비스는 '비생산적인 노동, 비물질적인 재화'라고 할 수 있다.

   ㉣ 현대사회에서 전통적인 경제학적 관점은 서비스의 진정한 가치를 대변하지 못하고 있다.

③ 경영학적 정의

   ㉠ 활동론적 정의

     • '판매를 목적으로 제공되거나 또는 상품판매와 연계해 제공되는 모든 활동, 편익 및 만족'이라고 정의한다.

     • 대표적인 예로 오락, 호텔, 전력, 수송, 미용, 신용서비스 등이 있다.

   ㉡ 속성론적 정의 : 무형과 유형의 기준을 손으로 만질 수 있느냐 여부에 따라 구분한 후, 서비스를 '시장에서 판매되는 무형의 상품'으로 정의한다.

   ㉢ 봉사론적 정의 : 서비스 제공자가 서비스 수혜자에게 제공하는 봉사적 혜택을 강조하는 견해이다.

   ㉣ 인간상호관계론적 정의 : '서비스는 무형적 성격을 띤 일련의 활동으로서 고객과 서비스 종업원의 상호관계에서 발생해 고객의 문제를 해결해 주는 것'이라고 보는 입장이다.

핵심예제

서비스의 정의에 대하여 다음 〈보기〉의 내용과 같이 주장한 학자는?

[2019년]

보기

서비스란 시장에서 판매되는 무형의 제품으로 정의할 수 있으며, 손으로 만질 수 있는지 없는지에 따라 유형의 상품과 무형의 상품으로 구분할 수 있다.

① 세 이   ② 마 샬
③ 라스멜   ④ 블루아
⑤ 자이다믈

|해설|

① 부의 본질은 효용이며, 생산이란 물질의 창조가 아니라 효용의 창조라 주장

② 모든 경제활동은 욕구를 만족시키기 위한 것이라 주장

④ 한 재화의 형태에서 물리적 변화가 없이 편익과 만족을 낳는 판매에 제공되는 활동이라 주장

⑤ 서비스는 행위, 과정 그리고 결과라 주장

정답 ③

① 서비스의 4대 특징
  ㉠ 무형성
    • 형태가 없으므로 특허로써 보호를 받을 수 없고, 가격설정기준이 모호하다.
    • 따라서 물질적 증거와 심상을 제시해 주고, 구전을 촉진한다.
    • 실체를 보거나 만질 수 없고, 서비스의 의미를 상상하기 어렵다.
    • 보거나 만질 수 없기 때문에 주관적 의미를 가진다.
  ㉡ 이질성
    • 서비스 주체인 사람의 의존도가 높아 균질성이 낮고, 표준화도 어렵다.
    • 따라서 다양한 각도에서 각 고객층에 맞는 개별화 전략을 구축하는 것이 필요하다.
    • 누가, 언제, 어디서 제공하느냐에 따라 서비스의 형태·수준·가격이 달라진다.
    • 서비스는 가격 책정이 어렵다.
  ㉢ 비분리성(생산과 소비의 동시성)
    • 서비스는 생산과 소비가 동시에 일어난다.
    • 서비스는 고객이 거래에 참여하는 데 영향을 미친다.
    • 서비스를 제공하는 사람은 고객과 직접 접촉하게 되므로 생산과정에서 고객이 참여하게 된다.
    • 서비스는 사람이든 기계든 그 제공자로부터 분리되지 않으며 포장되었다가 고객이 그것을 필요로 할 때 구매될 수 없다.
    • 비분리성의 문제를 해결하기 위해서는 서비스 제공자 선발 및 교육에 힘쓰는 것이 필요하다.
  ㉣ 소멸성
    • 서비스는 저장하거나 재판매할 수 없다.
    • 서비스는 재고의 형태로 보관하거나 재판매할 수 없다.
    • 저장하거나 재고를 남길 수 없으므로, 소멸성을 극복하기 위해서는 수요와 공급을 조절하는 것이 필요하다.

② 서비스의 그 외 특징
  ㉠ 즉흥성 및 불가역성
    • 연습이나 취소, 반환이 불가능하여 원래로 되돌릴 수 없다.
    • 납득시킬 수 있는 것은 보상, 사죄뿐이므로 서비스 제공자의 교육훈련과 자질을 개발하는 것이 필요하다.
  ㉡ 변화성 : 서비스의 품질은 서비스를 제공하는 사람뿐 아니라 언제, 어디서, 그리고 어떻게 제공하는가에 따라 달라진다는 것을 의미한다.

③ 서비스의 기타 특징
  ㉠ 서비스는 물건이 아니라 일련의 행위 또는 과정이다.
  ㉡ 서비스는 인력에 의존하는 경우가 많다.
  ㉢ 서비스의 평가는 주로 고객에 의해 주관적으로 이루어진다.
  ㉣ 서비스는 생산계획이 불가능하다.
  ㉤ 제품의 품질을 평가하는 데에는 시간이 소요되는 데 반해, 서비스 품질의 평가는 그 자리에서 즉시 이루어지는 것이 보통이다.
  ㉥ 제품의 혁신은 소재 및 기술과정에 민감하고, 서비스 혁신은 정보 및 커뮤니케이션 기술에 민감하다.

서비스의 4대 특징 중 '이질성'에 대한 내용으로 가장 올바른 것은?

[2019년]

① 서비스는 대량생산이 어렵다.

② 서비스는 가격 책정이 어렵다.

③ 서비스는 재고의 형태로 보관할 수 없다.

④ 서비스의 계획과 촉진이 일치하는지 정확히 파악하기 힘들다.

⑤ 서비스는 즉시 사용되지 않으면 사라지고 원래의 상태로 환원될 수 없다.

|해설|

서비스의 4대 특징

• 무형성 : 실체를 보거나 만질 수 없고, 서비스의 의미를 상상하기 어려움

• 이질성 : 누가, 언제, 어디서 제공하느냐에 따라 서비스의 형태 · 수준 · 가격이 달라짐

• 비분리성 : 생산과 소비가 동시에 일어남

• 소멸성 : 서비스는 저장하거나 재판매할 수 없음

정답 ②

핵심이론 54 서비스의 3단계 및 서비스의 유형성 스펙트럼

① 서비스의 3단계[크리스토퍼(Christopher)]

㉠ 거래 전 서비스(Before Service)

• 고객에게 제공하고자 하는 서비스의 내용을 소개하고 소비를 촉진시키기 위해 사전에 잠재고객들과 상담 등을 통해 예약을 받는 등 의견조절을 하고, 방문고객을 위해 사전에 상품을 진열하는 등의 준비하는 단계의 서비스이다.

• 사전에 잠재고객과의 접촉을 통해 새로운 수요 창조가 가능하다.

• 사전에 고객과의 대면을 통해 수요를 예측하고, 각 고객에 맞는 맞춤서비스의 제공이 가능하다.

• 지나친 사전서비스의 제공은 강매의 느낌을 줄 수 있고, 고객이 심리적 부담을 느낄 수 있다.

예 기술적 서비스, 명시된 회사의 정책, 회사에 대한 고객의 평가, 회사 조직, 시스템 유연성, 주차 유도원 서비스, 예약 서비스, 상품게시판 등

㉡ 현장 서비스(On Service)

• 서비스가 고객과 제공자의 상호거래에 의해 진행되는 단계로 서비스의 본질 부분이라 할 수 있다.

• 고객과 제공자가 일대일인 경우(세무상담 등), 고객은 한 명이고 제공자는 여럿인 경우(호텔 등), 제공자는 한 명이나 고객이 다수인 경우(강사 등) 등 여러 유형의 서비스가 있다.

• 고객이 매장에 들어서는 순간부터 시작된다.

예 재고 품질 수준, 'Back Order' 이용가능성, 시간, 주문의 편리성, 제품 대체성

㉢ 거래 후 서비스(A/S ; After Service)

• 회수 또는 반품, 소비자 불만과 클레임 등을 해결할 수 있어야 한다.

• 제품 판매를 지원할 필요가 있는 서비스 항목을 나타낸다.

• 결함이 있는 제품으로부터 소비자를 보호하는 서비스 유형이다.

- 현장 서비스가 종료된 시점 이후의 유지 서비스로 충성고객 확보를 위해 중요하다.
- 서비스의 특성상 생산과 소비가 동시에 발생하므로 현장 서비스가 종료되면 그 후에는 아무 일도 없던 것처럼 보이지만, 실제로는 고객유지를 위해 사후 서비스도 매우 중요하다.
- 사후 서비스의 질에 따라 기업이미지에 대한 평가가 달라질 수 있다.
- 사후 서비스를 통해 클레임을 미연에 방지할 수 있다.
- 사용 후기 등을 통해 부족한 서비스를 보충하고 좀 더 발전된 서비스를 제공할 수 있다.
- 사후 서비스를 유지하는 데 비용이 드는 반면, 추후에 다시 이용할지 여부는 불확실하다.
- 신규개척에 소홀할 수 있다.
- 고객 불평처리부서가 대표적이다.
  - **예** 설치·보증, A/S, 불만 처리, 포장, (수리 중) 일시적인 대체

② 서비스의 유형성 스펙트럼[쇼스택(Shostack)]

    ㉠ 쇼스택은 현실적으로 시장실체가 여러 유·무형의 재화로 결합되어 있다는 점에 착안하여 분자모형을 개발하였다.

    ㉡ 모든 시장 실체를 구성하는 유·무형의 양 요소 중에서 어느 요소가 핵을 형성하여 지배성을 발휘하느냐에 따라 재화와 서비스로 구분된다고 하였다.

    ㉢ 유형성 스펙트럼에서 볼 수 있듯이, 제품이나 서비스가 완전히 유형적이거나 무형적인 경우는 찾아보기 쉽지 않다.

    ㉣ 결국 서비스와 제품을 구분할 때에 유형 혹은 무형에 따라 브랜드를 구분하는 것이 이제는 별다른 의미가 없어졌으며, 모두 동일한 연속선상에 존재한다고 보는 것이 적절한 것으로 판단된다.

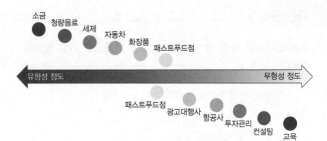

※ 자료원 : 이유재(2001), 「서비스 마케팅」, 2판, 학현사, p.24

핵심예제

크리스토퍼(Christopher)가 제시한 고객 서비스의 3단계 중 '거래 시 서비스(On Service)'와 가장 거리가 먼 것은?   [2021년]

① 제품 포장
② 제품 대체성
③ 주문 편리성
④ 재고품질 수준
⑤ 백오더(Back Order) 이용가능성

|해설|

크리스토퍼(Christopher)의 고객 서비스 3단계
- 거래 전 서비스 : 기술적 서비스, 명시된 회사의 정책, 회사에 대한 고객의 평가, 회사 조직, 시스템 유연성 등
- 거래 시 서비스 : 재고 품질 수준, 'Back Order' 이용가능성, 시간, 주문의 편리성, 제품 대체성 등
- 거래 후 서비스 : 설치·보증, A/S, 불만 처리, 포장, 일시적인 대체 등

정답 ①

① 다차원적 서비스 분류[러브록(Lovelock)]

　㉠ 의 의

　　• 러브록(Lovelock)은 산업사회에서 이루어진 서비스의 분류체계에 대한 기초연구를 발표하면서 기존의 분류체계는 서비스 마케팅에 대한 전략적 시사점을 제시해주지 못한다고 비판하였다.

　　• 좀 더 포괄적·정교한 분류체계가 필요하다고 주장하며 5가지의 분류기준을 제시하였다.

　㉡ 5가지의 분류기준

　　• 서비스 행위의 특성이 무엇인가?

구 분		서비스의 직접 수혜자	
		사 람	사 물
서비스 행위의 성격	유형적 성격	신체지향적 서비스 • 의료 · 미장원 • 음식점 · 이용원 • 여객운송 · 호텔	재물 및 물적 소유지향적 서비스 • 화물운송 • 청 소 • 장비수리 및 보수
	무형적 성격	정신지향적 서비스 • 교육 · 방송 • 광고 · 극장 • 박물관	무형자산지향적 서비스 • 은행 · 법률서비스 • 회계 · 증권 • 보 험

　　• 서비스 조직과 고객 간의 관계가 어떠한 형태를 취하고 있는가?

구 분		서비스의 조직과 고객 간의 관계	
		회원별 관계	불특정 관계
서비스 전달의 성격	계속적 거래	• 보험 · 은행 • 전화가입 · 대학등록	• 방송국 · 경찰보호 • 등대 · 고속도로
	간헐적 거래	• 장거리 전화 • 지하철 회수권	• 렌터카 • 우편서비스 · 유료도로

　　• 서비스에 대한 수요와 공급의 성격은 어떠한가?

구 분		수요변동의 폭	
		높 음	낮 음
공급의 정도	최대 피크 수요 충족가능	• 전 기 • 전 화 • 경찰및소방	• 보 험 • 법률서비스 • 세탁소
	최대 피크 수요 충족불가	• 회계및세무 • 호 텔 • 극 장	위와 유사하면서 동업종의 기본수준에 미달하는 수용능력을 갖는 서비스

　　• 서비스가 어떻게 전달되는가?

구 분	단일창구	복수창구
고객이 서비스 조직에 가는 경우	• 극 장 • 이발소	• 버 스 • 법률서비스 • 패스트푸드
서비스 조직이 고객에게 오는 경우	• 잔디 깎기 • 살충서비스	• 우편배달 • 자동차 긴급수리
고객과 서비스 조직이 떨어져서 거래하는 경우	• 신용카드회사 • 지역케이블TV	• 방송네트워크 • 전화회사

　　• 서비스 상품의 특징에 따른 분류

구 분		서비스 설비 또는 시설에 근거한 정도	
		높 음	낮 음
서비스가 사람에 근거한 정도	높 음	병원, 호텔	회계, 경영 컨설팅
	낮 음	지하철, 렌터카	전 화

② OECD 서비스산업 분류

　㉠ 유통 서비스 : 도소매업, 운수업, 통신업

　㉡ 생산자 서비스 : 금융 및 보험업, 부동산 임대업

　㉢ 사회 서비스 : 공공 행정, 보건사회복지사업

　㉣ 개인 서비스 : 의료 · 교육, 숙박 · 음식점업, 오락 · 문화 · 운동, 가사 서비스업

다음 OECD 서비스 산업 분류 중 '유통 서비스'에 해당하는 것은?

[2018년]

① 공공 행정　　　　　② 도소매업
③ 교육 서비스업　　　④ 금융 및 보험업
⑤ 보건사회복지사업

|해설|

유통 서비스
도소매업, 운수업, 통신업

정답 ②

핵심이론 56 서비스 기업의 변화

① 의 의

20세기 산업화 시대를 거쳐 21세기 정보화 시대에 들어서면서 인터넷, IT 산업 등을 중심으로 한 급격한 사회변동은 서비스 기업에도 많은 변화를 가져왔다.

② 서비스 기업을 일반 제조 기업과 비교할 때의 차이

　㉠ 상대적으로 낮은 진입 장벽 : 경쟁사에서 쉽게 모방할 수 있고 운영 방식을 특허로 보호받기 어렵다.

　㉡ 규모의 경제 실현의 어려움 : 서비스는 생성과 동시에 소멸되므로 보관할 수 없고 대량생산을 통한 '규모의 경제' 실현이 어렵다.

　㉢ 심한 수요의 변동

　㉣ 고객 충성도 확보의 중요성

　㉤ 내부 고객의 만족도

③ 21세기에 요구되는 서비스경영

　㉠ 고객중심의 경영 : 무한경쟁시대에서 고객의 욕구를 미리 파악하여 원하는 서비스를 제공하고, 서비스 제공과정에서의 불만사항 등을 즉시 처리하는 등의 고객중심경영에 맞는 서비스가 요구된다.

　㉡ 가치중심의 경영 : 고객중심의 경영도 궁극적으로는 기업과 주주의 이익을 창출하는 것이므로 가치의 창출을 위한 서비스가 요구된다.

　㉢ 인터넷 중심의 경영 : 과거에는 오프라인을 통하여 하나의 기업과 다수의 고객이 대면하는 형태의 경영이었지만, 최근에는 온라인상에서 하나의 기업과 하나의 고객이 일대일로 대면하는 경영환경으로 바뀜에 따라 변경된 온라인 경영환경에 맞는 서비스가 요구된다.

　㉣ 혁신적 경영 : 안정적인 경영보다 사고의 혁신을 통한 신경향의 경영방식 도입은 기업을 한 단계 새롭게 도약시킬 수 있는 전기가 될 수도 있으므로, 필요할 때에는 과감하게 경영혁신을 가져올 수 있는 서비스가 필요하다.

　㉤ 전문지식의 습득 : 매일 쏟아지는 새로운 지식의 홍수 속에서 리더는 관련부서의 새로운 지식에 관심을 갖고 남보다 먼저 습득하고 활용할 줄 알아야 한다.

ⓑ 글로벌 경제시대에의 적응 : 인터넷 및 각종 교통·통신의 발전은 세계를 일일생활권화시키면서 글로벌 경영이 가능하게 되었으며, 이에 알맞은 서비스가 요구된다.

ⓢ 이해집단 등과의 관계성 : 조직경영과정에서 관계되는 여러 단체 등과 유리한 관계설정을 통하여 조직의 궁극적인 목표를 달성할 수 있는 서비스가 요구된다.

핵심예제

다음 중 서비스 기업을 일반 제조 기업과 비교할 때의 차이에 대한 설명으로 가장 올바르지 않은 것은?   [2019년]

① 내부 고객을 우선적으로 만족시켜야 한다.
② 규모의 경제를 실현하기 용이하다.
③ 고객 충성도 확보가 핵심이다.
④ 진입 장벽이 상대적으로 낮다.
⑤ 수요의 변동이 심하다.

|해설|
규모의 경제를 실현하기 어렵다.

정답②

핵심이론 57 서비스의 지속적 경쟁 우위(SCA)

① 개념 : 서비스 기업이 제공하는, 경쟁자들과는 다른 독특하고 우수한 서비스를 의미한다.

② 지속적 경쟁우위 자격요건

ⓐ 독특한 가치
• 고객에 의한 가치 있다는 평가
• 고객이 어떤 기업의 서비스를 경쟁사의 서비스에 비해 더 가치 있다고 평가하고 원가 이상의 가격으로 그 서비스를 구매하려 할 때 그 기업은 경쟁 우위를 갖고 있는 것이다.

ⓑ 대체 불가능성
• 고객 개별화 전략
• 경쟁자가 이와 유사한 이점을 활용할 수 없을 때에 발생한다.

ⓒ 희소성
• 탁월한 경영 자원과 핵심 역량 보유(서비스 기업의 고객에 대한 지식 축적)
• 서비스 기업이 우선적으로 갖추어야 할 능력이 부족하다면 SCA로 개발될 수 없다.

ⓓ 모방 불가
• 규모의 경제, 자본 비용, 차별화, 경험 효과
• 경쟁자들에 의해 쉽게 모방될 수 없다는 것을 뜻한다.
• 모방에는 몇 가지 장벽이 존재하는데 규모의 경제, 자본비용, 서비스 차별화, 전환비용, 유통채널 또는 경험효과 등이 이에 속한다.

③ 시장방어전략

기존의 경쟁자나 신규 진입자로부터 현재 시장점유율을 방어하는 전략을 말한다.

⊙ 저지전략(Blocking)
- 경쟁자에 대한 최대의 방어전략인 저지전략은 새로운 진입자의 시장진출을 막는 것이다.
- 경쟁자들이 시장에 진입하기 위해 들어가는 비용을 증가시키거나 진입 시의 예상 수익을 감소시킴으로써 저지될 수 있다.
- 서비스 기업에게 이용가능한 저지전략에는 서비스 보증, 집중적 광고, 입지나 유통통제, 높은 전환비용, 그리고 고객만족 등이 포함된다.

⊙ 보복전략(Retaliation) : 새로운 진입자가 그들이 예상하거나 원하는 수준의 수익을 확보할 기회를 막는 것이 목표이다.

⊙ 적응전략(Adaptation)
- 새로운 진입자가 이미 시장에 있다는 사실을 인정한 상태에서 실시한다.
- 새로운 진입자의 시장 잠식을 막기 위한 3가지 전략
  - 기업은 새로운 진입자의 서비스와 맞서 그를 능가하도록 하는 것으로 서비스의 추가나 수정을 통해서 이루어진다.
  - 고객이 신규 진입자에게로 전환하지 못하도록 서비스 패키지를 확장시키는 것이다. 고객이 원하는 모든 것을 제공함으로써 전환욕구는 줄어들 수 있다.
  - 지속가능한 경쟁우위를 개발하는 것으로 적응 전략에서 최대의 방어는 쉽게 경쟁업체들이 모방할 수 없는 지속적인 경쟁 우위를 확보하는 것이다.

핵심예제

서비스의 지속적 경쟁 우위(SCA)를 확보하기 위한 조건 중 '고객별 개별화 전략'에 가장 부합하는 것은? [2019년]

① 희소성
② 모방 불가
③ 독특한 가치
④ 대체 불가능성
⑤ 정보기술의 개발

|해설|

서비스의 지속적 경쟁 우위(SCA ; Sustainable Competitive Advantage)의 조건
- 희소성 : 탁월한 경영 자원과 핵심 역량 보유(서비스 기업의 고객에 대한 지식 축적)
- 모방 불가 : 규모의 경제, 자본 비용, 차별화, 경험 효과
- 독특한 가치 : 고객에 의한 가치 있다는 평가
- 대체 불가능성 : 고객 개별화 전략

정답 ④

① 정 의

관광 서비스란 고객이 관광을 통해서 추구하고자 하는 목적을 최대한 편안하고 안락하게 충족시킴으로써 만족감과 성취감을 느낄 수 있게 하는 무형의 행위 또는 편익의 총체로서, 종사원의 봉사적 헌신을 의미한다.

② 세부적 정의

ⓐ 기능적 정의 : 관광 기업의 수입 증대에 기여하기 위한 종사원의 헌신, 봉사하는 자세와 업무에 대해 최선을 다하는 태도, 즉 세심한 봉사 정신이다.

ⓑ 비즈니스적 정의 : 관광 기업 활동을 통하여 고객인 관광객이 호감과 만족감을 느끼게 함으로써 비로소 가치를 낳는 지식과 행위의 총체이다.

ⓒ 구조적 정의 : 관광 기업이 기업 활동을 함에 있어서 관광객의 요구에 맞추어 소유권의 이전 없이 제공하는 상품적 의미의 무형의 행위 또는 편익의 일체를 말한다.

③ 특 징

ⓐ 무형성

• 관광 서비스는 분명히 존재하지만 형태가 없으므로 보이지 않는다.

• 본질적인 서비스의 특징과 비용 산출의 어려움, 서비스 선택 시 지각의 위험을 갖는다.

ⓑ 동시성 : 서비스가 제공된다는 것은 곧 서비스가 생산된다는 것이며, 동시에 관광객에게 제공된다.

ⓒ 이질성 : 관광 서비스에서는 직원의 유형과 관광객의 유형 등 인적 요소가 서비스 결과의 이질성을 야기한다.

ⓓ 소멸성 : 제품은 판매가 되지 않으면 재고로 보관하여 반복 판매가 가능하지만, 관광 서비스는 시간과 함께 자동 소멸되어 버린다.

예 가을 단풍구경 관광 서비스의 경우, 시간이 지나면 재판매가 불가능하며 영원히 소멸해 버린다. 외국 여행을 가기 위해 항공티켓을 일찍 예약할수록 요금이 저렴하다(항공서비스의 소멸성).

ⓔ 연계성 : 관광 서비스가 주변 환경 등과 얼마나 연결성을 가지고 있느냐를 의미한다.

ⓕ 인적 의존성

• 고객의 직접 참여에 의해서만 서비스를 창출할 수 있다.

• 고객은 정성어린 인적 서비스에 가장 관심을 갖는다.

• 고객인 관광객이 호감과 만족감을 느끼게 만드는 행위이다.

• 관광은 서비스이므로 전적으로 사람들에 대한 의존도가 높고, 사람들이 구매하지 않으면 서비스 제공 자체가 불가능해진다.

• 인적자원 서비스에 의존하고, 기술개발 성격은 다소 약하다.

ⓖ 계절성

• 관광 서비스의 공급은 비탄력적이고, 수요는 탄력적인 반면에 대부분의 관광 상품은 계절의 지배를 받는다.

• 이에 따라 관광수요가 방학 및 휴가 등에 집중되면서 성수기와 비수기에 대한 가격 차이가 많고, 비수기의 유휴시설 이용을 위한 마케팅 전략이 많이 이용된다.

ⓗ 고급성

• 차별화되는 고급 서비스를 요구한다.

• 관광 상품을 구성하고 있는 물리적 환경은 고급을 지향한다.

ⓘ 상호보완성

• 인적, 물적 서비스가 혼합되어 존재하는 개념이다.

• 관광 서비스는 타 관광 서비스 상품과 상호보완적인 성격을 지니고 있다(예 항공기, 호텔, 레스토랑, 놀이시설 등).

ⓙ 이밖에도 정보화 의존 영역에 한계가 있다는 특징이 있다.

④ **중요성**

ⓐ 고객들은 물리적인 서비스도 중요시하지만, 그보다는 완벽한 만족과 감동을 주는 서비스를 선호한다.

ⓑ 관광 서비스는 고급서비스의 이미지가 있기 때문에 항상 최고급의 숙련되고 전문화된 서비스를 요구한다.

ⓒ 항상 다른 기업과 특화되고 차별화된 고품위 서비스가 요구된다.

ⓔ 고객은 관광을 통하여 자아실현욕구를 충족하고자 하므로, 욕구를 충족시킬 수 있는 철저한 준비가 요구된다.

ⓜ 유형의 제품은 모방이 쉽지만, 무형의 관광 서비스는 모방이 쉽지 않다.

핵심예제

관광 서비스의 정의와 관련해 다음 〈보기〉의 설명에 해당하는 것은? [2020년]

> **보기**
>
> 수입 증대에 이바지하기 위한 종사원의 헌신, 봉사하는 자세와 업무에 대해 최선을 다하는 태도, 즉 세심한 봉사정신을 뜻한다.

① 구조적 정의
② 기술적 정의
③ 기능적 정의
④ 활동적 정의
⑤ 비즈니스적 정의

|해설|

① 관광 기업이 기업 활동에 함에 있어서 관광객의 요구에 맞추어 소유권의 이전 없이 제공하는 상품적 의미의 무형의 행위 또는 편익의 일체를 말함

⑤ 관광 기업 활동을 통해 고객인 관광객이 호감과 만족감을 느끼게 함으로써 비로소 가치를 낳는 지식과 행위의 총체

정답 ③

① 의 의

ⓐ 공동의 목표를 설정하고 이를 달성하기 위해 구성원들의 협력을 가져오는 영향력을 리더십이라고 한다.

ⓑ 내부고객(직원)이 리더에게 고객으로 대접받고 서비스를 받을 때 만족을 느끼며, 그 만족을 토대로 외부고객에게 만족과 감동을 느낄 수 있는 서비스를 제공한다는 현실을 구조화한 이론이다.

ⓒ 리더십은 크게 두 부분으로 구분할 수 있다.

• 리더십의 조직 내부적 측면 : 조직의 리더십 시스템을 잘 갖추어 조직의 가치와 방향, 성과와 기대수준, 고객 및 이해관계자 중심의 경영, 조직학습 및 경영혁신 등을 조직에 전파하는 것에 초점을 두는 것이다.

• 리더십의 조직 외부적 측면 : 조직이 어떻게 사회적 책임을 인식하고 표현하는가, 주요한 지역사회를 지원하는가 등을 의미한다.

② 참여적 리더십

ⓐ 의 의

• 효과적인 조직 구조와 운영을 위해서 조직구성원들을 조직의 과정 속에 보다 적극적으로 활용하여 그들의 의견을 의사결정에 많이 반영시키는 형태의 리더십이다.

• 그럼으로써 일에 대한 적극적인 동기를 부여할 수 있게 하고, 이러한 과정을 통해 개별 업무자들은 조직의 목표를 스스로에게 내재화하는 경향이 나타나 업무수행력도 높아지게 된다고 본다.

ⓑ 특 성

• 주요 행정적 결정에 하급자들의 생각, 정보, 선호도를 이끌어내어 반영한다.

• 하급자들이 책임질 수 있는 분야에는 의사결정 권한을 위임한다.

• 상부의 결정사항에 대한 집행 방법의 선택 권한을 일선 업무자들에게 부여한다.

• 상급 관리자가 자신의 권한과 책임을 포기하는 것은 아니다. 경우에 따라서는 하급자들의 결정을 무효화하거나 수정할 수 있는 궁극적인 권한을 갖고 있다.

③ 참여적 리더십의 장점과 단점

장 점	단 점
• 조직 목표에 대한 참여 동기 증대 • 집단 지식과 기술 활용 용이 • 조직 활동에 더욱 헌신 • 개인적 가치, 신념 고취 • 자유로운 의사소통 장려 • 참여를 통한 경영적 사고와 기술 학습	• 많은 시간 소모 • 어중간한 결정에 도달 • 책임 분산으로 인한 무기력 • 선견지명을 가진 지도자를 찾기 어려움 • 동등한 자격의 구성원일 때만 기능

핵심예제

다음 중 참여적 리더십의 단점에 해당하는 것은? [2019년]

① 조직 활동에 더욱 헌신하게 한다.
② 자유로운 의사소통을 장려할 수 있다.
③ 조직 목표에 대한 참여 동기를 증대시킨다.
④ 참여를 통해 경영에 대한 사고와 기술을 익힌다.
⑤ 구성원들의 자격이 서로 비슷한 상황에서만 제한적으로 효과성을 발휘한다.

|해설|

① · ② · ③ · ④ 참여적 리더십의 장점에 해당한다.

정답 ⑤

핵심이론 60 서번트 리더십과 삼성 에버랜드의 리더십

① 서번트 리더십(Servant Leadership)
  ㉠ 의 의
    • 1970년대 후반에 그린리프(Robert K. Greenleaf)에 의해 처음으로 제기된 이론이다.
    • 부하와의 관계 관리(Relation Management)를 중시하는 것으로, 부하를 가장 중요한 재원으로 보고 부하에게 리더의 모든 경험과 전문 지식을 제공하면서 극진하게 섬기는 리더십을 말한다.
    • 리더는 통제와 상벌보다는 경청, 감정이입, 칭찬과 격려, 설득에 의하여 그의 리더십을 발휘한다.
  ㉡ 서번트 리더십(Servant Leadership)의 역할
    • 고객만족을 실현하는 사람은 조직 구성원이다.
    • 최종적으로 고객에게 서비스를 제공해야 한다.
    • 조직 구성원에게 만족을 제공하기 위해 봉사하는 것이다.
    • 고객만족을 위해서는 조직 구성원 개개인을 내부 고객으로 인식해야 한다.
  ㉢ 섬기는 리더들(Servant Leaders)이 보여주는 10가지 특징
    • 경청하는 자세
    • 공감하는 자세
    • 치유에 대한 관심
    • 분명한 인식
    • 설 득
    • 폭넓은 사고
    • 통찰력
    • 청지기 의식
    • 사람들의 성장에 대한 헌신
    • 공동체 형성
② 삼성 에버랜드의 리더십
  ㉠ 신념(Service Concept)
    • 철학 : 서비스 리더십의 기초를 세움
    • 비전 : 전체가 공유해 나가고자 하는 것

- 혁신 : 현재의 문제를 어떻게 고쳐나갈 것인가 하는 것
- 서비스 리더십의 기초를 세워 주는 철학과 전체가 공유해 나가고자 하는 비전, 그리고 이를 위해 현재를 어떻게 고쳐나갈 것인가 하는 혁신으로 설명할 수 있다.

ⓒ 태도(Service Mind)
- 열정, 애정, 신뢰 : 파트너십을 형성하고 만족을 주고 싶은 마음 상태나 자세를 말하며, 이러한 마음이 형성될 때 리더의 행동은 자연스럽게 고객의 만족을 유도

ⓒ 능력(Service Skill)
- 창조, 운영, 관계, 능력 : 고객의 욕구를 파악하고 이를 충족시키는 데 필요한 서비스 창조 능력, 관리운영 능력, 인간관계 형성 및 개선 능력

핵심예제

삼성 에버랜드에서 제시한 서비스 리더십을 구성하는 요소 중 다음 〈보기〉의 ( ) 안에 들어갈 내용으로 알맞은 것은?

[2020년]

보기

(   )이/가란 고객의 욕구를 파악하고 이를 충족시키는 데 필요한 서비스 창조 능력, 관리운영 능력, 인간관계 형성 및 개선 능력을 의미한다.

① Service Skill
② Service Duty
③ Service Mind
④ Service Concept
⑤ Service Devotion

|해설|

삼성 에버랜드에서 제시한 '서비스 리더십을 구성하는 요소'
- 신념(Service Concept)
- 태도(Service Mind)
- 능력(Service Skill)

정답 ①

핵심이론 61 감성 서비스 리더십

① 의의
ⓒ 감성지능(EQ) : 자신의 한계와 가능성을 객관적으로 판단해 자신의 감정을 잘 다스리며, 상대방의 입장에서 그 사람을 진정으로 이해하고 타인과 좋은 관계를 유지할 수 있는 능력이다.

ⓒ 감성 리더십
- 조직원들의 감성에 집중하고 이를 기반으로 감정적인 공감대를 형성하여 시스템으로 체계화함으로써, 조직원들이 온전히 자신의 능력을 발휘하여 조직의 목표를 달성할 수 있도록 하는 리더십을 말한다.
- 진정한 리더를 만드는 것은 '감성'이며, 구성원들로부터 반응이 아닌 '공감'을 이끌어낼 때 자신이 목적한 바를 달성할 수 있고, 함께하는 이들은 변화를 경험할 수 있다.

② 감성 역량
ⓒ 정의 : 자신과 구성원의 감성 코드를 맞추고 관리해 나가는 역량이다.

ⓒ 4가지 요소
- 자기인식 능력(Self - Awareness)
  - 자신의 가치관, 감정 상태, 장·단점, 목표 등을 냉철하고 객관적으로 명확히 이해하고 긍정적인 확신을 갖는 정도를 뜻한다.
  - 자기 자신에 대해 잘 파악하는 정도를 의미한다.
- 자기관리 능력(Self - Management)
  - 자신의 감정을 적절히 통제하고 다스리는 능력이다.
  - 감성적인 리더가 되기 위해서는 자신에 대한 이해에서 그치지 않고 스스로를 관리할 수 있어야 한다는 것을 의미한다.
  - 특히, 조직원에게 불안감을 줄 수 있는 부정적인 감정(분노, 불만 등)을 자제하고, 낙관적이고 즐거운 태도를 유지할 수 있어야 한다.
- 사회적 인식 능력(Social - Awareness)
  - 조직원의 감정이나 상태를 깊이 이해하는 능력이다.

- 타인에 대한 애정과 배려의 능력이라고도 한다.
- 이 능력은 먼저 조직들의 상황부터 경청하고 이해하려는 노력을 보인 후에, 리더의 입장을 조직원들에게 설득력 있게 전달하는 커뮤니케이션 능력이 필요하다.
- 도전과 열정(Challenge Spirit and Passion)
  - 감성적 리더십 발휘의 원천은 높은 도전정신과 열정에 있다.
  - 리더가 샘솟는 열정과 끈기로 도전적인 목표를 향해 매진하는 모습을 보여줄 때 비로소 조직원들은 충성심을 가지고 믿고 따르게 된다.

③ 감성지능 5대 요소
  ㉠ 자아인식(자아의식)
  - 자신의 감정, 기분, 취향 등이 타인에게 미치는 영향을 인식하고 이해하는 능력
  - 자신의 감정인식, 자기 평가력, 자신감 등
  ㉡ 자기조절력(자기 통제)
  - 행동에 앞서 생각하고 판단을 유보하는 능력
  - 부정적 기분이나 행동을 통제 혹은 전환할 수 있는 능력
  - 자기 통제, 신뢰성, 성실성, 적응성, 혁신성 등
  ㉢ 동기부여 능력
  - 돈, 명예와 같은 외적 보상이 아닌, 스스로의 흥미와 즐거움에 의해 과제를 수행하는 능력
  - 추진력, 헌신, 주도성, 낙천성 등
  ㉣ 감정이입 능력
  - 다른 사람의 감정을 이해하고 헤아리는 능력
  - 문화적 감수성, 고객의 욕구에 부응하는 서비스 등과 관련성이 높은 요소
  - 타인 이해, 부하에 대한 공감력, 전략적 인식력 등
  ㉤ 사교성(대인관계 기술)
  - 인간관계를 형성하고 관리하는 능력
  - 인식한 타인의 감성에 적절히 대처할 수 있는 능력
  - 타인에 대한 영향력 행사, 커뮤니케이션, 이해조정력, 리더십, 변혁추진력, 관계구축력, 협조력, 팀 구축능력 등

핵심예제

감성 지능을 구성하는 5가지 요소 중 행동에 앞서 생각하고 판단을 유보하는 능력을 의미하는 요소는?

[2018년]

① 감정이입 ② 자아의식
③ 동기부여 ④ 자기 통제
⑤ 대인관계 기술

|해설|

① 타인의 감정을 이해하고 헤아리는 능력
② 자신의 감정, 기분, 취향 등이 타인에게 미치는 영향을 인식하고 이해하는 능력
③ 외적 보상이 아닌, 스스로의 흥미와 즐거움에 의해 과제를 수행하는 능력
⑤ 인간관계를 형성하고 관리하는 능력

정답 ④

제**2**과목 CS 전략론

핵심이론 01 서비스 청사진의 개념과 특징

① 개 념
- ㉠ 무형의 서비스를 역할 또는 관점이 서로 다른 사람들이 객관적이고 쉽게 이해할 수 있도록 서비스 시스템을 명확하게 나타내는 그림 또는 지도라고 할 수 있다.
- ㉡ 서비스 프로세스와 관련된 단계와 흐름 등 서비스 전반을 이해할 수 있도록 묘사해 놓은 것을 말한다.
- ㉢ 장기적으로 고객에게 필요한 서비스를 제공하며 잠재적으로 사업의 개선 기회를 발견할 수 있다.
- ㉣ 서비스 또는 제품에 관계없이 고객과의 상호작용을 확인하고 관리하는 데 가치가 있다.
- ㉤ 서비스 청사진은 제품의 설계도면과 같이 구체적이고 자세하게 묘사하지 않으며, 서비스 마케터들에게 필수적인 계획, 실행, 통제의 도구로 권장된다.

② 특 징
- ㉠ 핵심 서비스 프로세스를 그 특성이 나타나도록 알아보기 쉬운 방식의 그림으로 나타낸 것이다.
- ㉡ 종업원, 고객, 기업 측에 서비스 전달과정에서 해야 하는 각자의 역할과 서비스 프로세스와 관련된 단계와 흐름 등 서비스 전반을 이해하도록 묘사해 놓은 것으로서, 특히 서비스 상품 개발의 설계와 재설계의 단계에서 유용하다.
- ㉢ 논리적인 구성요소 등을 동시에 보여줌으로써 서비스를 시각적으로 제시한다.
- ㉣ 서비스 청사진은 고객이 경험하게 되는 서비스 과정이고 업무수행의 지침이며, 서비스 제공 프로세스의 단계를 나누는 방법이다.
- ㉤ 서비스 청사진은 고객과 서비스 시스템과의 상호작용을 구체적으로 표현하며, 실패 가능점을 알아내어 미연에 방지책이나 복구 대안을 강구하도록 하는 데 있다.
- ㉥ 청사진을 통해서 전체 운영 시스템 중 고객의 서비스 동선 등을 파악하여, 서비스 향상을 통해 업무의 효용성을 증대시킬 수 있다.

핵심예제

다음 중 서비스 청사진의 기본적인 개념에 대한 설명으로 가장 올바르지 않은 것은? [2019년]

① 무형의 서비스를 역할 또는 관점이 서로 다른 사람들이 객관적이고 쉽게 이해할 수 있도록 서비스 시스템을 명확하게 나타내는 그림 또는 지도라고 할 수 있다.

② 서비스 프로세스와 관련된 단계와 흐름 등 서비스 전반을 이해할 수 있도록 묘사해 놓은 것을 말한다.

③ 지나치게 도식적인 구조로 인해 서비스 마케터들에게 필수적인 계획, 실행, 통제, 설계능력 향상에 저해가 될 수 있으므로 주의가 필요하다.

④ 장기적으로 고객에게 필요한 서비스를 제공하며 잠재적으로 사업의 개선 기회를 발견할 수 있다.

⑤ 서비스 또는 제품에 관계없이 고객과의 상호작용을 확인하고 관리하는 데 가치가 있다.

|해설|

서비스 청사진은 제품의 설계도면과 같이 구체적이고 자세하게 묘사하지 않으며, 서비스 마케터들에게 필수적인 계획, 실행, 통제의 도구로 권장된다.

정답 ③

① 구성 요소

　㉠ 고객의 행동
- 서비스구매, 소비, 평가단계에서 고객이 직접 수행하는 활동이다.
- 병원 선택, 예약전화하기, 주차 등의 활동을 의미한다.

　㉡ 일선 종업원의 행동
- 고객의 눈에 가시적으로 보이는 종업원의 활동이다.
- 주차관리인의 주차안내, 안내원의 상담 등을 말한다.

　㉢ 후방 종업원의 행동
- 고객에게 직접 보이지는 않지만, 무대 위 종업원의 행동을 지원하는 행동이다.
- 상품배송, 주문 등을 말한다.

더 알아보기

종업원의 행동 영역
- 고객의 눈에 보이는 일선 종업원의 행동과 이들을 지원하는 고객의 눈에 보이지 않는 후방 종업원의 행동으로 분류할 수 있다.
- 전화 예약 담당 직원, 주사를 준비하는 간호사, 의료 폐기물 수거 담당 직원 등은 고객의 눈에 보이지 않는 활동으로 일선 종업원을 지원한다고 볼 수 있으므로 후방 종업원에 해당한다.

　㉣ 지원프로세스
- 서비스를 전달하는 종업원을 지원하기 위한 내부적 서비스이다.
- 서비스 직원의 교육담당자 등이다.

　㉤ 고객의 행동, 일선 종업원의 행동, 후방 종업원의 행동, 지원프로세스의 행동들은 다음과 같이 3개의 수평선으로 나누어진다.
- 상호작용선 : 외부고객과 일선 종업원 사이의 상호작용선을 통해 고객이 경험하는 서비스 품질을 알게 하여 서비스설계에 공헌할 수 있다.
- 가시선
  - 고객이 볼 수 있는 영역과 어떤 종업원이 고객과 접촉하는지를 알려주어 합리적인 서비스 설계를 하도록 도와준다.
  - 고객에게 보이는 활동과 보이지 않는 활동을 구분할 수 있다.
  - 현장에서 발생되는 접점 직원의 활동과 후방에서 이루어지는 지원 활동을 구분하는 기준선이다.
- 내부적 상호작용선
  - 접점 일선 종업원을 지원하는 후방 종업원과 서비스 지원 프로세스를 구분하는 선을 의미한다.
  - 고객에게 효율적인 서비스를 제공하기 위해 서비스 조직을 지원해주는 기업 내 정보 시스템을 예로 들 수 있다.
  - 부서 고유의 상호의존성 및 부서 간 독립경계 영역을 명확히 해주어 지속적인 품질개선 작업에 도움을 줄 수 있다.

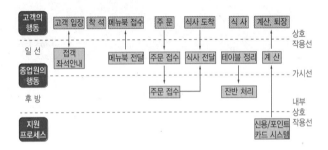

② 작성 단계

1단계 (과정의 도식화)	서비스가 고객에게 전달되는 과정을 염두에 두고 이를 도식화된 그림 형태로 나타낸다.
2단계 (실패가능점의 확인)	전체 단계 중에서 서비스 실패가 일어날 확률이 큰 지점을 짚어내어 표시해 둔다.
3단계 (경과시간의 명확화)	각 단계별 표준 작업 시간과 허용 작업 시간을 명확히 적는다.
4단계 (수익성 분석)	실수가 발생하거나 작업이 지연될 경우를 상정한 시뮬레이션을 통해 수익성을 분석하고, 그 결과를 토대로 표준 서비스 청사진을 확정한다.
5단계 (청사진 수정)	사용 목적별로 서비스 청사진을 해석하고 대안을 도출한 후, 청사진을 새로 수정하여 서비스 실패의 가능성을 줄일 수 있다.

다음 〈보기〉의 서비스 청사진 작성 단계 중 (   ) 안에 들어갈 내용으로 올바르지 않은 것은? [2018년]

보기

- 1단계 - 과정의 (가)
- 2단계 - (나) 확인
- 3단계 - 경과시간의 (다)
- 4단계 - (라) 분석
- 5단계 - 청사진 (마)

① (가) - 도식화   ② (나) - 실패가능점

③ (다) - 명확화   ④ (라) - 지각된 위험

⑤ (마) - 수정

|해설|

(라) : 수익성 분석

정답 ④

핵심이론 03 서비스 청사진의 이점 및 위험 요소

① 이 점

    ㉠ 종업원들로 하여금 자신이 하는 일과 전체 서비스와의 관계를 파악할 수 있도록 하여 종업원들의 고객지향적 사고를 체질화시킬 수 있다.

    ㉡ 서비스 활동의 흐름에서 취약한 실패점을 확인하여 점진적 품질개선의 주요 목표로 삼을 수 있다.

    ㉢ 외부고객과 종업원 사이의 상호작용선을 통해 고객이 경험하는 서비스 품질을 명확하게 파악하여 서비스 설계에 공헌할 수 있도록 한다.

    ㉣ 서비스 각 요소의 원가, 이익 등 투입 및 산출물을 확인하고 평가할 수 있는 기반을 제공한다.

    ㉤ 서비스 구성요소와 연결을 명확하게 함으로써 전략적 토의를 쉽게 할 수 있다.

    ㉥ 품질개선을 위한 상의하달과 하의상달을 촉진한다.

    ㉦ 서비스가 유형화된다.

    ㉧ 직접 고객을 상대하는 직원에게 적절한 서비스 교육을 해줄 수 있다.

    ㉨ 서비스 청사진을 이용하여 프로세스를 설계할 경우 얻을 수 있는 이점

        • 내 · 외부 마케팅을 위한 합리적인 기반을 구성한다.

        • 내부 작용선은 부서 고유의 상호의존성 및 부서 간 경계 영역을 명확히 해주어 점진적인 품질개선 작업을 강화시킬 수 있다.

        • 가시선을 통해 합리적인 서비스 설계를 할 수 있도록 도와준다.

        • 서비스를 구성하는 요소와 연결고리를 알려줌으로써 해당 부서의 관점뿐만 아니라 전체 서비스를 통합하여 전략적 회의 진행이 가능하다.

② 위험 요소

    ㉠ 서비스 설계 개념의 선구적인 역할을 한 린 쇼스택은 서비스를 단순한 그림으로 묘사하는 것에 대한 위험 요소를 제시하였다.

    ㉡ 위험 요소는 지나친 단순화, 불완전성, 주관성, 편향된 해석 등이다.

핵심예제

서비스 청사진의 위험 요소와 관련해 린 쇼스택(Lynn Shostack)이 제시한 내용 중 다음 보기의 설명에 해당하는 것은? [2020년]

보기

어떤 사람이 말로 서비스를 표현하는 것은 그 서비스에 대한 노출 정도와 개인적인 체험에 의해 왜곡될 수도 있다.

① 편향된 해석
② 정보 수용성
③ 지나친 단순화
④ 주관성
⑤ 불완전성

|해설|

서비스 설계 개념의 선구적인 역할을 한 린 쇼스택은 서비스를 단순한 그림으로 묘사하는 것에 대한 위험 요소로 지나친 단순화, 불완전성, 주관성, 편향된 해석 등을 제시하였다. 〈보기〉는 개인적인 주관적 경험에 의해 서비스가 왜곡되어 표현될 수 있다는 위험 요소를 설명하는 내용으로 서비스 청사진 위험 요소 중 '주관성'을 나타낸다.

정답 ④

핵심이론 04 서비스 모니터링의 목적과 구성요소

① 목 적

ⓐ 고객의 필요나 기대의 발견
ⓑ 종업원별 서비스 제공 내용의 객관적 평가
ⓒ 고객만족과 로열티, 수익성 향상을 위한 관리 수단
ⓓ 종업원의 잠재능력 개발을 통한 서비스 응대 및 상담 기술 향상
ⓔ 종업원의 서비스 품질을 평가
ⓕ 서비스의 질적 개선을 통한 고객만족 극대화

② 서비스 모니터링의 구성요소

ⓐ 대표성
- 모니터링 대상접점을 통하여 전체 접점서비스의 특성과 수준을 측정할 수 있어야 한다.
- 모니터링 대상접점은 하루의 모든 시간대별, 요일별 및 그 달의 모든 주를 대표할 수 있도록 수행되어야 한다.
- 모니터링 표본추출 테크닉으로 전체 서비스의 특성과 수준을 측정할 수 있어야 한다.

ⓑ 객관성
- 종업원을 평가 또는 통제하는 도구가 아니라, 종업원의 장·단점을 발견하고 능력을 향상시킬 수 있는 수단으로 활용해야 한다.
- 편견 없는 객관적인 기준으로 평가하여 누구든 인정할 수 있게 해야 한다.

ⓒ 차별성
- 모니터링 평가는 서로 다른 스킬 분야의 차이를 반드시 인정하고 반영해야 한다.
- 기대를 넘는 뛰어난 스킬과 고객서비스 행동은 어떤 것인지, 또 그에 대한 격려와 보상은 어떻게 해야 하는지 등을 판단하는 데 도움을 줄 수 있다.

ⓓ 신뢰성
- 평가는 지속적으로 이루어져야 하고, 누구든지 결과를 신뢰할 수 있어야 하므로, 평가자는 성실하고 정직해야 한다.

- 모든 평가자는 동일한 방법으로 모니터링을 해야 하며, 누가 모니터링하더라도 그 결과가 큰 차이 없이 나와야만 신뢰를 획득할 수 있다.
- 모니터링 평가표는 자세한 부분까지 평가할 수 있도록 세부적으로 되어 있어야 한다.
- 하나의 대상을 유사한 척도로 여러 번 측정하거나 한 가지 척도로 반복하여 측정하였을 때 일관성 있는 결과가 산출되어야 한다.

ⓜ 타당성
- 고객들이 실제적으로 어떻게 대우를 받았는지에 대한 고객의 평가와 모니터링 점수가 일치해야 하고 이를 반영해야 한다는 것을 의미한다.
- 모니터링 평가표는 고객 응대 시의 모든 중요한 요소가 포함될 수 있도록 포괄적이어야 한다.
- 고객을 만족시킬 수 있는 행동들은 높게 평가해야 하며, 고객 불만족 행동들은 낮게 평가될 수 있도록 설정되어야 한다.
- 측정하려는 모니터링 평가의 내용이 실제와 가깝게 측정되는지를 의미한다.

ⓗ 유용성
- 위에서 제시한 다섯 가지 요소들은 대표적이고 객관적이며 신뢰할 수 있는 유용한 데이터를 만들기 위한 것이다.
- 정보는 조직과 고객에게 영향을 줄 수 있어야만 가치를 발휘하게 된다.
- 모니터링 평가가 실제 수익의 극대화에 유용하게 쓰이게 하는 것이다.

서비스 모니터링의 구성요소 중 다음 〈보기〉의 설명에 해당하는 것은?

[2019년]

보기

평가만을 위한 모니터링이 아닌 종업원의 장·단점을 발견하고 능력을 향상시킬 수 있는 수단으로 활용해야 하며, 편견을 버리고 누구든지 인정할 수 있는 평가가 수행되어야 한다.

① 포괄성
② 타당성
③ 차별성
④ 실현성
⑤ 객관성

|해설|

모니터링 요소

대표성, 객관성, 차별성, 신뢰성, 타당성, 유용성

정답 ⑤

① 미스터리 쇼핑(Mystery Shopping)
  ㉠ 개 념
    • 미스터리 쇼핑은 미국에서 은행지점이나 가게 등에서 직원들의 횡령을 방지하기 위해 몰래 관찰한 것이 시초이다.
    • 1940년대 들어서 Wilmark라는 사람이 Mystery Shopping이라는 용어를 처음 사용하면서 매장과 같은 고객접점의 서비스 평가에 활용한 것이 미스터리 쇼핑의 첫 시도이다.
    • 1970년대와 1980년대에 들어서면서 미스터리 쇼핑은 널리 활용되기 시작하였으며, 1990년대와 2000년대에는 인터넷의 등장과 함께 관찰한 내용을 실시간으로 관리할 수 있게 되면서 미스터리 쇼핑 산업이 크게 성장하였다.
    • 실제 미국에서는 미스터리 쇼핑만을 전문적으로 수행하는 업체들의 협회인 미스터리쇼핑협회(MSPA)라는 단체가 있으며, 흔히 모니터 요원이라 불리는 미스터리 쇼퍼 자격증 제도도 운영하고 있다.
  ㉡ 의 의
    • 고객을 가장한 조사자가 고객 접점에서의 서비스를 제공하는 종업원의 서비스 과정과 절차를 모니터링하는 활동이다.
    • 서비스 제공 실패를 파악하고 개선과 보완점을 발견하여 서비스 표준을 마련한다.
    • 아무리 좋은 서비스를 받은 적이 있는 사람이라 할지라도 서비스 수준에 한 번이라도 불만을 느끼게 될 경우 기업의 이미지가 부정적으로 변화할 가능성이 높다.
    • 고객 서비스 현황 및 환경에 대한 평가 진단을 목적으로 한다.
    • 조사 리스트를 바탕으로 마케팅 전략을 수립한다.
    • 미스터리 쇼핑을 의뢰한 기업은 미스터리 쇼퍼의 활동과 보고서에 의존해야 되기 때문에 이러한 기대를 충족시키기 위한 신뢰성은 가장 기본이 되는 소양이다.

    • 기업은 미스터리 쇼퍼의 결과 보고서를 믿고 의존하므로, 현장 사실을 객관적으로 정직하게 보고해야 한다.
    • 해당 접점에서 업무를 방해해서는 안 된다.
    • 특히 종업원을 감시·처벌하는 것을 목적으로 이용하여서도 안 된다.

② 미스터리 쇼퍼(Mystery Shopper)
  ㉠ 의 의
    • 서비스 모니터링의 한 방법인 미스터리 쇼핑을 진행하여 현장의 서비스 품질을 측정하는 사람으로 '미스터리 커스터머(Mystery Customer)'라고도 한다.
    • 훈련받은 전문요원이 일반 고객으로 가장하여 서비스를 체험하고 조사하는 방식으로 현장 접점에서 현장 방문을 통한 암행 감사를 말한다.
    • 매장을 방문하기 전에 해당 매장의 위치, 환경, 직원 수, 판매제품 등에 대한 정보를 파악한 후 직접 매장을 방문하여 상품에 대하여 물어보고, 구매를 하고, 환불을 요구하는 등 실제 고객이 하는 행동을 한다.
    • 매장을 방문하고 물건을 사면서 점원의 친절도, 외모, 판매기술, 사업장의 분위기 등 서비스 현장의 품질을 측정·평가하여 개선점을 제안하는 일을 한다.
    • 상품의 질과 더불어 서비스의 질에 대한 소비자의 평가에 따라 기업의 매출이 큰 영향을 받게 되면서 생겨난 새로운 직업 가운데 하나이다.
    • 직접 소비자의 평가를 파악하기가 어려운 기업을 대신하여 소비자의 반응을 평가한다.
    • 매장 직원들의 반응과 서비스, 상품에 대한 지식, 청결상태, 발생한 상황의 전말이나 개인적으로 느낀 점들에 대해 평가표를 토대로 보고서를 작성한다.
  ㉡ 미스터리 쇼퍼의 다양한 명칭
    • Secret Shopper
    • Anonymous Audits
    • Virtual Customers
    • Employ Evaluation
    • Spotter Service
    • Performance Audits

- Visit Checks
- Shadow Shopper
- Monitoring

핵심예제

다음 〈보기〉의 내용과 관련성이 가장 낮은 용어는? [2019년]

> **보기**
>
> 훈련받은 전문요원이 고객을 가장하여 서비스를 체험하고 조사하는 방식으로 현장 접점에서 현장 방문을 통한 암행 감사를 말한다.

① Virtual Customer
② Cold Watcher
③ Mystery Customer
④ Spotter Service
⑤ Anonymous Audit

|해설|

미스터리 쇼퍼(Mystery Shopper)에 대한 설명으로 Virtual Customer, Mystery Customer, Spotter Service, Anonymous Audit 등이 같은 의미로 쓰인다.

정답 ②

---

① 의 의

　㉠ MOT 사이클 차트는 서비스 프로세스상에 나타나는 일련의 MOT를 보여주는 시계모양의 도표로, 서비스 사이클 차트라고도 한다.

　㉡ 이 차트는 서비스 전달시스템을 고객의 입장에서 이해하기 위한 방법으로 고객이 경험하는 MOT를 원형 차트의 1시 방향에서 시작하여 순서대로 기입한다.

　㉢ 일반적으로 종업원들은 자신이 맡고 있는 업무에만 관심을 두고 일하는 경향이 있으나, 고객은 서비스과정에서 경험하는 일련의 순간 전체를 가지고 품질을 평가한다.

② MOT의 법칙

　㉠ 곱셈의 법칙

　　• 수많은 진실의 순간들을 거치면서 고객이 경험하는 서비스 품질이나 만족도는 곱셈의 법칙에 지배받게 된다.

　　• 전체 만족도는 MOT 각각의 만족도의 합이 아니라, 곱에 의해 결정된다.

　　• 고객의 경우, 열 가지 가운데 아홉 가지에서 100점의 서비스를 받았다고 해도, 한 가지 서비스에서 마이너스 점수를 받게 되면, 전체 만족도는 마이너스가 된다는 의미이다.

　㉡ 통나무 물통의 법칙

　　• 통나무 조각으로 만든 물통이 있다고 가정할 때 이 물통은 여러 조각의 나뭇조각을 묶어서 만들었기 때문에 어느 한 조각이 깨지거나 높이가 낮으면 그 낮은 높이만큼밖에 물이 담기지 않게 된다.

　　• 고객 서비스도 마찬가지인데, 고객은 접점에서 경험한 여러 서비스 가운데 가장 나빴던 서비스를 유난히 잘 기억하고, 그 기업을 평가하는 데 중요한 잣대로 삼는 경향이 있다.

　㉢ 100−1 = 0의 법칙 : 100가지 서비스 접점 중 어느 한 접점에서 불만족을 느끼면 그 서비스의 전체에 대하여 불만족을 느낀다는 법칙이다.

ⓔ TEN – TEN – TEN 원칙

- 고객을 유지하는 데 $10 소요
- 고객을 잃어버리는 데 10분 소요
- 고객을 다시 찾는 데 10년 소요

③ MOT 사이클의 3요소

ⓐ 하드웨어적 요소 : 기업의 이미지, 브랜드 파워, 매장의 분위기 및 편의시설, 고객지원센터, 매장 인테리어, 제품의 품질 및 성능, 설비의 사용 편리성

ⓑ 소프트웨어적 요소 : 서비스의 운영시스템과 프로그램, A/S와 고객관리시스템, 부가서비스 체계, 종업원의 업무처리 프로세스

ⓒ 휴먼웨어적 요소 : 종업원들의 서비스 태도 · 표정 · 억양 · 자세, 접객서비스 활동, 매너, 조직문화

④ MOT 사이클 차트 분석 5단계

ⓐ 1단계 : 서비스 접점 진단
ⓑ 2단계 : 서비스 접점 설계
ⓒ 3단계 : 고객접점 사이클 세분화
ⓓ 4단계 : 고객접점 시나리오 만들기
ⓔ 5단계 : 구체적인 서비스 표준안으로 행동

⑤ 서비스 표준안 작성 시 고려해야 할 사항

ⓐ 누가, 언제, 무엇을 해야 하는지 간단하고 정확하게 지시되어야 한다.

ⓑ 고객의 요구를 바탕으로 작성되어야 한다.

ⓒ 전 조직원이 고객의 니즈(Needs)를 받아들여 상호 이해와 협조하에 구성한다.

ⓓ 서비스 표준은 관찰 가능하고 객관적으로 측정 가능해야 한다.

ⓔ 서비스 제공자에게 필요한 명백하고 정확한 지침을 제공해야 하기 때문에 구체적으로 작성되어야 한다.

ⓕ 표준안은 최상위 경영층을 포함해 모든 조직구성원들이 받아들여야 한다.

ⓖ 업무안은 구체적이며 분명하게, 수행안은 간단 · 명료하게 명문화한다.

ⓗ 회사 경영진 및 직원들이 고객의 요구에 대한 상호이해를 바탕으로 함께 작성한다.

ⓘ 조직의 전반적인 표준으로 작성되어 조직 내 모든 구성원들이 받아들여야 한다.

⑥ MOT 평가

ⓐ MOT 차트는 세 개의 칸으로 이루어진 간단한 차트이다.

ⓑ 중앙에 MOT에 대한 고객의 표준적인 기대를 기록한다.

ⓒ 오른쪽 칸에는 MOT를 불만족스럽게 만드는 마이너스 요인, 왼쪽 칸에는 고객의 마음에 가치를 부가할 수 있는 플러스 요인을 적는다.

핵심예제

MOT 사이클 차트 분석단계 중 다음 보기의 ( ) 안에 들어갈 내용으로 가장 알맞은 것은?   [2022년]

- 1단계 : 서비스 접점 진단
- 2단계 : 서비스 접점 설계
- 3단계 : 고객접점 사이클 세분화
- 4단계 : ( )
- 5단계 : 구체적인 서비스 표준안으로 행동

① 구체적 포지셔닝 전개
② 수익성 예측지표 작성
③ 경쟁시장의 지속적 관여
④ 고객접점 시나리오 만들기
⑤ 고객의 문제해결 능력 배양

|해설|

MOT 사이클 차트 분석 5단계
서비스 접점 진단 → 서비스 접점 설계 → 고객접점 사이클 세분화 → 고객접점 시나리오 만들기 → 구체적인 서비스 표준안으로 행동하기

정답 ④

① 의의의 특징

　㉠ 의 의

　　• 틈새시장은 경쟁이 심한 산업분야나 남이 미처 알지 못하는 시장 또는 알고 있더라도 아직 공략이 제대로 되지 않는 시장에서 시장 세분화를 거쳐 틈새를 공략하는 것을 말한다.

　　• 시장의 변화 초창기 시장이 매스마케팅시장이었다면 1980년대는 세분화마케팅을 거쳐 틈새마케팅으로의 변환이 이루어진 시기이다.

　　• 이후 틈새마케팅은 다시 데이터베이스마케팅으로 변화하게 된다.

　㉡ 특 징

　　• 없어지거나 새로 생성되기도 한다.

　　• 끊임없이 변화하는 특징을 보인다.

　　• 틈새시장이 대형시장이 되기도 한다.

　　• 여러 기업이 똑같은 틈새시장에 공존하기도 한다.

② 틈새마케팅(Niche Marketing)

　㉠ 경쟁 기업이 미처 발견하지 못했거나 건드리지 않는 시장을 공략해서 수익을 창출하는 마케팅으로, 큰 수익이 보장되는 대량생산·유통·판매의 매스마케팅과 대립되는 개념이다.

　㉡ 이 마케팅 전략은 기업의 자원이 제한된 중소기업 혹은 소수의 작은 시장 등에서 높은 시장 점유율을 누리기 위한 경우 등에 사용된다.

　㉢ 틈새마케팅의 의미를 작은 시장(Small Market)에만 주목하라고 해석해서는 안 된다.

　㉣ 틈새시장은 작을 수도 있고 클 수도 있다. 시장이 크건 작건 관계없이 틈새 마케팅은 경쟁자가 진입하지 않은 좋은 틈새시장을 찾는 것에서 시작된다.

　㉤ 좋은 틈새시장은 미래에 성장할 것으로 예측되는 시장이다. 이 경우 틈새 마케팅의 목표는 시장선점 혹은 교두보 확보이다.

　㉥ 좋은 틈새시장이란 크게 성장할 것으로 예상되지는 않지만, 경쟁자들이 진입하지 않는 시장이다.

　㉦ 좋은 틈새시장을 찾는 작업은 필수적으로 기업의 변화를 요구한다.

　㉧ 여러 가지 작은 정보를 지속적으로 수집해야만 유용한 아이디어를 얻을 수 있다.

③ 이상적인 틈새시장이 존재하기 위해 필요한 전제조건

　㉠ 틈새시장은 장기적인 시장 잠재력이 있어야 한다.

　㉡ 이상적인 틈새시장은 중요 경쟁자들의 관심 밖에 있어야 한다.

　㉢ 기업은 시장의 욕구를 충족시켜 줄 수 있는 능력과 충분한 자원을 보유해야 한다.

　㉣ 기업은 자신들이 소비자로부터 확립해 놓은 신뢰관계를 통해 주요 경쟁자들의 공격을 방어할 수 있어야 한다.

　㉤ 대기업들이 시장에서 높은 매출을 올릴 수 있다면, 틈새시장을 공략하는 중소기업의 경우 높은 매출을 실현할 수는 없다고 해도 수익성을 보장받을 수 있는 충분한 시장규모와 구매력이 있어야 한다.

　㉥ 경쟁자들과의 협력과 상생을 통해서는 틈새시장에서 살아남을 수 없으며, 기업은 자신들이 소비자로부터 확립해 놓은 신뢰관계를 통해 주요 경쟁자들의 공격을 방어할 수 있어야 한다.

다음 중 이상적인 틈새시장이 존재하기 위해 필요한 전제조건에 대한 내용으로 가장 거리가 먼 것은? [2020년]

① 기업은 시장의 욕구를 충족시켜줄 수 있는 능력과 충분한 자원을 보유하고 있어야 한다.
② 틈새시장은 장기적인 시장 잠재력이 있어야 한다.
③ 대기업에 비해 중소기업이 더욱 높은 매출액을 실현할 수 있도록 중소기업 친화적인 시장 규모와 구매력이 있어야 한다.
④ 이상적인 틈새시장은 중요 경쟁자들의 관심 밖에 있어야 한다.
⑤ 기업은 자신들이 소비자로부터 확립해 놓은 신뢰관계를 통해 주요 경쟁자들의 공격을 방어할 수 있어야 한다.

|해설|

대기업들이 시장에서 높은 매출을 올릴 수 있다면, 틈새시장을 공략하는 중소기업의 경우 높은 매출을 실현할 수는 없다고 해도 수익성을 보장받을 수 있는 충분한 시장규모와 구매력이 있어야 한다.

정답 ③

① 파레토의 법칙(Pareto's Law)
  ㉠ 이탈리아 경제학자 빌프레도 파레토(Vilfredo Pareto)의 "일정한 소득수준 이하를 버는 사람의 수가 일정한 소득수준 이상을 버는 사람 수보다 줄어들면 소득비율의 불평등이 감소한다."라는 연구결과를 후세의 조셉 주란(Joseph M. Juran)이 연구하여 마케팅 전략 수립과 관련해 최초로 경영학에 도입한 개념이다.
  ㉡ 소비자 행동론에 기초한 '파레토 최적'의 개념으로 "전체결과의 80%는 20%의 원인에서 나온다."라는 내용을 담고 있다.
  ㉢ 20%의 '중요한 소수'가 80%의 '대수롭지 않은 다수'보다 뛰어난 가치를 창출한다는 의미, 즉 결과물의 80%는 조직의 20%에 의하여 생산된다고 주장하는 이론이다.
  ㉣ 마케팅 전략 수립과 관련해 '파레토 법칙'에 대한 설명
    • 소비자 행동론에 기초한 이론인 '파레토 최적'의 개념이다.
    • 총 매출의 80%는 20%의 고액구매 고객으로부터 나온다는 법칙이다.
    • 대부분의 현상이 중요한 소수에 의해 결정된다는 법칙이다.
    • '선택과 집중'이라는 키워드와 결합되어 기업 전략의 중요한 축을 형성하는 데 영향을 주었다.
② 롱테일의 법칙(Long Tail Theory)
  ㉠ 1년에 단 몇 권밖에 팔리지 않는 '흥행성 없는 책'의 판매량을 모두 합하면, 놀랍게도 '잘 팔리는 책'의 매상을 추월한다는 온라인 판매의 특성을 이르는 개념이다.
  ㉡ 20%의 핵심 고객으로부터 80%의 매출이 나온다는 유명한 파레토 법칙과 반대되는 개념으로 '역 파레토 법칙'이라고도 한다.
  ㉢ 80%의 '사소한 다수'가 20%의 '핵심 소수'보다 뛰어난 가치를 창출한다고 주장하는 이론이다.

ㄹ 틈새시장과 롱테일 법칙

- 롱테일 법칙이란 상품 종류가 다양한 온라인 매장의 경우 매출의 대부분이 오프라인에서는 판매량이 저조해 구비해 놓기 힘든 틈새상품에서 나온다는 법칙으로, 전체 상품의 20%에 해당하는 히트상품이 전체 매출의 80%를 불러일으킨다는 오프라인 매장의 파레토 법칙과 대비되는 개념이다.
- 온라인 매장의 상품별 매출 곡선을 그리면 틈새상품의 매출을 나타내는 부분이 동물의 꼬리처럼 얇고 길게 보이기 때문에 이름 붙여졌다.

더 알아보기

- 지브라의 법칙 : 소득분포에 관한 법칙의 하나로 1931년 프랑스의 통계학자 R. 지브라에 의해 제시된 이론이다.
- 고센의 법칙 : '한계효용체감의 법칙'과 '한계효용균등의 법칙'의 두 법칙을 일컫는다.
- 지니의 법칙 : 이탈리아의 통계학자 C. 지니에 의해 제시된 소득분포에 관한 통계적 법칙이다.

핵심예제

마케팅 전략 수립과 관련해 조셉 주란이 최초로 경영학에 도입한 개념으로 20%의 '중요한 소수'가 80%의 '대수롭지 않은 다수'보다 뛰어난 가치를 창출한다는 이론의 명칭은?　　[2018년]

① 지브라의 법칙　　② 고센의 법칙
③ 파레토의 법칙　　③ 지니의 법칙
⑤ 롱테일 법칙

|해설|

파레토의 법칙 vs 롱테일의 법칙

- 파레토의 법칙 : 결과물의 80%는 조직의 20%에 의하여 생산된다.
- 롱테일의 법칙 : 80%의 '사소한 다수'가 20%의 '핵심 소수'보다 뛰어난 가치를 창출한다.

정답 ③

핵심이론 09 SWOT 전략

① SWOT 분석

ㄱ 미래의 외부환경 변화에 따른 기회(Opportuni ties), 위협(Threats) 요인과 기업의 내부 능력에 있어서 강점(Strengths), 약점(Weaknesses) 요인 분석을 통하여, 회사의 강점을 활용하거나 약점을 보완하여 기회요인을 극대화하고, 위협요인을 극소화하는 등의 미래 전략대안을 개발하기 위한 경영도구이다.

ㄴ SWOT는 강점(Strengths), 약점(Weaknesses), 기회(Opportunities), 위협(Threats)을 의미하며, 강점(S)과 약점(W)은 내부 환경 분석에 해당하고, 기회(O)와 위협(T)은 외부 환경 분석에 해당한다.

ㄷ SWOT 분석 틀

- 외부 기회 요인 : 경쟁력이 약해진 경쟁사, 새로운 기술의 출현, 경제호황, 신규시장 발견
- 외부 위협 요인 : 뛰어난 대체재의 등장, 정부의 새로운 규제, 소비자 기호의 변화, 막강한 경쟁자 출현
- 내부 강점 요인 : 자사의 우월한 제조기술, 원활한 자금 조달, 높은 시장 점유율, 탄탄한 마케팅 조직, 높은 고객 충성도
- 내부 약점 요인 : 높은 이직률, 낮은 연구 개발비, 낙후된 시설

ㄹ SWOT 분석에 의한 마케팅 전략

SO전략 (강점 – 기회 전략)	시장의 기회를 활용하기 위해 강점을 사용하는 전략을 선택한다.
ST전략 (강점 – 위협 전략)	시장의 위협을 회피하기 위해 강점을 사용하는 전략을 선택한다.
WO전략 (약점 – 기회 전략)	시장의 약점을 극복함으로써 시장의 기회를 활용하는 전략을 선택한다.
WT전략 (약점 – 위협 전략)	시장의 위협을 회피하고 약점을 최소화하는 전략을 선택한다.

- 스핀오프(Spin – off) : 기존의 작품에서 파생된 작품
- 오프쇼어링(Off – shoring) : 인건비 등이 싼 해외로 나가는 현상
- 오픈 소싱(Open Sourcing) : 원청업체와 납품업체의 개방적인 납품 – 하청 관계 현상
- 클라우드 소싱(Crowd Sourcing) : 회사나 조직 내부 인적 자원에만 의존하지 않고 소비자 의견을 적극 수용하는 방식
- 리쇼어링(Reshoring) : 해외로 진출했던 기업들이 본국으로 회귀하는 현상
- 예 한국은행이 신종 코로나바이러스 감염증(코로나19) 사태로 대내외 경제구조가 크게 변화를 겪을 것이란 분석을 내놓았다. 특히 경제주체들의 위험회피성향 및 자국우선주의 확대로 물적, 인적 교류가 위축되면서 글로벌 교육 증가세가 이전보다 둔화될 것으로 보고 해외 생산기지의 본국회귀 즉 리쇼어링에 따른 기업의 자국중심 공급망 재편, 주요 부품 현지조달 등으로 글로벌 가치사슬 약화 기조가 심화될 경우 중간재 교역을 중심으로 부정적 영향이 더 확대될 수 있다고 밝혔다.

핵심예제

SWOT 분석에 의한 마케팅 전략 중 약점을 극복함으로써 시장의 기회를 활용하는 전략 유형은? [2021년]

① W–O 전략
② W–T 전략
③ S–O 전략
④ S–T 전략
⑤ S–W 전략

|해설|

W–O 전략(약점–기회 전략)은 시장의 약점을 극복함으로써 시장의 기회를 활용하는 전략을 선택한다.

정답①

핵심이론 10 서비스 패러독스

① 의 의
- ㉠ 과거에 비해 경제적으로 윤택해지고 다양한 서비스들을 누릴 수 있게 되었지만, 서비스에 대한 만족도는 오히려 낮아지는 현상을 '서비스 패러독스(Service Paradox)'라 한다.
- ㉡ 서비스 패러독스의 원인은 서비스 만족도를 결정하는 두 가지 요인인 서비스 성과에 대한 '높은 기대수준'과 '실제 서비스 성과'로 나눠볼 수 있다.
  - 고객의 높은 기대수준
    - 이동통신 서비스의 경우, 우수한 통화품질은 더 이상 기업의 차별적 역량이 될 수 없다.
    - 고객들의 마음속에 통화품질은 통신서비스라면 당연히 갖춰야 할 속성으로 자리 잡았기 때문이다.
  - 실제 서비스 성과 : 기업들이 혁신적인 서비스 출시를 통해 높아지는 고객의 눈높이를 따라가지 못한다면, 고객의 만족수준은 점차 떨어질 수밖에 없을 것이다.

② 서비스 패러독스 발생원인과 한계점
- ㉠ 서비스 성과 측면에서 서비스 질을 악화시키는 주요인은 기업 중심의 서비스 공업화(Service Industrialization)이다.
- ㉡ 서비스 공업화의 한계점은 서비스 표준화, 서비스 동질화, 서비스의 인간성 상실, 기술의 복잡화, 종업원 확보의 악순환을 들 수 있다.
  - 서비스의 표준화 : 서비스가 획일적으로 표준화되면 종업원의 자유재량이나 서비스의 기본인 인간적 서비스가 결여되며, 풍요로운 서비스경제 가운데 서비스의 빈곤이라는 인식을 낳게 된다.
  - 서비스의 동질화 : 무리하게 서비스의 균형을 추구하다 보니 서비스의 핵심인 개별성을 상실하게 되고, 결국 획일적이고 유연하지 못한 경직된 서비스를 제공하게 되는 것이다.

- 서비스의 인간성 상실
  - 기업이 효율성만을 강조하다 보면 인간을 기계의 부속품처럼 취급하게 됨으로써 제조업의 발전과정에서 나타났던 인간성 무시 현상이 나타나게 된다.
  - 인건비 상승으로 인해 제한된 종업원의 수와 폭등하는 서비스 수요에 의해 종업원들은 정신적·육체적으로 피곤해지며, 무수히 많은 고객을 상대하다 보면 기계적으로 되는 것이 불가피해지기도 한다.
  - 서비스에서는 이러한 종업원의 사기 저하나 정신적 피로가 즉각 서비스 품질에 반영되기 때문에 서비스 종업원의 인간성 상실은 제조업의 경우보다 더 심각한 문제가 된다고 할 수 있다.
- 기술의 복잡화
  - 제품이 너무 복잡해져서 소비자나 종업원이 기술의 진보를 따라가지 못하는 경우가 있다.
  - 손쉽게 인근 업소에서 수리 받던 시대는 지나가고, 이제 고객이 멀리까지 가야 되고 또 기다려야 하는 시대가 되었다.
- 종업원 확보의 악순환
  - 경쟁이 치열해지면서 경비절감을 위해 저임금 위주로 종업원을 구하다 보니 종업원의 확보도 힘들어져 충분한 교육훈련 없이 종업원을 채용하게 되고, 문제가 발생했을 때 대처할 수 있는 능력을 갖추지 못하게 된다.
  - 이직률이 높아 고객은 계속해서 초임 종업원으로부터 서비스를 받게 되어 서비스 품질은 낮아질 수밖에 없다.

서비스 패러독스 발생원인 중 '기술의 복잡화'에 대한 설명에 가장 부합하는 것은?

[2019년]

① 인간을 기계의 부속품 정도로 취급하여 인간 존엄성이 무시되는 현상이 발생되었다.
② 인력확보가 힘들어짐에 따라 충분한 교육 훈련 없이 종업원을 채용하는 문제가 발생되었다.
③ 획일적인 서비스를 제공하고 상황에 따라 유연하게 대응하지 못하며 경직되는 위험을 지니고 있다.
④ 손쉽게 인근 업소에서 수리 받던 시대는 지나가고, 이제 고객이 멀리까지 가서 기다려야 하는 시대가 되었다.
⑤ 종업원의 자유재량이나 서비스의 기본이 되는 인간적 서비스가 결여되어 서비스 빈곤이라는 인식을 낳게 되었다.

|해설|

기술의 복잡화
제품이 너무나 복잡해져서 소비자나 종업원이 기술의 진보를 따라가지 못하는 경우가 있다. 손쉽게 인근 업소에서 수리 받던 시대는 지나가고, 이제 고객이 멀리까지 가야 되고 또 기다려야 하는 시대가 되었다.

정답 ④

① 정 의
  ㉠ 서비스 실패는 고객과의 접점에서 고객의 불만족을 초래하는 경우라 할 수 있으며, 이는 기업과 고객·서비스 제공자와 고객 사이의 상호작용으로 발생한다. 그러므로 천재지변과 같은 불가항력적 문제는 서비스의 과실로 보지 않는다.
  ㉡ 여러 학자들의 정의를 보면 '고객과 접하는 과정에서 고객의 불만족을 초래하는 경우'라고 정의할 수 있다.
  ㉢ 기업과 고객 간에 또는 서비스 제공자와 고객 간의 상호 작용 안에서 발생할 수 있다.

② 서비스 실패에 대한 학자들의 정의

헤스켓, 새서, 하트	서비스 실패란 서비스 과정이나 결과에 대하여 서비스를 경험한 고객이 좋지 못한 감정을 갖는 것
윈	서비스 접점에서 고객 불만족을 일으키는 열악한 서비스 경험하는 것
벨, 젬케	수준이 심각하게 떨어지는 서비스 결과를 경험하는 것
자이다믈, 베리	고객이 느끼는 허용영역 이하로 떨어지는 서비스 성과
베리, 레너드, 파라수라만	책임이 분명한 과실로 인해 초래된 서비스 과정이나 결과

③ 서비스 실패에 대한 일반적인 개념
  ㉠ 책임소재와는 무관하게 서비스 과정이나 결과에 있어서 무엇인가 잘못된 것을 의미한다.
  ㉡ 서비스 과정이나 결과에 대하여 서비스를 경험한 고객이 좋지 못한 감정을 갖게 되는 것이다.
  ㉢ 고객이 지각하는 허용영역 이하로 떨어지는 서비스 성과를 의미한다.
  ㉣ 서비스 경험이 심각하게 떨어지는 서비스 결과를 초래하는 것이다.

④ 서비스 실패처리에서 고객이 기대하는 공정성 유형
  ㉠ 결과 공정성(분배 공정성)
    • 불만 수준, 서비스 실패에 맞는 결과물, 즉 보상을 의미한다.
    • 고객의 서비스 실패에 대한 유형적 보상을 의미하는 것으로 교환 및 환불, 가격할인, 쿠폰 제공 등에 해당한다.
  ㉡ 절차 공정성
    • 서비스 실패와 관련된 문제를 해결하는 과정에서 적용될 수 있는 기준을 말한다.
    • 회사의 정책, 규칙, 적시성 등에 해당한다.
  ㉢ 상호작용 공정성
    • 서비스를 제공하는 직원의 태도에 대한 기대를 의미한다.
    • 종사원의 친절, 배려, 사과 등 서비스 제공자의 응대 태도에 해당한다.

⑤ 서비스 실패의 중요성
  ㉠ 서비스 실패의 중요성은 향후 고객과 기업의 재거래 여부와 구전을 통한 신규 고객 창출에 영향을 미친다.
  ㉡ 서비스 실패는 하나의 부정적인 이미지가 기업 전체 이미지에 영향을 미치는 후광 효과(Hallo Effect)를 가져온다.
  ㉢ 하나의 분야에서의 서비스 실패는 다른 분야의 실패까지 유도하는 도미노 효과(Domino Effect)를 가져올 수 있기 때문에 매우 중요한 의미를 갖는다.

서비스 실패와 관련해 다음 보기의 내용과 같이 주장한 학자는?

[2022년]

> 서비스 실패란 서비스 결과가 고객의 기대 이하로 심각하게 떨어지는 서비스 경험을 의미한다.

① 자이다믈, 베리
② 새서, 하트
③ 존스터, 원
④ 베리, 레너드
⑤ 벨, 젬케

|해설|

서비스 실패에 대한 학자들의 정의

헤스켓, 새서, 하트	서비스 실패란 서비스 과정이나 결과에 대하여 서비스를 경험한 고객이 좋지 못한 감정을 갖는 것을 말한다.
원	서비스 접점에서 고객 불만족을 일으키는 열악한 서비스를 경험하는 것을 말한다.
벨, 젬케	수준이 심각하게 떨어지는 서비스 결과를 경험하는 것을 말한다.
자이다믈, 베리	고객이 느끼는 허용영역 이하로 떨어지는 서비스 성과를 말한다.
베리, 레너드, 파라수라만	책임이 분명한 과실로 인해 초래된 서비스 과정이나 결과를 말한다.

정답 ⑤

① 고객의 기업 이탈[수잔 키비니(Susan Keaveney)]
  ㉠ 서비스 전환 유형
    • 가격 : 공정하지 않은 가격
    • 불편 : 공간, 시간 등에 대한 불편
    • 핵심서비스 실패 : 서비스 제공자의 업무 실수, 서비스 파멸, 계산상의 오류
    • 서비스 접점 실패 : 서비스 제공자의 무례함, 냉담한 반응, 전문성 부족
    • 경쟁 : 경쟁업체의 서비스보다 뒤떨어짐
    • 윤리적 문제 : 거짓 정보, 속임수, 사기 또는 강매, 안전상의 문제, 위험성, 높은 가격이나 인상, 이해관계 대립
    • 비자발적 전환 : 서비스제공자의 업무중단, 점포 폐쇄 및 이전, 고객이동
    • 서비스 실패 반응 : 부정적 반응 또는 무반응, 내키지 않는 반응
  ㉡ 고객이 기업을 이탈하는 유형과 영향도
    • 핵심가치 제공 실패(44.3%) > 불친절한 고객 응대(34.1%) > 가격(29.9%) > 이용불편(20.7%) > 불만처리 미흡(17.3%) > 경쟁사의 유인(10.2%) > 기업의 비윤리적 행위(7.5%) > 불가피한 상황(6.2%)

② 서비스 회복
  ㉠ 그렌루스(1988)의 정의
    • 부정적 불일치로 인하여 발생되는 서비스 실패는 고객 불만족으로 이어지게 되므로, 서비스 회복을 통해 고객을 만족 상태로 회복시킬 수 있다고 제시하였다.
    • 서비스 회복에 실패할 경우, 이미 불만족을 느낀 고객에게 또 다시 실망시키는 부정적 결과를 가져올 수 있다.
    • 서비스 회복을 통해 불만족한 고객을 만족한 상태로 만든다면, 그 고객은 충성고객이 되어 기업과 재거래하기도 한다.
    • 서비스 회복을 하는 과정에서 지나치게 서두르게 되면, 이중일탈효과(Double – Deviation Effect)를 가져올 수 있으므로 주의해야 한다.

ⓒ 실제 연구결과에 따르면, 대다수의 고객 불만은 서비스의 실패 때문만이 아니라, 그것에 대응하는 종업원의 태도 때문이라고 한다.

ⓒ 서비스 회복은 크게 두 가지 유형으로, 사과와 공감으로 이루어진 '심리적 회복'과 금전적 손실과 불편함에 대해 보상하는 '물질적 회복'으로 나누어진다.

ⓔ 서비스 회복 패러독스(Service Recovery Paradox)
 • 서비스 실패가 일어나게 되더라도 효과적으로 그것이 회복만 된다면 서비스 실패 발생 전보다 고객에게 더 큰 만족을 줄 수 있는 기회가 될 수 있다는 주장에 근거한 이론이다.
 • 서비스 실패 후의 고객 만족도가 실패 이전의 만족도보다 높은 경우를 말한다.

핵심예제

'수잔 키비니' 교수가 제시한 고객 이탈 유형 중 가장 낮은 순위에 해당하는 것은? [2019년]

① 불가피한 상황
② 가 격
③ 경쟁사의 유인
④ 이용 불편
⑤ 불만처리 미흡

|해설|
고객이 기업을 이탈하는 유형과 영향도
핵심가치 제공 실패(44.3%) > 불친절한 고객 응대 (34.1%) > 가격(29.9%) > 이용불편(20.7%) > 불만 처리 미흡(17.3%) > 경쟁사의 유인(10.2%) > 기업의 비윤리적 행위(7.5%) > 불가피한 상황(6.2%)

정답 ①

핵심이론 13 A/S와 A/S의 품질 차원

① 의 의
 ⊙ A/S란 상품을 판매한 후에도 판매자가 그 상품에 대하여 수리나 설치 · 점검 등의 봉사를 하는 일을 말한다.
 ⓒ '무료 내지는 특별 가격으로 수선 서비스하는 일', '부속품이나 파트를 항상 준비하는 일', '몇 년간이든지 품질을 보증하는 일' 등이다.
 ⓒ 이러한 서비스가 가게나 상품에 대한 신뢰가 되어 충성고객으로 이어진다.

② 중요성
 ⊙ 고객이 상품을 구매할 때는 단지 상품 자체만 보고 결정하는 것이 아니라, 사후 서비스까지 염두에 두고 결정한다.
 ⓒ A/S 활동을 통해 고객관리를 하는 세일즈맨과 그렇지 않은 세일즈맨의 차이는 엄청나다.
 ⓒ A/S 활동을 철저히 하여 상품구매에 만족한 고객이 두 사람을 소개해 주고, 같은 식으로 계속해서 5단계를 이어가면, 순식간에 30여 명의 고객을 확보할 수 있게 된다. 자연스럽게 피라미드나 다단계 방식의 판매망이 형성되는 셈이다.
 ⓔ 위와 반대의 경우라면, 30여 명 이상의 잠재 고객을 잃는 결과를 초래하게 되며, 결과적으로 A/S 활동은 판매 못지않은 매우 중요한 활동이다.

③ 주요 요령
 ⊙ 1단계 : 고객의 요구에 맞는 제공
 ⓒ 2단계 : 만족도의 확인
 ⓒ 3단계 : 불만의 처리
 ⓔ 4단계 : 친밀감 유지 및 정보탐색
 ⓜ 5단계 : 정보의 제공 및 신뢰의 구축

④ 애프터서비스(A/S)의 품질 차원 모형[브래디(Brady)와 크로닌(Cronin)]

상호작용 품질	• 직원의 태도와 행동
	  – 고객 도움 의지
	  – 수리직원의 친절도
	  – 접수직원의 친절도
	  – 직원의 믿음(말, 행동)
	• 처리시간

물리적 환경 품질	• 정 책 • 편의성
결과품질	• 전문성과 기술

⑤ 효율적인 사후 서비스 관리를 통해 얻을 수 있는 기업의 이점

  ㉠ 사후 서비스 관리를 통해 얻을 수 있는 고객의 정보는 기존 제품의 품질 기능 향상에 도움을 준다.

  ㉡ 신제품 개발에 필요한 시간과 비용을 절감해 주는 이점이 있다.

  ㉢ 다양한 불편 사항이나 불만을 원활한 커뮤니케이션을 통해 분석하여 고객의 니즈와 트렌드를 파악할 수 있게 해준다.

  ㉣ 기업으로 하여금 추가적인 수익 창출에 드는 비용과 시간적인 노력을 절감해 주는 중요한 역할을 한다.

  ㉤ 사후 서비스 관리는 고객지원에 비용을 소모하여 재구매와 재거래를 통한 상품판매를 효과적으로 하는 방법이다.

핵심예제

'브래디(Brady)'와 '크로닌(Cronin)'이 제시한 애프터서비스(A/S)의 품질 차원 중 물리적 환경 품질에 해당하는 것은?

[2018년]

① 전문성　　　　　② 처리시간
③ 태도 및 행동　　④ 편의성
⑤ 기 술

|해설|

① · ⑤ 결과품질, ② · ③ 상호작용 품질에 해당한다.

정답 ④

핵심이론 14 고객인지 프로그램

① 고객인지 가치

  ㉠ 일반적으로 가치란 추상적인 신념이며, 이상적인 최종 상태나 개인의 이상적인 행동양식에 대한 개인의 신념을 나타내는 것이다.

  ㉡ 가치의 개념은 고객의 우선상황과 배경에 따라 달라진다고 느끼는 것으로 지각적이고 개인에 따라서 가치의 지각은 달라진다.

  ㉢ 가치는 인간의 행동에 영향을 미친다는 측면에서 근본적이고 광범위한 개념으로 평가되며, 개인의 행동을 정당화시켜 주기도 한다.

  ㉣ 자신의 생애에서 달성하고자 하는 중요한 최종상태에 대한 정신적 표현이며, 주관적 · 무형적 · 상징적 의미를 포함하는 경향이 있다.

② 인지적 요인

  ㉠ 인지는 사람이 자신의 신념, 태도, 행동, 환경 등에 가진 지식을 총칭하는 개념이다.

  ㉡ 개인의 인지구조 안에 있는 요소 사이에는 다음의 관계 중 한 가지 관계를 갖는다.

  • 무관계 : 하나의 인지가 다른 인지에 대해 아무 의무를 갖지 못하는 관계

  • 조화 관계 : 하나의 인지가 다른 인지에 순응하거나 일치하는 관계

  • 부조화 관계 : 하나의 인지가 다른 인지와 갈등을 일으켜 불일치하는 관계

  ㉢ 인지 요소 사이에 부조화가 발생하면 행동이나 태도의 일관성이 없어지고 갈등이 일어나므로, 대부분의 사람들은 신념, 태도, 언어, 행동이 일치하기를 희망한다.

  ㉣ 소비자는 자신의 믿음에 맞추어 행동을 바꾸기보다는, 자신이 행동한 것에 따라 믿음을 조정하는 동인을 형성한다.

③ 인지부조화

    ㉠ 페스팅거의 인지부조화 이론은 소비자가 각각 옳다고 생각하는 두 개의 지각이 서로 조화되지 않을 때의 심리 상태를 말한다.

    ㉡ 이러한 부조화 상태에서는 균형이 결여된 요소들 간의 조화를 이루어 심리적 불안감이나 긴장상태를 감소시키는 동기를 부여해야 한다.

    ㉢ 예를 들면, 고가의 자동차를 구입한 사람은 그 자동차를 구입하지 않은 사람에 비해 상품 광고를 더 열심히 봄으로써 비싼 자동차를 구입한 행동이 옳았다고 생각하고 싶은 것이다. 좋은 차를 구입한 것을 음미해서 기분이 좋아지려는 일종의 '인지적 협화'이다.

④ 5가지 고객인지 가치 유형[세스, 뉴먼, 그로스]

    ㉠ 기능 가치 : 상품의 품질, 서비스, 가격 등과 같은 물리적인 기능과 관련된 가치

    ㉡ 사회 가치 : 상품을 소비하는 사회계층집단과 연관된 가치

    ㉢ 정서 가치 : 상품을 소비하며 고객이 느끼는 감정과 관련된 가치

    ㉣ 상황 가치 : 상품을 소비할 때 특정상황과 관련된 가치

    ㉤ 인식 가치 : 상품의 소비를 자극하는 고객의 호기심, 새로움 등과 관련된 가치

⑤ 리츠칼튼 호텔의 고객인지프로그램

    ㉠ 의 의

      • 리츠칼튼 호텔은 모든 고객에게 규격화된 획일적 서비스를 제공하는 것이 아니라, 차별화된 개별적 서비스를 제공하는 것으로 유명하다.

      • 리츠칼튼 호텔이 제공하는 고도의 개별적 서비스를 가능하게 해주는 것이 바로 '고객인지 프로그램(Customer Recognition Program)'이라고 불리는 고객정보관리시스템이다.

      • 리츠칼튼 호텔에 단 한 번이라도 방문한 고객이 전 세계의 어느 곳에 있는 지점에 묵게 되더라도 이미 데이터베이스에 저장된 정보에 의해 고객이 좋아하는 것, 즐기는 것, 관심 있는 것을 호텔이 파악하고 있어 고객의 취향에 맞게 제공하는 것이다.

    ㉡ 고객 코디네이터

      • 리츠칼튼 호텔의 모든 체인점에는 한두 명의 고객 코디네이터가 근무하고 있는데, 이들의 주요업무는 자기호텔에 머무르는 고객의 개인적 취향에 대해 조사하고, 고객별로 차별화된 서비스의 제공을 위해 이를 활용하는 일이다.

      • 예약고객 명단이 입수되면 고객 코디네이터는 고객과 리츠칼튼 호텔 체인 지점 사이에서 일어났던 일을 저장해 놓은 고객이력 데이터베이스에 접속한다.

    ㉢ 고객만족의 극대화

      • 리츠칼튼 호텔은 고객인지프로그램을 활용하여 고객이 말하지 않아도 원하는 것을 미리 실천해 주는 서비스를 제공하고 있는데, 이러한 서비스는 전통적인 서비스에서 진일보한 개념이라 볼 수 있다.

      • 고객의 정보를 이용하여 고객에게 진심과 정성을 바탕으로 서비스 해줌으로써 리츠칼튼 호텔은 고객만족도를 극대화하고 있다.

핵심예제

고객인지 가치와 관련해 '세스, 뉴먼, 그로스'가 제시한 5가지 가치 유형에 포함되지 않는 것은?   [2019년]

① 정서 가치   ② 상징 가치

③ 인식 가치   ④ 사회 가치

⑤ 상황 가치

|해설|

'세스, 뉴먼, 그로스'가 제시한 5가지 가치 유형

기능 가치, 사회 가치, 정서 가치, 상황 가치, 인식 가치

정답 ②

① 서비스 수익체인
  ㉠ 의 의
    • 서비스의 수익체인은 고객서비스가 수익의 원천이 되는 논리적 구조를 말한다.
    • 서비스 수익체인은 수익성, 고객충성도, 직원만족도, 직원유지, 생산성을 연결시키는 일련의 관계를 말한다.
    • 기업의 수익성의 증가는 고객의 충성도로부터 파생되고, 고객의 충성도는 고객들이 인지한 서비스의 가치에 영향을 받은 만족도의 결과라고 할 수 있다.
    • 서비스의 가치는 직무에 만족하고 매진하는 생산성을 지닌 직원들에 의해 창출된다. 내부고객인 직원들이 만족하지 못하면 가치가 높은 서비스가 나올 수 없다.
  ㉡ 서비스 수익체인 모델

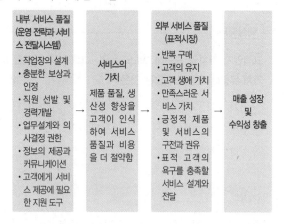

  ㉢ 서비스 수익체인의 구조와 기능
    • 고객충성도 : 수익성과 성장을 유발한다.
    • 고객만족 : 고객충성도를 높인다.
    • 서비스가치 : 고객만족을 유도한다.
    • 종업원 생산성 : 서비스가치를 유발한다.
    • 종업원 충성도 : 종업원 생산성을 유발한다.
    • 종업원 만족도 : 종업원 충성도를 유발한다.
    • 내부 품질 : 종업원 만족을 높인다.

  ㉣ 서비스 수익체인을 이용해 운영 단위를 지속적으로 관리하기 위한 7가지 단계
    • 1단계 : 모든 의사결정 단위를 거쳐 서비스 수익체인의 연관 관계 측정
    • 2단계 : 자체 평가한 결과에 대한 의견 교환
    • 3단계 : 성과 측정을 위한 균형점수카드 개발
    • 4단계 : 성과 향상을 위한 행동 지침 마련
    • 5단계 : 측정한 결과에 대한 보상 개발
    • 6단계 : 개별 영업 단위에서 결과에 대한 커뮤니케이션
    • 7단계 : 내부적 성공사례 정보 공유

② 서비스 전달시스템 유형
  ㉠ 기능 위주의 서비스 전달시스템 : 표준화된 서비스를 생산하는 데 적합하고, 기업에서는 서비스 담당자의 업무를 전문화하여, 고객이 직접 서비스 담당자를 찾아가는 형태이다.
  ㉡ 고객화 위주의 서비스 전달시스템
    • 다양한 고객의 욕구를 충족시킬 수 있지만, 표준화되고 일관적인 서비스는 제공하기 어려운 형태이다.
    • 기능 위주의 전달시스템보다 폭넓은 업무를 수행할 수 있다.
    • 대표적인 사례로 미용실, 세탁업, 숙박시설 등을 꼽을 수 있다.
    • 고객의 욕구가 다양하고 서로 다르다는 점에 착안하여 서비스 전달시스템을 설계한다.
    • 단 점
      – 일관되고 표준화된 서비스를 제공하기 어렵다.
      – 서비스제공자의 성격, 기분, 교육수준에 따라서 서비스 품질이 다르게 느껴질 수도 있다.
  ㉢ 프로젝트 위주의 서비스 전달시스템 : 일반적으로 규모가 큰 서비스 형태로 사업내용이 복잡하고 1회성 사업에 많이 쓰이는 형태이다.

다음 중 서비스 수익체인의 구조와 기능에 대한 설명으로 가장 올바르지 않은 것은? [2021년]

① 종업원의 충성도는 종업원 생산성을 유발한다.

② 고객충성도는 종업원 확보를 유발한다.

③ 종업원 만족은 종업원 충성도를 유발한다.

④ 서비스 가치는 고객 만족을 유도한다.

⑤ 내부 품질은 종업원 만족을 가져온다.

|해설|

서비스 수익체인의 구조와 기능
- 고객충성도 : 수익성과 성장을 유발한다.
- 고객만족 : 고객충성도를 높인다.
- 서비스 가치 : 고객만족을 유도한다.
- 종업원 생산성 : 서비스가치를 유발한다.
- 종업원 충성도 : 종업원 생산성을 유발한다.
- 종업원 만족도 : 종업원 충성도를 유발한다.
- 내부 품질 : 종업원 만족을 높인다.

정답 ②

핵심이론 16 제품 차원

① 3가지 제품 차원[테어도르 레빗(Theodore H. Levitt)]

ⓐ 핵심 제품 : 사용으로 욕구 충족을 얻을 수 있는 제품으로 제품이 주는 근본적 혜택, 즉 기본적 욕구를 충족시킬 수 있는 특성으로서 제품 개념이다.

ⓑ 실체 제품
- 소비자들이 실제로 구입하고자 하는 핵심 제품이다.
- 구매자가 실물적 차원에서 인식하는 수준의 제품이다.
- 핵심 제품에 포장, 상표, 스타일, 기타 속성 등이 가미된 형태의 제품 차원이다.

ⓒ 확장 제품 : 실체제품에 추가적으로 있는 A/S, 품질 보증, 설치서비스와 같은 사후 서비스와 직·배송 등의 혜택을 주는 제품이다.

② 5가지 제품차원[필립 코틀러(Philip Kotler)]

ⓐ 기본 제품(Basic Product) : 제품의 기본적 형태로서 핵심 이점을 유형 제품으로 형상화한 형태

ⓑ 핵심 이점(Core Benefit) : 구매자가 실제로 구입하는 근본적인 서비스 및 제품

ⓒ 잠재 제품(Potential Product) : 미래에 경험할 수 있는 변환과 혁신적으로 진보화함으로써 변모한 확장된 제품

ⓓ 예상 제품(Expected Product) : 제품 구입 시 구매자들이 정상적으로 기대하거나 합의하는 일체의 속성과 조건

ⓔ 확장 제품(Augmented Product) : 기업이 제공하는 것과 경쟁자가 제공하는 것과 구별되게 제공하는 추가적인 서비스 혹은 이점 제품

'레빗'이 제시한 3가지 제품 차원 중 구매자가 실물적 차원에서 인식하는 수준의 제품으로 핵심 제품에 포장, 상표, 스타일, 기타 속성 등이 가미된 형태의 제품 차원은?

[2018년]

① 핵심 제품
② 실체 제품
③ 확장 제품
④ 선택 제품
⑤ 본원 제품

|해설|

테어도르 레빗의 3가지 제품 차원
- 핵심 제품 : 사용으로 욕구 충족을 얻을 수 있는 제품으로 제품이 주는 근본적 혜택, 즉 기본적 욕구를 충족시킬 수 있는 특성으로서 제품 개념
- 실체 제품 : 소비자들이 실제로 구입하고자 하는 핵심 제품으로 포장, 상표, 스타일 등의 서비스가 가미된 형태
- 확장 제품 : 실체 제품에 추가적으로 있는 A/S, 품질보증, 설치서비스와 같은 사후 서비스와 직·배송 등의 혜택을 주는 제품

정답 ②

① 의 의

ㄱ 경쟁제품과 구별되는 특성을 강조함으로써 경쟁상의 우위를 확보하는 전략이다.

ㄴ 차별화에 성공하는 경우, 시장의 특정한 부분에서 국지적인 독점을 창출할 수 있고, 이로 인하여 소비자들에게 가격을 높게 받을 수 있는 힘도 생길 수 있다.

ㄷ 제품의 기술적인 품질수준은 거의 차이가 없는 상황에서, 현대 소비자의 니즈는 매우 다양화되어 제품 간의 작은 차이에 가치를 두는 사람들이 점점 증가함에 따라 고객위주의 제품차별화 전략의 중요성도 점점 커지고 있다.

② 유 형

ㄱ 고객세분화전략 : 고객을 비슷한 욕구를 가진 집단으로 구분하여 각 집단별로 마케팅 전략을 수립하는 것이다.

ㄴ 모델고객의 다원화 : 복잡한 형태로 전개되는 소비자 세분화에서 기업의 가장 효과적인 대응책이다.

ㄷ 극단화하는 시장의 변화에 적응 : 새로운 사회풍조인 개인화 성향은 소비에서도 양극화를 가져왔으며 따라서 자사의 공략 시장을 확실히 정하고, 이에 맞게 차별화하는 전략이 시장에서 살아남기 위한 필수요건이 될 것이다.

ㄹ 대량맞춤(Mass Customization)의 적용 확대
- 대량맞춤이란 대량생산(Mass Production)과 고객화(Customization)의 합성어이다.
- 개별 고객의 다양한 요구와 기대를 충족시키면서도 대량생산을 통해 낮은 원가를 유지할 수 있는데, 이는 정보기술과 생산기술이 비약적으로 발전함으로써 가능해진 것이다.

③ 제품 차별화 요소

형 태	상품의 크기, 모양 등의 물리적 구조
특 성	상품의 기본적 기능을 보충하는 특징
성능 품질	상품의 기본적인 것이 작동되는 수준
적합성 품질	상품 단위가 일관되며 약속된 목표 규격이 충족된 정도
내구성	정상적인 조건이든 또는 긴박한 조건이든 어떤 조건에서도 제품에 기대되는 작동 수명의 측정치
신뢰성	상품이 고장나지 않고 정상적으로 작동할 가능성의 측정치
수선 용이성	미작동 상품을 정상적으로 움직이게 할 가능성에 대한 측정치(수신자 부담 전화, 팩스, 원격상담 등)
스타일	상품이 구매자에게 좋게 느껴지는 형태
디자인	기업에게 경쟁적인 우위를 가져오게 하는 요인

④ 제품 차별화 방법

　㉠ 동일한 제품이라도 선택의 폭을 넓혀줌
　　• 차별화 수단 : 소포장, 분할판매, 묶음판매
　　• 똑같은 제품이라도 소용량 컵라면, 대용량 컵라면, 낱개판매, 묶음판매 등 다양한 유형의 판매방법을 도입하여 소비자의 선택의 폭을 확대한다.

　㉡ 대량판매 이용
　　• 차별화 수단 : 1+1(원플러스원) 행사, 이중가격제도, 덕용포장
　　• 생산할수록 원가가 줄어드는 내부경제가 존재하거나 원가 증가가 거의 없을 때 이용한다.

　㉢ 친환경제품 개발
　　• 차별화 수단 : 유기농 제품, 무공해 제품, 웰빙 제품
　　• 웰빙에 관심이 높은 고소득층에게 차별화된 제품을 제공한다.

　㉣ 개별 고객욕구 충족
　　• 차별화 수단 : 니치마켓, 경쟁제품 분석, 제품 개량
　　• 특정계층의 욕구를 충족시킬 수 있는(거인이나 소인을 위한 옷이나 신발 등) 시장을 개척한다.

　㉤ 기본적인 요소의 차별화가 곤란한 경우 하이터치 요소나 서비스를 강화
　　• 차별화 수단 : 디자인 개선, 서비스의 보강

　　• 디자인을 개선한다거나 무상 서비스 기간을 대폭 연장하는 등의 정책 사용

　㉥ 중류층이나 저소득층도 소비할 수 있는 제품의 개발
　　• 차별화 수단 : 소형 제품화, 염가 제품화
　　• 제품 크기를 줄이거나 가격을 대폭 낮춰 수요를 늘린다.

　㉦ 시장이 포화상태에 이른 경우 새로운 기능이 추가된 제품을 개발
　　• 차별화 수단 : 기능성 제품의 추가
　　• 소화가 잘 되는 우유 등과 같은 제품을 개발한다.

　㉧ 고객문제에 대한 새로운 해결방법 제시
　　• 차별화 수단 : 기능요소 차별화
　　• 더욱 효율적으로, 더욱 편리하고 신속하게, 더욱 적은 노력을 들여 경제적으로 해결할 수 있는 제품을 제공한다.

　㉨ 다른 사람과 차별화되는 높은 의미와 가치 제시
　　• 차별화 수단 : 상징요소 차별화
　　• 제품 기능 자체보다는 자아 이미지와 준거 집단의 가치 표출에 의해 차별화를 꾀하는 경우, 고급 골프웨어 브랜드나 고급 승용차 등은 그 기능상에는 큰 차이가 없지만 사회적 계층의식과 권위의식을 부각하는 경우
　　• 고가의 공공적 사치품(겉으로 드러나는 고가 제품)에 적용할 때 효과적이다.

　㉩ 따뜻한 감성이나 이미지 브랜드를 이용하여 차별화
　　• 차별화 수단 : 감성요소 차별화
　　• 오리온 초코파이의 '정'이나 경동보일러의 '부모님께 보일러 놔 드리기' 등이 감성마케팅으로 성공한 대표적 케이스

다음 제품 차별화 요소 중 '특성(Feature)'에 대한 내용으로 가장 올바른 것은?

[2019년]

① 제품의 크기, 모양 또는 물리적 구조
② 제품의 기본적인 기능을 보완하는 특징
③ 제품의 기본적인 특징이 작동되는 수준
④ 제품이 구매자에게 어떻게 보이며 좋게 느껴지는지의 정도
⑤ 제품이 특정 기간 내에 고장이 나지 않거나 제대로 움직일 가능성의 측정치

|해설|

① 형태, ③ 성능 품질, ④ 스타일, ⑤ 신뢰성에 해당하는 내용이다.

정답 ②

① 서비스 상표(Brand)의 요건
　㉠ 독특성 : 경쟁사의 브랜드와 명백히 구분되어야 한다.
　㉡ 유연성 : 기업의 전략 변화에 순응할 수 있어야 한다.
　㉢ 연관성
　　• 서비스의 속성이나 편익을 갖고 있어야 한다.
　　• 구체적이며 기업의 특성이 잘 드러나는 표현이 들어가야 한다.
　㉣ 기억 용이성
　　• 쉽게 이해되고 떠올릴 수 있어야 한다.
　　• 발음하기 쉽고 쓰기 쉬우며 기억하기 용이할수록 좋다.
　　• 기억이 용이한 요건으로 독특함을 갖고 간결성과 단순성이 있어야 한다.

더 알아보기

선도자의 법칙
최초의 브랜드가 시장의 선도자가 될 뿐만 아니라 시장점유율이나 판매순위가 브랜드의 시장화가 된 순서대로 되는 경우를 표현하는 용어이다.

　예 • 아들 : 엄마, 오늘 마트에 조미료 사러 가서 마트 삼촌한테 왜 '조미료 주세요.'라고 하지 않고 '미원 주세요.'라고 했어?
　　 • 엄마 : 그거야 조미료 중에서 미원이 제일 유명하니까 그렇게 말했지.

② 묶음가격 전략
　㉠ 정의 : 둘 혹은 그 이상의 상품을 패키지의 형태로 소비자에게 제공하는 마케팅 전략이다.
　㉡ 유 형
　　• 순수 묶음가격 전략 : 두 개 이상의 서비스를 개별적으로 구매할 수 없고 패키지로만 구매할 수 있도록 하여 가격을 책정하는 서비스 가격 전략의 명칭이다.
　　• 혼합 묶음가격 전략 : 두 개 이상의 상품이나 서비스를 할인된 가격에 패키지로 구매할 수 있도록 하

면서 별도로 분리하여 개별적으로도 구매할 수 있도록 가격을 책정하는 서비스 가격 전략의 명칭이다.

핵심예제

두 개 이상의 서비스를 개별적으로 구매할 수 없고 패키지로만 구매할 수 있도록 하여 가격을 책정하는 서비스 가격 전략의 명칭은?

[2020년]

① 선택 묶음가격 전략
② 순수 묶음가격 전략
③ 보증 묶음가격 전략
④ 혼합 묶음가격 전략
⑤ 비 묶음가격 전략

|해설|

묶음가격 전략

둘 혹은 그 이상의 상품을 패키지의 형태로 소비자에게 제공하는 마케팅 전략이다.

• 순수 묶음가격 전략 : 서비스를 패키지로만 구입할 수 있도록 하는 전략이다.
• 혼합 묶음가격 전략 : 서비스를 개별적으로나 패키지로 구입할 수 있도록 하는 전략이다.

정답 ②

핵심이론 19 의료기관의 특징

① 의료기관의 일반적 특징

㉠ 병원은 고도로 노동집약적 집단인 동시에 자본집약적인 조직체라고 할 수 있다.

㉡ 일반적인 이익 집단에 비해 병원은 기본적으로 비영리적 동기를 가지고 있다.

　• 병원은 이윤 극대화보다는 지역사회 주민의 건강 증진, 질병의 예방 및 치료에 중점을 둔 조직이 되어야 한다.

　• 이윤의 창출도 진료, 교육, 연구를 위한 의료기관으로서 기본적인 기능을 수행하기 위한 수단이 되어야 한다.

㉢ 진료 서비스라는 복합적인 생산품이 형성되기 위해 타 직종 간의 상하명령 전달체계가 생기게 되고, 이로 인해 이중적인 지휘체계가 형성될 수 있다.

㉣ 병원은 다양한 사업과 프로그램을 개발하여 지역 주민과 국가가 원하는 요구를 충족시킬 수 있어야 한다.

㉤ 진료 결과에 따른 신체적·정신적 효과를 명확하게 판별하기 어렵기 때문에 생산된 서비스의 품질 관리나 업적 평가가 어려운 특성을 보인다.

② 의료기관의 경제적 특징

㉠ 국민의 건강한 삶을 위해 필요한 다양한 요소 중 건강의 증진, 질병 예방 및 치료 등의 보건 의료분야가 필수적인 요소로 인식되었다.

㉡ 일반적인 상품에 대한 수요는 소비자의 구매의지에 의해 결정되지만, 의료에 대한 수요는 질병이 발생해야 나타나기 때문에 예측이 매우 어렵다. 이러한 질병의 예측 불가능성과 불규칙성에 집단적으로 대응하기 위해 의료보험에 가입한다.

㉢ 질병 발생은 매우 불확실하기 때문에 의료서비스에 대한 수요 역시 불확실하다.

㉣ 질병이 발생했을 때 제공되는 서비스의 종류나 범위에 대한 정보가 공급자인 의료인에게만 편중되는 정보의 비대칭성을 보인다.

ⓜ 누구도 소비로부터 배제되지 않는 비배제성과 개인의 소비가 다른 개인의 소비에 영향을 주지 않는 비경합성을 띠는 공공재적 성격을 가진다.

ⓗ 보건의료서비스는 면허 제도를 통해 의료시장에 법적 독점권을 부여한다. 따라서 공급시장의 진입장벽이 높고 면허가 있는 사람만 의료서비스를 제공할 수 있으므로 경쟁이 제한된다.

ⓢ 인간다운 생활을 위한 필수 재화의 성격을 가진다.

ⓞ 당사자들 간의 경제적 거래가 거래와 관계없는 사람에게도 비용이나 편익에 대한 차이를 발생시키는 외부효과를 보인다.

ⓩ 양질의 의료서비스에 대한 국민의 욕구는 치료의 불확실성에서 비롯되는 것으로, 정부나 민간의료기관으로 하여금 규제나 통제 혹은 의료기관 간의 규제적 경쟁을 통한 대응을 유도해야 한다.

다음 중 의료기관의 특징에 대한 설명으로 가장 올바르지 않은 것은?
[2019년]

① 병원은 고도로 노동집약적 집단인 동시에 자본집약적인 조직체라고 할 수 있다.

② 일반적인 이익 집단에 비해 병원은 기본적으로 비영리적 동기를 가지고 있다.

③ 진료 결과에 따른 신체적·정신적 효과를 명확하게 판별하기 어렵기 때문에 생산된 서비스의 품질 관리나 업적 평가가 어려운 특성을 보인다.

④ 병원은 의료 기관으로서 갖는 공익성을 우선으로 하되, 단일한 사업과 프로그램 개발에 집중하여 조직 이윤을 극대화하는 데 최선을 다해야 한다.

⑤ 진료 서비스라는 복합적인 생산품이 형성되기 위해 타 직종 간의 상하 명령 전달 체계가 생기게 되고, 이로 인해 이중적인 지휘체계가 형성될 수 있다.

|해설|

병원은 다른 이익집단과 다르게 비영리적 동기를 갖는다. 그러므로 병원은 이윤 극대화보다는 지역사회 주민의 건강 증진, 질병의 예방 및 치료에 중점을 둔 조직이 되어야 하며, 이윤의 창출도 진료, 교육, 연구를 위한 의료기관으로서 기본적인 기능을 수행하기 위한 수단이 되어야 한다.

정답 ④

① 의료서비스 품질

　㉠ 의료서비스의 특성
- 의료서비스 비용은 간접 지불 형태를 갖는다.
- 수요 예측이 불가능하다.
- 가격에 관계 없이 비탄력적이다.
- 의료서비스에 대한 기대와 성과가 불확실하다.
- 의사결정자의 컨디션, 의학적 수준 등에 따라 달라질 수 있다.
- 환자별 요구 서비스 형태가 획일적이지 않아 유형적인 제품 특성을 가지기 어렵다.

　㉡ 의료서비스 품질요소
- 도나베디언(Donabedian)
  - 효험(Efficacy)
  - 유효성(Effectiveness)
  - 적정성(Optimality)
  - 효율성(Efficiency)
  - 수용성(Acceptability)
  - 합법성(Legitimacy)
  - 형평성(Equity)
- 부오리(Vuori)
  - 효과성(Effectiveness) : 이상적 상황에서 서비스가 달성할 수 있는 최대의 효과와 비교해 보았을 때 일반적인 상황에서 실제로 나타나는 영향의 정도
  - 효율성(Efficiency) : 서비스 또는 프로그램의 단위 생산비용당 실제로 나타난 영향의 정도
  - 의학적 · 기술적 수준(Medical · Technical Competence) : 현재 이용 가능한 의학적인 지식과 기술을 환자 진료에 적용한 정도
  - 적합성(Adequacy) : 제공된 서비스가 집단의 요구에 부합한 정도로서 수적 · 분배적 측면

② 의료관광 유형

　㉠ 수술 치료형 : 심장수술, 장기이식, 중증난치병 치료, 골수이식 등 생명 보존과 직결되는 응급상황에서 자국에서 치료할 수 없는 경우 타국에서 수술 받는 유형

　㉡ 전통 치료형 : 만성질환, 알레르기와 같은 질환을 치료하고 건강을 유지하기 위해 온천이나 전통의학을 체험하는 웰빙형 의료관광 유형

　㉢ 미용의료형 : 성형수술이나 미용, 마사지 등 미용을 위한 의료관광 유형

　㉣ 휴양의료형 : 휴양에 적합한 자연환경과 건강을 위한 의료서비스가 갖춰진 곳에 체류하여 장기적으로 재활하는 유형

핵심예제

다음 중 '도나베디언'이 제시한 의료서비스 품질요소로 보기 어려운 것은?

[2019년]

① 통합성　　　　② 수용성
③ 합법성　　　　④ 형평성
⑤ 적정성

|해설|

도나베디언의 의료서비스 품질요소
- 효험(Efficacy)
- 유효성(Effectiveness)
- 적정성(Optimality)
- 효율성(Efficiency)
- 수용성(Acceptability)
- 합법성(Legitimacy)
- 형평성(Equity)

정답 ①

① 경영환경과 의료 환경의 변화

　㉠ 경영환경의 변화

　　• 최근의 의료 환경의 변화를 살펴보면, 중소병원의 도산 문제는 이미 심각한 수준에 이르러 의약분업 이후 병원 도산율이 일반기업 도산율에 비하여 15배 이상 높게 나타나고 있다.

　　• 의사 인력의 꾸준한 증가와 임금 상승, 포괄수가제 도입, 수가계약제 도입, 의료심사평가원 설립, 선택진료제도 도입에 따른 의료정책 변화로 의료 경영 환경이 급속한 변화를 맞고 있다.

　㉡ 의료 환경의 변화

　　• 생활수준의 향상과 생활환경의 변화로 인해 질병의 구도도 변화되어 만성퇴행성질환, 사고, 공해병 등이 증가하고, 건강에 대한 개념의 변화로 건강증진 서비스에 대한 수요도 증가하고 있다.

　　• 노령화가 빠르게 진행되고 있기 때문에 노인성 질환 및 만성질환에 대한 수요도 증가하고 있다.

　　• 소득증가에 따른 건강수준의 향상과 여성의 사회진출로 인한 출산율 감소로 인해 산부인과나 소아과를 찾는 수요는 계속 감소하고 있는 추세이다.

　　• 여성들의 사회진출 증가에 따라 상대방에게 호감을 주고 자신의 아름다움을 표현하기 위해 미용에 관련된 병원을 찾는 사람들이 증가하고 있다.

　㉢ 올바른 변화의 방향

　　• 급변하고 있는 21세기 의료 환경에 대응하기 위해서는 병원이 단순한 치료의 기능만을 제공하는 것이 아니라 인간을 중시하고, 자연환경을 고려하는 진료가 이루어져야 한다.

　　• 안전하고 쾌적하며, 미래의 성장과 변화에 대응할 수 있어야 한다. 또한, 첨단 개념의 의료 시스템을 갖춘 미래지향적인 병원이 되어야 하며, 환자 개인의 만족도와 삶의 질을 높이는 병원으로의 변화가 요구된다.

　　• 병원도 서비스 기관임을 명심해야 한다.

　　• 권위주의적인 관례를 벗고 고객에게 감동을 주어 다시 찾는 병원을 만들어야 한다.

　　• 환자 입장에서 병원인테리어를 구성한다.

　　• 고객관리전문가를 배치한다.

② 양질의 의료서비스 조건[마이어스(Myers)]

　㉠ 적정성 : 질적인 측면에서 의학적·사회적 서비스가 적절하게 제공되어야 한다.

　㉡ 조정성 : 예방, 치료 재활 및 보건 증진 사업과 관련된 다양한 서비스가 잘 조정되어야 한다.

　㉢ 효율성

　　• 최소한의 자원으로 최대한의 목적을 달성해야 한다.

　　• 보건의료의 목적을 달성하는 데 투입되는 자원의 양을 최소화하거나, 일정한 자원의 투입으로 최대의 목적을 달성할 수 있어야 한다.

　㉣ 접근성

　　• 모두가 편리하게 이용할 수 있도록 접근성이 우선되어야 한다.

　　• 지리적·재정적·사회문화적 이유로 이용자에게 필요한 의료서비스를 제공하는 데 있어 장애를 받아서는 안 되며, 모두가 양질의 의료서비스를 편리하게 이용할 수 있게 해야 한다.

　㉤ 지속성 : 각 개인에게 제공되는 의료가 시간적·공간적으로 상관성을 갖고 적절히 연결되어야 한다.

　㉥ 포괄성 : 치료나 재활, 그리고 예방 및 보건증진 사업 등의 여러 가지 서비스가 보건의료 내용에 포괄적으로 포함되어야 한다.

　㉦ 질(Quality) : 보건의료의 의학적 보건의료와 보건의료의 사회적 적정성이 동시에 달성되도록 적절하게 제공되는 질적인 것이어야 한다.

다음 중 마이어스(Myers)가 제시한 양질의 의료 서비스 조건으로 가장 올바르지 않은 것은? [2021년]

① 긴급성
② 적정성
③ 접근성
④ 효율성
⑤ 조정성

|해설|

마이어스(Myers)가 제시한 양질의 의료서비스 조건
- 적정성 : 질적인 측면에서 의학적·사회적 서비스가 적절하게 제공되어야 한다.
- 조정성 : 예방, 치료, 재활 및 보건 증진 사업 등의 다양한 서비스가 잘 조정되어야 한다.
- 효율성 : 보건의료의 목적을 달성하는 데 투입되는 자원의 양을 최소화하거나, 일정한 자원의 투입으로 최대의 목적을 달성해야 한다.
- 접근성 : 모두가 편리하게 이용할 수 있도록 접근성이 마련되어야 한다.
- 지속성 : 각 개인에게 제공되는 의료가 시간적·공간적으로 적절히 연결되어야 한다.

정답 ①

핵심이론 22 서비스 품질

① 의 의
ㄱ 서비스의 품질은 사용자의 인식에 의해 결정된다.
ㄴ 서비스 속성의 집합이 사용자를 만족시키는 정도가 서비스의 품질이라고 말할 수 있으며, 이것을 흔히 기대에 대한 인식의 일치라고 한다.
ㄷ 서비스 품질은 다음과 같은 두 가지로 구성된다.
- 사용자가 요구하는 서비스의 속성이 특정 서비스에 정의되어 있고, 또 그것에 부합되는 정도
- 이러한 속성에 대한 요구수준이 성취되어 사용자에게 인식되어지는 정도

② 서비스 품질의 관점
ㄱ 서비스 품질을 정의하는 데는 크게 고객필요관점과 고객의 품질지각관점으로 나누어 볼 수 있다.
ㄴ 고객필요관점 : 서비스 품질을 고객이 필요로 하고 요구하는 데 초점을 맞추어, 제공된 서비스가 고객의 기대나 요구에 부응하는 정도로 보고 있다.
ㄷ 고객품질지각관점 : 서비스 품질을 기대 – 불일치 패러다임에 근거하여 고객의 기대와 성과 사이의 지각 차이로 본다. 그러나 서비스 품질은 다항속성들로 구성되어 있다.
ㄹ 고객이 요구하는 바에 적합하게 한다는 것은 관련된 많은 품질속성 중의 어느 하나만 적합하게 하는 데 불과하기 때문에 고객필요관점은 잘못된 개념으로 지적되고 있다.
ㅁ 최근 학계에서는 기대 – 불일치 패러다임에 근거한 고객지각관점이 많은 호응을 얻고 있다.

③ 지각된 서비스 품질의 성격[자이다믈(Zeithaml)]
ㄱ 서비스 품질은 객관적 또는 실제적 품질과 다르다.
ㄴ 서비스 품질의 평가는 대개 비교 개념으로 이루어진다.
ㄷ 서비스 품질은 태도와 유사한 개념으로서 전반적인 평가이다.
ㄹ 서비스 품질은 고객이 여러 서비스들 간의 상대적 우월성 또는 우수성을 비교함에 따라 고·저로 평가된다.
ㅁ 서비스 품질은 추상적이고 다차원적이므로 대상을 장시간 지속적으로 관찰한 태도라고 할 수 있다.

④ 서비스 품질 측정 이유
　㉠ 개선, 향상, 재설계의 출발점
　㉡ 경쟁우위확보와 관련한 서비스 품질의 중요성 증대

⑤ 서비스 품질 측정이 어려운 이유
　㉠ 서비스 품질은 주관적이기 때문에 객관화하여 측정하기가 어렵다.
　㉡ 고객으로부터 데이터를 수집하는 일에 시간과 비용이 많이 들고 회수율도 낮다.
　㉢ 서비스 전달이 완료되기 이전에는 검증되기가 어렵다.
　㉣ 자원이 서비스 전달 과정 중 고객과 함께 이동할 수 있기 때문에 고객이 자원의 흐름을 관찰할 수 있어 서비스 품질 측정의 객관성이 저해된다.
　㉤ 고객은 서비스 프로세스의 일부이며, 변화를 일으키는 중요한 요인이다. 따라서 고객을 대상으로 하는 서비스 품질의 연구 및 측정에 어려움이 따른다.

핵심예제

다음 중 서비스 품질 측정이 어려운 이유에 대한 설명으로 가장 올바르지 않은 것은?　　　　　　　[2020년]

① 서비스 품질은 주관적이기 때문에 객관화하여 측정하기가 어렵다.
② 고객이 서비스 프로세스의 일부이며, 변화를 일으킬 수 있는 요인이기 때문에 측정에 어려움이 있다.
③ 서비스 전달이 완료되기 이전에는 검증되기가 어렵다.
④ 고객으로부터 데이터를 수집하는 일에 시간과 비용이 많이 들고 회수율도 낮다.
⑤ 자원이 서비스를 전달하는 과정에서 고객과 분리되어 이동되기 때문에 측정의 객관성이 저해된다.

|해설|

자원이 서비스 전달과정 중에 고객과 함께 이동하는 경우에는 고객이 자원의 흐름을 관찰할 수 있으며, 이런 점이 서비스 품질 측정의 객관성을 저해한다.

정답 ⑤

---

23 서비스 품질의 문제

① 기대된 서비스의 영향 요인
　㉠ 구 전
　㉡ 과거의 경험
　㉢ 전통과 사상
　㉣ 기업측의 약속
　㉤ 고객들의 개인적 욕구

② 서비스 품질의 문제가 발생되는 이유
　㉠ 기업의 단기적 견해
　㉡ 커뮤니케이션의 차이
　㉢ 직원에 대한 부적절한 서비스
　㉣ 생산과 소비의 비분리성 및 노동집약성
　㉤ 고객을 수치(Numerical)로 보는 견해

③ 서비스 산업의 품질이 낮은 이유
　㉠ 서비스에 대한 재작업, 실수의 개선 요구에 관대하다.
　㉡ 셀프서비스 및 자동화시스템이 확대되었다.
　㉢ 비용절감으로 인해 서비스 수준이 저하되었다.
　㉣ 생산과 동시에 일어나는 특성으로 품질관리가 어렵다.
　㉤ 서비스 종사원의 프로의식이 낮다.
　㉥ 고객의 수준이 낮을 때 서비스 품질도 저하된다.
　㉦ 지나치게 효율성과 생산성을 강조한다.
　㉧ 다양한 서비스를 제공함에 따라 실수가 발생한다.

더 알아보기

서비스의 산출관리
서비스 용량이 일정 수준으로 정해진 상태에서 매일의 수요를 용량에 맞추는 것을 의미한다. 서비스의 용량은 변화시키기 어려운 반면 수요 변동은 크기 때문에 효과적인 산출 관리의 필요성이 대두된다.

효과적인 서비스 용량 산출관리의 조건
• 시장 세분화가 가능한 경우
• 재고가 소멸되는 경우
• 수요가 변동하는 경우
• 설비 용량이 한정되어 있는 경우
• 예약을 통해 서비스를 미리 판매하는 경우
• 한계판매 비용이 낮고 한계용량 변경 비용이 높은 경우

다음 중 서비스 산업의 품질이 낮은 이유로 보기 어려운 것은?

[2019년]

① 지나친 효율성 및 생산성 강조
② 서비스 종사원의 프로의식 부족
③ 동시성으로 인한 품질 관리의 어려움
④ 비용 절감에서 오는 서비스 수준 저하
⑤ 셀프서비스와 자동화시스템의 지양 및 감소

| 해설 |

셀프서비스 및 자동화시스템의 확대

정답 ⑤

핵심이론 24 주란(Juran)의 서비스 품질 구분

① 사용자의 눈에 보이지 않는 내부적 품질(Internal Quality)
  ㉠ 항공, 철도, 전화, 호텔, 백화점, 유원지 등 설비나 시설 등의 기능을 발휘하도록 보수가 잘 되고 있는지를 나타내는 품질을 말한다.
  ㉡ 보전이나 정비가 잘 이행되지 않으면 사용자에 대한 서비스의 품질 저하로 나타난다.

② 사용자의 눈에 보이는 하드웨어적 품질(Hardware Quality)
  ㉠ 백화점에서 사용자에게 판매하기 위하여 사들인 상품의 진열 상태나 고객의 동선을 말한다.
  ㉡ 레스토랑 등의 요리의 맛, 호텔의 실내장식, 철도, 항공기 등의 좌석 크기와 안락함, 조명의 밝기 등이 있다.
  ㉢ 마트나 백화점에서 고객에게 판매하기 위해 구매하여 진열한 상품들의 진열상태나 고객들의 이동 동선, 음식점의 음식 맛, 호텔의 청결도, 영화관의 좌석 크기와 안락함 등을 나타내는 품질을 말한다.

③ 사용자의 눈에 보이는 소프트웨어적 품질(Software Quality)
  적절한 광고, 청구 금액의 착오, 은행의 기장 착오, 컴퓨터 실수, 배달 사고, 항공기·철도 등의 사고, 전화 고장, 상품의 매진·품절, 배송 사고 등에 관련된 품질을 말한다.

④ 서비스 시간성과 신속성(Time Quality)
  ㉠ 소프트웨어 품질의 일부로 볼 수 있으나, 주란(Juran)은 시간과 신속의 품질은 매우 중요하므로 별도로 구분해야 한다고 주장하였다.
  ㉡ 줄을 서서 기다리는 시간, 매장에서 판매원이 올 때까지의 시간, 수리 신청에 대한 회답 시간, 수리에 요하는 시간 등이 있다.
  ㉢ 대기시간, 불만에 대한 답변시간, 수리에 걸리는 시간과 관련된 품질(소프트웨어적 품질과 구분)이다.

⑤ 심리적 품질(Psychological Quality)
  ㉠ 내부고객 만족도는 심리적 품질을 결정하는 중요한 요소로 작용한다.
  ㉡ 예의 바른 응대, 친절 등의 기본적 품질로서 불특정 다수의 고객과 직접적으로 접촉할 종업원에게 매우 중요한 요소이다.

ⓒ 직원의 친절, 태도, 언행과 관련된 고객의 만족도와 관련된 품질을 말한다.

핵심예제

'주란(Juran)'의 서비스 품질 구분과 관련해 다음 〈보기〉의 설명에 해당하는 것은? [2018년]

> **보기**
> • 매장에서 고객에게 판매하기 위한 상품의 진열 상태나 고객의 동선 등을 의미한다.
> • 레스토랑 음식의 맛, 호텔의 실내 장식, 철도·항공기 등의 좌석 크기와 안락함, 조명의 밝기 등에 해당된다.

① 서비스의 시간성과 신속성
② 사용자의 눈에 보이는 하드웨어적 품질
③ 사용자의 눈에 보이지 않는 내부적 품질
④ 사용자의 눈에 보이는 소프트웨어적 품질
⑤ 사용자의 눈에 보이지 않는 소프트웨어적 품질

|해설|

사용자의 눈에 보이는 하드웨어적 품질(Hardware Quality)
마트나 백화점에서 고객에게 판매하기 위해 구매하여 진열한 상품들의 진열상태나 고객들의 이동 동선, 음식점의 음식 맛, 호텔의 청결도, 영화관의 좌석 크기와 안락함 등을 나타내는 품질을 말한다.

정답 ②

핵심이론 25 가빈(Garvin)의 품질차원과 품질 구성

① 5가지 관점의 품질 차원
 ㉠ 선험적 접근 : 철학적 관점이며 품질을 '고유한 탁월성과 동일한 개념'으로 정의하고, 경험을 통해 알 수는 있지만 분석하기는 어려운 성질의 개념으로 본다.
 ㉡ 사용자 중심적 접근 : 사용자의 필요와 욕구, 선호 등을 충족시키는 제품이 품질이 좋다고 가정하는 정의이다.
 ㉢ 제조 중심적 접근 : 사용자 중심적 접근과 대조되는 접근으로, 기업이 제품의 속성을 리스트대로 만들면 제품의 신뢰도가 높아져 품질이 좋다고 가정하는 것이다.
 ㉣ 제품 중심적 접근 : 제품이 가진 바람직한 속성의 총합이 클수록 제품의 품질이 양호하다는 정의이다.
 ㉤ 가치 중심적 접근 : 원가와 가격에 의해 품질을 판단하는 정의이다.

② 품질 구성의 8가지 차원

범 주	개 념
성과(성능)	• 제품이 가지는 운영적 특징 • 의도된 기능을 수행하는 능력
특 징	• 제품의 부가적 특성, 특정 제품이 가지고 있는 경쟁적 차별성
신뢰성	• 실패하거나 잘못될 가능성의 정도 • 제품이 의도된 기능을 일정기간 동안 수행하는 능력
적합성	• 고객의 세분화된 요구를 충족시킬 수 있는 능력
지속성(내구성)	• 고객에게 지속적으로 가치를 제공할 수 있는 기간
서비스 (제공) 능력	• 기업이 고객에게 제공할 수 있는 속도, 친절, 경쟁력, 문제해결 능력
심미성	• 외관의 미적 기능 • 사용자 감각에 흥미를 일으킬 수 있는 내용을 의미 • 사용자 감각, 즉 외관, 느낌, 냄새, 맛 등 개인적, 주관적 판단·선택
인지된 품질 (지각 품질)	• 기업 혹은 브랜드 명성

'가빈'이 제시한 5가지 관점의 품질차원 중 다음 〈보기〉의 설명에 해당하는 것은?

[2019년]

> 보기
>
> 철학적 관점이며 품질을 '고유한 탁월성과 동일한 개념'으로 정의하고, 경험을 통해 알 수는 있지만 분석하기는 어려운 성질의 개념으로 본다.

① 의존적 접근   ② 선험적 접근

③ 기업 중심적 접근   ④ 가치 중심적 접근

⑤ 제품 중심적 접근

| 해설 |

'가빈'이 제시한 5가지 관점의 품질차원

- 선험적 접근
- 사용자 중심적 접근
- 제조 중심적 접근
- 제품 중심적 접근
- 가치 중심적 접근

정답 ②

핵심이론 26 카노(Kano)의 품질 모형

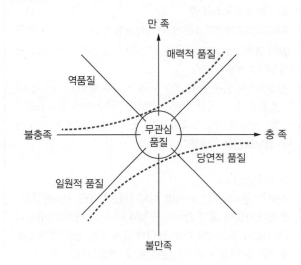

[카노의 품질 모형]

① 매력적 품질요소

　㉠ 소비자가 미처 기대하지 못했던 부분을 충족시켜 주거나, 기대했던 것이라도 기대 이상의 만족을 제공하는 품질요소를 말한다.

　㉡ 충족이 되면 고객은 만족하게 되고 충족되지 못하더라도 불만을 증가시키지 않는 고객감동의 원천이 된다.

② 일원적 품질요소

　㉠ 성과요소와 같은 개념으로 고객의 명시적인 요구사항을 말한다.

　㉡ 충족될수록 만족이 증대되고 충족되지 않을수록 불만이 증대된다. 이를 만족요인이라고도 한다.

③ 당연적 품질요소

　㉠ 최소한 갖추고 있어야 할 기본적인 품질요소를 말한다.

　㉡ 충족이 되어도 만족감을 주지 않지만 충족되지 않으면 불만을 일으키는 요소이다. 이를 불만족요인이라고도 한다.

④ 무관심 품질요소 : 충족되건 충족되지 않건 만족도 불만도 일으키지 않는 품질요소를 말한다.

⑤ 역 품질요소 : 충족이 되면 불만을 일으키고, 충족이 되지 않으면 만족을 일으키는 품질요소를 말한다.

매력적 품질요소의 예

KAIST(한국과학기술원)는 신소재공학과 김○○ 교수 연구팀이 20회 세탁해도 재사용 가능한 나노 섬유 마스크를 개발했다고 19일 밝혔다.

김교수 연구팀은 직경 100 ~ 500 나노미터(㎚) 크기의 나노섬유를 직교 내지 단일 방향으로 정렬시키는 독자기술을 개발, 세탁 후에도 우수한 필터 효율이 잘 유지되는 나노섬유 멤브레인을 개발했다.

진부화 현상

매력적 품질요소는 고객이 미처 제품에 대한 기대를 하지 못했기 때문에 고객 감동의 원천이 되나, 그 제품에 대한 기대 심리가 높아짐에 따라 일원적 요소 또는 당연적 요소로 옮겨갈 수 있다. 이런 현상을 '진부화 현상'이라고 한다.

핵심예제

다음 〈보기〉의 설명에 해당하는 용어로 알맞은 것은?

[2018년]

보기

카노(Kano)의 품질 모형 중 매력적 품질요소는 경쟁사를 따돌리고 고객을 확보할 수 있는 주문 획득 인자로서 작용하게 되며, 고객은 이러한 품질요소의 존재를 모르거나 기대하지 못했기 때문에 충족이 되지 않더라도 불만을 느끼지 않는다. 그러나 고객의 기대수준이 높아짐에 따라 일원적 품질요소, 또는 당연적 품질요소로 옮겨갈 수 있다.

① 진부화 현상   ② 가속화 현상
③ 미시적 환경 요인   ④ 자기중심화 편향
⑤ 주도적 조정화 현상

|해설|

진부화 현상

매력적 품질요소는 고객이 미처 제품에 대한 기대를 하지 못했기 때문에 고객 감동의 원천이 되나, 그 제품에 대한 기대 심리가 높아짐에 따라 일원적 요소 또는 당연적 요소로 옮겨갈 수 있다. 이런 현상을 '진부화 현상'이라고 한다.

정답 ①

핵심이론 27 'SERVQUAL'의 5가지 GAP 모델

① SERVQUAL(서비스 품질 측정도구)의 의의
  ㉠ SERVQUAL은 미국의 파라수라만(A. Parasuraman), 자이다믈(V. A. Zeithaml), 베리(Leonard L. Berry) 등 세 사람의 학자(PZB)에 의해 개발된 서비스 품질 측정도구이다.
  ㉡ 서비스 기업이 고객의 기대와 평가를 이해하는 데 사용할 수 있는 다문항 척도(Multiple-item Scale)이다.

② SERVQUAL의 5가지 품질의 구성 차원
  ㉠ 신뢰성
    • 약속한 서비스를 믿을 수 있고 정확하게 수행할 수 있는 능력
    • 약속한 시간 내에 서비스를 제공
    • 업무기록의 정확한 유지 및 보관
    • 소비자의 문제에 대해 관심을 보이고 해결
    • 정해진 시간 안에 업무처리 약속을 준수
  ㉡ 유형성 : 물리적 시설의 시각적 효과, 장비, 직원 커뮤니케이션 자료의 외양
  ㉢ 대응성 : 고객을 돕고 신속한 서비스를 제공하려는 태세
  ㉣ 확신성 : 직원의 지식과 예절, 신뢰와 자신감을 전달하는 능력
  ㉤ 공감성
    • 회사가 고객에게 제공하는 개별적 배려와 관심 등
    • 소비자에 대한 개인적 관심
    • 소비자의 이익을 진심으로 생각
    • 소비자에게 편리한 업무시간 운영

③ 서비스 품질 결정요인의 상대적 중요성
  신뢰성 > 대응성 > 확신성 > 공감성 > 유형성(결과 측면을 중요시함)

④ SERVQUAL의 다섯 가지 GAP 모델
  ㉠ GAP 1
    • 고객의 기대가 무엇인지 모를 때 발생한다.
    • 많은 관리 단계, 고객의 기대 관리 실패, 상향 커뮤니케이션 결여, 마케팅 조사의 중요성에 대한 이해 부족이 원인이다.
    • 조직의 관리 단계 축소가 해결 방안이다.

※ 고객과 경영층의 상호작용 결여와 최고위와 최하위 간의 관리 단계의 수에 따라 차이가 있으므로 기업 조직은 관리 단계를 축소하여 관리자가 고객의 욕구와 기대를 이해하기 위해서 노력해야 합니다.

ⓛ GAP 2
 • 적당한 서비스 설계의 표준을 찾지 못했을 때 발생한다.
 • 어수룩한 서비스 설계, 표준화 결여 등이 원인이다.

ⓒ GAP 3
 • 서비스 표준을 제대로 제공하지 못할 때 발생한다.
 • 인사정책 실패, 부적합한 감독시스템, 부적합한 종업원 등이 원인이다.
 • 종업원 업무 적합성 보장이 해결 방안이다.

ⓔ GAP 4
 • 외부 커뮤니케이션과 서비스 전달의 차이가 있을 때 발생한다.
 • 과잉 약속, 커뮤니케이션 부족이 원인이다.

ⓜ GAP 5
 • 고객이 기대한 서비스와 인식된 서비스가 일치하지 않을 때 발생한다.
 • GAP 5에 의해 서비스 품질이 결정된다.
 • GAP 5는 GAP 1 ~ GAP 4의 이유이다.

GAP 1	기대된 서비스 – 경영진의 고객 기대에 대한 인식	경영자 인지 격차
GAP 2	경영자 인식의 품질 명세화 – 경영진의 고객 기대에 대한 인식	경영자 인지 격차
GAP 3	서비스 전달 – 경영자 인식의 품질 명세화	서비스 전달 격차
GAP 4	서비스 전달 – 고객에 대한 외적 커뮤니케이션	시장커뮤니케이션 격차
GAP 5	기대한 서비스 – 경험(인지)한 서비스	경험한 서비스 격차, 서비스 품질 격차

핵심예제

SERVQUAL의 5가지 GAP 모델 중 GAP 3이 발생될 경우 해결 방안으로 가장 올바른 것은? [2020년]

① 고객의 기대 조사
② 체계적인 서비스 설계
③ 종업원 업무 적합성 보장
④ 고객 기대의 효과적인 관리
⑤ 적절한 물리적 증거와 서비스스케이프

|해설|

SERVQUAL의 다섯 가지 GAP 모델
 • GAP 1 : 고객의 무엇을 기대하는지 알지 못할 때 발생 (상향 커뮤니케이션 결여, 많은 관리 단계)
 • GAP 2 : 적당한 서비스 설계의 표준을 찾지 못했을 때 발생 (어수룩한 서비스 설계, 표준화 결여)
 • GAP 3 : 서비스 표준을 제대로 제공하지 못할 때 발생 (인사정책 실패, 부적합한 감독시스템, 부적합한 종업원)
 • GAP 4 : 외부 커뮤니케이션과 서비스 전달의 차이가 있을 때 발생(과잉 약속, 커뮤니케이션 부족)
 • GAP 5 : 고객이 기대한 서비스와 인식된 서비스가 일치하지 않을 때 발생(GAP 1 ~ GAP 4의 이유)

정답 ③

① 그렌루스의 6가지 품질 구성 요소

구성 요소	내 용
서비스 회복	실수가 발생했을 때 공급자가 즉각적 · 능동적으로 실수를 바로잡으려 하며 수용 가능한 해결방안 제시를 위해 노력한다는 것을 고객이 느끼는 것
태도와 행동	종업원들이 친절하고 자발적으로 고객에 대해 관심을 기울이며 일을 한다고 느끼는 것
신뢰성과 믿음	고객이 서비스 공급자 및 종업원, 기업의 운영체계 등이 고객과의 약속을 이행하리라 믿는 것
전문성과 기술	제품 및 서비스 문제를 해결하는 데 필요한 전문적 지식과 기술을 가지고 있다고 고객들이 인식하는 것
접근성과 융통성	서비스 공급자, 서비스 기관의 위치, 종업원, 운영체계 등이 서비스받기 쉬운 위치에 있고, 설계 · 운영되며 고객의 기대와 수요에 따라 융통성 있게 조절될 수 있다고 고객이 느끼는 것
평판과 신용	서비스 공급자의 운영과 이용 요금에 대해 신뢰할 수 있고 가치가 있다고 공감할 수 있는 것

② 'e − 서비스 품질(SQ)' 4가지 핵심 차원

효율성	최소한의 시간과 노력으로 원하는 서비스를 획득
실행성 (성취이행성)	정확한 배송 시간 등 서비스 이행의 정확성과 상품의 보장
신뢰성	온라인 페이지의 기술적인 작동상태와 구매 가능성 보장
보안성	신용정보나 구매정보의 안전한 보호

'e − 서비스 품질(SQ)'의 4가지 핵심 차원 중 다음 〈보기〉의 내용에 해당하는 것은?   [2018년]

> **보기**
> • 이 웹사이트는 약속한 날짜에 제대로 배달을 한다.
> • 이 웹사이트는 적정 소요기간 내에 주문 품목을 배달해 준다.

① 성취이행성   ② 보상성
③ 보안성   ④ 효율성
⑤ 신뢰성

|해설|

실행성(성취이행성)
정확한 배송 시간 등 서비스 이행의 정확성과 상품의 보장

정답 ①

29 역할 모호성 발생원인 및 커뮤니케이션의 주요기능

① 역할 모호성 발생원인[칸(Kahn)]

  ㉠ 조직의 투입정보에 제한을 가하는 관리관행

  ㉡ 사회구조적 요구에 의한 빈번한 기술의 변화

  ㉢ 개인의 이해 영역을 초과하는 조직의 규모 및 복잡성

  ㉣ 구성원들에게 새로운 요구를 하는 조직 환경의 변화

  ㉤ 조직의 급격한 성장으로 인한 재조직 구성

  ㉥ 재(再) 조직화를 수반하는 조직의 빠른 성장

  ㉦ 잦은 인사이동으로 인한 친숙한 상호관계의 저하

  ㉧ 사회에서 요구하는 기술 변화

② 커뮤니케이션의 주요기능[스콧(Scott)과 미셸(Michell)]

  ㉠ 조직 구성원의 행동을 통제하는 기능을 발휘한다.

  ㉡ 종업원들이 감정을 표현하고 사회적 욕구를 충족시키는 주요 수단이다.

  ㉢ 종업원들은 자신의 집단 내부의 커뮤니케이션 경로를 통해 관리자나 동료들에게 고충 또는 만족감 등을 표현하기도 하며 행동을 통제받기도 한다.

  ㉣ 종업원들의 동기유발을 촉진한다. 명령, 성과에 대한 보상, 평가와 교육훈련을 실시하며 리더십 행동들이 발생한다.

  ㉤ 의사결정을 하는 데 중요한 정보기능을 담당한다. 정보처리활동과 커뮤니케이션 채널이 개인이나 집단의 의사결정에 필요한 정보를 전달하는 개선방안들을 실천한다.

핵심예제

다음 중 '칸(Kahn)'이 제시한 역할 모호성 발생 원인으로 가장 거리가 먼 것은?

[2018년]

① 상호 독립성을 교란하는 간헐적 인사이동

② 조직의 투입정보에 제한을 가하는 관리관행

③ 사회구조적 요구에 의한 빈번한 기술의 변화

④ 개인의 이해 영역을 초과하는 조직의 규모 및 복잡성

⑤ 구성원들에게 새로운 요구를 하는 조직 환경의 변화

|해설|

칸(Kahn)이 제시한 역할모호성 발생 원인

• 사회구조적 요구에 의한 빈번한 기술의 변화

• 조직의 투입정보에 제한을 가하는 관리관행

• 재조직화가 요구되는 조직의 빠른 성장

• 구성원들에게 새로운 요구를 하는 조직 환경의 변화

• 개인의 이해 영역을 초과하는 조직의 규모와 복잡성

정답 ①

① 생산개념
  ㉠ 시중에서 쉽게 얻을 수 있는 값싼 제품을 소비자가 선호할 것이라고 믿는 개념이다.
  ㉡ Ford 자동차가 대량생산을 통해 규모의 경제를 이루고 가격인하를 성공시켜 소비자 복지를 실현하고자 했던 개념이다.
② 제품개념
  ㉠ 소비자가 최고의 품질, 성능, 혁신적인 특성을 제공하는 제품을 선호할 것이라고 믿는 개념이다.
  ㉡ 소비자가 잘 만든 제품의 품질과 성능을 높이 평가할 것이라고 보지만, 실제 시장의 요구는 그에 따르지 못하는 경우가 많다.
③ 판매개념
  ㉠ 조직이 기본적으로 고객을 그냥 두면 그들이 자발적으로 제품을 충분히 구매하지 않을 것이므로, 공격적인 판매와 촉진 노력을 수행해야 한다고 보는 개념이다.
  ㉡ 제품공급이 과잉상태에 있을 때, 이러한 개념이 지배되는 경우가 많다.
  ㉢ 목적시장이 원하는 것을 제조하기보다는 기업에서 만든 것을 판매하는 것에 목적을 두는 마케팅 개념이다.
  ㉣ 기업이 소비자들로 하여금 경쟁회사 제품보다 자사제품을 더 많이 구매하도록 설득해야 한다.
  ㉤ 이용가능한 모든 효과적인 판매활동과 촉진 도구 활용을 추구한다.
④ 마케팅 개념
  ㉠ 조직의 목표를 달성하기 위해서 선정된 목표시장에 우수한 고객가치를 창출 · 전달 · 의사소통하는 데 있어 경쟁기업보다 더 제품 중심적으로 만들어서 파는 철학이 아니라 고객 중심적으로 느끼고 반응하는 철학이다.
  ㉡ 고객에 대한 인식이 기업의 부 증대에 가장 중요한 요소가 되고, 조직의 최정상에 고객을 두어야 한다.
  ㉢ 고객지향성은 기업은 물론 대학, 병원, 박물관, 심포니 등 비영리조직에서도 필수적인 것으로 받아들여지고 있을 뿐만 아니라 중국과 같이 자유시장 경제원리를 빠르게 받아들이면서 국가경쟁력을 키우고 있는 나라들에서도 급속도로 확산되고 있다.

┤ 핵심예제 ├

기업이 과잉생산에 처할 경우 수행하는 개념으로 목적시장이 원하는 것을 제조하기보다는 기업에서 만든 것을 판매하는 것에 목적을 두는 마케팅 개념은? [2019년]

① 판매개념   ② 현장개념
③ 기술개념   ④ 제품개념
⑤ 추천개념

|해설|

판매개념(Sales Concept)
구매자들은 일반적으로 제품을 많이 구매하지 않기 때문에, 목적시장이 원하는 것을 제조하기보다는 기업에서 만든 것을 판매하는 것을 목적으로 하는 마케팅 개념이다.

정답 ①

① 마케팅 유형

㉠ 코즈 마케팅
  • 기업이 사회적 이슈(환경, 보건, 빈곤 등)를 기업의 이익 추구를 위해 활용하는 마케팅이다.
  • 기업이 소비자를 통해 제품 판매와 기부를 동시에 추구하기 위해 시행하는 마케팅이다.

㉡ 레트로 마케팅 : 사람들의 옛 추억, 향수 등의 감성을 자극하여 기억에 각인하는 마케팅이다.

  ▣ 최근 KIE 베이커리는 복고풍 도넛 제품인 '동네 도나쓰'를 출시했다. 옥수수 가루로 반죽한 작은 도넛 7개를 종이봉투에 담고 가격도 1,500원으로 저렴하게 책정했다. 고객들이 어린 시절 엄마 손을 잡고 재래시장에서 도넛을 사먹던 기억을 떠올릴 수 있도록 도넛을 튀길 때 사용하는 검정 솥을 매장에 비치하고 그 안에 설탕을 담아 고객들이 원하는 만큼 묻혀 가져갈 수 있도록 했다.

㉢ 티저 마케팅 : 제품이나 서비스의 정체를 밝히지 않고 호기심을 자극하여 소비자가 자신과 주변사람들에 질문을 던지도록 유도하는 마케팅이다.

㉣ 넛지 마케팅 : 구매를 유도하지만 구매자에게 선택의 자유를 주는 방식의 마케팅이다.

㉤ 플래그십 마케팅 : 대표상품의 긍정적 이미지를 다른 상품으로 확대하여 판촉 활동하는 마케팅이다.

② 경험적 마케팅의 5가지 전략적 모듈[슈미트(Schmitt)]

㉠ 관계적 경험 : 고객이 속한 사회 · 문화적 관계 등을 특정브랜드와 연결하여 공감대를 형성하는 기법이다.

㉡ 인지적 경험 : 지적 호기심을 자극하여 고객 참여 유도와 브랜드 관여도를 높이고, 고객의 브랜드 충성도를 제고하는 방법이다.

㉢ 감각적 경험 : 고객의 오감을 통한 자극으로 감각적인 경험을 고객에게 제공하는 기법이다.

㉣ 감성적 경험 : 긍정적 기분과 느낌 등으로 제품의 친밀도를 높여 브랜드에 특별한 감정을 유발하는 방법이다.

㉤ 행동적 경험
  • 제품의 브랜드 가치를 높이기 위해 고객과 체험을 통한 자긍심 · 성취감 등을 공유하고, 라이프스타일을 제시하는 방법이다.
  • 소비자의 육체적인 경험과 라이프스타일(Life Style), 상호작용에 영향을 끼치는 것을 목표로 하는 유형이다.

─ **핵심예제** ─

다음 〈보기〉의 설명에 해당하는 마케팅 유형은? [2018년]

보기
기업이 환경, 보건, 빈곤 등과 같은 사회적인 이슈를 기업의 이익 추구를 위해 활용하는 것으로 1987년 미국 아메리칸 익스프레스가 소비자들이 신용카드를 사용할 때 얻는 수입의 일부를 자유의 여신상 복원에 기부한 프로젝트가 대표적인 사례로 꼽힌다.

① 티저 마케팅 ② 코즈 마케팅
③ 넛지 마케팅 ④ 플래그십 마케팅
⑤ 레트로 마케팅

|해설|

코즈 마케팅
• 기업이 소비자를 통해 제품 판매와 기부를 동시에 추구하기 위해 시행하는 마케팅이다.
• 기업이 사회적 이슈(환경, 보건, 빈곤 등)를 기업의 이익 추구를 위해 활용하는 마케팅이다.

정답 ②

칼 알브레히트의 서비스 삼각형
(Service Triangle)

① 의 의

서비스마케팅은 제조업 마케팅을 의미하는 '외부 마케팅' 이외에도 고객과 직접 접촉하여 서비스를 제공하는 직원과 고객 간의 '상호작용 마케팅'과 직원이 고객에게 최상의 서비스를 제공할 수 있도록 지원하고 교육하는 '내부 마케팅'을 필요로 한다.

② 내부 마케팅

㉠ 고객에게 잘 봉사하기를 원하는 종업원을 고용하여 훈련시키고 동기유발시키는 과제인 내부 마케팅이 중요해져가고 있다.

㉡ 내부 마케팅에서는 여러 가지 마케팅 기능들, 즉 판매원, 광고, 고객 서비스, 제품관리, 마케팅 조사 등이 결합되어야 한다.

㉢ 마케팅은 다른 부서들에 의해서 포용되어야 한다.

㉣ 마케팅은 어느 한 부서의 업무가 아니라 모든 부서의 업무로서 그 업무가 고객에게 어떻게 영향을 미칠 수 있는가를 고려하는 접근을 택한다.

• 기업 – 종업원 간에 이루어지는 마케팅이다.

• 서비스의 품질 관리를 위해 직원을 교육 · 훈련하고, 이들에게 동기를 부여하는 내부 직원을 대상으로 하는 마케팅 활동이다.

• 내부 마케팅은 외부 마케팅보다 우선적으로 수행한다.

• 기업의 CEO는 직원에게 적절한 수준의 재량권을 부여함으로써 직원이 고객의 욕구를 확인하고 고객이 불만족할 때 신속하게 대응할 수 있게 하고, 직원이 주인의식과 책임감을 가지고 고객과 상호작용할 수 있게 해야 한다.

㉤ 내부 마케팅의 영향 요인 중 권한 위임

장 점	• 고객의 요구와 문제 발생에 대해 유연하고 신속하게 대응 • 고객 접촉 시 열정적 · 우호적인 분위기 • 역할 분담이나 모호성의 감소로 충성 고객 창출 • 종업원의 직무 만족 증대와 동기부여로 생산성 증진 및 서비스 개선
단 점	• 교육훈련과 채용에 비용이 많이 듦 • 책임감 있는 정규직 채용으로 인건비 상승 초래 • 서비스 제공이 더 느리고 서비스의 일관성이 낮아질 수 있음 • 회사가 감당하기 힘든 무리한 의사결정을 할 수 있음

더 알아보기

권한 위임의 이점

• 고객의 요구에 보다 유연하게 대응할 수 있다.

• 고객의 요구와 문제에 신속하게 대응할 수 있다.

• 열정적이고 우호적인 분위기에서 혁신적인 아이디어를 개발할 수 있다.

• 종사원의 동기부여를 통해 생산성 증진과 서비스를 개선시키는 고객지향 서비스 활동을 수행하게 해준다.

권한 위임의 부작용

• 일선 부서 간 고객 서비스의 격차가 발생되어 서비스 다양성을 실현할 수 있다.

• 고객서비스에 대한 결과의 책임소재가 불분명해지고, 상부의 공식적인 통제가 약화될 수 있다.

㉥ 내부 마케팅의 영향 요인 : 기업의 공식적인 관리통제

• 투입 통제 : 종사원 선발, 교육훈련, 전략계획, 지원할당

• 과정 통제 : 조직구조, 관리절차, 보상

• 결과 통제 : 불평, 서비스 품질, 고객만족

③ 외부 마케팅

㉠ 기업 – 고객 간에 이루어지는 마케팅

㉡ 서비스 산업에서도 CEO는 고객을 조사하고, 고객에게 제공할 서비스를 설계 디자인하여 제공하는 서비스 품질을 약속한다.

④ 상호작용 마케팅

　　㉠ 종업원 – 고객 간에 이루어지는 마케팅(고객접점 ·
　　　마케팅)

　　㉡ 서비스 기업의 직원들이 직접적으로 고객과 접촉하면
　　　서 실제 서비스를 제공(고객과의 약속 전달, 제공)

━ 핵심예제 ━

서비스 마케팅과 관련해 '칼 알브레히트'가 제시한 '서비스 삼각
형'의 요소 중 다음 〈보기〉의 (나) 안에 들어갈 내용으로 알맞은
것은? [2019년]

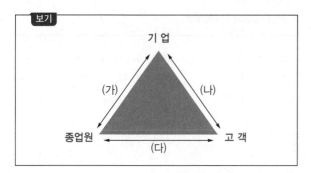

① 품질 마케팅　　　　② 내부 마케팅
③ 외부 마케팅　　　　④ 복합 마케팅
⑤ 상호작용 마케팅

|해설|

가. 내부 마케팅
다. 상호작용 마케팅

정답 ③

핵심이론 33 마케팅 믹스

① 전통적인 마케팅 믹스 '4Ps'

　㉠ Product(제품)

　㉡ Price(가격)

　㉢ Place(유통)

　㉣ Promotion(촉진)

② 마케팅 믹스의 4C이론[로버트 로터본(Robert Lauterbone)]

　㉠ Cost(고객 측의 비용)

　㉡ Customer(상품의 고객 가치)

　㉢ Convenience(유통의 편리성)

　㉣ Communication(고객과의 의사소통)

③ 확장된 마케팅 믹스 7Ps : 4P + 3P를 추가한 마케팅 믹스 전략

　㉠ 4P

　　• 제품(Product) : 품질, 디자인, 상표, 포장, 고객서
　　　비스, 보증기간 등

　　• 가격(Price) : 표시가격, 가격할인, 거래조건, 지불
　　　기간 등

　　• 유통(Place) : 유통경로, 시장포괄범위, 상품구색,
　　　서비스수준, 수송방법

　　• 판매촉진(Promotion) : 광고, 인적판매, 판매촉진,
　　　PR, 직접마케팅, 커뮤니케이션

　㉡ 3P

　　• 과정(Process) : 서비스의 수행과정, 수행흐름, 제
　　　도적 장치, 행사 진행 등

　　• 물리적 근거(Physical Evidence) : 매장의 분위기,
　　　공간배치, 사인, 패키지 등 서비스 품질적 요소

　　• 사람(People) : 종업원, 소비자, 경영진 등 소비와
　　　관련된 모든 인적 요소

Product (제품)	• 물리적 특성	• 보조서비스
	• 브랜드	• 보 증
	• 품 질	
Price (가격)	• 표준가격	
	• 거래조건(할부, 신용)	
	• 공 제	• 가격수준
	• 차별화	• 할 인
Place (유통)	• 경로, 배송	• 매장위치
	• 중간상	• 재고, 보관
	• 채널 관리	• 채널 유형
Promotion (판매촉진)	• 인적 판매(판매원)	
	• 광 고	• 마케팅
	• 핀 촉	• DM
	• 홍 보	
People (사람)	• 고객관계관리	
	• 고객 행동	
	• 직원 선발 · 교육 · 훈련 · 동기부여	
Physical Evidence (물리적 증거)	• 시 설	• 명함 · 팜플렛
	• 장비 · 설비	• 계산서
	• 건 물	• 보 증
	• 직원복장	
Process (생산과정)	• 서비스 활동의 흐름(표준화, 개별화)	
	• 고객의 참여수준	
	• 서비스 제공단계	
	• 정책, 제도	
	• 제도적 장치	
	• 행사 진행	

핵심예제

다음 〈보기〉의 내용 중 전통적인 마케팅믹스 '4Ps'를 찾아 모두 선택한 것은?   [2021년]

> **보기**
> 가. Price
> 나. Place
> 다. People
> 라. Product
> 마. Process
> 바. Promotion
> 사. Physical Evidence

① 가, 나, 다, 라
② 가, 나, 라, 마
③ 가, 나, 라, 바
④ 가, 다, 라, 사
⑤ 가, 라, 마, 바

| 해설 |

전통적인 마케팅믹스 '4Ps'
Product(제품), Price(가격), Place(유통), Promotion(촉진)

정답 ③

① 정 의

　㉠ 인지적 상태의 관점

　　• 고객만족을 구매자가 치른 대가의 보상에 대한 소비자의 판단으로 보는 관점이다.

　　• 구매자가 치른 대가에 대해 적절하게 또는 부적절하게 보상되었다고 느끼는 소비자의 인지적 상태이다.

　㉡ 고객의 평가로 보는 관점

　　• 고객만족은 고객의 욕구 및 요구를 충족시키는 정도에 대한 평가, 고객의 사전기대와 제품의 실제성과 또는 소비경험에서 판단되는 일치·불일치 정도 등 일련의 소비자의 인지적 과정에 대한 평가로 정의된다.

　　• 제공된 제품 또는 서비스를 획득하거나 소비함으로써 유발되는 욕구 및 요구(Needs and Wants)를 충족시키는 정도에 대한 소비자의 주관적인 평가이다.

　㉢ 정서적 반응으로 보는 관점

　　• 고객의 기대·불일치와 같은 고객의 다양한 인지적 처리과정 후 형성되는 정서적 반응으로 보는 관점이다.

　　• 고객만족은 특정 제품 또는 서비스를 사용, 소비 및 소유함으로써 얻는 경험의 평가에 대한 소비자의 정서적 반응으로 볼 수 있다.

　㉣ 만족에 대한 고객의 판단으로 보는 관점

　　• 고객의 인지적 판단과 정서적 반응이 결합되어 나타나는 것으로 여기서 고객 만족이란 소비자의 충족상태에 대한 반응이다.

　　• 제품·서비스의 특성 또는 제품·서비스 자체가 소비에 대한 충족상태(미충족 또는 과충족수준을 포함)를 유쾌한 수준에서 제공하거나 제공하였는가에 대한 판단이다.

② 고객만족(CS)을 위한 계획 수립(Planning)의 장점

　㉠ 조정을 도와주는 역할을 한다.

　㉡ 시간 관리를 할 수 있게 해준다.

　㉢ 조직 구성원의 행동지침이 된다.

　㉣ 집중도를 높이고 조직의 유연성을 향상시켜 준다.

　㉤ 계획 수립의 장점은 통제의 근원이 된다는 것이다.

―― **핵심예제** ――――――――――――――――

고객만족(CS)을 위한 계획 수립(Planning)의 장점에 대한 내용으로 가장 올바르지 않은 것은?　　　　[2018년]

① 조정을 도와주는 역할을 한다.

② 시간 관리를 할 수 있게 해준다.

③ 조직 구성원의 행동지침이 된다.

④ 통제를 근본적으로 제거할 수 있도록 도와준다.

⑤ 집중도를 높이고 조직의 유연성을 향상시켜 준다.

| 해설 |

계획 수립의 장점은 통제의 근원이 된다는 것이다.

정답 ④

핵심이론 35 고객만족지수(CSI)

① **정 의**

고객만족지수는 현재 생산, 판매되고 있는 제품 및 서비스 품질에 대해 해당제품을 직접 사용해 보고 이 제품과 관련된 서비스를 받아 본 고객이 직접 평가한 만족수준의 정도를 모델링에 근거하여 측정, 계량화한 지표이다.

② **고객만족지수(CSI ; Customer Satisfaction Index) 측정의 필요성**

　㉠ 경쟁사의 강 · 약점 분석

　㉡ 자사의 경쟁 관련 품질성과 연구

　㉢ 자사 및 경쟁사의 고객충성도 분석

　㉣ 고객유지율의 형태로서 예측된 투자수익률(ROI) 예측

　㉤ 고객의 기대가 충족되지 않은 영역 평가

　㉥ 고객의 제품 및 서비스 가격 인상의 허용 폭 결정

　㉦ 경쟁사 고객만족도(CS)의 강 · 약점 분석

　㉧ 잠재적인 시장진입 장벽 규명

　㉨ 효율성 평가와 불만해소의 영향 분석

③ **고객만족 측정 방법 중 직접측정에 대한 설명**

　㉠ 일반적으로 단일한 설문 항목 또는 복수의 설문 항목을 통해 만족도를 측정하는 방식을 말한다.

　㉡ 조사 모델이 간명하며 하위 차원에 대한 만족도 결과를 합산할 때 발생되는 중복 측정의 문제를 방지할 수 있다.

　㉢ 민간부문을 대상으로 하는 만족도 조사에서 가장 많이 사용되는 방식이라 할 수 있다.

　㉣ 직접측정에 의거하여 종합만족도를 구하고 있는 대표적인 조사로 ACSI, NCSI 등을 꼽을 수 있다.

　㉤ 단일 문항 측정 방법에서 측정 오차 문제를 해소하기 어렵기 때문에 복수의 설문 항목을 통한 측정으로 한정하여 정의하기도 한다.

④ **고객만족 측정 모형**

　㉠ PCSI(Public – service Customer Satisfaction Index, 공공기관 고객만족도 지수) : 한국능률협회컨설팅(KMAC)과 서울대학교가 함께 공동 개발한 공공부문 고객만족 측정의 대표적인 현장 실천형 모델로서 품질지수, 만족지수, 성과지수 등으로 측정항목이 구성되어 있다.

　㉡ NCSI(National Customer Satisfaction Index) : 국내외의 최종 소비자에게 판매되는 제품 및 서비스에 대해 고객이 직접 평가한 만족도를 측정하고 계량화한 지표이다.

　㉢ ACSI(American Customer Satisfaction Index) : 미국의 고객만족지수 측정 모형으로 고객화, 신뢰평가도, 전반적 품질 등의 3가지 요소로 평가한 지표이다.

　㉣ KS – SQI(Korean Standard – Service Quality Index) : 한국표준협회(KSA)와 서울대학교 경영연구소가 공동 개발한 모델로 서비스 산업 전반의 품질수준을 나타내는 종합지표이다.

　㉤ KS – CQI(Korean Standard – Contact Service Quality Index) : 우리나라 콜센터의 서비스품질 수준을 국내 실정에 맞게 과학적으로 조사 · 평가하여 개발한 모델이다.

더 알아보기

KS – SQI 모델 구성차원(2006년 조사모델 재정립 과정을 통해 발표)

영 역	구성요인	내 용
성과 영역	본질적 서비스	소비자가 서비스로 얻고자 하는 기본적인 욕구 충족
	부가 서비스	소비자에게 경쟁사와 다른 혜택과 부가적인 서비스를 제공
과정 영역	신뢰성	소비자가 서비스 제공자에게 느끼는 신뢰감(종업원의 진실, 정직, 기술과 지식을 갖춘 서비스 수행)
	친절성	소비자를 대하는 예의바르고 친절한 태도
	지원성	소비자의 요구에 신속한 서비스를 제공하려는 의지
	접근성	서비스를 제공하는 시간과 장소의 편리성
	물리적 환경	서비스 평가를 위한 외형적인 단서

⑤ 종합만족도 측정 방식

　㉠ 직접측정 : 단일 항목이나 복수의 설문 항목으로 측정하는 방법이다.

　㉡ 간접측정

　　• 다양한 서비스의 하위 요소나 품질 등에 대한 만족도의 합을 복합 점수로 측정하는 방법으로 가중치가 부여된 각 차원 만족도의 합으로 산정한다.

　　• 여러 가지 서비스의 하위요소 또는 품질에 대한 차원만족도의 합을 복합점수로 간주하는 방식이다.

　　• 중복측정 문제를 방지할 수 있으나, 가중치 부여 등 조사모델이 복잡해질 수도 있다.

　㉢ 혼합측정 : 직접측정과 간접측정의 혼합된 측정이다.

핵심예제

다음 중 고객만족지수(CSI) 측정의 필요성과 가장 거리가 먼 것은?

[2019년]

① 경쟁사의 강·약점 분석

② 자사의 경쟁 관련 품질성과 연구

③ 자사 및 경쟁사의 고객충성도 분석

④ 제품 및 서비스 초기 출시 가격 결정

⑤ 고객유지율의 형태로서 예측된 투자수익률(ROI) 예측

|해설|

고객만족지수(CSI ; Customer Satisfaction Index) 측정의 필요성

• 경쟁사의 강·약점 분석

• 자사의 경쟁 관련 품질성과 연구

• 자사 및 경쟁사의 고객충성도 분석

• 고객유지율의 형태로서 예측된 투자수익률(ROI) 예측

• 고객의 기대가 충족되지 않은 영역 평가

• 고객의 제품 및 서비스 가격 인상의 허용 폭 결정

• 경쟁사 고객만족도(CS)의 강·약점 분석

• 잠재적인 시장진입 장벽 규명

• 효율성 평가와 불만해소의 영향 분석

정답 ④

핵심이론 36 마케팅 조사 시 적용 기법

① 정량(Quantitative)조사

　㉠ 정량조사에서 정량은 조사의 결과를 양적으로 표현하는 것을 말한다.

　㉡ 전화조사, 1 : 1 개별면접조사, 우편조사, 온라인 조사 등 비교적 많은 수의 응답자를 대상으로 조사한 내용을 집계하여 특정질문에 대한 응답이 몇 % 혹은 평균 몇 점 등과 같은 형식으로 분석하게 된다.

　㉢ 정량조사에서 가장 중요한 점은 바로 표본의 대표성이다. 즉, 조사대상의 전체가 아닌, 일부만을 표본으로 추출하여 조사를 진행하게 되므로, 일부의 표본이 전체를 대표할 수 있어야 한다.

　㉣ 표본의 대표성을 나타내는 정도를 '표본오차'라고 하며, 모든 형태의 정량조사는 표본오차가 존재하게 된다.

　㉤ 흔히 언론에서 접하게 되는 각종 여론조사나 선거조사 등은 모두 정량조사라고 할 수 있으며, 일부만으로 구성된 표본으로 전체 대상의 의견을 파악할 수 있다는 점이 가장 큰 장점이라고 할 수 있다.

　㉥ 마케팅 조사 시 정량조사 기법을 적용해야 하는 경우

　　• 각 상표의 포지셔닝 파악

　　• 시장 세분화 및 목표시장 선정

　　• 소비자의 특성별 니즈 구조와 차이

　　• 시장 경쟁상황 및 소비자 태도와 행동 파악

※ 정량조사 기법은 전체 모집단을 대표할 수 있는 표본 대상을 선발하여 자료를 수집하는 방법으로 가설의 질적 검증과 의미 확인에는 적합하지 않습니다.

② 정성(Qualitative)조사

  ㉠ 정량조사를 통해 어떤 현상이나 사실에 대해 객관화하거나 검증을 할 수는 있으나, 그러한 현상이나 문제점에 대한 구체적인 원인이나 심층적인 정보를 얻는 데는 한계가 있다.

  ㉡ 정성조사는 정량조사에서 파악할 수 없는, 더 구체적인 내용을 얻고자 할 때 활용된다.

  ㉢ 정성은 물질의 성분이나 성질을 밝히어 정함의 의미가 있으며, 정량조사에서 도출될 수 없는 현상의 질을 파악할 수 있다는 점이 정성조사의 가장 큰 장점이라고 할 수 있디.

  ㉣ 대표적인 정성조사로는 FGD(Focus Group Discussion)와 In – depth Interview가 있으며, 소수의 응답자를 대상으로 비교적 장시간에 걸쳐 인터뷰를 하여 특정 이슈나 대상에 대한 응답자의 생각을 깊이 있게 파악하게 된다.

  ㉤ 마케팅 조사 시 정성조사 기법을 적용해야 하는 경우
    • 예비적 정보의 수집
    • 양적 조사의 사전 단계
    • 사전 지식이 부족한 경우
    • 소비자를 깊이 이해하려는 시도

정성조사 기법	정량조사 기법
• 정량적 조사의 사전 단계, 가설의 발견, 사전 지식이 부족한 경우 • 가설의 검증 및 확인 • 고객의 언어의 발견 및 확인 • 고객을 심층적으로 이해하려는 시도 • 다양한 샘플링 확보가 어려운 경우 • 신속한 정보를 획득하고 싶을 경우	• 가설 검증으로 확정적 결론 획득 • 시장 세분화 및 표적 시장 선정 • 시장 상황과 소비자의 행태 파악 • 고객의 특성별 요구 차이 • 각 상표별 강점 · 약점을 파악

③ 탐험조사

  ㉠ 주로 비계량적인 방법이 사용된다.

  ㉡ 비정형적인 절차를 사용하여 자료 수집과 분석이 이루어진다.

  ㉢ 대표적인 조사 방법으로 심층면접, 표적집단면접법, 전문가의견조사, 문헌조사 등이 있다.

  ㉣ 특정 그룹이나 제한된 숫자의 개인 인터뷰를 통한 예비조사를 실시하여 조사 목표를 수정하거나 재규정하는 데 사용한다.

  ㉤ 조사의 문제가 불명확하거나 잘 모를 때 기본적인 정보를 언기 위해 사용한다.

핵심예제

마케팅 조사 시 정량조사 기법을 적용해야 하는 경우로 가장 거리가 먼 것은?
[2021년]

① 각 상표의 포지셔닝 파악
② 소비자 언어의 발견 및 확인
③ 시장 세분화 및 목표시장 선정
④ 소비자 특성별 니즈 구조와 차이
⑤ 시장 경쟁상황 및 소비자 태도와 행동 파악

| 해설 |

소비자 언어의 발견 및 확인은 '정성조사' 기법이다.

정답 ②

설문지 개발 및 국가고객만족도(NCSI) 설문의 구성

① 설문지 개발

㉠ 질문의 표현을 결정할 경우 유의해야 할 사항

- 애매모호한 질문은 피한다.
- 가급적 쉬운 질문을 사용한다.
- 한 번에 두 개 이상의 질문을 하지 않는다.
- 응답자가 답변하기 쉬운 질문을 한다.

㉡ 질문의 순서를 결정할 경우 유의해야 할 사항

- 단순하고 흥미로운 질문부터 시작한다.
- 어렵거나 민감한 질문은 뒤에 위치시킨다.
- 논리적이고 자연스러운 흐름에 따라 질문을 위치시킨다.
- 설문지 내용이 많을 경우 중요한 질문은 앞쪽에 위치시킨다.
- 더 포괄적인 질문을 한 다음 구체적인 질문을 한다.

② 국가고객만족도(NCSI) 설문의 구성

구 분	내 용
고객 기대수준	• 구입 전 평가 – 품질 · 욕구충족의 기대수준, 제품의 문제 발생 빈도의 기대수준
인지서비스 품질수준	• 구입 후 평가 – 품질수준, 욕구충족도, 서비스의 발생 빈도
인지가치수준	• 가격 대비 품질수준 • 품질 대비 가격수준
고객만족지수	• 전반적인 만족도 • 기대 일치/불일치 • 이상적인 제품 및 서비스 대비 만족수준
고객 불만	• 고객의 제품 및 서비스에 대한 불만
고객 충성도	• 재구매 가능성의 평가 • 충성도 높은 고객의 제품 재구매 시 가격인상 허용률 • 충성도가 낮은 고객의 제품 재구매 유도를 위한 가격인하 허용률

핵심예제

설문지 개발과 관련해 질문의 표현을 결정할 경우 유의해야 할 사항으로 가장 거리가 먼 것은? [2018년]

① 애매모호한 질문은 피한다.
② 가급적 쉬운 질문을 사용한다.
③ 한 번에 두 개 이상의 질문을 하지 않는다.
④ 응답자가 답변하기 쉬운 질문을 한다.
⑤ 보다 포괄적인 질문을 한 다음 구체적인 질문을 한다.

|해설|

질문의 순서를 결정할 경우 유의해야 할 사항이다.

정답 ⑤

① 관찰법

　㉠ 조사대상의 행동 패턴을 관찰하고 기록함으로써 자료를 수집하는 방법을 말한다.

　㉡ 조사대상자와 면담 또는 대화가 어려울 경우에도 자료수집이 가능하다.

　㉢ 정확하고 세밀한 자료수집이 가능하다.

　㉣ 피험자의 행동을 관찰하여 자료를 수집하는 연구와 평가의 기본 수단이다.

　㉤ 행동에 대한 내면적 요인의 측정이 불가능하다.

　㉥ 소수를 대상으로 하기 때문에 일반화하기에는 한계가 있다.

② 서베이법(Survey Method)

　㉠ 통계 자료를 얻기 위하여 어떤 주제에 대하여 사람들의 의견을 묻는 방법이다.

　㉡ 관심대상자에게 설문지나 면접절차 등을 통한 자료를 수집하는 방법으로 가장 보편적이고 정형화된 방법이다.

　㉢ 장 점
　　• 다양한 측면의 분석과 수집된 자료를 통계적으로 분석하여 객관적인 해석이 가능하다는 것이다.
　　• 자료수집이 쉽고 자료의 일반화 가능성이 크다.

　㉣ 한계점
　　• 장시간이 소요된다.
　　• 응답률이 낮다.
　　• 응답의 정확성 문제가 있다.
　　• 설문지 개발이 어렵다.

③ 심층면접법

　㉠ 1명의 응답자와 일대일 면접을 통해 소비자의 심리를 파악하는 조사법이다.

　㉡ 주로 1차 자료를 수집하기 위한 정성조사 방법 중 하나로 잘 훈련된 면접원이 조사대상 1명을 상대로 비구조화된 인터뷰를 행하는 기법을 의미한다.

④ 문헌연구법

　㉠ 문헌으로 이미 축적되어 있는 기존의 연구 데이터를 수집하는 방법이다.

　㉡ 역사 기록, 기존 연구 기록, 통계 자료 등 문헌을 통해 자료를 수집하는 방법이다.

　㉢ 기존의 연구 결과물인 문헌을 통해 자료를 수집하는 방법으로 1차 자료를 직접 수집하기 어려운 경우에 많이 활용한다.

　㉣ 양적 자료와 질적 자료 수집에 모두 활용될 수 있고 신문, 인터넷 문서, 논문, 도서, 그림, 동영상 등의 다양한 형태가 있다는 특징을 갖는다.

　㉤ 시간과 비용을 절약하고 정보 수집이 쉽고 연구 문제에 대한 기존의 연구 동향을 파악할 수 있다는 장점이 있다.

　㉥ 문헌의 정확성과 신뢰성, 문헌 해석 시 연구자의 편견 개입, 선행 연구의 신뢰도가 현행 연구의 신뢰도에 영향을 줄 수 있다는 것이 단점이다.

⑤ 표적집단면접법(FGI ; Focus Group Interview)

　㉠ 표적의 대상이 되는 고객을 선발하여 제품·서비스 등에 대해 토론하게 하고 그 자료를 수집하는 방법이다.

　㉡ 1명 또는 2명의 사회자의 진행 아래 6 ~ 12명 정도의 참여자가 주어진 주제에 대하여 집중 그룹 토론하도록 함으로써 자료를 수집하는 방법이다.

　㉢ 1회 실시할 수도 있으나 다른 집단을 대상으로 여러 번 실시하는 경우도 있으며, 이에 대한 성공은 집단의 역동적 분위기와 참석자들의 상호 커뮤니케이션, 사회자의 진행 능력에 달려있다.

⑥ CLT

　㉠ 조사 대상자가 많이 있는 곳으로 직접 나가 간이 조사 장소를 설치하여 간단하게 조사하는 방법이다.

　㉡ 주로 제품 시음·시용, 광고물, 패키지 등의 간단한 테스트에 주로 이용한다.

　㉢ 표본의 오차가 크고 정확성이 떨어지지만, 짧은 시간에 적은 비용으로 많은 대상자를 조사할 수 있다.

⑦ HUT : 조사원이 조사대상자의 가정을 직접 방문해 제품을 사용하게 한 후 면접을 통해 설문을 받는 조사 방법이다.

⑧ ZMET(Zaltman Metaphor Eliciatation Technique) : 고객의 '요구'를 비언어적, 시각적 이미지를 통해 은유적으로 유도 · 파악하는 분석 방법이다.

⑨ 델파이 기법 : 미래를 예측하는 질적 방법의 하나로, 여러 전문가의 의견을 반복해 수집 · 교환하고 발전시켜 미래를 예측하는 방법이다.

핵심예제

다음 〈보기〉의 설명에 해당하는 자료 수집 방법은? [2019년]

> **보기**
>
> 제품 시음이나 사용, 광고물, 패키지 등의 테스트에 주로 이용되는 방법으로 조사 대상자가 많이 있는 곳으로 직접 나가 간이 조사장소를 설치하고 여기에 조사 대상자를 불러 모아 조사하는 기법을 의미한다. 표본의 오차가 크고 엄격한 절차나 과정을 실행할 수 없어 정확성은 떨어지지만, 짧은 시간에 적은 비용으로 다수의 대상자를 조사할 수 있다.

① CLT ② HUT
③ OVM ④ EMM
⑤ ZMET

|해설|

CLT
조사 대상자가 많이 있는 곳으로 직접 나가 간이 조사장소를 설치하여 간단하게 조사하는 방법이다. 주로 제품 시음 · 사용, 광고물, 패키지 등의 간단한 테스트에 주로 이용한다. 표본의 오차가 크고 정확성이 떨어지지만, 짧은 시간에 적은 비용으로 많은 대상자를 조사할 수 있다.

정답 ①

핵심이론 39 고객의 소리(VOC)

① 개 념

㉠ 고객이 기업에게 보내는 커뮤니케이션을 총칭하는 말이다.

㉡ 여러 경로를 통해 입수된 정보를 분석하여 이를 토대로 다시 고객에게 피드백해줌으로써 고객의 니즈를 충족시켜 주는 일련의 마케팅 활동 시스템이다.

㉢ 고객의 소리에 귀를 기울여 그들의 욕구를 파악하고 이를 수용하여 경영 활동을 함으로써 고객만족을 추구하는 제도이다.

㉣ 고객불만을 최소화하여 궁극적으로 고객불평을 제로(Zero)화하자는 것이다. → ZC(Zero Complaint)

㉤ 고객접점의 접근성, 반응성, 친절성을 향상시키기 위해 여러 채널로 입수된 다양한 고객의 소리를 체계적으로 수집 · 저장 · 분석하여 이를 경영활동에 활용한다.

㉥ 고객의 방문, 문의, 상담, 항의, 건의, 제안, 거래 등 기업이 고객과의 커뮤니케이션을 통해 습득한 모든 데이터를 의미한다.

㉦ VOC는 커뮤니케이션을 통해 CRM의 한계를 극복하고, 고객의 데이터를 통한 분석이 아닌 고객의 실제 성향을 파악할 수 있도록 해준다.

② 장 점

㉠ 고객의 요구와 기대의 변화를 파악할 수 있다.

㉡ VOC를 통해 예상 밖의 아이디어를 얻을 수 있다.

㉢ 표준화된 서비스 응대로 고객의 기대를 충족시킬 수 있다.

㉣ 고객과의 커뮤니케이션을 통해 CRM의 한계를 극복하여 데이터를 통한 분석이 아닌, 고객의 실제 성향 파악을 가능하게 한다.

㉤ 시장의 요구와 기대의 변화를 파악할 수 있다.

㉥ 고객의 결정적인 순간을 이해할 수 있다.

㉦ 고객의 입장에서 고객의 실제 성향을 파악할 수 있다.

㉧ 서비스 프로세스의 문제를 알 수 있다.

㉨ 경영혁신의 기초 자료로서 예상 밖의 아이디어를 얻을 수 있다.

㉩ 고객과의 관계유지를 더욱 돈독하게 할 수 있다.

ㅋ 고객접점에서 고객의 욕구에 근거한 표준화된 대응 서비스가 가능하다.

③ VOC 시스템의 구축(4단계)
  ㄱ 1단계 : 고객이 쉽게 의견을 제시할 수 있는 창구 개설
  ㄴ 2단계 : 체계적인 고객의 소리 분석
  ㄷ 3단계 : 각 부서에 신속한 피드백을 통한 문제해결
  ㄹ 4단계 : 처리결과 고객에게 통보 또는 경영활동에 반영

④ 고객 피드백의 가치를 훼손하는 8가지 요소(굿맨)
  ㄱ 비능률적·중복적 자료수집
  ㄴ 자료 분류의 비일관성
  ㄷ 오래된 자료 분류
  ㄹ 결론이 서로 다른 다양한 분석 결과
  ㅁ 우선순위를 표기하지 않은 분석
  ㅂ 행동이 수반되지 않는 분석
  ㅅ 보고체계 오류로 인한 자료 상실
  ㅇ VOC 관리로 실행한 개선효과 점검 미비

⑤ '고객의 소리(VOC)'의 성공을 위해 충족해야 될 방안
  ㄱ 서비스 혁신에 도움을 주는 VOC에 대하여 보상 제도를 구축한다.
  ㄴ 제품 및 서비스의 전 수명과 주기에 걸쳐 VOC를 적극적으로 추구한다.
  ㄷ VOC와 보상을 연계시킨다.
  ㄹ VOC로 인해 발생한 조직의 변화를 평가한다.
  ㅁ 자료의 신뢰성을 높이기 위해 고객의 소리를 코딩으로 분류한다.
  ㅂ 자료에 대한 통계보고서를 작성해 추세를 파악하고 변화를 점검한다.
  ㅅ 고객의 VOC는 접수하는 즉시 모두 기록한다.

다음 중 고객의 소리(VOC)의 성공을 위해 충족해야 될 방안으로 보기 어려운 것은?   [2020년]

① 서비스 혁신에 도움을 주는 VOC에 대하여 보상 제도를 구축한다.
② 제품 및 서비스의 전 수명과 주기에 걸쳐 VOC를 적극적으로 추구한다.
③ 고객의 건의, 신고, 불만 등은 접수 즉시 기록하되 문의, 칭찬 등의 내용은 기록 없이 단순 응대로 대체한다.
④ 자료의 신뢰성을 높이기 위해 코딩으로 분류한다.
⑤ 자료에 대한 통계보고서를 작성하여 추세를 파악하고 점검한다.

|해설|

VOC는 접수하는 즉시 모두 기록한다.

고객의 소리(VOC)의 성공조건
• VOC와 보상을 연계시킨다.
• VOC로 인해 발생한 조직의 변화를 평가한다.
• 자료의 신뢰성을 높이기 위해 고객의 소리를 코딩으로 분류한다.
• 자료에 대한 통계보고서를 작성해 추세를 파악하고 변화를 점검한다.

정답 ③

① 정 의

기업이 지속적으로 고객에게 탁월한 가치를 제공해 줌으로써 그 고객으로 하여금 해당 기업이나 브랜드에 호감이나 충성심을 갖게 하여 지속적인 구매활동이 유지되도록 하는 것이다.

② 고객 충성도 구축방안

㉠ 고객신뢰

- 상대방이 미래에 어떻게 행동할 것인가에 대한 일반화된 기대이다.
- 브랜드신뢰는 '브랜드가 일정한 기능을 수행할 능력이 있다고 믿는 고객의 상태'이다.
- 고객의 신뢰를 높이는 전략 : 역량, 일관성, 배려
  - 브랜드가 고객으로부터 신뢰를 얻기 위해서는 경쟁자에 비해 우월한 서비스를 제공할 수 있는 역량을 확보해야 한다.
  - 신뢰를 얻기 위해서 어떤 상황에서도 고객들에게 일관된 서비스를 제공하는 일관성 확보가 중요하다.
  - 이러한 일관성은 고객들이 브랜드에 기대하는 예측가능성과 정직성이 관련되어 있다.
  - 충성고객들에게는 차별적인 배려를 제공해야 한다. 고객들은 항상 브랜드로부터 특별한 대우를 받길 기대한다.

㉡ 애 착

- 신뢰가 인지적 차원에서 브랜드와 고객 간의 관계를 강화시켜 준다면 애착은 감성적인 요소라고 할 수 있다.
- 애착을 높이기 위해서는 고객들에게 독특한 문화와 개성을 제공하는 노력을 해야 한다.

③ 고객 충성도 증대 방안

㉠ 거래에 대한 감사의 인사를 전한다.

㉡ 쉽게 고객이 될 수 있도록 한다.

㉢ 장기 고객들을 구분하여 보답한다.

㉣ 개별화된 고객맞춤 서비스를 제공한다.

㉤ 무엇을 원하는지 물어 본다.

㉥ 고객들을 분류하여 공략한다.

㉦ 고객의 라이프사이클 단계에 따른 마케팅을 한다.

㉧ 친구나 가족 또는 동료들로 하여금 홍보하도록 만든다.

㉨ 고객들을 직접적인 이해관계자로 전환시킨다.

㉩ 기업 전반에 걸쳐 통일되게 고객과의 관계를 관리한다.

④ 올리버(Oliver)의 고객 충성도 4단계

㉠ 인지적 충성 : 고객에게 가용한 브랜드 속성 정보로 인해 하나의 브랜드가 대체안보다 선호될 수 있음을 제시하는 것으로, 이 단계를 인지적 충성 또는 브랜드 신념에만 근거한 충성 단계라고 한다.

㉡ 감정적 충성 : 브랜드에 대한 선호가 만족스러운 사용경험이 쌓이면서 증가한다. 이 형태의 충성은 이탈하기 쉬운 상태에 해당한다.

㉢ 행동 의욕적 충성 : 브랜드에 대한 긍정적인 감정을 갖게 되는 반복적인 경험에 의해 영향을 받으며 행위 의도를 갖는 단계이다.

㉣ 행동적 충성 : 고객의 의도가 행동으로 전환된 충성이다. 행동 통제의 연속선상에서 이전 충성 상태에서 동기 부여된 의도는 행동하기 위한 준비상태로 전환된다.

'올리버'가 제시한 고객 충성도 4단계 중 〈보기〉의 ( ) 안에 들어갈 내용으로 알맞은 것은?

[2019년]

보기

고객에게 가용한 브랜드 속성 정보로 인해 하나의 브랜드가 대체안보다 선호될 수 있음을 제시하는 것으로 이 단계를 ( ) 또는 브랜드 신념에만 근거한 충성 단계라고 한다.

① 인지적 충성　　　　② 감정적 충성

③ 선택적 충성　　　　④ 행동적 충성

⑤ 의욕적 충성

|해설|

올리버(Oliver)의 고객 충성도 4단계

• 인지적 충성
• 감정적 충성
• 행동 의욕적 충성
• 행동적 충성

정답 ①

핵심이론 41 충성도 유형

① 소비자 구매 패턴에 따른 4가지 고객 충성도[브라운(Brown)]

　㉠ 완전한 충성도

　㉡ 분열된 충성도

　㉢ 변하기 쉬운 충성도

　㉣ 무(無) 충성도

② 고객의 충성도와 이익에 따른 전략의 선택[레이나르츠(Reinartz)와 쿠머(Kumar)]

구 분	장기거래 고객	단기거래 고객
높은 수익	True Friends	Butterflies
	• 기업의 제공 서비스와 소비자의 욕구 간 적합도가 높고, 큰 잠재이익 보유 • 태도적, 행동적 충성도 구축과 지속적인 고객관계 유지가 필요	• 기업의 제공 서비스와 소비자의 욕구 간 적합도가 높고, 큰 잠재이익 보유 • 거래의 만족을 달성하도록 노력해야 함
낮은 수익	Barnacles	Strangers
	• 기업의 제공 서비스와 소비자의 욕구 간 적합도가 제한되고 낮은 잠재이익 보유 • 지갑점유율을 측정하여 낮으면 교체 구매 유도	• 기업의 제공 서비스와 소비자의 욕구 간의 적합도가 낮음 • 관계유지를 위한 더 이상의 투자 불필요 • 모든 거래에서 이익 창출 필요

③ 고객 충성도의 유형[라파엘(Raphael)과 레이피(Raphe)]

　㉠ 예비고객 : 구매에 관심을 보일 수 있는 계층

　㉡ 단순고객 : 특정 제품이나 서비스에 대하여 관심을 가지고, 적어도 한 번 정도 가게를 방문하는 계층

　㉢ 고객 : 빈번하게 구매가 이뤄지는 계층

　㉣ 단골고객 : 특정 제품이나 서비스를 정기적으로 구매하는 계층

　㉤ 충성고객 : 주변 누구에게나 긍정적 구전을 해주는 계층

레이나르츠(Reinartz)와 쿠머(Kumar)가 제시한 충성도 전략과 관련해 다음 〈보기〉의 설명에 해당하는 고객 유형은?

[2021년]

보기
• 회사의 제공 서비스와 소비자 욕구 간 접합도가 높고, 높은 잠재 이익을 가지고 있다.
• 태도적인 충성도가 아니라 거래적인 만족을 달성하도록 해야 한다.

① Strangers
② Butterflies
③ Barnacles
④ True Friends
⑤ Humming Bird

|해설|

Butterflies
• 회사의 제공 서비스와 소비자의 욕구 간 적합도가 높고 높은 잠재이익 보유
• 거래의 만족을 달성하도록 노력해야 함

정답 ②

핵심이론 42 고객 세분화 유형 및 고객 충성도 측정 방법

① 고객 세분화 유형

㉠ 행동적 · 태도적 충성도 차원의 고객 세분화 유형

잠복된 충성도	• 기업에 대한 높은 선호도가 있으나 가격, 접근성 등에서 재구매를 하지 못하거나, 상황에 따라 구매 여부가 달라지는 집단의 충성도 • 기업에 대한 좋은 이미지를 가지고 있으나 가격, 접근성 또는 마케팅 전략이 재구매 욕구를 이끌어 내지 못하기 때문에 행동적 충성도가 낮은 집단
진실한 충성도	• 기업이 고객에게 경쟁사들이 제공하는 것 이상의 가치를 제공함으로써 고객에게 완전한 만족을 느끼게 하여 강한 애착과 태도를 갖게 하는 충성도
거짓된 충성도	• 기업 브랜드에 호감이 없어도 꾸준한 구매를 하는 태도로 습관성, 편안함, 경제적 이익 등의 요인에 의해 생성된 충성도
낮은 충성도	• 경쟁사의 마케팅 전략에 쉽게 동요되어 다른 기업으로 재구매율과 태도가 전환될 수 있는 태도를 갖는 충성도 • 재구매율과 태도적 애착이 둘 다 낮은 성향을 보이며, 경쟁업체의 마케팅 전략에 동요되기 쉬운 고객 집단을 말한다.

㉡ 단일 기준에 의한 고객 세분화 유형
• 지역에 따른 세분화
• 연령에 의한 세분화
• 상품에 의한 세분화
• 구매액에 따른 세분화

㉢ 다속성에 의한 고객 세분화 유형 : 고객생애가치(CLV)에 의한 세분화 등

더 알아보기

고객생애가치(Customer Lifetime Value ; CLV)
• 한 고객이 평균적으로 기업에게 기여하는 미래수익의 현재가치를 말한다.
• 관계마케팅의 여러 가지 효익을 계량적으로 정리하는 개념이다.
• 고객이탈률을 낮출수록 고객생애가치는 증가한다.
• 고객생애가치는 매출액이 아니라 이익을 나타낸다.

② 고객 충성도 측정방법
　　㉠ 행동적 측정방법 : 일정기간 내 특정 상품에 대한 고객의 지속적인 구매행위를 측정한다.
　　㉡ 태도적 측정방법 : 고객의 심리적 애착, 호의적 태도로 인한 구매행위를 측정한다.
　　㉢ 통합적 측정방법
　　　• 행동적 측정과 태도적 측정을 통합한 포괄적인 측정 방법이다.
　　　• 고객의 호의적인 태도와 브랜드 교체 성향, 반복 구매행동, 총 구매량 등을 포괄적으로 측정하는 방법이다.

─ 핵심예제 ┌

행동적, 태도적 충성도 차원의 고객 세분화 유형 중 재구매율과 태도적 애착이 둘 다 낮은 성향을 보이며, 경쟁업체의 마케팅 전략에 동요되기 쉬운 고객 집단에 해당하는 것은?

[2020년]

① 낮은 충성도　　　　② 높은 충성도
③ 거짓된 충성도　　　④ 지배적 충성도
⑤ 잠복된 충성도

|해설|

행동적 · 태도적 충성도 차원의 고객 세분화
• 잠복된 충성도 : 기업에 대한 높은 선호도가 있으나 가격, 접근성 등에서 재구매를 하지 못하거나, 상황에 따라 구매 여부가 달라지는 집단의 충성도
• 진실한 충성도 : 기업이 고객에게 경쟁사들이 제공하는 것 이상의 가치를 제공함으로써 고객에게 완전한 만족을 느끼게 하여 강한 애착과 태도를 갖게 하는 충성도
• 거짓된 충성도 : 기업 브랜드에 호감이 없어도 꾸준한 구매를 하는 태도로 습관성, 편안함, 경제적 이익 등의 요인에 의해 생성된 충성도
• 낮은 충성도 : 경쟁사의 마케팅 전략에 쉽게 동요되어 다른 기업으로 재구매율과 태도가 전환될 수 있는 태도를 갖는 충성도

정답 ①

핵심이론 43 서비스 기대관리

① 서비스 기대모델
　㉠ 희망서비스(Desired Service)
　　• 제공받을 서비스에 대한 희망수준, 즉 '바람(Want)과 소망(Hopes)'을 뜻한다.
　　• 희망서비스와 관련된 개념으로 이상적 서비스(Ideal Service)가 있다. 이는 소비자가 '기원하는(Wished - for)' 서비스 수준, 즉 바람직한 서비스 수준을 말한다.
　㉡ 적정서비스(Adequate Service)
　　• 고객이 불만 없이 받아들일 만한 서비스 수준, 즉 최소한의 허용 가능한 기대수준 또는 수용할 수 있는 성과의 최하수준을 의미한다.
　　• 적정서비스 수준은 경험을 바탕으로 한 예측 서비스 수준에 의해 형성된다. 예측된 서비스(Predicted Service) 수준이란 고객이 해당 서비스 회사로부터 실제로 받을 것이라고 기대하는 서비스 수준이다.
　㉢ 허용영역(Zone of Tolerance)
　　• 희망서비스 수준과 적정서비스 수준 사이의 영역이다.
　　• 희망서비스와 적정서비스 기대수준 사이의 간격으로서 서비스 실패가 잘 드러나지 않는 "미발각 지대(No Notice Zone)"이다.

② 서비스 적정도와 우위도
　㉠ 서비스 적정도(MSA ; Measure of Service Adequacy)
　　: 고객이 기대하는 적정서비스와 지각된 서비스 간의 차이 = 지각된 서비스 - 적정서비스
　㉡ 서비스 우위도(MSS ; Measure of Service Superiority)
　　: 고객이 기대하는 희망서비스와 지각된 서비스 간의 차이 = 지각된 서비스 - 희망서비스

③ 서비스 기대의 영향요인

　㉠ 내적 요인

　　• 개인적 욕구 : 소비자 개인의 욕구에 따라 서비스 기대 수준에 차이가 있다.

　　• 관여도 : 관여도가 증가할수록 이상적 서비스 수준과 희망서비스 수준 사이의 간격이 좁아지게 되고 관여도가 높을수록 허용영역은 좁아진다.

　　• 과거의 서비스 경험 : 예측된 기대와 희망 기대 수준을 형성하는 데 영향을 미치며, 경험이 많을수록 기대 수준이 높아진다.

　　※ 고객의 서비스 기대의 '내적 요인' 중 과거의 서비스 경험은 예측된 기대와 희망 기대 수준을 형성하는 데 영향을 미칩니다.

　㉡ 외적 요인

　　• 경쟁적 상황

　　　- 경쟁사가 제공하는 서비스에 의한 서비스 기대의 영향을 말한다.

　　　- 어떤 특정한 서비스 기업으로부터 기대하는 수준은 그 소비자가 이용할 수 있는 다른 대안에 의해 영향을 받는다.

　　• 사회적 상황

　　　- 소비자가 맞이하는 사회적 상황이다.

　　　- 일반적으로 사람들은 다른 사람과 함께 있을 때 기대수준이 더 상승한다.

　　• 구전 커뮤니케이션

　　　- 고객서비스 기대 형성의 강력한 정보원천이다.

　　　- 사람들은 보통 어떤 서비스를 구매하기 전에 다른 사람에게 물어보거나 조언을 구한다.

　　　- 3원칙 : 개인적 원천, 전문가 원천, 파생적 정보원천

　㉢ 기업 요인

　　• 촉 진

　　　- 기업이 제시하는 대고객 약속에 따라 서비스의 기대수준에 영향을 미친다.

　　　- 과대약속은 오히려 금물이다.

• 가 격

　- 가격이 높을수록 서비스 기대수준은 높아지고, 허용영역은 좁아진다.

　- 적정한 가격설정으로 고객들의 예측된 기대수준을 높여 서비스구매를 증가시키되, 그에 준하는 서비스 품질을 달성해야 한다.

• 유 통

　- 가맹점이 많을수록 예상 서비스 기대수준 강화 경향이 있다.

　- 서비스의 이용가능성과 접근성도 서비스 기대에 영향을 미친다.

• 서비스 직원 : 서비스 직원의 용모, 말씨, 태도 등이 서비스 기대수준에 영향을 미친다.

• 유형적 단서 : 외관, 시설, 내부구조, 실내장식, 종업원 용모 등이 서비스 기대수준에 영향을 미친다.

• 기업이미지 : 기업이미지가 좋을수록 서비스 기대수준 강화 경향이 있다.

• 고객의 대기시간 : 대기시간에 대한 고객의 인식은 서비스 기대에 영향을 미친다.

• 다른 고객 : 고객들은 다른 고객들이 받은 서비스와 비교해서 자신의 서비스 기대수준을 변경하기도 한다.

더 알아보기

고객의 기대에 대한 영향 요인

내적 요인	외적 요인	기업 요인
• 개인 욕구 • 관여 수준 • 과거 경험	• 경쟁적 대안 • 사회적 상황 • 구 전	• 촉 진 • 가 격 • 유 통

고객의 기대에 대한 영향 요인 중 내적 요인에 해당하는 것은?

[2020년]

① 관여도
② 시간적 제약
③ 환경적 조건
④ 기업 이미지
⑤ 구전 커뮤니케이션

| 해설 |

서비스 기대의 영향 요인 중 내적 요인

• 개인적 욕구 : 소비자 개인의 욕구에 따라 서비스 기대 수준 차이
• 관여도 : 관여도가 증가할수록 이상적 서비스 수준과 희망서비스 수준 사이의 간격이 좁아지게 되고 관여도가 높을수록 허용영역은 좁아진다.
• 과거의 경험 : 예측된 기대와 희망 기대 수준을 형성하는 데 영향을 미치며, 경험이 많을수록 기대 수준이 높아진다.

정답 ①

핵심이론 44 트렌드(Trend)

① 일반적인 개념과 특징
　㉠ 트렌드의 사전적 의미는 어떤 방향으로 쏠리는 현상, 경향, 동향, 추세, 스타일 등을 뜻한다.
　㉡ 트렌드는 생성, 성장, 정체, 후퇴 등 변동 경향을 나타내는 움직임으로 시대정신과 가치관이 반영된다.
　㉢ 트렌드는 공간적으로 미시, 거시, 초거시 트렌드로 구분할 수 있다.
　㉣ 트렌드는 시간적으로 단기, 중기, 장기, 초장기 트렌드로 구분할 수 있다.
　㉤ 트렌드는 '패드(Fad)' 혹은 '유행'과는 대별되는 것으로 단기간에 나타나 사라지는 것이 아니라 적어도 5년이나 10년 정도 지속되며 사회 전반에 걸쳐 영향을 미치는 변화의 흐름이라고 할 수 있다.

② 트렌드의 유형
　㉠ 메타 트렌드(Meta Trend)
　　• 자연의 법칙이나 영원성을 지닌 진화의 법칙, 사회적으로 일어나는 변화로서 문화 전반을 아우르는 광범위하고 보편적인 현상이다.
　　• 자연 생태계처럼 오랜 기간을 두고 일어나는 현상이다.
　　• 기본적으로 글로벌한 성격을 지니고 있다.
　　• 삶의 모든 영역에서 징후를 찾아볼 수 있다.
　㉡ 메가 트렌드(Mega Trend)
　　• 사회 문화적 환경의 변화와 함께 그러한 변화가 모여 사회의 거대한 조류를 형성하는 현상이다.
　　　예 세계화 : 탈공업화, 글로벌 경제, 분권화, 네트워크형 조직
　　• 20 ~ 30년 주기로 나타나는 현상이다.
　㉢ 소비자 트렌드 : 5 ~ 10년 동안 지속되어 소비세계의 새로운 변화를 이끌어 내는 소비문화로부터 소비의 표층 영역까지를 광범위하게 나타나는 현상이다.
　㉣ 사회문화적 트렌드(Social Cultural Trend) : 트렌드 유형 중 사람들의 삶에 대한 감정과 동경, 문화적 갈증 등의 내용에 가장 부합하는 트렌드 유형이다.

- 뉴 노멀(New Normal) : 시대의 변화에 맞춰 새롭게 부상하는 규칙이나 표준

> 예 단 한 명의 관중도 없었지만 전 세계 언론이 주목을 했다. 한국프로야구(KBO)를 생중계하게 된 미국 스포츠전문매체 ESPN의 베테랑 캐스터 칼 래비치는 자신의 소셜네트워크 서비스를 통해 KBO 리그를 중계할 수 있어 굉장히 흥분된다고 말했다. 프로야구 KBO 리그 2020 시즌이 개막하면서 관중석이 텅 빈 프로팀의 수도권 구장엔 십수 명의 외신 기자들이 개막전 준비 상황과 경기 진행 모습을 세계 각국에 전달했다.
> 포스트 코로나 시대 우리의 모든 것이 세계의 주목을 받고 있다. 우리의 일거수일투족이 포스트 코로나 시대 세계의 뉴 노멀이 되고 있는 것이다.

- 스타트업(Start Up) : 새로운 분야에 도전하여 가치를 생산하려는 신생기업
- 블록 딜(Block Deal) : 정규 거래 시간 외에 이루어지는 대량 주식 매매
- 출구전략(Exit Strategy) : 좋지 않은 상황에서 부작용을 최소화하기 위한 전략
- 뉴 애브노멀(New Abnormal) : 시장의 변동성이 지속되면서 불확실성이 매우 커지는 상황

다음 중 '트렌드(Trend)'의 일반적인 개념과 특징에 대한 설명으로 가장 올바르지 않은 것은? [2019년]

① 트렌드의 사전적 의미는 어떤 방향으로 쏠리는 현상, 경향, 동향, 추세, 스타일 등을 뜻한다.
② 트렌드는 생성, 성장, 정체, 후퇴 등 변동 경향을 나타내는 움직임으로 시대정신과 가치관이 반영된다.
③ 트렌드는 공간적으로 미시, 거시, 초거시 트렌드로 구분할 수 있다.
④ 트렌드는 시간적으로 단기, 중기, 장기, 초장기 트렌드로 구분할 수 있다.
⑤ 시간적인 측면에서 트렌드는 1년 정도 지속하면서 선풍적인 인기를 끈 다음에 급속히 사라지는 '패드(Fad)'와 동일한 의미를 가진다.

|해설|

트렌드는 '패드(Fad)' 혹은 '유행'과는 대별되는 것으로 단기간에 나타나 사라지는 것이 아니라 적어도 5년이나 10년 정도 지속되며 사회 전반에 걸쳐 영향을 미치는 변화의 흐름이라고 할 수 있다.

정답 ⑤

① 개 념

ㄱ 원래 제화공이 신발을 맞추거나 수선할 때 맞춤 틀인 벤치에 고객의 발을 올려놓고 신발의 크기와 모양을 측정하던 데서 비롯되었다.

ㄴ 토목 분야에서 적용되는 측량의 기준점을 뜻하는 용어인 벤치마크로 사용되었다가 기업 경영에 도입되었다.

ㄷ 기업이 자신의 경영 프로세스 및 성과를 다른 기업이나 다른 산업과 비교 평가해 그 차이를 극복하기 위한 문제 해결과 혁신을 시도하는 것을 의미한다.

ㄹ 동종업계나 다른 업종에서 최고라고 인정되는 선두기업의 제품이나 서비스, 작업과정, 조직운영, 프로세스 등을 비교 검토하여 우수한 측면을 체계적으로 모방하여 자기회사의 경영과 생산에 합법적으로 응용하는 것을 말한다.

ㅁ 최고 기업의 장점을 배운 후 새로운 방식으로 재창조하는 것이기 때문에 단순모방과는 다른 개념이다.

ㅂ 기업의 경쟁력을 높이고 핵심능력을 유지할 목적으로 최선의 방법을 도입하여, 이를 실행하고 확산시키는 통합된 수단을 의미한다.

ㅅ 새로운 업무 기준을 마련하고 프로세스를 개선하기 위한 체계적인 비교 과정이며, 비교의 대상은 업무 성과에서 업무 프로세스에 이르기까지 다양하게 나타날 수 있다.

ㅇ 벤치마킹의 특성은 목표 지향적, 외부적 관점, 평가기준에 기초, 정보 집약적, 객관적, 행동 수반과 같은 개선의 과정이다.

② 유 형

ㄱ 내부 벤치마킹

서로 다른 위치의 사업장이나 부서, 혹은 사업부 사이에서 일어나는 벤치마킹 활동으로 정보를 수집하기에 용이하다는 장점을 지니고 있다.

ㄴ 외부 벤치마킹

• 경쟁 벤치마킹

– 직접적인 경쟁사에 대한 벤치마킹을 의미한다.

– 동종 업종이기 때문에 직접 관련 있는 정보를 얻을 수 있고 비교도 가능하다는 장점이 있다.

– 정보를 수집하기 어렵고 서로 적대적인 관계라면 활동이 사실상 불가능한 단점이 있다.

• 산업 벤치마킹

– 경쟁기업과의 비교가 아니라 산업에 속해 있는 전체 기업을 대상으로 하기 때문에 그 범위가 매우 넓다.

– 산업 벤치마킹은 이해관계자, 시장, 고객 그리고 기술이 비슷한 기업과 비교하는 것으로, 반도체 회사가 전자산업의 전반적인 제품 및 서비스의 흐름을 분석하는 것이 그 예이다.

• 선두그룹 벤치마킹

– 새롭고 혁신적인 업무방식을 추구하는 기업을 비교대상으로 한다.

– 단순히 경쟁에 대처하는 것이 아니라 혁신적인 방법을 모색하는 것을 목표로 한다.

ㄷ 기능 벤치마킹

• 최신 · 최상의 제품이나 프로세스를 가지고 있는 조직을 대상으로 한 벤치마킹이다.

• 새롭고 혁신적인 기법을 발견할 수 있다.

• 서로 업종이 다를 경우에는 방법 이전에 한계가 있다.

ㄹ 포괄 벤치마킹 : 다른 업종 기업들에 대한 벤치마킹을 의미한다. 서로 관계가 없는 다른 업종 기업들에 대하여 벤치마킹이 수행되는 유형이다.

다음 보기의 설명에 가장 부합하는 벤치마킹 유형은? [2020년]

> **보기**
> • 동종 업종이기 때문에 직접 관련 있는 정보를 얻을 수 있고 비교도 가능하다는 장점이 있다.
> • 정보를 수집하기 어렵고 서로 적대적인 관계라면 활동이 사실상 불가능한 단점이 있다.

① 경쟁 벤치마킹
② 내부 벤치마킹
③ 포괄 벤치마킹
④ 설계 벤치마킹
⑤ 기능 벤치마킹

|해설|

벤치마킹의 유형
• 기능 벤치마킹 : 최신·최상 제품이나 프로세스를 가진 조직을 대상으로 한 벤치마킹이다.
• 경쟁 벤치마킹 : 직접적인 경쟁사에 대한 벤치마킹이다.
• 포괄 벤치마킹 : 다른 업종 기업들에 대한 벤치마킹이다.
• 내부 벤치마킹 : 서로 다른 위치의 사업장, 부서, 사업부 사이에서 일어나는 벤치마킹이다.

정답 ①

핵심이론 46 계획수립

① 계획수립 기법
　㉠ 예측 기법(미래 예측) : 상황대응 계획법, 시나리오 계획법
　㉡ 참여적 계획수립(내부의 조직원 기반) : MBO
　㉢ 벤치마킹(외부의 조직 기반)
② 적용범위에 따른 계획수립 유형
　㉠ 전략적 계획(Strategic Plans)
　　• 조직이 앞으로 나아갈 기본 방향을 장기적인 관점에서 수립하는 포괄적 계획이다.
　　• 전반적인 조직목표를 설정하고 조직 환경적 관점에서 조직의 위치와 방향을 정하고 이것이 실천될 수 있도록 필요한 전략과 자원을 결정하는 계획수립 유형이다.
　　• 주로 이사회나 중간 관리층과 협의를 거쳐 최고경영층에서 개발하는 계획수립 유형이다.
　㉡ 전술적 계획(Tactical Plans)
　　• 단기적이고 구체적인 계획이다.
　　• 중간관리자나 초급관리자가 계획에 참여한다.
　㉢ 운영 계획(Operational Plans)
　　• 전략적 계획을 실천하기 위한 구체적인 활동이 담긴 계획이다.
　　• 전략적 계획을 수행하는 데 필요한 활동과 자원에 비중을 두는 계획수립 유형이다.
③ 기간에 따른 계획수립의 유형
　㉠ 장기계획
　　• 3년 이상의 기업의 현재와 미래를 모두 포함하는 계획이다.
　　• 기업 혁신, 신제품 개발, 서비스 개발, 기업 수익의 균형 및 목표의 우선순위를 정하고 자원을 바르게 배분하는 것을 의미한다.
　㉡ 중기계획 : 기업의 생산시설을 확충 또는 축소하여 마케팅 효과가 실적으로 나타날 수 있도록 하는 1 ~ 2년 정도의 계획을 의미한다.

ⓒ 단기계획 : 생산시설의 가동률 변경으로 효과가 마케팅 실적에 나타날 수 있도록 하는 1년 이내의 짧은 계획을 의미한다.

수요변동에 맞추어 공급능력을 재조정할 때 너무 적은 수요가 발생될 경우 추진할 수 있는 방안

- 과잉설비 매각
- 종업원 교육 또는 휴가
- 종업원 감원 또는 해고
- 시설장비 유지관리 및 개보수

하청 또는 아웃소싱(Out Sourcing)
기업이 업무를 아웃소싱이나 하청의 형태로 외부에 위탁하는 이유는 과잉 공급된 업무량을 줄이거나 전문적인 처리를 맡겨 조직 내부의 문제를 해결하고 생산성 향상이라는 이중효과를 달성하기 위함이다.

적용 범위에 따른 계획수립 유형 중 다음 보기의 내용에 해당하는 것은?
[2020년]

보기

전략적 계획을 실천하기 위한 구체적인 활동이 담긴 계획으로 전략적 계획을 수행하는 데 필요한 활동과 자원에 비중을 두는 계획수립 유형이다.

① 자원 계획
② 운영 계획
③ 파생 계획
④ 기술적 계획
⑤ 전술적 계획

|해설|

적용 범위에 따른 계획수립 유형

- 전략적 계획(Strategic Plans) : 조직전반에 걸쳐 적용되며, 전반적인 조직목표를 설정하고 조직 환경적 관점에서 조직의 위치와 방향을 정하여, 이것이 실천될 수 있도록 필요한 전략과 자원을 결정하는 계획수립 유형이다.
- 전술적 계획(Tactical Plans) : 단기적·구체적인 계획으로, 중간관리자나 초급관리자가 계획에 참여하는 유형이다.
- 운영 계획(Operational Plans) : 전략적 계획을 효율적으로 실천하기 위한 구체적 세부계획으로, 전략적 계획을 수행하는 데 필요한 활동과 자원에 비중을 두는 계획수립 유형이다.

정답 ②

① **시장의 정의 및 분류**

　㉠ 시장의 정의 : 시장이란 구매자와 판매자 사이의 교환
　　이 이루어지는 곳이다. '특정 욕구를 지니며, 그 욕구
　　를 만족시키기 위해 기꺼이 교환에 관여하려는 현재
　　의 고객과 잠재적인 고객의 집합'이라고 정의한다.

　㉡ 시장의 분류

　　• 소비재 시장 : 이 시장의 고객들은 최종 소비를 위
　　　해 제품이나 서비스를 구매한다.

　　• 산업재 시장 : 이 시장의 고객들은 다른 제품이나
　　　서비스를 생산하기 위해 특정의 제품이나 서비스를
　　　구매한다.

　　• 정부 시장 : 중앙정부와 지방자치단체들로 구성되
　　　며, 주로 국민에 대한 봉사와 국방 등을 위해 제품
　　　과 서비스를 구매한다.

　　• 재판매업자 시장 : 도매상이나 소매상과 같이 어떤
　　　제품이나 서비스를 구매하여, 이를 다른 시장에 판매
　　　하는 유통업자들로 구성된다.

　　• 기관 시장 : 교회, 사립학교, 병원, 자선단체 등으
　　　로 이루어진 시장으로 자신들의 이익 창출을 위해
　　　서가 아니라 단지 최종 사용만을 위해 제품이나 서
　　　비스를 구매한다.

　　• 국제 시장 : 다른 국가에 있는 고객들로 구성되며,
　　　여기에는 위에 기술한 다섯 개의 시장 모두가 포함
　　　될 수 있다.

② **시장 세분화의 정의**

　㉠ 시장 세분화란 모든 소비자의 욕구가 다르기 때문에
　　한 가지 제품만으로는 전체 소비자의 욕구를 동시에
　　충족시켜 줄 수 없다는 전제 아래 전체 시장을 일정한
　　기준을 활용하여 욕구가 유사한 몇 개의 시장으로 나
　　누는 과정을 말한다.

　㉡ 더욱 효과적인 마케팅 믹스의 개발을 위해 전체 시장
　　을 상품에 대한 욕구가 비슷하거나 영업 활동에 의미
　　있는 동질적 부분으로 나누는 작업을 말한다.

③ **시장 세분화 유형**

　㉠ 전체시장 도달 전략

　　• 다수 제품 전체시장 도달 전략 : 시장을 세분화한
　　　후에 모든 세분시장을 표적시장화하여 각 부분에
　　　적합한 제품과 마케팅 믹스를 투입하는 전략이다.

　　• 단일제품 전체시장 도달 전략 : 시장을 하나의 통
　　　합체로 인식하고, 모든 소비자의 공통된 욕구를 파
　　　악하여 단일 제품과 단일 마케팅으로 전체시장에
　　　펼치는 전략이다.

　㉡ 부분시장 도달 전략

　　• 시장 전문화 전략

　　　– 특정 고객들의 다양한 욕구 충족을 위해 다양한
　　　　제품을 판매하는 전략이다.

　　　– 특정 집단의 구매가 급격히 감소하는 경우 위험
　　　　분산이 되지 않는 단점이 있다.

　　• 제품 전문화 전략

　　　– 다양한 세분시장에서 단일제품으로 고객의 욕
　　　　구를 자극하여 구매동기를 유발하는 전략이다.

　　　– 품목이나 디자인 등의 생산을 다양하게 하여 선
　　　　택의 폭을 넓힐 수도 있다.

　　　– 특정제품 영역에서 강력한 입지를 다질 수 있지
　　　　만 현재 기술을 대체할 혁신적인 기술이 개발되
　　　　었을 때 심각한 위험이 발생한다.

　　• 단일 시장 집중 전략

　　　– 단일제품으로 단일한 세분시장에 진출하여 고객
　　　　의 구매동기를 유발하는 전략이다.

　　　– 기업의 자원이나 능력에 제한되어 있는 경우 적
　　　　합하다.

　　　– 기업이 새로운 시장에 진입할 때 추가적인 세분
　　　　시장을 얻기 위해 이용된다.

　　　– 소비자의 욕구 변화나 경쟁자가 새로 등장할 경
　　　　우 위험이 발생한다.

　　• 선택적 전문화 전략 : 세분시장 유형과 관련해 여
　　　러 세분시장 중에서 매력적이고 기업 목표에 적합
　　　한 몇 개의 세분시장을 선택해 진입하는 전략에 해
　　　당한다.

세분시장 유형과 관련해 여러 세분시장 중에서 매력적이고 기업 목표에 적합한 몇 개의 세분시장을 선택해 진입하는 전략에 해당하는 것은?

[2018년]

① 제품 전문화 전략
② 선택적 전문화 전략
③ 시장 전문화 전략
④ 단일 시장 집중 전략
⑤ 단일제품 전체시장 도달 전략

|해설|

① 다양한 세분시장에서 단일 제품 전략을 펼치는 전략이다.
③ 다양한 제품 판매 전략이다.
④ 단일 제품으로 단일 세분시장에서 펼치는 전략이다.
⑤ 시장을 하나의 통합체로 인식하고, 모든 소비자의 공통된 욕구를 파악하여 단일 제품과 단일 마케팅으로 전체시장에 펼치는 전략이다.

정답 ②

핵심이론 48 시장 세분화의 요건과 장점

① 시장 세분화(Market Segmentation)의 요건

ⓞ 고객의 욕구가 막연하면, 구매로 전환될 가능성이 불투명해진다. 따라서 전체 구매시장을 세분화하는 기준을 정하고, 세분시장을 파악해야 한다.

ⓛ 시장 세분화는 광범위한 전체 시장을 각각 세분시장의 고객 욕구에 대응하여 마케팅이나 제품을 조절하는 것이다.

ⓒ 최근 마케팅은 점차 대량 마케팅보다는 세분시장, 틈새시장, 지역시장 등의 마케팅으로 변화하고 있다.

ⓔ 위와 같은 시장 세분화는 이익이 높은 세분시장에 대해서만 판매촉진비를 정할 수 있고, 세분화된 시장의 니즈에 적합하게 제품을 정할 수 있으며, 미래시장에 대비해 계획수립과 대책 마련이 가능하다는 장점들을 제시할 수 있다.

ⓜ 시장 세분화를 위한 5가지 기준[코틀러(Kotler)]

측정 가능성	• 세분시장의 규모와 구매력 및 특성이 측정될 수 있어야 한다.
접근 가능성	• 세분시장에 효과적으로 도달할 수 있는 정도를 의미한다. • 유통경로나 매체 등을 통해 고객이 주요 유통 채널, 지역 등의 정보에 대한 접근이 쉬워야 한다.
실질성	• 기업이 특정한 마케팅을 실행할 수 있을 만큼 세분시장이 충분히 크거나 수익이 있는 정도이다.
행동 가능성	• 효과적인 마케팅 프로그램을 실행할 수 있는 정도이다. • 세분시장을 유인하고 그 세분시장에 제공할 수 있도록 효과적인 마케팅 프로그램을 수립할 수 있는 정도를 의미한다. • 세분시장을 적극 공략하기 위한 실질적·효과적인 프로그램을 수립·개발할 수 있어야 한다.
차별화 가능성	• 각 마케팅 믹스 요소와 프로그램에 대해 세분시장이 서로 다르게 반응해야 한다.

② 시장 세분화의 장점[얀켈로비치(Yankelovich)]

ㄱ 미래의 시장 변동에 대비해 계획을 수립하고 대책을 마련할 수 있다.

ㄴ 판매 저항이 최소화되고 판매 호응이 최대화될 것으로 예측되는 기간에 판촉 활동을 집중할 수 있다.

ㄷ 세분화된 시장의 요구에 적합하게 제품 계열을 결정할 수 있다.

ㄹ 광고 매체를 합리적으로 선택할 수 있고, 각 매체별로 효과에 따라 예산을 할당할 수 있다.

ㅁ 이익 가능성이 높은 몇 개의 세분화 시장에 대해서만 판매 촉진비를 설정할 수 있다.

핵심예제

'코틀러'가 제시한 시장 세분화의 요건 중 다음 〈보기〉의 대화 내용과 가장 부합하는 것은?   [2018년]

> **보기**
> • 박 대리 : 저기 팀장님! 최근 뉴스에 보니까 천재들 중에 상당수가 왼손을 사용한다는 기사를 본 적이 있는데, 이번에 저희 회사에서 새로 개발 중인 마우스 신제품을 전부 왼손잡이용으로 제조해서 전국에 있는 영재학교에 납품해 보면 어떻겠습니까?
> • 정 팀장 : 글쎄 기대만큼 판매가 잘 될까?

① 중복성   ② 발전성

③ 작동 가능성   ④ 비교 가능성

⑤ 측정 가능성

|해설|

측정 기준이 모호한 제품(예 천재 → 왼손잡이 → 영재학교) 편익적인 특성을 사용할 경우 측정성에 많은 문제가 제기된다.

정답 ⑤

---

① 시장 세분화 기준

ㄱ 인구 통계적 변수 : 성별, 연령, 가족의 규모, 가족수 명주기 등

ㄴ 사회 · 통계적 변수 : 수입, 교육수준, 사회계층 등

ㄷ 심리 분석적 변수 : 라이프스타일, 사회적 계층, 개성 등

ㄹ 지리적 변수 : 거주 지역, 도시의 규모(인구수), 기후, 인구 밀도 등

ㅁ 행동적 변수

• 추구편익 변수 : 한 가지 서비스에 대해서도 소비자들이 근본적으로 추구하는 편익은 서로 다를 수 있다는 가정하에서 시장을 세분화하는 방법이다.

• 사용량 변수 : 대부분 서비스 시장은 다량 사용자, 중량 사용자, 소량 사용자 혹은 비사용자 집단으로 구분될 수 있으며, 서비스 사용정도나 유형에 따라 시장을 세분화할 수 있다.

• 촉진반응 변수

 – 기업의 특정 촉진활동에 대한 소비자들의 반응을 기초로 시장을 세분화한다.

 – 여기에서 반응이란 서비스 기업의 광고, 판매촉진, 진열이나 전시에 대한 소비자의 반응을 의미한다.

• 충성도 변수 : 충성도란 소비자가 꾸준히 특정제품이나 서비스를 구입하는 일관성의 정도로 특정의 상표를 애용하고 선호하는 소비자의 심리, 즉 고객이 사용 목적에 따라 특정의 상표를 선호하고 이를 반복하여 구매하는 소비자 선호를 말한다.

• 서비스 변수

 – 시장 세분화에 있어서 상대적으로 덜 주목을 받아 온 영역 중 하나가 갖가지 서비스 제공물에 대한 고객들의 반응 유형이라고 할 수 있다.

 – 고객 서비스를 구성하는 갖가지 요소와 서비스 수준 차원에서의 차별화는 개별 세분시장에 적합한 서비스 패키지를 설계하는 데 유용한 기회를 제공해줄 수 있다.

② 산업재 시장에서의 세분화 변수

　　㉠ 인구 통계적 변수 : 산업 규모·종류, 기업 규모, 기술, 입지

　　㉡ 구매 습관적 변수 : 권한구조, 구매기준, 구매기능 조직

　　㉢ 상황적 변수 : 구매규모, 특수 용도성, 구매 긴급도

　　㉣ 개인적 특성 : 충성심, 구매자와 판매자의 유사성, 위험에 대한 태도

　　㉤ 운영적 변수 : 고객 능력, 사용자와 비사용자의 지위, 채용기술

③ 소비재 시장에서의 세분화 변수

　　㉠ 지리적 기준 : 국가, 도시·농촌, 기후 등

　　㉡ 인구통계학적 기준 : 나이, 성별, 직업, 종교, 교육수준, 소득, 가족규모, 국적, 사회 계층 등

　　㉢ 구매행동 기준 : 브랜드 애호도, 사용량, 사용 빈도, 가격 민감도, 구매 시 중요변수(서비스, 품질, 경제성, 속도 등)

　　㉣ 심리학적 기준 : 태도, 역할모형, 라이프스타일, 개성, 성격 등

　　㉤ 행동 분석적 변수 : 제품구매 빈도, 사용량, 상표 충성도, 가격민감도 등의 사례

핵심예제

다음 〈보기〉 중 산업재 시장의 주요 세분화 변수와 관련해 '인구 통계적 변수'에 해당하는 내용을 찾아 모두 선택한 것은?

[2019년]

보기

가. 입 지	나. 권한구조
다. 산업 규모	라. 기업 규모
마. 구매기준	바. 산업의 종류

① 가, 나, 다　　　　② 가, 다, 라, 바
③ 가, 라, 마, 바　　④ 나, 다, 라
⑤ 다, 라, 마, 바

해설

산업재 시장에서의 세분화 변수

인구 통계적 변수	산업 규모·종류, 기업 규모, 기술, 입지
구매 습관적 변수	권한구조, 구매기준, 구매기능 조직
상황적 변수	구매규모, 특수 용도성, 구매 긴급도
개인적 특성	충성심, 구매자와 판매자의 유사성, 위험에 대한 태도
운영적 변수	고객 능력, 사용자와 비사용자의 지위, 채용기술

정답 ②

① 내구성과 유형성 및 용도에 따른 소비재 분류
   ㉠ 비내구재
     • 1회 또는 2·3회성 사용으로 소모되는 제품 유형이다.
     • 자주 구입해야 하므로 어디서나 쉽게 구입할 수 있다.
     • 대량 광고로 구입을 유도하고 선호도를 구축하는 제품이다.
   ㉡ 내구재
     • 여러 번 사용할 수 있는 제품이다.
     • 의류, 가전제품으로 서비스가 수반된다.
     • 많은 이익 폭이 가산될 수 있다.
   ㉢ 서비스
     • 무형이고 분리가 불가능하다.
     • 변화성과 소모성이 높다.
     • 공급자의 신뢰성이 요구된다.

② 소비자의 쇼핑 습관 기준 소비재의 분류
   ㉠ 편의품
     • 충동제품
     • 필수품 : 단가가 싸고 빈번하게 구매하는 제품
       예 비누, 신문, 치약 등
     • 긴급품 : 갑작스런 필요에 의해 구매하는 제품
       예 우산 등
   ㉡ 선매품
     • 품질, 가격 등을 기준으로 비교한 후에 구매하는 가구, 의류, 가전제품 등과 같은 제품이다.
     • 동질적 선매품과 이질적 선매품으로 구분된다.
     • 동질적 선매품
       – 품질 면에서 유사하지만 가격 차이가 있기 때문에 비교 쇼핑을 하는 제품 유형이다.
       – 전자제품같이 표준화되어 제품 특성보다 가격이 구매 선택에 큰 영향을 미치는 소비재이다.
     • 이질적 선매품 : 의류나 가구처럼 제품 특성이 제각각 달라 원하는 제품을 고르는 데 시간과 노력이 많이 드는 소비재이다.

   ㉢ 비탐색품 : 알지 못하거나 알고 있다 하더라도 일반적으로는 구매하지 않는 생명보험, 묘지, 백과사전 등을 말한다.
   ㉣ 전문품 : 제품의 가격이나 점포의 거리에 관계없이 소비자가 특별히 구매 노력을 기울이는 제품으로 미술품, 고급 자동차 등이 해당된다.

핵심예제

소비자의 쇼핑 습관을 기준으로 한 소비재의 분류에서 다음 보기의 ( ) 안에 들어갈 내용으로 알맞은 것은?

[2020년]

> **보기**
>
> 소비자가 여러 제품의 품질, 가격 등을 기준으로 비교한 후 구매하는 제품으로 동질적 (   )과 이질적(   )으로 구분할 수 있다.

① 편의품   ② 전문품
③ 수익품   ④ 선매품
⑤ 비탐색품

|해설|

선매품
소비자가 품질, 가격 등을 기준으로 비교한 후에 구매하는 가구, 의류, 가전제품 등과 같은 제품으로 동질적 선매품과 이질적 선매품으로 구분된다.

정답④

① 정의 : 세분시장 중 서비스 제공자가 자신의 구체적인 마케팅 믹스를 개발하여 상대하려는 고객 집단을 말한다.

② 표적시장 선정 방법

　㉠ 무차별화 전략(Mass Marketing, 대량 마케팅)
　　• 세분시장의 차이를 무시하고 가장 큰 세분시장을 표적으로 하는 마케팅이다.
　　• 시장을 이질적인 욕구의 집합체가 아니라 동질적인 하나의 집단으로 본다.
　　• 하나의 제품으로 전체시장을 추구하며 대량 유통 경로와 대량 광고에 의존하여 가장 많은 수의 소비자에게 제품과 마케팅을 전개하는 전략이다.
　　• 마케팅과 생산에서 규모의 경제를 달성할 수 있다.
　　• 시장조사 및 세분화 작업에 따른 비용이 절감되고, 서비스도 한 가지만 제공되기 때문에 연구개발 및 관리비가 절약된다(단일 서비스).
　　• 제조에 있어 표준화와 대량 생산에 해당하는 마케팅 유형으로 광고비용과 마케팅 조사비용의 절감효과를 얻을 수 있다.
　　• 여러 기업들이 같은 세분시장에서 동일한 전략을 구사한다면 격심한 경쟁이 일어난다.
　　• 그 결과 큰 세분시장은 심한 경쟁의 양상을 보이기 때문에 오히려 수익을 얻기가 더 어려워질 수도 있으며, 성공을 거둘 가능성이 갈수록 낮아진다는 것이 단점이다.

　㉡ 차별화 전략
　　• 각각의 세분시장에 대해 다른 프로그램을 설계하는 마케팅이다.
　　• 둘 이상의 세분시장들을 표적시장으로 선정하여, 각각의 세분시장에 적합한 독특한 서비스를 제공하는 접근법을 말한다.
　　• 서로 다른 소비자의 욕구에 맞추어 여러 가지 서비스를 다양한 가격, 다양한 형태로 제공하고 복수의 유통경로를 사용하며, 다양한 판매촉진을 실시하기 때문에 보다 많은 소비자들을 고객으로 확보할 수 있게 되어 총매출이 증가하게 된다.
　　• 각 세분시장별로 서로 다른 서비스를 제공해야 하므로 관리비, 촉진비 등 제반 비용도 함께 증가하게 된다. 여러 세분시장들에 동시에 투자를 할 수 있을 만큼 풍부한 자원을 가진 대기업에 적절한 포지셔닝 선정 방법이다.

　㉢ 집중화 전략
　　• 가장 가치 있는 하나의 표적시장을 선정 후 집중하는 마케팅이다.
　　• 기업의 목표 달성에 가장 적합한 하나 또는 소수의 표적시장을 선정하여 마케팅 활동을 집중하는 전략을 말한다.
　　• 경제적인 운영이 가능하며 생산규모를 늘리기 어려운 중소기업에 유리한 전략이다.
　　• 사용 가능한 자원이 제한되어 있는 다수의 중소기업들이 큰 시장에서 낮은 점유율을 유지하는 대신에 여러 세분시장들 중에서 자사에게 가장 큰 경쟁우위를 제공하는 하나 혹은 몇 개의 세분시장(틈새시장)을 선택한 후, 이 시장 내에서 높은 시장 점유율을 확보하는 방법이다.
　　• 표적시장 내 소비자의 욕구, 성격을 정밀하게 분석할 수 있으므로 최적의 마케팅 믹스를 개발, 표적시장을 깊이 파고 들어감으로써 매출액 증대를 도모할 수 있다.
　　• 전문화를 통해 고객들의 욕구를 더 잘 충족시킬 수 있으므로 세분시장 내에서 강력한 시장 지위를 구축할 수 있다는 이점이 있다.
　　• 기업의 자원이 제한되어 있을 경우 주로 사용한다.
　　• 소비자의 기호나 구매행동 변화에 따른 위험을 감수해야 할 수도 있다.
　　• 시장의 불확실성에서 오는 위험이 크기 때문에 기업이 보다 높은 위험을 감수하지 않으면 안 된다.
　　• 자사보다 큰 경쟁자가 동일시장에 진입할 경우 시장성을 잃을 수도 있다.

③ 표적시장 선정 방법에 따른 마케팅 전략

구 분	무차별적 마케팅 전략	차별적 마케팅 전략	집중적 마케팅 전략
시장 정의	광범위한 고객	둘 혹은 그 이상의 제한된 고객집단	잘 정의된 단일 고객집단
비 용	비용 절감	비용 증가	비용 최다 증가
제품 전략	다양한 고객을 겨냥하여 단일 상표로 한정된 수의 제품 및 서비스 판매	각 고객 집단별로 적합한 별개의 제품이나 서비스 제공	단일 소비자 집단을 대상으로 단일 상표의 제품이나 서비스 제공
가격 전략	전체적인 단일가격	차별적 가격	단일가격
유통 전략	가능한 모든 판매경로 동원	세분시장별 차별적 유통 경로	단일의 판매경로 선정
촉진 전략	대중 매체	세분시장별 차별적 매체 선정	전문잡지 등 특화된 매체
목 적	경쟁우위 장악	동질적인 욕구와 선호 충족	시장입지 획득
전략의 강조점	동일한 마케팅 프로그램을 통해 다양한 유형의 소비자들에게 접근 가능	각 세분시장별 차별적 마케팅 전략으로 둘 또는 그 이상의 시장에 접근	고도로 전문화된 동일 마케팅 프로그램을 통해 구체적인 소비자 집단에 접근
위험 부담	소	중	대
사고 방식	기업체 중심 사고	고객 중심 사고	고객 밀착 사고

표적시장 선정을 위한 표적 마케팅 활동 중 '집중화 전략'에 대한 설명으로 가장 거리가 먼 것은?   [2019년]

① 기업의 자원이 제한되어 있지 않을 경우 주로 사용되는 방법이다.

② 소수의 작은 시장에서 높은 시장점유율을 달성하기 위한 전략이다.

③ 소비자의 기호나 구매행동 변화에 따른 위험을 감수해야 할 수도 있다.

④ 자사보다 큰 경쟁자가 동일시장에 진입할 경우 시장성을 잃을 수도 있다.

⑤ 기업의 목표 달성에 가장 적합한 하나 또는 소수의 표적시장을 선정하여 마케팅 활동을 집중하는 전략을 말한다.

|해설|

기업의 자원이 제한되어 있을 경우 주로 사용된다.

정답 ①

① 개 념
　㉠ 상품이나 서비스에 대해 어떤 행동을 취하는 것이 아니라 잠재 고객의 마음속에 어떤 행동을 취하는 것을 말한다.
　㉡ 잠재 고객의 머릿속에 상품이나 서비스의 위치(고객들이 그 상품이나 서비스를 어떻게 인식하고 있느냐)를 잡아주는 것이 포지셔닝이다.
　㉢ 제품이나 서비스의 포지션이란 소비자들이 일정한 속성을 기준으로 해서 경쟁 제품들을 어떻게 인지하고 있느냐를 의미하게 된다.
　㉣ 특정 조직체의 제품이나 서비스를 고객이 우수한 것으로 인식하도록 만들고, 동시에 표적 고객의 마음속에 경쟁자의 상품이나 서비스와 구별되게 해 주는 경쟁적 우위를 찾아내어 개발하고 이를 커뮤니케이션하는 것이라고도 정의할 수 있다.

② 중요성
　㉠ 궁극적으로 포지셔닝이란 차별화 전략으로 조직과 서비스 그리고 표적시장에 적합하도록 이것을 적절히 이용하는 것을 말한다.
　㉡ 이러한 차별화는 이미지나 커뮤니케이션과 같은 주관적인 기준에 바탕을 둘 수도 있고 혹은 제품, 과정, 인적 자원, 고객 서비스 등의 서비스 마케팅 믹스 구성요소와 같은 객관적 기준에 그 근거를 둘 수도 있다.
　㉢ 신규 브랜드를 시장에 출시할 때, 기존 브랜드를 재포지셔닝할 때 모두에 걸쳐 사용할 수 있으며, 이것은 특정 브랜드가 그저 그런 진부한 상표로 전락되지 않도록 제품과 서비스를 차별화시키는 것과 밀접한 관련이 있다.

　㉣ 1990년대 이후 고객들이 서비스 경쟁의 격화로 인해 수적으로 혹은 양적으로 엄청난 서비스 제공물의 공세에 시달리고 있으며, 동시에 이러한 서비스가 제공하는 광고 메시지에 혼란스러워하고 있는 현재 시장 상황을 고려할 때 포지셔닝은 더욱 중요하다.
　㉤ 특정 기업의 현재 위치가 어디쯤인지, 향후 어떤 위치로 옮겨가야 하는지, 그리고 이러한 위치 이동을 성공시키기 위해서는 어떻게 해야 하는지 등에 대한 질문의 해답을 찾을 때 사용할 수 있는 전략적 도구이다.
　㉥ 경쟁자가 선점하지 못한 시장(Niche Market, 틈새시장) 기회를 발견하는 데 유용하다.
　㉦ 따라서 포지셔닝은 신규 서비스 개발과 현재 제공되고 있는 서비스의 재설계 양자에 걸쳐 중요한 공헌을 할 수 있다.

③ 원 칙
　㉠ 기업은 목표로 하는 고객의 마음속에 하나의 포지션을 가져야 한다.
　㉡ 그 위치는 단순하면서도 일관된 메시지를 제공하는 독특한 것이어야 한다.
　㉢ 그 위치는 다른 경쟁사들과 자사를 구별시켜줄 수 있어야 한다.
　㉣ 하나의 회사가 모든 사람에게 모든 것이 되어 줄 수는 없으므로 자사의 노력을 집중시켜야 한다.

④ 방 법
　㉠ 서비스 속성
　　• 다른 업체와 차별화된 서비스 속성으로 포지셔닝을 하는 가장 일반적인 방법이다.
　　• 기업이 가장 잘 할 수 있는 것이 무엇인지에 초점을 맞추는 방법이다.
　　• "서비스를 가장 잘하는 것"의 관점에서 포지셔닝하는 방법이다.
　㉡ 서비스 용도 : 서비스를 하는 궁극적인 용도가 무엇인가를 알고 포지셔닝하는 방법이다.
　㉢ 서비스 등급
　　• 서비스의 등급이 높기 때문에 높은 가격을 책정할 수 있다는 측면을 강조하는 방법이다.

- 호텔의 별 등급 표시 등과 같이 서비스 등급이 높아 높은 가격을 매길 수 있다는 측면을 강조하는 방법이다.
  - ㉣ 서비스 이용자
    - 기업 서비스 제품이 특정 소비자에 적합하다는 것을 소비자에게 인식시켜 포지셔닝하는 방법이다.
    - 여성 전용 사우나, 비즈니스 전용 호텔과 같이 이용자 기준으로 서비스 포지셔닝을 하는 방법이다.
      - 에 온라인 배달전문 업체 A기업은 솔로와 혼밥족인 고객을 대상으로 포지셔닝을 하고 있는 반면 B기업의 경우 가족 단위의 고객을 중심으로 포지셔닝을 하고 있다.
  - ㉤ 경쟁자
    - 경쟁사와 비교해 자사의 서비스가 좋은 점을 부각시켜 포지셔닝을 하는 방법이다.
    - 경쟁자와 비교해 자사의 서비스가 더 나은 점이나 특출난 점을 부각시켜 포지셔닝하는 방법이다.
  - ㉥ 가격 대 품질 : 최고의 품질로 서비스를 하거나 가장 저렴한 가격으로 포지셔닝을 하는 방법이다.
- ⑤ 포지셔닝 전략 수행절차 6단계[아커와 샨비]
  - ㉠ 1단계 : 경쟁자의 실체 파악 및 확인
  - ㉡ 2단계 : 경쟁자 인식 및 평가 분석, 경쟁업체의 인지 및 평가 분석
  - ㉢ 3단계 : 경쟁 기업과 제품 시장에서의 포지셔닝 결정, 경쟁 기업의 포지셔닝 파악
  - ㉣ 4단계 : 소비자 분석 수행, 고객에 대한 분석 수행
  - ㉤ 5단계 : 포지셔닝 의사결정
  - ㉥ 6단계 : 모니터링으로 감시 단계 설정

핵심예제

서비스 포지셔닝의 일반적인 방법 중 다음 〈보기〉의 사례에 해당하는 유형은?

[2020년]

보기

온라인 배달전문 업체 A기업은 솔로와 혼밥족인 고객을 대상으로 포지셔닝을 하고 있는 반면 B기업의 경우 가족 단위의 고객을 중심으로 포지셔닝을 하고 있다.

① 경쟁사
② 서비스 용도
③ 서비스 등급
④ 가격 대 품질
⑤ 서비스 이용자

|해설|

서비스 포지셔닝 방법

- 서비스 속성 : "서비스를 가장 잘하는 것"의 관점에서 포지셔닝하는 방법이다.
- 서비스 용도 : 서비스를 하는 궁극적인 용도가 무엇인가를 알고 포지셔닝하는 방법이다.
- 서비스 등급 : 호텔의 별 등급 표시 등과 같이 서비스 등급이 높아 높은 가격을 매길 수 있다는 측면을 강조하는 방법이다.
- 서비스 이용자 : 기업 서비스 제품이 특정 소비자에 적합하다는 것을 소비자에게 인식시켜 포지셔닝하는 방법이다.
- 경쟁자 : 경쟁자와 비교해 자사의 서비스가 더 나은 점이나 특출난 점을 부각시켜 포지셔닝하는 방법이다.
- 가격 대 품질 : 최고의 품질로 서비스를 하거나 가장 저렴한 가격으로 포지셔닝하는 방법이다.

정답 ⑤

① 소비자와 관련된 용어

  ㉠ 시크(Chic) : 차갑다, 도도하다, 무심하다는 의미로 사용

  ㉡ 셀럽(Celeb) : 유명인사나 유행을 이끄는 트렌드

  ㉢ 플렉스(Flex) : 20 ~ 30대층에서 무엇인가를 뽐내고 자랑할 때, 명품 구입 등으로 자신의 소비를 과시할 때 사용하는 용어

더 알아보기

플렉스(Flex)의 사용 예

오늘 나 [플렉스(Flex)]해버렸어

여기서 [플렉스(Flex)]는 무슨 뜻일까? 돈을 왕창 써버렸다는 뜻이다. 젊은 세대 사이에서 유행하는 말로 '돈을 자랑하다.', '가진 돈을 탕진하다.', '비싼 물건을 사버렸다.'는 뜻으로 사용되는 신조어이다.

플렉스(Flex)는 자신의 성공이나 부를 뽐내거나 과시한다는 뜻으로 사용되고 있는데 우리나라에서도 힙합 래퍼들이 노래 가사 등에 이를 사용하면서 인기를 끌었고 최근 명품, 패션 브랜드를 비롯해 다양한 상품이 이를 활용한 이색 마케팅으로 화제가 되고 있다.

  ㉣ 힙스터(Hipster) : 스스로를 비주류라고 구분 짓고 개성을 중시하거나 혹은 대중적이지 않은 음악과 예술을 하는 사람

  ㉤ 쇼 오프(Show - off) : 자랑이 심한 사람

② 소비자의 심리·사회 관련 용어

  ㉠ 언더독 효과 : 사람들이 약자라고 믿는 주체의 성공을 기원하게 되는 현상이나 약자로, 연출된 주체에게 부여하는 심리적 애착을 의미한다.

  ㉡ 스놉 효과 : 스놉(Snob)은 잘난 체하는 속물을 의미하며, 스놉 효과는 어떤 상품에 대한 사람들의 소비가 증가하면 오히려 그 상품의 수요가 줄어드는 효과를 말한다.

  ㉢ 베블런 효과 : 상품의 가격이 오르는 데도 일부 계층의 허영심과 과시욕 등으로 인해 수요가 증가하는 현상이다.

  ㉣ 스티그마 효과 : 집단에서 부정적으로 낙인찍히면 그 대상이 점점 더 부정적인 행태를 보이며, 대상에 대한 부정적인 인식이 지속되고 강화되는 현상이다.

  ㉤ 플라시보 효과 : 의사가 제안한 효과 없는 가짜 약이나 치료법이 환자의 믿음과 긍정적인 소망으로 인해 병세가 호전되는 현상이다.

  ㉥ 디드로 효과 : 하나의 물건을 구입한 후 그 물건과 어울리는 다른 제품들을 계속 구매하는 현상이다.

더 알아보기

디드로 효과의 사용 예

철수 : 너, 이번에 새롭게 출시된 KIE 폴더블 폰 구매했다면서? 사용해 보니까 어때?

영희 : 우선 화면이 넓고 인터페이스도 간편해서 정말 대만족이야.

철수 : KIE 폴더블 폰이랑 연관해서 다른 상품도 같이 출시되었다고 들었는데?

영희 : 맞아, 스마트워치, VR 기기도 같이 출시되었는데 이번 시리즈 슬로건이 너무 마음에 들어서 패키지로 모두 구매할 생각이야.

  ㉦ 톱니 효과 : 일단 어떤 상태에 도달하고 나면, 다시 원상태로 되돌리기 어렵다는 특성을 지칭하는 말이다. 불가역성(不可逆性) 또는 역진불가(逆進不可)라고도 부른다.

  ㉧ 분수 효과 : 저소득층의 소득 증대가 총수요 진작 및 경기 활성화로 이어져 궁극적으로 고소득층의 소득도 높이게 되는 효과를 가리키는 용어이다.

  ㉨ 바넘 효과 : 보편적으로 적용되는 성격 특성을 자신의 성격과 일치한다고 믿으려는 현상이다.

  ㉩ 롤링 효과 : 채권은 액면가와 이자가 미리 정해져 있고, 할인식으로 판매하기 때문에 일반적으로 만기가 다가올수록 채권가격은 오른다. 즉 금리수준이 일정하더라도 잔존기간이 짧아지면 채권가격은 오르고 수익률은 낮아지는 상황을 설명한 용어이다.

  ㉪ 리테일 소비 : 고객의 구매를 유도하는 소비이다.

  ㉫ IoT(사물 인터넷) : 각종 기기를 센서와 통신기술 등으로 인터넷에 연결한 기술이다.

ⓔ 스마트 라이프(Smart Life) : 스마트 기기 등을 이용하여 제품 및 서비스를 구매할 수 있는 생활이다.

ⓗ 스테그플레이션(Stagflation) : 경제 불황으로 물건이 팔리지 않으면서 상품의 가격은 상승하는 현상이다.

㉮ 유인효과(Attraction Effect) : 기업에서 키우고자 하는 주력 브랜드가 있을 경우, 상대적으로 열등한 자사의 신규 브랜드를 출시하여 소비자에게 주력 브랜드의 선택 확률을 높이는 효과이다.

㉯ 부분적 리스트 제시 효과(Part – list Cunning Effect) : 사람들은 1위만 기억하고 2, 3위는 기억하지 못하기 때문에 1, 2위의 맞대결을 벌이겠다는 메시지를 전달한다.

㉰ 타협효과(Compromise Effect) : 여러 가격대의 제품을 출시할 경우 주력 브랜드를 중간 정도에 내놓는 것이 안전하다.

㉱ 희소성의 원리 : 원하는 모든 것을 가질 수 없기 때문에 더 큰 만족을 얻을 수 있는 재화나 서비스를 선택하는 것이다.

㉲ 언택트 라이프(Untact Life) : 기술의 발전을 통해 다른 사람과 접촉 없이 물건을 구매하고 서비스를 이용하는 방식

더 알아보기

언택트 라이프(Untact Life)의 사용 예
코로나19 여파로 '사회적 거리두기'가 생활화되고 가정에서 보내는 시간이 늘어나면서 인공지능(AI) 서비스 이용이 급증한 것으로 나타났다. 또한 언택트 라이프(Untact Life)의 영향으로 AI 기기를 이용한 가정에서 장보기, 홈트레이닝 등이 인기를 얻고 있다.

핵심예제

소비자 심리와 관련해 다음 〈보기〉의 대화에 가장 가까운 용어는?
[2019년]

보기

철수 : 이번에 프로농구 올스타 투표를 보니까 '박○○' 떨어질 거 같아.

영희 : '박○○'이라면 2년 전에 발목 부상으로 시즌 아웃 당했던 그 선수 아니야?

철수 : 맞아. 최근 다시 복구해서 기량이 점점 올라가고 있거든 예전만 못하지만 나는 그 의지에 애착이 가서 응원하고 싶어져.

영희 : 투표 안 하려고 했는데 '박○○'에 투표해야겠다.

① 스놉 효과   ② 베블런 효과

③ 언더독 효과   ④ 스티그마 효과

⑤ 플라시보 효과

|해설|

③ 사람들이 약자라고 믿는 주체의 성공을 기원하게 되는 현상이나 약자로 연출된 주체에게 부여하는 심리적 애착을 의미한다.

정답 ③

핵심이론 54 소비자의 관여 수준

① 관여도의 의의

　㉠ 관여도란 어떤 대상에 대한 관련성이나 중요성을 지각하는 정도를 말하는 것이다.

　㉡ 대상에 대한 관심의 강도, 흥미의 정도, 개인적 중요도 등에 따라 고관여와 저관여로 구분한다.

　㉢ 소비자의 관여 수준은 제품의 특성, 소비자의 특성, 사용상황, 마케팅 커뮤니케이션 등에 따라 달라진다. 예를 들어, 자동차나 컴퓨터 등과 같은 고가의 제품일 경우 소비자의 관여도는 커지고 세제, 볼펜 등과 같은 저가의 제품일 경우 관여도는 작아진다.

　㉣ 관여도가 높을 경우 소비자들은 제품정보를 습득하는 데 능동적이며, 적극적인 노력을 보이게 되고 구매의사 결정에 심사숙고하게 된다.

　㉤ 관여도가 낮을 경우에는 제품정보에 대해 소극적이거나 수동적이 되고 광고나 홍보 등에 의해 기억된 반복 정보를 바탕으로 구매를 결정하게 된다.

　㉥ 관여도는 관여되는 상황에 따라 상황적 관여와 지속적 관여로 나눌 수 있다.

　　• 지속적 관여 : 늘 관심 있는 제품에 대한 상대적으로 장기적인 관여

　　• 상황적 관여 : 특별한 상황에 발생하는 관여

　㉦ 제품에 관한 관여의 시작은 고객의 욕구와 가치의 형태 속에 내재된 동기이므로, 집단의 규범과 가치는 제품 구매에 중요한 영향을 미친다.

② 고관여도 관점

　㉠ 소비자는 정보탐색자이다.

　㉡ 소비자는 목표지향적인 정보처리자이다.

　㉢ 소비자는 구매 전에 상표를 먼저 평가한다.

　㉣ 소비자는 능동적 수신자이기 때문에 태도 변경을 위한 광고의 효과는 약하다.

　㉤ 소비자는 기대 만족을 극대화하려고 노력하며 최선의 선택을 위해 다수의 속성을 검토한다.

　㉥ 제품이 소비자의 자아 이미지에 중요하며 라이프스타일이 소비자 행동에 많은 영향을 미친다.

　㉦ 집단의 규범과 가치는 제품 구매에 있어 중요하다.

③ 관여도 측정에 필요한 5가지 차원[로렌트(Laurent)와 캐퍼러(Kapferer)]

　㉠ 개인적 관심

　㉡ 쾌락적 가치

　㉢ 부정적 결과의 중요성

　㉣ 구매가 잘못될 가능성

　㉤ 상징적 가치

　※ 로렌트와 캐퍼러는 한 제품에 관여도가 높아지는 이유를 다방면에서 측정하므로 연구 결과에 따라 소비자가 특정 제품에 관여되는 행동 변화를 추정할 수 있습니다.

핵심예제

제품에 관한 소비자의 관여 수준에 따른 유형 중 고관여도 관점에 대한 내용으로 가장 거리가 먼 것은? [2020년]

① 소비자는 정보수용자이다.

② 소비자는 목표지향적인 정보처리자이다.

③ 소비자는 구매에 앞서서 상표들을 평가한다.

④ 집단의 규범과 가치는 제품 구매에 중요하다.

⑤ 제품이 소비자의 자아 이미지에 중요하며 라이프스타일이 소비자 행동에 많은 영향을 미친다.

|해설|

소비자는 정보탐색자이다.

정답 ①

① 고객경험관리

　　㉠ 고객경험(CE ; Customer Experience)

　　　고객이 제품 및 서비스를 구매하기 전 정보탐색 단계부터 구매 중, 구매 후 사용 단계까지의 제품, 서비스, 기업과 직간접적으로 접촉하면서 후에 느끼게 되는 인상, 즉 감각적 정보가 추가되어 인지되는 결과를 의미한다.

　　㉡ 고객경험관리(CEM ; Customer Experience Management)

　　　기업과 소비자의 모든 접점에서 실시간으로 일어나는 현재 소비자의 경험을 측정하고 이를 분석해 제품과 서비스 개발에 반영함으로써 소비자가 더 나은 경험을 할 수 있도록 방법을 마련하고 전략을 수립할 수 있게 하는 프로세스이다.

　　㉢ 고객경험관리(CEM)의 특징

　　　• 고객과의 경험프로세스를 전략적으로 관리하는 고객지향적인 경영전략이다.

　　　• 고객 상호작용의 순간, 즉 접점에서부터 시작된다.

　　　• 고객이 기업에 대해 생각하고 느끼는 것을 파악한다.

　　　• 기업에 대한 고객 경험을 향상시키기 위해 시스템과 기술 및 단순화된 프로세스를 활용한다.

　　　• 고객의 기대와 경험 간의 차이가 있는 곳에 제품이나 서비스를 위치시켜 판매하는 선행적 성격이 강하다.

② 고객가치

　　㉠ 개 념

　　　• Customer Value의 의미로서 사용되는 경우 : 고객이 본 기업가치(고객가치 = 기업가치)

　　　• Customer Equity의 의미로서 사용되는 경우 : 고객이 기업에 가져오는 가치(고객가치 = 기업가치)

　　　• 고객이 기업에 기대하는 편익(가치)으로서 사용되는 경우 : 고객가치 > 기업가치

　　　• 제품사용 전 고객가치와 제품사용 후 고객가치

　　　　– 제품사용 전 고객가치는 고객이 제품을 구매하기 전에 기대하는 예측적 성격의 가치를 말한다.

　　　　– 제품사용 후 고객가치는 사용 후에 느끼는 과정지향적 가치로 경험, 통합, 분류, 사회화가 여기에 해당한다.

　　　• 명시적 고객가치와 묵시적 고객가치

　　　　– 명시적 고객가치는 소비자가 제품이나 서비스의 유형적 품질에 대하여 공유하고 있는 가치를 말한다.

　　　　– 묵시적 고객가치는 독특한 무형적 개인가치를 말한다.

　　　• 고객관점의 고객가치와 기업관점의 고객가치

　　　　– 기업이 제시하는 가치제언으로부터 얻은 편익에서 그것을 얻는 데 소요된 비용을 차감한 결과에 대해 고객이 지각하는 바를 말하는데, 고객지각가치 또는 고객전달가치라고도 한다.

　　　　– 고객지각가치는 개별고객에 따라 다르고, 경쟁기업의 가치제언과 비교한 것이므로 상대적인 개념으로 보아야 한다.

　　　　– 기업관점에서 본 고객가치는 장기적 관점에서 특정고객이 제품이나 서비스에 대하여 얼마만큼 지불할 수 있느냐를 측정하는 것으로 평생고객가치라고도 한다.

　　㉡ 고객가치의 4가지 구성[파라수라만 & 그루얼]

　　　• 상환가치 : 거래 이후 장기간 제공되는 잉여가치

　　　• 거래가치 : 거래를 통해 얻는 즐거움이나 긍정적 감정으로 얻는 가치

　　　• 획득가치 : 금전적 비용 투자를 통해 얻는 가치

　　　• 사용가치 : 제품이나 서비스의 유용성에 대한 가치

　　㉢ 고객가치의 특성 요소 : 주관성, 상황성, 다차원, 동적성

　　㉣ 고객가치지수(CVI) 측정모델의 측정 단계[한국능률협회컨설팅(KMAC)]

　　　고객니즈 수집 및 분석 → 고객가치요소 발굴 → 리서치 시행 → 고객가치측정 모델에 의해 현재의 가치 수준을 측정하고 핵심가치(Core Value) 추출 → 고객가치의 콘셉트 도출 → 고객가치 향상을 위한 전략과제 도출

③ 고객분석기법

    ㉠ RFM 분석법

- 언제(Recency ; 구매시점), 얼마나 자주 (Frequency ; 구매빈도), 제품 구입에 얼마나 (Mometary ; 구매금액)의 세 가지 요소를 가지고 고객의 등급을 분석하는 방법이다.
- 각 요소별로 점수를 매기고 이를 토대로 고객의 가치를 평가한다. 따라서 고객의 가치에 따라 다른 마케팅 계획을 세우고 구매를 촉진시키는 전략을 세운다.

    ㉡ AIO 분석법

- 학자들마다 주장은 다르지만, 일반적으로 활동 (Activities), 관심(Interests), 의견(Opinions) 등으로 파악하는 라이프스타일 측정 방법 중의 하나이다.
- AIO 항목을 이용하여 라이프스타일을 조사할 때 소득, 가족생활패턴, 교육수준과 같은 인구 통계적 변수들을 포함시키면 더욱 유리한 정보를 얻을 수 있다.
- 조셉 플러머의 AIO 분석 기법

Activities (활동)	• 쇼핑, 상품에 대한 대화 등으로 관찰될 수 있지만 그 이유를 측정하기 어렵다.
Interests (관심)	• 어떤 사물과 사건, 화제 등에 대하여 특별하고 계속적인 주의를 부여하는 정도를 의미한다.
Opinions (의견)	• 어떤 질문이 제기된 상황에 대하여 개인이 제시하는 반응으로 예측, 신뢰, 평가, 해석, 기대 등을 의미한다. • 어떤 질문이 제기되는 상황에 대하여 개인이 제공하는 응답을 조사하는 것으로 자기 자신, 사회적 문제, 정치, 경제, 교육, 미래, 문화 등과 관련된 자신의 견해를 질문한다.

고객가치 분석을 위해 'RFM 기법'을 사용할 경우, 해당 분석에 필요한 요소로 알맞은 것은?   [2022년]

① 구매위험, 구매빈도, 구매금액
② 구매요인, 구매빈도, 구매금액
③ 구매시점, 구매빈도, 구매태도
④ 구매시점, 구매빈도, 구매금액
⑤ 구매시점, 구매사유, 구매금액

|해설|

RFM 기법

언제(Recency, 구매시점), 얼마나 자주(Frequency, 구매빈도), 제품 구입에 얼마나 (Mometary, 구매금액)의 3가지 요소로 고객의 등급을 분석하는 방법이다.

정답 ④

제3과목 고객관리 실무론

핵심이론 01 전화응대 예절

① 전화응대의 기본자세
- ㉠ 언어는 정확하고 간결한 표현을 사용한다.
- ㉡ 상대를 마주보고 대하는 것처럼 정중하며 친절한 태도로 응대한다.
- ㉢ 전화기 옆에는 필기도구를 준비하여 항상 메모할 수 있도록 대비한다.
- ㉣ 통화 도중 상대방을 기다리게 할 경우 주위 소음이 들어가지 않도록 주의한다.
- ㉤ 중요한 내용은 반복하여 확인한다.
- ㉥ 적당한 높낮이의 통화음성을 사용한다.
- ㉦ 도중에 끊어지면 먼저 건 쪽에서 다시 건다.
- ㉧ 통화는 용건만 간단히 한다.
- ㉨ 통화가 끝났을 경우 상대방이 먼저 끊은 것을 확인한 다음 수화기를 내려놓는다.

② 전화응대 시 유의사항
- ㉠ 명령형이나 지시형보다는 의뢰형이나 권유형으로 말하는 것이 좋다.
- ㉡ 음량을 조절하여 고객의 목소리보다 조금 낮은 목소리로 통화하는 것이 좋다.
- ㉢ 강조할 부분, 쉬어야 할 부분을 구별해 또박또박 말하도록 한다.
- ㉣ 고객이 말하는 속도에 맞추어서 일치감을 형성하는 것이 좋다.
- ㉤ 부정적인 말은 우회하여 표현하는 것이 좋다.
- ㉥ 고객의 욕구를 충족시키지 못했을 경우 차선책 또는 대안을 제시할 수 있도록 한다.

③ 경청하는 자세
- ㉠ 비판하거나 평가하지 않는다.
- ㉡ 편견을 갖지 않고 고객의 입장에서 듣는다.
- ㉢ 고객에게 집중하고, 고객의 말에 계속 반응한다.
- ㉣ 정확한 이해를 위해 고객이 말한 것을 복창한다.
- ㉤ 고객의 말을 가로막지 않는다.
- ㉥ 중요한 내용이나 요점을 기록한다.

> **더 알아보기**
>
> 메라비언의 법칙(Law of Mehrabian)
> - 시각적 요소 : 표정, 용모, 복장, 자세, 동작, 걸음걸이, 태도
> - 청각적 요소 : 음성, 언어, 호흡, 말씨, 억양, 속도
> - 언어적 요소 : 말의 내용, 전문지식, 숙련된 기술
> - 면대면 커뮤니케이션 전달 정도 : 언어적인 요소(7%) < 청각적인 요소(38%) < 시각적인 요소(55%)

1-1. 다음 중 올바른 전화응대 자세로 가장 바람직하지 않은 것은?

[2020년]

① 통화 도중 상대방을 기다리게 할 때는 주위의 대화 내용이나 소음이 들리지 않도록 주의한다.

② 정확한 언어를 사용하고 간결한 표현을 쓰도록 한다.

③ 통화내용 중 중요한 사항은 반복하여 확인한다.

④ 상대가 이해하지 못할 전문용어나 틀리기 쉬운 단어는 사용하지 않는다.

⑤ 도중에 통화가 끊어지면 전화를 받은 쪽에서 다시 거는것이 원칙이다.

1-2. 다음 중 효과적인 경청을 위한 방안으로 보기 어려운 것은?

[2020년]

① 냉정한 비판과 평가가 수반되어야 한다.

② 정확한 이해를 위해 고객이 말한 것을 복창한다.

③ 중요한 내용이나 요점을 기록한다.

④ 고객의 말을 가로막지 않는다.

⑤ 편견을 갖지 않고 고객의 입장에서 듣는다.

|해설|

1-1
도중에 통화가 끊어지면 전화를 건 쪽에서 다시 거는 것이 원칙이다.

1-2
비판하거나 평가하지 않고, 고객의 입장에서 들으려 노력한다.

정답 1-1 ⑤ 1-2 ①

핵심이론 02 전화응대의 3원칙

① 신 속
  ㉠ 인사나 농담이 길어지지 않도록 하고, 요점만 주고받도록 한다.
  ㉡ 전화를 걸기 전에 용건을 5W1H로 써서 정리해 두는 것이 좋다.
  ㉢ 불필요한 말은 반복하지 않는다.

② 정 확
  ㉠ 발음을 명확히 또박또박한다.
  ㉡ 너무 빠르게 말하여 발음이 뭉개지지 않도록 한다.
  ㉢ 상대가 이해하지 못할 전문용어나 틀리기 쉬운 단어는 피한다.
  ㉣ 중요한 부분은 강세를 주어 강조한다.
  ㉤ 상대의 말을 지레짐작하여 응답하지 않는다.

③ 친 절
  ㉠ 상대방이 친절을 느끼도록 하려면 정성을 다해야 한다.
  ㉡ 상대방이 누구든지 차별하지 않고 경어를 쓰도록 한다.
  ㉢ 상대방의 말을 끊거나 가로채지 않는다.
  ㉣ 필요 이상으로 소리를 크게 내거나 과하게 웃지 않는다.
  ㉤ 상대방의 기분을 이해하고, 긍정적으로 생각하도록 대화를 리드한다.
  ㉥ 상대방이 언성을 높이거나 불쾌해하면 한발 물러서서 언쟁을 피하도록 한다.

더 알아보기

5W1H(육하원칙)
- When(언제)
- Who(누가)
- Where(어디서)
- What(무엇을)
- Why(왜)
- How(어떻게)

다음 〈보기〉의 내용 중 전화응대의 3대 원칙을 찾아 모두 선택한 것은?

[2019년]

> **보기**
>
> 가. 정확 나. 성장 다. 신속
> 라. 개발 마. 자신감 바. 친절

① 가, 나, 다
② 가, 다, 바
③ 나, 다, 라
④ 나, 라, 바
⑤ 라, 마, 바

|해설|

전화응대의 3원칙에는 친절, 신속, 정확이 있다.

정답 ②

핵심이론 03 콜센터의 정의와 역할

① 콜센터의 전략적 정의
  ㉠ 우량고객창출 센터
  ㉡ 고정 고객의 관계개선 센터
  ㉢ 고객접근이 용이한 개방형 고객상담 센터
  ㉣ 원스톱 고객 서비스를 제공하는 서비스 품질제공 센터
  ㉤ 고객감동을 실현할 수 있는 휴먼 릴레이션 센터

② 콜센터의 역할
  ㉠ 일반적 측면에서의 역할
    • 신규고객의 확보
    • 기존고객 활성화 및 고객이탈 방지
    • 고객정보 획득 및 시장조사 기능
    • 고객중심의 서비스 제공으로 이미지제고 활동
    • 전화, 우편, 이메일 등 다양한 매체중심의 마케팅
  ㉡ 서비스 측면에서의 역할
    • 콜센터 운영지표 확보
    • 다양한 커뮤니케이션 채널 확보
    • 고객 니즈의 정확한 이해와 피드백 제공
    • 서비스 실행 조직으로 기업 전체에 미칠 영향의 중요성
  ㉢ 경영전략 측면에서의 역할
    • 습득한 고객 정보를 통해 이탈고객 재유치 및 잠재고객 활성화
    • 기존 고객과의 관계 유지를 통해 고객 점유율 제고
    • 고객 DB를 기반으로 고객 특성에 맞는 맞춤 서비스 제공

다음 중 콜센터의 전략적 정의에 대한 설명으로 가장 거리가 먼 것은?

[2020년]

① 콜센터는 우량고객창출 센터이다.

② 콜센터는 고정 고객의 관계개선 센터이다.

③ 콜센터는 고객접근이 용이한 개방형 고객상담 센터이다.

④ 콜센터는 원스톱 고객 서비스를 제공하는 서비스 품질제공 센터이다.

⑤ 콜센터는 내부고객 만족을 실현할 수 있는 휴먼 인덱스 (Human Index) 센터이다.

|해설|

콜센터는 고객감동을 실현할 수 있는 휴먼 릴레이션 센터이다.

정답⑤

---

① 콜센터의 발전 과정

ㄱ 전화센터 : 고객의 전화문의를 상담사가 직접 전화응대를 통해 처리한다.

ㄴ CTI 콜센터 : 전화센터 상담사의 업무효율 향상을 위하여 컴퓨터와 전화시스템을 통합한 CTI 기능이 도입되었고, 이에 따라 ARS를 통하여 고객문의에 대한 자동처리율이 높아졌으며, 콜센터 내 인바운드와 아웃바운드 업무를 상담사가 병행처리할 수 있게 되었다.

ㄷ 통합고객센터 : 음성과 데이터망을 이용하여 이메일, 메신저(채팅), 팩스, SMS 등의 다양한 콘택트 채널을 통하여 고객응대가 가능하다.

ㄹ CRM 센터 : 크로스셀링 및 업셀링, 신규 세일즈 유도 등을 인바운드와 아웃바운드 센터에서 적극적으로 수행함으로써, 콜센터에서 직접적인 수익을 획득하는 데 초점을 둔 수익센터이다.

② 콜센터 시스템 운영 유형

ㄱ ARS(Automatic Response System) : 자동응답시스템으로서 24시간 연중 고객서비스가 가능한 이점이 있다.

ㄴ ANI(Automatic Number Identification) : 전화를 건 고객의 번호를 수신자가 알 수 있게 신호를 함께 보내주는 전화국의 서비스를 통칭한다. 전산시스템을 설치하고 화면을 보면서 고객응대를 하는 경우 전화번호로 보관된 고객정보를 검색하여 통화를 시작하는 순간에 고객의 정보를 화면에 나타내주어 신속한 고객응대가 가능하다. ARS보다 진일보한 방식으로 고객의 이름이나 주소 등 별도의 인적사항에 대해 물어볼 필요가 없다.

ㄷ CTI(Computer Telephony Integration) : 컴퓨터와 전화를 통합시켜 분리된 전화 업무와 컴퓨터 업무를 하나로 처리할 수 있도록 구성된 전산 기술이다.

ㄹ VoIP(Voice over Internet Protocol) : 기존의 전화교환망의 음성 서비스를 인터넷 IP기술을 사용하여 데이터로 전환, 인터넷 팩스, 웹콜, 통합 메시지 처리 등의 향상된 인터넷 전화 서비스를 제공한다.

ⓜ IPCC(IP Call Center) : 인터넷 프로토콜 기반의 콜센터로 멀티채널, 양방향, 아날로그 음성, VOIP, 화상, 채팅, e - 메일, 팩스 등이 가능하다.

③ 콜센터 조직 운영 유형

　　㉠ 직할 콜센터(직영 콜센터) : 기업 내부의 조직원들이 고객정보 보호, 지속적인 업무 진행, 고객관리의 질을 지속적으로 향상시키기 위해 직접 운영하는 방식이다.

　　㉡ 제휴형 콜센터 : 콜센터의 장점과 전문성을 지닌 업체와 제휴하여 시스템 및 인력을 공유하여 운영하는 방식이다.

　　㉢ 아웃소싱형 콜센터 : 기업 외부의 전문 콜센터 업체에 의뢰하여 콜센터를 운영하는 방식이다.

　　㉣ 클라우딩 콜센터 : 클라우드 기술을 적용해 별도의 콜센터 장비없이 어느 곳에서든 PC만으로 콜센터 업무가 가능한 운영 방식이다.

┌ 핵심예제 ┐

조직구성원에 따른 콜센터 분류 중 기업 내부의 조직원들이 고객정보 보호, 지속적인 업무 진행, 고객관리의 질을 지속적으로 향상시키기 위해 직접 운영하는 방식의 콜센터 유형에 해당하는 것은? [2020년]

① 제휴형 콜센터
② 아웃소싱형 콜센터
③ 클라우딩 콜센터
④ 직할 콜센터
⑤ 디지털 콜센터

|해설|

① 콜센터의 장점과 전문성을 지닌 업체와 제휴하고 시스템 및 인력을 공유하여 운영하는 방식이다.
② 기업 외부의 전문 콜센터 업체에 의뢰하여 콜센터를 운영하는 방식이다.
③ 클라우드 기술을 적용해 별도의 콜센터 장비없이 어느 곳에서든 PC만으로 콜센터 업무가 가능한 운영 방식이다.

정답 ④

핵심이론 05 콜센터의 운영 방안

① 효율적 운영 요소

　　㉠ 전략수립 및 포지셔닝 : 콜센터의 핵심전략 및 전략과제는 비전을 이루기 위한 기본적인 목표를 구체적으로 설정하는 것이고, 이러한 목표를 어떻게 설정하느냐에 따라 필요한 인적, 물적 자원과 모든 세부행동 지침이 결정된다.

　　㉡ 체계적인 운영 프로세스 : 성공적인 콜센터 운영을 위해 어떠한 프로세스가 가장 효과적이고 효율적인지 정의하는 것이 중요하다. 콜센터는 관련 부서 간 협조가 중요한데 특히 마케팅 부서와 연계하여 운영되었을 때 더욱 효과적이다.

　　㉢ 효율적인 작업 인프라 구축 : 콜센터는 초기 단순 응대의 역할을 뛰어넘어 인터넷의 발달과 콜센터 관련 기술의 진보를 통해 기업에 수익을 가져다주는 이익센터로 자리 잡았다. 따라서 지속적으로 발전하고 콜센터의 효율성과 생산성을 향상시키기 위해 새로운 기술 도입에 관심을 기울여야 한다.

② 콜센터 운영 시 고려 사항

　　㉠ 효율성 : 수익성, 경쟁성, 투자 대비 성과 등
　　㉡ 적응성 : 업무, 팀워크, 데이터 활용
　　㉢ 합목적성 : 고객, 서비스 운영방법 등에 대한 합목적성
　　㉣ 고객 서비스성 : 고객배려, 고객감동, 고객참여 등 기법 개발과 고객 서비스 향상 방안 모색
　　㉤ 복잡상황 대응성 : 여러 가지 비대면 상황에 대한 대응 능력
　　㉥ 전문성 : 전문 상담능력 배양

③ 콜센터 생산성 관리 방안

　　㉠ 지속적인 교육
　　㉡ 공정한 평가와 그에 따른 보상
　　㉢ 우수한 상담원의 채용
　　㉣ 직업에 대한 비전 제시
　　㉤ 적절한 업무 배치
　　㉥ 숙련된 상담원의 재택근무 지원

콜센터 매니지먼트 부재의 원인
- 경력·전문성 중심의 채용으로 매니저로서의 자질 부재
- 과중한 업무로 인한 자기계발의 한계
- 기업의 콜센터 매니저 육성에 대한 관심 부족
- 텔레마케팅 산업의 급속한 발전으로 인한 전문 인력 부족 현상
- 전문화, 표준화, 고급화되지 못한 조직관리 체계
- 비정규직 근로자 관리에 대한 노하우 부재와 자기학습 부족
- 정규 조직과 비정규 조직 간의 이해관계 대립과 갈등

콜센터 구성원
매니저, 텔레마케터, QAA(통화품질관리자), 슈퍼바이저

핵심예제

다음 중 콜센터의 생산성을 효율적으로 관리하기 위해 고려해야 할 사항으로 보기 어려운 것은?   [2018년]

① 지속적인 교육
② 적절한 업무 배치
③ 직업에 대한 비전 제시
④ 우수한 상담원의 채용
⑤ 평가와 보상의 분리

|해설|

성과에 대한 객관적 평가와 이에 따른 적절한 보상은 종업원들에게 동기부여가 되고 생산의 효율성을 증대시킨다.

정답 ⑤

핵심이론 06 모니터링의 유형

① 동료 모니터링(Peer - monitoring)

정해진 동료의 상담내용을 듣고, 피드백한 뒤 벤치마킹하게 하는 방법이다. 상담원들의 모니터링에 대한 거부감이나 두려움을 줄일 수 있지만, 우수 수행자들을 선별하는 데에 신중해야 한다.

② 셀프 모니터링(Self - monitoring)

직접 자신의 상담 내용을 듣고 정해진 평가표에 따라 스스로를 평가하고 개선하는 방법이다.

③ 리얼 모니터링(Real - monitoring)

상담원이 모니터링 여부를 모르게 하여 무작위로 추출한 내용을 듣고 정해진 평가표에 따라 평가하는 방법이다.

④ Silent 모니터링

상담원과 약간 떨어진 곳에서 관리자 혹은 QAA가 실시간으로 상담원의 콜을 모니터링하는 방법으로, 상담원과 고객 사이의 자연스러운 상호작용을 모니터링할 수 있다는 장점이 있지만 즉각적인 피드백을 하기 어렵고, 상담원은 누군가가 지켜보고 있다는 '빅브라더' 공포가 생길 수 있다.

⑤ Side - by - side 모니터링

관리자가 상담원 근처에서 상담내용과 업무처리과정, 행동을 직접 관찰하고 즉각적으로 피드백을 하는 방법이다. 즉각적인 피드백과 코칭이 가능하고, 상담원과 QAA 간 관계를 강화시킬 수 있는 반면에 자연스러운 상담원의 행동을 발견하기 어렵다.

⑥ 콜 리코딩(Call Recording) 또는 콜 테이핑(Call Taping)

콜 샘플을 녹음한 후 평가자가 무작위로 콜을 선택해 모니터링하는 방법이다. 무작정 콜이 오기를 기다리지 않아도 되기 때문에 효율적이고, 상담사와 QAA는 필요한 만큼 콜의 대화 내용을 반복해서 검토할 수 있다.

⑦ 미스터리 콜(Mystery Call)

지정된 미스터리 쇼퍼가 콜센터에 전화를 해서 상담사의 기능을 모니터링하는 방법으로, 드러나지 않는 관찰의 형태이다. 콜이 무작위로 선출되어 좋은 샘플이 될 수 있지만, 상담원에게 즉각적인 피드백을 할 수 없고, 미스터리 쇼퍼를 선출해야 하므로 시간과 비용이 증가한다는 단점이 있다.

콜센터 모니터링 방법 중 상담원과 고객 모두 누가 모니터링을 하는지 모르도록 상담원과 떨어져 있는 장소에서 상담내용을 평가하는 방법으로 고객과 상담원 간의 자연스러운 상호작용을 관찰할 수 있는 모니터링 기법의 명칭은? [2020년]

① Self - monitoring

② Peer - monitoring

③ Real - monitoring

④ Side - by - side monitoring

⑤ Silent - monitoring

|해설|

① 상담원 스스로 본인의 상담내용을 청취하여 평가하는 방법이다.

② 정해진 동료의 상담내용을 듣고, 피드백한 뒤 벤치마킹하게 하는 방법이다.

③ 상담원이 모니터링 여부를 모르게 무작위로 추출한 내용을 듣고 정해진 평가표에 따라 평가하는 방법이다.

④ 관리자가 상담원 근처에서 상담내용과 업무처리과정, 행동을 직접 관찰하고 즉각적으로 피드백을 하는 방법이다.

정답⑤

핵심이론 **07 모니터링의 평가와 활용**

① 모니터링 점검요소

ㄱ 계량성(신뢰성) : '누가 평가하더라도 동일한 결과가 나오는가', '기준이 명확하고 객관적인가'

ㄴ 공정성 : '평가 항목이 보편적인가', '어떤 고객이나 상황에서도 공정한가'

ㄷ 유용성 : '불필요한 항목은 없는가', '중요성에 비해 배점은 적절한가'

② 통화품질관리자(QAA ; Quality Assurance Analyst)

ㄱ 통화품질관리자로서 고객 상담에 대한 전문적 지식과, 객관적 판단능력으로 상담내용을 평가·관리하여 콜센터의 통화품질을 향상시키는 업무를 수행한다.

ㄴ 자격요건

- 지식(Knowledge) : QAA는 기업 및 고객 센터의 비즈니스 전략에 대해 이해하고 통화 품질 관리가 왜 중요한지, 상품 지식 및 성과 분석 지표와 산출·통계에 의한 수치 관리법, 관련 서류(보고서 등) 작성법을 숙지해야 한다.

- 기술(Skill) : QAA는 고객과 상담원의 통화를 경청 후 정확하게 평가하는 능력을 필요로 한다. 또한 스크립트 작성법에 능숙하고, 효과적인 비평과 피드백을 통해 상담원의 통화 수준을 업그레이드 시킬 수 있어야 한다. 따라서 요즘은 QAA를 QAD(Quality Assurance Developer)라고 부르기도 한다.

- 태도(Attitude) : QAA는 공정한 인품과 감정에 치우치지 않고 객관성을 유지할 수 있는 자세가 있어야 하며, 풍부한 서비스 마인드를 지닌 사람이어야 한다.

③ 모니터링의 피드백(AID)

피드백을 줄 때는 구체적인 행동(Actions)과 그 행동이 가져온 영향(Impact)에 대한 설명, 그리고 피코치자가 일을 보다 효과적으로 수행할 수 있었던 바람직한 결과(Desired Outcome)에 대한 논의의 순서로 진행한다.

④ 모니터링의 활용

　㉠ 서비스 품질 측정 : 상담원의 친절성과 제공된 서비스의 정확성부터 고객 만족도와 고객 로열티 요소들까지 광범위하게 평가할 수 있다.

　㉡ 개별적인 코칭과 후속조치(Follow – up) : 시기적절한 피드백과 상담원의 행동 변화에 초점을 맞춘 코칭과 함께 상담원의 스킬 향상을 효과적으로 지원할 수 있다.

　㉢ 보상과 인정 : 모니터링의 결과 데이터는 성과 평가의 자료가 되며, 상담원에 대한 보상의 근거로 활용할 수 있다.

　㉣ 교육 Needs 파악 : 모니터링 데이터를 근거로 상담원 개개인과 조직 전체의 교육 Needs를 명확히 파악하고, 이에 맞는 개별적인 교육을 실시할 수 있다.

　㉤ 인력 선발 과정 수정 : 모니터링을 통해 드러난 개개인의 자질을 분석함으로써 선발 과정에서의 문제점을 파악하고, 추후에 인력을 선발할 때 개선된 과정을 적용할 수 있다.

　㉥ 업무 프로세스 개선 : 모니터링 과정에서 고객의 다양한 소리(컴플레인, 클레임, 어려운 문제, 원하는 서비스 등)를 듣게 되며, 이러한 정보는 업무 프로세스를 개선하는 데 도움을 준다.

핵심예제

콜센터 조직 구성원 중 상담원의 상담내용을 모니터링하여 평가하고 관리, 감독을 통해 통화품질을 향상시키는 업무를 수행하는 사람은?　　　　　[2020년]

① QAA
② TA
③ CA
④ 유니트 리더
⑤ 텔레 컨설턴트

|해설|

QAA(Quality Assurance Analyst)
• 텔레마케터의 상담내용을 모니터링한 후 평가를 통해 상담품질을 향상시키는 업무 및 교육지원을 담당한다.
• 텔레마케터의 통화내용에 대해 평가하고 문제점을 찾아내 개선할 수 있도록 도와주는 역할을 한다.
• 기본적인 자격요건에는 업무지식, 뛰어난 경청능력, 태도, 기술 등이 있다.

정답 ①

① 인바운드 상담 서비스

　㉠ 고객으로부터 걸려온 전화를 상담하는 업무로, 상품 개발이나 서비스 개선을 위한 고객의 의견과 제안 등을 얻을 수 있으며, 고객 불만이나 문제를 해결하는 역할을 한다.

　㉡ 주요 업무 : 요구 및 불만사항 처리, 제품 설명, 제품의 주문 및 신청, A/S 접수, 신규가입 문의 및 상담, 신규가입 접수 및 처리

② 아웃바운드 상담 서비스

　㉠ 기존 고객 및 잠재적 고객에게 직접 전화를 걸어 상담하는 업무로, 적극적인 판매와 마케팅, 캠페인 활동 등의 업무를 수행한다.

　㉡ 주요 업무 : 판촉활동 강화, 해피콜, 시장조사, 연체 고객 관리, 기념일 및 생일 축하전화, 텔레마케팅

③ 인바운드 서비스와 아웃바운드 서비스의 비교

구 분	인바운드	아웃바운드
판매 활동	• 상품지식 문의 • 상품 수주 • 재고 문의	• 상품발주 권유 • 판매지원 • 직접판매 • 신상품 안내
고객 서비스	• 문의사항 • 독 촉 • 클레임 제기 • 각종 정보제공	• 사후관리 • 감사 및 예고전화 • 정보제공 • 상품도착·불만확인
시장 조사	• 소비자 의견 수집 • 제품에 대한 의견조사 • 구매성향 조사	• 소비자 의견 수집 • 앙케트 콜 • 광고효과측정 • 구매예측조사
고객 관리	• 고객 리스트 관리 • 고객정보 파악 • 구매통계 관리	• 주소 및 전화번호 확인 • 휴면고객 활성화 • 정기적인 갱신 • 각종 재테크 정보

더 알아보기

앤톤(Anton)의 인바운드/아웃바운드 성과지표

인바운드 성과지표	아웃바운드 성과지표
• 80%의 콜에 대한 응대속도 • 평균 응대속도 • 평균 통화시간 • 평균 통화 후 처리시간 • 평균 포기율 • 평균 대기시간 • 첫통화 해결율 • 불통율 • 상담원 착석률	• 콜당 비용 • 판매건당 비용 • 시간당 판매량 • 평균 판매가치 • 아웃바운드에 의한 판매비율 • 시간당 접촉횟수 • 1인당 연간 평균매출 • 1교대당 평균매출

더 알아보기

• ARPU(Average Revenue Per User) : 사업자의 서비스 가입자당 평균 수익
• DAU(Daily Active Users) : 일간 순수 서비스 이용자 수
• MAU(Monthly Active Users) : 월간 순수 서비스 이용자 수
• CPM(Cost Per Mille) : 1,000회 노출되었을 때 지출되는 광고요금 비율
• Retention Rate : 재방문율

콜센터의 업무 성격에 따른 분류 중 인바운드 콜 서비스의 활용 사례와 가장 거리가 먼 것은? [2020년]

① 주문 및 신청

② A/S 접수

③ 신규가입 문의 및 상담

④ 신규가입 접수 및 처리

⑤ 판촉활동 강화

|해설|

인바운드 콜 서비스는 걸려 오는 전화를 받는 업무로, 고객의 요구와 불만을 처리하거나 제품에 대해 설명하거나 주문 접수를 받는다. 판촉활동 업무는 아웃바운드 콜 서비스에 해당한다.

정답 ⑤

핵심이론 09 스크립트의 역할 및 목적

① 정 의

ㄱ 상담원이 고객과 텔레마케팅 대화를 이끌어 가기 위해 필요한 일종의 역할 연기 대본이다.

ㄴ 대화를 어떻게 이끌어갈 것인지 그 순서를 도식화한 것이다.

ㄷ 고객응대를 기본으로 작성한 가상의 시나리오이다.

ㄹ 고객, 마케팅 상황에 따라 능동적 대처가 가능하도록 작성해야 하며, 탄력적으로 활용한다.

ㅁ 효과적인 스크립트는 고객의 니즈를 파악하여 일관된 흐름에 따라 대화가 진행되어야 한다.

② 역 할

ㄱ 고객과 실제 상황대응에 효과적이다.

ㄴ 텔레마케터의 고객상담관리 지침 역할을 한다.

ㄷ 상품, 서비스 특징에 알맞게 수시로 고객 응대용으로 수정·활용이 가능하다.

ㄹ 고객과 상담원 간 대화의 윤활유 역할을 한다.

③ 목 적

ㄱ 일관성 : 목적 및 방향을 제시해 주므로 상담 내용에 일관성을 가질 수 있다.

ㄴ 생산성 향상 : 제한된 시간 내에 고객 상담 또는 서비스 업무를 효과적으로 수행하므로 일관된 통화 수행이 가능하며, 생산성을 향상할 수 있다.

ㄷ 텔레마케터들의 능력 향상 : 스크립트를 가지고 반복된 훈련을 함으로써, 체계적이고 계획적인 상담능력을 기를 수 있다.

ㄹ 서비스 표준화 : 상담사의 상담능력 차이를 좁히고 일관성 있는 서비스를 수행함으로써, 상담 능력을 상향 평준화시킬 수 있다.

ㅁ 효과 측정 : 정확한 효과 측정이 가능하다.

다음 중 텔레마케팅과 관련해 스크립트(Script)의 필요성에 대한 내용으로 가장 올바르지 않은 것은?   [2019년]

① 상담원들이 어느 정도 표준화된 언어 표현과 상담방법으로 고객을 응대할 수 있도록 도와준다.

② 상담원들이 일정한 상담 수준을 유지하게 되어 고객이 어느 상담원과 상담을 하더라도 불편을 겪지 않도록 도와준다.

③ 스크립트 작성을 통해 통화 목적에 대한 효율적인 메시지를 고객에게 전달할 수 있다.

④ 스크립트 작성은 콜센터 내의 생산성 관리에 도움을 준다.

⑤ 기본적으로 평균 통화시간을 조절할 수는 없지만 상담원들이 불필요한 표현을 하지 않거나 상담 도중 흐름을 잃어버리지 않도록 도와준다.

|해설|

스크립트 작성을 통해 상담원들이 불필요한 표현이나 상담 중간에 흐름을 잃어버리지 않게 하여 평균 통화시간을 조절할 수 있게 된다.

정답 ⑤

---

① 작성 원칙

  ㉠ 끊어읽기 등을 활용하여 대화 흐름이 유연하고 자연스럽도록 한다.

  ㉡ 고객이 납득할 수 있도록 논리적으로 작성되어야 한다.

  ㉢ 장황한 설명이나 전문용어는 피하고 쉽게 작성해야 한다.

  ㉣ 고객에게 이익이 될 수 있는 사항을 안내해서 고객이 신뢰와 확신을 가질 수 있도록 해야 한다.

  ㉤ 텔레마케팅 목표는 상황에 따라 달라질 수 있기 때문에 처음부터 활용 목적을 명확하게 정해야 한다.

② 스크립트 작성의 5C

  ㉠ Clear : 이해하기 쉽게 작성되어야 한다.

  ㉡ Concise : 간단명료하게 작성되어야 한다.

  ㉢ Convincing : 논리적으로 작성되어야 한다.

  ㉣ Conversational : 회화체로 작성되어야 한다.

  ㉤ Customer – Oriented : 고객 중심으로 작성되어야 한다.

③ 작성 방식

  ㉠ 차트식 : '예', '아니오'에 따라 다음 질문이나 설명이 뒤따르도록 작성하는 방식이다.

  ㉡ 회화식 : 상대방과 대화하면서 진행하는 경우에 작성하며 이때는 말의 표현을 통일한다.

  ㉢ 혼합식 : 차트식과 회화식을 혼합하여 작성하는 방식이다.

④ 작성 시 유의사항

  ㉠ 고객에게 이익이 될 수 있는 상품의 혜택을 안내하면서 신뢰성을 줄 수 있어야 한다.

  ㉡ 요점을 집약하여 알기 쉬운 구어체로 표현한다.

  ㉢ 너무 많은 정보를 전달하거나, 과장하는 것은 위험하므로 사실에 입각하여 전달한다.

  ㉣ 일반적으로 2 ~ 3분 이내에 끝낼 수 있도록 구성한다.

  ㉤ 상황과 시기에 적절하게 수정 · 보완할 수 있어야 한다.

  ㉥ 마지막에는 반드시 감사의 인사로 끝을 맺는다.

  ㉦ 일관된 내용으로 논리적인 줄거리를 만든다.

다음 중 콜센터 운영을 위한 스크립트(Script) 작성 원칙에 대한 설명으로 가장 올바르지 않은 것은? [2020년]

① 끊어읽기 등을 활용하여 대화 흐름이 유연하고 자연스럽도록 한다.

② 고객이 납득할 수 있도록 논리적으로 작성되어야 한다.

③ 장황한 설명이나 전문용어는 피하고 쉽게 작성해야 한다.

④ 기업의 수익성 극대화에 초점을 맞추어 고객에게 제공할 수 있는 편익이 미리 강조되지 않도록 주의한다.

⑤ 텔레마케팅 목표는 상황에 따라 달라질 수 있기 때문에 처음부터 활용 목적을 명확하게 정해야 한다.

|해설|

고객에게 이익이 될 수 있는 사항을 안내해서 고객이 신뢰와 확신을 가질 수 있도록 해야 한다.

정답 ④

핵심이론 11 스크립트의 종류 및 구성

① 종 류

- ㉠ 인바운드 스크립트 : 주문처리, 자료·샘플청구, 소비자 대응창구, 사용자 서비스, 문의·상담, 접수·예약, 불만처리, 정보제공서비스, 상품지식 문의, 상품수주, 재고문의, 소비자 의견 수집, 제품에 대한 의견조사, 구매성향 조사, 고객정보 파악

- ㉡ 아웃바운드 스크립트 : 영업지원(세일즈, 판매지원), 판매촉진(주문권유, 감사인사), 내점·행사 참가 촉진, 고객유지, 휴면고객 활성화, 대금·미수금 회수·독촉, 시장조사, 가망고객 획득, 해피콜, 정기적인 갱신, 각종 재테크 정보, 감사전화 및 예고전화, 상품도착·불만확인 전화, 신상품 안내, 확인전화 및 사후관리, 소비자 의견 수집, 앙케트 콜, 주소 및 전화번호 확인

② 진행 과정

- ㉠ 도입단계 시 첫인사가 끝나면 다음 단계로 회사 및 상담원을 소개한다.

- ㉡ 통화의 상대방이 본인이 맞는지 반드시 확인하고 난 이후 계속 상담을 진행해야 한다.

- ㉢ 상품에 대한 직접적인 설명보다 고객에 대한 서비스를 강조하며 접근하는 것이 유리하다.

- ㉣ 고객에 대한 정보를 토대로 상황에 맞는 상품을 제안하거나 고객에 맞는 정보를 제공해 주는 것이 전화 상담의 주요 포인트이다.

- ㉤ 고객들의 반론에 대한 자료를 미리 준비해야 한다. 반론을 극복하기 위해서는 반론 상황에 따른 스크립트를 작성하여 충분히 연습한다.

③ 구성 원리

	인바운드		아웃바운드
도입부	• 인사 및 자기소개 • 성명, 주소, 전화번호 등 고객정보 확인	도입부	• 첫인사 및 자기소개 • 상대방 확인 및 의사결정권자 확인 (본인 여부 확인) • 전화를 건 목적의 전달 및 상대방 양해 • 부재 시 대응
상담 진행	• 문의내용 파악 • 접수처리 • 불만, 클레임 처리 • 예약접수	상담 진행	• 고객정보 수집을 위한 탐색 • 고객이점 위주의 제안 및 설명 • 고객 거절 시 응대 (혜택강조, 재권유)
문제해결 및 반론극복	• 상황에 따른 상담내용 처리·접수, 해결방안 제시 • 반론에 대한 대안 제시	마무리 및 감사	• 고객의 의사결정 내용의 확인 • 지속적인 거래와 소개 등의 부탁 • 감사내용 전달 및 마지막 인사
동의와 재확인	• 상담내용 재확인 • 처리내용 재확인	데이터 베이스 정리	고객과의 전화 내용을 통해 얻은 정보 정리
종 결	• 추가문의 여부에 대한 탐색 • 감사표시와 마지막 인사		

다음 중 콜센터 업무 수행을 위한 스크립트 진행과정에 대한 설명으로 가장 올바르지 않은 것은?　　　　　[2019년]

① 도입단계 시 첫인사가 끝나면 다음 단계로 회사 및 상담원을 소개한다.
② 통화의 상대방이 본인이 맞는지 반드시 확인하고 난 이후 계속 상담을 진행해야 한다.
③ 상품에 대한 직접적인 설명보다 고객에 대한 서비스를 강조하며 접근하는 것이 유리하다.
④ 고객에 대한 정보를 토대로 상황에 맞는 상품을 제안하거나 고객에 맞는 정보를 제공해 주는 것이 전화 상담의 주요 포인트이다.
⑤ 고객들이 반론이 있을 경우 이에 대비한 자료를 미리 준비하여 극복하기보다 현재 소개중인 상품에 대한 확신을 심어주는 것이 중요하다.

|해설|

고객들의 반론에 대한 자료를 미리 준비해야 한다. 반론을 극복하기 위해서는 반론 상황에 따른 스크립트를 작성하여 충분히 연습한다.

정답 ⑤

① 콜센터 조직의 일반적인 특징
  ㉠ 개인 편차 : 직업에 대한 만족감 정도, 적극성, 자기계발, 인간관계, 고객응대 수준 등에서 차이가 나는 경우가 많다.
  ㉡ 특정 업무의 선호 : 개인의 특정 업무 선호도에 따라 구직 신청부터 입사, 근무 매력도, 조직 적응력 등에 차이가 발생한다. 경쟁력이 떨어지는 곳은 상담원들의 애사심이나 참여도가 부족하여 조직관리에 어려움이 있다.
  ㉢ 콜센터만의 독특한 집단의식 : 콜센터 내에서 자신과 우호적인 상담원들끼리 무리를 이루어 친밀감과 유대감을 형성하는 '도시락 문화'가 대표적이다. 근로조건에 매우 민감하여 콜센터 내의 분위기에 급격하게 동조하는 경향이 있다.
  ㉣ 커뮤니케이션 장벽 : 조직 내에서 정규직과 비정규직 간의 의식·시각 차이, 참여도, 학습능력의 차이, 근속기간의 차이 등으로 인한 보이지 않는 커뮤니케이션 장벽이 존재한다.

② 콜센터 문화에 영향을 미치는 요소
  ㉠ 기업적 요인 : 제품·서비스의 질과 경쟁력, 콜센터 위치, 시설정도, 시스템의 자동화 정도 등이 있다.
  ㉡ 인간적 요인 : 상담원과 슈퍼바이저 간의 인간적 친밀감, 동료 간의 친밀감, 복리후생, 경영진의 배려 등이 있다.
  ㉢ 관리적 요인 : 근로조건·급여조건과 성과 관리 시스템, 교육 시스템, 상품 학습전개와 서비스품질의 전문성 제공, 이직방지를 위한 대안, 성과분석, 리스크 방지책 등이 있다.
  ㉣ 사회적 요인 : 콜센터 근무의 매력도, 인식 정도, 취업정보 개방에 따른 이직의 자유로움, 그리고 관련 행정당국의 제도적·비즈니스적 지원 정도가 해당된다.
  ㉤ 커뮤니케이션적 요인 : 고객과의 커뮤니케이션, 조직원 간의 커뮤니케이션으로 분류할 수 있다. 경영진과 관리직의 배려와 우호적인 커뮤니케이션 등이 영향을 미친다.
  ㉥ 개인적 요인 : 개인의 직업관, 사명감, 자발적인 노력, 전문직으로서의 도전, 콜센터 적응 정도, 콜센터 근무만족도 등이 있다.

③ 콜센터 조직의 집단의식
  ㉠ 한우리 문화 : 일명 '도시락 문화'라고도 한다. 평소 자신들과 가장 친한 사람들과 무리를 이루어 어울리고 나머지 사람들은 배타적으로 보는 집단 심리 현상이다.
  ㉡ 철새둥지 : 근무조건의 변화, 업무의 난이도, 급여 차이, 복리후생 정책 차이나 타 기업과의 업무 환경 비교 등으로 인해 심리변화와 태도변화를 일으켜 조금이라도 자신에게 유리한 콜센터로 근무지를 옮기는 현상이다.
  ㉢ 콜센터 바이러스 : 상담원들이 고객과 상담을 하는 과정에서 심리적·정서적으로 지치기 때문에 자극적인 말, 근무 조건, 분위기 변화 등에 금세 전염되는 현상이다. 특히 좋지 않은 소문이나 근무 조건 변경 내용 등은 조직 내에 빠르게 확산된다.
  ㉣ 콜센터 심리공황 : 상담원들 간의 갈등이 집단 이탈과 운영 효율의 저하를 초래하고, 관리자도 자기 역할의 한계를 느낌에 따라 결국 콜센터 조직이 와해를 빚게 되는 현상이다.

더 알아보기

감정노동 직무의 스트레스 대처법
- 적응하기 : 고객의 입장을 이해해보려고 노력한다.
- 분노조절 훈련 : 심호흡, 자극 피하기, 관심바꾸기, 용서, 소리지르기 등으로 분노를 조절해본다.
- 타인과 교류하기 : 어려움을 나눌 수 있는 상사나 동료를 만들거나 동호회·봉사활동 등을 통해 심리적으로 재충전할 수 있는 기회를 갖는다.
- 생각 멈추기 : 마음속으로 "그만!"을 외치고 생각을 멈추어 본다.
- 일과 나와의 분리 : 일 때문에 다른 사람이 되어 연극을 하는 중이라고 생각하며 자신과 업무를 분리한다.
- 혼잣말 등 인지적 기법 : 스스로 위로하고 격려하는 혼잣말이나 자기암시를 한다.

다음 중 콜센터 조직의 일반적인 특성과 가장 거리가 먼 것은?

[2020년]

① 개인 편차
② 특정 업무의 선호
③ 비정규직 중심의 전문조직
④ 콜센터만의 독특한 집단의식
⑤ 개방적인 내부 커뮤니케이션 구조

|해설|

콜센터 조직은 그 안에서 정규직과 비정규직 간의 의식·시각 차이, 참여도, 학습능력의 차이, 근속기간의 차이 등으로 인한 보이지 않는 커뮤니케이션 장벽이 존재한다.

정답 ⑤

핵심이론 13 불만 고객 유형

① 수동적 불평자(Passives) – 소극적으로 불평하는 사람
   ㉠ 어떤 조치를 취할 가능성이 가장 적은 고객의 유형
   ㉡ 제품이나 서비스 제공자에게 어떤 것도 말하려 하지 않음
   ㉢ 제3자에게 부정적 구전이나 제품이나 서비스에 대한 불평을 하지 않음
   ㉣ 제품이나 서비스에 대한 불평결과가 투입하게 될 시간과 노력에 대한 보상을 해주지 못할 것이라고 생각하며 불평의 효율성에 대해 의구심을 가짐
   ㉤ 개인적 가치 및 규범이 불평을 하지 않게 하는 경우도 있음
   ㉥ 화내는 불평자나 행동 불평자보다 불평을 체험한 해당기업에서 떠날 가능성이 낮음
② 표현 불평자(Voicers) – 불평을 표현하는 사람
   ㉠ 제품이나 서비스 제공자에게 적극적으로 불평하고자 하는 고객의 유형
   ㉡ 부정적 구전을 퍼뜨리거나 거래 기업을 전환하거나 제3자에게 불평을 하려 하지 않음
   ㉢ 제품이나 서비스 제공자에게 최고의 고객으로 전환될 수 있는 고객의 유형
   ㉣ 적극적인 불평을 통해 기업에게 두 번째 기회를 줌
   ㉤ 수동적 불평자와 마찬가지로 화내는 불평자나 행동 불평자보다 불평을 체험한 해당기업에서 떠날 가능성이 낮음
   ㉥ 제품이나 서비스 제공자에게 불평한 결과가 긍정적일 것이라 믿음
   ㉦ 구전의 확산 및 제3자에게 불평하는 것이 덜 긍정적이라고 생각함
   ㉧ 이들의 개인적 규범은 자신들의 불평과 일치함
③ 화내는 불평자(Irates) – 화내면서 불평하는 사람
   ㉠ 친구나 친척들에게 부정적 구전을 하고 다른 업체로 전환할 의도가 높은 고객
   ㉡ 제품이나 서비스 제공자에게 불평하는 성향은 평균 수준

ⓒ 제3자에게 불평을 하려 하지는 않지만, 불평해 봤자 들어 주지도 않는다는 소외의식 소유

ⓔ 기업에게 두 번째 기회를 주지 않는 유형

④ 행동 불평자(Activists) – 행동으로 불평하는 사람

　　ⓐ 모든 상황에서 평균 이상의 불평 성향을 갖는 고객의 유형

　　ⓑ 제품이나 서비스 제공자에게 불평을 하는 고객

　　ⓒ 다른 사람들이나 제3자에게도 불평을 하는 고객

　　ⓓ 이들의 개인적 규범과 불평은 일치

　　ⓔ 다른 유형의 사람들보다 더 강한 소외의식을 가짐

　　ⓕ 행동으로 표현하는 불평의 결과가 긍정적인 의미를 가져온다고 믿음

　　ⓖ 극단적인 경우, 이들은 테러리스트의 가능성이 있음

더 알아보기

고객 불만의 유형
- 심리적 불만 : 사회적 수용, 자아실현, 개인존중 측면
- 상황적 불만 : 시간, 목적, 장소 측면
- 효용 불만 : 고객의 욕구 미충족
- 균형 불만 : 고객의 기대 미충족

핵심예제

다음 보기의 설명에 해당하는 불평 고객 유형은?　　[2020년]

보기
- 제3자에게 불평을 하지는 않지만 불평해 봤자 들어주지도 않는다는 생각을 가진다.
- 기업에게 두 번의 기회를 주지 않는다.

① 불평을 표현하는 사람
② 화내면서 불평하는 사람
③ 행동으로 불평하는 사람
④ 집단적으로 불평하는 사람
⑤ 소극적으로 불평하는 사람

|해설|

화내면서 불평하는 사람 – 화내는 불평자(Irates)
- 친구나 친척들에게 부정적 구전을 하고 다른 업체로 전환할 의도가 높은 고객
- 제품이나 서비스 제공자에게 불평하는 성향은 평균 수준
- 제3자에게 불평을 하려 하지는 않지만 불평해 봤자 들어 주지도 않는다는 소외의식 소유
- 기업에게 두 번째 기회를 주지 않는 유형

정답 ②

① 고객 불만 처리 시 주의사항
　㉠ 상대방에게 동조해 가면서 긍정적으로 듣는다.
　㉡ 고객이 말하는 것을 성의를 가지고 듣고 불평사항을 긍정적으로 받아들인다.
　㉢ 요점을 파악하여 고객의 착오는 없었는지를 검토한다.
　㉣ 잘못된 점은 솔직하게 사과한다.
　㉤ 고객에 대한 선입견을 갖지 않고, 고객은 근본적으로 선의를 가지고 있다고 믿는다.
　㉥ 설명은 사실을 바탕으로 명확하게 한다.
　㉦ 컴플레인 처리 시 상담사 개인의 견해는 말하지 않는다.
　㉧ 신속하게 해결책을 마련하여 처리하고 친절하게 해결책을 납득시킨다.
　㉨ 결과를 검토·반성하여 두 번 다시 동일한 불만이 발생되지 않도록 유의한다.

② 불만 고객 응대 원칙
　㉠ 책임공감의 원칙 : 자신이 고객의 불만을 야기한 것이 아니라도 같은 조직 구성원의 일부로서 고객의 불만족에 대한 책임을 같이 져야 한다.
　㉡ 피뢰침의 원칙 : 고객은 나에게 개인적인 감정이 있어서 화를 내는 것이 아니라 일처리에 대한 불만으로 복잡한 규정과 제도에 대해 항의하는 것이라는 관점을 가져야 한다.
　㉢ 언어절제의 원칙 : 고객의 말을 많이 들어주는 것만으로도 고객들은 좋은 느낌을 가지고 돌아가게 된다.
　㉣ 역지사지의 원칙 : 고객을 이해하기 위해서는 반드시 그의 입장에서 문제를 바라봐야 한다.
　㉤ 감정통제의 원칙 : 고객을 직접적으로 응대하려면 사람과의 만남에서 오는 부담감을 극복하고 자신의 감정까지도 통제할 수 있어야 한다.

③ 고객을 화나게 하는 7가지 태도(칼 알브레이트)
　㉠ 무관심(Apathy) : 내 소관, 내 책임이 아니니 나와는 아무 관계없다는 태도
　㉡ 무시(Brush – off) : 고객의 요구나 문제를 못 본 척하고 피하는 태도
　㉢ 냉담(Coldness) : 고객이 귀찮음을 여실히 드러내고 퉁명스럽게 대하는 태도
　㉣ 건방떨기/생색(Condescension) : 낯설어 하는 고객에게 생색을 내고 어딘지 모르게 건방진 태도
　㉤ 로봇화(Robotism) : 경직화. 직원이 고객을 기계적으로 응대하고, 인간미를 느낄 수 없는 태도
　㉥ 규정 핑계(Rule Apology) : 고객의 만족보다는 조직의 내부 규정을 더 앞세우는 태도
　㉦ 뺑뺑이 돌리기(Run around) : "저희 담당이 아니니 다른 부서로 문의하세요."라는 말로 발뺌하고 타 부서로 미루는 태도

> **더 알아보기**
>
> **불만 고객 처리 프로세스**
> - 공정성 유지
> - 효과적인 대응
> - 고객 프라이버시 보장
> - 체계적 관리

불만고객 응대의 기본 원칙과 관련해 다음 〈보기〉의 설명에 해당하는 것은?

[2020년]

> **보기**
>
> 고객의 비난과 불만이 나의 업무가 아니라고 해서 고객의 불만족에 대한 책임이 전혀 없다는 말은 성립되지 않는다. 고객에게는 누가 담당자인지가 중요한 것이 아니라, 나의 문제를 해결해줄 것인지 아닌지가 중요한 것이다.

① 피뢰침의 원칙
② 언어절제의 원칙
③ 역지사지의 원칙
④ 책임공감의 원칙
⑤ 감정통제의 원칙

|해설|

책임공감의 원칙에 대한 설명이다. 자신이 고객의 불만을 야기한 것이 아니라도 같은 조직 구성원의 일부로서 고객의 불만족에 대한 책임을 같이 져야 한다.

정답 ④

핵심이론 15 고객 응대 기법

① 플러스 화법

ㄱ. 보상 화법 : 지적한 약점이 오히려 더 좋은 강점을 만들어낸다는 것을 강조하는 화법

ㄴ. 신뢰 화법 : 상대방에게 신뢰감을 줄 수 있는 말을 사용하는 화법

ㄷ. 맞장구 표현법 : 일단 고객의 말에 동의하며 긍정의 맞장구를 치고 반대의견을 제시하는 화법

ㄹ. 쿠션 화법 : '죄송합니다만', '수고스러우시겠지만' 등의 말을 적절하게 활용한 화법

ㅁ. 후광 화법 : 유명 연예인의 사용 기록이나 매출자료를 제시하여 고객의 반대 저항을 감소시켜나가는 화법

ㅂ. 레이어드 화법 : 반발심이나 거부감이 들 수 있는 명령조를 질문 형식으로 바꾸어 완곡하게 표현하는 화법

ㅅ. 산울림 화법 : 고객이 한 말을 반복하여 이해와 공감을 얻고 고객이 거절하는 말을 솔직하게 받아주는 데 포인트가 있는 화법

ㅇ. 아론슨 화법 : 부정과 긍정의 내용을 혼합해야 할 경우 가능하면 부정적 내용을 먼저 말한 후 긍정적 내용으로 끝마치는 화법

ㅈ. 역전 화법 : 긍정법, 간접부정법. 일단 고객의 의견에 동의하고 반대의견을 말하는 화법

ㅊ. 부메랑 화법 : 고객이 제품에 대해 부정적인 이야기를 할 때 사실 그 부정적인 부분이 제품의 장점 또는 특징이라고 설득하는 화법

ㅋ. 샌드위치 화법 : 충고를 칭찬과 격려 사이에 넣어 상대방이 충고를 거부감 없이 받아들이게 하는 화법

② 질문 기법

ㄱ. 개방형 질문 : 고객이 자유롭게 의견을 말할 수 있도록 묻는 질문

ㄴ. 선택형 질문 : '예/아니오'로 대답하거나 선택지를 고르게 하는 질문

ㄷ. 확인형 질문 : 고객에게 직접 확인받는 질문

다음 〈보기〉의 사례에 해당하는 화법의 명칭은?

[2020년]

> **보기**
> • 이쪽으로 앉으시겠습니까?
> • 다시 한번 말씀해주시겠습니까?
> • 내일 전화드려도 괜찮으시겠습니까?

① 산울림 화법
② 아론슨 화법
③ 보상 화법
④ 레이어드 화법
⑤ 역전법

|해설|

반발심이나 거부감이 들 수 있는 명령조를 질문 형식으로 바꾸어 완곡하게 표현하는 화법이다.

정답 ④

핵심이론 16 코칭(Coaching)

① 정 의
  ㉠ 개인과 조직의 잠재능력을 개발시켜 성공하기 위한 자아실현 과정이다.
  ㉡ 조직의 성과를 더 높일 수 있도록 도와주는 지속적인 파트너십이다.

② 효 과
  ㉠ 성과와 생산성 향상
  ㉡ 직원의 능력 개발
  ㉢ 개인의 학습능률 개선
  ㉣ 직원 간 관계증진
  ㉤ 직장생활의 질 향상

③ 코칭 대화 프로세스(GROW 모델)
  ㉠ Goal(목표 설정) : 코칭의 주제와 목표를 설정
  ㉡ Reality(현실 확인) : 목표와 관련된 현재 상황을 파악
  ㉢ Option(대안 탐색) : 구체적으로 어떤 방법을 통해 목표를 실현시킬 수 있을지에 대한 탐색
  ㉣ Will(실행의지 확인) : 함께 세운 계획을 실행에 옮길 수 있도록 코치의 역할이 중요하며, 코칭을 마무리하는 동시에 전체 과정을 리뷰하고 피드백하는 과정

④ 코칭의 장점과 단점
  ㉠ 장 점
    • 업무 수행성과와 직접적으로 연관되어 있다.
    • 코치와 학습자가 동시에 성장할 수 있다.
    • 상·하 간의 커뮤니케이션 능력을 향상시킬 수 있다.
    • 일대일로 지도하기 때문에 교육 효과가 높다.
  ㉡ 단 점
    • 교육의 성패가 코치의 능력에 좌우된다.
    • 일대일 방식이므로 코치의 시간이 많이 소요되며 노동집약적이다.
    • 매일의 코칭은 학습자에게 부담이 될 수 있다.
    • 코치와 학습자 간의 계약관계가 학습에 지장을 줄 수 있다.

다음 중 코칭(Coaching)의 장점에 대한 설명으로 가장 올바르지 않은 것은?

[2020년]

① 일대일로 지도하므로 교육 효과가 높다.

② 코치와 학습자의 동시 성장이 가능하다.

③ 상·하 간의 커뮤니케이션 능력을 향상시킬 수 있다.

④ 업무 수행성과에 직접적으로 관련되어 있다.

⑤ 일대일 방식으로 진행되기 때문에 코치의 시간을 획기적으로 줄일 수 있다.

|해설|

코칭은 일대일 방식으로 진행되기 때문에 시간이 많이 소요되고 노동집약적이다.

정답 ⑤

핵심이론 17 코치의 역할과 코칭의 종류

① 코치의 역할

　㉠ 후원자(Sponsor) : 직원들이 개인적인 성장과 경력상 목표를 달성하는 데 도움이 되는 업무가 무엇인지 결정하는 것을 도와주는 사람이다.

　㉡ 멘토(Mentor) : 어떤 분야에서 존경받는 조언자이며 기업의 정치적 역학관계에 대처하는 방법 및 영향력을 행사해서 파워를 형성하는 방법을 알고 있는 사람이다.

　㉢ 평가자(Appraiser) : 특정한 상황에서 직원의 성과를 관찰하여 적절한 피드백이나 지원을 하기로 직원과 약속한 사람이다.

　㉣ 역할모델(Role Model) : 역할모델은 맡은 바를 행동으로 보여주는 역할을 수행하면서 직원들의 기업문화에 적합한 리더십 유형을 보여 준다.

　㉤ 교사(Teacher) : 직원들이 자신의 업무를 효과적으로 수행할 수 있도록 업무상 비전, 가치, 전략, 서비스 및 제품, 고객 등에 관한 정보를 제공한다.

② 코칭의 종류

　㉠ 프로세스 코칭 : 일정한 형식을 유지하며 진행되는 방식으로 가장 흔히 사용하는 형태이다. QAA나 코칭을 하는 사람이 사전에 코칭 대상과 시기, 코칭 내용을 선정하여 상담원에게 코칭을 정해진 프로세스에 따라 실시한다.

　㉡ 스팟 코칭 : 짧은 시간 동안 콜센터 상담원을 대상으로 수시로 주의를 집중시켜 적극적인 참여를 통해 성취를 이루는 형태로, 고도의 기술을 요한다.

　㉢ 풀 코칭 : 미니 코칭보다 코칭 시간이 길고 코칭의 내용이 구체적으로 이루어진다. 일반적으로 모니터링 평가표에 따라 업무 및 2~3개의 통화품질 기준에 관한 내용을 가지고 진행된다.

멘토링

- 한 걸음 물러서서 학습자의 지식과 기능의 발전을 위해 조언과 상담을 실시한다.
- 멘토의 역할
  - 업무 또는 사고 등에 의미 있는 변화를 일으키게 해주는 조언자이다.
  - 멘토의 역할은 일생을 거칠 만큼 장기적일 수도 있고, 단기적 혹은 일회성일 수도 있다.
  - 팀원이 원하거나 또는 프로세스상 꼭 필요한 경우 지원할 수 있다.
  - 전문적이고 구체적인 지식이나 지혜를 통해 도움을 주는 내용 전문가이다.
  - 주로 같은 조직에 있는 사람이나 외부 전문가가 수행하게 된다.

컨설팅

당면한 문제를 시급히 해결하고 싶은 사람을 대상으로 현재 중심적 시각에서 전문가의 조언을 제공한다.

카운슬링

자신의 실적에 영향을 미치는 인간적인 문제를 스스로 해결하도록 도와주는 과정이다.

핵심예제

콜센터 모니터링을 위한 코칭의 종류 중 다음 〈보기〉의 설명에 해당하는 것은?　　　　　　　　　　[2020년]

> **보기**
> - 미니 코칭보다 코칭 시간이 길고 코칭의 내용이 구체적으로 이루어진다.
> - 일반적으로 모니터링 평가표에 따라 업무 및 2 ～ 3개의 통화품질 기준에 관한 내용을 가지고 진행된다.

① 피드백
② 프로세스 코칭
③ 풀 코칭
④ 시스템 코칭
⑤ 서포팅 코칭

│해설│

① 어떤 원인에 의해 나타난 결과가 다시 원인에 작용해 그 결과를 줄이거나 늘리는 '자동 조절 원리'를 말하며, 이러한 피드백 과정을 고객 만족이라는 모니터링의 궁극적인 목적을 위해 이용하는 것이 모니터링 피드백이다.
② 일정한 형식을 유지하며 진행되는 방식으로 가장 흔히 사용하는 형태이다. QAA나 코칭을 하는 사람이 사전에 코칭 대상과 시기, 코칭 내용을 선정하여 상담원에게 코칭을 정해진 프로세스에 따라 실시한다.

정답 ③

① 이미지의 정의

　　㉠ 어원 : 이미지는 라틴어 'Imago'와 그의 동사형 'Imitari'에서 파생된 단어로, '모방하다'라는 뜻을 가지고 있다.

　　㉡ 정의 : 이미지는 '어떤 대상에서 연상되는 느낌'을 의미한다. '어떤 대상의 외적 형태를 인위적으로 모방하거나 재현하는 것'이라는 의미를 포함하기도 한다.

② 이미지의 분류

　　㉠ 외적 이미지 : 용모, 표정 등 외면적으로 드러나는 종합적인 이미지로, 이는 직접 경험을 통해 형상화되는 것이다.

　　㉡ 내적 이미지 : 자신에 대해 가지고 있는 개인의 생각과 느낌의 총합이며, 자신의 신체·행동·능력을 판단하는 지각의 본질이자 행동해야 할 방향을 결정하는 주체이다.

　　㉢ 사회적 이미지 : 특정한 사회 속에서만 성립되고 또한 그 사회의 내부에서는 사회구성원이 모두 의심 없이 수용하고 있는 이미지이다.

③ 이미지의 형성 요인

　　㉠ 생활 혹은 삶의 가치 : 개인의 주관적 생각은 행동, 표정 등에 나타난다.

　　㉡ 경험 : 개인의 직·간접적 경험은 개개인의 이미지 형성에 반영된다.

　　㉢ 배경 : 개인·사회·문화적 환경도 태도나 이미지 형성의 요인이다.

　　㉣ 욕구 : 개인적 욕구의 만족·불만족은 이미지 형성의 영향을 준다.

④ 이미지의 형성 과정

　　㉠ 지각 과정 : 환경에 대해 인간이 의미를 부여하는 과정이다. 주관적이며 선택적으로 이루어지기 때문에 동일한 대상에 대해 사람마다 다른 이미지를 부여한다.

　　㉡ 사고 과정 : 과거와 관련된 기억과 현재의 지각이라는 요소가 혼합되어 개인만의 이미지를 형성하는 단계이다.

　　㉢ 감정 과정 : 지각과 사고 이전의 감정에 의해 반응하는 과정으로 확장 효과를 가져온다.

⑤ 첫인상의 특징

　　㉠ 일회성 : 단 한 번뿐이다.

　　㉡ 신속성 : 3 ~ 7초 내에 결정된다.

　　㉢ 일방성 : 나의 의지와 상관없이 상대방이 판단한다.

　　㉣ 초두효과 : 처음에 강하게 들어온 정보가 전체적인 이미지 판단에 결정적이다.

⑥ 첫인상의 법칙

　　㉠ 일관성의 오류 : 규정된 형식이 아닌 문장을 사용해서 시스템이 바른 문장으로 바뀔 수 있는 기회를 주는 것으로, 바로 발견되지 않은 오류는 수행 중에 발견된다.

　　㉡ 인지적 구두쇠 : 인상 형성에 있어 사람들은 상대를 판단할 때 가능하면 노력을 덜 들이면서 결론에 도달하려는 경향을 표현한다.

　　㉢ 부정성의 법칙 : 한 번 부정적으로 인식한 대상의 인상이 쉽게 바뀌지 않는 것을 말한다.

　　㉣ 아스팔트 효과 : 콘크리트 효과라고도 하며, 첫인상은 콘크리트처럼 쉽게 굳어지는 특징이 있어 처음에 형성된 인상은 쉽게 바꿀 수 없다는 것을 말한다.

　　㉤ 맥락 효과 : 처음 주어진 정보에 대하여 판단을 내릴 경우 이것이 나중에 수용되는 정보의 기본 지침이 되어 맥을 잇게 되는 현상을 의미한다.

> **더 알아보기**
>
> **내현 성격 이론**(Implicit Personality Theory)
> 개인이 주관적인 경험, 관습, 문화적 요인 등을 바탕으로 얻은 약간의 단서를 통해 틀을 만들어 그와 상관이 있다고 가정되는 타인의 성격을 추론하고 평가하는 것을 말한다.

18-1. 이미지의 형성 과정과 관련해 다음 〈보기〉의 내용에 해당하는 것은? [2019년]

> **보기**
>
> 인간이 환경에 대해 의미를 부여하는 과정으로 주관적이며 선택적으로 이루어지기 때문에 동일한 대상에 대하여 다른 이미지를 부여하게 된다.

① 지속 과정   ② 사고 과정

③ 지각 과정   ④ 감정 과정

⑤ 표현 과정

18-2. 다음 중 첫인상의 일반적인 특징에 대한 설명으로 가장 거리가 먼 것은? [2020년]

① 본인의 의지와는 상관없이 상대방에게 보이는 대로 판단된다.

② 본인의 숨겨진 내면이나 성향을 전달하는 데 어려움이 있다.

③ 처음 전달된 첫 순간으로 결정되기 때문에 일회성의 특징을 지닌다.

④ 처음 들어온 정보가 뒤의 정보를 차단해 버리는 초두효과의 특성을 보인다.

⑤ 처음 대면하여 각인되기까지 평균적으로 대략 1분 이상의 시간이 필요하다.

|해설|

18-1

② 과거와 관련된 기억과 현재의 지각이라는 요소가 혼합되어 개인만의 이미지를 형성하는 단계이다.

④ 지각과 사고 이전의 감정에 의해 반응하는 과정으로 확장 효과를 가져온다.

18-2

첫인상은 신속성을 갖고 있어서 약 3 ～ 7초 사이에 이미지가 결정나버린다.

정답 18-1 ③ 18-2 ⑤

핵심이론 19 패션 이미지 연출

① 단정한 용모와 복장의 중요성

㉠ 단정한 용모와 복장은 비즈니스의 기본으로 상대에 대한 본인의 첫인상이며, 그에 따라 타인의 신뢰와 일의 성과도 좌우된다.

㉡ 본인에게 있어서도 상쾌한 기분으로 업무에 임할 수 있는 자세를 만들어 직장의 분위기를 명랑하게 만들어 준다.

㉢ 고객을 만남에 있어서도 신뢰감을 주는 이미지를 형성하는 데 가장 기본이 되는 것이 복장 매너라고 할 수 있다.

㉣ 옷은 사람의 인격과 인상뿐 아니라 능력까지도 표현해 주는 것이라 할 수 있다. 단정한 복장 매너가 중요한 이유는 우선 자기 스스로가 일하는 자세를 확고히 할 수 있어서 업무의 성과를 높여주며, 타인에게 호감을 주는 첫인상과 신뢰감을 전달해 줄 수 있기 때문이다.

㉤ 바람직한 복장의 요건은 청결, 조화, 개성을 살리는 것이다.

㉥ 사회활동에 잘 어울리면서 자기의 개성도 살리는 몸차림을 하게 되면 주위 사람들에게 좋은 인상을 줄 수 있다.

㉦ 용모뿐만 아니라 복장에 있어서도 T(Time : 시간), P(Place : 장소), O(Occasion : 상황)에 맞게 품위 있고 단정하며 세련되게 입어야 한다.

② 여성의 올바른 패션 이미지 연출

　㉠ 지나치게 크고 화려한 액세서리는 삼간다.

　㉡ 핸드백은 정장과 구두의 색과 어울리도록 한다.

　㉢ 핸드백 속의 소지품을 항상 잘 정돈한다.

　㉣ 스타킹은 파손을 대비하여 예비용으로 준비하는 것이
　　좋다.

　㉤ 너무 진하지 않은 적당한 메이크업을 한다.

　㉥ 화려한 색깔의 모발 염색은 가급적 피하는 것이 좋다.

　㉦ 향수는 은은한 향을 소량 뿌리는 것이 좋다.

③ 남성의 올바른 패션 이미지 연출

　㉠ 정장 차림은 직장 남성의 기본이다.

　㉡ 단추는 항상 채워야 한다(투 버튼 윗 단추, 쓰리버튼
　　가운데 단추).

　㉢ 드레스 셔츠는 흰색이 기본이며 안에는 속옷을 입지
　　않는다.

　㉣ 깃과 소매가 슈트보다 1.5cm가량 드러나는 셔츠를
　　입는 것이 좋다.

　㉤ 넥타이의 색은 슈트와 같은 계열로, 길이는 끝이 벨트
　　버클에 오도록 한다.

　㉥ 끈이 달려 있고 코에 바늘땀 장식이 있는 갈색계통의
　　구두가 기본이다.

　㉦ 바지 길이는 구두 등을 살짝 덮고 걸을 때 양말이 보
　　이지 않는 정도가 좋다.

　㉧ 구두, 벨트, 양말은 같은 계열의 색으로 통일하는 것
　　이 좋다.

핵심예제

비즈니스 업무와 관련해 여성의 올바른 패션 이미지 연출을 위
한 설명으로 가장 거리가 먼 것은?　　　　　　　　[2019년]

① 깔끔한 정장차림과 노 메이크업을 통해 단정한 이미지를 연
　출하는 것이 중요하다.

② 핸드백은 정장과 구두의 색과 어울리도록 한다.

③ 지나치게 크고 화려한 액세서리는 삼간다.

④ 화려한 색깔의 모발 염색은 가급적 피하는 것이 좋다.

⑤ 향수는 은은한 향을 소량 뿌리는 것이 좋다.

|해설|

너무 진하지 않은 적당한 메이크업이 비즈니스 업무 시 여성의
올바른 매너이다.

정답 ①

① 인사의 시기

ㄱ) 일반적으로 30보 이내에서 준비하는 것이 좋다.

ㄴ) 상대방과 방향을 마주할 경우 6 ~ 8보가 가장 좋은 시기라 할 수 있다.

ㄷ) 상대방의 인사에 응답하는 것보다 내가 먼저 반갑게 인사하는 것을 생활화하여야 한다.

ㄹ) 측방에서 상대를 갑자기 만났을 경우에는 상대를 확인하는 즉시 인사를 하는 것이 좋다.

ㅁ) 상사를 외부인과 함께 복도에서 만났을 때는 멈추어서서 인사하는 것이 좋다.

ㅂ) 복도에서 상사와 만났을 때는 걸음을 멈추지 않고, 한쪽 옆으로 비키며 가볍게 인사한다.

② 인사의 종류

ㄱ) 목 례

- 방법 : 미소를 띠며 가볍게 5도 정도 머리만 숙여서 예를 표한다.

- 목례를 하는 상황
  - 손을 뗄 수 없는 작업을 하고 있을 때
  - 모르는 사내 사람과 마주칠 때
  - 통화 중에 손님이 오거나 상사가 들어올 때
  - 양손에 무거운 짐을 들고 있을 때
  - 다른 부서에서 근무하는 입사 동료를 만났을 경우
  - 사람들이 길게 줄을 서 있는 구내식당에서 직장 선배를 만났을 경우
  - 화장실과 같이 불편한 장소에서 상사를 만났을 경우
  - 실내 혹은 복도에서 같은 사람을 자주 만날 경우
  - 사람들이 많은 엘리베이터 안에서 임원과 만났을 경우

ㄴ) 보통례

- 방법 : 일상생활에서 가장 많이 하는 인사로, 바로 선 자세에서 1 ~ 2m 정도 앞을 보고 상체를 30도 정도 앞으로 구부린다.

- 보통례를 하는 상황
  - 사무실에 출근하여 상사에게 인사를 할 경우
  - 지시 또는 보고를 하고 난 경우
  - 상사가 외출하거나 귀가하는 경우
  - 윗사람이나 내방객을 만나거나 헤어지는 경우
  - 아버지의 고향 친구이신 어른을 만났을 경우

ㄷ) 정중례

- 방법 : 바로 선 자세에서 1.5m 정도 앞을 보고 상체를 45도 정도 숙인 후 천천히 상체를 일으킨다.

- 정중례를 하는 상황
  - 공식 석상에서 처음 인사를 할 경우
  - 고객에게 감사의 표현을 전할 경우
  - 사죄하거나 예의를 갖추어 부탁할 경우
  - 공식 업무상 처음으로 VIP를 접견하여 인사를 드릴 경우
  - 구직을 위해 면접장에서 면접관과 처음 대면하였을 경우
  - 부서 직원을 대표해 사내 대회의실에서 임원에게 표창장을 수여받는 경우
  - 집안의 높은 어른을 처음 뵈었을 경우
  - 상견례 자리에서 혼주 간에 처음 인사를 나누는 경우
  - 결혼식의 주인공일 때 예식을 찾아오신 친척 어른께 인사를 할 경우

다음 중 올바른 인사의 시기와 방법에 대한 설명으로 가장 거리가 먼 것은?

[2020년]

① 상대방의 인사에 응답하는 것보다 내가 먼저 반갑게 인사하는 것을 생활화하여야 한다.

② 일반적으로 30보 이내에서 준비하는 것이 좋다.

③ 상대방과 방향을 마주할 경우 6 ~ 8보가 가장 좋은 시기라 할 수 있다.

④ 측방에서 갑자기 만났을 경우에는 인사를 생략하는 것이 좋다.

⑤ 상사를 외부인과 함께 복도에서 만났을 때는 멈추어 서서 인사하는 것이 좋다.

|해설|

측방에서 상대를 갑자기 만났을 경우에는 상대를 확인하는 즉시 인사를 하는 것이 좋다.

정답 ④

① 절하는 방법

  ㉠ 여자는 기본 횟수로 두 번을 한다.

  ㉡ 남자는 기본 횟수로 한 번을 한다.

  ㉢ 살아있는 사람에게는 기본 횟수만 한다.

  ㉣ 의식 행사에서나 고인(故人)에게는 기본 횟수의 배를 한다.

② 절의 종류

  ㉠ 남 자

   • 작은절

    - 양 무릎을 공손히 꿇고 앉는다.

    - 앉았을 때 오른쪽 발이 왼쪽 발 위에 오게 한다.

    - 가지런한 두 손이 바닥에 약간 닿는 자세에서 머리를 조금 숙인다(15도 정도).

   • 평 절

    - 양 무릎을 공손히 꿇고 앉는다.

    - 앉았을 때 오른쪽 발이 왼쪽 발 위에 오게 한다.

    - 두 손바닥이 거의 바닥에 닿는 자세에서 공손한 절을 한다(30도 정도).

   • 큰 절

    - 양 무릎을 공손히 꿇고 앉는다.

    - 앉았을 때 오른쪽 발이 왼쪽 발 위에 오게 한다.

    - 두 손바닥이 완전히 바닥에 닿도록 깊이 굽혀서 정중히 절을 한다(45도 정도).

  ㉡ 여 자

   • 작은절

    - 오른쪽 무릎을 세워서 앉는다.

    - 양손은 가지런히 모아 옆에 놓으며 머리를 조금 숙인다(15도 정도).

   • 평 절

    - 오른쪽 무릎을 세워 앉는다.

    - 양손은 가지런히 모아 옆에 놓으며 머리를 좀 더 깊이 숙이고 절을 한다(30도 정도).

- 큰 절
  - 오른쪽 무릎을 세워서 앉는다.
  - 양손은 가지런히 모아 옆에 놓으며 머리를 깊이 숙이고 정중히 절을 한다(45도 정도).

핵심예제

전통 예절에서 절하는 방법에 대한 설명으로 가장 올바른 것은?

[2020년]

① 의식행사에서는 기본 횟수만 한다.
② 고인(故人)에게는 기본 횟수만 한다.
③ 살아있는 사람에게는 기본 횟수만 한다.
④ 여자는 기본 횟수로 한 번을 한다.
⑤ 남자는 기본 횟수로 두 번을 한다.

|해설|

① · ② 의식 행사에서나 고인(故人)에게는 기본 횟수의 배를 한다.
④ 여자는 기본 횟수로 두 번을 한다.
⑤ 남자는 기본 횟수로 한 번을 한다.

정답 ③

핵심이론 22 전통 예절 (2) – 공수법

① 의 의
  ㉠ 공수는 배려의 기본으로서 공손히 두 손을 앞으로 모아 맞잡고 있는 자세이다.
  ㉡ 의식행사에 참석할 때와 전통배례를 할 때, 어른 앞에서 공손한 자세를 취할 때 공수한다.
  ㉢ 공수법은 성별에 따라, 평상시와 흉사시에 따라 다르다.

② 기본동작
  ㉠ 두 손의 손가락을 가지런히 붙여서 편 다음 앞으로 모아 포갠다.
  ㉡ 엄지손가락은 엇갈려 깍지를 끼고 네 손가락을 포갠다.
  ㉢ 아래에 있는 네 손가락은 가지런히 펴고, 위에 있는 손의 네 손가락은 아래에 있는 새끼손가락 쪽을 지긋이 쥐어도 된다.

③ 공수한 손의 위치
  ㉠ 소매가 넓고 긴 예복을 입었을 때에는 팔뚝을 수평이 되게 해야 옷소매가 활짝 펴진다.
  ㉡ 평상복을 입었을 때에는 앞으로 자연스럽게 내려 엄지가 배꼽 부위에 닿으면 편하다.
  ㉢ 공수하고 앉을 때 남자는 공수한 손을 아랫배 부위 중앙에 놓는다. 여자는 오른쪽 다리 위에 놓으며 한쪽 다리를 세우고 앉을 때는 세운 무릎 위에 놓는다.

④ 성별과 상황에 따른 공수법
  ㉠ 평상시 : 남자는 왼손이 위이고, 여자는 오른손이 위이다.
  ㉡ 흉사시 : 남자는 오른손이 위이고, 여자는 왼손이 위이다.
  ㉢ 초상집, 영결식에서 인사하거나 상중인 사람에게 인사할 때는 흉사의 공수를 한다.

전통적인 공수법에 대한 설명으로 가장 올바르지 않은 것은?

[2020년]

① 공수는 배례의 기본동작으로 두 손을 앞으로 모아서 잡는 것을 말한다.

② 공수는 의식행사에 참석하거나 어른을 뵐 때 반드시 하는 것이 좋다.

③ 남자와 여자의 손 위치는 동일하다.

④ 평상시와 흉사시의 손 위치는 다르다.

⑤ 평상시 남자는 왼손을 뒤로 하여 두 손을 가지런히 모아서 잡는다.

|해설|

공수할 때 남자와 여자의 손 위치는 다르다. 평상시 남자는 왼손을 위로, 여자는 오른손을 위로 하여 두 손을 가지런히 모아 포갠다. 흉사시에는 남녀 모두 평상시와 반대로 한다.

정답 ③

핵심이론 23 비즈니스 예절 (1) – 소개와 악수

① 소개 예절

　㉠ 손윗사람에게 손아랫사람을 소개한다.

　　• 지위가 높은 사람에게 지위가 낮은 사람을 소개
　　• 연장자에게 연소자를 소개
　　• 선배에게 후배를 소개

　㉡ 이성 간에는 여성에게 남성을 소개한다.

　㉢ 기혼자에게 미혼자를 소개한다.

　㉣ 손님에게 집안사람을 소개한다.

　㉤ 고객(외부인)에게 회사 동료를 소개한다.

　㉥ 기혼 여성에게 남성을 소개하는 것이 원칙이나 왕, 대통령, 왕족, 성직자에게는 예외이다.

② 악수 예절

　㉠ 악수는 원칙적으로 오른손으로 하는 것이 좋다.

　㉡ 마주 잡은 손을 상하로 흔들 때, 과도하게 높이 올리지 않는 것이 좋다.

　㉢ 상대방의 손을 너무 세거나 약하지 않게 잡는 것이 중요하다.

　㉣ 우리나라의 경우 악수는 연장자가 연소자에게 먼저 권하는 것이 보편적이다.

　　• 윗사람이 아랫사람에게
　　• 여성이 남성에게
　　• 기혼자가 미혼자에게
　　• 선배가 후배에게
　　• 왕, 대통령, 왕족, 성직자의 경우는 예외이다.

왕, 왕족	• 남성 : 소개와 함께 머리를 숙여 인사하고 악수를 청하면 재차 머리를 숙여 인사하고 악수한다. • 여성 : 왕에게 경의를 표하고 왕이 청한 손을 잡고 악수한다.
대통령	• 남성은 왕의 경우와 동일하며, 여성의 경우는 머리를 숙여 인사를 하고 악수를 받는다.

악수의 5대 원칙
미소(Smile), 눈맞춤(Eye – contact), 적당한 거리(Distance),
리듬(Rhythm), 적당한 힘(Power)

핵심예제

다음 중 악수 예절에 대한 설명으로 가장 올바르지 않은 것은?

[2020년]

① 악수는 자신이 주로 사용하는 손으로 하는 것이 원칙이다.

② 상대방의 손을 너무 세거나 약하지 않게 잡는 것이 중요하다.

③ 우리나라의 경우 연장자가 연소자에게 먼저 권하는 것이 보
편적이다.

④ 마주 잡은 손을 상하로 흔들 때, 과도하게 높이 올리지 않는
것이 좋다.

⑤ 국가원수, 왕족, 성직자 등의 경우 악수 예절에 예외사항이
적용될 수 있다.

|해설|

악수는 오른손으로 하는 것이 원칙이다.

정답 ①

핵심이론 24 비즈니스 예절 (2) – 명함

① 명함을 줄 때의 예절

ㄱ. 목례를 하며 가슴선과 허리선 사이에서 건넨다. 평소 명
함 지갑을 이용해 충분한 양의 명함을 가지고 다니는
것이 좋다.

ㄴ. 앉아서 대화를 나누다가도 명함을 교환할 때는 일어
서서 건네는 것이 좋다.

ㄷ. 일반적으로 방문하는 사람이 자신을 알리면서 먼저
건네는 것이 좋다.

ㄹ. 명함을 건넬 경우 상대방이 읽기 쉽도록 반대로 돌려
잡고 건네는 것이 좋다.

ㅁ. 테이블 위에 놓고서 손으로 밀거나 서류봉투 위에 놓
아서 건네는 것은 좋지 않다.

ㅂ. 상대방이 2명 이상일 경우, 연장자 혹은 상급자에게
먼저 건네는 것이 좋다.

ㅅ. 명함을 내밀 때는 정중하게 인사를 하고 나서 회사명
과 이름을 밝히고 두 손으로 건네도록 한다.

ㅇ. 한쪽 손으로는 자기의 명함을 주면서 한쪽 손으로 상
대의 명함을 받는 동시교환은 부득이한 경우가 아니
면 실례이다.

② 명함을 받을 때의 예절

ㄱ. 명함을 건넬 때와 마찬가지로 받을 때도 일어선 채로
두 손으로 받는다.

ㄴ. 상대가 보는 앞에서 즉시 명함꽂이에 꽂는다든가 아
무데나 방치해 두는 것은 실례이다.

ㄷ. 상대에게 받은 명함은 공손히 받쳐 들고 상세히 살핀
다음 그 자리에서 한자 등 읽기 어려운 글자가 있으면
바로 물어본다.

ㄹ. 상대방에게 받은 명함은 가급적 자신의 명함과 구분
하여 넣어두는 것이 좋다.

ㅁ. 상대방의 명함을 접거나 부채질을 하는 행위는 예의
에 어긋나므로 주의해야 한다.

ㅂ. 대화를 나누는 동안 상대방의 명함을 테이블 위에 놓고
상대방을 지칭하는 데 도움이 되도록 하는 것이 좋다.

ⓐ 대화 중 상대방의 이름을 잊었다고 해서 주머니에 집어넣은 명함을 꺼내어 보는 것은 결례이므로, 명함을 받으면 그 자리에서 상대방의 부서, 직위, 성명 등을 반드시 확인하여 대화 중에 실수가 없도록 한다.

ⓞ 상대의 명함을 받으면 반드시 자신의 명함을 주어야 한다. 명함이 없을 경우에는 상대방에게 사과를 한 후 필요에 따라 이름과 연락처 등을 적은 메모를 건네준다. 명함이 없다고 상대방의 명함만 받는 것은 결례이다. 단, 이쪽의 명함을 받은 상대가 명함이 없다고 하면 특별한 경우가 아니면 적어달라고 청하지 않는다.

ⓩ 명함을 받으면 그 뒷면이나 여백에 만난 날짜나 장소, 이유 등을 메모해 두어 상대방을 잘 기억할 수 있도록 하는 것이 좋다. 하지만 그 사람의 면전에서 메모를 하는 것은 결례이므로 주의한다.

③ 명함의 구성요소

㉠ 일반적으로 사각형 순 백지에 깔끔하게 인쇄한다.

㉡ 주로 많이 사용되는 명함 사이즈는 '90mm×50mm' 이다.

㉢ 이름과 직함은 물론 직장 주소와 휴대전화 및 직장 전화번호, 팩스번호를 각각 기입하여 제작하는 것이 일반적이다.

㉣ 이메일 주소는 이름 머리글자와 성을 조합해서 만드는 것이 비즈니스 매너이다.

㉤ 남녀에 따라 명함의 크기, 모양 등에 특별한 차이를 두지는 않는다.

더 알아보기

전자우편(e – mail) 예절

• 지나친 약어나 속어의 사용은 명확한 의미 전달을 방해하므로 지양하는 것이 좋다.

• 비즈니스 메일이라고 해서 꼭 즉시 답장을 해야 하는 것은 아니다. 하지만 정해진 시간 내에 혹은 최소 24시간 이내에 답장을 보내도록 한다.

• 상세한 내용이 필요하다면 첨부파일을 보낼 수 있지만 가능하면 압축하여 다운로드 시간을 줄일 수 있도록 한다.

• 유머 메일과 정보성 메일은 수신자의 의향을 묻고 동의를 받아 보내는 것이 좋다.

• 용량이 큰 첨부파일의 경우 다운로드 받을 때 시간이 많이 소요될 수 있기 때문에 압축하여 보내는 것이 좋다.

핵심예제

다음 중 비즈니스 상황에서 필요한 명함 교환 예절에 대한 설명으로 가장 올바르지 않은 것은? [2019년]

① 앉아서 대화를 나누다가도 명함을 교환할 때는 일어서서 건네는 것이 좋다.

② 명함은 상대방이 바로 볼 수 있도록 건넨다.

③ 목례를 하며 가슴선과 허리선 사이에서 건넨다.

④ 상대방이 2명 이상일 경우, 연장자에게 먼저 건네는 것이 좋다.

⑤ 명함에 모르는 한자가 있을 경우 상대방에게 질문하는 것은 예의에 어긋나므로 주의하도록 한다.

|해설|

모르는 한자가 있을 경우 그 자리에서 어떻게 읽는지 질문한다.

정답 ⑤

---

① 경어 예절

　⊙ 존경어 : 존경어는 말하는 상대, 즉 듣는 사람이나 또는 화제 중에 등장하는 인물에 대한 경의를 나타내는 말이며 그 사람의 소지품이나 행동에 대해서도 사용한다.

　　예 ○○ 씨 / ○○ 여사 / 귀하 / 어느 분 / 사장님께서

　⊙ 겸양어 : 겸양어는 말하는 사람의 입장을 낮추고 상대방이나 화제에 등장하는 사람에게 경의를 나타내는 말이다.

　　예 여쭙다 / 뵙다 / 저희 / 드리다

　⊙ 공손어 : 공손어는 상대방에게 공손한 마음을 표현할 때 또는 말하는 사람의 자기품위를 위하여 쓰는 경우를 의미한다.

　　예 보고 드립니다 / 말씀해 주십시오

　⊙ 간접높임 : 높여야 할 대상의 신체 부분, 성품, 심리, 소유물과 같이 주어와 밀접한 관계를 맺고 있는 대상을 통하여 주어를 간접적으로 높이는 방법이다.

　　예 부장님 말씀이 타당하십니다 / 장모님께서는 머리가 하얗게 세셨습니다

② 호칭 예절

　⊙ 직장에서는 직급과 직책 중에서 더 상위 개념을 칭하는 것이 통상적인 예의이다.

　⊙ 자신보다 나이가 많거나 지위가 상급인 경우 공손하게 직위나 적정한 사회적 경칭(敬稱)을 사용하는 것이 좋다.

　⊙ 공적인 자리에서 친구나 동료처럼 대등한 위치에 있는 사람일 경우 '○○ 씨'라고 하여 상대방을 존중해주는 것이 좋다.

　⊙ 사적인 자리에 한해 친구나 동료처럼 대등한 위치에 있는 사람이라면 이름을 불러도 크게 문제가 되지 않는다.

　⊙ 자신보다 아랫사람이라 하더라도 처음 대면하는 경우 '○○ 씨' 혹은 이와 유사한 존칭을 사용하는 것이 좋다.

　⊙ 직장 상사가 미혼 여성 직원을 호칭할 경우 '○○ 씨'라고 가능한 한 이름을 부르는 것이 바람직하다.

더 알아보기

여성에 대한 호칭

• 가능한 한 이름을 부르는 것이 바람직하다.
• 30대 후반의 기혼 여성에게는 '여사님'이라는 호칭을 사용한다.
• 동료, 부하, 연하자의 아내를 부를 때는 '부인'이라는 호칭을 사용한다.

핵심예제

다음 중 호칭(呼稱)의 기본 예의에 대한 설명으로 가장 거리가 먼 것은?

[2022년]

① 공적인 자리에서 친구나 동료처럼 대등한 위치에 있는 사람일 경우 ○○씨라고 하여 상대방을 존중해주는 것이 좋다.

② 자신보다 아랫사람이라 하더라도 처음 대면하는 경우 ○○ 씨 혹은 이와 유사한 존칭(尊稱)을 사용하는 것이 좋다.

③ 친구나 동료처럼 대등한 위치에 있는 사람이라면 사적인 자리에 한해 이름을 불러도 크게 문제가 되지 않는다.

④ 직급과 직책 중에서 더 상위 개념을 칭하는 것이 통상적인 예의이다.

⑤ 자신보다 나이가 많거나 지위가 상급인 경우 '성(性) ○○ 씨'라고 부르는 것이 좋다.

|해설|

자신보다 나이가 많거나 지위가 상급인 경우 공손하게 직위나 적정한 사회적 경칭(敬稱)을 사용하는 것이 좋다.

정답 ⑤

① 수 명

ㄱ 업무 지시에 대해 호명을 받으면 곧바로 '예'라고 대답한다.

ㄴ 메모지를 준비해서 지시 내용을 잘 듣고 요점을 기록해 정리하는 것이 좋다.

ㄷ 요점을 간단히 복창한 후에 능력, 시간, 내용 등을 잘 생각하여 수행하도록 한다.

ㄹ 불가능한 지시의 경우 불가능한 이유를 말하고 다른 지시를 받는다.

ㅁ 이중으로 지시를 받았을 경우에는 일의 우선순위를 먼저 결정한 후 처리해야 한다.

ㅂ 직속상사 이외의 지시가 있을 경우 먼저 직속상사에게 보고하고 그 지시를 따른다.

ㅅ 끝까지 잘 듣고 모호한 점이 있을 경우 5W1H 원칙에 따라 질문하여 명령의 내용을 완전하게 파악한다.

ㅇ 지시한 내용에 대해 의견이 있을 때는 겸허한 마음으로 사실에 의거해서 있는 그대로 간결하고 솔직하게 의견을 제시한다.

② 보 고

ㄱ 보고할 내용이 긴 경우, 결론부터 말하고 경과, 절차 등의 내용을 간결하게 보고한다.

ㄴ 보고할 내용이 몇 가지 겹쳐졌을 경우, 전체 사항을 먼저 보고하고, 하나씩 나누어서 보고한다.

ㄷ 지시받은 사항에 대해 완료되는 즉시 보고한다.

ㄹ 필요한 경우 반드시 중간보고를 한다.

ㅁ 지시한 사람에게 직접 보고하는 것이 원칙이다.

ㅂ 사실을 토대로 보고한다.

ㅅ 필요 시 대안을 마련하여 보고한다.

ㅇ 의사결정에 도움이 되도록 모든 자료를 빠뜨리지 않고 준비한다.

③ 중간보고가 필요한 경우

ㄱ 업무가 완료되기까지 상당한 시간이 걸릴 때

ㄴ 주요한 상황에 변화가 생겼을 때

ㄷ 작업 진행과정에 문제가 생겼을 때

ㄹ 상사가 지시한 방법으로는 작업 진행이 불가능할 때

ㅁ 결과나 전망이 예상될 때

더 알아보기

보고의 일반원칙

적시성, 정확성, 완전성, 경제성, 필요성, 간결성, 유효성

핵심예제

다음 중 업무 지시를 받을 때의 요령에 대한 설명으로 가장 거리가 먼 것은? [2020년]

① 지시 내용을 잘 듣고 요점을 기록해 정리하는 것이 좋다.

② 불가능한 지시의 경우 불가능한 이유를 말하고 다른 지시를 받는다.

③ 이중으로 지시를 받은 경우 앞서 부여받은 지시를 우선하여 신속하게 처리한다.

④ 직속상사 이외의 지시가 있을 경우 먼저 직속상사에게 보고하고 그 지시를 따른다.

⑤ 지시한 내용에 대해 의견이 있을 때는 겸허한 마음으로 사실에 의거해서 있는 그대로 간결하고 솔직하게 의견을 제시한다.

|해설|

이중으로 지시를 받았을 경우에는 일의 우선순위를 먼저 결정한 후 처리해야 한다.

정답 ③

① 일반적인 상석 구분

 ㉠ 일반적으로 상석이란 사람의 출입이 적은 곳, 소음이 적은 곳, 비좁지 않고 넉넉한 곳 등이다.

 ㉡ 심리적으로 안정을 줄 수 있는 좌석 또는 미관상 보기 좋은 좌석을 말한다.

 ㉢ 상사의 자리가 따로 마련되어 있는 경우에는 상사와 가까운 곳, 특히 오른편이 상석이다.

 ㉣ 창문이나 액자가 있는 경우에는 전망이나 그림이 보이는 곳이 상석이다.

 ㉤ 응접세트인 경우에는 긴 의자의 깊숙한 곳이 상석이다.

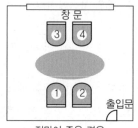

전망이 좋은 경우   상사 자리가 따로 있는 경우

[상석의 구분]

② 교통수단에서의 상석 구분

 ㉠ 자동차의 상석 구분

운전 기사가 있는 경우 자가 운전한 경우

[승용차에서의 상석]

• 운전기사가 있는 경우에는 운전기사의 대각선에 있는 뒷줄 좌석이 상석, 운전기사 옆 좌석이 말석이다.

• 자가운전인 경우에는 운전석 옆 좌석이 상석, 뒷줄의 가운데 좌석이 말석이다. 그러나 동승자가 운전자보다 직급이 위인 경우에는 운전자의 대각선 뒤쪽이 상석이다.

• 4명이 탈 경우에는 뒷좌석 가운데가 말석이다.

 ㉡ 열차의 상석 구분 : 열차 진행방향을 바라보고 창문을 통해 전망을 볼 수 있는 자리가 상석이고, 마주보는 곳이 차석이다.

 ㉢ 비행기의 상석 구분 : 비행기에서는 비행기 밖을 볼 수 있는 창가가 상석, 통로 쪽 좌석이 차석, 가운데 불편한 좌석이 말석이다.

회사 법인차량을 이용해 대표이사와 수행비서를 공항까지 모셔
드려야 할 경우, 대표이사에게 안내할 수 있는 상석의 위치를
아래 〈보기〉의 그림에서 찾아 선택한 것은?(단, 운전자는 본인
1명이다.)

[2020년]

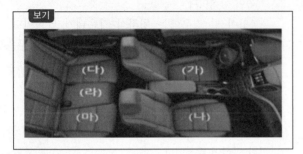

① 가

② 나

③ 다

④ 라

⑤ 마

|해설|

승용차에서 상석은 운전사와 대각선 방향의 뒷좌석이 1등이며,
그 옆이 2등, 운전석 옆자리가 그 다음이다. 4명이 탈 경우에는
뒷좌석 가운데가 말석이다.

정답 ⑤

① 테이블 예절

　㉠ 식사 중에는 담배를 피우지 않고, 담배는 가급적 식사
　　 후에 상대방의 양해를 구하고 피우는 것이 예의이다.

　㉡ 음식이 담긴 식기에 직접 입을 대고 먹지 않는다.

　㉢ 다른 손님들에게 방해가 될 수 있기 때문에 종업원을
　　 부를 때는 크게 소리 내지 않고 손만 가만히 들어 부
　　 른다.

　㉣ 식사 중에 손으로 머리나 귀, 코 등을 만질 경우 손으
　　 로 빵을 먹을 때 비위생적일 수 있기 때문에 가급적
　　 자제한다.

　㉤ 규모가 큰 레스토랑을 이용할 경우 사전에 미리 예약
　　 을 하는 것이 일반적이다.

　㉥ 중요한 비즈니스와 관계된 경우 옷차림에 격식을 갖
　　 추어 참석하는 것이 예의이다.

　㉦ 테이블의 상석을 정할 때 연령이 어리지만 직위가 높
　　 을 경우에는 직위를 우선하고, 같은 조건이면 여성을
　　 우선한다.

　㉧ 서양의 경우 부부가 함께 동반했을 때는 사각 테이블
　　 을 기준으로 서로 마주보고 앉는 것이 일반적이다.

　㉨ 식사 주문 시 메뉴판에 모르는 음식이 있을 경우 음식
　　 에 대해 웨이터에게 물어보는 것은 크게 예의에 어긋
　　 나지 않는다.

② 관례상의 서열 기준

　㉠ 공직자의 경우 각 국가별로 헌법, 정부조직법 등 법령
　　 에 따른 직위순서를 기준으로 삼는다.

　㉡ 공직자와 민간인이 섞여 있을 때는 고위직의 공직자
　　 를 우선하고, 민간인은 사회적 저명도, 연령, 주최자
　　 와의 친밀도 등을 감안하여 서열을 정한다.

　㉢ 의전의 기본 원칙(5R)

　　 • 의전은 상대방과 상대 문화에 대한 존중(Respect)
　　 　 과 배려(Consideration)이다.

　　 • 의전은 특정 지역과 특정 문화를 이해하고 행하는 문
　　 　 화의 반영(Reflecting Culture)이다.

　　 • 의전은 상호주의(Reciprocity)를 원칙으로 한다.
　　 　 국력에 관계없이 모든 국가가 동등한 대우를 받아
　　 　 야 한다.

- 의전에서 가장 핵심이며 기본은 서열(Rank)이다. 서열을 무시하면 해당 인사뿐만 아니라 그 인사가 대표하는 국가나 조직 전체를 모욕하는 것이다.
- 왼쪽을 부정적으로 여겨온 문화적, 종교적 전통으로 인해 오른쪽(Right)이 상석이다.

더 알아보기

국가별 문화 특징
- 일본은 자신의 밥그릇이나 국그릇을 들어서 음식을 먹는 습관이 있다.
- 중국은 자신의 젓가락을 이용해 상대방에게 음식을 집어주는 습관이 있다.
- 홍콩에서는 시계를 죽음의 상징으로 여기기 때문에 선물을 하지 않는 것이 좋다.
- 인도네시아는 대부분의 인구가 이슬람교도이기 때문에 일반적으로 돼지고기나 술을 먹지 않는다. 또한 남에게 물건을 건네거나 받을 때 오른손을 사용하므로 주의해야 한다.
- 태국, 말레이시아에서는 사람의 머리를 신성시하기 때문에 상대방의 머리를 함부로 만져서는 안 된다.

핵심예제

다음 중 일반적 의전예우 기준과 관련해 직위에 의한 서열기준으로 보기 어려운 것은?

[2020년]

① 기관장 선순위
② 국가기관 선순위
③ 관련 민간단체장
④ 직급(계급) 순위
⑤ 헌법, 정부조직법상의 기관 순위

|해설|

서열의 일반 원칙으로는 공직자의 경우 각 국가별로 헌법, 정부조직법 등 서열 법령에 따른 직위순서를 예우기준으로 삼는다. 공직자와 민간인이 섞여 있을 때는 고위직의 공직자를 우선하고, 민간인은 사회적 저명도, 나이, 주최자와의 친밀도 등을 감안하여 서열을 정한다.

정답 ③

핵심이론 **29** 국제 회의

① 종 류
- ㉠ 클리닉(Clinic) : 소그룹으로 특별한 기술을 훈련하고 교육하는 모임으로 주로 교육활동에 사용되는 형태의 모임이며 특정 주제에 대한 기술지도 및 강연 진행
- ㉡ 세미나(Seminar) : 전문인 등이 특정한 주제로 행하는 연수회나 강습회
- ㉢ 박람회(Trade Fair) : 견본전시로서 각종 상품견본을 일정한 장소에 전시하고 상품의 품질, 성질, 효용을 알기 쉽게 설명하고 때로는 실제로 가동시켜 소개, 선전을 하고 동시에 매매거래를 촉진시키기 위하여 개최되는 시장
- ㉣ 컨그레스(Congress) : 컨퍼런스(Conference)와 성격이 유사하며 참가 인원도 매우 다양하지만 유럽에서 국제 회의를 지칭할 경우 일반적으로 사용되는 회의 명칭
- ㉤ 심포지엄(Symposium) : 여러 강연자가 하나의 주제에 대해 각각 다른 입장에서 짧은 강연을 한 뒤 청중으로부터 질문이나 의견을 듣는 방식으로, 넓은 시야에서 문제를 논의하여 결론을 이끌어 내려고 하는 집단토론

② MICE 산업
- ㉠ Meeting(회의) : 컨벤션 기준에는 부합하지 않지만, 전체 참가자가 10명 이상인 정부, 공공, 협회, 학회, 기업회의로, 아이디어 교환, 토론, 정보교환, 사회적 네트워크 형성을 목적으로 한다.
- ㉡ Incentive Tour(포상여행) : 국내 숙박시설에 1박 이상 체류하는 외국인 10명 이상이 참가하는 회의로, 조직원들의 성과에 대한 보상 및 동기부여를 위한 순수 보상관광 회의이다.
- ㉢ Convention(컨벤션) : 아이디어 교환, 토론, 정보교환, 사회적 네트워크 형성을 위한 각종 회의를 말한다. 외국인 참가자가 10명 이상인 동시에 전체 참가자가 250명 이상인 정부, 공공, 협회, 학회, 기업회의로, 전문회의시설, 준회의시설, 중소규모회의시설, 호텔, 휴양콘도미니엄 등에서 4시간 이상 개최되는 회의이다.

ⓔ Exhibition(전시/이벤트) : 유통 · 무역업자, 소비자, 일반인 등을 대상으로 판매, 홍보, 마케팅 활동을 하는 각종 전시회를 말한다.

③ Convention(컨벤션) 관련 용어
  ㉠ Agenda : 공식적인 회의에서 다루어질 주된 의제
  ㉡ Annual Report : 연차 보고서
  ㉢ Ballot : 무기명(비밀) 투표
  ㉣ Draft Resolution : 결의안

핵심예제

다음 중 컨퍼런스(Conference)와 성격이 유사하며 참가 인원도 매우 다양하지만 유럽에서 국제 회의를 지칭할 경우 일반적으로 사용되는 회의 명칭은?   [2020년]

① 클리닉(Clinic)
② 세미나(Seminar)
③ 박람회(Trade Fair)
④ 컨그레스(Congress)
⑤ 심포지엄(Symposium)

|해설|
① 소그룹으로 특별한 기술을 훈련하고 교육하는 모임으로 주로 교육활동에 사용되는 형태로 특정 주제에 대한 기술지도 및 강연을 진행하는 모임이다.
② 전문인 등이 특정한 주제로 행하는 연수회나 강습회이다.
③ 견본전시로서 각종 상품견본을 일정한 장소에 전시하고 상품의 품질, 성질, 효용을 알기 쉽게 설명하고 때로는 실제로 가동시켜 소개, 선전을 하고 동시에 매매거래를 촉진시키기 위하여 개최되는 시장이다.
⑤ 여러 강연자가 하나의 주제에 대해 각각 다른 입장에서 짧은 강연을 한 뒤 청중으로부터 질문이나 의견을 듣는 방식으로, 넓은 시야에서 문제를 논의하여 결론을 이끌어 내려고 하는 집단토론이다.

정답 ④

핵심이론 30 소비자기본법의 정의

① 목 적
  ㉠ 소비자의 권익을 증진하기 위하여 소비자의 권리와 책무, 국가 · 지방자치단체 및 사업자의 책무, 소비자단체의 역할 및 자유시장경제에서 소비자와 사업자 사이의 관계를 규정한다.
  ㉡ 소비자정책의 종합적 추진을 위한 기본적인 사항을 규정한다.

② 용어의 정의
  ㉠ 소비자 : 사업자가 제공하는 물품 또는 용역(시설물 포함)을 소비생활을 위하여 사용(이용을 포함)하는 자 또는 생산활동을 위하여 사용하는 자로서 대통령령이 정하는 자
  ㉡ 사업자 : 물품을 제조(가공 또는 포장을 포함) · 수입 · 판매하거나 용역을 제공하는 자
  ㉢ 소비자단체 : 소비자의 권익을 증진하기 위하여 소비자가 조직한 단체
  ㉣ 사업자단체 : 2 이상의 사업자가 공동의 이익을 증진할 목적으로 조직한 단체

③ 학자별 소비자의 정의
  ㉠ 폰 히펠(Von Hippel) : 소비자란 개인적인 용도에 쓰기 위하여 상품이나 서비스를 제공받는 사람을 의미한다.
  ㉡ 가토 이치로(Kato Ichiro) : 소비자란 국민 일반을 소비생활이라고 하는 시민생활의 측면에서 포착한 개념이다.
  ㉢ 이마무라 세이와(Imamura Seiwa) : 소비자는 생활자이며 일반 국민임과 동시에 거래 과정의 말단에서 구매자로 나타나는 것을 의미한다.
  ㉣ 타케우치 쇼우미(Takeuchi Shoumi) : 소비자란 타인이 공급하는 물자나 용역을 소비생활을 위하여 구입 또는 이용하는 자로서 공급자에 대립하는 개념이다.

소비자의 범위(소비자기본법 시행령 제2조)

소비자기본법 제2조 제1호의 소비자 중 물품 또는 용역(시설물을 포함)을 생산 활동을 위하여 사용(이용을 포함)하는 자의 범위는 다음과 같다.

- 제공된 물품 또는 용역을 최종적으로 사용하는 자. 다만, 제공된 물품 등을 원재료(중간재를 포함), 자본재 또는 이에 준하는 용도로 생산 활동에 사용하는 자는 제외한다.
- 제공된 물품 등을 농업(축산업을 포함) 및 어업활동을 위하여 사용하는 자. 다만, 「원양산업발전법」 제6조 제1항에 따라 해양수산부장관의 허가를 받아 원양어업을 하는 자는 제외한다.

핵심예제

다음 중 소비자기본법 및 시행령의 기본 개념과 정의에 대한 설명으로 가장 올바르지 않은 것은? [2020년]

① 소비자라 함은 사업자가 제공하는 물품 또는 용역을 소비생활을 위하여 사용하는 자 또는 생산 활동을 위하여 사용하는 자로서 대통령령이 정하는 자를 말한다.

② 사업자라 함은 물품을 제조, 수입, 판매하거나 용역을 제공하는 자를 말한다.

③ 제공된 물품 등을 원재료, 자본재 또는 이에 준하는 용도로 생산활동에 사용하는 자는 사업자의 범위에서 제외된다.

④ 사업자단체라 함은 2 이상의 사업자가 공동의 이익을 증진할 목적으로 조직한 단체를 말한다.

⑤ 소비자단체라 함은 소비자의 권익을 증진하기 위하여 소비자가 조직한 단체를 말한다.

|해설|

제공된 물품 등을 원재료, 자본재 또는 이에 준하는 용도로 생산활동에 사용하여 지정 범위에서 제외되는 것은 소비자이다.

정답 ③

핵심이론 31 소비자의 권리와 책무

① 소비자의 4대 권리(미국 케네디 대통령의 '소비자의 이익 보호를 위한 특별교서')

ⓐ 안전에 대한 권리(The right to be safety) : 건강과 생명에 위험한 제품의 판매로부터 보호받을 권리

ⓑ 정보를 제공받을 권리(The right to be informed) : 사기, 기만, 심한 오인 등을 주는 정보, 광고, 표시 등으로부터 보호받고, 선택하는 데 필요한 지식을 얻을 권리

ⓒ 선택의 권리(The right to be choose) : 다양한 물품과 용역을 가능한 한 경쟁력 있는 가격으로 사용할 수 있도록 보장받을 권리, 경쟁이 배제되고 정부규제가 대체되는 업종에 대해서는 만족스러운 품질과 서비스를 공정한 가격으로 제공받을 권리

ⓓ 의견을 반영시킬 권리(The right to be heard) : 정부 정책에서 소비자 이익이 충분히 배려되고, 행정 절차에서 공정하고 신속하게 대우받을 권리

② 소비자의 기본적 권리(소비자의 8대 권리, 소비자기본법 제4조)

ⓐ 물품 또는 용역(이하 '물품 등'이라 한다)으로 인한 생명·신체 또는 재산에 대한 위해로부터 보호받을 권리

ⓑ 물품 등을 선택함에 있어서 필요한 지식 및 정보를 제공받을 권리

ⓒ 물품 등을 사용함에 있어서 거래상대방·구입 장소·가격 및 거래조건 등을 자유로이 선택할 권리

ⓓ 소비생활에 영향을 주는 국가 및 지방자치단체의 정책과 사업자의 사업 활동 등에 대하여 의견을 반영시킬 권리

ⓔ 물품 등의 사용으로 인하여 입은 피해에 대하여 신속·공정한 절차에 따라 적절한 보상을 받을 권리

ⓕ 합리적인 소비생활을 위하여 필요한 교육을 받을 권리

ⓖ 소비자 스스로의 권익을 증진하기 위하여 단체를 조직하고 이를 통하여 활동할 수 있는 권리

ⓗ 안전하고 쾌적한 소비생활 환경에서 소비할 권리

③ 소비자의 책무(소비자기본법 제5조)

  ⊙ 소비자는 사업자 등과 더불어 자유 시장 경제를 구성하는 주체임을 인식하여 물품 등을 올바르게 선택하고, 제4조의 규정에 따른 소비자의 기본적 권리를 정당하게 행사하여야 한다.

  ⓒ 소비자는 스스로의 권익을 증진하기 위하여 필요한 지식과 정보를 습득하도록 노력하여야 한다.

  ⓒ 소비자는 자주적이고 합리적인 행동과 자원 절약적이고 환경 친화적인 소비생활을 함으로써 소비생활의 향상과 국민경제의 발전에 적극적인 역할을 다하여야 한다.

핵심예제

1962년 미국 케네디 대통령의 '소비자의 이익 보호를 위한 특별교서'에 포함된 소비자의 권리와 가장 거리가 먼 것은? [2019년]

① 선택의 권리
② 안전에 대한 권리
③ 정보를 제공받을 권리
④ 공정분배 촉구의 권리
⑤ 의견을 반영시킬 권리

|해설|

소비자의 4대 권리
- 안전에 대한 권리(The right to be safety)
- 정보를 제공받을 권리(The right to be informed)
- 선택의 권리(The right to be choose)
- 의견을 반영시킬 권리(The right to be heard)

정답 ④

핵심이론 32 국가 · 지방자치단체의 책무

① 국가 및 지방자치단체의 책무(소비자기본법 제6조)

  ⊙ 관계 법령 및 조례의 제정 및 개정 · 폐지

  ⓒ 필요한 행정조직의 정비 및 운영 개선

  ⓒ 필요한 시책의 수립 및 실시

  ⓔ 소비자의 건전하고 자주적인 조직 활동의 지원 · 육성

② 표시의 기준(소비자기본법 제10조 제1항)

  ⊙ 상품명 · 용도 · 성분 · 재질 · 성능 · 규격 · 가격 · 용량 · 허가번호 및 용역의 내용

  ⓒ 물품 등을 제조 · 수입 또는 판매하거나 제공한 사업자의 명칭(주소 및 전화번호를 포함) 및 물품의 원산지

  ⓒ 사용방법, 사용 · 보관할 때의 주의사항 및 경고사항

  ⓔ 제조 연월일, 품질보증기간 또는 식품이나 의약품 등 유통과정에서 변질되기 쉬운 물품은 그 유효기간

  ⓜ 표시의 크기 · 위치 및 방법

  ⓑ 물품 등에 따른 불만이나 소비자피해가 있는 경우의 처리기구(주소 및 전화번호를 포함) 및 처리방법

  ⓢ 시각장애인을 위한 표시방법

③ 거래의 적정화(소비자기본법 제12조)

  ⊙ 국가는 사업자의 불공정한 거래조건이나 거래방법으로 인하여 소비자가 부당한 피해를 입지 아니하도록 필요한 시책을 수립 · 실시하여야 한다.

  ⓒ 국가는 소비자의 합리적인 선택을 방해하고 소비자에게 손해를 끼칠 우려가 있다고 인정되는 사업자의 부당한 행위를 지정 · 고시할 수 있다.

  ⓒ 국가 및 지방자치단체는 약관에 따른 거래 및 방문판매 · 다단계판매 · 할부판매 · 통신판매 · 전자거래 등 특수한 형태의 거래에 대하여는 소비자의 권익을 위하여 필요한 시책을 강구하여야 한다.

④ 소비자에의 정보제공(소비자기본법 제13조)

  ⊙ 국가 및 지방자치단체는 소비자의 기본적인 권리가 실현될 수 있도록 소비자의 권익과 관련된 주요시책 및 주요결정사항을 소비자에게 알려야 한다.

  ⓒ 국가 및 지방자치단체는 소비자가 물품 등을 합리적으로 선택할 수 있도록 하기 위하여 물품 등의 거래조건 · 거래방법 · 품질 · 안전성 및 환경성 등에 관련되

는 사업자의 정보가 소비자에게 제공될 수 있도록 필요한 시책을 강구하여야 한다.

⑤ 소비자의 능력 향상(소비자기본법 제14조)

  ㉠ 국가 및 지방자치단체는 소비자의 올바른 권리행사를 이끌고, 물품 등과 관련된 판단능력을 높이며, 소비자가 자신의 선택에 책임을 지는 소비생활을 할 수 있도록 필요한 교육을 하여야 한다.

  ㉡ 국가 및 지방자치단체는 경제 및 사회의 발전에 따라 소비자의 능력 향상을 위한 프로그램을 개발하여야 한다.

  ㉢ 국가 및 지방자치단체는 소비자교육과 학교교육·평생교육을 연계하여 교육적 효과를 높이기 위한 시책을 수립·시행하여야 한다.

  ㉣ 국가 및 지방자치단체는 소비자의 능력을 효과적으로 향상시키기 위한 방법으로 「방송법」에 따른 방송사업을 할 수 있다.

  ㉤ ㉠의 규정에 따른 소비자교육의 방법 등에 관하여 필요한 사항은 대통령령으로 정한다.

⑥ 개인정보의 보호(소비자기본법 제15조)

  ㉠ 국가 및 지방자치단체는 소비자가 사업자와의 거래에서 개인정보의 분실·도난·누출·변조 또는 훼손으로 인하여 부당한 피해를 입지 아니하도록 필요한 시책을 강구하여야 한다.

  ㉡ 국가는 소비자의 개인정보를 보호하기 위한 기준을 정하여야 한다.

⑦ 소비자분쟁의 해결(소비자기본법 제16조)

  ㉠ 국가 및 지방자치단체는 소비자의 불만이나 피해가 신속·공정하게 처리될 수 있도록 관련기구의 설치 등 필요한 조치를 강구하여야 한다.

  ㉡ 국가는 소비자와 사업자 사이에 발생하는 분쟁을 원활하게 해결하기 위하여 대통령령이 정하는 바에 따라 소비자분쟁해결기준을 제정할 수 있다.

  ㉢ 소비자분쟁해결기준은 분쟁당사자 사이에 분쟁해결방법에 관한 별도의 의사표시가 없는 경우에 한하여 분쟁해결을 위한 합의 또는 권고의 기준이 된다.

핵심예제

소비자기본법의 내용 중 다음 〈보기〉의 내용에 해당하는 것은?

[2019년]

> **보기**
>
> 국가 및 지방자치단체는 소비자의 올바른 권리 행사를 이끌고, 물품 등과 관련된 판단 능력을 높이며, 소비자가 자신의 선택에 책임을 지는 소비생활을 할 수 있도록 필요한 교육을 하여야 한다.

① 거래의 적정화(제12조)
② 소비자에의 정보제공(제13조)
③ 소비자의 능력 향상(제14조)
④ 개인정보의 보호(제15조)
⑤ 소비자분쟁의 해결(제16조)

|해설|

③ 소비자가 올바른 권리행사를 할 수 있도록 소비자교육과 학교교육 평생교육을 연계하여 교육적 효과를 높이기 위한 시책을 수립하여야 한다.

① 사업자의 불공정한 거래조건이나 거래방법으로 인하여 소비자가 부당한 피해를 입지 아니하도록 필요한 시책을 수립·실시하여야 한다.

② 소비자의 기본적인 권리가 실현될 수 있도록 소비자의 권익과 관련된 주요시책 및 주요결정사항을 소비자에게 알려야 한다.

④ 국가 및 지방자치단체는 소비자 개인정보의 분실·도난·누출·변조 등이 일어나지 않도록 필요한 시책을 강구하여야 한다.

⑤ 소비자의 불만이나 피해가 신속·공정하게 처리될 수 있도록 관련기구의 설치 등 필요한 조치를 강구하여야 한다.

정답 ③

핵심이론 33 사업자의 책무

① 소비자권익 증진시책에 대한 협력 등(소비자기본법 제18조)
    ㉠ 사업자는 국가 및 지방자치단체의 소비자권익 증진시책에 적극 협력하여야 한다.
    ㉡ 사업자는 소비자단체 및 한국소비자원의 소비자 권익 증진과 관련된 업무의 추진에 필요한 자료 및 정보제공 요청에 적극 협력하여야 한다.
    ㉢ 사업자는 안전하고 쾌적한 소비생활 환경을 조성하기 위하여 물품 등을 제공함에 있어서 환경 친화적인 기술의 개발과 자원의 재활용을 위하여 노력하여야 한다.
    ㉣ 사업자는 소비자의 생명·신체 또는 재산 보호를 위한 국가·지방자치단체 및 한국소비자원의 조사 및 위해방지 조치에 적극 협력하여야 한다.

② 사업자의 책무(소비자기본법 제19조)
    ㉠ 사업자는 물품 등으로 인하여 소비자에게 생명·신체 또는 재산에 대한 위해가 발생하지 아니하도록 필요한 조치를 강구하여야 한다.
    ㉡ 사업자는 물품 등을 공급함에 있어서 소비자의 합리적인 선택이나 이익을 침해할 우려가 있는 거래조건이나 거래방법을 사용하여서는 아니 된다.
    ㉢ 사업자는 소비자에게 물품 등에 대한 정보를 성실하고 정확하게 제공하여야 한다.
    ㉣ 사업자는 소비자의 개인정보가 분실·도난·누출·변조 또는 훼손되지 아니하도록 그 개인정보를 성실하게 취급하여야 한다.
    ㉤ 사업자는 물품 등의 하자로 인한 소비자의 불만이나 피해를 해결하거나 보상하여야 하며, 채무불이행 등으로 인한 소비자의 손해를 배상하여야 한다.

③ 소비자의 권익증진 관련기준의 준수(소비자기본법 제20조 제1항) : 사업자는 국가가 정한 기준에 위반되는 물품 등을 제조·수입·판매하거나 제공하여서는 아니 된다.

④ 소비자중심경영의 인증(소비자기본법 제20조의2)
    ㉠ 공정거래위원회는 물품의 제조·수입·판매 또는 용역의 제공의 모든 과정이 소비자 중심으로 이루어지는 경영(소비자중심경영)을 하는 사업자에 대하여 소비자중심경영에 대한 인증(소비자중심경영인증)을 할 수 있다.
    ㉡ 소비자중심경영인증을 받으려는 사업자는 대통령령으로 정하는 바에 따라 공정거래위원회에 신청하여야 한다.
    ㉢ 소비자중심경영인증을 받은 사업자는 대통령령으로 정하는 바에 따라 그 인증의 표시를 할 수 있다.
    ㉣ 소비자중심경영인증의 유효기간은 그 인증을 받은 날부터 2년으로 한다.
    ㉤ 공정거래위원회는 소비자중심경영을 활성화하기 위하여 대통령령으로 정하는 바에 따라 소비자중심경영인증을 받은 기업에 대하여 포상 또는 지원 등을 할 수 있다.
    ㉥ 공정거래위원회는 소비자중심경영인증을 신청하는 사업자에 대하여 대통령령으로 정하는 바에 따라 그 인증의 심사에 소요되는 비용을 부담하게 할 수 있다.
    ㉦ ㉠부터 ㉥까지의 규정 외에 소비자중심경영인증의 기준 및 절차 등에 필요한 사항은 대통령령으로 정한다.

다음 중 소비자기본법상 명시된 소비자중심경영의 인증(제20조의2)에 대한 내용으로 가장 거리가 먼 것은? [2020년]

① 소비자중심경영인증을 받으려는 사업자는 대통령령으로 정하는 바에 따라 공정거래위원회에 신청하여야 한다.

② 소비자중심경영인증을 받은 사업자는 대통령령으로 정하는 바에 따라 그 인증의 표시를 할 수 있다.

③ 소비자중심경영인증의 유효기간은 그 인증을 받을 날부터 2년으로 한다.

④ 공정거래위원회는 소비자중심경영인증을 신청하는 사업자에 대하여 대통령령으로 정하는 바에 따라 그 인증의 심사에 소요되는 비용을 부담하게 할 수 있다.

⑤ 공정거래위원회는 소비자중심경영을 활성화하기 위하여 대통령령으로 정하는 바에 따라 소비자중심경영인증을 신청하였으나 최종 선정되지 못한 기업에 대하여 포상 또는 지원 등을 할 수 있다.

|해설|

공정거래위원회는 소비자중심경영을 활성화하기 위하여 대통령령으로 정하는 바에 따라 소비자중심경영인증을 받은 기업에 대하여 포상 또는 지원 등을 할 수 있다.

정답 ⑤

핵심이론 34 소비자정책의 수립

① 기본계획의 수립 등(소비자기본법 제21조)
  ㉠ 공정거래위원회는 소비자정책위원회의 심의·의결을 거쳐 소비자정책에 관한 기본계획을 3년마다 수립하여야 한다.
  ㉡ 기본계획에는 다음의 사항이 포함되어야 한다.
  • 소비자정책과 관련된 경제·사회 환경의 변화
  • 소비자정책의 기본방향
  • 다음의 사항이 포함된 소비자정책의 목표
    − 소비자안전의 강화
    − 소비자와 사업자 사이의 거래의 공정화 및 적정화
    − 소비자교육 및 정보제공의 촉진
    − 소비자피해의 원활한 구제
    − 국제소비자문제에 대한 대응
    − 그 밖에 소비자의 권익과 관련된 주요한 사항
  • 소비자정책의 추진과 관련된 재원의 조달방법
  • 어린이 위해방지를 위한 연령별 안전기준의 작성
  • 그 밖에 소비자정책의 수립과 추진에 필요한 사항
  ㉢ 공정거래위원회는 소비자정책위원회의 심의·의결을 거쳐 기본계획을 변경할 수 있다.
  ㉣ 기본계획의 수립·변경 절차 등에 관하여 필요한 사항은 대통령령으로 정한다.

② 시행계획의 수립 등(소비자기본법 제22조)
  ㉠ 관계 중앙행정기관의 장은 기본계획에 따라 매년 10월 31일까지 소관 업무에 관하여 다음 연도의 소비자정책에 관한 시행계획(중앙행정기관별시행계획)을 수립하여야 한다.
  ㉡ 특별시장·광역시장·특별자치시장·도지사 또는 특별자치도지사(시·도지사)는 기본계획과 중앙행정기관별시행계획에 따라 매년 11월 30일까지 소비자정책에 관한 다음 연도의 시·도별시행계획(시·도별시행계획)을 수립하여야 한다.
  ㉢ 공정거래위원회는 매년 12월 31일까지 중앙행정기관별시행계획 및 시·도별시행계획을 취합·조정하여 소비자정책위원회의 심의·의결을 거쳐 종합적인 시행계획(종합시행계획)을 수립하여야 한다.

ⓔ 관계 중앙행정기관의 장 및 시·도지사는 종합시행계획이 실효성 있게 추진될 수 있도록 매년 소요비용에 대한 예산편성 등 필요한 재정조치를 강구하여야 한다.

ⓜ 종합시행계획의 수립 및 그 집행실적의 평가 등에 관하여 필요한 사항은 대통령령으로 정한다.

핵심예제

다음 중 소비자기본법 제21조(기본계획의 수립 등)에 명시된 소비자정책의 목표와 가장 거리가 먼 것은? [2019년]

① 소비자안전의 강화
② 소비자피해의 원활한 구제
③ 국제소비자문제에 대한 대응
④ 소비자교육 및 정보제공의 촉진
⑤ 불공정 기업 회생 및 퇴출기업 구제

|해설|

소비자정책의 목표
• 소비자안전의 강화
• 소비자와 사업자 사이의 거래의 공정화 및 적정화
• 소비자교육 및 정보제공의 촉진
• 소비자피해의 원활한 구제
• 국제소비자문제에 대한 대응
• 그 밖에 소비자의 권익과 관련된 주요 사항

정답 ⑤

핵심이론 35 소비자단체의 업무

① 소비자단체의 수행 업무(소비자기본법 제28조 제1항)

ⓖ 국가 및 지방자치단체의 소비자의 권익과 관련된 시책에 대한 건의

ⓛ 물품 등의 규격·품질·안전성·환경성에 관한 시험·검사 및 가격 등을 포함한 거래조건이나 거래방법에 관한 조사·분석

ⓒ 소비자문제에 관한 조사·연구

ⓔ 소비자의 교육

ⓜ 소비자의 불만 및 피해를 처리하기 위한 상담·정보제공 및 당사자 사이의 합의의 권고

② 소비자단체는 조사·분석 등의 결과를 공표할 수 있다. 다만, 공표되는 사항 중 물품 등의 품질·성능 및 성분 등을 시험·검사하기 위해 전문적인 인력과 설비를 필요로 하는 경우에는 대통령령이 정하는 시험·검사기관의 시험·검사를 거친 후 공표하여야 한다.

③ 소비자단체는 자료 및 정보의 제공을 요청하였음에도 사업자 또는 사업자단체가 정당한 사유 없이 이를 거부·방해·기피하거나 거짓으로 제출한 경우에는 그 사업자 또는 사업자단체의 이름(상호 그 밖의 명칭을 포함), 거부 등의 사실과 사유를 「신문 등의 진흥에 관한 법률」에 따른 일반일간신문에 게재할 수 있다.

④ 소비자단체는 업무상 알게 된 정보를 소비자의 권익을 증진하기 위한 목적이 아닌 다른 용도로 사용할 수 없다.

⑤ 소비자단체는 사업자 또는 사업자단체로부터 제공받은 자료 및 정보를 소비자의 권익을 증진하기 위한 목적이 아닌 다른 용도로 사용함으로써 사업자 또는 사업자단체에 손해를 끼친 때에는 그 손해에 대하여 배상할 책임을 진다.

더 알아보기

시험·검사기관의 지정 등(소비자기본법 시행령 제22조 제3항)
소비자단체는 제2항에 따른 시험·검사기관의 시험·검사 결과를 법 제28조 제2항에 따라 공표하는 경우에는 공표 예정일 7일 전까지 해당 사업자의 의견을 들어야 한다.

다음 중 소비자기본법상 명시된 '소비자단체의 업무(제28조)'에 대한 내용으로 가장 거리가 먼 것은? [2021년]

① 소비자의 교육

② 소비자 문제에 관한 조사·연구

③ 국가 및 지방자치단체의 소비자의 권익과 관련된 시책의 심의 및 시행규칙 제정

④ 소비자의 불만 및 피해를 처리하기 위한 상담·정보제공 및 당사자 사이의 합의의 권고

⑤ 물품 등의 규격·품질·안전성·환경성에 관한 시험·검사 및 가격 등을 포함한 거래조건이나 거래방법에 관한 조사·분석

|해설|

소비자단체의 업무 등(소비자기본법 제28조 제1항)

- 국가 및 지방자치단체의 소비자의 권익과 관련된 시책에 대한 건의
- 물품 등의 규격·품질·안전성·환경성에 관한 시험·검사 및 가격 등을 포함한 거래조건이나 거래방법에 관한 조사·분석
- 소비자 문제에 관한 조사·연구
- 소비자의 교육
- 소비자의 불만 및 피해를 처리하기 위한 상담·정보제공 및 당사자 사이의 합의의 권고

정답 ③

① 한국소비자원의 수행 업무(소비자기본법 제35조 제1항)

ㄱ 소비자의 권익과 관련된 제도와 정책의 연구 및 건의

ㄴ 소비자의 권익증진을 위하여 필요한 경우 물품 등의 규격, 품질, 안전성, 환경성에 관한 시험, 검사 및 가격 등을 포함한 거래조건이나 거래방법에 대한 조사, 분석

ㄷ 소비자의 권익증진, 안전 및 소비생활의 향상을 위한 정보의 수집, 제공 및 국제협력

ㄹ 소비자의 권익증진, 안전 및 능력개발과 관련된 교육, 홍보 및 방송사업

ㅁ 소비자의 불만처리 및 피해구제

ㅂ 소비자의 권익증진 및 소비생활의 합리화를 위한 종합적인 조사, 연구

ㅅ 국가 또는 지방자치단체가 소비자의 권익증진과 관련하여 의뢰한 조사 등의 업무

ㅇ 「독점규제 및 공정거래에 관한 법률」 제90조 제7항에 따라 공정거래위원회로부터 위탁받은 동의의결의 이행관리

ㅈ 그 밖에 소비자의 권익증진 및 안전에 관한 업무

더 알아보기

한국소비자원의 처리대상에서 제외되는 업무(소비자기본법 제35조 제2항)

- 국가 또는 지방자치단체가 제공한 물품 등으로 인하여 발생한 피해구제(대통령령으로 정하는 물품 등은 포함하지 않는다.)
- 그 밖에 다른 법률의 규정에 따라 설치된 전문성이 요구되는 분야의 분쟁조정기구에 신청된 피해구제 등으로서 대통령령이 정하는 피해구제

② 한국소비자원은 업무수행 과정에서 취득한 사실 중 소비자의 권익증진, 소비자피해의 확산 방지, 물품 등의 품질 향상 그 밖에 소비생활의 향상을 위하여 필요하다고 인정되는 사실은 이를 공표하여야 한다. 다만, 사업자 또는 사업자단체의 영업비밀을 보호할 필요가 있다고 인정되거나 공익상 필요하다고 인정되는 때는 예외이다.

③ 원장은 업무를 수행함에 있어서 다수의 피해가 우려되는 등 긴급하다고 인정되는 때에는 사업자로부터 필요한 최소한의 시료를 수거할 수 있다. 이 경우 그 사업자는 정당한 사유가 없는 한 이에 따라야 한다.

④ 원장은 시료를 수거한 경우 특별한 사정이 없으면 시료 수거일로부터 30일 이내에 공정거래위원회 및 관계 중앙행정기관의 장에게 그 시료수거 사실과 결과를 보고하여야 한다.

──┤ 핵심예제 ├──

다음 중 소비자기본법에 명시된 한국소비자원의 업무와 가장 거리가 먼 것은? [2020년]

① 소비자의 권익과 관련된 제도와 정책의 입법 및 정책 결정

② 소비자의 권익증진 및 소비생활의 합리화를 위한 종합적인 조사, 연구

③ 소비자의 권익증진, 안전 및 능력개발과 관련된 교육, 홍보 및 방송사업

④ 국가 또는 지방자치단체가 소비자의 권익증진과 관련하여 의뢰한 조사 등의 업무

⑤ 소비자의 권익증진을 위하여 필요한 경우 물품 등의 규격, 품질, 안전성, 환경성에 대한 시험, 검사 및 가격 등을 포함한 거래조건이나 거래방법에 대한 조사, 분석

| 해설 |

① 한국소비자원은 소비자의 권익과 관련된 제도와 정책을 연구하고 건의하는 업무를 수행한다.

정답 ①

① 소비자분쟁조정위원회의 설치(소비자기본법 제60조)

㉠ 소비자와 사업자 사이에 발생한 분쟁을 조정하기 위하여 한국소비자원에 소비자분쟁조정위원회(조정위원회)를 둔다.

㉡ 조정위원회의 심의 · 의결 사항
  • 소비자분쟁에 대한 조정결정
  • 조정위원회의 의사(議事)에 관한 규칙의 제정 및 개정 · 폐지
  • 그 밖에 조정위원회의 위원장이 토의에 부치는 사항

㉢ 조정위원회의 운영 및 조정절차 등에 관하여 필요한 사항은 대통령령으로 정한다.

② 조정위원회의 구성(소비자기본법 제61조)

㉠ 조정위원회는 위원장 1명을 포함한 150명 이내의 위원으로 구성하며, 위원장을 포함한 5명은 상임으로 하고, 나머지는 비상임으로 한다.

㉡ 위원은 다음 각 호의 어느 하나에 해당하는 자 중에서 대통령령이 정하는 바에 따라 원장의 제청에 의하여 공정거래위원회위원장이 임명 또는 위촉한다.

  • 대학이나 공인된 연구기관에서 부교수 이상 또는 이에 상당하는 직에 있거나 있었던 자로서 소비자권익 관련분야를 전공한 자

  • 4급 이상의 공무원 또는 이에 상당하는 공공기관의 직에 있거나 있었던 자로서 소비자권익과 관련된 업무에 실무경험이 있는 자

  • 판사 · 검사 또는 변호사의 자격이 있는 자

  • 소비자단체의 임원의 직에 있거나 있었던 자

  • 사업자 또는 사업자단체의 임원의 직에 있거나 있었던 자

  • 그 밖에 소비자권익과 관련된 업무에 관한 학식과 경험이 풍부한 자

㉢ 위원장은 상임위원 중에서 공정거래위원회위원장이 임명한다.

㉣ 위원장이 부득이한 사유로 직무를 수행할 수 없는 때에는 위원장이 아닌 상임위원이 위원장의 직무를 대행하고, 위원장이 아닌 상임위원이 부득이한 사유로

위원장의 직무를 대행할 수 없는 때에는 공정거래위원회위원장이 지정하는 위원이 그 직무를 대행한다.

ⓜ 위원의 임기는 3년으로 하며, 연임할 수 있다.

ⓗ 조정위원회의 업무를 효율적으로 수행하기 위하여 조정위원회에 분야별 전문위원회를 둘 수 있다.

ⓐ ⓗ의 규정에 따른 전문위원회의 구성 및 운영에 관하여 필요한 사항은 대통령령으로 정한다.

③ 조정위원회의 회의(소비자기본법 제63조)

ⓐ 조정위원회 회의의 구분

• 분쟁조정회의 : 위원장, 상임위원과 위원장이 회의마다 지명하는 5명 이상 9명 이하의 위원으로 구성하는 회의

• 조정부 : 위원장 또는 상임위원과 위원장이 회의마다 지명하는 2명 이상 4명 이하의 위원으로 구성하는 회의

ⓑ 조정위원회 회의의 주재

• 분쟁조정회의 : 위원장

• 조정부 : 위원장 또는 상임위원

ⓒ 조정위원회의 회의는 위원 과반수 출석과 출석위원 과반수의 찬성으로 의결한다. 이 경우 조정위원회의 회의에는 소비자 및 사업자를 대표하는 위원이 각 1명 이상 균등하게 포함되어야 한다.

다음 중 소비자분쟁조정위원회 위원에 임명 또는 위촉되기 위한 자격 조건으로 보기 어려운 것은? [2020년]

① 소비자단체의 임원의 직에 있거나 있었던 자

② 사업자 또는 사업자단체의 임원의 직에 있거나 있었던 자

③ 대학이나 공인된 연구기관에서 부교수 이상 또는 이에 상당하는 직에 있거나 있었던 자로서 소비자권익 관련 분야를 전공한 자

④ 판사, 검사 또는 변호사 자격이 있는 자

⑤ 5급 이상의 공무원 또는 이에 상당하는 공공기관의 직에 있었던 자로서 소비자권익과 관련된 업무에 실무경험이 있는 자

| 해설 |

조정위원회의 위원(소비자기본법 제61조 제2항)

• 대학이나 공인된 연구기관에서 부교수 이상 또는 이에 상당하는 직에 있거나 있었던 자로서 소비자권익 관련분야를 전공한 자

• 4급 이상의 공무원 또는 이에 상당하는 공공기관의 직에 있거나 있었던 자로서 소비자권익과 관련된 업무에 실무경험이 있는 자

• 판사, 검사 또는 변호사의 자격이 있는 자

• 소비자단체의 임원의 직에 있거나 있었던 자

• 사업자 또는 사업자단체의 임원의 직에 있거나 있었던 자

• 그 밖에 소비자권익과 관련된 업무에 관한 학식과 경험이 풍부한 자

정답 ⑤

① 소비자단체소송의 대상(소비자기본법 제70조)
　㉠ 규정에 따라 공정거래위원회에 등록한 소비자 단체로서 다음의 요건을 모두 갖춘 단체
　　• 정관에 따라 상시적으로 소비자의 권익증진을 주된 목적으로 하는 단체일 것
　　• 단체의 정회원수가 1천명 이상일 것
　　• 등록 후 3년이 경과하였을 것
　㉡ 규정에 따라 설립된 한국소비자원
　㉢ 대한상공회의소, 중소기업협동조합중앙회 및 전국 단위의 경제단체로서 대통령령이 정하는 단체
　㉣ 비영리민간단체로서 다음의 요건을 모두 갖춘 단체
　　• 법률상 또는 사실상 동일한 침해를 입은 50인 이상의 소비자로부터 단체소송의 제기를 요청받을 것
　　• 정관에 소비자의 권익증진을 단체의 목적으로 명시한 후 최근 3년 이상 이를 위한 활동실적이 있을 것
　　• 단체의 상시 구성원 수가 5천명 이상일 것
　　• 중앙행정기관에 등록되어 있을 것

② 소비자단체소송의 허가요건(소비자기본법 제74조)
　㉠ 물품 등의 사용으로 인하여 소비자의 생명·신체 또는 재산에 피해가 발생하거나 발생할 우려가 있는 등 다수 소비자의 권익보호 및 피해예방을 위한 공익상의 필요가 있을 것
　㉡ 소송허가신청서의 기재사항에 흠결이 없을 것
　㉢ 소제기단체가 사업자에게 소비자권익 침해행위를 금지·중지할 것을 서면으로 요청한 후 14일이 경과하였을 것
　㉣ 단체소송을 허가하거나 불허가하는 결정에 대하여는 즉시 항고할 수 있다.

③ 「민사소송법」의 적용(소비자기본법 제76조)
　㉠ 단체소송에 관하여 이 법에 특별한 규정이 없는 경우에는 「민사소송법」을 적용한다.
　㉡ 단체소송의 허가결정이 있는 경우에는 「민사집행법」 제4편의 규정에 따른 보전처분을 할 수 있다.
　㉢ 단체소송의 절차에 관하여 필요한 사항은 대법원규칙으로 정한다.

핵심예제

소비자기본법에 명시된 단체소송의 대상 등(제70조)의 내용 중 비영리민간단체의 요건으로 보기 어려운 것은? [2020년]

① 중앙행정기관에 등록되어 있을 것
② 단체의 상시 구성원수가 5천명 이상일 것
③ 공정거래위원회의 등록 검토와 승인 후 3년이 경과하였을 것
④ 법률상 또는 사실상 동일한 침해를 입은 50인 이상의 소비자로부터 단체소송의 제기를 요청받을 것
⑤ 정관에 소비자의 권익증진을 단체의 목적으로 명시한 후 최근 3년 이상 이를 위한 활동실적이 있을 것

|해설|

소비자기본법상 비영리민간단체의 요건(소비자기본법 제70조)
• 법률상 또는 사실상 동일한 침해를 입은 50인 이상의 소비자로부터 단체소송의 제기를 요청받을 것
• 정관에 소비자의 권익증진을 단체의 목적으로 명시한 후 최근 3년 이상 이를 위한 활동실적이 있을 것
• 단체의 상시 구성원수가 5천명 이상일 것
• 중앙행정기관에 등록되어 있을 것

정답 ③

※ 2023년 9월 15일 이후 시험에 응시하는 수험생은 밑줄 친 부분을 박스 안의 법령으로 교체하여 학습하시기 바랍니다.

① **개인정보보호법의 목적** : 개인정보의 처리 및 보호에 관한 사항을 정함으로써 개인의 자유와 권리를 보호하고, 나아가 개인의 존엄과 가치를 구현함을 목적으로 한다.

② **개인정보보호법상 용어의 정의(개인정보보호법 제2조)**

ㄱ 개인정보 : 살아 있는 개인에 관한 정보
- 성명, 주민등록번호 및 영상 등을 통하여 개인을 알아볼 수 있는 정보
- 해당 정보만으로는 특정 개인을 알아볼 수 없더라도 다른 정보와 쉽게 결합하여 알아볼 수 있는 정보(이 경우 쉽게 결합할 수 있는지 여부는 다른 정보의 입수 가능성 등 개인을 알아보는 데 소요되는 시간, 비용, 기술 등을 합리적으로 고려)
- 가명처리를 통해 원래의 상태로 복원하기 위한 추가 정보의 사용·결합 없이는 특정 개인을 알아볼 수 없는 정보(가명정보)

ㄴ 가명처리 : 개인정보의 일부를 삭제하거나 일부 또는 전부를 대체하는 등의 방법으로 추가 정보가 없이는 특정 개인을 알아볼 수 없도록 처리하는 것

ㄷ 처리 : 개인정보의 수집, 생성, 연계, 연동, 기록, 저장, 보유, 가공, 편집, 검색, 출력, 정정(訂正), 복구, 이용, 제공, 공개, 파기(破棄), 그 밖에 이와 유사한 행위를 말한다.

ㄹ 정보주체 : 처리되는 정보에 의하여 알아볼 수 있는 사람으로서 그 정보의 주체가 되는 사람을 말한다.

ㅁ 개인정보파일 : 개인정보를 쉽게 검색할 수 있도록 일정한 규칙에 따라 체계적으로 배열하거나 구성한 개인정보의 집합물(集合物)을 말한다.

ㅂ 개인정보처리자 : 업무를 목적으로 개인정보파일을 운용하기 위하여 스스로 또는 다른 사람을 통하여 개인정보를 처리하는 공공기관, 법인, 단체 및 개인 등을 말한다.

ㅅ 공공기관
- 국회, 법원, 헌법재판소, 중앙선거관리위원회의 행정사무를 처리하는 기관, 중앙행정기관(대통령 소속 기관과 국무총리 소속 기관을 포함한다) 및 그 소속 기관, 지방자치단체
- 그 밖의 국가기관 및 공공단체 중 대통령령으로 정하는 기관

ㅇ 영상정보처리기기 : 일정한 공간에 지속적으로 설치되어 사람 또는 사물의 영상 등을 촬영하거나 이를 유·무선망을 통하여 전송하는 장치로서 대통령령으로 정하는 장치를 말한다.

ㅈ 과학적 연구 : 기술의 개발과 실증, 기초연구, 응용연구 및 민간 투자 연구 등 과학적 방법을 적용하는 연구를 말한다.

※ 2023년 9월 15일 이후 시험에 응시하는 수험생은 해당 법령을 참고하시기 바랍니다.

> ㅇ 고정형 영상정보처리기기 : 일정한 공간에 설치되어 지속적 또는 주기적으로 사람 또는 사물의 영상 등을 촬영하거나 이를 유·무선망을 통하여 전송하는 장치로서 대통령령으로 정하는 장치를 말한다.
>
> ㅈ 이동형 영상정보처리기기 : 사람이 신체에 착용 또는 휴대하거나 이동 가능한 물체에 부착 또는 거치(据置)하여 사람 또는 사물의 영상 등을 촬영하거나 이를 유·무선망을 통하여 전송하는 장치로서 대통령령으로 정하는 장치를 말한다.
>
> ㅊ 과학적 연구 : 기술의 개발과 실증, 기초연구, 응용연구 및 민간 투자 연구 등 과학적 방법을 적용하는 연구를 말한다.

③ **와이블(Weible)의 개인정보 유형**

일반정보	이름, 주민등록번호, 운전면허, 주소, 전화번호, 생년월일, 출생지, 본적지, 성별, 국적
가족정보	부모, 배우자, 부양가족, 가족구성원들의 이름 및 직업, 출생지, 생년월일
교육 및 훈련정보	학교출석사항, 최종학력, 성적, 기술자격증, 면허증, 서클활동, 상벌사항
병역정보	군번, 계급, 제대유형, 주특기, 근무부대
부동산 정보	소유주택, 토지, 자동차, 건물
동산정보	보유현금, 저축현황, 주식, 채권, 수집품

소득정보	봉급, 봉급경력, 보너스 및 수수료, 이자소득, 사업소득
기타 수익정보	보험 가입현황, 수익자, 회사의 판공비, 투자 프로그램, 퇴직프로그램, 휴가, 병가
신용정보	대부, 저당, 신용카드, 지불연기 및 미납 횟수, 임금 압류 통보에 대한 기록
고용정보	고용주, 회사주소, 상관의 이름, 직무수행 평가기록, 훈련기록, 출석기록
법적정보	전과기록, 교통위반기록, 파산 및 담보기록, 구속기록, 이혼기록, 납세기록
의료정보	가족병력기록, 신체장애 여부, 혈액형
조직정보	노조가입, 종교단체 가입, 정당기입
습관 및 취미정보	흡연, 음주량, 선호 스포츠 및 오락, 여가활동, 비디오 대여기록, 도박성향

39-1. 다음 중 개인정보보호법에 명시된 용어(제2조)의 정의로 가장 올바르지 않은 것은? [2020년]

① 정보주체란 처리되는 정보에 의하여 알아볼 수 있는 사람으로서 그 정보의 주체가 되는 사람을 말한다.
② 과학적 연구란 민간 투자 연구를 제외한 기술의 개발과 실종, 기초연구, 응용연구 등 과학적 방법을 적용하는 연구를 말한다.
③ 개인정보파일이란 개인정보를 쉽게 검색할 수 있도록 일정한 규칙에 따라 체계적으로 배열하거나 구성한 개인정보의 집합물을 말한다.
④ 개인정보처리자란 업무를 목적으로 개인정보파일을 운용하기 위하여 스스로 또는 다른 사람들을 통하여 개인정보를 처리하는 공공기관, 법인, 단체 및 개인 등을 말한다.
⑤ 처리란 개인정보의 수집, 생성, 연계, 연동, 기록, 저장, 보유, 가공, 편집, 검색, 출력, 정정, 복구, 이용, 제공, 공개, 파기 그 밖에 이와 유사한 행위를 말한다.

39-2. 와이블(Weible)이 분류한 개인정보의 14개 유형 중 성명, 주민등록번호, 운전면허정보, 주소, 전화번호 등에 해당하는 것은? [2020년]

① 일반정보   ② 법적정보
③ 소득정보   ④ 신용정보
⑤ 조직정보

|해설|

39-1
과학적 연구란 기술의 개발과 실증, 기초연구, 응용연구 및 민간 투자 연구 등 과학적 방법을 적용하는 연구를 말한다.

39-2
성명, 주민등록번호, 운전면허정보, 주소, 전화번호 등의 정보는 와이블(Weible)이 분류한 개인정보의 14개 유형 중 일반정보에 해당한다.

정답 39-1 ② 39-2 ①

① 개인정보보호원칙(개인정보보호법 제3조)

  ㉠ 개인정보처리자는 개인정보의 처리 목적을 명확하게 하여야 하고 그 목적에 필요한 범위에서 최소한의 개인정보만을 적법하고 정당하게 수집하여야 한다.

  ㉡ 개인정보처리자는 개인정보의 처리 목적에 필요한 범위에서 적합하게 개인정보를 처리하여야 하며, 그 목적 외의 용도로 활용하여서는 아니 된다.

  ㉢ 개인정보처리자는 개인정보의 처리 목적에 필요한 범위에서 개인정보의 정확성, 완전성 및 최신성이 보장되도록 하여야 한다.

  ㉣ 개인정보처리자는 개인정보의 처리 방법 및 종류 등에 따라 정보주체의 권리가 침해받을 가능성과 그 위험 정도를 고려하여 개인정보를 안전하게 관리하여야 한다.

  ㉤ 개인정보처리자는 개인정보 처리방침 등 개인정보의 처리에 관한 사항을 공개하여야 하며, 열람청구권 등 정보주체의 권리를 보장하여야 한다.

  ㉥ 개인정보처리자는 정보주체의 사생활 침해를 최소화하는 방법으로 개인정보를 처리하여야 한다.

  ㉦ 개인정보처리자는 개인정보를 익명 또는 가명으로 처리하여도 개인정보 수집목적을 달성할 수 있는 경우 익명처리가 가능한 경우에는 익명에 의하여, 익명처리로 목적을 달성할 수 없는 경우에는 가명에 의하여 처리될 수 있도록 하여야 한다.

  ㉧ 개인정보처리자는 이 법 및 관계 법령에서 규정하고 있는 책임과 의무를 준수하고 실천함으로써 정보주체의 신뢰를 얻기 위하여 노력하여야 한다.

② OECD 개인정보보호 8원칙

  ㉠ 수집제한의 원칙(Collection Limitation Principle) : 개인정보의 수집은 합법적이고 공정한 절차에 의해야 하며, 가능한 한 정보주체에게 고지하거나 동의를 얻은 후에 수집되어야 한다.

  ㉡ 정보 정확성의 원칙(Data Quality Principle) : 개인정보는 그 이용 목적에 부합하는 것이어야 하고, 이용 목적에 필요한 범위 내에서 정확하고 완전하며 최신의 상태로 유지해야 한다.

  ㉢ 목적의 명확화 원칙(Purpose Specification Principle) : 개인정보의 수집 시 목적이 명확해야 하며, 이를 이용할 경우에도 수집 목적에 부합해야 하고 목적이 변경될 때마다 이를 명확히 해야 한다.

  ㉣ 이용제한의 원칙(Use Limitation Principle) : 개인정보는 정보주체의 동의가 있는 경우나 법률의 규정에 의한 경우를 제외하고는 명확화된 목적 이외의 용도로 공개되거나 이용되어서는 안 된다.

  ㉤ 안전성 확보의 원칙(Security Safeguards Principle) : 개인정보의 분실, 불법적인 접근, 훼손, 사용, 변조, 공개 등의 위험에 대비하여 합리적인 안전보호장치를 마련해야 한다.

  ㉥ 공개의 원칙(Openness Principle) : 개인정보의 처리와 정보처리장치의 설치, 활용 및 관련 정책은 일반에게 공개해야 한다.

  ㉦ 개인 참가의 원칙(Individual Participation Principle) : 정보주체인 개인은 자신과 관련된 정보의 존재 확인, 열람 요구, 이의 제기 및 정정, 삭제, 보완 청구권을 가진다.

  ㉧ 책임의 원칙(Accountability Principle) : 개인정보 관리자는 위에서 제시한 원칙들이 지켜지도록 필요한 제반조치를 취해야 한다.

다음 중 개인정보보호법에 명시된 '개인정보보호원칙(제3조)'에 대한 내용으로 가장 거리가 먼 것은? [2019년]

① 개인정보처리자는 개인정보의 처리 목적을 명확하게 하여야 하고 그 목적에 필요한 범위에서 최소한의 개인정보만을 적법하고 정당하게 수집하여야 한다.

② 개인정보처리자는 개인정보의 처리 목적에 필요한 범위에서 개인정보의 무결성, 신속성 및 표준성이 보장되도록 하여야 한다.

③ 개인정보처리자는 개인정보의 처리 목적에 필요한 범위에서 적합하게 개인정보를 처리하여야 하며, 그 목적 외의 용도로 활용하여서는 아니 된다.

④ 개인정보 처리자는 개인정보의 처리 방법 및 종류 등에 따라 정보주체의 권리가 침해받을 가능성과 그 위험 정도를 고려하여 개인정보를 안전하게 관리하여야 한다.

⑤ 개인정보처리자는 개인정보 처리방침 등 개인정보의 처리에 관한 사항을 공개하여야 하며, 열람청구권 등 정보주체의 권리를 보장하여야 한다.

|해설|

개인정보처리자는 개인정보의 처리 목적에 필요한 범위에서 개인정보의 정확성, 완전성 및 최신성이 보장되도록 하여야 한다.

정답 ②

핵심이론 41 정보주체의 권리와 국가 등의 책무

① 정보주체의 권리(개인정보보호법 제4조)
- ㉠ 개인정보의 처리에 관한 정보를 제공받을 권리
- ㉡ 개인정보의 처리에 관한 동의 여부, 동의 범위 등을 선택하고 결정할 권리
- ㉢ 개인정보의 처리 여부를 확인하고 개인정보에 대하여 열람(사본 발급을 포함)을 요구할 권리
- ㉣ 개인정보의 처리 정지, 정정·삭제 및 파기를 요구할 권리
- ㉤ 개인정보의 처리로 인하여 발생한 피해를 신속하고 공정한 절차에 따라 구제받을 권리

※ 2023년 9월 15일 이후 시험에 응시하는 수험생은 해당 법령을 참고하시기 바랍니다.

> ㉢ 개인정보의 처리 여부를 확인하고 개인정보에 대한 열람(사본의 발급을 포함한다. 이하 같다) 및 전송을 요구할 권리
> ㉥ 완전히 자동화된 개인정보 처리에 따른 결정을 거부하거나 그에 대한 설명 등을 요구할 권리

② 국가 등의 책무(개인정보보호법 제5조)
- ㉠ 국가와 지방자치단체는 개인정보의 목적 외 수집, 오용·남용 및 무분별한 감시·추적 등에 따른 폐해를 방지하여 인간의 존엄과 개인의 사생활 보호를 도모하기 위한 시책을 강구하여야 한다.
- ㉡ 국가와 지방자치단체는 정보주체의 권리를 보호하기 위하여 법령의 개선 등 필요한 시책을 마련하여야 한다.
- ㉢ 국가와 지방자치단체는 개인정보의 처리에 관한 불합리한 사회적 관행을 개선하기 위하여 개인정보처리자의 자율적인 개인정보 보호활동을 존중하고 촉진·지원하여야 한다.
- ㉣ 국가와 지방자치단체는 개인정보의 처리에 관한 법령 또는 조례를 제정하거나 개정하는 경우에는 이 법의 목적에 부합되도록 하여야 한다.

※ 2023년 9월 15일 이후 시험에 응시하는 수험생은 해당 법령을 참고하시기 바랍니다.

> © 국가와 지방자치단체는 만 14세 미만 아동이 개인정보 처리가 미치는 영향과 정보주체의 권리 등을 명확하게 알 수 있도록 만 14세 미만 아동의 개인정보 보호에 필요한 시책을 마련하여야 한다.
>
> ② 국가와 지방자치단체는 개인정보의 처리에 관한 불합리한 사회적 관행을 개선하기 위하여 개인정보처리자의 자율적인 개인정보 보호활동을 존중하고 촉진·지원하여야 한다.
>
> ⑩ 국가와 지방자치단체는 개인정보의 처리에 관한 법령 또는 조례를 적용할 때에는 정보주체의 권리가 보장될 수 있도록 개인정보 보호 원칙에 맞게 적용하여야 한다.

※ 2023년 9월 15일 이후 시험을 응시하는 수험생은 아래 법령을 참고하시기 바랍니다.

정보주체의 권리
- 개인정보의 처리에 관한 정보를 제공받을 권리
- 개인정보의 처리에 관한 동의 여부, 동의 범위 등을 선택하고 결정할 권리
- 개인정보의 처리 여부를 확인하고 개인정보에 대한 열람(사본의 발급을 포함한다. 이하 같다) 및 전송을 요구할 권리
- 개인정보의 처리 정지, 정정·삭제 및 파기를 요구할 권리
- 개인정보의 처리로 인하여 발생한 피해를 신속하고 공정한 절차에 따라 구제받을 권리
- 완전히 자동화된 개인정보 처리에 따른 결정을 거부하거나 그에 대한 설명 등을 요구할 권리

정답 ①

│핵심예제│

개인정보 처리와 관련하여 개인정보보호법에 명시된 정보주체의 권리에 해당되지 않는 것은?　　　　[2022년]

① 개인정보의 처리로 인하여 발생한 피해에 대해 징벌 수위를 청구할 권리
② 개인정보의 처리 정지, 정정·삭제 및 파기를 요구할 권리
③ 개인정보의 처리에 관한 동의 여부, 동의 범위 등을 선택하고 결정할 권리
④ 개인정보의 처리에 관한 정보를 제공받을 권리
⑤ 개인정보의 처리 여부를 확인하고 개인정보에 대하여 열람을 요구할 권리

│해설│

정보주체의 권리
- 개인정보의 처리에 관한 정보를 제공받을 권리
- 개인정보의 처리에 관한 동의 여부, 동의 범위 등을 선택하고 결정할 권리
- 개인정보의 처리 여부를 확인하고 개인정보에 대하여 열람(사본의 발급 포함)을 요구할 권리
- 개인정보의 처리 정지, 정정·삭제 및 파기를 요구할 권리
- 개인정보의 처리로 인하여 발생한 피해를 신속하고 공정한 절차에 따라 구제받을 권리

① 개인정보 보호위원회(개인정보보호법 제7조)

ⓐ 개인정보보호에 관한 사무를 독립적으로 수행하기 위하여 국무총리 소속으로 개인정보 보호위원회를 둔다.

ⓑ 보호위원회는「정부조직법」제2조에 따른 중앙행정기관으로 본다.

② 개인정보 보호위원회의 구성(개인정보보호법 제7조의2)

ⓐ 보호위원회는 상임위원 2명(위원장 1명, 부위원장 1명)을 포함한 9명의 위원으로 구성한다.

ⓑ 보호위원회의 위원은 개인정보 보호에 관한 경력과 전문지식이 풍부한 다음의 사람 중에서 위원장과 부위원장은 국무총리의 제청으로, 그 외 위원 중 2명은 위원장의 제청으로, 2명은 대통령이 소속되거나 소속되었던 정당의 교섭단체 추천으로, 3명은 그 외의 교섭단체 추천으로 대통령이 임명 또는 위촉한다.

- 개인정보 보호 업무를 담당하는 3급 이상 공무원(고위공무원단에 속하는 공무원을 포함한다)의 직에 있거나 있었던 사람
- 판사·검사·변호사의 직에 10년 이상 있거나 있었던 사람
- 공공기관 또는 단체(개인정보처리자로 구성된 단체를 포함한다)에 3년 이상 임원으로 재직하였거나 이들 기관 또는 단체로부터 추천받은 사람으로서 개인정보 보호 업무를 3년 이상 담당하였던 사람
- 개인정보 관련 분야에 전문지식이 있고「고등교육법」제2조 제1호에 따른 학교에서 부교수 이상으로 5년 이상 재직하고 있거나 재직하였던 사람

ⓒ 위원장과 부위원장은 정무직 공무원으로 임명한다.

ⓓ 위원장, 부위원장, 제7조의13에 따른 사무처의 장은「정부조직법」제10조에도 불구하고 정부위원이 된다.

③ 개인정보 보호위원회 위원장(개인정보보호법 제7조의3)

ⓐ 위원장은 보호위원회를 대표하고, 보호위원회의 회의를 주재하며, 소관 사무를 총괄한다.

ⓑ 위원장이 부득이한 사유로 직무를 수행할 수 없을 때에는 부위원장이 그 직무를 대행하고, 위원장·부위원장이 모두 부득이한 사유로 직무를 수행할 수 없을 때에는 위원회가 미리 정하는 위원이 위원장의 직무를 대행한다.

ⓒ 위원장은 국회에 출석하여 보호위원회의 소관 사무에 관하여 의견을 진술할 수 있으며, 국회에서 요구하면 출석하여 보고하거나 답변하여야 한다.

ⓓ 위원장은 국무회의에 출석하여 발언할 수 있으며, 그 소관 사무에 관하여 국무총리에게 의안 제출을 건의할 수 있다.

④ 개인정보 보호위원회 위원의 임기(개인정보보호법 제7조의4)

ⓐ 위원의 임기는 3년으로 하되, 한 차례만 연임할 수 있다.

ⓑ 위원이 궐위된 때에는 지체 없이 새로운 위원을 임명 또는 위촉하여야 한다. 이 경우 후임으로 임명 또는 위촉된 위원의 임기는 새로이 개시된다.

⑤ 개인정보 보호위원회 위원의 신분보장(개인정보보호법 제7조의5)

ⓐ 위원은 다음의 어느 하나에 해당하는 경우를 제외하고는 그 의사에 반하여 면직 또는 해촉되지 아니한다.

- 장기간 심신장애로 인하여 직무를 수행할 수 없게 된 경우
- 제7조의7의 결격사유에 해당하는 경우
- 이 법 또는 그 밖의 다른 법률에 따른 직무상의 의무를 위반한 경우

ⓑ 위원은 법률과 양심에 따라 독립적으로 직무를 수행한다.

⑥ 개인정보 보호위원회의 회의(개인정보보호법 제7조의10)

ⓐ 보호위원회의 회의는 위원장이 필요하다고 인정하거나 재적위원 4분의 1 이상의 요구가 있는 경우에 위원장이 소집한다.

ⓑ 위원장 또는 2명 이상의 위원은 보호위원회에 의안을 제의할 수 있다.

ⓒ 보호위원회의 회의는 재적위원 과반수의 출석으로 개의하고, 출석위원 과반수의 찬성으로 의결한다.

42-1. 다음 중 개인정보보호법에 규정된 '개인정보 보호위원회(이하 보호위원회)'에 대한 설명으로 올바른 것은? [2018년]

① 보호위원회는 위원장 1명, 상임위원 3명을 포함한 20명 이내의 위원으로 구성하되, 상임위원은 선출직 공무원으로 임명한다.

② 위원장과 위원의 임기는 4년으로 하되 연임할 수 없다.

③ 위원장은 위원 중에서 공무원이 아닌 사람으로 대통령이 위촉한다.

④ 보호위원회는 재적위원 4분의 1 이상의 출석과 출석위원 과반수 찬성으로 의결한다.

⑤ 보호위원회의 회의는 위원장이 필요하다고 인정하거나 재적위원 3분의 1 이상의 요구가 있는 경우에 상임위원이 소집한다.

42-2. 다음 중 개인정보보호법에 명시된 개인정보보호위원회의 구성(제7조의2)에 대한 내용으로 가장 거리가 먼 것은? [2021년]

① 보호위원회는 상임위원 2명(위원장 1명, 부위원장 1명)을 포함한 7명의 위원으로 구성한다.

② 보호위원회의 위원은 개인정보 보호에 관한 경력과 전문지식이 풍부한 다음 각 호의 사람 중에서 위원장과 부위원장은 국무총리의 제청으로, 그 외 위원 중 2명은 위원장의 제청으로, 2명은 대통령이 소속되거나 소속되었던 정당의 교섭단체 추천으로, 3명은 그 외의 교섭단체의 추천으로 대통령이 임명 또는 위촉한다.

③ 개인정보 관련 분야에 전문지식이 있고 「고등교육법」 제2조 제1호에 따른 학교에서 부교수 이상으로 5년 이상 재직하고 있거나 재직하였던 사람일 경우 보호위원회의 위원 자격을 부여받을 수 있다.

④ 위원장과 부위원장은 정무직 공무원으로 임명한다.

⑤ 위원장, 부위원장, 제7조의13에 따른 사무처의 장은 「정부조직법」 제10조에도 불구하고 정부위원이 된다.

42-1

③ 보호위원회의 위원은 개인정보 보호에 관한 경력과 전문지식이 풍부한 다음의 사람 중에서 위원장과 부위원장은 국무총리의 제청으로, 그 외 위원 중 2명은 위원장의 제청으로, 2명은 대통령이 소속되거나 소속되었던 정당의 교섭단체 추천으로, 3명은 그 외의 교섭단체 추천으로 대통령이 임명 또는 위촉한다.

• 개인정보 보호 업무를 담당하는 3급 이상 공무원(고위공무원단에 속하는 공무원을 포함)의 직에 있거나 있었던 사람

• 판사 · 검사 · 변호사의 직에 10년 이상 있거나 있었던 사람

• 공공기관 또는 단체(개인정보처리자로 구성된 단체를 포함)에 3년 이상 임원으로 재직하였거나 이들 기관 또는 단체로부터 추천받은 사람으로서 개인정보 보호 업무를 3년 이상 담당하였던 사람

• 개인정보 관련 분야에 전문지식이 있고 「고등교육법」 제2조 제1호에 따른 학교에서 부교수 이상으로 5년 이상 재직하고 있거나 재직하였던 사람

① 보호위원회는 상임위원 2명(위원장 1명, 부위원장 1명)을 포함한 9명의 위원으로 구성하며, 위원장과 부위원장은 정무직 공무원으로 임명한다.

② 위원의 임기는 3년으로 하되, 한 차례만 연임할 수 있다.

④ 보호위원회의 회의는 재적위원 과반수의 출석으로 개의하고, 출석위원 과반수의 찬성으로 의결한다.

⑤ 보호위원회의 회의는 위원장이 필요하다고 인정하거나 재적위원 4분의 1 이상의 요구가 있는 경우에 위원장이 소집한다.

※ 출제 당시 정답은 ③이었으나, 2020년 2월 4일 법령이 개정되어 현재 답은 없습니다.

42-2

보호위원회는 상임위원 2명(위원장 1명, 부위원장 1명)을 포함한 9명의 위원으로 구성한다(개인정보보호법 제7조의2 제1항).

정답 42-1 해설참조 42-2 ①

핵심이론 43 개인정보의 수집 · 이용 · 제공

① 개인정보의 수집 · 이용(개인정보보호법 제15조)

ㄱ 개인정보처리자는 다음의 어느 하나에 해당하는 경우에는 개인정보를 수집할 수 있으며, 그 수집 목적의 범위에서 이용할 수 있다.
- 정보주체의 동의를 받은 경우
- 법률에 특별한 규정이 있거나 법령상 의무를 준수하기 위하여 불가피한 경우
- 공공기관이 법령 등에서 정하는 소관 업무의 수행을 위하여 불가피한 경우
- <u>정보주체와의 계약의 체결 및 이행을 위하여 불가피하게 필요한 경우</u>
- 정보주체 또는 그 법정대리인이 의사표시를 할 수 없는 상태에 있거나 주소불명 등으로 사전 동의를 받을 수 없는 경우로서 명백히 정보주체 또는 제3자의 급박한 생명, 신체, 재산의 이익을 위하여 필요하다고 인정되는 경우
- 개인정보처리자의 정당한 이익을 달성하기 위하여 필요한 경우로서 명백하게 정보주체의 권리보다 우선하는 경우. 이 경우 개인정보처리자의 정당한 이익과 상당한 관련이 있고 합리적인 범위를 초과하지 않는 경우에 한한다.

ㄴ 개인정보처리자는 다음의 사항을 정보주체에게 알려야 하며, 다음 어느 하나의 사항을 변경하는 경우에도 이를 알리고 동의를 받아야 한다.
- 개인정보의 수집 · 이용 목적
- 수집하려는 개인정보의 항목
- 개인정보의 보유 및 이용 기간
- 동의를 거부할 권리가 있다는 사실 및 동의 거부에 따른 불이익이 있는 경우에는 그 불이익의 내용

ㄷ 개인정보처리자는 당초 수집 목적과 합리적으로 관련된 범위에서 정보주체에게 불이익이 발생하는지 여부, 암호화 등 안전성 확보에 필요한 조치를 하였는지 여부 등을 고려하여 대통령령으로 정하는 바에 따라 정보주체의 동의 없이 개인정보를 이용할 수 있다.

※ 2023년 9월 15일 이후 시험에 응시하는 수험생은 해당 법령을 참고하시기 바랍니다.

> - 정보주체와 체결한 계약을 이행하거나 계약을 체결하는 과정에서 정보주체의 요청에 따른 조치를 이행하기 위하여 필요한 경우
> - 공중위생 등 공공의 안전과 안녕을 위하여 긴급히 필요한 경우

② 개인정보의 제공(개인정보보호법 제17조)

ㄱ 개인정보처리자는 다음의 어느 하나에 해당되는 경우에는 정보주체의 개인정보를 제3자에게 제공(공유 포함)할 수 있다.
- 정보주체의 동의를 받은 경우
- 개인정보를 수집한 목적 범위에서 개인정보를 제공하는 경우

ㄴ 개인정보처리자는 동의를 받을 때에는 다음의 사항을 정보주체에게 알려야 한다. 다음 중 어느 하나의 사항을 변경하는 경우에도 이를 알리고 동의를 받아야 한다.
- 개인정보를 제공받는 자
- 개인정보를 제공받는 자의 개인정보 이용 목적
- 제공하는 개인정보의 항목
- 개인정보를 제공받는 자의 개인정보 보유 및 이용 기간
- 동의를 거부할 권리가 있다는 사실 및 동의 거부에 따른 불이익이 있는 경우에는 그 불이익의 내용

ㄷ <u>개인정보처리자가 개인정보를 국외의 제3자에게 제공할 때에는 제2항 각 호에 따른 사항을 정보주체에게 알리고 동의를 받아야 하며, 이 법을 위반하는 내용으로 개인정보의 국외 이전에 관한 계약을 체결하여서는 아니 된다.</u>

ㄹ 개인정보처리자는 당초 수집 목적과 합리적으로 관련된 범위에서 정보주체에게 불이익이 발생하는지 여부, 암호화 등 안전성 확보에 필요한 조치를 하였는지 여부 등을 고려하여 대통령령으로 정하는 바에 따라 정보주체의 동의 없이 개인정보를 제공할 수 있다.

※ 2023년 9월 15일 이후 시험에 응시하는 수험생은 해당 법령을 참고하시기 바랍니다.

> ㄷ 삭 제

개인정보처리자가 정보주체로부터 개인정보 수집에 대한 동의를 받은 이후, 개인정보를 제공받기 이전에 알려야 할 사항으로 가장 거리가 먼 것은? [2020년]

① 개인정보의 수집, 이용 목적

② 수집하려는 개인정보의 항목

③ 개인정보의 보유 및 이용기간

④ 개인정보처리자의 법규 준수 현황

⑤ 동의를 거부할 권리가 있다는 사실 및 동의 거부에 따른 불이익이 있는 경우에는 그 불이익의 내용

| 해설 |

개인정보처리자는 정보주체의 동의를 받을 때에는 다음의 사항을 정보주체에게 알려야 한다. 다음의 어느 하나의 사항을 변경하는 경우에도 이를 알리고 동의를 받아야 한다(개인정보보호법 제15조 참조).
- 개인정보의 수집ㆍ이용 목적
- 수집하려는 개인정보의 항목
- 개인정보의 보유 및 이용 기간
- 동의를 거부할 권리가 있다는 사실 및 동의 거부에 따른 불이익이 있는 경우에는 그 불이익의 내용

정답 ④

핵심이론 44 개인정보의 처리 제한

① 민감정보의 처리 제한(개인정보보호법 제23조)

ㄱ 개인정보처리자는 사상ㆍ신념, 노동조합ㆍ정당의 가입ㆍ탈퇴, 정치적 견해, 건강, 성생활 등에 관한 정보, 그 밖에 정보주체의 사생활을 현저히 침해할 우려가 있는 개인정보로서 대통령령으로 정하는 정보(민감정보)를 처리하여서는 안 되지만 다음의 어느 하나에 해당하는 경우에는 가능하다.
- 정보주체에게 수집ㆍ이용 사항을 알리고 다른 개인정보의 처리에 대한 동의와 별도로 동의를 받은 경우
- 법령에서 민감정보의 처리를 요구하거나 허용하는 경우

ㄴ 개인정보처리자가 민감정보를 처리하는 경우에는 그 민감정보가 분실ㆍ도난ㆍ유출ㆍ위조ㆍ변조 또는 훼손되지 않도록 안전성 확보에 필요한 조치를 하여야 한다.

※ 2023년 9월 15일 이후 시험에 응시하는 수험생은 해당 법령을 참고하시기 바랍니다.

> ㄷ 개인정보처리자는 재화 또는 서비스를 제공하는 과정에서 공개되는 정보에 정보주체의 민감정보가 포함됨으로써 사생활 침해의 위험성이 있다고 판단하는 때에는 재화 또는 서비스의 제공 전에 민감정보의 공개 가능성 및 비공개를 선택하는 방법을 정보주체가 알아보기 쉽게 알려야 한다.

② 고유식별정보의 처리 제한(개인정보보호법 제24조)

ㄱ 개인정보처리자는 다음의 경우에만 고유식별정보(개인을 고유하게 구별하기 위하여 부여된 식별정보로서 대통령령으로 정하는 정보)를 처리할 수 있다.
- 정보주체에게 수집ㆍ이용 사항을 알리고 다른 개인정보의 처리에 대한 동의와 별도로 동의를 받은 경우
- 법령에서 구체적으로 고유식별정보의 처리를 요구하거나 허용하는 경우

ⓛ 개인정보처리자가 고유식별정보를 처리하는 경우에는 그 고유식별정보가 분실·도난·유출·위조·변조 또는 훼손되지 않도록 대통령령으로 정하는 바에 따라 암호화 등 안전성 확보에 필요한 조치를 하여야 한다.

ⓒ 보호위원회는 처리하는 개인정보의 종류·규모, 종업원 수 및 매출액 규모 등을 고려하여 개인정보처리자가 안전성 확보에 필요한 조치를 하였는지에 관하여 정기적으로 조사하여야 한다.

ⓓ 보호위원회는 대통령령으로 정하는 전문기관으로 하여금 조사를 수행하게 할 수 있다.

③ 주민등록번호 처리의 제한(개인정보보호법 제24조의2)

ⓐ 개인정보처리자는 다음의 어느 하나에 해당하는 경우에만 주민등록번호를 처리할 수 있다.

- 법률·대통령령·국회규칙·대법원규칙·헌법재판소규칙·중앙선거관리위원회규칙 및 감사원규칙에서 구체적으로 주민등록번호의 처리를 요구하거나 허용한 경우
- 정보주체 또는 제3자의 급박한 생명, 신체, 재산의 이익을 위하여 명백히 필요하다고 인정되는 경우
- 주민등록번호 처리가 불가피한 경우로서 보호위원회가 고시로 정하는 경우

ⓑ 개인정보처리자는 주민등록번호가 분실·도난·유출·위조·변조 또는 훼손되지 아니하도록 암호화 조치를 통하여 안전하게 보관하여야 한다. 이 경우 암호화 적용 대상 및 대상별 적용 시기 등에 관하여 필요한 사항은 개인정보의 처리 규모와 유출 시 영향 등을 고려하여 대통령령으로 정한다.

ⓒ 개인정보처리자는 주민등록번호를 처리하는 경우에도 정보주체가 인터넷 홈페이지를 통하여 회원으로 가입하는 단계에서는 주민등록번호를 사용하지 아니하고도 회원으로 가입할 수 있는 방법을 제공하여야 한다.

ⓓ 보호위원회는 관계 법령의 정비, 계획의 수립, 필요한 시설 및 시스템의 구축 등 제반 조치를 마련·지원할 수 있다.

핵심예제

다음 중 개인정보보호법에 명시된 민감정보의 범위와 가장 거리가 먼 것은?　　　　　　　　　　　[2020년]

① 여권번호
② 건 강
③ 성생활
④ 정당의 가입, 탈퇴
⑤ 노동조합의 가입, 탈퇴

|해설|

여권번호는 주민등록번호, 운전면허번호, 외국인등록번호와 함께 고유식별정보에 해당한다(동법 시행령 제19조 참조).

정답 ①

영상정보처리기기의 설치 · 운영 제한(개인정보보호법 제25조)

① 공개된 장소에 영상정보처리기기를 설치 · 운영할 수 있는 경우

 ㉠ 법령에서 구체적으로 허용하고 있는 경우

 ㉡ 범죄의 예방 및 수사를 위하여 필요한 경우

 ㉢ 시설안전 및 화재 예방을 위하여 필요한 경우

 ㉣ 교통단속을 위하여 필요한 경우

 ㉤ 교통정보의 수집 · 분석 및 제공을 위하여 필요한 경우

② 누구든지 불특정 다수가 이용하는 목욕실, 화장실, 발한실(發汗室), 탈의실 등 개인의 사생활을 현저히 침해할 우려가 있는 장소의 내부를 볼 수 있도록 영상정보처리기기를 설치 · 운영하여서는 아니 된다. 다만, 교도소, 정신보건 시설 등 법령에 근거하여 사람을 구금하거나 보호하는 시설로서 대통령령으로 정하는 시설은 제외된다.

③ 공개된 장소에 영상정보처리기기를 설치 · 운영하려는 공공기관의 장과 교도소, 정신보건 시설 등 법령에 근거하여 사람을 구금하거나 보호하는 시설로서 대통령령으로 정하는 시설에 영상정보처리기기를 설치 · 운영하려는 자는 공청회 · 설명회의 개최 등 대통령령으로 정하는 절차를 거쳐 관계 전문가 및 이해관계인의 의견을 수렴하여야 한다.

④ 공개된 장소에 영상정보처리기기를 설치 · 운영하는 자(영상정보처리기기운영자)는 정보주체가 쉽게 인식할 수 있도록 다음의 사항이 포함된 안내판을 설치하는 등 필요한 조치를 하여야 한다. 다만, 군사시설, 국가중요시설, 그 밖에 대통령령으로 정하는 시설은 예외이다.

 ㉠ 설치 목적 및 장소

 ㉡ 촬영 범위 및 시간

 ㉢ 관리책임자 성명 및 연락처

 ㉣ 그 밖에 대통령령으로 정하는 사항

⑤ 영상정보처리기기운영자는 영상정보처리기기의 설치 목적과 다른 목적으로 영상정보처리기기를 임의로 조작하거나 다른 곳을 비춰서는 안 되며, 녹음기능은 사용할 수 없다.

⑥ 영상정보처리기기운영자는 개인정보가 분실 · 도난 · 유출 · 위조 · 변조 또는 훼손되지 않도록 안전성 확보에 필요한 조치를 하여야 한다.

⑦ 영상정보처리기기운영자는 영상정보처리기기 운영 · 관리 방침을 마련하여야 한다.

⑧ 영상정보처리기기운영자는 영상정보처리기기의 설치 · 운영에 관한 사무를 위탁할 수 있다. 다만, 공공기관이 영상정보처리기기 설치 · 운영에 관한 사무를 위탁하는 경우에는 대통령령으로 정하는 절차 및 요건에 따라야 한다.

※ 2023년 9월 15일 이후 시험에 응시하는 수험생은 해당 법령을 참고하시기 바랍니다.

 ㉢ 시설의 안전 및 관리, 화재 예방을 위하여 정당한 권한을 가진 자가 설치 · 운영하는 경우

 ㉣ 교통단속을 위하여 정당한 권한을 가진 자가 설치 · 운영하는 경우

 ㉤ 교통정보의 수집 · 분석 및 제공을 위하여 정당한 권한을 가진 자가 설치 · 운영하는 경우

 ㉥ 촬영된 영상정보를 저장하지 아니하는 경우로서 대통령령으로 정하는 경우

② 누구든지 불특정 다수가 이용하는 목욕실, 화장실, 발한실(發汗室), 탈의실 등 개인의 사생활을 현저히 침해할 우려가 있는 장소의 내부를 볼 수 있도록 고정형 영상정보처리기기를 설치 · 운영하여서는 아니 된다. 다만, 교도소, 정신보건 시설 등 법령에 근거하여 사람을 구금하거나 보호하는 시설로서 대통령령으로 정하는 시설에 대하여는 그러하지 아니하다.

③ 고정형 영상정보처리기기를 설치 · 운영하려는 공공기관의 장과 고정형 영상정보처리기기를 설치 · 운영하려는 자는 공청회 · 설명회의 개최 등 대통령령으로 정하는 절차를 거쳐 관계 전문가 및 이해관계인의 의견을 수렴하여야 한다.

④ 고정형 영상정보처리기기를 설치 · 운영하는 자(이하 "고정형 영상정보처리기기운영자")는 정보주체가 쉽게 인식할 수 있도록 다음 각 호의 사항이 포함된 안내판을 설치하는 등 필요한 조치를 하여야 한다. 다만, 군사시설, 국가중요시설, 그 밖에 대통령령으로 정하는 시설의 경우에는 그러하지 아니하다.

⑤ 고정형 영상정보처리기기운영자는 고정형 영상정보처리기기의 설치 목적과 다른 목적으로 고정형 영상정보처리기기를 임의로 조작하거나 다른 곳을 비춰서는 아니 되며, 녹음기능은 사용할 수 없다.

⑥ 고정형 영상정보처리기기운영자는 개인정보가 분실·도난·유출·위조·변조 또는 훼손되지 아니하도록 안전성 확보에 필요한 조치를 하여야 한다.

⑦ 고정형 영상정보처리기기운영자는 대통령령으로 정히는 바에 따라 고정형 영상정보처리기기 운영·관리 방침을 마련하여야 한다. 다만, 개인정보 처리방침을 정할 때 고정형 영상정보처리기기 운영·관리에 관한 사항을 포함시킨 경우에는 고정형 영상정보처리기기 운영·관리 방침을 마련하지 아니할 수 있다.

⑧ 고정형 영상정보처리기기운영자는 고정형 영상정보처리기기의 설치·운영에 관한 사무를 위탁할 수 있다. 다만, 공공기관이 고정형 영상정보처리기기 설치·운영에 관한 사무를 위탁하는 경우에는 대통령령으로 정하는 절차 및 요건에 따라야 한다.

핵심예제

다음 〈보기〉 중 영상정보처리기기의 설치, 운영 제한에 해당하는 내용을 찾아 모두 선택한 것은?
[2020년]

보기

가. 교통단속을 위하여 필요한 경우
나. 시설안전 및 화재 예방을 위하여 필요한 경우
다. 교통정보의 수집, 분석 및 제공을 위하여 필요한 경우
라. 대중 편의시설, 화장실, 탈의실 등에서 도난, 성범죄 발생이 우려될 경우

① 가, 나
② 가, 나, 다
③ 가, 다
④ 가, 라
⑤ 가, 나, 다, 라

|해설|

누구든지 불특정 다수가 이용하는 목욕실, 화장실, 탈의실 등 개인의 사생활을 현저히 침해할 우려가 있는 장소의 내부를 볼 수 있는 곳에는 영상정보처리기기를 설치·운영할 수 없다.

영상정보처리기기를 설치·운영할 수 있는 경우(개인정보보호법 제25조 제1항)
• 법령에서 구체적으로 허용하고 있는 경우
• 범죄의 예방 및 수사를 위하여 필요한 경우
• 시설안전 및 화재 예방을 위하여 필요한 경우
• 교통단속을 위하여 필요한 경우
• 교통정보의 수집·분석 및 제공을 위하여 필요한 경우

※ 2023년 9월 15일 이후 시험을 응시하는 수험생은 아래 법령을 참고하시기 바랍니다.

누구든지 불특정 다수가 이용하는 목욕실, 화장실, 발한실(發汗室), 탈의실 등 개인의 사생활을 현저히 침해할 우려가 있는 장소의 내부를 볼 수 있도록 고정형 영상정보처리기기를 설치·운영하여서는 아니 된다. 다만, 교도소, 정신보건 시설 등 법령에 근거하여 사람을 구금하거나 보호하는 시설로서 대통령령으로 정하는 시설에 대하여는 그러하지 아니하다.

고정형 영상정보처리기기를 설치·운영할 수 있는 경우 (개인정보보호법 제25조 제1항)
• 법령에서 구체적으로 허용하고 있는 경우
• 범죄의 예방 및 수사를 위하여 필요한 경우
• 시설의 안전 및 관리, 화재 예방을 위하여 정당한 권한을 가진 자가 설치·운영하는 경우
• 교통단속을 위하여 정당한 권한을 가진 자가 설치·운영하는 경우
• 교통정보의 수집·분석 및 제공을 위하여 정당한 권한을 가진 자가 설치·운영하는 경우
• 촬영된 영상정보를 저장하지 아니하는 경우로서 대통령령으로 정하는 경우

정답 ②

핵심이론 46 개인정보 유출 통지

① 개인정보 유출 통지(개인정보보호법 제34조)

  ㉠ 개인정보 유출 시 개인정보처리자가 정보주체에게 알려야 할 사항

- 유출된 개인정보의 항목
- 유출된 시점과 그 경위
- 유출로 인하여 발생할 수 있는 피해를 최소화하기 위하여 정보주체가 할 수 있는 방법 등에 관한 정보
- 개인정보처리자의 대응조치 및 피해 구제절차
- 정보주체에게 피해가 발생한 경우 신고 등을 접수할 수 있는 담당부서 및 연락처

  ㉡ 개인정보처리자는 개인정보가 유출된 경우 그 피해를 최소화하기 위한 대책을 마련하고 필요한 조치를 하여야 한다.

  ㉢ 개인정보처리자는 '대통령령으로 정한 규모 이상의 개인정보'가 유출된 경우에는 조치 결과를 지체 없이 보호위원회 또는 '대통령령으로 정하는 전문기관'에 신고하여야 한다. 이 경우 보호위원회 또는 대통령령으로 정하는 전문기관은 피해 확산방지, 피해 복구 등을 위한 기술을 지원할 수 있다.

  ㉣ 통지의 시기, 방법 및 절차 등에 관하여 필요한 사항은 대통령령으로 정한다.

※ 2023년 9월 15일 이후 시험에 응시하는 수험생은 해당 법령을 참고하시기 바랍니다.

  ㉠ 개인정보가 분실·도난·유출되었을 시 개인정보처리자가 정부주체에게 알려야 할 사항

- 유출 등이 된 개인정보의 항목
- 유출 등이 된 시점과 그 경위
- 유출 등으로 인하여 발생할 수 있는 피해를 최소화하기 위하여 정보주체가 할 수 있는 방법 등에 관한 정보

  ㉡ 개인정보처리자는 개인정보가 유출 등이 된 경우 그 피해를 최소화하기 위한 대책을 마련하고 필요한 조치를 하여야 한다.

  ㉢ 개인정보처리자는 개인정보의 유출 등이 있음을 알게 되었을 때에는 개인정보의 유형, 유출등의 경로 및 규모 등을 고려하여 대통령령으로 정하는 바에 따라 제1항 각 호의 사항을 지체 없이 보호위원회 또는 대통령령으로 정하는 전문기관에 신고하여야 한다. 이 경우 보호위원회 또는 대통령령으로 정하는 전문기관은 피해 확산방지, 피해 복구 등을 위한 기술을 지원할 수 있다.

  ㉣ 유출 등의 통지 및 유출 등의 신고의 시기, 방법, 절차 등에 필요한 사항은 대통령령으로 정한다.

② 개인정보 유출 신고의 범위 및 기관(개인정보보호법 시행령 제39조)

  ㉠ 개인정보보호법 제34조에서 '대통령령으로 정한 규모 이상의 개인정보'란 1천명 이상의 정보주체에 관한 개인정보를 말한다.

  ㉡ 개인정보보호법 제34조에서 '대통령령으로 정하는 전문기관'이란 각각 한국인터넷진흥원을 말한다.

③ 개인정보 유출 통지의 방법 및 절차(개인정보보호법 시행령 제40조)

  ㉠ 개인정보처리자는 개인정보가 유출되었음을 알게 되었을 때에는 서면 등의 방법으로 지체 없이 정보주체에게 알려야 한다. 다만, 유출된 개인정보의 확산 및 추가 유출을 방지하기 위하여 접속경로의 차단, 취약점 점검·보완, 유출된 개인정보의 삭제 등 긴급한 조치가 필요한 경우에는 그 조치를 한 후 지체 없이 정보주체에게 알릴 수 있다.

  ㉡ 개인정보처리자는 개인정보가 유출되었음을 알게 되었을 때나 유출 사실을 알고 긴급한 조치를 한 후에도 구체적인 유출 내용을 확인하지 못한 경우에는 먼저 개인정보가 유출된 사실과 유출이 확인된 사항만을 서면 등의 방법으로 먼저 알리고 나중에 확인되는 사항을 추가로 알릴 수 있다.

  ㉢ 1천명 이상의 정보주체에 관한 개인정보가 유출된 경우에는 서면 등의 방법과 함께 인터넷 홈페이지에 정보주체가 알아보기 쉽도록 법 제34조 제1항 각 호의 사항을 7일 이상 게재하여야 한다.

과징금의 부과(개인정보보호법 제34조의2 참조)

• 보호위원회는 개인정보처리자가 처리하는 주민등록번호가 분실 · 도난 · 유출 · 위조 · 변조 또는 훼손된 경우에는 5억원 이하의 과징금을 부과 · 징수할 수 있다. 다만, 개인정보처리자가 안전성 확보에 필요한 조치를 다한 경우는 예외이다.

• 과징금 부과 시 보호위원회가 고려하여야 할 사항
  - 안전성 확보에 필요한 조치 이행 노력 정도
  - 분실 · 도난 · 유출 · 위조 · 변조 또는 훼손된 주민등록번호의 정도
  - 피해확산 방지를 위한 후속조치 이행 여부

핵심예제

개인정보 유출 통지와 관련해 다음 〈보기〉의 ( ) 안에 들어갈 내용으로 올바른 것은? [2020년]

> **보기**
>
> 1천명 이상의 정보주체에 관한 개인정보가 유출된 경우에는 서면 등의 방법과 함께 인터넷 홈페이지에 정보주체가 알아보기 쉽도록 법 제34조 제1항 각 호의 사항을 ( ) 이상 게재하여야 한다(개인정보보호법 시행령 제40조).

① 7일
② 15일
③ 30일
④ 60일
⑤ 90일

|해설|

1천명 이상의 정보주체에 관한 개인정보가 유출된 경우에는 서면 등의 방법과 함께 인터넷 홈페이지에 정보주체가 알아보기 쉽도록 법 제34조 제1항 각 호의 사항을 7일 이상 게재하여야 한다.

정답 ①

---

① 손해배상책임(개인정보보호법 제39조)

㉠ 정보주체는 개인정보처리자가 이 법을 위반한 행위로 손해를 입으면 개인정보처리자에게 손해배상을 청구할 수 있다. 이 경우 그 개인정보처리자는 고의 또는 과실이 없음을 입증하지 못하면 책임을 면할 수 없다.

㉡ 개인정보처리자의 고의 또는 중대한 과실로 인하여 정보주체에게 손해가 발생한 때에는 법원은 그 손해액의 3배를 넘지 아니하는 범위에서 손해배상액을 정할 수 있다. 다만, 개인정보처리자가 고의 또는 중대한 과실이 없음을 증명한 경우에는 그러하지 아니하다.

㉢ 개인정보 피해 배상액 산정에 따른 고려사항
  • 고의 또는 손해 발생의 우려를 인식한 정도
  • 위반행위로 인하여 입은 피해 규모
  • 위법행위로 인하여 개인정보처리자가 취득한 경제적 이익
  • 위반행위에 따른 벌금 및 과징금
  • 위반행위의 기간 · 횟수 등
  • 개인정보처리자의 재산상태
  • 개인정보처리자가 정보주체의 개인정보 분실 · 도난 · 유출 후 해당 개인정보를 회수하기 위하여 노력한 정도
  • 개인정보처리자가 정보주체의 피해구제를 위하여 노력한 정도

※ 2023년 9월 15일 이후 시험에 응시하는 수험생은 해당 법령을 참고하시기 바랍니다.

> ㉡ 개인정보처리자의 고의 또는 중대한 과실로 인하여 개인정보가 분실 · 도난 · 유출 · 위조 · 변조 또는 훼손된 경우로서 정보주체에게 손해가 발생한 때에는 법원은 그 손해액의 5배를 넘지 아니하는 범위에서 손해배상액을 정할 수 있다. 다만, 개인정보처리자가 고의 또는 중대한 과실이 없음을 증명한 경우에는 그러하지 아니하다.

② 법정손해배상의 청구(개인정보보호법 제39조의2)

    ㉠ 정보주체는 개인정보처리자의 고의 또는 과실로 인하여 개인정보가 분실·도난·유출·위조·변조 또는 훼손된 경우에는 300만 원 이하의 범위에서 상당한 금액을 손해액으로 하여 배상을 청구할 수 있다. 이 경우 해당 개인정보처리자는 고의 또는 과실이 없음을 입증하지 못하면 책임을 면할 수 없다.

    ㉡ 법원은 변론 전체의 취지와 증거조사의 결과를 고려하여 상당한 손해액을 인정할 수 있다.

    ㉢ 손해배상을 청구한 정보주체는 사실심(事實審)의 변론이 종결되기 전까지 그 청구를 ㉠에 따른 청구로 변경할 수 있다.

핵심예제

다음 중 개인정보보호법 제39조(손해배상책임)에 명시된 배상액 산정에 따른 고려 사항으로 가장 거리가 먼 것은? [2019년]

① 위반행위의 기간·횟수 등
② 위반행위에 따른 벌금 및 과징금
③ 위반행위로 인하여 입은 피해 규모
④ 고의 또는 손해 발생을 기획·의도한 정도
⑤ 위법행위로 인하여 개인정보처리자가 취득한 경제적 이익

| 해설 |

개인정보 피해 배상액 산정에 따른 고려사항
- 고의 또는 손해 발생의 우려를 인식한 정도
- 위반행위로 인하여 입은 피해 규모
- 위법행위로 인하여 개인정보처리자가 취득한 경제적 이익
- 위반행위에 따른 벌금 및 과징금
- 위반행위의 기간·횟수 등
- 개인정보처리자의 재산상태
- 개인정보처리자가 정보주체의 개인정보 분실·도난·유출 후 해당 개인정보를 회수하기 위하여 노력한 정도
- 개인정보처리자가 정보주체의 피해구제를 위하여 노력한 정도

정답 ④

핵심이론 48 개인정보 분쟁조정위원회

① 개인정보 분쟁조정위원회의 설치 및 구성(개인정보보호법 제40조)

    ㉠ 개인정보에 관한 분쟁의 조정(調停)을 위하여 개인정보 분쟁조정위원회(분쟁조정위원회)를 둔다.

    ㉡ 분쟁조정위원회는 위원장 1명을 포함한 20명 이내의 위원으로 구성하며, 위원은 당연직위원과 위촉위원으로 구성한다.

    ㉢ 위촉위원은 다음 어느 하나에 해당하는 사람 중에서 보호위원회 위원장이 위촉하고, 대통령령으로 정하는 국가기관 소속 공무원은 당연직위원이 된다.

      • 개인정보 보호업무를 관장하는 중앙행정기관의 고위공무원단에 속하는 공무원으로 재직하였던 사람 또는 이에 상당하는 공공부문 및 관련 단체의 직에 재직하고 있거나 재직하였던 사람으로서 개인정보 보호업무의 경험이 있는 사람

      • 대학이나 공인된 연구기관에서 부교수 이상 또는 이에 상당하는 직에 재직하고 있거나 재직하였던 사람

      • 판사·검사 또는 변호사로 재직하고 있거나 재직하였던 사람

      • 개인정보 보호와 관련된 시민사회단체 또는 소비자단체로부터 추천을 받은 사람

      • 개인정보처리자로 구성된 사업자단체의 임원으로 재직하고 있거나 재직하였던 사람

    ㉣ 위원장은 위원 중에서 공무원이 아닌 사람으로 보호위원회 위원장이 위촉한다.

    ㉤ 위원장과 위촉위원의 임기는 2년으로 하되, 1차에 한하여 연임할 수 있다.

    ㉥ 분쟁조정위원회는 분쟁조정 업무를 효율적으로 수행하기 위하여 필요하면 조정사건의 분야별로 5명 이내의 위원으로 구성되는 조정부를 둘 수 있다.

    ㉦ 분쟁조정위원회 또는 조정부는 재적위원 과반수의 출석으로 개의하며 출석위원 과반수의 찬성으로 의결한다.

◎ 보호위원회는 분쟁조정 접수, 사실 확인 등 분쟁조정에 필요한 사무를 처리할 수 있다.

ⓧ 이 법에서 정한 사항 외에 분쟁조정위원회 운영에 필요한 사항은 대통령령으로 정한다.

※ 2023년 9월 15일 이후 시험에 응시하는 수험생은 해당 법령을 참고하시기 바랍니다.

> ○ 분쟁조정위원회는 위원장 1명을 포함한 30명 이내의 위원으로 구성하며, 위원은 당연직위원과 위촉위원으로 구성한다.

② 분쟁조정 처리기간(개인정보보호법 제44조)

㉠ 분쟁조정위원회는 분쟁조정 신청을 받은 날부터 60일 이내에 이를 심사하여 조정안을 작성하여야 한다. 다만, 부득이한 사정이 있는 경우에는 분쟁조정위원회의 의결로 처리기간을 연장할 수 있다.

㉡ 분쟁조정위원회가 부득이한 사정이 있어 처리기간을 연장한 경우에는 기간연장의 사유와 그 밖의 기간연장에 관한 사항을 신청인에게 알려야 한다.

핵심예제

다음 중 개인정보보호법 제40조(설치 및 구성)에 명시된 개인정보 분쟁조정위원회 위촉위원의 자격 요건으로 보기 어려운 것은? [2021년]

① 개인정보 보호업무를 관장하는 중앙행정기관의 고위공무원단에 속하는 공무원으로 재직하였던 사람 또는 이에 상당하는 공공부문 및 관련 단체의 직에 재직하고 있거나 재직하였던 사람으로서 개인정보 보호업무의 경험이 있는 사람

② 대학이나 공인된 연구기관에서 부교수 이상 또는 이에 상당하는 직에 재직하고 있거나 재직하였던 사람

③ 판사·검사 또는 변호사로 재직하고 있거나 재직하였던 사람

④ 개인정보 보호와 관련된 시민사회단체 또는 소비자단체로부터 추천을 받은 사람

⑤ 개인정보처리자로 구성된 사업자단체의 임원으로 재직하였으며, 중앙행정부처로부터 심의·의결을 거쳐 최종 추천을 받은 사람

|해설|

개인정보 분쟁조정위원회 위촉위원의 자격 요건

• 개인정보 보호업무를 관장하는 중앙행정기관의 고위공무원단에 속하는 공무원으로 재직하였던 사람 또는 이에 상당하는 공공부문 및 관련 단체의 직에 재직하고 있거나 재직하였던 사람으로서 개인정보 보호업무의 경험이 있는 사람

• 대학이나 공인된 연구기관에서 부교수 이상 또는 이에 상당하는 직에 재직하고 있거나 재직하였던 사람

• 판사·검사 또는 변호사로 재직하고 있거나 재직하였던 사람

• 개인정보 보호와 관련된 시민사회단체 또는 소비자단체로부터 추천을 받은 사람

• 개인정보처리자로 구성된 사업자단체의 임원으로 재직하고 있거나 재직하였던 사람

정답 ⑤

핵심이론 49 교육훈련의 원리와 특성

① 성인학습의 특성
  ㉠ 성인학습자는 알려고 하는 욕구가 있다.
  ㉡ 성인학습자의 참여 동기는 목표 지향적이다.
  ㉢ 성인학습자는 선택적으로 학습상황에 임한다.
  ㉣ 성인학습자는 학습 수행을 위해 많은 시간이 요구되기도 한다.
  ㉤ 성인학습자는 자기 주도적 학습을 원한다.
  ㉥ 성인학습자는 다양한 경험을 가지고 있다.

② 도날슨(Donaldson)과 스캐널(Scannel)의 성인학습 기본원리
  ㉠ 학습 속도는 사람마다 다르다.
  ㉡ 학습은 끊임없이 지속되는 과정이다.
  ㉢ 훈련 시간이 적절해야 한다.
  ㉣ 자극(Stimulation)에서 시작해서 감각(Sense)로 끝난다.
  ㉤ '전체 – 부분 – 전체'의 순서를 따를 때 학습 효과가 발생된다.
  ㉥ 긍정적 강화는 학습을 강화시킨다.
  ㉦ 지지적인 학습 환경일 때 효율성이 높아진다.
  ㉧ 학습은 스스로의 활동이다.
  ㉨ 최선의 학습은 '해 봄(Doing)'을 통해 획득된다.

③ 크로스(Cross)의 성인학습 기본원리
  ㉠ 실용성 확인 : 새로운 정보를 제공할 때 학습자들에게 의미 있고 현실감 있는 것인지 확인한다.
  ㉡ 능숙하게 할 기회 부여 : 신체적 지각적 능력이 저하된 성인들이 정보를 이해하는 데 필요한 시간을 준다.
  ㉢ 잦은 피드백과 요점정리 : 피드백과 요점정리를 통해 학습자들의 자료를 응용하는 능력을 향상시킨다.
  ㉣ 한 번에 하나의 아이디어나 개념만을 제공 : 기존의 지식과 새로운 지식을 통합하는 데 도움을 받을 수 있고, 이해력을 향상시키며 지적 손실을 최소화할 수 있게 된다.

④ 앤드라고지(Andragogy)의 성인학습 실천원리
  ㉠ 학습에 적합한 물리적·심리적 분위기를 형성하라.
  ㉡ 학습자들로 하여금 자신의 학습 목표를 형성하도록 격려하라.
  ㉢ 학습자들이 교육과정과 방법을 계획하는 데 스스로 참여하도록 하라.
  ㉣ 학습자들이 스스로의 학습요구를 진단하는 데 참여하도록 하라.
  ㉤ 학습자들이 그들의 목표를 위한 자원을 확인하고 자원을 활용할 전략을 고안하도록 하라.
  ㉥ 학습자들이 학습계획을 수행할 수 있도록 도우라.
  ㉦ 학습자들이 자신의 학습을 평가하도록 하라.

⑤ 피고스(Pigors)와 마이어스(Myers)의 성인학습의 효과
  ㉠ 재해 및 기계설비 소모 등의 감소에 유효하다.
  ㉡ 새로 도입된 신기술에 대하여 직원의 적용을 원활히 한다.
  ㉢ 직원의 불만과 결근, 이동을 방지할 수 있다.
  ㉣ 신입사원은 직무에 관한 지도를 받고 직무성과가 향상되어 임금의 증가를 도모할 수 있다.
  ㉤ 신입사원은 기업의 내용, 방침, 규정 등을 파악하여 친근감과 안심감을 얻는다.

49-1. 다음 중 '앤드라고지'가 제시한 성인학습의 실천 원리에 대한 내용으로 가장 올바르지 않은 것은? [2019년]

① 학습자들로 하여금 자신의 학습 목표를 형성하도록 격려하라.
② 학습자들이 학습 계획을 수행할 수 있도록 도우라.
③ 학습자들이 지닌 보수적 저항 심리를 줄일 수 있도록 적절한 방안을 마련하라.
④ 학습에 적합한 물리적 · 심리적 분위기를 형성하라.
⑤ 학습자들로 하여금 자신의 학습 요구들을 진단하는 데 참여하도록 하라.

49-2. 도날슨(Donaldson)과 스캐널(Scannel)이 제시한 성인학습의 원리에 대한 설명으로 가장 올바르지 않은 것은?

[2020년]

① 학습 속도는 사람마다 다르다.
② 긍정적 강화는 학습을 강화시킨다.
③ 학습은 끊임없이 지속되는 과정이다.
④ 학습은 자극으로 시작해서 감각으로 끝난다.
⑤ '부분 – 전체 – 부분'의 순서에 따를 때 학습의 효과가 나타난다.

|해설|

49-1
크로스의 성인학습 원리에 대한 내용이다. 실용성과 응용성이 있는 정보 제공이 학습자들이 지닌 보수적 저항 심리를 줄이는 방안이 될 수 있다.

49-2
도날슨(Donaldson)과 스캐널(Scannel)가 제시한 성인학습 원리에 따르면, '전체 – 부분 – 전체'의 순서를 따를 때 학습 효과가 발생된다.

정답 49-1 ③ 49-2 ⑤

---

① 교육훈련 강사의 역할(나들러, Nadler)
  ㉠ 학습 촉진자 : 학습자들과 직접 학습 활동을 하거나 도와주는 역할이다. 따라서 강사는 다양한 경험과 이론적 배경지식을 갖춰야 한다. 강의, 토의 진행, 시범 등을 수행한다.
  ㉡ 교수 프로그램 개발자 : 조직의 문제를 확인하고 분석하여 이를 충족할 학습 내용을 구성한다.
  ㉢ 교수 전략 개발자 : 교육 훈련 프로그램이 효과적으로 전달될 수 있도록 학습 보조 도구와 시청각 자료 등의 매체를 선정 및 제작하고, 방법을 찾는 역할을 한다.

② 종류

OJT	Off – JT	OJL	Off – JL
• 직무교육 훈련 • 직무순환 • 코 칭 • 멘토링	• 강의법 • 토의법 • 사례연구법 • 역할연기법 • 시 범	• 자기학습 • 실천학습	• 독 서 • 자기계발 활동

③ OJT 교육의 장점
  ㉠ 기업의 실정에 따라 구체적이고 실제적인 훈련이 가능하다.
  ㉡ 계속적이고 반복적인 교육이 가능하다.
  ㉢ 비용을 절감할 수 있다.
  ㉣ 평가가 용이하다.
  ㉤ 상 · 하 간 이해와 협력의 강화를 이룰 수 있다.
  ㉥ 교육의 즉각 활용이 가능하다.

④ OJT 교육의 단점
  ㉠ 전문적이거나 고도의 지식 및 기능을 가르치는 것에 한계가 있다.
  ㉡ 학습자가 OJT 교육 내용에 큰 필요성을 느끼지 못하면 시간 낭비가 될 수 있다.
  ㉢ 교육 내용이 일상 지도에 치우치면 지도의 시야가 좁아질 수 있다.
  ㉣ 훌륭한 상사가 곧 훌륭한 교사는 아니다.
  ㉤ 안전사고 발생의 가능성이 있다.

나들러(Nadler)가 제시한 교육훈련 강사의 역할 중 조직의 문제를 확인하고 학습 요구를 분석하여 이를 충족할 학습 내용을 확정하는 사람을 의미하는 것은?　　　　　　　　　[2021년]

① 교수 프로그램 개발자
② 학습 성취자
③ 학습 촉진자
④ 직무기술 지도자
⑤ 교수전략 개발자

|해설|

'나들러(Nadler)'의 교육훈련 강사의 역할

• 학습 촉진자 : 학습자들과 직접 학습 활동을 하거나 도와주는 역할이다. 따라서 강사는 다양한 경험과 이론적 배경지식을 갖춰야 한다. 강의, 토의 진행, 시범 등을 수행한다.
• 교수 프로그램 개발자 : 조직의 문제를 확인하고 분석하여 이를 충족할 학습 내용을 구성한다.
• 교수 전략 개발자 : 교육 훈 련 프로그램이 효과적으로 전달될 수 있도록 학습 보조 도구와 시청각 자료 등의 매체를 선정 및 제작하고, 방법을 찾는 역할을 한다.

정답 ①

핵심이론 51 교육훈련의 기법

① 강의법(Lecture Method)

　㉠ 학습 자료나 설명 등을 이용하여 교육하는 교수 중심적 수업 형태이다.

　㉡ 장 점
　　• 교사나 학습자 모두 친숙한 방법이다.
　　• 한 교사가 여러 명의 학습자를 동시에 가르치므로 경제적이다.
　　• 넓은 분야의 지식을 교육할 수 있다.
　　• 사실적인 정보나 최근의 정보를 교육하기 용이하다.

　㉢ 단 점
　　• 수업이 교사 개인의 능력이나 기술에 의존하여 진행된다.
　　• 학습자들은 단순히 수업을 듣기만 하므로 수동적이 될 위험이 크다.
　　• 학습자의 다양한 능력이나 지식 등이 발휘될 기회가 거의 없다.
　　• 많은 학습자가 동시에 수업에 참여하므로 개인의 차이를 맞추기 힘들다.

② 토의법(Discussion Method)

　㉠ 학습자들 간, 학습자와 교사 간 토의를 통해 문제를 해결하는 탐구 방식의 수업으로, 학습자들의 참여와 역할을 강조한다.

　㉡ 장 점
　　• 토의 과정에서 자연스럽게 서로의 지식과 정보를 교환할 수 있다.
　　• 민주적이고 적극적인 사고를 유발시킬 수 있다.
　　• 높은 수준의 인지적 학습 목표를 달성할 수 있다.
　　• 학습자의 동기를 유발시켜 능동적으로 참여하게 할 수 있다.
　　• 학습자들 간에 서로를 존중하고, 의견을 공유하여 합의를 도출해내는 과정을 배울 수 있다.

　㉢ 단 점
　　• 참석자의 수준에 따라 교육이 좌우된다.
　　• 적절한 강사나 지도자를 구하기가 어렵다.
　　• 수업 준비 및 진행에 시간이 많이 소요된다.

- 토의 과정에서 학습자별로 적절하게 시간을 분배하기가 어렵다.
- 토의의 목적에서 벗어난 논쟁이 일어나기 쉽고, 소수의 학습자 중심으로 토의가 주도될 가능성이 높다.
- 대규모 집단 교육에는 적용하기 어렵다.
- 다양하고 많은 양을 학습하기에는 부적절하다.

③ 사례연구법(Case – study Method)

ㄱ 성인교육의 영역에서 많이 활용되어 왔던 방법 중의 하나로, 특정 사례를 소재로 정보를 수집해서 문제 상황을 파악하고, 원인을 분석하여 구한 해결책에 따라 계획을 세우고, 그것을 이행해 나가도록 하는 단계로 진행된다.

ㄴ 장 점
- 정보수집력과 문제해결력을 향상시키는 데에 적절하다.
- 현실적인 문제를 학습 주제로 다룰 수 있다.
- 사고력을 바탕으로 한 학습이 가능하다.
- 커뮤니케이션 스킬 향상에 도움이 된다.
- 사례 속의 문제를 다양한 관점에서 바라볼 수 있게 한다.

ㄷ 단 점
- 원칙과 이론을 체계적으로 습득하기 어렵다.
- 실제 상황이 아니기 때문에 사례 활용이 실전적 체험으로 이어지지 못한다.
- 사례를 분석하고 적용하는 연습에 그칠 수 있다(결론 일반화의 한계).
- 학습자의 의사결정이 타당한지 검증하기 어렵다.
- 커뮤니케이션 리더의 역할이 매우 중요하다.
- 자료 수집이 쉽지 않고, 시간이 많이 소요된다.

④ 역할연기법(Role – playing)

ㄱ 가능한 실제상황과 매우 흡사하게 설정한 가상의 상황에서 신체적, 언어적인 표현을 통하여 대인관계 능력을 개발하는 교육 방법이다.

ㄴ 장 점
- 현실감 있는 학습이 가능하며, 학습자의 동기 유발에 용이하다.
- 개개인의 약점과 단점을 알 수 있다.
- 아는 것과 실제로 행하는 것 사이의 차이를 깨달을 수 있다.
- 그동안 억압되어 있었던 심리가 행동으로 표출될 수 있다.
- 집단 구성원 간의 친근감을 증대시킨다.
- 타인의 연기를 통해 아이디어나 영감을 얻을 수 있다.

ㄷ 단 점
- 고도의 의사 결정을 하기에는 부족하다.
- 교육 훈련 장소를 찾기가 쉽지 않다.
- 교육 효과를 객관적으로 예측하기가 어렵다.
- 교육 준비에 많은 시간이 소요된다.
- 강사의 많은 노력과 기술이 요구된다.
- 실제 상황이 아니므로 놀이에 그칠 우려가 있다.

⑤ 브레인스토밍(Brainstorming)

ㄱ 집단 토의 기법 중 하나로 특정한 문제나 주제를 놓고 머릿속에서 폭풍이 몰아치듯 떠오르는 아이디어를 가능한 한 많이 산출하도록 하는 방법이다.

ㄴ 브레인스토밍을 할 때에는 다른 사람의 아이디어에 대해 비판하거나 평가하지 않는 것이 중요하다.

ㄷ 여러 사람이 자유롭게 제시한 아이디어를 종합하여 합리적인 해결책을 찾는다.

다음 〈보기〉의 설명에 해당하는 교육훈련 기법은?   [2018]

> **보기**
>
> 1941년 미국의 오스번(A. F. Osborn)이 그의 저서를 통해 제시한 기법으로 일정한 테마에 대하여 회의 형식을 채택하고, 참여자의 자유발언을 통한 아이디어의 제시를 요구하여 발상을 찾아내려는 방법을 말한다.

① 강의법
② 토의법
③ 델파이 기법
④ 브레인스토밍
⑤ 사례연구법

|해설|

① 학습 자료나 설명 등을 이용하여 교육하는 교수 중심적 수업 형태이다.
② 학습자들 간, 학습자와 교사 간 토의를 통해 문제를 해결하는 탐구 방식의 수업으로, 학습자들의 참여와 역할을 강조한다.
③ 미래를 예측하는 질적 방법의 하나로, 여러 전문가의 의견을 반복해 수집 · 교환하고, 발전시켜 미래를 예측한다.
⑤ 특정 사례를 소재로 정보를 수집해서 문제 상황을 파악하고, 원인을 분석하여 구한 해결책에 따라 계획을 세우고, 그것을 이행해 나가도록 하는 교육 방법이다.

정답 ④

핵심이론 52 프레젠테이션의 구성과 전달

① 구 성
   ㉠ 도입(서론) : 주의집중, 동기부여, 강의개요 설명
      • 앞으로 진행될 강의의 개요를 간단히 설명하며 관객의 주의를 집중시키고, 강의에 대한 동기를 부여한다.
      • 시각적인 자료 등을 이용하여 이어질 본론에 관객의 적극적 관심과 흥미를 유발한다.
   ㉡ 전개(본론) : 논리적 내용 설명, 보조 자료 활용, 마무리 단계에서 질문 받기
      • 내용 조직은 논리적으로 체계화되어 설명할 수 있어야 한다.
      • 부차적인 점을 강조하여 중요한 핵심 내용을 무의미하게 만들지 말아야 한다.
      • 보조 자료를 잘 준비하여 적절히 사용한다.
      • 본론의 마지막 즉, 종결단계로 넘어가기 전에 질문 받는 시간을 마련하여 청중의 의문점을 해소시켜주는 것이 좋다.
   ㉢ 종결(결론) : 요약, 재동기부여, 질의응답, 마무리
      • 본론에서 언급했던 핵심 내용을 요약하고 다시 한 번 반복하며 마무리한다.
      • 마지막 마무리를 통해 프레젠테이션을 성공적으로 마칠 수도 있고 또는 잘 진행했던 프레젠테이션을 한순간에 망칠 수도 있으므로 주의한다.
      • 본론에서 내용을 잘못 설명했다고 하더라도 마무리 단계에서 부연 설명하거나 정정하게 되면 청중에게 혼란을 줄 수 있으므로 준비했던 결론을 간결하고 확실하게 말하도록 한다.

② 효과적인 프레젠테이션 전달
   ㉠ 프레젠테이션에서는 발표 자료의 내용과 구성뿐만 아니라 발표자의 역량이 중요한 요소가 된다.
   ㉡ 태도 · 자세 : 양 발을 어깨 넓이로 벌린 자세로 서서 이야기하되 어깨나 등이 굽은 자세로 이야기하거나 호주머니에 손을 넣는 등의 행동은 하지 않는다.

ⓒ 제스처 : 발표 시에는 시각적 · 청각적인 의사 전달 수
단뿐만 아니라 몸짓, 손짓 등의 표현(Body Language)
이 의외로 상대에게 강렬하게 전달될 수 있기 때문에
적절한 제스처를 쓰되 과다하게 사용하지 않도록 유
의한다.

ⓔ 목소리 : 목소리는 힘 있는, 그러나 낮은 톤이 좋고,
강조할 곳에서는 목소리의 크고 작음을 활용하며 명
확하고도 또렷한 목소리를 유지하도록 노력한다.

ⓜ 오프닝(Opening) : 발표자의 첫마디나 행동을 일컫
는다. 청중들의 관심이나 기대감을 끌어올릴 수 있는
역할을 하며, 이 순간이 프레젠테이션의 마지막까지
영향을 준다.

ⓗ 클로징(Closing) : 마무리 단계는 프레젠테이션의 목
적을 이룰 수 있는 마지막 단계로 핵심 내용을 요약하
고 반복하여 강조하도록 한다.

더 알아보기

프레젠테이션 구성요소
• 프레젠터(Presenter) : 프레젠테이션을 실행하는 사람
• 청중(Audience) : 프레젠테이션을 듣는 사람들
• 메시지(Message) : 전달하고자 하는 목적

핵심예제

다음 중 프레젠테이션 구성과 관련해 전개단계(본론)에 대한 설
명으로 가장 올바르지 않은 것은?   [2020년]

① 내용 조직은 논리적으로 체계화되어 설명할 수 있어야 한다.
② 동기부여와 관련된 내용은 본론단계에서 중점적으로 조명
하되 도입단계에서 미리 언급되지 않도록 주의한다.
③ 부차적인 점을 강조하여 중요한 핵심 내용을 무의미하게 만
들지 말아야 한다.
④ 보조 자료를 잘 준비하여 적절히 사용한다.
⑤ 본론의 마지막 즉, 종결단계로 넘어가기 전에 질문 받는 시
간을 마련하여 청중의 의문점을 해소시켜주는 것이 좋다.

|해설|

프레젠테이션의 구성
• 도입(서론) : 주의집중, 동기부여, 강의개요 설명
• 전개(본론) : 논리적 내용 설명, 보조 자료 활용, 마무리 단계
에서 질문 받기
• 종결(결론) : 요약, 재동기부여, 질의응답, 마무리

정답 ②

① 사람(Peaple) 분석

　㉠ 청중의 수준 : 청중의 수준을 확인하는 것은 어려운
일이고, 모든 청중을 동시에 다 이해시킨다는 것은 불
가능한 일이기 때문에 참석자들의 50 ~ 80% 이상만
이해시킬 수 있다면, 비교적 성공적인 프레젠테이션
이라고 볼 수 있다.

　㉡ 청중들의 반응 및 자세 : 프레젠테이션을 하는 동안
청중들이 설명을 어느 정도 이해하고 있는지 가늠하
기 위한 가장 좋은 방법은 청중의 표정이나 몸동작을
보는 것이다.

　㉢ 청중에게 질문을 던져 주제를 정함 : 예기치 않은 연
설이나 프레젠테이션을 요청받은 경우 어떤 주제로
무엇을 전달해야 할지 당황하지 말고, 청중들에게 몇
가지 질문을 던져 청중의 요구가 무엇인지 확인하여
프레젠테이션의 방향을 잡는다.

② 목적(Purpose) 분석

　㉠ 정보 전달 : 신제품, 새로운 정보, 신기술 등에 대한
내용을 회사 직원들에게 알리거나 고객들에게 소개하
는 것이다.

　㉡ 설득/제안 : 새로운 기획안이나 사업 계획 등을 준비
하여 관계자들에게 발표함으로써 기존의 기준이나 가
치관을 바꾸어 그들의 동의와 지원을 얻어내는 것이다.

③ 장소(Place) 분석

　㉠ 프레젠테이션의 4P 중 가장 소홀하기 쉽고 프레젠테
이션이 실패로 끝나는 원인 가운데 가장 빈번하고 치
명적인 원인을 제공한다.

　㉡ 정전, 소음, 전기 및 전자 기구의 불량, 좌석 배치,
통행로 등을 사전에 확인하고 이에 철저히 대비해야
한다.

　㉢ 발표 장소만 확인하는 것으로 안심해서는 안 되고, 주
변 장소가 발표장에 영향을 미치지는 않는지 확인하
고, 만일 행사에 방해가 된다고 판단되면 다른 장소를
선택한다.

　㉣ 주차장, 엘리베이터, 화장실, 흡연 장소, 자판기 등의
편의 시설 위치도 사전에 충분히 확인한 뒤 청중들에
게 안내하도록 한다.

　㉤ 프레젠테이션이 끝난 뒤 마무리나 질문 또는 보충 설
명, 상담 등이 이어질 경우에 장소 이용시간을 연장할
수 있는지 확인하고, 만일 예약이 되어 있다면 발표
후 상담이나 설명을 할 수 있는 장소를 미리 확보해두
는 것이 좋다.

　㉥ 프레젠테이션을 진행하면서 가장 중요한 기기는 컴퓨
터, LCD 프로젝터, 포인터, 마이크 등이므로 이들을 사
전에 준비하고 점검해야 한다.

④ 준비(Preparation) 분석

　㉠ 정보와 자료 수집 : 다양하고 중요한 정보와 자료를
모은 뒤, 이것을 철저히 분석하고 잘 가공하여 프레젠
테이션에서 사용할 발표자료를 만든다.

　㉡ 발표자료 제작 : 일반적으로 정보나 자료 분석과 가공
에 많은 시간이 소요되며, 이것이 완벽하게 준비될수
록 발표자료 제작 시간이 단축되어 효율적으로 진행
할 수 있다.

프레젠테이션 4P 분석과 관련해 다음 〈보기〉의 내용에 해당하는 것은?

[2020년]

┌─ 보기 ─────────────────────────────┐
• 발표장 위치(실내/실외)
• 발표장의 배치와 발표자의 위치
• 발표장의 형태(연회장, 회의실, 컴퓨터실 등)
• 시설 확인(컴퓨터, 마이크, 스크린, 조명 등)
└────────────────────────────────┘

① Perform
② Purpose
③ Place
④ Preparation
⑤ People

|해설|

프레젠테이션 4P 분석
• People(사람) : 청중의 수준, 반응 및 자세, 청중의 요구 확인
• Purpose(목적) : 새로운 정보 전달, 설득·제안을 통해 동의와 지원을 얻어냄
• Place(장소) : 발표 장소와 주변 장소의 영향, 전자기구의 불량, 좌석배치, 통행로 등 확인
• Preparation(사전준비) : 정보와 자료의 수집, 발표자료 제작

정답 ③

핵심이론 54 프레젠테이션의 유형

① 정보적 프레젠테이션 : 지식 공유와 상호 이해 형성을 목적으로, 청중과 지식을 공유한다.
  • 서술적 프레젠테이션 : '누가, 무엇을, 어디에서'와 같은 질문의 답을 제시해주는 형태
  • 설명적 프레젠테이션 : '왜'라는 질문이나 주제를 가지고 청중이 명확하게 해석할 수 있도록 해주는 방법
  • 논증적 프레젠테이션 : '어떻게'라는 질문에 답을 제시해주는 형태
② 설득적 프레젠테이션 : 청중의 가치관을 바꾸거나 강화하거나 창출하며 발표자가 의도한 행동양식을 받아들이게 한다.
  • 경향적 프레젠테이션 : 청중의 믿음, 태도, 가치관의 경향성에 영향을 주는 형태
  • 작용적 프레젠테이션 : 청중의 행동에 영향을 주기 위한 방법
③ 의례적 프레젠테이션 : 발표자와 청중 혹은 청중 상호간을 사회적으로 보다 강하게 결합시키려는 목적을 가진 프레젠테이션 유형이다.
④ 동기부여적 프레젠테이션 : 청중의 의욕을 환기하고, 기대하는 행동을 받아들이게 하려는 목적을 가진 프레젠테이션 유형이다.
⑤ 엔터테인먼트 프레젠테이션 : 메시지를 포함하지만 청중이 재미를 느끼게 만들기 위한 목적을 가진 프레젠테이션 유형이다.

다음 〈보기〉의 설명에 해당하는 프레젠테이션 유형으로 가장 올바른 것은? [2019년]

보기

청중과의 지식 공유를 최우선 목적으로 두고 이를 통해 상호간의 이해를 형성시키는 유형으로 프레젠테이션의 효과적인 성공을 위해 청중의 주의집중 획득과 유지가 매우 중요하다.

① 설득적 프레젠테이션
② 정보적 프레젠테이션
③ 의례적 프레젠테이션
④ 동기부여적 프레젠테이션
⑤ 엔터테인먼트 프레젠테이션

|해설|

① 청중의 가치관을 바꾸거나 강화하거나 창출하며 발표자가 의도한 행동양식을 받아들이게 하는 유형이다.
③ 발표자와 청중 혹은 청중 상호간을 사회적으로 보다 강하게 결합시키려는 목적을 가진 프레젠테이션 유형이다.
④ 청중의 의욕을 환기하고, 기대하는 행동을 받아들이게 하려는 목적을 가진 프레젠테이션 유형이다.
⑤ 메시지를 포함하지만 청중이 재미를 느끼게 만들기 위한 목적을 가진 프레젠테이션 유형이다.

정답 ②

핵심이론 55 프레젠테이션의 슬라이드 디자인 및 자료 개발 원리

① 프레젠테이션 슬라이드 디자인 원리
   ㉠ 균형성 : 심미적으로 안정적인 배치가 되도록 한다.
   ㉡ 명료성 : 이해하기 쉽도록 내용을 단순화한다.
   ㉢ 단순성 : 전달하려는 필수 정보만을 제공하고, 너무 많은 글씨나 그림을 넣는 것은 피한다.
   ㉣ 조화성 : 내용이 잘 보이도록 글자색과 배경색이 적절한 조화를 이루고 있어야 한다.
   ㉤ 원근법 : 입체감을 주어 공간을 느끼게 한다.
   ㉥ 통일성 : 구성 요소들이 전체적으로 통일감이 들도록 배치한다.
   ㉦ 조직성 : 내용이 흐름에 따라 배열되어야 한다.
   ㉧ 강조성 : 중요한 부분을 색이나 선을 이용해 두드러져 보이도록 한다.

② 프레젠테이션 자료 개발 원리
   ㉠ 내용은 최대한 적게 넣는다.
   ㉡ 슬라이드 화면의 여백을 살려서 제작한다.
   ㉢ 가급적이면 그림, 표, 차트 등 시각적 자료를 사용한다.
   ㉣ 다양한 멀티미디어 기능을 사용한다.
   ㉤ 장식 효과에 치중하지 않도록 한다.
   ㉥ 환경에 따른 배경 색상에 주의한다.

프레젠테이션 자료 제작 시 슬라이드 디자인 원리 중 '조직성'에 대한 설명으로 가장 올바른 것은? [2021년]

① 내용의 배열에 흐름이 있어야 한다.

② 공간을 느끼게 하고 입체감을 준다.

③ 심미적으로 좋은 배치가 되도록 한다.

④ 중요한 부분은 두드러지게 보이도록 한다.

⑤ 전하려고 하는 필수적인 정보만을 제공해 준다.

|해설|

슬라이드 디자인 원리

• 균형성 : 심미적으로 안정적인 배치가 되도록 한다.

• 명료성 : 이해하기 쉽도록 내용을 단순화한다.

• 단순성 : 필수적인 정보만을 제공한다.

• 조화성 : 화면의 구성이 상호보완적이며, 색의 적절한 배합을 이루게 한다.

• 원근법 : 입체감을 주어 공간을 느끼게 한다.

• 통일성 : 구성 요소들이 하나를 이루는 느낌이 들게 한다.

• 조직성 : 구성 요소들의 배열에 흐름이 느껴지게 한다.

• 강조성 : 중요한 부분을 색이나 선을 이용해 두드러져 보이도록 한다.

정답 ①

제 2 편

5개년(2018~2022)

기출복원문제

CS리더스관리사

1과목 CS 개론

01 고객만족(CS)관리의 역사와 관련해 1980년대의 주요 내용에 해당하는 것은?

① 1983년 삼성그룹의 신(新)경영 선포

② 1989년 현대자동차의 품질보증제도 도입

③ 1980년대 일본 SONY사(社)의 고객만족경영 도입

④ 1980년대 후반 업종을 불문한 고객만족경영 도입

⑤ 1982년 국내 최초 LG그룹의 고객가치창조 기업 이념의 도입

해설
① 삼성그룹의 신(新)경영 선포 : 1993년
② 현대자동차의 품질보증제도 도입 : 1999년
④ 업종을 불문한 고객만족경영 도입 : 2000년대
⑤ 국내 최초 LG그룹의 고객가치창조 기업 이념의 도입 : 1992년

02 다음 고객만족 결정의 5가지 요소 중 제공된 서비스에 만족 또는 불만족하였을 경우 그 이유를 분석하는 것에 해당하는 내용은?

① 다른 고객, 가족 구성원, 동료

② 서비스의 성공 및 실패의 원인에 대한 귀인

③ 고객 감정

④ 공평성의 지각

⑤ 제품 또는 서비스의 특징

해설
고객만족을 결정짓는 요소

제품·서비스의 특징	• 제품이나 서비스의 특징에 대한 고객의 평가를 받는다. • 가격 수준, 품질, 개인적 친분, 고객화 수준 간의 상관관계가 있다.
고객 감정	• 서비스 이전의 감정과 서비스 이후 체험을 통한 긍정적·부정적 감정은 서비스의 지각에 영향을 미친다.
서비스의 성공과 실패의 원인 귀인	• 서비스에 대한 만족이나 불만족이 발생하였을 때 고객은 그 원인에 대해 분석하고 평가한다.
공평성의 지각	• 다른 고객과 비교하여 공평하게 서비스를 받았는가는 고객만족에 영향을 미친다.
가족, 동료, 친구, 다른 고객	• 고객만족은 구전에 의한 영향을 받는다.

03 '공정성 이론'의 공정성 분류 중 '도출 결과의 공정성'에서 제시하고 있는 요소를 다음 〈보기〉에서 찾아 모두 선택한 것은?

보기
가. Reward　　　나. Equality
다. Contribution　　라. Needs
마. Contact

① 가, 나　　　② 가, 나, 다

③ 가, 나, 다, 라　④ 나, 다, 라

⑤ 나, 다, 라, 마

해설
도출 결과의 공정성이란 투입과 도출 사이의 관계의 평가가 가장 중요한 기준이 되어 평등성(Equality), 요구(Needs), 기여(Contribution) 등의 요소로 제시된다.

04 다음 중 '린 쇼스택'이 제시한 서비스 프로세스를 설계할 때 고려해야 할 사항으로 가장 거리가 먼 것은?

① 서비스는 생산과 소비가 동시에 일어나고 접점 종업원과 고객 간의 상호작용을 수반한다.

② 서비스 프로세스는 전체론이며 각각의 개별 활동들은 하나의 시각에서 인식되어야 한다.

③ 서비스 프로세스는 목적론이며 실제적인 과업 성과를 중시해야 한다.

④ 서비스 프로세스의 규율은 창의성을 억제하기보다는 성과와 효율성을 제고할 수 있는 자율적인 성격을 가져야 한다.

⑤ 구조화되고 정의된 절차를 따르면서 최대한 관료적으로 설계하여 안정성을 추구해야 한다.

해설
린 쇼스택의 서비스 프로세스를 설계할 때 고려해야 할 사항
• 서비스 프로세스의 모든 과정을 고객에게 집중하여, 고객의 관점에서 제품과 서비스를 계획해야 한다.
• 서비스 프로세스는 목적론이며 실제적인 과업 성과를 중시해야 한다.
• 서비스 프로세스는 전체론이며 각각의 개별 활동들은 하나의 시각에서 인식되어야 한다.
• 서비스는 생산과 소비가 동시에 일어나고 접점 종업원과 고객 간의 상호작용을 수반하므로 설계 과정에서 종업원과 고객 모두를 고려해야 한다.
• 서비스 프로세스의 규율은 창의성을 억제하기보다는 성과와 효율성을 제고할 수 있는 자율적인 성격을 가져야 한다.

05 다음 중 '데이비드 마이스터'가 제시한 대기 관리의 기본 원칙에 대한 내용으로 가장 올바르지 않은 것은?

① 불확실한 기다림이 더 길게 느껴진다.

② 혼자 기다리는 대기 시간이 더 길게 느껴진다.

③ 원인이 설명되지 않은 대기 시간이 더 길게 느껴진다.

④ 서비스의 가치가 높다고 해서 고객이 기다림을 감수하지는 않는다.

⑤ 프로세스 이전의 기다림이 프로세스 내의 기다림보다 길게 느껴진다.

해설
대기 관리의 기본 원칙 8가지
• 아무 일도 안 할 때 대기가 더 길게 느껴진다.
• 구매 전 대기가 더 길게 느껴진다.
• 근심은 대기를 더 길게 느껴지게 한다.
• 언제 서비스를 받을지 모른 채 무턱대고 기다리면 대기는 더 길게 느껴진다.
• 원인을 모르는 대기는 더 길게 느껴진다.
• 불공정한 대기는 더 길게 느껴진다.
• 대기는 가치가 적을수록 더 길게 느껴진다.
• 대기는 혼자 기다리면 더 길게 느껴진다.

06 다음 중 '품질기능전개(QFD)'의 장점에 대한 설명으로 가장 거리가 먼 것은?

① 제품 개발 기간을 단축시킬 수 있다.

② 고객의 요구 사항에 대한 이해를 돕는다.

③ 제안된 신제품 및 신서비스 우선순위 결정을 위한 체계적인 도구이다.

④ 제품 및 서비스에 대한 팀의 분산된 의견을 도출할 수 있는 개별적 시스템을 제공한다.

⑤ 개발 단계 중간에 새로운 제품 특성이 도출될 경우 품질의 집(HOQ)에 적용시켜 설계 초기에 고려해야 하는 여러 방안을 수정을 통해 반복적으로 적용해볼 수 있다.

해설
품질기능전개(QFD)는 제품 및 서비스에 대한 팀의 공통된 의견을 도출할 수 있는 체계적인 시스템을 제공하는 장점이 있다.

07 다음 〈보기〉의 내용 중 마이클 해머 교수가 제시한 '3C'를 찾아 모두 선택한 것은?

가. Competition　　　나. Customer
다. Cost　　　　　　　라. Communication
마. Confidence

① 가, 나
② 가, 나, 라
③ 가, 나, 마
④ 나, 다, 라
⑤ 다, 라, 마

해설
마이클 해머의 '3C'

Customer (고객)	21세기는 고객의 시대, 즉 고객을 만족시키고 감동을 주지 못하면 기업 경영이 제대로 생존하고 성장하기 어렵다.
Change (변화)	기존의 기업 마인드를 바꾸고, 글로벌 시장에 맞는 합리적인 조직으로 변화해야 한다. 고객, 인간, 고객가치창조 중심으로 변화해야 하며, 변화에 효과적으로 대응하기 위해서는 내부의 의견을 들을 수 있어야 하고, 기업 문화로 정착돼야 한다. 결국, 유연한 조직 문화가 기업을 변화시킬 수 있는 것이다.
Competition (경쟁)	21세기는 무한 경쟁 시대이다. 종전의 기업가 중심에서 소비자 중심으로 헤게모니가 넘어가면서 기업이 무한 경쟁에서 살아남기 위해서는 고객중심 경영전략을 구사하여야 한다.

08 다음 '총체적 고객만족경영(TCS)'의 혁신 요소 중 내부 핵심 역량 강화 요소에 해당하는 것은?

① 이미지
② 브랜드
③ 인사 조직
④ 고객 관리
⑤ 가격 경쟁력

해설
총체적 고객만족경영(TCS ; Total Customer Satisfaction) 혁신 요소
• 내부 핵심 역량 강화 요소 : 지식, 인사 조직, 정보기술, 프로세스
• 시장 경쟁력 강화 요소 : 상품력, 가격 경쟁력, 브랜드, 이미지, 고객 관리

09 다음 〈보기〉의 ( ) 안에 들어갈 용어로 알맞은 것은?

( )란 유명인이나 자신이 모델로 삼고 있던 사람 등이 자살할 경우 그 사람과 동일시하여 자살 시도가 늘어나는 사회적 현상을 말한다. 최근 유명 아이돌 그룹 멤버의 사망으로 인해 전문가들은 주변 지인을 비롯하여 팬들의 ( )를 우려하고 있다.

① 로젠탈 효과
② 베르테르 효과
③ 플라시보 효과
④ 스티그마 효과
⑤ 피그말리온 효과

해설
① · ⑤ 누군가에 대한 사람들의 믿음이나 기대, 예측이 그 대상에게 그대로 실현되는 현상이다.
③ 의사가 제안한 효과 없는 가짜 약이나 치료법이 환자의 믿음과 긍정적인 소망으로 인해 병세가 호전되는 현상이다.
④ 집단에서 부정적으로 낙인찍히면 그 대상이 점점 더 부정적인 행태를 보이며, 대상에 대한 부정적인 인식이 지속되고 강화되는 현상이다.

10 노드스트롬(Nordstrom) 백화점의 경영 방식 중 외부 고객의 만족을 위한 정책과 가장 거리가 먼 것은?

① 특별한 가격 정책
② 동기부여와 인센티브
③ 개인별 고객 수첩의 활용
④ 조건 없는 반품 수용 정책
⑤ 매력적인 쇼핑 환경의 제공

해설

내부 고객을 위한 정책이다.

노드스트롬의 외부 고객의 만족을 위한 정책

- 어떠한 경우에도 고객에게 NO라고 하지 않음 : 판매 사원들은 "고객은 항상 옳다"라는 명제 아래 고객에게 최선의 서비스를 펼친다.
- 100% 반품 100% 고객만족 : 고객의 실수로 물건에 하자가 생겼을 때에도 주저 없이 반품을 해 준다. 이 반품 정책은 하나의 광고가 되어 노드스트롬의 최고의 서비스 정책을 알리고 있다.
- 개인별 고객 수첩 활용 : 고객의 이름, 주소, 전화번호, 사이즈, 체형, 선호 브랜드, 선호 색상, 선호 스타일 등을 적어 두고 고객 관리에 활용한다.
- 다양한 제품 구색 : 다른 백화점들에 비해 다양한 제품들을 갖추어 고객이 노드스트롬을 방문해 찾을 수 없는 제품은 다른 백화점에도 없다고 생각할 수 있도록 노력한다.
- 특별한 가격 정책 : 제품 가치에 따른 가장 합리적인 가격을 제시한다.
- 매력적인 쇼핑 환경 제공 : 매장 내 충분한 휴식 공간을 제공한다.

11 다음 중 '구전(口傳)'의 개념에 대한 설명으로 가장 거리가 먼 것은?

① 고객의 이해관계와 밀접한 관련이 있으며 자신의 간접적인 경험이 아니라 직접적이고 생생한 경험을 공식적으로 교환하는 활동이나 행위를 의미한다.
② 영향력의 특성과 관련된 개인 혹은 집단 간의 영향력을 말한다.
③ 특정 주제에 관하여 고객들의 개인적인 직·간접적인 경험에 대해 긍정적 혹은 부정적인 내용의 정보를 비공식적으로 교환하는 의사소통이다.
④ 구전은 개인들의 경험에 기초한 대면 커뮤니케이션이다.
⑤ 구전은 언어적 커뮤니케이션에 제한된 것이 아니다.

해설

구전은 고객이 스스로의 이해관계를 떠나서 자신의 직·간접 경험을 비공식적으로 교환하는 활동이나 행위를 의미한다.

구 전

사람들의 입에서 입으로 전해지는 형태의 비공식 전달 과정이다. 구전에 의해 전파되는 구전 정보는 광고와 같은 상업 정보와 견주어 보다 높은 신뢰성을 갖는 것으로 알려져 있다. 일반 상업 정보와 달리 소집단 커뮤니케이션 형태를 띠고 있어 수신자에게 미치는 영향력이 크다.

12 '데이(Day)'와 '랜던(Landon)'이 제시한 불만족에 대한 소비자의 반응 중 공적 반응으로 보기 어려운 것은?

① 교 환   ② 소 송
③ 구매 중단   ④ 환불 조치 요구
⑤ 소비자단체 고발

해설

데이와 랜던의 불평 행동 유형

- 무행동(무반응) : 아무 행동도 취하지 않고, 미래 구매에 영향을 미치지 않음
- 사적 행동(사적 반응) : 구매를 중지한다거나, 주변인들에게 구전을 하는 등 개인 수준에서 불만을 해소
- 공적 행동(공적 반응) : 기업, 정부에 해결을 요구하거나 법적인 대응을 하는 매우 적극적인 유형

13 다음 중 프로세스적 관점에서 본 고객의 분류에서 '중간 고객'에 해당하는 것은?

① 동 료
② 상 사
③ 소매상
④ 부하 직원
⑤ 최종 고객

해설

프로세스적 관점에서 본 고객의 분류

• 외부 고객 : 최종 제품의 구매자, 소비자
• 중간 고객 : 도매상, 소매상
• 내부 고객 : 동료, 부하 직원, 상사 등 본인이 하는 일의 결과를 사용하는 사람

14 직접적으로 제품이나 서비스를 구입하거나 사용하지는 않지만, 1차 고객이 선택하는 데 큰 영향을 미치는 고객 유형은?

① 직접 고객
② 간접 고객
③ 한계 고객
④ 의사결정 고객
⑤ 의견 선도 고객

해설

① 1차 고객, 제공자로부터 제품 또는 서비스를 구입하는 사람
② 개인 또는 집단. 최종 소비자 또는 2차 소비자
③ 기업의 이익 실현에 해가 되므로 디마케팅의 대상이 되는 고객
⑤ 제품이나 서비스의 구매보다는 제품의 평판, 심사, 모니터링 등에 영향을 미치는 집단(소비자보호단체, 기자, 평론가, 전문가 등)

15 다음 〈보기〉 중 '그레고리 스톤(Gregory Stone)'의 고객 분류에 해당하는 내용을 모두 찾아 선택한 것은?

> **보기**
>
> 가. 편의적 고객
> 나. 윤리적 고객
> 다. 신뢰적 고객
> 라. 감정적 고객
> 마. 개인적 고객

① 가, 나
② 가, 나, 마
③ 나, 다, 라
④ 나, 다, 라, 마
⑤ 가, 나, 다, 라, 마

해설

그레고리 스톤(Gregory Stone)의 고객 분류

경제적 고객 (절약형 고객)	• 고객가치를 극대화하려는 고객을 말한다. • 투자한 시간, 돈, 노력에 대하여 최대한의 효용을 얻으려는 고객이다. • 여러 서비스 기업의 경제적 강점을 검증하고 가치를 면밀히 조사하는 요구가 많고 때로는 변덕스러운 고객이다. • 이러한 고객의 상실은 잠재적 경쟁 위험에 대한 초기 경보 신호라 할 수 있다.
윤리적 고객 (도덕적 고객)	• 윤리적인 기업의 고객이 되는 것을 고객의 책무라고 생각한다. • 기업의 사회적 이미지가 깨끗하고 윤리적이어야 고객을 유지할 수 있다.
개인적 고객 (개별화 추구 고객)	• 개인 간의 교류를 선호하는 고객을 말한다. • 형식적인 서비스보다 자기를 인정하는 서비스를 원하는 고객이다. • 최근 개인화되어 가는 경향으로 고객 정보를 잘 활용할 경우 가능한 마케팅이다.
편의적 고객	• 자신이 서비스를 받는 데 있어서 편의성을 중요시하는 고객이다. • 편의를 위해서라면 추가 비용을 지불할 수 있는 고객이다.

16 다음 중 기업 및 제품 선택에 있어 위험을 줄이기 위한 소비자의 행동으로 가장 거리가 먼 것은?

① 대량 구매 후 소량 구매를 한다.
② 더 많은 정보를 탐색한다.
③ 강한 상품 보증이나 보증 기간이 긴 브랜드를 구매한다.
④ 과거에 만족했거나 수용할 만한 것으로 기억하고 있는 브랜드를 구매한다.
⑤ 유명한 브랜드를 찾거나 자신이 신뢰할 수 있는 사람에게 정보를 구한다.

해설
소비자들은 제품 선택에 있어 위험을 줄이기 위해 소량 구매 후 대량 구매를 한다.

위험을 줄이기 위한 소비자의 행동
• 소량 구매 후 대량 구매
• 보증 기간이 긴 제품 구매
• 상품 보증이 강한 제품 구매
• 과거에 만족했거나 수용할 만한 것으로 기억하는 상품 구매
• 유명한 브랜드 구매
• 신뢰할 수 있는 사람에게 정보 탐색

17 다음 〈보기〉의 고객 특성 파악을 위한 인구 통계적 정보 중 고객 프로필 정보에 해당하는 내용을 찾아 모두 선택한 것은?

보기
가. 이 름	나. 직장명
다. 소득 수준	라. 전화번호
마. 고객평생가치	

① 가, 라
② 가, 나, 다
③ 가, 나, 라
④ 가, 나, 다, 라
⑤ 가, 나, 다, 라, 마

해설
고객 DNA(특성 정보)

인구 통계적 정보	• 고객 프로필 정보 : 이름, 주소(우편, 이메일), 전화번호(집, 사무실, H/P, FAX), 직장명, 부서명, 직위(최종 승진일), 출신 학교, 기념일(생일, 결혼 기념일, 창립기념일) 등 • 관계 정보 : 가족 관계(배우자/자녀 프로필 정보 : 고객 프로필 정보와 동일), 친한 친구, 가입 커뮤니티(커뮤니티 멤버와 주요 프로필), 고객 소개 정보(소개해 준 고객 수 및 주요 프로필) 등
고객가치 정보	• 고객 분류 등급 : 자신의 고객 분류 기준(5등급으로 분류 시 : S, A, B, C, D) • 계약 정보 : 구(가)입 상품명/시기, 구(가)입 빈도 및 횟수, 금액, 고객평생가치(CLV ; Customer Lifetime Value), 고객 지갑 점유율, 매출 채권 관련 • 구매력 정보 : 소득 수준, 소득의 원천, 소득 변화 추이, 재산 상태, 기타
고객 니즈, 성향 정보	• 고객 니즈 정보 : 상품에 대한 니즈(선호하는 브랜드나 상품, 디자인, 색상 등) • 고객 선호, 성향 정보 : 취미, 특기(수준, 취미 생활을 즐기는 방법/가입 동호회), 기호(술, 담배, 음식, 의상), 성격, 커뮤니케이션 스타일, 의사결정 스타일, 문화 · 예술적 소양 등 • 가장 중요한 정보

18 성격유형지표(MBTI)의 4가지 선호 경향에 대한 설명 중 다음 〈보기〉의 내용에 해당하는 것은?

> 보기
>
> 육감 내지 영감에 의존하며 미래 지향적이고 가능성과 의미를 추구하며 신속, 비약적으로 일을 처리한다.

① 감정형
② 감성형
③ 감각형
④ 판단형
⑤ 직관형

해설
① 사람과 관계에 큰 관심을 갖고, 상황적이며 정상을 참작한 설명을 한다.
③ 오감에 의존하여 실제의 경험을 중시하며, 현재에 초점을 맞추고, 정확하고 철저히 일을 처리한다.
④ 분명한 목적과 방향이 있으며, 기한을 엄수하고 철저히 사전 계획하며 체계적이다.

19 다음 중 '고객관계관리(CRM)'의 장점에 대한 설명으로 가장 올바르지 않은 것은?

① 특정 고객의 요구에 초점을 맞춤으로써 표적화가 용이하다.
② 고객이 창출하는 부가가치에 따라 마케팅 비용을 사용하는 것이 가능하다.
③ 고객 채널의 이용률을 개선함으로써 개별 고객과의 접촉을 최대한 활용할 수 있다.
④ 서비스가 아닌 가격을 통해 구매 환경을 개선할 수 있다.
⑤ 제품 개발과 출시 과정에 소요되는 시간을 절약할 수 있다.

해설
가격이 아닌 서비스를 통해 구매 환경을 개선할 수 있다.

20 고객관계관리(CRM)의 등장 배경 중 시장의 변화로 보기 어려운 것은?

① 시장의 세분화
② 대중 마케팅(Mass Marketing)의 비효율성 증대
③ 고객 확보 경쟁의 증가
④ 시장의 규제 완화
⑤ 생활방식의 변화

해설
고객관계관리의 등장 배경 중에서 고객의 변화에 해당한다.
고객관계관리(CRM) 등장 배경
• 고객의 변화
• 시장의 변화
• IT의 발전
• 매출 중심에서 수익 중심으로 기업 패러다임의 변화
• 마케팅 커뮤니케이션의 변화

21 '고객관계관리(CRM)' 전략 수립과 관련해 고객 분석에 있어 고객을 평가하는 방법 중 다음 〈보기〉의 설명에 해당하는 것은?

> 보기
>
> 특정 고객의 매출액, 순이익, 거래 기간 등을 고려하여 기업에 얼마나 수익을 주는지 점수를 매겨 보는 것을 의미한다.

① Scoring
② Profitability Score
③ Coverage Score
④ NPS
⑤ Risk Score

해설
고객 평가 방법
• 위험성 점수(Risk Score) : 특정 고객이 기업에 얼마나 나쁜 영향을 주는지 나타내는 점수를 의미한다.
• 수익성 점수(Profitability Score) : 특정 고객의 매출액, 순이익, 거래 기간 등을 고려하여 기업에 얼마나 수익을 주는지 점수를 매겨 보는 것을 의미한다.
• RFM 점수(Recency, Frequency, Monetary Score) : Recency(최근), Frequency(빈도), Monetary(금액)와 같은 3가지 요소를 기준으로 고객을 구분하는 평가 방법이다.
• 커버리지 점수(Coverage Score) : 자사의 상품 중에서 얼마나 많은 종류의 상품을 구매했는가를 평가한다.

22 'e - CRM' 전략 수립과 관련해 다음 〈보기〉의 설명에 해당하는 것은?

> **보기**
>
> 무작위로 추출한 e - mail 주소를 이용해 고객이 수신을 허락하지 않는 메일을 불특정 다수에게 일방적으로 전달하는 것을 의미한다.

① 크러시 메일
② 매치 메일
③ 정크 메일
④ 그라운드 메일
⑤ 옵트 인 메일

해설
정크 메일(Junk mail)
불특정 다수에게 일방적으로 전달되는 대량의 광고성 메일로, 스팸 메일이라고도 한다.

---

23 다음 중 〈보기〉의 설명에 해당하는 인간관계의 유형은?

> **보기**
>
> 상대방과 자신이 하나라고 지각하는 관계로 호혜성의 원칙이 무시되며 가족이나 친구들 사이에서 주로 나타난다.

① 종적 관계
② 횡적 관계
③ 공유적 관계
④ 교환적 관계
⑤ 합리적 관계

해설
공유적 인간관계와 교환적 인간관계

공유적 인간관계	• 가족과 연인, 아주 친밀한 친구 사이에서 나타나는 인간관계의 유형 • 타인의 행복이 나의 행복이고, 타인에게 주는 것이 나에게 주는 것이 되는 관계로서 호혜성이 무시되는 관계
교환적 인간관계	• 거래와 교환의 공정성, 즉 이득과 손실의 균형이 무엇보다 중요한 관계 • 주는 만큼 받고, 받는 만큼 주어야 한다는 호혜성의 원칙이 요구되는 관계

---

24 부적응적 인간관계 유형과 관련해 다음 〈보기〉의 설명에 해당하는 것은?

> **보기**
>
> 부적응 문제의 양상에 따라 미숙한 대인관계기술로 인해 다른 사람들로부터 따돌림을 당하지만 인간관계에 있어 적극적이고 능동적인 유형이다.

① 소외형
② 의존형
③ 실리형
④ 지배형
⑤ 반목형

해설
부적응적 인간관계 미숙형
• 소외형 : 대인관계에 능동적이고 적극적이지만, 부적절한 행동이나 외모로 인해 사람들로부터 따돌림 당하고 소외당하는 유형
• 반목형 : 대인관계에서 사람들과 자주 다투고 갈등을 빚는 유형

---

25 자아의식 모델인 '조하리(Johari)의 창'에서 다음 〈보기〉의 설명에 해당하는 영역은?

> **보기**
>
> • 소극적이고 고민이 많다.
> • 고립형이고 음성 증상이 있다.
> • 적극적이고 긍정적인 태도를 가질 필요가 있다.

① 미지 영역
② 소통 영역
③ 맹목 영역
④ 숨겨진 영역
⑤ 공개된 영역

해설
미지 영역(고립형)
고립형은 미지의 영역이 가장 넓은 사람이다. 이들은 인간관계에 소극적이며 혼자 있는 것을 좋아하는 사람들이다. 다른 사람과 접촉하는 것을 불편해하거나 무관심하여 고립된 생활을 하는 경우가 많다. 이런 유형 중에는 고집이 세고 주관이 지나치게 강한 사람도 있으나, 대체로 심리적인 고민이 많으며 부적응적인 삶을 살아가는 사람들도 많다. 고립형은 인간관계에 좀 더 적극적이고 긍정적인 태도를 가질 필요가 있다. 인간관계의 개선을 위해서는 일반적으로 미지의 영역을 줄이고 공개적 영역을 넓히는 것이 바람직하다.

26 '에드워드 홀'이 제시한 공간 행동학과 관련해 다음 〈보기〉의 설명에 해당하는 것은?

> 보기
> • 낯선 사람, 잘 모르는 사람을 대하는 경우 혹은 일반적인 사업 거래와 비즈니스 상황에서 적당한 거리이다.
> • 이 거리의 대화는 별다른 제약 없이 제3자의 개입이 허용되며, 대화 도중 개입과 이탈이 자유롭다.

① 대중적 거리　　　　② 친밀한 거리
③ 개인적 거리　　　　④ 경제적 거리
⑤ 사회적 거리

해설
에드워드 홀의 공간 행동학
• 친밀한 거리 : 가족이나 연인처럼 친밀한 유대관계가 전제
• 개인적 거리 : 어느 정도의 친밀함이 전제되어야 함. 일상적 대화에서 가장 무난하게 사용할 수 있는 거리
• 사회적 거리 : 사무적인 대화가 많이 이루어지며, 대화 내용과 행동에 격식이 요구됨. 별다른 제약 없이 제3자의 개입을 허용하고 대화 도중 참여와 이탈이 자유로운 편
• 공적 거리 : 연설이나 강의와 같은 특수한 경우에 한정

27 '에릭 번'이 제시한 시간의 구조화 영역 중 다음 〈보기〉의 내용에 해당하는 것은?

> 보기
> 전통이나 관습적인 행사에 참여함으로써 최소한의 스트로크를 유지하는 것으로 결과의 예측이 가능하고 안전한 시간 구조의 유형이다.

① 활 동　　　　② 의 식
③ 게 임　　　　④ 폐 쇄
⑤ 친 교

해설
에릭 번의 6가지 시간의 구조화 영역
• 폐쇄(Withdrawal) : 자기를 타인으로부터 멀리 하고 대부분의 시간을 공상이나 상상으로 보내며 자기에게 스트로크를 주려고 하는 자기애적인 것이다. 대표적인 것은 백일몽이나 공상에 젖는 것이다.
• 의식/의례(Rituals) : 일상적인 인사에서부터 복잡한 결혼식이나 종교적 의식에 이르기까지 전통이나 습관에 따름으로써 간신히 스트로크를 유지하는 것이다. 상호간의 존재를 인정하면서도 누구와도 특별히 친하게 지냄이 없이 일정한 시간을 보내게 되므로, '의식'적인 시간의 구조화라고 말한다.
• 잡담 또는 소일(Pastime) : 직업, 취미, 스포츠, 육아 등의 무난한 화제를 대상으로 특별히 깊이 들어가지 않고 즐거운 스트로크의 교환을 하는 것으로 사교라고도 말할 수 있다.
• 활동(Activity) : 어떤 '목적'을 달성하기 위해 스트로크를 주고받는 것으로 어떤 결과를 얻기 위해 에너지를 투자하는 것이기 때문에 소일이나 잡담과는 차이가 있다.
• 게임(Game) : 저의가 깔린 이면적 교류이다. 다시 말해서 사회적 수준, 즉 겉으로 보기에는 정보의 교환을 하는 것 같지만 심리적 수준으로는 또 다른 의도가 깔려 있는 교류이다. 게임을 하는 사람은 어릴 때 부모와 자식 간의 교류에서 어딘가 원활하지 못한 데가 있기 때문에 순순히 스트로크를 얻을 수 없었던 사람이 많다. 이러한 사람들은 응석이나 애교를 부리고 싶어도 할 수 없으므로, 부정적 스트로크를 교환하고 있는 것이다.
• 친밀(Intimacy) : 두 사람이 서로 신뢰하며 상대방에 대하여 순수한 배려를 하는 진실한 교류, 저의 없는 진정한 감정을 표현한다.

28 '크리스토퍼'가 제시한 고객 서비스의 3단계 중 '거래 전 서비스'에 해당하는 것은?

① 제품 포장
② 설치와 수리
③ 제품 대체성
④ 재고 품질 수준
⑤ 명시된 회사의 정책

해설
크리스토퍼(Christopher)의 고객 서비스 3단계
• 거래 전 서비스 : 기술적 서비스, 명시된 회사의 정책, 회사에 대한 고객의 평가, 회사 조직, 시스템 유연성
• 거래 시 서비스 : 재고 품질 수준, 'Back order' 이용 가능성, 시간, 주문의 편리성, 제품 대체성
• 거래 후 서비스 : 설치, A/S, 불만 처리, 포장, 일시적인 대체

29 서비스의 4대 특징 중 '소멸성'에 대한 내용으로 가장 올바른 것은?

① 서비스는 생산과 소비가 동시에 일어난다.
② 서비스는 고객이 거래에 참여하거나 영향을 미친다.
③ 서비스는 재고의 형태로 보관하거나 재판매할 수 없다.
④ 서비스는 보거나 만질 수 없기 때문에 주관적 의미를 가진다.
⑤ 서비스는 종업원에 따라서 제공되는 서비스의 내용이나 질이 달라질 수 있다.

해설
①·② 생산과 소비의 동시성(비분리성)
④ 무형성
⑤ 변화성

30 감성 지능을 구성하는 5가지 요소 중 행동에 앞서 생각하고 판단을 유보하는 능력을 의미하는 요소는?

① 감정이입
② 자아의식
③ 동기부여
④ 자기 통제
⑤ 대인관계 기술

해설
① 타인의 감정을 이해하고 헤아리는 능력
② 자신의 감정, 기분, 취향 등이 타인에게 미치는 영향을 인식하고 이해하는 능력
③ 외적 보상이 아닌, 스스로의 흥미와 즐거움에 의해 과제를 수행하는 능력
⑤ 인간관계를 형성하고 관리하는 능력

2과목 CS 전략론

31 서비스 청사진의 구성 요소 중 다음 〈보기〉의 설명에 해당하는 것은?

보기
• 최접점 일선 종업원을 지원하는 후방 종업원과 서비스 지원 프로세스를 구분하는 선을 의미한다.
• 고객에게 효율적인 서비스를 제공하기 위해 서비스 조직을 지원해주는 기업 내 정보 시스템을 예로 들 수 있다.

① 묵시선
② 가시선
③ 명시선
④ 상호작용선
⑤ 내부적 상호작용선

해설
서비스 청사진
• 상호작용선 : 외부고객과 일선 종업원 사이의 상호작용선을 통해 고객이 경험하는 서비스 품질을 알게 하여 서비스 설계에 공헌할 수 있다.
• 가시선 : 고객에게 보이는 활동과 보이지 않는 활동으로 구분하여 고객이 볼 수 있는 영역과 어떤 종업원이 고객과 접촉하는지를 알려주어 합리적인 서비스 설계를 하도록 도와준다.
• 내부적 상호작용선 : 최접점 일선 종업원을 지원하는 후방 종업원과 서비스 지원 프로세스를 구분하는 선을 말하며, 고객에게 효율적인 서비스를 제공하기 위해 서비스 조직을 지원해주는 기업 내 정보시스템을 예로 들 수 있다.

32 서비스 모니터링의 구성 요소 중 다음 〈보기〉의 설명에 해당하는 것은?

> **보기**
> • 고객이 실제적으로 어떻게 대우를 받았는지에 대한 고객의 평가와 모니터링 점수가 일치해야 하고 이를 반영하는 것을 의미한다.
> • 측정하고자 하는 모니터링 평가 내용이 실제에 가깝게 정확히 측정되고 있는지에 대한 정도를 의미한다.

① 타당성 ② 유용성
③ 객관성 ④ 대표성
⑤ 신뢰성

해설

서비스 모니터링의 구성요소

대표성	• 모니터링 표본추출 테크닉으로 전체 서비스의 특성과 수준을 측정할 수 있어야 한다. • 모니터링 대상접점은 하루의 모든 시간대별, 요일별 및 그 달의 모든 주를 대표할 수 있어야 한다.
객관성	• 종업원을 평가 또는 통제하는 도구가 아니라, 종업원의 장·단점을 발견하고 능력을 향상시킬 수 있는 수단으로 활용해야 한다. • 편견 없는 객관적인 기준으로 평가하여 누구든지 인정할 수 있게 해야 한다.
차별성	• 모니터링 평가는 서로 다른 스킬 분야의 차이를 반드시 인정하고 반영해야 한다. • 기대를 넘는 뛰어난 스킬과 고객서비스 행동은 어떤 것인지, 또 거기에 대한 격려와 보상은 어떻게 해야 하는지 등을 판단하는 데 도움을 줄 수 있다.
신뢰성	• 평가는 지속적으로 이루어져야 하고, 누구든지 결과를 신뢰할 수 있어야 하므로, 평가자는 성실하고 정직해야 한다. • 모든 평가자는 동일한 방법으로 모니터링을 해야 하며, 누가 모니터링하더라도 그 결과가 동일한 측정값을 획득해야만 신뢰를 얻을 수 있다.
타당성	• 고객들이 실제적으로 어떻게 대우를 받았는지에 대한 고객의 평가와 모니터링 점수가 일치해야 하고 이를 반영해야 한다는 것을 의미한다. • 측정하려는 모니터링 평가의 내용이 실제와 가깝게 측정되는지를 의미한다. • 모니터링 평가표는 고객 응대 시의 모든 중요한 요소가 포함될 수 있도록 포괄적이어야 한다. • 고객을 만족시킬 수 있는 행동들은 높게 평가해야 하며, 고객 불만족 행동들은 낮게 평가될 수 있도록 설정되어야 한다.

유용성	• 모니터링 평가가 실제 수익의 극대화에 유용하게 쓰이게 하는 것이다. • 정보는 조직과 고객에게 영향을 줄 수 있어야만 가치를 발휘하게 된다.

33 MOT 사이클 차트 분석 5단계 중 2번째 단계에 해당하는 것은?

① 서비스 접점 진단
② 서비스 접점 설계
③ 고객접점 사이클 세분화
④ 고객접점 시나리오 만들기
⑤ 서비스 표준안으로 행동하기

해설

MOT 사이클 차트 분석 5단계

서비스 접점 진단 → 서비스 접점 설계 → 고객접점 사이클 세분화 → 고객접점 시나리오 만들기 → 서비스 표준안으로 행동하기

34 기업이 과잉생산에 처할 경우 수행하는 개념으로 목적시장이 원하는 것을 제조하기보다는 기업에서 만든 것을 판매하는 것에 목적을 두는 마케팅 개념은?

① 배상개념 ② 기술개념
③ 제품개념 ④ 판매개념
⑤ 환불개념

해설

판매개념(Sales Concept)과 제품개념(Product Concept)

• 판매개념 : 구매자들은 일반적으로 제품을 많이 구매하지 않기 때문에, 목적시장이 원하는 것을 제조하기보다는 기업에서 만든 것을 판매하는 것을 목적으로 하는 마케팅 개념이다.
• 제품개념 : 소비자의 선택 기준이 제품의 품질, 성능에 있으므로 기업은 지속적으로 제품 기능의 개선에 힘써야 한다는 개념이다.

35 서비스 마케팅과 관련해 '칼 알브레히트'가 제시한 '서비스 삼각형'의 요소 중 다음 〈보기〉의 (나) 안에 들어갈 내용으로 알맞은 것은?

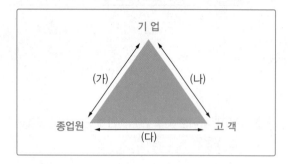

① 품질 마케팅   ② 내부 마케팅
③ 외부 마케팅   ④ 복합 마케팅
⑤ 상호작용 마케팅

해설
칼 알브레히트의 서비스 마케팅 삼각형

• 내부 마케팅 : 경영자와 종업원 사이에 이루어지는 모든 활동(교육, 동기부여, 보상, 기술 지원 등)
• 외부 마케팅 : 기업과 고객의 사이에 이루어지는 모든 마케팅 활동
• 상호작용 마케팅 : 일선 접점직원과 고객 사이에 이행되는 과정으로 고객의 만족도 여부가 결정

36 'SWOT' 분석 단계 중 내적 환경 분석과 관련해 내부 약점 요인이라 판단할 수 있는 근거에 해당하는 것은?

① 높은 이직률
② 우월한 제조기술
③ 원활한 자금 조달
④ 높은 시장 점유율
⑤ 탄탄한 마케팅 조직

해설
① SWOT 단계 중 내부 약점 요인에는 높은 이직률, 낮은 연구 개발비, 낙후된 시설 등이 있다.
② · ③ · ④ · ⑤ 내부 강점 요인이다.

37 '코틀러'가 제시한 시장 세분화의 요건 중 다음 〈보기〉의 대화 내용과 가장 부합하는 것은?

보기
• 박 대리 : 저기 팀장님! 최근 뉴스에 보니까 천재들 중에 상당수가 왼손을 사용한다는 기사를 본 적이 있는데, 이번에 저희 회사에서 새로 개발 중인 마우스신제품을 전부 왼손잡이용으로 제조해서 전국에 있는 영재학교에 납품해 보면 어떻겠습니까?
• 정 팀장 : 글쎄 기대만큼 판매가 잘 될까?

① 중복성   ② 발전성
③ 작동 가능성   ④ 비교 가능성
⑤ 측정 가능성

해설
측정 기준이 모호한 제품(예 천재 → 왼손잡이 → 영재학교)의 편익적인 특성을 사용할 경우 측정성에 많은 문제가 제기된다.
코틀러의 시장 세분화 요건
• 측정 가능성 : 세분시장의 규모나 구매력 등을 측정할 수 있어야 한다.
• 유지 가능성 : 규모나 수익 면에서 세분시장이 충분히 커야 한다.
• 접근 가능성 : 마케팅이 시장에 도달하여 서비스를 제공할 수 있어야 한다.
• 작동 가능성 : 기업이 효과적인 마케팅을 실행할 능력이 있어야 한다.

38 세분시장 유형과 관련해 여러 세분시장 중에서 매력적이고 기업 목표에 적합한 몇 개의 세분시장을 선택해 진입하는 전략에 해당하는 것은?

① 제품 전문화 전략

② 선택적 전문화 전략

③ 시장 전문화 전략

④ 단일 시장 집중 전략

⑤ 단일제품 전체시장 도달 전략

해설
① 다양한 세분시장에서 단일 제품 전략을 펼치는 전략
③ 다양한 제품 판매 전략
④ 단일 제품으로 단일 세분시장에서 펼치는 전략
⑤ 시장을 하나의 통합체로 인식하고, 모든 소비자의 공통된 욕구를 파악하여 단일 제품과 단일 마케팅으로 전체시장에 펼치는 전략

39 확장된 마케팅 믹스 '7Ps' 중 서비스 활동의 흐름, 제도적 장치, 행사 진행 등에 해당하는 요인은?

① Place

② Price

③ People

④ Process

⑤ Promotion

해설
마케팅 믹스 7Ps

Product (제품)	• 물리적 특성 • 브랜드 • 품 질	• 보조서비스 • 보 증
Price (가격)	• 표준가격 • 공 제 • 차별화	• 거래조건(할부, 신용) • 가격수준 • 할 인
Place (유통)	• 경로, 배송 • 중간상 • 채널 관리	• 매장위치 • 재고, 보관 • 채널 유형
Promotion (판매촉진)	• 인적 판매 • 마케팅 • DM	• 광 고 • 판 촉 • 홍 보
People (사람)	• 고객관계관리 • 직원 선발 · 교육 · 훈련 · 동기부여	• 고객 행동
Physical Evidence (물리적 증거)	• 시 설 • 장비 · 설비 • 건 물 • 직원복장	• 명함 · 팜플렛 • 계산서 • 보 증
Process (생산과정)	• 서비스 활동의 흐름(표준화, 개별화) • 고객의 참여수준 • 서비스 제공단계 • 정책, 제도	

40 마케팅 전략 수립과 관련해 조셉 주란이 최초로 경영학에 도입한 개념으로 20%의 '중요한 소수'가 80%의 '대수롭지 않은 다수'보다 뛰어난 가치를 창출한다는 이론의 명칭은?

① 지브라의 법칙　　② 고센의 법칙
③ 파레토의 법칙　　④ 지니의 법칙
⑤ 롱테일 법칙

해설
① 소득분포에 관한 법칙의 하나로 1931년 프랑스의 통계학자 R. 지브라에 의해 제시된 이론
② '한계효용체감의 법칙'과 '한계효용균등의 법칙'
④ 이탈리아의 통계학자 C. 지니에 의해 제시된 소득분포에 관한 통계적 법칙
⑤ '대수롭지 않은 다수'가 '중요한 소수'보다 뛰어난 가치를 창출한다는 법칙

41 '수잔 키비니' 교수가 제시한 서비스 전환 유형 중 서비스제공자의 업무 중단, 점포 폐쇄 및 이전 등에 해당하는 것은?

① 윤리적 문제　　② 비자발적 전환
③ 핵심 서비스 실패　　④ 서비스 접점 실패
⑤ 서비스 실패 반응

해설
수잔 키비니의 서비스 전환 유형
• 가격 : 공정하지 않은 가격
• 불편 : 공간, 시간 등에 대한 불편
• 핵심 서비스 실패 : 서비스제공자의 업무 실수
• 서비스 접점 실패 : 서비스제공자의 무례함이나 전문성 부족
• 경쟁 : 경쟁업체의 서비스보다 뒤떨어짐
• 윤리적 문제 : 거짓 정보, 위험성, 강매
• 비자발적 전환 : 서비스제공자의 업무 중단, 점포 폐쇄 및 이전, 고객이동
• 서비스 실패 반응 : 부정적 반응 또는 무반응, 내키지 않은 반응

42 서비스 실패 처리에서 고객이 기대하는 공정성 유형 중 다음 〈보기〉의 설명에 해당하는 것은?

보기
고객의 서비스 실패에 대한 유형적 보상을 의미하는 것으로 교환 및 환불, 가격할인, 쿠폰 제공 등에 해당된다.

① 분배 공정성　　② 조사 공정성
③ 절차 공정성　　④ 비교 공정성
⑤ 상호작용 공정성

해설
서비스 실패처리에서 고객이 기대하는 공정성 유형
• 결과 공정성(분배 공정성) : 불만 수준, 서비스 실패에 맞는 결과물, 즉 보상을 의미
• 절차 공정성 : 회사의 규정, 정책, 적시성 등을 의미
• 상호작용 공정성 : 서비스를 제공하는 직원의 태도에 대한 기대를 의미

43 '브래디(Brady)'와 '크로닌(Cronin)'이 제시한 애프터서비스(A/S)의 품질 차원 중 물리적 환경 품질에 해당하는 것은?

① 전문성　　② 처리시간
③ 태도 및 행동　　④ 편의성
⑤ 기 술

해설
브래디와 크로닌의 서비스 품질 모형

상호작용 품질	• 직원의 태도와 행동 • 처리시간
물리적 환경 품질	• 정 책 • 편의성
결과 품질	• 전문성과 기술

44 소비자의 쇼핑 습관을 기준으로 한 소비재의 분류 중 품질 면에서 유사하지만 가격차이가 있기 때문에 비교 쇼핑을 하는 제품 유형에 해당하는 것은?

① 전환 선매품
② 반복적 선매품
③ 기술적 선매품
④ 이질적 선매품
⑤ 동질적 선매품

해설
동질절 선매품과 이질적 선매품
- 동질적 선매품 : 전자제품같이 표준화되어 제품 특성보다 가격이 구매 선택에 큰 영향을 미치는 소비재
- 이질적 선매품 : 의류나 가구처럼 제품 특성이 제각각 달라 원하는 제품을 고르는 데 시간과 노력이 많이 드는 소비재

45 다음 의료관광 유형 중 수술 치료형에 해당하는 것은?

① 온 천
② 피부 마사지
③ 미용 및 성형
④ 스파 및 테라피
⑤ 중증 난치병 치료

해설
의료관광 유형
- 수술 치료형 : 심장수술, 장기이식, 중증 난치병 치료, 골수이식 등 생명 보존과 직결되는 응급상황에서 자국에서 치료할 수 없는 경우 타국에서 수술받는 유형
- 전통 치료형 : 만성질환, 알레르기와 같은 질환을 치료하고 건강을 유지하기 위해 온천이나 전통의학을 체험하는 웰빙형 의료관광 유형
- 미용의료형 : 성형수술이나 미용, 마사지 등 미용을 위한 의료관광 유형
- 휴양의료형 : 휴양에 적합한 자연환경과 건강을 위한 의료서비스가 갖춰진 곳에 체류하여 장기적으로 재활하는 유형

46 다음 '가빈(Garvin)'이 제시한 품질의 8가지 범주 중 잘못되거나 실패할 가능성의 정도를 의미하는 것은?

① 성 과
② 특 징
③ 신뢰성
④ 지속성
⑤ 적합성

해설
가빈의 품질 모형

범 주	개 념
성 과	제품이 가지는 운영적 특징
특 징	제품이 가지고 있는 경쟁적 차별성
신뢰성	실패하거나 잘못될 가능성의 정도
적합성	고객의 세분화된 요구를 충족시킬 수 있는 능력
지속성	고객에게 지속적으로 가치를 제공할 수 있는 기간
서비스 제공 능력	속도, 친절, 문제해결 등의 제공 능력
심미성	외관의 미적 기능
인지된 품질	기업 혹은 브랜드 명성

47 '주란(Juran)'의 서비스 품질 구분과 관련해 다음 〈보기〉의 설명에 해당하는 것은?

> 보기
> • 매장에서 고객에게 판매하기 위한 상품의 진열 상태나 고객의 동선 등을 의미한다.
> • 레스토랑 음식의 맛, 호텔의 실내 장식, 철도·항공기 등의 좌석 크기와 안락함, 조명의 밝기 등에 해당된다.

① 서비스의 시간성과 신속성
② 사용자의 눈에 보이는 하드웨어적 품질
③ 사용자의 눈에 보이지 않는 내부적 품질
④ 사용자의 눈에 보이는 소프트웨어적 품질
⑤ 사용자의 눈에 보이지 않는 소프트웨어적 품질

해설
주란의 서비스 품질 구분

사용자의 눈에 보이지 않는 내부적 품질	통신, 교통, 공원 등의 설비나 시설 등의 기능이 유지되도록 정비가 된 정도를 나타내는 품질
사용자의 눈에 보이는 하드웨어적 품질	마트나 백화점에서 고객에게 판매하기 위해 구매하여 진열한 상품들의 진열상태나 고객들의 이동 동선, 음식점의 음식맛, 호텔의 청결도, 영화관의 좌석 크기와 안락함 등을 나타내는 품질
사용자의 눈에 보이는 소프트웨어적 품질	상품의 매진이나 품절, 적절한 광고, 배송 사고 등에 관련된 품질
서비스 시간성과 신속성	대기시간, 불만에 대한 답변시간, 수리에 걸리는 시간과 관련된 품질(소프트웨어적 품질과 구분)
심리적 품질	직원의 친절, 태도, 언행과 관련된 고객의 만족도와 관련된 품질

48 'e-서비스 품질(SQ)'의 4가지 핵심 차원 중 다음 〈보기〉의 내용에 해당하는 것은?

> 보기
> • 이 웹사이트는 약속한 날짜에 제대로 배달을 한다.
> • 이 웹사이트는 적정 소요기간 내에 주문 품목을 배달해 준다.

① 성취이행성
② 보상성
③ 보안성
④ 효율성
⑤ 신뢰성

해설
e-서비스 품질의 4가지 핵심차원

효율성	최소한의 시간과 노력으로 원하는 서비스를 획득
실행성 (성취이행성)	정확한 배송 시간 등 서비스 이행의 정확성과 상품의 보장
신뢰성	온라인 페이지의 기술적인 작동상태와 구매 가능성 보장
보안성	신용정보나 구매정보의 안전한 보호

49 다음 중 '칸(Kahn)'이 제시한 역할모호성 발생 원인으로 가장 거리가 먼 것은?

① 상호 독립성을 교란하는 간헐적 인사이동
② 조직의 투입정보에 제한을 가하는 관리관행
③ 사회구조적 요구에 의한 빈번한 기술의 변화
④ 개인의 이해 영역을 초과하는 조직의 규모 및 복잡성
⑤ 구성원들에게 새로운 요구를 하는 조직 환경의 변화

칸(Kahn)이 제시한 역할모호성 발생 원인

역할 기대를 확실히 알 수 없고 종업원 자신이 무엇을 해야 하는지 확신할 수 없을 때 일어난다.

- 사회구조적 요구에 의한 빈번한 기술의 변화
- 조직의 투입정보에 제한을 가하는 관리관행
- 재조직화가 요구되는 조직의 빠른 성장
- 구성원들에게 새로운 요구를 하는 조직 환경의 변화
- 개인의 이해 영역을 초과하는 조직의 규모와 복잡성

51 마케팅 조사 시 정량조사 기법을 적용해야 하는 경우로 가장 거리가 먼 것은?

① 각 상표의 포지셔닝 파악
② 시장 세분화 및 목표시장 선정
③ 소비자의 특성별 니즈 구조와 차이
④ 가설의 질적 검증 및 의미의 확인
⑤ 시장 경쟁상황 및 소비자 태도와 행동 파악

정량조사 기법은 전체 모집단을 대표할 수 있는 표본 대상을 선발하여 자료를 수집하는 방법으로 가설의 질적 검증과 의미 확인에는 적합하지 않다.

50 다음 중 〈보기〉의 설명에 해당하는 자료수집 기법은?

> 보기
> - 1명 또는 2명의 사회자의 진행 아래 6 ~ 12명 정도의 참여자가 주어진 주제에 대하여 토론하도록 함으로써 자료를 수집하는 방법이다.
> - 1회 실시할 수도 있으나 다른 집단을 대상으로 여러 번 실시하는 경우도 있으며, 이에 대한 성공은 집단의 역동적 분위기와 참석자들의 상호 커뮤니케이션, 사회자의 진행 능력에 달려있다.

① 델파이 기법
② 심층면접법
③ 관찰법
④ FGI
⑤ Survey

① 미래를 예측하는 질적 방법의 하나로, 여러 전문가의 의견을 반복해 수집·교환하고, 발전시켜 미래를 예측하는 방법
② 1명의 응답자와 일대일 면접을 통해 소비자의 심리를 파악하는 조사법
③ 피험자의 행동을 관찰하여 자료를 수집하는 연구와 평가의 기본 수단
⑤ 통계 자료를 얻기 위하여 어떤 주제에 대하여 사람들의 의견을 묻는 방법

52 설문지 개발과 관련해 질문의 표현을 결정할 경우 유의해야 할 사항으로 가장 거리가 먼 것은?

① 애매모호한 질문은 피한다.
② 가급적 쉬운 질문을 사용한다.
③ 한 번에 두 개 이상의 질문을 하지 않는다.
④ 응답자가 답변하기 쉬운 질문을 한다.
⑤ 보다 포괄적인 질문을 한 다음 구체적인 질문을 한다.

질문의 순서를 결정할 경우 유의해야 할 사항이다.

53 고객충성도 측정 방법 중 고객의 호의적인 태도와 브랜드 교체 성향, 반복 구매행동, 총 구매량 등을 포괄적으로 측정하는 유형은?

① 심리적 측정 방법　② 행동적 측정 방법

③ 통합적 측정 방법　④ 태도적 측정 방법

⑤ 전략적 측정 방법

고객충성도 측정 방법

- 행동적 측정 방법 : 일정기간 내 특정 상품에 대한 고객의 지속적인 구매행위를 측정
- 태도적 측정 방법 : 고객의 심리적 애착, 호의적 태도로 인한 구매행위를 측정
- 통합적 측정 방법 : 행동적 측정과 태도적 측정을 통합하여 포괄적으로 측정

고객의 충성도와 이익에 따른 전략의 선택

구 분	장기거래 고객	단기거래 고객
	True Friends	Butterflies
높은 수익	• 회사의 제공 서비스와 소비자의 욕구 간 적합도가 높고 높은 잠재이익 보유 • 태도적, 행동적 충성도 구축과 지속적인 고객관계 유지가 필요	• 회사의 제공 서비스와 소비자의 욕구 간 적합도가 높고 높은 잠재이익 보유 • 거래의 만족을 달성하도록 노력해야 함
	Barnacles	Strangers
낮은 수익	• 회사의 제공 서비스와 소비자의 욕구 간 적합도가 제한되고 낮은 잠재이익 보유 • 지갑점유율을 측정하여 낮으면 교체 구매 유도	• 회사의 제공 서비스와 소비자의 욕구 간 적합도가 낮음 • 투자 불필요 • 모든 거래에서 이익 창출 필요

54 '레이나르츠'와 '쿠머'가 제시한 충성도 전략과 관련해 다음 〈보기〉의 설명에 해당하는 고객 유형은?

> 보기
>
> - 회사의 제공 서비스와 소비자의 욕구 간 적합도가 높고 높은 잠재이익을 가지고 있다.
> - 태도적인 충성도 구축과 더불어 지속적인 의사소통과 고객관계 유지가 필요하다.

① Butterflies　② True Friends

③ Humming Bird　④ Barnacles

⑤ Strangers

55 'SERVQUAL'의 5가지 GAP 모델 중 'GAP 3'이 발생되었을 경우, 그 원인으로 가장 올바른 것은?

① 인사정책의 결함

② 기업의 과잉 약속

③ 고객의 기대 관리 실패

④ 상향 커뮤니케이션 결여

⑤ 마케팅 조사의 중요성에 대한 이해 부족

SERVQUAL의 다섯 가지 GAP 모델

- GAP 1 : 고객의 무엇을 기대하는지 알지 못할 때 발생(상향 커뮤니케이션 결여, 많은 관리 단계)
- GAP 2 : 적당한 서비스 설계의 표준을 찾지 못했을 때 발생(어수룩한 서비스 설계, 표준화 결여)
- GAP 3 : 서비스 표준을 제대로 제공하지 못할 때 발생(인사정책 실패, 부적합한 감독시스템, 부적합한 종업원)
- GAP 4 : 외부 커뮤니케이션과 서비스 전달의 차이가 있을 때 발생(과잉 약속, 커뮤니케이션 부족)
- GAP 5 : 고객이 기대한 서비스와 인식된 서비스가 일치하지 않을 때 발생(GAP 1 ~ GAP 4의 이유)

56 적용 범위에 따른 계획수립 유형 중 다음 〈보기〉의 내용에 해당하는 것은?

> **보기**
>
> 조직 전반에 걸쳐 장기적인 관점에서 조직이 나아갈 기본 방향을 설정하는 것으로 주로 이사회나 중간관리층과의 협의를 거쳐 최고경영층에서 개발하는 계획수립 유형이다.

① 공공 계획
② 운영 계획
③ 상징적 계획
④ 전술적 계획
⑤ 전략적 계획

해설
적용범위에 따른 계획수립 유형
- 전략적 계획 : 조직이 앞으로 나아갈 방향을 장기적인 관점에서 수립하는 포괄적 계획
- 전술적 계획 : 단기적이고 구체적인 계획으로 중간관리자나 초급관리자가 계획에 참여
- 운영 계획 : 전략적 계획을 실천하기 위한 활동과 자원에 대한 계획

57 다음 〈보기〉의 대화에 해당하는 용어로 가장 알맞은 것은?

> **보기**
> - 아들 : 엄마, 오늘 마트에 조미료 사러 가서 마트 삼촌한테 왜 '조미료 주세요.'라고 하지 않고 '미원 주세요.'라고 했어?
> - 엄마 : 그거야, 조미료 중에서 미원이 제일 유명하니까 그렇게 말했지.

① 유도자의 법칙
② 추종자의 법칙
③ 위협자의 법칙
④ 기여자의 법칙
⑤ 선도자의 법칙

해설
선도자의 법칙
최초의 브랜드가 시장의 선도자가 될 뿐만 아니라 시장점유율이나 판매순위가 브랜드의 시장화가 된 순서대로 되는 경우를 표현하는 용어이다.

58 다음 〈보기〉의 설명에 해당하는 마케팅 유형은?

> **보기**
>
> 기업이 환경, 보건, 빈곤 등과 같은 사회적인 이슈를 기업의 이익 추구를 위해 활용하는 것으로 1987년 미국 아메리칸 익스프레스가 소비자들이 신용카드를 사용할 때 얻는 수입의 일부를 자유의 여신상 복원에 기부한 프로젝트가 대표적인 사례로 꼽힌다.

① 티저 마케팅
② 코즈 마케팅
③ 넛지 마케팅
④ 플래그십 마케팅
⑤ 레트로 마케팅

해설
① 제품이나 서비스의 정체를 밝히지 않고 호기심을 자극하여 소비자가 자신과 주변사람들에 질문을 던지도록 유도하는 마케팅
③ 구매를 유도하지만 구매자에게 선택의 자유를 주는 방식의 마케팅
④ 대표상품의 긍정적 이미지를 다른 상품으로 확대하여 판촉 활동하는 마케팅
⑤ 사람들의 옛 추억, 향수 등의 감성을 자극하여 기억에 각인시키는 마케팅

59 고객가치 분석을 위해 'RFM 기법'을 사용할 경우, 해당 분석에 필요한 요소로 알맞은 것은?

① 구매위험, 구매빈도, 구매금액
② 구매요인, 구매빈도, 구매금액
③ 구매시점, 구매빈도, 구매태도
④ 구매시점, 구매빈도, 구매금액
⑤ 구매시점, 구매사유, 구매금액

해설
RFM 기법
언제(Recency, 구매시점), 얼마나 자주(Frequency, 구매빈도), 제품 구입에 얼마나(Monetary, 구매금액)의 세 가지 요소를 가지고 고객의 등급을 분석하는 방법이다.

60 두 개 이상의 서비스를 개별적으로 구매할 수 없고 패키지로만 구매할 수 있도록 하여 가격을 책정하는 서비스 가격 전략의 명칭은?

① 보증 묶음가격 전략   ② 선택 묶음가격 전략

③ 순수 묶음가격 전략   ④ 혼합 묶음가격 전략

⑤ 비(非) 묶음가격 전략

해설
묶음가격 전략
둘 혹은 그 이상의 상품을 패키지의 형태로 소비자에게 제공하는 마케팅 전략
• 순수 묶음가격 전략 : 서비스를 패키지로만 구입할 수 있도록 하는 전략
• 혼합 묶음가격 전략 : 서비스를 개별적으로나 패키지로 구입할 수 있도록 하는 전략

---

62 다음 중 올바른 인사의 시기와 방법에 대한 설명으로 가장 거리가 먼 것은?

① 상대방과 방향을 마주할 경우 6 ~ 8보 정도가 가장 좋은 시기라고 할 수 있다.

② 일반적으로 30보 이내에서 준비하는 것이 좋다.

③ 상사를 외부 인사와 함께 복도에서 만났을 때는 멈추지 않고 간단히 인사하는 것이 일반적이다.

④ 상대방의 인사에 응답하는 것보다 자신이 먼저 반갑게 인사하는 것을 생활화하는 것이 중요하다.

⑤ 측방에서 갑자기 만났을 경우 상대를 확인하는 즉시 인사를 하는 것이 좋다.

해설
상사를 외부 인사와 함께 마주쳤을 때는 멈춰 서서 정중하게 인사한다.

3과목 고객관리 실무론

61 이미지의 형성 과정과 관련해 다음 〈보기〉의 내용에 해당하는 것은?

보기
인간이 환경에 대해 의미를 부여하는 과정으로 주관적이며 선택적으로 이루어지기 때문에 동일한 대상에 대하여 다른 이미지를 부여하게 된다.

① 감정 과정   ② 표현 과정

③ 지속 과정   ④ 사고 과정

⑤ 지각 과정

해설
① 지각과 사고 이전의 감정에 의해 반응하는 과정으로, 어떤 상품에 대해 갖고 있던 부정적 이미지가 같은 회사의 다른 상품의 이미지에도 영향을 미치는 것을 말한다.
④ 과거의 기억과 현재의 지각이 혼합되어 개인의 이미지를 형성한다.

---

63 다음 중 상황별 인사에 대한 설명으로 가장 올바르지 않은 것은?

① 사무실에 출근하여 상사에게 인사를 할 때는 정중례를 하도록 한다.

② 결혼식의 주인공일 경우, 예식을 찾아오신 친척 어른께는 정중례를 하도록 한다.

③ 화장실과 같이 불편한 장소에서 상사를 만났을 경우, 목례를 하여도 무방하다.

④ 실내 혹은 복도에서 같은 사람을 자주 만날 때는 목례를 하도록 한다.

⑤ 사람들이 많은 엘리베이터 안에서 임원과 만났을 때는 목례를 하여도 무방하다.

해설
사무실에 출근하여 상사에게 인사를 할 때는 일상생활에서 가장 많이 하는 인사인 보통례를 한다.

64 전통적인 공수법(拱手法)에 대한 설명으로 가장 올바르지 않은 것은?

① 공수는 의식행사에 참석하거나 어른을 뵐 때 반드시 하는 것이 좋다.
② 평상(平常)시, 여자는 왼손을 위로 하여 두 손을 가지런히 모아서 잡는다.
③ 남자와 여자의 손 위치는 다르다.
④ 공수는 배례의 기본동작으로 두 손을 앞으로 모아서 잡는 것을 말한다.
⑤ 평상(平常)시와 흉사(凶事)시의 손 위치는 다르다.

해설
평상(平常)시, 여자는 오른손을 위로 하여 두 손을 가지런히 모아서 잡는다.

65 비즈니스 업무와 관련해 여성의 올바른 패션 이미지 연출을 위한 설명으로 가장 거리가 먼 것은?

① 지나치게 크고 화려한 액세서리는 삼간다.
② 핸드백은 정장과 구두의 색과 어울리도록 한다.
③ 핸드백 속의 소지품을 항상 잘 정돈한다.
④ 스타킹은 파손을 대비하여 예비용으로 준비하는 것이 좋다.
⑤ 향수는 상대방에게 확실히 향이 전달될 수 있도록 은은한 향보다는 가급적 자극적인 향수를 사용하는 것이 좋다.

해설
자극적인 향수는 상대방에게 거부감을 줄 수 있으므로 은은한 향의 향수를 적당하게 사용한다.

66 다음 〈보기〉의 내용에 해당하는 화법의 명칭은?

보기
고객님! 이번에 새롭게 출시된 2018년 KIE 스마트워치 모델의 경우 무게가 20g 정도 늘어나긴 했지만, 그만큼 배터리 용량이 늘어나서 이전에 비해 훨씬 더 대기 시간이 길어졌습니다.

① 신뢰 화법　　　② 맞장구 표현법
③ 쿠션 화법　　　④ 보상 화법
⑤ 후광 화법

해설
④ 지적한 약점이 오히려 더 좋은 강점을 만들어낸다는 것을 강조하는 보상 화법에 대한 내용이다.
① 상대방에게 신뢰감을 줄 수 있는 말을 사용하는 화법이다.
② 일단 고객의 말에 동의하며 긍정의 맞장구를 치고 반대의견을 제시하는 화법이다.
③ '죄송합니다만', '수고스러우시겠지만' 등의 말을 적절하게 활용한 화법이다.
⑤ 유명 연예인의 사용 기록이나 매출자료를 제시하여 고객의 반대 저항을 감소시켜나가는 화법이다.

67 고객 상담과 비즈니스를 위한 질문 기법 중 개방형 질문에 대한 설명으로 가장 올바른 것은?

① 고객의 답변에 초점을 맞춘다.
② 처리해야 할 사항을 확인받을 수 있다.
③ 고객들의 마음에 여유가 생기도록 한다.
④ 화제를 정리하고 정돈된 대화를 할 수 있다.
⑤ 몇 가지 중 하나를 선택하게 하여 고객의 욕구를 파악할 수 있다.

해설
개방형 질문
개방형 질문이란 고객이 자유롭게 의견을 말할 수 있도록 묻는 질문으로, 고객의 마음에 여유가 생기도록 하여 더 많은 정보를 말하게 하고, 답변을 통해 고객의 니즈를 파악할 수 있다.

68 다음 중 '씽(Singh)'이 제시한 불평 고객 유형으로 보기 어려운 것은?

① 격노자　　　　② 불평 행동자
③ 수동적 소비자　④ 적극적 행동자
⑤ 권유적 협상자

해설
불평하는 고객의 유형
- 수동적 불평자
- 표현 불평자
- 화내는 불평자
- 행동 불평자

69 불만 고객 관리와 관련해 컴플레인 처리 시의 유의사항으로 가장 거리가 먼 것은?

① 잘못된 점은 솔직하게 사과한다.
② 고객에 대한 선입견을 갖지 않는다.
③ 고객의 입장에서 성의 있는 자세로 임한다.
④ 설명은 개인 견해를 바탕으로 진솔하게 한다.
⑤ 상대방에게 동조해 가면서 긍정적으로 듣는다.

해설
컴플레인 처리 시 상담사 개인의 견해는 말하지 않는다. 공정성을 유지하며 정해진 체계에 따라 결과를 고객에게 피드백하며 불평 내용을 조직 내의 다른 사람과 공유하는 것이 바람직하다.

70 다음 중 코칭(Coaching)의 단점에 대한 설명으로 가장 올바르지 않은 것은?

① 교육의 성패가 코치의 능력에 지나치게 좌우된다.
② 코치와 학습자 간의 계약관계는 학습에 지장을 줄 수 있다.
③ 일대일 방식이므로 코치의 시간이 많이 소요되며 노동집약적이다.
④ 코치에 비해 학습자의 비약적 성장이 가능하다.
⑤ 매일의 코칭은 학습자에게 부담이 될 수 있다.

해설
코칭은 코치와 학습자가 동시에 성장할 수 있다는 장점을 가진 교육이다.
코칭(Coaching)의 단점
- 교육의 성패가 코치의 능력에 좌우된다.
- 일대일 방식이므로 코치의 시간이 많이 소요되며 노동집약적이다.
- 매일의 코칭은 학습자에게 부담이 될 수 있다.
- 코치와 학습자 간의 계약관계가 학습에 지장을 줄 수 있다.

71 다음 중 전화 응대 시 유의 사항으로 가장 거리가 먼 것은?

① 플러스 화법을 사용하거나 말씨와 억양에 유의한다.
② 부정적인 말을 우회적으로 돌려서 표현하지 않는다.
③ 상대방의 말을 가로채거나 혼자서만 말하지 않는다.
④ 고객이 이해하기 어려운 전문 용어 사용은 가급적 자제한다.
⑤ 고객의 욕구를 충족시키지 못했을 때는 최선을 다해서 차선책 또는 대안을 제시해야 한다.

해설
부정적인 말은 가급적 사용하지 않고, 어쩔 수 없이 해야 할 때는 고객이 기분 나쁘지 않도록 우회적으로 돌려서 표현한다.

72 다른 〈보기〉의 내용 중 전화 응대의 3원칙을 찾아 모두 선택한 것은?

> **보기**
>
> 가. 억 양   나. 질 문   다. 속 도
> 라. 경 쟁   마. 띄어 읽기   바. 적극적 경청

① 가, 나, 다, 라
② 가, 나, 라, 바
③ 가, 다, 라, 바
④ 가, 다, 마, 바
⑤ 나, 다, 마, 바

해설
전화 응대의 3원칙
- 친절 : 수화기를 내려놓는 순서, 경청, 공손한 용어 사용
- 신속 : 신속한 응답, 대기시간 최소화, 초기대응
- 정확 : 질문으로 용건 확인, 재진술, 띄어 읽기

73 다음 중 업무 수행과 관련해 명령을 받는 방법에 대한 설명으로 가장 올바르지 않은 것은?

① 메모지를 준비해서 요점을 기록해 정리한다.
② 끝까지 잘 듣고 '5H1W'로 모호한 점을 질문한다.
③ 업무 지시에 대해 호명을 받으면 곧바로 '예'하고 대답한다.
④ 근거가 되는 데이터를 갖추고 다시 상사의 지시를 구한다.
⑤ 요점을 간단히 복창한 후에 능력, 시간, 내용 등을 잘 생각하여 수행토록 한다.

해설
모호한 점은 5W1H로 정리하여 질문한다.

74 다음 중 보고(報告)의 일반적인 원칙으로 가장 거리가 먼 것은?

① 중대성의 원칙
② 완전성의 원칙
③ 유효성의 원칙
④ 필요성의 원칙
⑤ 간결성의 원칙

해설
보고의 일반원칙
적시성, 정확성, 완전성, 경제성, 필요성, 간결성, 유효성

75 다음 중 콜센터의 전략적 정의에 대한 설명으로 가장 올바르지 않은 것은?

① 콜센터는 우량고객창출 센터이다.
② 콜센터는 고정 고객의 관계개선 센터이다.
③ 콜센터는 고객 접근이 어려운 폐쇄형 고객 상담 센터이다.
④ 콜센터는 원스톱 고객 서비스를 제공하는 서비스 품질 제공 센터이다.
⑤ 콜센터는 고객감동을 실현할 수 있는 휴먼 릴레이션 센터이다.

해설
콜센터는 고객 접근이 용이한 개방형 고객 상담 센터이다.

76 콜센터의 업무 성격에 따른 분류 중 인바운드 콜 서비스의 활용 사례와 가장 거리가 먼 것은?

① A/S 접수   ② 주문 및 신청
③ 판촉활동 강화   ④ 신규가입 문의 및 상담
⑤ 신규가입 접수 및 처리

해설
판촉활동 강화는 아웃바운드 콜 서비스에 해당한다.
인바운드 콜 서비스
걸려오는 전화를 받는 업무로 고객의 요구나 불만사항을 처리하거나, 상품 주문의 접수, 처리, 설명 등 고객의 의문을 해소해주는 서비스이다.

77 다음 중 콜센터의 생산성을 효율적으로 관리하기 위해 고려해야 할 사항으로 보기 어려운 것은?

① 지속적인 교육
② 적절한 업무 배치
③ 직업에 대한 비전 제시
④ 우수한 상담원의 채용
⑤ 평가와 보상의 분리

해설
성과에 대한 객관적 평가와 이에 따른 적절한 보상은 종업원들에게 동기부여가 되고 생산의 효율성을 증대시킨다.

78 콜센터 모니터링 방법 중 다음 〈보기〉의 설명에 해당하는 것은?

보기
상담원이 모르도록 무작위로 추출한 상담자의 상담내용을 평가자가 녹음하여 평가 결과를 상담원과 공유하는 방식의 모니터링 기법이다.

① Self Monitoring
② Peer Monitoring
③ Silent Monitoring
④ Side-by-side Monitoring
⑤ Recording Monitoring

해설
① 상담원 스스로 본인의 상담내용을 청취하여 평가하는 방법
② 정해진 동료의 상담내용을 듣고, 피드백한 뒤 벤치마킹하게 하는 방법
③ 상담원과 떨어진 장소에서 상담원의 통화를 모니터링하는 방법
④ 관리자가 상담원 근처에서 상담내용과 업무처리과정, 행동을 직접 관찰하고 즉각적으로 피드백을 하는 방법

79 비즈니스 매너와 관련해 우리나라에서 주로 사용되는 명함의 구성 요소에 대한 설명으로 가장 올바르지 않은 것은?

① 일반적으로 사각형 순 백지에 깔끔하게 인쇄한다.
② 주로 많이 사용되는 명함 사이즈는 '90mm × 50mm'이다.
③ 이름과 직함은 물론 직장 주소와 휴대전화 및 직장 전화번호, 팩스번호를 각각 기입하여 제작하는 것이 일반적이다.
④ 이메일 주소는 한 번에 알아볼 수 있도록 개성 있는 단어를 조합해서 만드는 것이 일반적인 매너이다.
⑤ 남녀에 따라 명함의 크기, 모양 등에 특별한 차이를 두지는 않는다.

해설
이메일 주소는 이름 머리글자와 성을 조합해서 만드는 것이 비즈니스 매너이다.

80 다음 중 악수(握手)의 5대 원칙에 해당하지 않는 것은?

① Power
② Permission
③ Eye-contact
④ Rhythm
⑤ Distance

해설
악수의 5대 원칙
- 적당한 힘(Power)
- 눈맞춤(Eye-contact)
- 적당한 거리(Distance)
- 리듬(Rhythm)
- 미소(Smile)

81 다음 〈보기〉의 그림에서 열차 탑승 시 가장 높은 상석에 해당하는 것은?

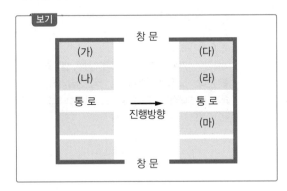

① (가)
② (나)
③ (다)
④ (라)
⑤ (마)

해설
열차 탑승 시 상석
열차 진행방향을 바라보고 창문을 통해 전망을 볼 수 있는 자리가 상석이고, 마주보는 곳이 차석이다.

82 다음 중 MICE 산업 구성 요소와 관련해 'MICE'라는 용어가 뜻하는 의미에 해당하지 않는 것은?

① 포상 관광
② 컨벤션
③ 언론 환경
④ 회 의
⑤ 전시회

해설
MICE 산업
- Meeting(회의)
- Incentive(포상 관광)
- Convention(컨벤션)
- Exhibition(전시회)

83 다음 중 학자별로 주장한 소비자의 정의에 대한 내용과 가장 거리가 먼 것은?

① 가토 이치로 – 소비자란 국민 일반을 소비생활이라고 하는 시민생활의 측면에서 포착한 개념이다.
② 홀스타인 베블린 – 소비자란 제공된 물품 등을 원재료로 하여 생산 활동에 사용하는 사람을 의미한다.
③ 폰 히펠 – 소비자란 개인적인 용도에 쓰기 위하여 상품이나 서비스를 제공받는 사람을 의미한다.
④ 이마무라 세이와 – 소비자는 생활자이며 일반 국민임과 동시에 거래 과정의 말단에서 구매자로 나타나는 것을 의미한다.
⑤ 타케우치 쇼우미 – 소비자란 타인이 공급하는 물자나 용역을 소비생활을 위하여 구입 또는 이용하는 자로서 공급자에 대립하는 개념이다.

해설
소비자기본법에 기재된 소비자의 정의이다.

84 소비자기본법의 내용 중 다음 〈보기〉의 내용에 해당하는 것은?

> **보기**
>
> 국가 및 지방자치단체는 소비자의 기본적인 권리가 실현될 수 있도록 소비자의 권익과 관련된 주요시책 및 주요결정사항을 소비자에게 알려야 한다.

① 거래의 적정화(제12조)
② 소비자에의 정보제공(제13조)
③ 소비자의 능력 향상(제14조)
④ 개인정보의 보호(제15조)
⑤ 소비자분쟁의 해결(제16조)

해설
소비자에의 정보제공(제13조)에 해당하는 내용이다.

85 다음 중 소비자분쟁조정위원회의 위원에 임명 또는 위촉되기 위한 자격 조건으로 보기 어려운 것은?

① 변리사, 감정평가사, 회계사 자격이 있는 자
② 사업자 또는 사업단체의 임원의 직에 있거나 있었던 자
③ 대학이나 공인된 연구기관에서 부교수 이상 또는 이에 상당하는 직에 있거나 있었던 자로서 소비자권익 관련 분야를 전공한 자
④ 소비자단체의 임원의 직에 있거나 있었던 자
⑤ 4급 이상의 공무원 또는 이에 상당하는 공공기관의 직에 있거나 있었던 자로서 소비자권익과 관련된 업무에 실무 경험이 있는 자

해설
판사, 검사, 변호사의 자격이 있는 자이다(소비자기본법 제61조).

86 와이블(Weible)이 분류한 개인정보의 14개 유형 중 성명, 주민등록번호, 운전면허정보, 주소, 전화번호 등에 해당하는 것은?

① 법적정보
② 소득정보
③ 조직정보
④ 신용정보
⑤ 일반정보

해설
와이블(Weible)의 개인정보 유형
- 일반정보 : 이름, 주민등록번호, 운전면허, 주소, 전화번호, 생년월일, 출생지, 본적지, 성별, 국적
- 가족정보 · 부모, 배우자, 부양가족, 가족구성원들의 이름 및 직업, 출생지, 생년월일
- 교육 및 훈련정보 : 학교출석사항, 최종학력, 성적, 기술자격증, 면허증, 서클활동, 상벌사항
- 병역정보 : 군번, 계급, 제대유형, 주특기, 근무부대
- 부동산정보 : 소유주택, 토지, 자동차, 건물
- 동산정보 : 보유현금, 저축현황, 주식, 채권, 수집품
- 소득정보 : 봉급, 봉급경력, 보너스 및 수수료, 이자소득, 사업소득
- 기타 수익정보 : 보험 가입현황, 수익자, 회사의 판공비, 투자프로그램, 퇴직프로그램, 휴가, 병가
- 신용정보 : 대부, 저당, 신용카드, 지불연기 및 미납 횟수, 임금압류 통보에 대한 기록
- 고용정보 : 고용주, 회사주소, 상관의 이름, 직무수행 평가기록, 훈련기록, 출석기록
- 법적정보 : 전과기록, 교통위반기록, 파산 및 담보기록, 구속기록, 이혼기록, 납세기록
- 의료정보 : 가족병력기록, 신체장애여부, 혈액형
- 조직정보 : 노조가입, 종교단체 가입, 정당가입
- 습관 및 취미정보 : 흡연, 음주량, 선호 스포츠 및 오락, 여가활동, 비디오 대여기록, 도박성향

87 다음 〈보기〉 중 영상정보처리기기의 설치·운영 제한에 해당하는 내용을 찾아 모두 선택한 것은?

> **보기**
>
> 가. 교통단속을 위하여 필요한 경우
> 나. 범죄의 예방 및 수사를 위하여 필요한 경우
> 다. 시설안전 및 화재 예방을 위하여 필요한 경우
> 라. 교통정보의 수집·분석 및 제공을 위하여 필요한 경우

① 가, 나, 다   ② 나, 다
③ 나, 라   ④ 나, 다, 라
⑤ 가, 나, 다, 라

해설

영상정보처리기기의 설치·운영 제한

다음 경우를 제외하고는 공개된 장소에 영상정보처리기기를 설치·운영하여서는 아니 된다.

- 법령에서 구체적으로 허용하고 있는 경우
- 범죄의 예방 및 수사를 위하여 필요한 경우
- 시설안전 및 화재 예방을 위하여 필요한 경우
- 교통단속을 위해 필요한 경우
- 교통정보의 수집·분석 및 제공을 위해 필요한 경우

※ 2023년 9월 15일 이후 시험을 응시하는 수험생은 아래 법령을 참고하시기 바랍니다.

> **고정형 영상정보처리기기의 설치·운영 제한(개인정보보호법 제25조)**
>
> 다음 경우를 제외하고는 공개된 장소에 고정형 영상정보처리기기를 설치·운영하여서는 아니 된다.
> - 법령에서 구체적으로 허용하고 있는 경우
> - 범죄의 예방 및 수사를 위하여 필요한 경우
> - 시설의 안전 및 관리, 화재 예방을 위하여 정당한 권한을 가진 자가 설치·운영하는 경우
> - 교통단속을 위하여 정당한 권한을 가진 자가 설치·운영하는 경우
> - 교통정보의 수집·분석 및 제공을 위하여 정당한 권한을 가진 자가 설치·운영하는 경우
> - 촬영된 영상정보를 저장하지 아니하는 경우로서 대통령령으로 정하는 경우

88 다음 중 개인정보보호법에 규정된 '개인정보 보호위원회(이하 보호위원회)'에 대한 설명으로 올바른 것은?

① 보호위원회는 위원장 1명, 상임위원 3명을 포함한 20명 이내의 위원으로 구성하되, 상임위원은 선출직 공무원으로 임명한다.
② 위원장과 위원의 임기는 4년으로 하되 연임할 수 없다.
③ 위원장은 위원 중에서 공무원이 아닌 사람으로 대통령이 위촉한다.
④ 보호위원회는 재적위원 4분의 1 이상의 출석과 출석위원 과반수 찬성으로 의결한다.
⑤ 보호위원회의 회의는 위원장이 필요하다고 인정하거나 재적위원 3분의 1 이상의 요구가 있는 경우에 상임위원이 소집한다.

해설

③ 보호위원회의 위원은 개인정보 보호에 관한 경력과 전문지식이 풍부한 다음의 사람 중에서 위원장과 부위원장은 국무총리의 제청으로, 그 외 위원 중 2명은 위원장의 제청으로, 2명은 대통령이 소속되거나 소속되었던 정당의 교섭단체 추천으로, 3명은 그 외의 교섭단체 추천으로 대통령이 임명 또는 위촉한다.

- 개인정보 보호 업무를 담당하는 3급 이상 공무원(고위공무원단에 속하는 공무원을 포함)의 직에 있거나 있었던 사람
- 판사·검사·변호사의 직에 10년 이상 있거나 있었던 사람
- 공공기관 또는 단체(개인정보처리자로 구성된 단체를 포함)에 3년 이상 임원으로 재직하였거나 이들 기관 또는 단체로부터 추천받은 사람으로서 개인정보 보호 업무를 3년 이상 담당하였던 사람
- 개인정보 관련 분야에 전문지식이 있고 「고등교육법」 제2조 제1호에 따른 학교에서 부교수 이상으로 5년 이상 재직하고 있거나 재직하였던 사람

① 보호위원회는 상임위원 2명(위원장 1명, 부위원장 1명)을 포함한 9명의 위원으로 구성하며, 위원장과 부위원장은 정무직 공무원으로 임명한다.
② 위원의 임기는 3년으로 하되, 한 차례만 연임할 수 있다.
④ 보호위원회의 회의는 재적위원 과반수의 출석으로 개의하고, 출석위원 과반수의 찬성으로 의결한다.
⑤ 보호위원회의 회의는 위원장이 필요하다고 인정하거나 재적위원 4분의 1 이상의 요구가 있는 경우에 위원장이 소집한다.

※ 출제 당시 정답은 ③이었으나, 2020년 2월 4일 법령이 개정되어 현재 답은 없습니다.

89 다음 〈보기〉의 설명에 해당하는 교육훈련 기법은?

> **보기**
>
> 1941년 미국의 오스번(A. F. Osborn)이 그의 저서를 통해 제시한 기법으로 일정한 테마에 대하여 회의 형식을 채택하고, 참여자의 자유발언을 통한 아이디어의 제시를 요구하여 발상을 찾아내려는 방법을 말한다.

① 강의법   ② 토의법
③ 델파이 기법   ④ 브레인스토밍
⑤ 사례연구법

해설
① 어떤 것을 설명하기 위해 사용하는 방법
② 교수자와 학습자, 학습자와 학습자 간의 상호작용을 통해 의견과 정보를 교환하고 결론을 찾는 공동학습법
③ 미래를 예측하는 질적 방법의 하나로, 여러 전문가의 의견을 반복해 수집·교환하고, 발전시켜 미래를 예측하는 방법
⑤ 특정 사례를 소재로 정보를 수집해서 문제상황을 명확히 하고 원인을 분석하여 해결책을 구하여 계획을 세우고 이행하는 방법

90 성공적인 프레젠테이션을 위한 '4P' 전략 중 청중의 수준, 참가자의 수, 성별, 연령, 직업과 직급 등에 대하여 사전에 확인하고 분석하는 요소는?

① People   ② Place
③ Preparation   ④ Passion
⑤ Purpose

해설
프레젠테이션 4P 분석
• People(사람) : 청중의 수준, 반응 및 자세, 청중의 요구 확인
• Purpose(목적) : 새로운 정보 전달, 설득·제안을 통해 동의와 지원을 얻어냄
• Place(장소) : 발표 장소와 주변 장소의 영향, 전자기구의 불량, 좌석배치, 통행로 등 확인
• Preparation(사전준비) : 정보와 자료의 수집, 발표자료 제작

1과목 CS 개론

01 고객만족(CS)관리의 역사와 관련해 2000년대의 주요 내용에 해당하는 것은?

① 업종을 불문한 고객감동경영의 도입
② 스칸디나비아 항공사의 '진실의 순간(MOT)' 도입
③ 미국 농산부에서 측정한 농산품에 대한 소비자만족 지수 발표
④ 고객만족을 최우선으로 앞세운 '잭 웰치'의 GE사(社) 최고 경영자 등극
⑤ 고객들의 정서적인 불안 요소를 정량적으로 지수화하여 발표한 '굿맨 이론'의 등장

해설
② · ④ 1981년
③ · ⑤ 1972년

02 공정성 이론과 관련해 공정성의 분류 중 다음 〈보기〉의 설명에 해당하는 것은?

보기
인간적인 측면과 비인간적인 측면까지 의사결정을 수행하는 스타일과 관련된 것으로 의사소통 방식, 우호적인 정도, 편견, 흥미, 존경, 정직, 예의 등으로 구성되어 있다.

① 공급상의 공정성
② 상호작용의 공정성
③ 사회 통념의 공정성
④ 도출 결과의 공정성
⑤ 태도 구성의 공정성

해설
공정성의 분류
• 도출 결과의 공정성 : 최종적으로 지급되는 임금, 승진, 조직 내 인정 등
• 절차상의 공정성 : 절차나 규칙에 관한 것, 일관성, 편견 배제, 정확성, 윤리성 등
• 상호작용의 공정성 : 관리자와 수용자 간의 예의, 정직, 존경, 흥미, 편견, 우호성, 의사소통의 방법 등

03 '워너'가 제시한 귀인 이론의 범주화 체계 중 다음 〈보기〉의 ( ) 안에 들어갈 내용으로 알맞은 것은?

보기
( )(이)란 어떠한 행위의 원인이 의도적일 수도 있고 비의도적일 수도 있다는 것을 의미한다.

① 경쟁성
② 확장성
③ 통제성
④ 안정성
⑤ 인과성의 위치

해설
귀인 이론의 범주화 체계
• 인과성의 위치 : 서비스 실패의 원인이 행위자 자신에게 있는지, 상대방이나 상황에 있는지를 추론하는 것
• 안정성 : 어떤 원인이 일시적인지 또는 영원한 것인지, 실수에 의한 것인지 또는 반복적인 것인지를 추론하는 것
• 통제성 : 어떤 원인이 의도적인 것인지, 비의도적인 것인지를 추론하는 것

04 비즈니스 프로세스의 분류 중 '경쟁 프로세스'에 대한 설명으로 가장 올바른 것은?

① 조직이 영위하는 사업 영역에서 경쟁자보다 뛰어나게 고객가치를 제공하는 프로세스를 의미한다.

② 경쟁자보다 뛰어나지는 않더라도 고객에게 최소한의 가치를 제공하기만 하면 되는 프로세스를 의미한다.

③ 미래의 산업 전략이 성공할 수 있도록 사람, 기술, 프로세스를 결합해 조직의 역량을 구축해 나가는 과정을 의미한다.

④ 프로세스의 결과물이 고객에게 가치 있다고 파악되지만, 실제 경쟁이라는 측면에서는 핵심 프로세스가 아닌 경우이다.

⑤ 변화하는 고객의 니즈와 기술적 변화에 맞추어 조직의 지속적인 경쟁 우위 확보를 위해 역량을 개발하는 프로세스를 말한다.

해설
비즈니스 프로세스의 분류

경쟁 프로세스	• 경쟁 프로세스는 경쟁자보다 우수한 고객가치를 제공하는 프로세스 • 고객의 니즈를 만족시키는 데 초점을 맞추므로, 고객의 기대 수준과 대비하여 판단 가능 예 고객이 요구하는 가치가 고객 각각의 취향에 맞도록 하는 제품의 다양화(Diversity)라면 기업의 경쟁 프로세스는 개별화(Customization) 프로세스임. 반면, 경쟁자와 가격에 의한 경쟁이라면 조직의 경쟁 프로세스는 경쟁자보다 낮은 가격으로 생산하는 프로세스가 됨
변혁 프로세스	• 급속히 변화하는 환경 속에서도 조직의 지속적인 경쟁 우위 확보를 위한 프로세스를 의미하며 사람, 기술 그리고 프로세스를 결합해 조직의 미래 경쟁력을 구축해 나가는 과정 예 신제품 개발, 새로운 지식의 습득을 위한 학습 조직 구축 프로세스 등
기반 프로세스	• 핵심 프로세스는 아니지만 프로세스의 결과물이 고객에게 가치가 있다고 파악되는 프로세스 • 경쟁자와 경쟁 여부를 떠나 고객에게 필요한 최소한의 가치만 제공하면 되는 프로세스 예 초기에는 제품의 품질이 주요 경쟁 요소였지만, 품질이 평준화되어 품질은 기본적인 요소가 되고 디자인, 가격 등이 주요 경쟁 요소가 된다면 이때 품질은 기반 프로세스로 분류

지원 프로세스	• 위의 세 가지 프로세스가 제대로 진행되도록 지원하는 프로세스를 의미 • 고객에게 직접적으로 가치를 전달하는 프로세스는 아니며, 프로세스라기보다는 오히려 과거의 기능적 활동으로 파악되는 경우가 많음 예 인적자원 관리, 재무회계, 교육 훈련 등

05 다음 중 서비스 프로세스의 중요성에 대한 설명으로 가장 거리가 먼 것은?

① 고객이 체험하는 서비스 전달 시스템은 고객이 서비스를 판단하는 중요한 증거가 된다.

② 서비스 프로세스는 서비스 상품 자체임과 동시에 서비스 전달 시스템 유통의 성격을 지닌다.

③ 서비스 프로세스의 단계와 서비스 전달자의 처리 능력은 고객에게 가시적으로 보이는 데 기인한다.

④ 서비스 프로세스는 기본적으로 서비스 제공 절차가 단순하기 때문에 고객의 포괄적인 행동이 요구되는 경우는 거의 없다.

⑤ 직원과의 상호작용 과정에서 발생되는 적절한 전달 프로세스가 고객의 태도에 영향을 주고 향후 거래 여부를 결정하는 중요한 변수로 작용한다.

해설
서비스 제공 프로세스에 따라 서비스 제공 절차가 복잡하기 때문에 고객에게 복잡하고 포괄적인 행동이 요구되기도 한다.

06 슈메너의 서비스 프로세스 매트릭스의 내용 중 '대중 서비스'의 내용으로 보기 어려운 것은?

① 낮은 상호작용　　② 낮은 노동 집중도
③ 낮은 개별화 서비스　　④ 도소매 등의 업종
⑤ 금융업 등의 업종

해설
대중 서비스는 높은 노동 집중도를 보인다.
슈메너의 서비스 프로세스 매트릭스

구 분		고객과의 상호작용/개별화	
		높 음	낮 음
노동 집중도	높음	전문 서비스 (변호사, 의사, 컨설턴트, 건축가 등)	대중 서비스 (소매금융업, 학교, 도매업 등)
	낮음	서비스 숍 (병원, 수리 센터, 기타 정비 회사 등)	서비스 팩토리 (항공사, 운송업, 호텔, 리조트 등)

07 다음 중 '대기(Wait)'로 인한 수용 가능성에 영향을 미치는 요인으로 가장 거리가 먼 것은?

① 안정성　　② 대기 환경
③ 생산 기술　　④ 통제 가능성
⑤ 거래 중요도

해설
고객이 구매하기 위해 대기하는 시간은 대부분 부정적인 경험이 되기 쉬우며, 대기 시간을 효과적으로 관리하는 것은 고객만족과 함께 재구매로 이어지므로 매우 중요하다.
대기(Wait)의 수용 가능성에 영향을 미치는 요인
- 대기 환경
- 안정성
- 기회비용
- 통제 가능성
- 지각된 대기 시간
- 기대 불일치
- 거래 중요도

08 다음 중 '데이비드 마이스터'가 제시한 대기 관리의 기본 원칙에 대한 내용으로 가장 올바르지 않은 것은?

① 불공정한 기다림이 더 길게 느껴진다.
② 근심은 대기 시간을 더 길게 느껴지게 한다.
③ 혼자 기다리는 대기 시간이 더 길게 느껴진다.
④ 프로세스 내의 기다림이 프로세스 이전의 기다림보다 길게 느껴진다.
⑤ 높은 가치의 서비스를 기다리는 고객은 긴 기다림을 감수하고 오랫동안 기다린다.

해설
프로세스 이전의 기다림이 프로세스 내의 기다림보다 길게 느껴진다.

09 다음 중 '피시본 다이어그램'에 대한 설명으로 가장 거리가 먼 것은?

① 일본의 품질 관리 통계학자인 '이시카와 가오루'에 의해 개발되어 일명 '이시카와 다이어그램'이라 불린다.
② 현상과 결과에 대한 근본적인 원인과 이유를 물고기의 뼈 모양과 같이 시각적으로 분석·정리하는 기법이다.
③ 기업이 고객의 불만을 직접 추적하는 데 도움을 주며 품질 문제를 일으킨다고 의심되는 요인과 그에 관계되는 부수적인 요소들을 함께 검토할 수 있다.
④ 기업에서는 고객들이 필요로 하는 서비스 품질 요소들을 명확하게 나타내지 못하기 때문에 프로세스 설계의 문제점을 만족시키기 위해 고안한 방법이다.
⑤ 기존 자료의 부족으로 인해 참고할 만한 자료가 없거나 미래의 불확실한 상황을 예측하고자 할 경우 도입하는 분석 기법 중 하나로 전문가합의법이라고도 한다.

해설
⑤ 델파이 기법에 대한 설명이다.

10 다음 중 품질기능전개(QFD)의 장점에 대한 설명으로 보기 어려운 것은?

① 제안된 신제품 및 신(新)서비스의 우선순위 결정을 위한 체계적인 도구이다.

② 제품 및 서비스에 대한 품질 목표와 사업 목표 설정에 도움을 준다.

③ 제품 및 서비스에 대한 팀의 공통된 의견을 도출할 수 있는 체계적인 시스템을 제공한다.

④ 기업의 요구 사항에 대한 이해를 돕는다.

⑤ 제품 개발 기간을 단축시킨다.

해설
품질기능전개(QFD)의 장점
• 고객의 요구에 대한 이해를 돕는다.
• 제품 및 서비스에 대한 품질 목표와 사업 목표 설정에 도움을 준다.
• 제안된 신제품 및 신서비스 우선순위 결정을 위한 체계적인 도구이다.
• 제품 및 서비스에 대한 팀의 공통된 의견을 도출할 수 있는 체계적인 시스템을 제공한다.
• 품질의 집(HOQ)을 사용하여 프로젝트의 모든 과정 및 결정 사항을 문서화할 수 있다.
• 고객의 요구와 기술적 속성 사이의 명확한 상관관계를 도출할 수 있다.
• 동시공학에 입각한 기법으로 개발 단계 중간에 새로운 제품 특성이 도출되면, 이를 품질의 집에 적용시켜 설계 초기에 고려해야 하는 여러 방안을 수정을 통해 반복 적용할 수 있다.
• 제품 개발 기간을 단축시킬 수 있다.

11 다음 중 '마이네트'가 제시한 고객만족경영 도입 배경의 중요성에 대한 설명으로 올바르지 않은 것은?

① 시장의 성숙화로 경쟁사보다 더 우수한 제품과 서비스를 개발하여 고객의 욕구를 충족시켜야 한다.

② 소비자의 욕구가 다양해지고 빠르게 변화하고 있다.

③ 소비자가 직접 소비자 문제에 적극적으로 참여하여 대응하려는 소비자 주권 의식이 확산되었다.

④ 소수의 과점 시장으로부터 다원적 경쟁 시장으로 시장 구조가 변화하면서 글로벌 경쟁 시대가 도래되었다.

⑤ 소비 행위의 변화로 인해 소프트웨어적인 요소보다 하드웨어적인 요소가 중요한 요인으로 작용되고 있다.

해설
소비 행위의 변화로 인해 하드웨어적인 요소보다 소프트웨어적인 요소가 중요한 요인으로 작용되고 있다.

12 고객만족(CS)의 3요소 중 휴먼웨어에 해당하는 내용을 다음 〈보기〉에서 찾아 모두 선택한 것은?

보기
가. 제품의 기능이 아주 훌륭했다.
나. 고객이 매장에 들어올 때 친절하게 인사한다.
다. 업무 처리 서류(고객 소리함 등)가 비치되어 있다.
라. 직원이 상품에 관한 질문에 친절하게 설명해 준다.

① 가, 나   ② 가, 나, 다
③ 나, 라   ④ 나, 다, 라
⑤ 다, 라

해설
고객만족의 3요소
• 하드웨어적 요소(Hardware) : 기업의 이미지, 브랜드 파워, 매장의 편의 시설, 고객지원센터, 인테리어, 분위기 연출 등
• 소프트웨어적 요소(Software) : 기업의 상품, 서비스 프로그램, A/S와 고객 관리 시스템, 부가서비스 체계 등
• 휴먼웨어 요소(Humanware) : 기업에서 근무하고 있는 사람들이 가지는 서비스 마인드와 접객서비스 활동, 매너, 조직 문화 등

13 마이클 해머 교수가 제시한 '3C'의 내용 중 다음 〈보기〉의 설명에 해당하는 것은?

> 보기
>
> 글로벌 경쟁 체제의 경쟁 심화와 더불어 공급자 중심에서 수요자 중심으로 시장 주도권이 이양되면서 고객은 과거에 비해 막강한 힘을 갖게 되었다.

① Change
② Conduct
③ Comprise
④ Confidence
⑤ Competition

해설
마이클 해머의 3C

Customer (고객)	21세기는 고객의 시대, 즉 고객을 만족시키고 감동을 주지 못하면 기업 경영이 제대로 생존하고 성장하기 어렵다.
Change (변화)	기존의 기업 마인드를 바꾸고, 글로벌 시장에 맞는 합리적인 조직으로 변화해야 한다. 고객, 인간, 고객가치창조 중심으로 변화해야 하며, 변화에 효과적으로 대응하기 위해서는 내부의 의견을 들을 수 있어야 하고, 기업 문화로 정착돼야 한다. 결국, 유연한 조직 문화가 기업을 변화시킬 수 있는 것이다.
Competition (경쟁)	21세기는 무한 경쟁 시대이다. 종전의 기업가 중심에서 소비자 중심으로 헤게모니가 넘어가면서 기업이 무한 경쟁에서 살아남기 위해서는 고객 중심 경영 전략을 구사하여야 한다.

14 '마이클 포터' 교수가 제시한 산업 경쟁을 촉진하는 '5대 세력(Five Force)' 중 다음 〈보기〉의 내용에 가장 부합하는 것은?

> 보기
>
> 제품의 차별성이나 브랜드력, 구매량, 구매 비중, 교체 비용 등에 대하여 분석한다.

① 구매자
② 공급자
③ 대체자
④ 경쟁자
⑤ 신규 진입자

해설
① 가격 인하, 서비스 개선 요구 파악
② 공급선 변경에 의한 높은 전환 비용, 소수 기업의 독·과점식 공급 구조 파악
③ 산업에 대한 장기적이고 폭넓은 분석과 예측
⑤ 산업이 매력적이고 성장 중임을 의미, 마케팅 비용 상승, 수익성 하락 대비

15 다음 〈보기〉 중 '3현(現)주의'에 대한 내용을 찾아 모두 선택한 것은?

> 보기
>
> 가. 현장에 간다.
> 나. 현실을 직시한다.
> 다. 현상을 분석한다.
> 라. 현물을 관찰한다.
> 마. 현대적 트렌드에 관심을 가진다.

① 가, 나, 다
② 가, 나, 라
③ 가, 다, 라
④ 가, 다, 마
⑤ 가, 라, 마

해설
3현(現)주의
일본 혼다자동차의 창업자 혼다 소이치로가 회사의 기본 이념으로, 현장에서 현물을 관찰하고 현실을 인식한 후에 문제 해결 방안을 찾아야 한다는 경영 원칙이다.

16 노드스트롬(Nordstrom) 백화점의 경영 방식 중 내부 고객의 만족을 위한 정책과 가장 거리가 먼 것은?

① 권한 위임
② 동기부여와 인센티브
③ 개인별 고객 수첩의 활용
④ 내부 승진 원칙의 인사 관리
⑤ 피상적인 조건을 내세우지 않는 종업원 선발

해설
외부 고객의 만족을 위한 정책에 해당한다.
노드스트롬(Nordstrom) 내부 고객의 만족을 위한 정책
• 종업원 선발 : 인재 선발에 있어 학력과 경력같은 피상적인 조건을 내세우지 않는다.
• 인사 관리 : 관리자 선발의 경우 외부에서 영입하지 않고 내부 승진 원칙을 고수한다.
• 동기부여와 인센티브 : 미국 소매업계 최초로 판매 수수료 제도를 도입하였다.
• 권한 위임 : 현장에서 고객과 접점에 있는 직원들이 진심 어린 고객 서비스를 실천할 수 있도록 하기 위해 직원의 인격을 먼저 존중해 준다.

17 다음 중 구전(口傳)의 개념에 대한 설명으로 가장 올바르지 않은 것은?

① 영향력의 특성과 관련된 개인 혹은 집단 간의 영향력을 말한다.
② 구전은 언어적 커뮤니케이션에 한정되어 나타난다.
③ 특정 주제에 관하여 고객들의 직·간접적인 개인적 경험에 대해 긍정적 혹은 부정적인 내용의 정보를 비공식적으로 교환하는 의사소통이다.
④ 구전은 개인들의 경험에 기초한 대면 커뮤니케이션이다.
⑤ 고객이 이해관계를 떠나서 자신의 직·간접 경험을 비공식적으로 교환하는 활동 혹은 행위를 의미한다.

해설
구전은 단지 언어적 커뮤니케이션에 제한된 것이 아니다.

18 다음 중 프로세스적 관점에서 본 고객의 분류에서 '외부 고객'에 해당하는 것은?

① 부서와 부서
② 기업과 대리점
③ 도매상과 소매상
④ 기업과 유통업체
⑤ 제품의 구매자 및 소비자

해설
프로세스적 관점에서 본 고객의 분류
• 외부 고객 : 최종 제품의 구매자, 소비자
• 중간 고객 : 도매상, 소매상
• 내부 고객 : 동료, 부하 직원, 상사(업무의 결과를 사용하는 사람)

19 다음 〈보기〉의 모집 광고를 통해 유추해 볼 수 있는 소비자 유형으로 가장 올바른 것은?

보기

〈KIE 제과 주부 모니터 모집〉

모집 대상	서울 및 수도권에 거주하는 자녀가 있는 만 27세 ~ 49세의 전업 주부
선발 과정	서류 심사와 면접(매년 선발)
모집 인원	30명
활동 기간	5개월
활동 내용	제품 품평, 아이디어 수집, 시장조사 및 설문 조사 등
모 임	월 1회 정기 모임

① 웹시족
② 메타슈머
③ 트윈슈머
④ 프로슈머
⑤ 체리 피커

해설
④ 생산에 참여하는 소비자
① 웹(Web)과 미시(Missy)의 합성어로서 인터넷을 활용해 생활 정보를 얻거나 여가를 즐기는 주부
② 기존의 제품을 변형하여 사용하는 소비자
③ 인터넷의 사용 후기를 참고하여 물건을 구매하는 소비자
⑤ 자신의 실속만 차리는 소비자

20 고객의 의사결정을 위해 필요한 정보 원천의 분류 중 상업적 원천에 해당하는 것은?

① 포 장 ② 평 론
③ 가 족 ④ 제품 사용
⑤ 소비자단체

해설

정보 원천의 분류

인적 정보원	가족, 친구, 전문가
비인적 정보원	대중매체, 인터넷, 광고, 포장
개인적 원천	가족, 친구, 이웃, 친지
상업적 원천	광고, 판매원, 포장, 웹사이트
공공적 원천	대중매체, 영향력 있는 소비자단체
경험적 원천	제품 사용, 조사

21 다음 중 고객관계관리(CRM)의 특징에 대한 설명으로 가장 올바르지 않은 것은?

① 고객과의 직접적인 접촉을 통해 쌍방향 커뮤니케이션을 지속한다.
② 정보기술에 기초를 둔 과학적인 제반 환경의 효율적 활용을 요구한다.
③ 개별 고객의 소비력에 따라 특정 생애 주기를 구분하여 거래를 유지하고자 한다.
④ 단순히 마케팅에만 역점을 두는 것이 아니라 기업의 모든 내부 프로세스의 통합을 요구한다.
⑤ 고객 지향적이기 때문에 고객에게 필요한 상품, 서비스는 물론 차별화된 보상 등 적절한 혜택을 제공하여 고객과의 관계 관리에 기업의 초점을 맞추는 고객 중심적인 경영 방식이다.

해설

고객의 생애 전체에 걸쳐 관계를 구축하고 강화시켜 장기적인 이윤을 추구하는 경영 방식이다.

고객관계관리(CRM)의 특징
• 고객 지향적 : 고객에게 필요한 상품과 서비스, 차별화된 보상 등 적절한 혜택 제공
• 동적인 경영 방식 : 고객 전 생애에 걸쳐 장기적인 이윤을 추구

• 쌍방향 관계 : 고객과 기업 사이의 상호적인 혜택과 신뢰를 구축
• 정보기술의 효율적 활용 요구 : 고객 데이터, ROI 분석 등 가시적인 경영 개선에 초점
• 고객과의 직접적인 접촉 : 일관성 있는 메시지와 커뮤니케이션으로 고객과의 관계 강화
• 기업 내부 프로세스의 통합 요구 : 관계 관리에 필요한 모든 부분인 표준화된 업무 프로세스, 조직의 역량이나 훈련, 기술적 하부 구조 등 균형 잡힌 향상을 꾀하는 경영 방식

22 고객관계관리(CRM) 시스템 구축 5단계 중 다음 〈보기〉의 내용에 해당하는 것은?

보기

데이터웨어하우스, 백오피스와 프론트오피스 시스템, 전자상거래 등 새로운 커뮤니케이션 채널을 확립한다.

① 인프라 구축
② 기업의 특성에 맞는 고객 전략 수립
③ 고객 유지를 위한 서비스와 피드백 관리
④ 데이터마이닝을 통한 고객 분석과 마케팅 실시
⑤ 고객 분석 결과를 실질적으로 판매 과정에서 활용

해설

고객관계관리(CRM) 시스템 구축 5단계
• 1단계 기업의 특성에 맞는 고객 전략 수립 : 고객의 입장에서 전략을 수립
• 2단계 인프라 구축 : 데이터웨어하우스, 백오피스, 프론트오피스 시스템, 전자상거래 채널 확립
• 3단계 데이터마이닝을 통한 고객 분석과 마케팅 : 데이터의 패턴을 파악하여 고객의 성향을 분석하고 고객층별로 차별화 마케팅을 시도
• 4단계 고객 분석 결과를 실질적으로 판매 과정에서 활용 : 교차판매, 추가판매, 고객의 재구매 등을 통해 고객생애가치의 극대화를 추구
• 5단계 고객 유지를 위한 서비스와 피드백 관리 : 고객과의 유대 관계를 강화하고 차별화된 서비스를 제공하여 우수 고객으로 전환시킴

23 다음 중 'e - CRM'에 대한 설명으로 가장 올바르지 않은 것은?

① 커뮤니케이션, 마케팅의 다양성을 중시하여 적극적인 고객화를 통한 장기적인 수익 실현을 목적으로 한다.

② 구매 이력 이외에 방문 횟수, 관심 횟수, 광고 관심 횟수, 게시판 사용 횟수 등 고객의 행위를 표현하는 다양한 정보를 사용할 수 있다.

③ 웹 로그 데이터, 이메일 반응, 웹 콜센터 등 인터넷을 통한 단일 통합 채널의 구축이 가능하다.

④ 고객 요청 시 언제든시 온라인에 접속하여 처리할 수 있기 때문에 단순한 절차와 실시간 처리가 가능하다.

⑤ 초기 기반 시설에 대한 설치 비용이 낮은 반면 유지 관리 비용이 상대적으로 높다.

해설
초기 기반 시설에 대한 설치 비용이 높은 반면 유지 관리 비용이 거의 0(Zero)에 가깝다.

24 '머튼'이 주장한 '아노미 이론'에서 문화적 목표를 거부하고 제도화된 수단만을 수용하는 부적응 유형은?

① 반역형
② 혁신형
③ 동조형
④ 의례주의형
⑤ 패배주의형

해설
머튼(Merton)의 아노미 이론

동조형	문화적 목표와 제도적 수단을 모두 수용하는 유형 (부적응자에서 제외)
혁신형	문화적 목표는 수용하지만 제도적 수단은 거부하는 유형(횡령, 탈세, 사기범)
의례형	문화적 목표는 거부하지만 제도적 수단은 수용하는 유형(공무원의 복지부동)
패배형	문화적 목표와 제도적 수단을 모두 거부하는 유형 (약물중독, 은둔자, 부랑자)
반역형	문화적 목표와 제도적 수단을 모두 거부하고 기존의 것을 변혁시키려는 유형(혁명가, 히피, 해방운동가)

25 자아의식 모델인 '조하리(Johari)의 창'에서 다음 〈보기〉의 설명에 해당하는 영역은?

보기
• 자기주장형이며 거침없이 이야기를 한다.
• 타인의 말에 귀를 기울일 줄 알아야 한다.

① 미지 영역
② 맹목 영역
③ 안전 영역
④ 공개된 영역
⑤ 숨겨진 영역

해설
조하리(Johari)의 창

구 분	내가 알고 있는 정보	내가 모르는 정보
타인이 알고 있는 정보	**공개된 영역(개방형)** • 넓은 인간관계 • 주책스럽고 경박해 보일 수 있음	**맹목의 영역(자기주장형)** • 거침없이 이야기함 • 타인의 말을 들을 필요 있음
타인이 모르는 정보	**숨겨진 영역(신중형)** • 실수하는 일이 적음 • 계산적, 실리적, 뛰어난 적응력	**미지의 영역(고립형)** • 소극적, 많은 고민 • 긍정적인 태도를 가질 필요 있음

26 '에드워드 홀'이 제시한 공간 행동학과 관련해 다음 〈보기〉의 설명에 가장 부합하는 것은?

보기
친한 친구, 동료 등 신뢰감을 가지고 편안하게 대화할 수 있는 대상이나 오랜 기간 친근한 관계를 맺어 온 고객 사이에 형성되는 적당한 간격을 의미한다.

① 경제적 거리
② 사회적 거리
③ 개인적 거리
④ 친밀한 거리
⑤ 심리적 거리

해설
에드워드 홀의 공간 행동학
• 친밀한 거리 : 가족이나 연인처럼 친밀한 유대관계가 전제
• 개인적 거리 : 어느 정도의 친밀함이 전제되어야 함. 일상적 대화에서 가장 무난하게 사용할 수 있는 거리
• 사회적 거리 : 사무적인 대화가 많이 이루어지며, 대화 내용과 행동에 격식이 요구됨. 별다른 제약 없이 제3자의 개입을 허용하고 대화 도중 참여와 이탈이 자유로운 편
• 공적 거리 : 연설이나 강의와 같은 특수한 경우에 한정

27 '크리스토퍼'가 제시한 고객 서비스의 3단계 중 '거래 후 서비스'에 해당하는 것은?

① 제품 추적   ② 제품 대체
③ 기술적 서비스   ④ 시스템 유연성
⑤ 주문의 편리성

해설
크리스토퍼(Christopher)의 고객 서비스 3단계
• 거래 전 서비스 : 기술적 서비스, 명시된 회사의 정책, 회사에 대한 고객의 평가, 회사 조직, 시스템 유연성
• 거래 시 서비스 : 재고 품질 수준, 'Back order' 이용 가능성, 시간, 주문의 편리성, 제품 대체성
• 거래 후 서비스 : 설치 · 보증, A/S, 제품 추적, 불만 처리, 포장, 일시적인 대체

28 다음 OECD 서비스 산업 분류 중 '유통 서비스'에 해당하는 것은?

① 공공 행정   ② 도소매업
③ 교육 서비스업   ④ 금융 및 보험업
⑤ 보건사회복지사업

해설
OECD에서 분류한 서비스 산업 유형
• 유통 서비스 : 도소매업, 운수업, 통신업
• 생산자 서비스 : 금융 및 보험업, 부동산 임대업
• 사회 서비스 : 공공 행정, 보건사회복지사업
• 개인 서비스 : 의료 · 교육, 숙박 · 음식점업, 오락 · 문화 · 운동, 가사 서비스업

29 '알더퍼'가 제시한 ERG 이론 중 개인의 자아실현과 관련된 욕구로 매슬로의 욕구 5단계의 존경 욕구와 자아실현 욕구에 해당하는 것은?

① 완성 욕구   ② 태도 욕구
③ 관계 욕구   ④ 존재 욕구
⑤ 성장 욕구

해설
알더퍼의 ERG 이론
• 존재 욕구(Existence Needs) : 생리적 욕구, 물리적 욕구, 굶주림, 갈증, 임금
• 관계 욕구(Related Needs) : 타인과 관련된 사회생활 욕구, 가족, 친구, 동료
• 성장 욕구(Growth Needs) : 자아실현에 관련된 욕구, 잠재된 능력

30 감성 리더십을 구성하는 요소 중 타인의 이해, 문화적 감수성, 고객의 욕구에 부응하는 서비스 등과 관련성이 높은 요소는?

① 자기 통제   ② 동기부여
③ 자아의식   ④ 감정이입
⑤ 대인관계 기술

해설
감성 리더십의 5가지 요소

자아인식력 (자아의식)	자신의 감정 인식, 자기평가력, 자신감 등
자기조절력	자기통제, 신뢰성, 성실성, 적응성, 혁신성 등
동기부여 능력	진력, 헌신, 주도성, 낙천성 등
감정이입 능력	타인 이해, 부하에 대한 공감력, 전략적 인식력 등
대인관계 기술	타인에 대한 영향력 행사, 커뮤니케이션, 이해 조정력, 리더십, 변혁 추진력, 관계 구축력, 협조력, 팀 구축 능력 등

31 서비스 청사진의 위험요소와 관련해 '린 쇼스택'이 제시한 내용 중 다음 〈보기〉의 설명에 해당하는 것은?

> **보기**
> 어떤 사람이 말로 서비스를 표현하는 것은 그 서비스에 대한 노출 정도와 개인적인 체험에 의해 왜곡될 수도 있다.

① 주관성   ② 불완전성
③ 편향된 해석   ④ 정보 수용성
⑤ 지나친 단순화

해설
서비스 설계 개념의 선구적인 역할을 한 린 쇼스택은 서비스를 단순한 그림으로 묘사하는 것에 대한 위험요소로 지나친 단순화, 불완전성, 주관성, 편향된 해석 등을 제시하였다. 보기는 개인적인 주관적 경험에 의해 서비스가 왜곡되어 표현될 수 있다는 위험요소를 설명하는 내용으로 서비스 청사진 위험요소 중 '주관성'을 나타내고 있다.

32 다음 〈보기〉의 서비스 청사진 작성단계 중 ( ) 안에 들어갈 내용으로 올바르지 않은 것은?

> **보기**
> • 1단계 : 과정의 (가)
> • 2단계 : (나) 확인
> • 3단계 : 경과 시간의 (다)
> • 4단계 : (라) 분석
> • 5단계 : 청사진 (마)

① (가) : 도식화   ② (나) : 실패 가능점
③ (다) : 명확화   ④ (라) : 지각된 위험
⑤ (마) : 수정

해설
서비스 청사진의 작성단계

1단계 (과정의 도식화)	서비스가 고객에게 전달되는 과정을 염두에 두고 이를 도식화된 그림 형태로 나타낸다.
2단계 (실패 가능점의 확인)	전체 단계 중에서 서비스 실패가 일어날 확률이 큰 지점을 짚어내어 표시해 둔다.
3단계 (경과 시간의 명확화)	각 단계별 표준 작업 시간과 허용 작업 시간을 명확히 적는다.
4단계 (수익성 분석)	실수가 발생하거나 작업이 지연될 경우를 상정한 시뮬레이션을 통해 수익성을 분석하고, 그 결과를 토대로 표준 서비스 청사진을 확정한다.
5단계 (청사진 수정)	사용 목적별로 서비스 청사진을 해석하고 대안을 도출한 후, 청사진을 새로 수정하여 서비스 실패의 가능성을 줄일 수 있다.

33 다음 중 '고객의 소리(VOC)'의 성공을 위해 충족해야 될 방안으로 보기 어려운 것은?

① 자료의 신뢰성을 높이기 위해 코딩으로 분류한다.
② 자료에 대한 통계보고서를 작성하여 추세를 파악하고 점검한다.
③ 서비스 혁신에 도움을 주는 VOC에 대하여 보상 제도를 구축한다.
④ 제품 및 서비스의 전 수명과 주기에 걸쳐 VOC를 적극적으로 추구한다.
⑤ 고객의 건의, 신고, 불만 등은 접수 즉시 기록하되 문의, 칭찬 등의 내용은 기록 없이 단순 응대로 대체한다.

해설
고객의 VOC는 접수하는 즉시 모두 기록한다.
고객의 소리(VOC)의 성공조건
• VOC와 보상을 연계시킨다.
• VOC로 인해 발생한 조직의 변화를 평가한다.
• 자료의 신뢰성을 높이기 위해 고객의 소리를 코딩으로 분류한다.
• 자료에 대한 통계보고서를 작성해 추세를 파악하고 변화를 점검한다.

34 다음 중 'SWOT' 분석과 관련해 외부 위협 요인으로 보기에 가장 적절한 것은?

① 원활한 자금 조달 ② 높은 고객 충성도
③ 탄탄한 마케팅 조직 ④ 우월한 대체재의 등장
⑤ 경쟁력이 약해진 경쟁사

해설
- 외부 위협 요인 : 뛰어난 대체재의 등장, 소비자 기호의 변화, 막강한 경쟁자 출현
- 외부 기회 요인 : 경쟁력이 약해진 경쟁사, 새로운 기술의 출현, 경제호황
- 내부 강점 요인 : 자사의 우월한 제조기술, 원활한 자금 조달, 높은 시장 점유율, 탄탄한 마케팅 조직, 높은 고객 충성도 등
- 내부 약점 요인 : 높은 이직률, 낮은 연구 개발비, 낙후된 시설

35 '코틀러'가 제시한 시장 세분화 요건 중 세분 시장을 유인하고 그 세분 시장에 제공할 수 있도록 효과적인 마케팅 프로그램을 수립할 수 있는 정도를 의미하는 것은?

① 실질성 ② 행동 가능성
③ 측정가능성 ④ 접근 가능성
⑤ 차별화 가능성

해설
코틀러의 시장 세분화를 위한 다섯 개의 기준

측정 가능성	세분시장의 규모와 구매력 및 특성이 측정될 수 있어야 한다.
접근 가능성	세분시장에 효과적으로 도달할 수 있는 정도이다.
실질성	세분시장이 충분히 크거나 수익이 있는 정도이다.
행동 가능성	효과적인 마케팅 프로그램을 실행할 수 있는 정도이다.
차별화 가능성	각 마케팅믹스 요소와 프로그램에 대해 세분시장이 서로 다르게 반응해야 한다.

36 표적시장 선정과 관련해 다음 〈보기〉의 내용에 해당하는 마케팅 전략은?

보기
- 하나의 제품으로 전체시장을 추구하며 대량 유통 경로와 대량 광고에 의존하여 가장 많은 수의 소비자에게 제품과 마케팅을 전개하는 전략이다.
- 제조에 있어 표준화와 대량 생산에 해당하는 마케팅 유형으로 광고비용과 마케팅 조사비용의 절감효과를 얻을 수 있다.

① 집중화 전략 ② 차별화 전략
③ 공급화 전략 ④ 접근화 전략
⑤ 무차별화 전략

해설
표적시장 마케팅 전략
- 무차별화 전략 : 세분시장의 차이를 무시하고 가장 큰 세분시장을 표적으로 하는 마케팅
- 차별화 전략 : 각각의 세분 시장에 대해 다른 프로그램을 설계하는 마케팅
- 집중화 전략 : 가장 가치 있는 하나의 표적시장을 선정 후 집중적인 마케팅

37 다음 〈보기〉의 내용 중 전통적인 마케팅믹스 '4Ps'를 찾아 모두 선택한 것은?

보기
가. Place	나. Process
다. People	라. Physical Evidence
마. Price	바. Promotion
사. Product	

① 가, 나, 라, 마 ② 가, 다, 마, 바
③ 가, 마, 바, 사 ④ 나, 라, 바, 사
⑤ 라, 마, 바, 사

해설
전통적인 마케팅믹스 '4Ps'
- Product(제품) - Price(가격)
- Place(유통) - Promotion(촉진)

38 다음 중 이상적인 틈새시장이 존재하기 위해 필요한 전제조건에 대한 내용으로 가장 거리가 먼 것은?

① 틈새시장은 장기적인 시장 잠재력이 있어야 한다.

② 이상적인 틈새시장은 중요 경쟁자들의 관심 밖에 있어야 한다.

③ 기업은 시장의 욕구를 충족시켜 줄 수 있는 능력과 충분한 자원을 보유하고 있어야 한다.

④ 기업은 자신들이 소비자로부터 확립해 놓은 신뢰관계를 통해 주요 경쟁자들의 공격을 방어할 수 있어야 한다.

⑤ 대기업에 비해 중소기업이 더욱 높은 매출액을 실현할 수 있도록 중소기업 친화적인 시장규모와 구매력이 있어야 한다.

해설
대기업들이 시장에서 높은 매출을 올릴 수 있다면, 틈새시장을 공략하는 중소기업의 경우 높은 매출을 실현할 수는 없다고 해도 수익성을 보장받을 수 있는 충분한 시장규모와 구매력이 있어야 한다.

39 서비스 실패와 관련해 다음 〈보기〉의 내용과 같이 주장한 학자는?

보기
서비스 실패란 서비스 과정이나 결과에 대하여 서비스를 경험한 고객이 좋지 못한 감정을 갖는 것을 말한다.

① 윈 　　　　　② 벨, 젬케

③ 자이다믈, 베리 　　④ 헤스켓, 새서, 하트

⑤ 베리, 레너드, 파라수라만

해설
① 서비스 접점에서 고객 불만족을 일으키는 열악한 서비스 경험하는 것

② 수준이 심각하게 떨어지는 서비스 결과를 경험하는 것

③ 고객이 느끼는 허용영역 이하로 떨어지는 서비스 성과

⑤ 책임이 분명한 과실로 인해 초래된 서비스 과정이나 결과

40 서비스 실패처리에서 고객이 기대하는 공정성 유형 중 다음 〈보기〉의 설명에 해당하는 것은?

보기
서비스 실패와 관련된 문제를 해결하는 과정에서 적용될 수 있는 기준으로 회사의 정책, 규칙, 적시성 등에 해당된다.

① 절차 공정성 　　　② 반응 공정성

③ 표준 공정성 　　　④ 전환 공정성

⑤ 분배 공정성

해설
서비스 실패처리에서 고객이 기대하는 공정성 유형

• 결과 공정성(분배 공정성) : 불만 수준에 맞는 결과물, 즉 보상을 의미

• 절차 공정성 : 회사의 규정, 정책, 적시성 등을 의미

• 상호작용 공정성 : 서비스를 제공하는 직원의 태도에 대한 기대를 의미

41 '브래디(Brady)'와 '크로닌(Cronin)'이 제시한 애프터서비스(A/S)의 품질 차원 중 물리적 환경 품질에 해당하는 것은?

① 전문성 　　　　　② 처리시간

③ 태도 및 행동 　　④ 편의성

⑤ 기 술

해설
브래디와 크로닌의 서비스 품질 모형

상호작용 품질	• 직원의 태도와 행동 • 처리시간
물리적 환경 품질	• 정 책 • 편의성
결과 품질	• 전문성과 기술

42 '레빗'이 제시한 3가지 제품 차원 중 구매자가 실물적 차원에서 인식하는 수준의 제품으로 핵심 제품에 포장, 상표, 스타일, 기타 속성 등이 가미된 형태의 제품 차원은?

① 핵심 제품　　　　② 실체 제품

③ 확장 제품　　　　④ 선택 제품

⑤ 본원 제품

해설
테어도르 레빗의 3가지 제품 차원
• 핵심 제품 : 사용으로 욕구 충족을 얻을 수 있는 제품으로 제품이 주는 근본적 혜택, 즉 기본적 욕구를 충족시킬 수 있는 특성으로서 제품 개념
• 실체 제품 : 소비자들이 실제로 구입하고자 하는 핵심 제품으로 포장, 상표, 스타일 등의 서비스가 가미된 형태
• 확장 제품 : 실체 제품에 추가적으로 있는 A/S, 품질보증, 설치 서비스와 같은 사후 서비스와 직·배송 등의 혜택을 주는 제품

43 내구성과 유형성 및 용도에 따른 소비재 분류 중 다음 〈보기〉의 내용에 가장 부합하는 것은?

보기
• 보통 한 번 내지 두세 번 사용으로 소모되는 유형 제품을 말한다.
• 어떤 장소에서든 구입이 가능하며 대량 광고를 통해 구입을 유도하고 선호도를 구축할 수 있는 제품이다.

① 자본재　　　　② 내구재

③ 비내구재　　　　④ 공공재

⑤ 서비스

해설
내구성과 유형성 및 용도에 따른 소비재 분류
• 비내구재 : 1회 또는 2 ~ 3회성 사용으로 소모되는 제품 유형으로, 자주 구입해야 하므로 어디서나 쉽게 구입할 수 있고, 대량 광고로 구입을 유도하고 선호도를 구축하는 제품이다.
• 내구재 : 여러 번 사용할 수 있는 제품으로 의류, 가전제품으로 서비스가 수반된다. 많은 이익 폭이 가산될 수 있다.
• 서비스 : 무형이고 분리가 불가능하며 변화성과 소모성이 높고 공급자의 신뢰성이 요구된다.

44 '마이어스'가 제시한 양질의 의료 서비스 조건과 관련해 다음 〈보기〉의 설명에 해당하는 것은?

보기
지리적·재정적·사회문화적 이유로 이용자에게 필요한 의료 서비스를 제공하는 데 있어 장애를 받아서는 안 되며, 모두가 양질의 의료 서비스를 편리하게 이용할 수 있도록 해야 한다.

① 적정성　　　　② 조정성

③ 효율성　　　　④ 접근성

⑤ 지속성

해설
① 질적인 측면에서 의학적·사회적 서비스가 적절하게 제공되어야 한다.
② 예방, 치료 재활 및 보건 증진 사업과 관련된 다양한 서비스가 잘 조정되어야 한다.
③ 최소한의 자원으로 최대한의 목적을 달성해야 한다.
⑤ 각 개인에게 제공되는 의료가 시간적·공간적으로 상관성을 갖고 적절히 연결되어야 한다.

45 다음 중 서비스 품질 측정이 어려운 이유에 대한 설명으로 가장 올바르지 않은 것은?

① 서비스 품질은 주관적이기 때문에 객관화하여 측정하기가 어렵다.

② 고객으로부터 데이터를 수집하는 일에 시간과 비용이 많이 들고 회수율도 낮다.

③ 서비스 전달이 완료되기 이전에는 검증되기가 어렵다.

④ 서비스 프로세스에 고객이 포함되지 않고 변화를 일으킬 수 없는 요인이기 때문에 측정에 어려움이 있다.

⑤ 자원이 서비스 전달 과정 중 고객과 함께 이동할 수 있기 때문에 고객이 자원의 흐름을 관찰할 수 있어 서비스 품질 측정의 객관성이 저해된다.

해설
고객은 서비스 프로세스의 일부이며, 변화를 일으키는 중요한 요인이다. 따라서 고객을 대상으로 하는 서비스 품질의 연구 및 측정에 어려움이 따른다.

46 가빈이 제시한 품질 구성의 8가지 차원 중 고객들의 세분화된 요구를 충족시킬 수 있는 능력을 의미하는 것은?

① 특 징
② 적합성
③ 지속성
④ 인지된 품질
⑤ 심미성

해설

가빈의 품질 구성의 8가지 차원

범 주	개 념
성 과	제품이 가지는 운영적 특징
특 징	제품이 가지고 있는 경쟁적 차별성
신뢰성	실패하거나 잘못될 가능성의 정도
적합성	고객의 세분화된 요구를 충족시킬 수 있는 능력
지속성	고객에게 지속적으로 가치를 제공할 수 있는 기간
서비스 제공 능력	속도, 친절, 문제해결 등의 제공 능력
심미성	외관의 미적 기능
인지된 품질	기업 혹은 브랜드 명성

47 다음 〈보기〉의 설명에 해당하는 용어로 알맞은 것은?

보기

카노(Kano)의 품질 모형 중 매력적 품질 요소는 경쟁사를 따돌리고 고객을 확보할 수 있는 주문 획득 인자로서 작용하게 되며, 고객은 이러한 품질 요소의 존재를 모르거나 기대하지 못했기 때문에 충족이 되지 않더라도 불만을 느끼지 않는다. 그러나 고객의 기대수준이 높아짐에 따라 일원적 품질 요소, 또는 당연적 품질 요소로 옮겨갈 수 있다.

① 진부화 현상
② 가속화 현상
③ 미시적 환경 요인
④ 자기중심화 편향
⑤ 주도적 조정화 현상

해설

진부화 현상

매력적 품질요소는 고객이 미처 제품에 대한 기대를 하지 못했기 때문에 고객 감동의 원천이 되나, 그 제품에 기대 심리가 높아짐에 따라 일원적 요소 또는 당연적 요소로 옮겨갈 수 있다. 이런 현상을 '진부화 현상'이라고 한다.

48 다음 〈보기〉의 설명에 해당하는 고객만족 측정 모형의 명칭은?

보기

한국능률협회컨설팅(KMAC)과 서울대학교가 함께 공동 개발한 공공부문 고객만족도 측정의 대표적인 현장 실천형 모델로써 품질지수, 만족지수, 성과지수 등으로 측정 항목이 구성되어 있다.

① ACSI
② NCSI
③ PCSI
④ KS – CQI
⑤ KS – SQI

해설

공공기관 고객만족도 지수(PCSI ; Public-service Customer Satisfaction Index)에 대한 설명이다.

① ACSI(American Customer Satisfaction Index) : 미국의 고객만족 지수 측정 모형으로 고객화, 신뢰평가도, 전반적 품질 등의 3가지 요소로 평가한 지표이다.

② NCSI(National Customer Satisfaction Index) : 국내외의 최종 소비자에게 판매되는 제품 및 서비스에 대해 고객이 직접 평가한 만족도를 측정하고 계량화한 지표이다.

④ KS – CQI(Korean Standard – Contact service Quality Index) : 우리나라 콜센터의 서비스품질 수준을 국내 실정에 맞게 과학적으로 조사 · 평가하여 개발한 모델이다.

⑤ KS – SQI(Korean Standard – Service Quality Index) : 한국표준협회(KSA)와 서울대학교 경영연구소가 공동개발한 모델로 서비스 산업 전반의 품질수준을 나타내는 종합지표이다.

49 마케팅 조사 시 정성조사 기법을 적용해야 하는 경우로 가장 거리가 먼 것은?

① 예비적 정보의 수집
② 양적 조사의 사전 단계
③ 사전 지식이 부족한 경우
④ 소비자를 깊이 이해하려는 시도
⑤ 가설 검증을 통한 확정적인 결론 획득

해설
⑤ 정량조사 기법을 적용하는 경우이다.

50 설문지 개발과 관련해 질문의 순서를 결정할 경우 유의해야 할 사항으로 가장 올바르지 않은 것은?

① 가급적 쉬운 질문을 사용한다.
② 단순하고 흥미로운 질문부터 시작한다.
③ 어렵거나 민감한 질문은 뒤에 위치시킨다.
④ 논리적이고 자연스러운 흐름에 따라 질문을 위치시킨다.
⑤ 중요한 질문은 설문지 내용이 많을 경우 앞쪽에 위치시킨다.

해설
① '질문의 순서'가 아닌 '질문의 표현'에 대한 내용이다.

51 다음 중 '브라운(Brown)'이 제시한 소비자의 구매 패턴에 따른 고객충성도 분류로 보기 어려운 것은?

① 분열된 충성도
② 변화하기 쉬운 충성도
③ 무(無) 충성도
④ 산출된 충성도
⑤ 완전한 충성도

해설
브라운(Brown)의 소비자 구매 패턴에 따른 4가지 고객충성도
• 완전한 충성도
• 분열된 충성도
• 변하기 쉬운 충성도
• 무(無) 충성도

52 '레이나르츠'와 '쿠머'가 제시한 충성도 전략과 관련해 다음 〈보기〉의 설명에 해당하는 고객 유형은?

보기
• 회사의 제공 서비스와 소비자 욕구 간의 적합도가 제한되고 낮은 잠재이익을 가지고 있다.
• 지갑점유율이 낮으면 상향, 교체 구매를 유도해야 한다.

① Strangers
② Barnacles
③ Butterflies
④ True Friends
⑤ Humming bird

해설
고객의 충성도와 이익에 따른 전략의 선택

구 분	장기거래 고객	단기거래 고객
	True Friends	Butterflies
높은 수익	• 기업의 제공 서비스와 소비자의 욕구 간 적합도가 높고, 큰 잠재이익 보유 • 태도적 · 행동적 충성도 구축과 지속적인 고객 관계 유지 필요	• 기업의 제공 서비스와 소비자의 욕구 간 적합도가 높고, 큰 잠재이익 보유 • 거래 만족을 달성하기 위해 노력
	Barnacles	Strangers
낮은 수익	• 기업의 제공 서비스와 소비자의 욕구 간 적합도가 제한되고 낮은 잠재이익 보유 • 지갑점유율을 측정하여 낮으면 교체 구매 유도	• 기업의 제공 서비스와 소비자의 욕구 간 적합도가 낮음 • 관계유지를 위한 더이상의 투자 불필요 • 모든 거래에서 이익 창출이 요구됨

53 다음 중 메타 트렌드에 대한 설명으로 가장 올바르지 않은 것은?

① 기본적으로 글로벌한 성격을 지니고 있다.
② 삶의 모든 영역에서 징후를 찾아볼 수 있다.
③ 최소한 5년 혹은 10년 동안 지속되는 흐름을 의미한다.
④ 자연의 기본 법칙이나 영원성을 지닌 진화의 법칙을 의미한다.
⑤ 사회 문화 전반을 아우르는 광범위하고 보편적인 트렌드를 말한다.

해설
소비자 트렌드에 대한 설명이다. 소비자 트렌드는 5 ~ 10년 동안 지속되어 소비세계의 새로운 변화를 이끌어 내는 소비문화로부터 소비의 표층 영역까지를 광범위하게 나타나는 현상이다.

54 고객만족(CS)을 위한 계획 수립(Planning)의 장점에 대한 내용으로 가장 올바르지 않은 것은?

① 조정을 도와주는 역할을 한다.
② 시간 관리를 할 수 있게 해준다.
③ 조직 구성원의 행동지침이 된다.
④ 통제를 근본적으로 제거할 수 있도록 도와준다.
⑤ 집중도를 높이고 조직의 유연성을 향상시켜 준다.

해설
계획 수립의 장점은 통제의 근원이 된다는 것이다.

55 기간에 따른 계획수립 유형 중 다음 〈보기〉의 설명에 해당하는 것은?

보기
기업이 생산시설을 확충하거나 축소하여 그 효과가 마케팅 실적으로 나타날 수 있도록 하는 계획으로 산업이나 조직에 따라 기간이 다양하지만, 통상 1 ~ 2년 정도의 계획을 말한다.

① 단기계획
② 중기계획
③ 장기계획
④ 분기계획
⑤ 교정계획

해설
기간에 따른 계획수립의 유형
• 장기계획 : 3년 이상의 기업의 현재와 미래를 모두 포함하는 계획으로 기업 혁신, 신제품 개발, 서비스 개발, 기업 수익의 균형 및 목표의 우선순위를 정하고 자원을 바르게 배분하는 것을 의미한다.
• 중기계획 : 기업의 생산시설을 확충 또는 축소하여 마케팅 효과가 실적으로 나타날 수 있도록 하는 1 ~ 2년 정도의 계획을 의미한다.
• 단기계획 : 생산시설의 가동률 변경으로 효과가 마케팅 실적에 나타날 수 있도록 하는 1년 이내의 짧은 계획을 의미한다.

56 다음 〈보기〉의 설명에 해당하는 벤치마킹 유형은?

보기
서로 다른 위치의 사업장이나 부서, 혹은 사업부 사이에서 일어나는 벤치마킹 활동으로 정보를 수집하기에 용이하다는 장점을 지니고 있다.

① 기능 벤치마킹
② 경쟁 벤치마킹
③ 설계 벤치마킹
④ 포괄 벤치마킹
⑤ 내부 벤치마킹

벤치마킹의 유형
- 기능 벤치마킹 : 최신·최상의 제품이나 프로세스를 가지고 있는 조직을 대상으로 한 벤치마킹이다.
- 경쟁 벤치마킹 : 직접적인 경쟁사에 대한 벤치마킹을 의미한다.
- 포괄 벤치마킹 : 다른 업종 기업들에 대한 벤치마킹을 의미한다.
- 내부 벤치마킹 : 서로 다른 위치의 사업장, 부서, 사업부 사이에서 일어나는 벤치마킹을 의미한다.

57 다음 〈보기〉의 설명에 해당하는 마케팅 유형은?

> **보기**
>
> 최근 KIE 베이커리는 복고풍 도넛 제품인 '동네 도나쓰'를 출시했다. 옥수수 가루로 반죽한 작은 도넛 7개를 종이봉투에 담고 가격도 1,500원으로 저렴하게 책정했다. 고객들이 어린 시절 엄마 손을 잡고 재래시장에서 도넛을 사먹던 기억을 떠올릴 수 있도록 도넛을 튀길 때 사용하는 검정 솥을 매장에 비치하고 그 안에 설탕을 담아 고객들이 원하는 만큼 묻혀 가져갈 수 있도록 했다.

① 코즈 마케팅
② 넛지 마케팅
③ 티저 마케팅
④ 레트로 마케팅
⑤ 플래그십 마케팅

마케팅의 유형
- 티저 마케팅 : 제품이나 서비스의 정체를 밝히지 않고 호기심을 자극하여 소비자가 자신과 주변사람들에 질문을 던지도록 유도하는 마케팅
- 코즈 마케팅 : 기업이 소비자를 통해 제품 판매와 기부를 동시에 추구하기 위해 시행하는 마케팅
- 넛지 마케팅 : 구매를 유도하지만 구매자에게 선택의 자유를 주는 방식의 마케팅
- 플래그십 마케팅 : 대표상품의 긍정적 이미지를 다른 상품으로 확대하여 브랜드 가치를 제고하는 판촉 마케팅
- 레트로 마케팅 : 사람들의 옛 추억, 향수 등의 감성을 자극하여 기억에 각인시키는 마케팅

58 제품에 관한 소비자의 관여 수준에 따른 유형 중 고관여도 관점에 대한 내용으로 가장 거리가 먼 것은?

① 소비자는 정보탐색자이다.
② 소비자는 목표지향적인 정보처리자이다.
③ 소비자는 우선 구매하며, 상표평가는 구매 후에 일어난다.
④ 소비자는 능동적 수신자이기 때문에 태도 변경을 위한 광고의 효과는 약하다.
⑤ 소비자는 기대 만족을 극대화하려고 노력하며 최선의 선택을 위해 다수의 속성을 검토한다.

소비자는 구매 전에 상표를 먼저 평가한다.

59 AIO 분석 기법의 3가지 차원 중 다음 〈보기〉의 설명에 해당하는 것은?

> **보기**
>
> 어떠한 사물과 사건 또는 화제에 대하여 특별하고 계속적인 주의를 부여하는 정도를 조사하는 것을 의미한다.

① 희 생
② 요 구
③ 관 심
④ 활 동
⑤ 의 견

조셉 플러머의 AIO 분석 기법
- Activities(활동) : 쇼핑, 상품에 대한 대화 등으로 관찰될 수 있지만 그 이유를 측정하기 어렵다.
- Interests(관심) : 어떤 사물과 사건, 화제 등에 대하여 특별하고 계속적인 주의를 부여하는 정도를 의미한다.
- Opinions(의견) : 질문이 제기된 상황에 대하여 개인이 제시하는 반응으로 예측, 신뢰, 평가, 해석, 기대 등을 의미한다.

60 두 개 이상의 상품이나 서비스를 할인된 가격에 패키지로 구매할 수 있도록 하면서 별도로 분리하여 개별적으로도 구매할 수 있도록 가격을 책정하는 서비스 가격 전략의 명칭은?

① 순수 묶음가격 전략　② 혼합 묶음가격 전략

③ 전환 묶음가격 전략　④ 확장 묶음가격 전략

⑤ 비(非) 묶음가격 전략

해설
묶음가격 전략
둘 혹은 그 이상의 상품을 패키지의 형태로 소비자에게 제공하는 마케팅 전략
- 순수 묶음가격 전략 : 서비스를 패키지로만 구입할 수 있도록 하는 전략
- 혼합 묶음가격 전략 : 서비스를 개별적으로나 패키지로 구입할 수 있도록 하는 전략

3과목　고객관리 실무론

61 '로젠버그'가 제시한 이미지의 분류와 관련해 다음 〈보기〉의 설명에 해당하는 것은?

보기
- 자신에 대하여 가지고 있는 개인의 생각과 느낌의 총합이다.
- 자신의 신체, 행동 능력을 판단하는 자신에 대한 지각의 본질이며, 동시에 행동해야 할 방향을 결정하는 주체이다.

① 지적 이미지　② 외적 이미지

③ 내적 이미지　④ 원칙적 이미지

⑤ 사회적 이미지

해설
로젠버그(Rosenberg)의 내적 이미지
자신에 대해 가지고 있는 개인의 생각과 느낌의 총합이다. 자신의 신체, 행동, 능력을 판단하는 지각의 본질이자 행동해야 할 방향을 결정하는 주체이다.

62 첫인상 형성과 관련해 다음 〈보기〉의 설명에 해당하는 용어는?

보기
처음 주어진 정보에 대하여 판단을 내릴 경우 이것이 나중에 수용되는 정보의 기본 지침이 되어 맥을 잇게 되는 현상을 의미한다.

① 맥락 효과　② 일관성의 오류

③ 인지적 구두쇠　④ 아스팔트 효과

⑤ 부정성의 법칙

해설
② 규정된 형식이 아닌 문장을 사용해서 시스템이 바른 문장으로 바뀔 수 있는 기회를 주는 것으로, 바로 발견되지 않은 오류는 수행 중에 발견된다.
③ 인상 형성에 있어 사람들은 상대를 판단할 때 가능하면 노력을 덜 들이면서 결론에 도달하려는 경향을 표현한다.
④ 콘크리트 효과라고도 하며, 첫인상은 콘크리트처럼 쉽게 굳어지는 특징이 있어 처음에 형성된 인상은 쉽게 바꿀 수 없다는 것을 말한다.
⑤ 한 번 부정적으로 인식한 대상의 인상이 쉽게 바뀌지 않는 것을 말한다.

63 다음 중 올바른 인사의 시기와 방법에 대한 설명으로 가장 거리가 먼 것은?

① 상대방의 인사에 응답하는 것보다 내가 먼저 반갑게 인사하는 것을 생활화하여야 한다.

② 일반적으로 30보 이내에서 준비하는 것이 좋다.

③ 상대방과 방향을 마주할 경우 6 ~ 8보 정도가 가장 좋은 시기라 할 수 있다.

④ 상사는 외부인과 함께 복도에서 만났을 때는 멈추어 서서 인사하는 것이 좋다.

⑤ 측방에서 갑자기 만났을 경우에는 인사를 생략하는 것이 좋다.

해설
측방에서 상대를 갑자기 만났을 경우에는 상대를 확인하는 즉시 인사를 하는 것이 좋다.

64 다음 〈보기〉의 설명에 해당하는 절의 종류는?

> 보기
> - 왼손이 위로 가게 공수를 하고 어른을 향해 선다.
> - 공수한 손을 눈높이까지 올렸다가 내리면서 허리를 굽혀 공수한 손을 바닥에 짚는다.
> - 왼쪽 무릎을 먼저 꿇고 오른쪽 무릎을 꿇어 엉덩이를 깊이 내려앉는다.
> - 팔꿈치를 바닥에 붙이며 이마를 공수한 손등 가까이에 댄다. 이 때 엉덩이가 들리면 안 된다.
> - 공손함이 드러나도록 잠시 머물러 있다가 머리를 들며 팔꿈치를 펴고, 오른쪽 무릎을 세운 뒤 공수한 손을 바닥에서 떼어 오른쪽 무릎 위를 짚고 일어난다.
> - 공수한 손을 눈높이까지 들었다가 내린 후 목례한다.

① 여성의 작은절   ② 여성의 평절
③ 여성의 큰절   ④ 남성의 평절
⑤ 남성의 큰절

해설
절의 종류

종류	남 자	여 자
작은절	• 양 무릎을 공손히 꿇고 앉는다. • 앉았을 때 오른쪽 발이 왼쪽 발 위에 오게 한다. • 가지런한 두 손이 바닥에 약간 닿는 자세에서 머리를 조금 숙인다(15도 정도).	• 오른쪽 무릎을 세워서 앉는다. • 양손은 가지런히 모아 옆에 놓으며 머리를 조금 숙인다(15도 정도).
평 절	• 양 무릎을 공손히 꿇고 앉는다. • 앉았을 때 오른쪽 발이 왼쪽 발 위에 오게 한다. • 두 손바닥이 거의 바닥에 닿는 자세에서 공손한 절을 한다(30도 정도).	• 오른쪽 무릎을 세워 앉는다. • 양손은 가지런히 모아 옆에 놓으며 머리를 좀 더 깊이 숙이고 절을 한다(30도 정도).
큰 절	• 양 무릎을 공손히 꿇고 앉는다. • 앉았을 때 오른쪽 발이 왼쪽 발 위에 오게 한다. • 두 손바닥이 완전히 바닥에 닿도록 깊이 굽혀서 정중히 절을 한다(45도 정도).	• 오른쪽 무릎을 세워서 앉는다. • 양손은 가지런히 모아 옆에 놓으며 머리를 깊이 숙이고 정중히 절을 한다(45도 정도).

65 다음 〈보기〉의 사례에 해당하는 화법의 명칭은?

> 보기
> - 죄송하지만, 잠시 기다려 주시겠습니까?
> - 번거로우시겠지만, 정문 옆에 있는 안내 데스크로 이동하셔서 안내를 받아주시기 바랍니다.
> - 수고스러우시겠지만, 다음 기회에 다시 방문해주시겠습니까?

① 역전법   ② 신뢰 화법
③ 후광 화법   ④ 쿠션 화법
⑤ 씨 뿌림 화법

해설
① 일단 고객의 의견에 동의하고 반대의견을 말하는 화법이다.
② 상대방에게 신뢰감을 줄 수 있는 말을 사용하는 화법이다.
③ 유명 연예인의 사용 기록이나 매출자료를 제시하여 고객의 반대 저항을 감소시켜나가는 화법이다.

66 다음 〈보기〉의 설명에 해당하는 질문 기법은?

> 보기
> - 고객의 마음에 여유가 생기도록 한다.
> - 고객이 적극적으로 이야기하게 함으로써 고객의 니즈를 파악할 수 있다.
> - 고객이 자유롭게 의견이나 정보를 말할 수 있도록 한다.

① 선택 질문   ② 개방형 질문
③ 확인형 질문   ④ 비유형 질문
⑤ 논거형 질문

해설
① '예/아니오'로 대답하거나 선택지를 고르게 하는 질문
③ 고객에게 직접 확인받는 질문

67 다음 중 판매자 측의 잘못으로 발생되는 고객 불만의 원인과 가장 거리가 먼 것은?

① 무성의한 접객 행위

② 잘못된 애프터서비스

③ 고객에 대한 직원의 인식 부족

④ 상품 지식의 결여로 인한 정보 제공의 미흡

⑤ 할인, 교환, 거래중단 등의 핑계로 제기되는 악의적인 불만

해설
고객 스스로의 문제로 생긴 불만에 대한 설명이다.

69 다음 중 코칭(Coaching)의 장점에 대한 설명으로 가장 올바르지 않은 것은?

① 코치와 학습자의 동시성장이 가능하다.

② 업무 수행성과에 직접적으로 관련되어 있다.

③ 일대일로 지도하기 때문에 교육 효과가 높다.

④ 교육의 성패가 코치의 능력에 의해 좌우된다.

⑤ 상·하 간의 커뮤니케이션 능력을 향상시킬 수 있다.

해설
④ 코칭의 단점에 해당한다.

68 고객을 화나게 하는 7가지 태도 중 마음을 담지 않고 인사나 응대, 답변 등이 기계적이며 반복적으로 고객을 대하는 태도를 의미하는 것은?

① 발 뺌　　　　② 무 시

③ 냉 담　　　　④ 경직화

⑤ 규정제일

해설
① 자신의 업무영역과 책임한계를 이야기하며 다른 부서에 떠넘기는 태도

② 불만을 못들은 체 하거나 별 일 아니라는 식으로 대하는 태도

③ 고객을 귀찮은 존재로 취급하며 차갑게 대하는 태도

⑤ 회사의 규정을 강조하며 고객에게 강요하는 완고한 태도

70 다음 중 전화응대 시 유의 사항으로 가장 거리가 먼 것은?

① 명령형이나 지시형보다는 의뢰형이나 권유형으로 말하는 것이 좋다.

② 부정적인 말을 우회적으로 표현하는 것이 좋다.

③ 음량을 조절하여 고객의 목소리보다 조금 낮은 목소리로 통화하는 것이 좋다.

④ 강조할 부분, 쉬어야 할 부분을 구별해 또박또박 말하도록 한다.

⑤ 고객이 말하는 속도보다 조금 빠르게 진행함으로써 처리 업무량을 증가시키는 것이 좋다.

해설
음량을 조절하여 고객의 목소리보다 조금 낮은 목소리로 이야기하며, 고객이 말하는 속도에 맞추어 일치감을 형성하는 것이 좋다.

71 다음 중 효과적인 경청을 위한 방안으로 가장 바람직하지 않은 것은?

① 중요한 내용이나 요점을 기록한다.
② 주의를 고객에게 집중한다.
③ 고객에게 계속적인 반응을 보이는 것은 부담이 될 수 있으므로 주의해야 한다.
④ 고객의 말을 가로막지 않는다.
⑤ 비판하거나 평가하지 않는다.

해설
고객에게 계속적인 반응을 보이는 것이 바람직하다.
효과적인 경청을 위한 방안
• 비판하거나 평가하지 않는다.
• 편견을 갖지 않고 고객의 입장에서 듣는다.
• 고객에게 집중하고, 고객의 말에 계속 반응한다.
• 정확한 이해를 위해 고객이 말한 것을 복창한다.
• 고객의 말을 가로막지 않는다.
• 중요한 내용이나 요점을 기록한다.

72 다음 중 '호칭(呼稱)'의 기본 예의에 대한 설명으로 가장 거리가 먼 것은?

① 공적인 자리에서 친구나 동료처럼 대등한 위치에 있는 사람일 경우, '○○ 씨'라고 하여 상대방을 존중해 주는 것이 좋다.
② 직급과 직책 중에서 직책을 기준으로 칭하는 것이 통상적인 예의이다.
③ 자신보다 나이가 많거나 지위가 상급인 경우 공손하게 직위나 적정한 사회적 경칭(敬稱)을 사용하는 것이 좋다.
④ 자신보다 아랫사람이라 하더라도 처음 대면하는 경우 '○○ 씨' 혹은 이와 유사한 존칭(尊稱)을 사용하는 것이 좋다.
⑤ 친구나 동료처럼 대등한 위치에 있는 사람이라면 사적인 자리에 한해 이름을 불러도 크게 문제가 되지 않는다.

해설
직급과 직책 중에서 상위개념으로 칭하는 것이 통상적인 예의이다.

73 다음 중 업무보고의 요령에 대한 설명으로 가장 올바르지 않은 것은?

① 보고할 내용이 긴 경우, 결론부터 말하고 경과, 절차 등의 내용은 생략하여도 무방하다.
② 보고할 내용이 몇 가지 겹쳐졌을 경우, 전체 사항을 먼저 보고하고, 하나씩 나누어서 보고한다.
③ 지시받은 사항에 대해 완료되는 즉시 보고한다.
④ 필요한 경우 반드시 중간보고를 한다.
⑤ 지시한 사람에게 직접 보고하는 것이 원칙이다.

해설
보고할 내용이 긴 경우, 결론부터 말하고 경과, 절차 등의 내용을 간결하게 보고한다.

74 다음 〈보기〉의 설명에 해당하는 콜센터 유형으로 가장 올바른 것은?

보기
기업 내부의 조직원들이 고객정보 보호, 지속적인 업무 진행, 고객 관리의 질을 지속적으로 향상시키기 위해 직접 운영하는 방식의 콜센터 유형이다.

① 직할 콜센터   ② 제휴형 콜센터
③ 디지털 콜센터   ④ 클라우딩 콜센터
⑤ 아웃소싱형 콜센터

해설
② 전문 업체와 제휴하여 인력, 시스템, 시설 등을 공유하여 운영하는 방식
④ 클라우드 기술을 적용해 별도의 콜센터 장비없이 어느 곳에서든 PC만으로 콜센터 업무가 가능한 운영 방식
⑤ 운영에 따른 리스크를 방지하고 효율성, 생산성 등을 고려해 외부 전문 콜센터 업체에서 인력, 시스템, 시설 등을 조달하는 방식

75 콜센터 운영 시 고려해야 할 사항 중 고객 배려, 고객 참여, 고객 감동 기법의 발굴과 교육 훈련 등에 해당하는 것은?

① 효율성　　　　　② 적응성
③ 합목적성　　　　④ 고객 서비스성
⑤ 복잡상황 대응성

해설
콜센터 운영 시 고려사항
• 효율성 : 수익성, 경쟁성, 투자 대비 성과 등
• 적응성 : 업무, 팀워크, 데이터 활용
• 합목적성 : 고객, 서비스 운영방법 등에 대한 합목적성
• 고객 서비스성 : 고객 배려, 고객 감동, 고객 참여 등 기법 개발과 고객 서비스 향상 방안 모색
• 복잡상황 대응성 : 여러 가지 비대면 상황에 대한 대응 능력
• 전문성 : 전문 상담능력 배양

76 다음 〈보기〉의 (　) 안에 들어갈 용어로 알맞은 것은?

보기
(　)(이)란 사업자의 서비스 가입자당 평균 수익을 뜻하는 용어로, 주로 통신서비스 사업 지표로 많이 사용된다. 또한 기업 콜센터 현장에서 기존 고객의 (　)(을)를 높일 목적으로 교차판매 및 상향 판매 활동을 강화하기도 한다.

① DAU　　　　　② MAU
③ CPM　　　　　④ ARPU
⑤ Retention Rate

해설
④ Average Revenue Per User : 사업자의 서비스 가입자당 평균 수익
① Daily Active Users : 일간 순수 서비스 이용자 수
② Monthly Active Users : 월간 순수 서비스 이용자 수
③ Cost Per Mille : 1,000회 노출되었을 때 지출되는 광고요금 비율
⑤ Retention Rate : 재방문율

77 스크립트 작성 원칙과 관련해 다음 〈보기〉의 설명에 해당하는 것은?

보기
스크립트의 원고 내용은 고객에게 반드시 알리고 설명 및 설득할 것에 대하여 핵심적인 내용만 명확하게 제시되어야 한다.

① 회화체 활용　　　② 상황대응
③ 상황관리　　　　④ 간단명료
⑤ 유 연

해설
스크립트 작성의 5C
• Clear : 이해하기 쉽게 작성되어야 한다.
• Concise : 간단명료하게 작성되어야 한다.
• Convincing : 논리적으로 작성되어야 한다.
• Conversational : 회화체로 작성되어야 한다.
• Customer – Oriented : 고객 중심으로 작성되어야 한다.

78 감정노동으로 인한 직무 스트레스 대처법과 관련해 다음 〈보기〉의 내용에 해당하는 것은?

보기
감정노동으로 인한 스트레스로 분노를 억누를 수 없다면 적극적인 스트레스 해소법을 찾아야 한다. 가장 좋은 것이 '이완 호흡'으로 눈을 감고 3, 4회 정도 깊고 크게 숨을 들이마신 뒤 천천히 내쉬도록 한다.

① 적응하기　　　　② 생각 멈추기
③ 분노조절 훈련　　④ 일과 나와의 분리
⑤ 혼잣말 등 인지적 기법

감정노동의 직무 스트레스 대처법

- 적응하기 : 고객의 입장을 이해해보려고 노력한다.
- 분노조절 훈련 : 심호흡, 자극 피하기, 관심바꾸기, 용서, 소리지르기 등으로 분노를 조절해본다.
- 타인과 교류하기 : 어려움을 나눌 수 있는 상사나 동료를 만들거나 동호회, 봉사활동 등을 통해 심리적으로 재충전할 수 있는 기회를 갖는다.
- 생각 멈추기 : 마음속으로 "그만"을 외치고 생각을 멈추어 본다.
- 일과 나와의 분리 : 일 때문에 다른 사람이 되어 연극을 하는 중이라고 생각하며 자신과 업무를 분리한다.
- 혼잣말 등 인지적 기법 : 스스로 위로하고 격려하는 혼잣말이나 자기암시를 한다.

80 콜센터 모니터링을 위한 코칭의 종류 중 다음 〈보기〉의 설명에 해당하는 것은?

> **보기**
> - 미니 코칭보다 코칭 시간이 길고 코칭의 내용이 구체적으로 이루어진다.
> - 일반적으로 모니터링 평가표에 따라 업무 및 2 ~ 3개의 통화품질 기준에 관한 내용을 가지고 진행된다.

① 피드백 　　　　　② 풀 코칭
③ 프로세스 코칭 　　④ 시스템 코칭
⑤ 서포팅 코칭

해설
① 어떤 원인에 의해 나타난 결과가 다시 원인에 작용해 그 결과를 줄이거나 늘리는 '자동 조절 원리'를 말하며, 이러한 피드백 과정을 고객 만족이라는 모니터링의 궁극적인 목적을 위해 이용하는 것이 모니터링 피드백이다.
③ 일정한 형식을 유지하며 진행되는 방식으로 가장 흔히 사용하는 형태이다. QAA나 코칭을 하는 사람이 사전에 코칭 대상과 시기, 코칭 내용을 선정하여 상담원에게 코칭을 정해진 프로세스에 따라 실시한다.

79 콜센터 조직 구성과 관련해 다음 〈보기〉의 설명에 가장 부합하는 것은?

> **보기**
> 상담원의 상담 내용을 모니터링하여 평가하고 관리, 감독을 통해 통화품질을 향상시키는 업무를 수행한다.

① QAA 　　　　　② TA
③ CA 　　　　　④ 텔레컨설턴트
⑤ 유니트 리더

해설
통화품질관리자(QAA ; Quality Assurance Analyst)
통화품질관리자로서 고객 상담에 대한 전문적 지식과, 객관적 판단능력으로 상담내용을 평가, 관리하여 콜센터의 통화품질을 향상시키는 업무를 수행한다.

81 다음 중 악수(握手)의 5대 원칙으로 가장 거리가 먼 것은?

① Eye-contact 　　② Smile
③ Rhythm 　　　　④ Distance
⑤ Respect

해설
악수의 5대 원칙
- 적당한 힘(Power)
- 눈맞춤(Eye-contact)
- 적당한 거리(Distance)
- 리듬(Rhythm)
- 미소(Smile)

82 회사 법인차량을 이용해 대표이사와 수행 비서를 공항까지 모셔드려야 할 경우, 대표이사께 안내할 수 있는 상석의 위치를 아래 〈보기〉의 그림에서 찾아 선택한 것은?(※ 단, 운전자는 본인 1명이다.)

① (가)　　　　　　② (나)
③ (다)　　　　　　④ (라)
⑤ (마)

83 다음 중 일반적 의전(儀典)예우 기준과 관련해 직위에 의한 서열 기준으로 보기 어려운 것은?

① 전직(前職)
② 기관장 선순위
③ 국가기관 선순위
④ 직급(계급) 순위
⑤ 헌법, 정부조직법상의 기관 순위

84 다음 〈보기〉의 내용과 같이 소비자에 대하여 정의한 학자는?

보기
소비자는 생활자이며 일반 국민임과 동시에 거래 과정의 말단에서 구매자로 나타나는 것을 의미한다.

① 폰 히펠　　　　　② 제프리 삭스
③ 가토 이치로　　　④ 이마무라 세이와
⑤ 타케우치 쇼우미

85 소비자기본법의 내용 중 다음 〈보기〉의 내용에 해당하는 것은?

보기
국가는 사업자의 불공정한 거래조건이나 거래방법으로 인하여 소비자가 부당한 피해를 입지 아니하도록 필요한 시책을 수립 · 실시하여야 한다.

① 거래의 적정화(제12조)
② 소비자에의 정보제공(제13조)
③ 소비자의 능력 향상(제14조)
④ 개인정보의 보호(제15조)
⑤ 소비자분쟁의 해결(제16조)

해설

② 소비자의 기본적인 권리가 실현될 수 있도록 소비자의 권익과 관련된 주요시책 및 주요결정사항을 소비자에게 알림

③ 소비자가 올바른 권리행사를 할 수 있도록 소비자교육과 학교교육, 평생교육을 연계하여 교육적 효과를 높이기 위한 시책 수립

④ 개인정보의 분실·도난·누출·변조 등이 일어나지 않도록 필요한 시책을 강구

⑤ 소비자의 불만이나 피해가 신속하고 공정하게 처리될 수 있도록 관련조직을 설치하고 필요한 조치를 취함

86 다음 중 개인정보의 정의와 개념에 대한 설명으로 올바르지 않은 것은?

① 개인정보란 개인의 신념, 신체, 재산, 사회적 지위, 신분 등에 관한 사실, 판단, 그리고 평가를 나타내는 일체의 정보를 의미한다.

② 개인과 관련된 사실적인 정보(주민등록번호)와는 달리 해당 개인에 대한 타인이 가진 주관적인 정보(신용평가정보) 등은 관련성이 떨어진다고 볼 수 있다.

③ 혈액형과 같이 고유 식별이 불가능한 정보라 하더라도 주민등록번호 및 주소 등의 정보와 결합하여 개인 식별이 가능할 경우는 개인정보에 해당한다.

④ 일반적으로 법인(法人)의 상호, 영업소재지, 대표이사의 성명 등은 개인정보의 범위에 포함되지 않으나, 광의적 의미에서는 개인정보로 인식될 수 있다.

⑤ 일반적으로 사망하였거나 실종신고 등 관계법령에 의하여 사망한 것으로 간주되는 자의 개인정보는 인정되지 않으나, 그에 따른 정보가 유족 등 후손과 관련이 있는 경우에는 적용 대상이 될 수 있다.

해설

개인과 관련된 사실적인 정보(주민등록번호)뿐만 아니라 해당 개인에 대한 타인이 가진 주관적인 정보(신용평가정보)도 관련성이 인정된다고 볼 수 있다.

87 개인정보처리자가 정보주체로부터 개인정보 수집에 대한 동의를 받은 이후, 개인정보를 제공받기 이전에 알려야 할 사항으로 가장 거리가 먼 것은?

① 개인정보의 수집·이용 목적

② 수집하려는 개인정보의 항목

③ 개인정보의 보유 및 이용기간

④ 개인정보처리자의 법규 준수 현황

⑤ 동의를 거부할 권리가 있다는 사실 및 동의 거부에 따른 불이익이 있는 경우에는 그 불이익의 내용

해설

개인정보를 제공받기 이전에 알려야 할 사항(개인정보보호법 제15조)

• 개인정보의 수집·이용 목적
• 수집하려는 개인정보의 항목
• 개인정보의 보유 및 이용 기간
• 동의를 거부할 권리가 있다는 사실 및 동의 거부에 따른 불이익이 있는 경우에는 그 불이익의 내용

88 '나들러(Nadler)'가 제시한 교육훈련 강사의 역할 중 다음 〈보기〉의 내용에 해당하는 것은?

> **보기**
>
> • 교육훈련 프로그램이 효과적으로 전달될 수 있도록 매체 선정과 방법을 찾는 일을 한다.
> • 각종 학습보조 도구와 시청각 자료를 제작하고 활용하여 학습 효과를 상승시킬 수 있는 방안을 강구한다.

① 학습 성취자   ② 학습 촉진자

③ 교수 전략 개발자   ④ 교수 프로그램 개발자

⑤ 직무기술 지도자

해설

교육훈련 강사의 역할(Nadler, 나들러)

• 학습 촉진자 : 학습자들과 직접 학습 활동을 하거나 도와주는 역할이다. 따라서 강사는 다양한 경험과 이론적 배경지식을 갖춰야 한다. 강의, 토의 진행, 시범 등을 수행한다.
• 교수 프로그램 개발자 : 조직의 문제를 확인하고 분석하여 이를 충족할 학습 내용을 구성한다.
• 교수 전략 개발자 : 교육훈련 프로그램이 효과적으로 전달될 수 있도록 학습 보조 도구와 시청각 자료 등의 매체를 선정 및 제작하고, 방법을 찾는 역할을 한다.

89 다음 중 '크로스'가 제시한 성인 학습의 기본 원리에 대한 내용으로 가장 올바르지 않은 것은?

① 한 번에 하나의 아이디어나 개념만을 제공하라.

② 자신의 학습을 스스로 평가하지 않도록 통제하라.

③ 정보를 제공할 때는 능숙하게 할 수 있는 기회를 부여하라.

④ 잦은 피드백과 요점정리를 하여 기억을 유지할 수 있도록 하라.

⑤ 새로운 정보를 제공할 때에는 그것이 학습자들에게 의미 있고 현실감이 있는지 실용성 여부를 확인하라.

해설
크로스의 성인학습 기본원리
• 실용성 확인 : 새로운 정보를 제공할 때 학습자들에게 의미 있고 현실감 있는 것인지 확인한다.
• 능숙하게 할 기회 부여 : 신체적·지각적 능력이 저하된 성인들이 정보를 이해하는 데 필요한 시간을 준다.
• 피드백과 요점정리 : 피드백과 요점정리를 통해 학습자들의 자료를 응용하는 능력을 향상시킨다.
• 한 번에 하나의 아이디어나 개념만을 제공 : 기존의 지식과 새로운 지식을 통합하는 데 도움을 받을 수 있고, 이해력을 향상시키며 지적 손실을 최소화할 수 있게 된다.

90 프레젠테이션 '4P' 분석과 관련해 다음 〈보기〉의 내용에 해당하는 것은?

보기
• 발표장 위치(실내/실외)
• 발표장의 배치와 발표자의 위치
• 발표장의 형태(연회장, 회의실, 컴퓨터실 등)
• 시설 확인(컴퓨터, 마이크, 스크린, 조명 등)

① Place
② People
③ Purpose
④ Perform
⑤ Preparation

해설
프레젠테이션 4P 분석
• People(사람) : 청중의 수준, 반응 및 자세, 청중의 요구 확인
• Purpose(목적) : 새로운 정보 전달, 설득·제안을 통해 동의와 지원을 얻어냄
• Place(장소) : 발표 장소와 주변 장소의 영향, 전자기구의 불량, 좌석배치, 통행로 등 확인
• Preparation(사전준비) : 정보와 자료의 수집, 발표자료 제작

1과목 CS 개론

01 고객만족(CS)과 관련해 다음 〈보기〉의 ( ) 안에 들어갈 학자의 이름으로 알맞은 것은?

> **보기**
>
> ( )은(는) 고객의 포괄적인 감정을 프로세스로 고객만족을 설명하였으며, 고객의 사용 전 기대와 사용 후 성과를 평가한 결과로 고객만족을 이해하였다.

① 뉴 먼   ② 올 슨
③ 올리버   ④ 앤더슨
⑤ 웨스트브룩

해설
고객만족에 대한 전문가들의 정의

뉴먼과 웨스트브룩	상품이나 서비스를 구매, 비교, 평가, 선택하는 과정에서 고객이 경험하는 호의적이거나 비호의적인 감정을 고객만족과 불만족으로 구분하여 설명
올리버	만족을 소비자의 성취 반응으로 판단하여, 상품과 서비스의 특성과 그 자체가 제공하는 소비자의 욕구충족 이행수준에 관한 소비자의 판단으로 해석함
앤더슨	상품 이용 고객의 포괄적인 감정을 하나의 과정으로 이해하여 고객만족을 설명
굿 맨	'고객만족'이란 비즈니스와 기대에 부응한 결과로서 상품, 서비스의 재구입이 이루어지고 아울러 고객의 신뢰감이 연속되는 상태
코틀러	만족이란 사람들의 기대치와 그 제품에 대해 자각하고 있는 성능과 비교해 나타나는 즐거움이나 실망감

02 고객만족(CS)관리의 역사와 관련해 1980년대의 주요 내용에 해당하는 것은?

① 1983년 삼성그룹의 신(新)경영 선포
② 1989년 현대자동차의 품질보증제도 도입
③ 1980년대 후반 업종을 불문한 고객만족경영 도입
④ 1980년대 일본 SONY사(社)의 고객만족경영 도입
⑤ 1982년 국내 최초 LG그룹의 고객가치창조 기업 이념의 도입

해설
① 삼성그룹의 신(新)경영 선포 : 1993년
② 현대자동차의 품질보증제도 도입 : 1999년
③ 업종을 불문한 고객만족경영 도입 : 2000년대
⑤ 국내 최초 LG그룹의 고객가치창조 기업 이념의 도입 : 1992년

03 다음 〈보기〉의 이야기에 가장 부합하는 이론은?

> **보기**
>
> 더운 어느 날 여우가 길을 걷고 있었습니다. 한참 길을 걷다 보니 탐스러운 포도송이가 높은 나무 위에 주렁주렁 매달려 있지 뭐예요? 포도를 먹기 위해 여우는 발버둥을 쳐 보지만 결국 실패하고 말았어요. 여우는 날이 더우니 포도가 시고 맛이 없을 거라고 투덜대며 결국 포기하고 가던 길을 재촉하였답니다.

① 교환 이론   ② 귀인 이론
③ 순응 수준 이론   ④ 기대 – 불일치 이론
⑤ 인지 부조화 이론

① 기업이 소비자에게 제품을 주는 대가로 돈을 받고, 소비자는 자신의 욕구충족을 위해 제품을 고른 대가로 돈을 내는 것과 같이, 개인이나 사회적 관계에서 일어나는 행동과 그에 따른 보상을 말한다.
② 행동의 원인을 찾아내기 위해 추론하는 과정을 설명하는 이론이다.
③ 생체에 주어진 과거 및 현재의 모든 자극을 평균적으로 대표하는 자극치와 똑같다고 하고, 그것과의 관계상 생체의 행동을 예측하는 이론이다.
④ 기대와 성과 간의 차이, 지각된 제품 성과, 기대의 요소를 통해 만족과 불만족의 형성 과정을 설명하는 이론이다.

05 다음 중 '데이비드 마이스터'가 제시한 대기 관리의 기본 원칙에 대한 내용으로 가장 올바르지 않은 것은?

① 공정한 대기 시간이 더 길게 느껴진다.
② 혼자 기다리는 것이 더 길게 느껴진다.
③ 불확실한 기다림이 더 길게 느껴진다.
④ 프로세스 이전의 기다림이 프로세스 내의 기다림보다 길게 느껴진다.
⑤ 원인이 설명되지 않은 대기 시간이 더 길게 느껴진다.

대기 장소에서 명확한 규칙 없이 서비스를 제공하면 고객은 불공정성이 발생한다고 느끼며 대기 시간이 더 길다고 생각한다.

04 다음 중 서비스 프로세스의 중요성에 대한 설명으로 가장 거리가 먼 것은?

① 고객이 체험하는 서비스 전달 시스템은 고객이 서비스를 판단하는 중요한 증거가 된다.
② 서비스 프로세스의 단계와 서비스 전달자의 처리 능력은 고객에게 가시적으로 드러나지 않는다.
③ 서비스 프로세스는 상품 자체임과 동시에 서비스 전달 시스템 유통의 성격을 가진다.
④ 서비스 프로세스에 따라 서비스의 제공 절차가 복잡하여 고객에게 복잡하고 포괄적인 행동이 요구되기도 한다.
⑤ 직원과 상호작용 과정에서 적절한 전달 프로세스가 고객의 태도에 영향을 주고 향후 거래 여부를 결정하는 중요한 변수로 작용한다.

서비스 프로세스의 단계와 서비스 전달자의 처리 능력이 고객에게 가시적으로 드러나는 것이 고객 불만의 원인이 된다.

06 서비스 접점의 유형 중 서비스 품질을 파악하고 판단하기가 가장 복잡한 유형에 해당하는 것은?

① 원격 접점　　　② 전화 접점
③ 대면 접점　　　④ 물적 서비스 접점
⑤ 시스템적 서비스 접점

서비스 접점의 유형
- 원격 접점 유형 : 인적 접촉 없이 서비스 기업과 접촉하는 방식으로, 은행의 ATM, 자동티켓발매기, 인터넷 쇼핑에서의 주문, 기업이 발송하는 정보성 우편 등을 예로 들 수 있다.
- 전화 접점 유형 : 전화로 고객과 만나는 유형으로, 다른 유형과 다르게 상호작용에서 직원의 목소리, 지식, 효율적인 처리 능력 등이 잠재적 가변성으로 작용한다. 예로는 기업 콜센터, 고객센터 등이 있다.
- 대면 접점 유형 : 서비스 공급자와 고객이 직접 대면 만남을 하며 상호작용을 하는 유형으로, 서비스 품질을 파악하고 판단하기가 가장 복잡한 유형이다. 서비스의 유형적 단서, 고객 스스로의 행동 모두가 서비스 품질에 영향을 미친다.

07 피시본 다이어그램 작성의 단계별 흐름(Flow)에서 가장 마지막 단계에 해당하는 것은?

① 근본 원인 확인
② 문제의 명확한 정의
③ 잠재 원인 브레인스토밍
④ 문제의 주요 원인 범주화
⑤ 주요 원인 범주의 세부 사항 검토

해설
피시본 다이어그램의 단계별 흐름
- 1단계 : 문제의 명확한 정의
- 2단계 : 문제의 주요 원인 범주화
- 3단계 : 잠재 원인 브레인스토밍 실시
- 4단계 : 주요 원인 범주의 세부 사항 검토
- 5단계 : 근본 원인 확인

08 다음 중 품질기능전개(QFD)의 장점에 대한 설명으로 가장 올바르지 않은 것은?

① 제품 및 서비스에 대한 팀의 공통된 의견을 도출할 수 있는 체계적인 시스템을 제공한다.
② 제안된 신제품 및 신서비스의 우선순위 결정을 위한 체계적인 도구이다.
③ 제품 및 서비스에 대한 품질 목표와 사업 목표 결정에 도움을 준다.
④ 제품 회수 기간을 증가시킨다.
⑤ 고객의 요구 사항에 대한 이해를 돕는다.

해설
품질기능전개(QFD)의 장점
- 고객의 요구에 대한 이해를 돕는다.
- 제품 및 서비스에 대한 품질 목표와 사업 목표 설정에 도움을 준다.
- 제안된 신제품 및 신서비스 우선순위 결정을 위한 체계적인 도구이다.

- 제품 및 서비스에 대한 팀의 공통된 의견을 도출할 수 있는 체계적인 시스템을 제공한다.
- 품질의 집(HOQ)을 사용하여 프로젝트의 모든 과정 및 결정 사항을 문서화할 수 있다.
- 고객의 요구와 기술적 속성 사이의 명확한 상관관계를 도출할 수 있다.
- 동시공학에 입각한 기법으로 개발 단계 중간에 새로운 제품 특성이 도출되면, 이를 품질의 집에 적용시켜 설계 초기에 고려해야 하는 여러 방안을 수정을 통해 반복 적용할 수 있다.
- 제품 개발 기간을 단축시킬 수 있다.

09 이유재 교수가 주장한 '고객만족경영(CSM)'의 중요성에 대한 설명으로 가장 거리가 먼 것은?

① 고객의 기호 변화를 예측하고 불필요한 투자를 방지하여 마케팅의 효율성을 제고해 준다.
② 기업이 제공하는 상품과 서비스에 만족한 고객은 그 기업의 고정 고객이 된다.
③ 구전 효과를 통한 광고 효과로 마케팅의 효율성을 제고해 준다.
④ 고객만족은 가격 우위 효과를 가져와 장기적인 관점에서 높은 이윤을 창출할 수 있다.
⑤ 대중정보사회의 확산으로 소비자가 소비자 문제에 적극적으로 참여하여 대응하려는 소비자의 주권 의식이 확산되었다.

해설
소비자의 주권 의식의 확산은 고객만족경영을 도입하는 배경이 되었다.
이유재 교수의 고객만족경영의 중요성
- 기업이 제공하는 상품과 서비스에 만족한 고객은 그 기업의 고정 고객이 된다.
- 고객의 기호 변화를 예측하여 불필요한 투자를 방지하고 마케팅의 효율성을 제고해 준다.
- 고객만족은 가격 우위 효과를 가져와 장기적인 관점에서 높은 이윤을 창출할 수 있다.
- 구전 효과를 통한 광고 효과로 마케팅의 효율성을 제고해 준다.

10 마이클 해머 교수가 제시한 '3C'의 내용 중 다음 〈보기〉의 설명에 해당하는 것은?

> 보기
>
> 오늘날 기업은 신속하게 변화에 적응해야 하며 유연하게 모든 방향성을 가지고 움직여야 한다.

① Confidence
② Change
③ Conversion
④ Comprise
⑤ Conduct

해설
마이클 해머 교수의 3C
- Change(변화)
- Competition(경쟁)
- Customer(고객)

11 '마이클 포터' 교수가 제시한 산업 경쟁을 촉진하는 '5대 세력(Five Force)' 중 다음 〈보기〉의 내용에 가장 부합하는 것은?

> 보기
>
> 초기 투자, 대체 비용, 정부의 규제, 기술 장벽 등에 대하여 검토한다.

① 공급자
② 대체자
③ 신규 진입자
④ 경쟁자
⑤ 구매자

해설
③ 산업이 매력적이고 성장 중임을 의미하는 것으로, 마케팅 비용을 상승시키거나 수익성 하락을 의미하기도 함. 신규 진입을 위한 초기 투자, 대체 비용, 정부의 규제, 기술 장벽 등을 검토
① 공급선 변경에 의한 높은 전환 비용, 소수 기업의 독·과점식 공급 구조 파악
② 산업에 대한 장기적이고 폭넓은 분석과 예측
④ 제품의 차별성이나 브랜드력, 구매량, 구매 비중, 교체 비용 등에 대하여 분석
⑤ 가격 인하, 서비스 개선 요구 파악

12 고객만족경영(CSM) 혁신을 위한 성공 요인 중 물질적·심리적 보상을 의미하는 것은?

① 리더십
② 자원 지원
③ 조직 문화
④ 고객과 시장
⑤ 프로세스 기법

해설
고객만족경영 혁신의 성공요인
- 리더십 : 리더의 혁신에 대한 적극적인 태도, 긍정적인 마인드
- 조직 문화 : 혁신을 행하는 조직의 문화, 혁신 담당자, 조직 구조
- 고객과 시장 : 고객을 중시하는 구성원들의 마인드와 시장 지향적인 마인드를 갖는 것을 의미
- 자원 지원 : 물리적·심리적 보상을 의미
- 프로세스 기법 : 서비스 기업에 요구되는 경영 혁신 프로세스 기법

13 다음 중 노드스트롬 백화점의 기본 경영 원칙과 가장 거리가 먼 것은?

① Value
② Quality
③ Exceptional Service
④ Elegant
⑤ Selection

해설
노드스트롬의 기본 경영 원칙
- Exceptional Service(최고의 서비스)
- Quality(품질)
- Value(가치)
- Selection(구색)

14 '데이(Day)'와 '랜던(Landon)'이 제시한 불만족에 대한 소비자의 반응 중 공적 반응으로 보기 어려운 것은?

① 구매 회피　　　　　② 소 송
③ 소비자단체 고발　　④ 교 환
⑤ 환불 조치 요구

해설
구매 회피는 사적 반응에 해당한다.
데이와 랜던의 불평 행동 유형
• 무반응 : 아무 행동도 취하지 않고, 미래 구매에 영향을 미치지 않음
• 사적 반응 : 구매를 중지한다거나 주변인들에게 구전을 하는 등 개인 수준에서 불만을 해소
• 공적 반응 : 기업, 정부에 해결을 요구하거나 법적인 대응을 하는 매우 적극적인 유형

15 다음 중 '고객(Customer)'의 일반적 개념에 대한 설명으로 가장 거리가 먼 것은?

① 여러 번의 구매와 상호작용을 통해 형성된다.
② 반복 구매 또는 접촉이 없는 사람이라 할지라도 고객의 의미가 부여된다.
③ 습관적으로 자사의 물품을 구매하거나 서비스를 이용하는 사람을 의미한다.
④ 단골 고객은 높은 친밀감과 비용 가치를 지니고 있으나 로열티 고객과는 다른 개념이라 할 수 있다.
⑤ 일정 기간 동안 상호 접촉과 커뮤니케이션을 통해 반복 구매나 고객생애가치 수익을 창출해 줄 수 있는 사람을 의미한다.

해설
반복 구매 또는 접촉이 없는 사람은 고객이 아니라 구매자에 불과하다.

16 1990년대 초 일본의 경제 불황으로 인해 정상적인 직장이 아니라 아르바이트 또는 파트타임 등을 생계 수단으로 삼아 생활하는 계층을 일컫는 용어는?

① 애플족　　　　　② 듀크족
③ 오팔족　　　　　④ 프리터족
⑤ 히키코모리

해설
④ Free(프리) + Arbeit(아르바이트)를 줄인 말로 90년대 초반 '일본에서 경제 불황으로 인해 직장 없이 갖가지 아르바이트로 생활하는 청년층에게 붙여진 신조어
① 'Active, Pride, Peace, Luxury, Economy'의 첫 글자를 따서 만들어진 용어로, 활동적이며 자신의 삶에 자부심을 갖고, 안정적으로 고급문화를 즐길 수 있는 경제력을 갖춘 노인을 일컫는 용어
② 'Dual Employed With Kids'의 머리글자를 딴 'DEWK'에서 나온 용어로, 미국 경제의 호황으로 맞벌이 부부들이 이제 아이를 낳고도 잘 살 수 있다는 자신감이 생기면서 변화된 가족생활을 나타내는 용어
③ 'Old People with Active Life'의 머리글자를 딴 'OPAL'에서 나온 용어로, 조용히 시간을 보내며 현재에 만족하는 삶을 사는 것이 아니라 적극적이고 활동적으로 자신의 삶을 아름답게 가꾸어 가며 사는 노인들을 일컫는 용어
⑤ 히키코모리는 '틀어박히다'는 뜻의 일본어 '히키코모루'의 명사형으로, 사회생활에 적응하지 못하고 집 안에만 틀어박혀 사는 사람들을 일컫는 용어

17 제품 구매나 사용 시 소비자가 지각하는 위험 요인 중 구매 상품이 기대한 만큼 성능을 발휘하지 못하는 경우에 해당하는 것은?

① Loss Risk ② Social Risk
③ Financial Risk ④ Performance Risk
⑤ Psychological Risk

해설
소비자의 지각된 위험
- 심리적 위험(Psychological Risk) : 구매한 제품이 자아 이미지와 어울리지 않을 가능성에 따라 소비자가 지각하는 위험
- 신체적 위험(Physical Risk) : 구매한 제품이 안전성을 결여하여 신체적 위해를 야기할 가능성에 따라 소비자가 지각하는 위험
- 경제적 위험(Financial Risk) : 구매한 제품이 제 성능을 발휘하지 못하여 발생하는 경제적 손실에 따라 소비자가 지각하는 위험
- 사회적 위험(Social Risk) : 특정한 상품을 구매하여 다른 사람들이 자신에게 가질 평가에 따라 소비자가 지각하는 위험
- 성능 위험(Performance Risk) : 구매한 제품이 기능이 발휘가 되지 않을 가능성에 따라 소비자가 지각하는 위험

18 다음 중 기업 및 제품 선택에 있어 위험을 줄이기 위한 소비자의 행동으로 가장 거리가 먼 것은?

① 더 많은 정보를 탐색한다.
② 소량 구매 후 대량 구매를 한다.
③ 강한 상품 보증이나 보증 기간이 긴 브랜드를 구매한다.
④ 유명한 브랜드를 찾거나 자신이 신뢰할 수 있는 사람에게 정보를 구한다.
⑤ 과거에 만족했거나 수용할 만한 것으로 기억하고 있는 브랜드는 가급적 제외한다.

해설
소비자는 제품 선택에 있어 위험을 줄이기 위해 과거에 만족했거나 수용할 만한 것으로 기억하고 있는 브랜드를 우선적으로 선택한다.
위험을 줄이기 위한 소비자의 행동
- 소량 구매 후 대량 구매
- 보증기간이 긴 제품 구매
- 상품 보증이 강한 제품 구매
- 과거에 만족했거나 수용할 만한 것으로 기억하는 상품 구매
- 유명한 브랜드 구매
- 신뢰할 수 있는 사람에게 정보 탐색

19 '성격유형지표(MBTI)'의 선호 경향 중 '내향형'에 대한 설명으로 가장 올바른 것은?

① 깊이 있는 대인관계를 유지하며 조용하고 신중하며 이해한 다음에 경험한다.
② 진실과 사실에 큰 관심을 갖고 논리적이고 분석적이며 객관적으로 판단한다.
③ 사람과 관계에 큰 관심을 갖고 상황적이며 정상을 참작한 설명을 한다.
④ 분명한 목적과 방향이 있으며 기한을 엄수하고 철저히 사전 계획하고 체계적이다.
⑤ 목적과 방향은 변화 가능하고 상황에 따라 일정이 달라지며 자율적이고 융통성이 있다.

해설
② 사고형에 대한 설명이다.
③ 감정형에 대한 설명이다.
④ 판단형에 대한 설명이다.
⑤ 인식형에 대한 설명이다.

20 CRM(고객관계관리) 전략 수립과 관련해 시장 매력도에 영향을 미치는 요인 중 '외형적 요인'으로 보기 어려운 것은?

① 시장의 규모　　　② 시장의 성장성
③ 매출의 순환성　　④ 매출의 계절성
⑤ 공급업자의 협상력

해설
시장 매력도의 평가 기준

요인	세부 항목
외형적 요인	• 현재 시장 규모 • 시장 잠재력 • 성장률 • 판매(매출)의 주기성(순환성) 또는 계절성 • 현재의 수익성
구조적 요인	• 잠재적 진입자로부터의 위협 • 구매자와 교섭력으로부터의 위협 • 대체품으로부터의 위협 • 현재 시장 내에서의 경쟁
환경적 요인	• 인구 통계적 환경 • 경제적 환경 • 사회적 환경 • 기술적 환경 • 법률적 환경

21 CRM(고객관계관리) 목적을 달성하기 위한 활동 중 '고객 수(數) 증대'와 가장 거리가 먼 것은?

① 이벤트
② 외부 업체와의 제휴
③ 사용 방법의 다양화
④ 기존 고객 유지 활동
⑤ 기존 고객의 추천을 통한 신규 고객 창출

해설
사용 방법의 다양화는 구매 빈도 증대에 해당한다.
CRM(고객관계관리) 목적 달성을 위한 활동
• 고객 단가 증대 : 교차판매, 추가판매, 재판매
• 고객 수 증대 : 이벤트, 외부 업체와의 제휴, 기존 고객 유지 활동, 기존 고객의 추천을 통한 신규 고객 창출
• 구매 빈도 증대 : 다양한 사용 방법 개발

22 다음 중 CRM(고객관계관리) 도입의 실패 요인으로 가장 거리가 먼 것은?

① 명확한 전략 부재 및 무계획
② 방대한 양의 고객 정보 데이터 무시
③ 고객 중심이 아닌 기업 중심의 CRM
④ 기술 숙련도에 대한 충분한 고려 미흡
⑤ 정보시스템 조직과 업무부서 간의 협업

해설
정보시스템 조직과 업무부서 간의 협업은 CRM(고객관계관리) 도입의 성공 요인으로 작용한다.

23 'e – CRM' 전략 수립과 관련해 다음 〈보기〉의 설명에 해당하는 것은?

> **보기**
> 웹사이트 회원으로 가입할 때 광고 수신 여부와 필요로 하는 정보를 등록함으로써 허가받은 사람에게만 이메일을 발송하는 서비스를 말한다.

① 매치 메일　　　② 옵트 인 메일
③ 가비지 메일　　④ 크러시 메일
⑤ 그라운드 메일

해설
옵트 인 메일
네티즌이 사전에 받기로 선택한 광고성 이메일

24 다음 〈보기〉의 내용 중 '넬슨 존슨'이 제시한 인간관계 심화 요인을 찾아 모두 선택한 것은?

> **보기**
>
> 가. 규 칙　　나. 관 심　　다. 동 기
> 라. 상호성　　마. 보상성

① 가, 나, 다　　　② 가, 나, 라
③ 가, 나, 마　　　④ 가, 다, 마
⑤ 가, 라, 마

해설
넬슨 존슨의 인간관계 심화 요인(3R)
- 보상성(Reward) : 인간은 누구나 행복과 만족을 추구하기 때문에 만족감과 행복감을 제공하는 보상에 의해서 인간관계가 심화된다는 것이다.
- 상호성(Reciprocality) : 인간관계에서 보상적 효과가 서로 균형 있게 교류됨을 의미한다.
- 규칙(Rule) : 인간관계에서 서로의 역할과 행동에 대해 명료하게 설정된 기대나 지침을 규칙이라 한다. 분명한 교류 규칙을 설정하면 인간관계는 심화된다.

25 대인지각 왜곡 유형 중 다음 〈보기〉의 설명에 해당하는 것은?

> **보기**
>
> 매력적인 짝과 함께 있는 사람의 사회적인 지위나 가치가 높게 평가되어 자존심이 고양되는 현상을 의미한다.

① 방사 효과　　　② 대조 효과
③ 보증 효과　　　④ 환기 효과
⑤ 투영 효과

해설
방사 효과
매력 있는 사람과 함께 있을 때 사회적 지위나 자존심이 고양되는 효과이다. 이와 반대로 너무 매력적인 상대와 함께 있으면 그 사람과 비교되어 평가절하되는 대비 효과도 있다.

26 '에드워드 홀'이 제시한 공간 행동학과 관련해 다음 〈보기〉의 설명에 해당하는 것은?

> **보기**
>
> 가족이나 연인 사이에 주로 형성되는 거리로 가족이나 연인 이외의 사람이 이 거리 안으로 들어오게 되면 매우 불쾌감을 느끼게 된다.

① 경쟁적 거리　　　② 대중적 거리
③ 개인적 거리　　　④ 친밀한 거리
⑤ 사회적 거리

해설
에드워드 홀의 공간 행동학
- 친밀한 거리 : 가족이나 연인처럼 친밀한 유대관계가 전제
- 개인적 거리 : 어느 정도의 친밀함이 전제되어야 함. 일상적 대화에서 가장 무난하게 사용할 수 있는 거리
- 사회적 거리 : 사무적인 대화가 많이 이루어지며, 대화 내용과 행동에 격식이 요구됨. 별다른 제약 없이 제3자의 개입을 허용하고 대화 도중 참여와 이탈이 자유로운 편
- 공적 거리 : 연설이나 강의와 같은 특수한 경우에 한정

27 다음 중 포도넝쿨 의사소통 유형의 장점에 해당하지 않는 것은?

① 전달 속도가 빠르다.
② 하급자들 스스로 스트레스를 해소해 준다.
③ 공식적인 의사소통이 전달하지 못하는 유익한 정보를 제공한다.
④ 하급자의 태도나 성과, 아이디어 등 가치 있는 정보를 제공한다.
⑤ 정보가 전달 과정에서 왜곡되어 전달될 가능성이 현저히 낮다.

해설
포도넝쿨 의사소통 유형은 비공식 채널로 공식적 채널에 비해 정보가 빠르게 전달되며 하급자들의 스트레스를 해소하고, 유익한 정보와 아이디어를 얻을 수 있지만 전달 과정에서 정보가 왜곡될 가능성이 있다.

28 서비스의 4대 특징 중 '이질성'에 대한 내용으로 가장 올바른 것은?

① 서비스는 대량생산이 어렵다.

② 서비스는 가격 책정이 어렵다.

③ 서비스는 재고의 형태로 보관할 수 없다.

④ 서비스의 계획과 촉진이 일치하는지 정확히 파악하기 힘들다.

⑤ 서비스는 즉시 사용되지 않으면 사라지고 원래의 상태로 환원될 수 없다.

서비스의 4대 특징
- 무형성 : 실체를 보거나 만질 수 없고, 서비스의 의미를 상상하기 어려움
- 이질성 : 누가, 언제, 어디서 제공하느냐에 따라 서비스의 형태와 수준, 가격이 달라짐
- 비분리성 : 생산과 소비가 동시에 일어남
- 소멸성 : 서비스는 저장하거나 재판매할 수 없음

29 다음 중 참여적 리더십의 단점에 해당하는 것은?

① 조직 활동에 더욱 헌신하게 한다.

② 자유로운 의사소통을 장려할 수 있다.

③ 조직 목표에 대한 참여 동기를 증대시킨다.

④ 참여를 통해 경영에 대한 사고와 기술을 익힌다.

⑤ 구성원들의 자격이 서로 비슷한 상황에서만 제한적으로 효과성을 발휘한다.

참여적 리더십의 장점과 단점

장 점	단 점
• 조직 목표에 대한 참여 동기 증대 • 집단 지식과 기술 활용 용이 • 조직 활동에 더욱 헌신 • 개인적 가치, 신념 고취 • 자유로운 의사소통 장려 • 참여를 통한 경영적 사고와 기술 학습	• 많은 시간 소모 • 어중간한 결정에 도달 • 책임 분산으로 인한 무기력 • 선견지명을 가진 지도자를 찾기 어려움 • 동등한 자격의 구성원일 때만 기능

30 서비스의 지속적 경쟁 우위(SCA)를 확보하기 위한 조건 중 '고객별 개별화 전략'에 가장 부합하는 것은?

① 희소성　　　　　② 모방 불가

③ 독특한 가치　　　④ 대체 불가능성

⑤ 정보기술의 개발

서비스의 지속적 경쟁 우위(SCA ; Sustainable Competitive Advantage)의 조건
- 희소성 : 탁월한 경영 자원과 핵심 역량 보유(서비스 기업의 고객에 대한 지식 축적)
- 모방 불가 : 규모의 경제, 자본 비용, 차별화, 경험 효과
- 독특한 가치 : 고객에 의한 가치 있다는 평가
- 대체 불가능성 : 고객 개별화 전략

2과목　CS 전략론

31 다음 중 서비스 청사진의 기본적인 개념에 대한 설명으로 가장 올바르지 않은 것은?

① 무형의 서비스를 역할 또는 관점이 서로 다른 사람들이 객관적이고 쉽게 이해할 수 있도록 서비스 시스템을 명확하게 나타내는 그림 또는 지도라고 할 수 있다.

② 서비스 프로세스와 관련된 단계와 흐름 등 서비스 전반을 이해할 수 있도록 묘사해 놓은 것을 말한다.

③ 지나치게 도식적인 구조로 인해 서비스 마케터들에게 필수적인 계획, 실행, 통제 설계능력 향상에 저해가 될 수 있으므로 주의가 필요하다.

④ 장기적으로 고객에게 필요한 서비스를 제공하며 잠재적으로 사업의 개선 기회를 발견할 수 있다.

⑤ 서비스 또는 제품에 관계 없이 고객과의 상호작용을 확인하고 관리하는 데 가치가 있다.

서비스 청사진은 제품의 설계도면과 같이 구체적이고 자세하게 묘사하지 않으며, 서비스 마케터들에게 필수적인 계획, 실행, 통제의 도구로 권장된다.

32 서비스 청사진의 구성요소 중 전화 예약 담당 직원, 주사를 준비하는 간호사, 의료 폐기물 수거 담당 직원 등에 해당하는 것은?

① 고객의 행동
② 지원 프로세스
③ 재구매 유도 행동
④ 일선 종업원의 행동
⑤ 후방 종업원의 행동

해설
종업원의 행동 영역은 고객의 눈에 보이는 일선 종업원의 행동과 이들을 지원하는 고객의 눈에 보이지 않는 후방 종업원의 행동으로 분류할 수 있다. 전화 예약 담당 직원, 주사를 준비하는 간호사, 의료 폐기물 수거 담당 직원 등은 고객의 눈에 보이지 않는 활동으로 일선 종업원을 지원한다고 볼 수 있으므로 후방 종업원에 해당한다.

33 다음 중 서비스 모니터링을 실시하는 목적과 가장 거리가 먼 것은?

① 고객의 필요나 기대의 발견
② 종업원별 서비스 제공 내용의 객관적 평가
③ 서비스 성과에 따른 합리적인 종업원 통제 수단
④ 고객만족과 로열티, 수익성 향상을 위한 관리 수단
⑤ 종업원의 잠재능력 개발을 통한 서비스 응대 및 상담 기술 향상

해설
서비스 모니터링의 목적
• 종업원의 서비스 품질을 평가
• 직원별 서비스 내용을 객관적으로 평가
• 종업원의 잠재능력 개발을 통한 서비스 응대 및 상담 기술 향상
• 서비스의 질적 개선을 통한 고객만족 극대화
• 고객만족과 로열티, 수익성 향상을 위한 관리 수단

34 VOC 관리에서 고객 피드백의 가치를 훼손하는 요소 중 '굿맨'이 제시한 내용으로 보기 어려운 것은?

① 서로 동일한 결론으로 보고되는 일관된 분석
② 비능률적이고 중복된 자료 수집
③ 일관성 없는 자료 분류
④ 우선순위를 명시하지 않는 분석
⑤ 행동을 수반하지 않는 분석

해설
고객 피드백의 가치를 훼손하는 8가지 요소
• 비능률적 · 중복적 자료수집
• 자료 분류의 비일관성
• 오래된 자료
• 결론이 서로 다른 다양한 분석 결과
• 우선순위를 표기하지 않은 분석
• 행동이 수반되지 않는 분석
• 보고체계 오류로 인한 자료 상실
• VOC 관리로 실행한 개선효과 점검 미비

35 다음 〈보기〉의 내용과 관련성이 가장 낮은 용어는?

보기
훈련받은 전문요원이 고객을 가장하여 서비스를 체험하고 조사하는 방식으로 현장 접점에서 현장 방문을 통한 암행 감사를 말한다.

① Virtual Customer
② Cold Watcher
③ Mystery Customer
④ Spotter Service
⑤ Anonymous Audit

해설
미스터리 쇼핑의 다양한 명칭
• Secret Shopper
• Anonymous Audits
• Virtual Customers
• Employ Evaluation
• Spotter Service
• Performance Audits
• Visit Checks
• Shadow Shopper
• Monitoring
• Mystery Customer

36 다음 중 MOT 사이클 차트 분석 1단계(서비스 접점 진단하기)의 3가지 측면의 예시로 가장 올바르지 않은 것은?

① 하드웨어 – 품질
② 하드웨어 – 편리성
③ 소프트웨어 – 처리속도
④ 소프트웨어 – 상품 구색 및 진열
⑤ 휴먼웨어 – 서비스 기준 이행

해설

상품 구색 및 진열은 하드웨어적 요소에 해당한다.
MOT 사이클의 3요소
- 하드웨어적 요소 : 기업의 이미지, 브랜드 파워, 매장의 분위기 및 편의시설, 고객지원센터, 매장 인테리어, 제품의 품질 및 성능, 설비의 사용 편리성
- 소프트웨어적 요소 : 서비스의 운영시스템과 프로그램, A/S와 고객관리시스템, 부가서비스 체계, 종업원의 업무처리 프로세서
- 휴먼웨어적 요소 : 종업원들의 서비스 태도 · 표정 · 억양 · 자세, 접객서비스 활동, 매너, 조직문화

해설

표준안은 최상위 경영층을 포함해 모든 조직구성원들이 받아들여야 한다.
서비스 표준 작성 시 고려해야 할 기준
- 구체적으로 작성한다.
- 누가, 언제 무엇을 해야 하는지 간단하고 정확하게 지시되어야 한다.
- 서비스 표준은 관찰 가능하고 객관적으로 측정 가능해야 한다.
- 고객의 요구를 바탕으로 작성한다.
- 회사 경영진 및 직원들이 고객의 요구에 대한 상호이해를 바탕으로 함께 작성한다.
- 조직의 전반적인 표준으로 작성되어 조직 내 모든 구성원들이 받아들여야 한다.

37 다음 중 서비스 표준안 작성 시 고려해야 할 사항으로 보기 어려운 것은?

① 누가, 언제, 무엇을 해야 하는지 간단하고 정확하게 지시되어야 한다.
② 서비스 표준은 관찰 가능하고 객관적으로 측정 가능해야 한다.
③ 서비스 제공자에게 필요한 명백하고 정확한 지침을 제공해야 하기 때문에 구체적으로 작성되어야 한다.
④ 경영진과 직원, 고객의 요구에 대한 상호이해가 바탕이 되어야 한다.
⑤ 전반적인 표준으로 정립되기보다 일부직원들에게 집중적으로 강조되어야 한다.

38 기업이 과잉생산에 처할 경우 수행하는 개념으로 목적시장이 원하는 것을 제조하기보다는 기업에서 만든 것을 판매하는 것에 목적을 두는 마케팅 개념은?

① 판매개념
② 현장개념
③ 기술개념
④ 제품개념
⑤ 추천개념

해설

판매개념(Sales Concept)
구매자들은 일반적으로 제품을 많이 구매하지 않기 때문에, 목적시장이 원하는 것을 제조하기보다는 기업에서 만든 것을 판매하는 것을 목적으로 하는 마케팅 개념이다.

39 '코틀러'가 제시한 시장 세분화의 요건 중 '실질성'에 대한 설명에 해당하는 것은?

① 세분 시장을 유인하고 그 세분 시장에 제공할 수 있도록 효과적인 마케팅 프로그램을 수립할 수 있어야 한다.

② 세분 시장의 규모와 구매력 등의 특성이 측정 가능해야 한다.

③ 세분 시장이 충분히 크거나 수익성과 가치가 보장되어야 한다.

④ 하나의 마케팅 믹스 전략에 각각의 세분 시장의 반응이 서로 다르게 나타나야 한다.

⑤ 세분 시장이 어떤 특성을 가진 소비자들로 구성되어 있고 이들에게 효과적으로 접근할 방법이 무엇인지 알 수 있어야 한다.

해설
코틀러(Kotler)의 시장 세분화를 위한 다섯 개의 기준

측정 가능성	세분시장의 규모와 구매력 및 특성이 측정될 수 있어야 한다.
접근 가능성	세분시장에 효과적으로 도달할 수 있는 정도이다.
실질성	세분시장이 충분히 크거나 수익이 있는 정도이다.
행동 가능성	효과적인 마케팅 프로그램을 실행할 수 있는 정도이다.
차별화 가능성	마케팅 믹스 요소와 프로그램에 대해 각 세분시장이 서로 다르게 반응해야 한다.

40 세분시장 유형과 관련해 다음 〈보기〉의 설명에 해당하는 부분시장 도달 전략 유형은?

보기
- 특정 고객집단의 욕구를 충족시키기 위해 다양한 제품을 판매하는 전략이다.
- 특정 고객집단의 구매가 급격히 감소하는 경우 위험분산이 되지 않는 단점이 있다.

① 제품 전문화 전략　　② 시장 전문화 전략
③ 생산 전문화 전략　　④ 유통 전문화 전략
⑤ 마케팅 전문화 전략

해설
부분시장 도달 전략

구 분	내 용
시장 전문화 전략	특정 고객 집단의 욕구를 충족시키기 위해 다양한 제품을 판매하는 전략이다. 특정 집단의 구매가 급격히 감소하는 경우 위험분산이 되지 않는 단점이 있다.
제품 전문화 전략	다양한 세분시장에 단일 제품을 판매하는 전략으로, 품목이나 디자인 등의 생산을 다양하게 하여 선택의 폭을 넓힐 수도 있다. 특정 제품 영역에서 강력한 입지를 다질 수 있지만 현재 기술을 대체할 혁신적인 기술이 개발되었을 때 심각한 위험이 발생한다.
단일 시장 집중 전략	단일 제품으로 단일 세분시장에 펼치는 전략이다. 기업의 자금이나 능력이 제한되어 있거나 기업이 새로운 시장에 진입할 때 추가적인 세분시장을 얻기 위해 이용된다. 소비자의 욕구 변화나 경쟁자가 새로 등장할 경우 위험이 발생한다.

41 서비스 포지셔닝의 일반적인 방법 중 '서비스 속성'에 대한 설명으로 가장 올바른 것은?

① 가격 대 품질 관계에 초점을 맞추는 방법이다.
② 자신의 경쟁사와 비교하여 포지셔닝을 하는 방법이다.
③ 기업이 가장 잘 할 수 있는 것이 무엇인지에 초점을 맞추는 방법이다.
④ 특정한 계층의 사용자에 초점을 맞추어 서비스를 포지셔닝하는 방법이다.
⑤ 제공되는 서비스가 어떻게 사용되고 적용되는가에 초점을 맞추는 방법이다.

해설
서비스 포지셔닝의 방법
• 서비스 속성 : 다른 업체와 차별화된 서비스 속성으로 포지셔닝을 하는 가장 일반적인 방법이다.
• 서비스 용도 : 서비스의 궁극적인 용도가 무엇인지를 강조하여 포지셔닝을 하는 방법이다.
• 서비스 등급 : 서비스의 등급이 높기 때문에 높은 가격을 책정할 수 있다는 측면을 강조하는 방법이다.
• 서비스 이용자 : 여성 전용 사우나, 비즈니스 전용 호텔과 같이 이용자 기준으로 서비스 포지셔닝을 하는 방법이다.
• 경쟁자 : 경쟁사와 비교해 자사의 서비스가 좋은 점을 부각시켜 포지셔닝을 하는 방법이다.
• 가격 – 품질 : 최고의 품질이나 낮은 가격으로 포지셔닝을 하는 방법이다.

42 마케팅 전략 수립과 관련해 '파레토 법칙'에 대한 설명으로 가장 거리가 먼 것은?

① 소비자 행동론에 기초한 이론인 '파레토 최적'의 개념이다.
② 총 매출의 80%는 20%의 고액구매 고객으로부터 나온다는 법칙이다.
③ 대부분의 현상이 중요한 소수에 의해 결정된다는 법칙이다.
④ 인기 상품이나 주력 상품에 집중하는 획일적 사고에서 벗어나 다양한 가능성에 눈뜰 수 있는 계기가 되었다.
⑤ '선택과 집중'이라는 키워드와 결합되어 기업 전략의 중요한 축을 형성하는 데 영향을 주었다.

해설
파레토의 법칙(Pareto's Law)
이탈리아 경제학자 빌프레도 파레토(Vilfredo Pareto)의 "일정한 소득수준 이하를 버는 사람의 수가 일정한 소득수준 이상을 버는 사람 수보다 줄어들면 소득비율의 불평등이 감소한다."라는 연구결과를 후세의 조셉 주란(Joseph M. Juran)이 연구하여 파레토의 법칙을 발표하였다. 파레토의 법칙은 소비자 행동론에 기초한 '파레토 최적' 개념으로 "전체결과의 80%는 20%의 원인에서 나온다."라는 내용을 담고 있다. 파레토의 법칙은 다양한 가능성보다는 결과의 80%에 영향을 미치는 중요한 20%에 대한 내용이므로 따라서 ④번의 주력상품에 집중하지 않고 다양한 가능성에 눈뜰 수 있다는 설명은 '파레토의 법칙'과 대치된다.

43 '수잔 키비니' 교수가 제시한 고객 이탈 유형 중 가장 낮은 순위에 해당하는 것은?

① 불가피한 상황   ② 가 격
③ 경쟁사의 유인   ④ 이용 불편
⑤ 불만처리 미흡

해설
고객이 기업을 이탈하는 유형과 영향도
- 핵심가치 제공 실패(44.3%)
- 불친절한 고객 응대(34.1%)
- 가격(29.9%)
- 이용불편(20.7%)
- 불만처리 미흡(17.3%)
- 경쟁사의 유인(10.2%)
- 기업의 비윤리적 행위(7.5%)
- 불가피한 상황(6.2%)

44 서비스 실패 처리에서 고객이 기대하는 공정성 유형 중 종사원의 친절, 배려, 사과 등 서비스 제공자의 응대 태도에 해당하는 것은?

① 절차적 공정성   ② 분배적 공정성
③ 긍정적 공정성   ④ 상호작용 공정성
⑤ 고객 지향적 공정성

해설
서비스 실패처리에서 고객이 기대하는 공정성 유형
- 결과 공정성(분배 공정성) : 불만 수준에 맞는 결과물, 즉 보상을 의미
- 절차 공정성 : 회사의 규정, 정책, 적시성 등을 의미
- 상호작용 공정성 : 서비스를 제공하는 직원의 태도에 대한 기대를 의미

45 효율적인 사후 서비스 관리를 통해 얻을 수 있는 기업의 이점으로 가장 거리가 먼 것은?

① 사후 서비스 관리를 통해 얻을 수 있는 고객의 정보는 기존 제품의 품질 기능 향상에 도움을 준다.
② 신제품 개발에 필요한 시간과 비용을 절감해 주는 이점이 있다.
③ 다양한 불편 사항이나 불만을 원활한 커뮤니케이션을 통해 분석하여 고객의 니즈와 트렌드를 파악할 수 있게 해준다.
④ 기업으로 하여금 추가적인 수익 창출에 드는 비용과 시간적인 노력을 절감해 주는 중요한 역할을 한다.
⑤ 고객지원에 소모되는 비용을 일체 전환하여 확실한 신규 비즈니스 모델을 개척할 수 있게 해준다.

해설
사후 관리서비스는 고객지원에 비용을 소모하여 재구매와 재거래를 통한 상품판매를 효과적으로 하는 방법으로 ⑤의 설명과는 거리가 멀다.

46 고객인지 가치와 관련해 '세스, 뉴먼, 그로스'가 제시한 5가지 가치 유형에 포함되지 않는 것은?

① 정서 가치   ② 상징 가치
③ 인식 가치   ④ 사회 가치
⑤ 상황 가치

해설
'세스, 뉴먼, 그로스'가 제시한 5가지 가치 유형
- 기능 가치 : 상품의 품질, 서비스, 가격 등과 같은 물리적인 기능과 관련된 가치
- 사회 가치 : 상품을 소비하는 사회계층집단과 연관된 가치
- 정서 가치 : 상품을 소비하며 고객이 느끼는 감정과 관련된 가치
- 상황 가치 : 상품을 소비할 때 특정상황과 관련된 가치
- 인식 가치 : 상품의 소비를 자극하는 고객의 호기심 등과 관련된 가치

47 다음 중 서비스 수익체인의 구조와 기능에 대한 설명으로 가장 올바르지 않은 것은?

① 서비스 가치는 고객만족을 유도한다.
② 고객만족은 고객 충성도를 높인다.
③ 내부 품질은 고객 불만을 증가시킨다.
④ 종업원 충성도는 종업원 생산성을 유발한다.
⑤ 종업원 만족은 종업원 충성도를 유발한다.

해설
서비스 수익체인의 구조와 기능
• 고객 충성도 : 수익성과 성장을 유발한다.
• 고객만족 : 고객 충성도를 높인다.
• 서비스 가치 : 고객만족을 유도한다.
• 종업원 생산성 : 서비스 가치를 유발한다.
• 종업원 충성도 : 종업원 생산성을 유발한다.
• 종업원 만족도 : 종업원 충성도를 유발한다.
• 내부 품질 : 종업원 만족을 높인다.

48 '필립 코틀러'가 제시한 5가지 제품 차원 중 '기본적 제품'에 대한 설명으로 가장 올바른 것은?

① 핵심 이점을 유형 제품으로 형상화시킨 것으로 제품의 기본 형태를 의미한다.
② 제품을 구입할 때 구매자들이 정상적으로 기대하고 합의하는 일체의 속성과 조건을 말한다.
③ 고객이 실제로 구입하는 근본적인 이점이나 서비스를 말한다.
④ 미래에 경험할 수 있는 변환과 확장 일체를 의미한다.
⑤ 기업이 제공하는 것을 경쟁사가 제공하는 것과 구별되게 하는 추가적인 서비스와 이점을 포함하는 제품이다.

해설
필립 코틀러의 5가지 고객가치 계층
• 핵심 이익(Core Benefit) : 구매자가 실제로 구입하는 근본적인 서비스 및 제품
• 기본 제품(Basic Product) : 핵심 이점을 제품 유형으로 형상화시킨 제품
• 잠재 제품(Potential Product) : 미래에 경험할 수 있는 변환과 확장된 제품
• 예상 제품(Expected Product) : 구매자들이 기대하고 있는 속성과 조건을 갖춘 제품
• 증강 제품(Augmented Product) : 경쟁 제품과 구별되는 추가적인 이점과 서비스를 갖춘 제품

49 다음 제품 차별화 요소 중 '특성(Feature)'에 대한 내용으로 가장 올바른 것은?

① 제품의 크기, 모양 또는 물리적 구조
② 제품의 기본적인 기능을 보완하는 특징
③ 제품의 기본적인 특징이 작동되는 수준
④ 제품이 구매자에게 어떻게 보이며 좋게 느껴지는지의 정도
⑤ 제품이 특정 기간 내에 고장이 나지 않거나 제대로 움직일 가능성의 측정치

해설
제품 차별화 요소
• 형태 : 상품의 크기, 모양 등의 물리적 구조
• 특성 : 상품의 기본적 기능을 보충하는 특징
• 성능 품질 : 상품이 기본적인 것이 작동되는 수준
• 적합성 품질 : 상품 단위가 일관되며 약속된 목표 규격이 충족된 정도
• 내구성 : 어떤 조건에도 상품에 기대되는 작동 수명 측정치
• 신뢰성 : 상품이 고장나지 않고 정상적으로 작동할 가능성의 측정치
• 수선 용이성 : 미작동 상품을 정상적으로 움직이게 할 가능성에 대한 측정치(수신자 부담 전화, 팩스, 원격상담 등)
• 스타일 : 상품이 구매자에게 좋게 느껴지는 형태
• 디자인 : 기업에게 경쟁적인 우위를 가져오게 하는 요인

50 다음 중 의료기관의 특징에 대한 설명으로 가장 올바르지 않은 것은?

① 병원은 고도로 노동집약적 집단인 동시에 자본집약적인 조직체라고 할 수 있다.

② 일반적인 이익 집단에 비해 병원은 기본적으로 비영리적 동기를 가지고 있다.

③ 진료 결과에 따른 신체적 · 정신적 효과를 명확하게 판별하기 어렵기 때문에 생산된 서비스의 품질 관리나 업적 평가가 어려운 특성을 보인다.

④ 병원은 의료 기관으로서 갖는 공익성을 우선으로 하되 단일한 사업과 프로그램 개발에 집중하여 조직 이윤을 극대화하는 데 최선을 다해야 한다.

⑤ 진료 서비스라는 복합적인 생산품이 형성되기 위해 타 직종 간의 상하 명령 전달 체계가 생기게 되고 이로 인해 이중적인 지휘체계가 형성될 수 있다.

해설

병원은 다른 이익집단과 다르게 비영리적 동기를 갖는다. 그러므로 병원은 이윤 극대화보다는 지역사회 주민의 건강 증진, 질병의 예방 및 치료에 중점을 둔 조직이 되어야 하며 이윤의 창출도 진료, 교육, 연구를 위한 의료기관으로서 기본적인 기능을 수행하기 위한 수단이 되어야 한다.

51 다음 중 '도나베디언'이 제시한 의료 서비스 품질 요소로 보기 어려운 것은?

① 통합성   ② 수용성
③ 합법성   ④ 형평성
⑤ 적정성

해설

'도나베디언'의 의료 서비스 품질 요소

- 효험(Efficacy)   · 유효성(Effectiveness)
- 적정성(Optimality)   · 효율성(Efficiency)
- 수용성(Acceptability)   · 합법성(Legitimacy)
- 형평성(Equity)

52 '가빈'이 제시한 5가지 관점의 품질 차원 중 다음 〈보기〉의 설명에 해당하는 것은?

> 보기
>
> 철학적 관점이며 품질을 '고유한 탁월성과 동일한 개념'으로 정의하고, 경험을 통해 알 수는 있지만 분석하기는 어려운 성질의 개념으로 본다.

① 의존적 접근   ② 선험적 접근
③ 기업 중심적 접근   ④ 가치 중심적 접근
⑤ 제품 중심적 접근

해설

가빈의 5가지 관점의 품질 차원

- 선험적 접근 : 품질을 '고유한 탁월성'의 개념으로 보고 분석하기 쉽지 않지만 경험을 통해 알 수 있는 것으로 정의하였다.
- 사용자 중심적 접근 : 사용자의 필요와 욕구, 선호 등을 충족시키는 제품이 품질이 좋다고 가정하는 정의이다.
- 제조 중심적 접근 : 사용자 중심적 접근과 대조되는 접근으로 기업이 제품의 속성을 리스트대로 만들면 제품의 신뢰도가 높아져 품질이 좋다고 가정하는 것이다.
- 제품 중심적 접근 : 제품이 가진 바람직한 속성의 총합이 클수록 제품의 품질이 양호하다는 정의이다.
- 가치 중심적 접근 : 원가와 가격에 의해 품질을 판단하는 정의이다.

53 '그렌루스'가 제시한 6가지 품질 구성 요소 중 다음 〈보기〉의 설명에 해당하는 것은?

> **보기**
>
> 서비스 공급자, 서비스 기관의 위치, 운영시간, 종사원, 운영체계 등이 서비스를 받기 쉬운 위치에 존재하도록 설계되고 운영되며 고객의 바람과 수요에 따라 융통성 있게 조절될 수 있다고 고객이 느끼는 것을 의미한다.

① 서비스 회복   ② 태도와 행동
③ 신뢰성과 믿음   ④ 전문성과 기술
⑤ 접근성과 융통성

해설
그렌루스의 6가지 품질 구성 요소

구성 요소	내 용
서비스 회복	실수가 발생했을 때 공급자가 즉각적·능동적으로 실수를 바로잡으려 하며 수용 가능한 해결방안 제시를 위해 노력한다는 것을 고객이 느끼는 것
태도와 행동	종업원들이 친절하고 자발적으로 고객에 대해 관심을 기울이며 일을 한다고 느끼는 것
신뢰성과 믿음	고객이 서비스 공급자 및 종업원, 기업의 운영체계 등이 고객과의 약속을 이행하리라 믿는 것
전문성과 기술	제품 및 서비스 문제를 해결하는 데 필요한 전문적 지식과 기술을 가지고 있다고 고객들이 인식하는 것
접근성과 융통성	서비스 공급자, 서비스 기관의 위치, 종업원, 운영체계 등이 서비스 받기 쉬운 위치에 있고, 설계·운영되며 고객의 기대와 수요에 따라 융통성 있게 조절될 수 있다고 고객이 느끼는 것
평판과 신용	서비스 공급자의 운영과 이용 요금에 대해 신뢰할 수 있고 가치가 있다고 공감할 수 있는 것

54 2006년 조사모델 재정립 과정을 통해 발표된 KS-SQI 모델 구성차원의 '과정 영역' 중 '물리적 환경'에 대한 내용으로 올바른 것은?

① 서비스 평가를 위한 외형적 단서
② 서비스 제공 시간 및 장소의 편리성
③ 고객이 서비스 제공자에게 느끼는 신뢰감
④ 고객의 요구에 신속하게 서비스를 제공하고자 하는 의지
⑤ 고객이 서비스를 통하여 얻고자 하는 기본적인 욕구의 충족

해설
KS-SQI 모델 구성차원

영 역	구성요인	내 용
성과 영역	본질적 서비스	소비자가 서비스로 얻고자 하는 기본적인 욕구 충족
	부가서비스	소비자에게 경쟁사와 다른 혜택과 부가적인 서비스를 제공
과정 영역	신뢰성	소비자가 서비스 제공자에게 느끼는 신뢰감(종업원의 진실, 정직, 기술과 지식을 갖춘 서비스 수행)
	친절성	소비자를 대하는 예의바르고 친절한 태도
	지원성	소비자의 요구에 신속한 서비스 제공하려는 의지
	접근성	서비스를 제공하는 시간과 장소의 편리성
	물리적 환경	서비스 평가를 위한 외형적인 단서

55 다음 중 서비스 산업의 품질이 낮은 이유로 보기 어려운 것은?

① 지나친 효율성 및 생산성 강조
② 서비스 종사원의 프로의식 부족
③ 동시성으로 인한 품질 관리의 어려움
④ 비용 절감에서 오는 서비스 수준 저하
⑤ 셀프 서비스와 자동화 시스템의 지양 및 감소

해설
서비스 산업의 품질이 낮은 이유
• 서비스에 대한 재작업, 실수의 개선 요구에 관대하다.
• 셀프 서비스 및 자동화 시스템이 확대되었다.
• 비용 절감으로 인해 서비스 수준이 저하되었다.
• 생산과 동시에 일어나는 특성으로 품질 관리가 어렵다.
• 서비스 종사원의 프로의식이 낮다.
• 고객의 수준이 낮을 때 서비스 품질도 저하된다.
• 지나치게 효율성과 생산성을 강조한다.
• 다양한 서비스를 제공함에 따라 실수가 발생한다.

56 다음 중 '칸(Kahn)'이 제시한 역할 모호성 발생 원인으로 가장 거리가 먼 것은?

① 조직의 투입정보에 제한을 가하는 관리관행
② 재(再) 조직화를 수반하는 조직의 빠른 성장
③ 사회구조적 요구를 거부하는 기존 기술의 고집
④ 구성원들에게 새로운 요구를 하는 조직 환경의 변화
⑤ 개인의 이해영역을 초과하는 조직의 규모 및 복잡성

해설
'칸(Kahn)'이 제시한 역할 모호성 발생 원인
• 개인의 이해영역을 뛰어넘는 조직의 규모와 복잡성
• 조직의 급격한 성장으로 인한 재조직 구성
• 사회에서 요구하는 기술 변화
• 잦은 인사이동으로 인한 친숙한 상호관계의 저하
• 조직 환경의 변화로 인해 구성원에게 가해지는 새로운 요구
• 조직에 투입되는 정보에 제한을 가하는 관리관행

57 다음 〈보기〉의 설명에 해당하는 자료 수집 방법은?

> **보기**
>
> 제품 시음이나 사용, 광고물, 패키지 등의 테스트에 주로 이용되는 방법으로 조사 대상자가 많이 있는 곳으로 직접 나가 간이 조사장소를 설치하여 여기에 조사 대상자를 불러 모아 조사하는 기법을 의미한다. 표본의 오차가 크고 엄격한 절차나 과정을 실행할 수 없어 정확성은 떨어지지만 짧은 시간에 적은 비용으로 다수의 대상자를 조사할 수 있다.

① CLT   ② HUT
③ OVM   ④ EMM
⑤ ZMET

해설
② 조사원이 조사대상자의 가정을 직접 방문해 제품을 사용하게 한 후 면접을 통해 설문을 받는 조사 방법이다.
⑤ 고객의 '요구'를 비언어적, 시각적 이미지를 통해 은유적으로 유도, 파악하는 분석 방법이다.

58 행동적 · 태도적 충성도 차원의 고객 세분화 유형 중 다음 〈보기〉의 설명에 해당하는 것은?

> **보기**
>
> 기업에 대한 좋은 이미지를 가지고 있으나 가격, 접근성 또는 마케팅 전략이 재구매 욕구를 이끌어 내지 못하기 때문에 행동적 충성도가 낮은 집단을 말한다.

① 결속된 충성도   ② 잠복된 충성도
③ 개념적 충성도   ④ 진실한 충성도
⑤ 거짓된 충성도

행동적 · 태도적 충성도 차원의 고객 세분화
- 잠복된 충성도 : 기업에 대한 높은 선호가 있으나 가격, 접근성 등에서 재구매를 하지 못하거나, 상황에 따라 구매 여부가 달라지는 집단의 충성도
- 진실한 충성도 : 기업이 고객에게 경쟁사들이 제공하는 것 이상의 가치를 제공함으로써 고객에게 완전한 만족을 느끼게 하여 강한 애착과 태도를 갖게 하는 충성도
- 거짓된 충성도 : 기업 브랜드에 호감이 없어도 꾸준한 구매를 하는 태도로 습관성, 편안함, 경제적 이익 등의 요인에 의해 생성된 충성도
- 낮은 충성도 : 경쟁사의 마케팅 전략에 쉽게 동요되어 다른 기업으로 재구매율과 태도가 전환될 수 있는 태도를 갖는 충성도

① 스놉(Snob)은 잘난 체하는 속물을 의미하며 스놉 효과는 어떤 상품에 대한 사람들의 소비가 증가하면 오히려 그 상품의 수요가 줄어드는 효과를 말한다.
② 상품의 가격이 오르는 데도 일부 계층의 허영심과 과시욕 등으로 인해 수요가 증가하는 현상이다.
④ 집단에서 부정적으로 낙인찍히면 그 대상이 점점 더 부정적인 행태를 보이며, 대상에 대한 부정적인 인식이 지속되고 강화되는 현상이다.
⑤ 의사가 제안한 효과 없는 가짜 약이나 치료법이 환자의 믿음과 긍정적인 소망으로 인해 병세가 호전되는 현상이다.

59 소비자 심리와 관련해 다음 〈보기〉의 대화에 가장 가까운 용어는?

> 보기
>
> 철수 : 이번에 프로농구 올스타 투표를 보니까 '박○○' 떨어질 거 같아.
> 영희 : '박○○'이라면 2년 전에 발목 부상으로 시즌 아웃 당했던 그 선수 아니야?
> 철수 : 맞아. 최근 다시 복귀해서 기량이 점점 올라가고 있거든. 예전만 못하지만 나는 그 의지에 애착이 가서 응원하고 싶어져.
> 영희 : 투표 안 하려고 했는데 '박○○'에 투표해야겠다.

① 스놉 효과
② 베블런 효과
③ 언더독 효과
④ 스티그마 효과
⑤ 플라시보 효과

60 '파라수라만'과 '그루얼'이 제시한 고객가치 구성 요소 중 거래 이후 장기간 제공되는 잉여가치에 해당하는 것은?

① 실용가치
② 사용가치
③ 획득가치
④ 상환가치
⑤ 거래가치

'파라수라만'과 '그루얼'의 4가지 고객가치 구성요소
- 획득가치 : 금전적 비용을 지불하고 얻는 가치
- 거래가치 : 거래를 통해 얻는 즐거움이나 긍정적 감정으로 얻는 가치
- 사용가치 : 제품이나 서비스 효용에 대한 사용상의 가치
- 상환가치 : 거래 이후 오랫동안 제공되는 잉여가치

61 이미지의 형성 과정과 관련해 다음 〈보기〉의 내용에 해당하는 것은?

> 보기
>
> 인간이 환경에 대해 의미를 부여하는 과정으로 주관적이며 선택적으로 이루어지기 때문에 동일한 대상에 대하여 다른 이미지를 부여하게 된다.

① 지속 과정   ② 사고 과정

③ 지각 과정   ④ 감정 과정

⑤ 표현 과정

해설
② 과거와 관련된 기억과 현재의 지각이라는 요소가 혼합되어 개인만의 이미지를 형성하는 단계이다.
④ 지각과 사고 이전의 감정에 의해 반응하는 과정으로 확장 효과를 가져온다.

62 인사의 종류와 관련해 다음 중 '정중례'를 해야 될 경우로 가장 올바른 것은?

① 아버지의 고향 친구이신 어른을 만났을 경우

② 사무실에 출근하여 상사에게 인사를 할 경우

③ 다른 부서에서 근무하는 입사 동료를 만났을 경우

④ 사람들이 길게 줄을 서 있는 구내식당에서 직장 선배를 만났을 경우

⑤ 부서 직원을 대표해 사내 대회의실에서 임원에게 표창장을 수여받는 경우

해설
① · ② 보통례
③ · ④ 목 례

63 전통예절에서 절하는 방법에 대한 설명으로 가장 올바른 것은?

① 남자는 기본 횟수로 세 번을 한다.

② 여자는 기본 횟수로 두 번을 한다.

③ 의식 행사에서는 기본 횟수만 한다.

④ 살아있는 사람에게는 기본 횟수의 배를 한다.

⑤ 고인(故人)에게는 기본 횟수만 한다.

해설
① 남자는 최소 양수인 한 번을 한다.
③ 의식 행사에서는 기본 횟수의 배로 한다.
④ 살아있는 사람에게는 기본 횟수만 한다.
⑤ 고인(故人)에게는 기본 횟수의 배를 한다.

64 다음 〈보기〉의 사례에 해당하는 화법의 명칭은?

> 보기
>
> 고객 : 다른 브랜드에 비해 구스다운 패딩 치고 가격이 좀 비싼 편이네요.
> 점원 : 이게 바로 요즘 유행하는 연예인 '사OO' 패딩입니다. 입어 보시면 따뜻하고 옷맵시를 잘 살려줘서 만족하실 겁니다, 고객님.

① 역전법   ② 긍정법

③ 후광 화법   ④ 쿠션 화법

⑤ 간접부정법

해설
① · ② · ⑤ 일단 고객의 의견에 동의하고 반대의견을 말하는 화법
④ 단호한 표현을 지양하고 미안한 마음을 먼저 전하여 사전에 쿠션 역할을 할 수 있는 말을 전하는 화법

65 '씽(Singh)'이 제시한 불평 고객 유형 중 다음 〈보기〉의 설명에 해당하는 것은?

〈보기〉

어떤 조치를 취할 가능성이 가장 적고 제품이나 서비스 제공자에게 어떤 것도 말하려 하지 않는 유형이다.

① 조정 불평자
② 표현 불평자
③ 타성적 불평자
④ 수동적 불평자
⑤ 화내는 불평자

해설

'씽(Singh)'의 불평 고객 유형

수동적 불평자 (Passives)	• 어떤 조치를 취할 가능성이 가장 적은 고객의 유형 • 제품이나 서비스 제공자에게 어떤 것도 말하려 하지 않음 • 타인에게 부정적 구전을 하려 하지 않음 • 제3자에게 제품이나 서비스에 대한 불평을 하지 않음 • 제품이나 서비스에 대한 불평결과가 투입하게 될 시간과 노력에 대한 보상을 해주지 못할 것이라고 생각하며 불평의 효율성에 대해 의구심을 가짐 • 개인적 가치 및 규범이 불평을 하지 않게 하는 경우도 있음 • 화내는 불평자나 행동 불평자보다 불평을 체험한 해당기업에서 떠날 가능성이 낮음
표현 불평자 (Voicers)	• 제품이나 서비스 제공자에게 적극적으로 불평하고자 하는 고객의 유형 • 부정적 구전을 퍼뜨리거나 거래 기업을 전환하거나 제3자에게 불평을 하려 하지 않음 • 제품이나 서비스 제공자에게 최고의 고객으로 전환될 수 있는 고객의 유형 • 적극적인 불평을 통해 기업에게 두 번째 기회를 줌 • 수동적 불평자와 마찬가지로 화내는 불평자나 행동 불평자보다 불평을 체험한 해당기업에서 떠날 가능성이 낮음 • 제품이나 서비스 제공자에게 불평한 결과가 긍정적일 것이라 믿음 • 구전의 확산 및 제3자에게 불평하는 것이 덜 긍정적이라고 생각함 • 이들의 개인적 규범은 자신들의 불평과 일치함
화내는 불평자 (Irates)	• 친구나 친척들에게 부정적 구전을 하고 다른 업체로 전환할 의도가 높은 고객 • 제품이나 서비스 제공자에게 불평하는 성향은 평균 수준 • 제3자에게 불평을 하려 하지는 않지만 불평해 봤자 들어 주지도 않는다는 소외의식 소유 • 기업에게 두 번째 기회를 주지 않는 유형
행동 불평자 (Activists)	• 모든 상황에서 평균 이상의 불평 성향을 갖는 고객의 유형 • 제품이나 서비스 제공자에게 불평을 하는 고객 • 다른 사람들이나 제3자에게도 불평을 하는 고객 • 이들의 개인적 규범과 불평은 일치함 • 다른 유형의 사람들보다 더 강한 소외의식을 가짐 • 행동으로 표현하는 불평의 결과가 긍정적인 의미를 가져온다고 믿음 • 극단적인 경우, 이들은 테러리스트의 가능성이 있음

66 불만 고객관리와 관련해 컴플레인 처리 시의 유의 사항으로 가장 거리가 먼 것은?

① 설명은 사실을 바탕으로 명확하게 한다.
② 고객의 입장에서 성의 있는 자세로 임한다.
③ 상대방에게 동조해 가면서 긍정적으로 듣는다.
④ 고객은 근본적으로 선의를 가지고 있다고 믿는다.
⑤ 고객의 잘못이 있을 경우 명확하게 지적하여 회사의 피해를 최소화한다.

해설

잘못에 대한 지적이 불쾌감을 주어 고객을 적으로 만들 수 있으므로, 인내심을 가지고 겸손하고 정감어린 설명으로 설득한다.

67 고객의 기대수준을 중요시하는 개념으로 고객이 필요와 욕구를 충족시켰다 하더라도 고객의 기대수준보다 낮았을 경우 발생되는 고객 불만 유형은?

① 균형 불만　　　　② 효용 불만
③ 심리적 불만　　　④ 상황적 불만
⑤ 정서적 불만

해설
고객 불만 유형
• 심리적 불만 : 사회적 수용, 자아실현, 개인존중 측면
• 상황적 불만 : 시간, 목적, 장소 측면
• 효용 불만 : 고객욕구 미충족
• 균형 불만 : 고객의 기대 충족을 못함

68 다음 〈보기〉 중 불만 고객 처리 프로세스에 해당하는 내용을 찾아 모두 선택한 것은?

보기
가. 인적 선발 기준 강화
나. 고객 불만 처리 기준 재정립
다. 체계적 관리
라. 공정성 유지
마. 효과적인 대응

① 가, 나　　　　② 가, 나, 다
③ 나, 다, 라　　 ④ 나, 다, 라, 마
⑤ 다, 라, 마

해설
불만 고객 처리 프로세스
• 공정성 유지
• 효과적인 대응
• 고객 프라이버시 보장
• 체계적 관리

69 다음 중 '코칭(Coaching)'의 단점에 대한 설명으로 가장 올바르지 않은 것은?

① 교육의 성패가 코치의 능력에 지나치게 좌우된다.
② 업무 수행성과에 직접적인 관련성이 없다.
③ 코치와 학습자 간의 계약관계는 학습에 지장을 줄 수 있다.
④ 일대일 방식이므로 코치의 시간이 많이 소요되며 노동집약적이다.
⑤ 매일 실시되는 코칭은 학습자에게 부담이 될 수 있다.

해설
코칭은 업무 수행성과에 직접적으로 관련되어 있다는 장점을 가진다.
코칭(Coaching)의 단점
• 교육의 성패가 코치의 능력에 좌우된다.
• 일대일 방식이므로 코치의 시간이 많이 소요되며 노동집약적이다.
• 매일의 코칭은 학습자에게 부담이 될 수 있다.
• 코치와 학습자 간의 계약관계가 학습에 지장을 줄 수 있다.

70 다음 중 조직 내부에서 '컨설팅'이 필요한 경우로 보기 어려운 것은?

① 스트레스가 쌓이고 지친 팀원이 발생된 경우
② 자신의 업무에 불만을 가진 팀원이 발생한 경우
③ 신입직원에 대한 적응 지도 및 훈련이 필요한 경우
④ 동료와의 사이에 갈등을 겪고 있는 팀원이 발생된 경우
⑤ 지원이 필요한 개인적인 문제를 가진 팀원이 발생된 경우

해설
신입직원의 경우 성장과 변화를 추구하는 건강한 구성원으로 판단하여 미래 지향적 시각을 가진 코칭을 사용하는 것이 적당하다.
컨설팅
당면한 문제를 시급히 해결하고 싶은 사람을 대상으로 현재 중심적 시각에서 전문가의 조언을 제공한다.

71 다음 중 전화 응대 시 유의 사항으로 가장 거리가 먼 것은?

① 마이너스 화법을 사용하거나 말투와 억양에 유의해야 한다.
② 상대방의 말을 가로채거나 혼자서만 말하지 않도록 주의한다.
③ 고객이 이해하기 어려운 전문 용어의 사용은 가급적 자제한다.
④ 고객이 말하는 속도와 맞추어 고객과 일치감을 형성하는 것이 좋다.
⑤ 고객의 욕구를 충족시키지 못했을 때는 최선을 다해서 차선책 또는 대안을 제시해야 한다.

해설
전화 응대 시 유의 사항
• 고객의 이야기에 귀 기울일 준비를 갖춘다.
• 정겨운 목소리로 좋은 첫인상을 남긴다.
• 억양에 리듬을 반영한다.
• 고객보다 조금 낮은 목소리로 이야기한다.
• 고객의 말 속도에 맞추어 일치감을 형성한다.
• 또박또박 말한다.
• 명령형이나 지시형보다는 의뢰형이나 권유형으로 말한다.
• 부정형의 말을 우회적으로 표현한다.
• 플러스 화법을 사용한다
• 고객이 욕구를 해결하지 못했을 때 최선을 다해 차선책 또는 대안을 제시한다.

72 다음 〈보기〉의 내용 중 전화 응대의 3대 원칙을 찾아 모두 선택한 것은?

보기		
가. 정확	나. 성장	다. 신속
라. 개발	마. 자신감	바. 친절

① 가, 나, 다
② 가, 다, 바
③ 나, 다, 라
④ 나, 라, 바
⑤ 라, 마, 바

해설
전화 응대의 3원칙
친절, 신속, 정확

73 바람직한 경어(敬語) 사용을 위한 방법 중 '간접높임'의 올바른 사례로 가장 거리가 먼 것은?

① 지금 거기가 어디십니까?
② 부장님 말씀이 타당하십니다.
③ 장모님께서는 머리가 하얗게 세셨습니다.
④ 고객님께서 말씀하신 사이즈가 없으십니다.
⑤ 외삼촌께서는 회사가 가까우셔서 걸어 다니십니다.

해설
간접높임은 높여야 할 대상의 신체 부분, 성품, 심리, 소유물과 같이 주어와 밀접한 관계를 맺고 있는 대상을 통하여 주어를 간접적으로 높이는 방법이다. '웃음이 많으시다', '구두가 멋있으시다'처럼 '-시-'를 동반한다. 그러나 '사이즈가 없으시다'의 사이즈는 높여야 할 대상과 밀접한 관계를 맺은 사물이 아니기 때문에 간접높임의 사용이 적절하지 않다.

74 다음 중 '중간보고'가 필요한 경우로 보기 어려운 것은?

① 상황이 바뀌어 방법을 변경해야 할 경우
② 업무가 완료되기까지 상당한 시간이 걸릴 경우
③ 지시받은 방침이나 방법으로 불가능해 보일 경우
④ 지시에 따른 결과나 전망이 도저히 보이지 않는 경우
⑤ 자신의 판단으로 처리하기 어려운 경우에 부딪혔을 경우

해설
중간보고가 필요한 경우
• 업무가 완료되기까지 상당한 시간이 걸릴 때
• 주요한 상황에 변화가 생겼을 때
• 작업 진행과정에 문제가 생겼을 때
• 상사가 지시한 방법으로는 작업 진행이 불가능할 때
• 결과나 전망이 예상될 때

76 전화장치 처리 시스템과 컴퓨터 처리 시스템이 연동되어 음성 처리와 데이터 처리가 가능한 시스템 콜센터 유형은?

① IPCC   ② IPTC
③ VOIP   ④ PDS
⑤ CTI

해설
① IP Call Center : 인터넷 프로토콜 기반의 콜센터로 멀티채널, 양방향, 아날로그 음성, VoIP, 화상 채팅, e – 메일, 팩스 등이 가능하다.
③ Voice Over Internet Protocal : 기존의 전화 교환망의 음성 서비스를 인터넷 IP기술을 사용하여 데이터로 전환, 인터넷 팩스, 웹콜, 통합 메시지 처리 등의 향상된 인터넷 전화 서비스를 제공한다.
④ Physical Delivery System : 물리적 전송 시스템으로, 메시지를 편지와 같은 물리적인 형태로 전달한다. 우편 시스템이 대표적이다.

75 콜센터의 업무 성격에 따른 분류 중 인바운드 서비스의 활용 사례와 가장 거리가 먼 것은?

① 상품 신청   ② 상품 문의
③ 상품 가입 접수   ④ 고객만족도 조사
⑤ A/S센터 위치 안내

해설
인바운드 콜 서비스
• 걸려오는 전화를 받는 업무
• 고객의 필요와 요구, 불만사항 처리, 주문접수 처리, 제품설명, 의문사항 확인
• 상담, 승인, 통신판매, 보험가입, 민원, 상품정보 안내, 클레임, A/S접수, 텔레뱅킹 등의 업무

77 다음 중 콜센터의 생산성을 효율적으로 관리하기 위해 고려해야 할 사항으로 보기 어려운 것은?

① 우수한 상담원의 채용
② 상담원의 적절한 업무 배치
③ 상담원에 대한 지속적인 교육
④ 상담원의 재택근무 지원 및 혜택 금지
⑤ 상담원의 합리적인 평가와 이에 따른 보상

해설
숙련 상담원에 대한 재택근무 지원 및 혜택의 부여는 종업원들에게 확실한 동기부여가 되고 콜센터의 생산성을 높일 수 있는 방법이다.

78 다음 중 콜센터 업무 수행을 위한 스크립트 진행과정에 대한 설명으로 가장 올바르지 않은 것은?

① 도입단계 시 첫인사가 끝나면 다음 단계로 회사 및 상담원을 소개한다.
② 통화의 상대방이 본인이 맞는지 반드시 확인하고 난 이후 계속 상담을 진행해야 한다.
③ 상품에 대한 직접적인 설명보다 고객에 대한 서비스를 강조하며 접근하는 것이 유리하다.
④ 고객에 대한 정보를 토대로 상황에 맞는 상품을 제안하거나 고객에 맞는 정보를 제공해 주는 것이 전화 상담의 주요 포인트이다.
⑤ 고객들이 반론이 있을 경우 이에 대비한 자료를 미리 준비하여 극복하기보다 현재 소개중인 상품에 대한 확신을 심어주는 것이 중요하다.

해설
고객들의 반론에 대한 자료를 미리 준비해야 한다. 반론을 극복하기 위해서는 반론 상황에 따른 스크립트를 작성하여 충분히 연습한다.

79 텔레마케팅을 위한 스크립트 작성 방법 중 상대방과 대화하면서 진행하는 경우 활용하는 작성 유형은?

① 회화식   ② 질문식
③ 요약식   ④ 점검식
⑤ 혼합식

해설
스크립트는 고객 응대를 위한 가상 시나리오이다. 대화 상황에서 효율적으로 메시지를 전달하기 위해 문어체가 아닌 구어체, 즉 회화식으로 작성한다.

80 우리나라 콜센터 조직의 특성과 관련해 다음 〈보기〉의 내용에 해당하는 것은?

보기
• 공식적으로 발표하지 않았는데도 좋지 않은 소문이나 근무조건 변경 등의 내용이 콜센터 조직 내에 금방 확산되는 현상을 말한다.
• 특정한 사람에게만 알려준 정보가 대부분의 상담원들에게 재빠르게 전파되는 현상을 말한다.

① 한우리 문화
② 콜센터 집단 협상
③ 콜센터 바이러스 현상
④ 콜센터 심리공황
⑤ 둥지 속삭임 현상

해설
① 일명 '도시락 문화'라고도 한다. 평소 자신들과 가장 친한 사람들과 무리를 이루어 어울리고 나머지 사람들은 배타적으로 보는 집단 심리 현상이다.
④ 상담원들 간의 갈등이 집단 이탈과 운영 효율의 저하를 초래하고, 관리자도 자기 역할의 한계를 느낌에 따라 결국 콜센터 조직이 와해를 빚게 되는 현상이다.

81 콜센터 매니지먼트 부재의 근본적인 원인으로 가장 거리가 먼 것은?

① 콜센터 매니저의 업무 과중
② 장기적 인재육성 의욕과 관심 부족
③ 전문화, 표준화, 고급화되지 못한 조직 관리
④ 텔레마케팅 산업의 급속한 퇴보로 인한 전문 인력 발생의 급증
⑤ 경험적 전문성 중심의 채용 및 발탁으로 인한 근본적인 매니저 자질 부족

해설
콜센터 매니지먼트 부재의 원인
• 경력 · 전문성 중심의 채용으로 매니저로서의 자질 부재
• 과중한 업무로 인한 자기계발의 한계
• 기업의 콜센터 매니저 육성에 대한 관심부족
• 텔레마케팅 산업의 급속한 발전으로 인한 전문 인력 부족현상
• 전문화, 표준화, 고급화되지 못한 조직관리 체계
• 비정규직 근로자 관리에 대한 노하우 부재와 자기학습 부족
• 정규 조직과 비정규 조직 간의 이해관계 대립과 갈등

82 다음 중 소비자기본법 및 시행령의 기본 개념과 정의에 대한 설명으로 올바르지 않은 것은?

① 소비자라 함은 사업자가 제공하는 물품 또는 용역을 소비생활을 위하여 사용하는 자로서 대통령령이 정하는 자를 말한다.
② 사업자라 함은 물품을 제조 · 수입 · 판매하거나 용역을 제공하는 자를 말한다.
③ 소비자단체라 함은 소비자의 권익을 증진하기 위하여 소비자가 조직한 단체를 말한다.
④ 사업자단체라 함은 5명 이상의 사업자가 공동의 이익을 증진할 목적으로 조직한 단체를 말한다.
⑤ 제공된 물품 등을 원재료, 자본재 또는 이에 준하는 용도로 생산 활동에 사용하는 자는 소비자의 범위에서 제외된다.

해설
사업자단체라 함은 2 이상의 사업자가 공동의 이익을 증진할 목적으로 조직한 단체를 말한다(소비자기본법 제2조).

83 다음 중 소비자기본법상 명시된 '물품 등에 대한 표시의 기준(제10조)'에 대한 내용으로 가장 거리가 먼 것은?

① 표시의 크기 · 위치 및 방법
② 사용방법, 사용 · 보관할 때의 주의 사항 및 경고사항
③ 물품 등을 제조 · 수입 또는 판매하거나 제공한 사업자의 명칭 및 물품의 물류번호 · 통관고유번호
④ 물품 등에 따른 불만이나 소비자피해가 있는 경우의 처리기구 및 처리방법
⑤ 제조 연월일, 품질보증기간 또는 식품이나 의약품 등 유통과정에서 변질되기 쉬운 물품은 그 유효기간

해설
표시의 기준(소비자기본법 제10조)
• 상품명 · 용도 · 성분 · 재질 · 성능 · 규격 · 가격 · 용량 · 허가번호 및 용역의 내용
• 물품 등을 제조 · 수입 또는 판매하거나 제공한 사업자의 명칭(주소 및 전화번호를 포함한다) 및 물품의 원산지
• 사용방법, 사용 · 보관할 때의 주의사항 및 경고사항
• 제조 연월일, 품질보증기간 또는 식품이나 의약품 등 유통과정에서 변질되기 쉬운 물품은 그 유효기간
• 표시의 크기 · 위치 및 방법
• 물품 등에 따른 불만이나 소비자피해가 있는 경우의 처리기구(주소 및 전화번호를 포함한다) 및 처리방법
• 시각장애인을 위한 표시방법

84 다음 중 소비자기본법상 명시된 '소비자단체의 업무(제28조)'에 대한 내용으로 가장 거리가 먼 것은?

① 소비자의 교육

② 소비자 문제에 관한 조사 · 연구

③ 소비자의 불만 및 피해를 처리하기 위한 상담 · 정보제공 및 당사자 사이의 합의 조정 · 심의

④ 국가 및 지방자치단체의 소비자의 권익과 관련된 시책에 대한 건의

⑤ 물품 등의 규격 · 품질 · 안전성 · 환경성에 관한 시험 · 검사 및 가격 등을 포함한 거래조건이나 거래방법에 관한 조사 · 분석

해설

소비자단체의 업무 등(소비자기본법 제28조)

- 국가 및 지방자치단체의 소비자의 권익과 관련된 시책에 대한 건의
- 물품 등의 규격 · 품질 · 안전성 · 환경성에 관한 시험 · 검사 및 가격 등을 포함한 거래조건이나 거래방법에 관한 조사 · 분석
- 소비자문제에 관한 조사 · 연구
- 소비자의 교육
- 소비자의 불만 및 피해를 처리하기 위한 상담 · 정보제공 및 당사자 사이의 합의의 권고

85 '와이블(Weible)'이 분류한 개인정보의 14가지 유형 중 회사명, 직무수행 평가 기록, 출근기록, 직무태도 등에 해당하는 것은?

① 법적정보

② 고용정보

③ 계층정보

④ 업종정보

⑤ 구성정보

해설

와이블(Weible)의 개인정보 유형

- 일반정보 : 이름, 주민등록번호, 운전면허, 주소, 전화번호, 생년월일, 출생지, 본적지, 성별, 국적
- 가족정보 : 부모, 배우자, 부양가족, 가족구성원들의 이름 및 직업, 출생지, 생년월일
- 교육 및 훈련정보 : 학교출석사항, 최종학력, 성적, 기술자격증, 면허증, 서클활동, 상벌사항
- 병역정보 : 군번, 계급, 제대유형, 주특기, 근무부대
- 부동산정보 : 소유주택, 토지, 자동차, 건물
- 동산정보 : 보유현금, 저축현황, 주식, 채권, 수집품
- 소득정보 : 봉급, 봉급경력, 보너스 및 수수료, 이자소득, 사업소득
- 기타 수익정보 : 보험 가입현황, 수익자, 회사의 판공비, 투자프로그램, 퇴직프로그램, 휴가, 병가
- 신용정보 : 대부, 저당, 신용카드, 지불연기 및 미납 횟수, 임금압류 통보에 대한 기록
- 고용정보 : 고용주, 회사주소, 상관의 이름, 직무수행 평가기록, 훈련기록, 출석기록
- 법적정보 : 전과기록, 교통위반기록, 파산 및 담보기록, 구속기록, 이혼기록, 납세기록
- 의료정보 : 가족병력기록, 신체장애여부, 혈액형
- 조직정보 : 노조가입, 종교단체 가입, 정당가입
- 습관 및 취미정보 : 흡연, 음주량, 선호 스포츠 및 오락, 여가활동, 비디오 대여기록, 도박성향

86 다음 중 개인정보보호법에 명시된 '개인정보 보호 원칙(제3조)'에 대한 내용으로 가장 거리가 먼 것은?

① 개인정보처리자는 개인정보의 처리 목적을 명확하게 하여야 하고 그 목적에 필요한 범위에서 최소한의 개인정보만을 적법하고 정당하게 수집하여야 한다.

② 개인정보처리자는 개인정보의 처리 목적에 필요한 범위에서 개인정보의 무결성, 신속성 및 표준성이 보장되도록 하여야 한다.

③ 개인정보처리자는 개인정보의 처리 목적에 필요한 범위에서 적합하게 개인정보를 처리하여야 하며, 그 목적 외의 용도로 활용하여서는 아니 된다.

④ 개인정보처리자는 개인정보의 처리 방법 및 종류 등에 따라 정보주체의 권리가 침해받을 가능성과 그 위험 정도를 고려하여 개인정보를 안전하게 관리하여야 한다.

⑤ 개인정보처리자는 개인정보 처리방침 등 개인정보의 처리에 관한 사항을 공개하여야 하며, 열람청구권 등 정보주체의 권리를 보장하여야 한다.

해설
개인정보 보호 원칙(개인정보보호법 제3조)
• 개인정보처리자는 개인정보의 처리 목적을 명확하게 하여야 하고 그 목적에 필요한 범위에서 최소한의 개인정보만을 적법하고 정당하게 수집하여야 한다.
• 개인정보처리자는 개인정보의 처리 목적에 필요한 범위에서 적합하게 개인정보를 처리하여야 하며, 그 목적 외의 용도로 활용하여서는 아니 된다.
• 개인정보처리자는 개인정보의 처리 목적에 필요한 범위에서 개인정보의 정확성, 완전성 및 최신성이 보장되도록 하여야 한다.
• 개인정보처리자는 개인정보의 처리 방법 및 종류 등에 따라 정보주체의 권리가 침해받을 가능성과 그 위험 정도를 고려하여 개인정보를 안전하게 관리하여야 한다.
• 개인정보처리자는 개인정보 처리방침 등 개인정보의 처리에 관한 사항을 공개하여야 하며, 열람청구권 등 정보주체의 권리를 보장하여야 한다.
• 개인정보처리자는 정보주체의 사생활 침해를 최소화하는 방법으로 개인정보를 처리하여야 한다.
• 개인정보처리자는 개인정보를 익명 또는 가명으로 처리하여도 개인정보 수집목적을 달성할 수 있는 경우 익명처리가 가능한 경우에는 익명에 의하여, 익명처리로 목적을 달성할 수 없는 경우에는 가명에 의하여 처리될 수 있도록 하여야 한다.

• 개인정보처리자는 이 법 및 관계 법령에서 규정하고 있는 책임과 의무를 준수하고 실천함으로써 정보주체의 신뢰를 얻기 위하여 노력하여야 한다.

87 개인정보 유출 통지와 관련하여 다음 〈보기〉의 밑줄 친 내용에 해당하는 것은?

보기
개인정보처리자는 대통령령으로 정한 규모 이상의 개인정보가 유출된 경우에는 제1항에 따른 통지 및 제2항에 따른 조치 결과를 지체 없이 행정안전부장관 또는 **'대통령령으로 정하는 전문기관'**에 신고하여야 한다.

① 개인정보보호협회
② 개인정보보호위원회
③ 한국개인정보보호협의회
④ 한국인터넷기술원
⑤ 한국인터넷진흥원

해설
개인정보 유출 신고의 범위 및 기관(개인정보보호법 시행령 제39조 제2항)
대통령령으로 정하는 전문기관이란 한국인터넷진흥원을 말한다.

88 '나들러(Nadler)'가 제시한 교육훈련 강사의 역할 중 다음 〈보기〉의 내용에 해당하는 것은?

> 보기
>
> 학습자들과 직접 학습 활동을 하거나 도와주는 역할로 강의, 토의 진행, 시범 등을 수행하며, 강의가 진행될 경우 강사는 다양한 경험과 이론적 배경지식을 갖추어야 한다.

① 학습 촉진자   ② 직무능력평가자
③ 실천학습 조언자   ④ 역량강화 지도자
⑤ 교수 프로그램 개발자

해설
'나들러(Nadler)'의 교육훈련 강사의 역할
• 학습 촉진자 : 학습자들과 직접 학습 활동을 하거나 도와주는 역할이다. 따라서 강사는 다양한 경험과 이론적 배경지식을 갖춰야 한다. 강의, 토의 진행, 시범 등을 수행한다.
• 교수 프로그램 개발자 : 조직의 문제를 확인하고 분석하여 이를 충족할 학습 내용을 구성한다.
• 교수 전략 개발자 : 교육 훈련 프로그램이 효과적으로 전달될 수 있도록 학습 보조 도구와 시청각 자료 등의 매체를 선정 및 제작하고, 방법을 찾는 역할을 한다.

89 다음 중 '앤드라고지'가 제시한 성인학습의 실천 원리에 대한 내용으로 가장 올바르지 않은 것은?

① 학습자들로 하여금 자신의 학습 목표를 형성하도록 격려하라.
② 학습자들이 학습계획을 수행할 수 있도록 도우라.
③ 학습자들이 지닌 보수적 저항 심리를 줄일 수 있도록 적절한 방안을 마련하라.
④ 학습에 적합한 물리적 · 심리적 분위기를 형성하라.
⑤ 학습자들로 하여금 자신의 학습 요구들을 진단하는 데 참여하도록 하라.

해설
앤드라고지의 성인학습 실천 원리
• 학습에 적합한 물리적 · 심리적 분위기를 형성하라.
• 학습자들로 하여금 자신의 학습 목표를 형성하도록 격려하라.
• 학습자들이 교육과정과 방법을 계획하는 데 스스로 참여하도록 하라.
• 학습자들이 스스로의 학습요구를 진단하는 데 참여하도록 하라.
• 학습자들이 그들의 목표를 위한 자원을 확인하고 자원을 활용할 전략을 고안하도록 하라.
• 학습자들이 학습계획을 수행할 수 있도록 도우라.
• 학습자들이 자신의 학습을 평가하도록 하라.

90 프레젠테이션 자료 제작 시 슬라이드 디자인 원리 중 '명료성'에 대한 설명으로 올바른 것은?

① 공간을 느끼게 하고 입체감을 준다.
② 내용의 배열에 흐름이 있도록 한다.
③ 심미적으로 좋은 배치가 되도록 한다.
④ 이해하기 쉽도록 내용을 단순화한다.
⑤ 구성 요소들이 전체적으로 하나라고 생각되도록 배치한다.

해설
슬라이드 디자인 원리
• 균형성 : 심미적으로 안정적인 배치가 되도록 한다.
• 명료성 : 이해하기 쉽도록 내용을 단순화한다.
• 단순성 : 전달하려는 필수 정보만을 제공하고, 너무 많은 글씨나 그림을 넣는 것은 피한다.
• 조화성 : 내용이 잘 보이도록 글자색과 배경색이 적절한 조화를 이루고 있어야 한다.
• 원근법 : 입체감을 주어 공간을 느끼게 한다.
• 통일성 : 구성 요소들이 전체적으로 통일감이 들도록 배치한다.
• 조직성 : 내용이 흐름에 따라 배열되어야 한다.
• 강조성 : 중요한 부분을 색이나 선을 이용해 두드러져 보이도록 한다.

1과목 CS 개론

01 고객만족(CS)과 관련해 〈보기〉의 ( ) 안에 들어갈 내용으로 알맞은 것은?

> **보기**
>
> 올리버는 만족의 개념에 대하여 '만족이란 소비자의 ( )으로 판단된다.'고 제시하였다.

① 가치 반응
② 상호 반응
③ 의식 반응
④ 성취 반응
⑤ 신뢰 반응

해설

올리버(Oliver)는 만족은 소비자의 성취 반응(Fulfillment Response)으로 정의하며 제품이나 서비스의 특성과 그것들이 소비자에게 제공하는 욕구충족 이행수준에 관한 소비자의 판단이라고 하였다.

학자들의 고객만족에 대한 정의

학 자	정 의
굿맨 (Goodman)	고객만족이란 비즈니스나 기대에 부응하는 일련의 결과로 상품의 재구입이 이루어지며 고객의 신뢰감이 연속되는 상태
코틀러 (Kotler)	만족이란 사람들의 제품에 대한 기대치와 제품에 대해 자각하고 있는 성능을 비교하여 나타나는 즐거움이나 실망감을 뜻함
카르도조 (Cardozo)	기업이 제공한 서비스에 대한 고객의 인식과 기대치 간의 차이를 평가하는 것
올리버 (Oliver)	만족은 소비자의 성취 반응으로 정의하며 제품이나 서비스의 특성과 그것들이 소비자에게 제공하는 욕구충족 이행수준에 관한 소비자의 판단이라고 정의
앤더슨 (Anderson)	만족과 불만족을 하나의 과정으로 이해하며 고객의 포괄적인 감정을 프로세스로 하여 고객만족이라고 정의
웨스트브룩과 뉴먼 (Westbrook & Newman)	상품 및 서비스를 구매 · 비교 · 평가 · 선택하는 과정에서 고객이 경험하는 호의적이거나 비호의적인 감정을 고객만족과 불만족으로 구별하여 설명

02 '공정성 이론'의 공정성 분류 중 '도출 결과의 공정성'에서 제시하고 있는 요소에 포함되지 않는 내용을 〈보기〉에서 찾아 모두 선택한 것은?

> **보기**
>
> 가. Comparison   나. Contribution
> 다. Equality   라. Influence
> 마. Needs

① 가, 나
② 가, 라
③ 가, 라, 마
④ 나, 다, 라
⑤ 라, 마

해설

도출 결과의 공정성

도출 결과의 공정성이란 투입과 도출 사이의 상호 관계 원칙과 같이 어떤 인식된 원칙에 따라 도출 결과를 할당하는 것으로 투입과 도출 사이의 관계의 평가가 가장 중요한 기준이 되어 평등성(Equality), 요구(Needs), 기여(Contribution) 등의 요소로 제시된다.

03 비즈니스 프로세스의 분류 중 '기반 프로세스'에 대한 설명으로 가장 올바른 것은?

① 경쟁자보다 뛰어나지는 않더라도 고객에게 최소한의 가치를 제공하기만 하면 되는 프로세스를 의미한다.
② 미래의 산업 전략이 성공할 수 있도록 사람, 기술, 프로세스를 결합하여 조직의 역량을 구축해 나가는 과정을 의미한다.
③ 조직이 영위하는 사업 영역에서 경쟁자보다 뛰어나게 고객가치를 제공하는 프로세스를 의미한다.
④ 변화하는 고객의 니즈와 기술적 변화에 맞추어 조직의 지속적인 경쟁 우위 확보를 위해 역량을 개발하는 프로세스를 말한다.
⑤ 프로세스의 초점이 고객만족에 있으며 고객의 기대 수준과 대비하여 판단이 가능하다.

해설
핵심 프로세스는 아니지만 프로세스의 결과물이 고객에게 가치가 있다고 파악되는 프로세스이다. 경쟁자와 경쟁 여부를 떠나 고객에게 필요한 최소한의 가치만 제공하면 되는 프로세스이다.
비즈니스 프로세스의 구분

경쟁 프로세스	• 경쟁 프로세스는 경쟁자보다 우수한 고객가치를 제공하는 프로세스 • 고객의 니즈를 만족시키는 데 초점을 맞추므로 고객의 기대 수준과 대비하여 판단 가능
변혁 프로세스	• 급속히 변화하는 환경 속에서도 조직의 지속적인 경쟁 우위 확보를 위한 프로세스를 의미하며 사람, 기술 그리고 프로세스를 결합해 조직의 미래의 경쟁력을 구축해 나가는 과정
기반 프로세스	• 핵심 프로세스는 아니지만 프로세스의 결과물이 고객에게 가치가 있다고 파악되는 프로세스 • 경쟁자와 경쟁 여부를 떠나 고객에게 필요한 최소한의 가치만 제공하면 되는 프로세스
지원 프로세스	• 위의 세 가지 프로세스가 제대로 진행되도록 지원하는 프로세스를 의미 • 고객에게 직접적으로 가치를 전달하는 프로세스는 아니며, 프로세스라기보다는 오히려 과거의 기능적 활동으로 파악되는 경우가 많음 • 인적자원 관리, 재무회계, 교육 훈련 등

04 서비스 프로세스를 설계할 경우 고려해야 될 사항 중 〈보기〉의 ( ) 안에 들어갈 내용으로 알맞은 것은?

보기
서비스 프로세스는 ( )이며, 각각의 개별 활동들은 하나의 시각에서 인식되어야 한다. 이 때 적용하는 프로세스의 규율은 창의성을 억제하기보다는 성과와 효율성을 제고할 수 있는 자율적인 성격을 가져야 한다.

① 변화론   ② 강화론
③ 전체론   ④ 목적론
⑤ 활동론

해설
서비스 프로세스 설계 시 고려해야 할 사항
• 고객에게 초점을 맞추고 고객의 입장에서 계획되어야 한다.
• 서비스 프로세스는 목적론이며, 실제적인 과업 성과를 중시해야 한다.
• 서비스 프로세스는 전체론이며, 개별 활동들은 하나의 시각에서 인식되고 성과의 효율을 제고하는 자율적인 성격이어야 한다.
• 서비스는 무형성을 고려한 객관성, 정확성에 근거한 구체적인 방법론을 제시한다.
• 종업원과 고객을 모두 고려한 설계를 한다.

05 '슈메너'의 서비스 프로세스 매트릭스와 관련해 다음 〈보기〉의 그림에서 (다)에 해당하는 업종으로 보기 어려운 것은?

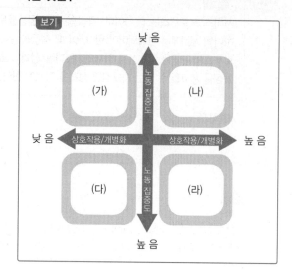

보기

낮음

노동집중도

(가)　　　　(나)

낮음　　　상호작용/개별화　　　상호작용/개별화　　　높음

노동집중도

(다)　　　　(라)

높음

① 학 교
② 호 텔
③ 은 행
④ 도매점
⑤ 소매점

해설

(다)에 해당하는 것은 대중 서비스이다. 호텔은 (가) 서비스 팩토리에 속한다.

슈메너(Schmenner)의 서비스 매트릭스

구 분		고객과의 상호작용/개별화	
		높음	낮음
노동집중도	높음	전문 서비스 (변호사, 의사, 컨설턴트, 건축가 등)	대중 서비스 (소매금융업, 학교, 도매업, 은행 등)
	낮음	서비스 숍 (병원, 수리 센터, 기타 정비 회사 등)	서비스 팩토리 (항공사, 운송업, 호텔, 리조트 등)

06 '대기(Wait) 관리 방안'과 관련해 다음 〈보기〉의 내용에 해당하는 대기 시스템의 유형은?

보기

고객이 서비스 시설에 도착하여 어느 대기 열에서 기다려야 하는지 또는 다른 대기 열이 짧아질 경우 옮겨야 하는지 여부를 결정해야 한다.

① 집단 대기 열
② 맞춤 대기 열
③ 복합 대기 열
④ 단일 대기 열
⑤ 다중 대기 열

해설

대기 열의 종류

• 단일 대기 열 : 고객들이 한 줄로 서서 순서대로 서비스를 기다린다.
• 다중 대기 열 : 고객들이 여러 줄로 서서 각 창구의 서비스를 기다린다.
• 복합 대기 열 : 단일 대기 열과 다중 대기 열의 방식을 상황에 따라 복합적으로 사용한다.

07 다음 중 서비스 프로세스 설계의 기본 원칙에 대한 내용으로 가장 거리가 먼 것은?

① 고객 개별 니즈에 적응해야 한다.
② 고객은 기대 대비 성과를 평가한다.
③ 평가는 시장과 경쟁사에 의해 형성된다.
④ 고객의 기대를 관리하는 것이 중요하다.
⑤ 모든 의사결정 시 고객을 고려해야 한다.

해설

평가는 시장과 경쟁사가 아니라 고객이 한다.

서비스 프로세스 설계의 기본 원칙

• 평가는 고객이 한다.
• 평가는 상대적이다.
• 고객은 기대 대비 성과를 평가한다.
• 고객의 개별 요구에 적응해야 한다.
• 개별적인 요구에 적응하는 효율적인 방법은 일선 직원의 서비스와 지원 시스템이다.
• 모든 의사결정 시 고객을 고려한다.

08 다음 중 '솔로몬'과 '구트만'이 제시한 서비스 접점의 특징에 대한 설명으로 가장 올바르지 않은 것은?

① 서비스 접점의 목적은 정보 교환에 있다.
② 제공되는 서비스에 따라 제한을 받는다.
③ 목표 지향적인 역할 수행이 되어야 한다.
④ 서비스 제공자와 고객이 모두 참여할 때 성립된다.
⑤ 데이터를 기반으로 현상 인식 작용이 선행되어야 한다.

해설
서비스 제공자와 고객 간의 의사소통은 상호작용적이다.
솔로몬과 구트만의 서비스 접점의 특징
• 서비스 제공자와 고객의 양자 관계 : 서비스 제공자와 고객이 모두 참여할 때 성립한다.
• 인간적인 상호작용 : 서비스 제공자와 고객 간의 커뮤니케이션은 상호작용적이다.
• 목표 지향적인 역할 수행 : 서비스 제공자는 직무 훈련을 통해 목표 성취를 위한 역할을 수행한다.
• 서비스 접점의 목표는 정보 교환 : 서비스 제공자와 고객은 서로 정보를 교환하는 커뮤니케이션을 한다.
• 제공되는 서비스에 따른 제한성 : 서비스의 내용과 특성에 따라 접점의 범위가 제한된다.

09 품질기능전개(QFD) 분석 도구 중 '품질의 집(HOQ)' 구성 요소와 가장 거리가 먼 것은?

① 계획 품질
② 설계 특성
③ 기업 요구와 실행도
④ 설계 특성 간 상관관계
⑤ 고객의 요구 품질

해설
품질의 집(HOQ)

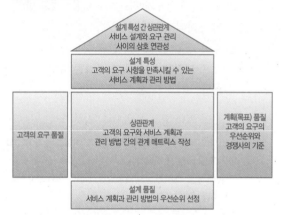

[품질의 집(HOQ) 구조도]

10 다음 중 '마이네트'가 제시한 고객만족경영 도입 배경의 중요성에 대한 설명으로 올바르지 않은 것은?

① 소비자가 직접 소비자 문제에 적극적으로 참여하여 대응하려는 소비자 주권 의식이 확산되었다.
② 시장의 성숙화로 경쟁사보다 더 우수한 제품과 서비스를 개발하여 고객의 욕구를 충족시켜야 한다.
③ 소수의 과점 시장으로부터 다원적 경쟁 시장으로 시장 구조가 변화하면서 글로벌 경쟁 시대가 도래되었다.
④ 소비자의 욕구가 지나치게 획일화되고 변화의 속도가 둔화되고 있다.
⑤ 소비 행위의 변화로 인해 하드웨어적인 요소보다 소프트웨어적인 요소가 중요한 요인으로 작용되고 있다.

해설
소비자의 욕구가 다양화하고 급속도로 변화하는 것이 고객만족경영의 도입 배경 중 하나이다.
'마이네트'가 제시한 고객만족경영 도입이 중요한 이유
• 글로벌 경쟁 시대
• 공급 과잉으로 인해 소비자가 주요 요소로 부각됨
• 시장의 성숙화로 더 우수한 제품과 서비스 개발 필요
• 소비자 욕구의 다양화와 빠른 변화
• 소프트웨어적 요소의 중요성 증가
• 정보사회 도래로 인한 소비자 주권 의식 확산

11 다음 '총체적 고객만족경영(TCS)'의 혁신 요소 중 시장 경쟁력 강화를 위한 혁신 활동으로 보기 어려운 것은?

① 이미지   ② 프로세스
③ 고객 관리   ④ 가격 경쟁력
⑤ 상품력

해설
프로세스는 내부 핵심 역량의 강화 요소이다.
총체적 고객만족경영(TCS ; Total Customer Satisfaction) 혁신의 요소
• 내부 핵심 역량 강화 요소 : 지식, 인사 조직, 정보기술, 프로세스
• 시장 경쟁력 강화 요소 : 상품력, 가격 경쟁력, 브랜드, 이미지, 고객 관리

12 노드스트롬(Nordstrom) 백화점의 경영 방식 중 내부 고객의 만족을 위한 정책과 가장 거리가 먼 것은?

① 고객에게 안락하고 편리한 쇼핑 환경을 제공하여 고객만족과 매출의 극대화를 꾀한다.
② 현장에서 고객과 접점에 있는 직원들이 진심 어린 고객 서비스를 실천할 수 있도록 하기 위해 직원의 인격을 먼저 존중해 준다.
③ 노드스트롬은 학력과 경력 같은 피상적인 조건을 내세우지 않는다.
④ 미국 소매업계 최초로 판매 수수료 제도를 도입하였다.
⑤ 관리자 선발의 경우 외부에서 영입하지 않고 내부 승진 원칙을 고수한다.

해설
외부 고객의 만족을 위한 정책이다.
노드스트롬(Nordstrom) 내부 고객의 만족을 위한 정책
• 종업원 선발 : 인재 선발에 있어 학력과 경력같은 피상적인 조건을 내세우지 않는다.
• 인사 관리 : 관리자 선발의 경우 외부에서 영입하지 않고 내부 승진 원칙을 고수한다.
• 동기부여와 인센티브 : 미국 소매업계 최초로 판매 수수료 제도를 도입하였다.
• 권한 위임 : 현장에서 고객과 접점에 있는 직원들이 진심 어린 고객 서비스를 실천할 수 있도록 하기 위해 직원의 인격을 먼저 존중해 준다.

13 다음 중 '구전(口傳)'과 구매 행동과의 관계에 대한 설명으로 가장 거리가 먼 것은?

① 소비자 간의 구전은 일반적으로 매우 신뢰성이 높은 정보의 원천이다.

② 소비자는 실제 제품 구매를 결정할 경우 상업적 정보보다 자신의 주변 사람들로부터 듣는 비상업적 정보를 신뢰하는 경향이 있다.

③ 일방적이 아니라 쌍방적 의사소통이 이루어지는 특징이 있다.

④ 소비자는 구매와 관련된 위험을 줄이고 제품 구매, 가격 등에 대한 정보를 얻기 위해 구전을 활용한다.

⑤ 소비자는 기업이 자사 제품에 대해 제공하는 금전적 정보에 대해 호의적이고 이를 신뢰하는 경향이 뚜렷하다.

해설
소비자는 기업이 자사 제품에 대해 제공하는 긍정적 정보를 제품 판매를 위한 꾸며진 정보로 간주하고 신뢰하지 않는 경향이 있다. 소비자는 기업의 상업적 정보보다 가족, 친구, 이웃, 동료와 같은 자신의 주변 사람들로부터 듣는 비상업적 정보를 진실하고 신뢰성이 높다고 인식한다.

14 참여 관점에 따른 고객의 분류 중에서 '한계 고객'에 대한 설명으로 올바른 것은?

① 전략이나 고객 관리 등에 중요한 인식을 심어 주는 고객 유형이다.

② 자사의 제품이나 서비스를 반복적 또는 지속적으로 애용하는 고객을 말한다.

③ 제품이나 서비스를 구매하기보다 평판, 심사, 모니터링 등에 영향을 미치는 집단을 의미한다.

④ 직접적으로 제품이나 서비스를 구입하거나 돈을 지불하지는 않지만, 1차 고객이 선택하는 데 커다란 영향을 미치는 개인 또는 집단을 말한다.

⑤ 자사의 이익 실현에 마이너스를 초래하는 고객으로 고객 명단에서 제외하거나 해약 유도를 통해 고객의 활동을 중지시켜야 하는 유형을 말한다.

해설
참여 관점에 따른 분류

• 직접 고객(1차 고객) : 제공자로부터 제품 또는 서비스를 구입하는 사람

• 간접 고객(개인 또는 집단) : 최종 소비자 또는 2차 소비자

• 공급자 집단 : 제품과 서비스를 제공하고 반대급부로 돈을 지급받는 자

• 내부 고객 : 회사 내부의 종업원 및 그 가족과 주주

• 의사결정 고객 : 직접 고객(1차 고객)의 선택에 커다란 영향을 미치는 개인 또는 집단으로서, 직접적으로 구입을 하거나 돈을 지불하지 않는 고객

• 의견 선도 고객 : 제품이나 서비스의 구매보다는 제품의 평판, 심사, 모니터링 등에 영향을 미치는 집단(소비자보호단체, 기자, 평론가, 전문가 등)

• 법률 규제자 : 소비자보호나 관련 조직의 운영에 적용되는 법률을 만드는 의회나 정부

• 경쟁자 : 전략이나 고객 관리 등에 중요한 인식을 심어 주는 고객

• 단골 고객 : 기업의 제품이나 서비스를 반복적 · 지속적으로 애용하지만, 고객을 추천할 정도의 로열티는 없는 고객

• 옹호 고객 : 단골 고객이면서 고객을 추천할 정도의 로열티가 있는 고객

• 한계 고객 : 기업의 이익 실현에 해가 되므로 디마케팅의 대상이 되는 고객으로, 고객 명단에서 제외하거나 해약 유도 등을 통해 고객의 활동이나 가치를 중지시킴

• 체리 피커(Cherry Picker) : '신포도 대신 체리만 골라 먹는다'고 해서 붙여진 명칭으로 특별이벤트 기간에 가입해 혜택은 다 누리고, 그 이후부터는 찾지 않는 고객. 즉, 실제 상품 구매, 서비스 이용 실적은 좋지 않으면서 기업의 서비스 체계, 유통 구조 등에 있는 허점을 찾아내어 자신의 실속을 챙기는 소비자

• 얼리 어답터(Early Adopter) : 제품이 출시될 때 가장 먼저 구입을 하여 평가를 내린 뒤, 주위에 제품의 정보를 알려주는 성향을 가진 고객

15 고객 행동의 영향 요인 중 문화의 특성에 대한 설명으로 가장 거리가 먼 것은?

① 사람의 일상적인 생활은 규범에 의해 생리적, 사회적, 개인적 욕구 해결의 방향 및 지침이 되고 아울러 외부 사회 집단의 압력에 의한 연대성을 갖게 된다.

② 문화는 태어날 때부터 타고나거나 본능적인 것이 아니라 삶의 초기에 학습을 통해 형성되는 것이다.

③ 신념이나 가치 또는 관습이 문화적 특성으로 인정받기 위해서는 영향력을 가진 사회 지도층의 권위 있는 검증이 가장 중요하다.

④ 문화는 점진적으로 변화하는 동태성을 갖는다.

⑤ 사회 구성원들에 의하여 공유된 관습은 유지되기를 바라고 다음 세대로 계승되기를 바란다.

해설
신념이나 가치 또는 관습이 문화적 특성으로 인정받기 위해서는 영향력 있는 일부 사회 지도층의 권위 있는 검증이 필요한 것이 아니라 대다수의 일반 구성원에게 공감을 받으며 공유되는 것이 가장 중요하다.
고객 행동에 영향을 주는 요인
• 문화적 요인 : 가치관, 선호성, 지각 행동
• 사회적 요인 : 준거집단, 가족, 사회적 역할과 지위
• 개인적 요인 : 라이프스타일

16 다음 중 '마이어스 – 브릭스 유형지표(MBTI)'에 대한 설명으로 가장 올바르지 않은 것은?

① '브릭스'와 '마이어스' 모녀에 의해 개발되었으며, 마이어스 – 브릭스 성격 진단 또는 성격유형지표라고도 불린다.

② '칼 융'의 심리유형론을 근거로 하는 심리 검사이다.

③ 장점과 단점을 명확히 구분하여 분석이 가능하기 때문에 매우 정확도가 높은 심리 테스트라 할 수 있다.

④ 16개의 성격 유형과 4가지 분리된 선호 경향으로 구성된다.

⑤ 선호 경향은 교육이나 환경의 영향을 받기 이전에 잠재되어 있는 선천적 심리 경향을 말한다.

해설
MBTI(Myers – Briggs Type Indicator)는 주로 장점을 위주로 성격을 구분하여 분석한다는 점이 가장 큰 특징이다.

17 메타(Meta) 그룹에서 제시한 '고객관계관리(CRM)'의 분류 중 '분석 CRM'의 내용에 가장 부합하는 것은?

① 백오피스와 CRM 통합

② 비효율적 업무 프로세스 도출

③ 채널 다양화로 일관된 서비스 제공

④ 프런트오피스 고객 접점을 연계한 업무 지원

⑤ 고객 캠페인을 통한 '타깃(Target)' 마케팅 수행

해설
메타 그룹에서 제시한 고객관계관리(CRM)의 분류

분석 CRM	수익성과 시장점유율 제고를 목적으로 고객 데이터를 추출·분석하여 영업, 마케팅, 서비스 측면으로 활용하는 전 과정을 의미한다. 데이터웨어하우스, 데이터마이닝, OLAP, ODS 등의 시스템을 사용한다.
운영 CRM	고객 정보의 획득과 활용을 통한 운영 비용 절감을 목적으로 영업, 마케팅, 고객 서비스의 프론트오피스를 연계한 거래 이력 업무 지원과 백오피스 통합 서비스 프로세스의 자동화를 의미한다. 대표적인 예로는 EMS, 웹 로그 솔루션이 있다.
협업 CRM	커뮤니케이션과 프로세스의 효율성 향상, 고객과의 관계 증진을 목적으로 기업 내부의 조직 공급망이 고객과 지속적으로 협력하고 커뮤니케이션을 통해 정보를 나누어 주는 모델을 말한다. 콜센터, e-mail, 비디오, 팩스, FOD, 우편 등이 솔루션으로 적용된다.

18 다음 중 고객관계관리(CRM)의 특징에 대한 설명으로 가장 올바르지 않은 것은?

① 고객과의 직접적인 접촉을 통해 쌍방향 커뮤니케이션을 지속한다.

② 기업의 모든 내부 프로세스 통합을 최소화하고 오직 마케팅에 역점을 두는 역동적 경영 방식이다.

③ 고객에게 필요한 상품, 서비스는 물론 차별화된 보상 등 적절한 혜택을 제공하여 고객과의 관계 관리에 기업의 초점을 맞추는 고객 중심적인 경영 방식이다.

④ 기본적으로 개별 고객의 생애에 걸쳐 거래를 유지하거나 늘려나가고자 한다.

⑤ 정보기술에 기초를 둔 과학적인 제반 환경의 효율적 활용을 요구한다.

고객관계관리(CRM)의 특징

• 고객 지향적 : 고객에게 필요한 상품과 서비스, 차별화된 보상 등 적절한 혜택 제공
• 동적인 경영 방식 : 고객 전 생애에 걸쳐 장기적인 이윤을 추구
• 쌍방향 관계 : 고객과 기업 사이의 상호적인 혜택과 신뢰를 구축
• 정보기술의 효율적 활용 요구 : 고객 데이터, ROI 분석 등 가시적인 경영 개선에 초점
• 고객과의 직접적인 접촉 : 일관성 있는 메시지와 커뮤니케이션으로 고객과의 관계 강화
• 기업 내부 프로세스의 통합 요구 : 고객관계관리에 필요한 모든 부분인 표준화된 업무 프로세스, 조직의 역량이나 훈련, 기술적 하부 구조 등 균형 잡힌 향상을 꾀하는 경영 방식

19 고객관계관리(CRM) 전략 수립 6단계 중 고객에 대한 마케팅 제안(Offer) 결정과 관련하여 '사후적 보상'에 해당하는 사례로 가장 적절한 것은?

① 할인 쿠폰 지급을 통한 구매 유인

② 항공사 마일리지에 따른 무료 항공권 제공

③ 유통업체에서 활용하는 저가 상품의 구매 전 무료 제공

④ 고객에 따라 동일 상품에 대한 가격의 개별적인 적용

⑤ 미리 만들어진 상품 중 고객에게 적합한 상품을 파악하여 권유

CRM 전략 수립 6단계

• 1단계 환경 분석 : CRM을 구축하기 전에 CRM을 통해 얻고자 하는 정확한 목표를 설계하는 것이다.
• 2단계 고객 분석 : 자사의 현재 고객을 다각적으로 분석하는 것이다.
• 3단계 CRM 전략 방향 설정 : 기업이 CRM 전개를 통해 궁극적으로 목적하는 것을 얻기 위하여 방향성을 설정하는 것이다.
• 4단계 고객에 대한 오퍼(Offer) 결정 : 고객의 회원 정보, 고객과 회사의 다양한 접촉, 거래 이력을 바탕으로 상품이나 관심 분야, 소득 수준, 거래 빈도, 평균 구매 단가 등의 고객 특성의 변수에 따른 마케팅 오퍼를 결정하는 것이다.
• 5단계 개인화 설계 : 개인 정보, 구매 상품 유형, 구매 주기 등에 따른 콘텐츠 관심 정보 등을 총체적으로 분석하여 개인화 규칙을 설계한다.
• 6단계 커뮤니케이션 설계 : 고객에게 제공될 것이 결정된 경우, 어떻게 제공할 것인지에 대한 전달 방법을 설계하는 것으로 설계 방법에 따라 이메일 등의 인터넷을 이용한 방법과 우편이나 전화와 같은 전통적인 방법이 있다.

20 고객관계관리(CRM)의 실패 요인 중 의미 없는 데이터베이스 자료로 보기 어려운 것은?

① 단위당 판매가 작은 경우
② 평생 단 한 번 구입하는 제품
③ 장기적 타산이 맞지 않는 경우
④ 정보 수집에 적은 비용이 드는 경우
⑤ 상표에 대한 충성심을 보이지 않는 제품

해설
의미 없는 데이터베이스 자료
• 평생 단 한 번 구입하는 제품
• 상표에 대한 충성심을 거의 보이지 않는 제품
• 단위당 판매가 작은 경우
• 정보 수집에 비용이 많이 드는 경우
• 장기적으로 타산이 맞지 않는 경우

해설
공유적 인간관계와 교환적 인간관계

공유적 인간관계	• 가족과 연인, 아주 친밀한 친구 사이에서 나타나는 인간관계의 유형 • 타인의 행복이 나의 행복이고, 타인에게 주는 것이 나에게 주는 것이 되는 관계로서 호혜성이 무시되는 관계
교환적 인간관계	• 거래와 교환의 공정성, 즉 이득과 손실의 균형이 무엇보다 중요한 관계 • 주는 만큼 받고, 받는 만큼 주어야 한다는 호혜성의 원칙이 요구되는 관계

21 다음 중 〈보기〉의 설명에 해당하는 인간관계의 유형은?

> 보기
> 상대방과 자신이 하나라고 지각하는 관계로 호혜성의 원칙이 무시되며 가족이나 친구들 사이에서 주로 나타난다.

① 횡적 관계
② 총적 관계
③ 공유적 관계
④ 우월적 관계
⑤ 교환적 관계

22 '머튼(Merton)'이 제시한 인간관계의 부적응 유형 중 문화적 목표는 수용하지만 제도적 수단은 포기하는 유형은?

① 혁신형
② 반역형
③ 동조형
④ 의례주의형
⑤ 패배주의형

해설
머튼(Merton)의 아노미 이론

동조형	문화적 목표와 제도적 수단을 모두 수용하는 유형(부적응자에서 제외)
혁신형	문화적 목표는 수용하지만 제도적 수단은 거부하는 유형(횡령, 탈세, 사기범)
의례형	문화적 목표는 거부하지만 제도적 수단은 수용하는 유형(공무원의 복지부동)
패배형	문화적 목표와 제도적 수단을 모두 거부하는 유형(약물중독, 은둔자, 부랑자)
반역형	문화적 목표와 제도적 수단을 모두 거부하고 기존의 것을 변혁시키려는 유형(혁명가, 히피, 해방운동가)

23 자아의식 모델인 '조하리(Johari)의 창' 유형 중 '숨겨진 영역'에 대한 설명으로 가장 올바르지 않은 것은?

① 현대인에게 가장 많은 유형이다.
② 신중하고 실리적인 경향이 있다.
③ 자신의 이야기를 잘 하지 않는 유형이다.
④ 타인의 말에 귀를 기울일 줄 알아야 한다.
⑤ 타인과 좀 더 넓고 깊이 있는 교류가 필요하다.

해설
숨겨진 영역이 가장 넓은 신중형은 다른 사람의 이야기는 잘 경청하지만, 자신의 이야기는 잘 하지 않는 사람들이다.
조하리(Johari)의 창

구 분	내가 알고 있는 정보	내가 모르는 정보
타인이 알고 있는 정보	공개된 영역(개방형) • 넓은 인간관계 • 주책스럽고 경박해 보일 수 있음	맹목의 영역(자기주장형) • 거침없이 이야기함 • 타인의 말을 들을 필요가 있음
타인이 모르는 정보	숨겨진 영역(신중형) • 실수하는 일이 적음 • 계산적, 실리적, 뛰어난 적응력	미지의 영역(고립형) • 소극적, 많은 고민 • 긍정적인 태도를 가질 필요가 있음

25 서비스의 정의에 대하여 다음 〈보기〉의 내용과 같이 주장한 학자는?

보기
서비스란 시장에서 판매되는 무형의 제품으로 정의할 수 있으며, 손으로 만질 수 있는지 없는지에 따라 유형의 상품과 무형의 상품으로 구분할 수 있다.

① 세 이   ② 마 샬
③ 라스멜   ④ 블루아
⑤ 자이다믈

해설
① 비물질적인 것은 보존이 쉽지 않으므로 부가 아니라고 주장하는 아담 스미스의 견해를 부인하며, 부의 본질은 효용이며 생산이란 물질의 창조가 아니라 효용의 창조라고 주장
② '인간은 물질적 물체를 창조할 수 없다.'고 주장. 물질적인 물체를 만들었다고 해도 실은 단지 효용을 만든 것에 불과하고 원래 물질의 형태와 구조를 변화시켜 욕구충족에 적합하게 만든 것뿐이라고 하며 모든 경제활동은 욕구를 만족시키기 위한 것이라고 주장
④ '한 재화의 형태에서 물리적 변화가 없이 편익과 만족을 낳는 판매에 제공되는 활동'이라고 정의
⑤ '서비스는 행위, 과정 그리고 결과이다.'라고 주장

24 '에릭 번'이 제시한 시간의 구조화 영역 중 타인을 멀리하고 대부분의 시간을 공상이나 상상으로 보내며 자기 스스로의 방법으로 스트로크를 주려고 하는 자기애적인 교류 형태에 해당하는 유형은?

① 활 동   ② 폐 쇄
③ 의 식   ④ 잡 담
⑤ 게 임

해설
폐쇄의 대표적인 것은 백일몽이나 공상에 젖는 것으로 몸은 다른 사람과 함께 있어도 마음은 딴 곳에 가 있는 상태가 되어, 스트레스를 받는 타인과의 커뮤니케이션을 피할 수 있다. 사람들은 혼자 있거나, 휴식하거나, 자신만의 생각을 정리하거나, 자신을 반성할 시간과 개인의 인간성을 회복할 시간을 필요로 하므로 공상의 나래를 펴는 폐쇄조차도 종종 적당한 시간의 구조화가 될 수 있다.

26 '크리스토퍼'가 제시한 고객 서비스의 3단계 중 '거래 전 서비스'에 해당하는 것은?

① 명시된 회사의 정책   ② 제품 대체성
③ 주문의 편리성   ④ 설치와 수리
⑤ 재고 품질 수준

해설
크리스토퍼(Christopher)의 고객 서비스 3단계
• 거래 전 서비스 : 기술적 서비스, 명시된 회사의 정책, 회사에 대한 고객의 평가, 회사 조직, 시스템 유연성
• 거래 시 서비스 : 재고 품질 수준, 'Back order' 이용 가능성, 시간, 주문의 편리성, 제품 대체성
• 거래 후 서비스 : 설치·보증, A/S, 불만 처리, 포장, 일시적인 대체

27 다음 중 관광 서비스의 특징에 대한 설명으로 가장 올바르지 않은 것은?

① 관광 수요의 계절성으로 수요가 불규칙적이다.
② 인적 서비스에 대한 높은 의존성을 가지고 있다.
③ 고객의 직접 참여에 의해서만 서비스를 창출한다.
④ 인적, 물적 서비스가 혼합되어 존재하는 개념이다.
⑤ 일반 서비스와는 달리 비용 산출이 용이하고 서비스 선택 시 지각의 위험도를 보이지 않는 특징이 있다.

해설
관광 서비스의 특징
• 인적 서비스에 대해 높은 의존성을 지닌다.
• 차별화되는 고급 서비스를 요구한다.
• 관광 수요의 계절성으로 수요가 불규칙하다.
• 고객의 직접 참여에 의해서만 서비스를 창출할 수 있다.
• 고객인 관광객이 호감과 만족감을 느끼게 만드는 행위이다.
• 인적, 물적 서비스가 혼합되어 존재하는 개념이다.
• 타 관광 서비스 상품과 상호 보완적이다.
• 본질적인 서비스의 특징과 비용 산출의 어려움, 서비스 선택 시 지각의 위험을 갖는다.
• 정보화 의존 영역에 한계적 특성을 갖는다.

28 다음 중 '매슬로'의 욕구 5단계를 순서대로 바르게 나열한 것은?

구 분	1단계	2단계	3단계	4단계	5단계
①	생리적 욕구	존경 욕구	사랑과 소속감에 대한 욕구	안전의 욕구	자아실현 욕구
②	생리적 욕구	사랑과 소속감에 대한 욕구	안전의 욕구	존경 욕구	자아실현 욕구
③	생리적 욕구	안전의 욕구	자아실현 욕구	존경 욕구	사랑과 소속감에 대한 욕구
④	생리적 욕구	안전의 욕구	사랑과 소속감에 대한 욕구	존경 욕구	자아실현 욕구
⑤	생리적 욕구	안전의 욕구	사랑과 소속감에 대한 욕구	자아실현 욕구	존경 욕구

해설
매슬로의 인간 욕구 5단계

생리적 욕구	의식주 등 생존하기 위한 기본 욕구
안전 욕구	근본적으로 신체적 및 감정적인 위험으로부터 보호되고 안전해지기를 바라는 욕구
소속감과 애정 욕구	인간은 사회적인 존재이므로 조직에 소속되거나 동료와 친교를 나누고 싶어 하고 또 이성 간의 교제나 결혼을 갈구하게 되는 욕구
존경 욕구	내적으로 자존·자율을 성취하려는 욕구(내적 존경 욕구) 및 외적으로 타인으로부터 인정을 받으며, 집단 내에서 어떤 지위를 확보하려는 욕구(외적 존경 욕구)
자아실현 욕구	계속적인 자기 발전을 통하여 성장하고, 자신의 잠재력을 극대화하여 자아를 완성시키려는 욕구

29 삼성 에버랜드에서 제시한 '서비스 리더십을 구성하는 요소' 중 다음 〈보기〉의 ( ) 안에 들어갈 내용으로 알맞은 것은?

> **보기**
>
> ( )(이)란 서비스 리더십의 기초를 세워 주는 철학과 전체가 공유해 나가고자 하는 비전, 그리고 이를 위해 현재를 어떻게 고쳐나갈 것인가 하는 혁신으로 설명할 수 있다.

① Service Skill
② Service Duty
③ Service Mind
④ Service Concept
⑤ Service Devotion

해설
삼성 에버랜드에서 제시한 서비스 리더십 구성 요소

구 분	내 용
신념 (Concept)	• 철학 : 서비스 리더십의 기초를 세움 • 비전 : 전체가 공유해 나가고자 하는 것 • 혁신 : 현재의 문제를 어떻게 고쳐 나갈 것인가 하는 것
태도 (Mind)	• 열정, 애정, 신뢰 : 파트너십을 형성하고 만족을 주고 싶은 마음 상태나 자세를 말하며 이러한 마음이 형성될 때 리더의 행동은 자연스럽게 고객의 만족을 유도
능력 (Skill)	• 창조, 운영, 관계, 능력 : 서비스 능력은 고객의 욕구를 파악하며, 이를 충족시키는 데 요구되는 서비스 창조, 관리 운영, 인간관계에 대한 능력

30 다음 중 서비스 기업을 일반 제조 기업과 비교할 때의 차이에 대한 설명으로 가장 올바르지 않은 것은?

① 내부 고객을 우선적으로 만족시켜야 한다.
② 규모의 경제를 실현하기 용이하다.
③ 고객충성도 확보가 핵심이다.
④ 진입 장벽이 상대적으로 낮다.
⑤ 수요의 변동이 심하다.

해설
서비스 기업과 일반 제조 기업의 차이
• 상대적으로 낮은 진입 장벽 : 경쟁사에서 쉽게 모방할 수 있고 운영 방식을 특허로 보호받기 어렵다.
• 규모의 경제 실현의 어려움 : 서비스는 생성과 동시에 소멸되므로 보관할 수 없고 대량생산을 통한 '규모의 경제' 실현이 어렵다.
• 심한 수요의 변동
• 고객충성도 확보의 중요성
• 내부 고객의 만족도

31 서비스 청사진을 이용하여 프로세스를 설계할 경우 얻을 수 있는 이점으로 가장 거리가 먼 것은?

① 내·외부 마케팅을 위한 합리적인 기반을 구성한다.
② 내부 작용선은 부서 고유의 상호의존성 및 부서 간 경계 영역을 명확히 해주어 점진적인 품질개선 작업을 강화시킬 수 있다.
③ 일선 종업원의 의견이 최대한 반영될 수 있도록 하향식 의사 접근을 배제하고 상향식 의사 접근을 활성화하는 데 도움을 준다.
④ 가시선은 고객이 볼 수 있는 영역과 어떤 종업원이 고객과 접촉하는지를 알려주어 합리적인 서비스 설계를 할 수 있도록 도와준다.
⑤ 서비스를 구성하는 요소와 연결고리를 알려줌으로써 해당 부서의 관점뿐만 아니라 전체 서비스를 통합하여 전략적 회의 진행이 가능하다.

해설
서비스 청사진의 이점
- 종업원들로 하여금 자신이 하는 일과 전체 서비스와의 관계를 파악할 수 있도록 하여 종업원들의 고객지향적 사고를 체질화시킬 수 있다.
- 서비스활동의 흐름에서 취약한 실패점을 확인하여 점진적 품질개선의 주요 목표로 삼을 수 있다.
- 외부고객과 종업원 사이의 상호작용선을 통해 고객이 경험하는 서비스 품질을 명확하게 파악하여 서비스 설계에 공헌할 수 있도록 한다.
- 서비스 각 요소의 원가, 이익 등 투입 및 산출물을 확인하고 평가할 수 있는 기반을 제공한다.
- 서비스 구성요소와 연결을 명확하게 함으로써 전략적 토의를 쉽게 할 수 있다.
- 품질개선을 위한 상의하달과 하의상달을 촉진한다.
- 서비스가 유형화된다.
- 직접 고객을 상대하는 직원에게 적절한 서비스 교육을 해줄 수 있다.

32 서비스 모니터링의 구성요소 중 다음 〈보기〉의 설명에 해당하는 것은?

보기
평가만을 위한 모니터링이 아닌 종업원의 장·단점을 발견하고 능력을 향상시킬 수 있는 수단으로 활용해야 하며, 편견을 버리고 누구든지 인정할 수 있는 평가가 수행되어야 한다.

① 포괄성　　　　　② 타당성
③ 차별성　　　　　④ 실현성
⑤ 객관성

해설
모니터링 요소

대표성	• 모니터링 대상접점을 통하여 전체 접점서비스의 특성과 수준을 측정할 수 있어야 한다. • 모니터링 대상접점은 하루의 모든 시간대별, 요일별 및 그 달의 모든 주를 대표할 수 있도록 수행되어야 한다.
객관성	• 종업원을 평가 또는 통제하는 도구가 아니라, 종업원의 장·단점을 발견하고 능력을 향상시킬 수 있는 수단으로 활용해야 한다. • 편견 없는 객관적인 기준으로 평가하여 누구든지 인정할 수 있게 해야 한다.
차별성	• 모니터링 평가는 서로 다른 스킬 분야의 차이를 반드시 인정하고 반영해야 한다. • 기대를 넘는 뛰어난 스킬과 고객서비스 행동은 어떤 것인지, 또 거기에 대한 격려와 보상은 어떻게 해야 하는지 등을 판단하는 데 도움을 줄 수 있다.
신뢰성	• 평가는 지속적으로 이루어져야 하고, 누구든지 결과를 신뢰할 수 있어야 하므로, 평가자는 성실하고 정직해야 한다. • 모든 평가자는 동일한 방법으로 모니터링을 해야 하며, 누가 모니터링하더라도 그 결과가 큰 차이 없이 나와야만 신뢰를 획득할 수 있다. • 모니터링 평가표는 자세한 부분까지 평가할 수 있도록 세부적으로 되어 있어야 한다.
타당성	• 고객들이 실제적으로 어떻게 대우를 받았는지에 대한 고객의 평가와 모니터링 점수가 일치해야 하고 이를 반영해야 한다는 것을 의미한다. • 모니터링 평가표는 고객 응대 시의 모든 중요한 요소가 포함될 수 있도록 포괄적이어야 한다. • 고객을 만족시킬 수 있는 행동들은 높게 평가해야 하며, 고객 불만족 행동들은 낮게 평가될 수 있도록 설정되어야 한다.

유용성	• 앞에서 제시한 다섯 가지 요소들은 대표적이고 객관적이며 신뢰할 수 있는 유용한 데이터를 만들기 위한 것이다. • 정보는 조직과 고객에게 영향을 줄 수 있어야만 가치를 발휘하게 된다.

33 다음 중 '고객의 소리(VOC)'의 개념에 대한 설명으로 가장 거리가 먼 것은?

① 고객이 기업에게 보내는 커뮤니케이션을 총칭하는 말이다.

② 여러 경로를 통해 입수된 정보를 분석하여 이를 토대로 다시 고객에게 피드백해줌으로써 고객의 니즈를 충족시켜 주는 일련의 마케팅 활동 시스템이다.

③ 고객 접점의 접근성, 반응성, 친절성을 향상시키기 위해 여러 채널로 입수된 다양한 고객의 소리를 체계적으로 수집·저장·분석하여 이를 경영활동에 활용한다.

④ 고객의 방문, 문의, 상담, 항의, 건의, 제안, 거래 등 기업이 고객과의 커뮤니케이션을 통해 습득한 모든 데이터를 의미한다.

⑤ 수집 채널에 제한이 있으며 원시 데이터의 가공된 형태로만 취급되기 때문에 고객의 실제 성향을 파악하는 데 어려움이 있다.

해설
VOC는 커뮤니케이션을 통해 CRM의 한계를 극복하고 고객의 데이터를 통한 분석이 아닌 고객의 실제 성향을 파악할 수 있도록 해준다.

34 다음 〈보기〉의 MOT 사이클 차트 5단계 중 ( ) 안에 들어갈 내용으로 가장 올바르지 않은 것은?

보기
• 1단계 : 서비스 접점 (가)
• 2단계 : 서비스 접점 (나)
• 3단계 : (다) 세분화
• 4단계 : (라) 만들기
• 5단계 : (마) 행동하기

① (가) : 진단

② (나) : 설계

③ (다) : 가격정책

④ (라) : 고객접점 시나리오

⑤ (마) : 서비스 표준안 작성 후

해설
MOT 사이클 차트 분석 5단계
서비스 접점 (진단) → 서비스 접점 (설계) → (고객접점 사이클) 세분화 → (고객접점 시나리오) 만들기 → (서비스 표준안으로) 행동하기

35 서비스 마케팅과 관련해 '칼 알브레히트'가 제시한 '서비스 삼각형'의 요소 중 다음 〈보기〉의 (나) 안에 들어갈 내용으로 알맞은 것은?

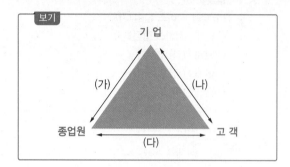

① 외부 마케팅
② 내부 마케팅
③ 순환 마케팅
④ 통합 마케팅
⑤ 수정 마케팅

해설
서비스 삼각형

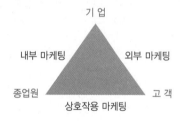

칼 알브레히트의 서비스 마케팅 삼각형
• 내부 마케팅 : 경영자와 종업원 사이에 이루어지는 모든 활동(교육, 동기부여, 보상, 기술 지원 등)
• 외부 마케팅 : 기업과 고객의 사이에 이루어지는 모든 마케팅 활동
• 상호작용 마케팅 : 일선 접점직원과 고객 사이에 이행되는 마케팅으로 고객의 만족도 여부가 결정

36 SWOT 분석에 의한 마케팅 전략 중 조직 외부의 위협을 회피하면서 조직 내부의 약점을 최소화하는 전략 유형은?

① S – T 전략
② S – O 전략
③ S – W 전략
④ W – T 전략
⑤ W – O 전략

해설
SWOT 분석

SO전략 (강점 – 기회전략)	시장의 기회를 활용하기 위해 강점을 사용하는 전략을 선택한다.
ST전략 (강점 – 위협전략)	시장의 위협을 회피하기 위해 강점을 사용하는 전략을 선택한다.
WO전략 (약점 – 기회전략)	시장의 약점을 극복함으로써 시장의 기회를 활용하는 전략을 선택한다.
WT전략 (약점 – 위협전략)	시장의 위협을 회피하고 약점을 최소화하는 전략을 선택한다.

37 다음 중 '얀켈로비치'가 제시한 시장 세분화의 장점에 대한 설명으로 가장 올바르지 않은 것은?

① 미래의 시장 변동에 대비해 계획을 수립하고 대책을 마련할 수 있다.
② 이익 가능성에 상관없이 모든 세분화 시장에 대하여 판매촉진비를 일괄적으로 설정할 수 있다.
③ 판매 저항이 최소화되고 판매 호응이 최대화될 것으로 예측되는 기간에 판촉 활동을 집중할 수 있다.
④ 세분화된 시장의 요구에 적합하게 제품 계열을 결정할 수 있다.
⑤ 광고 매체를 합리적으로 선택할 수 있고 각 매체별로 효과에 따라 예산을 할당할 수 있다.

얀켈로비치(Yankelovich)의 시장 세분화의 장점
- 세분화된 시장의 요구에 적합하게 제품 계열을 결정 가능
- 이익 가능성이 높은 몇 개의 세분시장에 대해 판매촉진비 설정 가능
- 미래 시장 변동을 대비해 계획을 수립하고 대책 마련 가능
- 판매 저항이 최소화되고 판매 호응이 최대화될 것이라고 예측되는 기간에 판촉활동 집중 가능
- 광고 매체를 합리적으로 선택할 수 있고 각 매체별로 효과에 따른 예산 할당

38 다음 〈보기〉 중 산업재 시장의 주요 세분화 변수와 관련해 '인구 통계적 변수'에 해당하는 내용을 찾아 모두 선택한 것은?

> **보기**
>
> 가. 입 지　　　　나. 권한구조
> 다. 산업 규모　　라. 기업 규모
> 마. 구매기준　　바. 산업의 종류

① 가, 나, 다　　　② 가, 다, 라, 바
③ 가, 라, 마, 바　④ 나, 다, 라
⑤ 다, 라, 마, 바

산업재 시장에서의 세분화 변수

인구 통계적 변수	산업 규모, 기업 규모, 기술, 입지, 산업 종류
구매 습관적 변수	권한구조, 구매기준, 구매기능 조직
상황적 변수	구매규모, 특수 용도성, 구매 긴급도
개인적 특성	충성심, 구매자와 판매자의 유사성, 위험에 대한 태도
운영적 변수	고객능력, 사용자와 비사용자의 지위, 채용기술

39 표적시장 선정을 위한 표적 마케팅 활동 중 '집중화 전략'에 대한 설명으로 가장 거리가 먼 것은?

① 기업의 자원이 제한되어 있지 않을 경우 주로 사용되는 방법이다.
② 소수의 작은 시장에서 높은 시장점유율을 달성하기 위한 전략이다.
③ 소비자의 기호나 구매행동 변화에 따른 위험을 감수해야 할 수도 있다.
④ 자사보다 큰 경쟁자가 동일시장에 진입할 경우 시장성을 잃을 수도 있다.
⑤ 기업의 목표 달성에 가장 적합한 하나 또는 소수의 표적시장을 선정하여 마케팅 활동을 집중하는 전략을 말한다.

집중화 전략
- 목표달성에 적합한 하나 혹은 소수의 표적 시장을 선정하여 집중적으로 하는 마케팅이다.
- 소수의 작은 시장에서 높은 시장점유율을 달성하려는 전략이다.
- 기업의 자원이 제한되어 있을 때 사용한다.
- 전문적인 지식과 그 시장에서의 명성으로 높은 시장 점유율을 획득할 수 있다.
- 경제적인 운영이 가능하다.
- 생산규모를 늘리기 어려운 중소기업에 유리한 전략이다.
- 소비자들의 기호나 구매 양상이 변화하거나 큰 경쟁사가 진입하면 커다란 위기를 맞을 수 있다.

40 확장된 마케팅 믹스 '7Ps' 중 'Price'의 내용에 포함되지 않는 것은?

① 공 제　　　　② 할 인

③ 거래조건　　　④ 판매 촉진

⑤ 표준 가격

해설
마케팅 믹스 7Ps

Product (제품)	• 물리적 특성 • 브랜드 • 품 질	• 보조서비스 • 보 증
Price (가격)	• 표준가격 • 공 제 • 차별화	• 거래조건(할부, 신용) • 가격수준 • 할 인
Place (유통)	• 경로, 배송 • 중간상 • 채널 관리	• 매장위치 • 재고, 보관 • 채널 유형
Promotion (판매촉진)	• 인적 판매 • 마케팅 • DM	• 광 고 • 판 촉 • 홍 보
People (사람)	• 고객관계관리 • 고객 행동 • 직원 선발 · 교육 · 훈련 · 동기부여	
Physical Evidence (물리적 증거)	• 시 설 • 장비 · 설비 • 건 물 • 직원복장	• 명함 · 팜플렛 • 계산서 • 보 증
Process (생산과정)	• 서비스 활동의 흐름(표준화, 개별화) • 고객의 참여수준 • 서비스 제공단계 • 정책, 제도	

41 다음 중 이상적인 틈새시장이 존재하기 위해 필요한 전제조건에 대한 내용으로 가장 거리가 먼 것은?

① 이상적인 틈새시장은 중요 경쟁자들의 관심 밖에 있어야 한다.

② 기업은 시장의 욕구를 충족시켜줄 수 있는 능력과 충분한 자원을 보유하고 있어야 한다.

③ 틈새시장은 장기적인 시장 잠재력이 있어야 한다.

④ 대기업에 비해 중소기업이 높은 매출액을 실현할 수는 없지만 수익성을 보장할 수 있는 충분한 시장 규모와 구매력이 있어야 한다.

⑤ 기업은 자신들이 소비자로부터 확립해 놓은 신뢰관계를 바탕으로 주요 경쟁자들과의 협력과 상생을 통해 시장의 규모를 확장시켜야 한다.

해설
경쟁자들과 협력과 상생을 통해서는 틈새시장에서 살아남을 수 없다. 기업은 자신들이 소비자로부터 확립해 놓은 신뢰관계를 통해 주요 경쟁자들의 공격을 방어할 수 있어야 한다.

42 서비스 패러독스 발생원인 중 '기술의 복잡화'에 대한 설명에 가장 부합하는 것은?

① 인간을 기계의 부속품 정도로 취급하여 인간 존엄성이 무시되는 현상이 발생되었다.
② 인력확보가 힘들어짐에 따라 충분한 교육 훈련 없이 종업원을 채용하는 문제가 발생되었다.
③ 획일적인 서비스를 제공하고 상황에 따라 유연하게 대응하지 못하며 경직되는 위험을 지니고 있다.
④ 손쉽게 인근 업소에서 수리 받던 시대는 지나가고 이제 고객이 멀리까지 가서 기다려야 하는 시대가 되었다.
⑤ 종업원의 자유재량이나 서비스의 기본이 되는 인간적 서비스가 결여되어 서비스 빈곤이라는 인식을 낳게 되었다.

[해설]
서비스 패러독스 발생원인
- 서비스의 표준화 : 서비스가 획일적으로 표준화되면 종업원의 자유재량이나 서비스의 기본인 인간적 서비스가 결여되며, 풍요로운 서비스경제 가운데 서비스의 빈곤이라는 인식을 낳게 된다.
- 서비스의 동질화 : 무리하게 서비스의 균형을 추구하다 보니 서비스의 핵심인 개별성을 상실하게 되고, 결국 획일적이고 유연하지 못한 경직된 서비스를 제공하게 되는 것이다.
- 서비스의 인간성 상실 : 기업이 효율성만을 강조하다 보면 인간을 기계의 부속품처럼 취급하게 됨으로써 제조업의 발전과정에서 나타났던 인간성 무시 현상이 나타나게 된다. 또한, 인건비 상승으로 인해 제한된 종업원의 수와 폭등하는 서비스 수요에 의해 종업원들은 정신적·육체적으로 피곤해지며 무수히 많은 고객을 상대하다 보면 기계적으로 되는 것이 불가피해지기도 한다. 서비스에서는 이러한 종업원의 사기 저하나 정신적 피로가 즉각 서비스 품질에 반영되기 때문에 서비스 종업원의 인간성 상실은 제조업의 경우보다 더 심각한 문제가 된다고 할 수 있다.
- 기술의 복잡화 : 제품이 너무나 복잡해져서 소비자나 종업원이 기술의 진보를 따라가지 못하는 경우가 있다. 손쉽게 인근 업소에서 수리 받던 시대는 지나가고, 이제 고객이 멀리까지 가야 되고 또 기다려야 하는 시대가 되었다.
- 종업원 확보의 악순환 : 경쟁이 치열해지면서 경비절감을 위해 저임금 위주로 종업원을 구하다 보니 종업원의 확보도 힘들어져 충분한 교육훈련 없이 종업원을 채용하게 되어, 문제가 발생했을 때 대처할 수 있는 능력을 갖추지 못하게 된다. 또한, 이직

률이 높아 고객은 계속해서 초임 종업원으로부터 서비스를 받게 되어 서비스 품질은 낮아질 수밖에 없다.

43 '수잔 키비니' 교수가 제시한 서비스 전환 유형 중 '비자발적 전환'에 해당하는 것은?

① 속임수 및 강압적 판매
② 예약을 위한 대기시간의 불편
③ 안전상의 문제와 이해관계 대립
④ 서비스제공자의 업무 중단, 고객 이동
⑤ 높은 가격, 가격 인상, 불공정한 가격 산정 및 속임수 가격

[해설]
수잔 키비니의 서비스 전환 유형
- 가격 : 공정하지 않은 가격
- 불편 : 공간, 시간 등에 대한 불편
- 핵심서비스 실패 : 서비스제공자의 업무 실수
- 서비스 접점 실패 : 서비스제공자의 무례함이나 전문성 부족
- 경쟁 : 경쟁업체의 서비스보다 뒤떨어짐
- 윤리적 문제 : 거짓정보, 위험성, 강매
- 비자발적 전환 : 서비스제공자의 업무 중단, 점포 폐쇄 및 이전, 고객이동
- 서비스 실패 반응 : 부정적 반응 또는 무반응, 내키지 않은 반응

44 '브래디(Brady)'와 '크로닌(Cronin)'이 제시한 애프터서비스(A/S)의 품질 차원 중 결과 품질에 해당하는 내용만을 〈보기〉에서 찾아 모두 선택한 것은?

> **보기**
>
> 가. 기술　　나. 정책　　다. 편의성
> 라. 전문성　　마. 처리시간　　바. 태도 및 행동

① 가, 나, 다　　　　② 가, 나, 다, 라
③ 가, 라　　　　　　④ 가, 마, 바
⑤ 가, 바

해설
브래디와 크로닌의 서비스 품질 모형

상호작용 품질	• 직원의 태도와 행동 • 처리시간
물리적 환경 품질	• 정책 • 편의성
결과 품질	• 전문성과 기술

45 서비스 수익체인을 이용하여 기업의 핵심 역량을 향상시키고 운영 단위를 지속적으로 관리하기 위해 고려해야 할 사항으로 가장 거리가 먼 것은?

① 측정한 결과에 대한 보상 개발
② 내부적 성공 사례에 대한 정보 공유
③ 성과 향상을 위한 행동 지침의 설계
④ 자체 평가한 결과에 대한 상호 의견 교환
⑤ 의사 결정 단위와는 별개로 서비스 수익 체인의 미래 예측 수준에 대한 전망

해설
서비스 수익체인을 이용해 운영 단위를 지속적으로 관리하기 위한 7가지 단계
• 1단계 : 모든 의사 결정 단위를 거쳐 서비스 수익체인의 연관 관계 측정
• 2단계 : 자체 평가한 결과에 대한 의견 교환
• 3단계 : 성과 측정을 위한 균형점수카드 개발
• 4단계 : 성과 향상을 위한 행동 지침 마련
• 5단계 : 측정한 결과에 대한 보상 개발
• 6단계 : 개별 영업 단위에서 결과에 대한 커뮤니케이션
• 7단계 : 내부적 성공 사례 정보 공유

46 소비자의 쇼핑 습관을 기준으로 한 소비재의 분류에서 다음 〈보기〉의 설명에 해당하는 것은?

> **보기**
>
> 단가가 싸고 빈번하게 구매하는 제품으로 비누, 신문, 치약 등을 의미하며, 크게 충동제품, 필수품, 긴급품으로 구분할 수 있다.

① 종합품　　　　　　② 편의품
③ 활동품　　　　　　④ 구성품
⑤ 선매품

해설
소비재의 분류
• 편의품 : 가격이 저렴하고 빈번하게 구매되는 필수품(비누, 치약 등)과 우산 등과 같이 갑작스런 필요에 의해 구매되는 긴급품으로 나누어진다.
• 선매품 : 품질, 가격 등을 기준으로 비교한 후에 구매하는 가구, 의류, 가전제품 등과 같은 제품으로, 동질적 선매품과 이질적 선매품으로 구분된다.
• 비탐색품 : 알지 못하거나 알고 있다 하더라도 일반적으로는 구매하지 않는 생명보험, 묘지, 백과사전 등을 말한다.
• 전문품 : 제품의 가격이나 점포의 거리에 관계없이 소비자가 특별히 구매 노력을 기울이는 제품으로 미술품, 고급 자동차 등이 해당된다.

47 다음 중 의료기관의 경제적 특징에 대한 설명으로 가장 올바르지 않은 것은?

① 질병 발생은 매우 불확실하기 때문에 의료서비스에 대한 수요 역시 불확실하다.
② 인간이 인간다운 생활을 하기 위해 반드시 필요한 필수적인 재화의 성격을 가지고 있다.
③ 많은 사람들이 같은 장소에서 같은 양을 동시에 소비할 수 있고, 그 가격을 부담하지 않는 개인의 소비 행위를 배제하기 어려운 공공재적 성격을 가지고 있다.
④ 양질의 의료서비스에 대한 국민의 욕구는 치료의 불확실성에서 비롯되는 것으로 정부나 민간의료기관으로 하여금 규제나 통제 혹은 의료기관 간의 규제적 경쟁을 통한 대응을 유도해야 한다.
⑤ 질병의 원인이나 치료 방법, 의약품 등에 관한 내용은 매우 전문적이기 때문에 의사, 간호사 등 의료인력을 제외한 일반 소비자들은 정확히 알지 못하며 이러한 현상을 '정보의 대칭성' 또는 '정보 과점주의'라고 한다.

해설
의료기관의 경제적 특징
• 정보의 비대칭성 : 질병이 발생했을 때 제공되는 서비스의 종류나 범위에 대한 정보가 공급자인 의료인에게만 편중되어 있다.
• 외부효과 : 당사자들 간의 경제적 거래가 거래와 관계없는 사람에게도 비용이나 편익에 대한 차이를 발생시킨다.
• 경쟁 제한 : 의료서비스는 면허가 있는 사람만 제공할 수 있으므로 경쟁이 제한된다.
• 공공재적 성격 : 누구도 소비로부터 배제되지 않는 비배제성과 개인의 소비가 다른 개인의 소비에 영향을 주지 않는 비경합성의 성격을 가진다.
• 질병의 예측 불가능성 : 질병의 불확실성과 불규칙성에 집단적으로 대응하기 위해 의료보험에 가입한다.
• 치료의 불확실성 : 양질의 의료서비스에 대한 욕구는 치료의 불확실성으로 인해 발생한다. 따라서 정부나 민간의료기관으로 하여금 질적인 측면에서 적절한 대응을 하도록 유도해야 한다.

48 '부오리'가 제시한 의료서비스 품질 요소 중 서비스 또는 프로그램의 단위 생산비용당 실제적으로 나타난 영향의 정도를 의미하는 요소는?

① Adequacy
② Efficiency
③ Effectiveness
④ Medical Competence
⑤ Technical Competence

해설
부오리(Vuori)의 의료서비스 품질 요소
• 효과성(Effectiveness) : 이상적 상황에서 서비스가 달성할 수 있는 최대의 효과와 비교해 보았을 때 일반적인 상황에서 실제로 나타나는 영향의 정도
• 효율성(Efficiency) : 서비스 단위 생산비용당 나타난 실제적인 영향의 정도
• 의학적·기술적 수준(Medical·Technical Competence) : 현재 이용 가능한 의학적인 지식과 기술을 환자 진료에 적용한 정도
• 적합성(Adequacy) : 제공된 서비스가 집단의 요구에 부합한 정도로서 수적·분배적 측면

49 다음 중 서비스 품질 측정이 어려운 이유에 대한 설명으로 가장 올바르지 않은 것은?

① 서비스 전달이 완료되기 이전부터 검증이 시작되기 때문에 정확한 시점에 분석하기가 어렵다.

② 자원이 서비스 전달 과정 중 고객과 함께 이동할 수 있기 때문에 고객이 자원의 흐름을 관찰할 수 있어 서비스 품질 측정의 객관성이 저해된다.

③ 고객으로부터 데이터를 수집하는 일에 시간과 비용이 많이 들고 회수율도 낮다.

④ 고객이 서비스 프로세스의 일부이며 변화를 일으킬 수 있는 중요한 요인이기 때문에 고객을 대상으로 하는 서비스 품질의 연구 및 측정에 어려움이 있다.

⑤ 서비스 품질은 주관적이기 때문에 객관화하여 측정하기가 어렵다.

해설
서비스 품질 측정이 어려운 이유
• 서비스의 전달이 완료되기 이전에는 검증되기가 어렵다.
• 고객으로부터 데이터를 수집하는 것이 어렵다.
• 고객은 프로세스의 일부로서 변화를 일으킬 수 있는 중요한 요인이고, 그렇기 때문에 연구 및 측정이 어려움이 있다.
• 서비스 변화 가능성이 있다.
• 주관적이다.

50 '가빈(Garvin)'이 제시한 품질 구성의 8가지 차원 중 '심미성'에 대한 설명으로 가장 올바른 것은?

① 기업 혹은 브랜드의 명성에 해당된다.
② 제품이 가지고 있는 운영적인 특징을 말한다.
③ 특정 제품이 가지고 있는 경쟁적 차별성을 의미한다.
④ 사용자 감각에 흥미를 일으킬 수 있는 내용을 의미한다.
⑤ 제품이 고객에게 지속적으로 가치를 제공할 수 있는 기간을 말한다.

해설
① 인지된 품질, ② 성과, ③ 특징, ⑤ 지속성을 말한다.

가빈의 품질 모형

범 주	개 념
성 과	제품이 가지는 운영적 특징
특 징	제품이 가지고 있는 경쟁적 차별성
신뢰성	실패하거나 잘못될 가능성의 정도
적합성	고객의 세분화된 요구를 충족시킬 수 있는 능력
지속성	고객에게 지속적으로 가치를 제공할 수 있는 기간
서비스 제공 능력	속도, 친절, 문제해결 등의 제공 능력
심미성	외관의 미적 기능
인지된 품질	기업 혹은 브랜드 명성

51 '카노(Kano)'의 품질 모형을 그래프로 표현할 경우, 다음 〈보기〉의 (라)에 들어갈 내용으로 알맞은 것은?

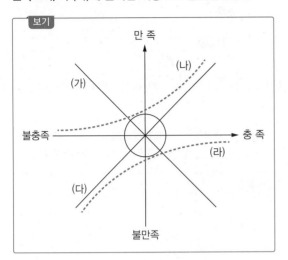

보기

① 역(逆) 품질요소　　② 매력적 품질요소
③ 당연적 품질요소　　④ 일원적 품질요소
⑤ 무관심 품질요소

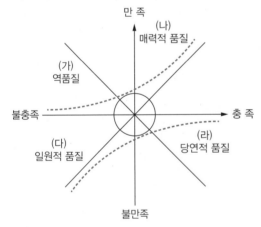
• 무관심 품질요소 : 충족 여부에 상관없이 만족도 불만도 일으키지 않는 품질요소를 말한다.
• 역 품질요소 : 충족이 되지 않으면 만족을 일으키고, 오히려 충족이 되면 불만을 일으키는 품질요소이다.

52 다음 중 '스콧'과 '미셸'이 제시한 내부 커뮤니케이션의 주요 기능에 대한 설명으로 가장 올바르지 않은 것은?

① 종업원들이 감정을 표현하고 사회적 욕구를 충족시키는 주요 수단이다.
② 종업원들의 동기유발을 촉진시킨다.
③ 조직 구성원의 행동을 통제하는 기능을 발휘한다.
④ 의사결정을 하는 데 중요한 정보 기능을 담당한다.
⑤ 제한된 커뮤니케이션을 통해 무분별한 교류를 억제시키고 의사 표현의 다양성을 조절하는 데 기여한다.

53 다음 중 고객만족지수(CSI) 측정의 필요성과 가장 거리가 먼 것은?

① 경쟁사의 강·약점 분석
② 자사의 경쟁 관련 품질성과 연구
③ 자사 및 경쟁사의 고객충성도 분석
④ 제품 및 서비스 초기 출시 가격 결정
⑤ 고객유지율의 형태로서 예측된 투자수익률(ROI) 예측

해설
고객만족지수 측정의 필요성
• 자사의 경쟁 관련 품질성과 연구
• 자사와 경쟁사의 고객충성도 분석
• 고객의 기대가 충족되지 않은 영역 평가
• 고객의 제품 및 서비스 가격 인상의 허용 폭 결정
• 경쟁사 고객만족도(CS)의 강·약점 분석
• 잠재적인 시장진입 장벽 규명
• 효율성 평가와 불만해소의 영향 분석
• 고객유지율의 형태인 투자수익률(ROI) 예측

54 국가고객만족도(NCSI) 설문의 구성 내용 중 '고객만족지수'에 해당하는 요소를 〈보기〉에서 찾아 모두 선택한 것은?

보기
가. 기대 불일치
나. 전반적 만족도
다. 재구매 가능성 평가
라. 전반적 품질 기대 수준
마. 개인적 니즈 충족 정도
바. 이상적인 제품 및 서비스 대비 만족 수준

① 가, 나, 라   ② 가, 나, 바
③ 가, 마, 바   ④ 나, 라, 마
⑤ 나, 마, 바

해설
NCSI의 설문구성 내용

구 분	내 용
고객 기대수준	• 구입 전 평가 – 품질·욕구충족의 기대수준, 제품의 문제 발생 빈도의 기대수준
인지서비스 품질수준	• 구입 후 평가 – 품질수준, 욕구충족도, 서비스의 발생 빈도
인지가치수준	• 가격 대비 품질수준 • 품질 대비 가격수준
고객만족지수	• 전반적인 만족도 • 기대 일치/불일치 • 이상적인 제품 및 서비스 대비 만족수준
고객 불만	• 고객의 제품 및 서비스에 대한 불만
고객 충성도	• 재구매 가능성의 평가 • 충성도 높은 고객의 제품 재구매 시 가격인상 허용률 • 충성도가 낮은 고객의 제품 재구매 유도를 위한 가격인하 허용률

55 자료수집 방법 중 '문헌연구법'에 대한 설명으로 가장 올바르지 않은 것은?

① 역사 기록, 기존 연구 기록, 통계 자료 등 문헌을 통해 자료를 수집하는 방법이다.

② 1차 자료의 직접 수집이 용이한 경우 주로 사용되는 방법이다.

③ 시간과 공간의 제약을 그다지 받지 않는다.

④ 문헌 해석 시 연구자의 편견이 개입될 수 있다.

⑤ 시간과 비용을 절약할 수 있으며 정보 수집이 비교적 용이하다.

해설
문헌연구법
기존의 연구 결과물인 문헌을 통해 자료를 수집하는 방법으로 1차 자료를 직접 수집하기 어려운 경우에 많이 활용한다. 이 연구법은 양적 자료와 질적 자료 수집에 모두 활용될 수 있고 신문, 인터넷 문서, 논문, 도서, 그림, 동영상 등의 다양한 형태가 있다는 특징을 갖는다. 문헌연구법은 시간과 비용을 절약하고 정보 수집이 쉽고 연구 문제에 대한 기존의 연구 동향을 파악할 수 있다는 장점이 있지만, 문헌의 정확성과 신뢰성, 문헌 해석 시 연구자의 편견 개입, 선행 연구의 신뢰도가 현행 연구의 신뢰도에 영향을 줄 수 있다는 것이 단점이다.

56 '올리버'가 제시한 고객 충성도 4단계 중 〈보기〉의 ( ) 안에 들어갈 내용으로 알맞은 것은?

보기
고객에게 가용한 브랜드 속성 정보로 인해 하나의 브랜드가 대체안보다 선호될 수 있음을 제시하는 것으로 이 단계를 ( ) 또는 브랜드 신념에만 근거한 충성 단계라고 한다.

① 인지적 충성　　　② 감정적 충성
③ 선택적 충성　　　④ 행동적 충성
⑤ 의욕적 충성

해설
올리버(Oliver)의 고객 충성도 4단계
• 인지적 충성 : 고객에게 가용한 브랜드 속성 정보로 인해 하나의 브랜드가 대체안보다 선호될 수 있음을 제시한다. 브랜드 신념에만 근거한 충성 단계라고 한다.
• 감정적 충성 : 브랜드에 대한 선호가 만족스러운 사용 경험이 쌓이면서 증가한다. 이 형태의 충성은 이탈하기 쉬운 상태에 해당한다.
• 행동 의욕적 충성 : 브랜드에 대한 긍정적인 감정을 갖게 되는 반복적인 경험에 의해 영향을 받으며 행위의도를 갖는 단계이다.
• 행동적 충성 : 고객의 의도가 행동으로 전환된 충성이다. 행동 통제의 연속선상에서 이전 충성 상태에서 동기 부여된 의도는 행동하기 위한 준비상태로 전환된다.

57 고객의 기대에 대한 영향 요인 중 '내적 요인'에 해당하는 것은?

① 시간적 제약　　　② 사회적 상황
③ 구전 커뮤니케이션　　　④ 유형적 단서의 제공
⑤ 과거의 서비스 경험

해설
고객의 서비스 기대의 '내적 요인' 중 과거의 서비스 경험은 예측된 기대와 희망 기대 수준을 형성하는 데 영향을 미친다.
고객의 기대에 대한 영향 요인

내적 요인	외적 요인	기업 요인
• 개인 욕구	• 경쟁적 대안	• 촉 진
• 관여 수준	• 사회적 상황	• 가 격
• 과거 경험	• 구 전	• 유 통

58 다음 중 '트렌드(Trend)'의 일반적인 개념과 특징에 대한 설명으로 가장 올바르지 않은 것은?

① 트렌드의 사전적 의미는 어떤 방향으로 쏠리는 현상, 경향, 동향, 추세, 스타일 등을 뜻한다.

② 트렌드는 생성, 성장, 정체, 후퇴 등 변동 경향을 나타내는 움직임으로 시대정신과 가치관이 반영된다.

③ 트렌드는 공간적으로 미시, 거시, 초거시 트렌드로 구분할 수 있다.

④ 트렌드는 시간적으로 단기, 중기, 장기, 초장기 트렌드로 구분할 수 있다.

⑤ 시간적인 측면에서 트렌드는 1년 정도 지속하면서 선풍적인 인기를 끈 다음에 급속히 사라지는 '패드(Fad)'와 동일한 의미를 가진다.

해설
트렌드는 '패드(Fad)' 혹은 '유행'과는 대별되는 것으로 단기간에 나타나 사라지는 것이 아니라 적어도 5년이나 10년 정도 지속되며 사회 전반에 걸쳐 영향을 미치는 변화의 흐름이라고 할 수 있다.

59 소비자 심리와 관련해 다음 〈보기〉의 대화에 가장 가까운 용어는?

보기
철수 : 너, 이번에 새롭게 출시된 KIE 폴더블 폰 구매했다면서? 사용해 보니까 어때?

영희 : 우선 화면이 넓고 인터페이스도 간편해서 정말 대만족이야.

철수 : KIE 폴더블 폰이랑 연관해서 다른 상품도 같이 출시되었다고 들었는데?

영희 : 맞아. 스마트워치, VR 기기도 같이 출시되었는데 이번 시리즈 슬로건이 너무 마음에 들어서 패키지로 모두 구매할 생각이야.

① 톱니 효과　　　　② 분수 효과
③ 바넘 효과　　　　④ 롤링 효과
⑤ 디드로 효과

해설
① 일단 어떤 상태에 도달하고 나면, 다시 원상태로 되돌리기 어렵다는 특성을 지칭하는 말이다. 불가역성(不可逆性) 또는 역진불가(逆進不可)라고도 부른다.

② 저소득층의 소득 증대가 총수요 진작 및 경기 활성화로 이어져 궁극적으로 고소득층의 소득도 높이게 되는 효과를 가리키는 용어이다.

③ 보편적으로 적용되는 성격 특성을 자신의 성격과 일치한다고 믿으려는 현상이다.

④ 채권은 액면가와 이자가 미리 정해져 있고, 할인식으로 판매하기 때문에 일반적으로 만기가 다가올수록 채권가격은 오른다. 즉, 금리수준이 일정하더라도 잔존기간이 짧아지면 채권가격은 오르고 수익률은 낮아지는 상황을 설명한 용어이다.

60 다음 중 '서비스 상표(Brand)'의 요건에 대한 설명으로 가장 거리가 먼 것은?

① 브랜드명은 경쟁사의 것과 명백하게 구분되어지는 것이 효과적이다.
② 브랜드명은 발음하기 쉽고 쓰기 쉬우며 기억하기 용이할수록 좋다.
③ 기억이 용이한 요건으로 독특함을 갖고 간결성과 단순성이 있어야 한다.
④ 구체적이며 기업의 특성이 잘 드러나는 표현이 들어가야 한다.
⑤ 브랜드명은 기업의 불가피한 전략변화에 순응하지 않아야 한다.

해설
'서비스 상표(Brand)'의 요건
• 독특성 : 경쟁사의 브랜드와 명백히 구분되어야 한다.
• 유연성 : 기업의 전략 변화에 순응할 수 있어야 한다.
• 연관성 : 서비스의 속성이나 편익을 갖고 있어야 한다.
• 기억 용이성 : 쉽게 이해되고 떠올릴 수 있어야 한다.

3과목 고객관리 실무론

61 다음 중 첫인상의 일반적인 특징에 대한 설명으로 가장 거리가 먼 것은?

① 첫인상은 처음 대면하여 대략 10초 이내에 결정되는 신속성의 특징을 보인다.
② 처음 전달된 첫 순간으로 결정되기 때문에 일회성의 특징을 지닌다.
③ 뒤에 들어온 정보가 처음 들어온 정보를 차단해버리는 초두 효과의 특성을 보인다.
④ 본인의 숨겨진 내면이나 성향을 전달하는 데 어려움이 있다.
⑤ 본인의 의지와는 상관없이 상대방에게 보이는 대로 판단되어진다.

해설
첫인상은 처음 들어온 정보가 뒤의 정보를 차단해 버리는 초두효과의 특성을 보인다.
첫인상의 특징
• 일회성 : 단 한 번뿐이다.
• 신속성 : 3 ∼ 7초 사이에 결정된다.
• 일방성 : 나의 의지와 상관없이 상대방이 판단한다.
• 초두효과 : 처음에 강하게 들어온 정보가 전체적인 이미지 판단에 결정적이다.

62 인사의 종류와 관련해 다음 중 정중례를 해야 될 경우로 가장 적절하지 않은 것은?

① 집안의 높은 어른을 처음 뵈었을 경우
② 상견례 자리에서 혼주 간에 처음 인사를 나누는 경우
③ 공식 업무상 처음으로 VIP를 접견하여 인사를 드릴 경우
④ 구직을 위해 면접장에서 면접관과 처음 대면하였을 경우
⑤ 사람들이 길게 줄을 서 있는 구내식당에서 직장 선배를 만났을 경우

해설
정중례는 큰 어른을 만났거나, 엄숙한 장소, 상견례 장소 등에서 사용하는 인사이다. 사람들이 많고 복잡한 곳에서 직장 선배를 만났을 경우에는 목례를 하는 것이 바람직하다.

63 전통적인 공수법(拱手法)에 대한 설명으로 가장 올바르지 않은 것은?

① 공수는 배례의 기본동작으로 두 손을 앞으로 모아서 잡는 것을 말한다.
② 공수는 의식행사에 참석하거나 어른을 볼 때 반드시 한다.
③ 평상(平常)시와 흉사(凶事)시의 손 위치는 동일하다.
④ 남자와 여자의 손 위치는 서로 다르다.
⑤ 남자는 왼손을 위로 하고 여자는 오른손을 위로하여 두 손을 가지런히 모아 잡도록 한다.

해설
평상(平常)시와 흉사(凶事)시의 손 위치는 남성과 여성 모두 반대이다.

65 다음 〈보기〉의 사례에 해당하는 화법의 명칭은?

보기
• 네. 그럼 제가 해결해 드리겠습니다.
• A/S 부서에서 책임지고 처리해 드리겠습니다.
• 저희가 오전 중으로 확인해서 꼭 다시 연락드리겠습니다.

① 긍정 화법　　　　② 신뢰 화법
③ 정돈 화법　　　　④ 역전 화법
⑤ 간접 화법

해설
①·④ 일단 고객의 의견에 동의하고 반대의견을 말하는 화법이다.
⑤ 문장이나 대화의 표현에 있어서 남의 말을 전할 때, 말하는 이가 남의 말을 자기의 말로 고쳐서 전하는 화법이다.

64 비즈니스 업무와 관련해 여성의 올바른 패션 이미지 연출을 위한 설명으로 가장 거리가 먼 것은?

① 깔끔한 정장차림과 노 메이크업을 통해 단정한 이미지를 연출하는 것이 중요하다.
② 핸드백은 정장과 구두의 색과 어울리도록 한다.
③ 지나치게 크고 화려한 액세서리는 삼간다.
④ 화려한 색깔의 모발 염색은 가급적 피하는 것이 좋다.
⑤ 향수는 은은한 향을 소량 뿌리는 것이 좋다.

해설
너무 진하지 않은 적당한 메이크업이 비즈니스 업무 시 여성의 올바른 매너이다.

66 다음 중 고객이 제품이나 서비스를 사용한 후 고객의 욕구를 충족시키지 못했을 경우 발생하는 고객 불만 유형은?

① 효용 불만　　　　② 선택 불만
③ 관계 불만　　　　④ 정서적 불만
⑤ 상황적 불만

해설
고객 불만의 유형
• 심리적 불만 : 사회적 수용, 자아실현, 개인존중 측면
• 상황적 불만 : 시간, 목적, 장소 측면
• 효용 불만 : 고객의 욕구 미충족
• 균형 불만 : 고객의 기대 미충족

67 '코치(Coach)'의 역할과 관련해 다음 〈보기〉의 설명에 해당하는 것은?

보기

직원들이 개인적인 성장과 경력상 목표를 달성하는 데 도움이 되는 업무가 무엇인지 결정하는 것을 도와주는 사람이다.

① 교 사   ② 멘 토
③ 평가자   ④ 후원자
⑤ 역할모델

해설

코치의 역할

- 후원자(Sponsor) : 직원들이 개인적인 성장과 경력상 목표를 달성하는 데 도움이 되는 업무가 무엇인지 결정하는 것을 도와주는 사람이다.
- 멘토(Mentor) : 어떤 분야에서 존경받는 조언자이며, 기업의 정치적 역학관계에 대처하는 방법과 영향력을 행사해서 파워를 형성하는 방법도 알고 있는 사람이다.
- 평가자(Appraiser) : 특정한 상황 하에서 직원의 성과를 관찰하여 적절한 피드백이나 지원을 하기로 직원과 약속한 사람이다.
- 역할모델(Role Model) : 역할 모델은 맡은 바를 행동으로 보여주는 역할을 수행하면서 직원들의 기업문화에 적합한 리더십 유형을 보여준다.
- 교사(Teacher) : 직원들이 자신의 업무를 효과적으로 수행할 수 있도록 업무상 비전, 가치, 전략, 서비스 및 제품, 고객 등에 관한 정보를 제공하는 역할을 한다.

68 다음 중 바람직한 전화응대의 자세와 가장 거리가 먼 것은?

① 언어는 정확하고 간결한 표현을 사용한다.
② 상대를 마주보고 대하는 것처럼 정중하며 친절한 태도로 응대한다.
③ 전화기 옆에는 필기도구를 준비하여 항상 메모할 수 있도록 대비한다.
④ 통화 도중 상대방을 기다리게 할 경우 주위 소음이 들어가지 않도록 대기 버튼을 사용하는 것은 실례가 되므로 주의토록 한다.
⑤ 통화가 끝났을 경우 상대방이 먼저 끊은 것을 확인한 다음 수화기를 내려놓는다.

해설

통화 도중 상대방을 기다리게 할 경우 대기 버튼을 사용하는 방법 등을 통해 주위 소음이 들어가지 않도록 주의한다.

69 다음 중 효과적인 경청을 위한 방안으로 가장 바람직하지 않은 것은?

① 고객에 대한 편견을 버리고 고객의 입장에서 듣는다.
② 주의를 고객에게 집중한다.
③ 고객의 말을 복창하는 것은 효과적인 경청의 방해 요소가 된다.
④ 고객의 말을 가로막지 않는다.
⑤ 고객에게 계속적인 반응을 보이는 것이 좋다.

해설

효과적인 경청을 위한 방안

- 비판하거나 평가하지 않는다.
- 편견을 갖지 않고 고객의 입장에서 듣는다.
- 고객에게 집중하고, 고객의 말에 계속 반응한다.
- 정확한 이해를 위해 고객이 말한 것을 복창한다.
- 고객의 말을 가로막지 않는다.
- 중요한 내용이나 요점을 기록한다.

70 다음 중 '호칭(呼稱)'의 기본 예의에 대한 설명으로 가장 거리가 먼 것은?

① 자신보다 나이가 많거나 지위가 상급인 경우 공손하게 직위나 적정한 사회적 경칭(敬稱)을 사용 하는 것이 좋다.

② 직장 상사가 미혼 여성 직원을 호칭할 경우 '○○ 씨'라고 하는 것은 실례가 되므로 직원의 성(姓)을 이용하여 '미스 ○' 또는 '○ 양' 등으로 불러주어야 한다.

③ 자신보다 아랫사람이라 할지라도 처음 대면하는 경우에는 '○○ 씨' 또는 이와 유사한 존칭을 붙여주는 것이 예의이다.

④ 공적인 자리에서 친구나 동료처럼 대등한 위치에 있는 사람일 경우, '○○ 씨'라고 하여 상대방을 존중해 주는 것이 좋다.

⑤ 친구나 동료처럼 대등한 위치에 있는 사람이라면 사적인 자리에 한해 이름을 불러도 크게 문제가 되지 않는다.

해설
여성에 대한 호칭
• 가능한 한 이름을 부르는 것이 바람직하다.
• 30대 후반의 기혼 여성에게는 '여사님'이라는 호칭을 사용한다.
• 동료, 부하, 연하자의 아내를 부를 때는 '부인'이라는 호칭을 사용한다.

71 콜센터의 업무 성격에 따른 분류 중 아웃바운드 콜 서비스의 활용 사례와 가장 거리가 먼 것은?

① 해피콜　　　　② 반복구매 유도
③ 이탈고객 방지　　④ 요금관리 안내
⑤ 신규가입 접수 및 처리

해설
아웃바운드 콜 서비스
전화를 거는 업무로 적극적인 판매와 마케팅, 캠페인 활동 등의 업무를 수행한다. 판촉활동 강화, 해피콜, 시장조사, 연체고객 관리, 기념일 및 생일 축하전화, 텔레마케팅 등이 있다.

72 다음 중 텔레마케팅과 관련해 스크립트(Script)의 필요성에 대한 내용으로 가장 올바르지 않은 것은?

① 상담원들이 어느 정도 표준화된 언어 표현과 상담 방법으로 고객을 응대할 수 있도록 도와준다.

② 상담원들이 일정한 상담 수준을 유지하게 되어 고객이 어느 상담원과 상담을 하더라도 불편을 겪지 않도록 도와준다.

③ 스크립트 작성을 통해 통화 목적에 대한 효율적인 메시지를 고객에게 전달할 수 있다.

④ 스크립트 작성은 콜센터 내의 생산성 관리에 도움을 준다.

⑤ 기본적으로 평균 통화시간을 조절할 수는 없지만 상담원들이 불필요한 표현을 하지 않거나 상담 도중 흐름을 잃어버리지 않도록 도와준다.

해설
스크립트 작성을 통해 상담원들이 불필요한 표현이나 상담 중간에 흐름을 잃어버리지 않게 하여 평균 통화시간을 조절할 수 있게 된다.

73 다음 중 콜센터 조직의 일반적인 특성과 가장 거리가 먼 것은?

① 정규직 중심의 전문조직
② 콜센터만의 독특한 집단의식
③ 개인 편차
④ 특정 업무의 선호
⑤ 커뮤니케이션 장벽

해설
대부분의 콜센터 조직은 비정규직 중심으로 이루어져 있다. 따라서 이로 인해 보이지 않는 커뮤니케이션 장벽이 생기기도 한다.

콜센터 조직의 일반적인 특성
- 개인 편차 : 직업에 대한 만족감 정도, 적극성, 자기계발, 인간관계, 고객응대 수준 등에서 차이가 나는 경우가 많다.
- 특정 업무의 선호 : 개인의 특정 업무 선호도에 따라 구직 신청부터 입사, 근무 매력도, 조직 적응력 등에 차이가 발생한다. 경쟁력이 떨어지는 곳은 상담원들의 애사심이나 참여도가 부족하여 조직관리에 어려움이 있다.
- 콜센터만의 독특한 집단의식 : 콜센터 내에서 자신과 우호적인 상담원들끼리 무리를 이루어 친밀감과 유대감을 형성하는 '도시락 문화'가 대표적이다. 근로조건에 매우 민감하여 콜센터 내의 분위기에 급격하게 동조하는 경향이 있다.
- 커뮤니케이션 장벽 : 조직 내에서 정규직과 비정규직 간의 의식·시각 차이, 참여도, 학습능력의 차이, 근속기간의 차이 등으로 인한 보이지 않는 커뮤니케이션 장벽이 존재한다.

74 콜센터 문화에 영향을 미치는 요소 중 직업의 매력도 및 인식정도, 행정당국의 제도적 지원 등에 해당하는 것은?

① 개인적 요소   ② 사회적 요소
③ 기업적 요소   ④ 경험적 요소
⑤ 잠재적 요소

해설
콜센터 문화에 영향을 미치는 요소
- 기업적 요소 : 제품·서비스의 질과 경쟁력, 콜센터 위치, 시설 정도, 시스템의 자동화 정도 등이 있다.
- 인간적 요소 : 상담원과 슈퍼바이저 간의 인간적 친밀감, 동료 간의 친밀감, 복리후생, 경영진의 배려 등이 있다.
- 관리적 요소 : 근로조건·급여조건과 성과 관리 시스템, 교육 시스템, 상품 학습전개와 서비스품질의 전문성 제공, 이직방지를 위한 대안, 성과분석, 리스크 방지책 등이 있다.
- 사회적 요소 : 콜센터 근무의 매력도, 인식 정도, 취업정보 개방에 따른 이직의 자유로움 그리고 관련 행정당국의 제도적·비즈니스적 지원 정도가 해당된다.
- 커뮤니케이션적 요소 : 고객과의 커뮤니케이션, 조직원 간의 커뮤니케이션으로 분류할 수 있다. 경영진과 관리직의 배려와 우호적인 커뮤니케이션 등이 영향을 미친다.
- 개인적 요소 : 개인의 직업관, 사명감, 자발적인 노력, 전문직으로서의 도전, 콜센터 적응 정도, 콜센터 근무만족도 등이 있다.

75 콜센터 모니터링을 위한 코칭의 종류 중 다음 〈보기〉의 설명에 해당하는 것은?

> **보기**
> • 일정한 형식을 가지고 진행되는 방식으로 콜센터에서 가장 흔하게 사용되는 형태이다.
> • 사전에 코칭 대상과 시기, 코칭 내용을 선정하여 정해진 절차에 따라 실시된다.

① 서포팅 코칭　　② 시그널 코칭
③ 시스템 코칭　　④ 프로세스 코칭
⑤ 아날로그 코칭

해설
일정한 형식을 유지하며 진행되는 방식으로 가장 흔히 사용하는 형태이다. QAA나 코칭을 하는 사람이 사전에 코칭 대상과 시기, 코칭 내용을 선정하여 상담원에게 코칭을 정해진 프로세스에 따라 실시한다.

76 다음 중 비즈니스 상황에서 필요한 명함 교환 예절에 대한 설명으로 가장 올바르지 않은 것은?

① 앉아서 대화를 나누다가도 명함을 교환할 때는 일어서서 건네는 것이 좋다.
② 명함은 상대방이 바로 볼 수 있도록 건넨다.
③ 목례를 하며 가슴선과 허리선 사이에서 건넨다.
④ 상대방이 2명 이상일 경우, 연장자에게 먼저 건네는 것이 좋다.
⑤ 명함에 모르는 한자가 있을 경우 상대방에게 질문하는 것은 예의에 어긋나므로 주의하도록 한다.

해설
모르는 한자가 있을 경우 그 자리에서 어떻게 읽는지 질문한다.

77 다음 중 악수 예절에 대한 설명으로 가장 올바르지 않은 것은?

① 악수는 원칙적으로 오른손으로 하는 것이 좋다.
② 우리나라의 경우 연장자가 연소자에게 먼저 권하는 것이 보편적이다.
③ 국가원수, 왕족, 성직자 등이라 할지라도 보편적 악수 예절에 예외가 허락되어선 안 된다.
④ 마주 잡은 손을 상하로 흔들 때, 과도하게 높이 올리지 않는 것이 좋다.
⑤ 상대방의 손을 너무 세거나 약하지 않게 잡는 것이 중요하다.

해설
국가원수, 왕족, 성직자 등의 경우 악수 예절에 예외사항이 적용될 수 있다.

왕, 왕족	• 남성 : 소개와 함께 머리를 숙여 인사하고 악수를 청하면 재차 머리를 숙여 인사하고 악수한다. • 여성 : 왕에게 경의를 표하고 왕이 청한 손을 잡고 악수한다.
대통령	• 남성은 왕의 경우와 동일하며, 여성의 경우는 머리를 숙여 인사를 하고 악수를 받는다.

78 다음 중 사회 문화에 따른 구성원의 가치관과 이에 대한 행동의 연관성을 설명하기 위해 '홉스테드'가 제시한 '문화차원이론'의 5가지 범주에 포함되지 않는 것은?

① 언론 공정 지수
② 남성성 대 여성성
③ 불확실성 회피지수
④ 개인주의 대 집단주의
⑤ 장기지향성 대 단기지향성

해설
홉스테드의 문화차원이론 5가지 범주
• 권력 거리 지수 : 조직이나 단체에서 권력이 작은 구성원이 권력의 불평등한 분배를 수용하고 기대하는 정도
• 개인주의 대 집단주의 : 한 개인이 가족이나 집단에 대한 책임보다 개인적인 자유를 더 중시하는 정도를 나타내는 척도
• 불확실성 회피지수 : 사회 구성원이 불확실성을 최소화함으로써 불안에 대처하려고 하는 정도
• 남성성 대 여성성 : 성별 간 감정적 역할의 분화를 나타내는 척도
• 장기지향성 대 단기지향성 : 사회의 시간 범위를 설명하는 척도. 장기 지향적인 사회는 미래에 더 많은 중요성을 부여하고, 단기 지향적인 사회에서는 끈기, 전통에 대한 존중 등을 강조한다.

79 국제 비즈니스 에티켓과 관련해 올바른 테이블 매너에 대한 설명으로 가장 거리가 먼 것은?

① 규모가 큰 레스토랑을 이용할 경우 사전에 미리 예약을 하는 것이 일반적이다.
② 중요한 비즈니스와 관계된 경우 옷차림에 격식을 갖추어 참석하는 것이 예의이다.
③ 테이블의 상석은 연령이나 직위를 기준으로 하되, 직위보다는 연령을 우선으로 해야 한다.
④ 서양의 경우 부부가 함께 동반했을 때는 사각 테이블을 기준으로 서로 마주보고 앉는 것이 일반적이다.
⑤ 식사 주문 시 메뉴판에 모르는 음식이 있을 경우 음식에 대해 웨이터에게 물어보는 것은 크게 예의에 어긋나지 않는다.

해설
연령이 어리지만 직위가 높을 경우에는 직위를 우선하고, 같은 조건이면 여성을 우선한다.

80 1962년 미국 케네디 대통령의 '소비자의 이익 보호를 위한 특별교서'에 포함된 소비자의 권리와 가장 거리가 먼 것은?

① 선택의 권리   ② 안전에 대한 권리
③ 정보를 제공받을 권리   ④ 공정분배 촉구의 권리
⑤ 의견을 반영시킬 권리

해설
소비자의 4대 권리
• 안전에 대한 권리(The right to be safety) : 건강과 생명에 위험한 제품의 판매로부터 보호받을 권리
• 정보를 제공받을 권리(The right to be informed) : 사기, 기만, 심한 오인 등을 주는 정보, 광고, 표시 등으로부터 보호 받고, 선택하는 데 필요한 지식을 얻을 권리
• 선택의 권리(The right to be choose) : 다양한 물품과 용역을 가능한 한 경쟁력 있는 가격으로 사용할 수 있도록 보장받을 권리. 경쟁이 배제되고 정부규제가 대체되는 업종에 대해서는 만족스러운 품질과 서비스를 공정한 가격으로 제공받을 권리
• 의견을 반영시킬 권리(The right to be heard) : 정부 정책에서 소비자 이익이 충분히 배려되고, 행정 절차에서 공정하고 신속하게 대우받을 권리

81 소비자기본법의 내용 중 다음 〈보기〉의 내용에 해당하는 것은?

> **보기**
>
> 국가 및 지방자치단체는 소비자의 올바른 권리 행사를 이끌고, 물품 등과 관련된 판단 능력을 높이며, 소비자가 자신의 선택에 책임을 지는 소비생활을 할 수 있도록 필요한 교육을 하여야 한다.

① 거래의 적정화(제12조)
② 소비자에의 정보제공(제13조)
③ 소비자의 능력 향상(제14조)
④ 개인정보의 보호(제15조)
⑤ 소비자분쟁의 해결(제16조)

해설
① 사업자의 불공정한 거래조건이나 거래방법으로 인하여 소비자가 부당한 피해를 입지 아니하도록 필요한 시책을 수립·실시하여야 한다.
② 소비자의 기본적인 권리가 실현될 수 있도록 소비자의 권익과 관련된 주요시책 및 주요결정사항을 소비자에게 알려야 한다.
④ 국가 및 지방자치단체는 소비자 개인정보의 분실·도난·누출·변조 등이 일어나지 않도록 필요한 시책을 강구하여야 한다.
⑤ 소비자의 불만이나 피해가 신속·공정하게 처리될 수 있도록 관련기구의 설치 등 필요한 조치를 강구하여야 한다.

82 다음 중 소비자기본법 제21조(기본계획의 수립 등)에 명시된 소비자정책의 목표와 가장 거리가 먼 것은?

① 소비자안전의 강화
② 소비자피해의 원활한 구제
③ 국제소비자문제에 대한 대응
④ 소비자교육 및 정보제공의 촉진
⑤ 불공정 기업 회생 및 퇴출기업 구제

해설
소비자정책의 목표
• 소비자안전의 강화
• 소비자와 사업자 사이의 거래의 공정화 및 적정화
• 소비자교육 및 정보제공의 촉진
• 소비자피해의 원활한 구제
• 국제소비자문제에 대한 대응
• 그 밖에 소비자의 권익과 관련된 주요 사항

83 다음 〈보기〉 중 개인정보보호법 제2조(정의)에 명시된 '개인정보'의 범위에 해당하지 않는 내용을 찾아 모두 선택한 것은?

> **보기**
>
> 가. 태아(胎兒)와 관련된 정보
> 나. 살아 있는 개인에 관한 정보
> 다. 사자(死者)와 관련된 정보
> 라. 개인사업자 및 법인에 관한 정보

① 가, 나
② 가, 다, 라
③ 가, 나, 다, 라
④ 나, 다
⑤ 나, 다, 라

해설
개인정보의 범위
• 살아 있는 개인에 관한 정보
• 성명, 주민등록번호 및 영상 등을 통하여 개인을 알아볼 수 있는 정보
• 해당 정보만으로는 특정 개인을 알아볼 수 없더라도 다른 정보와 쉽게 결합하여 알아볼 수 있는 정보(이 경우 쉽게 결합할 수 있는지 여부는 다른 정보의 입수 가능성 등 개인을 알아보는 데 소요되는 시간, 비용, 기술 등을 합리적으로 고려)
• 가명처리를 통해 원래의 상태로 복원하기 위한 추가 정보의 사용·결합 없이는 특정 개인을 알아볼 수 없는 정보(가명정보)
• 가명처리 : 개인정보의 일부를 삭제하거나 일부 또는 전부를 대체하는 등의 방법으로 추가 정보가 없이는 특정 개인을 알아볼 수 없도록 처리하는 것

84 다음 중 개인정보보호법 제39조(손해배상책임)에 명시된 배상액 산정에 따른 고려사항으로 가장 거리가 먼 것은?

① 위반행위의 기간·횟수 등
② 위반행위에 따른 벌금 및 과징금
③ 위반행위로 인하여 입은 피해 규모
④ 고의 또는 손해 발생을 기획·의도한 정도
⑤ 위법행위로 인하여 개인정보처리자가 취득한 경제적 이익

해설
개인정보 피해 배상액 산정에 따른 고려사항
• 고의 또는 손해 발생의 우려를 인식한 정도
• 위반행위로 인하여 입은 피해 규모
• 위법행위로 인하여 개인정보처리자가 취득한 경제적 이익
• 위반행위에 따른 벌금 및 과징금
• 위반행위의 기간·횟수 등
• 개인정보처리자의 재산상태
• 개인정보처리자가 정보주체의 개인정보 분실·도난·유출 후 해당 개인정보를 회수하기 위하여 노력한 정도
• 개인정보처리자가 정보주체의 피해구제를 위하여 노력한 정도

85 다음 중 개인정보보호법 제40조(설치 및 구성)에 명시된 개인정보 분쟁조정위원회 위촉위원의 자격 요건으로 보기 어려운 것은?

① 개인정보 보호업무를 관장하는 중앙행정기관의 고위공무원단에 속하는 공무원으로 재직하였던 사람 또는 이에 상당하는 공공부문 및 관련 단체의 직에 재직하고 있거나 재직하였던 사람으로서 개인정보 보호업무의 경험이 있는 사람

② 대학이나 공인된 연구기관에서 부교수 이상 또는 이에 상당하는 직에 재직하고 있거나 재직하였던 사람

③ 판사 · 검사 또는 변호사로 재직하고 있거나 재직하였던 사람

④ 개인정보 보호와 관련된 시민사회단체 또는 소비자단체로부터 추천을 받은 사람

⑤ 개인정보처리자로 구성된 사업자단체의 임원으로 재직하였으며, 중앙행정부처로부터 심의 · 의결을 거쳐 최종 추천을 받은 사람

해설
개인정보 분쟁조정위원회 위촉위원의 자격 요건
• 개인정보 보호업무를 관장하는 중앙행정기관의 고위공무원단에 속하는 공무원으로 재직하였던 사람 또는 이에 상당하는 공공부문 및 관련 단체의 직에 재직하고 있거나 재직하였던 사람으로서 개인정보 보호업무의 경험이 있는 사람
• 대학이나 공인된 연구기관에서 부교수 이상 또는 이에 상당하는 직에 재직하고 있거나 재직하였던 사람
• 판사 · 검사 또는 변호사로 재직하고 있거나 재직하였던 사람
• 개인정보 보호와 관련된 시민사회단체 또는 소비자단체로부터 추천을 받은 사람
• 개인정보처리자로 구성된 사업자단체의 임원으로 재직하고 있거나 재직하였던 사람

86 '피고스'와 '마이어스'가 제시한 성인학습의 효과에 대한 설명으로 가장 올바르지 않은 것은?

① 신입사원이 기업의 규정과 방침을 파악하여 자신의 업무에 동기를 부여하고 항상 긴장이 저하되지 않도록 촉구하는 역할을 한다.

② 새로 도입된 신기술에 대하여 종사원의 적용을 원활히 한다.

③ 종사원의 불만과 결근 · 이동을 방지할 수 있다.

④ 승진에 대비한 능력향상을 도모할 수 있다.

⑤ 재해 및 기계설비 소모 등의 감소에 유효하다.

해설
피고스(Pigors)와 마이어스(Myers)의 성인학습의 효과
• 재해 및 기계설비 소모 등의 감소에 유효하다.
• 새로 도입된 신기술에 대하여 직원의 적용을 원활히 한다.
• 직원의 불만과 결근, 이동을 방지할 수 있다.
• 신입사원은 직무에 관한 지도를 받고 직무성과가 향상되어 임금의 증가를 도모할 수 있다.
• 신입사원은 기업의 내용, 방침, 규정 등을 파악하여 친근감과 안심감을 얻는다.

87 교육훈련의 종류 중 가장 전통적인 교육훈련 방법으로 다수의 학습자에게 동일한 내용을 전체적으로 교육하기 위하여 일정한 시간과 장소에서 시행되는 교육활동 유형은?

① OJL
② OJT
③ Off - JT
④ Off - JL
⑤ Self - Improvement

해설
교육훈련의 종류

OJT	Off - JT	OJL	Off - JL
• 직무교육 훈련 • 직무순환 • 코칭 • 멘토링	• 강의법 • 토의법 • 사례연구법 • 역할연기법 • 시범	• 자기학습 • 실천학습	• 독서 • 자기계발 활동

88 다음 〈보기〉의 설명에 해당하는 프레젠테이션 유형으로 가장 올바른 것은?

보기
청중과의 지식 공유를 최우선 목적으로 두고 이를 통해 상호간의 이해를 형성시키는 유형으로 프레젠테이션의 효과적인 성공을 위해 청중의 주의집중 획득과 유지가 매우 중요하다.

① 설득적 프레젠테이션
② 정보적 프레젠테이션
③ 의례적 프레젠테이션
④ 동기부여적 프레젠테이션
⑤ 엔터테인먼트 프레젠테이션

해설
프레젠테이션의 유형

구분	내용
정보적 프레젠테이션	지식 공유와 상호 이해 형성을 목적으로, 청중과 지식을 공유한다. • 서술적 프레젠테이션 : '누가, 무엇을, 어디에서'와 같은 질문의 답을 제시해주는 형태 • 설명적 프레젠테이션 : '왜'라는 질문이나 주제를 가지고 청중이 명확하게 해석할 수 있도록 해주는 형태 • 논증적 프레젠테이션 : '어떻게'라는 질문에 답을 제시해주는 형태
설득적 프레젠테이션	청중의 가치관을 바꾸거나 강화하거나 창출하며 발표자가 의도한 행동양식을 받아들이게 한다. • 경향적 프레젠테이션 : 청중의 믿음, 태도, 가치관의 경향성에 영향을 주는 형태 • 작용적 프레젠테이션 : 청중의 행동에 영향을 주기 위한 형태
의례적 프레젠테이션	발표자와 청중 혹은 청중 상호간을 사회적으로 보다 강하게 결합시키려는 목적을 가진 프레젠테이션 유형
동기부여적 프레젠테이션	청중의 의욕을 환기하고, 기대하는 행동을 받아들이게 하려는 목적을 가진 프레젠테이션 유형
엔터테인먼트 프레젠테이션	메시지를 포함하지만 청중이 재미를 느끼게 만들기 위한 목적을 가진 프레젠테이션 유형

89 프레젠테이션을 효과적으로 진행하기 위한 방법 중 '마무리(Closing)'에 대한 설명으로 가장 올바르지 않은 것은?

① 멋진 마무리는 프레젠테이션에 있어 가장 중요한 전략 요점이면서 청중들에게 깊은 인상을 심어줄 수 있다.

② 프레젠테이션에 있어 첫인상 못지않게 끝인상 역시 매우 중요하다.

③ 마지막 마무리를 통해 프레젠테이션을 성공적으로 마칠 수도 있고 또는 잘 진행했던 프레젠테이션을 한순간에 망치게 할 수도 있다.

④ 마무리 단계는 프레젠테이션의 목적을 이룰 수 있는 마지막 단계로 핵심 내용을 요약하고 반복하여 강조하도록 한다.

⑤ 정해진 시간이 최종적으로 종료되었다고 하더라도 본론 부분에서 실수한 부분이 있다면 세부적인 부연 설명을 통하여 정정하는 것이 원칙이다.

해설
본론 부분에서 내용을 잘못 설명했다고 하더라도 마무리 단계에서 부연 설명하거나 정정하게 되면 청중에게 혼란을 줄 수 있으므로 준비했던 결론을 간결하고 확실하게 말하도록 한다.

90 다음 중 파워포인트 자료를 제작할 경우 유의해야 할 점으로 가장 거리가 먼 것은?

① 장식 효과에 치중하지 않도록 한다.
② 환경에 따른 배경 색상에 주의한다.
③ 도해를 사용하여 시각적으로 이해하기 쉽도록 제작한다.
④ 청중에게 부담감을 주지 않도록 여백을 살려서 제작한다.
⑤ 동영상, 사운드 등의 멀티미디어 자료는 정보에 대한 집중력에 방해가 될 수 있으므로 최대한 사용을 자제한다.

해설
파워포인트 자료 개발 원리
• 내용은 최대한 적게 넣는다.
• 슬라이드 화면의 여백을 살려서 제작한다.
• 가급적이면 그림, 표, 차트 등 시각적 자료를 사용한다.
• 다양한 멀티미디어 기능을 사용한다.
• 장식 효과에 치중하지 않도록 한다.
• 환경에 따른 배경 색상에 주의한다.

1과목 CS 개론

01 기대 – 불일치 이론에서 소비자가 구매한 제품의 성과가 기대보다 나은 경우 이를 지칭하는 용어로 알맞은 것은?

① 단순 일치
② 긍정적 일치
③ 긍정적 불일치
④ 부정적 일치
⑤ 부정적 불일치

해설
기대 – 불일치 이론
· 긍정적 불일치 : 지각된 제품 성과 > 기대 → 고객만족 증가(고객 감동)
· 부정적 불일치 : 지각된 제품 성과 < 기대 → 고객 불만족
· 단순한 일치 : 지각된 제품 성과 = 기대 → 고객만족

02 비즈니스 프로세스의 분류 중 기반 프로세스에 대한 설명으로 가장 올바른 것은?

① 조직이 영위하는 사업 영역에서 경쟁자보다 뛰어나게 고객가치를 제공하는 프로세스를 의미한다.
② 프로세스의 초점이 고객만족에 있으며 고객의 기대 수준과 대비하여 판단이 가능하다.
③ 변화하는 고객의 니즈와 기술적 변화에 맞추어 조직의 지속적인 경쟁 우위 확보를 위해 역량을 개발하는 프로세스를 말한다.
④ 프로세스 결과물이 고객에게 가치 있다고 파악되지만, 실제 경쟁이라는 측면에서 핵심 프로세스가 아닌 경우를 말한다.
⑤ 미래의 산업 전략이 성공할 수 있도록 사람, 기술, 프로세스를 결합해 조직의 역량을 구축해 나가는 과정을 의미한다.

해설
기반 프로세스
· 핵심 프로세스는 아니지만 프로세스의 결과물이 고객에게 가치가 있다고 파악되는 프로세스이다.
· 경쟁자와 경쟁 여부를 떠나 고객에게 필요한 최소한의 가치만 제공하면 되는 프로세스이다.

03 슈메너(Schmenner)가 제시한 서비스 프로세스 매트릭스의 내용 중 서비스 팩토리의 내용으로 가장 거리가 먼 것은?

① 낮은 상호작용
② 높은 노동 집중도
③ 낮은 개별화 서비스
④ 호텔, 리조트 등의 업종
⑤ 항공, 화물운송업 등의 업종

해설
슈메너(Schmenner)의 서비스 프로세스 매트릭스 분류

구 분		고객과의 상호작용/개별화	
		높음	낮음
노동 집약도	높음	전문 서비스 (변호사, 의사, 컨설턴트, 건축가 등)	대중 서비스 (소매금융업, 학교, 도매업 등)
	낮음	서비스 숍 (병원, 수리 센터, 기타 정비 회사 등)	서비스 팩토리 (항공사, 운송업, 호텔, 리조트 등)

04 대기 시스템 유형 중 단일 대기 열에 대한 설명으로 가장 올바르지 않은 것은?

① 전체적인 대기 시간이 길어지는 현상이 발생한다.
② 어느 줄에서 대기해야 할지 고민할 필요가 없다.
③ 줄이 길어지는 경우 고객 이탈 문제가 발생될 수 있다.
④ 단일 입구로 되어 있어 끼어들기 문제를 해소할 수 있다.
⑤ 고객이 오는 순서대로 대기하기 때문에 대기 시간의 공정성이 보장된다.

해설
단일 대기 열은 고객들이 기다리는 데 소요되는 전체 시간을 줄일 수 있다.
단일 대기 행렬
• 오는 순서대로 서비스를 받기 때문에 형평성이나 공정성이 보장된다.
• 어느 줄에서 대기해야 할지를 고민하지 않아도 된다.
• 단일 입구이기 때문에 끼어들기 문제를 해소할 수 있다.
• 줄이 길어지는 경우에는 고객 이탈 문제가 발생할 수 있다.
• 짧은 용무 중 특별 고객 대응이 어렵다.
• 평균 대기 시간이 줄어든다.

05 다음 중 솔로몬(Solomon)과 구트만(Gutman)이 제시한 서비스 접점의 특징에 대한 설명으로 가장 올바르지 않은 것은?

① 인간적인 상호작용이 있어야 한다.
② 서비스 접점의 목적은 정보 교환에 있다.
③ 제공되는 서비스에 따라 제한을 받는다.
④ 과정 중심적인 역할 수행이 되어야 한다.
⑤ 서비스 제공자와 고객과의 양자 관계가 성립되어야 한다.

해설
솔로몬과 구트만의 서비스 접점에 대한 특징
• 양자 관계 : 서비스 제공자와 고객이 모두 참여할 때 성립한다.
• 상호작용 : 서비스 제공자와 고객 간의 커뮤니케이션은 상호작용적이다.
• 목표 지향적 : 서비스 제공자는 특정 상황에 맞는 직무 훈련을 통해 목표를 성취할 수 있도록 역할을 수행해야 한다.
• 정보 교환 : 서비스 제공자와 고객은 서로 정보를 교환하는 커뮤니케이션을 한다.
• 제한성 : 서비스의 특성과 내용에 따라 접점의 범위가 제한된다.

06 다음 중 피시본 다이어그램(Fishbone Diagram)의 단계별 흐름으로 보기 어려운 것은?

① 1단계 – 문제의 명확한 정의
② 2단계 – 문제의 주요 원인 범주화
③ 3단계 – 잠재 원인 브레인스토밍 실시
④ 4단계 – 고객과의 상호작용 노하우 공유
⑤ 5단계 – 근본 원인 확인

해설
피시본 다이어그램의 5단계별 흐름
• 1단계 : 문제의 명확한 정의
• 2단계 : 문제의 주요 원인 범주화
• 3단계 : 잠재 원인 브레인스토밍 실시
• 4단계 : 주요 원인 범주의 세부 사항 검토
• 5단계 : 근본 원인 확인

07 품질기능전개(QFD) 분석 도구 중 품질의 집(HOQ) 구성 요소와 가장 거리가 먼 것은?

① 설계 특성
② 설계 품질
③ 고객 요구와 중요도
④ 설계 특성의 상관관계
⑤ 조직 관리 시스템 구축

품질의 집(House of Quality) 구성 요소
설계 특성 간 상관관계(상호작용), 설계 특성(품질 특성), 고객의 요구 품질, 설계 특성의 상관관계, 계획 품질(경쟁사 비교), 설계 품질 등

08 이유재 교수가 주장한 고객만족경영(CSM)의 중요성에 대한 설명으로 가장 거리가 먼 것은?

① 기업이 제공하는 상품과 서비스에 만족한 고객은 그 기업의 고정 고객이 된다.

② 고객의 기호 변화를 예측하고 불필요한 투자를 방지하여 마케팅의 효율성을 제고해 준다.

③ 대중정보사회의 확산으로 소비자가 소비자 문제에 적극적으로 참여하여 대응하려는 소비자의 주권 의식이 확산되었다.

④ 구전 효과를 통한 광고 효과로 마케팅의 효율성을 제고해 준다.

⑤ 고객만족은 가격 우위 효과를 가져와 장기적인 관점에서 높은 이윤을 창출할 수 있다.

고객만족경영(CSM)의 중요성
• 고객만족경영은 만족한 고객을 반복적·지속적으로 창출해 나가는 것이다. 기업 경영의 중요한 요소는 더 새롭고 가치 있는 상품과 서비스를 제공함으로써, 고객만족을 극대화시키는 것이다.
• 고객이 그 기업의 상품과 서비스에 만족하면 그 기업의 고정 고객이 된다. 한 연구 조사에 따르면, 신규 고객을 창출하는 비용이 기존 고객을 유지하는 비용의 4배에 이른다고 한다. 기업경쟁력에서 가장 중요한 부분은 기존 고객을 잃지 않는 것이다.
• 만족한 고객들은 반복적 구매뿐만 아니라 긍정적인 구전을 통해 신규 고객을 창출하는 효과를 가져와 광고 효과를 기대할 수 있으며, 고객의 기호 변화를 예측하여 기업의 불필요한 투자를 미리 방지할 수 있고, 마케팅 효율성을 제고해 준다.
• 고객만족은 가격 우위 효과를 가져오므로, 장기적으로 기업의 궁극적 목적인 높은 이윤을 창출하고, 기업경쟁력을 한층 강화시켜 준다.

09 다음 중 서비스 기업이 고객만족경영의 혁신에 실패하는 요인으로 가장 거리가 먼 것은?

① 기회 포착의 실패
② 이익과 원가 개념의 고려
③ 전사적 합의점 도출 실패
④ 기업 측면의 지나친 비용 절감 강조
⑤ 혁신에 필요한 물적, 인적자원의 부족

경영 혁신의 실패 이유
• 전사적으로 합의점 도출을 실패하고 변화에 저항하는 세력이 존재
• 변화에 필요한 물적·인적자원의 부족
• 기회 포착 실패
• 고객 지향보다는 기업의 입장에서 지나친 비용 절감만을 강조

10 다음 중 노드스트롬(Nordstrom) 백화점의 기본 경영 원칙과 가장 거리가 먼 것은?

① 합리성(Rationality)
② 서비스(Service)
③ 가치(Value)
④ 구색(Selection)
⑤ 품질(Quality)

노드스트롬의 경영 철학은 최고의 서비스(Exceptional Service), 구색(Selection), 품질(Quality) 및 가치(Value)이다. 철저한 고객 봉사주의를 기초로 한 것이다.

11 다음 중 구전과 구매 행동과의 관계에 대한 설명으로 가장 거리가 먼 것은?

① 소비자 간의 구전은 일반적으로 매우 신뢰성이 높은 정보의 원천이다.

② 소비자는 구매와 관련된 위험을 줄이고 제품 구매, 가격 등에 대한 정보를 얻기 위해 구전을 활용한다.

③ 일방적인 것이 아니라 쌍방적 의사소통이 이루어지는 특징이 있다.

④ 소비자는 실제 제품 구매를 결정할 경우 비상업적 정보보다 자신의 주변 사람들로부터 듣는 상업적 정보를 절대적으로 신뢰하는 경향이 있다.

⑤ 소비자는 기업이 자사 제품에 대해 제공하는 긍정적 정보를 제품 판매를 위한 것으로 간주하고 신뢰하지 않는 경향도 있다.

12 다음 중 고객만족(CS)을 위한 실천 과제로 가장 올바르지 않은 것은?

① 고객만족 지향적 기업 문화를 구축해야 한다.

② 고객을 가장 중요시하는 역피라미드의 조직 구조가 필요하다.

③ 내부 고객을 만족시키기 위해서는 외부 고객의 만족이 반드시 선행되어야 한다.

④ 고객만족 성과의 명확한 측정과 철저한 보상을 위한 평가 시스템의 운영이 필요하다.

⑤ 최고 경영자는 고객만족을 경영 목표로 하는 패러다임을 받아들이고 이를 달성하기 위해 기업 내부 조직 구성원과 함께 공유해야 한다.

13 다음 〈보기〉의 내용 중 가치 체계를 기준으로 한 고객의 분류에서 최종 고객을 찾아 모두 선택한 것은?

보기

가. End User
나. 기업과 대리점
다. 구매자와 사용자
라. 도매상과 소매상
마. 기업과 최종 고객

① 가, 나
② 가, 다, 마
③ 나, 다
④ 나, 다, 라, 마
⑤ 다, 라, 마

14 제품 구매나 사용 시 소비자가 지각하는 위험 요인 중 구매한 상품이 자아 이미지에 부정적 영향을 미칠 수 있는 위험에 해당하는 것은?

① 재무적 위험
② 사회적 위험
③ 자극적 위험
④ 심리적 위험
⑤ 시간상실 위험

해설
소비자의 지각된 위험

- 심리적 위험(Psychological Risk) : 구매한 제품이 자아 이미지와 어울리지 않을 가능성에 따라 소비자가 지각하는 위험
- 신체적 위험(Physical Risk) : 구매한 제품이 안전성을 결여하여 신체적 위해를 야기할 가능성에 따라 소비자가 지각하는 위험
- 경제적 위험(Financial Risk) : 구매한 제품이 제 성능을 발휘하지 못하여 발생하는 경제적 손실에 따라 소비자가 지각하는 위험
- 사회적 위험(Social Risk) : 특정한 상품을 구매하여 다른 사람들이 자신에게 가질 평가에 따라 소비자가 지각하는 위험
- 성능 위험(Performance Risk) : 구매한 제품이 기능이 발휘되지 않을 가능성에 따라 소비자가 지각하는 위험

15 고객 특성 파악을 위한 고객가치 정보 중 계약 정보에 해당하는 것은?

① 소득 변화 추이
② 소득 수준
③ 가족 관계
④ 취 미
⑤ 구입 빈도 및 횟수

해설
① · ② 고객가치 정보 중 구매력 정보에 해당한다.
③ 인구 통계적 정보 중 관계 정보에 해당한다.
④ 고객 니즈, 성향 정보 중 고객 선호, 성향 정보에 해당한다.

16 마이어스 – 브릭스 유형지표(MBTI)의 해석에 관한 유의 사항으로 가장 올바르지 않은 것은?

① MBTI는 다양한 성향과 기질을 가진 여러 사람을 범주화하거나 명명하는 데 도움을 준다.
② MBTI 검사의 대중성과 결과 해석의 단순성 때문에 종종 MBTI를 과신하는 사람들이 있을 수 있다.
③ MBTI는 해석을 통해 내담자가 다양한 상황에서 융통성 있게 행동할 수 있도록 지도해야 한다.
④ 일반적으로 성격 검사를 사용하는 검사자는 검사의 장점과 더불어 제한점을 확실히 알고 있어야 한다.
⑤ 심리 검사에 대한 전문적 지식이 부족한 사람들에 의해 MBTI가 실시 · 해석되는 경우가 종종 있기 때문에 주의가 필요하다.

해설
MBTI는 사람을 협소하게 범주화하거나 명명하기 위해 사용해서는 안 된다.

17 메타(Meta) 그룹에서 제시한 고객관계관리(CRM)의 분류 중 다음 〈보기〉의 설명에 가장 부합하는 것은?

보기
- 백오피스와 CRM 통합
- 자동화된 비즈니스 프로세스를 의미
- 프론트오피스 고객 접점을 연계한 업무 지원

① 운영 CRM
② 협업 CRM
③ 집단 CRM
④ 분석 CRM
⑤ 혁신 CRM

해설
메타그룹에서 제시한 고객관계관리(CRM)의 분류

분석 CRM	수익성과 시장점유율 제고를 목적으로 고객 데이터를 추출 · 분석하여 영업, 마케팅, 서비스 측면으로 활용하는 전 과정을 의미한다. 데이터 웨어하우스, 데이터 마이닝, OLAP, ODS 등의 시스템을 사용한다.

운영 CRM	고객 정보의 획득과 활용을 통한 운영 비용 절감을 목적으로 영업, 마케팅, 고객 서비스의 프론트오피스를 연계한 거래 이력 업무 지원과 백오피스 통합 서비스 프로세스의 자동화를 의미한다. 대표적인 예로는 EMS, 웹 로그 솔루션이 있다.
협업 CRM	커뮤니케이션과 프로세스의 효율성 향상, 고객과의 관계 증진을 목적으로 기업 내부의 조직 공급망이 고객과 지속적으로 협력하고 커뮤니케이션을 통해 정보를 나누어 주는 모델을 말한다. 콜센터, e - mail, 비디오, 팩스, FOD, 우편 등이 솔루션으로 적용된다.

18 다음 중 고객관계관리(CRM)의 특징에 대한 설명으로 가장 거리가 먼 것은?

① 고객의 생애 전체에 걸쳐 관계를 구축하고 강화시켜 장기적인 이윤을 추구한다.
② 신뢰를 바탕으로 고객과 쌍방향의 관계를 형성하고 지속적으로 발전시키는 것을 의미한다.
③ 차별적 타깃 마케팅을 추진하여 전반적인 마케팅 활동에 통합적 효율성을 제고한다.
④ DM(Direct Mail)의 반응률 향상과 같은 미세한 목표들 중심으로 관리한다.
⑤ 기업 업무 프로세스의 통합과 혁신을 요구한다.

해설
고객관계관리(CRM)의 특징
• 고객 지향적 : 고객에게 필요한 상품과 서비스, 차별화된 보상 등 적절한 혜택 제공
• 동적인 경영 방식 : 고객 전 생애에 걸쳐 장기적인 이윤을 추구
• 쌍방향 관계 : 고객과 기업 사이의 상호적인 혜택과 신뢰를 구축
• 정보기술의 효율적 활용 요구 : 고객 데이터, ROI 분석 등 가시적인 경영 개선에 초점
• 고객과의 직접적인 접촉 : 일관성 있는 메시지와 커뮤니케이션으로 고객과의 관계 강화
• 기업 내부 프로세스의 통합 요구 : 관계 관리에 필요한 모든 부분인 표준화된 업무 프로세스, 조직의 역량이나 훈련, 기술적 하부 구조 등 균형 잡힌 향상을 꾀하는 경영 방식

19 e - CRM의 구성 요소 중 인터넷상에서 상품이나 서비스를 온라인으로 판매하기 위한 활동이나 여기에 필요한 수단을 의미하는 것은?

① e - Service
② e - Sales
③ e - Marketing
④ e - Community
⑤ e - Security

해설
e-CRM 구성 요인

e - Marketing	인터넷을 이용하여 마케팅 기능 및 개념을 구현하는 전략
e - Sales	인터넷상에서 검색 단계부터 상품 및 서비스의 전 구매 과정
e - Service	인터넷에서 고객 서비스 및 지원 서비스 관리를 위한 활동
e - Community	인터넷상의 가상 소통 공간으로서, 개인이나 기업 사이의 신뢰 형성의 결과로 공유 목적, 가치, 경험의 개발 등을 나눔
e - Security	컴퓨터나 인터넷의 전자 보안 서비스

20 휴스턴(Huston)과 레빙거(Levinger)가 제시한 인간관계 형성 단계 중 두 사람이 직접적인 접촉 없이 관찰을 통해 서로 아는 단계에 해당하는 것은?

① 인상 형성 단계
② 표면 행동 단계
③ 잠재 결정 단계
④ 친밀한 사적 단계
⑤ 피상적 역할 단계

해설
휴스턴과 레빙거의 인간관계
• 면식의 단계(첫인상 형성 단계) : 직접적 교류가 일어나기 전의 단계
• 형식적 · 피상적 접촉의 단계(피상적 역할 단계) : 두 사람 사이에 직접적인 교류가 일어나는 단계
• 상호의존의 단계(친밀한 사적 단계) : 두 사람 사이에 크고 작은 상호의존이 나타나는 단계

21 머튼(R. K. Merton)이 주장한 아노미 이론(Anomie Theory)에서 문화적 목표를 거부하고 제도화된 수단만을 수용하는 부적응 유형은?

① 동조형
② 반역형
③ 혁신형
④ 패배주의형
⑤ 의례주의형

머튼(Merton)의 아노미 이론

동조형	문화적 목표와 제도적 수단을 모두 수용하는 유형 (부적응자에서 제외)
혁신형	문화적 목표는 수용하지만 제도적 수단은 거부하는 유형(횡령, 탈세, 사기범)
의례형	문화적 목표는 거부하지만 제도적 수단은 수용하는 유형(공무원의 복지부동)
패배형	문화적 목표와 제도적 수단을 모두 거부하는 유형(약물중독, 은둔자, 부랑자)
반역형	문화적 목표와 제도적 수단을 모두 거부하고 기존의 것을 변혁시키려는 유형(혁명가, 히피, 해방운동가)

22 대인지각 왜곡 유형 중 다음 〈보기〉의 설명에 해당하는 것은?

> 보기
>
> 개인이 가진 지능, 사교성, 용모 등의 특성 중 하나에 기초하여 상대방에 대한 일반적인 인상을 형상화하는 현상을 의미한다.

① 투영 효과
② 대조 효과
③ 후광 효과
④ 최신 효과
⑤ 빈발 효과

후광 효과
외모나 지명도 또는 학력과 같이 어떤 사람이 갖고 있는 장점이나 매력 때문에 관찰하기 어려운 성격적인 특성도 좋게 평가되는 효과

23 에드워드 홀(Edward Hall)이 제시한 공간 행동학과 관련해 다음 〈보기〉의 설명에 해당하는 것은?

> 보기
>
> • 낯선 사람, 잘 모르는 사람을 대하는 경우 혹은 일반적인 사업 거래와 비즈니스 상황에서 적당한 거리이다.
> • 이 거리의 대화는 별다른 제약 없이 제3자의 개입이 허용되며, 대화 도중 개입과 이탈이 자유롭다.

① 경제적 거리
② 개인적 거리
③ 대중적 거리
④ 사회적 거리
⑤ 친밀한 거리

• 친밀한 거리 : 가족이나 연인처럼 친밀한 유대관계가 전제
• 개인적 거리 : 어느 정도의 친밀함이 전제되어야 함. 일상적 대화에서 가장 무난하게 사용할 수 있는 거리
• 사회적 거리 : 사무적인 대화가 많이 이루어지며, 대화 내용과 행동에 격식이 요구됨. 별다른 제약 없이 제3자의 개입을 허용하고 대화 도중 참여와 이탈이 자유로운 편
• 공적 거리 : 연설이나 강의와 같은 특수한 경우에 한정

24 에릭 번(Eric Berne)이 제시한 시간의 구조화 영역 중 다음 〈보기〉의 내용에 해당하는 것은?

> **보기**
>
> 전통이나 관습적인 행사에 참여함으로써 최소한의 스트로크를 유지하는 것으로 결과의 예측이 가능하고 안전한 시간 구조의 유형이다.

① 의 식 ② 폐 쇄
③ 친 교 ④ 게 임
⑤ 활 동

해설

에릭 번의 6가지 시간의 구조화 영역
- 폐쇄(Withdrawal) : 자기를 타인으로부터 멀리 하고 대부분의 시간을 공상이나 상상으로 보내며 자기에게 스트로크를 주려고 하는 자기애적인 것이다. 대표적인 것은 백일몽이나 공상에 젖는 것이다.
- 의식/의례(Rituals) : 일상적인 인사에서부터 복잡한 결혼식이나 종교적 의식에 이르기까지 전통이나 습관에 따름으로써 간신히 스트로크를 유지하는 것이다. 상호간의 존재를 인정하면서도 누구와도 특별히 친하게 지냄이 없이 일정한 시간을 보내게 되므로, '의식'적인 시간의 구조화라고 말한다.
- 잡담 또는 소일(Pastime) : 직업, 취미, 스포츠, 육아 등의 무난한 화제를 대상으로 특별히 깊이 들어가지 않고 즐거운 스트로크의 교환을 하는 것으로 사교라고도 말할 수 있다.
- 활동(Activity) : 어떤 '목적'을 달성하기 위해 스트로크를 주고받는 것으로 어떤 결과를 얻기 위해 에너지를 투자하는 것이기 때문에 소일이나 잡담과는 차이가 있다.
- 게임(Game) : 저의가 깔린 이면적 교류이다. 다시 말해서 사회적 수준, 즉 겉으로 보기에는 정보의 교환을 하는 것 같지만 심리적 수준으로는 또 다른 의도가 깔려 있는 교류이다. 게임을 하는 사람은 어릴 때 부모와 자식 간의 교류에서 어딘가 원활하지 못한 데가 있기 때문에 순순히 스트로크를 얻을 수 없었던 사람이 많다. 이러한 사람들은 응석이나 애교를 부리고 싶어도 할 수 없으므로, 부정적 스트로크를 교환하고 있는 것이다.
- 친밀(Intimacy) : 두 사람이 서로 신뢰하며 상대방에 대하여 순수한 배려를 하는 진실한 교류. 저의 없이 서로 진정한 감정을 표현한다.

25 의사소통 요소에서 발생하는 지각적 장애 요인 중 개인이 용납할 수 없고 사고, 감정, 행동 등을 다른 사람이나 환경에 귀인시키는 과정을 의미하는 것은?

① 내 사
② 투 사
③ 고정관념
④ 선택적 지각
⑤ 지각적 방어

해설

자신의 잘못이나 결함을 객관적인 평가나 분석 없이 타인이나 환경에 적용하려는 것이 투사이다.

26 서비스 정의에 대하여 다음 〈보기〉의 내용과 같이 주장한 학자는?

> **보기**
>
> 서비스란 자신이 수행할 수 없거나 하지 않는 활동, 만족 그리고 혜택으로서 판매될 수 있는 것을 말한다.

① 자이다믈(Zeithaml)
② 베솜(Bessom)
③ 마샬(Marshall)
④ 세이(Say)
⑤ 스탠턴(Stanton)

해설

베솜은 자신이 스스로 수행하지 않거나 수행할 수 없는 행동으로 소비자에게는 가치 있고, 도움이 되며, 만족을 주는 모든 활동을 서비스라고 정의하였다.

27 다음 중 거래 후 서비스(A/S)에 대한 설명으로 가장 거리가 먼 것은?

① 회수 또는 반품, 소비자 불만과 클레임 등을 해결할 수 있어야 한다.
② 제품 판매를 지원할 필요가 있는 서비스 항목을 나타낸다.
③ 소비자와 판매자 사이에 직접적으로 상호 거래가 이루어지는 서비스의 본질에 해당되며 고객이 업장에 들어오는 순간 등을 사례로 들 수 있다.
④ 결함이 있는 제품으로부터 소비자를 보호하는 서비스 유형이다.
⑤ 현장 서비스가 종료된 시점 이후의 유지 서비스로 충성 고객 확보를 위해 중요하다.

해설
현장 서비스에 해당하는 내용이다.
서비스의 3단계
• 거래 전 서비스(Before Service) : 고객에게 제공하고자 하는 서비스의 내용을 소개하고 소비를 촉진시키기 위해 사전에 잠재 고객들과 상담 등을 통해 예약을 받는 등 의견 조절을 하고, 방문 고객을 위해 사전에 상품을 진열하는 등의 준비하는 단계의 서비스이다.
• 현장 서비스(On Service) : 서비스가 고객과 제공자의 상호 거래에 의해 진행되는 단계로 서비스의 본질 부분이라 할 수 있다.
• 거래 후 서비스(After Service) : 서비스의 특성상 생산과 소비가 동시에 발생하므로 현장 서비스가 종료되면 그 후에는 아무 일도 없던 것처럼 보이지만, 실제로는 고객 유지를 위해 사후 서비스도 매우 중요하다.

28 러브록(Lovelock)이 제시한 다차원적 서비스 분류에서 다음 도표의 (라)에 들어갈 업종으로 알맞은 것은?

구 분		서비스 설비 또는 시설에 근거한 정도	
		높 다	낮 다
서비스가 사람에 근거한 정도	높 다	(가)	(나)
	낮 다	(다)	(라)

① 지하철
② 병 원
③ 회 계
④ 일류 호텔
⑤ 전 화

해설
러브록은 산업사회에서 이루어진 서비스의 분류 체계에 대한 기초 연구를 발표하면서 기존의 분류 체계는 서비스 마케팅에 대한 전략적 시사점을 제시해 주지 못한다고 비판하였다. 그는 좀 더 포괄적이고 정교한 분류 체계가 필요하다고 주장하며 다음과 같은 분류 기준을 제시하였다.
러브록의 서비스 상품의 특징에 따른 분류

구 분		서비스 설비 또는 시설에 근거한 정도	
		높 다	낮 다
서비스가 사람에 근거한 정도	높 다	병원, 호텔	회계, 경영 컨설팅
	낮 다	지하철, 렌터카	전 화

29 매슬로(Maslow)의 욕구 5단계 중 가장 마지막 단계로 자기 발전을 이루고 자신의 잠재력을 끌어내어 극대화하려는 단계에 해당하는 것은?

① 안전 욕구
② 존경 욕구
③ 생리적 욕구
④ 자아실현 욕구
⑤ 소속과 애정의 욕구

해설
매슬로의 인간 욕구 5단계

생리적 욕구	의식주 등 생존하기 위한 기본 욕구
안전 욕구	근본적으로 신체적 및 감정적인 위험으로부터 보호되고 안전해지기를 바라는 욕구
소속감과 애정 욕구	인간은 사회적인 존재이므로 조직에 소속되거나 동료와 친교를 나누고 싶어하고 또 이성 간의 교제나 결혼을 갈구하게 되는 욕구
존경 욕구	내적으로 자존·자율을 성취하려는 욕구(내적 존경 욕구) 및 외적으로 타인으로부터 인정을 받으며, 집단 내에서 어떤 지위를 확보하려는 욕구(외적 존경 욕구)
자아실현 욕구	계속적인 자기 발전을 통하여 성장하고, 자신의 잠재력을 극대화하여 자아를 완성시키려는 욕구

30 다음 중 서비스 기업을 일반 제조 기업과 비교할 때의 차이에 대한 설명으로 가장 올바르지 않은 것은?

① 수요의 변동이 거의 발생되지 않는다.
② 내부 고객을 우선적으로 만족시켜야 한다.
③ 고객충성도 확보가 핵심이다.
④ 진입 장벽이 상대적으로 낮다.
⑤ 규모의 경제를 실현하기 어렵다.

해설
수요의 변동이 심한 것이 서비스 기업이 일반적인 제조 기업과 다른 경쟁 환경이다.

2과목 CS 전략론

31 서비스 청사진의 구성 요소 중 다음 〈보기〉의 설명에 해당하는 것은?

보기
• 접점 일선 종업원을 지원하는 후방 종업원과 서비스 지원 프로세스를 구분하는 선을 의미한다.
• 고객에게 효율적인 서비스를 제공하기 위해 서비스 조직을 지원해주는 기업 내 정보 시스템을 예로 들 수 있다.

① 명시선
② 묵시선
③ 가시선
④ 내부적 상호작용선
⑤ 상호작용선

해설
서비스 청사진의 구성 요소
• 상호작용선 : 외부고객과 일선종업원 사이의 상호작용선을 통해 고객이 경험하는 서비스 품질을 알게 하여 서비스설계에 공헌할 수 있다.
• 가시선 : 고객이 볼 수 있는 영역과 어떤 종업원이 고객과 접촉하는지를 알려주어 합리적인 서비스 설계를 하도록 도와준다.
• 내부적 상호작용선 : 기업 내 부서 고유의 상호의존성 및 부서 간 경계 영역을 명확히 해주어 점진적인 품질개선 작업을 강화할 수 있다.

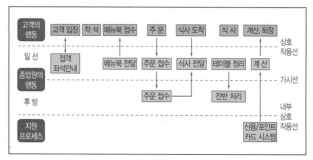

32 다음 중 VOC(Voice of Customer)의 장점에 대한 설명으로 가장 거리가 먼 것은?

① 고객의 요구와 기대의 변화를 파악할 수 있다.
② CRM을 통해 수집된 제한적인 데이터의 범위 안에서 최대한의 효율적 분석으로 고객의 잠재된 성향을 파악할 수 있다.
③ 고객과의 관계를 개선하고 유지할 수 있다.
④ VOC를 통해 예상 밖의 아이디어를 얻을 수 있다.
⑤ 표준화된 서비스 응대로 고객의 기대를 충족시킬 수 있다.

해설
고객과의 커뮤니케이션을 통해 CRM의 한계를 극복하여 데이터를 통한 분석이 아닌, 고객의 실제 성향 파악을 가능하게 한다.

33 다음 〈보기〉의 내용과 관련성이 가장 낮은 용어는?

> 보기
> 훈련받은 전문요원이 고객을 가장하여 서비스를 체험하고 조사하는 방식으로 현장접점에서 현장방문을 통한 암행감사를 말한다.

① Anonymous Audit
② Visit Check
③ Voice of Customer
④ Virtual Customer
⑤ Mystery Customer

해설
미스터리 커스터머(Mystery Customer)에 대한 내용이다. 미스터리 커스터머는 서비스 모니터링의 한 방법으로 현장의 서비스 품질을 측정하기 위해 일반 고객으로 가장하여 매장을 방문하여 물건을 사면서 점원의 친절도, 외모, 판매기술, 사업장의 분위기 등의 서비스 현장의 품질을 측정하는 사람으로 '미스터리 쇼퍼(Mystery Shopper)'라고 하며 비슷한 용어에는 Virtual Customers, Anonymous Audit, Visit Check, Mystery Customer 등이 있다.

34 MOT 사이클 차트 분석 단계 중 다음 〈보기〉의 (   ) 안에 들어갈 내용으로 가장 알맞은 것은?

> 보기
> • 1단계 : 서비스 접점 진단
> • 2단계 : 서비스 접점 설계
> • 3단계 : 고객접점 사이클 세분화
> • 4단계 : (   )
> • 5단계 : 구체적인 서비스 표준안으로 행동

① 구체적 포지셔닝 전개
② 수익성 예측지표 작성
③ 경쟁시장의 지속적 관여
④ 고객접점 시나리오 만들기
⑤ 고객의 문제해결 능력 배양

해설
MOT사이클 차트의 분석 5단계
고객의 입장에서 걸어보기(서비스접점 진단) → 고객접점 유니트 설계 → 고객접점 사이클 세분화 → 고객접점 시나리오 만들기 → 새로운 표준안으로 행동하기

35 SWOT 분석에 의한 마케팅 전략 중 조직 외부의 위협을 회피하거나 최소화하기 위해 강점을 사용하는 전략 유형은?

① S – T 전략   ② S – O 전략
③ O – T 전략   ④ O – S 전략
⑤ O – W 전략

해설
SWOT 분석에 의한 마케팅 전략
• SO 전략(강점 – 기회전략) : 시장의 기회를 활용하기 위해 강점을 사용하는 전략.
• ST 전략(강점 – 위협전략) : 시장의 위협을 회피하기 위해 강점을 사용하는 전략
• WO 전략(약점 – 기회전략) : 시장의 약점을 극복함으로써 시장의 기회를 활용하는 전략
• WT 전략(약점 – 위협전략) : 시장의 위협을 회피하고 약점을 최소화하는 전략

36 코틀러(Kotler)가 제시한 시장 세분화 요건 중 세분시장을 유인하고 그 세분시장에 제공할 수 있도록 효과적인 마케팅 프로그램을 수립할 수 있는 정도를 의미하는 것은?

① 차별화 가능성   ② 측정 가능성
③ 접근 가능성   ④ 행동 가능성
⑤ 실질성

해설
코틀러(Kotler)가 제시한 시장 세분화 요건
- 차별 가능성 : 세분시장마다 마케팅믹스와 활동에 대해 서로 다른 반응을 보여야 한다.
- 측정 가능성 : 세분시장의 규모와 고객, 구매력 등을 측정할 수 있어야 한다.
- 접근 가능성 : 유통경로나 매체 등을 통해 고객이 주요 유통채널, 지역 등의 정보에 대한 접근이 쉬워야 한다.
- 행동 가능성 : 세분시장을 적극 공략하기 위한 실질적·효과적인 프로그램을 수립·개발할 수 있어야 한다.
- 실질성 : 세분시장의 규모가 충분히 커서 기업이 특정한 마케팅 실행을 할 수 있어야 한다.

37 세분시장 유형과 관련해 여러 세분시장 중에서 매력적이고 기업 목표에 적합한 몇 개의 세분시장을 선택해 진입하는 전략에 해당하는 것은?

① 시장 전문화 전략
② 제품 전문화 전략
③ 선택적 전문화 전략
④ 단일시장 집중전략
⑤ 단일제품 전체시장 도달전략

해설
- 시장 전문화 전략 : 특정 고객들의 다양한 욕구 충족을 위해 다양한 제품을 판매하는 전략
- 제품 전문화 전략 : 다양한 세분시장에서 단일제품으로 고객의 욕구를 자극하여 구매동기를 유발하는 전략
- 선택적 전문화 전략 : 여러 세분시장에서 기업목표에 적합하고 매력적인 몇 개의 세분시장을 선택하여 공략하는 전략
- 단일시장 집중전략 : 단일제품으로 단일한 세분시장에 진출하여 고객의 구매동기를 유발하는 전략
- 단일제품 전체시장 도달전략 : 모든 계층의 고객의 공통 구매 욕구를 유발하는 단일제품과 마케팅프로그램으로 전체시장을 겨냥한 전략

38 다음 중 틈새시장(니치 마케팅)의 특징에 대한 설명으로 가장 올바르지 않은 것은?

① 없어지거나 새로 생성되기도 한다.
② 끊임없이 변화하는 특징을 보인다.
③ 틈새시장이 대형시장이 되기도 한다.
④ 큰 수익성이 보장되기 때문에 주로 대형 기업이 독점하는 형태를 보인다.
⑤ 여러 기업이 똑같은 틈새시장에 공존하기도 한다.

해설
틈새마케팅(Niche Marketing)
경쟁 기업이 미처 발견하지 못했거나 건드리지 않는 시장을 공략해서 수익을 창출하는 마케팅으로, 큰 수익이 보장되는 대량생산·유통·판매의 매스 마케팅과 대립되는 개념이다. 이 마케팅 전략은 기업의 자원이 제한된 중소기업 혹은 소수의 작은 시장 등에서 높은 시장 점유율을 누리기 위한 경우 등에 사용된다.

39 다음 중 서비스 패러독스(Service Paradox)의 발생 원인으로 가장 적절하지 않은 것은?

① 기술의 복잡화
② 서비스의 이질화
③ 서비스의 표준화
④ 종업원 확보의 악순환
⑤ 서비스의 인간성 상실

해설
서비스 패러독스(Service Paradox)
과거에 비해 경제적으로 윤택하고 다양한 서비스들을 누릴 수 있게 되었지만, 서비스 만족도는 오히려 낮아지는 현상을 서비스 패러독스라고 하며, 그 발생원인으로는 서비스 표준화, 서비스 동질화, 서비스의 인간성 상실, 기술의 복잡화, 종업원 확보의 악순환 등이 있다.

40 수잔 키비니(Susan Keaveney) 교수가 제시한 서비스 전환 유형 중 사기 또는 강매, 안전상의 문제, 이해관계 대립 등에 해당하는 것은?

① 윤리적 문제
② 비자발적 전환
③ 서비스 접점실패
④ 핵심 서비스 실패
⑤ 서비스 실패 반응

해설
수잔 키비니의 서비스 전환 유형
- 가격 : 공정하지 않은 가격
- 불편 : 공간, 시간 등에 대한 불편
- 핵심서비스 실패 : 서비스제공자의 업무 실수
- 서비스 접점 실패 : 서비스제공자의 무례함이나 전문성 부족
- 경쟁 : 경쟁업체의 서비스보다 뒤떨어짐
- 윤리적 문제 : 거짓정보, 위험성, 강매
- 비자발적 전환 : 서비스제공자의 업무중단, 점포 폐쇄 및 이전, 고객이동
- 서비스 실패 반응 : 부정적 반응 또는 무반응, 내키지 않은 반응

41 고객인지 가치와 관련해 세스(Sheth), 뉴먼(Newman), 그로스(Gross)가 제시한 5가지 가치유형 중 제품 소비를 자극하는 새로움, 호기심 등과 관련성이 가장 높은 것은?

① 사회적 가치
② 기능적 가치
③ 상황적 가치
④ 정서적 가치
⑤ 인식 가치

해설
'세스, 뉴먼, 그로스'가 제시한 5가지 가치 유형
- 기능 가치 : 상품의 품질, 서비스, 가격 등과 같은 물리적인 기능과 관련된 가치
- 사회 가치 : 상품을 소비하는 사회계층집단과 연관된 가치
- 정서 가치 : 상품을 소비하며 고객이 느끼는 감정과 관련된 가치
- 상황 가치 : 상품을 소비할 때 특정상황과 관련된 가치
- 인식 가치 : 상품의 소비를 자극하는 고객의 호기심 등과 관련된 가치

42 서비스 수익체인을 이용하여 기업의 핵심 역량을 향상시키고 운영 단위를 지속적으로 관리하기 위해 고려해야 할 사항으로 가장 거리가 먼 것은?

① 내부적 성공 사례에 대한 정보 공유
② 외부 위탁 평가 결과와 소비자 의견 수렴 결과의 조율
③ 모든 의사 결정 단위를 망라해 서비스 수익체인의 각 연관 관계에 대한 측정
④ 성과 향상을 위한 행동 지침의 설계
⑤ 측정한 결과에 대한 보상 개발

해설
서비스 수익체인을 이용해 운영 단위를 지속적으로 관리하기 위한 7가지 단계
- 1단계 : 모든 의사 결정 단위를 거쳐 서비스 수익체인의 연관 관계 측정
- 2단계 : 자체 평가한 결과에 대한 의견 교환
- 3단계 : 성과 측정을 위한 균형점수카드 개발
- 4단계 : 성과 향상을 위한 행동 지침 마련
- 5단계 : 측정한 결과에 대한 보상 개발
- 6단계 : 개별 영업 단위에서 결과에 대한 커뮤니케이션
- 7단계 : 내부적 성공사례 정보 공유

43 내구성과 유형성 및 용도에 따른 소비재 분류 중 다음 〈보기〉의 내용에 가장 부합하는 것은?

보기
- 보통 1번 내지 2 ~ 3번 사용하면 소모되는 유형 제품을 말한다.
- 어떤 장소에서든 구입이 가능하며 대량 광고를 통해 구입을 유도하고 선호도를 구축할 수 있는 제품이다.

① 공공재
② 자본재
③ 내구재
④ 서비스
⑤ 비내구재

내구성과 유형성 및 용도에 따른 소비재 분류
- 비내구재 : 1회 또는 2 ~ 3회성 사용으로 소모되는 제품 유형으로, 자주 구입해야 하므로 어디서나 쉽게 구입할 수 있고, 대량 광고로 구입을 유도하고 선호도를 구축하는 제품이다.
- 내구재 : 여러 번 사용할 수 있는 제품으로 의류, 가전제품으로 서비스가 수반된다. 많은 이익 폭이 가산될 수 있다.
- 서비스 : 무형이고 분리가 불가능하며 변화성과 소모성이 높고 공급자의 신뢰성이 요구된다.

44 다음 중 의료기관의 특징에 대한 설명으로 가장 바르지 않은 것은?

① 병원은 고도로 노동집약적 집단인 동시에 자본집약적인 조직체라고 할 수 있다.
② 일반적인 이익 집단에 비해 병원은 기본적으로 비영리적 동기를 가지고 있다.
③ 진료 결과에 따른 신체적, 정신적 효과가 명확하게 드러나기 때문에 진료 서비스 생산에 대한 품질 관리와 업적 평가가 매우 쉽다.
④ 진료 서비스라는 복합적인 생산품이 형성되기 위해 타 직종 간의 상하명령 전달체계가 생기게 되고 이로 인해 이중적인 지휘체계가 형성될 수 있다.
⑤ 병원은 다양한 사업과 프로그램을 개발하여 지역 주민과 국가가 원하는 요구를 충족시킬 수 있어야 한다.

의료기관의 특징
- 자본집약적
- 노동집약적
- 비영리동기
- 이중적인 지휘체계
- 복합적인 사업목적

45 다음 중 도나베디언(Donabedian)이 제시한 의료 서비스 품질요소로 보기 어려운 것은?

① 촉진성
② 합법성
③ 적정성
④ 수용성
⑤ 형평성

도나베디언의 의료 서비스 품질요소
- 효능(Efficacy)
- 효과(Effectiveness)
- 적정성(Optimality)
- 효율성(Efficiency)
- 수용성(Acceptability)
- 합법성(Legitimacy)
- 형평성(Equity)

46 SERVQUAL의 5가지 품질에 따른 차원별 설문 내용 중 신뢰성에 대한 사항과 가장 거리가 먼 것은?

① 물리적 시설의 시각적 효과
② 약속한 시간 내에 서비스를 제공
③ 업무기록의 정확한 유지 및 보관
④ 소비자의 문제에 대해 관심을 보이고 해결
⑤ 정해진 시간 안에 업무처리 약속을 준수

서비스 품질 평가 중 유형성에 해당한다.

47 카노(Kano)가 제시한 품질 모형 중 다음 〈보기〉의 사례에 가장 부합하는 것은?

> 보기
>
> KAIST(한국과학기술원)는 신소재공학과 김○○ 교수 연구팀이 20회 세탁해도 재사용 가능한 나노섬유 마스크를 개발했다고 19일 밝혔다.
> 김교수 연구팀은 직경 100 ~ 500 나노미터(㎚) 크기의 나노섬유를 직교 내지 단일 방향으로 정렬시키는 독자기술을 개발, 세탁 후에도 우수한 필터 효율이 잘 유지되는 나노섬유 멤브레인을 개발했다.

① 일원적 품질요소
② 무차별 품질요소
③ 무관심 품질요소
④ 매력적 품질요소
⑤ 당연적 품질요소

해설
카노의(Kano)의 품질 모형

- 매력적 품질요소 : 소비자가 미처 기대하지 못했던 부분을 충족시켜 주거나, 기대했던 것이라도 기대 이상의 만족을 제공하는 품질요소로서, 충족이 되면 고객은 만족하게 되고 충족되지 못하더라도 불만을 증가시키지 않는 고객감동의 원천이 된다.
- 일원적 품질요소 : 성과요소와 같은 개념으로 고객의 명시적인 요구사항이며, 충족될수록 만족이 증대되고 충족되지 않을수록 불만이 증대된다. 이를 만족요인이라고도 한다.
- 당연적 품질요소 : 최소한 갖추고 있어야 할 기본적인 품질요소로 충족이 되어도 만족감을 주지 않지만 충족되지 않으면 불만을 일으키는 요소이다. 이를 불만족요인이라고도 한다.
- 무관심 품질요소 : 충족되건 충족되지 않건 만족도 불만도 일으키지 않는 품질요소를 말한다.
- 역 품질요소 : 충족이 되면 불만을 일으키고, 충족이 되지 않으면 만족을 일으키는 품질요소를 말한다.

48 e - 서비스 품질(SQ)의 4가지 핵심 차원 중 다음 〈보기〉의 내용에 해당하는 것은?

> 보기
>
> - 이 웹사이트는 약속한 날짜에 제대로 배달을 한다.
> - 이 웹사이트는 적정 소요기간 내에 주문 품목을 배달해 준다.

① 보상성
② 효율성
③ 신뢰성
④ 보안성
⑤ 성취이행성

해설
e - 서비스 품질의 4가지 핵심차원

효율성	최소한의 시간과 노력으로 원하는 서비스를 획득
실행성 (성취이행성)	정확한 배송 시간 등 서비스 이행의 정확성과 상품의 보장
신뢰성	온라인 페이지의 기술적인 작동상태와 구매 가능성 보장
보안성	신용정보나 구매정보의 안전한 보호

49 내부 마케팅의 영향 요인 중 불평, 서비스 품질, 고객 만족 등에 해당하는 것은?

① 일반 통제
② 투입 통제
③ 과정 통제
④ 반응 통제
⑤ 결과 통제

해설
내부 마케팅 영향 요인 중 기업의 공식적인 관리통제

- 투입 통제 : 종사원 선발, 교육훈련, 전략계획, 지원할당
- 과정 통제 : 조직구조, 관리절차, 보상
- 결과 통제 : 불평, 서비스 품질, 고객만족

50 다음 〈보기〉의 설명에 해당하는 종합만족도 측정 방식은?

> **보기**
> • 여러 가지 서비스의 하위요소 또는 품질에 대한 차원만족도의 합을 복합점수로 간주하는 방식이다.
> • 중복측정 문제를 방지할 수 있으나, 가중치 부여 등 조사모델이 복잡해질 수도 있다.

① 간접측정법
② 직접측정법
③ 복합측정법
④ 혼합측정법
⑤ 요소측정법

해설
종합만족도 측정 방식
• 직접측정 : 단일 항목이나 복수의 설문 항목으로 측정하는 방법
• 간접측정 : 다양한 서비스의 하위요소나 품질 등에 대한 만족도의 합을 복합점수로 측정하는 방법으로 가중치가 부여된 각 차원만족도의 합으로 산정
• 혼합측정 : 직접측정과 간접측정의 혼합된 측정

51 국가고객만족도(NCSI) 설문 구성 내용과 관련해 다음 〈보기〉의 내용에 해당하는 것은?

> **보기**
> • 재구매 가능성 평가
> • 재구매 시 가격인상 허용률
> • 재구매 유도를 위한 가격인하 허용률

① 고객 불만
② 고객 충성도
③ 고객만족지수
④ 고객 기대수준
⑤ 인지가치 수준

해설
NCSI의 설문구성 내용

구 분	내 용
고객 기대수준	• 구입 전 평가 – 품질 · 욕구충족의 기대수준, 제품의 문제 발생 빈도의 기대수준
인지서비스 품질수준	• 구입 후 평가 – 품질수준, 욕구충족도, 서비스의 발생 빈도
인지가치수준	• 가격 대비 품질수준 • 품질 대비 가격수준
고객만족지수	• 전반적인 만족도 • 기대 일치/불일치 • 이상적인 제품 및 서비스 대비 만족수준
고객 불만	• 고객의 제품 및 서비스에 대한 불만
고객 충성도	• 재구매 가능성의 평가 • 충성도가 높은 고객의 제품 재구매 시 가격인상 허용률 • 충성도가 낮은 고객의 제품 재구매 유도를 위한 가격인하 허용률

52 다음 〈보기〉의 설명에 해당하는 자료수집 방법은?

주로 1차 자료를 수집하기 위한 정성조사 방법 중 하나로 잘 훈련된 면접원이 조사대상 1명을 상대로 비구조화된 인터뷰를 행하는 기법을 의미한다.

① 서베이법
② 문헌조사법
③ 심층면접법
④ 표적집단면접법
⑤ 전문가 의견조사법

해설
자료수집 방법
• 서베이법 : 통계 자료를 얻기 위하여 어떤 주제에 대하여 사람들의 의견을 묻는 방법
• 문헌조사법 : 문헌으로 이미 축적되어 있는 기존의 연구 데이터를 수집하는 방법
• 심층면접법 : 1명의 응답자와 일대일 면접을 통해 소비자의 심리를 파악하는 조사법
• 표적집단면접법 : 표적의 대상이 되는 고객을 선발하여 제품 · 서비스 등에 대해 토론하게 하고 그 자료를 수집하는 방법
• 전문가 의견조사법 : 여러 전문가의 의견을 반복해 수집 · 교환하여 그 자료를 토대로 예측하는 방법

53 라파엘(Raphael)과 레이피(Raphe)가 제시한 고객 충성도의 유형 중 특정 제품이나 서비스를 정기적으로 구매하는 계층에 해당하는 것은?

① 경쟁고객
② 예비고객
③ 완전고객
④ 단골고객
⑤ 충성고객

해설
라파엘과 레이피의 분류
• 예비고객 : 구매에 관심을 보일 수 있는 계층
• 단순고객 : 관심을 가지고 적어도 한 번 정도 가게를 방문하는 계층
• 고객 : 빈번하게 구매가 이뤄지는 계층
• 단골고객 : 정기적으로 구매하는 계층
• 충성고객 : 주변 누구에게나 긍정적 구전을 해주는 계층

54 레이나르츠(Reinartz)와 쿠머(Kumar)가 제시한 충성도 전략과 관련해 다음 〈보기〉의 설명에 해당하는 고객 유형은?

> **보기**
>
> • 회사의 제공 서비스와 소비자 욕구 간의 적합도가 낮다.
> • 관계유지를 위한 더 이상의 투자는 불필요하다.
> • 매 거래마다 이익을 창출해야 한다.

① Strangers
② Butterflies
③ Barnacles
④ True Friends
⑤ Humming Bird

해설

고객의 충성도와 이익에 따른 전략의 선택

구 분	장기거래 고객	단기거래 고객
	True Friends	Butterflies
높은 수익	• 기업의 제공 서비스와 소비자의 욕구 간 적합도가 높고, 큰 잠재이익 보유 • 태도적, 행동적 충성도 구축과 지속적인 고객 관계 유지가 필요	• 기업의 제공 서비스와 소비자의 욕구 간 적합도가 높고, 큰 잠재이익 보유 • 거래의 만족을 달성하도록 노력해야 함
	Barnacles	Strangers
낮은 수익	• 기업의 제공 서비스와 소비자의 욕구 간 적합도가 제한되고 낮은 잠재이익 보유 • 지갑점유율을 측정하여 낮으면 교체구매 유도	• 기업의 제공 서비스와 소비자의 욕구 간의 적합도가 낮음 • 고객유지를 위한 더이상의 투자 불필요 • 모든 거래에서 이익 창출 필요

55 SERVQUAL의 5가지 GAP 모델 중 GAP 1이 발생될 경우 해결방안으로 가장 올바른 것은?

① 팀워크의 형성
② 수요와 공급의 연결
③ 경영통제 시스템 개발
④ 조직의 관리 단계 축소
⑤ 종업원의 업무 적합성 보장

해설

고객과 경영층의 상호작용 결여와 최고위와 최하위 간의 관리 단계의 수에 따라 차이가 있으므로 기업 조직은 관리 단계를 축소하여 관리사가 고객의 욕구와 기대를 이해할 수 있도록 노력해야 한다.

56 고객만족(CS)를 위한 계획수립(Planning)의 장점에 대한 내용으로 가장 올바르지 않은 것은?

① 조정을 도와주는 역할을 한다.
② 조직 구성원의 행동지침이 된다.
③ 시간 관리를 할 수 있게 해준다.
④ 집중도를 높이고 조직의 유연성을 향상시켜 준다.
⑤ 통제를 근본적으로 제거할 수 있도록 도와준다.

해설

계획수립의 장점은 통제의 근원이 된다는 것이다.

57 벤치마킹(Benchmarking) 유형 중 서로 관계가 없는 다른 업종 기업들에 대하여 벤치마킹이 수행되는 유형은?

① 기능 벤치마킹
② 포괄 벤치마킹
③ 유통 벤치마킹
④ 내부 벤치마킹
⑤ 경쟁 벤치마킹

58 소비자 심리와 관련하여 다음의 내용에 들어갈 적절한 용어는?

> **보기**
>
> 코로나19 여파로 '사회적 거리두기'가 생활화되고 가정에서 보내는 시간이 늘어나면서 인공지능(AI) 서비스 이용이 급증한 것으로 나타났다. 또한 ( )의 영향으로 AI 기기를 이용한 가정에서 장보기, 홈트레이닝 등이 인기를 얻고 있다.

① 리테일(Retail) 소비

② IoT(Internet of Things)

③ 스마트 라이프(Smart Life)

④ 언택트 라이프(Untact Life)

⑤ 스태그플레이션(Stagflation)

59 AIO 분석 기법의 3가지 차원 중 다음 〈보기〉의 설명에 해당하는 것은?

> **보기**
>
> 어떠한 사물과 사건 또는 화제에 대하여 특별하고 계속적인 주의를 부여하는 정도를 조사하는 것을 의미한다.

① 의 견   ② 관 심

③ 활 동   ④ 희 생

⑤ 요 구

60 한국능률협회컨설팅(KMAC)에서 제시한 고객가치지수(CVI) 측정 모델의 측정 단계 중 다음 〈보기〉의 ( ) 안에 들어갈 내용으로 가장 올바르지 않은 것은?

> **보기**
>
> - 1단계 : 고객니즈 수집 및 분석
> - 2단계 : (가)
> - 3단계 : (나)
> - 4단계 : (다)
> - 5단계 : (라)
> - 6단계 : (마)

① (가) : 고객가치요소 발굴

② (나) : 리서치 시행

③ (다) : 고객가치측정 모델에 의해 현재의 가치 수준을 측정하고 핵심가치(Core Value) 추출

④ (라) : 창의적 서비스의 범주화

⑤ (마) : 고객가치 향상을 위한 전략과제 도출

고객가치지수(CVI) 측정모델의 측정 단계

고객니즈 수집 및 분석 → 고객가치요소 발굴 → 리서치 시행 → 고객가치측정 모델에 의해 현재의 가치 수준을 측정하고 핵심가치(Core Value) 추출 → 고객가치의 콘셉트 도출 → 고객가치 향상을 위한 전략과제 도출

3과목 고객관리 실무론

61 로젠버그(Rosenberg)가 제시한 이미지의 분류와 관련해 다음 〈보기〉의 설명에 해당하는 것은?

> **보기**
> • 자신에 대하여 가지고 있는 개인의 생각과 느낌의 총합이다.
> • 자신의 신체, 행동, 능력을 판단하는 자신에 대한 지각의 본질이며, 동시에 행동해야 할 방향을 결정하는 주체이다.

① 내적 이미지
② 외적 이미지
③ 식별 이미지
④ 사회적 이미지
⑤ 원칙적 이미지

② 용모, 표정 등 외면적으로 드러나는 종합적인 이미지로, 이는 직접 경험을 통해 형상화되는 것이다.
④ 특정한 사회 속에서만 성립되고 또한 그 사회의 내부에서는 사회구성원이 모두 의심 없이 수용하고 있는 이미지이다.

---

62 인사의 종류와 관련해 다음 중 정중례를 해야 될 경우로 가장 적절하지 않은 것은?

① 화장실에서 VIP를 만났을 경우의 인사
② 아주 큰 어른을 만났을 경우 올리는 인사
③ 입사 면접을 위해 기업 임원에게 올리는 인사
④ 회사에서 높은 직급의 손님을 배웅할 경우의 인사
⑤ 결혼식장에서 신랑, 신부가 하객에게 올리는 인사

화장실과 같은 불편한 장소에서 상사나 고객을 만났을 경우에는 가볍게 목례를 하는 것이 좋다.

인사의 종류

종 류	방 법	상 황
목 례	미소를 띠며 가볍게 5도 정도 머리만 숙여서 예를 표한다.	• 손을 뗄 수 없는 작업을 하고 있을 때 • 모르는 사내 사람과 마주칠 때 • 통화 중에 손님이 오거나 상사가 들어올 때 • 양손에 무거운 짐을 들고 있을 때 • 상사를 두 번 이상 복도에서 만날 때 • 동료나 아랫사람을 화장실, 복도나 엘리베이터에서 만났을 때
보통례 (보통 인사)	바로 선 자세에서 1 ~ 2m 정도 앞을 보고 상체를 30도 정도 앞으로 구부린다.	• 일상생활에서 가장 많이 하는 인사 • 윗사람이나 내방객을 만나거나 헤어질 때 • 상사 외출 때나 귀가 때 • 지시 또는 보고 후
정중례 (정중한 인사)	바로 선 자세에서 1.5m 정도 앞을 보고 상체를 45도 정도 숙인 후 천천히 상체를 일으킨다.	• 공식 석상에서 처음 인사할 때 • 면접 시 인사할 때 • 사죄하거나 예의를 갖추어 부탁할 때 • 고객에게 진정한 감사의 표현을 전할 때

63 전통예절에서 절하는 방법에 대한 설명으로 가장 올바른 것은?

① 의식행사에서는 기본 횟수만 한다.
② 고인(故人)에게는 기본 횟수만 한다.
③ 살아있는 사람에게는 기본 횟수만 한다.
④ 여자는 기본 횟수로 한 번을 한다.
⑤ 남자는 기본 횟수로 두 번을 한다.

해설
① · ② 의식 행사에서나 고인(故人)에게는 기본 횟수의 배를 한다.
④ 여자는 기본 횟수로 두 번을 한다.
⑤ 남자는 기본 횟수로 한 번을 한다.

64 전통적인 공수법에 대한 설명으로 가장 올바르지 않은 것은?

① 남자와 여자의 손 위치는 다르다.
② 평상시와 흉사시의 손 위치는 다르다.
③ 공수는 의식행사에 참석하거나 어른을 뵐 때 반드시 하는 것이 좋다.
④ 공수는 배례의 기본동작으로 두 손을 앞으로 모아서 잡는 것을 말한다.
⑤ 평상시, 여자는 왼손을 위로 하여 두 손을 가지런히 모아서 잡는다.

해설
평상시 여자는 오른손을 위로 하여 두 손을 가지런히 모아서 잡는다.
공수법
• 두 손의 손가락을 가지런히 붙여서 편 다음 앞으로 모아 포개 맞잡은 자세이다.
• 의식행사에 참석했을 때와 전통배례를 할 때, 어른 앞에서 공수한다.
• 공수법은 남자와 여자가 다르고 평상시와 흉사시가 다르다.
• 평상시 : 남자는 왼손이 위이고, 여자는 오른손이 위이다.
• 흉사시 : 남자는 오른손이 위이고, 여자는 왼손이 위이다.

65 다음 〈보기〉의 사례에 해당하는 화법의 명칭은?

보기
• 이쪽으로 앉으시겠습니까?
• 다시 한번 말씀해주시겠습니까?
• 내일 전화드려도 괜찮으시겠습니까?

① 산울림 화법
② 아론슨 화법
③ 보상 화법
④ 레이어드 화법
⑤ 역전 화법

해설
플러스 화법
• 레이어드 화법 : 반발심이나 거부감이 들 수 있는 명령조를 질문 형식으로 바꾸어 완곡하게 표현하는 화법
• 산울림 화법 : 고객이 한 말을 반복하여 이해와 공감을 얻고 고객이 거절하는 말을 솔직하게 받아주는 데 포인트가 있는 화법
• 아론슨 화법 : 부정과 긍정의 내용을 혼합해야 할 경우 가능하면 부정적 내용을 먼저 말한 후 긍정적 내용으로 끝마치는 화법
• 보상 화법 : 지적한 약점이 오히려 더 좋은 강점을 만들어낸다는 것을 강조하는 화법
• 역전 화법 : 긍정법, 간접부정법. 일단 고객의 의견에 동의하고 반대의견을 말하는 화법

66 다음 〈보기〉의 설명에 해당하는 불평 고객 유형은?

보기
• 제3자에게 불평을 하지는 않지만 불평해 봤자 들어주지도 않는다는 생각을 가진다.
• 기업에게 두 번의 기회를 주지 않는다.

① 불평을 표현하는 사람
② 화내면서 불평하는 사람
③ 행동으로 불평하는 사람
④ 집단적으로 불평하는 사람
⑤ 소극적으로 불평하는 사람

해설

화내면서 불평하는 사람 – 화내는 불평자(Irates)

- 친구나 친척들에게 부정적 구전을 하고 다른 업체로 전환할 의도가 높은 고객
- 제품이나 서비스 제공자에게 불평하는 성향은 평균 수준
- 제3자에게 불평을 하려 하지는 않지만 불평해 봤자 들어 주지도 않는다는 소외의식 소유
- 기업에게 두 번째 기회를 주지 않는 유형

67 고객을 화나게 하는 7가지 태도 중 내 소관, 내 책임이 아니며 나와는 상관이 없다는 태도로서 고객에 대한 책임감과 조직에 대한 소속감이 없는 직원에게 나타날 수 있는 것은?

① 발 뺌
② 거 만
③ 무관심
④ 경직화
⑤ 규정제일

해설

칼 알브레이트의 고객을 화나게 하는 7가지 태도

- 무관심(Apathy) : 내 소관, 내 책임이 아니니 나와는 아무 관계없다는 태도
- 무시(Brush-off) : 고객의 요구나 문제를 못 본 척하고 피하는 태도
- 냉담(Coldness) : 고객이 귀찮음을 여실히 드러내고 퉁명스럽게 대하는 태도
- 건방떨기/생색(Condescension) : 낯설어 하는 고객에게 생색을 내고 어딘지 모르게 건방떠는 태도
- 로봇화(Robotism) : 경직화. 직원이 고객을 기계적으로 응대하고, 인간미를 느낄 수 없는 태도
- 규정 핑계(Rule Apology) : 고객의 만족보다는 조직의 내부 규정을 더 앞세우는 태도
- 뺑뺑이 돌리기(Run Around) : "저희 담당이 아니니 다른 부서로 문의하세요."라는 말로 발뺌하고 타 부서로 미루는 태도

68 다음 중 코칭(Coaching)의 장점에 대한 설명으로 가장 올바르지 않은 것은?

① 일대일로 지도하므로 교육 효과가 높다.
② 코치와 학습자의 동시 성장이 가능하다.
③ 상·하 간의 커뮤니케이션 능력을 향상시킬 수 있다.
④ 업무 수행성과에 직접적으로 관련되어 있다.
⑤ 일대일 방식으로 진행되기 때문에 코치의 시간을 획기적으로 줄일 수 있다.

해설

코칭은 일대일 방식으로 진행되기 때문에 시간이 많이 소요되고 노동집약적이다.

코칭(Coaching)의 장점

- 업무 수행성과와 직접적으로 연관되어 있다.
- 코치와 학습자가 동시에 성장할 수 있다.
- 상·하 간의 커뮤니케이션 능력을 향상시킬 수 있다.
- 일대일로 지도하기 때문에 교육 효과가 높다.

69 다음 중 올바른 전화응대 자세로 가장 바람직하지 않은 것은?

① 통화 도중 상대방을 기다리게 할 때는 주위의 대화 내용이나 소음이 들리지 않도록 주의한다.
② 정확한 언어를 사용하고 간결한 표현을 쓰도록 한다.
③ 통화내용 중 중요한 사항은 반복하여 확인한다.
④ 상대가 이해하지 못할 전문용어나 틀리기 쉬운 단어는 사용하지 않는다.
⑤ 도중에 통화가 끊어지면 전화를 받은 쪽에서 다시 거는 것이 원칙이다.

해설

도중에 통화가 끊어지면 전화를 건 쪽에서 다시 거는 것이 원칙이다.

70 다음 중 효과적인 경청을 위한 방안으로 보기 어려운 것은?

① 냉정한 비판과 평가가 수반되어야 한다.
② 정확한 이해를 위해 고객이 말한 것을 복창한다.
③ 중요한 내용이나 요점을 기록한다.
④ 고객의 말을 가로막지 않는다.
⑤ 편견을 갖지 않고 고객의 입장에서 듣는다.

해설
효과적인 경청을 위한 방안
• 비판하거나 평가하지 않는다.
• 편견을 갖지 않고 고객의 입장에서 듣는다.
• 고객에게 집중하고, 고객의 말에 계속 반응한다.
• 정확한 이해를 위해 고객이 말한 것을 복창한다.
• 고객의 말을 가로막지 않는다.
• 중요한 내용이나 요점을 기록한다.

71 다음 중 호칭의 기본 예의에 대한 설명으로 가장 거리가 먼 것은?

① 직급과 직책 중에서 직급을 기준으로 칭하는 것이 통상적인 예의이다.
② 친구나 동료처럼 대등한 위치에 있는 사람이라면 사적인 자리에 한해 이름을 불러도 크게 문제가 되지 않는다.
③ 자신보다 나이가 많거나 지위가 상급인 경우 공손하게 직위나 적정한 사회적 경칭을 사용하는 것이 좋다.
④ 자신보다 아랫사람이라 하더라도 처음 대면하는 경우 '○○ 씨' 혹은 이와 유사한 존칭을 사용하는 것이 좋다.
⑤ 공적인 자리에서 친구나 동료처럼 대등한 위치에 있는 사람일 경우 '○○ 씨'라고 하여 상대방을 존중해 주는 것이 좋다.

해설
직장에서는 직급과 직책 중에서 더 상위 개념을 칭하는 것이 통상적인 예의이다.

72 조직구성원에 따른 콜센터 분류 중 기업 내부의 조직원들이 고객정보 보호, 지속적인 업무 진행, 고객관리의 질을 지속적으로 향상시키기 위해 직접 운영하는 방식의 콜센터 유형에 해당하는 것은?

① 제휴형 콜센터
② 아웃소싱형 콜센터
③ 클라우딩 콜센터
④ 직할 콜센터
⑤ 디지털 콜센터

해설
① 콜센터의 장점과 전문성을 지닌 업체와 제휴하여 시스템 및 인력을 공유하여 운영하는 방식
② 기업 외부의 전문 콜센터 업체에 의뢰하여 콜센터를 운영하는 방식
③ 클라우드 기술을 적용해 별도의 콜센터 장비없이 어느 곳에서든 PC만으로 콜센터 업무가 가능한 운영 방식

73 다음 중 콜센터의 생산성을 효율적으로 관리하기 위해 고려해야 할 사항으로 보기 어려운 것은?

① 적절한 업무 배치
② 지속적인 교육
③ 평가와 보상의 분리
④ 우수한 상담원의 채용
⑤ 직업에 대한 비전 제시

해설
콜센터의 생산성을 효율적으로 관리하기 위한 방안
• 지속적인 교육
• 공정한 평가와 그에 따른 보상
• 우수한 상담원의 채용
• 직업에 대한 비전 제시
• 적절한 업무 배치
• 숙련된 상담원의 재택근무 지원

74 다음 중 콜센터 조직의 일반적인 특성과 가장 거리가 먼 것은?

① 개인 편차
② 특정 업무의 선호
③ 정규직 중심의 전문조직
④ 콜센터만의 독특한 집단의식
⑤ 커뮤니케이션 장벽

해설
대부분의 콜센터 조직은 비정규직 중심으로 이루어져 있다. 따라서 이로 인해 보이지 않는 커뮤니케이션 장벽이 생기기도 한다.

75 감정노동으로 인한 직무 스트레스 대처법과 관련해 다음 〈보기〉의 사례에 가장 부합하는 것은?

보기
KIE 콜센터에서 근무하는 정○○ 상담사는 고객의 심한 욕설과 폭언을 듣고 침착하게 상담을 마친 후, 마음 속으로 이렇게 생각했다.
'방금 전 고객은 집에서 무슨 일이 있어 화를 낸 것이겠지, 나를 무시하려고 그런 말을 한 것은 아닐거야.'

① 원인규명 의지
② 적응하기
③ 분노조절 훈련
④ 타인과 교류하기
⑤ 생각 멈추기

해설
감정노동 직무의 스트레스 대처법
• 적응하기 : 고객의 입장을 이해해보려고 노력한다.
• 분노조절 훈련 : 심호흡, 자극 피하기, 관심바꾸기, 용서, 소리지르기 등으로 분노를 조절해본다.
• 타인과 교류하기 : 어려움을 나눌 수 있는 상사나 동료를 만들거나 동호회·봉사활동 등을 통해 심리적으로 재충전할 수 있는 기회를 갖는다.
• 생각 멈추기 : 마음속으로 "그만!"을 외치고 생각을 멈추어 본다.
• 일과 나와의 분리 : 일 때문에 다른 사람이 되어 연극을 하는 중이라고 생각하며 자신과 업무를 분리한다.
• 혼잣말 등 인지적 기법 : 스스로 위로하고 격려하는 혼잣말이나 자기암시를 한다.

76 콜센터 모니터링 방법 중 상담원과 고객 모두 누가 모니터링을 하는지 모르도록 상담원과 떨어져 있는 장소에서 상담 내용을 평가하는 방법으로 고객과 상담원 간의 자연스러운 상호작용을 관찰할 수 있는 모니터링 기법의 명칭은?

① Self-monitoring
② Peer-monitoring
③ Real-monitoring
④ Side-by-side Monitoring
⑤ Silent-monitoring

해설
① 직접 자신의 상담 내용을 듣고 정해진 평가표에 따라 스스로를 평가하고 개선하는 방법
② 정해진 동료의 상담내용을 듣고, 피드백한 뒤 벤치마킹하게 하는 방법
③ 상담원이 모니터링 여부를 모르게 무작위로 추출한 내용을 듣고 정해진 평가표에 따라 평가하는 방법
④ 관리자가 상담원 근처에서 상담내용과 업무처리과정, 행동을 직접 관찰하고 즉각적으로 피드백을 하는 방법

77 다음 중 비즈니스 상황에서 필요한 명함 교환 예절에 대한 설명으로 가장 올바르지 않은 것은?

① 평소 명함 지갑을 이용해 충분한 양의 명함을 가지고 다니는 것이 좋다.
② 명함을 건넬 경우 상대방이 읽기 쉽도록 반대로 돌려 잡고 건네는 것이 좋다.
③ 상대방이 2명 이상일 경우, 연장자 혹은 상급자에게 먼저 건네는 것이 좋다.
④ 일반적으로 방문자와 접견자 사이일 경우 방문하는 사람이 자신을 알리면서 먼저 건네는 것이 좋다.
⑤ 상대방에게 미리 양해를 구했다 하더라도 건네받은 명함 뒷면 여백에 날짜와 장소, 미팅 내용 등을 메모하는 것은 예의에 어긋나므로 주의하도록 한다.

해설
명함을 받으면 그 뒷면이나 여백에 만난 날짜나 장소, 이유 등을 메모해 두어 상대방을 잘 기억할 수 있도록 하는 것이 좋다. 하지만 그 사람의 면전에서 메모를 하는 것은 결례이므로 주의한다.

78 다음 중 악수의 5대 원칙과 가장 거리가 먼 것은?

① Power
② Rhythm
③ Distance
④ Kindliness
⑤ Eye – contact

해설
악수의 5대 원칙
• 적당한 힘(Power)
• 눈맞춤(Eye – contact)
• 적당한 거리(Distance)
• 리듬(Rhythm)
• 미소(Smile)

79 다음 중 의전의 기본 원칙에 대한 설명으로 가장 올바르지 않은 것은?

① 의전은 상호주의를 원칙으로 한다.
② 의전은 기본적으로 오른쪽을 상석으로 한다.
③ 의전은 상대 문화 및 상대방에 대한 존중과 배려를 바탕으로 한다.
④ 의전은 문화의 다양성을 추구하되 특정 지역의 문화가 반영되지 않도록 주의하여야 한다.
⑤ 참석자 서열을 지키는 것은 의전의 핵심이자 의전 행사에 있어 가장 기본이 되는 기준이다.

해설
의전의 기본 원칙(5R)
• 의전은 상대방과 상대 문화에 대한 존중(Respect)과 배려(Consideration)이다.
• 의전은 특정 지역과 특정 문화를 이해하고 행하는 문화의 반영(Reflecting Culture)이다.
• 의전은 상호주의(Reciprocity)를 원칙으로 한다. 국력에 관계없이 모든 국가가 동등한 대우를 받아야 한다.
• 의전에서 가장 핵심이며 기본은 서열(Rank)이다. 서열을 무시하면 해당 인사뿐만 아니라 그 인사가 대표하는 국가나 조직 전체를 모욕할 수 있다.
• 왼쪽을 부정적으로 여겨온 문화적, 종교적 전통으로 인해 오른쪽(Right)이 상석이다.

80 MICE 산업의 분류 중 기업회의보다 규모가 큰 3개국 10명 이상이 참가하여 정보교환, 네트워킹, 사업 등을 목적으로 하는 회의 유형은?

① Convention   ② Incentive Tour
③ Seminar   ④ Meeting
⑤ Exhibition

해설
MICE
- Meeting(회의) : 컨벤션 기준에는 부합하지 않지만, 전체 참가자가 10명 이상인 정부, 공공, 협회, 학회, 기업회의로, 아이디어 교환, 토론, 정보교환, 사회적 네트워크 형성을 목적으로 한다.
- Incentive Tour(포상여행) : 국내 숙박시설에 1박 이상 체류하는 외국인 10명 이상이 참가하는 회의로, 조직원들의 성과에 대한 보상 및 동기부여를 위한 순수 보상관광 회의이다.
- Convention(컨벤션) : 아이디어 교환, 토론, 정보교환, 사회적 네트워크 형성을 위한 각종 회의를 말한다. 외국인 참가자가 10명 이상인 동시에 전체 참가자가 250명 이상인 정부, 공공, 협회, 학회, 기업회의로, 전문회의시설, 준회의시설, 중소규모회의시설, 호텔, 휴양콘도미니엄 등에서 4시간 이상 개최되는 회의이다.
- Exhibition(전시/이벤트) : 유통·무역업자, 소비자, 일반인 등을 대상으로 판매, 홍보, 마케팅 활동을 하는 각종 전시회를 말한다.

81 다음 중 소비자기본법상 명시된 표시의 기준(제10조)에 대한 내용으로 가장 거리가 먼 것은?

① 표시의 크기, 위치 및 방법
② 사용방법, 사용, 보관할 때의 주의사항 및 경고사항
③ 상품명, 용도, 성분, 재질, 성능, 규격, 가격, 용량, 허가번호 및 용역의 내용
④ 제조 연월일, 품질보증기간 또는 식품이나 의약품 등 유통과정에서 변질되기 쉬운 물품은 그 유효기간
⑤ 물품 등을 제조, 수입 또는 판매하거나 제공한 사업자의 주소 및 전화번호를 제외한 명칭 및 물품의 원산지

해설
표시의 기준(소비자기본법 제10조)
- 상품명·용도·성분·재질·성능·규격·가격·용량·허가번호 및 용역의 내용
- 물품 등을 제조·수입 또는 판매하거나 제공한 사업자의 명칭(주소 및 전화번호를 포함한다) 및 물품의 원산지
- 사용방법, 사용·보관할 때의 주의사항 및 경고사항
- 제조 연월일, 품질보증기간 또는 식품이나 의약품 등 유통과정에서 변질되기 쉬운 물품은 그 유효기간
- 표시의 크기·위치 및 방법
- 물품 등에 따른 불만이나 소비자피해가 있는 경우의 처리기구(주소 및 전화번호를 포함한다) 및 처리방법
- 시각장애인을 위한 표시방법

82 다음 중 소비자기본법에 명시된 사업자의 책무(제19조)로 가장 올바르지 않은 것은?

① 사업자는 소비자에게 물품 등에 대한 정보를 성실하고 정확하게 제공하여야 한다.
② 사업자는 소비자의 개인정보가 분실, 도난, 누출, 변조 또는 훼손되지 아니하도록 그 개인정보를 성실하게 취급하여야 한다.
③ 사업자는 물품 등을 공급함에 있어서 소비자의 합리적인 선택이나 이익을 침해할 우려가 있는 거래조건이나 거래 방법을 사용하여서는 아니 된다.
④ 사업자는 물품 등의 하자로 인한 소비자의 불만이나 피해를 해결하거나 보상하여야 하며, 채무 불이행 등으로 인한 소비자의 손해를 배상하여야 한다.
⑤ 사업자는 자주적이고 합리적인 행동과 자원절약적이고 환경친화적인 생산활동을 함으로써 소비 생활의 향상과 국민경제의 발전에 적극적인 역할을 다하여야 한다.

사업자의 책무(소비자기본법 제19조)

- 사업자는 물품 등으로 인하여 소비자에게 생명, 신체 또는 재산에 대한 위해가 발생하지 아니하도록 필요한 조치를 강구하여야 한다.
- 사업자는 물품 등을 공급함에 있어서 소비자의 합리적인 선택이나 이익을 침해할 우려가 있는 거래조건이나 거래방법을 사용하여서는 아니 된다.
- 사업자는 소비자에게 물품 등에 대한 정보를 성실하고 정확하게 제공하여야 한다.
- 사업자는 소비자의 개인정보가 분실, 도난, 누출, 변조 또는 훼손되지 아니하도록 그 개인정보를 성실하게 취급하여야 한다.
- 사업자는 물품 등의 하자로 인한 소비자의 불만이나 피해를 해결하거나 보상하여야 하며, 채무불이행 등으로 인한 소비자의 손해를 배상하여야 한다.

83 소비자기본법에 명시된 단체소송의 대상 등(제70조)의 내용 중 비영리민간단체의 요건으로 보기 어려운 것은?

① 중앙행정기관에 등록되어 있을 것
② 단체의 상시 구성원 수가 5천명 이상일 것
③ 공정거래위원회의 등록 검토와 승인 후 3년이 경과하였을 것
④ 법률상 또는 사실상 동일한 침해를 입은 50인 이상의 소비자로부터 단체소송의 제기를 요청받을 것
⑤ 정관에 소비자의 권익증진을 단체의 목적으로 명시한 후 최근 3년 이상 이를 위한 활동실적이 있을 것

소비자기본법상 비영리민간단체의 요건

- 법률상 또는 사실상 동일한 침해를 입은 50인 이상의 소비자로부터 단체소송의 제기를 요청받을 것
- 정관에 소비자의 권익증진을 단체의 목적으로 명시한 후 최근 3년 이상 이를 위한 활동실적이 있을 것
- 단체의 상시 구성원수가 5천명 이상일 것
- 중앙행정기관에 등록되어 있을 것

84 다음 중 개인정보보호법에 명시된 개인정보보호원칙(제3조)에 대한 내용으로 가장 거리가 먼 것은?

① 개인정보처리자는 정보주체의 경미한 사생활 침해라 하더라도 피해가 발생되지 않는 방법을 최대한 강구하여 개인정보를 처리하여야 한다.
② 개인정보처리자는 개인정보의 처리 목적에 필요한 범위에서 개인정보의 정확성, 완전성 및 최신성이 보장되도록 하여야 한다.
③ 개인정보처리자는 개인정보 처리방침 등 개인정보의 처리에 관한 사항을 공개하여야 하며, 열람 청구권 등 정보주체의 권리를 보장하여야 한다.
④ 개인정보처리자는 개인정보의 처리 목적에 필요한 범위에서 적합하게 개인정보를 처리하여야 하며, 그 목적 외의 용도로 활용하여서는 아니 된다.
⑤ 개인정보처리자는 개인정보의 처리 목적을 명확하게 하여야 하고 그 목적에 필요한 범위에서 최소한의 개인정보만을 적법하고 정당하게 수집하여야 한다.

개인정보보호원칙(개인정보보호법 제3조)

- 개인정보처리자는 개인정보의 처리 목적을 명확하게 하여야 하고 그 목적에 필요한 범위에서 최소한의 개인정보만을 적법하고 정당하게 수집하여야 한다.
- 개인정보처리자는 개인정보의 처리 목적에 필요한 범위에서 적합하게 개인정보를 처리하여야 하며, 그 목적 외의 용도로 활용하여서는 아니 된다.
- 개인정보처리자는 개인정보의 처리 목적에 필요한 범위에서 개인정보의 정확성, 완전성 및 최신성이 보장되도록 하여야 한다.
- 개인정보처리자는 개인정보의 처리 방법 및 종류 등에 따라 정보주체의 권리가 침해받을 가능성과 그 위험 정도를 고려하여 개인정보를 안전하게 관리하여야 한다.
- 개인정보처리자는 개인정보 처리방침 등 개인정보의 처리에 관한 사항을 공개하여야 하며, 열람청구권 등 정보주체의 권리를 보장하여야 한다.
- 개인정보처리자는 정보주체의 사생활 침해를 최소화하는 방법으로 개인정보를 처리하여야 한다.
- 개인정보처리자는 개인정보를 익명 또는 가명으로 처리하여도 개인정보 수집목적을 달성할 수 있는 경우 익명처리가 가능한 경우에는 익명에 의하여, 익명처리로 목적을 달성할 수 없는 경우에는 가명에 의하여 처리될 수 있도록 하여야 한다.

• 개인정보처리자는 이 법 및 관계 법령에서 규정하고 있는 책임과 의무를 준수하고 실천함으로써 정보주체의 신뢰를 얻기 위하여 노력하여야 한다.

85 개인정보의 처리와 관련하여 개인정보보호법에 명시된 정보주체의 권리에 해당하지 않는 것은?

① 개인정보 처리에 관한 정보를 제공받을 권리
② 개인정보의 처리 여부를 확인하고 개인정보에 대하여 열람을 요구할 권리
③ 개인정보의 처리에 관한 동의 여부, 동의 범위 등을 선택하고 결정할 권리
④ 개인정보의 처리 정지, 정정, 삭제 및 파기 방법을 선택하고 결정할 권리
⑤ 개인정보의 처리로 인하여 발생한 피해를 신속하고 공정한 절차에 따라 구제받을 권리

해설
정보주체의 권리(개인정보보호법 제4조)
• 개인정보의 처리에 관한 정보를 제공받을 권리
• 개인정보의 처리에 관한 동의 여부, 동의 범위 등을 선택하고 결정할 권리
• 개인정보의 처리 여부를 확인하고 개인정보에 대하여 열람(사본 발급 포함)을 요구할 권리
• 개인정보의 처리 정지, 정정, 삭제 및 파기를 요구할 권리
• 개인정보의 처리로 인하여 발생한 피해를 신속하고 공정한 절차에 따라 구제받을 권리
※ 2023년 9월 15일 이후 시험을 응시하는 수험생은 아래 법령을 참고하시기 바랍니다.

> 정보주체의 권리(개인정보보호법 제4조)
> • 개인정보의 처리에 관한 정보를 제공받을 권리
> • 개인정보의 처리에 관한 동의 여부, 동의 범위 등을 선택하고 결정할 권리
> • 개인정보의 처리 여부를 확인하고 개인정보에 대한 열람(사본 발급 포함) 및 전송을 요구할 권리
> • 개인정보의 처리 정지, 정정 · 삭제 및 파기를 요구할 권리
> • 개인정보의 처리로 인하여 발생한 피해를 신속하고 공정한 절차에 따라 구제받을 권리
> • 완전히 자동화된 개인정보 처리에 따른 결정을 거부하거나 그에 대한 설명 등을 요구할 권리

86 다음 〈보기〉 중 영상정보처리기기의 설치, 운영 제한에 해당하는 내용을 찾아 모두 선택한 것은?

보기
가. 교통단속을 위하여 필요한 경우
나. 시설안전 및 화재 예방을 위하여 필요한 경우
다. 교통정보의 수집, 분석 및 제공을 위하여 필요한 경우
라. 대중 편의시설, 화장실, 탈의실 등에서 도난, 성범죄 발생이 우려될 경우

① 가, 나   ② 가, 나, 다
③ 가, 다   ④ 가, 라
⑤ 가, 나, 다, 라

해설
대중 편의시설, 화장실, 탈의실 등 개인의 사생활을 현저히 침해할 우려가 있는 장소의 내부를 볼 수 있는 곳에는 영상정보처리기기를 설치 · 운영할 수 없다.
영상정보처리기기를 설치 · 운영할 수 있는 경우(개인정보보호법 제25조)
• 법령에서 구체적으로 허용하고 있는 경우
• 범죄의 예방 및 수사를 위하여 필요한 경우
• 시설안전 및 화재 예방을 위하여 필요한 경우
• 교통단속을 위하여 필요한 경우
• 교통정보의 수집 · 분석 및 제공을 위하여 필요한 경우
※ 2023년 9월 15일 이후 시험을 응시하는 수험생은 아래 법령을 참고하시기 바랍니다.

> 고정형 영상정보처리기기를 설치 · 운영할 수 있는 경우(개인정보보호법 제25조)
> • 법령에서 구체적으로 허용하고 있는 경우
> • 범죄의 예방 및 수사를 위하여 필요한 경우
> • 시설의 안전 및 관리, 화재 예방을 위하여 정당한 권한을 가진 자가 설치 · 운영하는 경우
> • 교통단속을 위하여 정당한 권한을 가진 자가 설치 · 운영하는 경우
> • 교통정보의 수집 · 분석 및 제공을 위하여 정당한 권한을 가진 자가 설치 · 운영하는 경우
> • 촬영된 영상정보를 저장하지 아니하는 경우로서 대통령령으로 정하는 경우

87 기업교육의 종류 중 학습자를 업무 현장에 직접 투입하여 교육하는 방법으로 직무교육훈련, 직무순환, 코칭, 멘토링 등에 해당하는 것은?

① OJT(On the job Training)
② OJL(On the job Learning)
③ Off − JT(Off the job Training)
④ Off − JL(Off the job Learning)
⑤ Off − ST(Off the self Training)

해설
교육훈련의 종류

구 분	내 용
OJT	• 직무교육훈련 • 직무순환 • 코 칭 • 멘토링
Off − JT	• 강의법 • 토의법 • 사례연구법 • 역할연기법 • 시 범
OJL	• 자기학습 • 실천학습
Off − JL	• 독 서 • 자기계발활동

88 도날슨(Donaldson)과 스캐널(Scannel)이 제시한 성인학습의 기본원리에 대한 설명으로 가장 올바르지 않은 것은?

① 학습 속도는 사람마다 다르다.
② 긍정적 강화는 학습을 강화한다.
③ 학습은 끊임없이 지속되는 과정이다.
④ '전체 − 부분 − 전체'의 순서에 따를 때 학습의 효과가 나타난다.
⑤ 학습은 감각(Sense)으로 시작해서 자극(Stimulation)으로 끝난다.

해설
도날슨(Donaldson)과 스캐널(Scannel)의 성인학습 기본원리
• 학습 속도는 사람마다 다르다.
• 학습은 끊임없이 지속되는 과정이다.
• 훈련 시간이 적절해야 한다.
• 자극(Stimulation)에서 시작해서 감각(Sense)으로 끝난다.
• '전체 − 부분 − 전체'의 순서를 따를 때 학습 효과가 발생된다.
• 긍정적 강화는 학습을 강화시킨다.
• 지지적인 학습 환경일 때 효율성이 높아진다.
• 학습은 스스로의 활동이다.
• 최선의 학습은 '해 봄(Doing)'을 통해 획득된다.

89 프레젠테이션 4P 분석과 관련해 다음 〈보기〉의 내용에 해당하는 것은?

> **보기**
> • 발표장 위치(실내/실외)
> • 발표장의 배치와 발표자의 위치
> • 발표장의 형태(연회장, 회의실, 컴퓨터실 등)
> • 시설 확인(컴퓨터, 마이크, 스크린, 조명 등)

① Perform
② Purpose
③ Place
④ Preparation
⑤ People

해설
프레젠테이션 4P 분석
• People(사람) : 청중의 수준, 반응 및 자세, 청중의 요구 확인
• Purpose(목적) : 새로운 정보 전달, 설득 · 제안을 통해 동의와 지원을 얻어냄
• Place(장소) : 발표 장소와 주변 장소의 영향, 전자기구의 불량, 좌석배치, 통행로 등 확인
• Preparation(사전준비) : 정보와 자료의 수집, 발표자료 제작

90 다음 중 프레젠테이션 구성과 관련해 전개단계(본론)에 대한 설명으로 가장 올바르지 않은 것은?

① 내용 조직은 논리적으로 체계화되어 설명할 수 있어야 한다.
② 동기부여와 관련된 내용은 본론단계에서 중점적으로 조명하되 도입단계에서 미리 언급되지 않도록 주의한다.
③ 부차적인 점을 강조하여 중요한 핵심 내용을 무의미하게 만들지 말아야 한다.
④ 보조 자료를 잘 준비하여 적절히 사용한다.
⑤ 본론의 마지막 즉, 종결단계로 넘어가기 전에 질문 받는 시간을 마련하여 청중의 의문점을 해소시켜주는 것이 좋다.

해설
프레젠테이션의 구성
• 도입(서론) : 주의집중, 동기부여, 강의개요 설명
• 전개(본론) : 논리적으로 내용 설명, 보조 자료 활용, 마무리 단계에서 질문 받기
• 종결(결론) : 요약, 재동기부여, 질의응답, 마무리

1과목 CS 개론

01 고객만족 결정 요소 중 제공된 서비스에 만족 또는 불만족하였을 경우 그 이유를 분석하는 것에 해당하는 내용은?

① 고객 감정
② 공평성의 지각
③ 제품 또는 서비스의 특징
④ 다른 고객, 가족 구성원, 동료
⑤ 서비스의 성공 및 실패의 원인

해설
서비스의 성공 및 실패의 원인을 분석하는 것은 서비스에 대한 만족이나 불만족이 발생하였을 때 고객이 그 원인에 대해 분석하고 평가하는 요소이다.

02 다음 중 린 쇼스택(Lynn Shostack)이 제시한 서비스 프로세스를 설계할 때 고려해야 할 사항으로 가장 거리가 먼 것은?

① 서비스 프로세스의 모든 과정은 고객에게 초점을 맞추어 계획되어야 한다.
② 서비스 프로세스는 전체론이며 각각의 개별 활동들은 하나의 시각에서 인식되어야 한다.
③ 서비스 프로세스는 목적론이며 실제적인 과업 성과를 중시해야 한다.
④ 서비스는 생산과 소비가 구분되어 단계적으로 진행되기 때문에 설계 과정에 종업원보다 고객을 더욱 고려해야 한다.
⑤ 서비스 프로세스의 규율은 창의성을 억제하기보다는 성과와 효율성을 제고할 수 있는 자율적인 성격을 가져야 한다.

해설
서비스는 생산과 소비가 동시에 일어나고 접점 종업원과 고객 간의 상호작용을 수반하므로 설계 과정에서 종업원과 고객 모두를 고려해야 한다.

03 데이비드 마이스터(David Maister)가 분류한 대기 시간에 영향을 미치는 통제 요인 중 고객 통제 요인에 해당하는 것은?

① 고객의 태도　　　② 불 만
③ 점 유　　　　　④ 편안함
⑤ 공정성

해설
고객의 통제 요인으로는 대기 시간에 혼자 혹은 단체인지의 유무, 대기 시간을 기다릴 서비스의 가치 목적 유무, 대기 시간에 대한 현재 고객의 태도 유무이다.

04 다음 중 피시본 다이어그램(Fishbone Diagram)의 원인 분석 요인(Branch)과 가장 거리가 먼 것은?

① 환경(Environment)
② 운영(Management)
③ 실적(Result)
④ 자원(Materials)
⑤ 장비(Equipment)

해설
피시본 다이어그램은 어떤 결과가 나오기 위하여 원인이 어떻게 작용하고 어떤 영향을 미치고 있는가를 볼 수 있도록 생선뼈와 같은 그림을 이용하여 이러한 원인이나 결과들을 체계적으로 종합한 것을 말하는 것으로 실적은 원인 분석 요인으로 볼 수 없다.

05 생산성 향상 운동의 하나인 3S의 내용 중 현재의 제품 계열에서 이익이 적거나 적자를 내고 있는 제품을 축소해 나가는 것을 의미하는 요소는?

① Standardization
② Simplification
③ Specialization
④ Satisfaction
⑤ Specification

해설
3S 운동이란 생산성 향상을 목적으로 제품 라인을 줄이거나 유리한 라인만을 집약하는 단순화(Simplification), 선택된 상품 라인의 형식·품질·기능·부품 등의 일정한 규준을 설정하는 표준화(Standardization), 직장이나 노동의 전문화(Specialization)를 일컫는다.

06 다음 총체적 고객만족경영(TCS)의 혁신 요소 중 시장 경쟁력 요소에 해당하는 것은?

① 지 식
② 정보기술
③ 프로세스
④ 인사 조직
⑤ 고객 관리

해설
총체적 고객만족경영(TCS ; Total Customer Satisfaction) 혁신 요소
• 내부 핵심 역량 강화 요소 : 지식, 인사 조직, 정보기술, 프로세스
• 시장 경쟁력 강화 요소 : 상품력, 가격 경쟁력, 브랜드, 이미지, 고객 관리

07 다음 〈보기〉의 (　) 안에 들어갈 용어로 알맞은 것은?

보기
노드스트롬 백화점의 가장 중요한 실적 평가 기준은 바로 시간당 매출액이다. 매장별로 1년간 순 매출액 목표를 달성하거나 초과하는 판매 사원을 (　)로/으로 선정하고 자사 매장 제품에 대해 연간 33%가 할인되는 신용카드를 발급해 주고 있다.

① CS Leader
② Pace Setter
③ Royal Crown
④ Sales Master
⑤ Grand Marketer

해설
노드스트롬은 각 매장별로 1년간 순 매출액 목표를 달성하거나 초과하는 판매 사원을 'Pace Setter'로 선정하고 자사 매장의 제품에 대해 연간 33%가 할인되는 신용카드를 발급해 주고 있다.

08 다음 중 구전의 개념에 대한 설명으로 가장 거리가 먼 것은?

① 구전은 언어적 커뮤니케이션에 제한된 것이 아니다.
② 구전은 개인들의 경험에 기초한 대면 커뮤니케이션이다.
③ 영향력의 특성과 관련된 개인 혹은 집단 간의 영향력을 말한다.
④ 특정 주제에 관하여 고객들의 개인적인 직·간접적인 경험에 대해 긍정적 혹은 부정적인 내용의 정보를 비공식적으로 교환하는 의사소통이다.
⑤ 고객의 이해관계와 밀접한 관련이 있으며 자신의 간접적인 경험이 아니라 직접적이고 생생한 경험을 공식적으로 교환하는 활동이나 행위를 의미한다.

구전(입소문 마케팅, 바이럴 마케팅, Word of Mouth)

- 신뢰감 형성 : 상품이나 서비스에 대해 기업의 의도로 형성되지 않고, 개인의 경험에 기인한 정보이므로, 고객들이 더 신뢰할 수 있다.
- 급속한 전파 : 상품에 대한 불만은 구매자들에 한정되지만, 구전은 많은 사람들에 의해 빠르게 전파되어 기업의 매출에 큰 손실을 줄 수 있다.
- 큰 파급 효과 : 구전은 개인 간의 상호작용이므로 문서, 자료, 기타 매체보다 더 효과가 좋다.
- 정확한 정보 제공 : 제품과 서비스에 대한 개인의 경험에 기인하므로, 확실한 정보를 제공한다.
- 제품 추천 : 고객의 준거집단에서 서로의 구전에 의한 추천으로 재방문, 재구매 등이 이루어져 기업의 인지도와 브랜드 선호도가 증가한다.

09 데이(Day)와 랜던(Landon)이 제시한 불만족에 대한 소비자의 반응 중 공적 반응과 가장 거리가 먼 것은?

① 환불 조치 요구
② 소비자단체 고발
③ 소 송
④ 구매 중단
⑤ 교 환

해설
구매를 중지하거나 주변인들에게 구전을 하는 것은 사적 행동에 해당한다.
데이와 랜던의 불평 행동 유형

- 무행동(무반응) : 아무 행동도 취하지 않고, 미래 구매에 영향을 미치지 않음
- 사적 행동(사적 반응) : 구매를 중지한다거나, 주변인들에게 구전을 하는 등 개인 수준에서 불만을 해소
- 공적 행동(공적 반응) : 기업, 정부에 해결을 요구하거나 법적인 대응을 하는 매우 적극적인 유형

10 다음 〈보기〉의 내용 중 프로세스적 관점에서 본 고객의 분류를 찾아 모두 선택한 것은?

보기
가. 최초 고객
나. 중간 고객
다. 최종 고객
라. 내부 고객
마. 외부 고객

① 가, 나, 다
② 가, 다, 마
③ 가, 나, 다, 라
④ 나, 라, 마
⑤ 다, 라, 마

해설
프로세스적 관점에서 본 고객의 분류

- 외부 고객 : 최종 제품의 구매자, 소비자
- 중간 고객 : 도매상, 소매상
- 내부 고객 : 동료, 부하 직원, 상사 등 본인이 하는 일의 결과를 사용하는 사람

11 그레고리 스톤(Gregory Stone)이 제시한 고객 분류 중 자신이 투자한 시간, 돈, 노력에 대해 최대의 효용을 얻으려는 고객 유형은?

① 편의적 고객
② 윤리적 고객
③ 경제적 고객
④ 개인적 고객
⑤ 참여적 고객

해설
경제적 고객은 고객가치를 극대화하려는 고객으로 여러 서비스 기업의 경제적 강점을 검증하고 가치를 면밀히 조사하는 요구가 많고 때로는 변덕스러운 고객이지만, 이러한 고객의 상실은 잠재적 경쟁 위험에 대한 초기 경보 신호라고 할 수 있다.

12 준거집단에 영향을 주는 유형 중 다음 〈보기〉의 설명에 해당하는 것은?

> **보기**
> 소비자가 보상을 기대하거나 처벌을 회피하기 위해 다른 사람의 기대에 순응할 경우 발생한다.

① 자발적 영향
② 실용적 영향
③ 급진적 영향
④ 정보적 영향
⑤ 가치 표현적 영향

해설
실용적(규범적) 영향은 소비자가 보상을 기대하거나 처벌을 피하기 위해 다른 사람의 기대에 순응할 경우 발생한다.
준거집단 영향의 유형
• 규범적 영향(실용적 영향) : 소비자가 준거집단의 규범이나 가치, 기대에 순응해 행동과 신념을 바꾸게 하는 영향력이다. 순응하는 경우 사회적 인정이나 자부심을 느끼고, 반대의 경우 심리적 부담감을 느끼기 때문에 행동에 영향을 미치게 된다.
• 정보적 영향 : 소비자 스스로 제품을 직접 평가할 수 없을 때 준거집단의 의견을 구하려고 한다. 이때 준거집단은 정보 제공의 역할을 수행하며 이에 따라 정보적 영향이 일어난다. 정보원의 신뢰성에 따라 그 영향력이 달라진다.
• 가치 표현적 영향 : 개인은 특정 집단에 소속된 것을 나타내고 싶거나 그 집단에 소속되고 싶을 때 그 집단 구성원들의 규범, 가치, 행동 등을 따른다. 단순히 어떤 보상을 얻을 목적으로 타인의 영향을 수용하는 순응과 달리 동일시는 타인과 동질성을 추구하려 하기 때문에 타인의 영향을 보다 적극적으로 수용하는 상태이다.
• 비교 기준적 영향 : 자신과 준거집단의 태도, 신념 등의 일치 여부에 따라 준거집단과 연관 또는 분리시키고자 하는 것으로 광고 모델로 일반인이 나올 경우 보다 신뢰감과 호감을 느끼는 경우가 이에 해당된다.

13 고객 의사결정을 위해 필요한 정보 원천의 분류 중 상업적 원천에 해당하는 것은?

① 뉴 스
② 동 료
③ 판매원
④ 제품 사용
⑤ 소비자단체

해설
상업적 원천은 소비자들이 가장 자주 접하는 정보로서 광고나 판매원의 설명, 판촉물, 상품표찰 등이 있다. 객관성이 결여되고 과장되거나 사실과 다른 경우가 많다.
정보원천의 분류

인적 정보원	가족, 친구, 전문가
비인적 정보원	대중매체, 인터넷, 광고, 포장
개인적 원천	가족, 친구, 이웃, 친지
상업적 원천	광고, 판매원, 포장, 웹사이트
공공적 원천	대중매체, 영향력 있는 소비자단체
경험적 원천	제품 사용, 조사

14 성격유형지표(MBTI)의 4가지 선호 경향에 대한 설명 중 다음 〈보기〉의 내용에 해당하는 것은?

> 보기
>
> 오감(五感)에 의존하여 실제의 경험을 중시하며 지금 현재에 초점을 맞추고 정확하고 철저히 일을 한다.

① 감각형
② 감정형
③ 인식형
④ 내향형
⑤ 외향형

해설
② 개인적 · 사회적 가치를 바탕으로 한 감정을 근거로 판단한다.
③ 정보 자체에 관심이 많고, 새로운 변화에 잘 적응한다.
④ 내부 세계의 개념이나 아이디어에 에너지를 사용한다.
⑤ 외부 세계의 사람이나 사물에 대하여 에너지를 사용한다.

16 다음 중 고객관계관리(CRM) 사이클을 순서대로 바르게 나열한 것은?

① 신규 고객 획득 - 고객가치 증진 - 우수 고객 유지 - 잠재 고객 활성화 - 평생 고객화
② 신규 고객 획득 - 고객가치 증진 - 잠재 고객 유지 - 우수 고객 활성화 - 평생 고객화
③ 신규 고객 획득 - 잠재 고객 유지 - 고객가치 증진 - 우수 고객 활성화 - 평생 고객화
④ 신규 고객 획득 - 우수 고객 유지 - 고객가치 증진 - 잠재 고객 활성화 - 평생 고객화
⑤ 신규 고객 획득 - 우수 고객 유지 - 평생 고객화 - 잠재 고객 활성화 - 고객가치 증진

해설
고객관계관리(CRM)의 순환과정은 신규 고객 획득 → 우수 고객 유지 → 고객가치 증진 → 잠재 고객 활성화 → 평생 고객화이다.

15 다음 중 고객관계관리(CRM)의 장점에 대한 설명으로 가장 거리가 먼 것은?

① 고객이 창출하는 부가가치에 따라 마케팅 비용을 사용하는 것이 가능하다.
② 특정 캠페인의 효과 측정이 용이하다.
③ 광고비를 절감하는 데 도움이 된다.
④ 가격이 아닌 서비스를 통해 기업경쟁력을 확보할 수 있다.
⑤ 자사의 요구에 초점을 맞춤으로써 표준화가 용이하다.

해설
고객에게 필요한 상품 및 서비스는 물론이고 차별화된 보상과 같은 혜택을 제공하는 방식으로 고객관계관리에 기업의 초점을 맞추는 고객 중심적인 경영 방식이다.

17 고객평생가치(CLV) 제고를 위한 핵심 활동 중 고객이 기존에 구매하던 상품과 같은 종류의 업그레이드된 상품을 권유하여 판매하는 유형은?

① Retention
② Repeating
③ Up-selling
④ Cross-selling
⑤ Advice Selling

해설
추가판매(Up-selling)는 설비의 마모 혹은 재공급이 필요할 때 업그레이드를 권유하여 판매하는 전략이다.
고객평생가치(CLV) 제고를 위한 핵심 활동
• 교차판매(Cross-selling) : 기존 구매 품목 외의 새로운 상품을 구매하도록 유도하는 활동
• 추가판매(Up-selling) : 특정 카테고리 내에서 상품의 구매액을 늘리도록 유도하는 활동

18 고객관계관리(CRM) 시스템 구축 5단계 중 다음 〈보기〉의 설명에 해당하는 것은?

> **보기**
>
> 고객의 성향을 분석하여 구매를 창출하고 잠재 고객층과 충성 고객층 등 다양한 고객층의 차별화 마케팅을 시도한다.

① 인프라 구축

② 기업의 특성에 맞는 고객 전략 수립

③ 고객 유지를 위한 서비스와 피드백 관리

④ 데이터마이닝을 통한 고객 분석과 마케팅 실시

⑤ 고객 분석 결과를 실질적으로 판매 과정에서 활용

해설

데이터를 통해 고객의 성향을 분석하여 고객층에 맞게 차별화된 마케팅을 시도하는 단계는 3단계 데이터마이닝을 통한 고객 분석과 마케팅이다.

고객관계관리(CRM) 시스템 구축 5단계

- 1단계(기업의 특성에 맞는 고객 전략 수립) : 고객의 입장에서 전략을 수립
- 2단계(인프라 구축) : 데이터웨어하우스, 백오피스, 프론트오피스 시스템, 전자상거래 채널 확립
- 3단계(데이터 마이닝을 통한 고객 분석과 마케팅) : 데이터의 패턴을 파악하여 고객의 성향을 분석하고 고객층별로 차별화 마케팅을 시도
- 4단계(고객 분석 결과를 실질적으로 판매 과정에서 활용) : 교차판매, 추가판매, 고객의 재구매 등을 통해 고객생애가치의 극대화를 추구
- 5단계(고객 유지를 위한 서비스와 피드백 관리) : 고객과의 유대관계를 강화하고 차별화된 서비스를 제공하여 우수 고객으로 전환시킴

19 인간관계 유형과 관련해 다음 〈보기〉의 ( ) 안에 들어갈 내용으로 가장 올바른 것은?

> **보기**
>
> ( )란 사회적 지위나 위치가 서로 유사한 사람들 사이의 상호작용이며 자발적인 속성을 가진다.

① 종적 관계

② 횡적 관계

③ 교환적 관계

④ 선택적 관계

⑤ 공유적 관계

해설

횡적 관계는 사회적 지위나 위치가 유사한 사람끼리의 상호작용으로 자발적 속성을 가진다.

종적 관계	사회적 지위나 위치가 서로 다른 사람끼리의 상호작용이며, 형식적이고 수단적이다.
횡적 관계	사회적 지위나 위치가 서로 유사한 사람끼리의 상호작용이며, 자발적인 속성을 가진다.

20 대인지각 왜곡 유형 중 대부분 먼저 제시된 정보가 나중에 제시된 정보보다 인상 형성에 더욱 강력한 영향을 미치는 현상을 의미하는 것은?

① 관대화 경향

② 초두 효과

③ 빈발 효과

④ 투영 효과

⑤ 대비 효과

해설

① 인간의 행복추구본능 때문에 타인을 다소 긍정적으로 평가하는 경향

③ 첫인상이 좋지 않아도 그 후 반복해서 하는 행동이나 태도가 첫인상과는 달리 진지하고 솔직하면 점차 좋은 인상으로 바뀌는 효과

④ 자신과 비교하여 남을 평가하는 효과

⑤ 너무 매력적인 상대와 함께 있으면 그 사람과 비교되어 평가절하되는 효과

21 의사소통 유형 중 하향적 의사소통에 대한 설명으로 가장 올바르지 않은 것은?

① 조직의 계층 또는 명령 계통에 따라 상급자가 하급자에게 자신의 의사와 정보를 전달하는 것을 의미한다.

② 보고, 내부 결재, 개별 면접 등의 전달 방법을 주로 사용한다.

③ 특정 업무를 지시하고 절차 및 실행에 대한 정보를 주며 주로 조직 목표를 주입시키는 데 목적을 둔다.

④ 상사에 대한 거부감이 있을 경우 의사소통에 왜곡이나 오해가 발생될 가능성이 있다.

⑤ 일방적이고 획일적이기 때문에 피명령자의 의견이나 요구를 참작하기 어려운 경우가 많다.

해설
면접은 상향적 의사소통의 전달 방법이다.

의사소통의 유형

수직적 의사소통 (종적 의사소통)	상향적 의사소통	계층의 하부에서 상부로 의사와 정보가 전달되는 것 ▣ 제안 제도, 의견 조사, 면접	• 종적 관계, 불평등 관계 • 부모자녀 관계, 사제 관계, 선·후배 관계, 직장 상사와 부하의 관계 등
	하향적 의사소통	명령 계통에 따라 상급자가 하급자에게 전달하는 것 ▣ 편람, 게시, 기관지, 구내방송, 강연, 뉴스레터	• 상급자의 통솔력, 지도력, 책임감, 보살핌이 필요하며, 동시에 하급자의 순종, 존경이 필요함 • 지위나 위치가 다른 사람끼리의 상호작용이며, 형식적·수단적 성격이 강함 • 종적 관계, 불평등 관계
수평적 의사소통 (횡적 의사소통)		동일한 계층 간의 의사소통 ▣ 사전심사제도, 회의, 위원회, 회람, 통보	• 횡적 관계, 평등 관계 • 사회적 지위나 위치가 서로 비슷한 사람끼리의 상호작용이며, 자발적인 속성을 가짐

22 다음 중 교류분석(TA)의 기본 개념에 대한 설명으로 가장 올바르지 않은 것은?

① 미국의 정신과 의사인 에릭 번(Eric Bern)에 의해 창안된 이론이다.

② 사회 비평과 구조주의에 기반을 두고 있다.

③ 상호 반응하고 있는 인간 사이에서 이루어지고 있는 교류를 분석하는 방법을 의미한다.

④ 개인의 성장과 변화를 위한 체계적인 심리 치료법이며 성격 이론이다.

⑤ 초기에는 집단 치료에 이용되었으나 점차 개인 상담이나 개인 치료로 확대되었다.

해설
교류분석은 임상심리학에 기초를 둔 인간 행동에 관한 분석 체계 또는 이론 체계로서 '정신분석학의 안티테제' 혹은 '정신분석학의 구어판'이라고 불린다.

23 교류패턴 분석과 관련해 다음 〈보기〉의 대화에 해당하는 교류 유형은?

> **보기**
> • 아내 : 여보, 미안한데 지금 설거지 중이라 아이 온라인 학습 과제 좀 봐 주세요.
> • 남편 : 그래, 바쁘면 당연히 내가 도와줘야지. 어디 한 번 볼까?

① 상보교류　　② 이면교류
③ 교차교류　　④ 향상교류
⑤ 기술교류

해설
아내의 자극과 남편의 반응이 평행적 교류가 이루어지는 상보교류의 유형에 해당한다.
교류패턴 분석(대화분석)

구 분	의 의	사 례
상보교류 (의사소통의 제1패턴)	• 자극이 지향하는 그 자아상태로부터 반응이 나오며, 자극을 보냈던 그 자아상태로 반응이 다시 보내지는 교류이다. • 평행적 교류이며 '무갈등 교류'라고도 하며, 대화가 중단되지 않고 계속될 수 있는 교류이다.	아내 : "날씨 참 좋네요, 산책이나 할까요?" 남편 : "그렇군요, 산책하기 참 좋은 날씨예요."
교차교류 (의사소통의 제2패턴)	• 의사소통의 방향이 서로 어긋날 때, 즉 교차될 때 이루어지는 교류로서, '갈등교류'라고도 한다. • 타인의 어떤 반응을 기대하기 시작한 교류에 대하여 예상 외의 반응이 되돌아오는 것으로서, 의사소통이 단절되거나 화제가 바뀌게 되는 교류이다.	대리 : "과장님, 이번에 새로 온 상무님은 너무 권위적이죠." 과장 : "상사에 대해서 그런 말 하면 못써."
이면교류 (의사소통의 제3패턴)	• 의사소통에 관계된 자아 중 겉으로 직접 나타나는 사회적 자아와 실제로 기능하는 심리적 자아가 서로 다른 교류이다. • 두 가지 수준의 교류가 동시에 일어난다.	교사 : "등교시간이 몇 시까지지?"(너 또 지각이구나.) 학생 : "예, 8시입니다."(죄송합니다.)

24 크리스토퍼(Christopher)가 제시한 고객 서비스의 3단계 중 거래 후 서비스에 해당하는 것은?

① 주문의 편리성
② 기술적 서비스
③ 시스템의 유연성
④ 명시된 회사의 정책
⑤ 수리 중 일시적 제품 대체

해설
거래 후 서비스에는 수리 중 일시적으로 제품을 대체하는 것과 함께 설치 · 보증, A/S, 불만 처리, 포장 등이 포함된다.

25 쇼스택(Shostack)이 제시한 서비스의 유형성 스펙트럼에서 다음 〈보기〉의 (   ) 안에 들어갈 내용으로 가장 거리가 먼 것은?

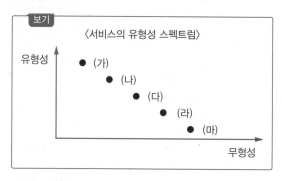

① (가) – 소금
② (나) – 세제
③ (다) – 자동차
④ (라) – 광고대행사
⑤ (마) – 청량음료

해설
청량음료는 (가) 쪽에 가까운 분류이다.

26 러브록(Lovelock)이 제시한 다차원적 서비스 분류에서 다음 도표의 (다)에 들어갈 업종으로 알맞은 것은?

구 분		서비스의 직접적 대상	
		사 람	사 물
서비스 제공의 성격	유형적	(가)	(나)
	무형적	(다)	(라)

① 교 육
② 의 료
③ 호 텔
④ 은 행
⑤ 법률 서비스

해설
(다) 서비스의 직접적 대상이 사람이면서 무형적 서비스를 제공하는 정신지향적 서비스이다. 교육·방송, 광고·극장, 박물관 등이 이에 해당한다.

러브록의 서비스 행위의 특성에 따른 분류

구 분		서비스의 직접적 대상	
		사 람	사 물
서비스 제공의 성격	유형적	신체지향적 서비스 • 의료·미장원 • 음식점·이용원 • 여객 운송·호텔	재물 및 물적 소유 지향적 서비스 • 화물 운송 • 청 소 • 장비 수리 및 보수
	무형적	정신지향적 서비스 • 교육·방송 • 광고·극장 • 박물관	무형자산지향적 서비스 • 은행·법률 서비스 • 회계·증권 • 보 험

27 관광 서비스의 정의와 관련해 다음 〈보기〉의 설명에 해당하는 것은?

보기
수입 증대에 이바지하기 위한 종사원의 헌신, 봉사하는 자세와 업무에 대해 최선을 다하는 태도 즉 세심한 봉사 정신을 뜻한다.

① 구조적 정의
② 기술적 정의
③ 기능적 정의
④ 활동적 정의
⑤ 비즈니스적 정의

해설
관광 서비스의 개념 중 기능적 정의에 해당한다.
관광 서비스의 개념
• 기능적 정의 : 관광 기업의 수입 증대에 기여하기 위한 종사원의 헌신, 봉사하는 자세와 업무에 대해 최선을 다하는 태도, 즉 세심한 봉사 정신이다.
• 비즈니스적 정의 : 관광 기업 활동을 통하여 고객인 관광객이 호감과 만족감을 느끼게 함으로써 비로소 가치를 낳는 지식과 행위의 총체이다.
• 구조적 정의 : 관광 기업이 기업 활동을 함에 있어서 관광객의 요구에 맞추어 소유권의 이전 없이 제공하는 상품적 의미의 무형의 행위 또는 편익의 일체를 말한다.

28 다음 중 서번트 리더십(Servant Leadership)의 역할에 대한 설명으로 가장 거리가 먼 것은?

① 고객만족을 실현하는 사람은 조직 구성원이다.
② 최종적으로 고객에게 서비스를 제공해야 한다.
③ 조직 구성원에게 만족을 제공하기 위해 봉사하는 것이다.
④ 특정적인 힘으로 조직 구성원에게 깊고 경이적인 영향력을 행사할 수 있어야 한다.
⑤ 고객만족을 위해서는 조직 구성원 개개인을 내부 고객으로 인식해야 한다.

해설
서번트 리더십은 1970년대 후반에 그린리프(Robert K. Greenleaf)에 의해 처음으로 제기된 이론이다. 부하와의 관계 관리(Relation Management)를 중시하는 것으로, 부하를 가장 중요한 재원으로 보고 부하에게 리더의 모든 경험과 전문 지식을 제공하면서 극진하게 섬기는 리더십을 말한다. 따라서 리더는 통제와 상벌이라는 특정적인 힘보다는 경청, 감정이입, 칭찬과 격려, 설득에 의하여 리더십을 발휘한다.

29 감성 리더십을 구성하는 요소 중 타인의 이해, 문화적 감수성, 고객의 욕구에 부응하는 서비스 등과 관련성이 높은 요소는?

① 자아의식
② 감정이입
③ 동기부여
④ 자기 통제
⑤ 대인관계 기술

해설
감정이입 능력은 타인의 감정을 이해하고 헤아리는 능력으로 이를 바탕으로 문화적 감수성 및 고객의 요구에 부응하는 서비스를 제공할 수 있다.

30 기존 고객 유지를 위한 시장 방어 전략 중 적응 전략(Adaptation)에 해당하는 것은?

① 가격 인하
② 집중 광고
③ 서비스 보증
④ 경쟁 우위 개발
⑤ 장기고객 요금할인

해설
적응 전략(Adaptation)은 새로운 진입자가 이미 시장에 있다는 사실을 인정한 상태에서 실시하며, 새로운 진입자가 시장을 잠식하는 것을 막기 위해서는 세 가지 전략이 이용될 수 있다.
• 기업은 새로운 진입자의 서비스와 맞서 그를 능가하도록 하는 것으로 서비스의 추가나 수정을 통해서 이루어진다.
• 고객이 신규 진입자에게로 전환하지 못하도록 서비스 패키지를 확장시키는 것이다. 고객이 원하는 모든 것을 제공함으로써 전환 욕구는 줄어들 수 있다.
• 지속가능한 경쟁 우위를 개발하는 것으로 적응 전략에서 최대의 방어는 쉽게 경쟁업체들이 모방할 수 없는 지속적인 경쟁 우위를 확보하는 것이다.

31 다음 〈보기〉의 서비스 청사진 구성도에서 (가)에 들어갈 내용으로 알맞은 것은?

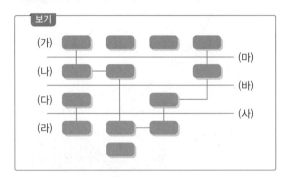

① 일선 종업원의 행동
② 후방 종업원의 행동
③ 고객의 행동
④ 물리적 증거
⑤ 지원 프로세스

해설

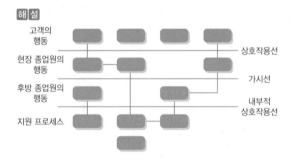

32 서비스 모니터링의 구성 요소 중 하나의 대상을 유사한 척도로 여러 번 측정하거나 한 가지 척도로 반복하여 측정하였을 때 일관성 있는 결과를 산출하는 정도를 의미하는 것은?

① 접근성
② 차별성
③ 대표성
④ 유용성
⑤ 신뢰성

해설
서비스 모니터링의 구성요소

대표성	• 모니터링 표본추출 테크닉으로 전체 서비스의 특성과 수준을 측정할 수 있어야 한다. • 모니터링 대상접점은 하루의 모든 시간대별, 요일별 및 그 달의 모든 주를 대표할 수 있어야 한다.
객관성	• 종업원을 평가 또는 통제하는 도구가 아니라, 종업원의 장·단점을 발견하고 능력을 향상시킬 수 있는 수단으로 활용해야 한다. • 편견 없는 객관적인 기준으로 평가하여 누구든지 인정할 수 있게 해야 한다.
차별성	• 모니터링 평가는 서로 다른 스킬 분야의 차이를 반드시 인정하고 반영해야 한다. • 기대를 넘는 뛰어난 스킬과 고객서비스 행동은 어떤 것인지, 또 거기에 대한 격려와 보상은 어떻게 해야 하는지 등을 판단하는 데 도움을 줄 수 있다.
신뢰성	• 평가는 지속적으로 이루어져야 하고, 누구든지 결과를 신뢰할 수 있어야 하므로, 평가자는 성실하고 정직해야 한다. • 모든 평가자는 동일한 방법으로 모니터링을 해야 하며, 누가 모니터링하더라도 그 결과가 동일한 측정값을 획득해야만 신뢰를 얻을 수 있다.
타당성	• 고객들이 실제적으로 어떻게 대우를 받았는지에 대한 고객의 평가와 모니터링 점수가 일치해야 하고 이를 반영해야 한다는 것을 의미한다. • 측정하려는 모니터링 평가의 내용이 실제와 가깝게 측정되는지를 의미한다. • 모니터링 평가표는 고객 응대 시의 모든 중요한 요소가 포함될 수 있도록 포괄적이어야 한다. • 고객을 만족시킬 수 있는 행동들은 높게 평가해야 하며, 고객 불만족 행동들은 낮게 평가될 수 있도록 설정되어야 한다.
유용성	• 모니터링 평가가 실제 수익의 극대화에 유용하게 쓰이게 하는 것이다. • 정보는 조직과 고객에게 영향을 줄 수 있어야만 가치를 발휘하게 된다.

33 고객의 소리(VOC) 관리에서 고객 피드백의 가치를 훼손하는 요소 중 굿맨(Goodman)이 제시한 내용으로 가장 거리가 먼 것은?

① 즉시 사용되지 않음으로써 오래된 자료
② 철저하게 행동을 수반한 분석
③ 결론이 서로 다르게 보고되는 다양한 분석
④ 비능률적인 보고체계로 인한 자료의 상실
⑤ VOC로 인해 실행한 개선 효과에 대한 점검 미비

해설
고객 피드백의 가치를 훼손하는 8가지 요소
• 비능률적 · 중복적 자료수집
• 자료 분류의 비일관성
• 오래된 자료
• 결론이 서로 다른 다양한 분석 결과
• 우선순위를 표기하지 않은 분석
• 행동이 수반되지 않는 분석
• 보고체계 오류로 인한 자료 상실
• VOC 관리로 실행한 개선 효과 점검 미비

34 다음 중 미스터리 쇼핑의 목적 및 필요성에 대한 내용으로 가장 올바르지 않은 것은?

① 서비스 제공 실패를 파악하고 개선과 보완점을 발견하여 서비스 표준을 마련하는 것이다.
② 아무리 좋은 서비스를 받은 적이 있는 사람이라 할지라도 서비스 수준에 한 번이라도 불만을 느끼게 될 경우 기업의 이미지가 부정적으로 변화할 가능성이 높다.
③ 고객 서비스 현황 및 환경에 대한 평가 진단을 목적으로 한다.
④ 기업에 손해가 되는 불량 종업원의 감시와 처벌을 최우선 목표로 설정해야 한다.
⑤ 조사 리스트를 바탕으로 마케팅 전략을 수립하는 것이다.

해설
미스터리 쇼핑은 고객을 가장한 조사자가 고객 접점에서의 서비스를 제공하는 종업원의 서비스 과정과 절차를 모니터링하는 활동이다. 그러나 미스터리 쇼핑이 해당 접점에서 업무 방해가 되어서는 안 되며, 특히 종업원을 감시 · 처벌 등을 목적으로 이용되어서도 안 된다.

35 다음 중 서비스 표준안 작성 시 고려해야 할 사항으로 가장 거리가 먼 것은?

① 고객의 요구를 바탕으로 작성되어야 한다.
② 서비스 표준은 관찰이 불가능한 부분까지 최대한 고려해야 하고 주관적 견해에 따라 측정 가능해야 한다.
③ 업무 명세와 수행 개요를 명문화한다.
④ 경영진과 직원, 고객의 요구에 대한 상호이해가 바탕이 되어야 한다.
⑤ 전반적인 표준으로 경영진을 포함해 조직 내 모든 구성원들이 받아들여야 한다.

해설
서비스 표준안 작성은 관찰할 수 있고, 객관적으로 계측할 수 있어야 한다.

36 다음 중 SWOT 분석과 관련해 외부 위협 요인으로 보기에 가장 적절한 것은?

① 경제 호황
② 신규시장 발견
③ 낮은 연구 개발비
④ 자사의 높은 이직률
⑤ 정부의 새로운 규제

해설
① · ② 외부 기회 요인
③ · ④ 내부 약점 요인

37 소비재 시장에서 가능한 시장 세분화 방법 중 제품구매 빈도, 사용량, 상표 충성도, 가격민감도 등의 사례에 가장 부합하는 것은?

① 지리적 변수
② 인구 통계적 변수
③ 행동 분석적 변수
④ 심리 분석적 변수
⑤ 과학 기술적 변수

해설
시장 세분화 방법
• 지리적 변수 : 거주지역, 도시의 규모(인구수), 기후, 인구 밀도 등
• 인구 통계적 변수 : 성별, 연령, 가족의 규모, 가족수명주기 등
• 사회 · 통계적 변수 : 수입, 교육수준, 사회계층 등
• 심리 분석적 변수 : 라이프스타일, 사회적 계층, 개성 등
• 행동적 변수 : 추구편익 변수, 사용량 변수, 촉진반응 변수, 충성도 변수, 서비스 변수 등

38 아커(Aaker)와 샨비(Shanby)가 제시한 포지셔닝 전략 수행절차 6단계 중 다음 〈보기〉의 (　) 안에 들어갈 내용으로 가장 올바르지 않은 것은?

보기
• 1단계 : (가) 확인
• 2단계 : 경쟁자 인식 및 평가 분석
• 3단계 : 경쟁 기업과 제품 시장에서의 (나) 결정
• 4단계 : (다) 분석 수행
• 5단계 : (라) 의사결정
• 6단계 : (마)

① (가) : 소비자
② (나) : 포지셔닝
③ (다) : 소비자
④ (라) : 포지셔닝
⑤ (마) : 모니터링

해설
포지셔닝 전략 수행절차 6단계(아커와 샨비)
• 1단계 : 경쟁자의 실체 파악 및 확인
• 2단계 : 경쟁업체의 인지 및 평가 분석
• 3단계 : 경쟁 기업의 포지셔닝 파악
• 4단계 : 고객에 대한 분석 수행
• 5단계 : 포지셔닝 결정
• 6단계 : 모니터링으로 감시 단계 설정

39 확장된 마케팅믹스 7Ps 중 Promotion의 내용에 해당하는 것은?

① 판매원
② 직원 훈련
③ 시설 설계
④ 정책 절차
⑤ 판매 수익

해설
마케팅 믹스 7Ps

Product (제품)	• 물리적 특성 • 브랜드 • 품 질	• 보조서비스 • 보 증
Price (가격)	• 표준가격 • 공 제 • 차별화	• 거래조건(할부, 신용) • 가격수준 • 할 인
Place (유통)	• 경로, 배송 • 중간상 • 채널 관리	• 매장위치 • 재고, 보관 • 채널 유형
Promotion (판매촉진)	• 인적 판매 • 마케팅 • DM	• 광 고 • 판 촉 • 홍 보
People (사람)	• 고객관계관리 • 직원 선발 · 교육 · 훈련 · 동기부여	• 고객 행동
Physical Evidence (물리적 증거)	• 시 설 • 장비 · 설비 • 건 물 • 직원복장	• 명함 · 팜플렛 • 계산서 • 보 증
Process (생산과정)	• 서비스 활동의 흐름(표준화, 개별화) • 고객의 참여수준　• 서비스 제공단계 • 정책, 제도	

40 다음 중 서비스 실패에 대한 일반적인 개념으로 가장 거리가 먼 것은?

① 책임소재와는 무관하게 서비스 과정이나 결과에 있어서 무엇인가 잘못된 것을 의미한다.

② 서비스 과정이나 결과에 대하여 서비스를 경험한 고객이 좋지 못한 감정을 갖게 되는 것이다.

③ 고객이 지각하는 허용영역 이하로 떨어지는 서비스 성과를 의미한다.

④ 천재지변과 같은 불가항력적 문제 역시 서비스 제공자의 과실로 보는 것을 말한다.

⑤ 서비스 경험이 심각하게 떨어지는 서비스 결과를 초래하는 것이다.

해설
서비스 실패는 고객과의 접점에서 고객의 불만족을 초래하는 경우라 할 수 있으며, 이는 기업과 고객 · 서비스 제공자와 고객 사이의 상호작용으로 발생한다. 그러므로 천재지변과 같은 불가항력적 문제는 서비스의 과실로 보지 않는다.

41 서비스 전달시스템 유형 중 다음 〈보기〉의 설명에 해당하는 것은?

보기
표준화된 서비스를 생산하는 데 적합하고 서비스 제공자의 업무를 전문화하여 고객이 직접 서비스 제공자를 찾아가는 형태의 서비스 전달 시스템이다.

① 기능 위주의 서비스 전달시스템

② 측정 위주의 서비스 전달시스템

③ 고객화 위주의 서비스 전달시스템

④ 교육훈련 위주의 서비스 전달시스템

⑤ 제품 혁신 위주의 서비스 전달시스템

해설
서비스 전달시스템의 유형

• 기능 위주의 서비스 전달시스템 : 표준화된 서비스를 생산하는 데 적합하고, 기업에서는 서비스담당자의 업무를 전문화하여, 고객이 직접 서비스담당자를 찾아가는 형태

• 고객화 위주의 서비스 전달시스템 : 다양한 고객의 욕구를 충족시킬 수 있지만 표준화되고 일관적인 서비스는 제공하기 어려운 형태

• 프로젝트 위주의 서비스 전달시스템 : 일반적으로 규모가 큰 서비스 형태로 사업내용이 복잡하고 1회성 사업에 많이 쓰이는 형태

42 레빗(Levitt)이 제시한 3가지 제품 차원 중 구매자가 실물적 차원에서 인식하는 수준의 제품으로 핵심 제품에 포장, 상표, 스타일, 기타 속성 등이 가미된 형태의 제품 차원은?

① 본원 제품   ② 실체 제품

③ 선택 제품   ④ 확장 제품

⑤ 핵심 제품

해설
테어도르 레빗의 3가지 제품 차원

• 핵심 제품 : 사용으로 욕구 충족을 얻을 수 있는 제품으로 제품이 주는 근본적 혜택, 즉 기본적 욕구를 충족시킬 수 있는 특성으로서 제품 개념

• 실체 제품 : 소비자들이 실제로 구입하고자 하는 핵심 제품으로 포장, 상표, 스타일 등의 서비스가 가미된 형태

• 확장 제품 : 실체 제품에 추가적으로 있는 A/S, 품질보증, 설치 서비스와 같은 사후 서비스와 직 · 배송 등의 혜택을 주는 제품

43 다음 중 의료기관의 경제적 특징에 대한 설명으로 가장 올바르지 않은 것은?

① 국민의 건강한 삶을 위해 필요한 다양한 요소 중 건강의 증진, 질병 예방 및 치료 등의 보건 의료분야가 필수적인 요소로 인식되었다.

② 일반적인 상품에 대한 수요는 소비자의 구매의지에 의해 결정되지만 의료에 대한 수요는 질병이 발생해야 나타나기 때문에 예측이 매우 어렵다.

③ 개인이나 기업의 소비 및 생산 활동이 다른 개인이나 기업의 효용과 이윤에 영향을 미치지 않는 내부효과가 존재한다.

④ 많은 사람들이 같은 장소에서 같은 양을 동시에 소비할 수 있고, 그 가격을 부담하지 않는 개인의 소비 행위를 배제하기 어려운 공공재적 성격을 가지고 있다.

⑤ 보건 의료 서비스는 면허 제도를 통해 의료시장에서 법적 독점권을 부여하기 때문에 공급시장의 진입장벽을 높이는 원인이 된다.

해설

당사자들 간의 경제적 거래가 거래와 관계없는 사람에게도 비용이나 편익에 대한 차이를 발생시키는 외부효과가 존재한다.

의료기관의 경제적 특징

- 정보의 비대칭성 : 질병이 발생했을 때 제공되는 서비스의 종류나 범위에 대한 정보가 공급자인 의료인에게만 편중되어 있다.
- 외부효과 : 당사자들 간의 경제적 거래가 거래와 관계없는 사람에게도 비용이나 편익에 대한 차이를 발생시킨다.
- 경쟁 제한 : 의료서비스는 면허가 있는 사람만 제공할 수 있으므로 경쟁이 제한된다.
- 공공재적 성격 : 누구도 소비로부터 배제되지 않는 비배제성과 개인의 소비가 다른 개인의 소비에 영향을 주지 않는 비경합성의 성격을 가진다.
- 질병의 예측 불가능성 : 질병의 불확실성과 불규칙성에 집단적으로 대응하기 위해 의료보험에 가입한다.
- 치료의 불확실성 : 양질의 의료서비스에 대한 욕구는 치료의 불확실성으로 인해 발생한다. 따라서 정부나 민간의료기관으로 하여금 질적인 측면에서 적절한 대응을 하도록 유도해야 한다.

44 다음 중 서비스 품질 측정이 어려운 이유에 대한 설명으로 가장 올바르지 않은 것은?

① 서비스 품질은 주관적이기 때문에 객관화하여 측정하기가 어렵다.

② 고객이 서비스 프로세스의 일부이며, 변화를 일으킬 수 있는 요인이기 때문에 측정에 어려움이 있다.

③ 서비스 전달이 완료되기 이전에는 검증되기가 어렵다.

④ 고객으로부터 데이터를 수집하는 일에 시간과 비용이 많이 들고 회수율도 낮다.

⑤ 자원이 서비스를 전달하는 과정에서 고객과 분리되어 이동되기 때문에 측정의 객관성이 저해된다.

해설

자원이 서비스 전달과정 중에 고객과 함께 이동하는 경우에는 고객이 자원의 흐름을 관찰할 수 있으며, 이런 점이 서비스 품질 측정의 객관성을 저해한다.

45 주란(Juran)의 서비스 품질 구분과 관련해 다음 〈보기〉의 설명에 해당하는 것은?

예의 바른 응대, 환대, 친절 등의 기본적 품질로서 불특정 다수의 고객과 직접적으로 접촉할 경우 종업원에게 매우 중요한 요소이다.

① 심리적 품질
② 서비스 시간성과 신속성
③ 사용자의 눈에 보이는 하드웨어적 품질
④ 사용자의 눈에 보이는 소프트웨어적 품질
⑤ 사용자의 눈에 보이지 않는 소프트웨어적 품질

해설
주란의 서비스 품질 구분

사용자의 눈에 보이지 않는 내부적 품질	통신, 교통, 공원 등의 설비나 시설 등의 기능이 유지되도록 정비가 된 정도를 나타내는 품질
사용자의 눈에 보이는 하드웨어적 품질	마트나 백화점에서 고객에게 판매하기 위해 구매하여 진열한 상품들의 진열상태나 고객들의 이동 동선, 음식점의 음식 맛, 호텔의 청결도, 영화관의 좌석 크기와 안락함 등을 나타내는 품질
사용자의 눈에 보이는 소프트웨어적 품질	상품의 매진이나 품절, 적절한 광고, 배송 사고 등에 관련된 품질
서비스 시간성과 신속성	대기시간, 불만에 대한 답변시간, 수리에 걸리는 시간과 관련된 품질(소프트웨어적 품질과 구분)
심리적 품질	직원의 친절, 태도, 언행과 관련된 고객의 만족도와 관련된 품질

46 다음 중 권한위임의 이점에 대한 설명으로 가장 거리가 먼 것은?

① 고객의 요구에 보다 유연하게 대응할 수 있다.
② 고객의 요구와 문제에 신속하게 대응할 수 있다.
③ 열정적이고 우호적인 분위기에서 혁신적인 아이디어를 개발할 수 있다.
④ 일선 부서 간 고객 서비스의 격차가 발생되어 서비스 다양성을 실현할 수 있다.
⑤ 종사원의 동기부여를 통해 생산성 증진과 서비스를 개선시키는 고객지향 서비스 활동을 수행하게 해준다.

해설
권한위임의 부작용에 해당한다. 그 밖에 권한위임의 단점으로는 고객서비스에 대한 결과의 책임소재가 불분명해지고, 상부의 공식적인 통제가 약화될 수 있다.

47 다음 중 고객만족지수(CSI) 측정의 필요성으로 가장 거리가 먼 것은?

① 고객의 기대가 충족된 영역에 대한 평가
② 자사 및 경쟁사의 고객충성도 분석
③ 잠재적인 시장 진입 장벽 규명
④ 효율성 평가 및 불만 해소의 영향 분석
⑤ 자사의 경쟁 관련 품질성과 연구

해설
고객만족지수 측정의 필요성으로는 ②·③·④·⑤ 이외에 고객의 기대가 충족되지 않은 영역의 평가, 고객의 제품 및 서비스 가격 인상의 허용 폭 결정, 경쟁사의 CS 강·약점 분석, 고객유지율의 형태로서 예측된 ROI(투자수익률) 예측 등이 있다.

48 다음의 내용에 해당하는 고객만족 측정 모형의 명칭은?

> **보기**
>
> 한국능률협회컨설팅(KMAC)과 서울대학교가 함께 공동 개발한 공공부문 고객만족 측정의 대표적인 현장 실천형 모델로서 품질지수, 만족지수, 성과지수 등으로 측정항목이 구성되어 있다.

① NCSI 　　　② PCSI
③ ACSI 　　　④ KS-SQI
⑤ KS-CQI

해설
보기는 공공기관 고객만족도 지수(PCSI ; Public-service Customer Stisfaction Index)에 대한 설명이다.
① National Customer Satisfaction Index : 국내외의 최종 소비자에게 판매되는 제품 및 서비스에 대해 고객이 직접 평가한 만족도를 측정하고 계량화한 지표이다.
③ American Customer Satisfaction Index : 미국의 고객만족지수 측정 모형으로 고객화, 신뢰평가도, 전반적 품질 등의 3가지 요소로 평가한 지표이다.
④ Korean Standard – Service Quality Index : 한국표준협회(KSA)와 서울대학교 경영연구소가 공동 개발한 모델로 서비스 산업 전반의 품질수준을 나타내는 종합지표이다.
⑤ Korean Standard – Contact service Quality Index : 우리나라 콜센터의 서비스품질 수준을 국내 실정에 맞게 과학적으로 조사·평가하여 개발한 모델이다.

49 자료수집 방법 중 서베이법(Survey Method)의 한계점으로 가장 거리가 먼 것은?

① 장시간 소요
② 낮은 응답률
③ 응답의 정확성 문제
④ 설문지 개발의 어려움
⑤ 객관적 해석의 불가능

해설
서베이법은 관심대상자에게 설문지나 면접절차 등을 통한 자료를 수집하는 방법으로 가장 보편적이고 정형화된 방법이다. 장점으로는 다양한 측면의 분석과 수집된 자료를 통계적으로 분석하여 객관적인 해석이 가능하다는 것이다. 또한 자료수집이 쉽고 자료의 일반화 가능성이 크다.

50 설문지 개발과 관련해 질문의 순서를 결정할 경우 유의해야 할 사항으로 가장 올바르지 않은 것은?

① 응답자가 답변하기 쉬운 질문을 한다.
② 단순하고 흥미로운 질문부터 시작한다.
③ 어렵거나 민감한 질문을 뒤에 위치시킨다.
④ 중요한 질문은 설문지 내용이 많을 경우 앞쪽에 위치시킨다.
⑤ 논리적이고 자연스러운 흐름에 따라 질문을 위치시킨다.

해설
① '질문의 순서'가 아닌 '질문의 표현'에 대한 내용이다.

51 행동적, 태도적 충성도 차원의 고객 세분화 유형 중 재구매율과 태도적 애착이 둘 다 낮은 성향을 보이며, 경쟁업체의 마케팅 전략에 동요되기 쉬운 고객 집단에 해당하는 것은?

① 낮은 충성도
② 높은 충성도
③ 거짓된 충성도
④ 지배적 충성도
⑤ 잠복된 충성도

해설
행동적·태도적 충성도 차원의 고객 세분화
• 잠복된 충성도 : 기업에 대한 높은 선호가 있으나 가격, 접근성 등에서 재구매를 하지 못하거나, 상황에 따라 구매 여부가 달라지는 집단의 충성도
• 진실한 충성도 : 기업이 고객에게 경쟁사들이 제공하는 것 이상의 가치를 제공함으로써 고객에게 완전한 만족을 느끼게 하여 강한 애착과 태도를 갖게 하는 충성도
• 거짓된 충성도 : 기업 브랜드에 호감이 없어도 꾸준한 구매를 하는 태도로 습관성, 편안함, 경제적 이익 등의 요인에 의해 생성된 충성도
• 낮은 충성도 : 경쟁사의 마케팅 전략에 쉽게 동요되어 다른 기업으로 재구매율과 태도가 전환될 수 있는 태도를 갖는 충성도

52 SERVQUAL의 5가지 GAP 모델 중 GAP 3이 발생될 경우 해결방안으로 가장 올바른 것은?

① 고객의 기대 조사
② 체계적인 서비스 설계
③ 종업원 업무 적합성 보장
④ 고객 기대의 효과적인 관리
⑤ 적절한 물리적 증거와 서비스스케이프

해설
SERVQUAL의 다섯 가지 GAP 모델
- GAP 1 : 고객의 무엇을 기대하는지 알지 못할 때 발생(상향 커뮤니케이션 결여, 많은 관리 단계)
- GAP 2 : 적당한 서비스 설계의 표준을 찾지 못했을 때 발생(어수룩한 서비스 설계, 표준화 결여)
- GAP 3 : 서비스 표준을 제대로 제공하지 못할 때 발생(인사정책 실패, 부적합한 감독시스템, 부적합한 종업원)
- GAP 4 : 외부 커뮤니케이션과 서비스 전달의 차이가 있을 때 발생(과잉 약속, 커뮤니케이션 부족)
- GAP 5 : 고객이 기대한 서비스와 인식된 서비스가 일치하지 않을 때 발생(GAP 1 ~ GAP 4의 이유)

53 고객의 기대에 대한 영향 요인 중 외적 요인에 해당하는 것은?

① 개인적 욕구
② 사회적 상황
③ 관여도
④ 유형적 단서의 제공
⑤ 과거의 서비스 경험

해설
고객의 기대에 대한 영향 요인

내적 요인	외적 요인	기업 요인
• 개인 욕구	• 경쟁적 대안	• 촉 진
• 관여 수준	• 사회적 상황	• 가 격
• 과거 경험	• 구 전	• 유 통

54 트렌드(Trend) 유형 중 사람들의 삶에 대한 감정과 동경, 문화적 갈등 등의 내용에 가장 부합하는 트렌드 유형은?

① 메타 트렌드(Meta Trend)
② 메가 트렌드(Mega Trend)
③ 마케팅 트렌드(Marketing Trend)
④ 소비자 트렌드(Consumer Trend)
⑤ 사회 문화적 트렌드(Social Cultural Trend)

해설
트렌드의 유형
- 메타 트렌드 : 사회적으로 일어나는 현상들로써 문화 전반을 아우르는 광범위하고 보편적인 트렌드(자연의 법칙, 진화의 법칙)
- 메가 트렌드 : 사회 문화적 환경의 변화와 함께 트렌드가 모여 사회의 거대한 조류를 형성하는 현상(세계화)
- 사회 문화적 트렌드 : 삶에 대한 사람들의 감정, 동경, 문화적 갈등
- 소비자 트렌드 : 5 ~ 10년 동안 지속되어 소비세계의 새로운 변화를 이끌어 내는 소비문화로부터 소비의 표층 영역까지를 광범위하게 나타내는 현상

55 다음 〈보기〉에서 계획 수립 기법 중 예측 기법에 해당하는 유형을 찾아 모두 선택한 것은?

보기
가. 벤치마킹
나. MBO
다. 외부조직 계획법
라. 참여적 계획 수립
마. 시나리오 계획법
바. 상황대응 계획법

① 가, 나
② 나, 라
③ 다, 마, 바
④ 라, 마, 바
⑤ 마, 바

해설
계획 수립 기법에는 예측 기법(미래 예측), 벤치마킹(외부의 조직 기반), 참여적 계획 수립(내부의 조직원 기반)이 있으며, 그중 예측 기법에는 상황대응 계획법과 시나리오 계획법이 있다. 참여적 계획수립에는 MBO가 속한다.

56 다음 〈보기〉의 ( ) 안에 들어갈 용어로 가장 올바른 것은?

> **보기**
>
> 단 한 명의 관중도 없었지만 전 세계 언론이 주목을 했다. 한국프로야구(KBO)를 생중계하게 된 미국 스포츠전문매체 ESPN의 베테랑 캐스터 칼 래비치는 자신의 소셜네트워크 서비스를 통해 KBO 리그를 중계할 수 있어 굉장히 흥분된다고 말했다.
> 프로야구 KBO 리그 2020 시즌이 개막하면서 관중석이 텅 빈 프로팀의 수도권 구장엔 십수 명의 외신 기자들이 개막전 준비 상황과 경기 진행 모습을 세계 각국에 전달했다.
> 포스트 코로나 시대 우리의 모든 것이 세계의 주목을 받고 있다. 우리의 일거수일투족이 포스트 코로나 시대 세계의 ( )이 되고 있는 것이다.

① 스타트업(Start Up)
② 블록 딜(Block Deal)
③ 뉴 노멀(New Normal)
④ 출구전략(Exit Strategy)
⑤ 뉴 애브노멀(New Abnormal)

해설
• 뉴 노멀(New Normal) : 시대의 변화에 맞춰 새롭게 부상하는 규칙이나 표준
• 스타트업(Start Up) : 새로운 분야에 도전하여 가치를 생산하려는 신생기업
• 블록 딜(Block Deal) : 정규 거래 시간 외에 이루어지는 대량 주식 매매
• 출구전략(Exit Strategy) : 좋지 않은 상황에서 부작용을 최소화하기 위한 전략
• 뉴 애브노멀(New Abnormal) : 시장의 변동성이 지속되면서 불확실성이 매우 커지는 상황

57 제품에 관한 소비자의 관여 수준에 따른 유형 중 고관여도 관점에 대한 내용으로 가장 거리가 먼 것은?

① 소비자는 정보 탐색자이다.
② 소비자는 목표지향적인 정보처리자이다.
③ 집단의 규범과 가치는 제품 구매에 중요하지 않다.
④ 소비자는 능동적 수신자이기 때문에 태도 변경을 위한 광고의 효과는 약하다.
⑤ 소비자는 기대 만족을 극대화하려고 노력하며 최선의 선택을 위해 다수의 속성을 검토한다.

해설
제품에 관한 관여의 시작은 고객의 욕구와 가치의 형태 속에 내재된 동기이므로, 집단의 규범과 가치는 제품 구매에 중요한 영향을 미친다.

58 고객 분석을 위해 필요한 고객 세분화 유형의 분류 중 단일 기준에 따른 분류로 보기 어려운 것은?

① 지역에 따른 세분화
② CLV에 따른 세분화
③ 연령에 의한 세분화
④ 상품에 의한 세분화
⑤ 구매액에 따른 세분화

해설
다속성에 의한 고객 세분화 유형에 속한다. 고객 세분화 유형에는 단일 기준에 의한 분류와 다속성에 의한 분류로 크게 대별된다. 그 중 단일 기준에 의한 분류에 ① · ③ · ④ · ⑤ 등이 있고, 다속성에 의한 분류에는 고객생애가치(CLV)에 의한 세분화 등이 있다.

59 다음 중 고객경험관리(CEM)의 특징에 대한 설명으로 가장 거리가 먼 것은?

① 내부 지향적이며 운영 지향적이다.
② 고객 상호작용의 순간, 즉 접점에서부터 시작된다.
③ 고객이 기업에 대해 생각하고 느끼는 것을 파악한다.
④ 기업에 대한 고객 경험을 향상시키기 위해 시스템과 기술 및 단순화된 프로세스를 활용한다.
⑤ 고객의 기대와 경험 간의 차이가 있는 곳에 제품이나 서비스를 위치시켜 판매하는 선행적 성격이 강하다.

해설
고객과의 경험프로세스를 전략적으로 관리하는 고객 지향적인 경영전략이다.

60 두 개 이상의 서비스를 개별적으로 구매할 수 없고 패키지로만 구매할 수 있도록 하여 가격을 책정하는 서비스 가격 전략의 명칭은?

① 선택 묶음가격 전략
② 순수 묶음가격 전략
③ 보증 묶음가격 전략
④ 혼합 묶음가격 전략
⑤ 비 묶음가격 전략

해설
묶음가격 전략
둘 혹은 그 이상의 상품을 패키지의 형태로 소비자에게 제공하는 마케팅 전략
• 순수 묶음가격 전략 : 서비스를 패키지로만 구입할 수 있도록 하는 전략
• 혼합 묶음가격 전략 : 서비스를 개별적으로나 패키지로 구입할 수 있도록 하는 전략

61 이미지 형성 과정과 관련하여 다음 〈보기〉의 내용에 가장 부합하는 이론은?

보기
• 개그맨 = 외향적이고 활발한 사람
• 능력 있는 사람 = 쾌활하고 똑똑한 사람
• 도덕적인 사람 = 친절하고 이타적인 사람

① 내현 성격 이론
② 편향 성격 이론
③ 행위 성격 이론
④ 양립 성격 이론
⑤ 과장 성격 이론

해설
내현 성격 이론(Implicit Personality Theory)
개인이 주관적인 경험, 관습, 문화적 요인 등을 바탕으로 얻은 약간의 단서를 통해 틀을 만들어 그와 상관이 있다고 가정되는 타인의 성격을 추론하고 평가하는 것을 말한다.

62 미국의 심리학자 앨버트 메라비언(Albert Mehrabian)이 제시한 면대면 커뮤니케이션에서 정보량의 차이를 순서대로 바르게 나열한 것은?

① 시각적인 요소 < 청각적인 요소 < 언어적인 요소
② 청각적인 요소 < 시각적인 요소 < 언어적인 요소
③ 청각적인 요소 < 언어적인 요소 < 시각적인 요소
④ 언어적인 요소 < 시각적인 요소 < 청각적인 요소
⑤ 언어적인 요소 < 청각적인 요소 < 시각적인 요소

해설
앨버트 메라비언(Albert Mehrabian)의 면대면 커뮤니케이션 전달 정도
언어적인 요소(7%) < 청각적인 요소(38%) < 시각적인 요소(55%)

63 다음 중 올바른 인사의 시기와 방법에 대한 설명으로 가장 거리가 먼 것은?

① 상대방의 인사에 응답하는 것보다 내가 먼저 반갑게 인사하는 것을 생활화하여야 한다.
② 일반적으로 30보 이내에서 준비하는 것이 좋다.
③ 상대방과 방향을 마주할 경우 6 ~ 8보가 가장 좋은 시기라 할 수 있다.
④ 측방에서 갑자기 만났을 경우에는 인사를 생략하는 것이 좋다.
⑤ 상사를 외부인과 함께 복도에서 만났을 때는 멈추어 서서 인사하는 것이 좋다.

해설
측방에서 상대를 갑자기 만났을 경우에는 상대를 확인하는 즉시 인사를 하는 것이 좋다.

64 전통적인 공수법에 대한 설명으로 가장 올바르지 않은 것은?

① 공수는 배례의 기본동작으로 두 손을 앞으로 모아서 잡는 것을 말한다.
② 공수는 의식행사에 참석하거나 어른을 뵐 때 반드시 하는 것이 좋다.
③ 남자와 여자의 손 위치는 동일하다.
④ 평상시와 흉사시의 손 위치는 다르다.
⑤ 평상시, 남자는 왼손을 위로 하여 두 손을 가지런히 모아서 잡는다.

해설
공수할 때 남자와 여자의 손 위치는 다르다. 평상시 남자는 왼손을 위로, 여자는 오른손을 위로 하여 두 손을 가지런히 모아 포갠다. 흉사시에는 남녀 모두 평상시와 반대로 한다.

65 다음 〈보기〉의 내용에 해당하는 화법의 명칭은?

보기
상대와 어떤 대화를 할 때 부정과 긍정의 내용을 혼합해야 하는 경우 기왕이면 부정적 내용을 먼저 말하고 끝날 때는 긍정적 언어로 마감하는 화법을 말한다.

① 역전 화법
② 칭찬 화법
③ 보상 화법
④ 부메랑 화법
⑤ 아론슨 화법

해설
① 긍정 화법, 간접부정법이라고도 하며 일단 고객의 의견에 동의하고 반대의견을 말하는 화법
② 칭찬을 하며 고객의 기분을 좋게 만들어 긍정적 상황을 만드는 화법
③ 지적한 약점이 오히려 더 좋은 강점을 만들어낸다는 것을 강조하는 화법
④ 고객이 제품에 대해 부정적인 이야기를 할 때 사실 그 부정적인 부분이 제품의 장점 또는 특징이라고 설득하는 화법

66 다음 중 고객의 잘못으로 발생되는 고객 불만의 원인과 가장 거리가 먼 것은?

① 고객의 기억착오로 인한 마찰
② 고객의 고압적 태도와 감정적 반발
③ 고객의 성급한 결론과 독단적인 해석
④ 부족한 상품지식으로 인한 잘못된 상품 설명
⑤ 할인, 거래중단, 교환 등의 이유로 고의나 악의에서 제기하는 불만

해설
잘못된 상품 설명으로 인한 고객 불만은 고객의 잘못이 아닌 상담사의 잘못된 서비스 제공으로 인해 야기된 것이다. 따라서 상담사의 잘못을 인정하고, 사과와 함께 알맞은 해결 방안을 제시해야 한다.

67 다음 중 제품의 성능이나 기능보다는 사회적인 수용, 개인 존중, 자아실현 측면의 불만을 의미하는 것은?

① 효용 불만
② 균형 불만
③ 심리적 불만
④ 논리적 불만
⑤ 상황적 불만

해설
고객 불만의 유형
- 심리적 불만 : 사회적 수용, 자아실현, 개인존중 측면
- 상황적 불만 : 시간, 목적, 장소 측면
- 효용 불만 : 고객의 욕구 미충족
- 균형 불만 : 고객의 기대 미충족

68 코칭 대화 프로세스 모형 중 GROW 모델을 구성하는 절차적 단계와 가장 거리가 먼 것은?

① 대안 탐색
② 목표 설정
③ 현실 확인
④ 성취결과 인정
⑤ 실행의지 확인

해설
코칭 대화 프로세스(GROW 모델)
- Goal(목표 설정) : 코칭의 주제와 목표를 설정
- Reality(현실 확인) : 목표와 관련된 현재 상황을 파악
- Option(대안 탐색) : 구체적으로 어떤 방법을 통해 목표를 실현시킬 수 있을지에 대한 탐색
- Will(실행의지 확인) : 함께 세운 계획을 실행에 옮길 수 있도록 코치의 역할이 중요하며, 코칭을 마무리하는 동시에 전체 과정을 리뷰하고 피드백하는 과정

69 다음 중 멘토(Mentor)의 역할에 대한 설명으로 가장 거리가 먼 것은?

① 업무 또는 사고 등에 의미 있는 변화를 일으키게 해 주는 조언자이다.
② 멘토의 역할은 대부분 단기적인 경우에 한해 제한적으로 실시하게 된다.
③ 팀원이 원하거나 또는 프로세스상 꼭 필요한 경우 지원할 수 있다.
④ 전문적이고 구체적인 지식이나 지혜를 통해 도움을 주는 내용 전문가이다.
⑤ 주로 같은 조직에 있는 사람이나 외부 전문가가 수행하게 된다.

해설
멘토는 한 걸음 물러서서 학습자의 지식과 기능의 발전을 위해 조언과 상담을 실시하는 사람으로, 그의 역할은 일생을 거칠 만큼 장기적일 수도 있고, 단기적 혹은 일회성일 수도 있다.

70 다음 중 전화응대 시 유의사항으로 가장 거리가 먼 것은?

① 부정적인 말은 우회하여 표현하는 것이 좋다.
② 강조할 부분, 쉬어야 할 부분을 구별해 또박또박 말하도록 한다.
③ 명령형이나 지시형보다는 의뢰형이나 권유형으로 말하는 것이 좋다.
④ 음량을 조절하여 고객의 목소리보다 높고 강한 목소리로 통화하는 것이 좋다.
⑤ 고객의 욕구를 충족시키지 못했을 경우 최선을 다해서 반드시 차선책 또는 대안을 제시할 수 있도록 한다.

해설
음량을 조절하여 고객의 목소리보다 조금 낮은 목소리로 이야기하며, 고객이 말하는 속도에 맞추어 일치감을 형성하는 것이 좋다.

71 다음 중 업무 지시를 받을 때의 요령에 대한 설명으로 가장 거리가 먼 것은?

① 지시 내용을 잘 듣고 요점을 기록해 정리하는 것이 좋다.
② 불가능한 지시의 경우 불가능한 이유를 말하고 다른 지시를 받는다.
③ 이중으로 지시를 받은 경우 앞서 부여받은 지시를 우선하여 신속하게 처리한다.
④ 직속상사 이외의 지시가 있을 경우 먼저 직속상사에게 보고하고 그 지시를 따른다.
⑤ 지시한 내용에 대해 의견이 있을 때는 겸허한 마음으로 사실에 의거해서 있는 그대로 간결하고 솔직하게 의견을 제시한다.

해설
이중으로 지시를 받았을 경우에는 일의 우선순위를 먼저 결정한 후 처리해야 한다.

72 콜센터의 업무 성격에 따른 분류 중 인바운드 콜 서비스의 활용 사례와 가장 거리가 먼 것은?

① 주문 및 신청
② A/S 접수
③ 신규가입 문의 및 상담
④ 신규가입 접수 및 처리
⑤ 판촉활동 강화

해설
인바운드 콜 서비스는 걸려 오는 전화를 받는 업무로, 고객의 요구와 불만을 처리하거나 제품에 대해 설명하거나 주문 접수를 받는다. 판촉활동 업무는 아웃바운드 콜 서비스에 해당한다.

73 다음 중 콜센터 운영을 위한 핵심 요소에 대한 설명으로 가장 올바르지 않은 것은?

① 콜센터의 목표를 어떻게 설정하느냐에 따라 필요한 인적, 물적 자원과 모든 세부행동 지침이 결정된다.
② 업무 프로세스 맵과 운영 매뉴얼 등을 작성하여 체계적으로 운영해야 한다.
③ 콜센터의 효율성과 생산성 향상을 위한 새로운 기술 도입에 관심을 기울여야 한다.
④ 조직의 고유한 독립성이 유지될 수 있도록 회사의 마케팅 부문과의 연계를 최대한 자제하여야 한다.
⑤ 콜센터 상담원의 고객접점 서비스는 회사 전체에 긍정적인 이미지를 가지게 하고 불친절한 서비스는 부정적 이미지를 가지게 하여 고객 이탈을 증대시킨다.

해설
성공적인 콜센터 운영을 위해 관련 부서 간 협조가 있어야 한다. 특히 마케팅 부서와 연계하여 운영되었을 때 더욱 효과적이다.

74 다음 중 스크립트(Script)에 대한 설명으로 가장 올바르지 않은 것은?

① 상담원이 고객과 텔레마케팅 대화를 이끌어 가기 위해 필요한 일종의 역할 연기 대본이다.
② 대화를 어떻게 이끌어갈 것인지 그 순서를 도식화한 것이다.
③ 고객응대를 기본으로 작성한 가상의 시나리오이다.
④ 고객의 상황 변화에 따라 탄력적으로 운영되지 않도록 주의해야 한다.
⑤ 효과적인 스크립트는 고객의 니즈를 파악하여 일관된 흐름에 따라 대화가 진행되어야 한다.

해설
스크립트는 상담원들이 어느 정도 표준화된 상담을 할 수 있도록 도와주는 매뉴얼 역할을 하지만 고객, 마케팅 상황에 따라 능동적 대처가 가능하도록 작성해야 하며, 탄력적으로 활용해야 한다.

75 우리나라 콜센터 조직의 특성과 관련해 다음 〈보기〉의 ( ) 안에 들어갈 내용으로 가장 올바른 것은?

> **보기**
>
> 콜센터 조직이 점차 커지고 활성화됨에 따라 상담원들이 선호하지 않는 업종이나 기업의 콜센터는 상담원의 기피, 집단이탈, 인력 채용과 운영 효율을 저하를 초래하여 급기야는 콜센터의 관리직도 자기역할의 한계를 느낌에 따라 콜센터 조직의 와해를 빚게 되는 ( ) 현상이 나타난다.

① 한우리 문화
② 물리석 결빙
③ 거품 활동
④ 프로젝트 리스크
⑤ 콜센터 심리공황

해설
콜센터 조직의 특성
- 콜센터 심리공황 : 상담원들 간의 갈등이 집단 이탈과 운영 효율의 저하를 초래하고, 관리자도 자기 역할의 한계를 느낌에 따라 결국 콜센터 조직이 와해를 빚게 되는 현상이다.
- 한우리 문화 : 일명 '도시락 문화'라고도 한다. 평소 자신들과 가장 친한 사람들과 무리를 이루어 어울리고 나머지 사람들은 배타적으로 보는 집단 심리 현상이다.

76 콜센터 조직 구성원 중 상담원의 상담 내용을 모니터링하여 평가하고 관리, 감독을 통해 통화품질을 향상시키는 업무를 수행하는 사람은?

① QAA
② TA
③ CA
④ 유니트 리더
⑤ 텔레 컨설턴트

해설
QAA(Quality Assurance Analyst)
- 텔레마케터의 상담내용을 모니터링한 후 평가를 통해 상담품질을 향상시키는 업무 및 교육지원을 담당한다.
- 텔레마케터의 통화내용에 대해 평가하고 문제점을 찾아내 개선할 수 있도록 도와주는 역할을 한다.
- 기본적인 자격요건에는 업무지식, 뛰어난 경청능력, 태도, 기술 등이 있다.

77 다음 중 악수 예절에 대한 설명으로 가장 올바르지 않은 것은?

① 악수는 자신이 주로 사용하는 손으로 하는 것이 원칙이다.
② 상대방의 손을 너무 세거나 약하지 않게 잡는 것이 중요하다.
③ 우리나라의 경우 연장자가 연소자에게 먼저 권하는 것이 보편적이다.
④ 마주 잡은 손을 상하로 흔들 때, 과도하게 높이 올리지 않는 것이 좋다.
⑤ 국가원수, 왕족, 성직자 등의 경우 악수 예절에 예외사항이 적용될 수 있다.

해설
악수는 오른손으로 하는 것이 원칙이다.

78 회사 법인차량을 이용해 대표이사와 수행비서를 공항까지 모셔드려야 할 경우, 대표이사에게 안내할 수 있는 상석의 위치를 아래 〈보기〉의 그림에서 찾아 선택한 것은?(※ 단, 운전자는 본인 1명이다.)

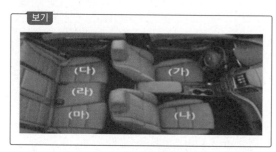

① 가
② 나
③ 다
④ 라
⑤ 마

해설
승용차에서 상석은 운전사와 대각선 방향의 뒷좌석이 1등이며, 그 옆이 2등, 운전석 옆자리가 그 다음이다. 5명이 탈 경우에는 뒷좌석 가운데가 말석이다.

79 국제 비즈니스 매너를 위해 숙지해야 할 국가별 문화 특징에 대한 설명으로 가장 올바르지 않은 것은?

① 일본은 자신의 밥그릇이나 국그릇을 들어서 음식을 먹는 습관이 있다.

② 중국은 자신의 젓가락을 이용해 상대방에게 음식을 집어주는 습관이 있다.

③ 홍콩에서는 시계를 죽음의 상징으로 여기기 때문에 선물을 하지 않는 것이 좋다.

④ 인구의 대부분이 이슬람교도인 인도네시아에서는 일반적으로 돼지고기나 술을 입에 대지 않고 오른손을 부정하게 생각한다.

⑤ 태국, 말레이시아에서는 사람의 머리를 신성시하기 때문에 상대방의 머리를 함부로 만져서는 안 된다.

해설
인도네시아는 대부분의 인구가 이슬람교도이기 때문에 일반적으로 돼지고기나 술을 먹지 않는다. 또한 남에게 물건을 건네거나 받을 때 오른손을 사용하므로 주의해야 한다.

81 국제 비즈니스 에티켓과 관련해 테이블 매너 시 유의사항에 대한 설명으로 가장 올바르지 않은 것은?

① 식사 중에는 담배를 피우지 않는 것이 좋다.

② 음식이 담긴 식기에 직접 입을 대고 먹지 않는다.

③ 테이블에서 화장을 고치는 것은 예의에 어긋나므로 주의해야 한다.

④ 종업원을 부를 때 손을 높이 들고 소리내어 불러도 예의에 어긋나지 않는다.

⑤ 식사 중에 손으로 머리나 귀, 코 등을 만질 경우 손으로 빵을 먹을 때 비위생적일 수 있기 때문에 가급적 자제한다.

해설
종업원을 부를 때는 크게 소리내지 않고 손만 가만히 들어 부른다.

80 다음 중 일반적 의전예우 기준과 관련해 직위에 의한 서열기준으로 보기 어려운 것은?

① 기관장 선순위

② 국가기관 선순위

③ 관련 민간단체장

④ 직급(계급) 순위

⑤ 헌법, 정부조직법상의 기관 순위

해설
서열의 일반 원칙으로는 공직자의 경우 각 국가별로 헌법, 정부조직법 등 서열 법령에 따른 직위순서를 예우기준으로 삼는다. 공직자와 민간인이 섞여 있을 때는 고위직의 공직자를 우선하고, 민간인은 사회적 저명도, 나이, 주최자와의 친밀도 등을 감안하여 서열을 정한다.

82 다음 중 소비자기본법에 규정된 국가 및 지방자치단체의 책무로 가장 올바르지 않은 것은?

① 필요한 시책의 수립 및 실시

② 기업 윤리 강령의 제정 및 지도, 감독

③ 필요한 행정조직의 정비 및 운영 개선

④ 관계 법령 및 조례의 제정 및 개정 · 폐지

⑤ 소비자의 건전하고 자주적인 조직 활동의 지원 · 육성

해설
국가 및 지방자치단체의 책무(소비자기본법 제6조)
• 관계 법령 및 조례의 제정 및 개정 · 폐지
• 필요한 행정조직의 정비 및 운영 개선
• 필요한 시책의 수립 및 실시
• 소비자의 건전하고 자주적인 조직 활동의 지원 · 육성

83 다음 중 소비자기본법에 명시된 한국소비자원의 업무와 가장 거리가 먼 것은?

① 소비자의 권익과 관련된 제도와 정책의 입법 및 정책 결정
② 소비자의 권익증진 및 소비생활의 합리화를 위한 종합적인 조사, 연구
③ 소비자의 권익증진, 안전 및 능력개발과 관련된 교육, 홍보 및 방송사업
④ 국가 또는 지방자치단체가 소비자의 권익증진과 관련하여 의뢰한 조사 등의 업무
⑤ 소비자의 권익증진을 위하여 필요한 경우 물품 등의 규격, 품질, 안전성, 환경성에 대한 시험, 검사 및 가격 등을 포함한 거래조건이나 거래방법에 대한 조사, 분석

해설
한국소비자원의 업무(소비자기본법 제35조)
• 소비자의 권익과 관련된 제도와 정책의 연구 및 건의
• 소비자의 권익증진을 위하여 필요한 경우 물품 등의 규격, 품질, 안전성, 환경성에 관한 시험, 검사 및 가격 등을 포함한 거래조건이나 거래방법에 대한 조사, 분석
• 소비자의 권익증진, 안전 및 소비생활의 향상을 위한 정보의 수집, 제공 및 국제협력
• 소비자의 권익증진, 안전 및 능력개발과 관련된 교육, 홍보 및 방송사업
• 소비자의 불만처리 및 피해구제
• 소비자의 권익증진 및 소비생활의 합리화를 위한 종합적인 조사, 연구
• 국가 또는 지방자치단체가 소비자의 권익증진과 관련하여 의뢰한 조사 등의 업무
• 「독점규제 및 공정거래에 관한 법률」 제51조의3 제6항에 따라 공정거래위원회로부터 위탁받은 동의의결의 이행관리
• 그 밖에 소비자의 권익증진 및 안전에 관한 업무

84 다음 중 소비자분쟁조정위원회 위원에 임명 또는 위촉되기 위한 자격 조건으로 보기 어려운 것은?

① 소비자단체의 임원의 직에 있거나 있었던 자
② 사업자 또는 사업자단체의 임원의 직에 있거나 있었던 자
③ 대학이나 공인된 연구기관에서 부교수 이상 또는 이에 상당하는 직에 있거나 있었던 자로서 소비자권익 관련 분야를 전공한 자
④ 판사, 검사 또는 변호사 자격이 있는 자
⑤ 5급 이상의 공무원 또는 이에 상당하는 공공기관의 직에 있있던 자로서 소비자권익과 관련된 입무에 실무경험이 있는 자

해설
조정위원회의 구성(소비자기본법 제61조)
• 대학이나 공인된 연구기관에서 부교수 이상 또는 이에 상당하는 직에 있거나 있었던 자로서 소비자권익 관련분야를 전공한 자
• 4급 이상의 공무원 또는 이에 상당하는 공공기관의 직에 있거나 있었던 자로서 소비자권익과 관련된 업무에 실무경험이 있는 자
• 판사, 검사 또는 변호사의 자격이 있는 자
• 소비자단체의 임원의 직에 있거나 있었던 자
• 사업자 또는 사업자단체의 임원의 직에 있거나 있었던 자
• 그 밖에 소비자권익과 관련된 업무에 관한 학식과 경험이 풍부한 자

85 다음 중 개인정보보호법에 명시된 용어(제2조)의 정의로 가장 올바르지 않은 것은?

① 정보주체란 처리되는 정보에 의하여 알아볼 수 있는 사람으로서 그 정보의 주체가 되는 사람을 말한다.

② 과학적 연구란 민간 투자 연구를 제외한 기술의 개발과 실증, 기초연구, 응용연구 등 과학적 방법을 적용하는 연구를 말한다.

③ 개인정보파일이란 개인정보를 쉽게 검색할 수 있도록 일정한 규칙에 따라 체계적으로 배열하거나 구성한 개인정보의 집합물을 말한다.

④ 개인정보처리자란 업무를 목적으로 개인정보파일을 운용하기 위하여 스스로 또는 다른 사람들을 통하여 개인정보를 처리하는 공공기관, 법인, 단체 및 개인 등을 말한다.

⑤ 처리란 개인정보의 수집, 생성, 연계, 연동, 기록, 저장, 보유, 가공, 편집, 검색, 출력, 정정, 복구, 이용, 제공, 공개, 파기 그 밖에 이와 유사한 행위를 말한다.

해설
과학적 연구란 기술의 개발과 실증, 기초연구, 응용연구 및 민간 투자 연구 등 과학적 방법을 적용하는 연구를 말한다.

86 개인정보처리자가 정보주체로부터 개인정보 수집에 대한 동의를 받은 이후, 개인정보를 제공받기 이전에 알려야 할 사항으로 가장 거리가 먼 것은?

① 개인정보의 수집 · 이용 목적

② 수집하려는 개인정보의 항목

③ 개인정보의 보유 및 이용기간

④ 개인정보처리자의 법규 준수 현황

⑤ 동의를 거부할 권리가 있다는 사실 및 동의 거부에 따른 불이익이 있는 경우에는 그 불이익의 내용

해설
개인정보처리자가 정보 수집 · 이용 시 정보주체에게 알려야 할 사항
• 개인정보의 수집 · 이용 목적
• 수집하려는 개인정보의 항목
• 개인정보의 보유 및 이용 기간
• 동의를 거부할 권리가 있다는 사실 및 동의 거부에 따른 불이익이 있는 경우에는 그 불이익의 내용

87 개인정보 유출 통지와 관련하여 다음 〈보기〉의 밑줄 친 내용에 해당하는 것은?

보기
개인정보처리자는 대통령령으로 정한 규모 이상의 개인정보가 유출된 경우에는 제1항에 따른 통지 및 제2항에 따른 조치 결과를 지체없이 행정안전부장관 또는 대통령령으로 정하는 전문기관에 신고하여야 한다.

① 1백명   ② 1천명
③ 1만명   ④ 10만명
⑤ 20만명

해설
개인정보처리자는 대통령령으로 정한 규모 이상의 개인정보가 유출된 경우에는 조치 결과를 지체 없이 보호위원회 또는 대통령령으로 정하는 전문기관에 신고하여야 한다. 이 때 대통령령으로 정한 규모 이상의 개인정보란 1천명 이상의 정보주체에 관한 개인정보를 말한다(개인정보보호법 제34조 제3항, 시행령 제39조).
※ 2023년 9월 15일 이후 시험을 응시하는 수험생은 아래 법령을 참고하시기 바랍니다.

개인정보 유출 등의 통지 · 신고(개인정보보호법 제34조 제3항)
개인정보처리자는 개인정보의 유출 등이 있음을 알게 되었을 때에는 개인정보의 유형, 유출등의 경로 및 규모 등을 고려하여 대통령령으로 정하는 바에 따라 제1항 각 호의 사항을 지체 없이 보호위원회 또는 대통령령으로 정하는 전문기관에 신고하여야 한다.

88 일반적으로 기업에서 실시하고 있는 교육훈련 방법 중 다음 〈보기〉의 설명에 가장 부합하는 것은?

> **보기**
>
> 독서나 자기계발활동과 같이 담당 업무와 직접적인 관련은 없지만 학습자의 역량 향상에 장기적으로 도움이 되는 학습자 중심의 의도적인 활동을 말한다.

① OJL

② OJT

③ Off – JT

④ Off – JL

⑤ Job Rotation

해설
교육훈련의 종류

OJT	Off – JT	OJL	Off – JL
• 직무교육훈련 • 직무순환 • 코 칭 • 멘토링	• 강의법 • 토의법 • 사례연구법 • 역할연기법 • 시 범	• 자기학습 • 실천학습	• 독 서 • 자기계발활동

89 교육훈련 기법 중 사례 연구법의 단점에 대한 설명으로 가장 올바르지 않은 것은?

① 생각하는 학습 교류가 매우 어렵다.

② 원칙과 이론의 체계적인 습득이 어렵다.

③ 학습자의 의사 결정이 타당한지 검증할 방법이 없다.

④ 학습자는 사례에 관한 자료를 수집하는 것이 쉽지 않다.

⑤ 실제 상황이 아니기 때문에 사례 활용이 실전적 체험으로 이어지지 못한다.

해설
사례 연구법의 단점
• 원칙과 이론을 체계적으로 습득하기 어렵다.
• 실제 상황이 아니기 때문에 사례 활용이 실전적 체험으로 이어지지 못한다.
• 사례를 분석하고 적용하는 연습에 그칠 수 있다(결론 일반화의 한계).
• 학습자의 의사 결정이 타당한지 검증하기 어렵다.
• 커뮤니케이션 리더의 역할이 매우 중요하다.
• 자료 수집이 쉽지 않고, 시간이 많이 소요된다.

90 프레젠테이션 자료 제작 시 슬라이드 디자인 원리 중 균형성에 대한 설명으로 가장 올바른 것은?

① 공간을 느끼게 하고 입체감을 준다.

② 내용의 배열에 흐름이 있어야 한다.

③ 중요한 부분은 두드러지게 보이도록 한다.

④ 심미적으로 좋은 배치가 되도록 한다.

⑤ 전하려고 하는 필수적인 정보만을 제공해 준다.

해설
프레젠테이션 슬라이드 디자인 원리
• 균형성 : 심미적으로 안정적인 배치가 되도록 한다.
• 명료성 : 이해하기 쉽도록 내용을 단순화한다.
• 단순성 : 전달하려는 필수 정보만을 제공하고, 너무 많은 글씨나 그림을 넣는 것은 피한다.
• 조화성 : 내용이 잘 보이도록 글자색과 배경색이 적절한 조화를 이루고 있어야 한다.
• 원근법 : 입체감을 주어 공간을 느끼게 한다.
• 통일성 : 구성 요소들이 전체적으로 통일감이 들도록 배치한다.
• 조직성 : 내용이 흐름에 따라 배열되어야 한다.
• 강조성 : 중요한 부분을 색이나 선을 이용해 두드러져 보이도록 한다.

01 고객만족(CS) 관리의 역사와 관련해 2000년대의 주요 내용에 해당하는 것은?

① 스칸디나비아 항공사의 진실의 순간(MOT) 도입
② 고객들의 정서적인 불만 요소를 정량적으로 지수화하여 발표한 굿맨 이론의 등장
③ 고객만족을 최우선으로 앞세운 잭 웰치의 GE사 최고 경영자 등극
④ 업종을 불문한 고객만족경영의 도입
⑤ 미국 농산부에서 측정한 농산품에 대한 소비자만족 지수 발표

해설
2000년대 이후 업종을 불문하고 대부분의 기업에 CS경영이 도입되었다.

02 공정성 이론(Equality Theory)과 관련해 공정성의 분류 중 다음 〈보기〉의 설명에 해당하는 것은?

> **보기**
> 도출 결과에 영향을 미치는 영향력과 정보의 공유 정도를 의미하는 것으로 객관적이고 소비자를 대표할 수 있는 정보의 수집, 의사결정자의 정보 사용, 사람들의 의사결정에 영향력을 가지고 있다고 믿는 신념의 정도를 말한다.

① 절차상의 공정성
② 기능별 분류의 공정성
③ 도출 결과의 공정성
④ 법률상의 공정성
⑤ 상호작용의 공정성

해설
보기는 절차나 규칙, 일관성, 편견 배제, 정확성, 윤리성 등 절차상의 공정성을 설명하고 있다.

03 다음 중 서비스 프로세스의 중요성에 대한 설명으로 가장 거리가 먼 것은?

① 고객이 체험하는 서비스 전달 시스템은 고객이 서비스를 판단하는 중요한 증거가 된다.
② 서비스 프로세스는 상품 자체가 아닌 기업의 서비스 개발 시스템 향상과 밀접한 연관성이 있다.
③ 서비스 프로세스에 따라 서비스의 제공 절차가 복잡하여 고객에게 복잡하고 포괄적인 행동이 요구되기도 한다.
④ 서비스 프로세스의 단계와 서비스 전달자의 처리 능력은 고객에게 가시적으로 보여지는 데 기인한다.
⑤ 직원과 상호작용 과정에서 적절한 전달 프로세스가 고객의 태도에 영향을 주고 향후 거래여부를 결정하는 중요한 변수로 작용한다.

해설
서비스 프로세스는 서비스 상품 자체임과 동시에 서비스 전달 시스템 유통의 성격을 가진다.

04 다음 중 대기(Wait)로 인한 수용 가능성에 영향을 미치는 요인으로 가장 거리가 먼 것은?

① 통제 가능성
② 거래 중요도
③ 고객 접촉 빈도
④ 지각된 대기 시간
⑤ 기회비용

해설
대기의 수용 가능성에 영향을 미치는 요인으로 대기 환경, 안정성, 기회비용, 통제 가능성, 지각된 대기 시간, 기대 불일치, 거래 중요도 등의 요인이 있다.

대기에 영향을 미치는 요인

기업의 완전 통제 요인	• 대기 시간의 공정함 • 편안한 대기 시간 • 확실하게 인지된 대기 시간 • 대기 시간이 서비스의 자연스러운 발생 순서
기업의 부분 통제 요인	• 점유 혹은 무점유의 대기 시간 • 불안 혹은 편안함의 대기 시간
고객의 통제 요인	• 대기 시간에 혼자 혹은 단체인지의 유무 • 대기 시간을 기다릴 서비스의 가치 목적 유무 • 대기 시간에 대한 현재 고객의 태도 유무

05 다음 중 서비스 프로세스 설계의 기본 원칙에 대한 내용으로 가장 거리가 먼 것은?

① 평가는 고객이 한다.
② 고객 개별 니즈에 적응해야 한다.
③ 고객은 기대 대비 성과를 평가한다.
④ 평가는 절대적이 아니라 상대적이다.
⑤ 고객의 기대를 관리하는 것은 중요 과제로 보기 어렵다.

해설
고객의 기대를 관리하여야 한다.
서비스 프로세스 설계의 기본 원칙
• 평가의 주체는 고객이다.
• 평가는 상대적이며, 절대적이 아니다.
• 평가 내용은 기대 대비 성과이다.
• 고객의 기대를 관리하여야 한다.
• 고객의 개별 니즈(Needs)에 적응하는 것이 중요하다.
• 고객의 개별 니즈에 적응하는 효율적인 방법은 일선 직원이나 지원 시스템이다.
• 모든 의사결정 시 고객을 고려하여야 한다.

06 다음 중 피시본 다이어그램(Fishbone Diagram)에 대한 설명으로 가장 거리가 먼 것은?

① 현상과 결과에 대한 근본적인 원인과 이유를 묻고 기의 뼈 모양과 같이 시각적으로 분석, 정리하는 기법이다.
② 일본의 품질관리 통계학자인 이시카와 가오루에 의해 개발되어 일명 이시카와 다이어그램이라고도 불린다.
③ 기업에서는 고객들이 필요로 하는 서비스 품질 요소들을 명확하게 나타내지 못하기 때문에 프로세스 설계의 문제점을 만족시키기 위해 고안한 방법이다.
④ 기존 자료의 부족으로 인해 참고할 만한 자료가 없거나 미래의 불확실한 상황을 예측하고자 할 경우 도입하는 분석 기법 중 하나로 전문가합의법이라고도 한다.
⑤ 기업이 고객의 불만을 직접 추적하는 데 도움을 주며 품질 문제를 일으킨다고 의심되는 요인과 그에 관계되는 부수적인 요소들을 함께 검토할 수 있다.

해설
④ 델파이 기법에 대한 설명이다.

07 다음 중 품질기능전개(QFD)를 적용하기 위한 목적으로 보기 어려운 것은?

① 마켓쉐어 확대
② 개발 기간 단축
③ 개발 코스트 증대
④ 초기 품질 트러블 절감
⑤ 설계 품질 및 기획 품질 설정

해설
개발비 증대는 품질기능전개를 적용하기 위한 목적이라고 볼 수 없다.
품질기능전개의 목적
· 신제품의 개발 기간을 단축하고 동시에 제품의 품질을 향상시키는 것이며, 이런 목적을 달성하기 위하여 신상품 개발의 초기 단계부터 마케팅부서, 기술부서 및 생산부서가 서로 밀접하게 협력하는 것을 말한다.
· 품질기능전개는 고객이 요구하는 서비스 품질을 서비스 제공자가 이행할 수 있게 도와준다. 서비스의 개발 초기 단계부터 고객을 참여시켜 고객 니즈에 맞게 설계를 하는 것이다. 즉, 고객의 요구를 기업의 생산물에 반영시켜 고객만족을 극대화하는 품질경영의 방법론 중 하나이다.

08 고객만족경영(CSM) 패러다임의 변화에 대한 설명으로 가장 올바르지 않은 것은?

① 시장의 성숙화, 국제화, 개방화, 인터넷의 발달, 무한 경쟁 시대의 도래로 인해 기업 환경이 변화되었다.
② 소비자 위주의 소비 시장에서 생산자 위주의 공급 시장으로 변화되었다.
③ 생존 차원의 필수적 소비에서 선택적 소비 형태로 변화되었다.
④ 기성세대와 차별되는 소비 형태, 가치관을 지닌 새로운 세대가 등장하였다.
⑤ 기업이 목표 시장의 니즈를 파악하고 고객의 니즈와 기대를 만족시키려는 시장 지향성 기업 경영이 요구되고 있다.

해설
생산자 위주의 공급 시장에서 소비자 위주의 소비 시장으로 변화되었다.

09 고객만족(CS)의 3요소 중 하드웨어에 해당하는 내용을 다음 〈보기〉에서 찾아 모두 선택한 것은?

보기
가. 제품의 기능이 우수하다.
나. 고객의 요구나 불만에 신속하게 응답한다.
다. 다양한 상품이 구비되어 선택의 폭이 넓다.
라. 제품에 대한 질문에 직원이 상세하게 설명해 준다.

① 가, 나, 다
② 가, 나, 다, 라
③ 가, 다
④ 가, 다, 라
⑤ 다, 라

해설
가 · 다. 하드웨어인 제품 요소에 해당하며, 나 · 라. 소프트웨어인 서비스 요소에 해당한다.
고객만족의 3대 핵심 요소

제품 (직접 요소)	· 이전에는 상품의 하드웨어적인 가치로서의 품질, 기능, 가격 등의 비중이 컸고, 상품의 품질이 좋고 가격이 저렴하면 고객은 그것으로 만족하였다. · 그러나 풍요의 시대가 되고, 고객은 그것만으로는 만족하지 못하게 되었으며, 상품의 소프트적 가치로서의 디자인, 용도, 용이성, 배려 등을 중시하게 되었다.
서비스 (직접 요소)	· 감성의 시대로 진전됨에 따라 상품만이 아니고 구매 시점에 점포의 분위기, 판매원의 접객이 영향을 미치게 되었고, 점차 서비스가 차지하는 비중이 높아지게 되었다. · 이제 상품의 측면에서는 그다지 차이가 없게 되었기 때문에 판매 시점의 서비스 차이가 기업의 우열을 결정하게 되었다. 고객만족의 비중이 상품에서 서비스로 이행하고 있는 것이다.
기업 이미지 (간접 요소)	· 고객만족의 구성 요소는 직접적으로는 상품과 서비스 등이 있지만, 앞으로 중요시될 것은 기업 이미지이다. · 기업 이미지의 내용으로는 사회공헌 활동 및 환경보호 활동 등이 있고, 이 활동을 적극적으로 펼치는 것에 의해 사회 및 환경 문제에 진정으로 관계하는 기업으로서의 이미지가 향상되어 고객에게 좋은 인상을 주게 된다. · 바꿔 말하면, 아무리 상품 및 서비스가 우수하다 하더라도 사회 및 환경 문제에 진심으로 관계하지 않는 기업은 평가가 하락하고, 고객의 만족도는 낮아지게 되는 것이다.

10 마이클 포터(Michael Porter) 교수가 제시한 산업 경쟁을 촉진하는 5대 세력(Five Force) 중 시장의 성장성이나 제품의 차별성, 생산 능력, 브랜드력 등을 비교하는 유형은?

① 경쟁자
② 공급자
③ 대체자
④ 구매자
⑤ 신규 진입자

해설
기존의 경쟁 기업은 자사의 시장 지위를 유리하게 만들기 위해 가격과 신제품 개발, 광고 등에서 경쟁을 반복한다.
마이클 포터 교수의 산업 경쟁을 촉진하는 5대 경쟁 세력
• 기존 기업 간 경쟁
• 공급자(원자재를 공급하는 공급자로부터 끌려다녀서는 안 되고 교섭력이 요구된다)
• 신규 진출 기업(진입 장벽을 쳐야 한다)
• 구매자(구매자의 세력에 끌려가서는 안 된다)
• 대체자(가장 신경써야 할 경쟁 세력이다)

11 다음 중 노드스트롬(Nordstrom)을 성공으로 이끈 원칙과 가장 거리가 먼 것은?

① 높은 동기를 지닌 사원들은 영웅적인 일, 곧 월등한 고객 서비스를 행한다.
② 노드스트롬의 판매 사원을 상대로 쇼핑하는 것은 자영업자를 대하는 것과 같다.
③ 노드스트롬은 사원들에게 의사결정의 자유와 권한을 주며 기꺼이 그들의 결정을 존중한다.
④ 노드스트롬은 일선 사원들이 주도성을 가지고 창조적인 생각을 하기를 기대하고 격려하며 설득하고 요구한다.
⑤ 노드스트롬은 사원들이 높은 판매율을 유지할 수 있도록 가장 선호도가 높은 특정 상품과 치수를 중점적으로 준비하여 제공한다.

해설
노드스트롬은 타 백화점들에 비해 다양한 제품의 구색을 갖추어 고객이 노드스트롬을 방문해서 찾을 수 없는 제품은 다른 백화점에도 없도록 노력하고 있다.
노드스트롬의 경영 철학
최고의 서비스(Exceptional Service), 구색(Selection), 품질(Quality) 및 가치(Value)

12 다음 중 구전의 중요성에 대한 설명으로 올바르지 않은 것은?

① 구전은 일반적으로 많은 사람에게 빠른 속도로 전파되는 특성을 가지고 있다.
② 구전은 기업에 의해 창출된 것이기 때문에 고객이 더욱 신뢰하기 어려운 정보이다.
③ 구전은 생생한 경험적 요소에 기초를 두고 있기 때문에 확실한 정보를 얻게 해 준다.
④ 구전은 일대일 커뮤니케이션으로 문서 자료나 타 매체에 비해 더욱 큰 효과를 가지고 있다.
⑤ 고객 준거집단에서의 추천 의도는 고객의 재방문으로 확산되는 과정에서 구전 커뮤니케이션으로 작용할 수 있다.

해설
구전은 상품이나 서비스에 대해 기업의 의도로 형성되지 않고, 개인의 경험에 기인한 정보이므로, 고객들이 더 신뢰할 수 있다.

13 다음 중 자사의 제품이나 서비스를 반복, 지속적으로 구매하되 다른 사람들에게 적극적으로 추천하지 않는 고객 유형은?

① 직접 고객
② 간접 고객
③ 한계 고객
④ 단골 고객
⑤ 경쟁 고객

해설
① 제공자로부터 제품 또는 서비스를 구입하는 사람
② 최종 소비자 또는 2차 소비자
③ 기업의 이익 실현에 해가 되므로 디마케팅의 대상이 되는 고객으로, 고객 명단에서 제외하거나 해약 유도 등을 통해 고객의 활동이나 가치를 중지시킴
⑤ 전략이나 고객 관리 등에 중요한 인식을 심어 주는 고객

14 고객 행동의 영향 요인 중 문화의 특성과 가장 거리가 먼 것은?

① 공유성
② 학습성
③ 분리성
④ 동태성
⑤ 규범성

해설
고객 행동의 대표적인 외부 영향 요소인 문화는 개인의 생각, 가치관, 기호성, 선호도 등을 뜻한다.
문화의 특징
• 포괄적 개념으로 개인의 사고 과정과 행동에 영향을 주는 모든 것을 포함한다.
• 문화는 획득되는 것이다.
• 문화는 가치, 규범, 처벌을 아우른다.
• 문화는 공유된다.
• 문화는 지속적이면서 변화된다.

15 구매 의도에 영향을 미치는 상황 요인 중 구매 상황 요인으로 가장 거리가 먼 것은?

① 인적 요인
② 시간적 요인
③ 물리적 요인
④ 소비자의 경제적 요인
⑤ 소비자가 직접 탐색 가능한 상품 요인

해설
소비자가 직접 탐색 가능한 상품 요인은 커뮤니케이션 상황 요인에 해당한다.
구매 행동에 영향을 미치는 상황적 요인 3가지
• 소비 상황 요인 : 제품을 사용하는 과정에서 영향을 미치는 사회적 · 물리적 요인들이나 갑작스러운 추위와 같은 예측하지 못한 소비 상황
• 구매 상황 요인 : 제품을 구매하는 과정에서 영향을 미치는 환경 요인이나 점포 내 환경, 구매 목적, 구매 시점에서의 소비자의 기분 상태 등
• 커뮤니케이션 상황 요인 : 소비자들이 인적 · 비인적인 매체를 통해 제품 정보에 노출되는 상황

16 고객 특성을 파악하기 위한 고객가치 정보 중 구매력 정보에 해당하는 것은?

① 소득 원천
② 구입 시기
③ 구입 빈도
④ 구입 상품명
⑤ 고객 지갑 점유율

해설
① 구매력 정보(소득 수준, 소득의 원천, 소득의 변화 추이, 재산 상태 등)에 해당한다.
② · ③ · ④ · ⑤ 고객가치 정보 중 계약 정보에 해당한다.

17 고객관계관리(CRM)의 등장 배경 중 고객의 변화에 해당하는 것은?

① 시장의 세분화
② 생활방식의 변화
③ 시장의 규제 완화
④ 고객 확보 경쟁의 증가
⑤ 대중 마케팅(Mass Marketing)의 비효율성 증대

해설
① · ③ · ④ · ⑤ 시장의 변화에 해당한다.

18 고객관계관리(CRM) 전략 수립에 있어 고객을 평가하는 방법 중 특정 고객이 기업에 얼마나 나쁜 영향을 주는지 나타내는 점수를 의미하는 것은?

① RFM Score
② Loss Score
③ Risk Score
④ Coverage Score
⑤ Profitability Score

해설
① RFM 점수(Recency, Frequency, Monetary Score) : 최근성, 거래 빈도, 구매 금액을 나타내는 점수
④ 커버리지 점수(Coverage Score) : 자사의 상품 중에서 얼마나 많은 종류의 상품을 구매했는가를 나타내는 점수
⑤ 수익성 점수(Profitability Score) : 특정 고객의 매출액, 순이익, 거래 기간 등을 고려하여 기업에 얼마나 수익을 주는지를 나타내는 점수

19 고객관계관리(CRM) 시스템 구축 5단계 중 고객 유지를 위한 서비스와 피드백 관리의 내용과 가장 거리가 먼 것은?

① 이탈 고객 감소
② 고객과의 유대 강화
③ 차별화, 개별화된 서비스의 제공
④ 기존 고객을 양질의 우수 고객으로 전환
⑤ 데이터웨어하우스(Data Warehouse)와 정보분석 지원환경 구축

해설
5단계 고객 유지를 위한 서비스와 피드백 관리
고객과의 유대관계를 강화하고 차별화된 서비스를 제공하여 이탈 고객을 감소하고, 기존 고객을 우수 고객으로 전환시킨다.

20 다음 중 e – CRM의 특징에 대한 설명으로 가장 올바르지 않은 것은?

① 채널 간 잡음으로 인한 고객 정보 관리의 오류 발생 가능성을 감소시킬 수 있다.
② 단수 채널의 운영으로 인해 필요한 관리 비용을 적절하게 분배할 수 있다.
③ e – CRM 모델 구축 시 초기의 대규모 투자가 요구된다.
④ 신규 고객의 진입과 관리에 소요되는 비용이 거의 발생되지 않는다.
⑤ e – mail, 음성 서비스, 동영상 등의 멀티미디어 수단을 통합할 수 있다.

해설
e – CRM은 온라인에서 수집한 고객 데이터를 저장, 분석하여 가치 있는 고객을 선별하고, 회사가 보유하고 있는 한정된 역량을 가치 있는 고객을 획득 · 유지하는 일에 우선적으로 투자하는 프로세스를 말한다. 고객 접촉에 있어 복수로 분산 관리되던 채널을 통합하고 인터넷이라는 하나의 채널로 단일화하여 불필요한 관리 비용을 절감할 수 있다.

21 다음 중 e – CRM 성공을 위한 고객 창출 전략에 해당하는 것은?

① 리마인드 서비스(Remind Service)
② 어드바이스 서비스(Advice Service)
③ 인센티브 서비스(Incentive Service)
④ 개인화 서비스(Personalize Service)
⑤ 커뮤니티 서비스(Community Service)

해설
고객 창출 전략에는 게시판 기능(커뮤니티 서비스), 인비테이션 서비스 등이 있다.

e – CRM의 전략

• 고객 접근 전략 : 기업이 고객의 자발적 허락을 요구하는 마케팅을 지향한다. 고객의 허락(Permission)은 장기적으로 기업의 이윤을 창출하기 때문이다. 이 전략으로 퍼미션 마케팅, 옵트 인 메일 서비스 등이 있다.
• 고객 유지 전략 : 기업은 일대일 마케팅을 통해 고객 정보를 데이터베이스화하고, 고객맞춤 서비스와 제품을 제공함으로써, 상호신뢰감을 형성하고 기업경쟁력을 높일 수 있다.
• 고객만족 전략 : 기업은 고객이 제품 및 서비스 구입 시 만족감을 주고, 브랜드 신뢰도를 쌓아 제품의 재구매율을 높이려는 목적으로 모든 조직 관리를 고객의 입장에서 전개하는 전략이다. 고객구매상담 서비스, FAQ, 고객로열티 마케팅, 서스펜션 서비스, 고객맞춤 서비스, 리마인드 서비스 등이 있다.
• 고객 창출 전략 : 기업은 구전이나 이벤트 등의 서비스 제공으로 고객에게 기업의 이미지와 제품 등을 알리고, 이를 통해 새로운 고객을 확보하여 수익을 창출해야 하는 전략이다. 이용자들이 상호간 정보 교환을 위해 게시판 기능(커뮤니티 서비스), 인비테이션 서비스 등을 활용한다.

22 인간관계론의 역사와 관련해 다음 〈보기〉의 ( ) 안에 들어갈 인물로 가장 올바른 것은?

보기
1920년대 후반, 근로자들의 작업 환경과 생산성에 미치는 효과를 연구한 이론으로 ( )은/는 호손 실험을 통해 조직의 생산성 향상을 위하여 인간의 정서적 요인에 초점을 맞춘 관리 기술을 제시하였다.

① 엘튼 메이요(Elton Mayo)
② 로버트 오웬(Robert Owen)
③ 로버트 로젠탈(Robert Rosenthal)
④ 프레드릭 테일러(Fredrick Taylor)
⑤ 로렌스 콜버그(Lawrence Kohlberg)

해설
엘튼 메이요는 호손 실험을 통해 생산성은 종업원의 태도나 감정에 크게 의존한다는 것과 공식적 조직 내에 존재하는 자생적 조직(비공식적 조직)이 만들어낸 규범에 의해 인간 행동이 통제된다는 것을 밝혀냈다.

23 인간관계 부적응 유형 중 다른 사람에게 주도적인 역할을 하려고 하며 자신을 중심으로 세력과 집단을 만들려고 하는 유형은?

① 실리형
② 신뢰형
③ 원칙형
④ 지배형
⑤ 관리형

해설
지배형
주변에 누군가를 추종 세력으로 거느리고, 주도적인 역할을 하지 않으면 만족하지 못하는 유형이다.

24 자아의식 모델인 조하리(Johari)의 창에서 다음 〈보기〉의 설명에 해당하는 영역은?

> **보기**
> • 자기주장형이며 거침없이 이야기를 한다.
> • 타인의 말에 귀를 기울일 줄 알아야 한다.

① 안전 영역   ② 미지 영역
③ 맹목 영역   ④ 숨겨진 영역
⑤ 공개된 영역

해설
자기주장형은 맹목의 영역이 가장 넓은 사람이다. 이들은 자신의 기분이나 의견을 잘 표현하며, 나름대로의 자신감을 가진 솔직하고 시원시원한 사람일 수 있다. 그러나 이들은 다른 사람의 반응에 무관심하거나 둔감하고, 때로는 독단적이며 독선적인 모습으로 비칠 수 있다. 자기주장형은 다른 사람의 말에 좀 더 진지하게 귀를 기울이는 노력이 필요하다.

25 하버마스(Habermas)가 제시한 이상적인 의사소통 상태를 특징짓는 준거에 대한 내용으로 가장 거리가 먼 것은?

① 발언의 맥락이 맞아야 한다.
② 발언에 속임수가 있어서는 안 된다.
③ 교환되는 메시지가 진실이어야 한다.
④ 발언에 분명한 의도를 노출시켜서는 안 된다.
⑤ 전문용어 사용으로 대중을 소외시키지 말아야 한다.

해설
하버마스는 이상적인 의사소통을 위해서 발언이 모호하지 않고 의도를 분명히 해야 하는 이해가능성을 준거 기준의 하나로 들었다.
하버마스의 이상적인 의사소통 상태를 특징짓는 준거 기준
• 이해가능성(Comprehensibility) : 발언이 모호하지 않고 의도를 분명히 해야 한다. 전문용어 사용으로 일반 대중을 소외시키지 말아야 한다.
• 진지성(Sincerity) : 발언에 속임수가 있으면 안 된다.
• 타당성(Rightness or Legitimacy) : 발언이 맥락에 맞아야 한다.
• 진리성(Truth) : 교환되는 메시지가 진실해야 한다.

26 의사소통 장애 요인 중 수신자들이 전체 메시지를 수신하기 전에 미리 형성하고 있는 고정관념을 근거로 판단하는 경향을 의미하는 것은?

① 가치판단   ② 능동적 청취
③ 공간적 거리   ④ 정보의 과부화
⑤ 정보원의 신뢰도

해설
의사소통 장애 요인
• 준거의 틀   • 정보원의 신뢰도
• 개인의 특성   • 선택적 청취(지각)/지각상의 장애
• 가치판단   • 감정상태
• 가치관   • 위신관계
• 공간적 거리   • 여 과
• 집단의 응집력   • 지나치게 많은 정보

27 서비스의 정의에 대하여 다음 〈보기〉의 내용과 같이 주장한 학자는?

> **보기**
> 서비스란 고객만족을 제공하려는 고객 접촉 인력이나 장비의 상호작용 결과 일어나는 활동 또는 일련의 활동으로 소비자에게 만족을 제공하는 것을 말한다.

① 베리(Berry)   ② 블루아(Blois)
③ 주드(Judd)   ④ 라스멜(Rathmell)
⑤ 레티넨(Lehtinen)

해설
① 제품은 형체가 있고 객관적인 실체인 반면, 서비스는 형체가 없는 활동이나 노력이므로, 구매하는 것의 본질 유무의 여부로 판단해야 한다고 주장한다.
② 한 재화의 형태에서 물리적 변화가 없이 편익과 만족을 낳는 판매에 제공되는 활동이라 하였다.
④ 서비스의 특성과 관련하여 서비스란 시장에서 판매되는 무형의 제품으로 정의를 내리며, 손으로 만질 수 있는지 없는지에 따라 유형의 상품, 무형의 상품으로 구분하였다.

28 다음 OECD 서비스 산업 분류 중 사회 서비스와 가장 거리가 먼 것은?

① 통신업
② 공공 행정
③ 국제 외국기관
④ 교육 서비스업
⑤ 보건사회복지 사업

해설
통신업은 유통 서비스에 해당한다.
OECD에서 분류한 서비스 산업 유형
• 유통 서비스 : 도소매업, 운수업, 통신업
• 생산자 서비스 : 금융 및 보험업, 부동산 임대업
• 사회 서비스 : 공공 행정, 보건사회복지 사업
• 개인 서비스 : 의료 · 교육, 숙박 · 음식점업, 오락 · 문화 · 운동, 가사 서비스업

29 서비스의 4대 특징 중 비분리성에 대한 내용으로 가장 올바른 것은?

① 서비스는 변동적인 특성을 보이기 때문에 규격화, 표준화하기 어렵다.
② 서비스는 생산과 소비가 동시에 일어난다.
③ 서비스는 가격 책정이 어렵다.
④ 서비스는 대부분 사람의 행위에 의해 생산되는 과정이기 때문에 정확하게 똑같은 서비스란 존재하기 어렵다.
⑤ 서비스는 즉시 사용되지 않으면 사라지고 원래 상태로 환원되기 어렵다.

해설
서비스는 생산과 소비가 동시에 일어나는 비분리성을 갖고 있다.
서비스의 4대 특징
• 무형성 : 형태가 없으므로 특허로써 보호를 받을 수 없고, 가격 설정 기준이 모호하다.
• 이질성 : 누가, 언제, 어디서 제공하느냐에 따라 서비스의 형태와 수준, 가격이 달라져서 표준화가 어렵다.
• 비분리성 : 생산과 소비가 동시에 일어난다.
• 소멸성 : 서비스는 저장하거나 재판매할 수 없으므로, 소멸성을 극복하기 위해서는 수요와 공급을 조절하는 것이 필요하다.

30 알더퍼(Alderfer)가 제시한 ERG 이론 중 인간의 사회생활과 관련된 욕구로 매슬로(Maslow) 욕구 5단계의 존경 욕구, 사회적 욕구, 안전 욕구를 포함하는 것은?

① 완성 욕구
② 태도 욕구
③ 관계 욕구
④ 존재 욕구
⑤ 성장 욕구

해설
관계 욕구는 의미 있는 사회적, 개인적 인간관계 형성에 의해서 충족될 수 있는 욕구로서 매슬로의 안전 욕구, 사회적 욕구, 존경 욕구의 일부를 포함한다고 볼 수 있다.
알더퍼의 ERG 이론
• 존재 욕구(Existence Needs) : 생리적 욕구, 물리적 욕구, 굶주림, 갈증, 임금
• 관계 욕구(Related Needs) : 타인과 관련된 사회생활 욕구, 가족, 친구, 동료
• 성장 욕구(Growth Needs) : 자아실현에 관련된 욕구, 잠재된 능력

31 서비스 청사진의 위험 요소와 관련해 린 쇼스택(Lynn Shostack)이 제시한 내용 중 다음 〈보기〉의 설명에 해당하는 것은?

> 보기
>
> 어떤 사람이 말로 서비스를 표현하는 것은 그 서비스에 대한 노출 정도와 개인적인 체험에 의해 왜곡될 수도 있다.

① 편향된 해석
② 정보 수용성
③ 지나친 단순화
④ 주관성
⑤ 불완전성

해설
서비스 설계 개념의 선구적인 역할을 한 린 쇼스택은 서비스를 단순한 그림으로 묘사하는 것에 대한 위험요소로 지나친 단순화, 불완전성, 주관성, 편향된 해석 등을 제시하였다. 보기는 개인적인 주관적 경험에 의해 서비스가 왜곡되어 표현될 수 있다는 위험요소를 설명하는 내용으로, 서비스 청사진 위험요소 중 '주관성'을 나타내고 있다.

32 다음 중 고객의 소리(VOC)의 성공을 위해 충족해야 될 방안으로 보기 어려운 것은?

① 서비스 혁신에 도움을 주는 VOC에 대하여 보상 제도를 구축한다.
② 제품 및 서비스의 전 수명과 주기에 걸쳐 VOC를 적극적으로 추구한다.
③ 고객의 건의, 신고, 불만 등은 접수 즉시 기록하되 문의, 칭찬 등의 내용은 기록 없이 단순 응대로 대체한다.
④ 자료의 신뢰성을 높이기 위해 코딩으로 분류한다.
⑤ 자료에 대한 통계보고서를 작성하여 추세를 파악하고 점검한다.

해설
고객의 VOC는 접수하는 즉시 모두 기록한다.
고객의 소리(VOC)의 성공조건
· VOC와 보상을 연계시킨다.
· VOC로 인해 발생한 조직의 변화를 평가한다.
· 자료의 신뢰성을 높이기 위해 고객의 소리를 코딩으로 분류한다.
· 자료에 대한 통계보고서를 작성해 추세를 파악하고 변화를 점검한다.

33 다음 〈보기〉의 (   ) 안에 들어갈 내용으로 가장 올바른 것은?

> 보기
>
> 미스터리 쇼핑을 의뢰한 기업은 미스터리 쇼퍼의 활동과 보고서에 의존해야 되기 때문에 이러한 기대를 충족시키기 위한 (   )은 가장 기본이 되는 소양이다.

① 수용성
② 융통성
③ 차별성
④ 잠재성
⑤ 신뢰성

해설
기업은 미스터리 쇼퍼의 결과보고서를 믿고 의존하므로, 기본적으로 신뢰성이 토대가 되어야 하며, 현장 사실을 객관적으로 정직하게 보고해야 한다.

34 MOT 사이클 차트 분석 5단계 중 서비스 접점 설계 이후 진행되어야 할 단계에 해당하는 것은?

① 고객접점 시나리오 만들기
② 고객접점 사이클 세분화
③ 서비스 접점 진단
④ 서비스 표준안으로 행동하기
⑤ 주요 불만 요인 분석

해설
MOT 사이클 차트 분석 5단계
서비스 접점 진단 → 서비스 접점 설계 → 고객접점 사이클 세분화 → 고객접점 시나리오 만들기 → 서비스 표준안으로 행동하기

35 칼 알브레히트(Karl Albrecht)가 제시한 서비스 삼각형 (Service Triangle)의 요소 중 기업과 종업원 사이에 이루어지는 마케팅으로 기업이 고객과의 서비스 약속을 이행할 수 있도록 서비스 제공자를 지원하는 활동을 의미하는 것은?

① 내부 마케팅　　　② 표준 마케팅
③ 조절 마케팅　　　④ 상품 마케팅
⑤ 구성 마케팅

해설
칼 알브레히트의 서비스 마케팅 삼각형

• 내부 마케팅 : 경영자와 종업원 사이에 이루어지는 모든 활동(교육, 동기부여, 보상, 기술 지원 등)
• 외부 마케팅 : 기업과 고객의 사이에 이루어지는 모든 마케팅 활동
• 상호작용 마케팅 : 일선 접점직원과 고객 사이에 이행되는 과정으로 고객의 만족도 여부가 결정

36 다음 중 얀켈로비치(Yankelovich)가 제시한 시장 세분화의 장점에 대한 설명으로 가장 올바르지 않은 것은?

① 광고 매체를 합리적으로 선택할 수 있고 각 매체별로 효과에 따라 예산을 할당할 수 있다.
② 세분화된 시장의 요구에 적합하게 제품 계열을 결정할 수 있다.
③ 이익 가능성이 높은 몇 개의 세분화 시장에 대해서만 판매 촉진비를 설정할 수 있다.
④ 미래의 시장 변동에 대비해 계획을 수립하고 대책을 마련할 수 있다.
⑤ 판매 호응이 최소화되고 판매 저항이 최대화될 것으로 예측되는 기간에 판촉 활동을 집중할 수 있다.

해설
얀켈로비치(Yankelovich)의 시장 세분화의 장점
• 세분화된 시장의 요구에 적합하게 제품 계열을 결정 가능
• 이익 가능성이 높은 몇 개의 세분시장에 대해 판매 촉진비 설정 가능
• 미래 시장 변동을 대비해 계획을 수립하고 대책 마련 가능
• 판매 저항이 최소화되고 판매 호응이 최대화될 것이라고 예측되는 기간에 판촉활동 집중 가능

37 표적시장 선정과 관련해 다음 〈보기〉의 내용에 해당하는 마케팅 전략은?

보기
• 기업의 목표달성에 가장 적합한 하나 또는 소수의 표적시장을 선정하여 마케팅 활동을 집중하는 전략이다.
• 기업의 자원이 제한되어 있을 경우 주로 사용된다.

① 기술화 전략
② 실천화 전략
③ 차별화 전략
④ 집중화 전략
⑤ 무차별화 전략

해설
집중화 전략
• 목표달성에 적합한 하나 혹은 소수의 표적 시장을 선정하여 집중적으로 마케팅하는 전략이다.
• 소수의 작은 시장에서 높은 시장점유율을 달성하려는 전략이다.
• 기업의 자원이 제한되어 있을 때 사용한다.
• 전문적인 지식과 그 시장에서의 명성으로 높은 시장 점유율을 획득할 수 있다.
• 경제적인 운영이 가능하다.
• 생산규모를 늘리기 어려운 중소기업에 유리한 전략이다.
• 소비자들의 기호나 구매 양상이 변화하거나 경쟁사가 진입하면 커다란 위기를 맞을 수 있다.

38 다음 중 로버트 로터본(Robert Lauterbone) 교수가 제시한 4Cs에 해당하지 않는 것은?

① Cost

② Contact

③ Customer

④ Convenience

⑤ Communication

해설
마케팅 믹스의 4C이론
• Cost : 고객 측의 비용
• Customer : 상품의 고객 가치
• Convenience : 유통의 편리성
• Communication : 고객과의 의사소통

39 다음 중 이상적인 틈새시장이 존재하기 위해 필요한 전제조건에 대한 내용으로 가장 거리가 먼 것은?

① 기업은 시장의 욕구를 충족시켜줄 수 있는 능력과 충분한 자원을 보유하고 있어야 한다.

② 틈새시장은 장기적인 시장 잠재력이 있어야 한다.

③ 대기업에 비해 중소기업이 더욱 높은 매출액을 실현할 수 있도록 중소기업 친화적인 시장 규모와 구매력이 있어야 한다.

④ 이상적인 틈새시장은 중요 경쟁자들의 관심 밖에 있어야 한다.

⑤ 기업은 자신들이 소비자로부터 확립해 놓은 신뢰관계를 통해 주요 경쟁자들의 공격을 방어할 수 있어야 한다.

해설
대기업에 비해 중소기업이 높은 매출액을 실현할 수는 없지만 수익성을 보장할 수 있는 충분한 시장 규모와 구매력이 있어야 한다.

40 브래디(Brady)와 크로닌(Cronin)이 제시한 애프터서비스(A/S)의 품질차원 중 결과 품질에 해당하는 것은?

① 정 책　　　② 편의성

③ 전문성　　　④ 태도 및 행동

⑤ 처리시간

해설
브래디와 크로닌의 서비스 품질 모형

상호작용 품질	• 직원의 태도와 행동 • 처리시간
물리적 환경 품질	• 정 책 • 편의성
결과 품질	• 전문성과 기술

41 서비스 수익체인의 구성과 관련해 운영 전략과 서비스 전달 시스템을 의미하는 요소로 보기 어려운 것은?

① 서비스 가치의 매력도

② 종업원 선발과 경력개발

③ 업무 설계와 의사결정권

④ 정보제공 및 커뮤니케이션

⑤ 고객에게 서비스를 제공하는 데 필요한 지원 도구

해설
서비스 수익체인 모델

내부 서비스 품질 (운영 전략과 서비스 전달 시스템)		외부 서비스 품질 (표적시장)	
• 작업장의 설계 • 충분한 보상과 인정 • 직원 선발 및 경력개발 • 업무 설계와 의사결정권한 • 정보의 제공과 커뮤니케이션 • 고객에게 서비스 제공에 필요한 지원 도구	서비스의 가치 제품 품질, 생산성 향상을 고객이 인식하여 서비스 품질과 비용을 더 절약함	• 반복 구매 • 고객의 유지 • 고객 생애 가치 • 만족스러운 서비스 가치 • 긍정적 제품 및 서비스의 구전과 권유 • 표적고객의 욕구를 충족할 서비스 설계와 전달	매출 성장 및 수익성 창출

42 서비스 전달 시스템의 종류 중 고객화 위주의 서비스 전달 시스템에 대한 설명으로 가장 올바르지 않은 것은?

① 다양한 고객의 욕구를 충족시킬 수 있다.
② 일관되고 표준화된 서비스를 제공할 수 있다.
③ 기능 위주의 전달 시스템보다 폭넓은 업무를 수행할 수 있다.
④ 대표적인 사례로 미용실, 세탁업, 숙박시설 등을 꼽을 수 있다.
⑤ 고객의 욕구가 서로 다양하고 다르다는 점에 착안하여 서비스 전달 시스템을 설계한다.

해설
고객화 위주 서비스 전달 시스템은 일관되고 표준화된 서비스를 제공하기 어렵기 때문에 서비스제공자의 성격, 기분, 교육수준에 따라서 서비스 품질이 다르게 느껴질 수도 있다.

43 소비자의 쇼핑 습관을 기준으로 한 소비재의 분류에서 다음 〈보기〉의 ( ) 안에 들어갈 내용으로 알맞은 것은?

보기
소비자가 여러 제품의 품질, 가격 등을 기준으로 비교한 후 구매하는 제품으로 동질적 ( )과 이질적 ( )으로 구분할 수 있다.

① 편의품
② 전문품
③ 수익품
④ 선매품
⑤ 비탐색품

해설
선매품
소비자가 품질, 가격 등을 기준으로 비교한 후에 구매하는 가구, 의류, 가전제품 등과 같은 제품으로 동질적 선매품과 이질적 선매품으로 구분된다.

44 제품 차별화 요소 중 정상적인 조건 또는 긴박한 조건에서 제품에 기대되는 작동 수명의 측정치를 의미하는 것은?

① 특 성
② 내구성
③ 안전성
④ 적합성 품질
⑤ 성능 품질

해설
제품 차별화 요소
• 형태 : 상품의 크기, 모양 등의 물리적 구조
• 특성 : 상품의 기본적 기능을 보충하는 특징
• 성능 품질 : 상품이 기본적인 것이 작동되는 수준
• 적합성 품질 : 상품 단위가 일관되며 약속된 목표 규격이 충족된 정도
• 내구성 : 어떤 조건에도 상품에 기대되는 작동 수명 측정치
• 신뢰성 : 상품이 고장나지 않고 정상적으로 작동할 가능성의 측정치
• 수선 용이성 : 미작동 상품을 정상적으로 움직이게 할 가능성에 대한 측정치(수신자 부담 전화, 팩스, 원격상담 등)
• 스타일 : 상품이 구매자에게 좋게 느껴지는 형태
• 디자인 : 기업에게 경쟁적인 우위를 가져오게 하는 요인

45 다음 중 의료서비스의 특성에 대한 설명으로 가장 올바른 것은?

① 의료서비스는 수요 예측이 손쉽게 가능하다.
② 의료서비스 비용은 간접 지불 형태를 갖는다.
③ 의료서비스는 기대와 실제 성과가 대부분 일치한다.
④ 의료서비스는 의사결정자가 제한적이고 획일적이다.
⑤ 의료서비스는 기본적으로 유형적인 제품 특성을 가지고 있다.

해설
의료서비스의 특성
• 수요 예측이 불가능하다.
• 가격에 관계없이 비탄력적이다.
• 의료서비스에 대한 기대와 성과가 불확실하다.
• 의사결정자의 컨디션, 의학적 수준 등에 따라 달라질 수 있다.
• 각 환자별 요구되는 서비스 형태가 획일적이지 않아 유형적인 제품 특성을 가지기 어렵다.

46 다음 중 자이다믈(Zeithaml)이 주장한 지각된 서비스 품질의 성격으로 가장 거리가 먼 것은?

① 서비스 품질은 객관적 또는 실제적 품질과 다르다.
② 서비스 품질의 평가는 대개 비교 개념으로 이루어진다.
③ 서비스 품질은 태도와 유사한 개념으로서 전반적인 평가이다.
④ 서비스 품질은 서비스의 추상적 속성이라기보다는 매우 구체적인 개념이다.
⑤ 서비스 품질은 고객이 여러 서비스들 간의 상대적 우월성 또는 우수성을 비교함에 따라 고 · 저로 평가된다.

해설
서비스 품질은 추상적이고 다차원적이므로 대상을 장시간 지속적으로 관찰한 태도라고 할 수 있다.

47 가빈(Garvin)이 제시한 5가지 관점의 품질 차원 중 다음 〈보기〉의 ( ) 안에 들어갈 내용으로 알맞은 것은?

보기
( )이란 공급 측면에 초점을 맞춘 것으로 기업이 제품의 속성을 명세서와 일치되도록 제조하면 고객의 신뢰성은 높아져 고객에게 만족을 주게 된다.

① 선험적 접근   ② 제품 중심적 접근
③ 제조 중심적 접근   ④ 가치 중심적 접근
⑤ 사용자 중심적 접근

해설
가빈의 5가지 관점의 품질 차원
• 선험적 접근 : 품질을 '고유한 탁월성'의 개념으로 보고 분석하기 쉽지 않지만 경험을 통해 알 수 있는 것으로 정의하였다.
• 사용자 중심적 접근 : 사용자의 필요와 욕구, 선호 등을 충족시키는 제품이 품질이 좋다고 가정하는 정의이다.
• 제조 중심적 접근 : 사용자 중심적 접근과 대조되는 접근으로 기업이 제품의 속성을 리스트대로 만들면 제품의 신뢰도가 높아져 품질이 좋다고 가정하는 것이다.
• 제품 중심적 접근 : 제품이 가진 바람직한 속성의 총합이 클수록 제품의 품질이 양호하다는 정의이다.
• 가치 중심적 접근 : 원가와 가격에 의해 품질을 판단하는 정의이다.

48 카노(Kano)의 품질 모형을 그래프로 표현할 경우, 다음 〈보기〉의 (나)에 들어갈 내용으로 알맞은 것은?

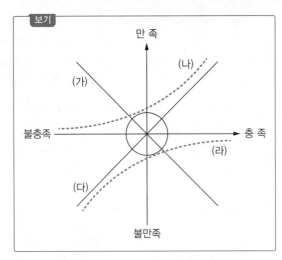

① 역품질요소
② 일원적 품질요소
③ 당연적 품질요소
④ 무관심 품질요소
⑤ 매력적 품질요소

해설
고객이 미처 기대하지 못한 것을 충족시켜 주거나, 고객이 기대했던 것 이상으로 만족을 초과하여 주는 품질요소이다.
카노(Kano)의 품질 모형

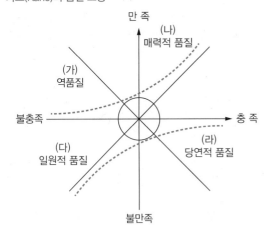

49 다음 중 서비스 품질의 문제가 발생되는 이유로 가장 거리가 먼 것은?

① 기업의 장기적 견해
② 커뮤니케이션의 차이
③ 직원에 대한 부적절한 서비스
④ 생산과 소비의 비분리성 및 노동집약성
⑤ 고객을 수치(Numerical)로 보는 견해

해설
서비스 품질 문제의 발생이유는 ② · ③ · ④ · ⑤ 외에 '기업의 단기적 견해' 등이 있다.

50 일반적으로 사용하는 조사 유형 중 탐험 조사에 대한 내용으로 가장 거리가 먼 것은?

① 주로 비계량적인 방법이 사용된다.
② 주어진 문제가 명확할 경우 실시하는 조사 유형이다.
③ 비정형적인 절차를 사용하여 자료 수집과 분석이 이루어진다.
④ 대표적인 조사 방법으로 심층면접, 표적집단면접법, 전문가 의견조사, 문헌조사 등이 있다.
⑤ 특정 그룹이나 제한된 숫자의 개인 인터뷰를 통한 예비조사를 실시하여 조사 목표를 수정하거나 재규정하는 데 사용한다.

해설
조사의 문제가 불명확하거나 잘 모를 때 기본적인 정보를 얻기 위해 사용한다.

51 다음 중 〈보기〉의 설명에 해당하는 자료수집 기법은?

보기
• 1명 또는 2명의 사회자의 진행 아래 6 ～ 12명 정도의 참여자가 주어진 주제에 대하여 토론하도록 함으로써 자료를 수집하는 방법이다.
• 1회 실시할 수도 있으나 다른 집단을 대상으로 여러 번 실시하는 경우도 있으며, 이에 대한 성공은 집단의 역동적 분위기와 참석자들의 상호 커뮤니케이션, 사회자의 진행 능력에 달려있다.

① 관찰법
② 서베이(Survey)
③ 전문가 의견조사
④ 델파이 기법(Delphi Method)
⑤ 표적집단면접법(Focus Group Interview)

해설
표적집단면접법(FGI)
사회자의 진행 하에 6 ～ 12명의 토론참여자가 주어진 주제로 집중 그룹 토론을 하여 자료를 수집한다.

52 고객만족 조사를 위한 자료수집 방법 중 정성(Qualitative)조사 기법을 적용해야 하는 경우로 가장 올바르지 않은 것은?

① 가설의 발견
② 사전 지식이 부족한 경우
③ 소비자 언어의 발견 및 확인
④ 시장 세분화 및 목표시장 선정
⑤ 소비자에 대한 신속한 정보 획득

해설
④ 정량조사 기법을 적용한다.
정성조사와 정량조사 비교

정성조사 기법	정량조사 기법
• 정량적 조사의 사전 단계, 가설의 발견, 사전 지식이 부족한 경우 • 가설의 검증 및 확인 • 고객의 언어의 발견 및 확인 • 고객을 심층적으로 이해하려는 시도 • 다양한 샘플링 확보가 어려운 경우 • 신속한 정보를 획득하고 싶을 경우	• 가설 검증으로 확정적 결론 획득 • 시장 세분화 및 표적 시장 선정 • 시장 상황과 소비자의 행태 파악 • 고객의 특성별 요구 차이 • 각 상표별 강점·약점을 파악

53 올리버(Oliver)가 제시한 고객 충성도 발전 단계 중 반복적인 경험에 의해 영향을 받고 행위 의도를 가지게 되는 충성도를 의미하는 것은?

① 행동적 충성
② 인지적 충성
③ 몰입적 충성
④ 감정적 충성
⑤ 행동의욕적 충성

해설
올리버(Oliver)의 고객 충성도 4단계
• 인지적 충성 : 고객에게 가용한 브랜드 속성 정보로 인해 하나의 브랜드가 대체안보다 선호될 수 있음을 제시한다. 브랜드 신념에만 근거한 충성 단계라고 한다.
• 감정적 충성 : 브랜드에 대한 선호가 만족스러운 사용 경험이 쌓이면서 증가한다. 이 형태의 충성은 이탈하기 쉬운 상태에 해당한다.
• 행동의욕적 충성 : 브랜드에 대한 긍정적인 감정을 갖게 되는 반복적인 경험에 의해 영향을 받으며 행위 의도를 갖는 단계이다.
• 행동적 충성 : 고객의 의도가 행동으로 전환된 충성이다. 행동통제의 연속선상에서 이전 충성 상태에서 동기 부여된 의도는 행동하기 위한 준비상태로 전환된다.

54 다음 〈보기〉의 설명에 가장 부합하는 벤치마킹 유형은?

보기
• 동종 업종이기 때문에 직접 관련 있는 정보를 얻을 수 있고 비교도 가능하다는 장점이 있다.
• 정보를 수집하기 어렵고 서로 적대적인 관계라면 활동이 사실상 불가능한 단점이 있다.

① 경쟁 벤치마킹
② 내부 벤치마킹
③ 포괄 벤치마킹
④ 설계 벤치마킹
⑤ 기능 벤치마킹

해설
벤치마킹의 유형
• 기능 벤치마킹 : 최신·최상의 제품이나 프로세스를 가지고 있는 조직을 대상으로 한 벤치마킹이다.
• 경쟁 벤치마킹 : 직접적인 경쟁사에 대한 벤치마킹을 의미한다.
• 포괄 벤치마킹 : 다른 업종 기업들에 대한 벤치마킹을 의미한다.
• 내부 벤치마킹 : 서로 다른 위치의 사업장, 부서, 사업부 사이에서 일어나는 벤치마킹을 의미한다.

55 소비자 심리와 관련해 다음 〈보기〉의 (　) 안에 들어갈 용어로 가장 올바른 것은?

> **보기**
>
> 오늘 나 (　)해버렸어.
> 여기서 (　)은 무슨 뜻일까? 돈을 왕창 써버렸다는 뜻이다. 최근 2010세대 사이에서 유행하는 말로 '돈을 자랑하다.', '가진 돈을 탕진하다.', '비싼 물건을 사버렸다.'는 뜻으로 사용되는 신조어이다.
> (　)은/는 자신의 성공이나 부를 뽐내거나 과시한다는 뜻으로 사용되고 있는데 우리나라에서도 힙합 래퍼들이 노래 가사 등에 이를 사용하면서 인기를 끌었고 최근 명품, 패션 브랜드를 비롯해 다양한 상품이 이를 활용한 이색 마케팅으로 화제가 되고 있다.

① 시크(Chic)
② 셀럽(Celeb)
③ 플렉스(Flex)
④ 힙스터(Hipster)
⑤ 쇼 오프(Show off)

해설
① 차갑다, 도도하다, 무심하다는 의미로 사용
② 유명인사나 유행을 이끄는 트렌드
④ 스스로를 비주류라고 구분 짓고 개성을 중시하거나 혹은 대중적이지 않은 음악과 예술을 하는 사람
⑤ 자랑이 심한 사람

56 제품에 관한 소비자의 관여 수준에 따른 유형 중 고관여도 관점에 대한 내용으로 가장 거리가 먼 것은?

① 소비자는 정보수용자이다.
② 소비자는 목표지향적인 정보처리자이다.
③ 소비자는 구매에 앞서서 상표들을 평가한다.
④ 집단의 규범과 가치는 제품 구매에 중요하다.
⑤ 제품이 소비자의 자아 이미지에 중요하며 라이프스타일이 소비자 행동에 많은 영향을 미친다.

해설
소비자는 정보탐색자이다.

57 다음 중 로렌트(Laurent)와 캐퍼러(Kapferer)가 제시한 관여도 측정에 필요한 5가지 차원 중 가장 올바르지 않은 것은?

① 개인적 관심
② 쾌락적 가치
③ 추상적 가치
④ 부정적 결과의 중요성
⑤ 구매가 잘못될 가능성

해설
로렌트와 캐퍼러는 한 제품에 관여도가 높아지는 이유를 다방면에서 측정하므로 연구 결과에 따라 소비자가 특정 제품에 관여되는 행동 변화를 추정할 수 있다. 관여도 측정에 필요한 차원에는 ① · ② · ④ · ⑤ 외에 '상징적 가치'가 있다.

58 AIO 분석 기법의 3가지 차원 중 다음 〈보기〉의 설명에 가장 부합하는 것은?

> **보기**
>
> 어떤 질문이 제기되는 상황에 대하여 개인이 제공하는 응답을 조사하는 것으로 자기 자신, 사회적 문제, 정치, 경제, 교육, 미래, 문화 등과 관련된 자신의 견해를 질문한다.

① 활 동
② 의 견
③ 원 칙
④ 교 환
⑤ 태 도

해설
조셉 플러머의 AIO 분석 기법
• Activities(활동) : 쇼핑, 상품에 대한 대화 등으로 관찰될 수 있지만 그 이유를 측정하기 어렵다.
• Interests(관심) : 어떤 사물과 사건, 화제 등에 대하여 특별하고 계속적인 주의를 부여하는 정도를 의미한다.
• Opinions(의견) : 질문이 제기된 상황에 대하여 개인이 제시하는 반응으로 예측, 신뢰, 평가, 해석, 기대 등을 의미한다.

59 슈미트(Schmitt)가 제시한 경험적 마케팅의 5가지 전략적 모듈 중 소비자의 육체적인 경험과 라이프 스타일(Life Style), 상호작용에 영향을 끼치는 것을 목표로 하는 유형은?

① 관계적 경험
② 인지적 경험
③ 감각적 경험
④ 감성적 경험
⑤ 행동적 경험

해설
경험적 마케팅의 5가지 전략적 모듈(Schmitt)
- 관계적 경험 : 고객이 속한 사회·문화적 관계 등을 특정브랜드와 연결하여 공감대를 형성하는 방법
- 인지적 경험 : 지적 호기심을 자극하여 고객 참여 유도와 브랜드 관여도를 높이고, 고객의 브랜드 충성도를 제고하는 방법
- 감각적 경험 : 고객의 오감을 통한 자극으로 감각적인 경험을 고객에게 제공하는 방법
- 감성적 경험 : 긍정적 기분과 느낌 등으로 제품의 친밀도를 높여 브랜드에 특별한 감정을 유발하는 방법
- 행동적 경험 : 제품의 브랜드 가치를 높이기 위해 고객과 체험을 통한 자긍심, 성취감 등을 공유하고, 라이프스타일을 제시하는 방법

60 서비스 유통과 관련해 효과적인 산출관리를 위한 조건으로 가장 올바르지 않은 것은?

① 수요가 변동하는 경우
② 재고가 소멸되지 않는 경우
③ 설비 용량이 한정되어 있는 경우
④ 예약을 통해 서비스를 미리 판매하는 경우
⑤ 한계판매 비용이 낮고 한계용량 변경 비용이 높은 경우

해설
서비스의 산출관리는 서비스 용량이 일정 수준으로 정해진 상태에서 매일의 수요를 용량에 맞추는 것을 의미한다. 서비스의 용량은 변화시키기 어려운 반면 수요 변동은 크기 때문에 효과적인 산출관리의 필요성이 대두된다.
효과적인 서비스 용량 산출관리의 조건
- 시장 세분화가 가능한 경우
- 재고가 소멸되는 경우
- 수요가 변동하는 경우
- 설비 용량이 한정되어 있는 경우
- 예약을 통해 서비스를 미리 판매하는 경우
- 한계판매 비용이 낮고 한계용량 변경 비용이 높은 경우

3과목 고객관리 실무론

61 첫인상 형성과 관련해 다음 〈보기〉의 설명에 해당하는 용어는?

보기
처음 주어진 정보에 대하여 판단을 내릴 경우 이것이 나중에 수용되는 정보의 기본 지침이 되어 맥을 잇게 되는 현상을 의미한다.

① 일관성의 오류
② 부정성의 법칙
③ 아스팔트 효과
④ 맥락 효과
⑤ 인지적 구두쇠

해설
① 규정된 형식이 아닌 문장을 사용해서 시스템이 바른 문장으로 바뀔 수 있는 기회를 주는 것으로, 바로 발견되지 않은 오류는 수행 중에 발견된다.
② 한 번 부정적으로 인식한 대상의 인상이 쉽게 바뀌지 않는 것을 말한다.
③ 콘크리트 효과라고도 하며, 첫인상은 콘크리트처럼 쉽게 굳어지는 특징이 있어 처음에 형성된 인상은 쉽게 바꿀 수 없다는 것을 말한다.
⑤ 인상 형성에 있어 사람들은 상대를 판단할 때 가능하면 노력을 덜 들이면서 결론에 도달하려는 경향을 표현한다.

62 다음 중 상황별 인사에 대한 설명으로 가장 올바른 것은?

① 사무실에 출근하여 상사에게 인사를 할 때는 정중 례를 하도록 한다.

② 실내 혹은 복도에서 같은 사람을 자주 만날 때는 보 통례를 하도록 한다.

③ 사람들이 많은 엘리베이터 안에서 임원과 만났을 때는 필히 정중례를 하도록 한다.

④ 화장실과 같이 불편한 장소에서 만났을 경우, 목례 를 하는 것은 예의에 어긋나므로 주의한다.

⑤ 결혼식의 주인공일 경우, 예식을 찾아오신 친척 어른 께는 감사의 의미로 정중례를 하는 것이 예의이다.

해설
① 사무실에 출근하여 상사에게 인사를 할 때는 보통례를 한다.

② 실내 혹은 복도에서 같은 사람을 자주 만날 때는 목례를 한다.

③ 사람들이 많은 엘리베이터 안에서 임원과 만났을 때는 목례를 한다.

④ 화장실과 같이 불편한 장소에서 만났을 경우에는 가볍게 목례 를 한다.

63 다음 〈보기〉의 설명에 해당하는 절의 종류는?

> **보기**
> • 왼손이 위로 가게 공수를 하고 어른을 향해 선다.
> • 공수한 손을 눈높이까지 올렸다가 내리면서 허리를 굽혀 공수한 손을 바닥에 짚는다.
> • 왼쪽 무릎을 먼저 꿇고 오른쪽 무릎을 꿇어 엉덩이 를 깊이 내려앉는다.
> • 팔꿈치를 바닥에 붙이며 이마를 공수한 손등 가까 이에 댄다. 이때 엉덩이가 들리면 안 된다.
> • 공손함이 드러나도록 잠시 머물러 있다가 머리를 들며 팔꿈치를 펴고, 오른쪽 무릎을 세워 공수한 손 을 바닥에서 떼어 오른쪽 무릎 위를 짚고 일어난다.
> • 공수한 손을 눈높이까지 올렸다가 내린 후 목례한다.

① 여성의 작은절　　② 남성의 작은절

③ 여성의 평절　　　④ 여성의 큰절

⑤ 남성의 큰절

해설
절의 종류

종 류	남 자	여 자
작은절	• 양 무릎을 공손히 꿇고 앉는다. • 앉았을 때 오른쪽 발이 왼쪽 발 위에 오게 한다. • 가지런한 두 손이 바닥에 약간 닿는 자세에서 머리를 조금 숙인다(15도 정도).	• 오른쪽 무릎을 세워서 앉는다. • 양손은 가지런히 모아 옆에 놓으며 머리를 조금 숙인다(15도 정도).
평 절	• 양 무릎을 공손히 꿇고 앉는다. • 앉았을 때 오른쪽 발이 왼쪽 발 위에 오게 한다. • 두 손바닥이 거의 바닥에 닿는 자세에서 공손한 절을 한다(30 도 정도).	• 오른쪽 무릎을 세워 앉는다. • 양손은 가지런히 모아 옆에 놓으며 머리를 좀 더 깊이 숙이고 절 을 한다(30도 정도).
큰 절	• 양 무릎을 공손히 꿇고 앉는다. • 앉았을 때 오른쪽 발이 왼쪽 발 위에 오게 한다. • 두 손바닥이 완전히 바닥에 닿도록 깊이 굽혀서 정중히 절을 한다(45도 정도).	• 오른쪽 무릎을 세워서 앉는다. • 양손은 가지런히 모아 옆에 놓으며 머리를 깊이 숙이고 정중히 절을 한다(45도 정도).

64 다음 〈보기〉의 대화에 해당하는 화법의 명칭은?

> **보기**
>
> 박대리는 정말 프레젠테이션 능력이 뛰어나. 그런데 발표 중에 가끔 천장을 쳐다보는 버릇이 있던데 그 사항을 고쳐야 될 것 같아. 그것만 해결되면 정말 최고로 완벽하겠어.

① 샌드위치 화법
② 역전 화법
③ 부메랑 화법
④ 후광 화법
⑤ 보상 화법

65 다음 〈보기〉의 설명에 해당하는 불평 고객 유형은?

> **보기**
>
> • 제품이나 서비스 제공자에게 적극적으로 불평하고자 하는 고객의 유형이다.
> • 구전의 확산 및 제3자에게 불평하는 것이 덜 긍정적이라고 생각하는 유형이다.
> • 부정적 구전을 퍼뜨리거나 거래 기업의 전환 혹은 제3자에게 불평을 하려고 하지는 않는다.

① 행동 불평자
② 표현 불평자
③ 화내는 불평자
④ 수동적 불평자
⑤ 적극적 불평자

66 불만고객 응대의 기본 원칙과 관련해 다음 〈보기〉의 설명에 해당하는 것은?

> **보기**
>
> 고객의 비난과 불만이 나의 업무가 아니라고 해서 고객의 불만족에 대한 책임이 전혀 없다는 말은 성립되지 않는다. 고객에게는 누가 담당자인지가 중요한 것이 아니라, 나의 문제를 해결해줄 것인지 아닌지가 중요한 것이다.

① 피뢰침의 원칙
② 언어절제의 원칙
③ 역지사지의 원칙
④ 책임공감의 원칙
⑤ 감정통제의 원칙

해설
① 고객은 나에게 개인적인 감정이 있어서 화를 내는 것이 아니라 일처리에 대한 불만으로 복잡한 규정과 제도에 대해 항의하는 것이라는 관점을 가져야 한다.
② 고객의 말을 많이 들어주는 것만으로도 고객들은 좋은 느낌을 가지고 돌아가게 된다.
③ 고객을 이해하기 위해서는 반드시 그의 입장에서 문제를 바라봐야 한다.
⑤ 고객을 직접적으로 응대하려면 사람과의 만남에서 오는 부담감을 극복하고 자신의 감정까지도 통제할 수도 있어야 한다.

67 코치(Coach)의 역할과 관련해 다음 〈보기〉의 설명에 해당하는 것은?

> **보기**
>
> 직원들이 자신의 업무를 효과적으로 수행할 수 있도록 업무상 비전, 가치, 전략, 서비스 및 제품, 고객 등에 관한 정보를 제공하는 중요한 역할을 하는 사람이다.

① 멘 토   ② 교 사
③ 평가자   ④ 후원자
⑤ 역할모델

해설
코치(Coach)의 역할
• 후원자(Sponsor) : 직원들이 개인적인 성장과 경력상 목표를 달성하는 데 도움이 되는 업무가 무엇인지 결정하는 것을 도와주는 사람이다.
• 멘토(Mentor) : 어떤 분야에서 존경받는 조언자이며, 기업의 정치적 역학관계에 대처하는 방법과 영향력을 행사해서 파워를 형성하는 방법도 알고 있는 사람이다.
• 평가자(Appraiser) : 특정한 상황 하에서 직원의 성과를 관찰하여 적절한 피드백이나 지원을 하기로 직원과 약속한 사람이다.
• 역할모델(Role Model) : 역할 모델은 맡은 바를 행동으로 보여주는 역할을 수행하면서 직원들의 기업문화에 적합한 리더십 유형을 보여준다.
• 교사(Teacher) : 직원들이 자신의 업무를 효과적으로 수행할 수 있도록 업무상 비전, 가치, 전략, 서비스 및 제품, 고객 등에 관한 정보를 제공하는 역할을 한다.

68 전화 응대 시 신속성을 증대시키기 위한 방안으로 가장 올바르지 않은 것은?

① 불필요한 농담이나 말을 반복하지 않는다.
② 늦어지는 경우 중간보고를 생략토록 한다.
③ 소속과 이름을 밝혀 쌍방 모두의 시간을 아낄 수 있도록 한다.
④ 전화를 걸기 전에 5W1H로 말하는 순서와 요점을 정리한다.
⑤ 간결하게 통화하며 문의사항에 대한 보고나 결과 통보의 경우 예정시간 등을 미리 알린다.

해설
전화 응대의 신속성 증대 방안
• 간결하게 통화를 하고, 문의사항에 대한 보고나 결과 통보의 경우는 예정시간 등을 미리 알린다.
• 늦어지는 경우에는 중간보고를 한다.
• 전화를 걸기 전에 요건을 5W1H에 맞춰 말하는 순서와 요점을 정리한다.
• 소속, 이름을 밝히면 쌍방 모두의 시간을 아낄 수 있도록 한다.
• 불필요한 말은 반복하지 않는다.
• 필요한 농담이라도 정도가 지나치지 않도록 한다.
• 시간 의식을 가져야 한다.

69 바람직한 경어 사용을 위한 방법 중 간접높임의 올바른 사례와 가장 거리가 먼 것은?

① 지금 교수님 말씀은 옳으십니다.
② 이사님께서도 몸살이 나셨습니까?
③ 부장님 셔츠 색상이 참 화사해보이십니다.
④ 현재 고객님의 차량 상태는 문제가 없으십니다.
⑤ 고객님께서 문의하신 상품은 현재 품절이십니다.

해설
간접높임은 높여야 할 대상의 신체 부분, 성품, 심리, 소유물과 같이 주어와 밀접한 관계를 맺고 있는 대상을 통하여 주어를 간접적으로 높이는 방법이다. '말씀이 옳으시다', '몸살이 나시다'처럼 '-시-'를 동반한다. 그러나 '상품은 품절이십니다'의 상품은 높여야 할 대상과 밀접한 관계를 맺은 사물이 아니기 때문에 간접높임의 사용이 적절하지 않다.

70 다음 중 업무 수행과 관련해 명령을 받는 방법에 대한 설명으로 가장 올바르지 않은 것은?

① 메모지를 준비해서 요점을 기록해 정리한다.
② 근거가 되는 데이터를 갖추고 다시 상사의 지시를 구한다.
③ 업무 지시에 대해 호명을 받으면 곧바로 '예'라고 대답한다.
④ 요점을 간단히 복창한 후에 능력, 시간, 내용 등을 잘 생각하여 수행토록 한다.
⑤ 5H1W 원칙이 아닌 재진술의 법칙을 사용하여 끝까지 잘 듣고 모호한 점이 있을 경우 업무를 수행하는 중간에 질문하여야 한다.

해설
끝까지 잘 듣고 모호한 점이 있을 경우 5W1H 원칙에 따라 질문하여 명령의 내용을 완전하게 파악한다.

71 다음 중 보고의 일반적인 원칙으로 가장 거리가 먼 것은?

① 간결성의 원칙
② 유효성의 원칙
③ 증대성의 원칙
④ 완전성의 원칙
⑤ 필요성의 원칙

해설
보고의 일반원칙
적시성, 정확성, 완전성, 경제성, 필요성, 간결성, 유효성

72 다음 중 콜센터의 전략적 정의에 대한 설명으로 가장 거리가 먼 것은?

① 콜센터는 우량고객창출 센터이다.
② 콜센터는 고정 고객의 관계개선 센터이다.
③ 콜센터는 고객접근이 용이한 개방형 고객상담 센터이다.
④ 콜센터는 원스톱 고객 서비스를 제공하는 서비스 품질제공 센터이다.
⑤ 콜센터는 내부고객 만족을 실현할 수 있는 휴먼 인덱스(Human Index) 센터이다.

해설
콜센터는 고객감동을 실현할 수 있는 휴먼 릴레이션 센터이다.

73 다음 중 앤톤(Anton)이 제시한 콜센터 인바운드 성과 지표와 가장 거리가 먼 것은?

① 평균 판매가치
② 평균 대기시간
③ 평균 응대속도
④ 평균 통화시간
⑤ 평균 통화 후 처리시간

해설
앤톤(Anton)의 인바운드 · 아웃바운드 성과지표

인바운드 성과지표	아웃바운드 성과지표
• 80%의 콜에 대한 응대속도 • 평균 응대속도 • 평균 통화시간 • 평균 통화 후 처리시간 • 평균 포기율 • 평균 대기시간 • 첫통화 해결율 • 불통율 • 상담원 착석률	• 콜당 비용 • 판매건당 비용 • 시간당 판매량 • 평균 판매가치 • 아웃바운드에 의한 판매비율 • 시간당 접촉횟수 • 1인당 연간 평균매출 • 1교대당 평균매출

74 다음 중 콜센터 운영을 위한 스크립트(Script) 작성 원칙에 대한 설명으로 가장 올바르지 않은 것은?

① 끊어읽기 등을 활용하여 대화 흐름이 유연하고 자연스럽도록 한다.
② 고객이 납득할 수 있도록 논리적으로 작성되어야 한다.
③ 장황한 설명이나 전문용어는 피하고 쉽게 작성해야 한다.
④ 기업의 수익성 극대화에 초점을 맞추어 고객에게 제공할 수 있는 편익이 미리 강조되지 않도록 주의한다.
⑤ 텔레마케팅 목표는 상황에 따라 달라질 수 있기 때문에 처음부터 활용 목적을 명확하게 정해야 한다.

해설
고객에게 이익이 될 수 있는 사항을 안내해서 고객이 신뢰와 확신을 가질 수 있도록 해야 한다.

75 혹실드(Hochschild)가 제시한 감정노동의 유형 중 다음 〈보기〉의 설명에 해당하는 것은?

보기
자신의 감정을 외면한 채 조직의 강요에 의해 나타낼 수밖에 없는 목소리, 억양, 얼굴 표정 등을 지어야 하는 것으로 스스로의 의지와 무관하게 어쩔 수 없이 서비스 표준에 맞추어 표현해야 하는 행위를 의미한다.

① 전문적 행위
② 표면화 행위
③ 구별적 행위
④ 내면적 행위
⑤ 실질적 행위

해설
표면화 행위와 내면적 행위
• 표면화 행위 : 자신의 감정과 달리 고객에게 거짓 감정을 표현하거나 실제 감정과는 다른 행동을 표현하는 행위를 의미한다. 조직의 규칙에 일치하기 위해 표면적으로 보이는 감정들을 조정한다.
• 내면적 행위 : 고객에게 보여주려는 감정을 실제로 느끼려고 노력하는 행위를 의미한다. 상황의 요구에 맞게 외적 태도를 바꾸려 노력하지만 내적인 감정은 변하지 않은 채로 남아 있다.

76 콜센터 모니터링을 위한 코칭의 종류 중 다음 〈보기〉의 설명에 해당하는 것은?

> 보기
> • 미니 코칭보다 코칭 시간이 길고 코칭의 내용이 구체적으로 이루어진다.
> • 일반적으로 모니터링 평가표에 따라 업무 및 2 ~ 3개의 통화품질 기준에 관한 내용을 가지고 진행된다.

① 피드백
② 프로세스 코칭
③ 풀 코칭
④ 시스템 코칭
⑤ 서포팅 코칭

해설
① 어떤 원인에 의해 나타난 결과가 다시 원인에 작용해 그 결과를 줄이거나 늘리는 '자동 조절 원리'를 말하며, 이러한 피드백 과정을 고객 만족이라는 모니터링의 궁극적인 목적을 위해 이용하는 것이 모니터링 피드백이다.
② 일정한 형식을 유지하며 진행되는 방식으로 가장 흔히 사용하는 형태이다. QAA나 코칭을 하는 사람이 사전에 코칭 대상과 시기, 코칭 내용을 선정하여 상담원에게 코칭을 정해진 프로세스에 따라 실시한다.

77 다음 중 비즈니스 상황에서 필요한 명함 교환 예절에 대한 설명으로 가장 올바르지 않은 것은?

① 상대방의 명함에 어려운 한자가 있을 경우, 정중하게 물어봐도 예의에 어긋나지 않는다.
② 대화를 나누는 동안 상대방의 명함을 테이블 위에 놓고 상대방을 지칭하는 데 도움이 되도록 하는 것이 좋다.
③ 만약 명함이 없을 경우 공손하게 사과하고 상대방의 근무지에 우편으로 발송토록 한다.
④ 상대방의 명함을 접거나 부채질을 하는 행위는 예의에 어긋나므로 주의해야 한다.
⑤ 상대방에게 받은 명함은 가급적 자신의 명함과 구분하여 넣어두는 것이 좋다.

해설
명함이 없을 경우에는 상대방에게 사과를 한 후 필요에 따라 이름과 연락처 등을 적은 메모를 건네준다. 명함이 없다고 상대방의 명함만 받는 것은 결례이다.

78 다음 중 비즈니스 상황에서 지켜야 할 전자우편(e-mail) 네티켓에 대한 설명으로 가장 올바른 것은?

① 약어 및 속어 사용을 통해 보다 명확한 의미가 전달될 수 있도록 한다.
② 대다수의 비즈니스 메일은 빠른 답변을 원하기 때문에 수신하는 즉시 답장을 보내는 것이 원칙이다.
③ 상세한 정보를 전달하기 위해 첨부파일은 용량에 상관없이 모든 경우에 예외를 두지 않고 발송하여야 한다.
④ 수신자의 동의에 상관없이 유머 메일 또는 정보성 메일을 통해 상대방과의 유대감을 강화하는 것이 중요하다.
⑤ 첨부파일의 용량이 큰 파일의 경우 다운로드 받을 때 시간이 많이 소요될 수 있기 때문에 압축하여 보내는 것이 좋다.

해설
① 지나친 약어나 속어의 사용은 명확한 의미 전달을 방해하므로 지양하는 것이 좋다.
② 비즈니스 메일이라고 해서 꼭 즉시 답장을 해야 하는 것은 아니다. 하지만 청해진 시간 내에 혹은 최소 24시간 이내에 답장을 보내도록 한다.
③ 상세한 내용이 필요하다면 첨부파일을 보낼 수 있지만 가능하면 압축하여 다운로드 시간을 줄일 수 있도록 한다.
④ 유머 메일과 정보성 메일은 수신자의 의향을 묻고 동의를 받아 보내는 것이 좋다.

79 중세 영국에서 기사(Knight) 다음 가는 봉건 신분의 칭호로 사용된 것이 유래이며, 미스터(Mr)보다 더 심오한 존경의 뜻을 담는 경칭으로 님, 귀하 등을 의미하는 용어는?

① Sir
② Dr
③ Noble
④ Esquire
⑤ The Hon

중세 영국에서 기사 다음 가는 봉건 신분의 칭호로 사용된 것이 유래이며, 의미가 점점 변화되어 법조계의 유력 인사나 군경의 고위 간부들에게 주는 칭호가 되었다. 그리고 남성들에게만 주는 칭호이므로 여성에게는 이 호칭을 붙이지 않는다. 미국에서는 남녀 구분 없이 변호사의 경칭으로 주로 쓰인다.

80 컨벤션(Convention) 관련 용어 중 공식적인 회의에서 다루어질 주된 의제를 의미하는 것은?

① Agenda
② Annual Report
③ Ballot
④ Draft Resolution
⑤ Rhetoric

② 연차 보고서
③ 무기명(비밀) 투표
④ 결의안 초안
⑤ 화려한 문체나 다소 과장되게 꾸민 미사여구, 수사학

81 다음 중 컨퍼런스(Conference)와 성격이 유사하며 참가 인원도 매우 다양하지만 유럽에서 국제 회의를 지칭할 경우 일반적으로 사용되는 회의 명칭은?

① 클리닉(Clinic)
② 세미나(Seminar)
③ 박람회(Trade Fair)
④ 컨그레스(Congress)
⑤ 심포지엄(Symposium)

① 소그룹으로 특별한 기술을 훈련하고 교육하는 모임으로 주로 교육활동에 사용되는 형태의 모임이며 특정 주제에 대한 기술 지도 및 강연 진행
② 전문인 등이 특정한 주제로 행하는 연수회나 강습회
③ 견본전시로서 각종의 상품견본을 일정한 장소에 전시하고 상품의 품질, 성질, 효용을 알기 쉽게 설명하고 때로는 실제로 가동시켜 소개, 선전을 하고 동시에 매매거래를 촉진시키기 위하여 개최되는 시장
⑤ 여러 강연자가 하나의 주제에 대해 각각 다른 입장에서 짧은 강연을 한 뒤 청중으로부터 질문이나 의견을 듣는 방식으로, 넓은 시야에서 문제를 논의하여 결론을 이끌어 내려고 하는 집단토론

82 다음 〈보기〉의 내용과 같이 소비자에 대하여 정의한 학자는?

> **보기**
>
> 소비자란 국민 일반을 소비생활이라고 하는 시민생활의 측면에서 포착한 개념이다.

① 폰 히펠(Von Hippel)
② 가토 이치로(Kato Ichiro)
③ 이마무라 세이와(Imamura Seiwa)
④ 우자와 히로후미(Ugawa Hirofumi)
⑤ 타케우치 쇼우미(Takeuchi Shoumi)

해설
학자별 소비자의 정의
- 폰 히펠(Von Hippel) : 소비자란 개인적인 용도에 쓰기 위하여 상품이나 서비스를 제공받는 사람을 의미한다.
- 가토 이치로(Kato Ichiro) : 소비자란 국민 일반을 소비생활이라고 하는 시민생활의 측면에서 포착한 개념이다.
- 이마무라 세이와(Imamura Seiwa) : 소비자는 생활자이며 일반 국민임과 동시에 거래 과정의 말단에서 구매자로 나타나는 것을 의미한다.
- 타케우치 쇼우미(Takeuchi Shoumi) : 소비자란 타인이 공급하는 물자나 용역을 소비생활을 위하여 구입 또는 이용하는 자로서 공급자에 대립하는 개념이다.

83 소비자기본법의 내용 중 다음 〈보기〉의 내용에 해당하는 것은?

> **보기**
>
> 국가 및 지방자치단체는 소비자교육과 학교 교육, 평생교육을 연계하여 교육적 효과를 높이기 위한 시책을 수립 · 시행하여야 한다.

① 거래의 적정화(제12조)
② 소비자에의 정보제공(제13조)
③ 소비자의 능력향상(제14조)
④ 개인정보의 보호(제15조)
⑤ 소비자분쟁의 해결(제16조)

해설
소비자의 능력향상(소비자기본법 제14조)
- 국가 및 지방자치단체는 소비자의 올바른 권리행사를 이끌고, 물품등과 관련된 판단능력을 높이며, 소비자가 자신의 선택에 책임을 지는 소비생활을 할 수 있도록 필요한 교육을 하여야 한다.
- 국가 및 지방자치단체는 경제 및 사회의 발전에 따라 소비자의 능력 향상을 위한 프로그램을 개발하여야 한다.
- 국가 및 지방자치단체는 소비자교육과 학교교육 · 평생교육을 연계하여 교육적 효과를 높이기 위한 시책을 수립 · 시행하여야 한다.
- 국가 및 지방자치단체는 소비자의 능력을 효과적으로 향상시키기 위한 방법으로 「방송법」에 따른 방송사업을 할 수 있다.
- 소비자교육의 방법 등에 관하여 필요한 사항은 대통령령으로 정한다.

84 소비자분쟁조정위원회에서 시행되는 조정위원회의 회의(제63조) 중 분정조정회의의 구성요건에 해당하는 것은?

① 위원장, 상임위원과 위원장이 회의마다 지명하는 2명 이상, 4명 이하의 위원으로 구성하는 회의
② 위원장, 상임위원과 위원장이 회의마다 지명하는 3명 이상, 6명 이하의 위원으로 구성하는 회의
③ 위원장, 상임위원과 위원장이 회의마다 지명하는 4명 이상, 7명 이하의 위원으로 구성하는 회의
④ 위원장, 상임위원과 위원장이 회의마다 지명하는 5명 이상, 9명 이하의 위원으로 구성하는 회의
⑤ 위원장, 상임위원과 위원장이 회의마다 지명하는 6명 이상, 10명 이하의 위원으로 구성하는 회의

해설
분쟁조정회의는 위원장, 상임위원과 위원장이 회의마다 지명하는 5명 이상 9명 이하의 위원으로 구성한다.

85 특정 개인의 행동 특성을 나타내는 정보 중 개인의 서명패턴, 온·오프라인의 행동패턴, 행태정보 등의 사례에 해당하는 것은?

① 개인에 대한 호칭
② 개인의 특성에 대한 정보
③ 특정 개인의 행동 특성을 나타내는 정보
④ 특정 개인의 상황이나 상태를 나타낼 수 있는 정보
⑤ 특정 개인의 생각이나 의견 또는 감정 등을 나타내는 정보

해설
특정 개인의 식별정보
- 개인에 대한 호칭 : 특정 개인의 이름, 닉네임, 어떤 조직 내에서의 호칭, 직책 등의 정보
- 개인의 특성에 대한 정보 : 개인의 신장, 체중, 나이, 혈액형, 지문 등의 객관적 정보
- 특정 개인의 상황이나 상태를 나타낼 수 있는 정보 : 개인의 교육이나 재정상황, 건강상태 등에 관한 정보, 직장에서의 근무평가나 각종 시험 평가에 대한 정보
- 특정 개인의 생각이나 의견 또는 감정 등을 나타내는 정보 : 개인의 글이나 의견, 개인에 대한 타인의 평가, 개인에 대한 사회적 조직 내에서의 평가에 대한 정보

86 다음 중 개인정보보호에 관한 OECD 8원칙으로 보기 어려운 것은?

① 공개의 원칙
② 안전조치의 원칙
③ 수집 제한의 원칙
④ 집단 참여의 원칙
⑤ 목적의 명확화·특정 원칙

해설
OECD 개인정보보호 8원칙
- 수집제한의 원칙(Collection Limitation Principle) : 개인정보의 수집은 합법적이고 공정한 절차에 의해야 하며, 가능한 한 정보주체에게 고지하거나 동의를 얻은 후에 수집되어야 한다.
- 정보 정확성의 원칙(Data Quality Principle) : 개인정보는 그 이용 목적에 부합하는 것이어야 하고, 이용 목적에 필요한 범위 내에서 정확하고 완전하며 최신의 상태로 유지해야 한다.
- 목적의 명확화 원칙(Purpose Specification Principle) : 개인정보의 수집 시 목적이 명확해야 하며, 이를 이용할 경우에도 수집 목적에 부합해야 하고 목적이 변경될 때마다 이를 명확히 해야 한다.
- 이용제한의 원칙(Use Limitation Principle) : 개인정보는 정보주체의 동의가 있는 경우나 법률의 규정에 의한 경우를 제외하고는 명확화된 목적 이외의 용도로 공개되거나 이용되어서는 안 된다.
- 안전조치의 원칙(Security Safeguards Principle) : 개인정보의 분실, 불법적인 접근, 훼손, 사용, 변조, 공개 등의 위험에 대비하여 합리적인 안전보호장치를 마련해야 한다.
- 공개의 원칙(Openness Principle) : 개인정보의 처리와 정보처리 장치의 설치, 활용 및 관련 정책은 일반에게 공개해야 한다.
- 개인 참가의 원칙(Individual Participation Principle) : 정보주체인 개인은 자신과 관련된 정보의 존재 확인, 열람 요구, 이의 제기 및 정정, 삭제, 보완 청구권을 가진다.
- 책임의 원칙(Accountability Principle) : 개인정보 관리자는 위에서 제시한 원칙들이 지켜지도록 필요한 제반조치를 취해야 한다.

87 다음 중 개인정보보호법에 명시된 민감정보의 범위와 가장 거리가 먼 것은?

① 여권번호
② 건 강
③ 성생활
④ 정당의 가입, 탈퇴
⑤ 노동조합의 가입, 탈퇴

해설
여권번호는 주민등록번호, 운전면허번호, 외국인등록번호와 함께 고유식별정보에 해당한다.

88 다음 중 성인학습의 원리와 특성에 대한 설명으로 가장 올바르지 않은 것은?

① 성인학습자는 알려고 하는 욕구가 있다.
② 성인학습자의 참여 동기는 목표 지향적이다.
③ 성인학습자는 선택적으로 학습상황에 임한다.
④ 학습 수행을 위해 많은 시간이 요구되기도 한다.
⑤ 성인학습자는 다양한 경험이 부족하기 때문에 학습을 통해 개인 능력의 향상이 필요하다.

해설
성인학습자는 다양한 경험을 가지고 있으므로 교육내용이 이와 관련된 내용일수록 학습 효과를 높일 수 있다.

89 교육훈련을 위한 강의 기법 중 토의법의 단점에 대한 설명으로 가장 올바르지 않은 것은?

① 대규모 집단에는 적용하기 어렵다.
② 적절한 강사 또는 지도자를 구하기가 어렵다.
③ 다양하고 많은 양의 학습 내용을 다루기에 부적절할 수 있다.
④ 강의법에 비해 학습자의 동기를 유발시켜 능동적 참여를 조장하는 데 어려움이 있다.
⑤ 토의 과정에 있어 시간 분배가 어렵고 시간 소비량이 다른 수업에 비해 많은 한계를 가지고 있다.

해설
토의법의 단점
• 참석자의 수준에 따라 교육이 좌우된다.
• 적절한 강사나 지도자를 구하기가 어렵다.
• 수업 준비 및 진행에 시간이 많이 소요된다.
• 토의 과정에서 학습자별로 적절하게 시간을 분배하기가 어렵다.
• 토의의 목적에서 벗어난 논쟁이 일어나기 쉽고, 소수의 학습자 중심으로 토의가 주도될 가능성이 높다.
• 대규모 집단 교육에는 적용하기 어렵다.
• 다양하고 많은 양을 학습하기에는 부적절할 수 있다.

90 프레젠테이션 4P 분석과 관련해 다음 〈보기〉의 설명에 해당하는 것은?

보기
다양하고 중요한 정보와 자료를 모은 뒤, 이것을 철저히 분석하고 잘 가공하여 프레젠테이션에서 사용할 발표 자료를 만든다.

① Preparation ② Place
③ Practice ④ People
⑤ Purpose

해설
프레젠테이션 4P 분석
• People(사람) : 청중의 수준, 반응 및 자세, 청중의 요구 확인
• Purpose(목적) : 새로운 정보 전달, 설득·제안을 통해 동의와 지원을 얻어냄
• Place(장소) : 발표 장소와 주변 장소의 영향, 전자기구의 불량, 좌석배치, 통행로 등 확인
• Preparation(사전준비) : 정보와 자료의 수집, 발표자료 제작

1과목 CS 개론

01 고객만족(CS)과 관련하여 기대 – 불일치 이론의 내용 중 다음 〈보기〉의 대화에 가장 부합하는 것은?

> 보기
>
> 철수 : 너 지난번에 생일 선물로 받은 노트북 직접 써 보니까 어때?
> 영희 : 글쎄, 딱 가격만큼의 성능인 것 같아. 딱히 불편한 거 없이 무난하다고 할까?

① 긍정적 일치
② 부정적 일치
③ 단순 일치
④ 긍정적 불일치
⑤ 부정적 불일치

해설
구매 전 신념인 기대와 구매 후 신념인 불일치가 중립을 이루는 단순 일치에 해당한다. 올리버(1981)가 제시한 '기대 – 불일치 이론'은 '성과가 기대보다 높아 긍정적인 불일치가 발생하면 만족하고, 반대로 성과가 기대보다 낮아 부정적 불일치가 발생하면 불만족을 가져온다.'는 이론이다.

02 귀인 이론(Attribution Theory)의 결정 요인 중 개인의 행동이 다양한 상황에서 나타나는지 아니면 특정한 상황에 국한된 것인지를 의미하는 것은?

① 차별성
② 합의성
③ 일치성
④ 지속성
⑤ 일관성

해설
귀인 이론은 개인의 행동을 관찰(또는 판단)할 때 그 행동의 원인이 내부적 요인에 의한 것인지 아니면 외부적 원인에 의한 것인지를 규명해 볼 수 있게 설명한 이론이다. 개인의 행동이 여러 사건에서 동일하게 나타나는 것인지 또는 동일한 상황에서 특이하게 나타나는지를 비교하는 것은 차별성에 해당한다.
귀인의 3대 결정 요인
• 차별성 : 개인이 여러 가지 상황에서 각기 다른 행동을 보이는지 아닌지를 의미(관찰한 행동이 보기 드문 행동인지의 여부)
• 합의성 : 동일한 상황에 직면한 사람들이 동일한 방식으로 반응하는지 여부
• 일관성 : 개인이 동일한 상황에서 같은 방식으로 오랜 시간 같은 반응을 보이는지 여부

03 슈메너(Schmenner)가 제시한 서비스 프로세스 매트릭스의 내용 중 전문 서비스의 내용으로 가장 거리가 먼 것은?

① 낮은 상호작용
② 높은 노동 집중도
③ 높은 개별화 서비스
④ 전문의, 변호사 등의 업종
⑤ 컨설턴트, 건축, 회계 등의 업종

해설
변호사, 의사, 컨설턴트, 건축가 등이 포함된 전문 서비스는 고객과의 높은 상호작용과 높은 노동 집중도를 보인다.

슈메너의 서비스 프로세스 매트릭스

구 분		고객과의 상호작용/개별화	
		높 음	낮 음
노동 집중도	높 음	전문 서비스 (변호사, 의사, 컨설턴트, 건축가 등)	대중 서비스 (소매금융업, 학교, 도매업 등)
	낮 음	서비스 숍 (병원, 수리 센터, 기타 정비 회사 등)	서비스 팩토리 (항공사, 운송업, 호텔, 리조트 등)

04 다음 중 데이비드 마이스터(David Maister)가 제시한 대기 관리의 기본 원칙에 대한 내용으로 가장 올바르지 않은 것은?

① 혼자 기다리는 대기 시간이 더 길게 느껴진다.
② 불확실한 기다림이 더 길게 느껴진다.
③ 원인이 설명되지 않은 대기 시간이 더 길게 느껴진다.
④ 프로세스 이전의 기다림이 프로세스 내의 기다림보다 길게 느껴진다.
⑤ 서비스의 가치가 높다고 해서 고객이 기다림을 감수하지는 않는다.

해설
가치가 적을수록 대기 시간이 더 길게 느껴진다.
대기 관리의 기본 원칙 8가지
• 아무 일도 안 할 때 대기가 더 길게 느껴진다.
• 구매 전 대기가 더 길게 느껴진다.
• 근심은 대기를 더 길게 느껴지게 한다.
• 언제 서비스를 받을지 모른 채 무턱대고 기다리면 대기는 더 길게 느껴진다.
• 원인을 모르는 대기는 더 길게 느껴진다.
• 불공정한 대기는 더 길게 느껴진다.
• 대기는 가치가 적을수록 더 길게 느껴진다.
• 대기는 혼자 기다리면 더 길게 느껴진다.

05 다음 〈보기〉와 같이 항공기 출발 지연 분석을 위해 피시본 다이어그램을 작성할 경우, 출발 방송의 부실에 해당하는 요인은?

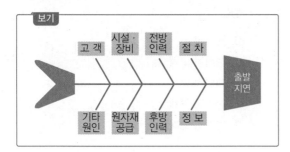

① 전방 인력
② 후방 인력
③ 원자재 공급
④ 정 보
⑤ 절 차

해설
정보는 출발 방송의 부실에 해당한다.
항공기 출발 지연 분석을 위한 인과관계 도표

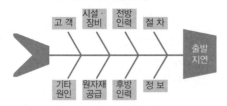

• 절차 : 체크인 절차 지연, 좌석 선택의 혼란 등
• 전방 인력 : 출구 관리인의 신속하지 못한 처리, 관리인 숫자 부족 등
• 시설 · 장비 : 항공기의 출구 진입 지연, 도착 지연 등
• 고객 : 고객 개인
• 후방 인력 : 기내 청소 지연
• 원자재 공급 : 기내식 서비스 지연, 수하물 탑재 지연, 연료 공급 지연
• 기타 원인 : 날씨, 항공 교통

06 마이클 해머(Michael Hammer) 교수가 제시한 3C의 내용 중 다음 〈보기〉의 설명에 해당하는 것은?

보기
글로벌 경쟁 체제의 경쟁 심화와 더불어 공급자 중심에서 수요자 중심으로 시장 주도권이 이양되면서 고객은 과거에 비해 막강한 힘을 갖게 되었다.

① Comprise
② Competition
③ Conduct
④ Change
⑤ Confidencce

해설
미래학자 마이클 해머는 21세기를 3C의 시대로 표현했는데, 3C란 Customer(고객), Change(변화), Competition(경쟁)을 말한다. 보기의 내용은 21세기는 무한 경쟁 시대로써, 종전의 기업가 중심에서 소비자 중심으로 헤게모니가 넘어가면서 기업이 무한 경쟁에서 살아남기 위해서는 고객중심경영 전략을 구사하여야 한다는 경쟁의 개념에 해당한다.

07 노드스트롬(Nordstrom) 백화점의 경영 방식 중 내부고객 만족을 위한 정책과 가장 거리가 먼 것은?

① 권한 위임
② 동기부여와 인센티브
③ 내부 승진 원칙과 인사 관리
④ 개인별 고객 수첩의 활용
⑤ 피상적인 조건을 내세우지 않는 종업원 선발

해설
노드스트롬의 종업원들은 회사에서 제공한 개인별 고객 수첩을 활용하여 고객 관리에 활용하는데 이는 외부 고객에 대한 감동 정책 중 하나이다.

08 다음 중 구전과 구매 행동과의 관계에 대한 설명으로 가장 거리가 먼 것은?

① 쌍방이 아니라 일방적으로 의사소통이 이루어지는 특징이 있다.

② 소비자 간의 구전은 일반적으로 매우 신뢰성이 높은 정보의 원천이다.

③ 소비자는 구매와 관련된 위험을 줄이고 제품 구매, 가격 등에 대한 정보를 얻기 위해 구전을 활용한다.

④ 소비자는 기업이 자사 제품에 대해 제공하는 긍정적 정보를 제품 판매를 위한 것으로 간주하고 신뢰하지 않는 경향도 있다.

⑤ 소비자는 실제 제품 구매를 결정할 경우 상업적 정보보다 자신의 주변 사람들로부터 듣는 비상업적인 정보를 신뢰하는 경향이 있다.

해설
구전은 일방적 의사소통이 아닌 개인 간의 상호작용으로서 문서, 자료, 기타 매체보다 더 큰 파급 효과를 가진다.

09 고객충성도 사다리 모델에서 상품의 지속적인 구매를 넘어 주변 사람들에게 자사 제품을 적극적으로 권유하는 고객 유형에 해당하는 것은?

① 잠재 고객

② 가망 고객

③ 신규 고객

④ 핵심 고객

⑤ 옹호 고객

해설
① 회사에 대해 인지하고 있지 않거나, 인지하고 있어도 관심이 없는 고객

② 회사에 대해 인지하고 있으며, 어느 정도의 관심을 보이는 고객

③ 처음으로 회사와 거래를 시작한 단계의 고객

10 그레고리 스톤(Gregory Stone)의 고객 분류 중 서비스를 제공받을 때 천편일률적이고 형식적인 서비스보다 자기를 인정해 주는 서비스에 만족을 보이는 고객 유형은?

① 경제적 고객

② 윤리적 고객

③ 개인적 고객

④ 참여적 고객

⑤ 편의적 고객

해설
개인적 고객은 개인 간의 교류를 선호하는 고객으로서 형식적인 서비스보다 자기를 인정하는 서비스를 원하는 고객이다. 개별화 추구 고객이라고도 부른다.

그레고리 스톤(Gregory Stone)의 고객 분류

경제적 고객 (절약형 고객)	• 고객가치를 극대화하려는 고객을 말한다. • 투자한 시간, 돈, 노력에 대하여 최대한의 효용을 얻으려는 고객이다. • 여러 서비스 기업의 경제적 강점을 검증하고 가치를 면밀히 조사하는 요구가 많고 때로는 변덕스러운 고객이다. • 이러한 고객의 상실은 잠재적 경쟁 위험에 대한 초기 경보 신호라 할 수 있다.
윤리적 고객 (도덕적 고객)	• 윤리적인 기업의 고객이 되는 것을 고객의 책무라고 생각한다. • 기업의 사회적 이미지가 깨끗하고 윤리적이어야 고객을 유지할 수 있다.
개인적 고객 (개별화 추구 고객)	• 개인 간의 교류를 선호하는 고객을 말한다. • 형식적인 서비스보다 자기를 인정하는 서비스를 원하는 고객이다. • 최근 개인화되어 가는 경향으로 고객 정보를 잘 활용할 경우 가능한 마케팅이다.
편의적 고객	• 자신이 서비스를 받는 데 있어서 편의성을 중요시하는 고객이다. • 편의를 위해서라면 추가 비용을 지불할 수 있는 고객이다.

11 다음 〈보기〉의 ( ) 안에 들어갈 내용으로 가장 거리가 먼 것은?

> **보기**
>
> 준거집단이란 개인의 태도와 행동에 직접적 또는 간접적으로 영향을 미치고 개인에게 행동의 지침을 제공하는 집단을 의미하는 것으로 1차 준거집단의 대표적인 사례로는 ( ) 등을 들 수 있다.

① 회 사

② 친 구

③ 이 웃

④ 가 족

⑤ 친 지

해설
준거집단은 개인의 행동에 직·간접적으로 영향을 미치는 집단으로서, 가족·친구·이웃·동료 등이 준거집단에 속한다.

12 고객의사결정과 관련해 정보 탐색에 대한 설명으로 가장 올바르지 않은 것은?

① 정보원천의 영향력은 고객의 특성에 따라 다르게 나타난다.

② 정보 탐색은 위험을 줄이는 방법으로 구매의사결정에 영향을 미친다.

③ 고객은 서비스를 구입할 때 인적 정보원에 보다 많이 의존하는 경향을 보인다.

④ 상품 금액을 지불할 수 있는 정도, 즉 구매도가 높을수록 많은 정보를 탐색한다.

⑤ 욕구를 인식하면 욕구를 충족시킬 수 있는 제품 또는 서비스에 대한 정보를 탐색하게 된다.

해설
정보 탐색이란 소비자가 점포, 제품 및 구매에 대해 더 많은 것을 알고자 하는 의도적 노력으로 볼 수 있다. 소비자는 자신의 욕구와 관련된 제품군에 대한 관여도가 높을수록 보다 많이 탐색하는 경향이 있다.

13 다음 〈보기〉의 고객 특성 파악을 위한 인구 통계적 정보 중 고객 프로필 정보에 해당하는 내용을 찾아 모두 선택한 것은?

> **보기**
>
> 가. 이 름   나. 직장명
> 다. 전화번호   라. 소득 수준
> 마. 고객평생가치

① 가, 라

② 가, 나, 다

③ 가, 나, 라

④ 가, 나, 다, 라

⑤ 가, 나, 다, 라, 마

해설
고객 프로필 정보에는 이름, 주소(우편, 이메일), 전화번호(집, 사무실, H/P, FAX), 직장명, 부서명, 직위(최종 승진일), 출신학교, 기념일(생일, 결혼기념일, 창립기념일) 등이 있다. 그 외 소득 수준은 고객가치 정보 중에서 구매력 정보에 해당하며, 고객평생가치는 계약 정보에 해당한다.

14 성격유형지표(MBTI)의 4가지 선호 경향에 대한 내용 중 다음 〈보기〉의 설명에 해당하는 것은?

> **보기**
>
> 목적과 방향은 변화 가능하고 상황에 따라 일정이 달라지며 자율적이고 융통성이 있다.

① 직관형

② 외향형

③ 판단형

④ 사고형

⑤ 인식형

해설
① 사실, 사건 이면의 관계나 가능성을 더 잘 인식한다.
② 외부 세계의 사람이나 사물에 대하여 에너지를 사용한다.
③ 외부 세계에 대하여 빨리 판단내리고 결정하려 한다.
④ 사고를 통한 논리적 근거를 바탕으로 판단한다.

15 메타 그룹에서 제시한 고객관계관리(CRM)의 분류 중 분석 CRM에서 사용되는 대표적인 분석 도구로 보기 어려운 것은?

① Data Mining
② Data Warehouse
③ FOD(Fax On Demand)
④ ODS(Operation Data Store)
⑤ OLAP(On-Line Analytical Processing)

해설
FOD(Fax On Demand)는 협업 CRM의 도구이다.

17 CRM 전략 수립 단계 중 결정된 제안에 대하여 고객에게 어떤 적합한 형태로 전달할 것인가를 결정하는 방법은?

① 환경 분석
② 고객 분석
③ 개인화 설계
④ 고객에 대한 오퍼 결정
⑤ CRM 전략 방향 설정

해설
고객의 성별, 연령, 직업, 소득 등의 개인 정보와 구매 상품 유형, 구매 가격, 구매 주기 등을 총체적으로 분석하여 결정된 제안을 전달할 방법을 설계해야 한다.

16 다음 중 고객관계관리(CRM)의 특징에 대한 설명으로 가장 올바르지 않은 것은?

① 정보기술에 기초를 둔 과학적인 제반 환경이 효율적 활용을 요구한다.
② 고객과의 직접적인 접촉을 통해 쌍방향 커뮤니케이션을 지속한다.
③ 단순히 마케팅에만 역점을 두는 것이 아니라 기업의 모든 내부 프로세스의 통합을 요구한다.
④ 개별 고객의 소비력에 따라 특정 생애 주기를 구분하여 거래를 유지하고자 한다.
⑤ 고객 지향적이기 때문에 고객에게 필요한 상품, 서비스는 물론 차별화된 보상 등 적절한 혜택을 제공하여 고객과의 관계 관리에 기업의 초점을 맞추는 고객 중심적인 경영 방식이다.

해설
고객의 생애 전체에 걸쳐 관계를 구축하고 강화시키는 경영 방식으로 장기적인 이윤을 추구한다.

18 고객관계관리(CRM)의 발전 방향에 대한 설명으로 가장 올바르지 않은 것은?

① 고객과의 대화를 통해 고객의 변화를 예측할 수 있는 기업으로 변화해야 한다.
② CRM은 경쟁사와의 협력 관계가 강화될 때 우월한 성과가 나타나기 때문에 경쟁사를 협력의 파트너로 인식하여 발전해 나가야 한다.
③ 기업은 고객의 지식에 초점을 맞추고 고객의 가치 상승에 따라 기업이 획득하고 활용할 지식의 원천으로서 고객의 의미를 새롭게 인식해야 한다.
④ 자사의 발전에 영향을 미칠 수 있는 상품, 기술, 고객관계와 관련된 지식을 획득하고 이를 활용할 수 있도록 지식 중심의 CRM을 지향해야 한다.
⑤ 단순하게 불평, 불만을 해결하는 고객지원센터가 아니라 고객의 지식을 획득하고 이를 활용할 수 있는 고객 주도형 창구로 업무를 개편해야 한다.

해설
CRM의 핵심은 고객이다. 고객과의 원활한 상호작용을 통해 기업이 발전해 나갈 수 있다.

19 e – CRM의 고객만족 전략 중 다음 〈보기〉의 설명에 해당하는 것은?

> **보기**
>
> 관심 품목 및 찜상품 기능 등을 추가하여 고객이 상품 정보를 개인 홈페이지에 기록할 수 있는 서비스

① 리마인드 서비스(Remind Service)

② 어드바이스 서비스(Advice Service)

③ 서스펜션 서비스(Suspension Service)

④ 저스트 인 타임 서비스(Just-in-time Service)

⑤ 매스 커스터마이즈 서비스(Mass Customize Service)

해설
① 고객의 과거 구매이력으로부터 행동을 예측하거나 기념일 등을 사전에 등록하도록 하여 상품이나 구매를 촉진하는 서비스
② 고객이 구매를 망설일 때 직접 조언하고 안내하는 서비스
④ 시간 · 장소에 구애받지 않고 고객의 상황에 맞추어 주는 서비스
⑤ 개별 고객이 원하는 사양을 가진 제품을 제공하는 서비스

해설
두 사람이 직접적인 접촉 없이 관찰을 통해 서로를 아는 것은 면식의 단계(첫인상 형성 단계)이다.
휴스턴과 레빙거의 인간관계
• 면식의 단계(첫인상 형성 단계) : 직접적 교류가 일어나기 전의 단계
• 형식적 · 피상적 접촉의 단계(피상적 역할 단계) : 두 사람 사이에 직접적인 교류가 일어나는 단계
• 상호의존의 단계(친밀한 사적 단계) : 두 사람 사이에 크고 작은 상호의존이 나타나는 단계

20 휴스턴(Huston)과 레빙거(Levinger)가 제시한 인간관계 형성 단계 중 피상적 역할 단계의 내용으로 가장 거리가 먼 것은?

① 두 사람이 직접적인 접촉 없이 관찰을 통해 서로를 아는 단계이다.

② 상대방의 인격적인 특성보다 역할이 중시되므로 친밀감이나 상호의존성이 증진되기 힘들다.

③ 공정성과 호혜성이 관계 유지의 주요 원인으로 작용한다.

④ 역할과 지나치게 동일시하거나 반대로 특정 역할에 피상적으로 개입하는 위험에 빠지기도 한다.

⑤ 내적 고독감을 가지기도 한다.

21 다음 중 문화적 목표와 제도적 수단을 모두 수용하기 때문에 머튼(Merton)이 제시한 인간관계 부적응 유형에서 제외될 수 있는 유형은?

① 도피형 　　　　② 혁신형

③ 의례형 　　　　④ 반역형

⑤ 동조형

해설
② 문화적 목표는 수용하지만 제도적 수단은 거부하는 유형(횡령, 탈세, 사기범)
③ 문화적 목표는 거부하지만 제도적 수단은 수용하는 유형(공무원의 복지부동)
④ 문화적 목표와 제도적 수단을 모두 거부하고 기존의 것을 변혁시키려는 유형(혁명가, 히피, 해방운동가)

22 대인지각 왜곡 유형 중 다음 〈보기〉의 설명에 해당하는 것은?

> **보기**
>
> 어떤 특정한 대상이나 집단에 대하여 많은 사람들이 공통으로 가지는 비교적 고정된 견해와 사고를 뜻하며, 집단 특성에 근거하여 판단하려는 경향을 의미한다.

① 집중화 경향
② 중심화 경향
③ 관대화 경향
④ 스테레오 타입(Stereo Type)
⑤ 스키마 효과(Schema Effect)

해설
② 타인을 평가할 때 어느 극단에 치우쳐 오류를 발생시키는 대신, 적당히 평가하여 오류를 줄이려는 경향이 있다.
③ 인간의 행복추구본능 때문에 타인을 다소 긍정적으로 평가하는 경향이 있다.

23 에드워드 홀(Edward Hall)이 제시한 공간 행동학과 관련해 친한 친구, 동료 등 신뢰감을 가지고 편안하게 대화할 수 있는 대상이나 오랜 기간 친근한 관계를 맺어 온 고객 사이에 형성되는 적당한 간격을 의미하는 것은?

① 개인적 거리
② 심리적 거리
③ 친밀한 거리
④ 사회적 거리
⑤ 경제적 거리

해설
③ 가족이나 연인처럼 친밀한 유대관계가 전제된다.
④ 사무적인 대화가 많이 이루어지며, 대화 내용과 행동에 격식이 요구된다. 별다른 제약 없이 제3자의 개입을 허용하고 대화 도중 참여와 이탈이 자유로운 편이다.

24 효과적인 부탁 기술 중 자신이 원하는 것보다 훨씬 큰 것을 상대방에게 요청하고 이를 거절하면 요구의 규모를 조금씩 축소하면서 결국 자신이 원하는 것을 얻어 내는 방법은?

① 높은 공 기법
② 최후통첩 기법
③ 얼굴 부딪히기 기법
④ 한발 들여놓기 기법
⑤ 면전에서 문 닫기 기법

해설
얼굴 부딪히기 기법은 자신이 원하는 것보다 훨씬 큰 것을 상대방에게 요청하고 그가 이를 거절하면 요구의 규모를 조금씩 축소하면서 결국 자신이 원하는 것을 얻어 내는 방법이다. 이와 다르게 한 발 들여놓기 기법은 상대방이 충분히 들어줄 수 있는 작은 요청을 한 후에 일단 수용이 되면 조금씩 요청을 증가시켜 나감으로써 자신이 원하는 도움을 얻어 내는 방법이다.

25 교류분석(Transactional Analysis)의 구조를 이해하기 위한 욕구 이론 중 스트로크(Stroke)에 대한 설명으로 가장 올바르지 않은 것은?

① 사람의 존재를 인정하기 위한 하나의 단위로서 긍정적, 부정적 스트로크가 있다.
② 상대방의 어깨를 토닥거리거나 수긍하는 뜻으로 가볍게 고개를 끄덕이는 것 역시 스트로크의 행위에 해당한다.
③ 모든 인간의 타고난 기본적인 욕구는 자극을 갈망하는 욕구이며 이러한 자극 갈망을 스트로크를 통해 채울 수 있다.
④ 인간이 주고받는 스트로크의 방법은 확정적인 성향을 보이기 때문에 개인의 성격 형성과는 연관성이 매우 떨어진다.
⑤ 스트로크는 친밀한 신체적 접촉을 의미하는 용어이지만 그 의미가 확대되어 타인에 의한 존재의 인정을 뜻하는 모든 행위를 포함한다.

인간은 누구나 타인과의 스트로크를 주고받으며, 긍정적이든 부정적이든 스트로크는 개인의 성격 형성과 밀접한 관계를 가진다.

26 접촉경계혼란의 원인 중 자의식(Egotism)에 대한 설명으로 가장 올바르지 않은 것은?

① 개체가 자신에 대해 지나치게 의식하고 관찰하는 현상을 말한다.
② 자신의 행동에 대한 타인의 반응을 지나치게 의식하기 때문에 발생된다.
③ 편안한 마음으로 타인과 접촉하지 못하고 항상 자신을 병적으로 관찰하면서 긴장상태에서 살게 된다.
④ 모든 상황을 철저하게 계산하고 이를 의식화할 경우 인위적인 부분을 극복하고 자연스럽게 행동할 수 있다.
⑤ 타인에게 존경받고 싶고, 관심을 끌고 싶지만 거부당할까 두려워 행동을 드러내 놓고 하지 못하는 모습을 보인다.

해설
자의식을 통하여 모든 것이 지나치게 계산되고 의식화될 때, 개체의 행동은 자연스러움이 없어지고 인위적이 된다. 자의식을 극복하는 방법으로 명상법을 사용하기도 하는데, 이를 통해 자의식에서 벗어나 무한한 세계로 자신이 확대되며 자아로부터 해방되는 것을 체험한다.

27 러브록(Lovelock)이 제시한 다차원적 서비스 분류에서 다음 도표의 (나)에 들어갈 업종으로 알맞은 것은?

구 분		서비스 지점	
		단일입지	복수입지
고객과 서비스 기업과의 관계	고객이 서비스 기업으로 간다.	(가)	(나)
	서비스 기업이 고객에게 간다.	(다)	(라)

① 패스트푸드
② 택 시
③ 방 역
④ 우편배달
⑤ 긴급 자동차 수리

해설
고객이 서비스 기업으로 가면서 서비스 지점이 복수인 경우는 버스, 패스트푸드, 법률 서비스 등이다.
러브록의 서비스 전달 체계에 따른 분류

구 분		서비스 지점	
		단일입지	복수입지
고객과 서비스 기업과의 관계	고객이 서비스 기업으로 간다.	극장, 이발소	버스, 패스트푸드, 법률 서비스
	서비스 기업이 고객에게 간다.	잔디 깎기, 살충 서비스	우편배달, 자동차 긴급수리
	고객과 서비스 기업이 떨어져서 거래한다.	신용카드회사, 지역케이블 TV	방송네트워크, 전화회사

28 맥그리거(McGreger)가 제시한 X·Y 이론 중 X 이론에 대한 설명으로 가장 올바른 것은?

① 인간은 본질적으로 선하다.
② 인간의 본성은 협동적이다.
③ 인간은 강제적으로 동기화한다.
④ 인간은 인본주의에 따라 행동한다.
⑤ 인간은 본질적으로 일을 하고 싶어 한다.

해설
X·Y 이론은 맥그리거가 인간관을 동기부여의 관점에서 분류한 이론이다. 맥그리거는 전통적 인간관을 X 이론으로, 새로운 인간관을 Y 이론으로 지칭하였다.

X·Y 이론
• X 이론 : 인간은 본래 일하기를 싫어하고 지시받은 일밖에 실행하지 않는다. 경영자는 금전적 보상을 유인으로 사용하고 엄격한 감독, 상세한 명령으로 통제를 강화해야 한다.
• Y 이론 : 인간에게 노동은 놀이와 마찬가지로 자연스러운 것이며, 인간은 노동을 통해 자기의 능력을 발휘하고 자아를 실현하고자 한다. 경영자는 자율적이고 창의적으로 일할 수 있는 여건을 제공해야 한다.

29 삼성 에버랜드에서 제시한 서비스 리더십을 구성하는 요소 중 다음 〈보기〉의 (   ) 안에 들어갈 내용으로 알맞은 것은?

보기
(   )(이)란 고객의 욕구를 파악하고 이를 충족시키는 데 필요한 서비스 창조 능력, 관리운영 능력, 인간관계 형성 및 개선 능력을 의미한다.

① Service Skill   ② Service Duty
③ Service Mind   ④ Service Concept
⑤ Service Devotion

해설
서비스 능력은 고객의 욕구를 파악하는 능력과 충족시키는 능력으로 나뉘는데, 파악된 고객의 욕구를 충족시키기 위해서 서비스 창조 능력, 관리운영 능력, 인간관계 형성 및 개선 능력을 가질 필요가 있다.

서비스 리더십의 핵심 요소
• 신념(Service Concept) : 철학, 비전, 혁신
• 태도(Service Mind) : 열정, 애정, 신뢰
• 능력(Service Skill) : 창조 능력, 운영 능력, 관계 능력

30 다음 중 서비스 기업과 일반 제조 기업의 차이에 대한 설명으로 가장 올바르지 않은 것은?

① 수요의 변동이 심하다.
② 진입 장벽이 절대적으로 높다.
③ 고객충성도 확보가 핵심이다.
④ 규모의 경제를 실현하기 어렵다.
⑤ 내부 고객을 우선적으로 만족시켜야 한다.

해설
경쟁사에서 쉽게 모방할 수 있는 등 상대적으로 낮은 진입 장벽을 가지고 있다.

서비스 기업과 일반 제조 기업의 차이
• 상대적으로 낮은 진입 장벽 : 경쟁사에서 쉽게 모방할 수 있고 운영 방식을 특허로 보호받기 어렵다.
• 규모의 경제 실현의 어려움 : 서비스는 생성과 동시에 소멸되므로 보관할 수 없고 대량생산을 통한 '규모의 경제' 실현이 어렵다.
• 심한 수요의 변동
• 고객충성도 확보의 중요성
• 내부 고객의 만족도

31 서비스 청사진의 구성 요소 중 다음 〈보기〉의 설명에 해당하는 것은?

> **보기**
> • 고객에게 보이는 활동과 보이지 않는 활동을 구분할 수 있다.
> • 현장에서 발생되는 접점 직원의 활동과 후방에서 이루어지는 지원 활동을 구분하는 기준선이다.

① 상호작용선
② 내부 상호작용선
③ 동기화 구분선
④ 가시선
⑤ 접촉 공동선

해설
서비스 청사진의 구성 요소
• 고객의 행동, 일선 종업원의 행동, 후방종업원의 행동, 지원프로세스의 행동들은 3개의 수평선으로 나누어진다.
• 상호작용선 : 외부고객과 일선종업원 사이의 상호작용선을 통해 고객이 경험하는 서비스 품질을 알게 하여 서비스설계에 공헌할 수 있다.
• 가시선 : 고객이 볼 수 있는 영역과 어떤 종업원이 고객과 접촉하는지를 알려주어 합리적인 서비스 설계를 하도록 도와준다.
• 내부작용선 : 부서 고유의 상호의존성 및 부서 간 경계 영역을 명확히 해주어 점진적인 품질개선 작업을 강화할 수 있다.

32 다음 〈보기〉의 서비스 청사진 작성 단계 중 ( ) 안에 들어갈 내용으로 올바르지 않은 것은?

> **보기**
> • 1단계 – 과정의 (가)
> • 2단계 – (나) 확인
> • 3단계 – 경과 시간의 (다)
> • 4단계 – (라) 분석
> • 5단계 – 청사진 (마)

① 가 – 도식화
② 나 – 실패가능점
③ 다 – 명확화
④ 라 – 마케팅 프로그램
⑤ 마 – 수 정

해설
서비스 청사진의 작성 5단계

1단계 (과정의 도식화)	서비스가 고객에게 전달되는 과정을 염두에 두고 이를 도식화된 그림 형태로 나타낸다.
2단계 (실패가능점의 확인)	전체 단계 중에서 서비스 실패가 일어날 확률이 큰 지점을 짚어내어 표시해 둔다.
3단계 (경과 시간의 명확화)	각 단계별 표준 작업 시간과 허용 작업 시간을 명확히 적는다.
4단계 (수익성 분석)	실수가 발생하거나 작업이 지연될 경우를 상정한 시뮬레이션을 통해 수익성을 분석하고, 그 결과를 토대로 표준 서비스 청사진을 확정한다.
5단계 (청사진 수정)	사용 목적별로 서비스 청사진을 해석하고 대안을 도출한 후, 청사진을 새로 수정하여 서비스 실패의 가능성을 줄일 수 있다.

33 다음 중 VOC(Voice Of Customer)의 장점에 대한 설명으로 가장 거리가 먼 것은?

① 고객과의 관계를 개선하고 유지할 수 있다.
② 고객의 요구와 기대의 변화를 파악할 수 있다.
③ VOC를 통해 예상 밖의 아이디어를 얻을 수 있다.
④ 개별화된 서비스 응대를 통해 서비스 제공자 각자의 다양성을 극대화시킬 수 있다.
⑤ CRM의 한계를 극복하여 데이터를 통한 분석이 아닌 고객의 실제 성향을 파악할 수 있다.

VOC(Voice Of Customer)의 장점
• 시장의 요구와 기대의 변화를 파악할 수 있다.
• 고객의 결정적인 순간을 이해할 수 있다.
• 고객의 입장에서 고객의 실제 성향을 파악할 수 있다.
• 서비스 프로세스의 문제를 알 수 있다.
• 경영혁신의 기초 자료로서 예상 밖의 아이디어를 얻을 수 있다.
• 고객과의 관계유지를 더욱 돈독하게 할 수 있다.
• 고객접점에서 고객의 욕구에 근거한 표준화된 대응 서비스가 가능하다.

34 마케팅 개념의 변화와 관련해 판매(Sales)개념에 대한 설명으로 가장 올바르지 않은 것은?

① 판매개념은 소비자와 기업을 그대로 두면 일반적으로 제품을 많이 구매하지 않는다는 주장에서 시작한다.
② 목적시장이 원하는 것을 제조하기보다 기업에서 만든 것을 판매하는 것이 핵심이다.
③ 거래를 조성하는 데 집중하기보다 고객과의 장기적 이익 창출의 관계가 우선시되어야 한다.
④ 기업이 과잉생산의 상황에 처할 경우 수행하는 개념이다.
⑤ 경쟁 회사보다 소비자를 효과적으로 설득할 수 있어야 하며 이용 가능한 모든 효과적인 판매 활동과 촉진 도구 활용을 추구한다.

해설
판매개념
• 조직이 기본적으로 고객을 그냥 두면 그들이 자발적으로 제품을 충분히 구매하지 않을 것이므로 공격적인 판매와 촉진 노력을 수행해야 한다고 보는 개념이다.
• 제품공급이 과잉상태에 있을 때, 이러한 개념이 지배되는 경우가 많다.
• 목적시장이 원하는 것을 제조하기보다 기업에서 만든 것을 판매하는 것이다.
• 기업은 소비자들이 경쟁회사 제품보다 자사제품을 더 많이 구매하도록 설득해야 한다.
• 이용가능한 모든 효과적인 판매활동과 촉진 도구를 활용을 추구한다.

35 다음 중 소비재 시장에서 가능한 시장 세분화 방법으로 보기 어려운 것은?

① 지리적 변수 ② 구매 습관적 변수
③ 인구 통계적 변수 ④ 심리 분석적 변수
⑤ 행동 분석적 변수

해설
산업재 시장에서 가능한 시장 세분화 방법이다.
소비재 시장에서 가능한 시장 세분화 방법
• 지리적 변수 : 국가, 도시 · 농촌, 기후 등
• 인구 통계적 변수 : 나이, 성별, 직업, 종교, 교육수준, 소득, 가족 규모, 국적, 사회 계층 등
• 구매 습관적 변수 : 브랜드 애호도, 사용량, 사용 빈도, 가격 민감도, 구매 시 중요변수(서비스, 품질, 경제성, 속도 등)
• 심리 분석적 변수 : 태도, 역할모형, 라이프스타일, 개성, 성격 등

36 세분시장 유형과 관련해 기업의 자원이나 능력이 제한되어 있을 경우 적합하며 소비자의 욕구가 변화하거나 새로운 경쟁자가 진입할 경우 위험이 수반되는 전략은?

① 시장 전문화 전략
② 제품 전문화 전략
③ 단일시장 집중 전략
④ 선택적 전문화 전략
⑤ 단일제품 전체시장 도달 전략

해설
① 특정 고객의 다양한 욕구를 충족시키기 위해 다양한 제품을 판매하기 위한 전략
② 다양한 세분시장에 단일 제품으로 진행하는 전략
④ 세분시장 중에서 매력적이고 기업목표에 적합한 몇 개의 세분시장에 진입하는 전략
⑤ 시장을 하나의 통합체로 보고, 단일제품으로 단일 마케팅프로그램을 개발하여 전체시장에 펼치는 전략

단일시장 집중 전략
• 기업의 자원이나 능력에 제한되어 있는 경우 적합
• 기업이 단일제품으로 단일 세분시장에 소구하는 형태
• 소비자의 욕구가 변화하거나 새로운 경쟁자가 진입할 경우에는 위험 수반

37 서비스 포지셔닝의 일반적인 방법 중 다음 〈보기〉의 사례에 해당하는 유형은?

보기
온라인 배달전문 업체 A기업은 솔로와 혼밥족인 고객을 대상으로 포지셔닝을 하고 있는 반면 B기업의 경우 가족 단위의 고객을 중심으로 포지셔닝을 하고 있다.

① 경쟁사
② 서비스 용도
③ 서비스 등급
④ 가격 대 품질
⑤ 서비스 이용자

해설
서비스 포지셔닝 방법
• 서비스 속성 : "서비스를 가장 잘하는 것"의 관점에서 포지셔닝하는 방법
• 서비스 용도 : 서비스를 하는 궁극적인 용도가 무엇인가를 알고 포지셔닝하는 방법
• 가격 대 품질 : 최고의 품질로 서비스를 하거나 가장 저렴한 가격으로 포지셔닝하는 방법
• 서비스 등급 : 호텔의 별 등급 표시 등과 같이 서비스 등급이 높아 높은 가격을 매길 수 있다는 측면을 강조하는 방법
• 서비스 이용자 : 기업 서비스 제품이 특정 소비자에 적합하다는 것을 소비자에게 인식시켜 포지셔닝하는 방법
• 경쟁자 : 경쟁자와 비교해 자사의 서비스가 더 나은 점이나 특출난 점을 부각시켜 포지셔닝하는 방법

38 확장된 마케팅믹스 7Ps 중 서비스 활동의 흐름, 제도적 장치, 행사 진행 등에 해당하는 요인은?

① Process
② People
③ Place
④ Promotion
⑤ Price

해설
마케팅 믹스 7P전략
• 4P + 3P를 추가한 마케팅 믹스 전략
• 4P
 – 제품(Product) : 품질, 디자인, 상표, 포장, 고객서비스, 보증기간 등
 – 가격(Price) : 표시가격, 가격할인, 거래조건, 지불기간 등
 – 유통(Place) : 유통경로, 시장포괄범위, 상품구색, 서비스수준, 수송방법
 – 판매촉진(Promotion) : 광고, 인적판매, 판매촉진, PR, 직접마케팅, 커뮤니케이션
• 3P
 – 과정(Process) : 서비스의 수행과정, 수행흐름, 제도적 장치, 행사 진행 등
 – 물리적 근거(Physical Evidence) : 매장의 분위기, 공간배치, 사인, 패키지 등 서비스 품질적 요소
 – 사람(People) : 종업원, 소비자, 경영진 등 소비와 관련된 모든 인적 요소

39 다음 중 서비스 패러독스(Service Paradox) 발생 원인과 관련하여 서비스 공업화의 한계점에 대한 내용으로 가장 적절하지 않은 것은?

① 기술의 복잡화
② 서비스의 동질화
③ 서비스의 표준화
④ 서비스의 인간성 상실
⑤ 충성 고객 이탈의 악순환

해설
서비스 성과 측면에서 서비스 질을 악화시키는 주요인은 기업 중심의 서비스 공업화(Service Industrialization)이다. 서비스 공업화의 한계점은 서비스 표준화, 서비스 동질화, 서비스의 인간성 상실, 기술의 복잡화, 종업원 확보의 악순환을 들 수 있다.

40 수잔 키비니(Susan Keaveney) 교수가 제시한 서비스 전환 유형 중 핵심 서비스 실패에 관련된 내용으로 올바른 것은?

① 경쟁자의 우수한 서비스
② 무관심과 무례함, 냉담한 반응, 전문성 부족
③ 부정적 반응 혹은 무반응, 내키지 않는 반응
④ 서비스 제공자의 업무 실수, 서비스 파멸, 계산상의 오류
⑤ 높은 가격, 가격 인상, 불공정한 가격 산정 및 속임수 가격

해설
수잔 키비니의 서비스 실패요인
• 윤리적 문제 : 높은 가격이나 인상, 강압적 판매, 속임수, 이해관계 대립
• 핵심 서비스 실패 : 서비스 제공자의 업무 실수, 서비스 파멸, 계산상 오류
• 접점 서비스 실패 : 무례함, 냉담한 반응, 전문성 부족

41 애프터서비스(After Service) 품질 차원의 영향 요인 중 직원의 태도와 행동에 대한 내용으로 가장 거리가 먼 것은?

① 고객 도움 의지
② 무상 서비스의 정도
③ 수리직원의 친절도
④ 접수직원의 친절도
⑤ 직원의 믿음(말, 행동)

해설
애프터서비스(After Service) 품질 차원의 영향 요인
- 전문성과 기술 : 애프터서비스의 품질 요소 중 가장 중요한 요인으로 결합 제품에 대한 수리의 정도를 나타내는 결과 품질을 말한다.
- 직원의 태도와 행동 : 고객도움의 의지, 수리와 접수직원의 친절도, 직원의 믿음(말, 행동) 등이 있다.
- 정책 : 편리한 센터이용 시간, 수리비용, 무상서비스 보증기간, 무·유상의 합리성 등이다.
- 편의성 : 애프터서비스를 이용하기 위한 접근성, 이용 편리성 등이다.
- 처리시간 : 영양도가 가장 낮은 요인이다.

42 고객인지 가치와 관련해 〈보기〉의 내용 중 파라수라만(Parasuraman)과 그루얼(Grewal)이 제시한 가치 유형을 찾아 모두 선택한 것은?

보기
가. 집단가치   나. 사용가치
다. 거래가치   라. 상환가치
마. 획득가치   바. 선호가치

① 가, 나, 다
② 가, 나, 다, 라
③ 나, 다, 마
④ 나, 다, 라, 마
⑤ 나, 다, 라, 마, 바

해설
고객가치의 4가지 구성(파라수라만 & 그루얼)
- 상환가치 : 거래 이후 오랫동안 지속되는 가치
- 거래가치 : 거래를 통한 즐거움 등의 감정적 가치
- 획득가치 : 금전적 비용 투자를 통해 얻는 가치
- 사용가치 : 제품이나 서비스의 유용성에 대한 가치

43 필립 코틀러(Philip Kotler)가 제시한 5가지 제품 품질 차원 중 제품을 구입할 때 구매자들이 정상적으로 기대하고 합의하는 일체의 속성과 조건에 해당하는 것은?

① Basic Product
② Core Benefit
③ Expected Product
④ Potential Product
⑤ Augmented Product

해설
필립 코틀러(Philip Kotler)의 5가지 제품 차원
- Basic Product(기본적 제품) : 제품의 기본적 형태로서 핵심 이점을 유형제품으로 형상화한 것
- Core Benefit(핵심이점) : 고객이 실제로 구입하는 근본적인 이점이나 서비스
- Expected Product(기대제품) : 제품 구입 시 구매자들이 정상적으로 기대하거나 합의하는 일체의 속성과 조건
- Potential Product(잠재적 제품) : 미래에 경험할 수 있는 변환과 혁신적으로 진보화함으로써 변모한 확장된 제품
- Augmented Product(확장제품) : 기업이 제공하는 것과 경쟁자가 제공하는 것과 구별되게 제공하는 추가적인 서비스 혹은 이점 제품

44 제품 차별화 방법 중 제품 기능 자체보다는 자아 이미지와 준거집단의 가치 표출에 의해 차별화를 도모하려는 유형은?

① 상징요소 차별화
② 분할요소 차별화
③ 감성요소 차별화
④ 기능요소 차별화
⑤ 대체요소 차별화

상징요소 차별화
• 제품 기능 자체보다는 자아 이미지와 준거 집단의 가치 표출에 의해 차별화를 꾀하는 경우, 고급 골프웨어 브랜드나 고급 승용차 등은 그 기능상에는 큰 차이가 없지만 사회적 계층의식과 권위의식을 부각하는 경우
• 고가의 공공적 사치품(겉으로 드러나는 고가 제품)에 적용할 때 효과적임

45 마이어스(Myers)가 제시한 양질의 의료 서비스 조건과 관련해 다음 〈보기〉의 설명에 해당하는 것은?

> **보기**
> 보건의료의 목적을 달성하는 데 투입되는 자원의 양을 최소화하거나 일정한 자원의 투입으로 최대의 목적을 달성할 수 있어야 한다.

① 접근성
② 조정성
③ 적정성
④ 지속성
⑤ 효율성

마이어스(Myers)의 양질의 의료 서비스 조건
• 접근성(Accessibility) : 모두가 편리하게 이용할 수 있도록 접근성이 우선되어야 한다.
• 품질(Quality) : 보건의료의 의학적 보건의료와 보건의료의 사회적 적정성이 동시에 달성되도록 적절하게 제공되는 질적인 것이어야 한다.
• 포괄성(Comprehensiveness) : 치료나 재활, 그리고 예방 및 보건증진 사업 등의 여러 가지 서비스가 보건의료 내용에 포괄적으로 포함되어야 한다.
• 지속성(Continuity) : 각 개인에게 제공되는 보건의료는 시간적, 지리적 상관성을 갖고 보건의료 제공자와 지속적이고 적절히 연결되어 있어야 한다.
• 효율성(Efficiency) : 보건의료의 목적을 달성하는 데 투입되는 자원의 양을 최소화하거나 일정한 자원의 투입으로 최대의 목적을 달성할 수 있어야 한다.

46 SERVQUAL의 5가지 품질에 따른 차원별 설문 내용 중 공감성에 대한 내용과 가장 거리가 먼 것은?

① 소비자 개개인에 대한 관심
② 소비자에 대한 개인적 관심
③ 소비자의 이익을 진심으로 생각
④ 소비자에게 편리한 업무시간 운영
⑤ 업무 수행을 위한 직원의 전문지식

SERVQUAL의 5가지 품질의 구성 차원
• 신뢰성 : 약속한 서비스를 믿을 수 있고 정확하게 수행할 수 있는 능력
• 유형성 : 물리적 시설, 장비, 직원 커뮤니케이션 자료의 외양
• 대응성 : 고객을 돕고 신속한 서비스를 제공하려는 태세
• 확신성 : 직원의 지식과 예절, 신뢰와 자신감을 전달하는 능력
• 공감성 : 회사가 고객에게 제공하는 개별적 배려와 관심 등

47 가빈(Garvin)이 제시한 품질 구성의 8가지 차원 중 특정 제품이 가지고 있는 경쟁적 차별성에 해당하는 것은?

① 성 과
② 특 징
③ 적합성
④ 지속성
⑤ 신뢰성

해설
가빈(Garvin)이 제시한 품질 구성의 8가지 차원
- 성과 : 제품이 가지고 있는 가장 중요한 운영적인 특성으로서 의도된 기능을 수행하는 능력
- 특징 : 제품의 부가적 특성, 특정의 제품이 가지고 있는 경쟁적 차별성
- 신뢰성 : 제품이 의도된 기능을 일정기간 동안 수행하는 능력
- 적합성 : 고객들의 세분화된 요구를 어느 정도 부합시킬 수 있는 능력
- 내구성 : 제품이 고객에게 지속적으로 가치를 제공할 수 있는 기간
- 서비스 능력 : 기업이 고객에게 제공할 수 있는 친절, 경쟁력, 문제해결 능력
- 심미성 : 사용자 감각, 즉 외관, 느낌, 냄새, 맛 등 개인적, 주관적 판단 · 선택
- 지각 품질 : 기업 혹은 브랜드의 명성으로 지각된 품질

48 주란(Juran)의 서비스 품질 구분과 관련해 다음 〈보기〉의 설명에 해당하는 것은?

보기
- 매장에서 고객에게 판매하기 위한 상품의 진열 상태나 고객의 동선 등을 의미한다.
- 레스토랑 음식의 맛, 호텔의 실내장식, 철도, 항공기 등의 좌석 크기와 안락함, 조명의 밝기 등에 해당된다.

① 서비스 시간성과 신속성
② 사용자의 눈에 보이는 하드웨어적 품질
③ 사용자의 눈에 보이지 않는 내부적 품질
④ 사용자의 눈에 보이는 소프트웨어적 품질
⑤ 사용자의 눈에 보이지 않는 소프트웨어적 품질

해설
주란(Juran)의 서비스 품질 모형
- 사용자의 눈에 보이지 않는 내부적 품질(Internal Quality)
  - 항공, 철도, 전화, 호텔, 백화점, 유원지 등 설비나 시설 등의 기능을 발휘하도록 보수가 잘 되고 있는지를 나타내는 품질
  - 보전이나 정비가 잘 이행되지 않으면 사용자에 대한 서비스의 품질 저하로 나타남
- 사용자의 눈에 보이는 하드웨어적 품질(Hardware Quality)
  - 백화점에서 사용자에게 판매하기 위하여 사들인 상품의 진열 상태나 고객의 동선
  - 레스토랑 등의 요리의 맛, 호텔의 실내장식, 철도, 항공기 등의 좌석 크기와 안락함, 조명의 밝기 등
- 사용자의 눈에 보이는 소프트웨어적 품질(Software Quality)
  적절한 광고, 청구 금액의 착오, 은행의 기장 착오, 컴퓨터 실수, 배달 사고, 항공기 · 철도 등의 사고, 전화 고장, 상품의 매진 · 품절 등에 관련된 품질
- 서비스 시간성과 신속성(Time Quality)
  - 소프트웨어 품질의 일부로 볼 수 있으나 주란(Juran)은 시간과 신속의 품질은 매우 중요하므로 별도로 구분해야 한다고 주장
  - 줄을 서서 기다리는 시간, 매장에서 판매원이 올 때까지의 시간, 수리 신청에 대한 회답 시간, 수리에 요하는 시간 등
- 심리적 품질(Psychological Quality)
  - 내부고객 만족도는 심리적 품질을 결정하는 중요한 요소로 작용
  - 예의 바른 응대, 친절 등의 기본적 품질로서 불특정 다수의 고객과 직접적으로 접촉할 종업원에게 매우 중요한 요소

49 서비스 품질 결정에 영향을 미치는 요인 중 기대된 서비스의 영향 요인과 가장 거리가 먼 것은?

① 구 전
② 과거의 경험
③ 전통과 사상
④ 기업 측의 약속
⑤ 기업의 물질적, 기술적 자원

해설
기대에 영향을 미치는 요인들
고객의 기대를 형성하는 데 기여하는 핵심요인은 기업 측의 약속, 전통과 사상, 구전, 고객들의 개인적 욕구, 서비스를 이용해 본 과거의 경험 등

50 다음 중 내부 마케팅과 관련해 권한 위임의 비용에 대한 설명으로 가장 거리가 먼 것은?

① 교육훈련의 비용이 많이 든다.
② 고객이 공평한 대우를 받았다고 생각할 수 있다.
③ 책임감 있는 정규직 종업원의 채용은 인건비 상승을 가져온다.
④ 서비스 제공이 보다 느리고 서비스의 일관성이 낮아질 수 있다.
⑤ 직원이 점포를 송두리째 주는 즉, 무리한 의사결정을 할 수 있다.

해설
내부 마케팅의 영향 요인 중 권한 위임

장 점	• 고객의 요구와 문제 발생에 대해 유연하고 신속하게 대응 • 고객 접촉 시 열정적 우호적인 분위기 • 역할 분담이나 모호성의 감소로 충성 고객 창출 • 종업원의 직무 만족 증대와 동기부여로 생산성 증진 및 서비스 개선
비 용	• 교육훈련과 채용에 비용이 많이 듦 • 책임감 있는 정규직 채용으로 인건비 상승 초래 • 서비스의 일관성이 낮아질 수 있음 • 회사가 감당하기 힘든 무리한 의사 결정을 할 수 있음

51 고객만족 측정 방법 중 직접 측정에 대한 설명으로 가장 올바르지 않은 것은?

① 일반적으로 단일한 설문 항목 또는 복수의 설문 항목을 통해 만족도를 측정하는 방식을 말한다.
② 조사 모델이 간명하며 하위 차원에 대한 만족도 결과를 합산할 때 발생되는 중복 측정의 문제를 방지할 수 있다.
③ 복수의 설문 측정 방법에서 측정 오차 문제를 해소하기 어렵기 때문에 단일 항목 문항 측정으로 한정하여 정의하기도 한다.
④ 민간부문을 대상으로 하는 만족도 조사에서 가장 많이 사용되는 방식이라 할 수 있다.
⑤ 직접측정에 의거하여 종합만족도를 구하고 있는 대표적인 조사로 ACSI, NCSI 등을 꼽을 수 있다.

해설
단일 문항 측정 방법에서 측정 오차 문제를 해소하기 어렵기 때문에 복수의 설문 항목을 통한 측정으로 한정하여 정의하기도 한다.

52 자료수집 방법 중 관찰법에 대한 설명으로 가장 올바르지 않은 것은?

① 조사대상의 행동 패턴을 관찰하고 기록함으로써 자료를 수집하는 방법을 말한다.
② 조사대상자와 면담 또는 대화가 어려울 경우에도 자료수집이 가능하다.
③ 정확하고 세밀한 자료수집이 가능하다.
④ 다수를 대상으로 하기 때문에 분석결과를 일반화하기 쉽다.
⑤ 행동에 대한 내면적 요인의 측정이 불가능하다.

해설
관찰법은 소수를 대상으로 하기 때문에 일반화하기에 한계가 있다.

53 라파엘(Raphael)과 레이피(Raphe)가 제시한 고객 충성도의 유형 중 특정 제품이나 서비스에 대하여 관심을 가지고 적어도 한 번 정도 가게를 방문하는 계층에 해당하는 것은?

① 단순고객
② 예비고객
③ 완전고객
④ 단골고객
⑤ 충성고객

54 레이나르츠(Reinartz)와 쿠머(Kumar)가 제시한 충성도 전략과 관련해 다음 〈보기〉의 설명에 해당하는 고객 유형은?

> 보기
> • 회사의 제공 서비스와 소비자 욕구 간 적합도가 높고 높은 잠재이익을 가지고 있다.
> • 태도적인 충성도 구축과 더불어 지속적인 의사소통과 고객관계 유지가 필요하다.

① Butterflies
② Strangers
③ Barnacles
④ Humming Bird
⑤ True Friends

55 고객 서비스 기대 모델 중 경험을 바탕으로 한 예측된 서비스 수준에 의해 형성되고 고객이 불만 없이 받아들일 만한 수준의 서비스 유형은?

① 허용영역
② 적정 서비스
③ 예상 서비스
④ 희망 서비스
⑤ 이상적 서비스

56 고객의 기대에 대한 영향 요인 중 내적 요인에 해당하는 것은?

① 관여도
② 시간적 제약
③ 환경적 조건
④ 기업 이미지
⑤ 구전 커뮤니케이션

해설

서비스 기대의 영향 요인 중 내적 요인
• 개인적 욕구 : 소비자 개인의 욕구에 따라 서비스 기대 수준 차이
• 관여도 : 관여도가 증가할수록 이상적 서비스 수준과 희망서비스 수준 사이의 간격이 좁아지게 되고 관여도가 높을수록 허용영역은 좁아진다.
• 과거의 경험 : 예측된 기대와 희망 기대 수준을 형성하는 데 영향을 미치며, 경험이 많을수록 기대 수준이 높아진다.

57 적용 범위에 따른 계획수립 유형 중 다음 〈보기〉의 내용에 해당하는 것은?

보기

전략적 계획을 실천하기 위한 구체적인 활동이 담긴 계획으로 전략적 계획을 수행하는 데 필요한 활동과 자원에 비중을 두는 계획수립 유형이다.

① 자원 계획   ② 운영 계획
③ 파생 계획   ④ 기술적 계획
⑤ 전술적 계획

해설

적용 범위에 따른 계획수립 유형
• 전략적 계획(Strategic Plans) : 조직전반에 걸쳐 적용되며 전반적인 조직목표를 설정하고 조직 환경적 관점에서 조직의 위치와 방향을 정하고 이것이 실천될 수 있도록 필요한 전략과 자원을 결정하는 계획수립 유형이다.
• 운영 계획(Operational Plans) : 전략적 계획을 효율적으로 실천하기 위한 구체적 세부계획으로 전략적 계획을 수행하는 데 필요한 활동과 자원에 비중을 두는 계획수립 유형이다.

58 다음 중 벤치마킹(Benchmarking)에 대한 설명으로 가장 거리가 먼 것은?

① 원래 제화공이 신발을 맞추거나 수선할 때 맞춤틀인 벤치에 고객의 발을 올려놓고 신발의 크기와 모양을 측정하던 데서 비롯되었다.
② 토목 분야에서 적용되는 측량의 기준점을 뜻하는 용어인 벤치마크로 사용되었다가 기업 경영에 도입되었다.
③ 기업이 자신의 경영 프로세스 및 성과를 다른 기업이나 다른 산업과 비교 평가해 그 차이를 극복하기 위한 문제 해결과 혁신을 시도하는 것을 의미한다.
④ 새로운 업무 기준을 마련하고 프로세스를 개선하기 위한 체계적인 비교 과정이며 비교의 대상은 업무 성과에서 업무 프로세스에 이르기까지 다양하게 나타날 수 있다.
⑤ 벤치마킹은 과정 지향적, 내부적 관점, 정보 집약적 특성을 수반한다.

해설

벤치마킹의 특성은 목표 지향적, 외부적 관점, 평가기준에 기초, 정보 집약적, 객관적, 행동 수반과 같은 개선의 과정이다.

59 다음 〈보기〉의 ( ) 안에 들어갈 용어로 가장 올바른 것은?

> **보기**
>
> 한국은행이 신종 코로나바이러스 감염증(코로나19) 사태로 대내외 경제구조가 크게 변화를 겪을 것이란 분석을 내놓았다. 특히 경제주체들의 위험회피성향 및 자국우선주의 확대로 물적, 인적 교류가 위축되면서 글로벌 교육 증가세가 이전보다 둔화될 것으로 보고 해외 생산기지의 본국회귀 즉 ( )에 따른 기업의 자국중심 공급망 재편, 주요 부품 현지조달 등으로 글로벌 가치사슬 약화 기조가 심화될 경우 중간재 교역을 중심으로 부정적 영향이 더 확대될 수 있다고 밝혔다.

① 스핀오프(Spin-off)
② 리쇼어링(Reshoring)
③ 오프쇼어링(Off-shoring)
④ 오픈 소싱(Open sourcing)
⑤ 클라우드 소싱(Crowd sourcing)

해설
① 기존의 작품에서 파생된 작품
③ 인건비 등이 싼 해외로 나가는 현상
④ 원청업체와 납품업체의 개방적인 납품 – 하청 관계 현상
⑤ 회사나 조직 내부 인적 자원에만 의존하지 않고 소비자 의견을 적극 수용하는 방식

60 수요변동에 맞추어 공급능력을 재조정할 때 너무 적은 수요가 발생될 경우 추진할 수 있는 방안으로 가장 올바르지 않은 것은?

① 과잉설비 매각
② 종업원 교육 또는 휴가
③ 종업원 감원 또는 해고
④ 시설장비 유지관리 및 개보수
⑤ 하청 또는 아웃소싱(Out sourcing)

해설
기업이 업무를 아웃소싱이나 하청의 형태로 외부에 위탁하는 이유는 과잉 공급된 업무량을 줄이거나 전문적인 처리를 맡겨 조직 내부의 문제를 해결하고 생산성 향상이라는 이중효과를 달성하기 위함이다.

3과목 고객관리 실무론

61 다음 〈보기〉의 설명에 해당하는 이미지의 분류는?

> **보기**
>
> 어린이들은 햄버거를 좋아한다와 같은 이미지는 동양권의 학생들에게는 어느 정도 인정될 수 있으나, 햄버거가 식사 메뉴로 일반화된 서양권의 학생들에게는 반드시 인정되기 어려울 수 있다.

① 내적 이미지
② 외적 이미지
③ 독립적 이미지
④ 사회적 이미지
⑤ 선택적 이미지

해설
사회적 이미지
특정한 사회 속에서만 성립되고 또한 그 사회의 내부에서는 사회구성원이 모두 의심 없이 수용하고 있는 이미지이다.

62 다음 중 첫인상의 일반적인 특징에 대한 설명으로 가장 거리가 먼 것은?

① 본인의 의지와는 상관없이 상대방에게 보이는 대로 판단된다.
② 본인의 숨겨진 내면이나 성향을 전달하는 데 어려움이 있다.
③ 처음 전달된 첫 순간으로 결정되기 때문에 일회성의 특징을 지닌다.
④ 처음 들어온 정보가 뒤의 정보를 차단해 버리는 초두효과의 특성을 보인다.
⑤ 처음 대면하여 각인되기까지 평균적으로 대략 1분 이상의 시간이 필요하다.

해설
첫인상은 신속성을 갖고 있어서 약 3 ～ 7초 사이에 이미지가 결정된다.

63 다음 중 메라비언(Mehrabian)의 법칙에서 제시된 언어적인 요소에 해당하는 것은?

① 억 양
② 표 정
③ 복 장
④ 동 작
⑤ 전문지식

> **해설**
> 메라비언의 법칙(Law of Mehrabian)
> • 시각적 요소 : 표정, 용모, 복장, 자세, 동작, 걸음걸이, 태도
> • 청각적 요소 : 음성, 언어, 호흡, 말씨, 억양, 속도
> • 언어적 요소 : 말의 내용, 전문지식, 숙련된 기술

64 다음 중 올바른 인사의 시기와 방법에 대한 설명으로 가장 올바르지 않은 것은?

① 일반적으로 30보 이내에서 준비하는 것이 좋다.
② 상대방과 방향을 마주할 경우 6 ~ 9보 정도가 가장 좋은 시기라 할 수 있다.
③ 복도에서 상사 한 사람과 만났을 때는 상사의 바로 앞에 멈추어 서서 인사를 하는 것이 좋다.
④ 측방에서 갑자기 만났을 경우에는 상대를 확인하는 즉시 인사를 나누는 것이 좋다.
⑤ 상대방의 인사에 응답하는 것보다 내가 먼저 반갑게 인사를 건네는 것을 생활화하여야 한다.

> **해설**
> 복도에서 상사 한 사람과 만났을 때는 걸음을 멈출 필요는 없고, 한쪽 옆으로 비키며 가볍게 인사하는 것이 좋다.

65 전통적인 공수법에 대한 설명으로 올바른 것은?

① 남자와 여자의 손 위치는 같다.
② 평상시와 흉사시의 손 위치는 같다.
③ 평상시, 남자는 오른손으로 위로 하여 두 손을 가지런히 모아서 잡는다.
④ 흉사시, 여자는 왼손으로 위로 하여 두 손을 가지런히 모아서 잡는다.
⑤ 흉사시, 남자는 왼손으로 위로 하여 두 손을 가지런히 모아서 잡는다.

> **해설**
> ① 남자와 여자의 손 위치는 다르다.
> ② 평상시와 흉사시의 손 위치는 다르다.
> ③ 평상시, 남자는 왼손을 위로 하여 두 손을 가지런히 모아서 잡는다.
> ⑤ 흉사시, 남자는 오른손을 위로 하여 두 손을 가지런히 모아서 잡는다.

66 고객 상담 화법 중 유명 연예인이나 매출 자료를 제시하여 고객의 반대 저항을 감소시켜 나가는 심리적 화법의 명칭은?

① 후광 화법
② 간접부정법
③ 긍정법
④ 역전법
⑤ 쿠션 화법

> **해설**
> ② · ③ · ④ 일단 고객의 의견에 동의하고 반대의견을 말하는 화법
> ⑤ '죄송합니다만', '수고스러우시겠지만' 등의 말을 적절하게 활용한 화법

67 다음 중 고객불만 처리 방법에 대한 설명으로 가장 올바르지 않은 것은?

① 요점을 파악하여 고객의 착오는 없었는지를 검토한다.
② 신속하게 해결책을 마련하여 처리하고 친절하게 해결책을 납득시킨다.
③ 고객이 말하는 것을 성의를 가지고 듣고 불평사항을 긍정적으로 받아들인다.
④ 결과를 검토, 반성하여 두 번 다시 동일한 고객불만이 발생되지 않도록 유의한다.
⑤ 회사의 방침과 결부하여 자신의 권한 밖에 있을 때는 적절한 절차를 거쳐 권한을 부여 받아 직접 처리토록 한다.

해설
회사의 방침과 결부하여 자신의 권한 밖에 있을 때는 미숙한 처리로 오히려 고객의 불만을 더 크게 만들 수 있으므로 상사에게 보고하거나 담당 부서에 연결하여 처리할 수 있도록 한다.

68 고객을 화나게 하는 7가지 태도 중 마음을 담지 않고 인사나 응대, 답변 등이 기계적이며 반복적으로 고객을 대하는 태도를 의미하는 것은?

① 냉 담 ② 경직화
③ 무 시 ④ 규정 제일
⑤ 발 뺌

해설
칼 알브레이트의 고객을 화나게 하는 7가지 태도
• 무관심(Apathy) : 내 소관, 내 책임이 아니니 나와는 아무 관계없다는 태도
• 무시(Brush-off) : 고객의 요구나 문제를 못 본 척하고 피하는 태도
• 냉담(Coldness) : 고객이 귀찮음을 여실히 드러내고 퉁명스럽게 대하는 태도
• 건방떨기/생색(Condescension) : 낯설어 하는 고객에게 생색을 내고 어딘지 모르게 건방진 태도
• 로봇화(Robotism) : 경직화. 직원이 기계적으로 응대하고, 인간미를 느낄 수 없는 태도
• 규정 핑계(Rule Apology) : 고객의 만족보다는 조직의 내부 규정을 더 앞세우는 태도
• 뺑뺑이 돌리기(Run Around) : "저희 담당이 아니니 다른 부서로 문의하세요."라는 말로 발뺌하고 타 부서로 미루는 태도

69 다양한 상황에 따른 고객 불만 요인 중 금전적 상황에 대한 불만 요인으로 가장 거리가 먼 것은?

① 회원가입 절차
② 결제 조건
③ 지불 수단
④ 금전적인 혜택이나 우대사항
⑤ 멤버십 유무에 다른 금전적인 부담 정도

해설
회원가입 절차 때문에 발생한 고객 불만은 회사 시스템 문제로 인한 것이므로 금전적 상황에 대한 불만 요인이 아니다.

70 다음 중 코칭(Coaching)의 단점에 대한 설명으로 가장 올바르지 않은 것은?

① 매일의 코칭은 학습자에게 부담이 될 수 있다.
② 코치에 비해 학습자의 비약적 성장이 가능하다.
③ 교육의 성패가 코치의 능력에 지나치게 좌우된다.
④ 코치와 학습자 간의 계약관계는 학습에 지장을 줄 수 있다.
⑤ 일대일 방식이므로 코치의 시간이 많이 소요되며 노동집약적이다.

해설
코칭은 코치와 학습자가 동시에 성장할 수 있다는 장점을 가진 교육이다.
코칭(Coaching)의 단점
• 교육의 성패가 코치의 능력에 좌우된다.
• 일대일 방식이므로 코치의 시간이 많이 소요되며 노동집약적이다.
• 매일의 코칭은 학습자에게 부담이 될 수 있다.
• 코치와 학습자 간의 계약관계가 학습에 지장을 줄 수 있다.

71 다음 중 올바른 전화응대 자세로 가장 바람직하지 않은 것은?

① 상대의 전화통화 가능 여부를 확인한다.
② 통화내용 중 중요한 사항은 반복하여 확인한다.
③ 도중에 끊어지면 전화를 먼저 건 쪽에서 다시 건다.
④ 상대의 신뢰를 확보하기 위해 전문 용어를 사용한다.
⑤ 상대가 자신보다 연하 혹은 손아래일지라도 경어를 사용하는 것이 좋다.

해설
상대가 이해하지 못할 전문 용어나 틀리기 쉬운 단어는 사용하지 않는 것이 좋다.

72 다음 〈보기〉의 설명에 해당하는 콜센터 유형으로 가장 올바른 것은?

보기
콜센터 운영의 장점과 전문성을 지닌 업체의 도움을 받아 시스템, 인력 업무 노하우를 결합 또는 공유하여 운영하는 방식의 콜센터 유형이다.

① 직할 콜센터
② 직영 콜센터
③ 아웃소싱형 콜센터
④ 제휴형 콜센터
⑤ 커스터마이징 콜센터

해설
①·② 기업 내부의 조직원들이 고객정보 보호, 지속적인 업무 진행, 고객관리의 질을 지속적으로 향상시키기 위해 직접 운영하는 방식
③ 기업 외부의 전문 콜센터 업체에 의뢰하여 콜센터를 운영하는 방식

73 다음 중 콜센터의 역할과 관련해 서비스 전략적인 측면으로 보기 어려운 것은?

① 콜센터 운영지표 확보
② 다양한 커뮤니케이션 채널 확보
③ 기업의 수익 향상을 위한 고객확보
④ 고객 니즈의 정확한 이해와 피드백 제공
⑤ 서비스 실행 조직으로 기업 전체에 미칠 영향의 중요성

해설
기업의 수익 향상을 위한 고객확보는 기업경영 측면에서의 콜센터 역할이다.

74 다음 중 콜센터 조직의 일반적인 특성과 가장 거리가 먼 것은?

① 개인 편차
② 특정 업무의 선호
③ 비정규직 중심의 전문조직
④ 콜센터만의 독특한 집단의식
⑤ 개방적인 내부 커뮤니케이션 구조

해설
콜센터 조직의 일반적인 특성
• 개인 편차 : 직업에 대한 만족감 정도, 적극성, 자기계발, 인간관계, 고객응대 수준 등에서 차이가 나는 경우가 많다.
• 특정 업무의 선호 : 개인의 특정 업무 선호도에 따라 구직 신청부터 입사, 근무 매력도, 조직 적응력 등에 차이가 발생한다. 경쟁력이 떨어지는 곳은 상담원들의 애사심이나 참여도가 부족하여 조직관리에 어려움이 있다.
• 콜센터만의 독특한 집단의식 : 콜센터 내에서 자신과 우호적인 상담원들끼리 무리를 이루어 친밀감과 유대감을 형성하는 '도시락 문화'가 대표적이다. 근로조건에 매우 민감하여 콜센터 내의 분위기에 급격하게 동조하는 경향이 있다.
• 커뮤니케이션 장벽 : 조직 내에서 정규직과 비정규직 간의 의식·시각 차이, 참여도, 학습능력의 차이, 근속기간의 차이 등으로 인한 보이지 않는 커뮤니케이션 장벽이 존재한다.

75 콜센터 모니터링 방법 중 직접 자신의 상담 내용을 듣고 정해진 평가표에 따라 스스로를 평가하고 개선하는 방식의 모니터링 기법은?

① Self-monitoring

② Peer-monitoring

③ Silent-monitoring

④ Real-monitoring

⑤ Side-by-side Monitoring

해설
② 정해진 동료의 상담내용을 듣고, 피드백한 뒤 벤치마킹하게 하는 방법

③ 상담원과 고객 모두 누가 모니터링을 하는지 모르도록 상담원과 떨어져 있는 장소에서 상담 내용을 평가하는 방법으로 고객과 상담원 간의 자연스러운 상호작용을 관찰할 수 있는 모니터링 기법

④ 상담원이 모니터링 여부를 모르게 무작위로 추출한 내용을 듣고 정해진 평가표에 따라 평가하는 방법

⑤ 관리자가 상담원 근처에서 상담내용과 업무처리과정, 행동을 직접 관찰하고 즉각적으로 피드백을 하는 방법

76 다음 중 악수의 5대 원칙으로 가장 거리가 먼 것은?

① 미소(Smile)

② 리듬(Rhythm)

③ 존중(Respect)

④ 눈맞춤(Eye-contact)

⑤ 적당한 거리(Distance)

해설
악수의 5대 원칙
• 적당한 힘(Power)
• 눈맞춤(Eye-contact)
• 적당한 거리(Distance)
• 리듬(Rhythm)
• 미소(Smile)

77 다음 〈보기〉의 그림에서 열차 탑승 시 가장 높은 상석에 해당하는 것은?

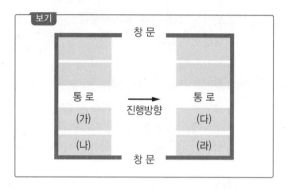

① (가)

② (나)

③ (다)

④ (라)

⑤ (가), (나)

해설
열차 탑승 시 상석
열차 진행방향을 바라보고 창문을 통해 전망을 볼 수 있는 자리가 상석이고, 마주보는 곳이 차석이다.

78 다음 중 사회 문화에 따른 구성원의 가치관과 이에 대한 행동의 연관성을 설명하기 위해 홉스테드(Hofstede)가 제시한 문화차원이론의 5가지 범주에 포함되지 않는 것은?

① 시간 성향

② 권위주의적 성향

③ 개인주의적 성향

④ 불확실성 회피 성향

⑤ 사회 현상의 묵시적 성향

해설
홉스테드의 문화차원이론 5가지 범주
• 권력 거리 지수 : 조직이나 단체에서 권력이 작은 구성원이 권력의 불평등한 분배를 수용하고 기대하는 정도
• 개인주의 대 집단주의 : 한 개인이 가족이나 집단에 대한 책임보다 개인적인 자유를 더 중시하는 정도를 나타내는 척도
• 불확실성 회피 지수 : 사회 구성원이 불확실성을 최소화함으로써 불안에 대처하려고 하는 정도
• 남성성 대 여성성 : 성별 간 감정적 역할의 분화를 나타내는 척도
• 장기지향성 대 단기지향성 : 사회의 시간 범위를 설명하는 척도. 장기 지향적인 사회는 미래에 더 많은 중요성을 부여하고, 단기 지향적인 사회에서는 끈기, 전통에 대한 존중 등을 강조

79 다음 중 의전의 기본 원칙에 대한 설명으로 가장 올바르지 않은 것은?

① 의전은 상대 문화 및 상대방에 대한 존중과 배려를 바탕으로 한다.
② 의전은 양자주의를 원칙으로 한다.
③ 의전은 특정 지역의 문화를 반영한다.
④ 참석자 서열을 지키는 것은 의전의 핵심이자 의전 행사에 있어 가장 기본이 되는 기준이다.
⑤ 의전은 기본적으로 오른쪽을 상석으로 한다.

해설
의전은 상호주의를 원칙으로 한다.

80 국제 비즈니스 에티켓과 관련해 테이블 매너 시 유의사항에 대한 설명으로 가장 올바르지 않은 것은?

① 음식이 담긴 식기에 직접 입을 대고 먹지 않는다.
② 식사 중 테이블에서 화장을 고치는 것은 예의에 어긋나므로 주의한다.
③ 담배는 가급적 식사 후에 상대방의 양해를 구하고 피우는 것이 예의이다.
④ 상대방의 식사에 방해가 되지 않도록 식사 중에는 최대한 대화를 자제하는 것이 좋다.
⑤ 다른 손님들에게 방해가 될 수 있기 때문에 큰 소리로 웨이터를 부르지 않도록 주의한다.

해설
말없이 식사만 하는 것보다는 공통의 관심사 등을 주제로 대화를 하는 것이 좋다. 사업 이야기나 무거운 주제는 피하고 가벼운 대화를 즐기도록 한다.

81 다음 중 소비자기본법 및 시행령의 기본 개념과 정의에 대한 설명으로 가장 올바르지 않은 것은?

① 소비자라 함은 사업자가 제공하는 물품 또는 용역을 소비생활을 위하여 사용하는 자 또는 생산 활동을 위하여 사용하는 자로서 대통령령이 정하는 자를 말한다.
② 사업자라 함은 물품을 제조, 수입, 판매하거나 용역을 제공하는 자를 말한다.
③ 제공된 물품 등을 원재료, 자본재 또는 이에 준하는 용도로 생산활동에 사용하는 자는 사업자의 범위에서 제외된다.
④ 사업자단체라 함은 2 이상의 사업자가 공동의 이익을 증진할 목적으로 조직한 단체를 말한다.
⑤ 소비자단체라 함은 소비자의 권익을 증진하기 위하여 소비자가 조직한 단체를 말한다.

해설
제공된 물품 등을 원재료, 자본재 또는 이에 준하는 용도로 생산활동에 사용하여 지정 범위에서 제외되는 것은 소비자이다.

82 다음 중 소비자기본법상 명시된 물품 등에 대한 표시의 기준(제10조)에 대한 내용으로 가장 거리가 먼 것은?

① 표시의 크기, 위치 및 방법
② 사용방법, 사용, 보관할 때의 주의사항 및 경고사항
③ 물품 등에 따른 불만이나 소비자피해가 있는 경우의 처리기구 및 처리방법
④ 물품 등을 제조, 수입 또는 판매하거나 제공한 사업자의 명칭 및 물류번호, 통관고유번호
⑤ 제조 연월일, 품질보증기간 또는 식품이나 의약품 등 유통과정에서 변질되기 쉬운 물품은 그 유효기간

표시의 기준(소비자기본법 제10조)
- 상품명 · 용도 · 성분 · 재질 · 성능 · 규격 · 가격 · 용량 · 허가번호 및 용역의 내용
- 물품 등을 제조 · 수입 또는 판매하거나 제공한 사업자의 명칭(주소 및 전화번호를 포함한다) 및 물품의 원산지
- 사용방법, 사용 · 보관할 때의 주의사항 및 경고사항
- 제조연월일, 품질보증기간 또는 식품이나 의약품 등 유통과정에서 변질되기 쉬운 물품은 그 유효기간
- 표시의 크기 · 위치 및 방법
- 물품 등에 따른 불만이나 소비자피해가 있는 경우의 처리기구(주소 및 전화번호를 포함한다) 및 처리방법
- 시각장애인을 위한 표시방법

83 다음 중 소비자기본법상 명시된 소비자중심경영의 인증(제20조의2)에 대한 내용으로 가장 거리가 먼 것은?

① 소비자중심경영인증을 받으려는 사업자는 대통령령으로 정하는 바에 따라 공정거래위원회에 신청하여야 한다.
② 소비자중심경영인증을 받은 사업자는 대통령령으로 정하는 바에 따라 그 인증의 표시를 할 수 있다.
③ 소비자중심경영인증의 유효기간은 그 인증을 받은 날부터 2년으로 한다.
④ 공정거래위원회는 소비자중심경영인증을 신청하는 사업자에 대하여 대통령령으로 정하는 바에 따라 그 인증의 심사에 소요되는 비용을 부담하게 할 수 있다.
⑤ 공정거래위원회는 소비자중심경영을 활성화하기 위하여 대통령령으로 정하는 바에 따라 소비자중심경영인증을 신청하였으나 최종 선정되지 못한 기업에 대하여 포상 또는 지원 등을 할 수 있다.

해설
공정거래위원회는 소비자중심경영을 활성화하기 위하여 대통령령으로 정하는 바에 따라 소비자중심경영인증을 받은 기업에 대하여 포상 또는 지원 등을 할 수 있다.

84 와이블(Weible)이 분류한 개인정보의 14개 유형 중 성명, 주민등록번호, 운전면허정보, 주소, 전화번호 등에 해당하는 것은?

① 일반정보
② 법적정보
③ 소득정보
④ 신용정보
⑤ 조직정보

해설
와이블(Weible)의 개인정보 유형
- 일반정보 : 이름, 주민등록번호, 운전면허, 주소, 전화번호, 생년월일, 출생지, 본적지, 성별, 국적
- 가족정보 : 부모, 배우자, 부양가족, 가족구성원들의 이름 및 직업, 출생지, 생년월일
- 교육 및 훈련정보 : 학교출석사항, 최종학력, 성적, 기술자격증, 면허증, 서클활동, 상벌사항
- 병역정보 : 군번, 계급, 제대유형, 주특기, 근무부대
- 부동산정보 : 소유주택, 토지, 자동차, 건물
- 동산정보 : 보유현금, 저축현황, 주식, 채권, 수집품
- 소득정보 : 봉급, 봉급경력, 보너스 및 수수료, 이자소득, 사업소득
- 기타 수익정보 : 보험 가입현황, 수익자, 회사의 판공비, 투자프로그램, 퇴직프로그램, 휴가, 병가
- 신용정보 : 대부, 저당, 신용카드, 지불연기 및 미납 횟수, 임금압류 통보에 대한 기록
- 고용정보 : 고용주, 회사주소, 상관의 이름, 직무수행 평가기록, 훈련기록, 출석기록
- 법적정보 : 전과기록, 교통위반기록, 파산 및 담보기록, 구속기록, 이혼기록, 납세기록
- 의료정보 : 가족병력기록, 신체장애여부, 혈액형
- 조직정보 : 노조가입, 종교단체 가입, 정당가입
- 습관 및 취미정보 : 흡연, 음주량, 선호 스포츠 및 오락, 여가활동, 비디오 대여기록, 도박성향

85 개인정보처리와 관련하여 개인정보보호법에 명시된 정보주체의 권리에 해당하지 않는 것은?

① 개인정보의 처리에 관한 정보를 제공받을 권리
② 개인정보 처리로 인하여 발생한 피해에 대한 징벌 수위를 조정할 권리
③ 개인정보의 처리 여부를 확인하고 개인정보에 대하여 열람을 요구할 권리
④ 개인정보의 처리에 관한 동의 여부, 동의 범위 등을 선택하고 결정할 권리
⑤ 개인정보의 처리 정지, 정정, 삭제 및 파기를 요구할 권리

해설
정보주체의 권리(개인정보보호법 제4조)
• 개인정보의 처리에 관한 정보를 제공받을 권리
• 개인정보의 처리에 관한 동의 여부, 동의 범위 등을 선택하고 결정할 권리
• 개인정보의 처리 여부를 확인하고 개인정보에 대하여 열람(사본의 발급을 포함)을 요구할 권리
• 개인정보의 처리 정지, 정정, 삭제 및 파기를 요구할 권리
• 개인정보의 처리로 인하여 발생한 피해를 신속하고 공정한 절차에 따라 구제받을 권리

※ 2023년 9월 15일 이후 시험을 응시하는 수험생은 아래 법령을 참고하시기 바랍니다.

정보주체의 권리(개인정보보호법 제4조)
• 개인정보의 처리에 관한 정보를 제공받을 권리
• 개인정보의 처리에 관한 동의 여부, 동의 범위 등을 선택하고 결정할 권리
• 개인정보의 처리 여부를 확인하고 개인정보에 대한 열람(사본 발급 포함) 및 전송을 요구할 권리
• 개인정보의 처리 정지, 정정 · 삭제 및 파기를 요구할 권리
• 개인정보의 처리로 인하여 발생한 피해를 신속하고 공정한 절차에 따라 구제받을 권리
• 완전히 자동화된 개인정보 처리에 따른 결정을 거부하거나 그에 대한 설명 등을 요구할 권리

86 개인정보 유출 통지와 관련해 다음 〈보기〉의 ( ) 안에 들어갈 내용으로 올바른 것은?

보기
1천명 이상의 정보주체에 관한 개인정보가 유출된 경우에는 서면 등의 방법과 함께 인터넷 홈페이지에 정보주체가 알아보기 쉽도록 법 제34조 제1항 각 호의 사항을 ( ) 이상 게재하여야 한다(개인정보보호법 시행령 제40조).

① 7일
② 15일
③ 30일
④ 60일
⑤ 90일

해설
1천명 이상의 정보주체에 관한 개인정보가 유출된 경우에는 서면 등의 방법과 함께 인터넷 홈페이지에 정보주체가 알아보기 쉽도록 법 제34조 제항 각 호의 사항을 7일 이상 게재하여야 한다.

87 다음 중 OJT(On the Job Training)의 단점으로 가장 거리가 먼 것은?

① 상급자의 능력에 지나치게 좌우될 염려가 있다.
② 비싼 장비 사용 시 고장이 나면 전체 생산에 지장이 초래된다.
③ 현장에 교육을 방해하는 소음 등의 방해물과 안전사고 발생의 가능성이 존재한다.
④ 학습자가 교육 내용을 자신의 주 업무와 관련이 없다고 생각할 경우 시간 낭비가 될 수도 있다.
⑤ 상사와 부하, 선 · 후배 간의 인간관계에 장애가 초래될 수 있으며, 상사와 선배의 자기계발 기회의 희생이 불가피하다.

해설
OJT는 상사와 부하, 선 · 후배 간 관계를 두터워지게 하고, 상사와 선배는 이를 통해 자기계발의 기회를 많이 얻을 수 있다.

88 도날슨(Donaldson)과 스캐널(Scannel)이 제시한 성인학습의 원리에 대한 설명으로 가장 올바르지 않은 것은?

① 학습 속도는 사람마다 다르다.
② 긍정적 강화는 학습을 강화시킨다.
③ 학습은 끊임없이 지속되는 과정이다.
④ 학습은 자극으로 시작해서 감각으로 끝난다.
⑤ '부분–전체–부분'의 순서에 따를 때 학습의 효과가 나타난다.

해설
도날슨(Donaldson)과 스캐널(Scannel)의 성인학습 기본원리
• 학습 속도는 사람마다 다르다.
• 학습은 끊임없이 지속되는 과정이다.
• 훈련 시간이 적절해야 한다.
• 자극(Stimulation)에서 시작해서 감각(Sense)으로 끝난다.
• '전체 – 부분 – 전체'의 순서를 따를 때 학습 효과가 발생된다.
• 긍정적 강화는 학습을 강화시킨다.
• 지지적인 학습 환경일 때 효율성이 높아진다.
• 학습은 스스로의 활동이다.
• 최선의 학습은 '해 봄(Doing)'을 통해 획득된다.

89 교육훈련을 위한 교수법 중 강의법(Lecture Method)의 단점으로 가장 거리가 먼 것은?

① 거의 전적으로 학습자의 수준에 의존하여 수업이 진행된다.
② 학습자의 다양한 능력, 지식, 경험 등이 고려될 여지가 거의 없다.
③ 학습자들을 단순하게 기계적인 청취자로만 길러 낼 위험성이 크다.
④ 준비가 덜 되고 질문을 할 수 없는 교육생들은 뒤로 빠지게 된다.
⑤ 학습자들에게 인지적 부담을 많이 주는 질문을 하거나 질문에 대하여 생각을 하지 못하게 한다.

해설
강의법은 거의 교사나 강사 개인의 능력 및 기술에 전적으로 의존하여 수업이 진행된다.

90 프레젠테이션 자료 제작 시 다음 〈보기〉의 다이어그램을 사용해야 할 경우로 가장 적합한 것은?

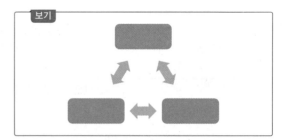

① 위치, 단계를 나타내고자 할 때
② 공통, 특성을 표현하고자 할 때
③ 순환, 주기를 표현하고자 할 때
④ 성장, 상승을 나타내고자 할 때
⑤ 확산, 하위분류를 나타내고자 할 때

해설
프레젠테이션 설계 시 같은 내용을 시각적으로 빨리 전달하려고 할 때 그림이나 표, 도형, 차트 등을 사용할 수 있다.

1과목 CS 개론

01 고객만족(CS)과 관련하여 '기대–불일치 이론'의 내용 중 다음 〈보기〉의 대화에 가장 부합하는 것은?

> 보기
> • 영희 : 이번에 해외 직구로 구매한 디지털카메라 직접 사용해보니까 어때?
> • 철수 : 적당한 가격 같아서 구매했는데, 마감도 조잡하고 화질도 엉망이라 완전 실망이야.

① 단순 일치
② 단순 불일치
③ 긍정적 불일치
④ 부정적 일치
⑤ 부정적 불일치

해설
기대–불일치 이론
제품 성과가 기대보다 높아 긍정적 불일치가 발생하면 만족하고, 반대로 성과가 기대보다 낮아 부정적 불일치가 발생하면 불만족을 가져온다는 이론이다.

긍정적 불일치	소비자가 구매한 제품의 성과가 기대보다 나은 경우를 지칭 [지각된 제품 성과 > 기대 → 고객만족 증가(고객감동)]
부정적 불일치	소비자가 구매한 제품의 성과가 기대보다 못한 경우를 지칭 [지각된 제품 성과 < 기대 → 고객불만족]
단순 일치	소비자가 구매한 제품의 성과와 기대가 같은 경우를 지칭 [지각된 제품 성과 = 기대 → 고객만족]

02 '공정성 이론(Equity Theory)'과 관련해 '절차상의 공정성'을 설명한 내용으로 가장 올바른 것은?

① 기여, 요구, 평등성 등의 요소로 제시된다.
② 도출 결과에 영향을 미치는 정보의 공유 정도를 말한다.
③ 투입과 도출 사이의 상호관계에서 투입과 도출에 대한 평가가 우선시되는 기준이다.
④ 의사소통 방식, 우호적인 정도, 흥미, 존경, 정직, 예의 등으로 구성되어 있다.
⑤ 인간적인 측면과 비인간적인 측면까지 포함하여 의사결정을 수행하는 스타일과 관련된 것을 말한다.

해설
절차상의 공정성
도출 결과에 영향을 미치는 영향력과 정보의 공유 정도를 의미한다.

03 비즈니스 프로세스의 분류 중 '기반 프로세스'에 대한 설명으로 가장 올바른 것은?

① 프로세스의 초점이 고객만족에 있으며, 고객의 기대수준과 대비하여 판단이 가능하다.
② 조직이 영위하는 사업 영역에서 경쟁자보다 뛰어나게 고객가치를 제공하는 프로세스를 의미한다.
③ 경쟁자보다 뛰어나지는 않더라도 고객에게 최소한의 가치를 제공하기만 하면 되는 프로세스를 의미한다.
④ 미래의 산업 전략이 성공할 수 있도록 사람, 기술, 프로세스를 결합하여 조직의 역량을 구축해 나가는 과정을 의미한다.
⑤ 변화하는 고객의 니즈와 기술적 변화에 맞추어 조직의 지속적인 경쟁 우위 확보를 위해 역량을 개발하는 프로세스를 말한다.

기반 프로세스는 핵심 프로세스는 아니나 프로세스 결과물이 고객에게 가치가 있다고 파악되는 프로세스로, 경쟁자와의 경쟁 여부를 떠나 고객에게 필요한 최소한의 가치만 제공하면 되는 프로세스를 말한다.

04 슈메너(Schmenner)가 제시한 '서비스 프로세스 매트릭스'에 대한 설명으로 올바르지 않은 것은?

① 노동집중도, 고객과의 상호작용, 개별화를 기준으로 서비스 프로세스를 구분할 수 있다.
② 노동집중도란 '기업에 의한 의존도'와 '개인에 의한 의존도'의 상대적인 비율을 말한다.
③ 고객과의 상호작용이란 고객이 서비스 프로세스와 상호작용하는 정도를 말한다.
④ 개별화는 서비스가 고객에게 개별화되는 정도를 의미한다.
⑤ 분류 기준에 따라 '서비스 팩토리, 서비스 샵, 대중 서비스, 전문 서비스'와 같이 4가지 유형으로 구분할 수 있다.

노동집중도
서비스 전달에 필요한 장치나 설비 등의 '자본 의존도'와 사람에 의존하는 정도인 '노동 의존도'의 상대적인 비율을 말한다.

05 다음 중 데이비드 마이스터(David Maister)가 제시한 대기관리의 기본 원칙에 관한 내용으로 올바르지 않은 것은?

① 불확실한 기다림이 더 길게 느껴진다.
② 공정한 대기시간이 더 길게 느껴진다.
③ 혼자 기다리는 것이 더 길게 느껴진다.
④ 원인이 설명되지 않은 대기시간이 더 길게 느껴진다.
⑤ 프로세스 이전의 기다림이 프로세스 내의 기다림보다 길게 느껴진다.

데이비드 마이스터(David Maister)의 대기관리의 기본 원칙 8가지
• 아무 일도 안 할 때 대기가 더 길게 느껴진다(프로세스 이전의 기다림이 프로세스 내의 기다림보다 길게 느껴진다).
• 구매 전 대기가 더 길게 느껴진다.
• 근심은 대기를 더 길게 느껴지게 한다.
• 언제 서비스를 받을지 모른 채 무턱대고 기다리면 대기는 더 길게 느껴진다(불확실한 기다림이 더 길게 느껴진다).
• 원인을 모르는 대기는 더 길게 느껴진다.
• 불공정한 대기는 더 길게 느껴진다(대기 장소에서 명확한 규칙 없이 서비스를 제공하면 고객은 불공정성이 발생한다고 느끼며 대기시간이 더 길다고 생각한다).
• 대기는 가치가 적을수록 더 길게 느껴진다(높은 가치의 서비스를 기다리는 고객은 긴 기다림을 감수하고 오랫동안 기다린다).
• 대기는 혼자 기다리면 더 길게 느껴진다.

06 서비스 접점 유형 중 '원격 접점(Remote Encounter)'에 대한 설명으로 가장 올바르지 않은 것은?

① 고객이 어떠한 인적 접촉 없이 서비스 기업과 접촉하는 것을 말한다.
② 현금자동인출기를 이용한 출금, 자동발매기를 통한 각종 티켓 발급 등의 사례에 해당한다.
③ 직접적인 인적 접촉이 발생되지 않더라도 고객의 품질 지각을 긍정적으로 구축 또는 재(再)강화할 수 있다.
④ 인간적 요소가 배제된 물리적 단서가 중요한 요소로 작용하기 때문에 허용 오차가 많고 통제가 어렵다.
⑤ 서비스의 유형적 증거와 기술적 프로세스 및 시스템을 통해 서비스 품질 판단의 근본을 제공할 수 있다.

원격 접점
• 인적 접촉 없이 서비스 기업과 접촉하는 방식이다.
• 직접적인 인적 접촉이 발생되지 않더라도 고객의 품질 지각을 긍정적으로 구축 또는 재(再)강화할 수 있다.
• 서비스의 유형적 증거와 기술적 프로세스 및 시스템을 통해 서비스 품질 판단의 근본을 제공할 수 있다.
• 은행의 ATM, 자동티켓발매기, 인터넷 쇼핑 주문, 기업이 발송하는 정보성 우편 등이 있다.

07 다음 중 '품질기능전개(QFD)'에 대한 설명으로 가장 거리가 먼 것은?

① 1960년대 일본에서 처음 개발되어 1972년 미쓰비시 중공업의 고베조선소에서 원양어선 제작에 사용되었다.
② 1980년대 초반 자동차 회사인 GM과 Ford(社), IT제조회사인 3M과 휴렛팩커드(HP)에 의해 미국 산업계에 소개되었다.
③ 품질기능전개를 도입한 기업은 판매 후 하자 발생 감소, 품질 보증비용 감소, 기능부서 간 팀워크 향상 등의 효과를 기대할 수 있다.
④ 시스템의 개발 초기 단계부터 고객을 참여시켜 고객의 요구를 반영한 설계 방법이다.
⑤ 고객이 가진 세부적이고 구체적인 생각과 실질적 디자인을 기반으로 고객이 직접 제품 설계 및 개발에 주도적으로 참여하고 기업은 생산 공정만을 전개해 나가는 것을 의미한다.

해설
품질기능전개(QFD)
• 1960년대 후반 일본의 '아카오 요지'가 연구하기 시작
• 1972년 미쓰비시 중공업의 고베조선소에서 원양어선 제작에 처음으로 사용
• 1980년대 초반 자동차 회사인 GM과 Ford(社), IT제조회사인 3M과 휴렛팩커드(HP)가 미국 산업계에 소개
• 품질기능전개를 도입한 기업은 판매 후 하자 발생 감소, 품질 보증비용 감소, 기능부서 간 팀워크 향상 등의 효과를 기대할 수 있음
• 신상품 및 서비스 · 시스템 개발 초기 단계부터 고객을 참여시켜 고객의 요구를 반영하는 설계 방법

08 다음 중 '품질기능전개(QFD)'를 적용하기 위한 목적으로 보기 어려운 것은?

① 마켓쉐어 확대
② 설계품질 설정
③ 기획품질 설정
④ 시장품질 정보 축적
⑤ 직원 정보의 상류 전달

해설
품질기능전개(QFD)의 적용 목적
• 개발기간 단축
• 설계품질 및 기획품질 설정
• 제품의 품질 향상
• 초기 품질 트러블 절감
• 마켓쉐어 확대

09 다음 〈보기〉의 내용 중 '마이클 해머(Michael Hammer)' 교수가 제시한 3C를 찾아 모두 선택한 것은?

보기
가. Competition
나. Customer
다. Cost
라. Communication
마. Confidence

① 가, 나
② 가, 나, 라
③ 가, 나, 마
④ 나, 다, 라
⑤ 다, 라, 마

마이클 해머(Michael Hammer)의 3C

- Customer(고객) : 21세기는 고객의 시대, 즉 고객을 만족시키고 감동을 주지 못하면 기업 경영이 제대로 생존하고 성장하기 어렵다.
- Change(변화) : 기존의 기업 마인드를 바꾸고, 글로벌 시장에 맞는 합리적인 조직으로 변화해야 한다. 고객, 인간, 고객가치창조 중심으로 변화해야 하며, 변화에 효과적으로 대응하기 위해서는 내부의 의견을 들을 수 있어야 하고, 기업 문화로 정착돼야 한다. 결국, 유연한 조직 문화가 기업을 변화시킬 수 있는 것이다.
- Competition(경쟁) : 21세기는 무한 경쟁 시대이다. 종전의 기업가 중심에서 소비자 중심으로 헤게모니가 넘어가면서 기업이 무한 경쟁에서 살아남기 위해서는 고객중심 경영전략을 구사하여야 한다.

10 다음 '총체적 고객만족경영(TCS)'의 혁신 요소 중 내부 핵심역량 강화 요소에 해당하는 것은?

① 브랜드
② 이미지
③ 고객관리
④ 인사조직
⑤ 가격경쟁력

TCS의 내부 핵심역량 강화 요소
지식, 인사조직, 정보 기술, 프로세스

11 다음 중 '구전(口傳)'의 중요성에 대한 설명으로 가장 거리가 먼 것은?

① 구전은 기업에 의해 창출된 것이 아니기 때문에 고객이 더욱 신뢰할 수 있는 정보이다.
② 고객 준거집단에서의 추천 의도는 고객의 재방문으로 확산되는 과정에서 구전 커뮤니케이션으로 작용할 수 있다.
③ 구전은 일부 소수의 사람에게 비교적 느린 속도로 전파되기 때문에 기업의 입장에서 잠재 고객 상실로 인한 매출 감소에 큰 영향을 미치기 힘들다.
④ 구전은 일대일 커뮤니케이션으로 문서 자료나 타 매체와 비교해 더욱 큰 효과를 가지고 있다.
⑤ 구전은 생생한 경험적 요소에 기초를 두고 있기 때문에 확실한 정보를 얻게 해 준다.

구전(口傳)의 특성 및 중요성

- 일반적으로 많은 사람에게 빠른 속도로 전파되는 특성을 가지고 있다.
- 생생한 경험적 요소에 기초를 두고 있기 때문에 확실한 정보를 얻게 해준다.
- 일대일 커뮤니케이션으로 문서 자료나 타 매체에 비해 더욱 큰 효과를 가지고 있다.
- 고객 준거집단에서의 추천 의도는 고객의 재방문으로 확산되는 과정에서 구전 커뮤니케이션으로 작용할 수 있다.
- 상품이나 서비스에 대해 기업의 의도로 형성되지 않고, 개인의 경험에 기인한 정보이므로, 고객들이 더 신뢰할 수 있다.

12 다음 〈보기〉의 대화에 해당하는 고객의 유형으로 가장 올바른 것은?

> **보기**
> • 영희 : 혹시 이번에 'KIE 식품'에서 새로 출시한 라면 먹어봤어?
> • 철수 : 그 자장라면이랑 해물라면 말이지?
> • 영희 : 그래.
> • 철수 : 주말에 먹어봤는데 맛있긴 하더라. 그런데 그 거 알아. 자장라면하고 해물라면을 함께 끓여서 먹으면 완전 맛있어지는 거?
> • 영희 : 그러면 라면 맛이 이상해지는 거 아니야?
> • 철수 : 아니야, 널 믿고 한 번 시도해 봐.

① 소셜슈머(Socialsumer)
② 모디슈머(Modisumer)
③ 프로슈머(Prosumer)
④ 폴리슈머(Polisumer)
⑤ 트윈슈머(Twinsumer)

해설
② 모디슈머(Modisumer) : Modify(수정하다)와 Consumer(소비자) 의 합성어로, 제조업체의 조리법이 아닌 자신의 방법으로 제품 을 사용하는 등 새로움을 추구하는 소비자를 말한다.
① 소셜슈머(Socialsumer) : Social(사회)과 Consumer(소비자)의 합 성어로, 소비자 자신만의 만족뿐만 아니라 사회 전체의 이익을 생 각하여 윤리적 소비, 착한 소비를 하고자 하는 소비자를 말한다.
③ 프로슈머(Prosumer) : 생산에 참여하는 소비자, 즉 생산자이면 서 소비자, 소비자이면서 생산자라는 의미이다.
④ 폴리슈머(Polisumer) : Policy(정책)와 Consumer(소비자)의 합성 어로, 받아야 할 복지 혜택을 받지 못하는 상태여서 긴급하게 정책이 마련되어야하는 계층을 말한다.
⑤ 트윈슈머(Twinsumer) : 인터넷의 사용 후기를 참고하여 물건을 구매하는 소비자를 말한다.

13 고객 의사결정과 관련해 정보 탐색에 대한 설명으로 가장 올바르지 않은 것은?

① 욕구를 인식하면 욕구를 충족시킬 수 있는 제품 또 는 서비스에 대한 정보를 탐색하게 된다.
② 구매에 관심을 기울이는 정도, 즉 관여도가 높을수 록 많은 정보를 탐색한다.
③ 정보 원천의 영향력은 고객의 특성에 상관없이 고 르게 나타나는 경향이 있다.
④ 고객은 서비스를 구입할 때 인적 정보원에게 보다 많이 의존하는 경향을 보인다.
⑤ 정보 탐색은 위험을 줄이는 방법으로 구매 의사결 정에 영향을 미친다.

해설
정보 원천의 영향력은 고객의 특성에 따라 다르게 나타난다.

14 고객의 역할과 관련해 교육 서비스, 의료 서비스, 피트 니스 서비스 등의 사례에 해당하는 고객 유형은?

① 품질에 기여하는 공헌자
② 잠재적 경쟁자로서의 고객
③ 인적자원의 역할을 하는 고객
④ 부분 직원의 역할을 하는 고객
⑤ 생산자원으로 역할을 하는 고객

해설
품질에 기여하는 공헌자
서비스의 상호작용에서 고객 스스로의 적극적인 참여가 서비스 품 질 향상에 기여하게 되는 경우로, 서비스 상호작용에서 자신의 역 할에 만족하는 고객일수록 만족도가 높다.

15 다음 중 '마이어스-브릭스 유형 지표(MBTI)'에 대한 설명으로 가장 올바르지 않은 것은?

① 브릭스(Briggs)와 마이어스(Myers) 모녀에 의해 개발되었으며, 마이어스-브릭스 성격 진단 또는 성격 유형 지표라고도 불린다.

② 칼 융(C. G. Jung)의 심리유형론을 근거로 하는 심리검사이다.

③ 선호 경향은 교육이나 환경의 영향을 받기 이전에 잠재된 선천적 심리 경향을 말한다.

④ 장점과 단점을 명확히 구분하여 분석이 가능하기 때문에 매우 정확도가 높은 심리테스트라 할 수 있다.

⑤ 16개의 성격유형과 4가지 분리된 선호 경향으로 구성된다.

해설
마이어스-브릭스 유형 지표(MBTI ; Myers-Briggs Type Indicator)
• 캐서린 쿡 브릭스(Katharine C. Briggs)와 그의 딸 이사벨 브릭스 마이어스(Isabel B. Myers)가 칼 융(Carl Jung)의 심리유형론을 근거로 개발한 자기보고식 성격유형 선호지표이다.
• 선호 경향은 교육이나 환경의 영향을 받기 이전에 잠재된 선천적 심리 경향을 말한다.
• 16개의 성격유형과 4가지로 분리된 선호 경향으로 구성된다.

16 다음 중 고객관계관리(CRM)의 장점에 대한 설명으로 가장 거리가 먼 것은?

① 광고비를 절감할 수 있다.

② 특정 캠페인의 효과 측정이 용이하다.

③ 가격이 아닌 서비스를 통해 기업경쟁력을 확보할 수 있다.

④ 특정 고객의 요구에 초점을 맞춤으로써 표적화가 용이하다.

⑤ 기업이 창출하는 판매 수익에 상관없이 마케팅 비용을 사용하는 것이 가능하다.

해설
고객관계관리(CRM)의 장점
• 특정 고객의 요구에 초점을 맞춤으로써 표적화가 용이하다.
• 고객 채널의 이용률을 개선함으로써 개별 고객과의 접촉을 최대한 활용할 수 있다.
• 제품 개발과 출시 과정에 소요되는 시간을 절약할 수 있다.
• 가격이 아닌 서비스를 통해 구매 환경을 개선할 수 있다.
• 고객이 창출하는 부가가치에 따라 마케팅 비용을 사용하는 것이 가능하다.
• 특정 캠페인의 효과 측정이 용이하다.
• 광고비를 절감하는 데 도움이 된다.
• 가격이 아닌, 서비스를 통해 기업경쟁력을 확보할 수 있다.

17 다음 중 고객관계관리(CRM)가 필요한 산업으로 가장 거리가 먼 것은?

① e-비즈니스가 가능한 산업

② 제품 차별화가 용이한 산업

③ 영업인의 이동이 많은 산업

④ 고객과의 접촉 빈도가 큰 산업

⑤ 고객과 직접적인 접촉이 이루어지는 서비스업

해설
고객관계관리(CRM)가 필요한 산업
• e-비즈니스가 가능한 산업 : 온라인 쇼핑몰
• 영업인의 이동이 많은 산업 : 보험, 자동차 판매 등 고객관리가 어려운 경우
• 고객과의 직접적인 접촉 빈도가 높은 서비스업
• 제품 차별화가 어려운 산업

18 고객관계관리(CRM) 전략 수립 단계 중 다음 〈보기〉의 ( ) 안에 들어갈 내용으로 가장 올바른 것은?

> **보기**
> • 1단계 – 환경 분석
> • 2단계 – 고객 분석
> • 3단계 – CRM 전략 방향 설정
> • 4단계 – (   )
> • 5단계 – 개인화 설계
> • 6단계 – 대화 설계

① 기업 유통 범위의 확장
② 마케팅 조사비용의 설감
③ 정보처리 산업 육성 지원
④ 고객에 대한 마케팅 제안 결정
⑤ 고객만족 성과 측정 지표 구축

해설
CRM 전략 수립 6단계

1단계	환경 분석	CRM을 구축하기 전에 CRM을 통해 얻고자 하는 정확한 목표를 설계하는 것이다.
2단계	고객 분석	자사의 현재 고객을 다각적으로 분석하는 것이다.
3단계	CRM 전략 방향 설정	기업이 CRM 전개를 통해 궁극적으로 목적하는 것을 얻기 위하여 방향성을 설정하는 것이다.
4단계	고객에 대한 마케팅 제안 결정	고객의 회원 정보, 고객과 회사의 다양한 접촉, 거래 이력을 바탕으로 상품이나 관심 분야, 소득 수준, 거래 빈도, 평균 구매 단가 등의 고객 특성의 변수에 따른 마케팅 오퍼를 결정하는 것이다.
5단계	개인화 설계	개인 정보, 구매 상품 유형, 구매 주기 등에 따른 콘텐츠 관심 정보 등을 총체적으로 분석하여 개인화 규칙을 설계한다.
6단계	대화 설계	고객에게 제공될 것이 결정된 경우, 어떻게 제공할 것인지에 대한 전달 방법을 설계하는 것으로 설계 방법에 따라 이메일 등의 인터넷을 이용한 방법과 우편이나 전화와 같은 전통적인 방법이 있다.

19 다음 중 스탠리 브라운(Stanley Brown)이 제시한 성공적인 CRM(고객관계관리) 구현 단계에 관한 내용으로 보기 어려운 것은?

① 목표를 분명하게 설정한다.
② 지나치게 전문화된 솔루션은 피한다.
③ 프로젝트 진척 현황을 주의 깊게 살핀다.
④ 기업에서 가장 유능한 직원을 참여시킨다.
⑤ 프로젝트의 원활한 진행을 위해 위기의식이 조성되지 않도록 각별히 주의한다.

해설
스탠리 브라운(Stanley Brown)이 제시한 성공적인 CRM(고객관계관리) 구현 단계
• 목표를 분명하게 설정한다.
• 지나치게 전문화된 솔루션을 피한다.
• 비판적인 자세로 방론을 선택한다.
• 기업에서 가장 유능한 직원을 참여시킨다.
• 프로젝트의 진척 현황을 주의 깊게 살핀다.
• 이해관계가 상충되는 부서와 끊임없이 소통한다.

20 성공적인 e-CRM 구축을 위해 자체적으로 시스템을 개발할 경우 발생될 수 있는 사항으로 가장 거리가 먼 것은?

① 추가적인 요구사항을 쉽게 반영할 수 있다.
② 회사가 원하는 기능을 정확히 구현할 수 있다.
③ 전문적인 IT 인력확보의 어려움을 겪을 수 있다.
④ 외부의 솔루션 도입에 비해 많은 비용이 발생된다.
⑤ 단기간 개발이 가능하고 비교적 빠른 기간에 업무 적용이 가능하다.

해설
e-CRM 모델은 장기간에 걸쳐 개별화된다.

21 해리스(Harris)가 제시한 인간관계 유형 중 다음 〈보기〉의 내용에 해당하는 것은?

> **보기**
>
> 이 유형에 해당하는 사람은 타인과의 거리를 유지할 뿐만 아니라 타인에 대한 불신과 경계를 게을리하지 않는다. 그래서 좋은 관계로 지속시키거나 발전시키는 것이 아니라 관계를 단절하게 되는 쪽으로 발전시키게 된다.

① I'm OK or not OK

② I'm OK - You're OK

③ I'm OK - You're not OK

④ I'm not OK - You're OK

⑤ I'm not OK - You're not OK

해설

I'm OK - You're not OK 인간관계 유형

타인과의 거리를 유지할 뿐만 아니라 타인에 대한 불신과 경계를 게을리 하지 않으므로 좋은 관계로 지속시키거나 발전시키는 것이 아니라 관계를 단절하게 되는 쪽으로 발전시키게 된다.

22 머튼(Merton)이 주장한 아노미 이론(Anomie Theory)의 문제점과 비판에 대한 설명으로 가장 거리가 먼 것은?

① 문화의 다양성과 더불어 추구하는 목표의 다양성을 무시하고 있다.

② 아노미 조건에 대한 개인적 반응의 차이를 충분히 설명하지 못하고 있다.

③ 중산층이나 상류 계층에서 발생되는 비행이나 범죄에 대하여 설명하지 못한다.

④ 문화적인 목표와 상관없이 일시적으로 발생하는 범죄에 대하여 설득력이 떨어진다.

⑤ 유럽 사회에 국한된 이론으로 성직자와 같이 윤리적 계층의 일탈에 초점을 맞추고 있다.

해설

머튼(Merton)의 아노미 이론의 문제점과 비판

• 문화의 다양성과 더불어 추구하는 목표의 다양성 무시

• 아노미 조건에 대한 개인적 반응 차이를 충분히 설명하지 못함

• 문화적 목표와 상관없이 일시적으로 발생하는 범죄에 대하여 설득력이 떨어짐

• 중산층이나 상류 계층에서 발생하는 비행이나 범죄에 대하여 설명하지 못함

23 다음 중 문화적 목표와 제도적 수단을 모두 수용하기 때문에 머튼(Merton)이 제시한 인간관계 부적응 유형에서 제외될 수 있는 유형은?

① 동조형

② 도피형

③ 반역형

④ 의례형

⑤ 혁신형

해설

머튼(Merton)의 아노미 이론에서의 부적응 유형

동조형	문화적 목표와 제도적 수단을 모두 수용(부적응자에서 제외)
혁신형	문화적 목표는 수용, 제도적 수단은 거부(횡령·탈세·사기범)
의례형	문화적 목표는 거부, 제도적 수단은 수용(공무원의 복지부동)
패배형	문화적 목표와 제도적 수단을 모두 거부(약물중독·은둔자·부랑자)
반역형	기존의 것을 모두 거부하고 변혁하려 함(혁명가·히피·해방운동가)

24 의사소통의 유형 중 상향적(上向的) 의사소통에 대한 내용으로 가장 올바르지 않은 것은?

① 공식적인 의사전달 수단 중 하나로 '하의상달(下意上達)'이라고도 한다.

② 계층의 하부에서 상부로 정보와 의사가 전달되는 의사소통 방식이다.

③ 쌍방향 의사소통을 가능하게 하고 하향적 의사소통의 문제점을 시정할 수 있다.

④ 상사가 좋아하지 않는 불쾌한 소식이나 반대 의견까지 무조건 수용하려는 '이타적 수렴' 현상이 발생될 수 있다.

⑤ 보고, 면접, 의견조사, 제안 제도 등의 사례에 해당된다.

해설
상향적 의사소통

- 계층의 하부에서 상부로 정보와 의사가 전달되는 의사소통 방식으로, '하의상달(下意上達)'이라고도 한다.
- 쌍방향 의사소통을 가능하게 하고 하향적 의사소통의 문제점을 시정할 수 있다.
- 보고, 내부 결제, (개별) 면접, 의견조사, 제안 제도 등이 있다.

25 에드워드 홀(Edward Hall)이 제시한 공간 행동학과 관련해 '사회적 거리'에 대한 설명으로 가장 올바른 것은?

① 개인적으로 누군가와 대화하거나 설득하는 것은 거의 불가능한 거리이다.

② 전혀 모르는 타인과의 거리 혹은 연설이나 강의와 같이 특수한 경우에 한정된다.

③ 가족이나 연인 이외의 사람이 이 거리 안으로 들어오게 되면 매우 불쾌감을 느끼게 된다.

④ 이 거리의 대화는 별다른 계약 없이 제3자의 개입이 허용되며, 대화 도중 개입과 이탈이 자유롭다.

⑤ 친한 친구, 동료 등 신뢰감을 가지고 편안하게 대화할 수 있는 대상이나 오랜 기간 친근한 관계를 맺어온 고객 사이에 형성되는 적당한 간격을 의미한다.

해설
사회적 거리는 별다른 제약 없이 제3자의 개입을 허용하고, 대화 도중 참여와 이탈이 자유로운 편이다.

26 인간관계 개선 방법 중 부정적 사고가 자신에게 의미하는 바를 자문함으로써, 역기능적 신념을 찾아내는 방법에 해당하는 것은?

① 대인갈등 해결

② 대인환경 개선

③ 수직 화살표 기법

④ 대안적 사고의 발견

⑤ 인지적 재구성법 – ABC 모델

해설
① 대인갈등 해결 : 좋은 인간관계를 유지하면서 서로의 이익을 최대화하는 대표적인 문제이며 중심적 갈등 해결 방식으로 '협상'이 있다.

② 대인환경 개선 : 개인의 특성에 맞지 않는 환경적 요인도 인간관계의 문제를 초래하는 원인이 될 수 있으므로 대인환경을 개선하거나 변화시키는 것도 인관관계 개선에 도움이 될 수 있다.

④ 대안적 사고의 발견 : 대안적 사고란 자신이 처한 상황에 대해 늘 하던 대로의 생각이 아니라 발상을 전환하는 것을 말하며 이러한 사고의 발견을 통해 인간관계를 개선할 수 있다.

⑤ 인지적 재구성법 – ABC 모델 : 인간의 비합리적 사고 또는 비합리적 신념이 부적응을 유발한다고 보고, 인지재구조화를 통해 비합리적 사고를 합리적인 사고로 대치하고자하는 이론이다.

27 다음 〈보기〉 중 비결정론적 철학에 기반을 둔 '교류분석(Transactional Analysis)'의 인간관을 찾아 모두 선택한 것은?

보기
가. 현실성	나. 자율성
다. 촉진성	라. 긍정성
마. 변화 가능성	바. 개인주의 성향

① 가, 나, 바 ② 나, 라, 마
③ 다, 라, 마 ④ 다, 라, 바
⑤ 라, 마, 바

해설
교류분석(Transactional Analysis)의 인간관
자율성, 긍정성, 변화 가능성

28 서비스의 정의에 대하여 다음 〈보기〉의 내용과 같이 주장한 학자는?

보기
서비스란 자신이 수행할 수 없거나 하지 않는 활동, 만족 그리고 혜택으로서 판매될 수 있는 것을 말한다.

① 세이(Say) ② 마샬(Marshall)
③ 베솜(Bessom) ④ 스탠턴(Stanton)
⑤ 자이다믈(Zeithaml)

해설
베솜(Bessom)은 '서비스는 자신이 수행할 수 없거나 하지 않는 활동, 만족 그리고 혜택으로서 판매될 수 있는 것'이라고 정의하였다.

29 서비스의 4대 특징 중 '소멸성'에 대한 내용으로 가장 올바른 것은?

① 서비스는 생산과 소비가 동시에 일어난다.
② 서비스는 고객이 거래에 참여하거나 영향을 미친다.
③ 서비스는 재고의 형태로 보관하거나 재판매할 수 없다.
④ 서비스는 보거나 만질 수 없기 때문에 주관적 의미를 가진다.
⑤ 서비스는 종업원에 따라서 제공되는 서비스의 내용이나 질이 달라질 수 있다.

해설
소멸성
• 서비스는 저장하거나 재판매할 수 없다.
• 서비스는 재고의 형태로 보관하거나 재판매할 수 없다.
• 저장하거나 재고를 남길 수 없으므로, 소멸성을 극복하기 위해서는 수요와 공급을 조절하는 것이 필요하다.

30 다음 중 커트 라이만(Curt Reimann)이 제시한 서비스 리더십의 특성에 대한 내용으로 가장 올바르지 않은 것은?

① 우수한 리더는 업무에 누구보다도 열정을 가지고 있다.
② 우수한 리더는 반드시 달성 가능한 합리적 목표를 세운다.
③ 우수한 리더는 항상 고객을 염두에 두고 리더십을 발휘한다.
④ 우수한 리더는 강력하게 일을 추진하는 능력을 가지고 있다.
⑤ 우수한 리더는 무엇을 어떻게 해야 하는지 정확히 알고 동시에 솔선수범하는 모습을 보인다.

커트 라이만(Curt Reimann)의 우수한 리더십 특성

· 업무에 누구보다도 열정을 가지고 있다.
· 항상 고객을 염두에 두고 리더십을 발휘한다.
· 강력하게 일을 추진하는 능력을 가지고 있다.
· 무엇을 어떻게 해야 하는지 정확히 알며 동시에 솔선수범한다.
· 다소 달성하기 어려운 도전적 목표를 세운다.
· 조직원들에게 기업에서 추구할 가치가 무엇인지 알려주어 궁극적으로 원하는 방향대로 기업문화를 바꾸어 간다.
· 이상의 모든 요소를 잘 조직화하여 조직적으로 실천한다.

32 다음 〈보기〉 중 서비스 디자인을 위한 5가지 원칙을 찾아 모두 선택한 것은?

보기

가. 공동 창작	나. 총체적 관점
다. 사용자 중심	라. 순서 정하기
마. 증거 만들기	바. 화합의 마인드
사. 파격적인 모험	아. 저작권 프리미엄

① 가, 나, 다, 라, 마　　② 가, 나, 라, 마, 아
③ 가, 다, 마, 사, 아　　④ 나, 다, 라, 마, 사
⑤ 라, 마, 바, 사, 아

해설
서비스 디자인 사고의 5가지 원칙
· 사용자 중심 : 서비스는 고객의 입장에서 디자인한다.
· 공동 창작 : 모든 이해 관계자가 서비스를 디자인한다.
· 순서 결정 : 연관된 기능의 순서대로 시각화한다.
· 증거 생성 : 무형의 서비스는 유형의 형태로 시각화한다.
· 총체적 관점 : 서비스의 모든 환경을 고려한다.

2과목 CS 전략론

31 다음 중 서비스 청사진의 작성 목적으로 가장 거리가 먼 것은?

① 공유된 서비스 비전의 개발을 위해
② 전반적인 효율성과 생산성을 평가하기 위해
③ 서비스의 복잡한 이해관계를 재인식하기 위해
④ 개발하려는 프로세스에서 서비스 청사진의 개념을 명확하게 하기 위해
⑤ 직원의 역할과 책임에 따른 경계를 허물고 기업 차원에서 전사적으로 업무를 추진해 나가기 위해

해설
서비스 청사진의 작성 목적
효율성과 생산성 평가, 이해관계 재인식, 직원의 책임과 역할 규명, 공유된 서비스 비전개발, 프로세스에서 청사진의 개념을 명확히 하기 위함

33 다음 중 VOC(Voice of Customer)의 장점에 대한 설명으로 가장 거리가 먼 것은?

① 고객과의 관계를 개선하고 유지할 수 있다.
② 고객의 요구와 기대의 변화를 파악할 수 있다.
③ VOC를 통해 예상 밖의 아이디어를 얻을 수 있다.
④ 1차 자료보다 수집이 느린 반면, 기업의 일부 채널을 통해 집중적인 데이터 수집이 가능하다.
⑤ CRM의 한계를 극복하여 데이터를 통한 분석이 아닌, 고객이 실제 성향 파악을 가능하게 한다.

VOC(Voice Of Customer)의 장점

- 시장의 요구와 기대의 변화를 파악할 수 있다.
- 고객의 결정적인 순간을 이해할 수 있다.
- 고객의 입장에서 고객의 실제 성향을 파악할 수 있다.
- 서비스 프로세스의 문제를 알 수 있다.
- 경영혁신의 기초 자료로서 예상 밖의 아이디어를 얻을 수 있다.
- 고객과의 관계유지를 더욱 돈독하게 할 수 있다.
- 고객접점에서 고객의 욕구에 근거한 표준화된 대응 서비스가 가능하다.

MOT 사이클의 3요소

하드웨어	기업의 이미지, 브랜드 파워, 매장의 분위기 및 편의시설, 고객지원센터, 매장 인테리어, 제품의 품질 및 성능, 설비의 사용 편리성 등이 있다.
소프트웨어	서비스의 운영시스템과 프로그램, A/S와 고객 관리시스템, 부가서비스 체계, 종업원의 업무처리 프로세서, 처리속도 등이 있다.
휴먼웨어	종업원들의 서비스 태도 · 표정 · 억양 · 자세, 접객서비스 활동, 매너, 조직문화 등이 있다.

34 서비스 모니터링을 위해 고객 패널(Customer Panel)을 활용할 경우, 구성원들은 동일하게 유지되지만 수집되는 정보가 경우에 따라 달라지는 패널 유형은?

① 순수 패널
② 대리 패널
③ 공유 패널
④ 전시 패널
⑤ 혼합 패널

혼합 패널은 구성원은 동일하게 유지되나 수집된 정보가 경우에 따라 달라진다.

36 마케팅 개념의 변화와 관련해 '생산 개념(Production Concept)'에 대한 설명으로 가장 올바르지 않은 것은?

① 가장 오래된 마케팅 개념이다.
② 기업이 시장을 확대하고자 할 때 이용되며, 개발도상국에 의미가 있다.
③ 소비자의 선택 기준이 가격과 제품의 활용성에 있다는 가정에서 출발한다.
④ 소비자는 이용 범위가 넓고 원가가 낮은 제품을 선호할 것이라는 주장이다.
⑤ 기업의 잠재적 능력보다 시장의 욕구에 초점을 맞추는 시장주의적 관점에 해단된다.

소비자의 선택 기준이 가격과 제품의 활용성에 있다는 가정에서 시장의 욕구보다는 기업의 내적인 능력에 초점을 맞추는 것은 '판매자 관점'에 해당한다.

35 다음 중 MOT 사이클 차트 분석 1단계(서비스 접점 진단하기)의 3가지 측면의 예시로 가장 올바르지 않은 것은?

① 하드웨어 – 품질
② 하드웨어 – 편리성
③ 소프트웨어 – 처리속도
④ 소프트웨어 – 상품 구색 및 진열
⑤ 휴먼웨어 – 서비스 기준 이행

37 다음 중 SWOT 분석과 관련해 '외부 기회 요인'으로 보기에 가장 적절한 것은?

① 우월한 제조기술
② 낮은 연구 개발비
③ 고객의 높은 충성도
④ 경쟁력이 약해진 경쟁사
⑤ 극복하기 어려운 경쟁자 출현

해설
외부 기회 요인
경쟁력이 약해진 경쟁사, 새로운 기술의 출현, 경제호황, 신규시장 발견 등

38 다음 〈보기〉 중 산업재 시장의 주요 세분화 변수와 관련해 '인구 통계적 변수'에 해당되는 내용을 찾아 모두 선택한 것은?

보기
가. 입 지
나. 충성심
다. 기업 규모
라. 산업 규모
마. 산업의 종류
바. 구매기능 조직
사. 위험에 대한 태도

① 가, 나, 다
② 가, 나, 다, 마
③ 가, 다, 라, 마
④ 가, 다, 라, 마, 바
⑤ 가, 다, 라, 마, 바, 사

해설
산업재 시장에서의 인구 통계적 변수
산업 규모 · 종류, 기업 규모, 기술, 입지 등

39 세분시장 유형 중 다음 〈보기〉의 설명에 해당하는 것은?

보기
• 시장을 세분화한 후 모든 세분시장을 표적시장으로 선정하여, 각 부분에 적합한 제품과 마케팅믹스를 투입하는 형태의 전략이다.
• 제품개발비, 생산비, 관리비, 재고관리비, 촉진비용 등 비용증대를 유발하는 단점을 가진다.

① 제품 전문화 전략
② 시장 전문화 전략
③ 선택적 전문화 전략
④ 단일시장 집중 전략
⑤ 다수제품 전체시장 도달 전략

해설
① 제품 전문화 전략 : 다양한 세분시장에서 단일제품으로 고객의 욕구를 자극하여 구매동기를 유발하는 전략이다.
② 시장 전문화 전략 : 특정 고객들의 다양한 욕구 충족을 위해 다양한 제품을 판매하는 전략이다.
③ 선택적 전문화 전략 : 세분시장 유형과 관련해 여러 세분시장 중에서 매력적이고 기업 목표에 적합한 몇 개의 세분시장을 선택해 진입하는 전략이다.
④ 단일시장 집중 전략 : 단일제품으로 단일한 세분시장에 진출하여 고객의 구매동기를 유발하는 전략이다.

40 아커(Aaker)와 샨비(Shanby)가 제시한 포지셔닝 전략 수행절차 6단계 중 다음 〈보기〉의 ( ) 안에 들어갈 내용으로 가장 올바르지 않은 것은?

> **보기**
> • 1단계 – (가) 확인
> • 2단계 – (나) 인식 및 평가 분석
> • 3단계 – 경쟁 기업과 제품 시장에서의 포지셔닝 결정
> • 4단계 – (다) 분석 수행
> • 5단계 – (라) 의사결정
> • 6단계 – (마)

① (가) – 경쟁자 ② (나) – 소비자
③ (다) – 소비자 ④ (라) – 포지셔닝
⑤ (마) – 모니터링

해설
아커(Aaker)와 샨비(Shanby)의 포지셔닝 전략 수행절차 6단계
• 1단계 : 경쟁자의 실체 파악 및 확인
• 2단계 : 경쟁자 인식 및 평가 분석, 경쟁업체의 인지 및 평가 분석
• 3단계 : 경쟁 기업과 제품 시장에서의 포지셔닝 결정, 경쟁 기업의 포지셔닝 파악
• 4단계 : 소비자 분석 수행, 고객에 대한 분석 수행
• 5단계 : 포지셔닝 의사결정
• 6단계 : 모니터링으로 감시 단계 설정

41 다음 〈보기〉의 내용 중 틈새시장(Niche Market)의 전략 유형을 찾아 모두 선택한 것은?

> **보기**
> 가. 개성화 대응 전략
> 나. 시장 특성 교환 전략
> 다. 서비스 기회 확충 전략
> 라. 세분단위 시장개척 전략
> 마. 세분단위 시장심화 전략

① 가, 라, 마 ② 나, 다, 라
③ 나, 라, 마 ④ 나, 다, 라, 마
⑤ 다, 라, 마

해설
틈새시장(Niche Market)의 전략 유형

개성화 대응 전략	소비자 개성화 의식을 전제로 소비자 개개인의 요구(Needs)를 충족시키고자 하는 전략이다.
세분단위 시장개척 전략	기존의 세분시장을 더 세분화하여 대기업과 다른 세분시장을 개척하려는 전략이다.
세분단위 시장심화 전략	세분단위 시장을 더 심화 있게 개척하여 소비자 수요를 증대시키려는 전략이다.

42 수잔 키비니(Susan Keaveney)가 제시한 서비스 전환 유형 중 서비스 제공자의 무례함, 전문성 부족, 고객에 대한 무관심 등의 사례에 해당하는 것은?

① 비자발적 전환
② 윤리적 문제
③ 서비스 접점 실패
④ 서비스 실패 반응
⑤ 핵심서비스 실패

해설
수잔 키비니(Susan Keaveney)의 서비스 전환 유형
• 가격 : 공정하지 않은 가격
• 불편함 : 공간, 시간 등에 대한 불편함
• 핵심서비스 실패 : 서비스 제공자의 업무실수, 서비스 파멸, 계산상의 오류
• 서비스 접점 실패 : 서비스 제공자의 무례함, 냉담한 반응, 전문성 부족
• 경쟁 : 경쟁업체의 서비스보다 뒤떨어짐
• 윤리적 문제 : 거짓 정보, 속임수, 사기 또는 강매, 안전상의 문제, 위험성, 높은 가격이나 인상, 이해관계 대립
• 비자발적 전환 : 서비스 제공자의 업무중단, 점포 폐쇄 및 이전, 고객이동

43 브래디(Brady)와 크로닌(Cronin)이 제시한 애프터서비스(A/S)의 품질 차원 중 결과 품질에 해당되는 내용을 〈보기〉에서 찾아 모두 선택한 것은?

> **보기**
> 가. 정 책
> 나. 기 술
> 다. 전문성
> 라. 편의성
> 마. 처리시간
> 바. 태도 및 행동

① 가, 나, 다
② 가, 다, 라
③ 나, 다
④ 다, 라, 마
⑤ 라, 마, 바

해설
브래디(Brady)와 크로닌(Cronin)의 애프터서비스 품질 차원
• 상호작용 품질
　– 직원의 태도와 행동 : 고객 도움 의지, 수리 · 접수 직원의 친절도, 직원의 믿음(말, 행동)
　– 처리시간
• 물리적 환경 품질 : 정책, 편의성
• 결과 품질 : 제품의 수리정도를 나타내며 이때 전문성과 기술이 가장 중요함

44 스위니(Sweeny)와 수타르(Soutar)가 제시한 고객가치 유형 중 제품의 사용에 따라 시간 절약에서 오는 비용 절감에 의한 가치를 의미하는 것은?

① 품 질
② 사회적 가치
③ 감정적 가치
④ 기능적 가치
⑤ 상황적 가치

해설
스위니(Sweeny)와 수타르(Soutar)의 고객가치 유형
• 품질 : 지각된 제품 품질과 기대와의 차이에서 오는 가치
• 사회적 가치 : 사회적인 개념을 증가시키는 제품력에서 오는 가치
• 기능적 가치 : 제품 사용에 따라 시간 절약에서 오는 비용 절감에 의한 가치
• 감성적 가치 : 제품에서 받은 느낌이나 정서적 측면에서 오는 가치

45 서비스 전달 시스템의 종류 중 '기능 위주의 서비스 전달시스템'에 대한 설명으로 가장 올바르지 않은 것은?

① 서비스를 신속하게 제공할 수 있다.
② 표준화된 서비스를 생산하는 데 적합한 특징을 보인다.
③ 대표적으로 병원 또는 건강검진, 영화관 등의 사례에 해당한다.
④ 서비스 프로세스의 특정 부분에 의해 제약받는 상황이 발생되지 않는다.
⑤ 서비스 담당자의 업무를 전문화하여 고객이 직접 서비스 담당자를 찾아가는 형태로 전달시스템이 설계되어야 한다.

해설
기능 위주의 서비스 전달시스템
• 표준화된 서비스 생산에 적합하며 신속한 서비스 제공이 가능하다.
• 서비스 담당자의 업무를 전문화하며, 고객이 직접 서비스 담당자를 찾아가는 형태로 설계된다.
• 서비스 프로세스의 특정 부분에 의해 쉽게 제약을 받는다.
• 병원, 건강검진, 영화관 등의 사례에 해당한다.

46 소비자의 쇼핑 습관을 기준으로 한 소비재의 분류 중 가격보다 더 중요한 제품의 특성과 서비스에서 차이가 나는 제품 유형으로 가구, 여성 의류 등의 사례에 해당하는 것은?

① 전환 선매품
② 동질적 선매품
③ 이질적 선매품
④ 반복적 선매품
⑤ 규모적 선매품

해설
쇼핑 습관에 따른 소비재 분류
- 편의품 : 가격이 저렴하고 빈번하게 구매되는 필수품(비누, 치약 등)과 우산 등과 같이 갑작스런 필요에 의해 구매되는 긴급품으로 나누어진다.
- 선매품 : 품질, 가격 등을 기준으로 비교한 후에 구매하는 가구·의류·가전제품 등과 같은 제품으로, 동질적 선매품과 이질적 선매품으로 구분된다.
- 비탐색품 : 알지 못하거나 알고 있다 하더라도 일반적으로는 구매하지 않는 생명보험, 묘지, 백과사전 등을 말한다.
- 전문품 : 제품의 가격이나 점포의 거리에 관계없이 소비자가 특별히 구매 노력을 기울이는 제품으로 미술품, 고급 자동차 등이 해당된다.

47 의료관광 서비스의 수요와 관련해 '라이프스타일(Life Style) 의료관광'의 사례로 가장 거리가 먼 것은?

① 영양 섭취
② 몸무게 감량
③ 웰니스(Wellness)
④ 치과 및 성형시술
⑤ 안티에이징(Anti-aging)

해설
라이프스타일(Life Style) 의료관광
웰니스(Wellness), 영양 섭취, 스트레스 감소, 몸무게 감량, 안티에이징 등

48 다음 중 마이어스(Myers)가 제시한 양질의 의료 서비스 조건으로 가장 올바르지 않은 것은?

① 긴급성
② 적정성
③ 접근성
④ 효율성
⑤ 조정성

해설
마이어스(Myers)가 제시한 양질의 의료 서비스 조건
- 적정성 : 질적인 측면에서 의학적·사회적 서비스가 적절하게 제공되어야 한다.
- 조정성 : 예방, 치료, 재활 및 보건 증진 사업 등의 다양한 서비스가 잘 조정되어야 한다.
- 효율성 : 보건의료의 목적을 달성하는 데 투입되는 자원의 양을 최소화하거나, 일정한 자원의 투입으로 최대의 목적을 달성해야 한다.
- 접근성 : 모두가 편리하게 이용할 수 있도록 접근성이 마련되어야 한다.
- 지속성 : 각 개인에게 제공되는 의료가 시간적·공간적으로 적절히 연결되어야 한다.

49 가빈(Garvin)이 제시한 품질 구성의 8가지 차원 중 '성과'에 대한 개념으로 가장 올바른 것은?

① 기업 혹은 브랜드의 명성을 의미한다.
② 잘못되거나 실패할 가능성의 정도를 의미한다.
③ 제품이 가지고 있는 운영적인 특징을 의미한다.
④ 특정 제품이 가지고 있는 경쟁적 차별성에 해당된다.
⑤ 제품이 고객에게 지속적으로 가치를 제공할 수 있는 기간을 말한다.

가빈(Garvin)이 제시한 품질 구성의 8가지 차원

- 성과 : 제품이 가지고 있는 가장 중요한 운영적인 특성으로서 의도된 기능을 수행하는 능력
- 특징 : 제품의 부가적 특성, 특정의 제품이 가지고 있는 경쟁적 차별성
- 신뢰성 : 제품이 의도된 기능을 일정기간 동안 수행하는 능력
- 적합성 : 고객들의 세분화된 요구를 어느 정도 부합시킬 수 있는 능력
- 내구성 : 제품이 고객에게 지속적으로 가치를 제공할 수 있는 기간
- 서비스 능력 : 기업이 고객에게 제공할 수 있는 친절, 경쟁력, 문제해결 능력
- 심미성 : 사용자 감각, 즉 외관 · 느낌 · 냄새 · 맛 등 개인적 · 주관적 판단 및 선택
- 지각 품질 : 기업 혹은 브랜드의 명성으로 지각된 품질

50 카노(Kano) 품질 모형의 요소 중 충족되건 충족되지 않건, 만족도 불만도 일으키지 않는 품질 요소에 해당하는 것은?

① 당연적 품질 요소
② 매력적 품질 요소
③ 무차별 품질 요소
④ 일원적 품질 요소
⑤ 무관심 품질 요소

카노(Kano)의 품질 요소

- 매력적 품질 요소 : 소비자가 미처 기대하지 못한 부분을 충족시켜 주거나, 기대 이상의 만족을 제공하는 품질 요소
- 일원적 품질 요소(만족 요인) : 품질에 대한 고객의 명시적인 요구사항이 충족되면 만족이 증대되고, 충족되지 않으면 불만이 증대되는 요소
- 당연적 품질 요소(불만족 요인) : 최소한 갖추어야 할 기본적인 품질 요소, 충족되어도 만족감을 주지 않지만 충족되지 않으면 불만을 일으키는 요소
- 무관심 품질 요소 : 충족되건 충족되지 않건 만족도 불만도 일으키지 않는 품질 요소
- 역 품질 요소 : 충족이 되면 불만을 일으키고, 충족이 되지 않으면 만족을 일으키는 품질 요소

51 e-서비스 품질(Service Quality)의 핵심 차원 중 웹사이트의 기술적인 기능이 유용하고 정확하게 작동되는 정도를 의미하는 요소는?

① 보안성
② 신뢰성
③ 효용성
④ 보상성
⑤ 주문이행성

e-서비스 품질(Service Quality)의 핵심 차원

- 효율성 : 최소한의 시간과 노력으로 원하는 서비스를 획득
- 실행성(성취 이행성) : 정확한 배송 시간 등 서비스 이행의 정확성과 상품의 보장
- 신뢰성 : 온라인 페이지의 기술적인 작동상태와 구매 가능성 보장
- 보안성 : 신용정보나 구매정보의 안전한 보호

52 그렌루스(Grönroos)가 제시한 내부 마케팅의 목적 중 전술적 수준의 목적을 달성하기 위한 방안으로 가장 올바른 것은?

① 종업원의 정책
② 통제 절차 활용
③ 경영 방법의 활용
④ 캠페인 지원 및 활용
⑤ 내부 교육정책 및 기획

그렌루스(Grönroos)의 내부 마케팅 목적

- 전술적 수준 : 경쟁우위 서비스, 캠페인 지원 및 활용
- 전략적 수준 : 종업원의 정책, 통제 절차 활용, 경영 방법의 활용, 내부 교육정책 및 기획

53 다음 중 권한위임의 이점(利點)에 대한 설명으로 가장 거리가 먼 것은?

① 고객의 요구에 보다 유연하게 대응할 수 있다.

② 열정적이고 우호적인 분위기에서 혁신적인 아이디어를 개발할 수 있다.

③ 내부 마케팅의 실행 요소로서 서비스 품질과 고객 만족에 중요한 영향을 미친다.

④ 종사원의 태도와 행위변화를 유도하여 직무 만족을 증대시키고, 역할 분담과 역할 모호성을 감소시킬 수 있다.

⑤ 의사결정에 대한 일선 부서의 자율성이 확대될 경우, 상층부의 공식적인 통제가 약화되어 수평적인 조직 문화를 선도할 수 있다.

장 점	• 고객의 요구와 문제 발생에 대해 유연하고 신속하게 대응 • 역할 분담이나 모호성의 감소로 충성 고객 창출 • 종업원의 직무 만족 증대와 동기부여로 생산성 증진 및 서비스를 개선 • 열정적이고 우호적 분위기에서 혁신적인 아이디어 개발이 가능
단 점	• 교육훈련과 채용에 비용이 많이 소요됨 • 정규직 채용으로 인건비 상승을 초래 • 회사가 감당하기 힘든 무리한 의사결정을 할 수 있음

54 다음 중 NPS(Net Promotion Score ; 순 추천고객지수)에 대한 설명으로 가장 올바르지 않은 것은?

① 베인 컨설팅(Bain Consulting)의 프레드릭 라이할트(Frederick F. Reichheld)에 의해 개발되었다.

② 친구나 동료들에게 해당 제품 또는 서비스를 얼마나 추천할 의향이 있는지를 질문하고, 그 답을 지수화한 수치이다.

③ 고객에게 "당신은 현재의 거래 회사를 친구나 동료에게 추천할 의향이 얼마나 있습니까?"라는 질문에서 출발한다.

④ 기본적으로 어떤 기업이 충성도(로열티) 높은 고객을 얼마나 보유하고 있는지를 측정하는 지표이다.

⑤ 다소 복잡하고 기업의 미래 성장을 가늠해 볼 수 없다는 단점이 있지만, 현재 시점에서 기업의 위치를 정확하게 분석하는 지표가 될 수 있다.

55 다음 자료수집 방법 중 면접원이 조사 대상자의 가정을 방문해 제품을 유치하고 사용하게 한 후, 면접을 통해 설문을 받는 조사 방법의 명칭은?

① HUT(Home Use Test)

② 갱서베이(Gang Survey)

③ FRS(Family Residence Sale)

④ HLT(House Location Test)

⑤ CLT(Central Location Test)

56 자료수집 방법 중 실험법(Experimental Method)의 장점으로 가장 올바르지 않은 것은?

① 비교분석이 용이하다.
② 과학적 연구가 가능하다.
③ 효과적인 가설 검증이 가능하다.
④ 정확한 인과관계 분석이 가능하다.
⑤ 실험 대상에 대한 윤리적 문제 제기 가능성이 없다.

57 레이나르츠(Reinartz)와 쿠머(Kumar)가 제시한 충성도 전략과 관련해 다음 〈보기〉의 설명에 해당하는 고객 유형은?

> **보기**
> • 회사의 제공 서비스와 소비자의 욕구 간 적합도가 높고, 높은 잠재이익을 가지고 있다.
> • 태도적인 충성도가 아니라 거래적인 만족을 달성하도록 해야 한다.

① Strangers
② Butterflies
③ Barnacles
④ True Friends
⑤ Humming Bird

58 소비자 마케팅과 관련해 다음 〈보기〉의 내용에 가장 부합하는 용어는?

> **보기**
>
> 오뚜기는 1969년 회사 창립 이후 선천성 심장병 어린이 후원, 세월호 사고지역 및 합동분향소 물품기부 등 꾸준한 사회복지 및 공헌 활동을 이어오면서 '갓뚜기'라는 별명을 얻었다.
>
> 이렇게 착한 기업의 이미지를 얻은 오뚜기는 지난해 '오동통면 맛남의 광장'과 '코로나 의료진 덕분에 챌린지'를 통해 '갓뚜기'라는 명성을 더욱 공고히 지키고 있다.
>
> 지난해 6월, 오뚜기는 모 방송사 프로그램과의 협업을 통해 완도산 청정다시마가 2개 들어간 '오동통면 맛남의 광장' 한정판 라면을 출시하였다. 다시마를 키우는 완도 어민들은 다시마 수확을 앞두고 지난 2년 치 재고가 2,000톤이 남아있어 어려움을 겪었다. 프로그램 출연진은 이 문제를 해결하기 위해 오뚜기 함영준 회장에게 도움을 청하여, 기존에 다시마가 들어간 오동통면에 다시마를 하나 더 넣어 '오동통면 맛남의 광장'을 출시한 것이다.

① 버즈(Buzz) 마케팅
② 바이럴(Viral) 마케팅
③ 코즈(Cause) 마케팅
④ 노이즈(Noise) 마케팅
⑤ 게릴라(Guerilla) 마케팅

해설
코즈(Cause) 마케팅
• 기업이 사회적 이슈(환경, 보건, 빈곤 등)를 기업의 이익 추구를 위해 활용하는 마케팅이다.
• 기업이 소비자를 통해 제품 판매와 기부를 동시에 추구하기 위해 시행하는 마케팅이다.

59 제품에 관한 소비자의 관여 수준에 따른 유형 중 저(低)관여도 관점에 대한 내용으로 가장 거리가 먼 것은?

① 소비자는 주어지는 대로 정보를 수용한다.
② 집단의 규범과 가치는 제품 구매에 중요하지 않다.
③ 소비자는 수동적 수신자이므로, 친숙도 형성을 위한 광고의 효과는 강하다.
④ 제품이 소비자의 자아 이미지에 중요하며, 라이프 스타일이 소비자 행동에 많은 영향을 미친다.
⑤ 소비자는 수용 가능한 만족 수준을 모색하며, 상표 친숙도를 근거로 하여 소수의 속성만을 검토한다.

해설
소비자의 관여 수준 중 저 관여도 특징
• 소비자는 주어지는 대로 정보를 수용한다.
• 집단의 규범과 가치는 제품 구매에 중요하지 않다
• 소비자는 수동적 수신자이므로 친숙도 형성을 위한 광고의 효과는 강하다.
• 제품이 소비자의 자아 이미지에 중요하지 않고, 라이프스타일이 소비자 행동에 영향을 주지 않는다.
• 소비자는 수용 가능한 만족 수준을 모색하며, 상표 친숙도를 근거로 하여 소수의 속성만을 검토한다.

60 다음 〈보기〉의 대화에 해당되는 가격 책정 정책은?

> **보기**
>
> • 아내 : 여보, 우리 동네에 KIE마트 새로 들어온 거 알아요?
> • 남편 : 아니, 처음 듣는데?
> • 아내 : 글쎄, 거기 왕통치킨이라고 치킨 한 마리를 8,000원에 판매한대요. 전단지 보니까 할인 상품도 많은 거 같아요.
> • 남편 : 잘됐네. 그럼 이번 주말에 꼭 가 봅시다.

① Mark-up 전략
② Loss Leader 전략
③ Price Lining 전략
④ Odd Pricing 전략
⑤ Prestige Pricing 전략

① Mark-up 전략 : 원가에 일정한 이익을 더해 가격을 설정하는 전략이다.
③ Price Lining 전략 : 소비자는 큰 가격 차이만을 인식하므로, 선정된 제품계열에 한정된 수의 가격만 설정하는 전략(예 고가·중가·저가 라인 제품)이다.
④ Odd Pricing 전략 : 실제 별로 가격 차이가 나지 않지만, 소비자들이 심리적 가격 차이를 이용하여 판매량의 변화를 노리는 전략(예 9900원 판매품)이다.
⑤ Prestige Pricing 전략 : 가격이 높으면 품질이 좋을 것이라는 소비자의 심리를 이용하는 전략이다.

3과목 고객관리 실무론

61 이미지 형성 과정을 설명하기 위한 이론 중 다음 〈보기〉의 내용에 해당하는 것은?

> 보기
> • 도식의 일종으로 성격 특성들 간의 관계에 대해 개인이 가지고 있는 신념이나 이론을 의미한다.
> • 일반 사람들이 다른 사람의 성격을 판단하는 데 사용하는 나름대로의 틀을 의미한다.

① 과장성격 이론
② 양립성격 이론
③ 내현성격 이론
④ 편향성격 이론
⑤ 행위성격 이론

해설
내현성격 이론(Implicit Personality Theory)
개인이 주관적인 경험, 관습, 문화적 요인 등을 바탕으로 얻은 약간의 단서를 통해 틀을 만들어 그와 상관이 있다고 가정되는 타인의 성격을 추론하고 평가하는 것을 말한다.

62 다음 중 상황별 인사에 대한 설명으로 가장 올바르지 않은 것은?

① 회사 VIP를 영접할 경우 정중례를 하도록 한다.
② 면접을 보기 위해 면접관과 처음 대면할 경우 정중례를 하도록 한다.
③ 직장 내 동료 사이일 경우 나이가 같다고 하더라도 보통례를 하는 것이 일반적이다.
④ 학생의 신분으로 학교에서 선생님을 만났을 경우 보통례를 하여도 무방하다.
⑤ 고령자가 아닌 보통의 윗사람을 대하거나 상시적인 손님을 접견할 경우, 보통례를 하여도 크게 결례가 되지 않는다.

해설
보통례를 하는 상황
• 사무실에 출근하여 상사에게 인사를 할 경우
• 지시 또는 보고를 하고 난 경우
• 상사가 외출하거나 귀가하는 경우
• 윗사람이나 내방객을 만나거나 헤어지는 경우
• 아버지의 고향 친구이신 어른을 만났을 경우

63 다음 〈보기〉의 설명에 해당하는 절의 종류는?

> 보기
> • 공수한 손을 풀어 내린 다음, 왼쪽 무릎을 먼저 꿇고 오른쪽 무릎을 가지런히 꿇은 다음 엉덩이를 깊이 내려앉는다.
> • 몸을 앞으로 30도 정도 숙이면서 손끝을 무릎선과 나란히 바닥에 댄다.
> • 잠깐 머물렀다가 윗몸을 일으키며 두 손바닥을 바닥에서 떼고 오른쪽 무릎을 먼저 세우고 일어난다.
> • 두 발을 모으고 공수한 다음 가볍게 묵례한다.

① 여성의 작은 절   ② 여성의 평절
③ 남성의 작은 절   ④ 남성의 평절
⑤ 남성의 큰절

해설
여성의 큰절과 평절

여성의 큰절	• 오른손이 위로 가게 공수를 하고 어른을 향해 선다. • 공수한 손을 어깨높이에서 수평이 되게 올리며, 고개를 숙여 이마에 손등을 댄다. • 왼쪽 무릎을 먼저 꿇고 오른쪽 무릎을 꿇어 엉덩이를 깊이 내려앉는다. • 상체를 앞으로 60도쯤 굽힌 후, 상체를 일으킨다. • 오른쪽 무릎을 먼저 세우고 일어나 두 발을 모은다. • 수평으로 올렸던 공수한 손을 내리고 가볍게 묵례한다.
여성의 평절	• 공수한 손을 풀어 내린 다음 왼쪽 무릎을 먼저 꿇고 오른쪽 무릎을 가지런히 꿇은 다음 엉덩이를 깊이 내려앉는다. • 몸을 앞으로 30도 정도 숙이면서 손끝을 무릎선과 나란히 바닥에 댄다. • 잠깐 머물렀다가 윗몸을 일으켜 두 손바닥을 바닥에서 떼고 오른쪽 무릎을 먼저 세우고 일어난다. • 두 발을 모으고 공수한 다음 가볍게 묵례한다.

64 전통적인 공수법(拱手法)에 대한 설명으로 올바른 것은?

① 남자와 여자의 손 위치는 같다.
② 평상(平常)시와 흉사(凶事)시의 손 위치는 같다.
③ 평상(平常)시 여자는 왼손을 위로하여 두 손을 가지런히 모아서 잡는다.
④ 평상(平常)시 남자는 오른손을 위로하여 두 손을 가지런히 모아서 잡는다.
⑤ 평상(平常)시와 제의례(祭儀禮) 시의 손 위치는 같다.

해설
제의례(祭儀禮)는 흉사가 아니므로 평상시와 손 위치를 같게 한다.

65 다음 〈보기〉의 사례에 해당하는 화법의 명칭은?

> **보기**
> • 죄송하지만, 잠시 기다려주시겠습니까?
> • 번거로우시겠지만, 정문 옆에 있는 안내데스크로 이동하셔서 안내를 받아주시기 바랍니다.
> • 수고스러우시겠지만, 다음 기회에 다시 방문해주시겠습니까?

① 역전법　　　　　　② 신뢰 화법
③ 후광 화법　　　　　④ 쿠션 화법
⑤ 씨 뿌림 화법

해설
쿠션 화법
• 단호한 표현보다는 미안한 마음을 먼저 전해서 사전에 쿠션 역할을 할 수 있는 말을 전하는 화법이다.
• '죄송합니다만', '수고스러우시겠지만' 등

66 다음 중 개방형 질문(Open Question)에 대한 설명으로 가장 올바른 것은?

① 고객의 입을 통해 확인받는 질문 유형이다.
② 화제를 정리하고 정돈된 대화를 할 수 있다.
③ 고객이 적극적으로 이야기하게 함으로써 고객의 니즈(Needs)를 파악할 수 있다.
④ 고객이 이미 어떤 대답을 할지 알고 있을 경우 시도할 수 있는 질문 유형이다.
⑤ 단순한 사실 또는 몇 가지 중 하나를 선택하게 하여 고객의 욕구를 파악할 수 있도록 한다.

해설
개방형 질문(확대형 질문)
• 고객이 자유롭게 의견이나 정보를 말할 수 있도록 묻는 질문이다.
• 고객들의 마음에 여유가 생기도록 한다.
• 고객이 적극적으로 말함으로써 고객의 니즈를 파악할 수 있다.

67 불만 고객 관리와 관련해 컴플레인(Complain) 발생 시 처리 방법에 대한 설명으로 가장 올바르지 않은 것은?

① 고객의 불평 사항을 잘 듣고 가급적 의견 대립을 피한다.

② 요점을 잘 파악하여 고객의 착오는 없었는지를 검토한다.

③ 신속하게 해결책을 마련하여 처리하고, 친절하게 해결책을 납득시킨다.

④ 회사 방침과는 별도로 가급적 자신의 권한 안에서 해결하는 것이 좋다.

⑤ 최종 결과를 김도하여 동일한 사인이 발생되지 않도록 유의한다.

해설
컴플레인(Complain) 처리 시의 유의사항
• 잘못된 점은 솔직하게 사과한다.
• 상대방에게 동조해 가면서 긍정적으로 들어야 한다.
• 요점을 파악하여 고객의 착오는 없었는지를 검토한다.
• 고객에 대한 선입견을 갖지 않고, 고객은 근본적으로 선의를 가지고 있다고 믿어야 한다.
• 설명은 사실을 바탕으로 명확하게 해야 한다.
• 컴플레인 처리 시 상담사 개인의 견해는 말하지 않는 것이 좋다.
• 고객의 불평 사항을 잘 듣고 가급적 의견 대립을 피한다.
• 신속하게 해결책을 마련하여 처리하고, 친절하게 해결책을 납득시킨다.
• 최종 결과를 검토하여 동일한 사안이 발생되지 않도록 유의한다.

68 고객을 화나게 하는 7가지 태도 중 자기의 업무영역과 책임의 한계만을 말하며, 처리를 타 부문에 떠넘기는 태도에 가장 부합하는 것은?

① 발 뺌 　　　　② 거 만
③ 경직화 　　　　④ 무관심
⑤ 규정제일

해설
② 거만 : 낯설어하는 고객에게 생색을 내고, 고객을 어수룩하게 보거나 투정을 부린다는 식으로 대하는 태도를 말한다.
③ 경직화 : 직원이 고객을 기계적으로 응대하는 태도를 말한다.
④ 무관심 : 내 책임이 아니며 나와는 아무 관계없다는 태도로, 고객에 대한 책임감과 조직에 대한 소속감이 없는 직원에게 나타날 수 있는 태도를 말한다.
⑤ 규정제일 : 회사의 규정을 강조하며 고객에게 강요하는 완고한 태도를 말한다.

69 불만 고객 처리 프로세스와 관련해 다음 〈보기〉 중 불만 고객 처리 원칙을 찾아 모두 선택한 것은?

> 보기
> 가. 체계적 관리
> 나. 효과적인 대응
> 다. 고객 프라이버시 보장
> 라. 서비스 제공 시간 변경
> 마. 마케터의 통제 기능 강화

① 가, 나, 다 　　　　② 가, 나, 라
③ 가, 나, 라, 마 　　　　④ 나, 다, 마
⑤ 나, 다, 라, 마

해설
불만 고객 처리 프로세스(= 불만 고객 처리 4원칙)
• 제1원칙 : 공정성 유지
• 제2원칙 : 효과적인 대응
• 제3원칙 : 고객 프라이버시 보장
• 제4원칙 : 체계적 관리

70 다음 중 코칭(Coaching)의 개념에 대한 설명으로 가장 올바르지 않은 것은?

① 즉각적인 수행 향상을 목적으로 한다.
② 스스로 문제점을 찾아 해결할 수 있도록 돕는다.
③ 수평적이고 협력적이며 파트너십에 중점을 둔다.
④ 개인지도나 수업방식을 통해 지식과 기능의 향상을 도모한다.
⑤ 계약에 관계없이 별도로 이루어지며, 개인보다 조직의 변화와 발전을 지원하는 데 초점을 맞춘다.

해설
코치와 학습자 간의 계약 관계에 의해 코칭(Coaching)이 이루어지며, 개인과 조직의 변화와 발전을 가져오는 데 도움을 준다.

71 다음 중 조직 내부에서 카운슬링(Counseling)이 필요한 경우로 가장 거리가 먼 것은?

① 조직의 재구성이 필요한 경우
② 교육 훈련 후 추가적인 지도가 필요한 경우
③ 동료와의 사이에 갈등을 겪고 있는 팀원이 발생된 경우
④ 지원이 필요한 개인적인 문제를 가진 팀원이 발생된 경우
⑤ 개인적인 문제를 가진 팀원이 팀의 실적에 영향을 미치고 있는 경우

해설
신입 직원에 대한 적응 지도 및 훈련이나, 교육 훈련 후 추가적인 지도가 필요한 경우에는 코칭(Coaching)을 사용하는 것이 적당하다.

72 전화 응대 시 정확하게 정보를 전달하기 위한 방안으로 가장 올바르지 않은 것은?

① 음성을 바르게 하고 의미를 명확하게 한다.
② 해당 업무에 대한 정확한 전문지식을 갖춘다.
③ 중요한 부분은 충분히 강조하되, 반복하여 확인하지 않도록 주의한다.
④ 고객의 의도를 정확하게 파악할 수 있도록 듣기 능력을 배양한다.
⑤ 상대방이 이해하지 못할 전문 용어나 틀리기 쉬운 단어는 사용하지 않는다.

해설
전화 응대 시 정확하게 정보를 전달하려고 할 때, 중요한 부분은 충분히 강조하고 재차 확인한다.

73 다음 중 효과적인 경청을 위한 방안으로 보기 어려운 것은?

① 고객의 말을 가로막지 않는다.
② 중요한 내용이나 요점을 기록한다.
③ 냉정한 비판과 평가가 수반되어야 한다.
④ 편견을 갖지 않고 고객의 입장에서 듣는다.
⑤ 정확한 이해를 위해 고객이 말한 것을 복창한다.

해설
효과적인 경청을 위한 방안
• 비판하거나 평가하지 않는다.
• 고객의 말을 끊지 않고, 고객의 말을 가로막지 않는다.
• 편견을 갖지 않고 고객의 입장에서 듣는다.
• 고객에게 집중하며, 고객의 말에 계속 반응한다.
• 중요한 내용이나 요점을 기록한다.
• 정확한 이해를 위해 고객이 말한 것을 복창한다.

74 다음 중 보고(報告)의 일반원칙으로 가장 거리가 먼 것은?

① 간결성의 원칙

② 정확성의 원칙

③ 필요성의 원칙

④ 허용성의 원칙

⑤ 유효성의 원칙

해설
보고의 일반적인 원칙
- 적시성의 원칙
- 정확성의 원칙
- 완전성의 원칙
- 필요성의 원칙
- 간결성의 원칙
- 유효성의 원칙

76 다음 중 스크립트(Script) 작성 원칙에 대한 설명으로 가장 올바르지 않은 것은?

① 회화체로 작성되어야 한다.

② 활용 목적이 명확해야 한다.

③ 논리적으로 작성되어야 한다.

④ 이해하기 쉽게 작성되어야 한다.

⑤ 오랜 시간에 걸쳐 고객을 설득할 수 있어야 한다.

해설
스크립트(Script)의 작성 원칙
- 활용 목적 명확화
- 고객 중심
- 상황 대응
- 상황 관리
- 간단, 명료
- 논리적, 쉽게 작성
- 차별성
- 유 연
- 회화체 활용

75 콜센터의 업무 성격에 따른 분류 중 인바운드 콜 서비스의 활용 사례와 가장 거리가 먼 것은?

① 자료 청구

② 상품 문의

③ 광고에 대한 문의

④ 상품 주문 및 신청

⑤ 부가 서비스 가입 촉진

해설
인바운드 콜 서비스
- 고객으로부터 걸려온 전화를 상담하는 업무로, 상품개발이나 서비스 개선을 위한 고객의 의견과 제안 등을 얻을 수 있으며, 고객 불만이나 문제를 해결하는 역할을 한다.
- 주요 업무 : 자료 청구, 요구 및 불만사항 처리, 제품 설명, 제품의 주문 및 신청, A/S 접수, 신규가입 문의 및 상담, 신규가입 접수 및 처리 등이 있다.

77 우리나라 콜센터 조직의 특성과 관련해 다음 〈보기〉의 내용에 해당하는 것은?

보기

평소 자신들과 가장 친한 사람들과 잘 어울리는 도시락 문화 내지는 성향이나 가치관이 맞지 않는 사람끼리는 어울리는 것을 꺼려하는 집단 심리 현상을 말한다.

① 한우리 문화　　　② 거품 활동 현상

③ 콜센터 심리공황　④ 물리적 협동 현상

⑤ 콜센터 바이러스 현상

해설
한우리 문화
일명 '도시락 문화'라고도 한다. 평소 자신들과 가장 친한 사람들과 무리를 이루어 어울리고, 나머지 사람들은 배타적으로 보는 집단 심리 현상이다.

78 콜센터 모니터링 방법 중 다음 〈보기〉의 설명에 해당하는 것은?

> **보기**
>
> 상담원과 고객 모두 누가 모니터링을 하는지 모르도록 상담원과 떨어진 장소에서 상담 내용을 평가하는 방법으로, 고객과 상담원 간의 자연스러운 상호작용을 관찰할 수 있는 모니터링 기법을 말한다.

① Self Monitering
② Peer Monitering
③ Silent Monitering
④ Real Time Monitering
⑤ Side-by-side Monitering

해설
① Self Monitering : 직접 자신의 상담 내용을 듣고 정해진 평가표에 따라 스스로를 평가하고 개선하는 방법이다.
② Peer Monitering : 정해진 동료의 상담내용을 듣고, 피드백한 뒤 벤치마킹하게 하는 방법이다.
④ Real Time Monitering : 상담원이 모니터링 여부를 모르게 무작위로 추출한 내용을 듣고 정해진 평가표에 따라 평가하는 방법이다.
⑤ Side-by-side Monitering : 관리자가 상담원 근처에서 상담내용과 업무처리과정, 행동을 직접 관찰하고 즉각적으로 피드백을 하는 방법이다.

79 다음 중 비즈니스 상황에서 엘리베이터를 이용할 경우의 예절로 가장 올바르지 않은 것은?

① 처음 손님이 방문했을 경우 손님보다 먼저 타고, 내릴 때는 손님보다 나중에 내리는 것이 좋다.
② 엘리베이터는 여러 사람이 이용하는 밀폐된 공간이기 때문에 큰 소리로 떠들거나 통화를 하지 않도록 주의해야 한다.
③ 이미 방향을 잘 알고 있는 윗사람이나 여성과 함께 엘리베이터를 이용할 경우, 윗사람 또는 여성이 먼저 타고 내리는 것이 좋다.
④ 엘리베이터 버튼 앞에 서게 될 경우, 다른 사람을 위해 버튼을 눌러주고 제일 나중에 내릴 수 있는 여유와 매너가 필요하다.
⑤ 사람들이 많고 복잡한 엘리베이터 안쪽에 위치하고 있을 경우, 정중하게 "○○층 부탁드립니다."라고 부탁하는 것은 예의에 어긋나지 않는다.

해설
처음 손님이 방문했을 경우, 손님보다 나중에 타고 내릴 때는 손님보다 먼저 내림으로써 낯선 곳에 온 손님에게 방향을 안내해 주어야 한다.

80 다음 중 일반적 의전(儀典) 예우 기준과 관련해 공적(公的) 직위가 없는 인사의 서열 기준으로 보기 어려운 것은?

① 연령
② 전직(前職)
③ 행사 관련성
④ 헌법 및 정부조직법상의 기관 순위
⑤ 정부산하단체 및 관련 민간단체장 등

해설
관례상의 서열 기준
• 공직자의 경우 각 국가별로 헌법, 정부조직법 등 법령에 따른 직위 순서가 기준이 된다.
• 공직자와 민간인이 섞여 있을 때는 고위직의 공직자를 우선하고, 민간인은 사회적 저명도, 연령, 주최자와의 친밀도 등을 감안하여 서열을 정한다.

81 MICE 산업의 분류 중 '기업회의'를 의미하며 10인 이상의 참가자가 교육, 아이디어 및 정보 교환, 사회적 네트워크 형성, 토론 등 다양한 목적을 가지고 참여하여 4시간 이상 진행되는 회의 유형은?

① Tour
② Meeting
③ Convention
④ Incentive
⑤ Exhibition

해설
MICE 산업

Convention (컨벤션)	• 아이디어 교환, 토론, 정보 교환, 사회적 네트워크 형성을 위한 각종 회의를 말한다. • 외국인 참가자가 10명 이상인 동시에 전체 참가자가 250명 이상인 정부 · 공공 · 협회 · 학회 · 기업회의로, 전문회의시설, 준회의시설, 중소규모회의시설, 호텔, 휴양콘도미니엄 등에서 4시간 이상 개최되는 회의이다.
Meeting (회의)	• Convention(컨벤션) 기준에는 부합하지 않지만, 전체 참가자가 10명 이상인 정부 · 공공 · 협회 · 학회 · 기업회의로, 아이디어 교환, 토론, 정보 교환, 사회적 네트워크 형성을 목적으로 한다. • 일반적으로 회의에는 컨퍼런스(컨그레스), 세미나, 워크숍, 포럼 등이 있다.

82 다음 〈보기〉의 내용과 같이 소비자에 대하여 정의한 학자는?

보기

소비자란 타인이 공급하는 물자나 용역을 소비생활을 위하여 구입 또는 이용하는 자로서 공급자에 대립하는 개념이다.

① 폰 히펠(Von Hippel)
② 가토 이치로(Gato Ichiro)
③ 이마무라 세이와(Imamura Seiwa)
④ 라인하르트 젤텐(Reinhard Selten)
⑤ 타케우치 쇼우미(Takeuchi Shoumi)

해설
학자별 소비자의 정의
• 폰 히펠(Von Hippel) : 소비자란 개인적인 용도에 쓰기 위하여 상품이나 서비스를 제공받는 사람을 의미한다.
• 가토 이치로(Kato Ichiro) : 소비자란 국민 일반을 소비생활이라고 하는 시민생활의 측면에서 포착한 개념이다.
• 이마무라 세이와(Imamura Seiwa) : 소비자는 생활자이며 일반 국민임과 동시에 거래 과정의 말단에서 구매자로 나타나는 것을 의미한다.
• 타케우치 쇼우미(Takeuchi Shoumi) : 소비자란 타인이 공급하는 물자나 용역을 소비생활을 위하여 구입 또는 이용하는 자로서 공급자에 대립하는 개념이다.

83 다음 중 소비자기본법상 명시된 '소비자단체의 업무(제28조)'에 대한 내용으로 가장 거리가 먼 것은?

① 소비자의 교육
② 소비자 문제에 관한 조사 · 연구
③ 국가 및 지방자치단체의 소비자의 권익과 관련된 시책의 심의 및 시행규칙 제정
④ 소비자의 불만 및 피해를 처리하기 위한 상담 · 정보제공 및 당사자 사이의 합의의 권고
⑤ 물품 등의 규격 · 품질 · 안전성 · 환경성에 관한 시험 · 검사 및 가격 등을 포함한 거래조건이나 거래방법에 관한 조사 · 분석

해설
소비자단체의 업무(소비자기본법 제28조)
• 국가 및 지방자치단체의 소비자의 권익과 관련된 시책에 대한 건의
• 물품 등의 규격 · 품질 · 안전성 · 환경성에 관한 시험 · 검사 및 가격 등을 포함한 거래조건이나 거래방법에 관한 조사 · 분석
• 소비자문제에 관한 조사 · 연구
• 소비자의 교육
• 소비자의 불만 및 피해를 처리하기 위한 상담 · 정보제공 및 당사자 사이의 합의의 권고

84 한국소비자원의 피해구제와 관련해 다음 〈보기〉의 ( ) 안에 들어갈 내용으로 가장 올바른 것은?

> **보기**
>
> 원장은 제55조 제1항 내지 제3항의 규정에 따라 피해구제의 신청을 받은 날부터 (가)일 이내에 제57조의 규정에 따른 합의가 이루어지지 아니하는 때에는 지체 없이 제60조의 규정에 따른 소비자분쟁조정위원회에 분쟁조정을 신청하여야 한다. 다만, 피해의 원인규명 등에 상당한 시일이 요구되는 피해구제신청사건으로서 대통령령이 정하는 사건에 대하여는 (나)일 이내의 범위에서 처리기간을 연장할 수 있다.
>
> – 소비자기본법 제58조(처리기간) –

① 가 – 30, 나 – 30
② 가 – 30, 나 – 60
③ 가 – 60, 나 – 30
④ 가 – 60, 나 – 60
⑤ 가 – 60, 나 – 90

해설
처리기간(소비자기본법 제58조)
원장은 제55조 제1항 내지 제3항의 규정에 따라 피해구제의 신청을 받은 날부터 30일 이내에 제57조의 규정에 따른 합의가 이루어지지 아니하는 때에는 지체 없이 제60조의 규정에 따른 소비자분쟁조정위원회에 분쟁조정을 신청하여야 한다. 다만, 피해의 원인규명 등에 상당한 시일이 요구되는 피해구제신청사건으로서 대통령령이 정하는 사건에 대하여는 60일 이내의 범위에서 처리기간을 연장할 수 있다.

85 개인정보 보호에 관한 OECD 8원칙 중 다음 〈보기〉의 설명에 해당하는 것은?

> **보기**
>
> 개인정보는 그 목적에 부합된 것이어야 하고, 이용 목적에 필요한 범위에서 정확하고 완전하며 최신의 것으로 보존되어야 한다.

① 공개의 원칙
② 책임의 원칙
③ 정확성 원칙
④ 이용 제한의 원칙
⑤ 수집 제한의 원칙

해설
① 공개의 원칙 : 개인정보의 처리와 정보처리장치의 설치, 활용 및 관련 정책은 일반에게 공개해야 한다.
② 책임의 원칙 : 개인정보 관리자는 위에서 제시한 원칙들이 지켜지도록 필요한 제반조치를 취해야 한다.
④ 이용 제한의 원칙 : 개인정보는 정보주체의 동의가 있는 경우나 법률의 규정에 의한 경우를 제외하고는 명확화된 목적 이외의 용도로 공개되거나 이용되어서는 안 된다.
⑤ 수집 제한의 원칙 : 개인정보의 수집은 합법적이고 공정한 절차에 의해야 하며, 가능한 한 정보주체에게 고지하거나 동의를 얻은 후에 수집되어야 한다.

86 다음 중 개인정보보호법에 명시된 개인정보보호위원회의 구성(제7조의2)에 대한 내용으로 가장 거리가 먼 것은?

① 보호위원회는 상임위원 2명(위원장 1명, 부위원장 1명)을 포함한 7명의 위원으로 구성한다.

② 보호위원회의 위원은 개인정보 보호에 관한 경력과 전문지식이 풍부한 다음 각 호의 사람 중에서 위원장과 부위원장은 국무총리의 제청으로, 그 외 위원 중 2명은 위원장의 제청으로, 2명은 대통령이 소속되거나 소속되었던 정당의 교섭단체 추천으로, 3명은 그 외의 교섭단체의 추천으로 대통령이 임명 또는 위촉한다.

③ 개인정보 관련 분야에 전문지식이 있고 「고등교육법」 제2조 제1호에 따른 학교에서 부교수 이상으로 5년 이상 재직하고 있거나 재직하였던 사람일 경우 보호위원회의 위원 자격을 부여받을 수 있다.

④ 위원장과 부위원장은 정무직 공무원으로 임명한다.

⑤ 위원장, 부위원장, 제7조의13에 따른 사무처의 장은 「정부조직법」 제10조에도 불구하고 정부위원이 된다.

해설
보호위원회는 상임위원 2명(위원장 1명, 부위원장 1명)을 포함한 9명의 위원으로 구성한다(개인정보보호법 제7조의2 제1항).

87 다음 〈보기〉 중 영상정보처리기기의 설치·운영 제한에 해당되지 않는 내용을 찾아 모두 선택한 것은?

보기
가. 법령에서 구체적으로 허용하고 있는 경우
나. 교통단속을 위하여 필요한 경우
다. 범죄의 예방 및 수사를 위하여 필요한 경우
라. 시설안전 및 화재 예방을 위하여 필요한 경우
마. 도난 사고 및 예방을 위하여 다수가 이용하는 목욕실, 화장실, 발한실(發汗室), 탈의실 등에 설치가 필요한 경우

① 가, 나, 다
② 가, 나, 다, 라
③ 가, 다, 라, 마
④ 나, 다, 라, 마
⑤ 나, 라, 마

해설
영상정보처리기기의 설치·운영 제한(개인정보보호법 제25조 제1항)
누구든지 다음의 경우를 제외하고는 공개된 장소에 영상정보처리기기를 설치·운영하여서는 안 된다.
• 법령에서 구체적으로 허용하고 있는 경우
• 범죄의 예방 및 수사를 위하여 필요한 경우
• 시설안전 및 화재 예방을 위하여 필요한 경우
• 교통단속을 위하여 필요한 경우
• 교통정보의 수집·분석 및 제공을 위하여 필요한 경우
※ 2023년 9월 15일 이후 시험을 응시하는 수험생은 아래 법령을 참고하시기 바랍니다.

고정형 영상정보처리기기의 설치·운영 제한(개인정보보호법 제25조)
다음 경우를 제외하고는 공개된 장소에 고정형 영상정보처리기기를 설치·운영하여서는 아니 된다.
• 법령에서 구체적으로 허용하고 있는 경우
• 범죄의 예방 및 수사를 위하여 필요한 경우
• 시설의 안전 및 관리, 화재 예방을 위하여 정당한 권한을 가진 자가 설치·운영하는 경우
• 교통단속을 위하여 정당한 권한을 가진 자가 설치·운영하는 경우
• 교통정보의 수집·분석 및 제공을 위하여 정당한 권한을 가진 자가 설치·운영하는 경우
• 촬영된 영상정보를 저장하지 아니하는 경우로서 대통령령으로 정하는 경우

88 인적자원개발(HRD)에 대하여 다음 〈보기〉와 같이 정의한 학자는?

> **보기**
>
> 인적자원개발은 성과 향상을 위해서 조직개발과 개인훈련 및 개발을 통해서 인적자원의 전문성을 개발하고 발전시키는 과정이다.

① 존스(Jones)
② 하비슨(Harbison)
③ 스완슨(Swanson)
④ 에그랜드(Eggland)
⑤ 메이쿠니치(Maycunich)

해설
스완슨(Swanson)의 인적자원개발 정의
- 인적자원개발(HRD)은 성과 향상의 목적을 위하여 조직개발과 개인훈련 및 개발을 통해 인적자원의 전문성을 개발하고 발전시키는 과정이다(1995).
- 조직시스템, 작업과정, 팀, 그리고 개인성과를 개선할 목적으로 전문성을 개발하고 발휘하는 과정이다. 조직에서 HRD 활동은 훈련과 개발, 조직개발, 성과개선, 조직학습, 경력관리, 리더십개발 등의 부가적인 깃발 아래 이루어진다(2009).

89 다음 중 크로스(Cross)가 제시한 성인 학습의 기본원리에 대한 내용으로 가장 올바르지 않은 것은?

① 한 번에 하나의 아이디어나 개념만을 제공하라.
② 자신의 학습을 스스로 평가하지 않도록 통제하라.
③ 정보를 제공할 때는 능숙하게 할 수 있는 기회를 부여하라.
④ 잦은 피드백과 요점정리를 하여 기억을 유지할 수 있도록 하라.
⑤ 새로운 정보를 제공할 때에는 그것이 학습자들에게 의미 있고 현실감이 있는지 실용성 여부를 확인하라.

해설
크로스(Cross)의 성인 학습 기본원리
- 실용성을 확인하라 : 새로운 정보를 제공할 때 학습자들에게 의미 있고 현실감 있는 것인지 확인한다.
- 능숙하게 할 수 있는 기회를 부여하라 : 신체적·지각적 능력이 저하된 성인들이 정보를 이해하는 데 필요한 시간을 준다.
- 잦은 피드백과 요점정리를 하라 : 잦은 피드백과 요점정리를 통해 학습자들의 자료를 응용하는 능력을 향상시키고 기억을 유지되게 한다.
- 한 번에 하나의 아이디어나 개념만을 제공하라 : 기존의 지식과 새로운 지식을 통합하는 데 도움을 받을 수 있고, 이해력을 향상시키며 지적 손실을 최소화할 수 있게 된다.

90 기업 상품 발표를 위해 다음 〈보기〉와 같이 체크리스트를 작성할 경우, 이에 가장 부합하는 프레젠테이션 '4P' 요소는?

> **보기**
>
> - 프레젠테이션의 목적이 무엇인가?
> - 청중이 이미 알고 있는 정보와 관련이 있는가?
> - 프레젠테이션이 끝난 후 청중의 생각, 느낌, 행동을 어떻게 바꾸어 놓을 것인가?

① Place
② People
③ Pressure
④ Purpose
⑤ Preparation

해설
프레젠테이션 '4P' 분석 전략
- People(사람) : 청중의 수준, 반응 및 자세, 청중의 요구 확인 등
- Purpose(목적) : 프레젠테이션의 목적이 무엇인지 파악
- Place(장소) : 발표 장소와 주변 장소의 영향, 시설 등 전자기구의 불량 확인, 좌석배치, 통행로 등 확인
- Preparation(사전준비) : 정보와 자료의 수집, 발표자료 제작

1과목 CS 개론

01 고객만족(CS)과 관련해 다음 〈보기〉의 ( ) 안에 들어갈 내용으로 알맞은 것은?

> **보기**
>
> 올리버(Oliver)는 만족의 개념에 대하여 '만족이란 소비자의 ( )으로 판단된다.'라고 제시하였다.

① 확산반응   ② 성취반응
③ 상호반응   ④ 단일반응
⑤ 접근반응

해설
올리버(Oliver)는 만족의 개념에 대하여 '만족은 소비자의 성취반응으로 정의하며, 제품이나 서비스의 특성과 그것들이 소비자에게 제공하는 욕구충족 이행수준에 관한 소비자의 판단'이라고 정의하였다.

02 고객만족(CS)관리의 역사와 관련해 1980년대의 주요 내용에 해당되는 것은?

① 1983년 삼성그룹의 신(新)경영 선포
② 1989년 현대자동차의 품질보증제도 도입
③ 1980년대 일본 SONY사(社)의 고객만족경영 도입
④ 1980년대 후반 업종을 불문한 고객만족경영 도입
⑤ 1982년 국내 최초 LG 그룹의 고객가치창조 기업 이념의 도입

해설
① 삼성그룹의 신(新)경영 선포 : 1993년
② 현대자동차의 품질보증제도 도입 : 1999년
④ 업종을 불문한 고객만족경영 도입 : 2000년대
⑤ 국내 최초 LG그룹의 고객가치창조 기업 이념의 도입 : 1992년

03 다음 〈보기〉의 대화 내용 중 '김○○ 부장'의 상황에 가장 부합하는 이론은?

> **보기**
>
> • 김○○ 부장 : 정과장, 우리 담배 한 대 피우고 와서 마무리하지.
> • 정○○ 과장 : 죄송합니다. 저 지난주부터 담배 끊었습니다. 이참에 부장님께서도 금연에 동참하시는 건 어떻습니까?
> • 김○○ 부장 : 건강에 해로운 건 나도 알지만, 이렇게 담배 필터를 끼워서 피우면 나쁘지만은 않다네.

① 교환 이론   ② 귀인 이론
③ 순응 수준 이론   ④ 인지 부조화 이론
⑤ 기대−불일치 이론

해설
인지 부조화 이론
개인의 신념과 태도 간에 불일치 상태가 발생하면 불편감이 생기게 되고, 이를 해소하기 위해 신념이나 태도를 바꿈으로써 불편함을 해소하게 된다는 이론이다.

04 워너(Weiner)가 제시한 귀인이론의 범주화 체계 중 다음 〈보기〉의 ( ) 안에 들어갈 내용으로 가장 올바른 것은?

> **보기**
>
> ( )(이)란 어떤 원인이 일시적인지, 영원한 것인지, 실수에 의한 것인지 또는 반복적인 것인지 그 원인을 추론하는 것을 의미한다.

① 안정성   ② 통제성
③ 교환성   ④ 집중도
⑤ 인과성의 위치

05 비즈니스 프로세스의 분류 중 '경쟁 프로세스'에 대한 설명으로 가장 올바른 것은?

① 조직이 영위하는 사업 영역에서 경쟁자보다 뛰어나게 고객가치를 제공하는 프로세스를 의미한다.
② 경쟁자보다 뛰어나지는 않더라도 고객에게 최소한의 가치를 제공하기만 하면 되는 프로세스를 의미한다.
③ 미래의 산업 전략이 성공할 수 있도록 사람, 기술, 프로세스를 결합해 조직의 역량을 구축해 나가는 과정을 의미한다.
④ 프로세스의 결과물이 고객에게 가치 있다고 파악되지만, 실제 경쟁이라는 측면에서는 핵심 프로세스가 아닌 경우이다.
⑤ 변화하는 고객의 니즈가 기술적 변화에 맞추어 조직의 지속적인 경쟁 우위 확보를 위해 역량을 개발하는 프로세스를 말한다.

해설
②·④ 기반 프로세스, ③·⑤ 변혁 프로세스

06 '슈메너'의 서비스 프로세스 매트릭스와 관련해 다음 〈보기〉의 그림에서 (나)에 해당하는 업종으로 가장 올바른 것은?

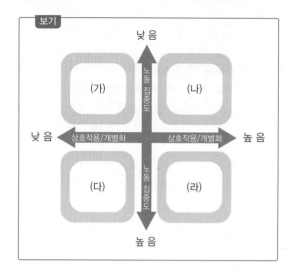

① 항 공
② 병 원
③ 학 교
④ 호 텔
⑤ 도소매

해설
(나)에 해당하는 것은 서비스 숍(병원, 수리 센터, 기타 정보 회사 등)이다.

07 다음 중 서비스 프로세스 설계의 기본 원칙에 대한 내용으로 가장 거리가 먼 것은?

① 평가는 고객이 한다.
② 고객의 기대를 관리하는 것이 중요하다.
③ 고객은 기대 대비 성과를 평가한다.
④ 고객 개별 니즈에 적응해야 한다.
⑤ 평가는 상대적이 아니라 절대적이다.

서비스 프로세스 설계의 기본 원칙
- 평가는 고객이 한다.
- 평가는 상대적이다.
- 고객은 기대 대비 성과를 평가한다.
- 고객의 개별 요구에 적응해야 한다.
- 개별적인 요구에 적응하는 효율적인 방법은 일선 직원의 서비스와 지원 시스템이다.
- 모든 의사결정 시 고객을 고려한다.

09 다음 중 품질기능전개(QFD)의 장점에 대한 설명으로 가장 올바르지 않은 것은?

① 기업의 요구와 시장 형성 배경의 명확한 상관관계를 도출할 수 있다.
② 제안된 신제품 및 신서비스의 우선순위 결정을 위한 체계적인 도구이다.
③ 품질의 집(HOQ)을 사용하여 프로젝트의 모든 과정 및 결정 사항을 문서화할 수 있다.
④ 제품 및 서비스에 대한 팀의 공통된 의견을 도출할 수 있는 체계적인 시스템을 제공한다.
⑤ 개발단계 중간에 새로운 제품 특성이 도출되면 이를 '품질의 집(HOQ)'에 적용시킴으로써, 설계 초기 고려해야 하는 여러 방안을 수정을 통해 반복적으로 적용해 볼 수 있다.

해설
품질기능전개(QFD)의 장점
- 고객의 요구에 대한 이해를 돕는다.
- 고객이 요구하는 서비스 품질을 서비스 제공자가 이행할 수 있게 도움을 준다.
- 제품 및 서비스에 대한 품질목표와 사업목표 설정에 도움을 준다.
- 제안된 신제품 및 신서비스 우선순위 결정을 위한 체계적인 도구이다.
- 제품 및 서비스에 대한 팀의 공통된 의견을 도출할 수 있는 체계적 시스템을 제공한다.
- 품질의 집(HOQ)을 사용하여 프로젝트의 모든 과정 및 결정 사항을 문서화할 수 있다.
- 고객의 요구와 기술적 속성 사이의 명확한 상관관계를 도출할 수 있다.
- 동시공학에 입각한 기법으로 개발단계 중간에 새로운 제품 특성이 도출되면, 이를 품질의 집에 적용시켜 설계 초기에 고려해야 하는 여러 방안을 수정하여 반복 적용할 수 있다.

08 다음 중 피쉬본 다이어그램(Fishbone Diagram)의 활용 목적으로 가장 올바르지 않은 것은?

① 주요 원인들을 결정한다.
② 근본 잠재 원인을 결정한다.
③ 잠재된 해결 방안을 결정한다.
④ 프로세스의 변화나 해결 방안을 계획하고 실행에 옮긴다.
⑤ 고객의 기대가 발생될 수 있는 심리적 요인을 분석하고 유발되는 정서를 감지할 수 있다.

해설
피쉬본 다이어그램(Fishbone Diagram)은 기업이 고객의 불만을 직접 추적하는 데 도움을 주며, 품질 문제를 일으킨다고 의심되는 요인과 그에 관계되는 부수적인 요소들을 함께 검토할 수 있다.

10 고객만족경영(CSM) 패러다임의 변화에 대한 내용으로 가장 올바르지 않은 것은?

	패러다임	기업 중심적		고객 중심적
①	주 체	기 업		고 객
②	고객경영 전략	개발·유지·공유	⇨ 변화	획 득
③	가 치	현재 기업 가치		고객의 평생가치
④	지식 기반	제 품		고객의 경험·가치
⑤	마케팅 전략	매스 마케팅		일대일 마케팅

해설
고객만족경영(CSM)의 패러다임 변화
- 시장의 성숙, 국제화, 개방화, 인터넷 발달, 무한경쟁 시대 도래로 인한 기업환경 변화
- 생산자 위주 공급 시장에서 소비자 위주 소비 시장으로 변화
- 생존 차원의 필수적 소비에서 선택적 소비 형태로 변화
- 기성세대와 차별되는 소비 형태, 가치관을 지닌 새로운 세대 등장
- 기업이 목표시장의 니즈를 파악하고, 고객의 니즈와 기대를 만족시키려는 시장지향성 기업경영이 요구됨

11 고객만족경영(CRM) 혁신을 위한 성공 요인 중 리엔지니어링, TQM, 6시그마, 지식경영, 아웃소싱, 벤치마킹 등에 해당하는 것은?

① 리더십
② 자원 지원
③ 조직문화
④ 고객과 시장
⑤ 프로세스 기법

해설
고객만족경영(CSM)의 성공 요인
- 리더십 : 리더의 혁신에 대한 적극적인 태도, 긍정적인 마인드 등
- 조직문화 : 혁신을 행하는 조직의 문화, 혁신담당자, 조직구조
- 고객과 시장 : 구성원들의 고객 중시·시장지향적 마인드
- 자원 지원 : 물리적·심리적 보상을 의미
- 프로세스 기법 : 서비스 기업에 요구되는 경영 혁신프로세스 기법(리엔지니어링, TQM, 6시그마, 지식경영, 아웃소싱, 벤치마킹) 등

12 다음 〈보기〉 중 '구전(口傳)'과 관련된 대표적인 마케팅 유형을 찾아 모두 선택한 것은?

보기
가. 버즈 마케팅(Buzz Marketing)
나. 바이럴 마케팅(Viral Marketing)
다. 넛지 마케팅(Nudge Marketing)
라. 앰부시 마케팅(Ambush Marketing)

① 가, 나
② 가, 나, 다
③ 나, 다
④ 나, 다, 라
⑤ 가, 나, 다, 라

해설
구전 관련 마케팅 유형
- 버즈 마케팅(Buzz Marketing) : 제품을 사용해 본 소비자가 그 상품에 대해 주변 사람들에게 메시지를 좋게 전달하게 하여 해당 제품에 대한 긍정적인 반응이 입소문에 의해 퍼지게 하는 마케팅 기법이다.
- 바이럴 마케팅(Viral Marketing) : 인터넷을 많이 사용하는 네티즌들이 이메일 등으로 어떤 기업 혹은 그 기업의 제품을 홍보할 수 있게 하는 마케팅 기법이다.

13 다음 〈보기〉의 설명에 해당하는 고객의 유형은?

> **보기**
>
> 육아, 쇼핑, 여가생활 등과 관련된 각종 정보를 인터넷을 통해 얻을 뿐만 아니라, 적극적으로 온라인 동호회에 가입해 활동하는 20대 후반에서 30대 초반의 젊은 주부층을 일컫는 용어이다.

① 웹시족

② 프로슈머

③ 얼리 어답터

④ 베타 테스터

⑤ 호모 에코노미쿠스

해설

① 웹시족 : 웹(Web)과 미시(Missy)의 합성어로서, 인터넷을 활용하여 생활 정보를 얻거나 여가를 즐기는 주부를 말한다.

② 프로슈머 : 생산에 참여하는 소비자, 즉 생산자이면서 소비자, 소비자이면서 생산자라는 의미이다.

③ 얼리 어답터(Early Adopter) : 제품이 출시될 때 가장 먼저 구입을 하여 평가를 내린 뒤, 주위에 제품의 정보를 알려주는 성향을 가진 고객 유형이다.

④ 베타 테스터 : 다양한 소프트웨어나 하드웨어를 그것이 시장에 나오기 전에 사용하고 점검한 후에 해당 제품의 문제나 보완할 점을 찾아내어 해결하는 사람을 의미한다.

⑤ 호모 에코노미쿠스 : 소비를 합리적으로 하려고 하는 사람을 말한다.

14 준거집단 영향의 유형 중 사람들이 특정 집단에 소속되거나 자신의 이미지를 강화할 목적으로 집단의 행동이나 규범을 따르는 유형에 해당하는 것은?

① 확증적 영향

② 신념적 영향

③ 가치 표현적 영향

④ 문화 절차적 영향

⑤ 매체 수용적 영향

해설

가치 표현적 영향

• 특정 집단에 소속되거나 자신의 이미지를 강화할 목적으로 집단의 행동이나 규범을 따르는 유형이다.

• 개인은 특정 집단에 소속된 것을 나타내고 싶거나 그 집단에 소속하고 싶을 때 그 집단 구성원들의 규범·가치·행동 등을 따른다.

• 단순히 어떤 보상을 얻을 목적으로 타인의 영향을 수용하는 순응과 달리, 동일시는 타인과의 동질성을 추구하려 하기 때문에 타인의 영향을 더 적극적으로 수용하는 상태를 말한다.

15 성격유형지표(MBTI)를 통해 예측할 수 있는 고객의 성격유형별 구매행동 특성 중 다음 〈보기〉의 내용에 해당하는 것은?

> **보기**
>
> 쇼핑 시 판매자의 관심으로부터 부담감을 느껴 혼자서 상품을 선택하는 것을 선호하며, 만족한 제품은 재구매로 이어질 확률이 높으며 상표 충성도가 비교적 높다.

① 인식형

② 감각형

③ 사고형

④ 감정형

⑤ 내향형

해설

⑤ 내향형 : 깊이 있는 대인관계를 유지하며, 조용하고 신중하며 이해한 다음에 경험한다.

① 인식형 : 목적과 방향은 변화 가능하고 상황에 따라 일정이 달라지며, 자율적이고 융통성이 있다.

② 감각형 : 오감에 의존하여 실제의 경험을 중시하고 현재에 초점을 맞추며, 정확하고 철저히 일을 처리한다.

③ 사고형 : 진실과 사실에 큰 관심을 갖고 논리적·분석적·객관적으로 판단한다.

④ 감정형 : 사람과 관계에 큰 관심을 갖고, 상황적이며 정상을 참작한 설명을 한다.

16 고객관계관리(CRM) 전략 수립과 관련해 시장매력도에 영향을 미치는 요인 중 '산업 요인'에 해당되는 내용을 다음 〈보기〉에서 찾아 모두 선택한 것은?

> **보기**
>
> 가. 기술적 환경
> 나. 시장의 규모
> 다. 경쟁자의 수준
> 라. 매출의 순환성
> 마. 공급업자의 협상력
> 바. 신규 진입자의 위협

① 가, 나, 다
② 가, 다, 라
③ 나, 다, 마
④ 나, 마, 바
⑤ 다, 마, 바

해설

전략 수립과 관련해 시장매력도에 영향을 미치는 요인

요인	세부 항목
외형적 요인	• 현재 시장 규모 • 시장 잠재력 • 성장률 • 판매(매출)의 주기성(순환성) 또는 계절성 • 현재의 수익성
구조적 요인 (산업 요인)	• 잠재적 진입자로부터의 위협(신규 진입자의 위협) • 구매자와 교섭력으로부터의 위협(공급업자의 협상력) • 대체품으로부터의 위협 • 현재 시장 내에서의 경쟁(경쟁자의 수준)
환경적 요인	• 인구통계적 환경 • 경제적 환경 • 사회적 환경 • 기술적 환경 • 법률적 환경

17 고객관계관리(CRM) 전략 수립과 관련해 고객 분석에 있어 고객을 평가하는 방법 중 다음 〈보기〉의 설명에 해당하는 것은?

> **보기**
>
> 특정 고객의 매출액, 순이익, 거래기간 등을 고려하여 기업에 얼마나 수익을 주는지 점수를 매겨 보는 것을 의미한다.

① Scoring
② Profitability Score
③ Coverage Score
④ NPS
⑤ Risk Score

해설

고객 평가 방법

• 위험성 점수(Risk Score) : 특정 고객이 기업에 얼마나 나쁜 영향을 주는지 나타내는 점수를 의미한다.
• 수익성 점수(Profitability Score) : 특정 고객의 매출액, 순이익, 거래기간 등을 고려하여 기업에 얼마나 수익을 주는지 점수를 매겨 보는 것을 의미한다.
• RFM 점수 : Recency(최근), Frequency(빈도), Monetary(금액)와 같은 3가지 요소를 기준으로 고객을 구분하는 평가 방법이다.
• 커버리지 점수(Coverage Score) : 자사의 상품 중에서 얼마나 많은 종류의 상품을 구매했는가를 평가한다.

18 다음 중 고객관계관리(CRM) 도입의 실패 요인으로 가장 거리가 먼 것은?

① 문제 있는 업무의 프로세스 자동화
② 고객 중심이 아닌 기업 중심의 CRM
③ 기술 숙련도에 대한 충분한 고려 미흡
④ 일부 부서가 아닌, 전체 부서의 확장된 적용
⑤ 정보시스템 조직과 업무부서 간의 협업 부족

④ 고객관계관리(CRM)이 도입되어 일부 부서에서만 적용되었을 때 실패 원인으로 작용한다.

고객관계관리(CRM) 도입의 실패 요인
- 명확한 전략 부재 및 무계획
- 방대한 양의 고객 정보 데이터 무시
- 고객 중심이 아닌 기업 중심의 CRM
- 기술 숙련도에 대한 충분한 고려 미흡

19 e - CRM의 구성 요소 중 인터넷상에서 상품이나 서비스를 온라인으로 판매하기 위한 활동이나 여기에 필요한 수단을 의미하는 것은?

① e - Sales
② e - Service
③ e - Security
④ e - Marketing
⑤ e - Community

② e - Service : 인터넷상에서 검색단계부터 상품 및 서비스의 전 구매과정을 말한다.
③ e - Security : 인터넷을 이용하여 마케팅 기능 및 개념을 구현하는 전략을 말한다.
④ e - Marketing : 인터넷상의 가상 소통 공간으로서, 개인이나 기업 사이의 신뢰형성의 결과로 공유목적, 가치, 경험의 개발 등을 나누는 것을 말한다.
⑤ e - Community : 컴퓨터나 인터넷의 전자보안 서비스를 말한다.

20 e - CRM 성공을 위한 '고객 창출 전략' 중 기존 고객이 다른 사람들에게 웹사이트를 추천해주도록 유도하여 고객을 창출하는 서비스 유형은?

① 리마인드 서비스(Remind Service)
② 어드바이스 서비스(Advice Service)
③ 개인화 서비스(Personalize Service)
④ 인비테이션 서비스(Invitation Service)
⑤ 서스펜션 서비스(Suspension Service)

① 리마인드 서비스 : 고객의 과거 구매이력으로부터 행동을 예측하거나 기념일 등을 사전에 등록하도록 하여 상품이나 구매를 촉진하는 서비스이다.
② 어드바이스 서비스 : 고객이 구매를 망설일 때 직접 조언하고 안내하는 서비스이다.
③ 개인화 서비스 : 웹 사이트에서의 관계 마케팅 전략의 하나로서, 고객의 정보를 즉각적으로 전환 · 이동시킴으로써 고객과의 관계 유지에 초점을 두는 서비스이다.
⑤ 서스펜션 서비스 : 관심 품목 및 찜상품 기능 등을 추가하여 고객이 상품 정보를 개인 홈페이지에 기록할 수 있는 서비스이다.

21 휴스턴(Huston)과 레빙거(Levinger)가 제시한 인간관계 형성 단계 중 두 사람이 직접적인 접촉 없이 관찰을 통해 서로를 아는 단계에 해당하는 것은?

① 표면 행동 단계
② 잠재 결정 단계
③ 인상 형성 단계
④ 피상적 역할 단계
⑤ 친밀한 사적 단계

휴스턴(Huston)과 레빙거(Levinger)의 인간관계
- 면식의 단계(첫인상 형성 단계) : 직접적 교류가 일어나기 전의 단계이다.
- 형식적 · 피상적 접촉의 단계(피상적 역할 단계) : 두 사람 사이에 직접적인 교류가 일어나는 단계이다.
- 상호의존의 단계(친밀한 사적 단계) : 두 사람 사이에 크고 작은 상호의존이 나타나는 단계이다.

22 인간관계 부적응 유형 중 대인관계 기술이 부족하여 인간관계가 원활하지 못하지만, 친밀한 인간관계를 맺고자 하는 욕구를 지닌 유형에 해당하는 것은?

① 고립형   ② 회피형
③ 미숙형   ④ 폐쇄형
⑤ 피상형

해설

부적응적 인간관계 유형

회피형(고립형)	• 경시형 : 인간관계를 무시하고 고독을 즐기는 유형 • 불안형 : 낮은 자존감으로 관계 맺기를 두려워하는 유형
피상형	• 실리형 : 현실적 이득이 있을 때만 관계를 맺는 유형 • 유희형 : 재미있게 즐기면 그만이라고 생각하는 유형
미숙형	• 소외형 : 능동적이고 적극적이지만 부적절한 행동, 외모로 따돌림 당하는 유형 • 반목형 : 사람들이 자주 다투고 갈등을 빚는 유형
탐닉형	• 의존형 : 누군가에게 전폭적으로 의지하는 유형 • 지배형 : 추종세력을 거느리고 주도적인 역할을 하지 않으면 만족하지 못하는 유형

23 대인지각 왜곡 유형 중 먼저 제시된 정보가 나중에 제시된 정보보다 대부분 인상 현상에 더욱 강력한 영향을 미치는 현상을 의미하는 것은?

① 빈발효과
② 대비효과
③ 투영효과
④ 초두효과
⑤ 관대화 경향

해설

① 빈발효과 : 첫인상이 좋지 않아도, 그 후 반복해서 하는 행동이나 태도가 첫인상과는 달리 진지하고 솔직하면 점차 좋은 인상으로 바뀌는 효과를 말한다.

② 대비효과 : 너무 매력적인 상대와 함께 있으면 그 사람과 비교되어 평가절하되는 효과를 말한다.

③ 투영효과 : 판단을 함에 있어서 자신과 비교하여 남을 평가하는 효과를 말한다.

⑤ 관대화 경향 : 인간은 행복추구 본능 때문에 타인을 다소 긍정적으로 평가하는 경향이 있다.

24 의사소통의 유형 중 하향적 의사소통에 대한 내용으로 가장 올바르지 않은 것은?

① 조직의 계층 또는 명령계통에 따라 상급자가 하급자에게 자신의 의사와 정보를 전달하는 것을 의미한다.

② 특정 업무를 지시하고 절차 및 실행에 대한 정보를 주며, 주로 조직목표를 주입시키는 데 목적을 둔다.

③ 보고, 내부 결재, 개별 면접 등의 전달 방법을 주로 사용한다.

④ 일방적이고 획일적이기 때문에 피명령자의 의견이나 요구를 참작하기 어려운 경우가 많다.

⑤ 상사에 대한 거부감이 있을 경우, 의사소통에 왜곡이나 오해가 발생될 가능성이 있다.

해설

면접은 상향적 의사소통의 전달 방법이다.

수직적 의사소통 (종적 의사소통)	상향적 의사 소통	계층의 하부에서 상부로 의사와 정보가 전달되는 것 예 제안 제도, 의견 조사, 면접	• 종적 관계, 불평등 관계 • 부모자녀 관계, 사제 관계, 선·후배 관계, 직장 상사와 부하의 관계 등 • 상급자의 통솔력, 지도력, 책임감, 보살핌이 필요하며, 동시에 하급자의 순종, 존경이 필요함
	하향적 의사 소통	명령 계통에 따라 상급자가 하급자에게 전달되는 것 예 편람, 게시, 기관지, 구내방송, 강연, 뉴스레터	• 지위나 위치가 다른 사람끼리의 상호작용이며, 형식적·수단적 성격이 강함 • 종적 관계, 불평등 관계
수평적 의사소통 (횡적 의사소통)		동일한 계층 간의 의사소통 예 사전심사제도, 회의, 위원회, 회람, 통보	• 횡적 관계, 평등 관계 • 사회적 지위나 위치가 서로 비슷한 사람끼리의 상호작용이며, 자발적인 속성을 가짐

25 에릭 번(Eric Berne)이 제시한 시간의 구조화 영역 중 다음 〈보기〉의 내용에 해당하는 것은?

> **보기**
>
> 직업, 취미, 스포츠, 육아 등 무난한 화제를 대상으로 특별히 깊이 들어가지 않고 즐거운 스트로크의 교환을 나누는 것이 특징이다.

① 친 교
② 게 임
③ 활 동
④ 의 식
⑤ 잡 담

해설

에릭 번(Eric Berne)의 시간의 구조화 영역 6가지

- 폐쇄(Withdrawal) : 자기를 타인으로부터 멀리 하고 대부분의 시간을 공상이나 상상으로 보내며, 자기에게 스트로크를 주려고 하는 자기애적인 것이다. 대표적인 것은 백일몽이나 공상에 젖는 것이다.
- 의식/의례(Rituals) : 일상적인 인사에서부터 복잡한 결혼식이나 종교적 의식에 이르기까지 전통이나 습관에 따름으로써 간신히 스트로크를 유지하는 것이다. 상호간의 존재를 인정하면서도 누구와도 특별히 친하게 지냄이 없이 일정한 시간을 보내게 되므로, '의식'적인 시간의 구조화라고 말한다.
- 잡담 또는 소일(Pastime) : 직업, 취미, 스포츠, 육아 등의 무난한 화제를 대상으로 특별히 깊이 들어가지 않고 즐거운 스트로크의 교환을 하는 것으로 사교라고도 말할 수 있다.
- 활동(Activity) : 어떤 '목적'을 달성하기 위해 스트로크를 주고받는 것으로, 어떤 결과를 얻기 위해 에너지를 투자하는 것이기 때문에 소일이나 잡담과는 차이가 있다.
- 게임(Game) : 저의가 깔린 이면적 교류이다. 다시 말해서 사회적 수준, 즉 겉으로 보기에는 정보의 교환을 하는 것 같지만, 심리적 수준으로는 또 다른 의도가 깔려 있는 교류이다. 게임을 하는 사람은 어릴 때 부모와 자식 간의 교류에서 어딘가 원활하지 못한 데가 있기 때문에 순순히 스트로크를 얻을 수 없었던 사람이 많다. 이러한 사람들은 응석이나 애교를 부리고 싶어도 할 수 없으므로, 부정적 스트로크를 교환하고 있는 것이다.
- 친밀(Intimacy) : 두 사람이 서로 신뢰하며 상대방에 대하여 순수한 배려를 하는 진실한 교류, 저의 없는 진정한 감정을 표현한다.

26 다음 중 어떤 자아 상태에서 보내지는 메시지에 대하여 예상대로의 반응이 되어 돌아오는 것으로, 자극과 반응의 주고받음이 평형이 되는 교류 유형은?

① 이면 교류
② 암묵 교류
③ 인지 교류
④ 교차 교류
⑤ 상보 교류

해설

교류패턴 분석(대화분석)

상보 교류 (의사소통의 제1패턴)	• 자극이 지향하는 그 자아상태로부터 반응이 나오며, 자극을 보냈던 그 자아상태로 반응이 다시 보내지는 교류이다. • 평행적 교류이며 '무갈등교류'라고도 한다. • 대화가 중단되지 않고 계속될 수 있는 교류이다.
교차 교류 (의사소통의 제2패턴)	• 의사소통의 방향이 서로 어긋날 때, 즉 교차될 때 이루어지는 교류로서, '갈등교류'라고도 한다. • 타인의 어떤 반응을 기대하기 시작한 교류에 대하여 예상외의 반응이 되돌아오는 것을 말한다. • 의사소통이 단절되거나 화제가 바뀌게 되는 교류이다.
이면 교류 (의사소통의 제3패턴)	• 의사소통에 관계된 자아 중 겉으로 직접 나타나는 사회적 자아와 실제로 기능하는 심리적 자아가 서로 다른 교류이다. • 두 가지 수준의 교류가 동시에 일어난다.

27 크리스토퍼(Christopher)가 제시한 고객 서비스의 3단계 중 '거래 시 서비스(On Service)'와 가장 거리가 먼 것은?

① 제품 포장
② 제품 대체성
③ 주문 편리성
④ 재고 품질 수준
⑤ 백오더(Back Order) 이용 가능성

해설
크리스토퍼(Christopher)의 고객 서비스 3단계
• 거래 전 서비스 : 기술적 서비스, 명시된 회사의 정책, 회사에 대한 고객의 평가, 회사 조직, 시스템 유연성
• 거래 시 서비스 : 재고 품질 수준, 'Back Order' 이용 가능성, 시간, 주문의 편리성, 제품 대체성
• 거래 후 서비스 : 설치, A/S, 불만 처리, 포장, 일시적인 대체

28 다음 OECD 서비스 산업 분류 중 '유통 서비스'에 해당하는 것은?

① 통신업
② 공공행정
③ 교육 서비스업
④ 금융 및 보험업
⑤ 보건사회복지사업

해설
OECD에서 분류한 서비스 산업 유형
• 유통 서비스 : 도소매업, 운수업, 통신업 등
• 생산자 서비스 : 금융 및 보험업, 부동산 임대업 등
• 사회 서비스 : 공공행정, 보건사회복지사업 등
• 개인 서비스 : 의료·교육, 숙박·음식점업, 오락·문화·운동, 가사 서비스업 등

29 러브록(Lovelock)이 제시한 다차원적 서비스 분류에서 다음 도표의 (라)에 들어갈 업종으로 알맞은 것은?

		서비스 지점	
		단일입지	복수입지
고객과 서비스 기업과의 관계	고객이 서비스 기업으로 간다.	(가)	(나)
	서비스 기업이 고객에게 간다.	(다)	(라)

① 극 장
② 버 스
③ 이발소
④ 우편 배달
⑤ 법률 서비스

해설
러브록의 서비스 상품의 특징에 따른 분류

구 분		서비스 설비 또는 시설에 근거한 정도	
		높 다	낮 다
서비스가 사람에 근거한 정도	높 다	병원, 호텔	회계, 경영 컨설팅
	낮 다	지하철, 렌터카	전 화

30 감성 리더십을 구성하는 요소 중 돈과 지위를 넘어서는 목표를 위해 일하려는 열정, 에너지와 끈기를 가지고 목표를 추구하는 성향을 의미하는 것은?

① 자아의식
② 감정이입
③ 동기부여
④ 자기통제
⑤ 대인관계 기술

해설
① 자아의식 : 자신의 감정, 기분, 취향 등이 타인에게 미치는 영향을 인식하고 이해하는 능력을 말한다.
② 감정이입 : 다른 사람의 감정을 이해하고 헤아리는 능력을 말한다.
④ 자기통제 : 행동에 앞서 생각하고 판단을 유보하는 능력을 말한다.
⑤ 대인관계 기술 : 인식한 타인의 감성에 적절히 대처할 수 있는 능력을 말한다.

31 서비스 청사진의 구성 요소 중 고객 접점에서 고객과의 상호작용을 통하여 가시적으로 보이는 종업원의 활동에 해당하는 것은?

① 기업의 행동
② 평가 프로세스
③ 품질 통합 활동
④ 후방 종업원의 행동
⑤ 일선 종업원의 행동

해설
일선 종업원의 행동
• 고객의 눈에 가시적으로 보이는 종업원의 활동을 말한다.
• 주차관리인의 주차안내, 안내원의 상담 등을 말한다.

해설
서비스 청사진의 시스템 내의 지원프로세스에는 중요한 관리 포인트인 실패 포인트(Fall Point), 대기 포인트(Waiting Point), 결정 포인트(Decision Point) 등이 있다.
• 실패 포인트 : 서비스의 실수나 오류가 일어날 잠재적 가능성을 아예 없애는 것이 가장 좋은 해결책이다.
• 대기 포인트 : 고객이 제때 서비스 대기가 발생하지 않도록 공급 관리를 철저히 하거나 대체 서비스 안을 제공해야 한다.
• 결정 포인트 : 서비스 설계와 관련된 의사결정 문제를 도출할 때, 서비스 개발이나 재설계 시 업무담당 결정, 순서 등을 고려해야 한다.

32 서비스 청사진을 통해 얻을 수 있는 주요 정보에 대한 설명 중 다음 〈보기〉의 ( ) 안에 들어갈 내용으로 가장 올바른 것은?

보기
• 서비스 시스템의 전체적 구조를 파악하고, 서비스 설계와 관련된 의사결정 문제를 도출할 수 있다.
• 서비스 시스템 내에 존재하는 중요한 관리 포인트인 (   ), 대기 포인트, 결정 포인트를 알 수 있다.

① 고객행동 포인트
② 상호작용 포인트
③ 구매(가능) 포인트
④ 실패(가능) 포인트
⑤ 만족(가능) 포인트

33 서비스 모니터링의 구성 요소 중 다음 〈보기〉의 설명에 해당하는 것은?

보기
• 고객이 실제적으로 어떻게 대우를 받았는지에 대한 고객의 평가와 모니터링 점수가 일치해야 하고 이를 반영하는 것을 의미한다.
• 측정하고자 하는 모니터링 ud가 내용이 실제에 가깝게 정확히 측정되고 있는지에 대한 정도를 의미한다.

① 타당성
② 유용성
③ 객관성
④ 대표성
⑤ 신뢰성

대표성	• 모니터링 표본추출 테크닉으로 전체 서비스의 특성과 수준을 측정할 수 있어야 한다. • 모니터링 대상접점은 하루의 모든 시간대별, 요일별 및 그 달의 모든 주를 대표할 수 있어야 한다.
객관성	• 종업원을 평가 또는 통제하는 도구가 아니라, 종업원의 장·단점을 발견하고 능력을 향상시킬 수 있는 수단으로 활용해야 한다. • 편견 없는 객관적인 기준으로 평가하여 누구든지 인정할 수 있게 해야 한다.
차별성	• 모니터링 평가는 서로 다른 스킬 분야의 차이를 반드시 인정하고 반영해야 한다. • 기대를 넘는 뛰어난 스킬과 고객서비스 행동은 어떤 것인지, 또 거기에 대한 격려와 보상은 어떻게 해야 하는지 등을 판단하는 데 도움을 줄 수 있다.
신뢰성	• 평가는 지속적으로 이루어져야 하고, 누구든지 결과를 신뢰할 수 있어야 하므로, 평가자는 성실하고 정직해야 한다. • 모든 평가자는 동일한 방법으로 모니터링을 해야 하며, 누가 모니터링하더라도 그 결과가 동일한 측정값을 획득해야만 신뢰를 얻을 수 있다.

34 다음 중 고객의 소리(VOC)의 성공을 위해 충족해야 할 방안으로 보기 어려운 것은?

① 기업에 유해한 VOC가 접수될 경우, 별도의 페널티(Penalty) 제도를 구축하여 활용한다.

② 제품 및 서비스의 전 수명과 주기에 걸쳐 VOC를 적극적으로 추구한다.

③ 자료에 대한 통계보고서를 작성하여 추세를 파악하고 점검한다.

④ 고객의 문의, 제안, 건의, 신고, 불만, 칭찬 등을 접수하는 즉시 기록한다.

⑤ 자료의 신뢰성을 높이기 위해 코딩으로 분류한다.

해설
고객의 소리(VOC)의 성공조건

• VOC와 보상을 연계시킨다.
• VOC로 인해 발생한 조직의 변화를 평가한다.
• VOC자료의 신뢰성을 높이기 위해 고객의 소리를 코딩으로 분류한다.
• 자료에 대한 통계보고서를 작성해 추세를 파악하고 변화를 점검한다.

35 마케팅 개념의 변화와 관련해 다음 중 복합적 마케팅을 이루는 4가지 구성 요소와 가장 거리가 먼 것은?

① 철학적 마케팅
② 사회적 마케팅
③ 내적 마케팅
④ 관계 마케팅
⑤ 통합적 마케팅

해설
복합적 마케팅의 구성 요소

• 관계 마케팅 : 기업의 유지와 수익을 위해 고객과 장기적인 관계를 구축하는 것이 목표인 마케팅이다.
• 통합적 마케팅 : 기업의 과업이 고객의 가치와 상호 소통을 하기 위해 통합된 프로그램이다.
• 내적 마케팅 : 조직 내의 모든 구성원들이 고객의 관점을 가질 수 있도록 고용, 훈련, 동기부여를 하는 마케팅이다.
• 사회적 마케팅 : 기업의 과업이나 마케팅을 윤리적·환경적·법적·사회적 맥락에서 이해하는 마케팅이다.

36 SWOT 분석에 의한 마케팅 전략 중 약점을 극복함으로써 시장의 기회를 활용하는 전략 유형은?

① W-O 전략
② W-T 전략
③ S-O 전략
④ S-T 전략
⑤ S-W 전략

SWOT 분석

SO전략 (강점 – 기회전략)	시장의 기회를 활용하기 위해 강점을 사용하는 전략을 선택한다.
ST전략 (강점 – 위협전략)	시장의 위협을 회피하기 위해 강점을 사용하는 전략을 선택한다.
WO전략 (약점 – 기회전략)	시장의 약점을 극복함으로써 시장의 기회를 활용하는 전략을 선택한다.
WT전략 (약점 – 위협전략)	시장의 위협을 회피하고 약점을 최소화하는 전략을 선택한다.

38 다음 〈보기〉의 내용 중 전통적인 마케팅믹스 '4Ps'를 찾아 모두 선택한 것은?

> **보기**
> 가. Price
> 나. Place
> 다. People
> 라. Product
> 마. Process
> 바. Promotion
> 사. Physical Evidence

① 가, 나, 다, 라
② 가, 나, 라, 마
③ 가, 나, 라, 바
④ 가, 다, 라, 사
⑤ 가, 라, 마, 바

해설
전통적인 마케팅믹스 '4Ps'
Product(제품), Price(가격), Place(유통), Promotion(촉진)

37 다음 소비재 시장에서 가능한 시장 세분화 방법 중 행동 분석적 변수에 해당하는 것은?

① 성 별
② 가 족
③ 직 업
④ 나 이
⑤ 가격 민감도

해설
소비재 시장에서 가능한 시장 세분화 방법
• 지리적 변수 : 국가, 도시·농촌, 기후 등
• 인구통계학적 변수 : 나이, 성별, 직업, 종교, 교육수준, 소득, 가족규모, 국적, 사회계층 등
• 구매행동 변수 : 브랜드 애호도, 사용량, 사용 빈도, 가격 민감도, 구매 시 중요변수(서비스, 품질, 경제성, 속도 등)
• 심리학적 변수 : 태도, 역할모형, 라이프스타일, 개성, 성격 등

39 마케팅 전략 수립과 관련해 '파레토 법칙(Pretto's Law)'에 대한 설명으로 가장 거리가 먼 것은?

① 소비자행동론에 기초한 이론인 '파레토 최적'의 개념이다.
② 총 매출의 80%는 20%의 고액 구매 고객으로부터 나온다는 법칙이다.
③ 대부분의 현상이 중요한 소수에 의해 결정된다는 법칙이다.
④ 인기 상품이나 주력 상품에 집중하는 획일적 사고에서 벗어나, 다양한 가능성에 눈뜰 수 있는 계기가 되었다.
⑤ '선택과 집중'이라는 키워드와 결합되어 기업 전략의 중요한 축을 형성하는 데 영향을 주었다.

파레토의 법칙(Pareto's Law)

이탈리아 경제학자 빌프레도 파레토(Vilfredo Pareto)의 "일정한 소득수준 이하를 버는 사람의 수가 일정한 소득수준 이상을 버는 사람 수보다 줄어들면 소득비율의 불평등이 감소한다."라는 연구결과를 후세의 조셉 주란(Joseph M. Juran)이 연구하여 파레토의 법칙을 발표하였다. 파레토의 법칙은 소비자 행동론에 기초한 '파레토 최적' 개념으로 "전체결과의 80%는 20%의 원인에서 나온다."라는 내용을 담고 있다. 파레토의 법칙은 다양한 가능성보다는 결과의 80%에 영향을 미치는 중요한 20%에 대한 내용이므로 따라서 ④의 주력상품에 집중하지 않고 다양한 가능성에 눈뜰 수 있다는 설명은 '파레토의 법칙'과 대치된다.

40 서비스 실패와 관련해 다음 〈보기〉의 내용과 같이 주장한 학자는?

보기
서비스 실패란 서비스 결과가 고객의 기대 이하로 심각하게 떨어지는 서비스 경험을 의미한다.

① 자이다믈, 베리
② 새서, 하트
③ 존스터, 원
④ 베리, 레너드
⑤ 벨, 젬케

해설
서비스 실패에 대한 학자들의 정의

헤스켓, 새서, 하트	서비스 실패란 서비스 과정이나 결과에 대하여 서비스를 경험한 고객이 좋지 못한 감정을 갖는 것을 말한다.
원	서비스 접점에서 고객 불만족을 일으키는 열악한 서비스를 경험하는 것을 말한다.
벨, 젬케	수준이 심각하게 떨어지는 서비스 결과를 경험하는 것을 말한다.
자이다믈, 베리	고객이 느끼는 허용영역 이하로 떨어지는 서비스 성과를 말한다.
베리, 레너드, 파라수라만	책임이 분명한 과실로 인해 초래된 서비스 과정이나 결과를 말한다.

41 애프터서비스 품질 차원의 영향 요인 중 무상 서비스의 정도와 수리비용, 무상 서비스 보증기간 등에 해당하는 것은?

① 정 책
② 편의성
③ 처리기간
④ 전문성과 기술
⑤ 직원의 태도와 행동

해설
애프터서비스(After Service) 품질 차원의 영향 요인
- 전문성과 기술 : 애프터서비스의 품질 요소 중 가장 중요한 요인으로 결합 제품에 대한 수리의 정도를 나타내는 결과 품질을 말한다.
- 직원의 태도와 행동 : 고객도움의 의지, 수리와 접수직원의 친절도, 직원의 믿음(말, 행동) 등이 있다.
- 정책 : 편리한 센터이용 시간, 수리비용, 무상 서비스 보증기간, 무·유상의 합리성 등이다.
- 편의성 : 애프터서비스를 이용하기 위한 접근성, 이용 편리성 등이다.
- 처리시간 : 영양도가 가장 낮은 요인이다.

42 다음 중 서비스 수익체인의 구조와 기능에 대한 설명으로 가장 올바르지 않은 것은?

① 종업원의 충성도는 종업원 생산성을 유발한다.
② 고객 충성도는 종업원 확보를 유발한다.
③ 종업원 만족은 종업원 충성도를 유발한다.
④ 서비스 가치는 고객만족을 유도한다.
⑤ 내부 품질은 종업원 만족을 가져온다.

해설
서비스 수익체인의 구조와 기능
- 고객 충성도 : 수익성과 성장을 유발한다.
- 고객만족 : 고객 충성도를 높인다.
- 서비스 가치 : 고객만족을 유도한다.
- 종업원 생산성 : 서비스 가치를 유발한다.
- 종업원 충성도 : 종업원 생산성을 유발한다.
- 종업원 만족도 : 종업원 충성도를 유발한다.
- 내부 품질 : 종업원 만족을 높인다.

43 다음 〈보기〉의 내용 중 '필립 코틀러(Philip Kotler)'가 제시한 5가지 제품 품질 차원을 찾아 모두 선택한 것은?

> **보기**
> 가. 계량적 제품
> 나. 주관적 제품
> 다. 확장 제품
> 라. 기대하는 제품
> 마. 잠재적 제품

① 가, 나
② 나, 다, 라
③ 다, 라, 마
④ 나, 다, 라, 마
⑤ 가, 나, 다, 라, 마

해설
필립 코틀러(Philip Kotler)의 제품 차원
• 기본제품(Basic Product) : 제품의 기본적 형태로서 핵심 이점을 유형 제품으로 형상화한 형태를 말한다.
• 핵심이점(Core Benefit) : 구매자가 실제로 구입하는 근본적인 서비스 및 제품을 말한다.
• 잠재제품(Potential Product) : 미래에 경험할 수 있는 변환과 혁신적으로 진보함으로써 변모한 확장된 제품을 말한다.
• 기대제품(Expected Product) : 제품 구입 시 구매자들이 정상적으로 기대하거나 합의하는 일체의 속성과 조건을 가진 제품을 말한다.
• 확장제품(Augmented Product) : 기업이 제공하는 것과 경쟁자가 제공하는 것을 구별하여 제공하는 추가적인 서비스 혹은 이점을 지닌 제품을 말한다.

44 다음 중 의료기관의 특징에 대한 설명으로 가장 올바르지 않은 것은?

① 병원은 고도로 노동집약적 집단인 동시에 자본집약적인 조직체라고 할 수 있다.
② 일반적인 이익집단에 비해, 병원은 기본적으로 비영리적 동기를 가지고 있다.
③ 진료 결과에 따른 신체적·정신적 효과를 명확하게 판별하기 어렵기 때문에 생산된 서비스의 품질 관리나 업적 평가가 어려운 특성을 보인다.
④ 일반적으로 병원에 대한 정의가 진료 서비스, 의학 교육 및 연구, 기술의 개발, 공중보건 증진 등을 포함하고 있기 때문에 실제 병원은 다양한 사업과 프로그램을 개발하여 지역 주민과 국가가 원하는 요구를 충족시킬 수 있어야 한다.
⑤ 진료 서비스라는 복합적인 생산품이 형성되기 때문에 엄격하고 단일한 상하 명령 전달 체계가 발생되며, 이로 인해 부서 간의 갈등이 발생되지 않는 특성을 보인다.

해설
병원은 다른 이익집단과 다르게 비영리적 동기를 갖는다. 그러므로 병원은 이윤 극대화보다는 지역사회 주민의 건강 증진, 질병의 예방 및 치료에 중점을 둔 조직이 되어야 하며, 이윤의 창출도 진료, 교육, 연구를 위한 의료기관으로서 기본적인 기능을 수행하기 위한 수단이 되어야 한다.

45 다음 중 서비스 품질 측정이 어려운 이유에 대한 설명으로 가장 올바르지 않은 것은?

① 고객으로부터 데이터를 수집하는 일에 시간과 비용이 많이 들고 회수율도 낮다.

② 서비스 품질은 서비스의 특성상 생산과 소비가 동시에 이루어지기 때문에, 서비스의 전달이 완료되기 이전에는 검증하기가 어렵다.

③ 서비스 품질은 객관적이기 때문에 고객의 주관적인 품질 평가를 기반으로 다양한 요소를 측정하기 어렵다.

④ 자원이 서비스 전달 과정 중 고객과 함께 이동할 수 있기 때문에, 고객이 자원의 흐름을 관찰할 수 있어 서비스 품질 측정의 객관성이 저해된다.

⑤ 고객이 서비스 프로세스의 일부이며 변화를 일으킬 수 있는 중요한 요인이기 때문에, 고객을 대상으로 하는 서비스 품질의 연구 및 측정에 어려움이 있다.

[해설]
서비스 품질은 주관적이기 때문에 객관화하여 측정하기가 어렵다.

46 그렌루스(Grönroos)가 제시한 6가지 품질 구성 요소 중 다음 〈보기〉의 설명에 해당하는 것은?

> [보기]
> 서비스 공급자, 서비스 기관의 위치, 운영시간, 종사원, 운영체계 등이 서비스를 받기 쉬운 위치에 존재하도록 설계되고 운영되며, 고객의 바람과 수요에 따라 융통성 있게 조절될 수 있다고 고객이 느끼는 것을 의미한다.

① 서비스 회복
② 태도와 행동
③ 신뢰성과 믿음
④ 전문성과 기술
⑤ 접근성과 융통성

[해설]
그렌루스(Grönroos)의 서비스 품질 구성 요소
• 서비스 회복 : 서비스에 실수가 발생했을 때 공급자가 즉각적·능동적으로 실수의 해결방안을 위해 노력하는 것을 고객이 느끼는 것을 말한다.
• 태도와 행동 : 종업원들이 친절하고 자발적으로 고객에게 관심을 기울이고 노력한다고 느끼는 것을 말한다.
• 신뢰성과 믿음 : 고객이 서비스 공급자와 종업원, 기업의 운영체계 등이 고객과의 약속을 이행하리라 믿는 것을 말한다.
• 전문성과 기술 : 제품 및 서비스 문제를 해결하는 전문적 지식과 기술을 갖췄다고 고객이 인식하는 것을 말한다.
• 접근성과 융통성 : 서비스 공급자, 기관의 위치, 종업원, 운영체계 등이 서비스받기 쉬운 위치에서 설계·운영되며, 고객 기대와 수요에 따라 조절될 수 있다고 느끼는 것을 말한다.
• 평판과 신용 : 서비스를 공급자의 운영과 이용에 대해 믿을 수 있고 가치 있다고 공감할 수 있는 것을 말한다.

47 다음 중 서비스 품질의 문제가 발생되는 이유로 가장 거리가 먼 것은?

① 기업의 단기적 견해
② 커뮤니케이션의 차이
③ 직원에 대한 부적절한 서비스
④ 생산과 소비의 분리성 및 기술집약성
⑤ 고객을 수치(數値, Numerical)로 보는 견해

[해설]
서비스 품질 문제의 발생 이유
• 기업의 단기적 견해
• 커뮤니케이션의 차이
• 직원에 대한 부적절한 서비스
• 생산과 소비의 비분리성 및 노동집약성
• 고객을 수치(Numerical)로 보는 견해

48 토마스(Thomas)와 킬만(Kilmann)이 제시한 갈등대처 유형 중 자신과 상대방이 서로 관심사를 양보하는 방식으로 조직의 욕구와 개인의 욕구 간에 균형을 지키려는 유형은?

① 수 용
② 경 쟁
③ 협 력
④ 타 협
⑤ 회 피

49 다음 〈보기〉의 설명에 해당하는 서비스 품질 측정 모형은?

> **보기**
>
> 'SERVQUAL' 모델이 우리나라 상황에 적합하지 않다고 보고, 2000년 한국표준협회(KSA)와 서울대학교 경영연구소가 공동 개발한 모델로써, 기업의 서비스 품질 수준을 정확하게 평가하고 개선 과제를 도출하여 지속적인 품질 관리를 할 수 있도록 대한민국 서비스 산업과 소비자의 특성을 반영한 종합지표이다.

① NCSI
② KCSI
③ ACSI
④ NPS
⑤ KS–SQI

50 자료수집 방법 중 '관찰법'에 대한 설명으로 가장 올바르지 않은 것은?

① 조사대상의 행동 패턴을 관찰하고 기록함으로써 자료를 수집하는 방법을 말한다.
② 정확하고 세밀한 자료수집이 가능하다.
③ 주로 소수를 대상으로 하기 때문에 분석 결과를 일반화하기 어렵다.
④ 행동에 대한 내면적 요인의 측정이 불가능하다.
⑤ 조사대상자와 면담 또는 대화가 불가능할 경우 자료수집의 진행이 어렵다.

51 마케팅 조사 시 정량조사 기법을 적용해야 하는 경우로 가장 거리가 먼 것은?

① 각 상표의 포지셔닝 파악
② 소비자 언어의 발견 및 확인
③ 시장 세분화 및 목표시장 선정
④ 소비자 특성별 니즈 구조와 차이
⑤ 시장 경쟁상황 및 소비자 태도와 행동 파악

해설
② 소비자 언어의 발견 및 확인은 '정성조사' 기법이다.
정성조사 기법과 정량조사 기법

정성조사 기법	정량조사 기법
• 정량적 조사의 사전 단계, 가설의 발견, 사전지식이 부족한 경우 • 가설의 검증 및 확인 • 고객의 언어의 발견 및 확인 • 고객을 심층적으로 이해하려는 시도 • 다양한 샘플링 확보가 어려운 경우 • 신속한 정보를 획득하고 싶은 경우	• 가설 검증으로 확정적 결론 획득 • 시장 세분화 및 표적시장 선정 • 시장상황과 소비자의 행태 파악 • 고객의 특성별 요구차이 • 각 상표별 강점 · 약점을 파악

52 라파엘(Raphael)과 레이피(Raphe)가 제시한 고객 충성도의 유형 중 다음 〈보기〉의 ( ) 안에 들어갈 내용으로 가장 올바른 것은?

> **보기**
> ( )(이)란 주변 사람들 누구에게나 특정 제품이나 서비스에 대한 칭찬을 아끼지 않는 계층을 말한다.

① 단골고객
② 충성고객
③ 고 객
④ 예비고객
⑤ 단순고객

해설
라파엘(Raphael)과 레이피(Raphe)의 고객 충성도 유형
• 예비고객 : 구매에 관심을 보일 수 있는 계층
• 단순고객 : 특정 제품이나 서비스에 대하여 관심을 가지고 적어도 한 번 정도 가게를 방문하는 계층
• 고객 : 빈번하게 구매가 이뤄지는 계층
• 단골고객 : 특정 제품이나 서비스를 정기적으로 구매하는 계층
• 충성고객 : 주변 누구에게나 긍정적인 구전을 해주는 계층

53 'SERVQUAL'의 5가지 'GAP 1'이 발생되는 원인으로 가장 올바르지 않은 것은?

① 상향 커뮤니케이션이 결여될 경우
② 지나치게 많은 관리 단계가 존재할 경우
③ 수요와 공급을 일치시키는 데 실패할 경우
④ 경영자가 고객의 기대를 파악하는 데 실패할 경우
⑤ 마케팅 조사의 중요성에 대한 인식이 부족할 경우

해설
수요와 공급을 일치시키는 데 실패할 경우는 SERVQUAL(서비스품질 측정도구)의 GAP 모델 중 GAP 3에 해당한다.

54 서비스 기대 모델의 구성 요소 중 '허용 영역'에 대한 설명으로 가장 거리가 먼 것은?

① 희망 서비스와 적정 서비스 사이의 영역으로, 서비스 실패가 잘 드러나지 않는 '미발각 지대'를 말한다.
② 허용 영역 구간의 위쪽에 위치할수록 고객에게 감동을 줄 수 있는 가능성이 높아진다.
③ 서비스가 허용 영역 구간 안에 위치할 경우, 고객은 서비스 성과에 별다른 반응을 보이지 않는 경우가 많다.
④ 동일한 고객의 경우 고객의 상황적인 요인에 상관없이 서비스 허용 영역 구간이 일정한 범위를 갖는다.
⑤ 고객이 서비스의 이질적인 특징 즉, 다양성을 알고서 기꺼이 받아들일 수 있는 범위이다.

허용 영역은 일정하지 않고 가격이 높다거나 해당 서비스에 대한 경험이 쌓일수록 줄어들고, 서비스 특성들 중 중요한 특성들에서 줄어든다.

55 계획수립 기법 중 '시나리오 계획법'에 대한 설명으로 가장 올바르지 않은 것은?

① 미래에 전개될 여러 시나리오를 예측하고, 각 시나리오에 대응되는 계획을 수립하는 기법이다.
② '시나리오 계획법'이란 명칭 이외에 영어 이름 그대로 '시나리오 플래닝'이라고도 불린다.
③ 1950년대 미국이 적국의 공격 전략에 대응하기 위한 군사전략용으로 최초 개발되었다.
④ 1970년대부터 기업의 경영기법에 적용되기 시작하였다.
⑤ 일반적으로 시급한 단기 사업전략을 수립할 경우 많이 사용되는 방법이다.

시나리오 계획법(시나리오 플래닝)
• 미래의 예상 시나리오 도출과 각 시나리오별 전략적 대안을 미리 수립하는 기법을 말한다.
• 1950년대 미국이 적국의 공격 전략에 대응하기 위한 군사전략용으로 최초 개발하여 1970년대부터 기업의 경영기법에 적용되었다.
• 불확실한 경영환경에서 중·장기적인 경영계획을 수립할 때 사용한다.

56 다음 〈보기〉의 설명에 해당하는 마케팅 유형은?

보기
최근 KIE 제과점이 복고풍 도넛 제품인 '동네 도나쓰'를 출시하였다. 옥수수 가루로 반죽한 작은 도넛 7개를 종이봉투에 담고 가격을 1,500원으로 저렴하게 책정하였다. 고객들이 어린 시절 엄마 손을 잡고 재래시장에서 도넛을 사먹던 기억을 떠올릴 수 있도록 도넛을 튀길 때 사용하는 검정 솥을 매장에 비치하고, 그 안에 설탕을 담아 고객들이 원하는 만큼 묻혀 가져갈 수 있도록 하였다.

① 코즈 마케팅   ② 넛지 마케팅
③ 티저 마케팅   ④ 레트로 마케팅
⑤ 플레그쉽 마케팅

① 코즈 마케팅 : 기업이 사회적 이슈를 기업의 이익 추구를 위해 활용하는 마케팅을 말한다.
② 넛지 마케팅 : 구매를 유도하지만 구매자에게 선택의 자유를 주는 방식의 마케팅을 말한다.
③ 티저 마케팅 : 제품이나 서비스의 정체를 밝히지 않고 호기심을 자극하여 소비자가 자신과 주변인들에게 질문을 던지도록 유도하는 마케팅을 말한다.
⑤ 플레그쉽 마케팅 : 대표상품의 긍정적 이미지를 다른 상품으로 확대하여 판촉 활동하는 마케팅을 말한다.

57 다음 중 소비자 행동 특성에 대한 설명으로 가장 올바르지 않은 것은?

① 소비자의 제품 구매 동기와 행동을 조사를 통해 파악할 수 있다.

② 소비자는 구매 결정 과정에서 외부 환경의 영향에 상관없이 내부 환경의 영향에 전적으로 의존하는 경향을 보인다.

③ 소비자는 스스로 판단하여 필요한 제품이나 서비스에 관한 정보를 수집하고, 이를 기반으로 구매를 할 것인지 판단한다.

④ 소비자 행동은 경우에 따라 외부 사람들에게 불합리하게 보일 수 있으나, 대부분의 소비자 행동은 매우 합리적인 목표를 수반한다.

⑤ 소비자가 목표 지향적이고 능동적으로 판단하여 움직인다 하더라도, 이는 소비자가 반드시 최적의 정보를 가지고 최고의 대안을 선택한다는 의미로 해석되기 어렵다.

해설
소비자는 구매결정과정에서 내·외부 환경의 영향을 받는다.

58 고객가치 분석을 위해 'RFM 기법'을 사용할 경우, 해당 분석에 필요한 요소로 알맞은 것은?

① 구매위험, 구매빈도, 구매금액

② 구매요인, 구매빈도, 구매금액

③ 구매시점, 구매빈도, 구매태도

④ 구매시점, 구매빈도, 구매금액

⑤ 구매시점, 구매요인, 구매금액

해설
RFM 분석법
• 언제(Recency, 구매시점), 얼마나 자주(Frequency, 구매빈도), 제품 구입에 얼마나(Monetary, 구매금액)의 3가지 요소를 가지고 고객의 등급을 분석하는 방법이다.
• 각 요소별로 점수를 매기고 이를 토대로 고객의 가치를 평가한다. 따라서 고객의 가치에 따라 다른 마케팅 계획을 세우고 구매를 촉진시키는 전략을 세운다.

59 슈미트(Schmitt)가 제시한 경험적 마케팅의 5가지 전략적 모듈 중 주로 기업과 브랜드 이름, 시각적인 상징, 컬러, 사운드 슬로건 등과 같은 형식을 통해 경영자들이 기업이나 브랜드 아이덴티티(Identity)를 만들어 내고 유지하는 데 있어 강력한 도구로 활용되는 유형은?

① 관계적 경험

② 감각적 경험

③ 인지적 경험

④ 행동적 경험

⑤ 감성적 경험

해설
슈미트(Schmitt)의 경험마케팅 5가지 요인
• 관계적 경험 : 사회·문화적 관계 등을 특정브랜드와 연결하여 공감대를 형성하는 것을 말한다.
• 인지적 경험 : 지적 호기심과 브랜드 관여도를 높여 브랜드 충성도를 제고하는 것을 말한다.
• 감각적 경험 : 감각적인 경험을 제공하는 것을 말한다.
• 감성적 경험 : 제품의 친밀도를 높여 브랜드에 감정을 유발하는 것이다.
• 행동적 경험 : 경험과 라이프스타일과의 상호작용을 목표한다.

60 고객 관점에 따른 서비스 상품의 분류 중 '편의적 서비스 상품'에 대한 설명으로 가장 올바르지 않은 것은?

① 소비자가 최소한의 시간이나 노력만으로 구매하게 되는 서비스 상품을 말한다.
② 소비자가 정보탐색에 많은 노력을 기울이지 않기 때문에 편리한 위치의 점포를 선택하게 된다.
③ 서비스 상품 구매에 따른 위험의 정도가 매우 낮다.
④ 고객의 관여도가 매우 높은 편에 속한다.
⑤ 우편 서비스, 세탁 서비스 등이 대표적인 사례에 속한다.

해설
편의적 서비스 상품의 특징
• 소비자가 최소한의 시간이나 노력만으로 구매하게 되는 서비스 상품을 말한다.
• 소비자가 정보탐색이 쉽고 편리한 위치의 점포를 선택한다.
• 서비스 상품 구매에 따른 위험 정도가 매우 낮다.
• 고객 관여도가 낮은 편으로 우편 서비스, 세탁 서비스 등이 있다.

3과목 　고객관리 실무론

61 인상 형성과 관련해 다음 〈보기〉의 대화에 가장 부합하는 것은?

보기
• 영희 : 너 요즘 기획과 윤○○ 대리랑 사귄다면서? 너희 두 사람 완전 앙숙이었잖아? 어떻게 된거니?
• 정희 : 그게 기획과에 파견갈 때마다 그 사람이 엄청 까칠해서 속상했는데, 지난번 부서 단합회 뒤풀이 때 이런저런 이야기하면서 오해도 풀고 막상 서로 통하는 부분이 참 많이 있더라고.
• 영희 : 와~! 너희 두 사람 완전 반전이다. 그래서 윤 대리는 잘해주니?
• 정희 : 그래, 예전하고는 대하는 게 달라지니까 더 좋은 것 같아.

① 부정성의 법칙　　② 호감득실 이론
③ 콘크리트 법칙　　④ 인지적 구두쇠
⑤ 일관성의 오류

해설
호감득실 이론
• 호감에서 비호감으로, 비호감에서 호감으로 변화하게 되는 과정을 설명해 주는 이론이다.
• 처음에는 싫어하다가 좋아진 사람이 더 좋고, 좋아하다가 싫어진 사람이 더 싫다는 호감의 상대성을 설명해 준다.

62 다음 중 올바른 인사의 시기와 방법에 대한 설명으로 가장 거리가 먼 것은?

① 상대방과 방향을 마주할 경우 6 ~ 8보 정도가 가장 좋은 시기라 할 수 있다.
② 일반적으로 30보 이내에서 준비하는 것이 좋다.
③ 상사를 외부 인사와 함께 복도에서 만났을 때는 멈추지 않고 간단히 인사하는 것이 일반적이다.
④ 상대방의 인사에 응답하는 것보다 자신이 먼저 반갑게 인사하는 것을 생활화하는 것이 중요하다.
⑤ 측방에서 갑자기 만났을 경우 상대를 확인하는 즉시 인사를 하는 것이 좋다.

올바른 인사의 시기와 방법
- 일반적으로 30보 이내에서 준비하는 것이 좋다.
- 상대방의 인사에 응답하는 것보다 내가 먼저 반갑게 인사하는 것을 생활화하여야 한다.
- 상대방과 방향을 마주할 경우 : 6 ～ 8보 정도에서의 인사가 가장 좋은 시기라 할 수 있다.
- 측방에서 상대를 갑자기 만났을 경우 : 상대를 확인하는 즉시 인사를 하는 것이 좋다.
- 복도에서 상사와 만났을 경우 : 걸음을 멈추지 않고, 한쪽 옆으로 비키며 가볍게 인사한다.
- 상사를 외부인과 함께 복도에서 만났을 경우 : 멈추어 서서 인사하는 것이 좋다.

63 전통 예절에서 절의 종류 중 항렬(行列)이 같은 사람, 관직의 품계(品階)가 같을 경우 주로 사용되는 것은?

① 행 례
② 초 례
③ 공 례
④ 진 례
⑤ 봉 례

절의 종류와 구분
- 작은절(초례, 반절) : 웃어른이 아랫사람의 절에 대한 답배(答拜) 시에 한다.
- 보통절(행례, 평절) : 항렬이 같은 사람, 관직의 품계가 같을 경우에 한다.
- 큰절(진례) : 자기가 절을 해도 답배를 하지 않아도 되는 높은 어른에게나 의식행사에서 한다.
- 매우큰절(배례) : 관, 혼, 상, 제, 수연, 고희시에 한다.

64 전통 예절에서 절하는 방법에 대한 설명으로 가장 올바른 것은?

① 여자는 기본 횟수로 한 번을 한다.
② 남자는 기본 횟수로 두 번을 한다.
③ 의식 행사에서는 기본 횟수만 한다.
④ 고인(故人)에게는 기본 횟수만 한다.
⑤ 살아있는 사람에게는 기본 횟수만 한다.

① 여자는 기본 횟수로 두 번을 한다.
② 남자는 기본 횟수로 한 번을 한다.
③ · ④ 의식 행사에서나 고인(故人)에게는 기본 횟수의 배를 한다.

65 다음 〈보기〉의 설명에 해당하는 화법의 명칭은?

> 보기
> 고객이 해당 제품에 대하여 변명을 하거나 트집을 잡을 경우, 트집을 잡은 내용이 장점이라고 설득하여 제품을 구입하게 하는 화법을 의미한다.

① 침묵 화법
② 쿠션 화법
③ 칭찬 화법
④ 부메랑 화법
⑤ 양자택일법

부메랑 화법
- 고객이 제품에 대해 부정적인 이야기를 할 때, 사실 그 부정적인 부분이 제품의 장점 또는 특징이라고 설득하는 화법이다.
- 예 '가격이 너무 비싸서 구매하기 어렵다.'할 때 → '가격이 좀 비싼 것이 이 제품의 특징입니다.', '가입 조건이 까다롭다.'할 때 → '가입 조건이 까다로운 것이 그만큼 신뢰가 높은 우리 회사의 장점입니다.' 등

66 다음 〈보기〉의 설명에 해당하는 불평 고객 유형은?

> 보기
> 어떤 조치를 취할 가능성이 가장 작고 제품이나 서비스 제공자에게 어떤 것도 말하려 하지 않는 유형이다.

① 표현 불평자
② 행동 불평자
③ 화내는 불평자
④ 이타적 불평자
⑤ 수동적 불평자

수동적 불평자(= 소극적으로 불평하는 사람)
• 어떤 조치를 취할 가능성이 가장 적은 고객의 유형을 말한다.
• 제품이나 서비스의 제공자에게 어떤 것도 말하려 하지 않는다.
• 타인에게 부정적 구전을 하려 하지 않으며, 제3자에게 제품이나 서비스에 대한 불평을 하지 않는다.

매일 실시되는 코칭(Coaching)은 학습자에게 부담이 될 수 있다.

67 다음 중 코칭(Coaching)의 필요성에 대한 설명으로 가장 올바르지 않은 것은?

① 코치를 받는 사람이 지속적인 자기개발을 통하여 성취를 이룰 수 있도록 돕는다.
② 조직(기업)이 나아가고자 하는 방향을 이해하고 성과를 가져다주는 핵심 인재 육성에 도움을 준다.
③ 코치와의 파트너십을 통해 새로운 시각으로 가능성을 창조해냄으로써 성과 창출에 도움을 준다.
④ 지시 및 명령 하달의 커뮤니케이션을 과감히 탈피하고, 수평적인 조직문화를 형성하는 데 도움을 준다.
⑤ 코치를 받는 사람이 자신의 목표를 설정하고, 이에 대한 성공 경험을 바탕으로 자신감을 배양할 수 있도록 돕는다.

코칭(Coaching)은 일방적인 지시, 명령 하달의 커뮤니케이션을 경청하고 적절하게 질문하며 지원해 주는 스타일로 바꿈으로써 조직 내 인간관계를 개선하고 신뢰 문화를 구축하는 데 공헌한다.

69 다음 중 멘토(Mentor)의 역할에 대한 설명으로 가장 거리가 먼 것은?

① 업무 또는 사고 등에 의미 있는 변화를 일으키게 해 주는 조언자이다.
② 전문적이고 구체적인 지식이나 지혜를 통해 도움을 주는 내용 전문가이다.
③ 프로세스상 필요한 경우가 아니라 팀원이 원하는 경우에 한하여 지원할 수 있다.
④ 주로 같은 조직에 있는 사람이나 외부 전문가가 수행하게 된다.
⑤ 멘토의 역할은 일생을 거칠 만큼 장기적일 수도 있지만, 경우에 따라 그 반대로 단기적일 수도 있다.

팀원이 원하거나 또는 프로세스상 꼭 필요한 경우 지원할 수 있다.

68 다음 중 코칭(Coaching)의 장점에 대한 설명으로 가장 올바르지 않은 것은?

① 코치와 학습자의 동시 성장이 가능하다.
② 상하 간의 커뮤니케이션 능력을 향상시킬 수 있다.
③ 일대일로 지도하므로 교육 효과가 높다.
④ 업무 수행성과에 직접적으로 관련되어 있다.
⑤ 매일 실시되는 코칭을 통해 학습자의 안정을 도모할 수 있다.

70 다음 중 올바른 전화응대 자세로 가장 거리가 먼 것은?

① 도중에 끊어지면 전화를 먼저 건 쪽에서 다시 건다.
② 상대가 자신보다 연하 혹은 손아래 일지라도 경어를 사용하는 것이 좋다.
③ 통화내용 중 중요한 사항은 반복하여 확인한다.
④ 상대의 전화 통화 가능 여부를 확인한다.
⑤ 상대의 신뢰를 확보하기 위해 전문용어를 사용한다.

고객이 이해하지 못할 전문용어나 틀리기 쉬운 단어는 사용하지 않는다.

올바른 전화응대의 자세

- 언어는 정확하고 간결한 표현을 사용한다.
- 상대를 마주보고 대하는 것처럼 정중하며 친절한 태도로 응대한다.
- 전화기 옆에는 필기도구를 준비하여 항상 메모할 수 있도록 대비한다.
- 통화 도중 상대방을 기다리게 할 경우 주위의 소음이 들어가지 않도록 주의한다.
- 도중에 끊어지면 먼저 건 쪽에서 다시 전화를 걸도록 한다.

콜센터는 관련 부서 간 협조가 중요한데, 특히 마케팅 부서와 연계하여 운영되었을 때 더욱 효과적이다.

콜센터의 효율적 운영을 위한 핵심 요소

전략수립	• 콜센터의 핵심 전략 과제는 비전을 이루기 위한 기본적인 목표를 구체적으로 설정하는 것이다. • 센터의 목표를 어떻게 설정하느냐에 따라 필요한 인적·물적 자원과 모든 세부 행동 지침이 결정된다.
체계적인 운영 프로세스	• 업무 프로세스 맵과 운영 매뉴얼 등을 작성하여 체계적으로 운영해야 한다. • 콜센터는 관련 부서 간 협조가 중요한데, 특히 마케팅 부서와 연계하여 운영되었을 때 더욱 효과적이다.
효율적인 작업 인프라 구축	• 콜센터의 효율성과 생산성을 향상시키기 위해 새로운 기술 도입에 관심을 기울여야 한다.
콜센터의 상담원	• 콜센터 상담원의 고객접점 서비스는 회사 전체에 긍정적 이미지를 가지게 한다. • 불친절한 서비스는 부정적 이미지를 가지게 하여 고객 이탈을 증대시킨다.

71 다음 중 콜센터 운영을 위한 핵심 요소에 대한 설명으로 가장 올바르지 않은 것은?

① 업무 프로세스 맵과 운영 매뉴얼 등을 작성하여 체계적으로 운영해야 한다.
② 콜센터의 효율성과 생산성 향상을 위한 새로운 기술 도입에 관심을 기울여야 한다.
③ 조직의 고유한 독립성이 유지될 수 있도록 회사의 마케팅 부문과의 연계를 최대한 자제하여야 한다.
④ 콜센터 상담원의 고객 접점 서비스는 회사 전체에 긍정적 이미지를 가지게 하며, 불친절한 서비스는 부정적 이미지를 가지게 하여 고객 이탈을 증대시킨다.
⑤ 콜센터의 목표를 어떻게 설정하느냐에 따라 필요한 인적·물적 자원과 모든 세부 행동 지침이 결정된다.

72 다음 중 콜센터의 역할과 관련해 서비스 전략적인 측면으로 보기 어려운 것은?

① 콜센터 운영지표 확보
② 다양한 커뮤니케이션 채널 확보
③ 고객 니즈의 정확한 이해와 피드백 제공
④ 서비스 실행 조직으로 기업 전체에 미칠 영향의 중요성
⑤ 기존 고객과의 장기적인 관계 유지 및 관리를 통한 고객생애가치(CLV) 증대

해설
⑤ '경영전략 측면'에서의 콜센터의 역할에 대한 설명이다.
콜센터의 역할

서비스 측면 에서의 역할	• 콜센터 운영지표 확보 • 다양한 커뮤니케이션 채널 확보 • 고객 니즈의 정확한 이해와 피드백 제공 • 서비스 실행 조직으로 기업 전체에 미칠 영향을 중요시해야 함
경영전략 측면 에서의 역할	• 고객 확보를 위한 고객 정보 DB 습득에 노력 • 고객 DB를 기반으로 고객 특성에 맞는 맞춤 서비스 제공 • 습득한 고객 정보를 통해 이탈고객 재유치 및 잠재고객을 활성화 • 기존 고객과의 장기적인 관계 유지 및 관리 • 고객 가치 증대를 위해 지속적으로 차별화된 가치 제공 • 고객과의 잦은 대면 접촉을 통해 고객의 속성 및 특징 파악하여 서비스 제공

73 콜센터 조직 구성과 관련해 다음 〈보기〉의 설명에 가장 부합하는 것은?

> 보기
>
> 상담원의 상담 내용을 모니터링하여 평가하고 관리, 감독을 통해 통화품질을 향상시키는 업무를 수행한다.

① CA
② TA
③ QAA
④ 유니트 리더
⑤ 텔레컨설턴트

해설
통화품질관리자(QAA ; Quality Assurance Administrator)
• 역할 : 고객 상담에 대한 전문적 지식과 객관적 판단능력으로 상담 내용을 평가·관리하여 콜센터의 통화품질을 향상시키는 업무를 수행한다.
• 자격 요건 : 지식(Knowledge), 기술(Skill), 태도(Attitude) 등

74 콜센터 모니터링 방법 중 'Call Taping'의 장점에 대한 설명으로 가장 거리가 먼 것은?

① QAD(Quality Assurance Developer)가 대기하는 시간을 줄일 수 있다.
② 피드백과 성과의 즉각적인 연결이 가능하다.
③ 자신의 콜을 듣고 콜 처리에 대해 객관적으로 평가할 수 있다.
④ 대화 방식을 이용하여 코칭(Coaching)이 가능하다.
⑤ 모니터할 기간을 계획하여 유연성 및 컨트롤 향상을 기대할 수 있다.

해설
'Call Taping'의 특징
• 상담원이 자신의 콜을 듣고 콜 처리에 대해 객관적으로 평가할 수 있다.
• 피드백과 성과 간의 즉각적인 연결이 가능하다.
• QAD(Quality Assurance Developer)는 상담원을 모니터할 특정 기간을 계획하여 유연성 및 컨트롤 향상을 기대할 수 있다.
• QAD(Quality Assurance Developer)가 대기하는 시간을 줄일 수 있다.
• QAD의 바쁜 일정으로 피드백이 늦어질 수 있다.

75 다음 중 악수 예절에 대한 설명으로 가장 올바르지 않은 것은?

① 악수는 보편적으로 오른손을 이용하는 것을 원칙으로 한다.
② 여성의 경우 지위고하에 상관없이 남성에게 먼저 악수를 청할 수 있다.
③ 우리나라의 경우 연장자가 연소자에게 먼저 권하는 것이 보편적이다.
④ 국가원수, 왕족, 성직자 등은 보편적 악수 예절에 예외가 허용될 수 있다.
⑤ 악수를 하면서 허리를 숙이지 않는 것이 원칙이지만, 우리나라의 경우 관례상 공손함을 표현하는 의미에서 예외적으로 허용되기도 한다.

악수 예절

- 악수는 원칙적으로 오른손으로 하는 것이 좋다.
- 마주 잡은 손을 상하로 흔들 때, 과도하게 높이 올리지 않는 것이 좋다.
- 상대방의 손을 너무 세거나 약하지 않게 잡는 것이 중요하다.
- 우리나라의 경우 악수는 연장자가 연소자에게 먼저 권하는 것이 보편적이다(윗사람이 아랫사람에게/여성이 남성에게/기혼자가 미혼자에게/선배가 후배에게).
- 국가원수, 왕족, 성직자 등의 경우에는 이러한 기준에서 예외가 된다.
- 남성은 일어서고 여성은 윗사람이 아닐 경우 앉아서 해도 상관없다.

76 회사 법인차량을 이용해 대표이사를 수행하여 지방에 있는 생산 공장을 방문할 경우, 다음 〈보기〉에서 수행비서가 탑승해야 할 자리로 가장 적합한 좌석은?

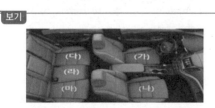

보기

(※ 단, 운전자는 수행비서가 아니라 회사 소속의 전문기사이다)

① (가)
② (나)
③ (다)
④ (라)
⑤ (마)

운전기사가 있는 경우에는 운전기사의 대각선에 있는 뒷 좌석이 상석, 운전기사 옆 좌석이 말석이므로, 수행비서가 탑승해야 할 자리는 (나)이다.

77 다음 중 사회 문화에 따른 구성원의 가치관과 이에 대한 행동의 연관성을 설명하기 위해 홉스테드(Hofstede)가 제시한 '문화차원이론'의 5가지 범주에 포함되지 않는 것은?

① 권위주의적 성향
② 경험중심적 성향
③ 불확실성 회피 성향
④ 남성적 성향
⑤ 개인주의적 성향

홉스테드(Hofstede)의 문화차원이론 5가지 범주

- 권력 거리 지수 : 조직이나 단체에서 권력이 작은 구성원이 권력의 불평등한 분배를 수용하고 기대하는 정도를 말한다.
- 개인주의 대 집단주의 : 한 개인이 가족이나 집단에 대한 책임보다 개인적인 자유를 더 중시하는 정도를 나타내는 척도를 말한다.
- 불확실성 회피지수 : 사회 구성원이 불확실성을 최소화함으로써 불안에 대처하려고 하는 정도를 말한다.
- 남성성 대 여성성 : 성별 간 감정적 역할의 분화를 나타내는 척도를 말한다.
- 장기지향성 대 단기지향성 : 사회의 시간 범위를 설명하는 척도로서, 장기지향적인 사회는 미래에 더 많은 중요성을 부여하고, 단기지향적인 사회에서는 끈기, 전통에 대한 존중 등을 강조한다.

78 국제 비즈니스 에티켓과 관련해 올바른 테이블 매너에 대한 설명으로 가장 거리가 먼 것은?

① 규모가 큰 레스토랑을 이용할 경우, 입구에서 종업원의 안내를 받아 자리로 이동하는 것이 일반적이다.
② 남성이 연회복을 착용할 경우, 허리 벨트와 멜빵(Suspender)을 함께 사용하지 않는 것이 원칙이다.
③ 부부 동반 파티일 경우 부부는 서로 마주 보고 앉는 것이 원칙이다.
④ 테이블에 놓여 있는 접시는 음식의 순서에 따라 편리하도록 정돈되어 있기 때문에 가능한 움직이지 않도록 한다.
⑤ 메뉴를 선택할 경우 상대방에게 일임하거나 "똑같은 것으로"라고 말하는 것이 예의이다.

메뉴를 선택할 때 여성의 경우 남성에게 일임하거나 또는 무조건 "똑같은 것으로 하겠다"라고 하는 것은 예의가 아니다. 남자를 동반한 여성은 직접 주문하지 말고, 동행한 남자에게 먹고 싶은 메뉴를 말하면 남자가 대신 주문하는 형식을 취하는 것도 좋다.

79 다음 〈보기〉의 내용에 해당하는 회의의 명칭으로 가장 올바른 것은?

> **보기**
>
> 서로 상반된 견해를 가지고 있는 2명 이상의 연사가 사회자의 주도하에 청중 앞에서 벌이는 공개토론회로써 청중이 자유롭게 질의에 참여할 수 있으며, 사회자는 쌍방의 견해를 요약해 주고 토론을 이끌어가는 역할을 한다.

① 포럼(Forum)
② 세미나(Seminar)
③ 컨벤션(Convention)
④ 컨퍼런스(Conference)
⑤ 심포지엄(Symposium)

해설

② 세미나(Seminar) : 전문인 등이 특정한 주제로 행하는 연수회나 강습회를 말한다.
③ 컨벤션(Convention) : 아이디어 교환, 토론, 정보교환, 사회적 네트워크 형성을 위한 각종 회의를 말한다.
④ 컨퍼런스(Conference) : 컨벤션과 유사한 의미로 본 회의와 사교행사, 관광행사 등을 동반하며 전문적 문제를 토론하기 위한 회의 모임을 말한다.
⑤ 심포지엄(Symposium) : 여러 강연자가 하나의 주제에 대해 각각 다른 입장에서 짧은 강연을 한 뒤 청중으로부터 질문이나 의견을 듣는 방식으로, 넓은 시야에서 문제를 논의하여 결론을 이끌어내려고 하는 집단토론을 말한다.

80 소비자기본법의 내용 중 다음 〈보기〉의 내용에 해당하는 것은?

> **보기**
>
> 국가는 사업자의 불공정한 거래조건이나 거래방법으로 인하여 소비자가 부당한 피해를 입지 아니하도록 필요한 시책을 수립 · 실시하여야 한다.

① 거래의 적정화(제12조)
② 소비자에의 정보제공(제13조)
③ 소비자의 능력 향상(제14조)
④ 개인정보의 보호(제15조)
⑤ 소비자분쟁의 해결(제16조)

해설

② 소비자에의 정보제공 : 국가 및 지방자치단체는 소비자의 기본적인 권리가 실현될 수 있도록 소비자의 권익과 관련된 주요시책 및 주요결정사항을 소비자에게 알려야 한다(소비자기본법 제13조 제항).
③ 소비자의 능력 향상 : 국가 및 지방자치단체는 소비자의 올바른 권리행사를 이끌고, 물품 등과 관련된 판단능력을 높이며, 소비자가 자신의 선택에 책임을 지는 소비생활을 할 수 있도록 필요한 교육을 하여야 한다(동법 제14조).
④ 개인정보의 보호 : 국가 및 지방자치단체는 소비자가 사업자와의 거래에서 개인정보의 분실 · 도난 · 누출 · 변조 또는 훼손으로 인하여 부당한 피해를 입지 아니하도록 필요한 시책을 강구하여야 한다(동법 제15조).
⑤ 소비자분쟁의 해결 : 국가 및 지방자치단체는 소비자의 불만이나 피해가 신속 · 공정하게 처리될 수 있도록 관련기구의 설치 등 필요한 조치를 강구하여야 한다(동법 제16조).

81 다음 〈보기〉의 소비자 단체의 취소에 관한 조항에서 ( ) 안에 들어갈 용어로 알맞은 것은?

> **보기**
>
> 공정거래위원회 또는 ( )의 장은 소비자단체가 거짓 그 밖의 부정한 방법으로 제29조의 규정에 따른 등록을 한 경우에는 등록을 취소하여야 한다.
>
> – 소비자기본법 제30조 –

① 지방자치단체 ② 한국소비자보호원
③ 한국소비자고발센터 ④ 지방국세청
⑤ 한국소비자원

해설
등록의 취소(소비자기본법 제30조)
- 공정거래위원회 또는 지방자치단체의 장은 소비자단체가 거짓 그 밖의 부정한 방법으로 제29조의 규정에 따른 등록을 한 경우에는 등록을 취소하여야 한다.
- 공정거래위원회 또는 지방자치단체의 장은 등록소비자단체가 제29조 제1항 각 호의 요건을 갖추지 못하게 된 경우에는 3월 이내에 보완을 하도록 명할 수 있고, 그 기간이 경과하여도 요건을 갖추지 못하는 경우에는 등록을 취소할 수 있다.

82 다음 〈보기〉 중 소비자기본법 제70조 단체소송의 대상과 관련해 공정거래위원회에 등록된 소비자단체의 요건을 찾아 모두 선택한 것은?

> **보기**
>
> 가. 정관에 따라 상시적으로 소비자의 권익증진을 주된 목적으로 하는 단체일 것
> 나. 단체의 상시 구성원 수가 5천명 이상일 것
> 다. 단체의 정회원 수가 1천명 이상일 것
> 라. 제29조의 규정에 따른 등록 후 3년이 경과하였을 것
> 마. 법률상 또는 사실상 동일한 침해를 입은 50인 이상의 소비자로부터 단체소송의 제기를 요청받을 것

① 가, 나, 다 ② 가, 나, 다, 라
③ 가, 다, 라 ④ 가, 다, 라, 마
⑤ 가, 나, 다, 라, 마

해설
단체소송의 대상 등(소비자기본법 제70조)
다음의 어느 하나에 해당하는 단체는 사업자가 규정을 위반하여 소비자의 생명·신체 또는 재산에 대한 권익을 직접적으로 침해하고 그 침해가 계속되는 경우, 법원에 소비자권익침해행위의 금지·중지를 구하는 소송(단체소송)을 제기할 수 있다.
- 규정에 따라 공정거래위원회에 등록한 소비자단체로서 다음의 요건을 모두 갖춘 단체
  - 정관에 따라 상시적으로 소비자의 권익증진을 주된 목적으로 하는 단체일 것
  - 단체의 정회원수가 1천명 이상일 것
  - 제29조의 규정에 따른 등록 후 3년이 경과하였을 것
- 제33조에 따라 설립된 한국소비자원
- 「상공회의소법」에 따른 대한상공회의소, 「중소기업협동조합법」에 따른 중소기업협동조합중앙회 및 전국 단위의 경제단체로서 대통령령이 정하는 단체
- 「비영리민간단체지원법」 제2조의 규정에 따른 비영리민간단체로서 다음의 요건을 모두 갖춘 단체
  - 법률상 또는 사실상 동일한 침해를 입은 50인 이상의 소비자로부터 단체소송의 제기를 요청받을 것
  - 정관에 소비자의 권익증진을 단체의 목적으로 명시한 후 최근 3년 이상 이를 위한 활동실적이 있을 것
  - 단체의 상시 구성원수가 5천명 이상일 것
  - 중앙행정기관에 등록되어 있을 것

83 다음 중 개인정보보호법에 명시된 용어의 정의(제2조)로 가장 올바르지 않은 것은?

① '개인정보'란 개인(사망한 자와 태아까지 포함한다)에 관한 정보로서 성명, 주민등록번호 및 영상 등을 통하여 개인을 알아볼 수 있는 정보(해당 정보만으로는 특정 개인을 알아볼 수 없더라도 다른 정보와 쉽게 결합하여 알아볼 수 있는 것을 포함한다)를 말한다.

② '개인정보파일'이란 개인정보를 쉽게 검색할 수 있도록 일정한 규칙에 따라 체계적으로 배열하거나 구성한 개인정보의 집합물(集合物)을 말한다.

③ '개인정보처리자'란 업무를 목적으로 개인정보파일을 운용하기 위하여 스스로 또는 다른 사람을 통하여 개인정보를 처리하는 공공기관, 법인, 단체 및 개인 등을 말한다.

④ '처리'란 개인정보의 수집, 생성, 연계, 연동, 기록, 저장, 보유, 가공, 편집, 검색, 출력, 정정(訂正), 복구, 이용, 제공, 공개, 파기(破棄), 그 밖에 이와 유사한 행위를 말한다.

⑤ '영상정보처리기기'란 일정한 공간에 지속적으로 설치되어 사람 또는 사물의 영상 등을 촬영하거나 이를 유·무선망을 통하여 전송하는 장치로서 대통령령으로 정하는 장치를 말한다.

해설

'개인정보'의 용어 정의(개인정보보호법 제2조 제1호)

'개인정보'란 살아 있는 개인에 관한 정보로서, 다음의 어느 하나에 해당하는 정보를 말한다.

• 성명, 주민등록번호 및 영상 등을 통하여 개인을 알아볼 수 있는 정보
• 해당 정보만으로는 특정 개인을 알아볼 수 없더라도 다른 정보와 쉽게 결합하여 알아볼 수 있는 정보
• 가명처리함으로써 원래의 상태로 복원하기 위한 추가 정보의 사용·결합 없이는 특정 개인을 알아볼 수 없는 정보(가명정보)

※ 2023년 9월 15일 이후 시험을 응시하는 수험생은 아래 법령을 참고하시기 바랍니다.

> ⑤ "고정형 영상정보처리기기"란 일정한 공간에 설치되어 지속적 또는 주기적으로 사람 또는 사물의 영상 등을 촬영하거나 이를 유·무선망을 통하여 전송하는 장치로서 대통령령으로 정하는 장치를 말한다(개인정보보호법 제2조 제7호).

84 개인정보 유출 통지와 관련하여 다음 〈보기〉의 밑줄 친 내용에 해당하는 것은?

> **보기**
>
> 개인정보처리자는 대통령령으로 정한 규모 이상의 개인정보가 유출된 경우에는 제1항에 따른 통지 및 제2항에 따른 조치 결과를 지체 없이 보호위원회 또는 '대통령령으로 정하는 전문기관'에 신고하여야 한다.
>
> – 개인정보보호법 제34조 –

① 개인정보보호협회
② 개인정보보호위원회
③ 한국개인정보보호협의회
④ 한국인터넷기술원
⑤ 한국인터넷진흥원

해설

개인정보 유출 신고의 범위 및 기관(개인정보보호법 시행령 제39조)

• 법 제34조 제3항 전단에서 "대통령령으로 정한 규모 이상의 개인정보"란 1천명 이상의 정보주체에 관한 개인정보를 말한다.
• 법 제34조 제3항 전단 및 후단에서 "대통령령으로 정하는 전문기관"이란 각각 한국인터넷진흥원을 말한다.

85 다음 중 개인정보보호법 제40조(설치 및 구성)에 명시된 개인정보 분쟁조정위원회 위촉위원의 자격 요건으로 보기 어려운 것은?

① 개인정보 보호업무를 관장하는 중앙행정기관의 고위공무원단에 속하는 공무원으로 재직하였던 사람 또는 이에 상당하는 공공부문 및 관련 단체의 직에 재직하고 있거나 재직하였던 사람으로서 개인정보 보호업무의 경험이 있는 사람

② 대학이나 공인된 연구기관에서 부교수 이상 또는 이에 상당하는 직에 재직하고 있거나 재직하였던 사람

③ 판사·검사 또는 변호사로 재직하고 있거나 재직하였던 사람

④ 개인정보 보호와 관련된 시민사회단체 또는 소비자단체로부터 추천을 받은 사람

⑤ 개인정보처리자로 구성된 사업자단체의 임원으로 재직하였으며, 중앙행정부처로부터 심의·의결을 거쳐 최종 추천을 받은 사람

해설
분쟁조정위원회의 위촉위원(개인정보보호법 제40조 제3항)
위촉위원은 다음의 어느 하나에 해당하는 사람 중에서 보호위원회 위원장이 위촉하고, 대통령령으로 정하는 국가기관 소속 공무원은 당연직위원이 된다.
• 개인정보 보호업무를 관장하는 중앙행정기관의 고위공무원단에 속하는 공무원으로 재직하였던 사람 또는 이에 상당하는 공공부문 및 관련 단체의 직에 재직하고 있거나 재직하였던 사람으로서 개인정보 보호업무의 경험이 있는 사람
• 대학이나 공인된 연구기관에서 부교수 이상 또는 이에 상당하는 직에 재직하고 있거나 재직하였던 사람
• 판사·검사 또는 변호사로 재직하고 있거나 재직하였던 사람
• 개인정보 보호와 관련된 시민사회단체 또는 소비자단체로부터 추천을 받은 사람
• 개인정보처리자로 구성된 사업자단체의 임원으로 재직하고 있거나 재직하였던 사람

86 교육훈련의 종류 중 다음 〈보기〉의 설명에 해당하는 것은?

> **보기**
> '현장실무교육'을 뜻하는 용어로 일상 업무 수행과정을 통해 지식, 기능, 태도를 향상시키는 교육활동을 의미한다.

① OJT
② Off-JT
③ OJL
④ Off-JL
⑤ QMS

해설
OJT(On-the-Job Training)
직장 내 훈련(On-the-Job Training) 즉, 현장실무교육을 뜻하는 용어로 일상 업무 수행과정을 통해 지식, 기능, 태도를 향상시키는 교육활동을 의미한다. OJT에는 직무교육훈련, 직무순환, 코칭, 멘토링 등이 해당한다.

87 나들러(Nadler)가 제시한 교육훈련 강사의 역할 중 조직의 문제를 확인하고 학습 요구를 분석하여 이를 충족할 학습 내용을 확정하는 사람을 의미하는 것은?

① 교수 프로그램 개발자
② 학습 성취자
③ 학습 촉진자
④ 직무기술 지도자
⑤ 교수전략 개발자

해설
나들러(Nadler)가 제시한 교육훈련 강사의 역할
• 교수 프로그램 개발자 : 조직의 문제를 확인하고 학습 요구를 분석하여 학습 내용을 확정한다.
• 학습 촉진자 : 학습자가 효율적으로 학습할 수 있도록 도와주는 역할을 한다.
• 교수전략 개발자 : 교육훈련 프로그램이 효과적으로 전달될 수 있도록 매체 선정과 방법을 찾는 일을 한다.

88 다음 중 성인학습의 원리와 특성에 대한 설명으로 가장 올바르지 않은 것은?

① 성인학습자는 자기 주도적 학습을 원한다.
② 성인학습자는 알려고 하는 욕구가 있다.
③ 성인학습자의 참여 동기는 과정 지향적이다.
④ 성인학습자는 선택적으로 학습 상황에 임한다.
⑤ 성인학습자는 다양한 경험을 가지고 있다.

해설
성인학습자의 참여 동기는 목표 지향적이다.

89 서비스 교육을 위한 강의 기법 중 '사례연구법의 단점'에 대한 설명으로 가장 올바르지 않은 것은?

① 현실적인 문제의 학습이 불가능하다.
② 원칙과 이론의 체계적인 습득이 어렵다.
③ 커뮤니케이션 리더의 역할이 매우 중요하다.
④ 학습자의 의사결정이 타당한지 검증할 방법이 없다.
⑤ 학습자는 사례에 관한 자료를 수집하는 것이 쉽지 않다.

해설
사례연구법은 현실적인 문제를 학습 주제로 다룰 수 있으며, 사례 속의 문제를 다양한 관점에서 바라볼 수 있게 한다는 장점이 있다.
사례연구법의 단점
• 원칙과 이론을 체계적으로 습득하기 어렵다.
• 실제 상황이 아니기 때문에 사례 활용이 실전적 체험으로 이어지지 못한다.
• 사례를 분석하고 적용하는 연습에 그칠 수 있다(결론 일반화의 한계).
• 학습자의 의사결정이 타당한지 검증하기 어렵다.
• 커뮤니케이션 리더의 역할이 매우 중요하다.
• 자료 수집이 쉽지 않고, 시간이 많이 소요된다.

90 프레젠테이션 자료 제작 시 슬라이드 디자인 원리 중 '조직성'에 대한 설명으로 가장 올바른 것은?

① 내용의 배열에 흐름이 있어야 한다.
② 공간을 느끼게 하고 입체감을 준다.
③ 심미적으로 좋은 배치가 되도록 한다.
④ 중요한 부분은 두드러지게 보이도록 한다.
⑤ 전하려고 하는 필수적인 정보만을 제공해 준다.

해설
슬라이드 디자인 원리
• 균형성 : 심미적으로 안정적인 배치가 되도록 한다.
• 명료성 : 이해하기 쉽도록 내용을 단순화한다.
• 단순성 : 필수적인 정보만을 제공한다.
• 조화성 : 화면의 구성이 상호보완적이며, 색의 적절한 배합을 이루게 한다.
• 원근법 : 입체감을 주어 공간을 느끼게 한다.
• 통일성 : 구성요소들이 하나를 이루는 느낌이 들게 한다.
• 조직성 : 구성요소들의 배열에 흐름이 느껴지게 한다.
• 강조성 : 중요한 부분을 색이나 선을 이용해 두드러져 보이도록 한다.

1과목 CS 개론

01 다음 보기 중 귀인이론(Attribution Theory)의 외적 귀인에 해당하는 내용을 찾아 모두 선택한 것은?

> 가. 기 질
> 나. 운 수
> 다. 기 분
> 라. 태 도
> 마. 선호도
> 바. 성격 특성

① 가, 나, 다
② 나, 다, 마
③ 나, 다, 라, 마
④ 다, 라, 마
⑤ 라, 마, 바

해설
귀인의 유형
- 외적 귀인 : 타인이나 대상의 행위를 상황요인과 같은 외부적 요소에 의한 것으로 원인을 이해하는 것
  예 운수, 기분, 선호도
- 내적 귀인 : 타인이나 대상의 행위를 능력, 성격, 가치관 등 행위자의 내부적인 요소로 원인을 이해하는 것
  예 기질, 태도, 성격 특성

02 비즈니스 프로세스의 분류 중 미래의 산업 전략이 성공할 수 있도록 사람, 기술, 프로세스를 결합해 조직의 역량을 구축해 나가는 과정을 의미하는 것은?

① 기반 프로세스
② 보상 프로세스
③ 교환 프로세스
④ 변혁 프로세스
⑤ 경쟁 프로세스

해설
비즈니스 프로세스의 분류
- 경쟁 프로세스 : 경쟁자보다 우수한 고객가치를 제공하는 프로세스이다. 고객의 니즈를 만족시키는 데 초점을 맞추므로, 고객의 기대 수준과 대비하여 판단할 수 있다.
- 변혁 프로세스 : 급속히 변화하는 환경 속에서도 조직의 지속적인 경쟁 우위 확보를 위한 프로세스이다. 사람, 기술, 프로세스를 결합해 조직의 미래 경쟁력을 구축해 나가는 과정이다.
- 기반 프로세스 : 핵심 프로세스는 아니지만 프로세스의 결과물이 고객에게 가치가 있다고 파악되는 프로세스이다. 경쟁자와 경쟁여부를 떠나 고객에게 필요한 최소한의 가치만 제공하면 되는 프로세스이다.
- 지원 프로세스 : 위의 세 가지 프로세스가 제대로 진행되도록 지원하는 프로세스이다. 고객에게 직접적으로 가치를 전달하는 프로세스는 아니며, 프로세스라기보다는 오히려 과거의 기능적 활동으로 파악되는 경우가 많다.

03 슈메너(Schmenner)가 제시한 서비스 프로세스 매트릭스의 내용 중 전문 서비스의 내용으로 가장 거리가 먼 것은?

① 낮은 상호작용
② 높은 노동 집중도
③ 높은 개별화 서비스
④ 전문의, 변호사 등의 업종
⑤ 컨설턴트, 건축, 회계 등의 업종

해설
슈메너(Schmenner)가 제시한 서비스 프로세스 매트릭스의 내용 중 전문 서비스는 높은 노동 집중도와 높은 상호작용 및 개별화 서비스를 특징으로 하며, 전문의, 변호사, 컨설턴트, 건축, 회계 등의 업종이 해당된다.

05 다음 보기에서 두 사람의 대화를 통해 유추할 수 있는 법칙으로 가장 올바른 것은?

> • 철수 : 너 혹시 배달앱에 있는 KIE 닭갈비 먹어봤니? 완전 맛있다던데….
> • 영희 : 음…. 맛이 없는 건 아닌데, 매장 내부 소개하는 사진보니까 정리 상태도 엉망이고 테이블도 더러운 거 같아서 영 찜찜해. 왠지 주방도 불결할 거 같아서 추천하기 좀 그렇다.

① 덧셈의 법칙
② 반사의 법칙
③ 굴절의 법칙
④ 파레토의 법칙
⑤ 통나무 물통의 법칙

해설
통나무 물통의 법칙
고객은 접점에서 경험한 여러 가지 서비스 가운데 가장 나빴던 서비스를 유난히 잘 기억하고, 그 기업을 평가하는 데 중요한 잣대로 삼는 경향이 있다.

04 다음 중 데이비드 마이스터(David Maister)가 제시한 대기관리의 기본 원칙에 관한 내용으로 가장 올바르지 않은 것은?

① 불확실한 기다림이 더 길게 느껴진다.
② 혼자 기다리는 대기시간이 더 길게 느껴진다.
③ 원인이 설명되지 않은 대기시간이 더 길게 느껴진다.
④ 서비스의 가치가 높다고 해서 고객이 기다림을 감수하지는 않는다.
⑤ 프로세스 이전의 기다림이 프로세스 내의 기다림보다 더 길게 느껴진다.

해설
서비스가 가치 있을수록 사람들은 더 오랫동안 기다릴 것이다.

06 다음 중 피시본 다이어그램(Fishbone Diagram)에 대한 설명으로 가장 거리가 먼 것은?

① 일본의 품질관리 통계학자인 이시카와 가오루에 의해 개발되어 일명 이시카와 다이어그램으로 불린다.

② 현상과 결과에 대한 근본적인 원인과 이유를 물고기의 뼈 모양과 같이 시각적으로 분석 · 정리하는 기법이다.

③ 기업이 고객의 불만을 직접 추적하는 데 도움을 주며 품질문제를 일으킨다고 의심되는 요인과 그에 관계되는 부수적인 요소들을 함께 검토할 수 있다.

④ 기업에서는 고객들이 필요로 하는 서비스 품질요소들을 명확하게 나타내지 못하기 때문에 프로세스 설계의 문제점을 만족시키기 위해 고안한 방법이다.

⑤ 기존 자료의 부족으로 인해 참고할 만한 자료가 없거나 미래의 불확실한 상황을 예측하고자 할 경우 도입하는 분석기법 중 하나로 전문가합의법이라고도 한다.

해설
⑤ 델파이 기법에 대한 설명이다.
델파이 기법
- 추정하려는 문제에 대한 정확한 정보가 없을 때, 전문가들의 직관과 판단을 집합적으로 적용해 미래를 예측하거나 연구하는 방법이다.
- 전통적인 면대면 전문가 토론에서 발생할 수 있는 다수의 횡포, 권위 있는 사람의 독점적 발언, 사전조율 등을 비롯해 바람직하지 못한 심리적 효과를 제거한 패널식 조사 방법으로서 절차의 반복과 통제된 피드백, 응답자의 익명, 통계적 집단 반응의 절차를 통해 이루어진다.

07 다음 중 품질기능전개(QFD)의 발전 과정에 대한 설명으로 올바르지 않은 것은?

① 1960년대 후반 일본의 아카오 요지에 의해 연구되기 시작했다.

② 1972년 미쓰비시 중공업의 고베 조선소에서 원양어선 제작에 처음으로 사용되었다.

③ 1983년 미국품질학회지에 소개된 후, 시카고 세미나를 통해 미국 내 널리 보급되었다.

④ 1994년 대우전자의 냉장고, 전자레인지 신제품 개발에 처음으로 적용되었다.

⑤ 1995년 삼성전자, 삼성 SDI, 현대 엘리베이터, 현대자동차, 쌍방울 등에 보급 확산되었다.

해설
1994년 일본 QFD 연구회와 공동으로 LG전자 신제품 개발에 처음으로 적용되었다.

08 고객만족경영(CSM) 패러다임의 변화에 대한 설명으로 가장 올바르지 않은 것은?

① 시장의 성숙화, 국제화, 개방화, 인터넷의 발달, 무한 경쟁시대의 도래로 인해 기업 환경이 변화되었다.

② 소비자 위주의 소비시장에서 생산자 위주의 소비시장으로 변화되었다.

③ 생존차원의 필수적 소비 행태에서 선택적 소비 행태로 변화되었다.

④ 기성세대와 차별되는 소비 형태, 가치관을 지닌 새로운 세대가 등장하였다.

⑤ 기업이 목표시장의 니즈를 파악하고 고객의 니즈와 기대를 만족시키려는 시장 지향성 기업경영이 요구되고 있다.

해설
생산자 위주의 소비시장에서 소비자 위주의 소비시장으로 변화되었다.

09 마이클 포터(Michael Porter) 교수가 제시한 산업경쟁을 촉진하는 5대 세력(Five Force) 중 다음 보기의 내용에 가장 부합하는 것은?

> 제품의 차별성이나 브랜드력, 구매량, 구매비중, 교체비용 등에 대하여 분석한다.

① 구매자
② 공급자
③ 대체자
④ 경쟁자
⑤ 신규 진입자

해설
마이클 포터(Michael Porter)의 5가지 경쟁세력
- 기존기업 간 경쟁 : 시장 점유율을 높이기 위해 경쟁해야 한다.
- 공급자 : 원자재를 공급하는 공급자로부터 끌려다녀서는 안 되고 교섭력이 요구된다.
- 신규 진출기업 : 진입장벽을 쳐야 한다.
- 구매자 : 구매자의 세력에 끌려가서는 안 된다.
- 대체자 : 가장 신경써야 할 경쟁세력이다.

10 한국인의 특성에 맞는 감성경영 전략에서 경영자(리더)가 고려해야 할 사항으로 가장 거리가 먼 것은?

① 깊이 있는 사고와 토론의식이 필요하다.
② 개인주의와 공동체 의식을 조화시키려는 노력이 필요하다.
③ 리더 개인적 측면에서 권위를 완전히 내려놓고 화합을 최우선으로 하는 자세가 필요하다.
④ 가족주의를 바탕으로 한 경영가족주의 시도, 조직의 간소화, 건전한 자본주의 정신의 함양이 필요하다.
⑤ 시대변화에 따른 세대별 이성과 감성의 구성 비율이 다를 수 있으므로 유연성 있는 리더십의 발휘가 요구된다.

해설
리더 개인적 측면에서는 권위와 화합의 조화가 필요하다.

11 다음 중 구전(口傳)의 중요성에 대한 설명으로 가장 거리가 먼 것은?

① 구전은 일반적으로 많은 사람에게 빠른 속도로 전파되는 특성이 있다.
② 구전은 일대일 커뮤니케이션으로 문서 자료나 타 매체와 비교해 더욱 큰 효과를 가지고 있다.
③ 구전은 생생한 경험적 요소에 기초를 두고 있기 때문에 확실한 정보를 얻게 해 준다.
④ 고객 준거집단에서의 추천 의도는 고객의 재방문으로 확산되는 과정에서 구전 커뮤니케이션으로 작용할 수 있다.
⑤ 구전은 기업에 의해 창출된 것이기 때문에 고객이 더욱 신뢰할 수 없는 정보이다.

해설
구전은 기업에 의해 창출된 것이 아니기 때문에 고객이 더욱 신뢰할 수 있는 정보이다.

12 다음 중 고객만족(CS)을 위한 실천 과제로 가장 올바르지 않은 것은?

① 고객만족 지향적 기업 문화를 구축해야 한다.
② 고객을 가장 중요시하는 역(逆)피라미드의 조직구조가 필요하다.
③ 고객만족 성과를 명확하게 측정하고 이에 방해가 되지 않도록 보상을 위한 평가시스템은 지양하는 노력이 필요하다.
④ 고객만족도를 지수화하고 이를 통한 지속적인 개선 활동이 가능하도록 고객만족 실현을 위한 고객정보관리체계를 구축해야 한다.
⑤ 최고경영자는 고객만족을 경영 목표로 하는 패러다임을 받아들이고 이를 달성하기 위해 기업 내부 조직구성원과 함께 공유해야 한다.

해설
고객만족 성과의 명확한 측정과 철저한 보상을 위한 평가시스템의 운영이 필요하다.

13 그레고리 스톤(Gregory Stone)의 고객 분류 중 자신이 투자한 시간, 돈, 노력에 대해 최대의 효용을 얻으려는 고객 유형은?

① 윤리적 고객
② 참여적 고객
③ 개인적 고객
④ 편의적 고객
⑤ 경제적 고객

해설
경제적 고객(절약형 고객)
• 고객가치를 극대화하려는 고객을 말한다.
• 투자한 시간, 돈, 노력에 대하여 최대한의 효용을 얻으려는 고객이다.
• 여러 서비스 기업의 경제적 강점을 검증하고 가치를 면밀히 조사하는 요구가 많고 때로는 변덕스러운 고객이다.
• 이러한 고객의 상실은 잠재적 경쟁 위험에 대한 초기 경보 신호라 할 수 있다.

14 다음 중 구매행위의 의사결정 단계에서 가족구성원의 역할로 보기 어려운 것은?

① 정보수집자
② 유통공급자
③ 의사결정자
④ 구매담당자
⑤ 영향력 행사자

해설
구매행위의 의사결정 단계에서 가족구성원의 역할
• 제안자 : 가족구성원 중 처음으로 어떤 제품이나 서비스에 대한 필요성을 제시한다.
• 정보수집자 : 전문성이 있는 가족구성원이 의사결정에 필요한 정보들을 수집한다.
• 영향력 행사자 : 평가기준, 구매제품 선택 및 비교 분석 시 영향을 미치는 구성원이다.
• 의사결정자 : 최종적인 의사결정을 내리는 역할을 하는 구성원이다.
• 구매담당자 : 실제 제품이나 서비스를 구매하는 구성원이다.
• 사용자 : 구매한 제품이나 서비스를 실제 사용하는 구성원이다.

15 다음 중 기업 및 제품 선택에 있어 위험을 줄이기 위한 소비자의 행동으로 가장 거리가 먼 것은?

① 더 많은 정보를 탐색한다.
② 소량 구매 후 대량 구매를 한다.
③ 강한 상품보증이나 보증기간이 긴 브랜드를 구매한다.
④ 유명한 브랜드를 찾거나 자신이 신뢰할 수 있는 사람에게 정보를 구한다.
⑤ 과거에 만족했거나 수용할 만한 것으로 기억하고 있는 브랜드는 가급적 제외한다.

해설
구매과정이나 구매를 통하여 만족한 고객들은 기업 및 제품에 대한 좋은 이미지를 가지게 되어, 같은 종류의 제품을 다시 구매해야 할 경우 전에 구매할 때 만족했던 제품을 다시 구매한다.

16 고객 특성 파악을 위한 고객 가치 정보 중 계약 정보에 해당하는 것은?

① 취 미
② 가족관계
③ 소득수준
④ 구입 상품명
⑤ 소득변화 추이

해설
고객 가치 정보
• 고객 분류 등급 : 자신의 고객 분류기준(5등급으로 분류 시 : S, A, B, C, D)
• 계약 정보 : 구(가)입 상품명/시기, 구(가)입 빈도 및 횟수, 금액, 고객평생가치(CLV ; Customer Lifetime Value), 고객 지갑 점유율, 매출 채권 관련
• 구매력 정보 : 소득수준, 소득의 원천, 소득 변화추이, 재산상태, 기타

17 마이어스-브릭스 유형 지표(MBTI)의 해석에 관한 유의사항으로 가장 올바르지 않은 것은?

① MBTI는 사람을 협소하게 범주화하거나 명명하기 위해 사용해서는 안 된다.
② MBTI 검사의 대중성과 결과해석의 단순성 때문에 종종 MBTI를 과신하는 사람들이 있을 수 있다.
③ MBTI는 해석을 통해 내담자가 다양한 상황에서 융통성 있게 행동할 수 있도록 지도해야 한다.
④ 일반적으로 성격검사를 사용하는 검사자는 검사의 장점과 더불어 제한점을 확실히 알고 있어야 한다.
⑤ 쉽고 단순한 결과해석이 가능하기 때문에 심리검사에 대한 전문적 지식이 부족한 사람이라 하더라도 충분히 검사와 해석이 가능하다.

해설
심리검사에 대한 전문적 지식이 부족한 사람들에 의해 MBTI가 실시·해석되는 경우를 주의해야 한다.

18 메타 그룹에서 제시한 고객관계관리(CRM)의 분류 중 분석 CRM에서 사용되는 대표적인 분석 도구로 보기 어려운 것은?

① Data Mining
② Data Warehouse
③ FOD(Fax On Demand)
④ ODS(Operation Data Store)
⑤ OLAP(On-Line Analytical Processing)

해설
FOD(Fax On Demand)는 협업 CRM의 도구이다.
협업적 CRM(Collaborative CRM)
협업적 CRM은 분석과 운영시스템의 통합을 의미하는 것으로 고객과 기업 간의 상호작용을 촉진시키기 위해 고안된 여러 가지 고객접점 도구들을 포함하는 서비스 애플리케이션이다.

19 고객평생가치(CLV) 제고를 위한 핵심활동 중 다음 보기의 설명에 해당하는 것은?

> 고객이 기존에 구매하던 상품과 같은 종류의 업그레이드된 상품을 판매하는 것을 의미한다.

① Up Selling
② Cross Selling
③ Advice Selling
④ Retention
⑤ Repeating

해설
고객평생가치(CLV ; Customer Lifetime Value) 제고를 위한 핵심활동
• 교차판매(Cross-selling) : 기존의 상품계열에 고객이 관심을 가질 만한 다른 상품을 접목시켜 판매하는 것
• 추가판매(Up-selling) : 설비의 마모 혹은 재공급 필요 시에 업그레이드를 권유하여 판매하는 것
  예 인터넷 회사에서 기존 모뎀에서 약간의 비용을 추가하면 더 업그레이드 된 모뎀으로 교체를 권유하는 형식의 프로그램

20 CRM(고객관계관리) 전략 수립과 관련해 시장매력도에 영향을 미치는 요인 중 환경 요인과 가장 거리가 먼 것은?

① 정치적 환경
② 경제적 환경
③ 사회적 환경
④ 기술적 환경
⑤ 비(非)법률적 환경

해설
전략 수립과 관련해 시장매력도에 영향을 미치는 요인

요 인	세부 항목
외형적 요인	• 현재 시장 규모 • 시장 잠재력 • 성장률 • 판매(매출)의 주기성(순환성) 또는 계절성 • 현재의 수익성

구조적 요인 (산업 요인)	• 잠재적 진입자로부터의 위협(신규 진입자의 위협) • 구매자와 교섭력으로부터의 위협(공급업자의 협상력) • 대체품으로부터의 위협 • 현재 시장 내에서의 경쟁(경쟁자의 수준)
환경적 요인	• 인구통계적 환경 • 정치 · 경제적 환경 • 사회적 환경 • 기술적 환경 • 법률적 환경

21 고객관계관리(CRM) 시스템 구축 5단계 중 다음 보기의 내용에 해당하는 것은?

> 데이터웨어하우스(Data Warehouse), 백오피스(Back Office)와 프론트오피스(Pront Office) 시스템, 전자상거래 등 새로운 커뮤니케이션 채널을 확립한다.

① 인프라 구축

② 기업의 특성에 맞는 고객전략 수립

③ 고객 유지를 위한 서비스와 피드백 관리

④ 데이터마이닝을 통한 고객 분석과 마케팅 실시

⑤ 고객 분석 결과를 실질적으로 판매과정에서 활용

해설
고객관계관리(CRM) 시스템 구축 5단계
• 1단계 : 기업의 특성에 맞는 고객전략 수립
• 2단계 : 인프라 구축
• 3단계 : 데이터마이닝을 통한 고객 분석과 마케팅
• 4단계 : 고객 분석 결과를 실질적으로 판매과정에서 활용
• 5단계 : 고객 유지를 위한 서비스와 피드백 관리

22 e - CRM의 구성요소 중 다음 보기의 설명에 해당하는 것은?

> 인터넷에서 고객에게 제공되는 서비스를 관리하는 활동으로 고객의 문의나 불만사항에 따른 고객서비스센터를 확보하고 고객의 유형에 따른 맞춤 서비스를 제공하는 기능 등이 포함된다.

① e - Sales

② e - Service

③ e - Security

④ e - Community

⑤ e - Marketing

해설
② 인터넷상에서 상품이나 서비스를 온라인으로 판매하기 위한 활동이나 여기에 필요한 수단을 의미한다.
① 인터넷상에서 검색단계부터 상품 및 서비스의 전 구매과정을 말한다.
③ 컴퓨터나 인터넷의 전자보안 서비스를 말한다.
④ 인터넷상의 가상 소통공간으로서, 개인이나 기업 사이의 신뢰 형성의 결과로 공유목적, 가치, 경험의 개발 등을 나누는 것을 말한다.
⑤ 인터넷을 이용하여 마케팅 기능 및 개념을 구현하는 전략을 말한다.

23 다음 중 호손 실험(Hawthorn Experiment)의 의의(意義)에 대한 설명으로 가장 올바르지 않은 것은?

① 비공식적인 지도자도 공식적인 지도자만큼 중요하다.
② 경제적 요인이 가장 중요한 동기유발 요인으로 작동되는 반면 사회적 요인은 경제적 유인의 효과를 제한하고 감소시키는데 일체의 영향을 미치지 않는다.
③ 통솔범위를 좁히는 것이 효과적인 감독의 전제조건은 아니다.
④ 비공식 조직과 경영자는 서로 영향을 받는다.
⑤ 노동자들은 경영자의 자의적인 결정으로부터 스스로를 보호하기 위하여 비공식 조직을 활용한다.

해설
호손 실험을 통해 사회·정서적 요인들이 경제적 유인의 효과를 제한하고 감소시키는데 영향을 끼친다는 것이 인정받았다.
호손 실험(Hawthorne Experiment)
• 1920년대 후반 엘튼 메이요(Elton Mayo)에 의해 실시된 실험으로, 노동자들의 작업환경과 생산성에 미치는 효과를 연구목적으로 한다.
• 조직의 생산성은 노동자들의 태도나 감정과 같은 정서적 요소에 크게 의존하며, 조직 내의 인간관계에서 영향을 받는다.
• 공식적 조직 내에 존재하는 비공식적 조직이 만들어낸 규범에 의해 노동자들의 행동이 통제된다고 밝혔다.

24 넬슨 존스(Nelson Jones)가 제시한 인간관계 심화요인 중 서로의 역할과 행동에 대해 명료하게 설정된 기대나 지침을 의미하는 것은?

① 규칙(Rule)
② 동기(Motive)
③ 관심(Attention)
④ 보상성(Reward)
⑤ 상호성(Reciprocality)

해설
넬슨 존스(Nelson Jones)의 인간관계 심화요인
• 보상성(Reward) : 인간은 누구나 행복과 만족을 추구하기 때문에 만족감과 행복감을 제공하는 보상에 의해서 인간관계가 심화된다는 것이다.
• 상호성(Reciprocality) : 인간관계에 소속된 사람들 모두가 보상을 서로 균형 있고 공정하게 주고받을 때 그런 인간관계는 깊어진다.
• 규칙(Rule) : 인간관계에서 서로의 역할과 행동에 대해 명료하게 설정된 기대나 지침을 의미하며, 규칙이 분명할수록 인간관계가 심화된다.

25 하버마스(Habermas)가 제시한 이상적인 의사소통 상태를 특정 짓는 준거에 관한 내용으로 가장 거리가 먼 것은?

① 발언의 맥락이 맞아야 한다.
② 발언의 속임수가 있어서는 안 된다.
③ 교환되는 메시지가 진실이어야 한다.
④ 발언에 분명한 의도를 노출해서는 안 된다.
⑤ 전문용어 사용으로 대중을 소외시키지 말아야 한다.

해설
이상적인 의사소통 상태를 특징짓는 준거(하버마스)
• 이해가능성(Comprehensibility) : 전문용어 사용으로 대중을 소외시키지 말아야 한다.
• 진지성(Sincerity) : 발언의 속임수가 있어서는 안 된다.
• 타당성(Rightness or Legitimacy) : 발언의 맥락이 맞아야 한다.
• 진리성(Truth) : 교환되는 메시지가 진실이어야 한다.

26 의사소통 장애요인 중 수신자들이 전체 메시지를 수신하기 전에 미리 형성하고 있는 고정관념을 근거로 판단하는 경향을 의미하는 것은?

① 가치판단　　　　② 능동적 청취
③ 공간적 거리　　　④ 정보의 과부하
⑤ 정보원의 신뢰도

27 에릭 번(Eric Berne)이 제시한 시간의 구조화 영역 중 다음 보기의 내용에 가장 부합하는 것은?

> - 지금 여기서 행하고 있는 일을 통해 서로 스트로크를 주고받는 실용적인 시간 구조화 형태를 의미한다.
> - 생산적이고 창의적인 경우 만족감이 높은 긍정적 스트로크를 획득할 수 있다.
> - 적극적이고 친밀한 인간관계를 요구하지 않는 부정적인 경향이 있을 수 있다.

① 잡 담　　　　　② 게 임
③ 친 교　　　　　④ 활 동
⑤ 의 식

28 다음 중 거래 후 서비스(A/S)에 대한 설명으로 가장 거리가 먼 것은?

① 제품 판매를 지원할 필요가 있는 서비스 항목을 나타낸다.
② 결함이 있는 제품으로부터 소비자를 보호하는 서비스 유형이다.
③ 회수 또는 반품, 소비자 불만과 클레임 등을 해결할 수 있어야 한다.
④ 현장 서비스가 종료된 시점 이후의 유지 서비스로 충성고객 확보를 위해 중요하다.
⑤ 소비자와 판매자 사이에 직접적으로 상호거래가 이루어지는 서비스의 본질에 해당하며 고객이 업장에 들어오는 순간 등을 사례로 들 수 있다.

29 다음 중 서비스 기업과 일반 제조기업의 차이에 대한 설명으로 가장 올바르지 않은 것은?

① 고객충성도 확보가 핵심이다.
② 진입장벽이 상대적으로 낮다.
③ 규모의 경제를 실현하기 어렵다.
④ 수요의 변동이 거의 발생되지 않는다.
⑤ 내부고객을 우선적으로 만족시켜야 한다.

30 기존 고객 유지를 위한 시장방어 전략 중 저지전략 (Blocking)에 해당하는 것은?

① 판매 촉진
② 집중광고
③ 가격 인하
④ 경쟁 우위 개발
⑤ 고객과의 계약기간 연장

해설
저지전략(Blocking)
경쟁자에 대한 최대의 방어전략으로 새로운 진입자의 시장진출을 막는 것이다. 경쟁자들이 시장에 진입하기 위해 들어가는 비용을 증가시키거나 진입 시의 예상 수익을 감소시킴으로써 저지될 수 있다. 서비스 기업에게 이용가능한 저지전략에는 서비스 보증, 집중광고, 입지나 유통통제, 높은 전환비용, 그리고 고객만족 등이 포함된다.

2과목 CS 전략론

31 다음 중 서비스 청사진의 작성 목적으로 가장 거리가 먼 것은?

① 전반적인 효율성과 생산성을 평가하기 위해
② 서비스의 복잡한 이해관계를 재인식하기 위해
③ 기업에서 지원의 역할과 책임을 규정하기 위해
④ 미처 공유되지 못한 서비스 비전의 개발을 위해
⑤ 개발하려는 프로세스에서 서비스 청사진의 개념을 명확하게 하기 위해

해설
서비스 청사진의 작성 목적
효율성과 생산성 평가, 이해관계 재인식, 직원의 책임과 역할 규명, 공유된 서비스 비전 개발, 프로세스에서 청사진의 개념을 명확히 하기 위함

---

32 다음 중 고객의 소리(VOC)의 성공을 위해 충족해야 할 방안으로 보기 어려운 것은?

① 자료의 신뢰성을 높이기 위해 코딩으로 분류한다.
② 자료에 대한 통계보고서를 작성하여 추세를 파악하고 점검한다.
③ 서비스 혁신에 도움을 주는 VOC에 대하여 보상제도를 구축한다.
④ 제품 및 서비스의 전 수명과 주기에 걸쳐 VOC를 적극적으로 추구한다.
⑤ 고객의 건의, 신고, 불만 등은 접수 즉시 기록하되 문의, 칭찬 등의 내용은 기록 없이 단순응대로 대체한다.

해설
고객의 문의, 제안, 건의, 신고, 불만, 칭찬 등은 접수하는 즉시 기록한다.

---

33 MOT 사이클 차트 분석단계 중 다음 보기의 ( ) 안에 들어갈 내용으로 가장 알맞은 것은?

- 1단계 : 서비스 접점 진단
- 2단계 : 서비스 접점 설계
- 3단계 : 고객접점 사이클 세분화
- 4단계 : (   )
- 5단계 : 구체적인 서비스 표준안으로 행동

① 구체적 포지셔닝 전개
② 수익성 예측지표 작성
③ 경쟁시장의 지속적 관여
④ 고객접점 시나리오 만들기
⑤ 고객의 문제해결 능력 배양

해설
MOT 사이클 차트 분석 5단계
서비스 접점 진단 → 서비스 접점 설계 → 고객접점 사이클 세분화 → 고객접점 시나리오 만들기 → 서비스 표준안으로 행동하기

34 다음 중 SWOT 분석과 관련해 외부 위협 요인으로 보기에 가장 적절한 것은?

① 정부 규제
② 경제 호황
③ 신규시장 발견
④ 낮은 연구개발비
⑤ 자사의 높은 이직률

해설
SWOT 분석 틀
• 외부 기회 요인 : 경쟁력이 약해진 경쟁사, 새로운 기술의 출현, 경제 호황
• 외부 위협 요인 : 뛰어난 대체제의 등장, 정부의 규제, 소비자 기호의 변화, 막강한 경쟁자 출현
• 내부 강점 요인 : 자사의 우월한 제조기술, 원활한 자금 조달, 높은 시장 점유율, 탄탄한 마케팅 조직
• 내부 약점 요인 : 높은 이직률, 낮은 연구개발비, 낙후된 시설

35 코틀러(Kotler)가 제시한 시장 세분화 요건 중 다음 보기의 내용에 가장 부합하는 것은?

> 공략하려는 세분 시장의 구성원들이 TV를 많이 보고 광고에 노출이 많이 되어 있다면 공략하기가 쉽지만, 만약 TV도 전혀 안 보고 신문도 구독하지 않는다면 이런 세분 시장은 공략하기가 힘들다.

① 접근가능성
② 측정가능성
③ 행동가능성
④ 차별화 가능성
⑤ 규모의 적절성

해설
코틀러(Kotler)는 효과적인 시장 세분화를 위해 측정가능성, 접근가능성, 실질성, 행동가능성, 차별화 가능성의 다섯 가지의 기준으로 고객 세분화 요건을 제시하였다.
접근가능성
기업의 입장에서 유통경로나 매체를 통해 접근이 쉬워야 한다.

36 전통적인 마케팅 믹스 4Ps 중 점포 입지, 수성, 보관, 재고, 경로 등에 해당하는 것은?

① Price
② Place
③ People
④ Process
⑤ Performance

해설
전통적인 마케팅 믹스 4Ps
• 제품(Product) : 품질, 디자인, 상표, 포장, 고객서비스, 보증기간 등
• 가격(Price) : 표시가격, 가격할인, 거래조건, 지불기간 등
• 유통(Place) : 유통경로, 시장포괄범위, 상품구색, 서비스수준, 수송방법
• 판매촉진(Promotion) : 광고, 인적판매, 판매촉진, PR, 직접마케팅, 커뮤니케이션

37 서비스 패러독스(Service Paradox) 발생원인 중 기술의 복잡화에 대한 설명에 가장 부합하는 것은?

① 인간을 기계의 부속품 정도로 취급하여 인간 존엄성이 무시되는 현상이 발생하였다.
② 인력확보가 힘들어짐에 따라 충분한 교육훈련 없이 종업원을 채용하는 문제가 발생하였다.
③ 획일적인 서비스를 제공하고 상황에 따라 유연하게 대응하지 못하며 경직되는 위험을 지니고 있다.
④ 손쉽게 인근 업소에서 수리받던 시대는 지나가고 이제 고객이 멀리까지 가서 기다려야 하는 시대가 되었다.
⑤ 종업원의 자유재량이나 서비스의 기본이 되는 인간적 서비스가 결여되어 서비스 빈곤이라는 인식을 낳게 되었다.

해설
① 서비스의 인간성 상실에 해당하는 설명이다.
② 종업원 확보의 악순환에 해당하는 설명이다.
③ 서비스의 동질화에 해당하는 설명이다.
⑤ 서비스의 표준화에 해당하는 설명이다.

38 서비스 실패와 관련해 다음 보기의 내용과 같이 주장한 학자는?

> 서비스 실패란 서비스 과정이나 결과에 대하여 서비스를 경험한 고객이 좋지 못한 감정을 갖는 것을 말한다.

① 윈
② 벨, 젬케
③ 자이다믈, 베리
④ 헤스켓, 새서, 하트
⑤ 베리, 레너드, 파라수라만

서비스 실패에 대한 학자들의 정의

헤스켓, 새서, 하트	서비스 실패란 서비스 과정이나 결과에 대하여 서비스를 경험한 고객이 좋지 못한 감정을 갖는 것을 말한다.
윈	서비스 접점에서 고객 불만족을 일으키는 열악한 서비스를 경험하는 것을 말한다.
벨, 젬케	수준이 심각하게 떨어지는 서비스 결과를 경험하는 것을 말한다.
자이다믈, 베리	고객이 느끼는 허용영역 이하로 떨어지는 서비스 성과를 말한다.
베리, 레너드, 파라수라만	책임이 분명한 과실로 인해 초래된 서비스 과정이나 결과를 말한다.

39 서비스 실패 처리에서 고객이 기대하는 공정성 유형 중 다음 보기의 설명에 해당하는 것은?

> 서비스 실패와 관련된 문제를 해결하는 과정에서 적용될 수 있는 기준으로 회사의 정책, 규칙, 적시성 등에 해당한다.

① 절차 공정성
② 반응 공정성
③ 표준 공정성
④ 전환 공정성
⑤ 분배 공정성

서비스 실패 처리 시 고객이 기대하는 공정성 유형
• 결과 공정성 : 말 그대로 불만 수준에 맞는 결과물, 즉 보상을 기대하는 것으로 차후 무료서비스나 금전적 보상, 수리 및 교환, 가격 할인 등의 형태가 있다.
• 절차 공정성 : 서비스 실패를 처리하는 절차에 관한 것으로 회사의 규정, 정책, 적시성 등이 있다.
• 상호작용 공정성 : 서비스를 제공하는 직원의 태도로서 고객은 공손한 응대, 배려, 친절 등을 기대한다.

40 브래디(Brady)와 크로닌(Cronin)이 제시한 애프터서비스(A/S)의 품질차원 중 상호작용 품질에 해당하는 것은?

① 정 책
② 처리시간
③ 편의성
④ 전문성
⑤ 기 술

브래디(Brady)와 크로닌(Cronin)의 애프터서비스(A/S) 품질 차원
• 상호작용 품질
 – 직원의 태도와 행동 : 고객 도움 의지, 수리 · 접수 직원의 친절도, 직원의 믿음(말, 행동)
 – 처리시간
• 물리적 환경 품질 : 정책, 편의성
• 결과 품질 : 제품의 수리정도를 나타내며 이때 전문성과 기술이 가장 중요함

41 고객인지 가치와 관련해 세스(Sheth), 뉴먼(Newman), 그로스(Gross)가 제시한 5가지 가치 유형 중 제품 소비의 특정 상황과 관련된 가치 유형은?

① Epithetic Value

② Social Value

③ Functional Value

④ Emotional Value

⑤ Conditional Value

해설
① 제품 소비를 자극하는 새로움 또는 호기심 등과 관련된 가치
② 제품을 소비하는 사회계층집단과 관련된 가치
③ 제품의 품질, 기능, 가격 등과 같은 실용적 · 물리적 기능과 관련된 가치
④ 제품 소비로 인한 긍정적 또는 부정적 감정 등의 유발과 관련된 가치

42 서비스 수익체인을 이용하여 기업의 핵심 역량을 향상시키고 운영 단위를 지속해서 관리하기 위해 고려해야 할 사항으로 가장 거리가 먼 것은?

① 측정한 결과에 대한 보상 개발

② 내부적 성공 사례에 대한 정보 공유

③ 성과 향상을 위한 행동 지침의 설계

④ 자체 평가한 결과에 대한 상호의견 교환

⑤ 의사결정 단위와는 별개로 서비스 수익체인의 미래 예측 수준에 대한 전망

해설
운영 단위를 지속해서 관리하기 위한 7가지
• 모든 의사결정 단위를 포괄하여 서비스 수익체인의 연관성에 대한 측정
• 자체 평가한 결과에 대한 상호의견 교환
• 성과 측정을 위한 균형점수카드 개발
• 성과 향상을 위한 행동 지침의 설계
• 측정한 결과에 대한 보상 개발
• 개별 영업 단위에서 결과에 대한 커뮤니케이션
• 내부적 성공 사례에 대한 정보 공유

43 내구성과 유형성 및 용도에 따른 소비재 분류 중 다음 보기의 내용에 가장 부합하는 것은?

> • 여러 번 사용할 수 있는 유형 제품으로 가전제품을 비롯해 의류, 장비류 등에 해당한다.
> • 인적 판매와 서비스가 수반되며 판매 보증이 잘 이루어져야 한다.

① 비(非)내구재

② 내구재

③ 공공재

④ 자본재

⑤ 서비스

해설
내구성과 유형성 및 용도에 따른 소비재 분류
• 내구재 : 여러 번 사용할 수 있는 유형의 제품
• 비(非)내구재 : 한두 번의 사용으로 소모되는 유형의 제품
• 서비스 : 분리가 불가능한 무형의 제품

44 다음 중 의료기관의 경제적 특징에 대한 설명으로 가장 올바르지 않은 것은?

① 개인이나 기업의 소비 및 생산 활동이 다른 개인이나 기업의 효용과 이윤에 영향을 미치지 않는 내부효과가 존재한다.

② 보건의료 서비스는 면허제도를 통해 의료시장에서 법적 독점권을 부여하기 때문에 공급시장의 진입장벽을 높이는 원인이 된다.

③ 국민의 건강한 삶을 위해 필요한 다양한 요소 중 건강의 증진, 질병 예방 및 치료 등의 보건의료 분야가 필수적인 요소로 인식되었다.

④ 일반적인 상품에 대한 수요는 소비자의 구매 의지에 의해 결정되지만, 의료에 대한 수요는 질병이 발생해야 나타나기 때문에 예측이 매우 어렵다.

⑤ 많은 사람이 같은 장소에서 같은 양을 동시에 소비할 수 있고, 그 가격을 부담하지 않는 개인의 소비 행위를 배제하기 어려운 공공재적 성격을 가지고 있다.

해설
의료기관의 활동에는 외부효과는 개인이나 기업의 소비 또는 생산 활동이 다른 개인이나 기업의 효용과 이윤에 영향을 미치는 외부효과가 존재한다.

45 다음 중 서비스 품질 측정이 어려운 이유에 대한 설명으로 가장 올바르지 않은 것은?

① 서비스 전달이 완료되기 이전에는 검증되기가 어렵다.

② 서비스 품질은 주관적이기 때문에 객관화하여 측정하기가 어렵다.

③ 고객으로부터 쉽게 데이터를 수집할 수 있지만, 자료 해석에 어려움이 있다.

④ 고객이 서비스 프로세스의 일부이며 변화를 일으킬 수 있는 중요한 요인이기 때문에 측정에 어려움이 있다.

⑤ 자원이 고객과 함께 이동하는 경우 고객이 자원의 변화를 관찰할 수 있어 서비스 품질 측정의 객관성이 저해된다.

해설
고객으로부터 데이터를 수집하는 일에 시간과 비용이 많이 들고 회수율도 낮다.

46 가빈(Garvin)이 제시한 5가지 관점의 품질 차원 중 다음 보기의 설명에 해당하는 것은?

> 공급 측면에 초점을 맞춘 것으로 기업이 제품의 속성을 명세서와 일치되도록 제조하면 고객의 신뢰성은 높아져 고객에게 만족을 주게 된다.

① 선험적 접근

② 제조 중심적 접근

③ 제품 중심적 접근

④ 가치 중심적 접근

⑤ 사용자 중심적 접근

해설
① 품질을 고유한 탁월성과 동일한 개념으로 정의하고, 경험을 통해 알 수는 있지만 분석은 어려운 성질이다.

③ 경제학적 측면에서 품질을 제품의 고유 속성으로 보고 객관적인 측정이 가능한 변수로 보는 접근이다.

④ 생산관리 측면에 초점을 맞춘 것으로 원가와 가격에 의해 품질을 판단하는 관점이다.

⑤ 생산관리, 경제학 및 마케팅적 관점으로 고객들의 다양한 필요, 욕구, 선호 등을 가장 잘 충족시키는 제품의 품질이 가장 뛰어나다는 접근법이다.

47 e-서비스 품질(SQ)의 4가지 핵심 차원 중 다음 보기의 내용에 해당하는 것은?

> • 이 웹사이트는 내가 원하는 정보에 빠르게 접근할 수 있다.
> • 이 웹사이트는 거래를 신속히 완료할 수 있도록 설계되어 있다.

① 효율성
② 신뢰성
③ 보상성
④ 보안성
⑤ 성취 이행성

해설
② 온라인 페이지의 기술적인 작동상태와 구매 가능성 보장
③ 환불 시 물류비용에 대한 배상 정도
④ 신용정보나 구매정보의 안전한 보호
⑤ 정확한 배송 시간 등 서비스 이행의 정확성과 상품의 보장

49 다음 중 내부 마케팅과 관련해 권한위임의 비용에 대한 설명으로 가장 거리가 먼 것은?

① 교육훈련의 비용이 많이 든다.
② 고객이 공평한 대우를 받았다고 생각할 수 있다.
③ 책임감 있는 정규직 종업원의 채용은 인건비 상승을 가져온다.
④ 서비스 제공이 보다 느리고 서비스의 일관성이 낮아질 수 있다.
⑤ 직원이 점포를 송두리째 주는, 즉 무리한 의사결정을 할 수 있다.

해설
권한위임의 비용
• 교육훈련과 채용에 비용이 많이 든다.
• 책임감 있는 정규직 채용으로 인건비 상승을 초래한다.
• 서비스의 일관성이 낮아질 수 있다.
• 고객이 공평한 대우를 받지 못했다고 생각할 수 있다.
• 회사가 감당하기 힘든 무리한 의사 결정을 할 수 있다.

48 서비스 품질의 결정에 영향을 미치는 요인 중 기대된 서비스의 영향 요인과 가장 거리가 먼 것은?

① 구전(口傳)
② 과거의 경험
③ 전통과 사상
④ 기업 측의 약속
⑤ 기업의 물질적·기술적 지원

해설
기대된 서비스의 영향 요인
구전, 고객들의 개인적 욕구, 서비스를 이용해 본 과거의 경험, 전통과 사상, 기업 측의 약속, 서비스 제공자의 외적 커뮤니케이션 등

50 다음 중 행동주체를 기준으로 스토너(Stoner)가 제시한 갈등 유형으로 가장 거리가 먼 것은?

① 개인적 갈등
② 개인 간 갈등
③ 개인과 집단 간 갈등
④ 집단적 갈등
⑤ 집단 간 갈등

해설
스토너(Stoner)는 행동주체를 기준으로 조직에서 나타나는 갈등 유형을 개인적 갈등, 개인 간 갈등, 개인과 집단 간 갈등, 집단 간 갈등, 조직 간 갈등으로 분류하였다.

51 고객만족 측정 방법 중 직접 측정에 대한 설명으로 가장 올바르지 않은 것은?

① 일반적으로 단일한 설문 항목 또는 복수의 설문 항목을 통해 만족도를 측정하는 방식을 말한다.

② 조사모델이 간명하며 하위 차원에 대한 만족도 결과를 합산할 때 발생되는 중복 측정의 문제를 방지할 수 있다.

③ 복수의 설문 측정 방법에서 측정 오차 문제를 해소하기 어렵기 때문에 단일 항목 문항 측정으로 한정하여 정의하기도 한다.

④ 민간부문을 대상으로 하는 만족도 조사에서 가장 많이 사용되는 방식이라 할 수 있다.

⑤ 직접 측정에 의거하여 종합만족도를 구하고 있는 대표적인 조사로 ACSI, NCSI 등을 꼽을 수 있다.

해설
단일 문항 측정 방법에서 측정 오차 문제를 해소하기 어렵기 때문에 복수의 설문 항목을 통한 측정으로 한정하여 정의하기도 한다.

52 다음 중 표적집단면접법(Focus Group Interview)을 사용해야 하는 경우로 가장 거리가 먼 것은?

① 마케팅 문제 정의를 위한 정보를 제공한다.

② 조사에서 어떤 정보를 취득해야 하는지 알 수 있다.

③ 신제품 아이디어와 기존 제품의 다른 용도를 알 수 있다.

④ 계량적 조사로부터 얻은 결과에 대해 구체적인 이해를 도모할 수 있다.

⑤ 소비자들의 내면적 욕구나 감정의 파악이 어려운 반면, 겉으로 드러나는 태도와 행동을 손쉽게 파악할 수 있다.

해설
소비자들의 내면적 욕구나 감정의 파악, 겉으로 드러나는 태도와 행동을 손쉽게 파악할 수 있다.

53 다음 중 정성조사(Qualitative Study)의 장점으로 가장 거리가 먼 것은?

① 대표성
② 신속성
③ 현장성
④ 심층적
⑤ 유연성

해설
정성조사와 정량조사의 장점

정성조사	정량조사
저비용, 신속성, 심층적, 현장성, 유연성	객관성, 대표성, 다목적성, 신뢰도 측정

54 올리버(Oliver)가 제시한 고객충성도 발전 단계 중 반복적인 경험에 의해 영향을 받고 행위 의도를 가지게 되는 충성도를 의미하는 것은?

① 몰입적 충성
② 감정적 충성
③ 행동적 충성
④ 인지적 충성
⑤ 행동 의욕적 충성

해설
올리버(Oliver)의 고객 충성도 발전 4단계
• 인지적 충성 : 브랜드 신념에만 근거한 충성 단계
• 감정적 충성 : 브랜드에 대한 선호나 태도가 만족스러운 경험이 누적됨에 따라 증가하는 단계
• 행동 의욕적 충성 : 브랜드에 대한 긍정적 감정을 가지고 반복적인 경험에 의해 영향을 받으며 행위 의도를 갖는 단계
• 행동적 충성 : 의도가 행동으로 전환되는 단계

55 SERVQUAL의 5가지 GAP 모델 중 GAP 1이 발생할 때 해결방안으로 가장 올바른 것은?

① 팀워크의 형성
② 수요와 공급의 연결
③ 조직의 관리 단계 축소
④ 경영통제 시스템 개발
⑤ 종업원의 업무 적합성 보장

해설
①·②·④·⑤ GAP 3 발생 시 해결방안에 해당한다.
GAP 1 발생 시 해결방안
• 고객의 기대 조사
• 상향적 커뮤니케이션 활성화
• 조직의 관리 단계 축소

56 고객의 기대에 대한 영향 요인 중 상황적 요인에 해당하는 것은?

① 촉진 전략
② 서비스 가격
③ 시간적 제약
④ 서비스 직원의 역량
⑤ 유통구조에 의한 편리성

해설
상황적 요인
• 구매동기 : 가족여행 및 비즈니스여행에 따른 서비스 기대 차이를 말한다.
• 소비자의 기분 : 기분이 좋을 때는 서비스 직원에 관대하고, 허용영역이 넓어진다.
• 날씨 : 일기가 나쁠 때 허용영역이 넓어진다.
• 시간적 제약 : 시간적 압박, 긴급상황 시 예상기대 수준은 낮아지지만 허용영역은 좁아진다.

57 적용범위에 따른 계획 수립 유형 중 다음 보기의 내용에 해당하는 것은?

전략적 계획을 실천하기 위한 구체적인 활동이 담긴 계획으로 전략적 계획을 수행하는 데 필요한 활동과 자원에 비중을 두는 계획수립 유형이다.

① 운영 계획
② 재량 계획
③ 파생 계획
④ 자원 계획
⑤ 전술적 계획

해설
적용범위에 따른 계획 수립 유형
• 전략적 계획(Strategic Plans) : 조직전반에 걸쳐 적용되며 전반적인 조직목표를 설정하고 조직 환경적 관점에서 조직의 위치와 방향을 정하고 이것이 실천될 수 있도록 필요한 전략과 자원을 결정하는 계획 수립 유형이다.
• 전술적 계획(Tactical Plans) : 구체적이고 단기적인 의사결정과정으로 초급 또는 중간관리자가 관여한다. 부서별 연간 예산 책정, 기업전략의 집행수단의 설정, 운영 개선을 위한 일련의 과정을 계획하는 수립 유형이다.
• 운영계획(Operational Plans) : 전략적 계획을 효율적으로 실천하기 위한 구체적 세부계획으로 전략적 계획을 수행하는 데 필요한 활동과 자원에 비중을 두는 계획 수립 유형이다.

58 다음 보기의 (   ) 안에 들어갈 내용으로 가장 올바른 것은?

> (   )(이)라는 인지심리학 개념이 있다. '사람은 보고 싶은 것만 본다.'는 (   )(을)를 간결히 설명할 수 있는 흔한 말이다. 사람들은 일반적으로 원하는 결과를 간절히 바라거나 각자의 뿌리 깊은 신념을 지키고자 할 때 (   )(을)를 쉬이 보이게 된다. (   )에 휩싸이면 유리한 정보만 선택적으로 모으거나 편향된 논리와 방법을 동원하여 원하는 주장을 하게 된다. (   )(은)는 우리 일상에서 흔히 접할 수 있는 현상인데 부작용을 초래하는 경우는 역시나 신념의 깊이가 과도하게 강할 때인 듯하다.

① 모멘텀 현상
② 확증 편향
③ 관대화 경향
④ 빅브라더 현상
⑤ 죄수의 딜레마

해설
확증 편향
인간이 자신의 주관에 부합하는 정보만 인식하려는 현상을 말한다.

59 다음 중 고객경험관리(CEM)의 특징에 대한 설명으로 가장 거리가 먼 것은?

① 고객 중심적 프로세스이다.
② 고객과의 상호작용 기록이 생긴 후에 시작된다.
③ 고객이 기업에 대하여 생각하고 느끼는 것을 파악한다.
④ 기업에 대한 고객 경험을 향상시키기 위해 시스템과 기술 및 단순화된 프로세스를 활용한다.
⑤ 고객의 기대와 경험 간의 차이가 있는 곳에 제품이나 서비스를 위치시켜 판매하는 선행적 성격이 강하다.

해설
고객 상호작용의 순간, 즉 접점에서부터 시작된다.

60 가격책정 전략 중 기업이 신제품을 출시할 때 처음에는 경쟁제품보다 낮은 가격을 제시한 후 점차적으로 가격을 올리는 전략으로 가장 올바른 것은?

① 정산가격 전략
② 흡수가격 전략
③ 할증가격 전략
④ 종속가격 전략
⑤ 침투가격 전략

해설
가격책정 전략
• 침투가격 전략 : 신제품을 출시할 때 처음에는 경쟁제품보다 낮은 가격을 제시한 후 점차적으로 가격을 올리는 전략이다.
• 흡수가격 전략 : 신제품을 출시할 때 처음에는 경쟁제품보다 높은 가격을 제시한 후 점차적으로 가격을 내리는 전략이다.
• 할증가격 전략 : 가격이 높으면 품질이 좋을 것이라는 소비자의 심리를 이용하는 전략이다.
• 종속가격 전략 : 특정제품과 반드시 함께 사용되어야 하는 제품에 부과하는 가격 전략이다. 일반적으로 종속제품의 가격을 높게 책정한다.

61 첫인상 형성과 관련해 다음 보기의 설명에 해당하는 용어는?

> 처음 주어진 정보에 관하여 판단을 내릴 경우 이것이 나중에 수용되는 정보의 기본 지침이 되어 맥을 잇게 되는 현상을 의미한다.

① 일관성의 오류
② 맥락 효과
③ 인지적 구두쇠
④ 아스팔트 효과
⑤ 부정성의 법칙

해설
① 사람들이 한 번 내린 판단은 상황이 달라져도 그 판단을 지속하려는 경향
③ 인상 형성에 있어 사람들이 상대를 판단할 때 가능하면 노력을 덜 들이면서 결론에 도달하려는 경향
④ 첫인상은 콘크리트처럼 쉽게 굳어지는 특징이 있어 처음에 형성된 인상은 쉽게 바꿀 수 없다는 법칙
⑤ 한 번 부정적으로 인식한 대상의 인상이 쉽게 바뀌지 않는 법칙

62 다음 보기의 내용 중 메라비언(Mehrabian)의 법칙에서 제시된 청각적인 요소를 찾아 모두 선택한 것은?

> 가. 말 씨   나. 음 성
> 다. 표 정   라. 억 양
> 마. 전문지식   바. 말의 내용

① 가, 나, 다
② 가, 나, 다, 라
③ 가, 나, 라
④ 나, 라, 마
⑤ 나, 다, 라, 바

해설
메라비언의 법칙(Law of Mehrabian)
• 시각적 요소 : 표정, 용모, 복장, 자세, 동작, 걸음걸이, 태도
• 청각적 요소 : 음성, 언어, 호흡, 말씨, 억양, 속도
• 언어적 요소 : 말의 내용, 전문지식, 숙련된 기술

63 다음 중 상황별 인사에 대한 설명으로 가장 올바른 것은?

① 실내 혹은 복도에서 같은 사람을 자주 만날 때는 보통례를 하도록 한다.
② 사무실에 출근하여 상사에게 인사를 할 때는 정중례를 하도록 한다.
③ 사람들이 많은 엘리베이터 안에서 임원과 만났을 때는 필히 정중례를 하도록 한다.
④ 결혼식의 주인공일 경우, 예식을 찾아오신 친척 어른께는 감사의 의미로 정중례를 하는 것이 예의이다.
⑤ 화장실과 같이 불편한 장소에서 상사를 만났을 경우, 목례를 하는 것은 예의에 어긋나므로 주의한다.

해설
① 실내 혹은 복도에서 같은 사람을 자주 만날 때는 목례를 하여도 무방하다.
② 사무실에 출근하여 상사에게 인사를 할 때는 보통례를 하도록 한다.
③ 사람들이 많은 엘리베이터 안에서 임원과 만났을 때는 목례를 하여도 무방하다.
⑤ 화장실과 같이 불편한 장소에서 상사를 만났을 경우, 목례를 하여도 무방하다.

64 전통적인 공수법(拱手法)에 대한 설명으로 가장 올바르지 않은 것은?

① 공수는 의식행사에 참석하거나 어른을 뵐 때 반드시 한다.
② 공수는 배례의 기본동작으로 두 손을 앞으로 모아서 잡는 것을 말한다.
③ 남자와 여자의 손위치는 다르다.
④ 흉사시, 여자는 오른손을 위로 하여 두 손을 가지런히 모아서 잡는다.
⑤ 평상시와 흉사시의 손 위치는 다르다.

해설
흉사시, 여자는 왼손을 위로 하여 두 손을 가지런히 모아서 잡는다.

65 불만고객 관리와 관련해 컴플레인(Complain) 처리 시의 유의사항으로 가장 거리가 먼 것은?

① 설명은 사실을 바탕으로 명확하게 한다.
② 고객의 입장에서 성의 있는 자세로 임한다.
③ 상대방에게 동조해 가면서 긍정적으로 듣는다.
④ 고객은 근본적으로 선의를 가지고 있다고 믿는다.
⑤ 고객의 잘못이 있을 경우 명확하게 지적하여 회사의 피해를 최소화한다.

해설
컴플레인(Complain) 처리 시의 유의사항
- 잘못된 점은 솔직하게 사과한다.
- 상대방에게 동조해 가면서 긍정적으로 들어야 한다.
- 요점을 파악하여 고객의 착오는 없었는지를 검토한다.
- 고객에 대한 선입견을 갖지 않고, 고객은 근본적으로 선의를 가지고 있다고 믿어야 한다.
- 설명은 사실을 바탕으로 명확하게 해야 한다.
- 컴플레인 처리 시 상담사 개인의 견해는 말하지 않는 것이 좋다.
- 고객의 불평 사항을 잘 듣고 가급적 의견 대립을 피한다.
- 신속하게 해결책을 마련하여 처리하고, 친절하게 해결책을 납득시킨다.
- 최종결과를 검토하여 동일한 사안이 발생되지 않도록 유의한다.

66 다음 보기의 내용 중 불만고객 응대의 기본 원칙을 찾아 모두 선택한 것은?

> 가. 피뢰침의 원칙
> 나. 언어절제의 원칙
> 다. 감정통제의 원칙
> 라. 책임 공감의 원칙
> 마. 자의식 개인화의 원칙
> 바. 역지사지(易地思之)의 원칙
> 사. 이심전심(以心傳心)의 원칙

① 가, 나, 다, 라, 마
② 가, 나, 다, 라, 바
③ 가, 나, 다, 마, 바
④ 가, 다, 라, 마, 바
⑤ 가, 다, 마, 바, 사

해설
불만고객 응대의 기본 원칙
- 책임 공감의 원칙
- 피뢰침의 원칙
- 언어절제의 원칙
- 역지사지의 원칙
- 감정통제의 원칙

67 다음 중 조직 내부에서 코칭(Coaching)이 필요한 경우로 보기 어려운 것은?

① 새로운 업무가 시작되었을 경우
② 교육훈련 후 추가 지도가 필요한 경우
③ 업무상 해결해야 하는 문제가 발생하였을 경우
④ 신입 직원에 대한 적응 지도 및 훈련이 필요한 경우
⑤ 경영환경에 따른 인사상의 불이익이 발생되었을 경우

해설
경영환경 변화에 따른 인사상의 불이익이 발생되었을 경우에는 코칭(Coaching)이 아닌 카운슬링(Counseling)이 필요하다.

68 다음 중 전화응대 자세로 가장 바람직하지 않은 것은?

① 상대방의 말을 가로채거나 혼자서만 말하지 않는다.
② 플러스 화법을 사용하고 말씨와 억양에 유의한다.
③ 고객이 이해하기 어려운 전문용어의 사용은 되도록 자제한다.
④ 부정적인 말을 우회적으로 돌려서 표현하지 않는다.
⑤ 고객의 욕구를 충족시키지 못했을 때는 최선을 다해서 차선책 또는 대안을 제시해야 한다.

해설
부정적인 말은 우회적으로 돌려서 표현하여 긍정적인 표현을 하며, '안 됩니다. 없습니다' 등의 단답식 부정형 표현은 삼간다.

69 다음 중 호칭(呼稱)의 기본 예의에 대한 설명으로 가장 거리가 먼 것은?

① 공적인 자리에서 친구나 동료처럼 대등한 위치에 있는 사람일 경우 ○○씨라고 하여 상대방을 존중해주는 것이 좋다.
② 자신보다 아랫사람이라 하더라도 처음 대면하는 경우 ○○씨 혹은 이와 유사한 존칭(尊稱)을 사용하는 것이 좋다.
③ 친구나 동료처럼 대등한 위치에 있는 사람이라면 사적인 자리에 한해 이름을 불러도 크게 문제가 되지 않는다.
④ 직급과 직책 중에서 더 상위 개념을 칭하는 것이 통상적인 예의이다.
⑤ 자신보다 나이가 많거나 지위가 상급인 경우 '성(性) ○○씨'라고 부르는 것이 좋다.

해설
자신보다 나이가 많거나 지위가 상급인 경우 공손하게 직위나 적정한 사회적 경칭(敬稱)을 사용하는 것이 좋다.

70 다음 중 중간보고가 필요한 경우로 보기 어려운 것은?

① 상황이 바뀌어 방법을 변경해야 할 때
② 업무 완료가 최종적으로 임박했을 때
③ 자신의 판단으로 처리하기 어려운 경우에 부딪혔을 때
④ 지시받은 방침이나 방법으로 불가능해보일 때
⑤ 업무를 진행하는 데 있어 곤란한 문제가 발생했을 때

해설
업무 완료 후 최종 보고하여야 한다.

71 다음 중 콜센터의 전략적 정의에 대한 설명으로 가장 올바르지 않은 것은?

① 콜센터는 우량고객 창출센터이다.
② 콜센터는 불량고객의 분석대응 센터이다.
③ 콜센터는 고객접근이 용이한 개방형 고객상담 센터이다.
④ 콜센터는 고객감동을 실현할 수 있는 휴먼릴레이션 센터이다.
⑤ 콜센터는 원스톱 고객 서비스를 제공하는 서비스 품질제공 센터이다.

해설
콜센터의 전략적 정의
• 콜센터는 고객접근이 용이한 개방형 고객상담 센터이다.
• 콜센터는 고정고객과의 관계개선 센터이다.
• 콜센터는 우량고객 창출센터이다.
• 콜센터는 고객감동을 실현할 수 있는 휴먼릴레이션 센터이다.
• 콜센터는 원스톱 고객 서비스를 제공하는 서비스 품질제공 센터이다.

72 다음 중 앤톤(Anton)이 제시한 콜센터 인바운드 성과지표와 가장 거리가 먼 것은?

① 평균 대기시간
② 평균 통화시간
③ 판매 건당 비용
④ 평균 응대속도
⑤ 평균 통화 후 처리시간

해설
③ 콜센터 아웃바운드 성과지표에 해당한다.
앤톤(Anton)의 콜센터 인바운드 성과지표
• 평균 대기시간 : 상담신청부터 상담사가 연결될 때까지 시간의 합을 상담사의 신청 콜 수로 나눈 시간
• 평균 통화시간 : 콜당 상담사와의 평균 통화시간
• 평균 응대속도 : 콜센터에 들어오는 모든 콜들이 상담사에 의해 최초 응대되는 시간의 평균
• 평균 통화 후 처리시간 : 상담을 마치고 콜 관련 상담 내용을 정리하는 데 걸리는 시간

73 다음 중 콜센터의 역할과 관련해 서비스 전략적인 측면으로 보기 어려운 것은?

① 콜센터 운영지표 확보
② 다양한 커뮤니케이션 채널 확보
③ 고객 니즈의 정확한 이해와 피드백 제공
④ 고객 DB 활용을 통한 고객가치 증대의 측면
⑤ 서비스 실행 조직으로 기업 전체에 미칠 영향의 중요성

해설
콜센터의 역할

서비스 측면에서의 역할	・콜센터 운영지표 확보 ・다양한 커뮤니케이션 채널 확보 ・고객 니즈의 정확한 이해와 피드백 제공 ・서비스 실행 조직으로 기업 전체에 미칠 영향을 중요시해야 함
경영전략 측면에서의 역할	・고객 확보를 위한 고객 정보DB 습득에 노력 ・고객DB를 기반으로 고객 특성에 맞는 맞춤 서비스 제공 ・습득한 고객 정보를 통해 이탈고객 재유치 및 잠재고객을 활성화 ・기존 고객과의 장기적인 관계 유지 및 관리 ・고객가치 증대를 위해 지속적으로 차별화된 가치 제공 ・고객과의 잦은 대면 접촉을 통해 고객의 속성 및 특징 파악하여 서비스 제공

74 콜센터 용어 중 전화번호 이외에 고객의 보관된 정보를 상담원이 알 수 있도록 컴퓨터에 고객정보를 스크린 팝업을 통해 보여주는 기능을 의미하는 것은?

① ANI
② ARPU
③ ASA
④ AQT
⑤ Call Blending

해설
ANI(Automatic Number Identification)
전화를 건 고객의 번호를 수신자가 알 수 있게 신호를 함께 보내주는 전화국의 서비스를 통칭한다. 전산시스템을 설치하고 화면을 보면서 고객응대를 하는 경우 전화번호로 보관된 고객정보를 검색하여 통화를 시작하는 순간에 고객의 정보를 화면에 나타내주어 신속한 고객응대가 가능하다. ARS보다 진일보한 방식으로 고객의 이름이나 주소 등 별도의 인적사항에 대해 물어볼 필요가 없다.

75 콜센터 모니터링을 위한 코칭의 종류 중 다음 보기의 설명에 해당하는 것은?

・미니 코칭보다 코칭 시간이 길고 코칭의 내용이 구체적으로 이루어진다.
・일반적으로 모니터링 평가표에 따라 업무 및 2~3개의 통화품질 기준에 관한 내용을 가지고 진행된다.

① 하프 코칭
② 풀 코칭
③ 서포팅 코칭
④ 프로세스 코칭
⑤ 피드백

해설
콜센터 모니터링을 위한 코칭의 종류
・개별코칭 : 상담원 개인을 대상으로 일대일로 이뤄지는 형태로, 가장 기본적인 코칭방식이다. 프로세스 코칭, 스팟 코칭, 피드백 코칭, 미니코칭, 풀 코칭 등이 있다.
・그룹코칭 : 일대다수의 형태로 이뤄지는 형태로, 콜센터에서 적정수준의 통화품질을 유지하기 위해 시행하는 코칭방식이다.

76 다음 중 비즈니스 상황에서 필요한 명함 교환 예절에 대한 설명으로 가장 올바르지 않은 것은?

① 상대방에게 받은 명함은 되도록 자신의 명함과 구분하여 넣어두는 것이 좋다.
② 상대방의 명함을 접거나 부채질하는 행위는 예의에 어긋나므로 주의해야 한다.
③ 상대방의 명함에 어려운 한자가 있을 때는 정중하게 물어봐도 예의에 어긋나지 않는다.
④ 명함을 지참하지 못했을 때는 공손하게 사과하고 상대방의 근무지에 우편으로 발송토록 한다.
⑤ 대화를 나누는 동안 상대방의 명함을 테이블 위에 놓고 상대방을 지칭하는 데 도움이 되도록 하는 것이 좋다.

해설
상대의 명함을 받으면 반드시 자신의 명함을 주어야 한다. 만일 명함이 없으면 사과를 겸해 의견을 묻고 상대가 원하면 종이에 적어 준다. 단, 이쪽의 명함을 받은 상대가 명함이 없다고 하면 특별한 경우가 아니면 적어달라고 청하지 않는다.

77 다음 중 사회 문화에 따른 구성원의 가치관과 이에 대한 행동의 연관성을 설명하기 위해 홉스테드(Hofstede)가 제시한 문화차원이론의 5가지 범주에 포함되지 않는 것은?

① 시간 성향
② 권위주의적 성향
③ 개인주의적 성향
④ 불확실성 회피 성향
⑤ 사회 현상의 묵시적 성향

해설
홉스테드(Hofstede)의 문화차원이론 5가지 범주
• 권력거리 지수 : 조직이나 단체에서 권력이 작은 구성원이 권력의 불평등한 분배를 수용하고 기대하는 정도
• 개인주의 대 집단주의 : 한 개인이 가족이나 집단에 대한 책임보다 개인적인 자유를 더 중시하는 정도를 나타내는 척도
• 불확실성 회피 지수 : 사회 구성원이 불확실성을 최소화함으로써 불안에 대처하려고 하는 정도
• 남성성 대 여성성 : 성별 간 감정적 역할의 분화를 나타내는 척도
• 장기지향성 대 단기지향성 : 사회의 시간범위를 설명하는 척도. 장기지향적인 사회는 미래에 더 많은 중요성을 부여하고, 단기지향적인 사회에서는 끈기, 전통에 대한 존중 등을 강조한다.

78 국제 비즈니스 에티켓과 관련해 테이블 매너 시 유의사항에 대한 설명으로 가장 올바르지 않은 것은?

① 식사 중에는 담배를 피우지 않는 것이 좋다.
② 음식이 담긴 식기에 직접 입을 대고 먹지 않는다.
③ 테이블에서 화장을 고치는 것은 예의에 어긋나므로 주의해야 한다.
④ 종업원을 부를 때는 손을 높이 들고 소리 내어 부르는 것이 예의이다.
⑤ 식사 중에 손으로 머리나 귀, 코 등을 만질 경우 손으로 빵을 먹을 때 비위생적일 수 있기 때문에 되도록 자제하는 것이 좋다.

해설
서비스를 요청할 때는 웨이터의 시선을 기다렸다가 가볍게 손짓으로 신호를 하여야 하며 큰 소리로 부르거나 손뼉을 쳐서 부르는 것은 금물이다.

79 MICE 산업의 분류 중 기업 회의보다 규모가 큰 3개국 10명 이상이 참가하여 정보 교환, 네트워킹, 사업 등을 목적으로 하는 회의 유형은?

① Seminar

② Meeting

③ Exhibition

④ Convention

⑤ Incentive Tour

해설
Convention(컨벤션)

- 아이디어 교환, 토론, 정보 교환, 사회적 네트워크 형성을 위한 각종 회의를 말한다.
- 외국인 참가자가 10명 이상인 동시에 전체 참가자가 250명 이상인 정부 · 공공 · 협회 · 학회 · 기업회의로, 전문회의시설, 준회의시설, 중소규모 회의시설, 호텔, 휴양 콘도미니엄 등에서 4시간 이상 개최되는 회의이다.

80 다음 중 소비자기본법에 명시된 소비자의 능력 향상(제14조)에 관한 사항으로 올바르지 않은 것은?

① 국가 및 지방자치단체는 소비자의 올바른 권리행사를 이끌고, 물품 등과 관련된 판단능력을 높이며, 소비자가 자신의 선택에 책임을 지는 소비생활을 할 수 있도록 필요한 교육을 하여야 한다.

② 국가 및 지방자치단체는 경제 및 사회의 발전에 따라 소비자의 능력 향상을 위한 프로그램을 개발하여야 한다.

③ 국가 및 지방자치단체는 소비자교육과 학교교육 · 평생교육을 연계하여 교육적 효과를 높이기 위한 시책을 수립 · 시행하여야 한다.

④ 국가 및 지방자치단체는 소비자의 능력을 효과적으로 향상시키기 위한 방법으로 「신문 등의 진흥에 관한 법」에 따른 간행사업을 할 수 있다.

⑤ 소비자교육의 방법 등에 관하여 필요한 사항은 대통령령으로 정한다.

해설
국가 및 지방자치단체는 소비자의 능력을 효과적으로 향상시키기 위한 방법으로 「방송법」에 따른 방송사업을 할 수 있다(소비자기본법 제14조 제4항).

81 다음 중 소비자기본법상 명시된 소비자중심경영의 인증(제20조의2)에 대한 내용으로 올바른 것은?

① 한국소비자원은 물품의 제조 · 수입 · 판매 또는 용역 제공의 모든 과정이 소비자 중심으로 이루어지는 경영을 하는 사업자에 대하여 소비자중심경영에 대한 인증을 할 수 있다.

② 소비자중심경영인증을 받은 사업자는 국무총리령으로 정하는 바에 따라 그 인증의 표시를 할 수 있다.

③ 소비자중심경영인증의 유효기간은 그 인증을 받은 날부터 2년으로 한다.

④ 한국소비자원은 소비자중심경영을 활성화하기 위하여 대통령령으로 정하는 바에 따라 소비자중심경영인증을 받은 기업에 대하여 포상 또는 지원 등을 할 수 있다.

⑤ 한국소비자원은 소비자중심경영을 신청하는 사업자에 대하여 국무총리령으로 정하는 바에 따라 그 인증의 심사에 소요되는 비용을 부담하게 할 수 있다.

해설
① 공정거래위원회는 물품의 제조 · 수입 · 판매 또는 용역의 제공의 모든 과정이 소비자 중심으로 이루어지는 경영을 하는 사업자에 대하여 소비자중심경영에 대한 인증을 할 수 있다(소비자기본법 제20조의2 제1항).

② 소비자중심경영인증을 받은 사업자는 대통령령으로 정하는 바에 따라 그 인증의 표시를 할 수 있다(동법 동조항 제3항).

④ 공정거래위원회는 소비자중심경영을 활성화하기 위하여 대통령령으로 정하는 바에 따라 소비자중심경영인증을 받은 기업에 대하여 포상 또는 지원 등을 할 수 있다(동법 동조항 제5항).

⑤ 공정거래위원회는 소비자중심경영인증을 신청하는 사업자에 대하여 대통령령으로 정하는 바에 따라 그 인증의 심사에 소요되는 비용을 부담하게 할 수 있다(동법 동조항 제6항).

82 다음 중 소비자단체소송을 제기할 수 있는 비영리민간단체가 갖추어야 될 요건으로 보기 어려운 것은?

① 정관에 소비자의 권익증진을 단체의 목적으로 명시할 것
② 소비자의 권익증진을 위해 최근 2년 이상 이를 위한 활동실적이 있을 것
③ 중앙행정기관에 등록되어 있을 것
④ 법률상 또는 사실상 동일한 침해를 입은 50인 이상의 소비자로부터 단체소송의 제기를 요청받을 것
⑤ 단체의 상시 구성원 수가 5천명 이상일 것

해설
비영리민간단체의 요건(소비자기본법 제70조 제4호)
• 법률상 또는 사실상 동일한 침해를 입은 50인 이상의 소비자로부터 단체소송의 제기를 요청받을 것
• 정관에 소비자의 권익증진을 단체의 목적으로 명시한 후 최근 3년 이상 이를 위한 활동실적이 있을 것
• 단체의 상시 구성원 수가 5천명 이상일 것
• 중앙행정기관에 등록되어 있을 것

83 와이블(Weible)이 분류한 개인정보의 14개 유형 중 주택, 토지, 상점 및 건물 등에 해당하는 것은?

① 신용정보 ② 동산정보
③ 부동산정보 ④ 법적정보
⑤ 소득정보

해설
① 대부, 저당, 신용카드, 지불연기 및 미납 횟수, 임금압류 통보에 대한 기록
② 보유현금, 저축현황, 주식, 채권, 수집품
④ 전과기록, 교통위반기록, 파산 및 담보기록, 구속기록, 이혼기록, 납세기록
⑤ 봉급, 봉급경력, 보너스 및 수수료, 이자소득, 사업소득

84 개인정보 처리와 관련하여 개인정보보호법에 명시된 정보주체의 권리에 해당되지 않는 것은?

① 개인정보의 처리로 인하여 발생한 피해에 대해 징벌 수위를 청구할 권리
② 개인정보의 처리 정지, 정정·삭제 및 파기를 요구할 권리
③ 개인정보의 처리에 관한 동의 여부, 동의 범위 등을 선택하고 결정할 권리
④ 개인정보의 처리에 관한 정보를 제공받을 권리
⑤ 개인정보의 처리 여부를 확인하고 개인정보에 대하여 열람을 요구할 권리

해설
정보주체의 권리(개인정보보호법 제4조)
• 개인정보의 처리에 관한 정보를 제공받을 권리
• 개인정보의 처리에 관한 동의 여부, 동의 범위 등을 선택하고 결정할 권리
• 개인정보의 처리 여부를 확인하고 개인정보에 대하여 열람(사본의 발급을 포함한다)을 요구할 권리
• 개인정보의 처리 정지, 정정·삭제 및 파기를 요구할 권리
• 개인정보의 처리로 인하여 발생한 피해를 신속하고 공정한 절차에 따라 구제받을 권리
※ 2023년 9월 15일 이후 시험을 응시하는 수험생은 아래 법령을 참고하시기 바랍니다.

> 정보주체의 권리(개인정보보호법 제4조)
> • 개인정보의 처리에 관한 정보를 제공받을 권리
> • 개인정보의 처리에 관한 동의 여부, 동의 범위 등을 선택하고 결정할 권리
> • 개인정보의 처리 여부를 확인하고 개인정보에 대한 열람(사본의 발급을 포함한다. 이하 같다) 및 전송을 요구할 권리
> • 개인정보의 처리 정지, 정정·삭제 및 파기를 요구할 권리
> • 개인정보의 처리로 인하여 발생한 피해를 신속하고 공정한 절차에 따라 구제받을 권리
> • 완전히 자동화된 개인정보 처리에 따른 결정을 거부하거나 그에 대한 설명 등을 요구할 권리

85 개인정보 유출 통지와 관련하여 다음 보기의 밑줄 친 내용에 해당하는 것은?

> 개인정보처리자는 <u>대통령령으로 정한 규모</u> 이상의 개인정보가 유출된 경우에는 제1항에 따른 통지 및 제2항에 따른 조치 결과를 지체 없이 보호위원회 또는 대통령령으로 정하는 전문기관에 신고하여야 한다.

① 1천명   ② 3천명
③ 5천명   ④ 1만명
⑤ 3만명

해설
개인정보 유출 신고의 범위 및 기관(개인정보보호법 시행령 제39조 제1항)
법 제34조 제3항 전단에서 "대통령령으로 정한 규모 이상의 개인정보"란 1천명 이상의 정보주체에 관한 개인정보를 말한다.

86 기업교육의 종류 중 학습자를 업무현장에 직접 투입하여 교육하는 방법으로 직무교육 훈련, 직무순환, 코칭, 멘토링 등에 해당하는 것은?

① OJL(On the Job Learning)
② OJT(On the Job Training)
③ Off-JL(Off the Job Learning)
④ Off-JT(Off the Job Training)
⑤ Off-ST(Off the Self Training)

해설
OJT(On the Job Training)
직장 내 훈련(On the Job Training), 즉 현장실무교육을 뜻하는 용어로 일상 업무 수행과정을 통해 지식, 기능, 태도를 향상시키는 교육활동을 의미한다. OJT에는 직무교육 훈련, 직무순환, 코칭, 멘토링 등이 해당한다.

87 나들러(Nadler)가 제시한 교육훈련 강사의 역할 중 다음 보기의 내용에 해당하는 것은?

> • 교육훈련 프로그램이 효과적으로 전달될 수 있도록 매체 선정과 방법을 찾는 일을 한다.
> • 각종 학습 보조도구와 시청각 자료를 제작하고 활용하여 학습효과를 상승시킬 수 있는 방안을 마련한다.

① 학습 성취자   ② 학습 촉진자
③ 교수전략 개발자   ④ 교수 프로그램 개발자
⑤ 직무기술 지도자

해설
나들러(Nadler)가 제시한 교육훈련 강사의 역할
• 교수 프로그램 개발자 : 조직의 문제를 확인하고 학습 요구를 분석하여 학습 내용을 확정한다.
• 학습 촉진자 : 학습자가 효율적으로 학습할 수 있도록 도와주는 역할을 한다.
• 교수전략 개발자 : 교육훈련 프로그램이 효과적으로 전달될 수 있도록 매체 선정과 방법을 찾는 일을 한다.

88 교육훈련을 위한 강의 기법 중 토의법(Discussion Method)의 단점에 대한 설명으로 가장 올바르지 않은 것은?

① 대규모 집단에는 적용하기 어렵다.
② 적절한 강사 또는 지도자를 구하기가 어렵다.
③ 학습자 중 몇 명에 의해 토의가 주도될 가능성이 있다.
④ 토의의 목적에서 벗어나 불필요한 논쟁을 벌일 소지가 많다.
⑤ 높은 수준의 인지적 학습목표를 달성하는 데 어려움이 있다.

해설
높은 수준의 인지적 학습목표를 달성하는 데 효과적이다.

89 성공적인 프레젠테이션을 위한 4P 전략 중 청중의 수준, 참가자의 수, 성별, 연령, 직업과 직급 등에 대하여 사전에 확인하고 분석하는 요소는?

① Place
② Passion
③ People
④ Purpose
⑤ Preparation

해설

프레젠테이션 '4P' 분석 전략

- People(사람) : 청중의 수준, 반응 및 자세, 청중의 요구 확인, 참가자 수, 성별, 연령, 직업과 직급 등에 대한 사전 분석이 선행되어야 한다.
- Purpose(목적) : 프레젠테이션의 목적이 무엇인지 파악한다. 연설과 강의 및 의견 교환과 전달 등이 모두 프레젠테이션에 포함된다.
- Place(장소) : 발표 장소와 주변 장소의 영향, 장소 이용시간 연장 가능여부, 발표장의 형태, 시설 등 전자기구의 불량여부, 좌석배치, 통행로 등을 확인하여야 한다.
- Preparation(사전준비) : 정보와 자료를 수집하고 발표자료를 제작하여야 한다.

90 다음 중 프레젠테이션 구성과 관련해 전개단계(본론)에 대한 설명으로 가장 올바르지 않은 것은?

① 보조자료를 잘 준비하여 적절히 사용한다.
② 내용조직은 논리적으로 체계화되어 설명할 수 있어야 한다.
③ 부차적인 점을 강조하여 중요한 핵심내용을 무의미하게 만들지 말아야 한다.
④ 동기부여와 관련된 내용은 도입단계에서만 언급하되 본론에서는 반복되지 않도록 주의한다.
⑤ 본론의 마지막, 즉 종결단계로 넘어가기 전에 질문받는 시간을 마련하여 청중의 의문점을 해소해주는 것이 좋다.

해설

동기부여는 도입단계뿐만 아니라 강의 중간 중간 중요성을 언급해 주는 것이 바람직하다.

프레젠테이션 구성

- 도입단계 : 주의집중, 동기부여, 강의 개요 설명
- 전개단계(본론) : 논리적 · 체계적인 내용조직, 동기부여, 보조자료의 적절한 사용, 질문받기
- 종결단계(결론) : 요약, 재동기부여, 결어

1과목 CS 개론

01 관광서비스의 정의와 관련해 다음 보기의 설명에 해당하는 것은?

> 수입 증대에 이바지하기 위한 종사원의 헌신, 봉사하는 자세와 업무에 대해 최선을 다하는 태도, 즉 '세심한 봉사 정신'을 뜻한다.

① 구조적 정의
② 기술적 정의
③ 기능적 정의
④ 활동적 정의
⑤ 비즈니스적 정의

해설
관광서비스의 정의
• 기능적 정의 : 종업원의 헌신성, 봉사하는 자세와 업무에 대해 최선을 다하는 태도를 말한다.
• 비즈니스적 정의 : 관광기업이 기업활동을 통하여 관광객에게 호감과 만족감을 느끼게 함으로써 가치를 낳는 지식과 행위의 총체이다.
• 구조적 정의 : 관광기업이 기업활동을 하면서 관광객의 요구에 맞추어 소유권의 이전 없이 제공하는 상품적 의미인 무형의 행위 또는 편익의 일체를 말한다.

02 러브록(Lovelock)이 제시한 다차원적 서비스 분류 중 다음 도표의 형태를 지닌 분류 유형은?

구 분	회원관계	비회원관계
계속적 거래	보험, 은행	라디오 방송
단속적 거래	장거리 전화	렌티가

① 서비스 제공 방식에 따른 분류
② 서비스 행위의 특성에 따른 분류
③ 수요와 공급의 관계에 따른 분류
④ 고객과의 관계 유형에 따른 분류
⑤ 서비스 상품의 특성에 따른 분류

해설
러브록(Lovelock)의 분류 – 서비스 조직과 고객 간의 관계가 어떠한 형태를 취하고 있는가?

구 분		서비스의 조직과 고객 간의 관계	
		회원별 관계	불특정 관계
서비스 전달의 성격	계속적 거래	• 보험 · 은행 • 전화가입 · 대학등록	• 방송국 · 경찰보호 • 등대 · 고속도로
	간헐적 거래	• 장거리 전화 • 지하철회수권	• 렌터카 • 우편서비스 · 유료도로

03 다음 중 서번트 리더십(Servant Leadership)의 역할에 대한 설명으로 가장 거리가 먼 것은?

① 고객 만족을 실현하는 사람은 조직 구성원이다.
② 조직 구성원에게 만족을 제공하기 위해 봉사하는 것이다.
③ 고객 만족을 위해서는 조직 구성원 개개인을 내부 고객으로 인식해야 한다.
④ 서비스 기업에서 고객만족경영, 서비스 경영의 필요성을 인식해야 한다.
⑤ 지배성에 대한 강한 욕구는 리더가 부하들에게 영향력을 행사할 수 있도록 동기화시키는 역할을 한다.

해설
서번트 리더십(Servant Leadership)
서번트 리더십은 부하를 가장 중요한 재원으로 보고 부하에게 리더의 모든 경험과 전문 지식을 제공하면서 극진하게 섬기는(Servant) 리더십을 말한다. 따라서 리더는 지배적인 통제와 상벌보다는 경청, 감정이입, 칭찬과 격려, 설득에 의하여 그의 리더십을 발휘한다.

04 기존 고객 유지를 위한 시장방어전략 중 적응전략 (Adaptation)에 해당하는 것은?

① 가격 인하
② 집중 광고
③ 서비스 보증
④ 경쟁우위 개발
⑤ 장기고객 요금할인

해설
적응전략(Adaptation)
• 기업은 새로운 진입자의 서비스와 맞서 그를 능가하도록 하는 것으로 서비스의 추가나 수정을 통해서 이루어진다.
• 고객이 신규 진입자에게로 전환하지 못하도록 원하는 모든 것을 서비스 패키지로 확장시켜 제공한다.
• 지속가능한 경쟁우위를 개발하는 것으로 적응전략에서 최대의 방어는 쉽게 경쟁업체들이 모방할 수 없는 지속적인 경쟁우위를 확보하는 것이다.

05 다음 중 커트 라이만(Curt Reimann)이 제시한 서비스 리더십의 특성에 관한 내용으로 가장 올바르지 않은 것은?

① 우수한 리더는 업무에 누구보다도 열정을 가지고 있다.
② 우수한 리더는 반드시 달성가능한 합리적 목표를 세운다.
③ 우수한 리더는 항상 고객을 염두에 두고 리더십을 발휘한다.
④ 우수한 리더는 강력하게 일을 추진하는 능력을 가지고 있다.
⑤ 우수한 리더는 무엇을 어떻게 해야 하는지 정확히 알고 동시에 솔선수범하는 모습을 보인다.

해설
커트 라이만(Curt Reimann)의 우수한 리더십 특성
• 업무에 누구보다도 열정을 가지고 있다.
• 항상 고객을 염두에 두고 리더십을 발휘한다.
• 강력하게 일을 추진하는 능력을 가지고 있다.
• 무엇을 어떻게 해야 하는지 정확히 알며 동시에 솔선수범한다.
• 다소 달성하기 어려운 도전적 목표를 세운다.
• 조직원들에게 기업에서 추구할 가치가 무엇인지 알려주어 궁극적으로 원하는 방향대로 기업문화를 바꾸어 간다.
• 이상의 모든 요소를 잘 조직화하여 조직적으로 실천한다.

06 크리스토퍼(Christopher)가 제시한 고객 서비스의 3단계 중 거래 전 서비스에 해당하는 것은?

① 고객 클레임
② 시스템의 유연성
③ 제품 추적
④ 제품 포장
⑤ 주문 편리성

해설
크리스토퍼(Christopher)의 고객 서비스 3단계
• 거래 전 서비스 : 기술적 서비스, 명시된 회사의 정책, 회사에 대한 고객의 평가, 회사조직, 시스템 유연성
• 현장 서비스 : 재고 품질 수준, 'Back Order' 이용 가능성, 시간, 주문의 편리성, 제품 대체성
• 거래 후 서비스 : 설치, A/S, 불만 처리, 포장, 일시적인 대체

07 서비스의 정의에 대하여 다음 보기의 내용과 같이 주장한 학자는?

> 서비스란 시장에서 판매되는 무형의 제품으로 정의할 수 있으며, 손으로 만질 수 있는지 없는지에 따라 유형의 상품과 무형의 상품으로 구분할 수 있다.

① 세이(Say)
② 블루아(Blois)
③ 마샬(Marshall)
④ 라스멜(Rathmell)
⑤ 자이다믈(Zeithaml)

해설
라스멜(Rathmell)
서비스의 특성과 관련하여 서비스란 시장에서 판매되는 무형의 제품으로 정의를 내리며, 손으로 만질 수 있는지 없는지에 따라 유형의 상품, 무형의 상품으로 구분하였다.

08 다음 보기 중 비결정론적 철학에 기반을 둔 교류분석(Transactional Analysis)의 인간관을 찾아 모두 선택한 것은?

> 가. 현실성   나. 자율성
> 다. 촉진성   라. 긍정성
> 마. 변화가능성   바. 개인주의 성향

① 가, 나, 바
② 나, 라, 마
③ 다, 라, 마
④ 다, 라, 바
⑤ 라, 마, 바

해설
교류분석(Transactional Analysis)의 인간관
자율성, 긍정성, 변화 가능성

09 효과적인 부탁 기술 중 자신이 원하는 것보다 훨씬 큰 것을 상대방에게 요청하고 이를 거절하면 요구의 규모를 조금씩 축소하면서 결국 자신이 원하는 것을 얻어내는 방법은?

① 높은 공 기법
② 최후통첩 기법
③ 얼굴 부딪히기 기법
④ 한 발 들여놓기 기법
⑤ 면전에서 문 닫기 기법

해설
얼굴 부딪히기 기법
얼굴 부딪히기 기법은 자신이 원하는 것보다 훨씬 큰 것을 상대방에게 요청하고 그가 이를 거절하면 요구의 규모를 조금씩 축소하면서 결국 자신이 원하는 것을 얻어 내는 방법이다.

10 대인지각 왜곡 유형 중 판단을 함에 있어 자신과 비교하여 남을 평가하는 경향에 해당하는 것은?

① 투영 효과
② 초두 효과
③ 중심화 경향
④ 관대화 경향
⑤ 스테레오 타입

해설
② 최초의 인상이 중심이 되어 전체인상이 형성되는 효과를 말한다.
③ 타인을 평가할 때 어느 극단에 치우쳐 오류를 발생시키는 대신, 적당히 평가하여 오류를 줄이려는 경향이 있다.
④ 인간은 행복추구 본능 때문에 타인을 다소 긍정적으로 평가하는 경향이 있다.
⑤ 한두 가지 사례를 보고 대상집단 전체를 평가해버리는 경우를 말한다.

11 머튼(Merton)이 주장한 아노미 이론(Anomie Theory)의 문제점과 비판에 대한 설명으로 가장 거리가 먼 것은?

① 하류층에서 발생되는 비행이나 범죄에 대하여 설명하지 못한다.

② 문화의 다양성과 더불어 추구하는 목표의 다양성을 무시하고 있다.

③ 아노미 조건에 대한 개인적 반응의 차이를 충분히 설명하지 못하고 있다.

④ 문화적인 목표와 상관없이 일시적으로 발생하는 범죄에 대하여 설득력이 떨어진다.

⑤ 재산범죄에 대해서는 타당한 논리이지만 폭력범죄(격정범죄)에 대한 설득력이 낮다.

해설
머튼(Merton)의 아노미 이론은 하류층의 비행, 범죄와 같은 일탈 행동을 잘 설명하는 반면, 상류층의 일탈 행동은 잘 설명하지 못한다.

12 다음 중 e-CRM 전략에서 고객접근 전략에 해당하는 것은?

① 옵트 인 메일(Opt-In Mail)

② 리마인드 서비스(Remind Service)

③ 어드바이스 서비스(Advice Service)

④ 인센티브 서비스(Incentive Service)

⑤ 개인화 서비스(Personalize Service)

해설
②·③ 고객만족 전략, ④·⑤ 고객유지 전략
고객접근 전략
기업이 고객의 자발적 허락을 요구하는 마케팅을 지향한다. 고객의 허락(Permission)은 장기적으로 기업의 이윤을 창출하기 때문이다. 이 전략으로 퍼미션 마케팅, 옵트 인 메일 서비스 등이 있다.

13 다음 중 스탠리 브라운(Stanley Brown)이 제시한 성공적인 CRM(고객관계관리) 구현 단계에 대한 내용으로 보기 어려운 것은?

① 목표를 분명하게 설정한다.

② 지나치게 전문화된 솔루션은 피한다.

③ 프로젝트 진척 현황을 주의 깊게 살핀다.

④ 기업에서 가장 유능한 직원을 참여시킨다.

⑤ 프로젝트의 원활한 진행을 위해 위기의식이 조성되지 않도록 각별히 주의한다.

해설
스탠리 브라운(Stanley Brown)이 제시한 성공적인 CRM(고객관계관리) 구현 단계
• 목표를 분명하게 설정한다.
• 지나치게 전문화된 솔루션을 피한다.
• 비판적인 자세로 방론을 선택한다.
• 기업에서 가장 유능한 직원을 참여시킨다.
• 프로젝트의 진척 현황을 주의 깊게 살핀다.
• 이해관계가 상충되는 부서와 끊임없이 소통한다.

14 CRM(고객관계관리) 시스템 구축을 위해 필요한 고객 데이터 수집원천 중 기초적인 인적 데이터의 내용과 가장 거리가 먼 것은?

① 가입 신청서

② 고객 리스트

③ 제품보증 카드

④ 웹 로그(Web Log)

⑤ 전문 정보공급업체의 센서스(Census) 자료

해설
제공업자로서 입수되는 고객속성 자료, 신용평가자료, 제휴 활용자료, 전문 고객정보 공급업체로부터 구입한 데이터 등으로 수집된 외부데이터의 내용에 해당한다.
CRM(고객관계관리) 고객데이터 수집내용
• 고객데이터 : 가입신청서, 제품보증서 카드, 고객 리스트 등
• 거래데이터 : 상품 주문이력, 신용카드 또는 인터넷 구매 사이트 등을 통한 거래자료 등
• 상품데이터 : 상품정보(가격, 구매횟수, 브랜드 등)
• 접촉데이터 : 웹 로그(Web Log), 콜센터 또는 A/S센터 등을 통한 접촉자료 등

15 메타(Meta) 그룹에서 제시한 고객관계관리(CRM)의 분류 중 협업 CRM의 내용에 가장 부합하는 것은?

① 백오피스와 CRM 통합
② 자동화된 비즈니스 프로세스
③ 채널 다양화로 일관된 서비스 제공
④ 고객 분석 및 분류를 통한 가치고객의 발견
⑤ 고객 캠페인을 통한 타깃(Target) 마케팅 수행

해설
협업적 CRM(Collaborative CRM)
협업적 CRM은 분석과 운영시스템의 통합을 의미하는 것으로 고객과 기업 간의 상호작용을 촉진시키기 위해 고안된 여러 가지 고객접점 도구들을 포함하는 서비스 애플리케이션이다. 우편, 이메일, 콜센터, 인터넷 등 다양한 창구를 통하여 고객접점 및 접촉을 관리하고 영업이나 마케팅의 자료로 활용한다.

16 다음 중 마이어브릭스 유형지표(MBTI)의 구성에 대한 설명으로 가장 올바르지 않은 것은?

① 사람은 감각이나 직관을 통하여 주위의 사람과 사물, 사건, 사상을 인식하게 된다.
② MBTI는 4가지 선호경향으로 구성되어 있으며 16가지 성격유형으로 분류할 수 있다.
③ 칼 융(Carl Gustav Jung)의 심리유형론에 따르면 선호경향이란 교육이나 환경의 영향을 받아 후천적으로 생성된 심리경향을 의미한다.
④ 각 개인은 자신의 기질과 성향에 따라 4가지 선호경향의 이분척도에 따라 2가지 중 하나의 범주에 속하게 된다.
⑤ 각자가 속한 4가지 선호경향은 사람들이 무엇에 주의하느냐 뿐만 아니라, 내용에 대하여 어떻게 결론을 내리는가에 영향을 미친다.

해설
칼 융(Carl Jung)의 심리유형론에 따르면, 선호경향이란 교육이나 환경의 영향을 받기 이전에 이미 인간에게 잠재되어 있는 선천적 심리경향을 말한다.

17 다음 중 기업 및 제품 선택에 있어 위험을 줄이기 위한 소비자의 행동으로 가장 거리가 먼 것은?

① 소량 구매 후 대량 구매를 한다.
② 상품에 대해 더 많은 정보를 탐색한다.
③ 강한 상품보증이나 보증기간이 긴 브랜드를 구매한다.
④ 과거에 만족했거나 수용할 만한 것으로 기억하고 있는 브랜드는 가급적 제외한다.
⑤ 유명한 브랜드를 찾거나 자신이 신뢰할 수 있는 사람에게 정보를 구한다.

해설
구매과정이나 구매를 통하여 만족한 고객들은 기업 및 제품에 대한 좋은 이미지를 가지게 되어, 같은 종류의 제품을 다시 구매해야 할 경우 전에 구매할 때 만족했던 제품을 다시 구매한다.

18 제품 구매나 사용 시 소비자가 지각하는 위험요인 중 구매상품이 기대한 만큼 성능을 발휘하지 못하는 경우에 해당하는 것은?

① Loss Risk
② Financial Risk
③ Social Risk
④ Psychological Risk
⑤ Performance Risk

해설
① 제품 구매를 잘못된 경우 재구매 시 걸리는 시간, 비용 등에 대한 위험
② 소비자가 구매를 위해 지출하는 비용이 소득대비 많을 때 갖는 위험
③ 제품 구매가 사회적 관계집단으로부터 부정적으로 평가받을 위험
④ 구매한 제품이 자아 이미지와 어울리지 않을 가능성에 따라 소비자가 지각하는 위험

19 고객충성도 사다리 모델과 관련해 다음 보기의 설명에 해당하는 고객 유형은?

> 상품의 지속적인 구매를 넘어 주변 사람들에게 자사 제품을 적극적으로 권유하는 고객 유형을 의미한다.

① 신규 고객

② 잠재 고객

③ 옹호 고객

④ 핵심 고객

⑤ 가망 고객

해설
① 처음으로 회사와 거래를 시작한 단계의 고객
② 회사에 대해 인지하고 있지 않거나, 인지하고 있어도 관심이 없는 고객
⑤ 회사에 대해 인지하고 있으며, 어느 정도의 관심을 보이는 고객

20 다음 중 구전과 구매 행동과의 관계에 대한 설명으로 가장 거리가 먼 것은?

① 일방이 아니라 쌍방적 의사소통이 이루어지는 특징이 있다.

② 소비자 간의 구전은 일반적으로 매우 신뢰성이 높은 정보의 원천이다.

③ 소비자는 기업이 자사 제품에 대해 제공하는 긍정적 정보를 제품 판매를 위한 것으로 간주하고 신뢰하지 않는 경향도 있다.

④ 소비자는 실제 제품 구매를 결정할 때 상업적 정보보다 자신의 주변 사람들에게서 듣는 비상업적인 정보를 신뢰하는 경향이 있다.

⑤ 소비자는 구매와 관련된 위험과는 상관없이 제품 구매, 가격 등에 대한 정보를 얻기 위해 구전을 활용하는 경향을 보인다.

해설
소비자는 구매와 관련된 위험을 줄이고 제품 구매, 가격 등에 대한 정보를 얻기 위해 구전을 활용한다.

21 다음 중 노드스트롬(Nordstrom) 백화점의 기본 경영원칙으로 가장 거리가 먼 것은?

① Value

② Quality

③ Service

④ Elegant

⑤ Selection

해설
노드스트롬의 경영철학은 최고의 서비스(Exceptional Service), 구색(Selection), 품질(Quality) 및 가치(Value)였다. 철저한 고객 봉사주의를 기초로 한 것이다.

22 다음 보기의 내용 중 생산성 향상 운동의 하나인 '3S'를 찾아 모두 선택한 것은?

> 가. 전략화   나. 단순화
> 다. 표준화   라. 지식화
> 마. 전문화

① 가, 나, 다

② 가, 다, 라

③ 나, 다, 마

④ 나, 라, 마

⑤ 다, 라, 마

해설
3S 운동
단순화(Simplification), 표준화(Standardization), 전문화(Specialization)

23 다음 중 마이네트가 제시한 고객만족경영 도입 배경의 중요성에 대한 설명으로 가장 올바르지 않은 것은?

① 소비자가 직접 소비자 문제에 적극적으로 참여하여 대응하려는 소비자 주권의식이 확산되었다.

② 시장의 성숙화로 경쟁사보다 더 우수한 제품과 서비스를 개발하여 고객의 욕구를 충족시켜야 한다.

③ 소수의 과점 시장으로부터 다원적 경쟁 시장으로 시장 구조가 변화하면서 글로벌 경쟁 시대가 도래되었다.

④ 소비자의 욕구가 지나치게 획일화되고 변화의 속도가 둔화되고 있다.

⑤ 소비행위의 변화로 인해 하드웨어적인 요소보다 소프트웨어적인 요소가 중요한 요인으로 작용되고 있다.

해설
소비자의 욕구는 점차 다양해지고 빠르게 변화하고 있다.

24 다음 중 품질기능전개(QFD)의 발전 과정에 대한 설명으로 올바르지 않은 것은?

① 1960년대 후반 일본의 아카오 요지에 의해 연구되기 시작했다.

② 1972년 미쓰비시 중공업의 고베 조선소에서 원양어선 제작에 처음으로 사용되었다.

③ 1983년 미국품질학회지에 소개된 후, 시카고 세미나를 통해 미국 내 널리 보급되었다.

④ 1994년 대우전자의 냉장고, 전자레인지 신제품 개발에 처음으로 적용되었다.

⑤ 1995년 삼성전자, 삼성 SDI, 현대 엘리베이터, 현대자동차, 쌍방울 등에 보급 확산되었다.

해설
1994년 일본 QFD 연구회와 공동으로 LG전자 신제품 개발에 처음으로 적용되었다.

25 다음 중 데이비드 마이스터(David Maister)가 제시한 대기관리의 기본 원칙에 관한 내용으로 가장 올바르지 않은 것은?

① 불공정한 기다림이 더 길게 느껴진다.

② 근심은 대기시간을 더 길게 느껴지게 한다.

③ 집단으로 기다리는 대기시간이 더 길게 느껴진다.

④ 서비스가 가치 있을수록 사람들은 더 오랫동안 기다릴 것이다.

⑤ 아무 일도 하지 않고 있는 시간이 뭔가를 하고 있을 때보다 더 길게 느껴진다.

해설
대기는 혼자 기다리면 더 길게 느껴진다.

26 슈메너(Schmenner)가 제시한 서비스 프로세스 매트릭스의 내용 중 서비스 팩토리의 내용으로 가장 거리가 먼 것은?

① 낮은 상호작용

② 높은 노동 집중도

③ 낮은 개별화 서비스

④ 호텔, 리조트 등의 업종

⑤ 항공, 화물운송업 등의 업종

해설
슈메너(Schmenner)의 서비스 프로세스 매트릭스

구분		고객과의 상호작용/개별화	
		높 음	낮 음
노동 집중도	높 음	전문 서비스 (변호사, 의사, 컨설턴트, 건축가 등)	대중 서비스 (소매금융업, 학교, 도매업 등)
	낮 음	서비스 숍 (병원, 수리 센터, 기타 정비회사 등)	서비스 팩토리 (항공사, 운송업, 호텔, 리조트 등)

27 공정성 이론(Equity Theory)과 관련해 절차상의 공정성을 설명한 내용으로 가장 올바른 것은?

① 기여, 요구, 평등성 등의 요소로 제시된다.
② 의사소통 방식, 우호적인 정도, 흥미, 존경, 정직, 예의 등으로 구성되어 있다.
③ 투입과 도출 사이의 상호관계에서 투입과 도출에 대한 평가가 우선시되는 기준이다.
④ 인간적인 측면과 비인간적인 측면까지 포함하여 의사결정을 수행하는 스타일과 관련된 것을 말한다.
⑤ 객관적이고 소비자를 대표할 수 있는 정보의 수집, 의사결정자의 정보사용, 의사결정 영향력에 대한 신념의 정도로 분류된다.

해설
절차상의 공정성
도출 결과에 영향을 미치는 절차나 규칙에 관한 영향력과 정보의 공유 정도를 의미한다. 의사결정에서의 일관성, 편견배제, 정확한 정보의 사용, 윤리성, 의사결정권자의 의사결정과 관련한 신뢰의 정도 등을 통하여 영향을 받는다.

28 고객만족(CS)과 관련해 다음 보기의 (   ) 안에 들어갈 내용으로 알맞은 것은?

> 올리버(Oliver)는 만족의 개념에 대하여 '만족이란 소비자의 (   )으로 판단된다.'라고 제시하였다.

① 확산반응
② 성취반응
③ 상호반응
④ 단일반응
⑤ 접근반응

해설
올리버(Oliver)는 만족의 개념에 대하여 '만족은 소비자의 성취반응으로 정의하며, 제품이나 서비스의 특성과 그것들이 소비자에게 제공하는 욕구충족 이행수준에 관한 소비자의 판단'이라고 정의하였다.

29 그레고리 스톤(Gregory Stone)의 고객유형 중 다음 보기의 설명에 해당하는 것은?

> 추가로 비용을 지불하더라도 백화점의 배달서비스나 선물용으로 포장해서 발송해주는 서비스를 선호하는 고객 유형이다.

① 편의적 고객
② 개인적 고객
③ 윤리적 고객
④ 경제적 고객
⑤ 감성적 고객

해설
편의적 고객
• 자신이 서비스를 받는 데 있어서 편의성을 중요시하는 고객이다.
• 편의를 위해서라면 추가비용을 지불할 수 있는 고객이다.

30 다음 보기의 기사에 해당하는 고객 트렌드 유형에 가장 부합하는 것은?

> KIE 쇼핑에 따르면 학습 완구와 교구 매출이 2019년 한 달 평균 2만 6,000개로 2018년(한 달 평균 7,000개)과 비교해 250% 증가한 것으로 확인되었다. 특히 2019년 1월에 비해 동년 11월의 학습교구 매출은 70%나 상승한 것으로 집계됐다. KIE 쇼핑은 "전반적인 소비침체 속에서도 36개월 미만 영유아 엄마들을 대상으로 유모차·카시트 등 안전용품, 교육완구 부문에서 외국 브랜드 선호도가 계속될 것으로 보인다."며 "이들 엄마들을 겨냥한 리뷰 사이트나 커뮤니티 대상 마케팅도 더욱 활발해질 것"이라고 예상했다.

① 보보스족
② 웹시족
③ 딩크족
④ 슬로비족
⑤ 얼리 어답터

② 웹(Web)과 미시(Missy)의 합성어로서, 인터넷을 활용하여 생활 정보를 얻거나 여가를 즐기는 주부를 말한다.

① 부르주아(Bourgeois)와 보헤미안(Bohemian)의 합성어로, 물질적 실리와 정신적 자유를 동시에 추구하는 미국의 신(新)상류계급 소비자를 말한다.

③ 배우자의 자유와 자립을 존중하며, 의도적으로 자녀를 두지 않은 맞벌이 부부를 말한다.

④ 천천히 그러나 더 훌륭하게 일하는 사람(Slow But Better Working People)의 줄임말로 현대사회의 변화 속도에 맞추기보다는 천천히 살자고 주장하는 소비자이다.

⑤ 제품이 출시될 때 가장 먼저 구입을 하여 평가를 내린 뒤, 주위에 제품의 정보를 알려주는 성향을 가진 고객 유형이다.

2과목 | CS 전략론

31 가격책정 전략 중 기업이 신제품을 출시할 때 처음에는 경쟁제품보다 낮은 가격을 제시한 후 점차적으로 가격을 올리는 전략으로 가장 올바른 것은?

① 정산가격 전략
② 흡수가격 전략
③ 할증가격 전략
④ 종속가격 전략
⑤ 침투가격 전략

해설
가격책정 전략
- 침투가격 전략 : 신제품을 출시할 때 처음에는 경쟁제품보다 낮은 가격을 제시한 후 점차적으로 가격을 올리는 전략이다.
- 흡수가격 전략 : 신제품을 출시할 때 처음에는 경쟁제품보다 높은 가격을 제시한 후 점차적으로 가격을 내리는 전략이다.
- 할증가격 전략 : 가격이 높으면 품질이 좋을 것이라는 소비자의 심리를 이용하는 전략이다.
- 종속가격 전략 : 특정제품과 반드시 함께 사용되어야 하는 제품에 부과하는 가격 전략이다. 일반적으로 종속제품의 가격을 높게 책정한다.

32 다음 보기의 서비스 청사진 구성도에서 (가)에 들어갈 내용으로 알맞은 것은?

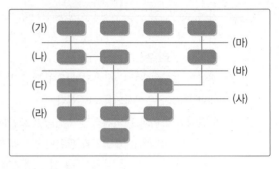

① 물리적 증거
② 고객의 행동
③ 지원 프로세스
④ 일선 종업원의 행동
⑤ 후방 종업원의 행동

해설
서비스 청사진의 구성요소
(가) : 고객의 행동
(나) : 일선 종업원의 행동
(다) : 후방 종업원의 행동
(라) : 지원 프로세스
(마) : 상호작용선
(바) : 가시선
(사) : 내부작용선

33 소비자 심리와 관련해 다음 보기의 대화에 가장 가까운 용어는?

> - 철수 : 너, 이번에 새롭게 출시된 KIE 폴더블폰 구매했다면서? 사용해 보니까 어때?
> - 영희 : 우선 화면이 넓고 인터페이스도 간편해서 정말 대만족이야.
> - 철수 : KIE 폴더블폰이랑 연관해서 다른 상품도 같이 출시되었다고 들었는데?
> - 영희 : 맞아, 스마트워치, VR 기기도 같이 출시되었는데 이번 시리즈 슬로건이 너무 마음에 들어서 패키지로 모두 구매할 생각이야.

① 톱니 효과
② 분수 효과
③ 바넘 효과
④ 롤링 효과
⑤ 디드로 효과

해설
⑤ 하나의 제품을 구매하게 되면 그에 어울리는 다른 제품을 계속 구매하는 현상을 말한다.
① 다시 돌아갈 수 없는 톱니바퀴처럼 소비수준이 한 번 높아지면 쉽게 감소하지 않는 현상을 말한다.
② 샤워 효과의 반대말로 아래층에 방문한 고객을 위층으로 올리면서 소비를 유도하는 것이다.
③ 보편적인 성격이나 특징을 자신만이 가지고 있는 특성으로 받아들이는 경향을 가리킨다.
④ 채권의 금리수준이 일정하더라도 잔존기간이 짧아짐에 따라 수익률은 하락하고, 채권가격은 오르는 것이다.

34 서비스 품질 결정요인 중 소비자가 제품을 구매하기 전에 결정할 수 있는 제품의 속성으로 색채, 스타일, 가격 등에 해당하는 것은?

① 탐색 품질
② 경험 품질
③ 편익 품질
④ 파생 품질
⑤ 응용 품질

해설
서비스 품질의 속성

탐색 품질	서비스나 제품을 구매하기 전에 결정할 수 있는 품질
경험 품질	해당 서비스나 제품을 직접 경험한 이후 결정할 수 있는 품질
신용 품질	서비스나 제품을 경험하고 일정시간이 지난 후 결정할 수 있는 품질

35 다음 중 그렌루스(Grönroos)가 제시한 품질 구성 요소에 해당하지 않는 것은?

① 신뢰성과 믿음
② 경쟁자와 기업성과
③ 접근성과 융통성
④ 평판과 신용
⑤ 전문성과 기술

해설
그렌루스(Grönroos)의 6가지 품질 구성 요소
- 전문성과 기술
- 태도와 행동
- 접근성과 융통성
- 신뢰성과 믿음
- 서비스 회복
- 평판과 신용

36 SERVQUAL의 5가지 품질에 따른 차원별 설문 내용 중 공감성에 대한 내용과 가장 거리가 먼 것은?

① 소비자 개개인에 대한 관심
② 소비자에 대한 개인적 관심
③ 소비자의 이익을 진심으로 생각
④ 소비자에게 편리한 업무시간 운영
⑤ 업무수행을 위한 직원의 전문지식

해설
SERVQUAL의 5가지 품질의 구성 차원
- 신뢰성 : 약속한 서비스를 믿을 수 있고 정확하게 수행할 수 있는 능력
- 유형성 : 물리적 시설, 장비, 직원 커뮤니케이션 자료의 외양
- 대응성 : 고객을 돕고 신속한 서비스를 제공하려는 태세
- 확신성 : 직원의 지식과 예절, 신뢰와 자신감을 전달하는 능력
- 공감성 : 회사가 고객에게 제공하는 개별적 배려와 관심 등

37 다음 중 고객가치의 특성이 가장 거리가 먼 것은?

① 다차원
② 동적성
③ 통제성
④ 상황성
⑤ 주관성

해설
고객가치의 특성에는 동적성, 주관성, 상황성, 다차원 등이 있다.

38 SERVQUAL의 5가지 GAP 모델 중 GAP 4가 발생되었을 경우, 그에 따른 해결 방안으로 가장 올바른 것은?

① 고객의 기대 조사
② 수요와 공급의 연결
③ 서비스 업무 표준화
④ 기술-직무 적합성 보장
⑤ 고객 기대의 효과적인 관리

해설
① GAP 1에 해당하는 해결 방안이다.
② · ④ GAP 3에 해당하는 해결 방안이다.
③ GAP 2에 해당하는 해결 방안이다.

39 라파엘(Raphael)과 레이피(Raphe)가 제시한 고객 충성도의 유형 중 특정 제품이나 서비스를 정기적으로 구매하는 계층에 해당하는 것은?

① 단골고객
② 경쟁고객
③ 예비고객
④ 완전고객
⑤ 충성고객

해설
라파엘(Raphael)과 레이피(Raphe)의 고객 충성도 분류
- 예비고객 : 구매에 관심을 보일 수 있는 계층
- 단순고객 : 관심을 가지고 적어도 한 번 정도 가게를 방문하는 계층
- 고객 : 빈번하게 구매가 이루어지는 계층
- 단골고객 : 정기적으로 구매하는 계층
- 충성고객 : 주변 누구에게나 긍정적 구전을 해주는 계층

40 다음 중 고객경험관리(CEM)의 특징에 대한 설명으로 가장 거리가 먼 것은?

① 고객 중심적 프로세스이다.
② 고객 상호작용의 순간, 즉 접점에서부터 시작된다.
③ 고객이 기업에 대하여 생각하고 느끼는 것을 파악한다.
④ 기업에 대한 고객경험을 향상시키기 위해 시스템과 기술 및 단순화된 프로세스를 활용한다.
⑤ 수요가 있는 제품들과 그렇지 않은 제품들을 묶어 교차판매를 유도하는 후행의 성격을 지닌다.

해설
고객의 기대와 경험 간의 차이가 있는 곳에 제품이나 서비스를 위치시켜 판매하는 선행적 성격이 강하다.

41 고객가치 분석을 위해 RFM 기법을 사용할 경우, 해당 분석에 필요한 요소로 알맞은 것은?

① 구매위험, 구매빈도, 구매금액
② 구매요인, 구매빈도, 구매금액
③ 구매시점, 구매빈도, 구매태도
④ 구매시점, 구매빈도, 구매금액
⑤ 구매시점, 구매사유, 구매금액

해설
RFM 분석법
• 언제(Recency, 구매시점), 얼마나 자주(Frequency, 구매빈도), 제품 구입에 얼마나(Monetary, 구매금액)의 3가지 요소를 가지고 고객의 등급을 분석하는 방법이다.
• 각 요소별로 점수를 매기고 이를 토대로 고객의 가치를 평가한다. 따라서 고객의 가치에 따라 다른 마케팅 계획을 세우고 구매를 촉진시키는 전략을 세운다.

42 다음 중 성과관리의 기본적인 내용으로 가장 거리가 먼 것은?

① 성과정보의 광범위한 활용
② 관리 수단과 요소에 대한 자율권 확대
③ 과정 측면에 초점을 둔 성과평가와 관리
④ 목표와 전략에 입각한 사업계획과 업무관리
⑤ 기관활동의 성과에 대한 종합적이고 다양한 평가

해설
성과관리란 주요 관리지표를 통해 측정하여 그 결과를 이해관계자들에게 보고하거나 커뮤니케이션하며, 지속적인 개선활동을 통해 보다 나은 결과를 만들어 내도록 하는 일련의 과정을 의미한다.

43 자료수집 방법 중 관찰법에 대한 설명으로 가장 올바르지 않은 것은?

① 조사대상의 행동 패턴을 관찰하고 기록함으로써 자료를 수집하는 방법을 말한다.
② 조사대상자와 면담 또는 대화가 불가능할 경우에도 자료수집의 진행이 가능하다.
③ 정확하고 세밀한 자료수집이 가능하다.
④ 행동에 대한 내면적 요인의 측정이 가능하다.
⑤ 주로 소수를 대상으로 하기 때문에 분석 결과를 일반화하기 어렵다.

해설
행동에 대한 내면적 요인의 측정이 불가능하다.

44 일반적으로 사용되는 조사 유형 중 탐험조사에 대한 내용으로 가장 거리가 먼 것은?

① 주로 비(非)계량적인 방법이 사용된다.
② 주어진 문제가 명확할 경우 실시하는 조사 유형이다.
③ 비정형적인 절차를 사용하여 자료수집과 분석이 이루어진다.
④ 대표적인 조사방법으로 심층면접, 표적집단면접법, 전문가의견조사, 문헌조사 등이 있다.
⑤ 특정 그룹이나 제한된 숫자의 개인 인터뷰를 통한 예비조사를 실시하여 조사 목표를 수정하거나 재규정하는데 사용한다.

해설
탐험조사는 주어진 문제가 불명확할 때 기본적인 통찰과 아이디어를 얻기 위하여 실시하는 조사 유형이다.

45 다음 중 NPS(Net Promotion Score ; 순 추천고객지수)에 대한 설명으로 가장 올바르지 않은 것은?

① 베인 컨설팅(Bain Consulting)의 프레드릭 라이할트(Frederick F. Reichheld)에 의해 개발되었다.
② 친구나 동료들에게 해당 제품 또는 서비스를 얼마나 추천할 의향이 있는지를 질문하고, 그 답을 지수화한 수치이다.
③ 고객에게 "당신은 현재의 거래 회사를 친구나 동료에게 추천할 의향이 얼마나 있습니까?"라는 질문에서 출발한다.
④ 쉽고 간단하면서도 기업의 미래 성장을 가늠해볼 수 있는 조사방법이다.
⑤ 고객과의 관계를 희생해가며 얻는 이익, 즉 좋은 이익(Good Profit)이 장기적 성장의 원천이 된다.

해설
NPS(Net Promoter Score ; 순 추천고객지수)는 어떤 기업이 충성도 높은 고객을 얼마나 보유하고 있는지를 측정하는 지표로서 고객만족도 조사의 결과가 아무리 좋아도 기업 성장률에는 기여하지 못한다는 필요성에 의해 등장하였다. 적극적 고객추천이 기업이익 실현의 차이를 만든다.

46 소비자 심리와 관련해 다음 보기의 ( ) 안에 들어갈 용어로 가장 올바른 것은?

> 2016년 덴마크 행복연구소의 마이크 비킹(Meik Wiking)이 자신의 저서를 통해 소개한 내용으로 ( )란 사랑하는 사람들과 함께하는 시간을 소중히 여기며 소박한 삶의 여유를 즐기는 라이프 스타일을 말한다.

① 휘게(Hygge) 라이프
② 욜로(YOLO) 라이프
③ 보헤미안(Bohemian) 라이프
④ 업 스케일(Up-Scale) 라이프
⑤ 웰 다잉(Well-Dying) 라이프

해설
휘게(Hygge)는 가까운 사람들과 함께하는 소박한 일상과 편안하고 안락한 환경을 중시하는 덴마크식 생활방식이다.

47 다음 중 서비스 패러독스의 발생 원인으로 가장 적절하지 않은 것은?

① 기술의 복잡화
② 서비스의 이질화
③ 서비스의 표준화
④ 종업원 확보의 악순환
⑤ 서비스의 인간성 상실

해설
서비스의 이질화가 아닌 서비스의 동질화가 서비스 패러독스의 원인이 된다.
서비스 패러독스의 발생 원인
서비스의 표준화, 서비스의 동질화, 서비스의 인간성 상실, 기술의 복잡화, 종업원 확보의 악순환

48 서비스 포지셔닝의 일반적인 방법 중 다음 보기의 사례에 해당하는 유형은?

> 온라인 배달전문 업체 A기업은 솔로와 혼밥족인 고객을 대상으로 포지셔닝을 하고 있는 반면 B기업의 경우 가족 단위의 고객을 중심으로 포지셔닝을 하고 있다.

① 경쟁사
② 서비스 용도
③ 서비스 등급
④ 가격 대 품질
⑤ 서비스 이용자

해설
서비스 포지셔닝 방법 – 서비스 이용자
기업 서비스 제품이 특정 소비자에 적합하다는 것을 소비자에게 인식시켜 포지셔닝하는 방법

해설
병원은 다른 이익집단과 다르게 비영리적 동기를 갖는다. 그러므로 병원은 이윤 극대화보다는 지역사회 주민의 건강 증진, 질병의 예방 및 치료에 중점을 둔 조직이 되어야 하며, 이윤의 창출도 진료, 교육, 연구를 위한 의료기관으로서 기본적인 기능을 수행하기 위한 수단이 되어야 한다.

49 다음 중 의료기관의 특징에 대한 설명으로 가장 올바르지 않은 것은?

① 병원은 고도로 노동집약적 집단인 동시에 자본집약적인 조직체라고 할 수 있다.
② 의료서비스라는 공적 영역을 수행하지만, 기본적으로 영리적 동기를 가진 이익집단의 성격이 강하다.
③ 병원은 다양한 사업과 프로그램을 개발하여 지역 주민과 국가가 원하는 요구를 충족시킬 수 있어야 한다.
④ 진료 결과에 따른 신체적 · 정신적 효과를 명확하게 판별하기 어렵기 때문에 생산된 서비스의 품질 관리나 업적 평가가 어려운 특성을 보인다.
⑤ 진료서비스라는 복합적인 생산품이 형성되기 때문에 타직종 간의 상하 명령 전달 체계가 생기게 되고 이로 인해 이중적인 지휘체계가 형성될 수 있다.

50 내구성과 유형성 및 용도에 따른 소비재 분류 중 다음 보기의 내용에 가장 부합하는 것은?

> • 여러 번 사용할 수 있는 유형 제품으로 가전제품을 비롯해 의류, 장비류 등에 해당한다.
> • 인적 판매와 서비스가 수반되며 판매 보증이 잘 이루어져야 한다.

① 내구재
② 비(非)내구재
③ 자본재
④ 공공재
⑤ 서비스

해설
내구성과 유형성 및 용도에 따른 소비재 분류
• 내구재 : 여러 번 사용할 수 있는 유형의 제품
• 비(非)내구재 : 한두 번의 사용으로 소모되는 유형의 제품
• 서비스 : 분리가 불가능한 무형의 제품

51 서비스 전달 시스템의 종류 중 고객화 위주의 서비스 전달 시스템에 대한 설명으로 가장 올바르지 않은 것은?

① 고객의 욕구가 서로 다양하고 다르다는 점에 착안하여 서비스 전달 시스템을 설계한다.

② 보편적으로 사업규모가 크고 사업내용이 복잡한 특성을 보인다.

③ 기능 위주의 전달 시스템보다 폭넓은 업무를 수행할 수 있다.

④ 일관되고 표준화된 서비스를 제공하기 어렵다.

⑤ 다양한 고객의 욕구를 충족시킬 수 있다.

해설

고객화 위주의 전달시스템

• 서비스의 다양성이 필요하거나 고객의 규모가 작아 서비스 전달 시스템의 인적자원들을 충분히 갖출 수 없을 때 주로 이용된다.

• 기능 위주의 전달 시스템과 비교해 폭넓은 업무들을 수행해야 한다.

• 장점 : 다양한 고객의 욕구에 맞추어 서비스를 제공할 수 있다.

• 단점 : 일관된 서비스를 제공하기 어려우며, 서비스의 질이 달라질 수 있다.

52 다음 중 헤스캣(Heskett)이 제시한 전략적 서비스 비전의 구성에 포함되지 않는 것은?

① 표적시장

② 운영전략

③ 서비스 개념

④ 서비스 전달 시스템

⑤ 산업구조의 유동성

해설

헤스캣(Heskett)의 전략적 서비스 비전

• 표적시장 : 시장세분화의 인구 · 심리통계학적 요소, 세분시장의 욕구, 욕구의 처리방법 등으로 구성된다.

• 서비스 개념 : 고객을 위해 산출된 결과물 제공 시 중요한 서비스 요소 및 서비스 요소에 대한 표적시장 및 직원의 인지방식 등으로 구성된다.

• 운영전략 : 전략의 주요요소, 투자분야, 품질과 비용의 통제요소 등으로 구성되어 있다.

• 서비스 전달 시스템 : 서비스 전달 시스템의 특징, 서비스 능력, 서비스 제공수준 등으로 구성된다.

53 다음 보기의 내용 중 고도로 차별화된 개별적 서비스를 제공하는 리츠칼튼 호텔의 서비스 활용 사례를 찾아 모두 선택한 것은?

> 가. 고객 기호카드
> 나. 고객 코디네이터
> 다. 고객인지 프로그램
> 라. 고객이력 데이터베이스

① 가, 나

② 가, 나, 다

③ 나, 다

④ 나, 다, 라

⑤ 가, 나, 다, 라

해설

리츠칼튼 호텔의 고객인지 프로그램 활용 사례

• 고객인지 프로그램 : 리츠칼튼 호텔에 단 한 번이라도 방문한 고객이 전 세계의 어느 곳에 있는 지점에 묵게 되더라도 이미 데이터베이스에 저장된 정보에 의해 고객이 좋아하는 것, 즐기는 것, 관심 있는 것을 호텔이 파악하고 있어 고객의 취향에 맞게 제공하는 것이다.

• 고객 코디네이터 : 리츠칼튼 호텔의 모든 체인점에는 한두 명의 고객 코디네이터가 근무하고 있는데, 이들의 주요업무는 자기호텔에 머무르는 고객의 개인적 취향에 대해 조사하여 고객기호카드에 기록하고, 고객별로 차별화된 서비스의 제공을 위해 이를 활용하는 일이다. 예약고객 명단이 입수되면 고객 코디네이터는 고객과 리츠칼튼 호텔 체인 지점 사이에서 일어났던 일을 저장해 놓은 고객이력 데이터베이스에 접속한다.

54 브래디(Brady)와 크로닌(Cronin)이 제시한 애프터서비스(A/S)의 품질 차원 중 상호작용 품질에 해당하는 내용을 보기에서 찾아 모두 선택한 것은?

> 가. 기술
> 나. 정책
> 다. 전문성
> 라. 편의성
> 마. 처리시간
> 바. 태도 및 행동

① 가, 나
② 가, 나, 다
③ 나, 다, 라
④ 라, 마, 바
⑤ 마, 바

해설
브래디(Brady)와 크로닌(Cronin)의 애프터서비스(A/S) 품질 차원
• 상호작용 품질
  – 직원의 태도와 행동 : 고객 도움 의지, 수리 · 접수 직원의 친절도, 직원의 믿음(말, 행동)
  – 처리시간
• 물리적 환경 품질 : 정책, 편의성
• 결과 품질 : 제품의 수리정도를 나타내며 이때 전문성과 기술이 가장 중요함

55 다음 중 서비스 표준안 작성 시 고려해야 할 사항으로 보기 어려운 것은?

① 업무 명세와 수행 개요로 명문화한다.
② 서비스 표준은 관찰 가능하고 객관적으로 측정 가능해야 한다.
③ 누가, 언제, 무엇을 해야 하는지 간단하고 정확하게 지시되어야 한다.
④ 서비스 제공자에게 필요한 명백하고 정확한 지침을 제공해야 하기 때문에 구체적으로 작성되어야 한다.
⑤ 최상의 표준은 고객의 요구에 대해 상호이해를 바탕으로 일선 직원들이 아니라 핵심 경영진을 중심으로 작성되어야 한다.

해설
표준안은 최상위 경영층을 포함하여 모든 직원이 받아들여야 한다.

56 다음 중 미스터리 쇼핑의 목적 및 필요성에 관한 내용으로 가장 올바르지 않은 것은?

① 조사 리스트를 바탕으로 마케팅 전략을 수립하는 것이다.
② 고객 서비스 현황 및 환경에 대한 평가진단을 목적으로 한다.
③ 기업에 손해가 되는 불량 종업원의 감시와 처벌을 최우선 목표로 설정해야 한다.
④ 서비스 제공 실패를 파악하고 개선과 보완점을 발견하여 서비스 표준을 마련하는 것이다.
⑤ 아무리 좋은 서비스를 받은 적이 있는 사람이라 할지라도 서비스 수준에 한 번이라도 불만을 느끼게 될 경우 기업의 이미지가 부정적으로 변화될 가능성이 높다.

해설
미스터리 쇼핑의 목적은 단순히 불량 종업원의 감시가 아니라 고객응대 서비스의 개선을 통해 고객만족도를 높이는 데 있다.

57 서비스 실패와 관련해 다음 보기의 내용과 같이 주장한 학자는?

> 서비스 실패란 서비스 결과가 고객의 기대 이하로 심각하게 떨어지는 서비스 경험을 의미한다.

① 자이다믈, 베리
② 새서, 하트
③ 존스터, 윈
④ 베리, 레너드
⑤ 벨, 젬케

해설

서비스 실패에 대한 학자들의 정의

헤스켓, 새서, 하트	서비스 실패란 서비스 과정이나 결과에 대하여 서비스를 경험한 고객이 좋지 못한 감정을 갖는 것을 말한다.
윈	서비스 접점에서 고객 불만족을 일으키는 열악한 서비스를 경험하는 것을 말한다.
벨, 젬케	수준이 심각하게 떨어지는 서비스 결과를 경험하는 것을 말한다.
자이다믈, 베리	고객이 느끼는 허용영역 이하로 떨어지는 서비스 성과를 말한다.
베리, 레너드, 파라수라만	책임이 분명한 과실로 인해 초래된 서비스 과정이나 결과를 말한다.

58 데이비드 보웬(David Bowen)과 에드워드 로울러(Edward Lawler)가 제시한 권한위임에 잘 맞는 조직의 대한 설명으로 가장 올바른 것은?

① 사업환경을 예측하기 쉽다.
② 기술이 일상적이지 않거나 복잡하다.
③ 고객과 주로 단기적인 계약관계를 갖는다.
④ 사업전략이 표준화되고 규격화된 조직이다.
⑤ 임직원의 성장 욕구가 높은 반면 낮은 사회적 욕구를 가지고 있다.

해설

권한위임(Empowerment)

고객의 욕구나 시장, 업무환경 등에 신속하게 대응하기 위해 고객과 직접 접점이 있는 구성원들에게 상황에 따라 고객 대응업무 관련 의사결정권을 부여한다. 이를 통해 업무 수행 시 문제가 발생하였을 때 복잡한 규제나 까다로운 제약 조건을 최소화할 수 있어 즉시 해결책을 강구할 수 있다.

59 다음 중 서비스 품질의 문제가 발생되는 이유로 가장 거리가 먼 것은?

① 기업의 장기적 견해
② 커뮤니케이션의 차이
③ 직원에 대한 부적절한 서비스
④ 생산과 소비의 비분리성 및 노동집약성
⑤ 고객을 수치(數値, Numerical)로 보는 견해

해설

기업의 단기적 이익의 강조는 비용절감에 치중한 나머지 고객이익을 최우선으로 하지 않음으로써 결국에는 서비스 품질을 저하시킨다.

60 다음 중 트렌드(Trend)의 일반적인 개념과 특징에 대한 설명으로 가장 올바르지 않은 것은?

① 트렌드의 사전적 의미는 어떤 방향으로 쏠리는 현상, 경향, 동향, 추세, 스타일 등을 뜻한다.
② 트렌드는 생성, 성장, 정체, 후퇴 등 변동 경향을 나타내는 움직임으로 시대정신과 가치관이 반영된다.
③ 트렌드는 공간적으로 미시, 거시, 초거시 트렌드로 구분할 수 있다.
④ 트렌드는 시간적으로 단기, 중기, 장기, 초장기 트렌드로 구분할 수 있다.
⑤ 시간적인 측면에서 트렌드는 1년 정도 지속하면서 선풍적인 인기를 끈 다음에 급속히 사라지는 패드(Fad)와 동일한 의미를 가진다.

해설
트렌드의 사전적 의미는 동향, 경향, 추세, 유행 등으로 번역된다. 흔히, 트렌드와 같은 의미로 쓰이는 유행은 트렌드와 다른 개념으로 단기적인 유행을 뜻하는 패드(Fad)와 비슷한 의미이다. 그러므로 기업에서는 패드와 트렌드를 구분해야 할 것이다.

3과목 고객관리 실무론

61 다음 보기의 설명에 해당하는 이미지의 분류는?

> '어린이들은 햄버거를 좋아한다'와 같은 이미지는 동양권의 학생들에게는 어느 정도 인정될 수 있으나, 햄버거가 식사 메뉴로 일반화된 서양권의 학생들에게는 반드시 인정되기 어려울 수 있다.

① 내적 이미지
② 외적 이미지
③ 독립적 이미지
④ 사회적 이미지
⑤ 선택적 이미지

해설
사회적 이미지
특정한 사회 속에서만 성립되고 또한 그 사회의 내부에서는 사회 구성원이 모두 의심 없이 수용하고 있는 이미지

62 다음 중 메라비언(Mehrabian)의 법칙에서 제시된 언어적인 요소에 해당하는 것은?

① 억 양
② 표 정
③ 복 장
④ 동 작
⑤ 전문지식

해설
메라비언의 법칙(Law of Mehrabian)
• 시각적 요소 : 표정, 용모, 복장, 자세, 동작, 걸음걸이, 태도
• 청각적 요소 : 음성, 언어, 호흡, 말씨, 억양, 속도
• 언어적 요소 : 말의 내용, 전문지식, 숙련된 기술

63 인사의 종류와 관련해 다음 중 정중례를 해야 될 경우로 가장 올바른 것은?

① 아버지의 고향 친구이신 어른을 만났을 경우
② 사무실에 출근하여 상사에게 인사를 할 경우
③ 다른 부서에서 근무하는 입사 동료를 만났을 경우
④ 사람들이 길게 줄을 서 있는 구내식당에서 직장 선배를 만났을 경우
⑤ 부서 직원을 대표해 사내 대회의실에서 임원에게 표창장을 수여받는 경우

해설
정중례를 해야 될 상황
• 공식 석상에서 처음 인사할 때
• 면접 시 인사할 때
• 사죄의 뜻을 전달하거나 예의를 갖추어 부탁할 때
• 고객에게 진정한 감사의 표현을 전할 때
• 단체 손님을 배웅할 때

64 전통 예절에서 절하는 방법에 대한 설명으로 가장 올바른 것은?

① 의식 행사에서는 기본 횟수만 한다.
② 여자는 기본 횟수로 한 번을 한다.
③ 남자는 기본 횟수로 두 번을 한다.
④ 고인(故人)에게는 기본 횟수만 한다.
⑤ 살아있는 사람에게는 기본 횟수만 한다.

해설
①·④ 의식 행사에서나 고인(故人)에게는 기본 횟수의 배를 한다.
② 여자는 기본 횟수로 두 번을 한다.
③ 남자는 기본 횟수로 한 번을 한다.
※ 원래 정답은 ⑤이나, 시험지상에서 문제와 문항 ①이 중복 인쇄되는 오류의 발생으로 전원 정답 처리되었습니다.

65 다음 중 개방형 질문(Open Question)에 대한 설명으로 가장 올바른 것은?

① 고객의 입을 통해 확인받는 질문 유형이다.
② 화제를 정리하고 정돈된 대화를 할 수 있다.
③ 고객이 적극적으로 이야기하게 함으로써 고객의 니즈(Needs)를 파악할 수 있다.
④ 고객이 이미 어떤 대답을 할지 알고 있을 경우 시도할 수 있는 질문 유형이다.
⑤ 단순한 사실 또는 몇 가지 중 하나를 선택하게 하여 고객의 욕구를 파악할 수 있도록 한다.

해설
개방형 질문(확대형 질문, Open Question)
• 고객이 자유롭게 의견이나 정보를 말할 수 있도록 묻는 질문이다.
• 고객들의 마음에 여유가 생기도록 한다.
• 고객이 적극적으로 말함으로써 고객의 니즈를 파악할 수 있다.

66 다음 중 비즈니스 용무로 인한 방문 시 가져야 될 매너로 가장 거리가 먼 것은?

① 사무실을 방문할 경우 가급적 바쁜 시간을 피해서 미리 약속시간을 잡도록 한다.
② 방문 시간에 여유 있게 도착하여 미리 화장실에서 용모와 복장을 점검하는 것이 좋다.
③ 응접실에 안내받아 앉아서 대기하던 중 상대방이 들어올 경우 바로 일어나서 인사를 건네도록 한다.
④ 면담 시 대화가 진행되는 중이라 하더라도 팔을 들어 착용 중인 손목시계를 확인하는 것이 크게 예의에 어긋나지 않는다.
⑤ 설사 방문의 목적이 달성되지 않았다 하더라도 실망하는 내색을 보이지 않고 정중히 인사를 나누는 것이 예의이다.

해설
면담 중에는 시계를 힐끔거리지 않는다.

67 불만고객 관리와 관련해 컴플레인(Complain) 처리 시의 유의사항으로 가장 거리가 먼 것은?

① 설명은 사실을 바탕으로 명확하게 한다.
② 고객의 입장에서 성의 있는 자세로 임한다.
③ 상대방에게 동조해 가면서 긍정적으로 듣는다.
④ 고객은 근본적으로 선의를 가지고 있다고 믿는다.
⑤ 고객의 잘못이 있을 경우 명확하게 지적하여 회사의 피해를 최소화한다.

해설
컴플레인(Complain) 처리 시의 유의사항
• 잘못된 점은 솔직하게 사과한다.
• 상대방에게 동조해 가면서 긍정적으로 들어야 한다.
• 요점을 파악하여 고객의 착오는 없었는지를 검토한다.
• 고객에 대한 선입견을 갖지 않고, 고객은 근본적으로 선의를 가지고 있다고 믿어야 한다.
• 설명은 사실을 바탕으로 명확하게 해야 한다.
• 컴플레인 처리 시 상담사 개인의 견해는 말하지 않는 것이 좋다.
• 고객의 불평 사항을 잘 듣고 가급적 의견 대립을 피한다.
• 신속하게 해결책을 마련하여 처리하고, 친절하게 해결책을 납득시킨다.
• 최종결과를 검토하여 동일한 사안이 발생되지 않도록 유의한다.

68 다양한 상황에 따른 고객불만 요인 중 인적(人的) 상황에 대한 불만 사례로 가장 거리가 먼 것은?

① 대화 정도
② 접객태도
③ 상담태도
④ 종업원 복장
⑤ 상품 구매절차

해설
인적(人的) 상황에 대한 고객불만 사례
종업원의 접객 및 상담 태도, 종업원의 용모나 복장, 불충분한 커뮤니케이션, 고객 자신의 문제 등

69 코치(Coach)의 역할과 관련해 다음 보기의 설명에 해당하는 것은?

> 어떤 분야에서 존경받는 조언자이며 또한 기업의 정치적 역학관계에 대처하는 방법과 더불어 영향력을 행사하여 파워를 형성하는 방법을 아는 사람이다.

① 멘 토
② 교 사
③ 후원자
④ 평가자
⑤ 역할모델

해설
② 직원들이 자신의 업무를 효과적으로 수행할 수 있도록 업무상 비전, 가치, 전략, 서비스 및 제품, 고객 등에 관한 정보를 제공하는 역할
③ 직원들이 개인적 성장과 경력상 목표를 달성하는 데 도움이 되는 업무가 무엇인지 결정하는 것을 도와주는 사람
④ 특정한 상황 하에서 직원의 성과를 관찰하여 적절한 피드백이나 지원을 하기로 직원과 약속한 사람
⑤ 역할모델은 맡은 바를 행동으로 보여주는 역할을 수행하면서 직원들의 기업문화에 적합한 리더십 유형을 보여줌

70 다음 보기의 내용 중 전화응대의 구성요소를 찾아 모두 선택한 것은?

> 가. 억 양
> 나. 질 문
> 다. 속 도
> 라. 경 쟁
> 마. 띄어 읽기
> 바. 적극적 경청

① 가, 나, 다, 라
② 가, 나, 라, 바
③ 가, 다, 라, 바
④ 가, 다, 마, 바
⑤ 나, 다, 마, 바

해설
전화응대의 구성요소
억양, 속도, 띄어 읽기, 올바른 어휘·어법·발음, 적극적 경청, 크기 등

71 다음 중 보고(報告)의 일반적인 원칙으로 가장 거리가 먼 것은?

① 완전성의 원칙
② 소요성의 원칙
③ 필요성의 원칙
④ 적시성의 원칙
⑤ 정확성의 원칙

해설
보고의 일반적인 원칙
• 적시성의 원칙
• 정확성의 원칙
• 완전성의 원칙
• 필요성의 원칙
• 간결성의 원칙
• 유효성의 원칙

72 콜센터의 업무 성격에 따른 분류 중 인바운드 콜 서비스의 활용 사례와 가장 거리가 먼 것은?

① 자료 청구
② 상품 문의
③ 광고에 대한 문의
④ 상품 주문 및 신청
⑤ 부가 서비스 가입 촉진

해설
'부가 서비스 가입 촉진'은 아웃바운드 콜 서비스의 활용 사례이다.
인바운드 콜 서비스
• 전화통화로 하는 것으로 고객으로부터 전화가 와서 상담한다.
• 인바운드 텔레마케팅은 상품수주, 상품개발이나 서비스 개선을 위한 고객의 의견과 제안 등을 얻을 수 있으며, 고객 불만이나 문제해결을 도와주는 여러 가지 역할을 한다.
• 기업의 고객상담실에서의 전화상담이 바로 인바운드 텔레마케팅의 대표적인 기법이다.

73 다음 보기에서 스크립트(Script) 작성 원칙으로 보기 어려운 내용을 찾아 모두 선택한 것은?

> 가. 상황 관리
> 나. 상황 대응
> 다. 기업 중심
> 라. 차별성
> 마. 문어체 활용
> 바. 활용목적 명확화

① 가, 나, 다
② 가, 나, 다, 라
③ 나, 다, 라
④ 다, 마
⑤ 라, 마, 바

해설
다. 기업 중심 → 고객 중심
마. 문어체 활용 → 구어체 활용

74 감정노동으로 인한 직무 스트레스 대처법과 관련해 다음 보기의 사례에 해당하는 것은?

> KIE 콜센터에서 근무하는 박○○ 상담사는 고객의 심한 욕설과 폭언을 듣고 침착하게 상담을 마친 후, 마음 속으로 이렇게 생각했다. '저금 전 고객은 집에서 무슨 일이 있어 화를 낸 것이겠지. 나를 무시하려고 그런 말을 한 것은 아닐거야.'

① 적응하기
② 생각 멈추기
③ 원인 규명 의지
④ 분노조절훈련
⑤ 일과 나와의 분리

해설
① 고객의 입장을 이해해보려고 노력한다.
② 마음 속으로 "그맨!"을 외치고 생각을 멈추어 본다.
③ 자신에게 스트레스를 주는 원인을 찾아낸다.
④ 감정노동으로 인한 스트레스로 분노를 억누를 수 없을 때 '이완 호흡'과 같이 적극적인 스트레스 해소법을 찾아야 한다.
⑤ 일 때문에 다른 사람이 되어 연극을 하는 중이라고 생각하며 자신과 업무를 분리한다.

75 콜센터 모니터링 방법 중 상담원과 고객 모두 누가 모니터링을 하는지 모르도록 상담원과 떨어진 장소에서 상담내용을 평가하는 방법으로 고객과 상담원 간의 자연스러운 상호작용을 관찰할 수 있는 모니터링 기법의 명칭은?

① Self Monitering
② Peer Monitering
③ Silent Monitering
④ Real Time Monitering
⑤ Side—by—side Monitering

① 직접 자신의 상담내용을 듣고 정해진 평가표에 따라 스스로를 평가하고 개선하는 방법이다.
② 정해진 동료의 상담내용을 듣고, 피드백한 뒤 벤치마킹하게 하는 방법이다.
④ 상담원이 모니터링 여부를 모르게 무작위로 추출한 내용을 듣고 정해진 평가표에 따라 평가하는 방법이다.
⑤ 관리자가 상담원 근처에서 상담내용과 업무처리과정, 행동을 직접 관찰하고 즉각적으로 피드백을 하는 방법이다.

76 회사 법인차량을 이용해 대표이사를 수행하여 지방에 있는 생산 공장을 방문할 경우, 다음 보기에서 수행비서가 탑승해야 할 자리로 가장 적합한 좌석은?

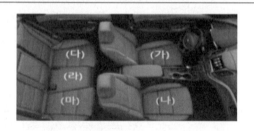

(※ 단, 운전자는 수행비서가 아니라 회사 소속의 전문기사이다)

① (가)
② (나)
③ (다)
④ (라)
⑤ (마)

운전기사가 있는 경우에는 운전기사의 대각선에 있는 뒷좌석이 상석, 운전기사 옆 좌석이 말석이므로, 수행비서가 탑승해야 할 자리는 (나)이다.

77 다음 중 비즈니스 상황에서 지켜야 할 전자우편(e-mail) 네티켓에 대한 설명으로 가장 올바른 것은?

① 약어 및 속어 사용을 통해 보다 명확한 의미가 전달될 수 있도록 한다.
② 대다수의 비즈니스 메일은 빠른 답변을 원하기 때문에 수신하는 즉시 답장을 보내는 것이 원칙이다.
③ 수신자의 동의에 상관없이 유머 메일 또는 정보성 메일을 통해 상대방과의 유대감을 강화하는 것이 중요하다.
④ 상세한 정보를 전달하기 위한 첨부파일이라도 용량이 큰 경우 확인에 오랜 시간을 매달려야 하는 불편을 겪을 수 있으므로 되도록 첨부파일은 꼭 필요한 경우에만 보내도록 한다.
⑤ 첨부파일의 용량이 큰 경우 압축파일로 변환할 때 바이러스 위험이나 원본파일 손상의 위험이 있으므로 반드시 압축 없이 원본 상태로 그대로 전송하는 것이 원칙이다.

① 지나친 약어 및 속어 사용은 명확한 의미 전달을 방해한다.
② 대다수의 비즈니스 메일은 빠른 답변을 원하기 때문에 24시간 이내에 답장을 보내는 것이 원칙이다.
③ 유머 메일 또는 정보성 메일은 수신자의 동의를 받는 것이 네티켓이다.
⑤ 첨부파일의 용량이 큰 경우 다운로드 받을 때 시간이 많이 소요되므로 압축하여 첨부한다.

78 국제 비즈니스 매너를 위해 숙지해야 할 국가별 문화 특징에 대한 설명으로 가장 올바르지 않은 것은?

① 일본은 자신의 밥그릇이나 국그릇을 들어서 음식을 먹는 습관이 있다.

② 중국은 자신의 젓가락을 이용해 상대방에게 음식을 집어주는 습관이 있다.

③ 홍콩에서는 시계를 죽음의 상징으로 여기기 때문에 선물을 하지 않는 것이 좋다.

④ 태국, 말레이시아에서는 사람의 머리를 신성시하기 때문에 상대방의 머리를 함부로 만져서는 안 된다.

⑤ 인구의 내부분이 이슬람교도인 인도네시아에서는 일반적으로 돼지고기나 술을 입에 대지 않고 오른손을 부정하게 생각한다.

해설
이슬람교도가 대다수인 인도네시아에서는 돼지고기, 술은 금기이며, 이들은 왼손을 청결하지 않다고 여기기 때문에 악수를 하거나 명함을 교환할 때 오른손을 사용하는 것이 좋다.

79 다음 의전(儀典)의 5R(원칙)에 해당하지 않는 것은?

① Rank

② Right

③ Reflect

④ Respect

⑤ Reference

해설
의전의 5R(원칙)
• Respect
• Reflecting Culture
• Reciprocity
• Rank
• Right

80 MICE 산업의 분류 중 기업 회의를 의미하며 10인 이상의 참가자가 교육, 아이디어 및 정보 교환, 사회적 네트워크 형성, 토론 등 다양한 목적을 가지고 참여하여 4시간 이상 진행되는 회의 유형은?

① Tour

② Meeting

③ Incentive

④ Exhibition

⑤ Convention

해설
MICE 산업

Meeting (회의)	• Convention(컨벤션) 기준에는 부합하지 않지만, 전체 참가자가 10명 이상인 정부·공공·협회·학회·기업회의로, 아이디어 교환, 토론, 정보 교환, 사회적 네트워크 형성을 목적으로 한다. • 일반적으로 회의에는 컨퍼런스(컨그레스), 세미나, 워크숍, 포럼 등이 있다.
Incentive (포상관광)	• 조직원들의 성과에 대한 보상 및 동기부여를 위한 순수 보상 여행 및 보상 관광 회의로서, 외국에서 국내로 오는(Inbound) 외국인이 10명 이상 참가하며 국내 숙박시설에서 1박 이상 체류하는 보상관광이다.
Convention (컨벤션)	• 아이디어 교환, 토론, 정보 교환, 사회적 네트워크 형성을 위한 각종 회의를 말한다. • 외국인 참가자가 10명 이상인 동시에 전체 참가자가 250명 이상인 정부·공공·협회·학회·기업회의로, 전문회의시설, 준회의시설, 중소규모 회의시설, 호텔, 휴양 콘도미니엄 등에서 4시간 이상 개최되는 회의이다.
Exhibition (전시)	• 유통·무역업자, 소비자, 일반인 등을 대상으로 판매, 홍보, 마케팅 활동을 하는 각종 전시회를 말한다. • 전시산업발전법에 의한 전시회로 1일 이상 개최되는 무역전시회, 소비자전시회 및 혼합전시회를 포함한다.

81 다음 보기의 내용과 같이 소비자에 대하여 정의한 학자는?

> 소비자는 생활자이며 일반 국민임과 동시에 거래과정의 말단에서 구매자로 나타나는 것을 의미한다.

① 폰 히펠(Von Hippel)
② 가토 이치로(Kato Ichiro)
③ 이마무라 세이와(Imamura Seiwa)
④ 우자와 히로후미(Ugawa Hirofumi)
⑤ 타케우치 쇼우미(Takeuchi Shoumi)

해설
학자별 소비자의 정의
- 폰 히펠(Von Hippel) : 소비자란 개인적인 용도에 쓰기 위하여 상품이나 서비스를 제공받는 사람을 의미한다.
- 가토 이치로(Kato Ichiro) : 소비자란 국민 일반을 소비생활이라고 하는 시민생활의 측면에서 포착한 개념이다.
- 이마무라 세이와(Imamura Seiwa) : 소비자는 생활자이며 일반 국민임과 동시에 거래 과정의 말단에서 구매자로 나타나는 것을 의미한다.
- 타케우치 쇼우미(Takeuchi Shoumi) : 소비자란 타인이 공급하는 물자나 용역을 소비생활을 위하여 구입 또는 이용하는 자로서 공급자에 대립하는 개념이다.

82 다음 중 소비자기본법에 명시된 소비자의 능력 향상 (제14조)에 관한 사항으로 올바르지 않은 것은?

① 국가 및 지방자치단체는 소비자의 올바른 권리행사를 이끌고, 물품 등과 관련된 판단능력을 높이며, 소비자가 자신의 선택에 책임을 지는 소비생활을 할 수 있도록 필요한 교육을 하여야 한다.
② 국가 및 지방자치단체는 경제 및 사회의 발전에 따라 소비자의 능력 향상을 위한 프로그램을 개발하여야 한다.
③ 국가 및 지방자치단체는 소비자교육과 학교교육·평생교육을 연계하여 교육적 효과를 높이기 위한 시책을 수립·시행하여야 한다.

④ 국가 및 지방자치단체는 소비자의 능력을 효과적으로 향상시키기 위한 방법으로「신문 등의 진흥에 관한 법」에 따른 간행사업을 할 수 있다.
⑤ 소비자교육의 방법 등에 관하여 필요한 사항은 대통령령으로 정한다.

해설
국가 및 지방자치단체는 소비자의 능력을 효과적으로 향상시키기 위한 방법으로「방송법」에 따른 방송사업을 할 수 있다(소비자기본법 제14조 제4항).

83 다음 중 소비자기본법 제21조(기본계획의 수립 등)에 명시된 공정거래위원회 소비자정책에 관한 기본계획으로 가장 거리가 먼 것은?

① 소비자정책의 기본방향
② 소비자정책과 관련된 경제·사회 환경의 변화
③ 어린이 위해방지를 위한 연령별 안전기준의 작성
④ 소비자정책의 추진과 관련된 예산의 편성·심의·의결
⑤ 그 밖에 소비자정책의 수립과 추진에 필요한 사항

해설
기본계획의 포함사항(소비자기본법 제21조 제2항)
- 소비자정책과 관련된 경제·사회 환경의 변화
- 소비자정책의 기본방향
- 다음의 사항이 포함된 소비자정책의 목표
  - 소비자안전의 강화
  - 소비자와 사업자 사이의 거래의 공정화 및 적정화
  - 소비자교육 및 정보제공의 촉진
  - 소비자피해의 원활한 구제
  - 국제소비자문제에 대한 대응
  - 그 밖에 소비자의 권익과 관련된 주요한 사항
- 소비자정책의 추진과 관련된 재원의 조달방법
- 어린이 위해방지를 위한 연령별 안전기준의 작성
- 그 밖에 소비자정책의 수립과 추진에 필요한 사항

84 소비자기본법에 명시된 위해정보의 수집 및 처리(제52조)의 내용으로 가장 거리가 먼 것은?

① 물품 등의 안전성에 관한 국제학술 게재
② 위해물품 등을 제공하는 사업자에 대한 시정 권고
③ 국가 또는 지방자치단체에의 시정조치 · 제도개선 건의
④ 위해방지 및 사고예방을 위한 소비자안전경보의 발령
⑤ 그 밖에 소비자안전을 확보하기 위하여 필요한 조치로서 대통령령이 정하는 사항

해설
위해정보의 분석결과에 따른 조치(소비자기본법 제52조 제2항)
• 위해방지 및 사고예방을 위한 소비자안전경보의 발령
• 물품 등의 안전성에 관한 사실의 공표
• 위해물품 등을 제공하는 사업자에 대한 시정 권고
• 국가 또는 지방자치단체에의 시정조치 · 제도개선 건의
• 그 밖에 소비자안전을 확보하기 위하여 필요한 조치로서 대통령령이 정하는 사항

85 다음 중 소비자단체소송을 제기할 수 있는 비영리민간단체가 갖추어야 될 요건으로 보기 어려운 것은?

① 중앙행정기관에 등록되어 있을 것
② 단체의 상시 구성원 수가 3천명 이상일 것
③ 정관에 소비자의 권익증진을 단체의 목적으로 명시할 것
④ 소비자의 권익증진을 위해 최근 3년 이상 이를 위한 활동실적이 있을 것
⑤ 법률상 또는 사실상 동일한 침해를 입은 50인 이상의 소비자로부터 단체소송의 제기를 요청받을 것

해설
비영리민간단체의 요건(소비자기본법 제70조 제4호)
• 법률상 또는 사실상 동일한 침해를 입은 50인 이상의 소비자로부터 단체소송의 제기를 요청받을 것
• 정관에 소비자의 권익증진을 단체의 목적으로 명시한 후 최근 3년 이상 이를 위한 활동실적이 있을 것
• 단체의 상시 구성원 수가 5천명 이상일 것
• 중앙행정기관에 등록되어 있을 것

86 와이블(Weible)이 분류한 개인정보의 14개 유형 중 노조 가입, 종교단체 가입, 정당 가입, 클럽회원 등에 해당하는 것은?

① 신용정보
② 조직정보
③ 법적정보
④ 고용정보
⑤ 교육 및 훈련정보

해설
① 대부, 저당, 신용카드, 지불연기 및 미납 횟수, 임금압류 통보에 대한 기록
③ 전과기록, 교통위반기록, 파산 및 담보기록, 구속기록, 이혼기록, 납세기록
④ 고용주, 회사주소, 상관의 이름, 직무수행 평가기록, 훈련기록, 출석기록
⑤ 학교출석사항, 최종학력, 성적, 기술자격증, 면허증, 서클활동, 상벌사항

87 개인정보 처리와 관련하여 개인정보보호법에 명시된 정보주체의 권리에 해당되지 않는 것은?

① 개인정보의 처리에 관한 정보를 제공받을 권리
② 개인정보의 처리 여부를 확인하고 개인정보에 대하여 열람을 요구할 권리
③ 개인정보의 처리에 관한 동의 여부, 동의 범위 등을 선택하고 결정할 권리
④ 개인정보의 처리 정지, 정정·삭제 및 파기 방법을 선택하고 결정할 권리
⑤ 개인정보의 처리로 인하여 발생한 피해를 신속하고 공정한 절차에 따라 구제받을 권리

해설
정보주체의 권리(개인정보보호법 제4조)
• 개인정보의 처리에 관한 정보를 제공받을 권리
• 개인정보의 처리에 관한 동의 여부, 동의 범위 등을 선택하고 결정할 권리
• 개인정보의 처리 여부를 확인하고 개인정보에 대하여 열람(사본의 발급을 포함한다)을 요구할 권리
• 개인정보의 처리 정지, 정정·삭제 및 파기를 요구할 권리
• 개인정보의 처리로 인하여 발생한 피해를 신속하고 공정한 절차에 따라 구제받을 권리
※ 2023년 9월 15일 이후 시험을 응시하는 수험생은 아래 법령을 참고하시기 바랍니다.

> **정보주체의 권리(개인정보보호법 제4조)**
> • 개인정보의 처리에 관한 정보를 제공받을 권리
> • 개인정보의 처리에 관한 동의 여부, 동의 범위 등을 선택하고 결정할 권리
> • 개인정보의 처리 여부를 확인하고 개인정보에 대한 열람(사본의 발급을 포함한다. 이하 같다) 및 전송을 요구할 권리
> • 개인정보의 처리 정지, 정정·삭제 및 파기를 요구할 권리
> • 개인정보의 처리로 인하여 발생한 피해를 신속하고 공정한 절차에 따라 구제받을 권리
> • 완전히 자동화된 개인정보 처리에 따른 결정을 거부하거나 그에 대한 설명 등을 요구할 권리

88 개인정보보호법의 손해배상책임과 관련해 다음 보기의 ( ) 안에 들어갈 내용으로 알맞은 것은?

> 개인정보처리자의 고의 또는 중대한 과실로 인하여 개인정보가 분실·도난·유출·위조·변조 또는 훼손된 경우로서 정보주체에게 손해가 발생한 때에는 법원은 그 손해액의 ( )(을)를 넘지 아니하는 범위에서 손해배상액을 정할 수 있다. 다만, 개인정보처리자가 고의 또는 중대한 과실이 없음을 증명한 경우에는 그러하지 아니하다.
> – 개인정보보호법 제39조 –

① 원 금
② 2배
③ 3배
④ 4배
⑤ 제한 없음

해설
손해배상책임(개인정보보호법 제39조 제3항)
개인정보처리자의 고의 또는 중대한 과실로 인하여 개인정보가 분실·도난·유출·위조·변조 또는 훼손된 경우로서 정보주체에게 손해가 발생한 때에는 법원은 그 손해액의 3배를 넘지 아니하는 범위에서 손해배상액을 정할 수 있다. 다만, 개인정보처리자가 고의 또는 중대한 과실이 없음을 증명한 경우에는 그러하지 아니하다.
※ 2023년 9월 15일 이후 시험을 응시하는 수험생은 아래 법령을 참고하시기 바랍니다.

> **손해배상책임(개인정보보호법 제39조 제3항)**
> 개인정보처리자의 고의 또는 중대한 과실로 인하여 개인정보가 분실·도난·유출·위조·변조 또는 훼손된 경우로서 정보주체에게 손해가 발생한 때에는 법원은 그 손해액의 5배를 넘지 아니하는 범위에서 손해배상액을 정할 수 있다. 다만, 개인정보처리자가 고의 또는 중대한 과실이 없음을 증명한 경우에는 그러하지 아니하다.

89 다음 중 성인학습의 원리와 특성에 대한 설명으로 가장 올바르지 않은 것은?

① 성인학습자는 알려고 하는 욕구가 있다.
② 성인학습자는 다양한 경험을 가지고 있다.
③ 성인학습자는 자기 주도적 학습을 원한다.
④ 성인학습자의 참여동기는 목표 지향적이다.
⑤ 성인학습자는 수동적으로 학습상황에 임한다.

해설
성인학습자는 선택적으로 학습상황에 임한다.

90 프레젠테이션 자료 제작 시 슬라이드 디자인 원리 중 조직성에 대한 설명으로 가장 올바른 것은?

① 내용의 배열에 흐름이 있어야 한다.
② 공간을 느끼게 하고 입체감을 준다.
③ 심미적으로 좋은 배치가 되도록 한다.
④ 중요한 부분은 두드러지게 보이도록 한다.
⑤ 전하려고 하는 필수적인 정보만을 제공해 준다.

해설
슬라이드 디자인 원리
• 균형성 : 심미적으로 안정적인 배치가 되도록 한다.
• 명료성 : 이해하기 쉽도록 내용을 단순화한다.
• 단순성 : 필수적인 정보만을 제공한다.
• 조화성 : 화면의 구성이 상호보완적이며, 색의 적절한 배합을 이루게 한다.
• 원근법 : 입체감을 주어 공간을 느끼게 한다.
• 통일성 : 구성요소들이 하나를 이루는 느낌이 들게 한다.
• 조직성 : 구성요소들의 배열에 흐름이 느껴지게 한다.
• 강조성 : 중요한 부분을 색이나 선을 이용해 두드러져 보이도록 한다.

훌륭한 가정만한 학교가 없고,
덕이 있는 부모만한 스승은 없다.

−마하트마 간디−

교육은 우리 자신의 무지를 점차 발견해 가는 과정이다.

– 윌 듀란트 –

좋은 책을 만드는 길, 독자님과 함께 하겠습니다.

2023 Win-Q CS리더스관리사 단기합격 + 무료동영상(최신기출 1회분)

개정2판1쇄 발행	2023년 06월 15일 (인쇄 2023년 04월 26일)
초 판 발 행	2021년 02월 05일 (인쇄 2020년 12월 31일)
발 행 인	박영일
책 임 편 집	이해욱
편 저	CS리더스관리연구소
편 집 진 행	김은영 · 민한슬 · 김신희
표지디자인	조혜령
편집디자인	최혜윤 · 하한우
발 행 처	(주)시대고시기획
출 판 등 록	제 10-1521호
주 소	서울시 마포구 큰우물로 75 [도화동 538 성지 B/D] 9F
전 화	1600-3600
팩 스	02-701-8823
홈 페 이 지	www.sdedu.co.kr

I S B N	979-11-383-5130-0(13320)
정 가	27,000원

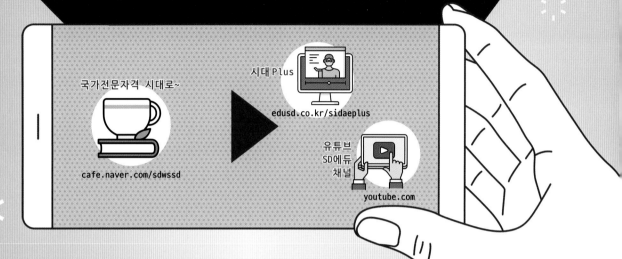

나는 이렇게 합격했다

여러분의 힘든 노력이 기억될 수 있도록
당신의 합격 스토리를 들려주세요.

합격생 인터뷰
상품권 증정

추첨을 통해
선물 증정

베스트 리뷰자 1등
아이패드 증정

베스트 리뷰자 2등
에어팟 증정

SD에듀 합격생이 전하는 합격 노하우

"기초 없는 저도 합격했어요
여러분도 가능해요."

검정고시 합격생 이*주

"불안하시다고요?
시대에듀와 나 자신을 믿으세요."

소방직 합격생 이*화

"강의를 듣다 보니
자연스럽게 합격했어요."

사회복지직 합격생 곽*수

"선생님 감사합니다.
제 인생의 최고의 선생님입니다."

G-TELP 합격생 김*진

"시험에 꼭 필요한 것만 딱딱!
시대에듀 인강 추천합니다."

물류관리사 합격생 이*환

"시작과 끝은 시대에듀와 함께!
시대에듀를 선택한 건 최고의 선택"

경비지도사 합격생 박*익

합격을 진심으로 축하드립니다!

합격수기 작성 / 인터뷰 신청

QR코드 스캔하고 ▷ ▷ ▷ ▶
이벤트 참여하여 푸짐한 경품받자!

합격의 공식 시대에듀